Barrierefreiheit verstehen und umsetzen

Jan Eric Hellbusch und Kerstin Probiesch sind beide freiberufliche Berater für barrierefreies Webdesign; sie beraten Unternehmen und Behörden und schulen Programmierer und Webredakteure. Nach seinem BWL-Studium war Herr Hellbusch in verschiedenen Organisationen im Bereich »Internet« tätig. Seit 2000 veröffentlicht er Beiträge einschließlich zweier Bücher zur Barrierefreiheit im Web. Frau Probiesch prüft als freie Accessibility-Spezialistin Webseiten auf WCAG 2.0-Konformität, schreibt Fachartikel und begleitet beratend die Entwicklung barrierefreier Webangebote von der Konzeptionsphase an.

Jan Eric Hellbusch · Kerstin Probiesch

Barrierefreiheit verstehen und umsetzen

Webstandards für ein zugängliches und nutzbares Internet

dpunkt.verlag

Jan Eric Hellbusch   hellbusch@2bweb.de
     http://2bweb.de
     www.barrierefreies-webdesign.de

Kerstin Probiesch   mail@barrierefreie-informationskultur.de
     www.barrierefreie-informationskultur.de

Lektorat: Nina Lötsch
Copy-Editing: Alexander Reischert, Redaktion ALUAN
Herstellung: Birgit Bäuerlein
Umschlaggestaltung: Helmut Kraus, www.exclam.de
Druck und Bindung: Media-Print Informationstechnologie, Paderborn

---

Hörfassung des Buchs

Für Menschen, die besser hören können als sehen, ist dieses
Buch mit einer zusätzlichen Audioausgabe auf CD erhältlich:

Deutscher Verein der Blinden und Sehbehinderten in Studium und Beruf e.V. (DVBS)
Frauenbergstraße 8 · D-35039 Marburg
Tel.: ++49 (0)6421/94888-17 · Fax: ++49 (0)6421/94888-10 · bestellung@dvbs-online.de

Die Audioversion kann mit handelsüblichen MP3-Abspielgeräten gehört werden und ist
zusätzlich nach dem DAISY-Standard strukturiert.

Bibliografische Information der Deutschen Nationalbibliothek
Die Deutsche Nationalbibliothek verzeichnet diese Publikation in der Deutschen Nationalbiblio-
grafie; detaillierte bibliografische Daten sind im Internet über http://dnb.d-nb.de abrufbar.

ISBN 978-3-89864-520-1

1. Auflage 2011
Copyright © 2011 dpunkt.verlag GmbH
Ringstraße 19 B
69115 Heidelberg

5 4 3 2 1 0

Inhaltsübersicht

Inhaltsverzeichnis

Vorwort

Barrierefreies Webdesign ist die Kunst, Webseiten so zu gestalten, dass jeder sie nutzen und lesen kann.

Mit diesem Leitsatz starteten wir 2002 *www.barrierefreies-webdesign.de*. Seitdem ist viel in diesem Bereich passiert: Europaweit wurden Gesetze zur Barrierefreiheit verabschiedet und es wurden Bücher zum Thema geschrieben. Zwischenzeitlich wurden auch die Richtlinien für barrierefreie Webinhalte als WCAG20 vom W3C neu veröffentlicht. Grund genug, die Anforderungen des barrierefreien Webdesigns in Buchform aufzubereiten.

Die Entwicklung dieses Buchs war nicht gerade einfach. Es gab immer wieder Verzögerungen, die sehr unterschiedlich begründet waren. Letztlich konnte das Buch nur durch die Co-Autorenschaft von Kerstin Probiesch zu Ende gebracht werden.

Zum Gelingen des Buchs maßgeblich beigetragen haben:

- Sylvia Egger mit zahlreichen Kommentaren und Hinweisen. Danke, Sylvia, für die sachkundige Unterstützung!
- Markus Erle als Gastautor des Kapitels zu PDF. Danke, Markus, für die hervorragende Ausarbeitung und Deinen enormen Einsatz.
- Stephan Heller, der uns bei den Code-Beispielen kräftig unter die Arme gegriffen und letztlich den Grundstock für den Relaunch von *www.barrierefreies-webdesign.de* geliefert hat. Auch Dir, Stephan, Danke für die kompetente und zielgerichtete Arbeit.
- Nina Lötsch vom dpunkt.verlag. Danke für die konstruktive Lektoratsarbeit.

Unser Dank gilt natürlich auch Andrea und Günter für Verständnis, Geduld und Unterstützung.

Wir haben noch drei Hinweise:

1. Frauen, die Wert auf die Einbeziehung der femininen Form (z. B. »Nutzerin« in Ergänzung zu »Nutzer«) legen, bitten wir um Verständnis. Das Wort »Nutzerin« fehlt nicht, weil wir es vergessen hätten, sondern weil es uns nicht gelungen ist, eine akzeptable Darstellungsform zu finden.

2. In diesem Buch werden einzelne Produkte erwähnt, um den Bezug zur Praxis herzustellen. Die Erwähnung bzw. Nichterwähnung ist in keinem Zusammenhang mit einer Empfehlung oder Nichtempfehlung eines Produktes zu werten.

3. In diesem Buch werden eingetragene Warenzeichen, Handelsnamen und Gebrauchsnamen verwendet. Auch wenn diese nicht mit dem ®-Symbol gekennzeichnet sind, gelten die entsprechenden Schutzbestimmungen. Darüber hinaus darf nicht angenommen werden, dass die Namen im Sinne der Warenzeichen- und Markenschutzgesetzgebung als frei zu betrachten wären und daher von jedermann benutzt werden dürften.

Jan Eric Hellbusch, Kerstin Probiesch

1 Einleitung

1.1 Was erwartet Sie in diesem Buch?

Anhand dieses Buchs haben Sie die Möglichkeit, die wesentlichen Aspekte des barrierefreien Webdesigns zu lernen. Das Buch ist in fünf Teile gegliedert. Teil 1 umfasst zwei Kapitel. In Kapitel 2 wird zunächst auf die gesellschaftlichen, gesetzlichen und technischen Rahmenbedingungen für das barrierefreie Webdesign eingegangen. In Kapitel 3 geht es um das Spektrum der Barrierefreiheit, wobei sich der Bogen von der allgemeinen Verständlichkeit über Navigationskonzepte und Formulare bis hin zu Standardkonformität und dem Einsatz verschiedener Formate spannt.

Die Teile 2 bis 5 umfassen den eigentlichen Umsetzungsprozess. Teil 2 geht auf die Aspekte der Barrierefreiheit ein, die für die Konzeptionsphase relevant sind. In Teil 3 werden die Anforderungen an redaktionelle Inhalte erläutert; in Teil 4 stehen technische Gesichtspunkte im Vordergrund, die vor allem für den Aufbau von Templates wichtig sind, und in Teil 5 werden Anforderungen an das Screendesign diskutiert.

Im Anhang finden Sie die Erfolgskriterien der Web Content Accessibility Guidelines 2.0, weiterführende Informationen und Quellen sowie ein Sachregister. Die Erfolgskriterien und die dazugehörigen Techniken werden in diesem Buch durch Symbole in der Marginalspalte referenziert (Näheres finden Sie in Abschnitt 2.3.1.1 ab S. 41).

Weil Barrierefreiheit von den Inhalten abhängt, gibt es meist keine Patentlösungen. Anhand eines Beispiel-Webauftritts werden aber Lösungen diskutiert, die in der Entwicklung eigener Projekte übernommen werden können. Dabei ist es natürlich möglich und sinnvoll, für andere Projekte andere Lösungen zu finden.

1.2 Ziel dieses Buchs

Dieses Buch soll eine umfassende Betrachtungsweise der Entwicklung barrierefreier Webinhalte liefern. Wenn wir über Barrierefreiheit sprechen, geht es immer um den Menschen mit Behinderung, ob sehbehindert, motorisch eingeschränkt, lernbehindert, gehörlos oder blind. Selbstverständlich profitieren aber auch andere Personengruppen von einem barrierefreien Webauftritt. Dabei gibt es Schnittmengen mit anderen Disziplinen der Webentwicklung, sei es Informationsarchitektur, Gebrauchstauglichkeit oder Suchmaschinenoptimierung.

Barrierefreies Webdesign ist kein abgeschlossenes Thema. Das Web entwickelt sich ständig weiter und stellt Webentwickler vor immer neue technische und inhaltliche Herausforderungen. Das Buch liefert konkrete Umsetzungstechniken nach dem aktuellen Stand der WCAG20 und erklärt das »Wieso, Weshalb, Warum«. Damit ist es möglich, auch für neuartige Projekte barrierefreie Lösungen abzuleiten.

Mit diesem Buch werden zwei Ziele verfolgt: Das weite Spektrum der Barrierefreiheit soll deutlich werden und für die teilweise sehr unterschiedlichen Anforderungen sollen konkrete Beispiele vorgestellt werden. Dabei liegt der Schwerpunkt auf der eigentlichen Webentwicklung.

Die Prüfung der Barrierefreiheit anhand von Checklisten ist zwar ein ebenso wichtiges Thema, wird aber nur am Rande gestreift. Viel wichtiger ist es, die Arbeitsweise behinderter Nutzer zu begreifen und mit diesem Wissen an die Entwicklung von Webseiten heranzugehen. Ob »Barrieren« vorhanden sind, entscheidet letztlich der Nutzer.

Das Buch soll folgende Kompetenzen vermitteln:

- eine sichere Einschätzung über die Anforderungen des barrierefreien Webdesigns[1],
- das Schreiben zugänglicher und verständlicher Inhalte,
- Grundkenntnisse über den standardkonformen Einsatz von HTML, CSS, JavaScript, PDF, SMIL und ARIA,
- Entwurf und Umsetzung barrierefreier Layouts.

Gesellschaftspolitische, sozialwissenschaftliche oder gar moralische Themen wurden weitgehend ausgeklammert. Unser Ziel ist es, Webworkern einen Leitfaden von der Planung bis zur Fertigstellung eines Webprojekts an die Hand zu geben.

1.3   Zielgruppen

Alle Personen, die an der Planung, Umsetzung und Pflege eines Webauftritts beteiligt sind, können zum Abbau von Barrieren beitragen – seien es Screendesigner, Webentwickler, Redakteure oder Konzepter. Angesprochen sind außerdem Programmierer von Redaktionssystemen. Das Buch bietet Einsteigern die

---

1.   Dies gilt auch für nationale Gesetzgebungen wie die Barrierefreie Informationstechnik-Verordnung in Deutschland. Generell stützen sich europäische gesetzliche Vorgaben zu barrierefreien Webinhalten auf die Web Content Accessibility Guidelines 2.0 des W3C.

Möglichkeit, sich in das Thema einzuarbeiten, und kann Fortgeschrittenen als Nachschlagewerk dienen.

Schon in der Konzeptionsphase muss die Barrierefreiheit umfassend beachtet werden. Nur so können die Rahmenbedingungen für die technische Umsetzung, die Online-Redaktion und das Screendesign geschaffen werden. Das Buch wendet sich deshalb vor allem an Personen, die von der Konzeption bis zur Redaktion an Webprojekten arbeiten, und bietet einen Leitfaden mit konkreten Arbeitsschritten.

Auch wenn Projektleiter nicht primär angesprochen sind, so ist das Thema trotzdem für sie relevant. Denn: einige Themen erfordern spezielle Weiterbildungen oder Anpassungen des Workflows. Solche grundlegenden Aspekte werden in Teil 1 angesprochen.

1.4   Barrierefreiheit ist mehr als HTML und CSS

Die Anforderungen der Barrierefreiheit sind in den Web Content Accessibility Guidelines 2.0 (WCAG20) des W3C aus dem Jahr 2008 formuliert. Die Richtlinien der Vorgängerversion aus dem Jahr 1999 wurden größtenteils übernommen, aber in der Version 2.0 sind viele Kriterien genauer formuliert. Die Anforderungen der WCAG20 sind zum Teil wesentlich umfangreicher geworden und umfassen dynamische Aspekte, Multimedia oder die grafische Gestaltung.

Barrierefreie Seiten »auf Knopfdruck« sind nicht möglich, denn Barrierefreiheit zeichnet sich unter anderem durch verständliche Inhalte und semantisches HTML aus. Beides lässt sich nicht automatisieren, da diese Aspekte in hohem Maße kontextabhängig sind und eine qualifizierte Beurteilung durch Menschen erfordern. Dennoch: Die WCAG20 enthalten ausschließlich Kriterien, die technisch prüfbar sind.

Was für alle Qualitätsprozesse gilt, gilt selbstverständlich auch für die Umsetzung barrierefreier Webinhalte: Je früher Fehler vermieden werden, desto eher werden die gesteckten Qualitätsziele erreicht. Fallstricke müssen frühzeitig beseitigt werden; besonders wichtig ist die Kommunikation über Zielsetzungen zwischen Projektleitern, Konzeptern, Grafikdesignern, Technikern und Redakteuren.

Dabei geht es nicht nur um Nutzergruppen, die mit verschiedenen Ein- und Ausgabegeräten arbeiten: Redakteure müssen über geeignete Redaktionssysteme verfügen, JavaScript muss auf Basis des Document Object Model programmiert werden, Navigationskonzepte müssen schlüssig sein und Kontrastverhältnisse eingehalten werden, um einige wenige Beispiele zu nennen. Die Anforderungen der Barrierefreiheit sind heterogen und die Verantwortung tragen alle Beteiligten.

Teil I
Gedanken

2 Annäherung und Auseinandersetzung

Nach einer Begriffsklärung und der Einführung in die Arbeitsweise von Menschen mit Behinderung werden die sieben »Säulen der Barrierefreiheit« vorgestellt sowie gängige (Vor-)Urteile und Missverständnisse hinsichtlich barrierefreier Webauftritte diskutiert. Dem Überblick über Richtlinien des W3C zur Barrierefreiheit folgen die gesetzlichen Rahmenbedingungen im deutschsprachigen Raum. Das Kapitel schließt mit einer kritischen Würdigung automatisierter Testwerkzeuge und der Erläuterung von Rahmenbedingungen für zielführende Tests (insbesondere Nutzertests) sowie den Anforderungen an ein »Accessibility Statement« bzw. eine »Erklärung zur Barrierefreiheit«.

2.1 Ausgangspunkt

Information gehört heute zu den wichtigsten Wirtschaftsgütern. Speziell die Organisation elektronisch aufbereiteter Informationen und der Zugriff auf diese erfahren immer neue Entwicklungen, wozu der Computer und vor allem das Internet beitragen. Das Web wird zum wichtigsten Medium für Informationsbeschaffung und Kommunikation.

Mit der Erweiterung von Webangeboten wird der Abbau »traditioneller« Angebote betrieben:

- Vorlesungen und Seminare werden ins Netz verlagert und heißen »E-Learning«,
- Kommunen verlagern ihre Dienstleistungen ins Web und reduzieren die Öffnungszeiten der Behörden,
- öffentlichen Ausschreibungen im Web stehen hohe Gebühren für die schriftlichen Unterlagen gegenüber.

Ähnliches ist im Gesundheitswesen, auf dem Arbeitsmarkt, bei Freizeitaktivitäten oder im Handel festzustellen. Diese allgemeine Entwicklung hin zur elektronischen Abwicklung von Vorgängen verlangt zwingend die Gestaltung von Webinhalten, die für alle nutzbar sind.

Durch den zunehmenden Stellenwert des Internets geht man häufig davon aus, dass jeder Mensch Zugriff auf Informationen im Web hat. Das ist aber nach wie vor eine Utopie. Angefangen bei technikunerfahrenen Menschen und Nutzern, die in einer anderen Sprache kommunizieren, über Menschen, die aufgrund einer Behinderung eingeschränkt sind, bis hin zu denjenigen mit situationsbedingten Problemen beim Surfen – es gibt viele Gründe, das Web nicht nutzen zu können.

Abgesehen von der gesetzlichen Verpflichtung ist Barrierefreiheit vor allem für den öffentlichen Sektor aus wirtschaftlicher Sicht notwendig. Die zunehmende Abbildung behördlicher Dienstleistungen und Verwaltungsverfahren im Web führt dazu, dass sie barrierefrei umgesetzt werden müssen. Wenn diese Dienste nicht für jeden nutzbar sind, müssen sie weiterhin auch in den Amtsstuben angeboten werden. Eine geplante Kostenersparnis mithilfe durchgängiger Digitalisierung bleibt ohne Barrierefreiheit aus.

2.1.1 Barrierefreiheit und Behinderung

In diesem Buch geht es vor allem um barrierefreie Webseitengestaltung und deshalb steht der Mensch mit einer Behinderung stets im Vordergrund. Barrierefreiheit nutzt zwar auch anderen; der Begriff »Barrierefreiheit« wird jedoch oft sehr allgemein in dem Sinne ausgelegt, dass jeder Mensch von Barrieren betroffen sein kann.

Die Frage, ob es sich bei dem Begriff »Barrierefreiheit« um eine falsche Übersetzung des englischen Begriffs »Accessibility« handelt und nicht eher der Begriff »Zugänglichkeit« passend ist, wird im Web immer wieder diskutiert. Es mag sein, dass »Zugänglichkeit« in bestimmten Zusammenhängen die richtige Übersetzung für »Accessibility« ist, aber bei Barrierefreiheit geht es ohne Ausnahme um Menschen mit Behinderungen – und in genau diesem Sinne wird der Begriff »Accessibility« vom World Wide Web Consortium definiert:

> *»Web accessibility means that people with disabilities can use the Web. More specifically, Web accessibility means that people with disabilities can perceive, understand, navigate, and interact with the Web, and that they can contribute to the Web.«*[1]

Übersetzt heißt das: Barrierefreiheit bedeutet, dass Menschen mit Behinderungen das Web nutzen können. Genauer gesagt bedeutet Barrierefreiheit, dass Menschen mit Behinderungen das Web wahrnehmen, verstehen, navigieren und damit interagieren und sie dazu beitragen können.

Der Begriff »Zugänglichkeit« allein stellt keine Verbindung zu Behinderung her. Die Zugänglichkeit eines Webauftritts ist dann gegeben, wenn alle Inhalte erreicht werden können. Allerdings kann die tatsächliche Nutzbarkeit eines Webauftritts letztlich erst durch den (behinderten und nichtbehinderten)

---

1.   Vgl. W3C, Introduction to Web Accessibility,
     URL: *http://www.w3.org/WAI/intro/accessibility.php* (Abruf 25.8.2009).

Nutzer beurteilt werden. Es ist die Nutzbarkeit durch Menschen mit Behinderungen, die die Barrierefreiheit von der reinen »Zugänglichkeit« unterscheidet.

In Deutschland wird die Barrierefreiheit in § 4 Behindertengleichstellungsgesetz (BGG) definiert und ist auch hier mit der Nutzung bestimmter Bereiche durch Menschen mit Behinderungen verknüpft: »Barrierefrei sind [...] gestaltete Lebensbereiche, wenn sie für behinderte Menschen in der allgemein üblichen Weise, ohne besondere Erschwernis und grundsätzlich ohne fremde Hilfe zugänglich und nutzbar sind.«[2]

Folgende Begriffe sind dabei von Bedeutung:

gestaltete Lebensbereiche
Alles, was von Menschen gestaltet wird, kann unter dem Aspekt der Barrierefreiheit betrachtet werden. Die gestalteten Bereiche stehen im Gegensatz zu natürlichen Bereichen (wie einem Fluss oder einem Wald), wobei eine Brücke über den Fluss oder ein Waldweg wiederum gestaltete Bereiche sind. Ohne Zweifel gehören Webangebote zum gestalteten Lebensbereich dazu.

zugänglich und nutzbar
Die Zugänglichkeit (z.B. zu einem Gebäude) allein reicht für die Barrierefreiheit nicht aus; das Gebäude muss auch sinnvoll nutzbar sein. Ein Gebäude mit einer Treppe vor dem Eingang kann für Rollstuhlfahrer mit Rampen zugänglich gemacht werden, aber wenn der Fahrstuhl in den ersten Stock nicht breit genug für einen Rollstuhl ist, dann ist das Gebäude nicht sinnvoll nutzbar. Im Web ist das ähnlich: Die Zugänglichkeit alleine reicht nicht aus, die Angebote müssen auch von Menschen mit Behinderungen sinnvoll genutzt werden können, um barrierefrei zu sein.

in der allgemein üblichen Weise
Dieser Passus bedeutet, dass es keine Sonderlösungen geben darf. Ein Gebäude ist nicht barrierefrei, wenn es zwar zugänglich ist, aber der Rollstuhlfahrer nicht durch den Haupteingang, sondern durch einen Nebeneingang hinein muss. Für das Web bedeutet dies, dass es keine »barrierefreien« Versionen eines sonst nicht barrierefreien Auftritts geben darf, sondern dass die Standardangebote von vornherein zugänglich und nutzbar sein müssen.

ohne besondere Erschwernis
Die Nutzung gestalteter Bereiche darf nicht durch zusätzliche Hürden belastet werden. Eine zusätzliche Hürde ist, wenn der Rollstuhlfahrer sich im Vorfeld beim Hausmeister eines Gebäudes anmelden muss, damit ihm eine Rampe zur Verfügung gestellt wird. Auch im Web gibt es Beispiele für besondere Erschwernisse, z.B. wenn Inhalte nicht mit der gewohnten Soft-

---

2. Vgl. Bundesministerium der Justiz,
   URL: *http://bundesrecht.juris.de/bgg/BJNR146800002.html* (Abruf 24.8.2009).

ware betrachtet werden können, sondern zunächst weitere Anwendungen installiert und konfiguriert werden müssen.

■ **grundsätzlich ohne fremde Hilfe**
Die Selbstständigkeit möglichst vieler Menschen mit Behinderungen muss beachtet werden. In einem Fahrstuhl muss der Rollstuhlfahrer die Tasten bedienen und ein Sehbehinderter das Display lesen können. Auch Webangebote muss jeder Nutzer selbstständig nutzen können. Obwohl die Nutzung des Web bei bestimmten Behinderungsarten den Einsatz spezieller Hilfsmittel oder Assistenzkräfte voraussetzt, ist ein Angebot doch nur dann wirklich barrierefrei, wenn entweder die Nutzung mit den gängigen Hilfsmitteln möglich ist oder – im Falle des Versagens – geeignete alternative Hilfsmittel vom Anbieter bereitgestellt werden.

Barrierefreies Webdesign bedeutet also, dass behinderte Menschen ein Webangebot uneingeschränkt und selbstständig nutzen können. Barrierefreiheit ist die Gebrauchstauglichkeit vor dem Hintergrund einer Behinderung.[3]

2.1.2   Barrierefreiheit als Ziel

Ein barrierefreier Webauftritt wird nicht auf Anhieb gelingen und eine vollständige Barrierefreiheit niemals zu 100 % erreicht werden können. Es wird immer Situationen geben, in denen ein Nutzer mit einem Angebot nicht oder nur eingeschränkt umgehen kann. Aus diesen Gründen wird manch dogmatische Diskussion entfacht, die die nicht erreichbaren Ziele als Begründung für die Vernachlässigung von Barrierefreiheit anführt.

Eine Annäherung an Barrierefreiheit kann einfach oder komplex sein. Dies ist abhängig von Inhalt, Größe und Komplexität des Webangebots sowie von den eingesetzten Redaktionssystemen und sonstigen Werkzeugen. Vor allem wenn Seiten (noch) nicht standardkonform aufgebaut sind und Multimedia- oder PDF-Dokumente verstärkt angeboten werden, entsteht ein höherer Aufwand. Viele Anforderungen der Barrierefreiheit sind jedoch mit vertretbarem Aufwand umsetzbar.

Weil Barrierefreiheit ein utopisches und finanziell nicht tragbares Ziel zu sein scheint, wird stattdessen gelegentlich von »Barrierearmut« gesprochen. Obwohl dieser Begriff den Zustand eines gut zugänglichen Webauftritts besser beschreibt als »Barrierefreiheit«, ist er aus folgenden Gründen unpassend:

■ Barrierefreiheit ist ein gesetzlich verankerter Begriff und kann eingeklagt werden.

■ »Barrierearmut« ist ein relativierter und vor allem selektiver Anspruch des Webanbieters und nicht des Nutzers.

---

3. Vgl. Hellbusch, J. E. (2008), Sinn für Barrierefreiheit, in: eLogbuch accessibility, URL: *http://www.mainweb.at/wp-content/uploads/2008/03/eLogBuch_Accessibility.pdf* (Abruf 24.9.2009).

Barrierefreiheit ist ein Ziel und kein Zustand. Sie erfordert die Bereitschaft, sich ständig mit potenziellen Barrieren zu beschäftigen und diese nach Möglichkeit abzubauen. Und auch dann wird es neue Nutzer mit individuellen Fähigkeiten und Kenntnissen geben, aus denen sich neue nutzerorientierte Anforderungen an einen Webauftritt ableiten lassen. Diesen Anforderungen muss mit geeigneten qualitätssichernden Maßnahmen begegnet werden.

2.1.3   Behinderte Nutzergruppen

Die Nutzbarkeit von Webauftritten hat je nach Behinderungsart unterschiedliche Aspekte, die in der Ausbildung von Webdesignern häufig nicht thematisiert werden; sei es die Wahrnehmung durch Sehbehinderte oder die Verständlichkeit für Menschen mit Lernschwierigkeiten. Eine Schematisierung wird dadurch erschwert, dass Behinderung nicht gleich Behinderung ist und die individuellen Anforderungen sehr unterschiedlich sein können. Auch müssen Mehrfachbehinderungen und chronische Erkrankungen sowie psychische Einschränkungen bedacht werden.

Für dieses Buch soll allerdings »nur« auf einige für die Informationstechnik prägende Aspekte eingegangen werden. Wichtig ist dabei das Verständnis von Barrieren bei der Nutzung und dem Lesen im Web, die durch bestimmte Behinderungsarten entstehen. Nicht behandelt werden besondere didaktische Konzepte für E-Learning-Anwendungen oder die Bedienung bestimmter Hilfsmittel.

Für die Entwicklung barrierefreier Webseiten ist die Kenntnis über die Verfügbarkeit verschiedener Hilfsmittel wichtig. Mit einer Behinderung sieht die Hard- und Softwareausstattung etwas anders aus als bei durchschnittlichen Nutzern. Über die Standardausstattung, etwa Bildschirm, Tastatur, Maus und Browser, hinaus werden oft Hard- und/oder Software eingesetzt. Sie fungieren als Zugangssoftware oder arbeiten mit anderer Zugangssoftware wie Browsern zusammen und bieten erweiterte, behinderungsspezifische Funktionalitäten an.

Die Grenze zwischen speziellen Hilfsmitteln und allgemeiner Zugangssoftware ist fließend, denn auch Browser und andere Anwendungen bieten zum Teil Funktionalitäten zur Verbesserung der Zugänglichkeit an. Diese sind z.B. das Vergrößern von Schriften, Ändern des Farbschemas oder das Verwenden eigener Userstyles und Userscripts.[4] Diese adaptiven Strategien sind jedoch für die speziellen Bedürfnisse behinderter Nutzer oft nicht ausreichend.

Wichtige Hilfsmittel oder »assistive Technologien«, wie sie ebenfalls genannt werden, sind:

- Vergrößerungssysteme und andere Anwendungen zur besseren Darstellung von Text sowie zur Synchronisierung von Text mit synthetischer Sprache
- Screenreader zur Darstellung und Bearbeitung von Inhalten in synthetischer Sprache oder Braille

---

4.   Probiesch, K. (2009), Mit Userstyles und Userscripts zu mehr Barrierefreiheit, URL: *http://access4all.ch/blog/?p=809* (Abruf 3.3.2010).

- Sprachausgaben und Text-to-Speech-Anwendungen zur Konvertierung von Text in synthetische Sprache
- Spracherkennungssoftware zur Umwandlung von Gesprochenem in Befehle oder Text
- Alternative Tastaturen zur Simulierung einer Tastatur (Bildschirmtastaturen)
- Alternative Steuerungsmöglichkeiten für die Bedienung der Maus (z.B. Tastaturmaus)

2.1.3.1 Sehbehinderung

Eine Sehbehinderung ist der vermutlich häufigste Grund für Einschränkungen in der Computernutzung. Eine Einteilung der verschiedenen Sehbehinderungen in Kategorien ist fast unmöglich. Eine grobe Unterscheidung kann zwischen hochgradiger Sehbehinderung, Sehbehinderung und Sehbeeinträchtigung getroffen werden. Dabei ist die Abgrenzung zwischen den einzelnen Kategorien uneindeutig. So gelten z.B. Personen als sehbehindert, wenn sie auf dem »besseren« Auge weniger als 30% sehen. Trotzdem kann sich jemand mit einer leichteren Seheinschränkung als »sehbehindert« empfinden.

Das Sehen ist ein komplexer Vorgang und entsprechend können Einschränkungen des Sehens sehr unterschiedliche Gründe haben. Wer insgesamt weniger als 30% sieht, gilt als sehbehindert; wer weniger als 5% sieht, gilt als hochgradig sehbehindert. Ein Sehrest von unter 2% bedeutet, dass jemand dem Gesetz nach blind ist.

Neben objektiven Kriterien und individueller Wahrnehmung spielen für das Sehen auch situative Bedingungen eine wichtige Rolle. So können Blendempfindlichkeit oder Farbenblindheit medizinisch festgestellt werden, dennoch kann das Sehen des Einzelnen – je nach Lichtverhältnissen, Kontrasten und anderen äußeren Bedingungen – stark, leicht oder subjektiv nicht beeinträchtigt sein. Schließlich gibt es zahlreiche Erkrankungen und Syndrome, die das Sehen beeinflussen und zu einer verminderten Sehkraft oder einem eingeschränkten Gesichtsfeld führen. Ein Beispiel ist Diabetes.

Aufgrund der vielfältigen Augenerkrankungen und damit gekoppelten Nutzerbedingungen ist es fast unmöglich, »typische« Ableitungen für Barrierefreiheit im Web zu beschreiben. Einige Sehbehinderte setzen Vergrößerungssysteme ein, andere verändern die Systemeinstellungen für Bildschirmfarben, -schriftarten und -schriftgrößen. Manche sind farbfehlsichtig, andere blendempfindlich und wieder andere keines von beidem. Einige setzen unterstützende Sprachausgaben ein, während andere mit den Bordmitteln des Browsers zurechtkommen. Auch bei gleicher objektiver Einschränkung können individuelle Wahrnehmung und Umgang mit der eigenen Beeinträchtigung durch die Betroffenen sehr unterschiedlich sein.

Sehbehinderten-Simulatoren

Ein Eindruck, wie sich Sehbehinderung auf die visuelle Wahrnehmung auswirkt, kann mit den folgenden beiden Simulatoren gewonnen werden:

- Der Simulator von PRO RETINA Deutschland und BKK zeigt die Krankheitsverläufe der häufigsten Augenerkrankungen und Sehbehinderungen und simuliert die jeweiligen Einschränkungen der Sehkraft.

  http://www.pro-retina.de/simulation

- Der Sehbehinderungs-Simulator des Allgemeinen Blinden- und Sehbehindertenvereins Berlin zeigt, wie sich die fünf häufigsten Sehbehinderungen auf die Wahrnehmung auswirken.

  http://www.absv.de/sbs/sbs_intro.html

Farbfehlsichtigkeit

Es ist bis heute nicht geklärt, wie genau Farben von Farbfehlsichtigen wahrgenommen werden. Schwierigkeiten bereitet dabei vor allem die unzureichende Vergleichbarkeit der individuellen Wahrnehmung.

Joel Pokorny von der Universität Chicago, eine der führenden Wissenschaftlerinnen im Bereich der Farbwahrnehmung, und andere Fachleute sind sich einig: Menschen mit Rot- oder Grünschwäche nehmen statt Rot oder Grün Farbabstufungen von Beige, Gelb oder Orange wahr. Bei Rotblindheit wird Rot auch als Schwarz wahrgenommen. Deshalb muss bei diesen Farben bedacht werden, dass sie bei Farbfehlsichtigkeit nicht immer eindeutig unterschieden werden können.

Immerhin acht Prozent der männlichen Bevölkerung haben eine Farbschwäche oder sind partiell farbenblind; der Anteil der Frauen ist mit weniger als einem halben Prozent erheblich geringer. Eine vollständige Farbenblindheit ist dagegen selten: Weniger als ein Hundertstel Prozent der Bevölkerung kann keine Farben unterscheiden und orientiert sich nur an Helligkeitswerten. Bei bestimmten Formen der Netzhautdegeneration tritt auch der umgekehrte Fall ein: Die Seheindrücke werden ausschließlich über die für Rot und Grün verantwortlichen Rezeptoren an das Hirn übertragen.

Blendempfindlichkeit

Ein weiteres Problem bei Sehbehinderung ist die Blendempfindlichkeit. Die größte Barriere vieler sehbehinderter Menschen bei der Arbeit am Bildschirm sind dabei Hintergrund- und Schriftfarben. Deshalb werden Bildschirmfarben oft individuell angepasst. Die Farbeinstellungen erfolgen zunächst im Betriebssystem und werden normalerweise von Standardsoftware wie Office-Anwendungen und Browsern übernommen. Die Wahl eigener Farbschemata bietet Microsoft seit Windows 95 in den Anzeige-Optionen und in der Eingabehilfe. Andere Betriebssysteme wie Mac OS und verschiedene Linux-Desktops wie

KDE und Gnome stellen diese ebenfalls über die Systemeinstellungen zur Verfügung. Neben der Farbgebung können außerdem Schriftgröße und Schriftart vom Nutzer bestimmt werden.

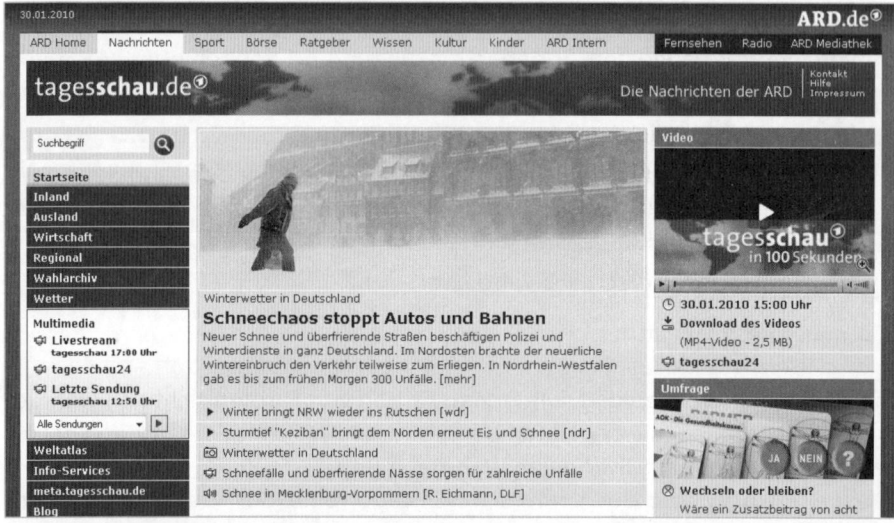

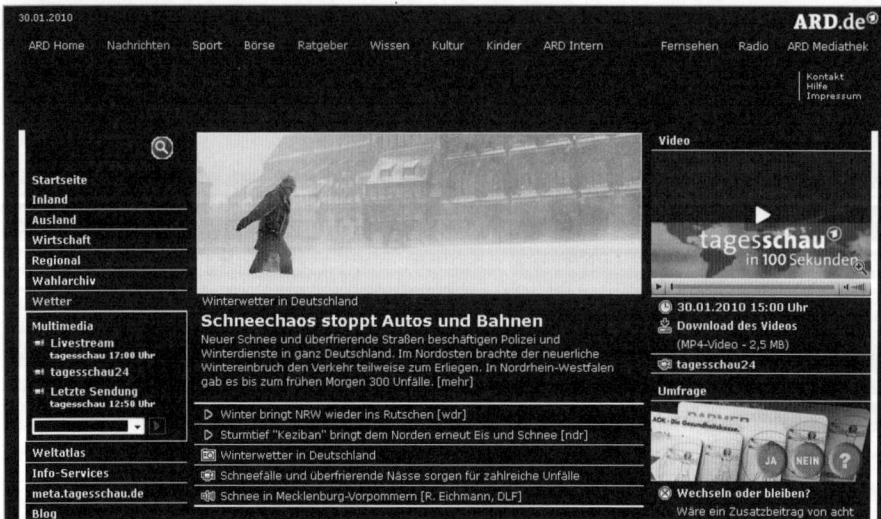

Abb. 2-1   Darstellung bei Standardeinstellungen und im Kontrastmodus

Auch wenn Nutzer nicht dauerhaft auf einen bestimmten Kontrastmodus angewiesen sind, kann dennoch ein strahlend weißer Hintergrund als blendend empfunden werden. Probleme entstehen außerdem bei dünner, kleiner oder heller Schrift, die subjektiv vom hellen Hintergrund überstrahlt wird. Für die Barrierefreiheit ist also neben den Kontrastmodi auch die Vergrößerbarkeit der

Schrift von Bedeutung, da dadurch die Überstrahlung als geringer wahrgenommen wird.

Vergrößerungsbedarf

Viele Nutzer benötigen Textvergrößerungen, um gut lesen zu können. Obwohl die meisten Browser eine Zoomfunktion bieten, sind solche Funktionen nicht dauerhaft nutzbar, weil meist ein horizontales Scrollen zum vollständigen Erfassen der Seite erforderlich ist. Deswegen wird eher die Schrift größer gestellt und/oder die Bildschirmauflösung verringert. Auch werden »onboard« Lupenprogramme der Betriebssysteme zur ausschnittsweisen Vergrößerung eingesetzt.

Ist der Vergrößerungsbedarf höher als durch Veränderungen von Systemeinstellungen möglich, kommt meist ein Vergrößerungssystem zum Einsatz. Eine solche Software stellt einen Ausschnitt des Bildschirms deutlich vergrößert dar und ist oft mit Features wie Cursorverfolgung, Kantenglättung und Sprachausgabe ausgestattet. Ist ein Nutzer auf eine vierfache Vergrößerung angewiesen, ist nur $1/16$ der ursprünglichen Inhalte sichtbar.

Obwohl diese Systeme Vergrößerungen jenseits des 50-Fachen erlauben, ist bei mehr als zwölffacher Vergrößerung die effektive Nutzung nur noch mit unterstützender Sprachausgabe sinnvoll.

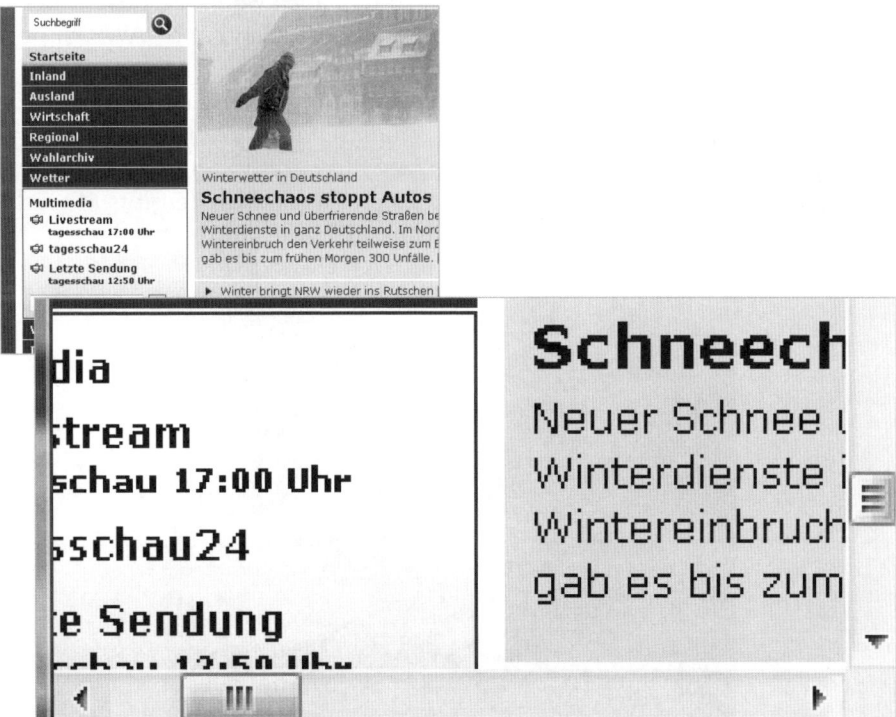

Abb. 2-2 Standardansicht und Ansicht bei vierfacher Vergrößerung

Trotz der Leistungsfähigkeit von Vergrößerungssystemen ist deren Einsatz meist mit einem Verlust der Übersichtlichkeit verbunden. Auch beim Einsatz von ZoomText, Lunar oder einem ähnlichen System wird oft vorher die Bildschirmauflösung bis auf 800×600 verringert, um den späteren Vergrößerungsbedarf zu minimieren.

2.1.3.2   Blindheit

Ohne Zweifel stehen blinde Menschen bei der Arbeit am Computer vor großen technischen Barrieren. Das liegt daran, dass sie spezielle Hilfsmittel einsetzen, die ihnen die Informationen, die normalerweise am Bildschirm angezeigt werden, vorlesen oder auf tastbaren Ausgabemedien anzeigen.

Screenreader

Die Software, die blinde und hochgradig sehbehinderte Menschen für die Arbeit am Computer benötigen, fängt die für die Ausgabe am Bildschirm bestimmten Informationen ab und interpretiert sie neu. Das am häufigsten eingesetzte Hilfsmittel ist der Screenreader.

Screenreader beziehen ihre Informationen zur Bedienung von Anwendungen und zur Aufbereitung der Inhalte von Schnittstellen des Betriebssystems. Dies hat nur bedingt mit dem Bildschirm zu tun, auch wenn die Bezeichnung etwas anderes impliziert. Gängige Produkte in Deutschland sind JAWS, Super-Nova, COBRA, Window-Eyes und zunehmend auch NVDA.

Screenreader stellen Informationen entweder in synthetischer Sprache, z.B. über eine Sprachausgabe, oder in Blindenpunktschrift (Braille) über die Braillezeile dar. Die Braillezeile ist ein spezielles Ausgabegerät, das Inhaltsausschnitte in der Blindenpunktschrift auf einem taktilen Display wiedergibt. Mit acht beweglichen Stiften werden Zeichen in tastbares Braille umgesetzt.

Abb. 2-3   Bedienung der Braillezeile

Die drei wesentlichen Einschränkungen eines Screenreader-Nutzers sind:

- Inhalte von Bildern und Videos sind verborgen, wenn keine Alternativtexte zur Beschreibung oder zum Ersetzen der visuellen Informationen vorhanden sind.
- Das »eindimensionale« bzw. lineare Lesen erlaubt es nur unter erschwerten Bedingungen, eine Übersicht über den Seiteninhalt zu bekommen.
- Die Bedienung des Computers erfolgt ohne Maus.

Zur Kompensierung von linearer Darstellung und fehlendem Mauszeiger bieten Screenreader besondere Funktionen, mit denen der Mauszeiger simuliert wird. Ergänzend wird eine strukturelle Navigation über die semantischen Strukturen eines Dokuments ermöglicht, etwa das Springen von Überschrift zu Überschrift.

Die Grenzen eines Screenreaders im Web sind bei bestimmten Formaten wie Java gegeben, aber auch Flash und PDF können je nach ihrer Aufbereitung unüberwindbare Barrieren sein. Die barrierefreie Gestaltung dieser Formate muss mit dem gleichen Anspruch wie für HTML-Seiten erfolgen. Lösungen wie die interne Sprachausgabe des Adobe Reader sind zwar besser als keine Möglichkeit, ein Dokument zu lesen, konkurrieren aber mit dem gewohnten Screenreader, der neben dem Lesen das Navigieren innerhalb des Dokuments ermöglicht. Wenn solche Formate eingesetzt werden, müssen sie – um barrierefrei zu sein – auch mit Screenreadern genutzt werden können.

Webreader

Spezielle Webreader sind dann erforderlich, wenn der eingesetzte Screenreader nicht gut mit dem verwendeten Browser zusammenarbeitet; das ist z.B. bei dem Screenreader COBRA der Fall. Screenreader wurden in erster Linie zur Bedienung des gesamten Betriebssystems und seiner Anwendungen entwickelt. Dabei stellt der Browser nur eine von vielen Anwendungen dar und die Optimierung der Screenreader für Browser erfolgt nur schrittweise. Deshalb setzen viele Blinde den kostenlosen Webreader »WebFormator« in Kombination mit einem Screenreader und dem Microsoft Internet Explorer ein.

Sprechende Webseiten

Webanbieter sollten sich nicht dazu verleiten lassen, Text-to-Speech-Lösungen speziell für blinde Nutzer anzubieten. Obwohl Audio-Fassungen von Webseiten ihre Berechtigung haben, so verfügen Blinde mit dem Screenreader über eine eigene Sprachausgabe mit leistungsfähigen Bedienfunktionen. Sie können nicht durch serverseitige Anwendungen ersetzt werden.

Audio-Dateien, die von einem Vorleser gesprochen oder mit synthetischer Sprache aufgenommen wurden, sollten nur auf ausdrücklichen Wunsch des Nutzers gestartet werden. Außerdem sollte der Inhalt der Seite in der Sprachqualität und -geschwindigkeit erfolgen, die der Nutzer vorzieht.

2.1.3.3   Motorische Einschränkungen

Auch motorisch eingeschränkte Nutzer sind eine heterogene Gruppe. Während die einen ihre Arme oder Hände kaum zur Bedienung der Eingabegeräte bewegen können, haben andere, etwa aufgrund einer Spastik, möglicherweise keine Kontrolle über die Bewegung ihrer Gliedmaßen. Andere Nutzer können ihre Hände überhaupt nicht einsetzen und bedienen den Computer mit ihren Füßen, Augen oder der Stimme.

Zwar haben manche Rollstuhlfahrer keine besondere Einschränkung bei der Nutzung von Maus und Tastatur, vielen Menschen mit motorischen Beeinträchtigungen fällt jedoch beispielsweise die ruhige und punktgenaue Steuerung von Zeigegeräten wie der Maus schwer. Auch die Ausführung von Befehlen über einen Mehrfachtastendruck ist oft nicht möglich. Deswegen sollten Webauftritte so gestaltet sein, dass sie sowohl mit Zeigegeräten als auch allein mit der Tastatur vollständig bedienbar sind.

Es gibt zahlreiche Hilfsmittel, die eine alternative Eingabe ermöglichen. Die folgende Auswahl soll die Vielfältigkeit nur andeuten. Im Allgemeinen kann man sagen, dass alle Hilfsmittel den Mauszeiger oder die Tastatureingabe ersetzen und dass für die Webgestaltung Maus- und Tastaturbedienbarkeit gleichwertig sein müssen.

Mund- und Augen-Steuerungssysteme

Kann etwa aufgrund einer Schädigung im Bereich der Halswirbelsäule weder eine Maus noch eine Tastatur mit den Händen bedient werden, müssen andere Eingabegeräte verwendet werden. Eine Möglichkeit ist die Steuerung des Mauszeigers mit den Augen durch sogenannte Eye-Tracking-Systeme (Augen-Steuerungssysteme). Mit dieser speziellen Hard- und Software stehen die Funktionen einer Standardmaus zur Verfügung, dabei wird der Mauszeiger über einen Sensor mit den Augen gesteuert. Da die Eingabe per Tastatur ebenso wenig möglich ist, wird eine virtuelle Tastatur am Bildschirm eingeblendet, die ebenfalls mit dem Augen-Steuerungssystem bedient werden kann.

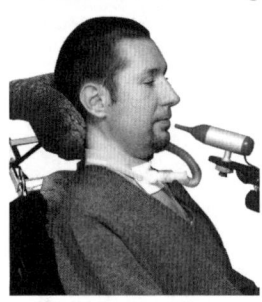

Ein ähnliches System, das allerdings mit dem Mund gesteuert wird, ist die IntegraMouse. Mit diesem Gerät können die Funktionen, die mit einer Standardmaus möglich sind, ausgeführt werden. Dazu gehören die Positionierung des Mauszeigers auf dem Bildschirm sowie die Funktionen der linken und rechten Maustaste. Die Zeigerpositionierung erfolgt durch eine leichte horizontale Bewegung des Mundstückes mit dem Mund. Durch Saugen und Blasen werden die linke und rechte Maustaste ausgelöst.

Abb. 2-4
Bedienung der
IntegraMouse

Großfeldtastatur

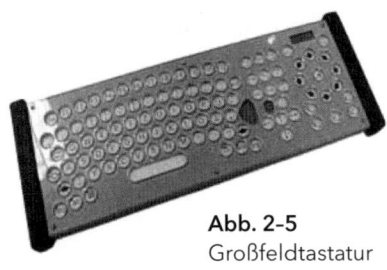

Abb. 2-5
Großfeldtastatur

Die Großfeldtastatur mit integrierter Tastaturmaus hilft Menschen, die aufgrund motorischer Einschränkungen und Koordinationsproblemen ihre Arme und Hände nur unkontrolliert steuern können, die Tasten zu treffen. Über die Tastaturmaus – die Zweitbelegung des numerischen Blocks auf den meisten Standardtastaturen – können der Mauszeiger und Funktionen der linken und rechten Maustaste gesteuert werden. Außerdem können mehrere Tasten frei belegt werden, wodurch die Computerbedienung über Tastaturkürzel für viele erst möglich wird.

Der Anschluss an den Computer erfolgt wie bei einer Standardtastatur, wodurch die Großfeldtastatur zu jedem Standardcomputer kompatibel ist.

Spracheingabe

Spracheingaben wie Dragon NaturallySpeaking konvertieren den gesprochenen Text eines Nutzers in Text bzw. Befehle für den Computer. Nach einer Übungsphase ist es möglich, über die Spracheingabe Dokumente zu erstellen, Anwendungen zu steuern und den Rechner zu verwalten. Solche Systeme setzen allerdings eine deutliche Aussprache des Nutzers voraus, was beispielsweise bei einer Spastik nicht unbedingt gegeben ist.

2.1.3.4   Lernschwierigkeiten

Für Menschen mit Lernschwierigkeiten ist Leichte Sprache essenziell. Stefan Göthling, Bundesgeschäftsführer des Netzwerks People First Deutschland, formulierte es so: »Was für Rollstuhlfahrer die Treppen sind, ist für uns Menschen mit Lernschwierigkeiten eine schwere Sprache, die wir nicht verstehen können.«

Aber auch ohne eine spezifische Lernschwierigkeit haben viele Menschen Leseschwächen: Der Bundesverband Alphabetisierung geht von vier Millionen Analphabeten in Deutschland aus.[5] Das sind 6,3 % der Einwohner über 15 Jahren; außerdem haben bis zu zehn Prozent eine Lese-Rechtschreib-Schwäche. Diese Nutzer können sich nur dann im Netz wohlfühlen, wenn Inhalte verständlich geschrieben sind oder wenn mit Bild und Audio eine Navigation und das Lesen möglich werden. Entsprechend können serverseitige Text-to-Speech-Anwendungen dazu beitragen, dass die Inhalte auch von Menschen mit Lernschwierigkeiten oder Lese-Rechtschreib-Schwächen erfasst werden.

---

5. Vgl. Bundesverband Alphabetisierung und Grundbildung e. V., FAQ,
    URL: *http://www.alphabetisierung.de/infos/faq.html* (Abruf 5.9.2009).

Verständlich geschriebene Texte sind für alle Nutzer, z. B. auch für Migranten oder Touristen, von Vorteil. Für die effektive Nutzung von Webangeboten sind leicht verständliche Navigationspunkte und Texte unabdingbar. Wenn die Konzentration am Arbeitsplatz durch Geräusche oder schlechte Lichtverhältnisse beeinträchtigt wird, erleichtern strukturierte und leserliche Seiten mit verständlichen Inhalten auch nicht behinderten Nutzern die Aufnahme von Informationen.

2.1.3.5 Gehörlosigkeit

Gehörlosigkeit zählt möglicherweise zu den am wenigsten beachteten Einschränkungen, die im barrierefreien Webdesign zu berücksichtigen sind. Zum einen liegt es an dem noch geringen Anteil an Audio-Inhalten: Podcasts und vertonte Videos gibt es zwar in großer Zahl, aber es handelt sich immer noch um einen geringen Teil des Gesamtangebots. Zum anderen ist vielen Menschen nicht bewusst, dass ein beträchtlicher Teil der Gehörlosen in einer eigenen Sprache kommuniziert, der Gebärdensprache.

Untertitel und Textabschriften für Audio

Für barrierefreie Audio-Inhalte gibt es klare Richtlinien. Genauso wie Bilder einen Alternativtext benötigen, sind für Audio-Inhalte gleichwertige Alternativen in Textform bereitzustellen. Dies kann bedeuten, dass handlungsrelevante Geräusche in multimedialen Anwendungen als Untertitel eingebunden oder Textabschriften für Podcasts bereitgestellt werden müssen.

Vor allem bei Videos ist darüber hinaus die SMIL-Technik für die Synchronisierung von Untertiteln einzusetzen (vgl. Abschnitt 5.4 ab S. 166). In der Regel sind damit die Bedürfnisse gehörloser Menschen im Web abgedeckt.

Gebärdensprache

Menschen, die von Geburt an gehörlos sind, verständigen sich in Gebärdensprache. Gebärdensprachen folgen einer anderen Grammatik als die entsprechenden Laut- und Schriftsprachen. Dabei spielen sowohl Handbewegungen als Mimik, Mundbild und Körperhaltung eine Rolle. Gebärdensprachen sind vollwertige Sprachen und ermöglichen auch die Verständigung über und die Vermittlung komplexer Sachverhalte.

Gebärdensprachen sind genauso vielfältig wie Lautsprachen. In den deutschsprachigen Ländern gibt es beispielsweise die Deutsche Gebärdensprache (DGS), die Österreichische Gebärdensprache (ÖGS) und die Deutschschweizer Gebärdensprache (DSGS) mit weiteren regionalen Dialekten. Gebärdensprache ist in Deutschland und Österreich als vollwertige Sprache anerkannt, in der Schweiz bisher nur im Kanton Zürich.

Das Lernen der Lautsprache ist ohne Gehör sehr schwierig und die Schriftsprachenkompetenz kann dadurch vermindert sein. Geschriebene Texte können deswegen eine Art Fremdsprache für Gehörlose darstellen.

Gebärdensprachfilme sind als synchronisierte Alternative für Multimedia ergänzend zu Untertiteln sinnvoll. Untertitel allein können oft nicht den vollen Umfang der Audio-Inhalte wiedergeben und zudem muss das Lesen in einer bestimmten Geschwindigkeit erfolgen. Auch für wichtige Anleitungen zur Bedienung von Funktionen können und sollen Gebärdensprachfilme berücksichtigt werden. Ein Hilfsmittel, vergleichbar mit einem Screenreader für Blinde, etwa ein Avatar für Gehörlose, ist allerdings aufgrund der Komplexität der Gebärdensprachen noch Zukunftsmusik.

2.1.4 Säulen der Barrierefreiheit

Barrierefreiheit kann zahlreiche unterschiedliche Szenarien umfassen. Wie sollen Webentwickler oder Screendesigner, die womöglich zum ersten Mal vor den Anforderungen der Barrierefreiheit stehen, dennoch einen barrierefreien Auftritt für eine möglichst große Zielgruppe schaffen?

Es ist nicht verwunderlich, dass Designer und Entwickler nach Checklisten verlangen. Checklisten können jedoch nur eingeschränkt zur Bewertung der Barrierefreiheit genutzt werden und decken nur eingeschränkt kontextabhängige Aspekte ab. Ein Problem ist, dass die vielfältigen Arbeitsweisen behinderter Nutzer in solchen Listen kaum berücksichtigt werden können und durch Nutzer- und Expertentests ergänzt werden müssen. Ein anderes Problem ist, dass die meisten Checklisten zu wenig »unterfüttert« sind. Checklisten, bei denen die einzelnen Erfolgskriterien nur »abgehakt« werden, können von Experten mit großer Prüfpraxis verwendet werden. Für Webentwickler, die sich erst in die Materie einarbeiten müssen, greifen solche Listen jedoch zu kurz, denn man muss die einzelnen Checkpunkte verstanden haben, um Einschränkungen der Nutzbarkeit für Menschen mit Behinderungen richtig zu bewerten.

Eine empfehlenswerte Checkliste ist die Accessibility Checkliste 2.0, erarbeitet von der »AG Accessibility Checkliste 2«. Sie basiert auf den Anforderungen der WCAG20 und enthält neben der Checkliste selbst die Originaltexte der Richtlinien, umfangreiche Begleitdokumente mit Erläuterungen, Code-Beispielen und Screenshots sowie Hinweisen zu Testtools. Die Checkliste steht in deutscher, französischer und italienischer Sprache zur Verfügung. Sie finden die Accessibility Checkliste 2.0 auf

http://www.access-for-all.ch/checklist/

Ergebnisse einer Prüfung sollten selbstverständlich durch Experten- und Nutzertests ergänzt werden – zum einen weil sich im Laufe eines Projekts eine gewisse Betriebsblindheit einstellen kann, zum anderen, um eine neutrale Expertenmeinung einzuholen. Schließlich würden Sie sich ja auch nicht selber eine TÜV-Plakette ausstellen, nur weil Sie die Kriterien für verkehrstüchtige Autos kennen.

Im Folgenden werden sieben Säulen der Barrierefreiheit vorgestellt. Mit dem Verständnis dieser Themenkomplexe sind zumindest die groben Anforderungen der Barrierefreiheit umsetzbar. Die zugehörigen Fragestellungen reichen aber mit Sicherheit nicht aus, um die Barrierefreiheit eines Webangebots abschließend zu beurteilen.

2.1.4.1   Textorientierung

Webseiten werden nicht nur in grafischen Browsern dargestellt. Wenn z.B. ein Screenreader eingesetzt wird, sind grafische Inhalte ohne geeignete Alternativtexte nicht verständlich. Gleiches gilt für Multimedia, wenngleich die Textorientierung in Videos und Flash-Anwendungen etwas komplexer ist als bei Grafiken: Neben Alternativtexten für grafische Inhalte und Objekte müssen Aspekte der Dynamik beachtet werden.

Folgende Fragen müssen beantwortet werden, um die Anforderungen der Textorientierung zu erfüllen:

- Wenn Grafiken ausgeschaltet werden, kann die Seite dann im gleichen Umfang genutzt werden wie bei eingeschalteten Bildern?
- Wenn Multimedia eingesetzt wird, gibt es Beschreibungen der visuellen Inhalte und Textabschriften der auditiven Inhalte? Sind diese ggf. auch mit den multimedialen Inhalten synchronisiert?

Gerade der zweite Aspekt kann komplex werden, vor allem wenn es sich um interaktive Multimedia handelt. Auch geht es hier nicht alleine um Nutzer, die den Inhalt nicht sehen können, sondern auch um gehörlose Nutzer, die z.B. die Inhalte von Podcasts nicht nutzen können und auf Textalternativen angewiesen sind.

2.1.4.2   Kontraste und Farben

Die Wahrnehmung am Bildschirm kann durch ein vermindertes Sehvermögen stark beeinträchtigt sein. Bei diesem Themenkomplex sind folgende Fragen relevant:

- Wenn in einem beliebigen Browser ein eigenes Farbschema eingestellt wird, sind alle Informationen einschließlich Highlighting, Warnungen und andere Hervorhebungen gut erkennbar?
- Genügen alle Farbkombinationen den Anforderungen an ausreichende Kontrastverhältnisse?

2.1.4.3   Skalierbarkeit

Ist ein Nutzer auf stark vergrößerte Schriften angewiesen, so wird er ein Vergrößerungssystem einsetzen. Wenn jedoch »nur« eine etwas größere Schrift gewünscht ist, dann benötigt er skalierbare Schriften mit anpassbarem Layout.

Die Zoomfunktionen der Browser allein sind nicht ausreichend. Vielmehr sind folgende Kriterien zu erfüllen:

- Die Nutzer müssen die voreingestellte Schriftgröße aller Texte, einschließlich Texten in Eingabefeldern, verändern können.

▨ Bei geringer Bildschirmauflösung und/oder vergrößertem Text muss jeder Textblock ohne horizontales Scrollen lesbar sein.

▨ Es muss sich um ein flexibles Layout handeln, das sich bei Kombinationen von Schriftvergrößerung und geringeren Bildschirmauflösungen anpasst.

2.1.4.4 Linearisierbarkeit

Am Bildschirm sind Kopfzeile, Navigation und Inhalt meist klar durch Position, Farbe und andere Gestaltungsmerkmale unterscheidbar, in linearer Software wie einer Sprachausgabe wird der komplette Inhalt jedoch sequenziell aufbereitet. So kann es passieren, dass z.B. eine Kopfzeile und eine umfangreiche Navigation dazu führen, dass der Inhalt »sehr weit hinten« zu finden ist. Diesem Problem entgegnen Screenreader, Vergrößerungssysteme, Browser und andere Hilfsmittel durch erweiterte Funktionen zum Springen innerhalb einer Seite und ermöglichen dadurch eine strukturelle Navigation mit der Tastatur.

Obwohl ein strukturierter Seitenaufbau mit Überschriften, Listen und Absätzen Voraussetzung einer barrierefreien Nutzung ist, muss auch die Reihenfolge der Inhalte in sich schlüssig sein. Deshalb müssen die folgenden beiden Fragen positiv beantwortet werden:

▨ Ist bei ausgeschaltetem Layout (CSS und Tabellen) jede Seite genauso nachvollziehbar wie bei eingeschaltetem Layout?

▨ Steht eine strukturelle Navigation vor allem bei umfangreicheren Seiten zur Verfügung, damit einzelne Seitenbereiche gezielt angesteuert werden können?

2.1.4.5 Geräteunabhängigkeit und Dynamik

Die Geräteunabhängigkeit ist ein Hauptziel der Barrierefreiheit. Eng verknüpft mit der Linearisierbarkeit spielt dabei die Bedienbarkeit des Webangebots mit der Tastatur eine wichtige Rolle. Kritisch sind in diesem Zusammenhang vor allem dynamische Skripte und andere clientseitige Anwendungen.

Auch wenn die Barrierefreiheit von JavaScript-Anwendungen ein Fass ohne Boden werden kann, muss man zumindest die folgenden Fragen mit »Ja« beantworten können:

▨ Ist mit der Tastatur eine gleichwertige Bedienung des Inhalts wie mit der Maus möglich?

▨ Können bei dynamischen Veränderungen z.B. durch JavaScript auch die neuen Inhalte mit der Tastatur angesteuert werden?

▨ Ist die Seite ohne JavaScript zugänglich und vollständig nutzbar und sind die Inhalte, die mit JavaScript in die Seite geladen werden, ebenfalls barrierefrei?

▨ Sind alle Inhalte, die nicht nativ im Browser dargestellt werden, wie Flash, Java-Applets, aber auch PDF, ebenfalls barrierefrei?

2.1.4.6   Verständlichkeit, Navigation und Orientierung

Barrierefreiheit umfasst viele Aspekte der Verständlichkeit, Navigation und Orientierung, und zwar aus der Sichtweise verschiedener Nutzergruppen. Für einen ersten Eindruck sind folgende Fragen hilfreich:

- Sind Navigationsleisten vorhanden und sind sie schlüssig und konsistent?
- Werden vor allem auf größeren Webangeboten Orientierungshilfen, z.B. eine Hilfe oder eine Übersicht, angeboten?
- Sind die Texte im Hauptinhaltsbereich und der Navigation allgemein verständlich?
- Werden für Suchfunktionen auch phonetische Suchanfragen bearbeitet und gibt es Fehlerkorrekturen bei Formulareingaben?
- Ist die Sprache des Inhalts richtig angegeben, damit Sprachausgaben sie korrekt vorlesen können?

Außerdem muss die Frage nach der Bereitstellung von Inhalten in Leichter Sprache und Gebärdensprache gestellt werden. Diese Anforderung ergibt sich aus der Definition der Barrierefreiheit.

2.1.4.7   Strukturierte Inhalte

Der korrekte Einsatz von HTML-Strukturelementen fördert die Nutzbarkeit vor allem in linearen Medien, da sie ein strukturelles Navigieren ermöglichen. Zudem müssen komplexere HTML-Konstrukte wie Tabellen, Formulare oder auch Listen korrekt ausgezeichnet werden, um mit Screenreadern sinnvoll interpretiert werden zu können. Deswegen sollten zusätzlich zu den unter »Linearisierbarkeit« aufgeführten Fragen noch die folgenden gestellt werden:

- Wurde die Semantik in HTML für Überschriften, Absätze, Listen usw. durchgängig für alle Inhalte beachtet?
- Haben alle Formularelemente geeignete Beschriftungen?
- Sind Überschriften in Datentabellen korrekt mit den Datenzellen verknüpft?

Die sinnvolle Strukturierung der Inhalte ist die Grundlage für die Trennung von Inhalt (HTML), Präsentation (CSS) und Verhalten (JavaScript bzw. DOM-Scripting). Diese Trennung der verschiedenen Ebenen ist wiederum Basis für die Standardkonformität eines Webangebots und ein nachweisbares Qualitätsmerkmal der Barrierefreiheit.

2.1.5   Barrierefreiheit für alle?

Obwohl bestimmte Anforderungen der Barrierefreiheit einen hohen konzeptionellen und finanziellen Aufwand bedeuten können, sind die meisten Anforderungen überschaubar. Meist fehlt es nur am erforderlichen Wissen darüber, warum Inhalte auf eine bestimmte Art und Weise umzusetzen sind.

Barrierefreies Webdesign hat eine große Schnittmenge zwischen Barrierefreiheit im eigentlichen Sinne und Nutzbarkeit im Allgemeinen. Beispielsweise kann ein standardkonformer Webauftritt ebenso gut in der Sprachausgabe eines blinden Nutzers wie auf einem handelsüblichen mobilen Gerät genutzt werden. Jedoch wird die Nutzbarkeit auf mobilen Endgeräten durch die Trennung von Inhalt und Layout erreicht. Die Barrierefreiheit für Screenreader-Nutzer zeigt sich hingegen insbesondere in semantisch korrektem HTML. Das bedeutet, dass ein standardkonformes Webangebot nicht nur für Browser, sondern mit zusätzlichen CSS auch für mobile Endgeräte optimiert werden kann. Screenreader benötigen hingegen optimierte Strukturen mit Überschriften und anderen HTML-Elementen. Beides – die Trennung von Inhalt und Layout sowie die Semantik – sind Aspekte der Standardkonformität.

Von Barrierefreiheit profitieren viele Menschen, denn neben der technischen Kompatibilität mit verschiedenen Endgeräten ist die Flexibilität der Webinhalte ein grundlegendes Prinzip der Barrierefreiheit. Webinhalte sollen unterschiedlichen Nutzerbedürfnissen und -vorlieben genügen und unterschiedlichen Konstellationen gerecht werden. So können auch Nutzer ohne Behinderung mit barrierefreien Angeboten besser umgehen, etwa wenn sie nicht auf dem neuesten Stand der Technik sind, zeitweise durch einen Unfall einen Computer nicht auf die gewohnte Weise bedienen können oder altersbedingte Schwierigkeiten bei der Computernutzung haben.

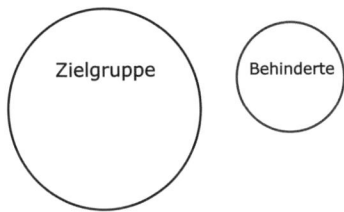

Abb. 2-6   Zielgruppenmissverständnis

Barrieren, die durch die einzelnen Behinderungen festgestellt werden, sind stets auch individuell geprägt. Gleichzeitig gibt es durch die Behebung der Barrieren nicht nur einen Vorteil für Nutzer mit Behinderung, sondern auch Vorteile für Nutzer ohne Behinderung. »Die Behinderten« gibt es so als Nutzergruppe nicht, deshalb sind Menschen mit Behinderungen auch nicht gezielt zu bedienen. Vielmehr ordnet sich die Heterogenität unter den Menschen mit Behinderungen der allgemeinen Heterogenität aller Nutzer unter.

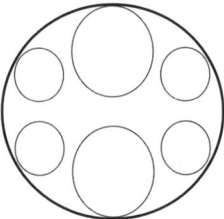

Abb. 2-7   Zielgruppenverständnis

Folgende Beispiele zeigen, wie alle Nutzer von barrierefreien Webangeboten profitieren:

▓ Gerade junge Menschen greifen mit verschiedenen mobilen Endgeräten und entsprechend kleinen Displays auf Webseiten zu. Standardkonformität, d.h., die Trennung von Inhalt (ausgezeichnet mit HTML) und Layout (ausgezeichnet mit CSS), ebenso wie Nutzbarkeit ohne JavaScript sind dabei wichtige Voraussetzungen. Neben Handy und Organizer ist Standardkonformität auch für den Zugang vom Flugzeug, aus der Bahn oder aus dem Auto wichtig. Darüber hinaus spielt die Bedienung ohne Maus eine Rolle. Diese Aspekte sind auch für blinde Menschen wichtig, denn Screenreader sind ähnlichen Einschränkungen wie mobile Geräte unterworfen.

▓ Übersichtlichkeit und Navigationshilfen wie Pfadangaben zur aktuellen Position innerhalb eines Webauftritts (Breadcrumbs), Sitemaps, Suchfunktionen u. Ä. gemeinsam mit einem konsistenten Design sind sowohl Aspekte der Gebrauchstauglichkeit im Allgemeinen als auch Forderungen der Barrierefreiheit. Je nach Browser fördern außerdem Relationen zwischen Dokumenten die Orientierung.

▓ Die zurzeit am stärksten wachsende Nutzergruppe ist die der Senioren. Bei dieser Gruppe kann man - im Gegensatz zu den üblicherweise jüngeren Webentwicklern - in der Regel nicht davon ausgehen, dass sie mit den neuesten Konventionen vertraut sind, über die erfahrene Nutzer nicht nachdenken müssen. Für Senioren sind u.a. vergrößerbare Schriften sowie das Vermeiden von blinkenden und sich bewegenden Elementen für die Nutzbarkeit wichtig. Dynamische Elemente wie Laufschriften sind schwieriger zu lesen, können ablenken und erschweren vor allem »Langsamlesern« den Zugang zu Texten.

▓ Eine möglichst leichte und verständliche Sprache spielt bei kognitiven Einschränkungen eine Rolle. Verständliche Texte sind aber auch für Migranten und andere ausländische Nutzer, z.B. Austauschstudenten, wichtig. Es kommt darauf an, unterschiedliche Sprachkompetenzen durch gut strukturierte und leicht erfassbare Inhalte sowie das Vermeiden von Abkürzungen zu berücksichtigen. Leicht verständliche Inhalte sind auch für Netzneulinge hilfreich und fördern den Einstieg in die Webnutzung.

▓ Textalternativen für Grafiken und multimediale Inhalte sind für Menschen mit Sinnesbehinderungen (Blindheit, Gehörlosigkeit) wichtig. Von solchen Texten profitieren aber auch weitere Nutzergruppen. Schließlich sind hier Suchmaschinen zu nennen: Transkriptionen und Alternativtexte helfen dem Webanbieter, indem sowohl interne Suchfunktion als auch externe Suchmaschinen damit »gefüttert« werden können.

Zu beachten ist, dass das, was für die eine Nutzergruppe eine Verbesserung der Nutzbarkeit bedeutet, für andere Nutzergruppen die Voraussetzung dafür ist, dass sie überhaupt mit einem Medium arbeiten können. Gerade das Web bietet Menschen mit Behinderung eine Möglichkeit, selbstständig an der Gesellschaft teilzuhaben. Die klassischen Barrieren bei Print, Audio und Video können im Web aufgehoben werden.

Die Gruppe der älteren Nutzer ist besonders zu beachten. Die Internetnutzung stieg in der Gruppe der über 50-Jährigen von 15,5 % (2001) auf 44,9 % im Jahr 2009;[6] den größten Zuwachs verzeichnet die Gruppe der 60- bis 69-Jährigen. Die Senioren sind außerdem durch ihre hohe Kaufkraft als Nutzergruppe z. B. für Internetshops relevant. Immerhin 7,3 % verfügen über ein Nettoeinkommen von 4000 Euro und mehr.

2.2   Barrierefreiheit nervt

Mit der gleichen Selbstverständlichkeit, mit der manche Webdesigner Barrierefreiheit umsetzen, lehnen andere Barrierefreiheit ab. Gegenargumente enthalten meist den Hinweis auf Kosten-, Design- oder Terminvorgaben. Bei den Anforderungen der Barrierefreiheit handelt es sich aber um Qualitätsmerkmale, die durch Nutzeranforderungen und daraus abgeleitete Webstandards und Gesetze geprägt sind.

Webdesigner müssen in jedem Webprojekt verschiedene Kriterien beachten. Seien es Ansprüche an Design, Terminvorgaben oder die Einhaltung des Budgets: Die Qualität einer Dienstleistung wird durch verschiedene Anforderungen von Auftraggeber und Nutzer definiert. Die Qualität von grafischem Design, Standardkonformität, Gebrauchstauglichkeit oder Barrierefreiheit zeichnet sich dadurch aus, dass sie nicht nur mit den Anforderungen der Auftraggeber, sondern vor allem mit denen der Nutzer übereinstimmen muss. Stimmen Merkmale und Anforderungen nicht überein, wird ein entsprechend geringeres Qualitätsniveau des Webauftritts feststellbar sein.

Idealerweise wird schon von vornherein ein gutes Maß der Anforderungen aus dem Bereich der Barrierefreiheit beachtet. Webentwickler haben da die besten Chancen, denn das, was »unter der Haube« im Code steht und Barrierefreiheit fördert, interessiert am Tag der Veröffentlichung nur wenige. Schwieriger wird es, wenn das Thema nachhaltigen Eingang finden soll. Bei Konzeption und Design, aber auch wenn es um Anpassungen im Redaktionssystem geht, treten häufig dieselben Einstellungen ans Licht und werden dieselben Argumente ins Feld geführt, die die Umsetzung von Barrierefreiheit verhindern oder erschweren. Einige typische Vorurteile werden in den folgenden Abschnitten geschildert.

---

6.   Vgl. Initiative D21, Die zentralen Ergebnisse des (N)ONLINER Atlas 2009,
     URL: *http://www.initiatived21.de/category/nonliner-atlas/zentrale-ergebnisse-2009*
     (Abruf 5.9.2009).

2.2.1   Barrierefreiheit bringt keine Vorteile

Eine neue Microsite oder eine bestimmte Werbung kann in Besucherzahlen und ggf. Produktbestellungen unmittelbar gemessen werden. Ein messbarer Erfolg durch die Umsetzung von Barrierefreiheit ist hingegen meist nicht zu erwarten. Wenn ein Angebot barrierefrei und öffentlichkeitswirksam online geht, dann wirken verschiedene Faktoren; ob neue Kunden eine Behinderung haben, ist vorher wie nachher nicht feststellbar.

Es gibt aber Aspekte der Barrierefreiheit, die sehr wohl zu messbaren Ergebnissen führen. Hierzu zählt vor allem die Standardkonformität. Auch ist die Wirkung einer gut nutzbaren Seite oder Anwendung auf die Nutzer im Allgemeinen bedeutsam. [7]

2.2.1.1   Standardkonformität verbessert Besucherzahlen

Barrierefreies Webdesign orientiert sich an etablierten Standards, die auch noch in Zukunft gültig sind: Standardkonforme Webseiten werden browser- und plattformunabhängig gut dargestellt. Ob auf handelsüblichen Bildschirmen, Kleindisplays eines Handys oder mit Sprachausgabe – die Inhalte werden immer lesbar sein. In der Praxis sind natürlich bestimmte Details zu beachten, aber Details sind bei den meisten professionellen Aktivitäten ohnehin wichtig. Mit der einhergehenden Trennung von Inhalt, Präsentation und Verhalten wird die Zugänglichkeit für nahezu alle Nutzer möglich. Das gilt für die Informationsseiten einer Bundesbehörde genauso wie für Seiten zu Markenprodukten.

Die Trennung von Inhalt und Layout als Merkmal der Standardkonformität hat weitere Vorteile. Das auffälligste Merkmal von Seiten, die mit CSS gestaltet sind, ist, dass sie um ein Vielfaches schneller laden als Tabellenlayouts. Beispielsweise wurde im Dezember 2002 das Webangebot des Stern, *www.stern.de*, neu gestaltet. Der Relaunch erfolgte mit einem CSS-Design und fast ohne Tabellen. Interessant ist, dass die Entscheidung für ein CSS-Design nicht aufgrund der Barrierefreiheit, sondern wegen der schnelleren Ladegeschwindigkeit getroffen wurde. Damals wurde in den Medien argumentiert, dass dann die Besucher mehr Seiten lesen und dadurch gleichzeitig mehr Werbeeinblendungen stattfinden können. Berichtet wurde auch, dass die Zahl der Seitenbesuche innerhalb eines Jahres um das Vierfache stieg. [8]

Solche Beispiele von High-Traffic-Webauftritten zeigen, dass die Umstellung auf standardkonforme Programmierung ein monatliches Transfervolumen der Server im Bereich von Terabytes einsparen kann und sich so die Kosten für die Umstellung sehr schnell refinanzieren.

Der echte Vorteil der Trennung von Inhalt und Layout zeigt sich aber erst nach dem Relaunch. Wenn Semantik und modularer Aufbau der Inhalte stimmig

---

7.   Vgl. Speis, M., Düsselenergie – Alles online! Alles einfach?, BOA Symposium 2008,
      URL: *http://www.best-of-accessibility.de/uploads/files/2008/speis.pdf* (Abruf 26.8.2009).
8.   Vgl. Jerani, A., Wachsen und sparen, in: Webwriting Magazin,
      URL: *http://www.webwriting-magazin.de/inter/jerani.php* (Abruf 26.8.2009).

sind, dann kann auch bei einem Relaunch umfangreicher Webangebote im Idealfall statt in Personenmonaten in Personentagen gerechnet werden. Die vorgesehenen Budgets können dann für Inhalte statt für Cross-Browser-Tests eingesetzt werden.

Standardkonformität und Semantik sind auch für die Suchmaschinenoptimierung relevant. Die Inhalte barrierefreier Seiten können aufgrund semantischen Codes von Suchmaschinen besser durchforstet und bewertet werden. Suchmaschinen benötigen vor allem Text, um z. B. auch Multimedia zu indexieren, und gelten deshalb als »blind«. Auch andere Aspekte wie Alternativtexte für Bilder, Nutzbarkeit ohne JavaScript oder der korrekte Umgang mit PDF sind Teil einer modernen Suchmaschinenoptimierung.

2.2.1.2   Standardkonformität ist messbar

Standardkonformität sollte zum selbstverständlichen Repertoire eines professionellen Webentwicklers gehören und für den Auftraggeber nicht zu Mehrkosten führen. Genauso wie von jedem anderen Dienstleister erwartet wird, dass gute Arbeit gemacht wird, sollte es selbstverständlich sein, dass Webentwickler ihr Handwerk beherrschen. Layouts mit Tabellen oder eine Seite, die ohne JavaScript nicht funktioniert, sind mittlerweile – gemessen an den Webstandards und der Unterstützung durch Browser – unprofessionell.

Es gehört zu jedem Auftrag, dass die Arbeit abgenommen wird. Die Standardkonformität von gelieferten Code-Templates einer Webseite ist zumindest durch die Validierung für jeden mit frei zugänglicher Software prüfbar. Es sollte im Interesse des Auftraggebers sein, dass das Ergebnis mit möglichst vielen Endgeräten genutzt werden kann. Umgekehrt müsste es im Sinne aller Webentwickler sein, standardkonformen Code abzuliefern und so die eigene Professionalität zu unterstreichen.

2.2.1.3   Positive Wirkung auf die Nutzer

Neben technischen Vorteilen kann Barrierefreiheit natürlich auch Vorteile im Bereich der Öffentlichkeitsarbeit bringen. Barrierefreiheit ist ein sozialer Faktor, der in allen Organisationen eine Rolle spielt. Wenn *Corporate Social Responsibility* (unternehmerische Sozialverantwortung) auch durch barrierefreie Webauftritte »gelebt« wird, können der Ruf verbessert und Kompetenz vermittelt werden. Dafür bedarf es aber eines Gesamtkonzeptes. Bloße Standardkonformität ist nicht ausreichend.

Es kommt immer wieder vor, dass sich Unternehmen in Pressemeldungen selbst für die Beachtung der Barrierefreiheit loben. Wird sie aber durch die Nutzer nicht bestätigt, dann erzeugen solche Selbsteinschätzungen keine positive Wirkung – im Gegenteil: Wer »Barrierefreiheit« behauptet, muss sich kritisch beleuchten lassen, und oft gibt es etwas zu bemängeln. Wer aber »Barrierefreiheit« lebt, wird die gewünschte Achtung ernten.

Nicht überall, wo »Barrierefreiheit« draufsteht, ist sie auch drin. Ketzerisch gesprochen besteht manchmal ein umgekehrter Zusammenhang zwischen der Lautstärke einer Selbstaussage und der tatsächlichen Barrierefreiheit eines Angebots. Es ist natürlich zu begrüßen, dass damit das Thema offensichtlich im Mainstream der Medien angekommen ist und nicht mehr nur als Sonderlösung für Menschen mit Behinderung gesehen wird, aber Barrierefreiheit ist ein Ziel und kein Zustand. Wer Barrierefreiheit umsetzt, muss es aus Überzeugung tun, weil die Zufriedenheit der Nutzer ihm ein hohes Anliegen ist.

In vielen Punkten sind die Richtlinien zur Barrierefreiheit eng verwandt mit den Prinzipien der Gebrauchstauglichkeit (Usability). Gebrauchstaugliche Seiten zeigen, dass der Anbieter wirklich am Kunden interessiert ist – und dieser wird das Angebot sicher dankend annehmen. So haben die Richtlinien zur besseren Zugänglichkeit und Nutzbarkeit direkte Auswirkungen auf die Verkaufszahlen in Online-Shops.[9]

2.2.2　Das machen die Programmierer

Es ist ein Irrglaube, dass Barrierefreiheit eine rein technische Angelegenheit ist. Selbstverständlich spielen viele technische Aspekte eine Rolle – es geht natürlich um standardkonformes HTML & Co. –, aber Technik ist nur ein Vehikel. Die Nutzbarkeit ist abhängig von den Inhalten und ihrer Gestaltung.

Warum Barrierefreiheit oft als ausschließlich technische Angelegenheit angesehen wird, liegt auf der Hand. Die im Web veröffentlichten Artikel über barrierefreies Webdesign sind oft von Webentwicklern für Webentwickler geschrieben. Die teilweise als reine Fachsimpelei erscheinenden Pros und Kontras der technischen Umsetzung werden diskutiert. Und genau dort liegt ein großes Problem: Es wird über Code-Schnipsel diskutiert, die der Bedeutung und dem Umfang der Barrierefreiheit nicht Rechnung tragen, und es ist schwer, dann eine Umstellung der Abläufe über den Code hinaus durchzuboxen. Es fehlen häufig Informationen, die das Ausmaß der Barrierefreiheit und vor allem die Budgetierung plausibel darstellen.

Barrierefreiheit bringt vielen Besuchern einen unmittelbaren Nutzen. Es ist dieser Nutzen, der einen Besucher zufriedener macht und wiederkommen lässt. In der Planungsphase wird dieses Thema aber oft nur wenig thematisiert. Erst bei der Umsetzung der Zielvorgaben kommt die Nutzbarkeit zur Sprache – wenn es für nachhaltige Maßnahmen schon fast zu spät ist.

Barrierefreiheit kann nur erfolgreich umgesetzt werden, wenn sie von Beginn an eine Rolle spielt. Die meisten Fragestellungen der Barrierefreiheit sind konzeptioneller Art, wenngleich die Technik, das Screendesign und die Redaktion ihren Teil beitragen müssen.

Wird Barrierefreiheit bei der Konzeption nicht beachtet, dann ist eine spätere Berücksichtigung teurer, als wenn sie bereits in der Planungs- und Konzep-

---

9.　Vgl. Speis, M., Düsselenergie – Alles online! Alles einfach? BOA Symposium, URL: *http://www.best-of-accessibility.de/uploads/files/2008/speis.pdf* (Abruf 26.8.2009).

tionsphase beachtet wird. Wenn das Design steht, die Click-Dummies gecheckt wurden und sich jede Abteilung angemessen auf dem neuen Auftritt repräsentiert sieht, dann sind Änderungen am Konzept und in puncto Nutzbarkeit oft kaum noch möglich. Auch wenn für die Umsetzung der Barrierefreiheit eine gewisse Kompetenz erforderlich ist, so darf das Fehlen dieser Kompetenz nicht zum Ausschluss der Barrierefreiheit führen. Eine rechtzeitige Investition in qualifizierte Beratung und Schulung minimiert spätere Fehlerkosten.

2.2.3   Behinderte gehören nicht zu unserer Zielgruppe

Webanbieter haben oft eine klar definierte Zielgruppe vor Augen. Eine Eingrenzung der Zielgruppe auf 15- bis 25-Jährige mit Breitbandanschluss mag für einen Spielehersteller einleuchtend sein, aber die Nutzer können auch die Großeltern sein, die ihrem Enkel ein Geburtstagsgeschenk machen wollen.

Mit der Einschränkung auf eine bestimmte Zielgruppe werden vermutlich die tatsächlichen Nutzergruppen nicht genügend beachtet. Auf der einen Seite ist ein Webangebot für jeden Nutzer abrufbar, auf der anderen Seite können die Nutzer im Einzelnen nicht ermittelt werden. Manche Webanbieter können sich nicht vorstellen, dass jemand einen Navigationsbaum mit 100 einzelnen Links mit der Tastatur bedienen muss oder dass ein Quick-Launcher bei geringer Bildschirmauflösung so klein ist, dass er wie ein grafisches Element aussieht.

Oft äußert sich dieses Problem in Aussagen wie: »Blinde brauchen unser Produkt nicht.« Dies ist überhaupt eine der falschen Vorstellungen von Barrierefreiheit. Es geht zwar auch um Blinde, aber Barrierefreiheit umfasst einen deutlich höheren Anteil der Nutzer als »die Blinden«. Letztlich geht es darum zu verinnerlichen, dass ein großer Teil der 750 Millionen Behinderten weltweit Dienstleistungen jeglicher Art in Anspruch nimmt, sei es für sich oder für andere.

Auch wenn allgemeiner argumentiert wird: »Wir kennen unsere Nutzer«, so kann bereits ein gebrochener Arm dazu führen, dass bestimmte Aspekte der Barrierefreiheit zeitweise wichtig werden. Auch andere Aspekte spielen eine Rolle, etwa die auf dem Nachttisch vergessene Lesebrille oder die kabellose Maus mit leerem Akku. Bei einer präzisen Umfrage würde man vermutlich feststellen, dass ein beträchtlicher Teil der Nutzer farbenblind ist oder andere Erschwernisse hat. Auch wenn alle Nutzer namentlich bekannt sind, z.B. in einem Intranet, so sind doch viele individuelle Einschränkungen bei der Computerarbeit nicht bekannt. Teilweise ergeben sich Zugangsprobleme erst im Laufe der Zeit. In einer Studie von Microsoft wird deshalb davon ausgegangen, dass über 57 % aller Nutzer von Barrierefreiheit profitieren.[10]

Für viele ist Barrierefreiheit ein Thema, mit dem sie sich nicht wirklich beschäftigen möchten. Es hat sicherlich auch mit der eigenen Angst zu tun, etwa

10. Vgl. Microsoft News Center (2004), New Research Study Shows 57 Percent of Adult Computer Users Can Benefit From Accessible Technology, URL: *http://www.microsoft.com/presspass/press/2004/feb04/02-02adultuserbenefitspr.mspx* (Abruf 12.9.2009).

weil viele sich nichts Schlimmeres vorstellen können, als blind zu sein oder im Rollstuhl zu sitzen. Es hat aber auch mit Vorurteilen und Unwissenheit zu tun, etwa dass Menschen mit Behinderungen einen Computer nicht nutzen können. Dabei trifft das Gegenteil zu: Computer sind für behinderte Menschen nicht nur Arbeitsmittel, sondern auch Hilfsmittel. Das Web hilft, Barrieren auf anderen Ebenen abzubauen, z.B. kann man sich online eine Broschüre vorlesen lassen oder an Informationen gelangen, die sonst nur in einem Gebäude mit einem Treppenaufgang zugänglich sind.

Meist ist es das Wissen über den Sinn einer Maßnahme, das den Weg für die Umsetzung frei macht. Schließlich werden auch andere »Features« auf einer Webseite umgesetzt, auch wenn der Preis unvertretbar erscheint und der Nutzen deutlich geringer ist als der der Zugänglichkeit und Nutzbarkeit. Es ist eine Frage der Prioritätensetzung.

2.2.4   Wir machen nichts Neues, wir passen nur an

Es ist meist schwieriger, ein Webangebot nachträglich barrierefrei umzubauen, als Barrierefreiheit von vornherein zu berücksichtigen. Viele Organisationen haben aber viel Geld in ihre Webauftritte investiert. Sie verwalten die Inhalte mit Systemen, die über die Jahre gewachsen sind und auf die eigenen Bedürfnisse abgestimmt wurden. Hinzu kommt, dass ein Neuaufbau im laufenden Betrieb kein Spaziergang ist und in der Regel mit weiteren Investitionen in Schulungen für Konzepter, Grafikdesigner, Programmierer und Redakteure verbunden ist. Zusätzlich kosten Kauf und Konfiguration des neuen Redaktionssystems sowie Qualitätssicherung des neuen Webangebots viel Geld. Dass die Barrierefreiheit in einem solchen Mengengerüst untergeht, wird niemanden erstaunen.

An welchem Punkt soll man sich in einem bestehenden und komplexen System um die Barrierefreiheit kümmern? Aus Nutzersicht ist klar, dass die Umstellung sofort stattfinden sollte. Auch die durch Gesetze und Richtlinien zur Barrierefreiheit angehaltenen Verwaltungen und andere Organisationen haben eigentlich keinen Grund, eine Umstellung herauszuschieben.

In der Praxis wird allerdings für Anbieter großer Webauftritte die Umstellung meist nur dann erfolgen können, wenn

- das Redaktionssystem ohnehin gewechselt wird, weil dann die Templates neu programmiert werden müssen – auf technischer Ebene ist die Umstellung kostenneutral.
- wesentliche Änderungen von Inhalt und Struktur oder Änderungen der Organisation selbst Anlass für einen Relaunch sind. In diesem Fall müssen die meisten Inhalte »angefasst« werden. Es bietet sich an, dabei zu prüfen, ob die Semantik des Codes, die Verständlichkeit von Texten und die Schlüssigkeit von Funktionen zu verbessern sind.
- die Bedienung durch alternative Endgeräte wie tragbare Kleincomputer geplant ist. Um eine Umstellung auf Standardkonformität kommt ein

Anbieter hier nicht herum. Weitere Aspekte wie Übersichtlichkeit und klare Strukturen werden dabei aber ebenso wichtig sein.

Ein Relaunch mit einem veralteten oder zu stark angepassten System ist wahrscheinlich die schwierigste Ausgangssituation, um Barrierefreiheit umzusetzen. Mit einigen zusätzlichen Tastaturbefehlen und einem Style Switcher für große Schrift oder stärkere Kontraste ist auf der Grundlage der Richtlinien für barrierefreie Webinhalte noch nichts zur Verbesserung der Barrierefreiheit erreicht.

Überzeugen kann vor allem bei großen Webauftritten mit heterogenen Systemen außer der Gebrauchstauglichkeit und den genannten Ausgangssituationen zuweilen wenig. Meist bedeutet die Umstellung der Systeme eine Investition im sechsstelligen Bereich. Sensibilisierung ist hier besonders wichtig. Beispielsweise können Projektpräsentationen ohne Maus und bei veränderten Bildschirmeinstellungen vorgenommen werden. Dann wird deutlich, welche Auswirkungen der Mangel an Barrierefreiheit hat, und es besteht die Hoffnung, dass beim übernächsten Relaunch in zwei bis drei Jahren die Barrierefreiheit eine größere Rolle spielt.

2.2.5   Es funktioniert doch schon

Bei der Endabnahme von Templates oder kompletten Webauftritten steht oft die visuelle Darstellung im Vordergrund. Eine Agentur hatte den Auftrag, ein Bild in einem Webauftritt 1:1 zu übernehmen, und genau danach wird oft geprüft:

- Sieht die Seite in den Browsern X und Y auf den Betriebssystemen A und B identisch aus?
- Funktioniert die Seite bei 1024×768 Bildschirmauflösung und sind alle wichtigen Elemente ohne Scrollen sichtbar?
- Werden alle Grafiken geladen und richtig angezeigt?

Diese Testmethoden stammen aus der Zeit der Browserkriege in den 1990er-Jahren. Aufgrund der fehlenden Sensibilität für Barrierefreiheit werden Zugänglichkeitsprobleme und erst recht die Nutzbarkeit oft nicht getestet. Dabei sind einige Aspekte sehr leicht zu prüfen:

- Kann ich die Textgröße im Browser X und Y verändern und immer noch alles lesen?
- Sind die gewählten Alternativtexte sinnvoll?
- Ist der komplette Inhalt auch bei ausgeschalteten CSS und/oder JavaScript nachvollziehbar?

Wenn beispielsweise Barrierefreiheit nur mit der Maus getestet wird, kann nicht von einem ernst zu nehmenden Test gesprochen werden. Die ausschließliche Bedienbarkeit mit der Tastatur ist aus Sicht der Barrierefreiheit ein wesentlicherer Aspekt.

Ein weiteres Problem ist, dass es oft Mitarbeiter sind, die ihr Votum für die Abnahme geben. Sie kennen die Inhalte auswendig und waren vielleicht viele Monate an dem Projekt beteiligt. Eine gewisse Betriebsblindheit ist dabei nur natürlich. Deshalb muss in puncto Nutzbarkeit das Testen nach draußen gegeben werden.

2.2.6   Barrierefreiheit schränkt die Gestaltungsfreiheit ein

Obwohl das Web schon recht lange als Medieninstrument genutzt wird, dient es immer noch als Spielwiese für Designer. Es werden nach wie vor Designs online gestellt, die Kreativität ausdrücken, aber kaum nutzbar sind. Zeitungen werden nicht im 45-Grad-Winkel geschrieben und in Radiosendungen wird selbstverständlich ein gutes Sprachniveau erreicht. Aber im Web ist offenbar alles erlaubt.

Der Kreativität sind keine Grenzen gesetzt, wenn es darum geht, die Nutzbarkeit und Lesbarkeit eines Webauftritts zu verbessern. Selbstverständlich müssen die Richtlinien für barrierefreie Webinhalte eingehalten werden, aber sie stellen nur ein Gerüst dar, das es mit Inhalt, Struktur und Funktion zu füllen gilt.

2.2.6.1   Emotionale Ansprache

Viele Webangebote dienen in der einen oder anderen Weise dem Marketing. Dass ein solches Angebot für eine möglichst große Gruppe potenzieller Kunden zugänglich ist, ist essenziell für den Erfolg. Allerdings wird im Marketing oft eine emotionale Ansprache gewählt, die vor allem durch Multimedia und weniger durch Text erzeugt wird. Der Versuch, Musik oder Farben so zu präsentieren, dass sie für jeden zugänglich sind, ist vielleicht nicht zum Scheitern verurteilt, aber es ist sicher auch nicht mit einer textlichen Beschreibung getan.

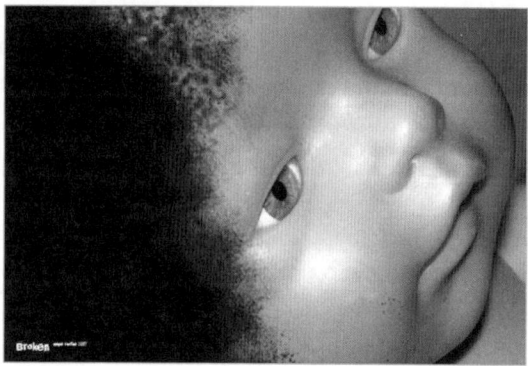

Abb. 2-8   Dieses Bild auf der Website von Angie Radtke lässt sich in Worten kaum beschreiben.

Ein »emotionales« Bild kann nicht unmittelbar beschrieben, es muss interpretiert werden.[11] Darauf setzen auch viele Kampagnen. Eine Emotionalisierung anhand des visuellen Eindrucks kann nicht unbedingt mit Text ersetzt werden. Möglich sind aber Alternativen und Ergänzungen der visuellen Inhalte mittels Audio.

2.2.6.2   Verlust der Ausgabekontrolle

Webentwickler geben Webauftritten eine Erscheinungsform, die dem Auftraggeber, dem Thema und den Nutzern angemessen ist. Dazu legen sie die Merkmale des Webauftritts in allen Einzelheiten fest, sodass – insbesondere unter Cross-Media-Design-Aspekten – ein konsistentes Erscheinungsbild erzielt wird.

Barrierefreies Webdesign bedeutet aber auch, dass die Ausgabekontrolle im Zweifel beim Nutzer liegt. Dies betrifft vor allem das Erscheinungsbild. Alle Browser bieten die Möglichkeit, Farben, Schriftgröße und Schriftart der Webseite zu überschreiben. Darüber hinaus können Systemeinstellungen wie die Bildschirmauflösung vom Nutzer bestimmt werden. Für die Barrierefreiheit eines Webauftritts gilt, dass solche Szenarien berücksichtigt werden müssen und die zahlreichen Konstellationen durch die Einhaltung von Standards und die Trennung von Inhalt und Layout eine barrierefreie Nutzung erlauben. Für manchen Designer ist eine solche Vorstellung ein Albtraum, weil zum einen die Ausgabekontrolle abgetreten werden muss und zum anderen die Umsetzung im CSS mehr Know-how in der Umsetzung voraussetzt.

Um den Anforderungen eines barrierefreien Screendesigns zu genügen, wählen manche Webdesigner ein schlichtes Layout. Obwohl Schlichtheit nicht gleichbedeutend mit hässlich oder schlecht ist, kann ein einfacher Seitenaufbau nicht das Wunschergebnis sein. Barrierefreie Webangebote müssen gestalterisch nicht in »Sack und Asche« gehen, um es salopp auszudrücken.

Das Kind sollte aber nicht mit dem Bade ausgeschüttet werden! Wenn ein Minimaldesign ohne Farben und mit großer Schrift die Folge der Auseinandersetzung mit der Barrierefreiheit ist, dann wurde offenbar etwas missverstanden: Das Geheimnis der erfolgreichen Umsetzung der Barrierefreiheit liegt nicht in der Schlichtheit, sondern in der Aufbereitung der Inhalte mit strukturiertem HTML und der Gestaltung mit CSS.

Üblich sind auch Diskussionen zu Farben und Schriftarten. Die Hausfarbe und die Hausschrift der Firma sollen auf allen Briefbögen, Flyern und natürlich im Web identisch und »wiedererkennbar« sein. Wer aber eine Präsentation mit verschiedenen Beamern gesehen hat, weiß, dass schon bei den Farben große Darstellungsunterschiede feststellbar sind. Das gilt für Monitore erst recht. Und im Web gilt dieses »Problem« auch für Schriftarten, denn eine festgelegte Schriftart für eine Webseite muss zunächst auch in der Schriftartendatenbank des verwendeten Browsers vorhanden sein, um angezeigt werden zu können.

---

11. Vgl. Radtke, A. (2007), Das Alt-Experiment, in: Der Auftritt (Kommentarbereich), URL: *http://der-auftritt.de/wissen/Das-Alt-Experiment.html* (Abruf 25.8.2009).

Obwohl mit CSS 3 die Einbindung individueller Schriftarten besser möglich ist, sind die einsetzbaren Schriftarten im Web heute immer noch eingeschränkt.

Häufig wird gesagt, dass Barrierefreiheit hässlich sei. Wenn jemand behauptet: »Barrierefreiheit, das ist doch das mit den Riesenüberschriften!«, dann wurde die Seite entweder ohne CSS angesehen oder sie war schlecht gestaltet. Heute gibt es zahlreiche Webauftritte, die sowohl visuell ansprechend als auch von Menschen mit Behinderungen gut nutzbar sind. Der einzige Aspekt der Barrierefreiheit, der tatsächlich Einfluss auf die grafische Gestaltung hat, ist die Einhaltung ausreichender Kontrastverhältnisse zwischen Vordergrund- und Hintergrundinformationen. Wer jemals versucht hat, Texte auf einem Bildschirm in grellem Sonnenlicht zu lesen, weiß aber genau, welche Vorteile ein guter Kontrast hat.

2.2.6.3   Techniken richtig einsetzen

Barrierefreiheit kann als »einschränkend« gesehen werden, wenn es um Layouttechniken geht. Die Zauberformel lautet hier: CSS ist für Format und Layout einzusetzen, HTML für die Strukturierung der Inhalte. Das Layout soll nicht mit HTML gestaltet werden.

Obwohl die HTML-Spezifikationen Frames für Layout zulassen (vgl. Abschnitt 14.3 ab S. 561) und Frames barrierefrei gestaltet werden können, setzt die Frames-Technik implizit die Bildschirmnutzung voraus; dabei kann es Probleme bei der Betrachtung mittels Screenreadern, auf mobilen Endgeräten oder beim Ausdrucken geben.

Der Einsatz von Tabellen zu Layoutzwecken ist ebenfalls zu vermeiden, weil Tabellen für die Strukturierung von Daten vorgesehen sind. Sowohl Frames als auch Layouttabellen waren in den 1990er-Jahren für die Gestaltung erforderlich, als eine Browser übergreifende einheitliche Darstellung mit CSS noch nicht möglich war. Spätestens 2001, mit der Veröffentlichung von Netscape 6, kam die Wende zur Standardkonformität und somit zur Trennung von Inhalt und Layout.

Auch JavaScript ist nicht per Definition eine Barriere. Richtig eingesetzt fördert JavaScript sogar die Barrierefreiheit. Obwohl es an manchen Stellen Probleme mit der Kompatibilität zu Screenreadern gibt, ist die Aussage, JavaScript sei aus Gesichtspunkten der Barrierefreiheit »böse«, ein Gerücht. Screen- und Webreader unterstützen seit vielen Jahren JavaScript. Natürlich muss das Ergebnis von DOM-Scripting barrierefrei sein, d. h., Inhalte müssen korrekt strukturiert sein, Bilder müssen mit Alternativtexten versehen sein u. v. m. Entscheidend ist der Einsatz von »unobtrusive JavaScript« bzw. »unaufdringlichem JavaScript« (vgl. Abschnitt 3.2.3 ab S. 97).

Manche Anbieter wünschen eine interaktive Seite. Damit sind oft Flash-Animationen gemeint. Solche Anwendungen werden auch für Funktionen und das Setzen von Links genutzt und meist wird davon ausgegangen, dass der Nutzer ein Zeigegerät nutzt. Dabei bieten Flash und andere dynamische Skripte die

Möglichkeit der Tastaturnutzung, sie muss von den Entwicklern nur bedacht werden. Allerdings gibt es bei interaktiven und multimedialen Anwendungen durchaus Grenzen der Barrierefreiheit. Diese sind nicht so sehr in der Technik zu sehen, sondern im Umfang der dynamischen Inhalte und wie dynamisch diese Inhalte letztlich präsentiert werden. Wenn drei oder fünf oder noch mehr einzelne Inhalte gleichzeitig ausgetauscht werden, wird es mit einem Screenreader schwierig, die einzelnen Veränderungen nachzuvollziehen, weil Screenreader linear vorgehen.

Und schließlich ist da noch das Thema der barrierefreien PDF-Dokumente. Wenn ein barrierefreier Webauftritt bestimmte Inhalte nur als PDF bereitstellt, sind diese selbstverständlich barrierefrei zu gestalten. Mit Adobe Acrobat ist das möglich, setzt aber einen erheblichen Aufwand u.a. für das Nachbearbeiten der Tag-Struktur voraus, wenn nicht von vornherein an Barrierefreiheit gedacht wird (vgl. Kap. 12).

Es will also gut überlegt sein, welche Formate in einem Webauftritt zum Einsatz kommen. Fast alle Techniken lassen sich barrierefrei umsetzen, wenngleich es meist keine fertigen Lösungen für beliebige Aufgabenstellungen gibt.

2.2.7 Es beschwert sich doch keiner

Wenn Webanbieter, die erstmals mit dem Thema Barrierefreiheit konfrontiert sind, erklären, dass sich schließlich noch keiner beschwert habe und deshalb offensichtlich Barrierefreiheit nicht wirklich gefordert werde, vergessen sie vielleicht, dass die Nutzer vielleicht ohne zu zögern zur Konkurrenz gewechselt sind.

Zudem sind Beschwerden bei fehlender Zugänglichkeit unter Umständen nicht möglich: Wie soll sich ein Nutzer beschweren, wenn die Seite mit den Kontaktdaten nicht gefunden oder bedient werden kann? Die erste Kampagne von »Du bist Deutschland« war ein solcher Fall: Die Startseite bestand aus einer nicht barrierefreien Flash-Animation und um das Intro zu überspringen, war ein Mauszeiger erforderlich. Die Inhalte einschließlich der Kontaktseite waren mit der Tastatur nicht erreichbar.

Genauso wie viele Bürger auf ihren Anspruch auf Zuwendungen des Staats verzichten, weil ihnen die Formulare zu kompliziert sind, kann bei schlecht nutzbaren Seiten eine Beschwerde aus ähnlichen Gründen ausbleiben. Für Anbieter sollte jedoch der Gedanke wichtig sein, dass gut nutzbare Seiten Nutzer anziehen und so die Besucher- und sogar Absatzzahlen verbessern.

2.2.8 Wir können es nicht jedem recht machen

Das Web ist kein Buch, dennoch werden Webauftritte nicht nur in kleineren Organisationen so gehandhabt. Barrierefreiheit erfordert, dass man sich mit dem Webangebot befasst. Es reicht nicht aus, ein einmal online gestelltes Angebot laufen zu lassen und auf Besucher zu warten. Es muss ein Budget zur

Verfügung stehen, um neue Besucher anzulocken und das Webangebot kontinuierlich weiterzuentwickeln.

Webdesign entsteht oft im Grafikprogramm. Im Web sollte jedoch die grafische Aufbereitung als Teil der Mixtur aus gutem Inhalt, Semantik, Design und Gebrauchstauglichkeit gesehen werden. Wenn der Inhalt selbst nicht an erster Stelle steht, sollte die grafische Gestaltung über Click-Dummies und HTML-Prototypen entwickelt werden. Das Ergebnis soll nicht nur schön sein, es muss vor allem nutzbar sein.

Während es bei Printprodukten oft ausreicht, Ideen und Vorstellungen einem Printdesigner mitzuteilen, müssen im Web weitere Regeln beachtet werden. Die Fähigkeiten und die technische Ausstattung der Nutzer sind ausschlaggebend für die Nutzbarkeit eines Webauftritts, und diese ändern sich ständig in Abhängigkeit von technischen Neuerungen.

Es geht nicht darum, die neuesten »Hypes« auf den eigenen Seiten anzubieten, sondern den wechselnden Anforderungen der Nutzer in einer zugänglichen und nutzbaren Weise zu genügen. Gerade in Zeiten hart umkämpfter Märkte und knapper Budgets kann Barrierefreiheit zu einem entscheidenden Wettbewerbsvorteil werden.

2.2.9 Wir setzen Barrierefreiheit schon um

Umfang und Notwendigkeit von Barrierefreiheit werden deswegen nicht erkannt, weil es kaum Präzedenzfälle gibt. Außer bei der Olympiade 2000 in Australien gab es bisher keinen prominenten Webanbieter, der wegen schlechter Zugänglichkeit des Webangebots verklagt wurde. Bei der Fußballweltmeisterschaft 2006 in Deutschland waren beispielsweise die Seiten zur Vorbestellung von Tickets nicht barrierefrei und von blinden Fans nicht nutzbar. Stattdessen wurde eine Telefon-Hotline speziell für Blinde und Sehbehinderte eingerichtet, und keiner hat sich wirklich beschwert. Es sind Erfolgsgeschichten erforderlich, die als Vorbild dienen können, und es ist politischer und gesellschaftlicher Druck notwendig, damit Barrierefreiheit von großen Webanbietern ernst genommen wird.

Wenn auf etablierte Standards gesetzt wird, sind Webanbieter freier in der Wahl der Werkzeuge, mit denen sie ihre Webseiten bearbeiten können. Viele Hersteller großer Redaktionssysteme haben die Notwendigkeit der standardkonformen Ausgabe längst erkannt. Standardkonformer Code ist noch in vielen Jahren nachvollziehbar und wird nicht mit jeder neuen Browsergeneration zur Altlast.

Bestimmte Frameworks wie .NET von Microsoft unterstützen Barrierefreiheit allerdings nur auf eine simple Weise. Meistens bedeutet »Accessibility enhancements« nur, dass Redakteure einen Alternativtext eingeben können oder dass die Seite auch in Internet Explorer 6 angezeigt werden kann. WYSIWYG-Editoren sind dabei ein häufiges Verkaufsargument, das aber fast unweigerlich zu nicht standardkonformen Ergebnissen führt. Nur durch eine sehr restriktive Filterung der Inhalte können unerwünschte Code-Schnipsel auf ein Minimum reduziert werden.

Es reicht also nicht aus, sich auf Versprechungen und Behauptungen von Softwareherstellern zu verlassen. Es gibt Richtlinien bezüglich der Barrierefreiheit solcher Systeme: die »Authoring Tool Accessibility Guidelines« (ATAG).[12] Vor dem Kauf eines Systems sollte zumindest geprüft werden, ob diese Richtlinien eingehalten wurden.

2.2.10 Auch die gesetzlich Verpflichteten setzen Barrierefreiheit nicht um

Seit Ende 2005 sollten alle Webauftritte der deutschen Bundesverwaltungen barrierefrei umgesetzt sein. Allerdings haben Auswertungen der Barrierefreiheit durch das Projekt »barrierefrei informieren und kommunizieren« (BIK) Ende 2007 gezeigt, dass der Ist-Zustand zu wünschen übrig lässt. Obwohl die Bundesministerien mehrheitlich auf einem guten Weg sind, kommen einige der nachgelagerten Behörden ihren gesetzlichen Verpflichtungen zur barrierefreien Informationstechnik nur schleppend nach.

Obwohl betont werden muss, dass Barrierefreiheit in vielen einzelnen Punkten keine besonderen Schwierigkeiten bereitet, stellt sich die Frage, warum dennoch die gesetzlich Verpflichteten es nicht durchgängig schaffen, ihre Webangebote für jeden zugänglich und nutzbar zu machen. Diese Frage können nur die Verantwortlichen bzw. die umsetzenden Agenturen beantworten.

Auch wenn Barrierefreiheit für manche Webanbieter formal verpflichtend ist und somit diese Anforderung vom Auftraggeber gestellt wird, ist Barrierefreiheit an sich eine Anforderung des Nutzers. Die formal-juristischen Rahmenbedingungen können als Katalysator und vielleicht auch als Messlatte angesehen werden, aber die Richtlinien stellen nur Eckpunkte dar, die nicht 1:1 auf beliebige Inhalte angewandt werden können. Sicher gibt es Konventionen für den Aufbau einer typischen Webseite, und wenn Aufbau und Design abgestimmt sind, können weitere Konventionen für die technische Umsetzung einschließlich Aspekten der Barrierefreiheit angewandt werden. Gleichzeitig müssen die Anforderungen der Barrierefreiheit an die sich weiterentwickelnden Techniken angepasst werden. Das Qualitätsmerkmal »Barrierefreiheit« ist nicht in Abhängigkeit von Richtlinien, sondern abhängig von der Nutzbarkeit durch Menschen mit Behinderungen zu sehen.

Für Nichtbehinderte ist es oft schwer, die Nutzbarkeit eines Angebots durch einen Behinderten zu bewerten. Aber dieses Problem gilt eigentlich immer, nicht nur wenn es um Barrierefreiheit geht. Ab wann ein Webangebot nutzbar ist, kann letztlich nur der Nutzer bestimmen und ein Anbieter kann nicht alle Bedienungsszenarien voraussehen.

---

12. Vgl. W3C, Authoring Tool Accessibility Guidelines 1.0, URL: *http://www.w3.org/TR/WAI-AUTOOLS/* (Abruf 26.8.2009).

Insofern ist das Einbinden externer und vor allem unabhängiger Experten und Berater oder – noch besser – von behinderten Nutzern empfehlenswert. Die Richtlinien stellen nur ein formales Gerüst dar und sind vermutlich erst dann für den Webanbieter verständlich, wenn konkretes Feedback von behinderten Nutzern eingeholt wurde. Auch sind qualitätssichernde Maßnahmen während des gesamten Prozesses der Webproduktion zwingend erforderlich. Dass diese Kommunikations- und Steuerungsaufgaben organisiert und finanziert werden müssen, ist gar keine Frage, aber die Aufgaben sind nicht alleine mit der Barrierefreiheit gekoppelt. Mit den meisten Kriterien der Barrierefreiheit muss ein Anbieter sich ohnehin im Rahmen des Produktionsprozesses befassen, nur wird der Nutzerkreis vom »Durchschnittsnutzer« auf »repräsentative Nutzer« erweitert.

Für ein barrierefreies Web ist qualifiziertes Personal erforderlich. Für gute Webseiten sind nicht nur Inhalt und Design wichtig, sondern auch Technik, Zugänglichkeit und Nutzbarkeit. Webdesign erfordert Kompetenz in vielen Bereichen und nicht alle Abteilungen oder Teams werden über die erforderlichen Ressourcen verfügen.[13] Diese Einschränkung kann aber nicht für große Teams gelten, und schon gar nicht für professionelle Internetagenturen. Barrierefreiheit ist eine Disziplin, durch die sich professionelle Webentwicklung auszeichnet.

2.3   Barrierefreiheit ist legitim

Das Recht behinderter Menschen auf barrierefreie Webangebote ist durch unterschiedliche Bestimmungen geregelt. In vielen Ländern gibt es Gesetze zur Gleichstellung von Menschen mit Behinderungen und zivilrechtliche Antidiskriminierungsgesetze. Europa bildet hier keine Ausnahme. In diesen Gesetzen werden auch Vorschriften für die barrierefreie Gestaltung elektronischer Medien und insbesondere für Webangebote formuliert.

Für barrierefreie Webauftritte wird fast ausnahmslos auf die Web Content Accessibility Guidelines (WCAG) verwiesen, die vom World Wide Web Consortium (W3C) erstmals 1999 veröffentlicht wurden. Im Jahr 2008 wurde mit den Web Content Accessibility Guidelines 2.0 (WCAG20) eine neue und erweiterte Fassung verabschiedet. Die WCAG20 fließen nach und nach in die verschiedenen Gesetzgebungen ein, wenn auch nicht immer 1:1.

2.3.1   Von Inhalten, Werkzeugen und Zugangssoftware

Das W3C hat zur Barrierefreiheit im Web drei Empfehlungen veröffentlicht. Obwohl bislang für die meisten Webentwickler nur die WCAG relevant gewesen sind, decken diese doch nur einen Teil der Barrierefreiheit ab.

---

13.   Vgl. Nielsen, J. (2008), Aspects of Design Quality,
       URL: *http://www.useit.com/alertbox/quality-correlations.html* (Abruf 26.8.2009).

Mit zunehmender Verbreitung des Web 2.0 bzw. des »Mitmach-Web« oder »Social Media«, werden auch die Authoring Tool Accessible Guidelines (ATAG) wichtiger. Die ATAG geben vor, wie Software zur Erstellung von Webinhalten barrierefreie und WCAG-konforme Inhalte zu produzieren hat. Sie beschreiben auch, welche Voraussetzungen z.B. Redaktionssysteme oder WYSIWYG-Editoren erfüllen müssen, um barrierefrei bedienbar zu sein.

Die dritte Empfehlung des W3C zur Barrierefreiheit, die User Agent Accessibility Guidelines (UAAG), sind vor allem an Browser- und andere Softwarehersteller gerichtet. Die UAAG geben vor, wie Zugangssoftware die Webinhalte aufbereiten soll, um die Barrierefreiheit zu unterstützen und die Inhalte auch für Hilfsmittel zugänglich zu machen.

Darüber hinaus hat das W3C zahlreiche weitere Dokumente zur Barrierefreiheit veröffentlicht. Sie ergänzen die genannten Richtlinien, geben aber auch weitergehende Empfehlungen, allen voran zu

- Accessible Rich Internet Applications (ARIA) für die barrierefreie Gestaltung von dynamischen Inhalten und Steuerelementen und
- Evaluation and Report Language (EARL) als einer plattformunabhängigen Möglichkeit, maschinenlesbare Testergebnisse zu verarbeiten.

Die Empfehlungen des W3C sind nicht rechtsverbindlich, denn das W3C ist keine Normierungsbehörde. Die Rechtsverbindlichkeit muss durch Gesetze geregelt sein, was in Europa bislang nur für die WCAG erfolgte.

2.3.1.1   WCAG20

Im Fokus dieses Buchs stehen die WCAG20, veröffentlicht am 11. Dezember 2008. Sie erklären, wie Webinhalte barrierefrei gestaltet werden können. Durch die zahlreichen Abhängigkeiten zwischen einzelnen Anforderungen und weiteren Teilen der Richtlinien wie etwa dem Glossar ist eine sequenzielle Herangehensweise nicht möglich. Zudem wird in Kapitel 4 bis 19 dieses Buchs thematisch vorgegangen. Deswegen finden Sie die wichtigen Erfolgskriterien und die erläuternden Techniken durch Symbole in der Marginalspalte referenziert. Es ist sinnvoll, die Originaltexte auf

http://www.w3.org/TR/WCAG20

bzw.

http://www.w3.org/Translations/WCAG20-de/

sowie die zahlreichen Zusatzdokumente des W3C beim Lesen zu konsultieren.

Die WCAG20 sind vor allem an Webentwickler gerichtet und bieten oft sehr technisch gehaltene, detailliert und konkret verfasste Techniken für die zugängliche Gestaltung und Umsetzung. Neben HTML und CSS finden sich zahlreiche Vorgaben für SMIL, ECMAScript, ARIA oder Flash. Daneben wird auch auf grafische Gestaltung, Nutzerführung und Verbesserung der Verständlichkeit eingegangen. Die Barrierefreiheit von anderen von der Industrie entwickelten Techniken wie PDF wird derzeit nur oberflächlich in der WCAG20 behandelt.

Die WCAG20 sind pyramidenartig aufgebaut und umfassen vier Ebenen:

- Prinzipien
- Richtlinien
- Erfolgskriterien
- Empfohlene und nicht empfohlene Techniken

Die WCAG20 setzen auf den vier Prinzipien *wahrnehmbar, bedienbar, verständlich* und *robust* auf – diese stellen das Fundament der Barrierefreiheit dar. Mit den Prinzipien soll sichergestellt werden, dass alle im Web eingesetzten Techniken, einschließlich zukünftiger Techniken, barrierefrei umgesetzt werden können.

Den vier Prinzipien sind zwölf Richtlinien zugeordnet, die die Grundregeln für die Erstellung barrierefreier Webinhalte bieten. Die Richtlinien geben Ziele und Rahmenbedingungen vor und sind als solche nicht testbar. In Tabelle 2–1 finden Sie eine sinngemäße Zusammenfassung.

Bezeichnung	Bedeutung
Textalternativen	Bieten Sie Textalternativen für alle Nicht-Text-Inhalte an.
Zeitbasierte Medien	Bieten Sie Untertitel und Alternativen für Video und Audio an.
Anpassbar	Erstellen Sie anpassbare und für Hilfsmittel zugängliche Inhalte.
Unterscheidbar	Verwenden Sie ausreichende Kontraste, um das Sehen und Hören von Inhalten zu erleichtern.
Per Tastatur bedienbar	Stellen Sie sicher, dass alle Funktionalitäten mit der Tastatur bedienbar sind.
Ausreichend Zeit	Bieten Sie Nutzern ausreichend Zeit an, um Inhalte zu lesen und zu bedienen.
Anfälle	Setzen Sie keine Inhalte ein, die Anfälle auslösen können.
Navigierbar	Unterstützen Sie Nutzer beim Navigieren und beim Finden von Inhalten.
Lesbar	Erstellen Sie lesbare und verständliche Inhalte.
Vorhersehbar	Erzeugen Sie Inhalte, die auf vorhersagbare Weise angezeigt werden bzw. bedienbar sind.
Hilfestellung bei der Eingabe	Unterstützen Sie Nutzer dabei, Fehler zu vermeiden und zu korrigieren.
Kompatibel	Maximieren Sie die Kompatibilität mit heutigen und zukünftigen Techniken.

Tab. 2-1   Richtlinien der WCAG20

Den zwölf Richtlinien der WCAG20 sind 61 Erfolgskriterien zugeordnet; sie enthalten konkrete Handlungsanweisungen zur Umsetzung von Barrierefreiheit. Diese Erfolgskriterien sind vielseitig einsetzbar, u.a. als Grundlage für die Entwicklung von Testverfahren oder als rechtliche Vereinbarung.

Sie werden in drei Kategorien priorisiert:

▥ 25 Erfolgskriterien der Konformitätsstufe A (hohe Priorität),
▥ 13 Erfolgskriterien der Konformitätsstufe AA und
▥ 23 Erfolgskriterien der Konformitätsstufe AAA (niedrige Priorität).

Die drei Konformitätsstufen geben Anbietern die Möglichkeit, einen bestimmten Grad der Barrierefreiheit anzustreben und als Erklärung zur Barrierefreiheit (vgl. Abschnitt 2.4.4 ab S. 57) zu dokumentieren. Die Erfolgskriterien und zugehörige Konformitätsstufe werden in diesem Buch mit dem rechts abgebildeten Symbol referenziert.

Schließlich werden zahlreiche Techniken dokumentiert, mit denen sowohl die Mindestanforderungen für die drei Konformitätsstufen als auch weitergehende Anforderungen umgesetzt werden können. Sie sind in allgemeine Techniken sowie HTML-, CSS- und weitere Techniken untergliedert. Die Techniken sind informativ und ergänzen die WCAG20, d.h., sie können vom W3C geändert und ergänzt werden. Hierbei werden Best-Practice-Beispiele mit dem Achteck-Symbol referenziert und Techniken, die den Anforderungen eines Erfolgskriteriums nicht genügen, mit dem Dreieck-Symbol.

Neu in den WCAG20 sind die fünf Konformitätsbedingungen;[14] sie legen die Voraussetzungen für Erklärungen zur Barrierefreiheit des Webangebots fest. Die Konformitätsbedingungen enthalten außerdem zwingend einzuhaltende Erfolgskriterien, ohne die keine der drei Konformitätsstufen erreicht wird.

Ein Beispiel für ein zwingend einzuhaltendes Erfolgskriterium ist, wenn Tastaturbenutzer ein Element zwar ansteuern, aber nicht mehr verlassen können. Eine solche Tastaturfalle führt ebenso wie beispielsweise blinkende Elemente dazu, dass bereits Konformitätsstufe A nicht erfüllt ist.

Die WCAG20 enthalten außerdem ein normatives Glossar. In diesem werden grundlegende Begriffe definiert, die für das Verständnis der Richtlinien, Konformitätsstufen und Konformitätsbedingungen erforderlich sind. Die WCAG20 legen auch besonders wichtige Begriffe fest wie »zugänglichkeitsunterstützend« und »von Software bestimmt«:

1. Jede eingesetzte Technik muss zugänglichkeitsunterstützend sein. Das bedeutet, dass Techniken nur dann barrierefrei sind, wenn sie mit Hilfsmitteln auf die allgemein übliche Weise genutzt werden können, und dass die Verfügbarkeit der Hilfsmittel immer gewährleistet sein muss. Techniken, die nur mit bestimmter Software genutzt werden können, gelten deshalb als nicht zugänglichkeitsunterstützend und müssen durch zugänglichkeitsunterstützende Techniken ergänzt oder ersetzt werden.

2. Inhalte und ihre Zusammenhänge müssen von Software bestimmt werden können, d.h., Hilfsmittel und andere Zugangssoftware müssen die Inhalte

---

14. W3C, Understanding Conformance Requirements, in: Understanding WCAG 2.0, *http://www.w3.org/TR/UNDERSTANDING-WCAG20/conformance.html#uc-conformance-requirements-head* (Abruf 20.3.2010).

in verschiedenen Modi präsentieren können. Das bedeutet, dass z.B. in HTML die Elemente und Attribute ihrer Bestimmung nach verwendet werden müssen oder dass bei Formaten wie PDF die entsprechenden APIs angesprochen werden (etwa mit »tagged PDF«).

Damit wird in den WCAG20 die technische Prüfbarkeit der Anforderungen in den Vordergrund gestellt.

2.3.1.2   ATAG

Die Authoring Tool Accessibility Guidelines 1.0 (ATAG) vom 3. Februar 2000 sind an Hersteller und Entwickler von Werkzeugen zur Erstellung und Publikation von Webinhalten gerichtet. Sie erklären anhand von sieben Richtlinien, was eine Software aus Sicht der Barrierefreiheit leisten muss.

Die ATAG betreffen ein breites Spektrum von Werkzeugen. Der Bogen spannt sich von WYSIWYG-Editoren und HTML-Konvertierungsprogrammen über Tools, die dynamisch Inhalte aus Datenbanken generieren, und Bildeditoren bis hin zu Redaktionssystemen. Neben Vorgaben zur Erstellung barrierefreier Inhalte wird in den ATAG erklärt, wie die Werkzeuge selbst barrierefrei gestaltet werden können.

Diese Empfehlungen werden zurzeit in der Version 2.0 überarbeitet, sind aber noch als Entwurf eingestuft. Obwohl die ATAG in die Gestaltung barrierefreier Webinhalte hineinspielen, werden die einzelnen Anforderungen in diesem Buch nur einführend in Abschnitt 2.4.5 ab Seite 60 behandelt.

2.3.1.3   UAAG

Auch die User Agent Accessibility Guidelines 1.0 vom 17. Dezember 2002 sind an Softwareentwickler gerichtet. Sie beschreiben in zwölf Richtlinien, welche Anforderungen durch Browser, Multimedia-Player, Plug-ins und andere Zugangssoftware erfüllt sein müssen, um Webseiten und -anwendungen für alle zugänglich wiedergeben zu können. Dazu gehört auch die Aufbereitung von Informationen für die verschiedenen Zugangsformen, sei es die Bedienung mit der Tastatur oder der Zugang mit Hilfsmitteln wie Sprachausgaben.

Die UAAG werden zurzeit ebenfalls in der Version 2.0 überarbeitet. Sie spielen für dieses Buch allerdings keine Rolle.

2.3.2   Vorgaben für die öffentliche Hand

Für die öffentliche Hand existieren sowohl Beschlüsse und Entschließungen seitens der Europäischen Union als auch gesetzliche Vorgaben. Einige Meilensteine der Europäischen Union auf dem Weg zu einer gleichberechtigten gesellschaftlichen Teilhabe von Menschen mit Behinderungen werden im Folgenden vorgestellt.

Hinsichtlich nationaler Vorgaben und Richtlinien werden die Ausführungen auf relevante Gesetze und Verordnungen im deutschsprachigen Raum beschränkt. Weitere relevante Dokumente sind auf dem Informationsportal »e-Inclusion« der Europäischen Union zu finden:

http://ec.europa.eu/information_society/activities/einclusion/index_en.htm

2.3.2.1   Barrierefreie Informationstechnik in der EU

1996 gaben die EU-Mitgliedsstaaten in der Resolution »Equality of Opportunity for People with Disabilities – A New European Community Disability Strategy« den politischen Startschuss für die Gleichstellung von Menschen mit Behinderungen. Diese Resolution stellt die formale Rahmenbedingung für die Sicherstellung von Gleichberechtigung und gesellschaftlicher Teilhabe von Menschen mit Behinderungen dar.

Im Jahre 2000 stellte die Europäische Kommission ein Papier vor, das Barrieren vor allem am Arbeitsplatz abbauen helfen sollte. Darin wurde bereits die Übernahme der WCAG für die Webauftritte aller öffentlichen Verwaltungen bis Ende 2001 beschrieben.

Nachfolgend beschloss die Europäische Kommission am 25. September 2001 den Aktionsplan »eEurope 2002«. Zielvorgabe für die damals 15 Mitgliedsstaaten war die Verbesserung der Webangebote, sodass alle Bürger in allen Lebenslagen Anschluss an das Internet bekommen, Teilhabe an dessen Möglichkeiten haben und von den Chancen der Digitalisierung profitieren können. Für die (damaligen) Beitrittskandidaten wurde der Aktionsplan »eEurope+« beschlossen.

Am 6. Februar 2003 veröffentlichte der Europäische Rat das Dokument »eAccessibility« – Verbesserung des Zugangs von Menschen mit Behinderungen zur Wissensgesellschaft«. Auch wenn diese Entschließung nicht rechtsverbindlich ist, verpflichten sich die Mitgliedsstaaten, im Sinne dieser Entschließung zu handeln. Die Europäische Kommission setzte mit der eAccessibility-Initiative einige Akzente für eine barrierefreie Informationstechnik, u. a. Informationstechnik für ein möglichst breites Publikum, darunter Senioren, Menschen mit Behinderungen und andere, zugänglich zu machen.

Am 11. Juni 2006 wurde von allen EU-, EWR- und EFTA-Ländern ein 46-Punkte-Papier unterzeichnet, das unter dem Begriff »e-Inclusion« zu einem integrativen E-Government verpflichtet. In der »Deklaration von Riga«[15] wurde das Ziel gesetzt, bis 2010 eine dynamische und wettbewerbsfähige wissensgestützte Wirtschaft zu sein, mit einer Informationstechnik, die von allen – unabhängig von Alter oder einer Behinderung – genutzt werden kann.

Im Sinne dieser Vorgaben setzte in den europäischen Ländern ein Wandel in der Wahrnehmung von Behinderten im Kontext einer barrierefreien Informa-

---

15. Vgl. Ministerial Declaration, Riga, 11. Juni 2006, URL:
    http://ec.europa.eu/information_society/events/ict_riga_2006/doc/declaration_riga.pdf
    (Abruf 5.9.2009).

tionstechnik ein. Diese positive Entwicklung hat nicht nur mit der Verbindlichkeit der EU-Verordnungen zu tun, sondern auch mit einer jahrelangen politischen Willensbildung.

2.3.2.2 Deutschland

In Deutschland bilden das Neunte Buch Sozialgesetzbuch (SGB IX), das Gesetz zur Gleichstellung der Menschen mit Behinderung (BGG) und das Allgemeine Gleichbehandlungsgesetz (AGG) den gesetzlichen Rahmen für Gleichstellung und Antidiskriminierung.

Arbeitnehmer mit einer Behinderung haben in Deutschland nach § 81 Abs. 4 SGB IX das Recht auf ein barrierefreies Arbeitsumfeld. Dies betrifft beispielsweise das Recht auf ein barrierefreies Intranet.

Behörden und Verwaltungen sind nach § 11 BGG zur barrierefreien Gestaltung von Webseiten und grafischen Programmoberflächen verpflichtet; die näheren Bestimmungen hierzu finden sich in der Barrierefreien Informationstechnik-Verordnung (BITV).

Darüber hinaus wurden sowohl vom Bund als auch in einigen Bundesländern Verordnungen zur Verwendung von Gebärdensprache und anderen Kommunikationshilfen sowie Verordnungen über Barrierefreie Dokumente in Verwaltungsverfahren erlassen. Diese Verordnungen sind zunächst relevant für die Kommunikation mit Behörden.

Aus dem Allgemeinen Gleichbehandlungsgesetz lassen sich allerdings keine Verpflichtungen für die private Wirtschaft ableiten, barrierefreie Webauftritte zu erstellen. In Deutschland ist hierfür das Instrument der Zielvereinbarung, die im BGG geregelt wird, vorgesehen.

BITV

Das BGG ist ein Bundesgesetz und die BITV eine Verordnung, die sich auf dieses Bundesgesetz bezieht. Vorlage für die am 24. Juli 2002 veröffentlichte BITV sind die Web Content Accessibility Guidelines 1.0. Die Anlage 1 der BITV aus dem Jahre 2002 enthält eine deutschsprachige Übersetzung der WCAG 1.0.

Die BITV gilt für Webangebote und öffentlich zugängliche Intranetangebote sowie für grafische Programmoberflächen der Bundesverwaltung. Eine Aktualisierung dieser veralteten BITV wurde bereits mehrfach angekündigt, zuletzt für den Herbst 2010. Die Neuformulierung der BITV wird auf Basis der WCAG in ihrer aktuellen Fassung vom Dezember 2008 erfolgen. Unklar ist derzeit jedoch, ob und an welchen Stellen die aktualisierte BITV von den Richtlinien des W3C abweichen wird, weswegen eine BITV20 nicht Gegenstand dieses Buchs ist.

Landesverordnungen

In den 16 deutschen Bundesländern wurden eigene Gleichstellungsgesetze für Länderbehörden und Kommunen verabschiedet. Bis auf Hamburg, Berlin und Hessen beziehen alle Gesetze auch Behörden auf kommunaler Ebene ein. Die weitreichendste Verordnung auf Landesebene hat das Land Nordrhein-Westfalen erlassen, wo auch Kommunen und Hochschulen zur Umsetzung verpflichtet werden.

Nicht alle Bundesländer haben bislang eine eigene IT-Verordnung erlassen. Baden-Württemberg, Bremen und Nordrhein-Westfalen haben die Bestimmungen der BITV übernommen. Berlin und Brandenburg orientieren sich stärker an den WCAG 1.0 und berücksichtigen drei Prioritäten. Auch andere Bundesländer haben IT-Verordnungen, die sich mehr oder weniger an der BITV orientieren.[16]

2.3.2.3 Österreich

Das österreichische Bundes-Behindertengleichstellungsgesetz (BGStG) trat am 1. Januar 2006 in Kraft. Das Gesetz ist weitreichender als das deutsche BGG und stellt Antidiskriminierung in den Vordergrund. Es richtet sich nicht nur an die Verwaltungen, sondern enthält privatrechtliche Rechtsverhältnisse. Dazu gehören die Anbahnung und Begründung sowie die Inanspruchnahme von Leistungen, die sich aus diesen Rechtsverhältnissen ergeben. Somit sind auch privatwirtschaftliche Organisationen zur Barrierefreiheit verpflichtet.

Die Verpflichtung zur barrierefreien Informationstechnik ist für privatwirtschaftliche Anbieter seit dem 1. Januar 2006 gegeben. Für öffentliche Stellen sind weitergehende Bestimmungen aus dem E-Government-Gesetz vom 27. Februar 2004 relevant. Dabei wird im österreichischen E-Government-Gesetz festgelegt, dass internationale Standards einzuhalten sind, um die Zugänglichkeit im Web sicherzustellen.

Zur Implementierung der WCAG20 in die österreichische Gesetzgebung schreibt das Bundeskanzleramt:

> »Mit den – am 11.12.2008 durch World Wide Web Consortium veröffentlichten – Web Content Accessibility Guidelines 2.0 (WCAG20) ist nun ein flexibler und testbarer, neuer Standard für barrierefreies Webdesign verfügbar. (…) Im Sinne der dynamischen Bezugnahme des § 1 Abs. 3 E-Government Gesetz auf den Stand der Technik erscheint es bedeutsam, die nun als W3C-Standard veröffentlichten WCAG20 in die Überlegungen der Verwaltung betreffend die Gestaltung ihrer Webangebote einzubeziehen.«[17]

---

16. Vgl. Ackermann, H., Gleichstellungsgesetze der Länder – Tabelle,
    URL: *http://www.bik-online.info/gesetze/lgg_tabelle.php* (Abruf 12.10.2010).
17. Vgl. Digitales Österreich, Web Accessibility – Internet Zugang für alle,
    URL: *http://www.austria.gv.at/site/5744/default.aspx* (Abruf 7.3.2010).

2.3.2.4   Schweiz

In der Schweiz wird die Gleichstellung von Menschen mit Behinderungen durch das Bundesgesetz über die Beseitigung von Benachteiligungen von Menschen mit Behinderungen (BehiG) vom 13. Dezember 2002 und die Behinderten-gleichstellungsverordnung (BehiV) geregelt.

Das BehiG wurde durch die Behindertengleichstellungsverordnung (BehiV) konkretisiert, die zeitgleich am 1. Januar 2004 in Kraft trat. Detaillierter als im BehiG ist in der Verordnung der Anspruch von Menschen mit Behinderungen auf den Zugang zu elektronischen Dienstleistungen beschrieben.

Neben Bund und Kantonen sind in der Schweiz auch privatrechtliche Orga-nisationen angesprochen, auch wenn sie rechtlich nicht zur Umsetzung von Barrierefreiheit im Web verpflichtet sind. Privaten Dienstleistungsanbietern ist es aber untersagt, Menschen mit Behinderungen bei der Inanspruchnahme von Dienstleistungen zu diskriminieren, d.h., ihnen eine Dienstleistung allein wegen ihrer Behinderung zu verweigern. Wie in Österreich spielt der Begriff der Antidiskriminierung eine wichtige Rolle.

Als Grundlage für barrierefreie Dienstleistungen können in der Schweiz technische Normen privater Organisationen für verbindlich erklärt werden. Die Voraussetzungen für barrierefreie Internetdienstleistungen sind in den Richt-linien des Bundes für die Gestaltung von barrierefreien Internetangeboten (P028) geregelt. Maßgabe für barrierefreie Webangebote sind laut einstimmi-gem Beschluss des Informatikrats des Bundes (IRB) seit dem 26. Januar 2010 die Web Content Accessibility Guidelines 2.0. Bis zum 31.12.2010 müssen bestehende Webseiten des Bundes die Konformitätsstufe AA der WCAG20 erfüllen. Zusätzlich wird in P028 verlangt, dass PDF-Dokumente im Web barrie-refrei sein müssen. [18]

Kantone und Gemeinden sind gemäß BehiG ebenfalls verpflichtet, ihre Dienstleistungen im Internet barrierefrei anzubieten. Zuständig für die Umset-zung sind die Kantone. In allen Kantonen fehlen jedoch bisher konkrete Richt-linien zur Umsetzung. Deswegen wurde von der Schweizer Standardisierungs-organisation eCH der Accessibility-Standard eCH0059[19] erlassen. Er wird im Zuge der Umsetzung der WCAG20 derzeit angepasst.

Die Schweiz ist damit der erste der drei großen deutschsprachigen Staaten, der die WCAG20 gesetzlich verbindlich aufgenommen hat.

---

18. Vgl. ISB – Richtlinien des Bundes für die Gestaltung von barrierefreien Internetangeboten, Version 2.0, URL: *http://www.isb.admin.ch/themen/standards/alle/03237/* (Abruf 1.9.2010).
19. eGovernment Standards, eCH-0059 Accessibility Standard, URL: *http://www.ech.ch/vechweb/page?p=dossier&documentNumber=eCH-0059&documentVersion=1.00* (Abruf 1.9.2010).

2.3.2.5 Andere Länder

Alle Mitgliedsstaaten der EU sind angehalten, barrierefreies Webdesign in die Legislative zu implementieren. Inwieweit die Regelungen für kommunale und privatrechtliche Organisationen gelten und wie die WCAG im Einzelnen angewandt werden, muss für jedes Land und jedes Gesetz geprüft werden, denn teilweise haben einzelne Länder die WCAG nicht nur »übernommen«, sondern auch weiterentwickelt.[20]

2.3.3 Weitere Richtlinien

Es gibt zahlreiche weitere Richtlinien zur Gestaltung von Software, grafischen Bedienoberflächen und technischen Dokumentationen. Sie verfolgen zwar unterschiedliche Zwecke, betreffen jedoch entweder direkt oder indirekt Aspekte der Barrierefreiheit. Welche Richtlinien in welchem Projekt und zu welchem Ausmaß relevant sind, kann nicht pauschal bestimmt werden.

Es besteht zudem kein einheitliches Regelwerk und es handelt sich teilweise um voneinander unabhängige Standards, Normen und Richtlinien. Während der Begriff der Barrierefreiheit über die Gleichstellungsgesetze Einzug in die Welt der neuen Medien genommen hat, haben Grundsätze der Softwareergonomie ihre rechtliche Wirkung über den Arbeitsschutz entfaltet.

2.3.3.1 Vorgaben für privatrechtliche Organisationen

In Europa spielt das Benachteiligungsverbot behinderter Menschen eine wichtige Rolle. Daher sind neue Regelungen in diesem Bereich nicht verwunderlich.[21] Barrierefreie Webangebote spielen dabei ebenfalls eine Rolle, vor allem wenn privatrechtliche Organisationen Förderungen durch den Staat genießen oder diese beantragen wollen.

Ein Beispiel ist das Projekt MINERVA, das seit 2001 auf europäischer Ebene die Digitalisierung europäischer Kulturgüter koordiniert. Im Rahmen dieses Projekts wurden Qualitätsmerkmale kulturbezogener Digitalisierungsprojekte der Museen, Bibliotheken und Archive formuliert. Die Arbeitsgruppe »Quality, Accessibility and Usability« des MINERVA-Projekts folgt hinsichtlich der Empfehlungen für zugängliche Webangebote im Rahmen dieser Digitalisierungsprojekte derzeit noch den Richtlinien der WCAG 1.0.[22]

---

20. Übersichten zu den Bestimmungen in einzelnen Ländern bieten Policies Relating to Web Accessibility, URL: *http://www.w3.org/WAI/Policy/*, und WebAIM, World Laws, URL: *http://www.webaim.org/articles/laws/world/* (Abruf 5.9.2009).
21. Vgl. Europe's Information Society, e-Inclusion, URL: *http://ec.europa.eu/information_society/activities/einclusion/index_en.htm* (Abruf 5.9.2009).
22. MINERVA Project, URL: *http://www.minervaeurope.org/home.htm* (Abruf 7.3.2010).

2.3.3.2   ISO-Normen

Die WCAG können erst als »Standard« angesehen werden, wenn es in einem bestimmten Staat eine Rechtsvorschrift gibt, die ihnen eine Verbindlichkeit gibt. Neben diesen vor allem für die Webauftritte der Verwaltungen gültigen Vorschriften gibt es verschiedene ISO-Normen, in denen Barrierefreiheit eine mehr oder weniger ausgeprägte Rolle spielt.

Im Kontext der Softwareergonomie ist vor allem die ISO 9241 (Ergonomie der Mensch-System-Interaktion) zu nennen: Die Teile 11 bis 17 sowie 110 der ISO 9241 enthalten konkrete Anforderungen an die softwareergonomische Gestaltung. Das betrifft u.a. Anforderungen wie Schriftgröße, Zeichenanordnung, Farben, Menüs, Eingabemasken und vor allem die Dialoggestaltung (Teil 110). Von einer softwareergonomischen Dialoggestaltung wird Aufgabenangemessenheit, Selbstbeschreibungsfähigkeit, Erwartungskonformität, Steuerbarkeit, Fehlertoleranz, Individualisierbarkeit und Lernförderlichkeit erwartet.

Im E-Learning-Bereich ist die ISO/IEC 24751 zu nennen, die explizit auf die Barrierefreiheit von E-Learning-Angeboten abhebt, was bereits aus dem Titel »Individuelle Anpassbarkeit und Barrierefreiheit für E-Learning, Ausbildung und Weiterbildung« deutlich hervorgeht.

Im Bereich der technischen Dokumentation spielt die DIN EN 62079 (Erstellen von Anleitungen – Gliederung, Inhalt und Darstellung) eine wichtige Rolle. Hierbei handelt es sich um eine Dokumentationsnorm, die sich an Technische Redakteure sowie alle weiteren Berufe richtet, die technische Anleitungen erstellen. Auch wenn Barrierefreiheit in dieser Norm nicht explizit genannt wird, so enthält sie doch zahlreiche Anforderungen, die auch in der Barrierefreiheit eine Rolle spielen. Zu nennen ist hier vor allem Kapitel 6.1 der Norm, das festlegt, dass Abkürzungen und Fachwörter bei ihrer ersten Nennung zu erklären sind und kurze Sätze sowie Aktivform und Tätigkeitsverben verwendet werden sollen. In anderen Kapiteln dieser Norm finden sich Vorgaben für den Umgang mit Grafiken sowie Flussdiagrammen: etwa dass Abbildungen und Text eng beieinander stehen, Flussdiagramme durch adäquate Texte unterstützt werden, Technische Dokumentationen generell gegliedert sein und über informative Überschriften und Zwischenüberschriften verfügen sollen.

2.3.3.3   Sonstige Richtlinien für barrierefreie Software

Die Gestaltung webbasierter Anwendungen unterliegt nicht nur den Anforderungen der Barrierefreiheit. Auch andere Gesetze können Einfluss auf die Programmierung haben, etwa in Deutschland die Bildschirmarbeitsverordnung (BildschArbV). Die BildschArbV konkretisiert seit 1996 die Bestimmungen des Arbeitsschutzgesetzes zur Bildschirmarbeit. Sie dient dem Arbeits- und Gesundheitsschutz. Diesem Ziel folgend werden alle Komponenten des Bildschirmarbeitsplatzes und seines Umfeldes in Gestaltungs- und Prüfschritte einbezogen und auf das Zusammenwirken von Mensch, Hard- und Software sowie Arbeitsaufgaben ausgerichtet. Für die Darstellung von Informationen am Bildschirm sowie im Bereich der Software finden sich entsprechende Richtlinien im Anhang AnhNr. 20 – 22 zu § 4 BildschArbV in Verbindung mit der DIN EN ISO 9241 Teil 11ff.

Wenn Anwendungen nicht webbasiert oder nur mittels eines Plug-ins im Browser zugänglich sind, müssen andere Richtlinien als die WCAG20 beachtet werden. Da die Schaffung von Barrierefreiheit auf technischer Ebene stark von der verwendeten Programmiersprache abhängig ist, müssen die Möglichkeiten der unterschiedlichen Entwicklungsumgebungen ausgeschöpft werden.

Auch die barrierefreie Gestaltung von Infoterminals spielt eine Rolle, z. B. bei öffentlich zugänglichen Schaltern. Hier sei auf die irische »National Disability Authority« hingewiesen, die zu unterschiedlichen Möglichkeiten der Informationsbeschaffung und -verarbeitung Richtlinien vorstellt. Im Gegensatz zu Software-Richtlinien oder den WCAG20 sind für Infoterminals auch Anforderungen für Hardware festgelegt.

2.4 Barrierefreiheit sichern

Eine der größten Unsicherheiten bei der Umsetzung von Barrierefreiheit betrifft die tatsächliche Konformität mit den Richtlinien. Die technische Standardkonformität ist nur die Spitze des Eisbergs. Wie können aber die zahllosen »weichen« Kriterien im Sinne behinderter Nutzer getestet werden? Die Antwort liegt auf der Hand: mit Menschen, die eine Behinderung haben.

In der Usability gehört das systematische Testen von Webseiten fast schon zum Alltag. In komplexeren Anwendungen werden zumindest einige Kollegen oder freie Mitarbeiter zum Sichten aufgefordert. In größeren Organisationen wird möglicherweise die Qualitätssicherung eingebunden oder ein Usability-Labor zum Testen beauftragt.

Bei der Sicherstellung von Barrierefreiheit gibt es aber weniger Optionen. Es gibt Werkzeuge und Testverfahren, aber umfassende Lösungen für die Problemstellung sind oft nicht gegeben. Die größte Hürde bei der Prüfung ist die Auseinandersetzung mit der Arbeitsweise behinderter Nutzer.

Das Prüfen der Barrierefreiheit kann auf zwei Arten organisiert werden:

1. Webentwickler führen Tests selbst durch.
2. Externe Prüfer werden während der Entwicklung beratend hinzugezogen.

Die Prüfung am Ende eines Entwicklungsprozesses erscheint nicht sinnvoll. Werden in der Endphase Mängel festgestellt, dann kann meist nur ein Teil der festgestellten Barrieren behoben werden.

Ideale Tester und Berater sind Experten in eigener Sache, also Menschen mit Behinderungen. So besteht nicht nur die Möglichkeit, die Prototypen ausführlich mit Hilfsmitteln wie Screenreadern »live« zu testen, sondern die Testpersonen haben i. d. R. ein genaueres Bild der Anforderungen. Externe Tester sind außerdem unvoreingenommen und erschließen die Inhalte auf ihre eigene Weise.

Die formalen technischen Anforderungen, diverse Dokumentationen zum Testen und eine gewisse Portion Erfahrung können das Prüfen ohne Einbeziehen behinderter Nutzer ermöglichen, aber diese Methoden laufen stets Gefahr, nur theoretische Ergebnisse zu liefern, denn:

- Wie wird Blindheit simuliert? Das Ausschalten des Monitors reicht natürlich nicht aus, es ist ein Screenreader erforderlich und die zahlreichen Tastaturbefehle wollen beherrscht sein.
- Wie wird welche Sehbehinderung simuliert? Das Vergrößern der Systemschriften alleine wird keine ausreichende Aussage über die Barrierefreiheit erlauben. Es sind Vergrößerungssysteme, Sprachausgaben, Systemeinstellungen für Farben und Bildschirmauflösung sowie diverse Kombinationen der erstgenannten, die die Nutzung durch Sehbehinderte auszeichnen.

Bei anderen Behinderungsarten treten vergleichbare Probleme auf. Sicher ist die Bedienung einer Webseite ohne Maus noch nachvollziehbar, genauso wie viele andere Punkte auch, aber der Schlüssel zum Erfolg ist die Einbindung der Menschen selbst.

Auf die Prüfung der Barrierefreiheit sollte nicht verzichtet werden, auch wenn die eingesetzten Autorenwerkzeuge wie Redaktionssysteme die Barrierefreiheit zu sichern scheinen. Leider erfüllen Autorenwerkzeuge meist nur einen Teil der Anforderungen der Authoring Tool Accessibility Guidelines; das perfekte Werkzeug für die Erstellung von barrierefreien Webauftritten gibt es bislang nicht. Die Wahl eines geeigneten Werkzeugs ist keine einfache Entscheidung und hängt von vielen Parametern ab. Wenn neue Werkzeuge implementiert werden sollen, dann sollten Aspekte der Barrierefreiheit eine hohe Priorität haben, denn alles, was eine Software nicht kann, muss später von Entwicklern und Redakteuren angepasst werden.

2.4.1   Problem der Prüfung

Am einfachsten wäre es doch, wenn Barrierefreiheit mit einem Werkzeug automatisch getestet werden könnte! Automatisierte Tests sind allerdings mit Vorsicht zu genießen. Das Problem besteht im Wesentlichen darin, dass die meisten Kriterien der Barrierefreiheit abhängig vom Inhalt sowie von der Arbeitsweise behinderter Menschen sind und nicht nur von der Technik.

2.4.1.1   Vollautomatisierte Tests und die Plaketten

Automatisierte Werkzeuge zur Prüfung von Barrierefreiheit im Web gibt es seit 1995, als das Online-Werkzeug »Bobby« erstmals öffentlich verfügbar wurde. Inzwischen gehört »Bobby« dem Konzern IBM und kann nicht mehr kostenfrei genutzt werden. Mit den Werkzeugen »Cynthia Says« oder »WAVE« wird jedoch dasselbe Ziel einer vollautomatisierten Prüfung verfolgt.

Ein Regelwerk in Form eines Prüfautomaten kann nicht jede erdenkliche Situation bei der Gestaltung von Webseiten umfassen. Ohnehin sind automatisierte Werkzeuge eine zweifelhafte Angelegenheit. Regelmäßig finden sich Plaketten auf Webseiten, die eine Zertifizierung implizieren. Tatsächlich lassen diese Werkzeuge jedoch nur sehr eingeschränkte Aussagen zu. Diese betreffen ausschließlich formal-technische Aspekte, die sogenannten »harten« Kriterien der Barrierefreiheit, wie valides HTML, automatische Weiterleitungen oder, ob ein Alternativtext für eine Grafik vorhanden ist. Ob dieser Alternativtext jedoch sinnvoll ist, kann von solchen Werkzeugen ebenso wenig erfasst werden wie die Frage nach einer sinnvollen Zwischenüberschrift oder einem aussagekräftigen Linktext.

Die meisten Kriterien müssen in Eigenregie geprüft werden, erfordern Sachverstand und damit immer einen Menschen als Prüfer. Anders gesagt: Barrierefreiheit lässt sich nicht formalisieren und somit kann die Barrierefreiheit nicht validiert werden.

2.4.1.2 Selbstprüfung oder Prüfung durch Experten?

Weil viele Kriterien nur im Kontext einer Seite oder eines Seitenelements bewertet werden können, gibt es bei der Konformitätsprüfung Interpretationsspielräume. Manche Kriterien können nicht automatisiert geprüft werden. Dazu zählen die Verständlichkeit der Texte oder die Schlüssigkeit von Navigationsleisten. Andere Kriterien können mithilfe automatisierter Werkzeuge zumindest teilweise geprüft werden:

- Automatisiert prüfbar ist, ob für alle Grafiken ein Alternativtext vergeben wurde. Nicht automatisiert prüfbar ist, ob dieser Alternativtext die Grafik sinnvoll ersetzt oder beschreibt.
- Bei allen nicht automatisiert prüfbaren Kriterien müssen Regeln angewandt werden, die eine Vergleichbarkeit der Ergebnisse erlauben.

Im ersten Beispiel bleibt beim Testen nichts anderes übrig, als alle Bilder mit ihren Alternativtexten zu vergleichen. Dabei spielt auch der Kontext, z.B. einer Bildunterschrift oder eines Artikels, eine Rolle. Wenn der Inhalt eines Bildes bereits ausführlich im Text beschrieben wurde, dann braucht das Bild keine ausführliche Beschreibung, ein knapper Hinweis wird meist reichen.

Der zweite Punkt ist schwer lösbar, denn für eine Zertifizierung der Barrierefreiheit müssten die getesteten Seiten vergleichbar sein oder wenigstens Mindestanforderungen genügen. Dass es bis heute keine international anerkannten Zertifizierungen für barrierefreie Webangebote gibt, dürfte das Problem verdeutlichen. Das ist der Punkt, wo Experten zu befragen sind.

Wer auch immer Barrierefreiheit prüft, der Einsatz verschiedener Werkzeuge ist in jedem Fall sinnvoll. Je nach Browser können verschiedene Prüfwerkzeuge verwendet werden. Während es für Firefox zahlreiche Accessibility-Plug-ins gibt, bietet Opera von vornherein viele Möglichkeiten, um Aspekte der Barrierefreiheit zu prüfen. Ein umfassendes und exzellentes Werkzeug ist die auch in Deutsch verfügbare »AIS Web Accessibility Toolbar« für den Internet Explorer sowie für Opera.

2.4.1.3   Prüfumfang

Während ein kleiner Webauftritt mit 10, 20 oder mehr Seiten durchaus »händisch« geprüft werden kann, ist eine Prüfung größerer Angebote eine nicht zu unterschätzende Aufgabe. Dabei sind es nicht nur die einzelnen Seiten, die auf Übereinstimmung mit den Anforderungen geprüft werden sollen, sondern auch die Navigation. Gerade bei Web 2.0-Anwendungen mit dynamischen und umfangreichen Inhalten ist es für alle Nutzer essenziell, sich darin orientieren zu können. Es sollte zudem sichergestellt sein, dass die Tastatur in dieser Navigation effektiv genutzt werden kann – somit kommt es bei solchen Anwendungen nicht mehr »nur« auf Strukturen und Übersichtlichkeit an.

Die Prüfung der Barrierefreiheit kann entweder vollständig oder über eine Seitenauswahl erfolgen. Sofern Redaktionssysteme eingesetzt werden und es eine bestimmte Menge an Seitentypen gibt, bietet sich die Seitenauswahl an. Das Testen von Templates führt dazu, dass viele Seiten eines Angebots auf einer überschaubaren Anzahl von Vorlagen beruhen. Durch die Auswahl und den Test einiger Seitentypen mit unterschiedlichen Elementen (z.B. Tabellen, Formulare, Grafiken) kann eine Aussage über die Barrieren des gesamten Angebots getroffen werden.

Eine vollständige Prüfung empfiehlt sich nur bei kleineren Webauftritten. Bei größeren sollte die Prüfung der Seitenauswahl durch weitere Stichproben ergänzt werden (z.B. Tabellen, Formulare, Grafiken etc.). Zudem sind typische Aufgaben und interaktive Seitenbereiche genauer zu betrachten: Wenn in einem Online-Shop Produkte in mehreren Schritten bestellt und gekauft werden, muss jeder einzelne Schritt dieses Prozesses barrierefrei sein.

Die meisten Webauftritte sind über die Jahre gewachsen. Bei jedem Relaunch werden nicht alle Inhalte ins neue Layout übernommen, vielleicht weil die Inhalte veraltet sind oder weil der Umbau bestimmter Templates als zu teuer eingestuft wird. Sollen diese Inhalte ebenfalls geprüft werden? Vermutlich werden sie die Anforderungen der Barrierefreiheit nicht erfüllen und die Gesamtbewertung der Barrierefreiheit herunterziehen.

Die Anpassung alter statischer Seiten oder tausender Datenbankeinträge ist eine aufwändige Angelegenheit und sollte aus dem Prüfumfang ausgeklammert werden. Die BITV bietet den gesetzlich Verpflichteten diesen Ausweg aber nicht. In den USA wird hingegen die Anpassung alter Seiten nur dann gefordert, wenn sie redaktionell überarbeitet werden oder wenn Nutzer es ausdrücklich verlangen.

2.4.2   Testverfahren

Im deutschsprachigen Raum gibt es unterschiedliche Testverfahren. In Deutschland gibt es derzeit nur ein veröffentlichtes Testverfahren: den BITV-Test. Er wird vom Projekt BIK und von Web for All angeboten. In über 50 Prüfschritten wird detailliert erklärt, worauf bei der Prüfung zu achten ist. Der BITV-Test stellt Mindestanforderungen dar und bietet Prüfanleitungen. Schließlich ist die Vergleichbarkeit mit der Barrierefreiheit anderer Webauftritte dadurch gegeben, dass die Bewertungen anderer Prüfungen einsehbar sind, sodass bestimmte Probleme verglichen werden können:

http://www.bitvtest.de.

Ein weiteres Prüfverfahren in Deutschland ist der Barriere-Check. Er wird sowohl als umfangreicher Test mit detailliertem Prüfbericht wie als »Kurztest« angeboten, der als Gradmesser und Richtungsanzeiger fungiert.[23]

In Deutschland ist zudem eine Zertifizierung durch DIN CERTCO möglich. Das zugrunde gelegte Verfahren ist der BITV-Test; zusätzlich werden die Verständlichkeitsprüfung und die Prüfung von Gebärdensprachfilmen auf der Grundlage des BIENE-Preises angewandt. Allerdings sind seit der Pressemeldung zu dieser Zertifizierungsmöglichkeit keine offiziell geprüften Webauftritte bekannt geworden. Ein Grund ist vermutlich der Preis.[24] Wird ein Zertifikat angestrebt, so ist mit Kosten von 1400 Euro plus variablen Kosten für die Konformitätsbewertung zur rechnen. Allein die kalenderjährliche Nutzung nach Erstzertifizierung liegt bei 210 Euro. Ein weiterer Grund ist, dass der BITV-Test von vielen Anbietern als Zertifikat angesehen wird, auch wenn er es nicht ist.

In der Schweiz bietet die Stiftung »Zugang für alle« sowohl entwicklungsbegleitende Prüfungen als auch Zertifizierungen an. Grundlage der Prüfung sind die Erfolgskriterien der WCAG20 und der schweizerischen Gesetzgebung (P028-Empfehlungen des Bundes). Im Gegensatz zu anderen Prüfverfahren im deutschsprachigen Raum werden die Prüfungen sowohl von behinderten als auch nichtbehinderten Accessibility-Spezialisten durchgeführt und in einem gemeinsamen Bericht zusammengefasst.[25]

Bei allen Testverfahren ist zu bedenken, dass sich die Gesamtbewertung der Barrierefreiheit immer auf einen Zeitpunkt bezieht, nämlich den Zeitpunkt der Prüfung selber. Die Bewertung zumindest mit dem BITV-Test bzw. die Zertifizierung nach WCAG20 in der Schweiz hat dennoch ihre Berechtigung, etwa wenn eine Webagentur einem (öffentlichen) Auftraggeber eine unabhängige Bewertung der Barrierefreiheit präsentieren soll. Die Zertifizierung enthält eine regelmäßige Fortsetzung der Prüfungen, die selbstverständlich vergütet werden müssen.[26]

23. Anatom5, Barriere-Check, URL: *http://www.barrierekompass.de/check.php* (Abruf 17.9.2009).
24. DIN CERTCO, Gebührenordnung Barrierefreie Website, URL: *http://www.dincertco.de/web/media_get.php?mediaid=9078&fileid=13928* (Abruf 9.3.2010).
25. Stiftung »Zugang für alle«, Zertifizierung, URL: *http://www.access-for-all.ch/* (Abruf 9.3.2010).
26. Weitere Informationen zu »Tests und Testverfahren« in: Probiesch, K., Symposium Best of Accessibility (2008), URL: *http://www.best-of-accessibility.de/index.php/boa2008/unterlagen_2008* (Abruf 26.8.2009).

2.4.3   Nutzertests zur Barrierefreiheit

Nutzertests sind Tests, die von Menschen mit Behinderungen durchgeführt werden. Dabei wird ein Webauftritt mit typischen Hilfsmitteln, z.B. Screenreadern, anhand des üblichen Surfverhaltens des Testers geprüft. Neben Nutzertests mit einer heterogenen Nutzergruppe sollten Tests durch Menschen mit Behinderungen durchgeführt werden, die zugleich als spezialisierte Berater tätig sind. Spezialisierte Berater verfügen sowohl über ein profundes Wissen in der Bedienung eigener Hilfsmittel als auch über weitere Hilfsmittel und Spezifikationen sowie Richtlinien.

2.4.3.1   Bedeutung von Nutzertests

Nutzertests sind aus verschiedenen Gründen sinnvoll. Der wichtigste Grund ist, dass trotz vieler Werkzeuge und professioneller Prüfer die tatsächliche Gebrauchstauglichkeit nur durch den Nutzer selbst beurteilt werden kann. Auch wenn Barrierefreiheit standardkonform umgesetzt wird, finden sich immer noch weitere Barrieren, die auf technische Besonderheiten von Hilfsmitteln, individuelle Einstellungen oder gewohnte Verhaltensweisen zurückzuführen sind. Nutzertests sind praxisorientiert, wenn sie in einem üblichen Nutzungskontext durchgeführt werden.

Eine Prüfung erst nach Online-Stellung ist nur bedingt sinnvoll. Während des Entstehungsprozesses eines Webangebots sind bei der barrierefreien Umsetzung ständige Kontrollen und Nachjustierungen nötig. Tauchen am Ende des Prozesses Probleme auf, ist es für die Behebung der Ursache meist zu spät.

2.4.3.2   Durchführung von Nutzertests

Ein idealer Nutzertest wird von einer möglichst heterogenen Gruppe von Menschen mit Behinderungen durchgeführt, die verschiedene Aufgaben zu erfüllen haben. Dabei muss dokumentiert werden, wie die gestellten Aufgaben gelöst wurden und welche Barrieren auftraten. Drei Faktoren sind zu bedenken:

1. Durch die sehr unterschiedlichen Behinderungsarten muss die Nutzergruppe relativ groß sein.
2. Nutzertests erfordern Computerplatzausstattungen mit individuell erforderlichen Hilfsmitteln.
3. Die Nutzer müssen profunde Kenntnisse in der Bedienung ihres Hilfsmittels haben.

Diese Probleme lassen sich am besten dadurch lösen, dass Experten über die Behindertenverbände und anderen Behindertenorganisationen angefragt werden. Ansprechpartner sind die Landesbehindertenverbände und die Dachorganisationen.

Außerdem sollten die Tests bei den Testpersonen selbst und nicht im Haus des Webanbieters stattfinden. Dadurch ist gewährleistet, dass die Nutzer mit der ihnen bekannten und üblicherweise benutzten Arbeitsumgebung und Hilfsmittelausstattung die Tests durchführen.

Auch die Testauswertung wird bei jeder Behinderungsart anders gestaltet sein müssen. Dies betrifft vor allem die Dokumentation, in der je nach Behinderungsart andere Akzente gesetzt werden müssen.

Auch sollte klar sein, dass jemand mit einer bestimmten Behinderung nicht unbedingt Barrieren, die sich für Nutzer mit einer anderen Behinderung auftun, eindeutig beschreiben kann. Wie soll ein Sehbehinderter beurteilen können, was für einen Gehörlosen problematisch ist, oder wie kann die Nutzung mit Screenreadern beurteilt werden, wenn man selbst nicht damit arbeitet? Obwohl Experten in Sachen Barrierefreiheit oft Aussagen über Barrieren für verschiedene Behinderungsarten treffen können, ist die Einbeziehung betroffener Nutzer vorteilhafter.

2.4.3.3 Spezialisierte Berater

Tests durch spezialisierte Berater mit und ohne eine Behinderung sind sowohl für komplette Seitenprüfungen als auch konkreten Aufgaben eine Alternative. Spezialisierte Berater sollten folgende Qualifikationen haben:

- Kenntnisse über die verschiedenen Behinderungsarten und wie sich diese auf die Nutzung des Computers auswirken;
- Kenntnisse über Funktionen und Einstellungsmöglichkeiten in Betriebssystemen und Hilfsmitteln, die von behinderten Menschen zur Kompensierung von Barrieren genutzt werden;
- Kenntnisse über Webtechniken und deren barrierefreie Umsetzung.

2.4.4 Erklärung zur Barrierefreiheit

In den meisten Fällen ist eine Umsetzung von Barrierefreiheit ohne Selbstverpflichtung nicht möglich. Dazu muss im Vorfeld bestimmt werden, welches Ziel angestrebt wird. Selbstverständlich gehört zu barrierefreien Webauftritten die Bereitstellung zugänglicher und nutzbarer Inhalte, aber auf welcher Grundlage? Die WCAG20 enthalten zur Orientierung drei Konformitätsstufen, die im Zusammenhang mit einzelnen Erfolgskriterien die Barrierefreiheit auf drei Ebenen beschreiben: A, AA und AAA.

2.4.4.1 Konformitätsbedingungen

Die Erfolgskriterien der WCAG20 sind als testbare Anforderungen formuliert; idealerweise erfolgt das Testen in einer Kombination aus automatisierten Tests und Prüfungen durch Experten. Die automatisierte Bewertung erlaubt einen objektiven Vergleich einzelner Inhalte mit den Anforderungen, beschränkt sich aber auf funktionale Aspekte. Trotz objektiver Erfüllung von Anforderungen ist nicht sichergestellt, ob bestimmte Inhalte tatsächlich von Menschen mit Behinderungen genutzt werden können. An diesem Punkt sind Prüfer und Berater einzubeziehen, die mit der Arbeitsweise behinderter Menschen vertraut sind.

Um eine bestimmte Konformitätsstufe zu erreichen, müssen alle Erfolgskriterien der gewählten Konformitätsstufe erfüllt sein. Wenn ein Erfolgskriterium auf den Inhalt nicht anwendbar ist, wird das Erfolgskriterium als erfüllt angesehen. Die Konformitätsstufen können wie folgt umschrieben werden: Für die niedrigste Konformitätsstufe A muss eine Webseite alle Erfolgskriterien dieser Stufe erfüllen, für jede nächsthöhere Stufe deren Anforderungen sowie die Anforderungen der vorangegangenen Stufe. Es ist jeweils auch möglich, die Anforderungen mit einer alternativen Version zu erfüllen. Dies ist zwar keine anzustrebende Lösung, muss aber dennoch manchmal berücksichtigt werden. Dieses Thema wird in Abschnitt 8.1.1 ab Seite 306 genauer behandelt.

Die Konformitätsstufen beziehen sich auf einzelne Seiten, d.h., es ist möglich, Teile eines Webauftritts nach unterschiedlichen Konformitätsstufen umzusetzen und in einer Konformitätserklärung auszuweisen. Dabei können Aussagen zur Barrierefreiheit nur auf komplette Seiten angewandt werden. Werden nichtbarrierefreie Inhalte von Drittanbietern eingebunden, die zur Nichterreichung der gewählten Konformitätsstufe führen, dann müssen diese begründet werden.

Anders sieht es aus, wenn eine Seite Teil eines Prozesses ist. Beispiele dafür sind aufeinander aufbauende Aufgaben eines E-Learning-Prozesses oder auch Registrierungs- und Bestellvorgänge in Online-Shops. Ist ein Vorgang in mehrere Schritte bzw. Seiten unterteilt, dann kann jede einzelne Seite eine Konformitätsstufe nur erreichen, wenn alle Seiten des Prozesses diese Konformitätsstufe erreichen. Erfüllt nur eine einzige Seite die Erfolgskriterien der angestrebten Konformitätsstufe nicht, dann erfüllen alle anderen Seiten des Prozesses diese Konformitätsstufe ebenfalls nicht.

An dieser Stelle sei näher auf den oben eingeführten Begriff »zugänglichkeitsunterstützend« eingegangen, der in den WCAG20 in verschiedenen Zusammenhängen verwendet wird. »Zugänglichkeitsunterstützend« bedeutet, dass eine eingesetzte Technik zugänglich für Hilfsmittel sein muss, auch wenn sie bereits standardkonform ist. Werden beispielsweise zur Verdeutlichung von Linkzielen title-Attribute eingesetzt, dann wurde eine standardkonforme Technik verwendet. Weil Tastaturnutzer diese zusätzlichen Inhalte jedoch in den wenigsten Fällen tatsächlich ausgeben können, eignet sich das title-Attribut für Vergabe eindeutiger Links nicht. Wenn in diesem Beispiel Links nur anhand von Hintergrundgrafiken und title-Attributen eindeutig gestaltet werden, dann sind die Anforderungen für eindeutige Links nicht erfüllt. In diesem Fall müssen andere Techniken der angestrebten Konformitätsstufe (ergänzend) eingesetzt werden.

Die verwendeten Techniken dürfen außerdem nicht dazu führen, dass die Seite unbenutzbar wird. Wenn beispielsweise interaktive Multimedia-Objekte eingesetzt werden, dann muss die Seite auch ohne Unterstützung des jeweiligen Formats zumindest funktionieren. Diese Aspekte werden als »Progressive Enhancement« beschrieben (vgl. Abschnitt 6.1 ab S. 197). Des Weiteren darf es nicht dazu kommen, dass ein Tastaturnutzer in das Objekt (das Video, den Musikplayer) kommt, aber nicht wieder heraus.

An dieser Stelle kommen vier Erfolgskriterien der WCAG20 ins Spiel, die generell das Erreichen der Konformität verhindern. Sie müssen immer erfüllt sein und können nicht durch alternative Versionen ausgeglichen werden. Die verwendeten Techniken, seien sie zugänglichkeitsunterstützend oder nicht, dürfen nicht dazu führen, dass

- Audio-Steuerelemente nicht bedienbar sind,
- der Nutzer in einem Seitenelement mit dem Tastaturfokus festhängt, also eine Tastaturfalle vorhanden ist,
- sich bewegende Elemente nicht angehalten, beendet oder ausgeblendet werden können oder
- der Nutzer durch stark blinkende oder flackernde Elemente abgelenkt oder einer gesundheitlichen Gefährdung ausgesetzt wird.

2.4.4.2   Selbstverpflichtung

Ohne Selbstverpflichtung ist Barrierefreiheit kaum möglich – auch nicht bei den Webanbietern, die sie per Gesetz umsetzen müssen. Ein zugänglicher und für alle nutzbarer Webauftritt ist ohne einen erklärten Willen nicht machbar.

Normalerweise ist die Barrierefreiheit eines Webangebots nur ein Teil weiterführender Anstrengungen. Von der Beschäftigungspolitik bis zu baulichen Maßnahmen: Es gibt viele Bereiche, wo Barrierefreiheit eine Rolle spielt. Die Informationstechnik ist nur *ein* Baustein. Auch wenn Ihre Organisation keine konkrete Politik zur Barrierefreiheit hat und der Webauftritt quasi als Vorreiter in diesem Bereich gilt, ist eine Erklärung zur Barrierefreiheit sinnvoll.

Oft werden Webstandards zwar eingehalten, aber der Auftraggeber, ein Nutzerkreis oder die Fachöffentlichkeit ist mit dem Ergebnis unzufrieden. Eine Erklärung zur Selbstverpflichtung – in anderen Ländern als »Accessibility Statement« oft eine Selbstverständlichkeit – ist ein gangbarer Weg, Ihre ernsthaften Absichten zu verdeutlichen. Ein prominentes Beispiel für ein Accessibility Statement ist IBM.[27] Eine Erklärung zur Barrierefreiheit beschreibt natürlich, was Sie geleistet haben, um Barrierefreiheit sicherzustellen. In erster Linie sind aber folgende Aspekte zu berücksichtigen:

---

27. IBM Accessibility Statement, URL: *http://www-03.ibm.com/able/access_ibm/accessibility_statement.html* (Abruf 8.3.2010).

- Die Erklärung muss gut erreichbar sein. Bedenken Sie dabei, dass diese Seite auch von Besuchern mit einer Behinderung erreicht werden soll und nicht nur barrierefrei aufgebaut, sondern auch barrierefrei aufrufbar ist.
- Die Erklärung sollte die Kriterien benennen, nach denen geprüft wurde, und sich auf die Konformitätsstufen beziehen. Wenn Erfolgskriterien, die über die Anforderungen einer Konformitätsstufe hinausgehen, ebenfalls erfüllt wurden, dann sollten diese benannt werden.
- Die Erklärung sollte die Bereiche des Webauftritts benennen, für die die Konformitätsstufen erreicht wurden. Auch sollte bei Seiten, für die die Erklärung nicht gilt, eine alternative Erklärung verlinkt sein. Diese enthält dann die begründeten Ausnahmen.
- Der Wunsch, Nutzer mit Behinderungen aktiv einzubeziehen, sollte verdeutlicht werden. Ihnen sollte die Möglichkeit gegeben werden, Kontakt zum Betreiber aufzunehmen und Feedback im Einzelnen zu geben oder auch sich am Testen zu beteiligen. Hierbei ist wichtig, dass Sie als Betreiber schnell reagieren und eingeforderte Korrekturen unverzüglich vornehmen.
- Besondere Merkmale der Zugänglichkeit und Nutzbarkeit können beschrieben werden. Oft wird z.B. eine Liste mit den Shortcuts des Webauftritts aufgenommen, aber es können auch weitere Hilfetexte geschrieben werden, etwa welche Videos Untertitel oder Audio-Deskription enthalten und wie diese in den verschiedenen Multimedia-Playern ein- bzw. auszuschalten sind.

Es gibt viele Formulierungsmöglichkeiten einer solchen Erklärung.[28] Im Vordergrund sollten die verwendeten Techniken stehen und nicht der Umgang mit einer Zugangssoftware. Im Fokus steht nicht, wie z.B. blinde Nutzer ihr Hilfsmittel bedienen, sondern wie Sie als Webanbieter gewährleisten, dass das Hilfsmittel adäquat eingesetzt werden kann. Um es salopp zu sagen: Eine Erklärung zur Barrierefreiheit ist keine Bedienungsanleitung für Hilfsmittel. Davon unabhängig können solche Hilfen dennoch sinnvoll sein und eine Erklärung zur Barrierefreiheit begleiten.

2.4.5   Autorenwerkzeuge

Neben der Barrierefreiheit des Webangebots sollte zu Beginn der Projektplanung an die erforderlichen Autorenwerkzeuge gedacht werden. Hier werden zunächst Content-Management- und/oder Redaktionssysteme eine Rolle spielen; es können aber auch weitere Autorenwerkzeuge zum Einsatz kommen, wie z.B. Blogs, Wikis oder Microblogging-Dienste.

---

28. Vgl. W3C, Understanding Conformance, URL: *http://www.w3.org/TR/UNDERSTANDING-WCAG20/conformance.html* (Abruf 5.9.2009).

Aus Sicht der Barrierefreiheit lassen sich die folgenden drei Kernfragen direkt aus den Authoring Tool Accessibility Guidelines (ATAG) ableiten (vgl. Abschnitt 2.3.1 ab S. 40):

- Können mit dem Autorenwerkzeug (z. B. einem bestimmten Redaktionssystem) barrierefreie Webinhalte im Frontend erstellt werden?
- Ist das Autorenwerkzeug im Administrationsbereich bzw. Backend barrierefrei?
- Unterstützt das Autorenwerkzeug die Nutzer bei der Erstellung barrierefreier Webinhalte?

Bei der Wahl eines geeigneten Systems sollte man sich nicht auf die Herstellerangaben allein verlassen, denn nicht überall, wo Barrierefreiheit draufsteht, ist sie auch drin. Dieses Problem tritt oft bei den Nutzeranforderungen an ein barrierefreies Backend zutage, denn behinderte Nutzer sind nicht nur Konsumenten, sondern auch Ersteller von Webinhalten, z. B. als Arbeitnehmer.

Selbstverständlich spielt bei der Wahl eines Autorenwerkzeugs auch die Wirtschaftlichkeit eine Rolle. Umso wichtiger ist es, die Barrierefreiheit auch an dieser Stelle zu berücksichtigen und – wenn das geplante Webprojekt es zulässt – auf Open-Source-Systeme zu setzen. Der Vorteil von Open-Source-Systemen liegt neben der Möglichkeit evtl. nötiger Anpassungen des Quellcodes auch darin, dass einige Systeme eine rege Entwicklergemeinde haben, in der das Thema Barrierefreiheit immer mehr an Bedeutung gewinnt. Beispiele dafür sind unter anderem Joomla und Drupal, die beide für mittelgroße Webangebote geeignet sind. Die von Open-Source-Entwicklern bereitgestellten Erweiterungen sind aber immer zu prüfen, da sie hin und wieder zu Kompatibilitätsproblemen mit Hilfsmitteln führen.

2.4.5.1   Das perfekte Autorenwerkzeug gibt es nicht

Autorenwerkzeuge und Redaktionssysteme werden eingesetzt, um möglichst viele Aufgaben automatisch umzusetzen, damit sich Redakteure auf redaktionelle Tätigkeiten beschränken können. Das verwendete Werkzeug sollte deswegen einen Großteil der Anforderungen zur Barrierefreiheit abdecken, was in der Praxis jedoch meist nicht der Fall ist. Aber wie stellt man fest, ob ein Autorenwerkzeug Barrierefreiheit sicherstellen kann?

Generell kann natürlich auf die Authoring Tool Accessibility Guidelines des W3C verwiesen werden. Allerdings wird sich kein Redaktionssystem finden, das die Anforderungen der ATAG vollständig erfüllt. Ebenso wenig gibt es derzeit ein Ranking o. Ä., das eine solche Qualität attestiert.

Hinzu kommen weitere Parameter wie Budget oder allgemeiner Leistungsumfang, und auch die folgenden Aspekte müssen beachtet werden:

- Welche gesetzlichen Bestimmungen können das Redaktionssystem betreffen (z. B. in Deutschland die BITV und das SGB IX)?
- Welche Inhalte werden in das neue System migriert?

- Wie soll der Interaktionsgrad zwischen Nutzer und Webauftritt sein?
- Ist das System skalierbar?
- Wie groß ist der Schulungsaufwand für die Redaktion?

Die Antworten hängen zum Teil von allgemeinen Parametern und zum Teil vom Grad der angestrebten Barrierefreiheit ab. Worauf sollte man also bei der Auswahl eines Redaktionssystems achten? Die wichtigsten Merkmale sind:

- Es muss valides und semantisches HTML erzeugen,
- Werkzeuge zur Erhöhung der Barrierefreiheit (z.B. Tidy) integrieren können,
- alternative Eingabemöglichkeiten bereitstellen (Text- und WYSIWYG-Eingabe) und
- Inhalt, Struktur, Präsentation und Logik der Webseite trennen.

Am letzten Punkt scheitern die meisten heutigen Redaktionssysteme ebenso wie andere Autorenwerkzeuge. Auf dieser Basis kann man nur wenige Empfehlungen für barrierefreie Redaktionssysteme geben und Barrierefreiheit »out of the box« ist auch in diesen Systemen nicht gegeben. Das gilt auch für umfangreiche Systeme wie TYPO3.

2.4.5.2   Die barrierefreie Eingabe nicht vergessen

In der Praxis wird zwar immer häufiger auf den barrierefreien Output eines Autorenwerkzeugs geachtet, allerdings nicht immer auf ein barrierefreies Backend und ob es z.B. im Intranet von allen Beschäftigten bedient werden kann. Hier spielen unter anderem die folgenden Aspekte eine Rolle:

- Sind alle Funktionen sowohl mit der Maus als auch mit der Tastatur (auf eine schlüssige und logische Art und Weise) erreichbar und bedienbar?
- Entsprechen die Kontrastverhältnisse den Vorgaben, sprich: Können alle Bereiche gelesen werden bzw. können sie z.B. durch individuelle Autorenprofile durch alle Nutzer eines Systems angepasst werden?
- Sind alle Funktionen auch bei benutzerdefinierten Farbeinstellungen sichtbar oder verschwinden z.B. wichtige Buttons, weil sie per CSS als Hintergrundgrafiken eingebunden werden (vgl. Abb. 6-11 bzw. 6-12 auf S. 221 bzw. S. 222)? Falls dies der Fall ist: Gibt es eine Möglichkeit, Textile, Markdown oder andere Syntaxlösungen zu verwenden?

Zu beachten ist außerdem, dass die Zugänglichkeit nicht nur für Online-Redakteure vollständig gegeben sein sollte, sondern den gesamten Administrationsbereich umfasst.

Insgesamt wird die Barrierefreiheit von Autorenwerkzeugen, gerade auch im Licht behinderter Redakteure, immer wichtiger. Weil es keine systematische Evaluierung der Werkzeuge gibt und angesichts der Vielfalt der Systeme sowie des – je nach Webprojekt – unterschiedlichen Bedarfs wird hier keine Empfehlung für ein bestimmtes Redaktionssystem, eine Blog-Software, einen Editor oder Dateikonverter ausgesprochen.

Zusammenfassung

1. Barrierefreiheit ist ein behindertenrelevantes Thema; bei der Beachtung und Einhaltung der Anforderungen der Barrierefreiheit ergeben sich aber auch deutliche Vorteile für alle anderen Nutzer.
2. Die Anforderungen der Barrierefreiheit sind sehr heterogen, wenn Sehbehinderung, Blindheit, motorische Einschränkungen, Lernschwierigkeiten oder Gehörlosigkeit miteinander verglichen werden.
3. Die sieben Säulen der Barrierefreiheit sind »Textorientierung«, »Kontraste und Farben«, »Skalierbarkeit«, »Linearisierbarkeit«, »Geräteunabhängigkeit und Dynamik«, »Verständlichkeit, Navigation und Orientierung« sowie »Strukturierte Inhalte«.
4. Behinderte sind keine Zielgruppe, sondern sie sind in allen Zielgruppen zu finden.
5. Es gibt zahlreiche Vorurteile gegenüber Barrierefreiheit und Behinderung, denen nur mit rationalen Argumenten (und einer Portion Verständnis) entgegnet werden kann.
6. Die Richtlinien für Barrierefreiheit werden vom W3C aufgestellt und umfassen die Web Content Accessibility Guidelines, die Authoring Tool Accessibility Guidelines und die User Agent Accessibility Guidelines.
7. Die Web Content Accessibility Guidelines sind das Maß der Dinge beim barrierefreien Webdesign – auch in den gesetzlichen Bestimmungen.
8. Ein vollautomatischer Test von Barrierefreiheit gibt es nicht.
9. Ein gutes Maß an Barrierefreiheit kann jeder Betreiber eines Internetauftritts ohne Weiteres umsetzen, aber eine wirklich gute Nutzbarkeit eines Webangebots kann nur in Zusammenarbeit mit Menschen mit Behinderungen erreicht werden.
10. Eine Erklärung zur Barrierefreiheit sollte verdeutlichen, welche Anstrengungen zur Verbesserung der Barrierefreiheit unternommen worden sind.
11. Eine Empfehlung für ein Autorenwerkzeug kann nicht abgegeben werden, denn keines ist perfekt.

3 Spektrum

Barrierefreiheit betrifft ein weites Spektrum, das von rein technischen Aspekten bis zur Formulierung von Texten reicht und eine nutzerorientierte Betrachtung erfordert. Die große Vielfalt an Anforderungen – zu denen neben verständlichen Inhalten und Navigationskonzepten auch die Orientierung an Webstandards gehört – hat weitreichende Konsequenzen für Konzeption, Technik, Design und Redaktion von Webseiten.

Die Themen dieses Kapitels sind einführende Themen und werden exemplarisch beschrieben, um den Umfang der Barrierefreiheit zu verdeutlichen. Erst ab Kapitel 4 werden die einzelnen Aspekte vertieft.

Zunächst werden Aspekte der Verständlichkeit sowie Verständlichkeitstheorien diskutiert. Dabei spielen auch Inhalte in Leichter Sprache und Gebärdensprache eine Rolle, deren Einsatz erst eine umfassende Verständlichkeit für alle Nutzergruppen ermöglicht. In den Bereich der Verständlichkeit fallen auch nutzerorientierte und nachvollziehbare Navigationsmechanismen sowie der Aufbau verständlicher Formulare.

Die Technik spielt bei der Barrierefreiheit ebenso eine wichtige Rolle, und so muss ebenfalls von Beginn eines Webprojekts an sichergestellt werden, was z.B. mit HTML-Prototypen und validem Code erreicht werden kann. Danach wird der Einsatz von »unobtrusive« bzw. »unaufdringlichem« JavaScript und dessen Kompatibilität mit Screenreadern diskutiert. Schließlich wird der Umgang mit anderen Formaten wie PDF und verschiedenen Multimedia-Techniken (wie Flash und SMIL) erörtert.

3.1 Verständlichkeit

Das globale Medium Web ist praktisch für jeden zugänglich, zumindest wenn die individuellen Sprachkenntnisse des Nutzers als Kriterium ausgeklammert werden. Aber selbst wenn ein Webauftritt in der Muttersprache des Nutzers verfasst ist, kann es zu Verständnisproblemen kommen. Dieses Problem kann allgemein z.B. in Abhängigkeit von Bildung gesehen werden, aber natürlich auch im Kontext von Barrierefreiheit im engeren Sinne.

Der Aspekt der Verständlichkeit ist umso wichtiger, je invidueller das Webangebot ist. Für die meisten kommerziellen Produkte gibt es viele Angebote und der Nutzer kann sich für das Angebot entscheiden, das er am besten versteht. Die Webangebote von Behörden, Unternehmen des Öffentlichen Personennahverkehrs oder Museen sind jedoch insofern einzigartig, als sie eine »Monopolstellung« haben. Zu berücksichtigen ist:

▥   Das Lesen am Bildschirm wird im Allgemeinen als anstrengender empfunden als auf Papier. Das Web bzw. das Lesen am Bildschirm bringt eigene Anforderungen an das Texten mit sich, etwa das Schreiben kurzer Absätze und Sätze. Zumindest für die Teile eines Webauftritts, in denen allgemeine Informationen dargestellt oder Prozesse abgewickelt werden, sollte die Verständlichkeit einen besonderen Stellenwert einnehmen.

▥   Die Anforderungen zur Verständlichkeit sollen nicht zur Vereinfachung aller Texte für das Web führen. Das Web dient auch der Veröffentlichung fachspezifischer Informationen. Je tiefer ein Nutzer in einem Webauftritt forscht, desto spezialisierter kann die Sprache werden.

▥   Spezielle Informationen, z.B. einer Behörde oder eines Museums, bedürfen einer besonderen Beachtung der Verständlichkeit. Gleichzeitig dürfen die kommunikativen und qualitativen Aufgaben solcher Organisationen nicht darunter leiden. Im Zweifel muss aufgrund der funktionalen oder inhaltlichen Alleinstellungsmerkmale der Organisation zugunsten einer einfacheren Sprache entschieden werden. Auch die Übersetzung von Inhalten in Gebärdensprache spielt eine Rolle.

Wie Menschen mit Lernschwierigkeiten mit dem Web (am besten) interagieren, ist noch nicht ausreichend bekannt. Empirisch oder gar experimentell gesicherte Erkenntnisse sind die Ausnahme und bei Weitem nicht ausreichend.[1] Das bedeutet, dass, obwohl bereits Richtlinien vorhanden sind, die Messlatte für Barrierefreiheit in den nächsten Jahren und mit zunehmenden Erkenntnissen eher noch steigen wird. Daher muss langfristig gedacht werden und die Anforderungen der Verständlichkeit einen geeigneten Stellenwert in Zielvorgaben und Planung erhalten.

3.1.1   Das Web ist kein Buch

Im Vergleich zum Web werden Bücher oft als lineare Medien bezeichnet. Auch wenn die Linearität eines Buchs eher theoretischer Natur ist (tatsächlich liest kaum jemand alle Bücher von vorne bis hinten), so verfügt das Web über deutlich mehr Dimensionen als ein Buch: Das Web ist interaktiv. Es bietet Text und Multimedia und kann und sollte mit verschiedenen Endgeräten bedient werden können.

---

1.   Vgl. WebAIM, Overview of Steppingstones Cognitive Research,
     URL: *http://www.webaim.org/projects/steppingstones.php* (Abruf 5.9.2009).

Diese technische Mehrdimensionalität ist Problem und Lösung zugleich. Auf der einen Seite können die zahlreichen Möglichkeiten von Navigation und Kommunikation den Nutzer schnell überfordern. Auf der anderen Seite können verschiedene Techniken genutzt werden, um Informationen gezielt entsprechend den Kenntnissen und Fähigkeiten des Nutzers anzubieten. Ein einfaches Beispiel ist das automatische Erkennen der bevorzugten Sprache des Nutzers über die Browsereinstellungen, um eine alternative Sprachversion der Inhalte anzubieten.

3.1.1.1   Komplexität der Benutzerschnittstelle

Webangebote sind erst dann gut nutzbar, wenn eine gute Orientierung und ein schlüssiges Navigationskonzept vorhanden sind. Im zweidimensionalen Raum eines Bildschirms werden zahlreiche Elemente aufbereitet. Angefangen bei den eigentlichen Inhalten über Navigations- und Orientierungselemente sind beim Screendesign weitere Elemente der Interaktion, des Layouts und der emotionalen Ansprache zu berücksichtigen.[2] Dabei müssen sowohl die einzelnen Elemente in sich verständlich sein als auch deren Zusammenspiel.

Studien zur Interaktion zwischen Nutzer und Webseite kommen unabhängig voneinander zu folgenden ähnlichen Ergebnissen:[3]

- Die Kopfzeile, Navigationsbereiche und die Werbung werden zunächst ignoriert. Stattdessen werden als Erstes die Inhalte fokussiert, die wiederum meist nur »gescannt« bzw. quergelesen werden.
- Ist der als Erstes registrierte Inhalt nicht relevant genug, sinkt das Interesse sowohl für die Inhalte als auch für die anderen Elemente der Seite.
- Da viele Nutzer Google als Ausgangspunkt für die Suche nach einem bestimmten Inhalt nehmen, ist die hierarchische Einordnung der Inhalte innerhalb eines Webauftritts zunächst irrelevant.

Solche Aussagen lassen den Schluss zu, dass Inhalte wichtiger sind als Form. Ein Screendesigner wird an dieser Stelle aber sagen, dass dann die Organisation der einzelnen Elemente des Screendesigns nicht optimiert wurde. Im Zweifel haben alle Recht, denn solche Auseinandersetzungen bewegen sich in einem weitgehend unerforschten Gebiet.

Es gibt zudem einige offensichtliche Unterschiede zwischen dem Lesen auf Papier und am Bildschirm:

- Das Web ist ein Zusammenschluss von für einen einzelnen Menschen schier unendlichen Informationen: Suchfunktionen und Navigationsmechanismen erhalten eine sehr hohe Bedeutung.

2.   Vgl. Thissen, F. (2003), Kompendium Screen-Design.
3.   Vgl. Börner, Chr. (2000), Benutzerführung, Navigationskonzepte und Benutzerschnittstellen, URL: *http://www.internetmanagement.ch/index.cfm/fuseaction/shownews/newsid/100/* (Abruf 5.9.2009).

▦ Während bei herkömmlichen Medien wie Print, Audio und Video der Rezipient tendenziell passiv ist, wird im Web ein aktives Verhalten an den Tag gelegt: Informationen werden gezielt gesucht.

▦ Das Lesen am Monitor ist auf Dauer ermüdender als von Papier, da dieser Licht reflektiert. Hinzu kommt, dass Printmedien Leser haptisch und manchmal sogar olfaktorisch zum Lesen motivieren.

Alle drei Merkmale können dazu führen, dass das Lesen am Bildschirm als anstrengend empfunden wird. Die wesentlichen Maßnahmen, die sich daraus für Texte im Web ergeben, sind:[4]

▦ Texte sollen kurz gefasst werden. Artikel, die für das Web bestimmt sind, sollten um 50% kürzer sein als Artikel für Printmedien. Außerdem sollten umfangreichere Inhalte ggf. auf mehrere Seiten verteilt und mit einer Blätternavigation versehen werden.

▦ Objektive Formulierungen sind zumindest bei Informationsangeboten wichtig, um Glaubwürdigkeit herzustellen. Weil praktisch jeder zum Web beitragen kann, ist die Seriosität eines Webauftritts ein entscheidendes Kriterium dafür, ob jemand Vertrauen zum Anbieter gewinnt oder nicht.

▦ Eine gute Textorganisation mit Überschriften und Listen trägt dem Leseverhalten von Nutzern im Web Rechnung. Strukturierte Inhalte helfen dem Nutzer eine Vorstellung über den Inhalt zu gewinnen. Darüber hinaus helfen gezielte Formatierungen und Zusammenfassungen bzw. Inhaltsangaben, Nutzer schneller zum Ziel zu führen. Speziell im Web sollten Schlussfolgerungen vor und nicht hinter den Inhalt gestellt werden.

Das grundlegende Problem ist, dass die mehrdimensionale und nichtlineare Organisation des Web viele Menschen vor ein Konglomerat an Informationen und anderen Elementen stellt. Inhalte werden mit Navigation und weiteren Funktionen vermengt. Es gibt dynamische Veränderungen und regelmäßige Aktualisierungen. Diese Aspekte erschweren nicht nur die Verständlichkeit, sie erschweren auch den Einstieg in bestimmte Informationsangebote und damit deren Nutzung.

3.1.1.2   Probleme sind auch Potenziale

Gleichzeitig bietet die Mehrdimensionalität des Web vielfältige Möglichkeiten, die Verständlichkeit zu unterstützen. Inhalte können in hochwertiger, individualisierbarer und vielfältiger Form präsentiert werden. Beispielsweise könnten Informationen nach verschiedenen Kriterien abrufbar sein, etwa differenziert nach Sprache und Sprachform, Detaillierungsgrad, Verwendungszweck, Aktualität u.v.m. Auch die Multimedialität von Inhalten, d.h., deren Abrufbarkeit als Text, Bild, Video und/oder Audio, wird zukünftig einen großen Beitrag zur Barrierefreiheit leisten.

---

4.   Vgl. Nielsen, J. (1997), How Users Read on the Web,
     URL: *http://www.useit.com/alertbox/9710a.html* (Abruf 12.10.2009).

Noch gibt es aber keine ausreichenden technischen Möglichkeiten, z.B. eine Übersetzung »on the fly« in angemessener Zeit anzubieten. Wenn eine Übersetzung vom Deutschen ins Englische schon äußerst belustigende Ergebnisse liefern kann, wie soll eine automatisierte Übersetzung in Leichte Sprache oder Gebärdensprache angemessene Ergebnisse liefern? Vor allem die automatisierte Übersetzung von Inhalten in Leichte Sprache oder in Gebärdensprache ist eine Zukunftsvorstellung und nach wie vor ein Aufgabengebiet spezialisierter Übersetzer.

3.1.2 Verständliche Sprache

Wer hat sich nicht schon über Gebrauchsanweisungen bei einem neuen technischen Gerät geärgert, in denen unverständliche Fachbegriffe oder Formulierungen verwendet werden? So kann es jedem Nutzer ergehen, der »zufällig« auf eine Webseite gelangt ist. Selbst der Begriff »Sitemap« oder »Home« ist nicht immer klar. Webseiten sind Informationsquellen für alle Nutzer – auch wenn es sich um ein Fachportal handelt.

Das Sprachniveau ist entscheidend für die Verständlichkeit. Die Anforderungen der WCAG10 verlangten explizit nach der einfachsten und klarsten Sprache, die angemessen sei. Allerdings wurden die Bewertungsgrundlagen für »Einfachheit« und »Angemessenheit« offengelassen.

In den WCAG20 wurde auch der Aspekt der Verständlichkeit neu formuliert. Es wird mehr auf technisch testbare Aspekte der Verständlichkeit gesetzt und die Richtlinien gehen sowohl auf die Verständlichkeit der Inhalte als auch auf die Fehlerbehandlung bei Fehleingaben ein. Die Vorgaben und Erfolgskriterien der WCAG20 zur Textverständlichkeit werden in Kapitel 9 stärker thematisiert; der Umgang mit Fehleingaben ist Gegenstand des Abschnitts 15.4 ab Seite 592.

Im Allgemeinen bietet die Verständlichkeitsforschung gute Rahmenbedingungen für eine verständliche Sprache. Obwohl die Verständlichkeit aufgrund wissenschaftlicher Untersuchungen formalisiert werden kann, so hat für die meisten Menschen das verständliche Schreiben doch mehr mit Talent und Bauchgefühl zu tun. Verständliche Sprache kann dennoch beurteilt werden, auch wenn die Ergebnisse weniger genau ausfallen als das Ergebnis einer HTML-Validierung.

Wenn die Inhalte nicht verständlich gemacht werden können, dann sollten zumindest die Navigationsmöglichkeiten einfach zu verstehende Begriffe enthalten. Eine Liste von Begriffen, die in Navigationsleisten vermieden werden sollten, finden Sie auf:

http://www.bitvtest.de/wortliste.html

Diese Liste ist zwar nur ein Tropfen auf den heißen Stein, aber sie verdeutlicht die Anforderung. Umfangreicher und auf die Bedürfnisse von Menschen mit Lernschwierigkeiten abgestimmt ist das »Neue Wörterbuch für Leichte Sprache« des Netzwerks *Mensch zuerst*.[5]

3.1.2.1   Verständlichkeitsforschung

Im Allgemeinen sind korrekte Grammatik und Orthografie Voraussetzung für eine verständliche Sprache. Bei der Orthografie gilt dies allerdings nicht streng, da Menschen nachweislich fehlertorelant abreiten (fehlertolerant arbeiten), d.h., sich das richtige Wort bei kleineren Rechtschreibfehlern »zusammenreimen«. Das gilt allerdings nicht unbedingt für die technische Aufbereitung von Informationen, etwa wenn Texte mit Sprachausgaben gelesen werden.

In der Verständlichkeitsforschung geht man davon aus, dass Einfachheit und semantische Redundanz sowie die inhaltliche Strukturierung von Texten zu beachten sind:

▦ Wörter:
Gebräuchliche Wörter sind meist leichter zu verstehen als ungebräuchliche Wörter. Zugleich sind sie meist die kürzeren. Auch konkrete Begriffe sind meist leichter verständlich, wobei im Einzelfall die Unterscheidung zwischen »konkret« und »abstrakt« schwierig ist.

▦ Satzformulierung:
Passiv formulierte sowie verneinende Sätze sind oft schwerer zu verstehen. Nebensätze können vor allem bei eingeschobenen Nebensätzen zu Problemen führen.

▦ Redundanz:
Eine Informationsverdichtung fördert meist erst dann die Verständlichkeit, wenn gleichzeitig die Textorganisation verbessert wird. Redundanzen können das Behalten fördern, wirken sich aber auf die Lesegeschwindigkeit aus.

▦ Beispiele:
Beispiele fördern die Verständlichkeit, wenn sie konkret sind.

▦ Fragen:
Auf Fakten bezogene Fragen erhöhen das Behalten, vor allem dann, wenn sie am Ende eines Textes stehen. Im Text können sie die Lesemotivation fördern.

▦ Hervorhebungen:
Hervorhebungen bündeln die Aufmerksamkeit. Gleichzeitig wird aber das Lesen unmarkierter Stellen beeinträchtigt, vor allem wenn der Leser Leseschwierigkeiten hat.

▦ Reihenfolge:
Die Anordnung von allgemeinen vor speziellen Informationen fördert die Textverständlichkeit.

---

5.   Bestellmöglichkeit bei Netzwerk Mensch zuerst, URL: *http://www.people1.de/buecher.html* (Abruf 26.8.2009).

▨ Gliederung:
Gegliederte Inhalte helfen dem Leser, ein mentales Modell[6] der Inhalte zu
bilden. Dies gilt vor allem für aussagekräftige Überschriften zur Strukturierung von Texten.

▨ Zusammenfassungen:
Vorangestellte kurze Übersichten sind für das schnelle Erfassen der Textinhalte hilfreich; Gleiches gilt für nachgestellte Zusammenfassungen. [7]

Neben diesen inhaltlichen und stilistischen Aspekten spielt die Typografie eine
Rolle für die Verständlichkeit. Die WCAG20 bieten einige wenige Kriterien zur
Leserlichkeit, die in Abschnitt 9.2.3 ab Seite 331 sowie Abschnitt 17.4 ab Seite
683 behandelt werden.

3.1.2.2   Messung von verständlicher Sprache

Es gibt verschiedene Textverständlichkeitstheorien und -konzepte. Ein bekann-
tes Modell ist der Flesch-Reading-Ease-Index, bei dem anhand von Wort- und
Satzlängen die Lesbarkeit eines Textes gemessen wird. Ein weitergehendes
Konzept ist das Hamburger Verständlichkeitsmodell von Lange et al. Es erlaubt
eine Bewertung der Textverständlichkeit anhand der Merkmale »Einfachheit«,
»Gliederung und Ordnung«, »Kürze und Prägnanz« und »Anregende Zusätze«.
Ein ähnlicher Ansatz von Groeben geht über das textimmanente Hamburger
Verständlichkeitskonzept hinaus und berücksichtigt psychologische, linguisti-
sche und kybernetische Elemente.[8]

Der Flesch-Reading-Ease-Index ist einfach anzuwenden, zumal er in Text-
verarbeitungssysteme wie Microsoft Word integriert ist. Allerdings ist die
zugrunde liegende Formel nur für englische Texte geeignet, denn sie basiert
auf den im Gegensatz zur deutschen Sprache kürzeren englischen Wörtern und
Sätzen. Außerdem erlaubt die Flesch-Formel – ebenso wie die ähnliche Wiener
Sachtextformel – nur eine Aussage über die objektive Oberflächenstruktur
eines Textes. So gesehen sind Lesbarkeitsmessungen, wie auf

http://www.juicystudio.com/fog/

nur bedingt aussagekräftig. Die tatsächliche Bedeutung eines Textes können
sie ebenso wenig ermitteln wie die Verständlichkeit insgesamt.

Verständlichkeit ist technisch nicht testbar und eine Prüfung hängt in
hohem Maße von der Qualifikation und Erfahrung der bewertenden Person ab.
Die Bewertungsmodelle von Lange bzw. Groeben berücksichtigen das Ver-

---

6. Vgl. InfoWissWiki, Mentale Modelle, URL: *http://wiki.infowiss.net/Mentales_Modell*
    (Abruf 8.3.2010).
7. Vgl. doctima GMBH, Praktische Hilfen, URL: *http://www.doctima.de/index.php?id=151*,
    (Abruf 14.8.2009) mit Schwerpunkt auf dem Verständlichkeitskonzept von Norbert Groeben.
8. Vgl. doctima GMBH, Verständlichkeitstheorie, URL: *http://www.doctima.de/allgemein/
    verstaendlichkeitstheorie.html* (Abruf 14.8.2009) mit einer Übersicht zur Geschichte der
    Verständlichkeitsforschung.

ständnis eines Textes, erfordern aber für Webredakteure ein hohes Maß an Training. Dabei sind solche qualifizierten Texter unabdingbar für ein barrierefreies Web, auch wenn es dabei manchmal »nur« um leicht verständliche Zusammenfassungen von Fachinformationen geht.

3.1.2.3   Wortschatz

Aussagen darüber, welche Bevölkerungsgruppen über welchen Wortschatz verfügen, variieren:

- Passiver Wortschatz:
  Es wird davon ausgegangen, dass mindestens 2.000 Begriffe benötigt werden, um alltägliche Texte zu verstehen. Kinder im Alter von 6 Jahren verstehen ca. 23.000 und Erwachsene bis zu 94.000 Wörter, im Durchschnitt 50.000.

- Grundwortschatz:
  Über 95 % aller deutschsprachigen Texte werden mit den 4.000 häufigsten Wörtern geschrieben.

- Aktiver Wortschatz:
  Für eine sinnvolle Kommunikation ist ein Wortschatz von 1.000 Wörtern ausreichend. Der aktive Wortschatz einzelner Personen kann bis zu 50.000 Wörter umfassen. Laut Duden umfasst der aktive Wortschatz eines durchschnittlichen Erwachsenen 12.000 bis 16.000 Wörter.

Solche Zahlen sind selbstverständlich mit Vorsicht zu genießen. Viele Nutzer werden bei solchen Untersuchungen nicht einbezogen, etwa ausländische Mitbürger, Legastheniker oder Menschen mit Lernschwierigkeiten. Auch bei Gehörlosen ist ein verminderter Wortschatz festzustellen: Während hörende deutschsprachige Kinder bei der Einschulung über einen passiven Wortschatz von ca. 20.000 Wörtern verfügen, wird er bei Gehörlosen auf 500 geschätzt.[9]

3.1.2.4   Angemessenheit von verständlicher Sprache

Fachsprache hat oft ihre Berechtigung. Im Web geht es aber nicht nur um die Veröffentlichung von Texten, sondern oft um die Abwicklung von Prozessen. Ob bei Behörden oder im Handel: Texte und Abläufe sollten für die Mehrheit der Nutzer verständlich sein. Werden zu viele Fachbegriffe, fremdsprachige Begriffe, Akronyme oder gar sogenannte »Buzz-Words« verwendet, so laufen Anbieter Gefahr, ihre Nutzergruppen nicht zu erreichen.

Insbesondere eine geringere Schriftsprachenkompetenz kann eine Vereinfachung oder gar Übersetzung von Inhalten in eine leicht(er) verständliche

---

9.   Vgl. Tondora, S., Die außersprachlichen und soziokulturellen Faktoren des Spracherwerbs gehörloser Menschen (Diplomarbeit), S. 22,
     URL: *http://wwwg.uni-klu.ac.at/fzgs/Diplomarbeit%20Szilvia.pdf* (Abruf 23.9.2010).

Form erforderlich machen. Das W3C hat folgende Einschränkungen für die Anwendbarkeit dieser Anforderungen formuliert:[10]

▨ Es ist schwer festzulegen, welche Kriterien für Leichte Sprache webseitenübergreifend angewandt werden können.
▨ Es gibt urheberrechtliche Aspekte, die der Vereinfachung von Texten entgegenstehen.
▨ Manche Inhalte könnten nicht vermittelt werden, wenn sie vereinfacht formuliert würden.
▨ Es gibt Texte wie Gedichte oder fachliche Ausführungen, die per Definition eine bestimmte Form und ein gewisses Sprachniveau haben.
▨ Bestimmte Inhalte können unabhängig von der sprachlichen Einfachheit von manchen Menschen nicht verstanden werden. Es ist nicht möglich, alle Inhalte für alle Menschen barrierefrei zu machen.

Dennoch: Diese Einschränkungen betreffen nur einen Teil aller veröffentlichten Texte. Obwohl es in der Realität unlösbare Grenzfälle gibt, können die Ansätze der Verständlichkeitsforschung in den meisten Fällen angewandt werden.

3.1.3   Leichte Sprache

Leichte Sprache ist vor allem bei Webseiten von allgemeinem Interesse wichtig, z.B. Webangebote von Finanzämtern, Polizei, Krankenkassen, Kirchen oder Minijob-Zentralen sowie Verkehrsverbünden und kommunalen Dienstleistern wie Müllabfuhr und Einwohnermeldeamt. Also Organisationen und Dienstleister, zu denen die meisten Menschen einen unmittelbaren Bezug haben und zu denen es keine Alternativen gibt.

Mit gutem Beispiel vorangegangen ist das Pharmaunternehmen Pfizer mit dem virtuellen Beipackzettel.[11] Die Bemühungen, die teilweise komplizierten Texte der Medikamentenbeipackzettel in Leichte Sprache zu übersetzen, ergänzt um Filmsequenzen in Deutscher Gebärdensprache, wurden 2006 mit einer BIENE[12] ausgezeichnet. Das Unternehmen hat gezeigt, dass komplexe Sachverhalte, die sowohl an Fachleute als auch an Verbraucher gerichtet sind, einfach formuliert werden können.

---

10. Vgl. W3C, Web Content Accessibility Guidelines 2.0,
      URL: *http://www.w3.org/TR/2002/WD-WCAG20-20020822/* (Abruf 14.8.2009).
11. Vgl. Einfach für alle, BITV Reloaded, Bedingung 14.1, URL: *http://www.einfach-fuer-alle.de/ artikel/bitv-reloaded/anforderung-14/bedingung-14.1/* (Abruf 14.8.2009).
12. Deutsche Behindertenhilfe – Aktion Mensch e. V., BIENE-Wettbewerb,
      URL: *http://www.biene-award.de* (Abruf 21.8.2010).

Abb. 3-1   Virtueller Beipackzettel von Pfizer

Wie naturwissenschaftliche Zusammenhänge in Leichter Sprache vermittelt werden können, zeigt das Informationsportal 1000Fragen mit mehreren Texten zur Bioethik in Leichter Sprache:

http://www.1000fragen.de/hintergruende/dossiers/index.php

Es lohnt sich, einen Blick in die Anforderungen an Leichte Sprache zu werfen; sie bieten gute Ansätze, wie die Verständlichkeit für alle Nutzer gefördert werden kann. Diese werden in Abschnitt 9.3.3 ab Seite 361 aufgegriffen.

3.1.4   Gebärdensprachfilme

Für einen Teil der gehörlosen Menschen sind Schrift- und Lautsprache Fremdsprachen. Als Konsequenz sind Übersetzungen von Inhalten in Gebärdensprache notwendig.

In welcher Form Gebärdensprachfilme idealerweise präsentiert werden, kann derzeit nicht abschließend beantwortet werden. Berücksichtigt werden müssen beispielsweise die Rahmenbedingungen für die Gesamtgestaltung sowie die technische Einbindung der Filmsequenzen.

3.1.4.1   Automatische Übersetzungen

Die Idee, Computerhilfsmittel zu entwickeln, die Übersetzungen in die Gebärdensprache automatisieren, liegt nahe. Schließlich gibt es Hilfsmittel für Blinde, Sehbehinderte oder motorisch eingeschränkte Nutzer, die bei der Überwindung von Barrieren helfen.

Ein Ansatz, zugänglichere Informationen für Gehörlose bereitzustellen, wäre eine automatische Übersetzungssoftware, die auf Knopfdruck Texte und Gesprochenes gebärdensprachlich darstellt. Hierzu laufen bereits seit vielen

Jahren verschiedene Forschungsprojekte, in die große Hoffnungen gesetzt werden. Es handelt sich um die Entwicklung von Avataren, die Texte oder gesprochene Sprache in Gebärdensprache übersetzen.[13] Dabei sind sowohl die Übersetzung an sich als auch die Darstellung durch verständliche Gebärden eine große Herausforderung. So schön die Vision des Gebärdensprachavatars ist: Bislang ist die Entwicklung noch im Anfangsstadium.

Da die Gebärdensprache eine eigenständige Sprache ist, können Inhalte nicht eins zu eins übertragen werden. Vielmehr müssen professionelle Übersetzer bereits vor der Texterstellung hinzugezogen werden. Fachtermini müssen meist erklärt werden, denn die Gebärdensprache hat nicht für jeden Begriff der Schrift- und Lautsprache eine Gebärde. Insofern kann bei rechtzeitiger Einbeziehung dieser Anforderungen ein umgekehrter Einfluss auf die schriftlichen Texte entstehen.

Ein weiteres Problem entsteht bei der Aktualisierung von Inhalten. Während geschriebene Texte oft ohne Weiteres aktualisiert werden können, müssen bei Gebärdensprachfilmen nicht nur die Filmsequenzen neu aufgenommen, sondern der Text muss vorher neu übersetzt werden. Deshalb müssen Sie als Anbieter schon vor der Berücksichtigung von Gebärdensprachfilmen klären, wie gegebenenfalls mit der Aktualisierung von Inhalten umgegangen werden soll.

3.1.4.2   Richtlinien für Gebärdensprachfilme

Im September 2003 hat das Europäische Komitee für Normung (CEN) Richtlinien[14] veröffentlicht, die den Einsatz von Gebärdensprache im Web beschreiben. Sie lassen sich wie folgt zusammenfassen:

- Inhalte sollen vorzugsweise von gehörlosen Personen (sog. native signers) in der Gebärdensprache vorgetragen werden. Dabei muss beachtet werden, dass Gebärdensprache länderspezifisch ist und sich die Deutsche Gebärdensprache beispielsweise von der Österreichischen Gebärdensprache unterscheidet.
- Die Videos sollten 25 Bilder/Sek. oder mehr haben.
- Die Auflösung der Videos sollte 256×192 oder höher betragen (352×288 wird empfohlen).
- Die Filme müssen in den gängigen Multimedia-Playern auch für langsame Internetverbindungen bereitstehen.

---

13. Seit Jahren arbeitet das Institut für Deutsche Gebärdensprache der Universität Hamburg an einem sogenannten Avatar. Bislang ist die Entwicklung noch im Anfangsstadium und liefert nur ansatzweise brauchbare Ergebnisse, wie beispielsweise »GUIDO« auf den Webseiten der Stadt Hamburg zeigt.
14. Europäisches Komitee für Normung (2003), Guidelines for making information accessible through sign language on the web (CWA 14835), URL: *ftp://cenftp1.cenorm.be/ PUBLIC/CWAs/e-Europe/DFA/cwa14835-00-2003-Sep.pdf* (Abruf 5.9.2009).

Nach WCAG20 sind Gebärdensprachfilme vor allem bei synchronisierten Multimedia-Inhalten zu berücksichtigen. Gebärdensprachfilme werden aber auch für andere Inhalte empfohlen.

3.1.4.3 Auswahl der Texte

Sollen bestehende Angebote in Gebärdensprache übersetzt werden, muss womöglich eine Textauswahl getroffen werden. Zu beachten ist, dass Zusammenfassungen nicht immer ausreichen, um einen Sachverhalt zu verstehen. Das gilt umso mehr, je fachspezifischer die Inhalte sind. Folgende Kriterien können bei der Auswahl unterstützen:

- Das Kernangebot (Leistungen, Organisation, Zusammenhänge) vermittelt wesentliche Informationen über Inhalt und Aufbau.
- Inhalte, die keiner ständigen Aktualisierung unterliegen, haben im Allgemeinen einen geringeren Übersetzungsaufwand, weil sie nicht regelmäßig neu aufgezeichnet werden müssen.
- Häufig abgerufene Informationen müssen berücksichtigt werden.
- Informationen, die gezielt an Gehörlose oder Menschen mit Behinderungen gerichtet sind, sollten immer in Gebärdensprache angeboten werden.

3.1.5 Erschließung von Inhalten

Nicht nur Inhalte, auch Navigationskonzepte müssen einen möglichst intuitiven Zugang zu den einzelnen Inhalten bieten. Es reicht nicht aus, einzelne Inhalte in einer möglichst verständlichen Form anzubieten, wenn diese nicht auf eine verständliche Art und Weise erreicht werden können. Dabei ist ein Navigationskonzept nicht nur Selbstzweck, es sollte Nutzer auch bei der Orientierung in einem Webangebot unterstützen und z.B. die Einordnung eines Inhalts in die Gesamthierarchie des Angebots durch den Nutzer ermöglichen.

Ein »gutes« Navigationskonzept ermöglicht es Nutzern, intuitiv über weitere Aktionen selbst zu entscheiden. Anhand einer Navigationsleiste sollten z.B. Rubriken und größere Inhaltsbereiche sowie andere themenrelevante Inhalte erkannt werden. Mit verschiedenen zusätzlichen Navigationsleisten können kontextabhängige Inhalte verlinkt werden und den Nutzer so durch das Informationsangebot führen. Schließlich gibt es zahlreiche weitere Möglichkeiten der Navigation, die ebenfalls unter dem Gesichtspunkt der Barrierefreiheit zu prüfen sind (vgl. Abschnitt 7.2 ab S. 254).

Die Wikipedia beweist, dass durch Suchfunktionen und sogenannte Ad-hoc-Verlinkungen ein Informationsangebot ohne inhaltsbezogene Navigationsleisten erfolgreich funktionieren kann. Die Frage, ob eine Navigation überhaupt erforderlich ist, erscheint also gerechtfertigt. Gleichzeitig spielt der Zweck eines Webauftritts eine Rolle. Das Erschließen von Inhalten alleine durch Ad-hoc-Links und Suchfunktion wird für viele Nutzer nicht ausreichend sein. Nur mit Navigationsmechanismen, die sich auf den Inhalt beziehen und dessen Hierarchien und Zusammenhänge vermitteln, kann eine schlüssige Navigation durch ein Angebot vorgenommen werden. Diesen Zweck verfolgt die Wikipedia im Übrigen nicht.

3.1.5.1   Wege nach Rom

Ob ein Informationsangebot oder eine Webanwendung: Das erfolgreiche Navigieren ist immer abhängig von der Benutzerschnittstelle. Die einzelnen Elemente im Screendesign sind die eine Seite der Medaille; die andere bildet die Erwartungen, Fähigkeiten und Kenntnisse der Nutzer. Nicht jeder bringt alle zur Bedienung einzelner Navigationselemente erforderlichen Voraussetzungen mit. Beispielsweise ist nicht jeder in der Lage, eine Auswahlliste für »Quick Links« mit der Tastatur zu bedienen oder jeden einzelnen Begriff in einer Navigationsleiste zu verstehen. Grundsätzlich falsch ist der Versuch, die Nutzer »umzuerziehen«. Ausgehend von den unterschiedlichen Voraussetzungen sollten stattdessen alternative Bedienmöglichkeiten zur Verfügung gestellt werden.

Nutzer erreichen in Abhängigkeit ihrer Suchstrategien auf verschiedenen Wegen ihr Ziel, z. B. über Navigationsleisten, eine Sitemap, vorhandene Suchfunktionen oder mit externen Suchmaschinen. Damit dies problemlos für alle Nutzer möglich ist und die Nutzer immer wissen, wo sie sich befinden, gibt es zahlreiche Anforderungen an Navigations- und Orientierungsmöglichkeiten:

- Hierarchie als Grundlage: Nutzer kennen Hierarchien aus verschiedenen Zusammenhängen, ob Buch oder Dateisystem. Webinhalte können auf verschiedene Wege erreicht werden, sodass eine Hierarchie nicht zwingend erforderlich ist – sie ist nur *eine* Möglichkeit des Zugangs zu umfangreichen Informationen. Keinesfalls soll die Hierarchie eine Abbildung der Abteilungsstruktur einer Organisation sein. Angaben wie »Referat 1 A 34« sagen einem Nutzer meist nichts. Auch sind Breite und Tiefe der Hierarchie zu beachten: Mehr als zehn Punkte pro Ebene wirken unübersichtlich und der Nutzer sollte nicht mehr als drei Links aufrufen müssen, um eine bestimmte Seite zu erreichen.
- Eine lineare Navigationsstruktur ist vor allem bei chronologisch angeordneten Informationen wie Blog-Einträgen einleuchtend. Auch bei anderen Inhalten wie Bildergalerien oder einem Sachregister ist es sinnvoll, verschachtelte Anordnungen zu vermeiden.
- Alternative Navigationsmöglichkeiten wie Inhaltsverzeichnisse, Sitemaps oder Stichwortverzeichnisse erlauben eine ergänzende Erschließung der Inhalte. Während Inhaltsverzeichnisse und Sitemaps Hierarchien und Zusammenhänge abbilden, können Stichwortverzeichnisse in Form von Tag-Clouds eine ganz andere Sicht auf die Inhalte bieten. Solche Alternativen sollte der Nutzer von jeder Seite aus erreichen können.

▦ Brotkrümelpfade (engl.: bread crumb trails) helfen, relevanten Inhalt innerhalb der Gesamthierarchie einzuordnen. Sie sind vor allem bei stark hierar-
chisierten und komplexen Inhalten eine sinnvolle Ergänzung zu den sonstigen Navigationsleisten.

▦ Mikro-Webauftritte: Bei sehr großen Webauftritten sind einzelne Bereiche
oft als eigenständige Angebote organisiert, vergleichbar mit einem Dossier in einer Zeitung. Dies kann sowohl die inhaltliche als auch die gestalte-
rische Ebene betreffen. Sie zeichnen sich dann durch ein zusätzliches loka-
les Navigationssystem und eine eigene Startseite aus. Viele Elemente des
übergeordneten Webauftritts werden hierbei nicht berücksichtigt. Durch
die Reduzierung der Navigationsmöglichkeiten wird mehr Übersichtlichkeit geschaffen. Relevant kann diese beispielsweise für Webangebote von
Universitäten sein. Hier kann jeder Fachbereich eine eigene Subdomain
besetzen und ein kleinerer Navigationsbereich auf das Gesamtangebot
verweisen.

3.1.5.2   Nutzerorientierte Navigationskonzepte

Navigationsleisten bilden in der Regel die inhaltliche Struktur eines Webauftritts ab. Diese inhaltliche Struktur und die Hierarchie des Webangebots müssen in Wortwahl, Gestaltung u.v.m. verständlich sein. Dies gilt auch für andere
Navigationselemente, etwa Tags und Links in Fließtexten.

Bei der Entwicklung von Navigationskonzepten sind folgende Fragen wichtig:

▦ Sind die Navigationsleisten für jeden Besucher nachvollziehbar und schlüssig? Hier spielen Umfang, Anordnung im Layout und Konsistenz innerhalb
des Webauftritts eine wesentliche Rolle. Weiter stellt sich die Frage, ob die
verwendeten Begriffe allgemein verständlich sind.

▦ Sind Übersichten geeignete Alternativen zur Navigation? Die reine Abbildung der Navigation mit allen Unterseiten ist in vielen Fällen zur Erfassung
eines Angebots hilfreich. Nützlich können außerdem kontextuelle Übersichten, Stichwortverzeichnisse, ergänzende Beschreibungen für einzelne
Seiten sowie Filterfunktionen sein.

▦ Werden die Navigationsmöglichkeiten an der Stelle angeboten, wo sie
gebraucht werden? Gerade in der linearen Ausgabe ist es wichtig, dass z.B.
weiterführende Links am Ende eines Inhalts stehen, weil so erst die Inhalte
vollständig gelesen und dann die weiterführenden Links aufgerufen werden können. Bei Tastaturnutzern stellt die Erreichbarkeit verschiedener Seitenbereiche ein Grundproblem dar, das durch eine gute strukturelle Navigation und ggf. auch Tastenkombinationen kompensiert werden kann.

▦ Werden Linktexte unabhängig vom Kontext formuliert? Ein »Zurück« ist
vielleicht in einem speziellen Kontext sinnvoll, aber besser ist es, wenn das
Ziel des Links im Linktext aufgenommen wird.

Diese eigentlich selbstverständlichen Fragen sind mit Blick auf verschiedene Behinderungsarten nicht immer leicht zu beantworten und müssen in der Konzeptionsphase eines Webprojekts besonders beachtet werden. Auch im Hinblick auf Nutzer, die beispielsweise eine andere Muttersprache haben, ist die Wahl der Begriffe in den Navigationsmechanismen besonders wichtig für die Orientierung. Die einzelnen Anforderungen an Navigationsmöglichkeiten werden in Kapitel 7 behandelt.

3.1.6   Verständliche Formulare

Die Verständlichkeit spielt auch bei der Bedienung von Formularen eine wichtige Rolle. Formulare sind oft der Kern eines Angebots, z.B. bei Online-Shops, im E-Government-Bereich oder beim Schreiben und Kommentieren in Blogs. Die erfolgreiche Bedienung eines Formulars ist häufig Voraussetzung für weitere Interaktionen innerhalb einer Anwendung oder für die Kommunikation mit dem Anbieter. Formulare müssen korrekt ausgefüllt und fehlerfrei abgeschickt werden können.

Obwohl es sehr viele Einsatzmöglichkeiten für Formulare im Web gibt, wird an dieser Stelle nur auf einige grundsätzliche Aspekte am Beispiel eines einfachen Suchformulars eingegangen.

Eine Suchfunktion gehört zur Standardausstattung eines Webauftritts. Für viele Nutzer ist ein Eingabefeld mit einer dazugehörigen Schaltfläche »Los!« oder »Go!« ein selbsterklärender Aufruf – für andere hingegen nicht.

Die Auswertung von Suchanfragen einzelner Webangebote zeigt, dass ein bestimmter Anteil von Anfragen nichts mit dem Inhalt zu tun haben kann. Zufall oder nicht? Eventuell wird die Suchfunktion mit der Suchfunktion von Google verwechselt. Die Textaufforderungen sollten daher möglichst eindeutig sein, etwa:

- »Was suchen Sie auf [Name Ihres Angebots]?« Ein solcher Text ist gleichzeitig als Bezeichnung oder LABEL-Element für das Eingabefeld zu definieren, damit die eindeutige Identifizierung mit Screenreadern möglich ist.
- Der Text der zugehörigen Schaltfläche sollte ebenfalls verständlich formuliert sein. Auf jeden Fall sollte eine Schaltfläche vorhanden sein und auf jeden Fall sollte der enthaltene Text die Aktion benennen, d.h., »Suchen« ist »Los!« vorzuziehen.

Es sind jedoch nicht nur die im Formular enthaltenen Texte, die unter dem Aspekt der Verständlichkeit zu betrachten sind. Da Formulare in der Regel von einem Skript verarbeitet werden und meist eine Ergebnisseite liefern, muss auch diese auf ihre Übereinstimmung mit Nutzererwartungen geprüft werden. Ergebnisseiten sollten die einzelnen Treffer hierarchisch nach Relevanz geordnet auflisten, wobei die Ergebnislisten überschaubar zu halten sind und ggf. um eine gut bedienbare Blätternavigation ober- und unterhalb der Liste ergänzt werden sollten. Bei Problemen sollte eine neue Suchanfrage ebenso einfach gestartet werden können wie alternative Suchstrategien über eine Gesamtübersicht oder ein Kontaktformular erreichbar sein.

Es gibt viele Ursachen für Fehleingaben. Was ist, wenn ein Nutzer eine Rechtschreibschwäche hat und die Suchfunktion nicht nutzen kann, z.B. weil er die Suchbegriffe falsch schreibt? Gibt es eine phonetische Suche oder Korrekturvorschläge in der Bearbeitung der Suchanfrage? Welche Strategien sind hier anzuwenden? Einige Möglichkeiten sind:

▓ Fehlerbehandlung:
Identifizierte Fehleingaben werden deutlich gekennzeichnet und ggf. um Korrekturvorschläge ergänzt.

▓ Phonetische Suche:
Seit vielen Jahren werden immer besser arbeitende Suchwerkzeuge angeboten, die Suchergebnisse nach dem Klang von Wörtern liefern, wenn eine 1:1-Übereinstimmung des Suchbegriffs mit den in der Datenbank gespeicherten Wörtern nicht existiert. Auf diese Weise können »Maier« und »Mayr« gefunden werden, wenn nach »Meier« gesucht wurde.

▓ Wortliste:
Bei Nichtübereinstimmung kann versucht werden, eine Liste ähnlicher Worte zu ermitteln. Die Ermittlung der Liste kann phonetisch oder nach Wortformen erfolgen.

▓ Vorschlag vor der Suchanfrage:
Bereits während der Eingabe können Datenabfragen mit JavaScript-Methoden eingesetzt werden, um ergänzende oder alternative Begriffe vorzuschlagen, die in einem Zusammenhang mit den eingegebenen Begriffen stehen. Obwohl diese Technik sehr elegant ist, ist sie noch nicht kompatibel mit Screenreadern und sollte nur ergänzend eingesetzt werden.

Fehleingaben müssen deutlich erkennbar gemacht werden und die Fehlerbehebung muss ein integrierter Bestandteil der Formularverarbeitung sein. Wenn Formulare durch Fehleingaben des Nutzers die Eingaben insgesamt – seien es unvollständige Pflichtfelder oder Rechtschreibfehler – nicht verarbeiten können, so muss es Teil des Prozesses sein, dass dem Benutzer mitgeteilt wird, was genau er falsch gemacht hat und wie und wo Korrekturen vorgenommen werden müssen. Der Prozess kann Hilfen wie eine Rechtschreibprüfung ebenfalls integrieren.

3.2   Standardkonformität

Neben den komplexen Anforderungen an die Verständlichkeit müssen korrektes HTML, CSS und JavaScript eingesetzt werden. Eine korrekte und sinnvolle Syntax ist eine prüfbare Anforderung und zugleich die technische Voraussetzung für barrierefreies Webdesign. Standardkonformität ist aber nicht gleich

Barrierefreiheit. Es müssen viele Aspekte in die Technik einfließen, bevor eine formal richtige HTML-Syntax von allen Menschen gut genutzt werden kann.

HTML ist die Basissprache des Web und dient u. a. der Strukturierung von Inhalten. Mit CSS steht zudem eine leistungsfähige »Formatierungssprache« für die Präsentationsebene zur Verfügung, und mit JavaScript gibt es eine mächtige Technik zur Förderung der Nutzbarkeit. Für bestimmte Aufgaben müssen andere Formate eingesetzt werden, die aber besondere Barrieren mit sich bringen können. Einige häufig im Web eingesetzte Formate wie PDF, Flash oder Java bieten nicht das gleiche Maß an Zugänglichkeit wie HTML. Multimedia-Inhalte stellen bei Berücksichtigung sehbehinderter, blinder oder gehörloser Nutzer hohe Anforderungen an die barrierefreie Umsetzung.

Obwohl es meist Lösungen für diese Probleme gibt, so ist z. B. für barrierefreie PDF-Dokumente eine intensive Einarbeitung erforderlich (vgl. Kap. 12). Auch die Bereitstellung barrierefreier Multimedia kann sehr zeitaufwändig werden.

3.2.1   Herangehensweise – typisch oder untypisch?

Bei der Planung barrierefreier Webauftritte muss der typische Workflow betrachtet werden: Meist wird das grafische Design eines Webauftritts entwickelt, bevor die Inhalte stehen. Bereiche und Funktionen werden definiert, Logos und Farben festgelegt und die Abstimmungsprozesse mit Screendesignern und anderen Beteiligten beginnen. Diese Vorgehensweise hat ihren guten Grund: Wenn es nichts zu sehen gibt, gibt es auch keinen Auftrag. Dennoch ist dieses Vorgehen aus drei Gründen kritisch:

1. Weder Standardkonformität noch Barrierefreiheit sind ein »Add-on«, sondern müssen von Anfang an beachtet werden. Das gilt insbesondere für die technisch korrekte Aufbereitung der Inhalte und die linearisierbare Ausgabe und vergrößerbare Darstellung, die in einer sehr frühen technischen Phase bedacht werden sollten.
2. Wer Standardkonformität und damit die Trennung von Inhalt, Layout und Verhalten anstrebt, muss Inhalte zunächst strukturieren, um erst im Anschluss ein Design darüberlegen zu können. Bei gut strukturierten Seiten ist ein Design beliebig austauschbar, wie *www.csszengarden.*com eindrucksvoll demonstriert. Ähnliches gilt auch für die Gestaltung der Verhaltensebene mit JavaScript: Zuerst muss ein stabiles HTML-Gerüst stehen, das dann um die dynamischen Elemente ergänzt wird.
3. Ein einmal vom Auftraggeber abgenommenes grafisches Design kann einschränkend sein. Wenn später Anpassungen an inhaltliche und funktionale Gegebenheiten notwendig werden, müssen sich diese dem Design unterordnen.

Um ein neues Webprojekt zu visualisieren, werden häufig Bildbearbeitungs- oder Vektorprogramme eingesetzt. Diese aus dem Printbereich stammende Methode hat ihre Vorteile, etwa wenn es um die Einbindung von Elementen des

Corporate Design geht. Grundgerüst, Farben und auch einige Seitenbeschrei-
bungen kann man auf diese Weise ebenfalls gut vermitteln. Dennoch bieten
solche Entwürfe nicht die Möglichkeit, primäre Eigenschaften eines Webauftritts abzubilden, wie etwa die Interaktion oder die Vergrößerbarkeit.

Alternativ zur »klassischen« Entwicklung mittels Grafiken können folgende
zwei Möglichkeiten eingesetzt werden:

▥ Für sehr große Webauftritte kommt ein Online-Styleguide in Frage. Als Teil
    des Corporate Design können alle Webelemente eines Auftritts integriert
    werden und es gibt keine Visualisierungsprobleme. Allerdings erfordert ein
    Online-Styleguide einen hohen Planungsaufwand und es besteht dieselbe
    Gefahr wie bei grafischen Vorlagen, nämlich dass spätere Erweiterungen
    von Funktionen schwierig implementierbar sind. Ein hinsichtlich Barrierefrei-
    heit ausgezeichnetes Beispiel ist der Online-Styleguide der Bundeswehr.[15]
▥ Eine webbasierte Methode der Webseitenentwicklung ist das Rapid-Proto-
    typing.[16] Obwohl diese Methode dem Entwicklungsteam sehr viel Know-
    how abverlangt und es keine klar abgegrenzten Meilensteine für Planung,
    technische Umsetzung oder Grafikdesign gibt, erlaubt sie die parallele Ent-
    wicklung der Inhalte, des Designs und der Funktionen direkt im funktions-
    fähigen System. Das System ist ein Teil des noch fertig zu stellenden Ergeb-
    nisses und erlaubt das laufende Testen der Nutzbarkeit und die ständige
    Kontrolle durch alle Beteiligten.

Nicht nur wenn es um Barrierefreiheit geht, sondern auch wenn es um Standardkonformität im Allgemeinen geht, vermeiden HTML-Prototypen Fehler im
Entwicklungsprozess. Auch wenn das Screendesign normalerweise am Anfang
steht, sollte es bei der Umsetzung erst nach der Strukturierung der Inhalte und
Festlegung der Funktionen, Klick-Pfade und Fehlerbehandlung angegangen
werden, da zunächst ein stabiles HTML-Gerüst stehen muss.

Die Vorteile des HTML-Prototypings sind klar: Es werden nicht nur technische Aspekte im Bereich der HTML-Optimierung und Geräteunabhängigkeit
von Anfang an berücksichtigt und Funktionen prüfbar gemacht, bevor es an die
CSS-Umsetzung geht – nein, es können auch von Anfang an verschiedene Nutzer jederzeit beteiligt werden.

3.2.2   HTML ist das Handwerk, CSS die Kunst

Barrierefreiheit setzt voraus, dass die Inhalte eines Webauftritts mit HTML
semantisch aufbereitet werden. HTML stellt jeder Browser dar. Außerdem bietet es ein hohes Maß an Zugänglichkeit auch in Hilfsmitteln behinderter Nutzer.
Die Nutzbarkeit der Seite mit Screenreadern wird durch die Semantik im HTML

---

15. Online-Styleguide der Bundeswehr 3.0,
     URL: *http://www.styleguide.bundeswehr.de/v3/styleguide/* (Abruf 7.3.2010).
16. Vgl. Holter, E. (2002), Client vs. Developer Wars – Communicating the Web Development,
     am Beispiel des Prototypings mit RaPiD.

bestimmt, d.h., durch den sinnvollen Einsatz von Überschriften- und Listenelementen.

Die Gestaltung einer Seite erfolgt nach Erstellung des HTML mit CSS und
bleibt dadurch beliebig und unkompliziert austauschbar. CSS steht für Cascading Style Sheets; diese sind eine äußerst leistungsfähige und effektive Möglichkeit, das Layout und die Formatierung von Webseiten zu kontrollieren. Seit
vielen Jahren gibt es keinen nennenswerten Grund, auf semantisches HTML
und CSS zu verzichten.

3.2.2.1 Rückblick

In der Anfangszeit des Web war die Gestaltung von Seiten überschaubar: Die
Hypertext Markup Language (HTML) wurde zur simplen Strukturierung von
(meist wissenschaftlichen) Dokumenten benutzt, die der Browser entsprechend
darstellte. Überschriften vom Typ H1, H2 usw. wurden (und werden immer noch)
in abgestuften Größen dargestellt, Absätze (P = Paragraph) werden als unsichtbare Kästen erzeugt und der Browser fügt automatisch Abstände zum vorherigen und nachfolgenden Element ein.

Trotz der recht jungen Geschichte des Webdesigns gab es im Bereich der
grafischen Gestaltung von Webseiten zahlreiche Entwicklungen:

- Die erste Webseite wurde 1991 von Sir Tim Berners-Lee veröffentlicht. Sie
  war einfach aufgebaut und erklärte den Zweck des World Wide Web.[17] In
  den Anfangsjahren waren Webseiten durchweg schlicht, denn HTML
  erlaubte nur wenige Gestaltungsmöglichkeiten. So war beispielsweise das
  Einbinden von Bildern und Tabellen erst später möglich.
- 1994 wurde das World Wide Web Consortium (W3C) gegründet mit dem
  Ziel, Standards für das Web zu formulieren. Die erste HTML-Spezifikation
  (HTML 2.0) erschien im Jahr 1995.[18] Die Spezifikation erlaubte weiterhin
  nur einfach strukturierte und einspaltige Seiten.
- Die nächste HTML-Spezifikation erschien 1997 mit HTML 3.2.[19] Nun war es
  mittels Tabellen möglich, Webauftritten eine Struktur in Form von Navigationsleisten zu geben, und es wurden zwei- und mehrspaltige Layouts online
  gestellt.

Obwohl CSS1 bereits 1996 veröffentlicht wurde und 1998 CSS 2 fertig war,
beherrschten Tabellenlayouts das Webdesign der späten 1990er-Jahre. Das
lag zum einen daran, dass Browser die CSS-Spezifikationen nicht gut unter-

---

17. Kopie aus 1992 auf The World Wide Web Project, URL: *http://www.w3.org/History/
    19921103-hypertext/hypertext/WWW/TheProject.html* (Abruf 20.8.2010).
18. Vgl. Hypertext Markup Language 2.0, URL: *http://www.w3.org/MarkUp/html-spec/
    html-spec_toc.html* (Abruf 20.8.2010).
19. Vgl. HTML 3.2 Reference Specification, URL: *http://www.w3.org/TR/REC-html32*
    (Abruf 20.8.2010).

stützten, und zum anderen daran, dass WYSIWYG-Editoren ohne Unterstützung für CSS-Design verstärkt eingesetzt wurden.

Ab Mitte der 1990er-Jahre entwickelte sich das Web schnell weiter und vor allem Microsoft und Netscape lieferten sich einen Kampf um die Marktvorherrschaft. In dieser Zeit wurden immer neue Techniken für die Präsentation und Dynamisierung von Webseiten entwickelt, etwa Frames für das Layout oder unterschiedliche Möglichkeiten zur Dynamisierung von statischen Inhalten:

▦ Die Firma Macromedia bot ab Mitte der 1990er zwei Techniken zur Gestaltung von Webseiten an: Shockwave, entwickelt für CD-ROMs, konnte auch im Web eingesetzt werden, und Flash bot viele Funktionen, HTML mit multimedialen und dynamischen Inhalten zu ergänzen. Beide mittlerweile zu Adobe gehörenden Techniken sind aber für ein barrierefreies Layout ungeeignet.

▦ Ende der 1990er hatte das W3C Schwierigkeiten, mit der Browserentwicklung Schritt zu halten und die De-facto-Webstandards zu spezifizieren. Als die HTML 4.0-Spezifikation 1999 verabschiedet wurde, wurden Frames schon seit geraumer Zeit von Browsern unterstützt. Mit Frames konnte dem Problem des schnelleren Ladens und Aufbaus neuer Seiten entsprochen werden, indem nur Teile (einzelne Dokumente innerhalb des Browserfensters) neu aufgerufen werden mussten.

▦ Dynamisches HTML (DHTML) ist ein Schlagwort der späten 1990er-Jahre. Es beschreibt die Kombination von vor allem JavaScript und HTML sowie manchmal auch serverseitiger Skripte. Zusammen mit Flash bot DHTML Webdesignern die Möglichkeit, interaktivere Webanwendungen aufzubauen.

Wegen der unterschiedlichen Rendering-Engines der Browser war es aber praktisch unmöglich, standardkonforme und browserübergreifend gleich bleibende Layouts zu erstellen. Unter dem Strich entwickelten die Browserhersteller Techniken schneller, als sie vom W3C standardisiert werden konnten, und viele Aspekte, etwa die Barrierefreiheit, blieben auf der Strecke. Erst mit Netscape 6 kam die Wende hin zur Standardkonformität, was die Verluste an Marktanteilen dieses einst vorherrschenden Browsers nicht mehr wettmachen konnte:

▦ CSS-Design wurde erst ab 2000 mit Netscape 6 als Nachfolger des Netscape 4 praxistauglich. Bis dahin war neben der allgemein mangelnden Unterstützung durch die Browser kaum ein Webdesigner in der Lage, CSS-Designs zu erstellen. Mit CSS gestaltete Seiten sind generell schneller geladen, und zusammen mit den höheren Bandbreiten führt diese Technik zu einem deutlich schnelleren Web. CSS-Design kann JavaScript oder Flash nicht ersetzen, aber durch die Trennung von Inhalt und Layout sowie die Unterstützung in allen neueren Browsern ist das Potenzial gegeben, Tabellen zu Layoutzwecken komplett zu verdrängen.

Seit ca. 2005 können Datenabfragen browserübergreifend mit JavaScript in Kombination mit dem http-Request eingesetzt werden. Die als »Asynchronous JavaScript and XML« (AJAX) bezeichnete Technik macht ein dynamisiertes und barrierefreies Austauschen von Inhalten möglich. Es handelt sich zwar nicht um eine Layouttechnik, aber die prinzipiell beliebige Verwandlung einer Seite hat großen Einfluss auf die inhaltliche Gestaltung. Außerdem ist durch den Austausch von Attributen und anderer Knoten im DOM-Baum des Browsers das grafische Design austauschbar.

Heute gibt es zahlreiche CSS-fähige Browser. Die Wende überlebt hat der Internet Explorer, aber auch Opera. Daneben gibt es natürlich Firefox, Safari, Google Chrome und einige andere mehr. Obwohl viele Webentwickler hauptsächlich über den Internet Explorer schimpfen, der Browser halte im Gegensatz zu den anderen die Standards nicht ein, so haben doch alle Browser ihre Macken und die korrekte Interpretation von HTML und CSS 2 ist bei allen mehr oder weniger gut gegeben.[20] Der Internet Explorer ist mit Abstand der am häufigsten genutzte Browser und darf deshalb bei der Entwicklung standardkonformer Designs nicht vernachlässigt werden.

Bereits der erste Browser (Nexus bzw. World Wide Web für NeXTStep von Sir Tim Berners-Lee) unterstützte Stylesheets, allerdings nicht CSS, sondern eine Variante von User Stylesheets, die sich über das GUI einstellen ließen.[21] Erst mit CSS1 im Jahr 1996 und mit HTML 3.2, das den Status quo etablierte, war eine browser-übergreifende einheitliche Darstellung zu erwarten.

Mit CSS 2 aus dem Jahr 1998 wurde eine Präsentationsebene, vergleichbar mit den Formatvorlagen eines Textverarbeitungsprogramms, eingeführt. Diese von HTML getrennte Ebene erlaubt die Anpassbarkeit der Darstellung von Webdokumenten, ob an die Erfordernisse eines Nutzers oder an andere Layoutwünsche. Das Layout kann sich auch dann anpassen (lassen), wenn ein Webdokument in einer anderen Anwendung als dem Browser oder auf einem mobilen Gerät angezeigt wird. Mit CSS können medienspezifische Layouts mit geichem Inhalt angeboten werden und Nutzer können eigene Anpassungen vornehmen, etwa die Änderung der Schriftgröße oder weitere Anpassungen des Layouts.

Mit Einhaltung der Standards für HTML und CSS durch die Browser können Webentwickler auf CSS-Design setzen statt auf Layouttabellen. Tabellen sind strukturierende Elemente, die nur zur Aufbereitung tabellarischer Daten genutzt werden sollten. Ein Tabellenlayout muss nicht zu Problemen bei der Ausgabe in Screenreadern und mobilen Geräten führen. Grundsätzlich verstößt aber der Einsatz von Layouttabellen gegen den Grundsatz der Trennung von Inhalt und Layout.

---

20. Vgl. Acid Test: *http://www.acidtests.org* (Abruf 14.8.2009).
21. Zur Geschichte von CSS: W3C, The CSS saga,
    URL: *http://www.w3.org/Style/LieBos2e/history/* (Abruf 14.8.2009).

3.2.2.2   Inhalte vor Form

Der Leitsatz »Form follows function«, vom Architekten Louis Sullivan Ende des 19. Jahrhunderts geprägt, wird heute in vielen Bereichen der Gestaltung angewandt. In gewisser Weise lässt er sich auch auf standardkonformes Webdesign anwenden, wenngleich es bei dem »Bau« von HTML-Seiten um Inhalte und nicht nur um Funktionen geht. Der grundlegende Gedanke ist, dass sich die Gestaltung eines Objekts an dessen Nutzungszweck orientieren soll.

Beim Aufbau einer barrierefreien HTML-Seite stehen zwei Nutzungszwecke stets im Vordergrund:

1. Der über HTML strukturierte Inhalt muss linear – also auch ohne Präsentations- und Verhaltensebene – nachvollziehbar sein.
2. Die Strukturierung mit semantischem HTML soll die strukturelle Navigation erlauben.

Erst mit Erfüllung dieser »Aufgaben« im HTML ist der technische Unterbau einer barrierefreien Seite möglich. Die Präsentationsebene folgt später – mit CSS – und die Verhaltensebene mit JavaScript.

Linearisierbarkeit

Wie auch immer ein Webauftritt mit CSS gestaltet oder über JavaScript dynamisiert wird, es wird immer Nutzer geben, die Stylesheets nicht angezeigt bekommen oder JavaScript deaktiviert haben. In solchen Fällen kommt es auf die Organisation der Inhalte im Quellcode an. Das folgende Beispiel zeigt Teaser-Texte, die zwar optisch auf der Präsentationsebene gut nachvollziehbar, aber auf der Strukturebene problematisch sind:

Abb. 3-2   Vier nebeneinanderstehende Anreißertexte

In Screenreadern werden Inhalte linear ausgegeben und sequenziell über Sprachausgabe vorgelesen oder auf der Braille-Zeile angezeigt. Grundsätzlich gilt, dass die lineare Ausgabe der Reihenfolge im Quelltext entsprechen sollte. Das Beispiel wurde mit Tabellen wie folgt aufgebaut:

```
<div id="tabellenlayout">
<font size="5" color="#FFFFFF" face="verdana"><b>Abenteuer Glück</b></font>
<table>
<tr><td><b><font size="2" color="#DEDEDE">Michelle auf Hawaii</font></td>
<td valign="top"><font size="2" color="#DEDEDE"><b>Diko in Mali</b>
<td><b>Hussein in Kalkutta</b></td>
<td valign="top"><font size="2" color="#DEDEDE">Li &amp; Jiang in China</b>
<tr><td><img src="hawaii.jpg" alt="Michelle auf Hawaii" width="120"
height="100" border="1" /></td>
    <td><img src="mali.jpg" alt="Diko in Mali" width="120" height="100"
border="1" /></td>
    <td><img src="kalkutta.jpg" alt="Hussein in Kalkutta" border="1" /></td>
    <td><img src="china.jpg" alt="Li &amp; Jiang in China" width="120"
height="100" border="1" /></td>
</tr>
<tr><td>Es ist mir nicht egal, was er getan hat, aber meine Liebe zu ihm hat
das nie berührt.</td>
    <td>Das hier ist das Paradies. Das hier ist mein Zuhause. Und es ist riesig
groß.</td><td valign="top">Glück ist, wenn man jemanden hat, den man mag.
    <td valign="top">Wohin gehst Du? Wohin wohl, nach Shanghai!</td>
<tr><td bgcolor="#DEDEDE" valign="top"><strong>Sonntag,
15:00</strong></td><td bgcolor="#DEDEDE" valign="top"><strong>Montag, 20:00
    <td bgcolor="#DEDE"><strong>Donnerstag, 20:00</strong></td>
    <td bgcolor="#DEDEDE" align="left" valign="top"><strong>Sonntag, 15:00</td>
</tr>
</table>
</div>
```

Listing 3-1   Teaser-Texte als nichtlinearisierbare Tabelle aufgebaut

In der linearen Ausgabe wird das Ergebnis wie folgt zu verstehen sein:

Michelle auf Hawaii
Diko in Mali
Hussein in Kalkutta
Li & Jiang in China

Es ist mir nicht egal, was er getan hat, aber meine Liebe zu ihm hat das nie berührt.

Das hier ist das Paradies. Das hier ist mein Zuhause. Und es ist riesig groß.

Glück ist, wenn man jemanden hat, den man mag.

Wohin gehst Du? Wohin wohl, nach Shanghai!

Sonntag, 15:00
Montag, 20:00
Donnerstag, 20:00
Sonntag, 15:00

Abb. 3-3   Bildschirmdarstellung der nicht linearisierbaren Ausgabe

Obwohl lineare Ausgabemedien auch Funktionen zur Navigation in Tabellen haben, gibt es keinen zwingenden Grund, die Teaser-Texte als solche auszuzeichnen. Sinnvoller für Linearität und Nachvollziehbarkeit ist der folgende Aufbau:

```
<h1>Abenteuer Glück</h1>
<div>
 Michelle auf Hawaii<br />
 <img src="hawaii.jpg" alt="Michelle auf Hawaii" /><br />
 Es ist mir nicht egal, was er getan hat, aber meine Liebe zu ihm hat das nie
berührt.<br />
 Sonntag, 15:00
</div>
<div>
 Diko in Mali<br />
 <img src="mali.jpg" alt="Diko in Mali" /><br />
 Das hier ist das Paradies. Das hier ist mein Zuhause. Und es ist riesig
groß.<br />
 Montag, 20:00
</div>
<div>
 Hussein in Kalkutta<br />
 <img src="kalkutta.jpg" alt="Hussein in Kalkutta" /><br />
 Glück ist, wenn man jemanden hat, den man mag.<br />
 Donnerstag, 20:00
</div>
<div>
 Li &amp; Jiang in China<br />
 <img src="china.jpg" alt="Li &amp; Jiang in China" /><br />
 Wohin gehst Du? Wohin wohl, nach Shanghai!<br />
 Sonntag, 15:00
</div>
```

Listing 3-2   Linearisierbare Ausgabe ohne Tabellen

Die Teaser-Texte können jetzt linear – also ohne Präsentationsebene – besser verstanden werden:

Michelle auf Hawaii

Es ist mir nicht egal, was er getan hat, aber meine Liebe zu ihm hat das nie berührt.
Sonntag, 15:00
Diko in Mali

Das hier ist das Paradies. Das hier ist mein Zuhause. Und es ist riesig groß.
Montag, 20:00
Hussein in Kalkutta

Glück ist, wenn man jemanden hat, den man mag.
Donnerstag, 20:00
Li & Jiang in China

Wohin gehst Du? Wohin wohl, nach Shanghai!
Sonntag, 15:00

Abb. 3-4   Inhalte in einer linearisierbaren Reihenfolge

Mit entsprechenden CSS-Eigenschaften kann ein mit der ursprünglichen Darstellung identisches Aussehen erzielt werden. Allerdings wurde die Strukturierung mit semantischem HTML noch nicht berücksichtigt. Erst wenn die Inhalte auch sinnvoll über HTML ausgezeichnet wurden, sollte mit der Präsentationsebene begonnen werden.

Struktur und Semantik

Das Beispiel der Teaser-Texte ist zwar jetzt linearisierbar, aber Überschrift und Text sehen noch gleich aus. In diesem konkreten Fall bietet es sich an, die einzelnen Überschriften mit HTML-Überschriftenelementen zu versehen. Ein einzelner Teaser kann dann wie folgt aufgebaut sein:

```
<h1>Abenteuer Glück</h1>
<div class="teaser">
 <h2>Michelle auf Hawaii</h2>
 <p><img src="hawaii.jpg" alt="Michelle auf Hawaii" /></p>
 <p class="info">Es ist mir nicht egal, was er getan hat, aber meine Liebe zu
 ihm hat das nie berührt.</p>
 <p><strong>Sonntag, 15:00</strong></p>
</div>
<div class="teaser">
 <h2>Diko in Mali</h2>
 <p><img src="mali.jpg" alt="Diko in Mali" /></p>
 <p class="info">Das hier ist das Paradies. Das hier ist mein Zuhause. Und es
 ist riesig groß.</p>
 <p><strong>Montag, 20:00</strong></p>
</div>
<div class="teaser">
 <h2>Hussein in Kalkutta</h2>
 <p><img src="kalkutta.jpg" alt="Hussein in Kalkutta" /></p>
 <p class="info">Glück ist, wenn man jemanden hat, den man mag.</p>
 <p><strong>Donnerstag, 20:00</strong></p>
</div>
<div class="teaser">
 <h2>Li &amp; Jiang in China</h2>
 <p><img src="china.jpg" alt="Li &amp; Jiang in China" /></p>
 <p class="info">Wohin gehst Du? Wohin wohl, nach Shanghai!</p>
 <p><strong>Sonntag, 15:00</strong></p>
</div>
```

Listing 3-3   Linearisierbarer und strukturierter Aufbau

Die linearisierte Darstellung ist jetzt besser gegliedert:

Michelle auf Hawaii

Es ist mir nicht egal, was er getan hat, aber meine Liebe zu ihm hat das nie berührt.

Sonntag, 15:00

Diko in Mali

Das hier ist das Paradies. Das hier ist mein Zuhause. Und es ist riesig groß.

Montag, 20:00

Hussein in Kalkutta

Glück ist, wenn man jemanden hat, den man mag.

Donnerstag, 20:00

Li & Jiang in China

Wohin gehst Du? Wohin wohl, nach Shanghai!

Sonntag, 15:00

Abb. 3-5   Auch ohne CSS wird die Bedeutung der Texte deutlich.

Durch eine vernünftige Strukturierung ist die Nachvollziehbarkeit der Inhalte auch ohne Präsentationsebene gegeben und ermöglicht Tastaturbenutzern das strukturelle Navigieren von Überschrift zu Überschrift.

Um die ursprüngliche Darstellung zu erreichen, sind folgende Angaben in der CSS-Datei erforderlich:

```
body {
  background-color : #ffffff;
  color : #1E1E1E;
  background-image : url('bg.jpg');
  background-repeat : repeat-x;
  font-family : verdana;
  font-size : 75%;
}
h1 {
  color : white;
}
img {
width: 120px;
height: 100px;
  border : 1px solid #cccccc;
}
div.teaser {
  width : 125px;
  float : left;
}
h2 {
  font-size : 1.2em;
  color : #dedede;
  margin-top : 0;
  height : 2em;
}
p {
  padding : 0;
}
p.info {
  margin : 0;
  padding: 0.1em 0.2em;
  height : 5.2em;
}
p strong {
  border : 1px solid #063049;
  height : 2.4em;
  display : block;
  color : #000000;
  font-size : 1em;
  padding : 0.4em;
  margin: 0.1em 0.2em;
}
```

Listing 3-4   CSS-Eigenschaften für strukturiertes HTML

Die Darstellung am Bildschirm wird jetzt genauso sein wie im Ausgangsmaterial, nur ist das HTML jetzt linearisierbar und aufgrund der HTML-Strukturen auch navigierbar.

Benutzereigene Formatierungen

Durch die CSS-Gestaltung können Nutzer jetzt auch eigene Formatierungen bestimmen, die die individuelle Zugänglichkeit verbessern. In Opera ist die persönliche Einstellung sehr einfach möglich, aber alle Browser bieten Präferenzeinstellungen hinsichtlich Größen, Farben und Schriftarten an. Das folgende Dialogfenster stammt aus dem Internet Explorer:

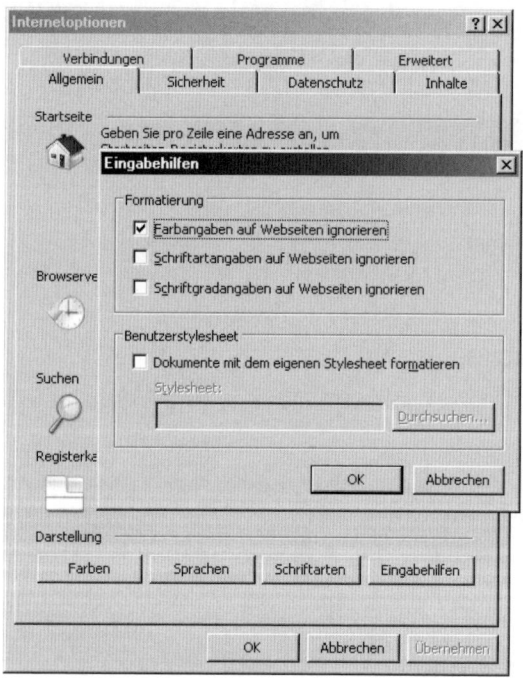

Abb. 3-6   Eingabehilfen im Internet Explorer 7

Ein CSS-Design kann immer in Teilen oder ganz überschrieben werden. Im folgenden Beispiel wird die Webseite mit anderen (benutzerdefinierten) Bildschirmfarben dargestellt (vgl. Abb. 3-7).

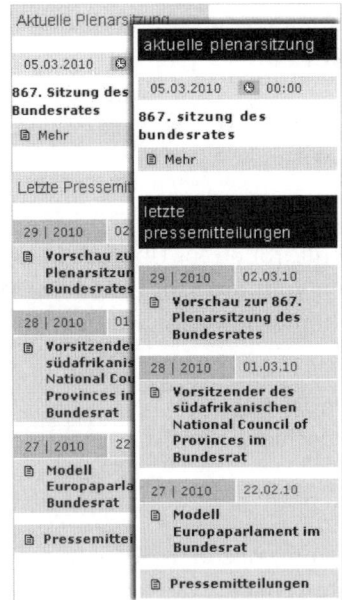

Abb. 3-7   Überschriften und Links werden mit Benutzerangaben überschrieben.

Vor allem für Sehbehinderte bedeutet die Möglichkeit der individuellen Darstellung eine Erleichterung der Zugänglichkeit. Dabei ist die Zahl der unterschiedlichen Präferenzen wahrscheinlich so hoch wie die Zahl der unterschiedlichen Sehbehinderungen.

3.2.2.3   CSS-Design setzt HTML voraus

Die Positionierung von Inhalten mit CSS basiert auf dem Kastenmodell (engl. box model). Alle Blockelemente wie Absätze oder Überschriften oder das generische DIV-Element erzeugen zunächst einen unsichtbaren Kasten – ohne Formatierung, Positionierung oder sonstige Gestaltung. Dieser Kasten kann mit Inhalt gefüllt werden, wobei sich die Größe des Kastens dem Inhalt anpasst. Das folgende Beispiel demonstriert das Modell:

```
<div>
    <h1>Eine Überschrift</h1>
    <p>Ein kurzer Text</p>
</div>
```

Listing 3-5   Einfaches HTML-Beispiel zur Darstellung des Kastenmodells

Die normalerweise unsichtbaren Kästen werden im Folgenden durch eine durchgezogene Linie für das DIV-Element, eine gestrichelte Linie für die Überschrift und eine gepunktete Linie für den Absatz verdeutlicht (vgl. Abb. 3-8).

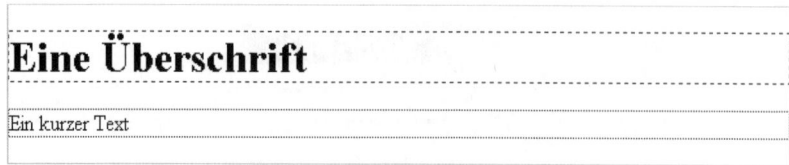

Abb. 3-8   Zwei Kästen mit Text sind in einem weiteren Kasten verschachtelt.

Die unterschiedlichen Schriftgrößen für Überschrift und Absatz werden in dieser Darstellung im Übrigen vom Browser bestimmt. Mit CSS können nun den Kästen weitere Eigenschaften zugewiesen werden, etwa

- Schriftart und -größe
- Vorder- und Hintergrundfarben
- Position (auf einem Bildschirm, einem Drucker oder einem anderen Gerät)
- Höhe und Breite
- u. v. m.

Obwohl die einzelnen Kästen prinzipiell beliebig auf dem Bildschirm positioniert werden können, sollte zunächst der komplette Seitenaufbau grob umrissen sein, bevor das Layout mit CSS beginnt.

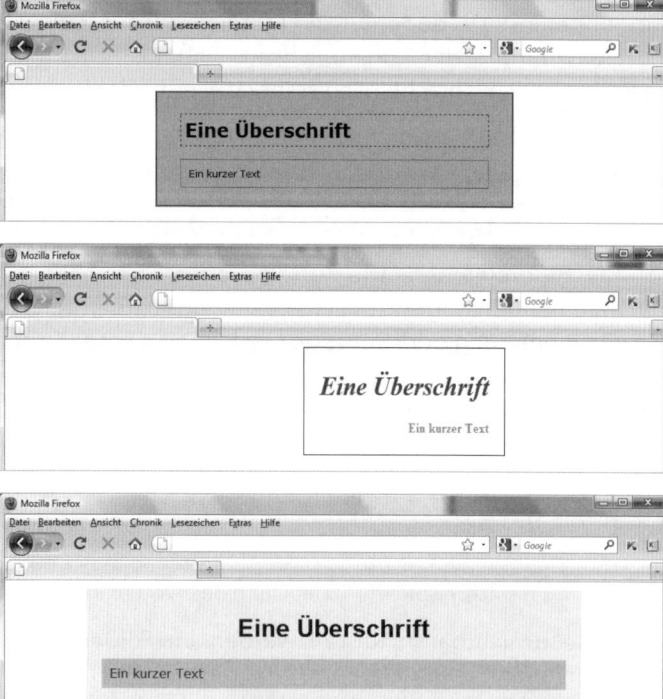

Abb. 3-9   Mit CSS können HTML-Elemente unterschiedlich positioniert werden.

Die Spielereien mit den Positionierungen der Kästen sollen verdeutlichen, dass die Präsentationsebene im Prinzip unabhängig von der Strukturebene ist. Solche Beispiele können auch gesteigert werden für ein komplettes Layout. Die folgenden, schematisch aufgebauten Bereiche eines Webauftritts können binnen 10 Minuten »umgestrickt« werden, und zwar ohne das HTML anzufassen:

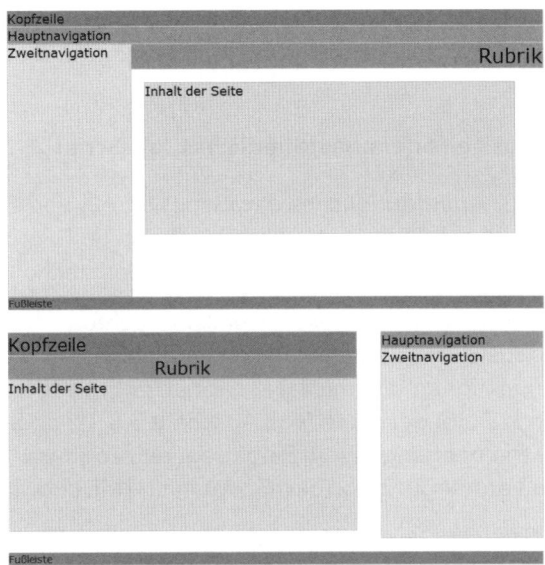

Abb. 3-10   Ein CSS-Layout kann relativ schnell verändert werden.

Im ersten Schritt sollte eine grobe Einteilung der angedachten Inhalte vorgenommen werden. Das HTML muss dabei linearisierbar und semantisch aufbereitet sein. Erst wenn ein stabiles Grundgerüst steht, sollten Verfeinerungen für einzelne Gestaltungselemente und Darstellungsformen vorgenommen werden.

Vor allem beim Layout ist zu beachten, dass nicht alle Kästen seitenübergreifend eine vordefinierte Größe haben. Beispielsweise kann der Inhaltsbereich je nach Seite kürzer oder länger werden. Auch ist unbekannt, welche Schriftgröße ein Nutzer eingestellt hat und welche Breitenanpassungen dadurch für schmalere Spalten zu berücksichtigen sind. Gerade in der Anfangsphase der Designentwicklung sollte mit unterschiedlichen Schrifteinstellungen experimentiert werden, um ein möglichst flexibles Layout zu gewährleisten.

3.2.3   JavaScript als Ergänzungstechnik

Mit JavaScript verfügen Webentwickler über eine sehr leistungsfähige Technik, um Webseiten lebendiger zu machen. Eine höhere Gebrauchstauglichkeit, mehr Nutzerorientierung und mehr dynamische Inhalte machen Seiten attraktiver und effizienter. JavaScript ist das dritte Glied in der Kette der Standardkonformität und ergänzt die Struktur- und Präsentationsebene um die Verhaltensebene. Genauso wie die erstgenannten Ebenen ist die Verhaltensebene separat zu behandeln. Nur wenn JavaScript unabhängig von Struktur und Präsentation eingesetzt wird, was u.a. die Verwendung von Eigenschaften und Methoden des Document Object Model bedeutet, kann von Barrierefreiheit gesprochen werden.

Allerdings ist nicht alles Gold, was glänzt. Wegen der Dynamik von Java-Script kann es zu Kompatibilitätsproblemen mit Screenreadern kommen. Die Situationen, in denen es zu solchen Problemen kommt, sind aber bekannt und vermeidbar.

3.2.3.1   »Unobtrusive« oder unaufdringliches JavaScript

»Unobtrusive« oder unaufdringliches JavaScript ist ein von Stuart Langridge vorgeschlagener und von Christian Heilmann verbreiteter Begriff und beschreibt JavaScript als Ergänzung zu HTML und CSS statt als Basistechnik. Dies bedeutet:

- JavaScript wird stets als optionale Technik betrachtet.
- Es werden robuste JavaScript-Techniken eingesetzt.
- Inhalte und Funktionen, die mit JavaScript erzeugt werden, werden konsequent über das DOM gesteuert (vgl. Abschnitt 5.5.1.2 ab S. 182).
- JavaScript wird unabhängig vom Eingabegerät programmiert.
- Es gibt keine Vermengung von JavaScript mit HTML und CSS.

Ähnlich wie mit CSS kann und sollte JavaScript in einem eigenständigen Dokument geschrieben werden, damit Funktionen webseitenübergreifend verwaltet werden können. Da sich eine einmal geladene JavaScript-Datei im Cache des Browsers befindet, führt die Trennung der Verhaltensebene ggf. zu deutlich schnelleren Ladezeiten, wenn der Nutzer eine Seite des Angebots schon einmal aufgerufen hat.

Im Idealfall steht als einziger Befehl nur die folgende oder ähnliche Zeile in einem HTML-Dokument, die auf den Einsatz von JavaScript hinweist:

```
<script type="text/javascript" src="lib/js/funktionen.js"></script>
```

JavaScript sollte nicht im HTML-Dokument verwendet, sondern alle Funktionen und Dynamisierungen über die JavaScript-Datei und DOM-Scripting realisiert werden. Beispielsweise könnte eine Funktion zur Prüfung der Eingabe in einer Suchmaske vorgesehen sein, um Fehleingaben zu verhindern:

```
<form action="#" method="get" id="suchbox" onsubmit="return suchboxCheck();">
  <p>
    <label for="schnellsuche">Suchen Sie was auf barrierefreies-
webdesign.de?</label>
    <input name="suche" id="schnellsuche" type="text" />
    <button type="submit">Suche starten</button>
  </p>
</form>
```

Listing 3-6   HTML-Formular mit einem Event-Handler

Der Event-Handler onsubmit ruft eine Funktion auf und übergibt die Formular-inhalte an die Funktion, die bei Fehleingabe ein Dialogfenster öffnet und die wie folgt aussehen könnte:

```
function suchboxCheck() {
  if (document.getElementById('schnellsuche').value == '') {
    alert('Sie müssen einen oder mehrere Suchbegriffe eingeben, bevor Sie eine
Suche starten können.'); /* [Aufruf über Eventhandler im öffnenden Form-Tag]
*/
    document.getElementById('schnellsuche').focus();
    return false;
  }
  else {
    return true;
  }
}
```

Listing 3-7   JavaScript-Funktion mit »aufdringlichen« Komponenten

Die Funktion wird nur dann aufgerufen, wenn JavaScript im Browser aktiviert ist. Dabei sind zwei Aspekte des Codes noch »aufdringlich«:

1.   Obwohl der Event-Handler onsubmit ein HTML-Attribut ist, enthält er als sol-ches JavaScript. Auch dieser JavaScript-Rest kann aus dem HTML entfernt werden, indem der Event-Handler als anonyme Funktion dynamisch dem Formular zugewiesen wird.
2.   Im JavaScript wird auf das erste Formularelement der HTML-Seite zugegrif-fen. Besser ist die getElementById-Methode, um gezielt auf den gewünsch-ten Knoten im DOM-Baum zuzugreifen.

Um nun zu wirklichem »Unobtrusive JavaScript« zu gelangen, muss also zunächst der Event-Handler aus dem HTML entfernt werden:

```
<form action="#" method="get" id="suchbox">
<!-- Formularinhalt wie oben -->
</form>
```

Listing 3-8   FORM-Element ohne aufdringlichen Event-Handler

Zudem wird die JavaScript-Funktion wie folgt modifiziert:

```
document.getElementById('suchbox').onsubmit = function() {
  if (document.getElementById('schnellsuche').value == '') {
    alert('Sie müssen einen oder mehrere Suchbegriffe eingeben, bevor Sie eine
Suche starten können.'); /* [Aufruf über anonyme Funktion] */
    document.getElementById('schnellsuche').focus();
    return false;
  }
  else {
    return true;
  }
}
```

Listing 3-9   Modifiziertes und unaufdringliches JavaScript

JavaScript wird also durch das Anstreben der Barrierefreiheit nicht zu einem Problem, solange es als Ergänzungstechnik angesehen wird.

3.2.3.2 Kompatibilitätsprobleme mit Screenreadern

Zuweilen ist von Webentwicklern zu vernehmen, dass JavaScript und Barrierefreiheit nicht vereinbar seien. Dabei wird auf die Nutzung von Textbrowsern hingewiesen. Obwohl es richtig ist, dass der Textbrowser »Lynx« JavaScript nicht unterstützt, handelt es sich keinesfalls um eine typische Software blinder Nutzer. Vielmehr setzen die Hilfsmittel blinder Computernutzer seit Ende der 1990er-Jahre auf Windows-Systeme, und der Zugang zum Browser erfolgt mit einem Screen- bzw. Webreader.

Moderne und webfähige Screenreader wie JAWS arbeiten nicht direkt auf einer HTML-Seite oder im DOM, sondern holen Informationen über spezielle Betriebssystemschnittstellen wie z. B. MSAA auf Windows in einen eigenen Zwischenspeicher. Diese Informationen im Zwischenspeicher sind die unmittelbare Arbeitsumgebung für Screenreader-Nutzer.

JavaScript wird dazu genutzt, Inhalte im DOM dynamisch zu verändern. Screenreader gleichen jedoch DOM und Zwischenspeicher nicht ständig ab, sondern nur unter bestimmten Voraussetzungen. Der Zwischenspeicher ist also so lange statisch, bis er das nächste Mal aktualisiert wird. Nicht aktualisiert wird er beispielsweise, wenn über JavaScript eine automatische Änderung im DOM vorgenommen wurde. Hingegen wird er aktualisiert, wenn die Änderung des DOM durch eine Aktion des Nutzers ausgelöst wird. Das automatische Aktualisieren einer Seite ist also ein Problem, das Ausklappen eines Menüs in einem Navigationsbaum jedoch nicht.

Der Zwischenspeicher kann jederzeit durch den Nutzer aktualisiert werden, sodass blinde Nutzer nicht hilflos sind. Dafür muss sich der Nutzer aber der Tatsache bewusst sein, dass es solche JavaScript-spezifischen Probleme gibt – wovon man in den meisten Fällen nicht ausgehen kann. Auch wenn der Nutzer das »Geheimnis der Speicheraktualisierung« kennt, muss die Aktualisierung in einer relativ kurzen Zeit (zwischen 400 bis 1000 Millisekunden) stattfinden, da sonst der Synchronisationsvorgang abgeschlossen wird. Da blinde Nutzer hier keine Kontrolle über das Ergebnis haben, kann es reine »Glücksache« sein, ob die Inhalte im Zwischenspeicher und auf dem Bildschirm identisch sind.

Eine Lösung für das Problem mit dem Zwischenspeicher in Screenreadern ist mit ARIA live regions in Sicht. Mit dieser zukünftigen Spezifikation des W3C können Nutzer über Veränderungen auf der aktuellen Seite informiert werden. Die Unterstützung von ARIA durch Screenreader und Vergrößerungssysteme ist aber noch nicht problemlos gegeben; im Screenreader JAWS ist die Unterstützung für ARIA in Kombination mit dem Internet Explorer 8 erst ab JAWS-Version 11 für einen Teil der Spezifikation akzeptabel. Es ist daher wichtig, bei Webanwendungen einen ausführlichen Screenreader-Test durchzuführen.

3.2.4   Angemessenheit und Kompatibilität anderer Formate

Geräteunabhängigkeit ist ein wichtiges und vielschichtiges Anliegen der Barrierefreiheit. Inhalte sollen mit beliebigen Eingabegeräten bedient, aber auch auf diversen Ausgabemedien betrachtet werden können. Während die Aspekte der Eingabe eine technische und meist lösbare Herausforderung sind, können bestimmte Formate bei der Ausgabe ein echtes Zugänglichkeitsproblem sein.

Im Web werden sehr unterschiedliche Formate für Dokumente genutzt, die von HTML über PDF bis hin zu diversen Office-Formaten reichen. Hinzu kommen Programmierungen in verschiedenen Sprachen und diverse Formate für Video, Audio, Bilder und andere multimediale Inhalte, wobei jedes Format seine Vor- und Nachteile hat. Für die Barrierefreiheit spielt vor allem die Kompatibilität mit Ausgabemedien die ausschlaggebende Rolle. Dies bedeutet, dass sowohl die Inhalte nach den Möglichkeiten eines Formats barrierefrei sein als auch die Anwendungen selbst einen barrierefreien Zugang ermöglichen müssen.

G
135

Fragen der Kompatibilität ergeben sich oft in Kombination mit Hilfsmitteln behinderter Nutzer, wie Screenreadern oder Vergrößerungssystemen. Bei Formaten wie PDF oder auch Flash und Java-Applets ist die Kommunikation zwischen Objekt und Hilfsmittel nicht immer gewährleistet. Das liegt daran, dass diese Hilfsmittel nicht mit dem Browser, sondern mit einer anderen Anwendung kommunizieren müssen. Obwohl Webanbieter diese Situation kaum beeinflussen können, müssen sie trotzdem die Frage nach der Angemessenheit eines bestimmten Formats stellen.

Die Angemessenheit eines Formats ergibt sich aus den Anforderungen des Inhalts. Texte jeder Art sollten in HTML angeboten werden, weil HTML in Verbindung mit den Browsern die beste Zugänglichkeit erlaubt. Andere Inhalte wie multimediale Anwendungen oder signierte Dokumente können jedoch nicht mit standardkonformem HTML umgesetzt werden. Im letzteren Fall ist PDF das angemessene Format, wobei die Möglichkeiten der barrierefreien Gestaltung von PDF ausgeschöpft werden sollten. In den anderen Fällen können Lösungen wie Textabschriften und Synchronisation über SMIL weiterhelfen.

3.2.4.1   Portable Document Format (PDF)

PDF-Dokumente und -Formulare können ein Zugänglichkeitsproblem darstellen. Um barrierefreie PDF-Dokumente zu erzeugen, kommt es zunächst auf den Einsatz von »Tagged PDF« an, was das Lesen von PDF in alternativen Ausgabemedien wie Screenreadern oder bei Vergrößerung und/oder Kontrastschemata ermöglicht. »Tagged PDF« sollte bei der Dokumenterstellung von vornherein bedacht werden, da eine spätere Anpassung sehr aufwändig sein kann.

G
140

In der Regel setzen nicht Entwickler und externe Dienstleister die Barrierefreiheit von PDF um, sondern Mitarbeiter aus Verwaltung, Marketing usw. Die Praxis zeigt, dass sowohl Wissen als auch Bewusstsein über die entstehenden Barrieren nicht so ausgeprägt ist wie bei einigen IT-Dienstleistern.

Zugänglichkeit von PDF

PDF gehört zum Weballtag und zeichnet sich vor allem durch eine plattformun-abhängige und vermeintlich stets identische Darstellung von Inhalten aus. Zu nennen sind außerdem die Sicherheitseinstellungen, die HTML nicht bietet.

Ursprünglich wurde PDF entwickelt, um das gleiche Erscheinungsbild eines Dokuments auf allen Plattformen sicherzustellen. Layout, Schrift und Farben sollten bei jedem Nutzer so angezeigt und gedruckt werden wie vom Anbieter gestaltet. An der Barrierefreiheit von PDF-Dokumenten müssen – gemessen an den Möglichkeiten von HTML – allerdings Abstriche gemacht werden. Ein Grund dafür ist sicherlich, dass Barrierefreiheit erst seit PDF 1.4 (Adobe Reader 5) möglich ist und von Adobe zunächst als »Add-on« eingeführt wurde.

Barrierefreiheit erfordert die Anpassung der Darstellung an individuelle Bedürfnisse und Wünsche der Nutzer. Anforderungen, die ein barrierefreies PDF erfüllen muss, sind u.a.:

- Strukturierung der Inhalte mit Überschriften, Listen usw.
- Veränderung des Schriftbildes, etwa Schriftvergrößerung
- Veränderung der farblichen Darstellung von Text und Hintergrund
- Bedienung nur mit der Tastatur
- Erhaltung der Lesereihenfolge in linearen Medien
- Automatische Erkennung der Sprache durch Sprachausgaben

Ausführlichere Informationen zur Barrierefreiheit in PDF werden in Kapitel 12 geboten.

Warum nicht den einfacheren Weg wählen?

Es stellt sich beim Einsatz von Tagged PDF die Frage, ob HTML nicht von vorn-herein die bessere Auszeichnungssprache ist. Folgendes spricht dafür:

- HTML bietet eine bessere direkte Zugänglichkeit als PDF, d.h., PDF ist nicht so stark zugänglichkeitsunterstützend wie HTML,
- der Aufwand, um PDF-Dokumente barrierefrei zu gestalten, ist mindestens so hoch wie der für HTML und
- eine PDF-Version des HTML-Inhalts kann immer noch ergänzend als Druck-version oder Download angeboten werden.

Sinnvoller Einsatz von PDF

Es gibt ohne Frage Fälle, in denen der Einsatz von PDF zweckmäßig ist. Welche Dokumente tatsächlich als PDF angeboten werden sollen, hängt vom Inhalt ab. Beispiele, bei denen PDF sinnvoller ist als HTML, sind:

- Interaktive Formulare
- Dokumente, die verschickt und von mehreren Empfängern gleichzeitig bearbeitet werden sollen

- Multimedia-Präsentationen
- Dateiformate, die in einem Browser nicht angezeigt werden können
- Dokumente mit rechtlicher Verbindlichkeit, z.B. Rechnungen und Verträge
- Dokumente mit digitaler Signatur
- Grafisch gestaltete Dokumente
- Mathematische Darstellungen oder wissenschaftliche Schreibweisen, einschließlich Fußnoten

Die meisten PDF-Dokumente im Web sind einfache Textdokumente, die auch in HTML bereitgestellt werden können. Auch wenn die Liste der angemessenen Nutzungszwecke von PDF sicher nicht vollständig ist, lautet die Grundaussage: Alles, was in HTML umgesetzt werden kann, sollte auch in HTML umgesetzt werden. Dokumente, die nicht in HTML umgesetzt werden sollen, sollten mit Tagged PDF ausgezeichnet werden.

Weitreichende Konsequenzen

Der Weg zu barrierefreien PDF-Dokumenten ist ein Arbeitsprozess, der umso besser gelingt, je früher die Qualitätsverbesserungen integriert werden. Aus Sicht des Qualitätsmanagements lässt sich die Thematik aus folgenden Blickwinkeln betrachten:

- Ausgangsqualität (z.B. Qualität der Vorlagen und Qualifikation der Mitarbeiter),
- Prozessfähigkeit (z.B. korrekte Anwendung von Dokumentvorlagen in den Ursprungsdokumenten) und
- Nutzerzufriedenheit (u.a. Zugänglichkeit der PDF-Dokumente, Druckmöglichkeiten)

Schwieriger wird die Umsetzung von Barrierefreiheit, wenn bereits bestehende und oft sehr umfangreiche PDF-Archive vorhanden sind. Wenngleich es möglich ist, bereits bestehende PDF-Dokumente (ohne »Tags«) im Nachhinein zugänglich zu machen, so ist diese Vorgehensweise doch sehr aufwändig. Das Problem ist, dass bereits vorhandene PDF-Dokumente von Grund auf neu bearbeitet werden müssen. Den Strukturen (Überschriften, Absätze, Listen ...) müssen Tags zugewiesen werden. Wenn es sich bei den Dokumenten um eingescannte Materialien handelt, ist außerdem eine Zeichenerkennung mit einer OCR-Software (Optical Character Recognition) erforderlich. Werkzeuge zur Unterstützung gibt es viele, eine Kontrolle und Nachbearbeitung ist aufgrund der Fehlerquoten bei OCR und beim »Tagging« aber unabdingbar.

Geeignete Software

Für textbasierte Dokumente liefert Microsoft Word ab Version 2000 im Zusammenspiel mit Adobe-Produkten ab Version 7 akzeptable Ergebnisse. Auch OpenOffice ab Version 2 bietet gute Möglichkeiten zur Gestaltung barrierefreier PDF-Dokumente. Gestaltete Dokumente erfordern dagegen den Einsatz z.B. von Adobe InDesign und Formulare den Einsatz von Adobe LiveCycle Designer.

Mit Microsoft Word können Dokumente über Formatvorlagen mit Struktur-informationen versehen werden. Das Adobe-Makro »PDFMaker« ermöglicht bei der Konvertierung, »Tags« und Lesezeichen in das PDF hineinzulegen. Selbst-verständlich ist das »Taggen« auch in Layoutprogrammen von Adobe möglich. In OpenOffice 2 ist die Qualität der meisten Tags akzeptabel, lässt aber bei ver-schachtelten Listen und anderen komplexen Strukturen zu wünschen übrig.

Deutliche Fortschritte sind hingegen im Add-on »Save as PDF« für Office 2007 festzustellen – Voraussetzung ist natürlich, dass die Word-Dokumente konsequent auf Formatvorlagen basieren.

Mit fast allen anderen Anwendungen, die PDF-Dokumente erzeugen, ist eine Strukturierung nicht möglich. Hierzu zählt auch der viel genutzte Weg über das Druckmenü in beliebigen Anwendungen: PDF-Writer, Acrobat Distiller oder andere Druckertreiber und PostScript-Konverter eignen sich nicht, um Strukturinformationen in PDF zu übertragen.

PDF-Dokumente und -Formulare testen

Auch die Funktionen des Adobe Reader zur Verbesserung der Zugänglichkeit müssen eingesetzt werden, seien es die Nutzung der »Umfließen«-Funktion bei der Gestaltung eines Layouts oder etwaige Kontrasteinstellungen, die ein Nut-zer im Adobe Reader vornehmen könnte. Die Funktion des Umfließens bringt die Inhalte eines PDFs in eine neue Form. Dabei werden beispielsweise mehr-spaltige Inhalte in eine einspaltige Form überführt. Das Umfließen erlaubt eine starke Vergrößerung, ohne dass ein waagerechter Scrollbalken entsteht. Ent-scheidend ist, dass nach Aktivierung der Umfließen-Funktion noch alle wichti-gen Inhalte vorhanden und leserlich sind.

Alternativ zu den integrierten Werkzeugen des Adobe Acrobat kann auch der »PDF Accessibility Checker« (PAC) eingesetzt werden.[22] Der PAC ist ein kos-tenloses Programm der schweizerischen Stiftung »Zugang für alle« zur Prüfung wichtiger Aspekte der Barrierefreiheit in PDF-Dokumenten und -Formularen.

PDF-Dokumente können mit PAC nach der PDF-Spezifikation validiert wer-den. Das Ergebnis der vollständigen Prüfung in Adobe Acrobat wird hingegen Fehler tolerieren. Deswegen ist das Testen der Barrierefreiheit nicht trivial. Nötig ist ein Verständnis der Autoren für Probleme, die bei der Nutzung auftre-ten können. Auch bei größter Sorgfalt ist die Kompatibilität eines »getaggten« PDF-Dokuments nicht mit allen Screenreadern gewährleistet.

Noch besser ist die Einbindung von Nutzern mit Behinderungen, etwa Screenreader-Nutzern. Einige Aspekte sind allein mit Werkzeugen aufwändig zu prüfen und können »live« leichter festgestellt werden.

---

22. Stiftung Zugang für alle, PDF Accessibility Checker (PAC),
    URL: *http://www.access-for-all.ch/pac* (Abruf 1.9.2010).

Alternativen zu PDF?

PDF ist nicht das einzige Format für die Aufbereitung von Texten. Die zunehmende Produktion von E-Books fördert die Verbreitung zahlreicher anderer Formate, etwa LIT (Microsoft Reader), PRC (MobiPocket) oder PDB (Palm eReader). Zudem gibt es eine nichtproprietäre Methode, umfangreichere E-Books zu erstellen, die ursprünglich 1999 unter der Bezeichnung »Open eBook Publication Structure« (OEBPS) verbreitet wurde. Bei OEBPS handelt es sich um ein XML-basiertes Framework, veröffentlicht vom International Digital Publishing Forum. Im Jahr 2007 wurde es in EPUB umbenannt.

EPUB hat alle Potenziale für das Sicherstellen der Zugänglichkeit. Ein E-Book in diesem Format besteht aus einem Framework für die strukturierte Aufbereitung, einer Steuerungsdatei sowie einzelnen HTML-Dokumenten und optionalen CSS-Dateien. Die Inhalte werden auf die gleiche Weise barrierefrei gestaltet wie HTML-Dokumente.

Das EPUB-Format ist gegenüber PDF der zugänglichere Ansatz, da es auf XML basiert, wobei die Navigationsstrukturen mit DAISY 3 und die Textstrukturierung mit HTML oder ebenfalls DAISY 3 erfolgen.

Publikationen im EPUB-Format haben viele interessante Anknüpfungspunkte zur Barrierefreiheit. Was bei Verlagen zum Lesen von E-Books angeboten wird, können PDF- oder EPUB-Dokumente sein. Da der Output von EPUB-Büchern vermutlich immer HTML sein wird, wird grundsätzlich eine bessere Zugänglichkeit als mit PDF möglich sein.

E-Books im EPUB-Format können von einer Reihe Lesesysteme zugänglich gemacht werden, u.a. Mentoract Reader, eMonocle und OpenBerg Reader. Andere Formate wie LIT für den Microsoft Reader, PRC für MobiPocket und IMP für eBook Technologies sind zwar von OEBPS abgeleitet, aber das OEBPS-Format selbst wird in den Lesesystemen nicht unterstützt. Es ist davon auszugehen, dass es immer mehr Lesesysteme geben wird; und wenn sich ausschließlich proprietäre Lösungen wie der Kindle von Amazon nicht durchsetzen, dann können Informationen in elektronischer Form auch barrierefrei umgesetzt werden.

Eine weitere Entwicklung auf diesem Gebiet ist ein ebenfalls XML-basiertes Format: das Open-Reader-Format.[23] Open-Reader wird in der Lage sein, weitere XML-Derivate wie SMIL neben HTML zu integrieren. Die Entwicklung befindet sich noch im Anfangsstadium.

3.2.4.2 Multimedia

Bandbreiten werden immer größer, und die Zugangssoftware erlaubt einen immer leichteren Abruf multimedialer Inhalte. Sowohl für Webanbieter als auch für Nutzer werden Video, Audio und multimediale Interaktion immer wichtiger. Das Ersetzen aller textbasierten Informationen ist zwar in naher Zukunft nicht zu erwarten, aber schon heute gibt es Podcasts und Flash-Anwendungen, die nicht

---

23. OpenReader Consortium, URL: *http://www.openreader.org/* (Abruf 14.3.2010).

für alle zugänglich sind und keine Alternative, etwa für Gehörlose oder Tastatur-nutzer, bieten.

Adobe Flash ist eines der wichtigsten Werkzeuge für die Produktion und Präsentation multimedialer Inhalte. Macromedia hat in der Version Flash MX begonnen, erste Accessibility-Features zu integrieren. Dennoch gibt es Ein-schränkungen, die z.B. bei interaktiven Anwendungen deutlich werden.

Mit der vom W3C standardisierten Synchronized Multimedia Integration Language 2.1 (SMIL, ausgesprochen »smile«) können einem Multimedia-For-mat visuelle und auditive Zusatzinformationen in Form von Untertiteln und Audio-Deskriptionen »beigefügt« werden. Die Anforderungen sind allerdings relativ komplex und müssen frühzeitig im Produktionsprozess berücksichtigt werden. Es geht dabei nicht nur um die Zugänglichkeit von Video- oder Audio-Spuren, sondern insgesamt um die Zugänglichkeit komplexer Informationen.

In Zukunft werden also weitere Anforderungen der Barrierefreiheit entste-hen, die mit der Vielfalt der Formate und Methoden der Informationsvermitt-lung einhergehen. Beispiele hierfür sind E-Books mit integrierter Multimedia und DAISY-Bücher.

Flash

G 10

Macromedia lieferte 2002 mit der Version Flash MX ein Werkzeug, mit dem Flash-Objekte zugänglich gemacht werden können. Die zwischenzeitlich von Adobe aufgekaufte Flash-Technik unterstützt die sogenannte MSAA-Schnitt-stelle von Microsoft und Windows-basierte Screenreader können die Informati-onen aus Flash-Objekten auslesen – allerdings kann von einer guten Kompatibi-lität bis heute nicht gesprochen werden. Ein grundlegendes Problem von Flash ist, dass andere Betriebssysteme (z.B. OS X oder die Gnome-Accessibility-Architektur) bisher von Adobe nicht unterstützt werden.

Die Möglichkeiten, Text, Grafik, Audio und Video in einer interaktiven Anwendung zu kombinieren, machen Flash zu einer unverzichtbaren Kompo-nente des Web, zumal der Flash-Player kostenlos und mittlerweile auf den meisten Rechnern installiert ist. Flash wird auch zur Gestaltung von Navigations-leisten und Kontaktformularen genutzt, wenngleich die Technik dafür nicht gedacht war. Solche Elemente eines Webauftritts können heute viel besser mit Webstandards umgesetzt werden, zumal deren Kompatibilität mit Hilfsmitteln deutlich besser ist. Mit ActionScript lassen sich komplexe interaktive Anwen-dungen programmieren wie beispielsweise Spiele, komplette Shop- oder Buchungssysteme, Foren und Chat-Systeme. Solange Inhalte informationsori-entiert sind, ist Flash aber trotz aller Verbesserungen in Sachen Barrierefreiheit nicht die richtige Antwort. Außerdem gilt es zu bedenken, dass Flash, wie auch JavaScript, im Browser des Nutzers abgeschaltet sein kann.

Außer dem in Deutschland nicht verbreiteten Programm Window-Eyes ist JAWS ab der Version 4.51 der einzige Screenreader, der die Informationen des Flash Player interpretieren kann. Der in Deutschland gängige WebFormator (ein kostenloser Webreader) kann ab Version 1.31 alle Texte sowie Alternativtexte von Flash-Objekten auslesen. Probleme entstehen aber bei dynamischen Veränderungen im Flash-Objekt. Veränderungen – auch durch Interaktion des Nutzers ausgelöste – sind oft nicht erfassbar und die Bedienung von Flash somit noch nicht uneingeschränkt möglich.

Das Problem für Screenreader-Nutzer ist die bisher fehlende Schnittstelle zwischen Flash Player und Hilfsmittel. Bevor es den Flash Player 6 gab, war es nicht möglich, an die Inhalte eines Flash-Objekts zu kommen. In der Version 6 ist dieses Problem zumindest technisch behoben. Dennoch gibt es Probleme auf anderen Ebenen:

- Es müsste mehr Positivbeispiele für barrierefreie Flash-Anwendungen geben; einige zugängliche Flash-Einbindungen beim WDR oder anderen Anbietern von Audio und Video reichen natürlich nicht aus. Noch scheuen sich die Flash-Entwickler, barrierefreie Informationen und Funktionen zu berücksichtigen. Besonders hervorzuheben ist deshalb das barrierefreie E-Learning-Flash-Spiel der schweizerischen PostFinance.[24]
- Auch wenn Screenreader wie JAWS und Window-Eyes sowie Webreader wie WebFormator Zugang zu Flash haben, zeigen einfache Tests, dass unterschiedliche Informationen aus dem gleichen Flash-Objekt gezogen werden. Diese zufällige Auswertung kann sogar für eine einzelne Konfiguration festgestellt werden, was für die Barrierefreiheit nicht ermutigend ist.

Je nach Projekt kann sich eine mit ActionScript programmierte Flash-Sprachsteuerung anbieten, die allerdings zu Konflikten mit Screenreadern führen kann. Außerdem werden mit Sprachausgabe ergänzte Flash-Objekte nicht den Komfort bieten, die ein Screenreader bietet. Das heißt aber nicht, dass eine integrierte Sprachausgabe generell schlecht ist. Für Menschen mit anderen Einschränkungen, sei es eine Lernschwierigkeit, Leseschwäche oder Seheinschränkung, ist eine Vorlesefunktion hilfreich. Text-to-Speech-Funktionalitäten können also in Flash angeboten werden, dürfen aber nur auf expliziten Wunsch des Nutzers starten.

Die Trennung von Inhalt und Gestaltung ist auch mit Flash möglich. Damit ist eine der wichtigsten Forderungen der Richtlinien für barrierefreie Webinhalte erfüllbar. Dennoch stößt die barrierefreie Flash-Präsentation z.B. von bewegten Bildern auf Grenzen. Alternativtexte sind zwar eine Hilfe, können aber die Funktionalität nicht ausreichend vermitteln.

---

24. Vgl. Stiftung Zugang für alle, Tipps und Tools für barrierefreies Flash, mit Verweis auf das zugängliche Flash-Spiel von PostFinance, URL: *http://www.access-for-all.ch/ch/ barrierefreiheit/barrierefreies-flash.html* (Abruf 1.9.2010).

Eine Anleitung für das Erstellen barrierefreier Flash-Inhalte bietet WebAIM:

http://www.webaim.org/techniques/flash/

Auch beim W3C werden Techniken zur barrierefreien Gestaltung von Flash vorgestellt, auch wenn wir diese in diesem Buch nicht einzeln vorstellen:

http://www.w3.org/TR/WCAG20-TECHS/flash.html

Das Thema »Flash« wird im Abschnitt »Untertitel mit Adobe Flash« ab Seite 176 nochmal aufgegriffen.

Multimedia und SMIL

SMIL ist eine XML-basierte Sprache zur Synchronisation von Video, Audio, Grafik und Text. Die Schreibweise von SMIL ähnelt HTML und ist somit auch für Einsteiger »verständlich«. Die einfachen und effektiven Methoden, verschiedene Objekte zusammenzuführen, finden jedoch nur langsam Eingang in den Weballtag.

SMIL ist zwar ein W3C-Standard, wird jedoch von gängigen Multimedia-Playern wie QuickTime, RealPlayer, GRiNS Player und AMBULANT Player unterschiedlich unterstützt. Die Synchronisation von Multimedia im Windows Media Player basiert sogar auf einem eigenen Format, dem Synchronized Accessible Media Interchange (SAMI). Da es ohnehin sinnvoll ist, die SMIL-Steuerungsdateien mit einem Werkzeug zu erstellen, können die multiplen Exportfunktionen dieser Programme genutzt werden, um neben SMIL- auch SAMI- und Flash-Kompatibilität zu erreichen.

Wenn Multimedia-Elemente im Web zusammengeführt werden, dann werden in der Praxis oft Adobe Flash oder MPEG-4 eingesetzt. Adobe Flash benötigt eine Skriptsprache und MPEG-4 führt Inhalte und Steuerung in einem binären Format zusammen. SMIL ist hingegen textbasiert und trennt strikt zwischen den verschiedenen Inhaltstypen auf der einen Seite und der Steuerung und Verknüpfung der Inhalte auf der anderen: Im Prinzip ist dies vergleichbar mit der Trennung von Inhalt (HTML) und Verhalten (JavaScript) in anderen Webdokumenten. SMIL-Dateien bestehen aus SMIL-Elementen, die einerseits auf Video-, Audio-, Bild- und Textdateien verweisen und andererseits Steuerungsangaben enthalten, die dem Multimedia-Player sagen, wann welches Element in welcher Form ein- und ausgeblendet wird. Einige Beispiele hierzu werden in Abschnitt 5.4.2 ab Seite 167 vorgestellt.

SMIL hat eine große Bedeutung für die Barrierefreiheit multimedialer Inhalte. Untertitel und Audio-Deskriptionen können als zuschaltbare Informationen für Multimedia berücksichtigt werden. Ähnlich wie bei Untertiteln auf Video-Texttafel 150 oder Audio-Deskriptionen auf dem zweiten Tonkanal im Deutschen Fernsehen können webbasierte Techniken dazu genutzt werden, Menschen mit Seh- und Höreinschränkungen einen besseren Zugang zu Informationen zu geben.

Untertitel

Für Menschen mit Hörbehinderungen sind auditive Informationen nicht oder schwer verwertbar, deshalb sind sie auf visuelle Alternativen angewiesen. Das klassische Mittel sind Untertitel. Mit SMIL können aber auch Gebärdensprachfilme als Ergänzung zu Audio-Inhalten in einer Multimedia-Darstellung synchronisiert werden. Bei rein akustisch vermittelten Inhalten, z. B. einem Interview im MP3-Format, können die Inhalte ohne Synchronisation über eine Textabschrift (Transkription) zugänglich gemacht werden. Untertitel und Transkriptionen sind außerdem als Textinformationen durchsuchbar und ermöglichen somit die bessere Ansteuerung eines bestimmten Abschnitts.

Werden Textinformationen als Ersatz für Audio bereitgestellt, dann ist zwischen Untertitel und Transkription zu unterscheiden. Transkriptionen sind umfassende Informationen und auch für ein breiteres Publikum nützlich (bessere Durchsuchbarkeit oder Umwandlung in Braille). Untertitel sind eine komplexere Angelegenheit: Die Texte müssen oft gekürzt werden, damit sie in einer synchronisierten Darstellung vollständig gelesen werden können, und es sind möglicherweise Formatierungen erforderlich, um verschiedene Sprecher zu identifizieren.

Speziell für Flash gibt es weitere Möglichkeiten zur Synchronisation von Multimedia-Darbietungen mit Untertiteln. Die Flash-Erweiterung NCAM/cc Flash bietet verschiedene Möglichkeiten der Einbindung von Untertiteln, einschließlich Formatierungen für verschiedene Sprecher. Eine alternative Software für die Erstellung von Untertiteln in Flash ist Hi-Caption Studio von HiSoftware.

Audio-Deskription

Blinden und sehbehinderten Menschen kann der Zugang zu visuellen Inhalten mithilfe zusätzlicher Audio-Dateien ermöglicht werden. Handlungsrelevante visuelle Inhalte werden dabei beschrieben und von einem Sprecher gesprochen. Es werden einzelne Audio-Dateien angelegt, die mittels SMIL mit dem Video synchronisiert werden.

Audio-Deskriptionen bringen andere Anforderungen als Untertitel mit sich. Im Idealfall werden die zuschaltbaren Beschreibungen in verfügbaren Audio-Pausen einer Multimedia-Präsentation eingeblendet, aber eine erweiterte Audio-Deskription kann ebenfalls sinnvoll sein, etwa bei längeren Beschreibungen. Im letzteren Fall können Video und Audio mit SMIL angehalten werden, um die längere Beschreibung abspielen zu können, und danach fortgesetzt werden. Um visuelle Informationen sinnvoll zu beschreiben, sollten trainierte Sprecher eingesetzt werden.

Trotz des vielversprechenden Ansatzes, Video-Material für Sehbeeinträchtigte zugänglich zu machen, lässt der Status quo bei den Multimedia-Playern zu wünschen übrig.[25]

3.2.4.3   Multimedia in E-Books

E-Books sind nichts anderes als elektronisch aufbereitete Texte, die sowohl mit den Webstandards für HTML und Co. als auch in anderen Formaten aufbereitet werden können. Der Vorteil von HTML ist die bessere Zugänglichkeit und Kompatibilität mit Hilfsmitteln, gleichzeitig bietet aber beispielsweise PDF bessere Möglichkeiten, Multimedia-Inhalte einzubinden.

Wenn Inhalte nicht mit HTML aufbereitet sind, haben Screenreader meist keine optimale Zugänglichkeit zu den Inhalten. Auch bei der Arbeit mit Vergrößerungssystemen oder der Navigation in den Inhalten mit der Tastatur müssen meist Abstriche gemacht werden. Die Zugänglichkeit von Multimedia in E-Books in Formaten wie PDF oder LIT erfordert eine besondere Aufmerksamkeit.

Während der Adobe Reader für PDF durch das »Tagging« eine grundsätzliche Zugänglichkeit zum Dokument erlaubt, ist der Microsoft Reader für LIT nur über den eingebauten Text-to-Speech-Umwandler für blinde Nutzer zugänglich. Im Gegensatz zur integrierten Sprachausgabe des Adobe Reader ist die Sprachausgabe vom Microsoft Reader in der Lage, wichtige Merkmale eines Dokuments wie Überschriften, Links oder Alternativtexte zu erkennen. Die Bedienung des Microsoft Reader ist hingegen mit einem Screenreader kaum möglich.

Eine erhebliche Einschränkung der Zugänglichkeit von E-Books stellt das Digital Rights Management (DRM) dar. DRM wird nicht nur dazu genutzt, das Ausdrucken eines E-Books zu verhindern, sondern kann im ungünstigsten Fall auch den Zugriff durch Text-to-Speech-Software oder Screenreader verhindern (vgl. Abb. 3–11).

Die Einbettung von Multimedia in ein E-Book funktioniert in den verschiedenen Lesesystemen unterschiedlich. In PDF-Dokumente kann synchronisierte Multimedia komplett eingebettet werden, aber in andere Formate wie EPUB sollte synchronisierte Multimedia nur in Form von Links eingebunden werden. Die Unterstützung von Multimedia auf mobilen Geräten funktioniert teilweise nur mit lokaler und teilweise nur mit Online-Multimedia, was die Aufbereitung für die verschiedenen Endgeräte nicht gerade erleichtert. Hinsichtlich der Multimedia-Objekte müssen aber Untertitel und Audio-Deskription bereits bei der Erstellung des E-Books berücksichtigt werden, denn das nachträgliche Hinzufügen ist kaum möglich.

---

25. Egger, S., Barrierefreiheit & Media Player: eine Kurzübersicht – Teil 1: *http://sprungmarker.de/2010/barrierefreiheit_mediaplayer_eine_kurzuebersicht/* (Abruf 1.6.2010).

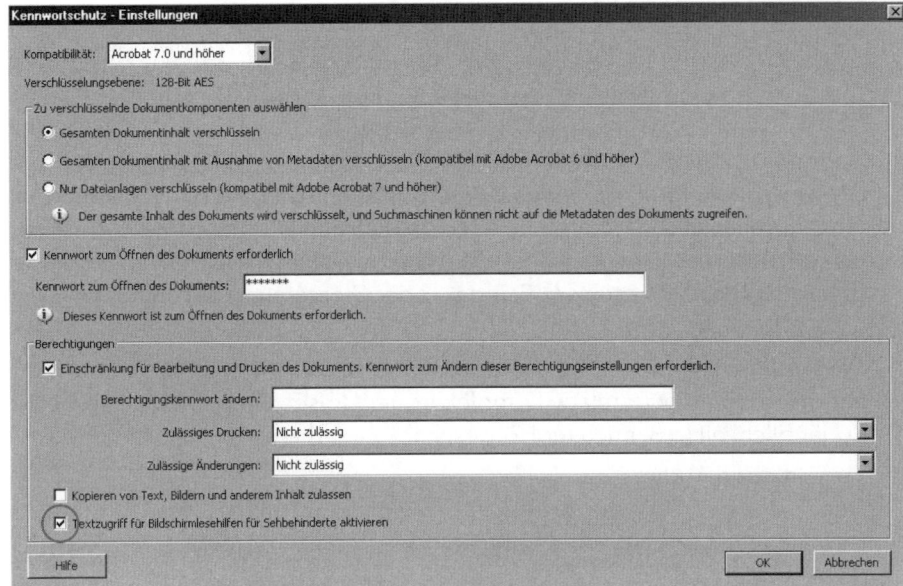

Abb. 3-11   Sicherheitseinstellungen in Adobe Acrobat

3.2.4.4   DAISY-Bücher

Wenn an Podcasts gedacht wird, ist das zugrunde gelegte Format für die Audio-Information meist MP3. Audio-Dateien sind zwar grundsätzlich eine positive Ergänzung des Web, können aber auch zum Problem werden: MP3-Dateien enthalten keine Strukturen. Abgesehen von Vor- und Zurück-Funktionen ermöglichen klassische MP3-Dateien kein gezieltes Navigieren. Bestimmte Punkte einer Aufnahme sind also nicht gezielt ansteuerbar. Bei kurzen Audio-Beiträgen kann auf eine Navigation innerhalb der Audio-Datei oft verzichtet werden. Bei längeren Beiträgen, sei es ein Tutorium, ein Podcast oder eine Rundfunksendung, ist eine navigierbare Struktur und/oder ein Inhaltsverzeichnis mit echten Links zweckmäßig. Einen solchen Standard für Audio-Strukturen hat das DAISY-Consortium veröffentlicht.

DAISY ist ein SMIL- bzw. XML-basierter Standard, der ursprünglich als Alternative zum Lesen klassischer Printmedien entwickelt wurde. Menschen, die Bücher und Zeitschriften nicht lesen können, weil sie nicht sehen oder nicht blättern können, sollten computergestützte Möglichkeiten zum Navigieren von Audio-Dateien erhalten. Neben der Navigation können auch Lesezeichen gesetzt und – bei Ausschöpfung weiterer Möglichkeiten – Informationen für diverse Ausgabegeräte angeboten werden.

DAISY steht für Digital Accessible Information System (Digitales System für den Zugang zu Informationen) und umfasst eine Vielzahl von Techniken, von Audio-Büchern bis zu Textbüchern mit synthetischer Sprachausgabe. Der DAISY 3-Standard unterscheidet DAISY-Bücher nach drei Grundformen:

▣ Audio mit Struktur:
   Diese sehr häufige Form eines DAISY-Buchs enthält eine NCX-Steuerungs-datei mit allen ansteuerbaren Punkten des Hörbuchs. Sofern eine XML-Struktur vorhanden ist, kann sie weitere Merkmale wie Fußnoten oder ergänzende durchsuchbare Zusatztexte (z.B. Index- oder Glossareinträge) enthalten.

▣ Audio mit Volltext:
   Die Audio-Dateien werden mit dem kompletten Text im XML-Format synchronisiert, was zwar relativ komplex in der Umsetzung ist, aber die beste Zugänglichkeit (z.B. auch für Hörgeschädigte) erlaubt.

▣ Volltext ohne Audio:
   Der Text erhält nur eine zusätzliche Navigationsstruktur. Diese Art DAISY-Buch kann mit synthetischer Sprache oder Braillezeile gelesen werden.

DAISY ist aber mehr als nur eine Technik zur Synchronisation von Audio und Text. Mittlerweile gibt es diverse Möglichkeiten zum Abspielen von DAISY-Büchern, ob mit PC-Software oder mit DAISY-Geräten, den etwas nobleren MP3-Geräten. Auch kann synthetische Sprachausgabe integriert werden. DAISY bietet aber vor allem die Möglichkeit, umfangreiche Inhalte durch eine strukturelle Navigation in einer nutzbareren Form anzubieten.

Die DAISY-Technik ist zukunftsweisend. Der neue Version-4-Standard wird das Einbinden von Bildbeschreibungen, Hörfilmen und Gebärdensprachfilmen ermöglichen. Dadurch erhalten nicht nur blinde und motorisch eingeschränkte Nutzergruppen Zugang zu Informationen. Durch die Aufbereitung in Audio profitieren dann zahlreiche weitere Nutzergruppen, ob sie eine Leseschwäche haben oder sich unterwegs Audio-Versionen von Inhalten anhören. Zudem arbeitet das DAISY-Consortium an einer Spezifikation, DAISY-Inhalte besser im Web anbieten zu können. Das DAISY Online Delivery Protocol ermöglicht eine bessere Verzahnung von DAISY und Web.

Zusammenfassung

1. Verständlichkeit ist eine vielschichtige Voraussetzung für Barrierefreiheit.
2. Die Verständlichkeitstheorie bietet gute Ansätze für das Schreiben webgerechter Texte.
3. Inhalte in Leichter Sprache und Gebärdensprache können nicht automatisiert angeboten werden, sondern erfordern eine Übersetzung.
4. Die barrierefreie Navigation durch ein Webangebot erfordert alternative und sich ergänzende Navigations- und Suchstrategien in Webauftritten.
5. Bei der Formularverarbeitung ist neben einer guten Nutzerführung auch eine verständliche Fehlerbehandlung zu berücksichtigen.
6. HTML-Prototypen sind eine sinnvolle Arbeitsgrundlage, um standardkonforme und barrierefreie Webauftritte im Hinblick auf Interaktion und Vergrößerbarkeit zu entwickeln.
7. Das HTML eines Webdokuments muss linearisierbar und semantisch aufbereitet sein.
8. Mit einem stabilen HTML-Gerüst kann eine medienunabhängige und seitenübergreifende Gestaltung mit CSS vorgenommen werden.
9. JavaScript ist so lange unproblematisch, wie es »unaufdringlich« als Ergänzungstechnik in Abhängigkeit der Nutzeraktionen eingesetzt wird.
10. Die Zugänglichkeit von PDF setzt den Einsatz von »Tagged PDF« voraus.
11. Unter den gängigen Webformaten ist Flash in Sachen »Barrierefreiheit« noch ein Stiefkind.
12. Für Video und Audio sind Synchronisationstechniken mit SMIL für Audio-Deskription und Untertitel zu berücksichtigen.
13. Mit DAISY kann dem Audio-Inhalt eine Struktur und somit eine Navigationsebene beigefügt werden.

Teil II
Experimente

Experimente

4 HTML und CSS

In diesem Kapitel wird eine grundlegende Einführung in standardkonformes HTML und CSS gegeben und anhand eines Beispiels zum Nachbauen aufgezeigt, wie sukzessive ein barrierefreies Webangebot entsteht und die einzelnen Elemente positioniert werden können. Dabei geht es vor allem um ein strukturiertes und linearisierbares HTML-Grundgerüst.

HTML ist zwar eine »einfache« Auszeichnungssprache, aber sie muss von jedem professionellen Webentwickler beherrscht werden. Nur gute HTML-Kenntnisse sichern ein standardkonformes Webdesign und damit die technische Grundlage für Barrierefreiheit.

4.1 HTML-Einführung

Die Hypertext Markup Language (HTML) gehört zu den sogenannten Auszeichnungssprachen (»ML« = »Markup Language«). Texte oder Textteile werden über HTML ausgezeichnet, damit sie von Browsern als Absätze, Überschriften oder Listen erkannt und ihnen die richtigen Formatierungen zugewiesen werden können. So werden Überschriften im Browser standardmäßig größer und fetter dargestellt als Absätze. Auch Anwendungen wie Screenreader werten diese Strukturinformationen aus und ermöglichen dem Nutzer, Überschriften zu identifizieren und direkt anzusteuern.

Nur mit strukturiertem und linearisierbarem HTML ist Standardkonformität umzusetzen und ohne Standardkonformität ist Barrierefreiheit nicht erreichbar. Bei Strukturierung handelt es sich um das korrekte Anwenden von Auszeichnungen gemäß der Spezifikation. Bei der Linearisierbarkeit geht es vor allem darum, dass Inhalte auch ohne Präsentationsebene nachvollziehbar sind.

Ein mit HTML-Strukturelementen gegliedertes Dokument ermöglicht die Bestimmung von Layout und Formatierung über Cascading Style Sheets (CSS). Obwohl die Gestaltung mit CSS auch bei weniger gut strukturierten Seiten möglich ist, erleichtert ein strukturierter Seitenaufbau das Arbeiten mit CSS.

Gerade der Einsatz von HTML macht deutlich, wie stark die verschiedenen Arbeitsschritte im Prozess der Webentwicklung voneinander abhängen und wie wichtig die Zusammenarbeit der verschiedenen Beteiligten ist. Die Arbeit

G
140

mit HTML-Strukturelementen ist ein Handwerk, das alle Webentwickler beherrschen müssen. Das gilt auch für Konzeption und Design, denn bereits zu Beginn eines Webprojekts muss klar sein, was auf der Strukturebene möglich ist:

- Wie wird eine HTML-Seite strukturell und linearisierbar aufgebaut? Kann die Struktur auch ohne CSS nachvollzogen werden?
- Eignet sich die Struktur einer HTML-Vorlage dafür, das Design auszutauschen oder beliebige Ausgabemedien mit CSS zu bedienen?

Neben Know-how zu Webstandards gehört das Wissen über die Arbeitsweise von Browsern sowie über das Zusammenspiel von HTML, CSS und JavaScript zu den wichtigsten Kenntnissen, die ein Webentwickler haben sollte. So greifen Browser beispielsweise über das Document Object Model (DOM) auf eine Webseite zu. Für HTML und CSS ist das Wissen über das DOM nicht zwingend erforderlich, aber für den Einsatz von JavaScript ist es elementar. Dieses Thema wird in Abschnitt 16.3.3 ab Seite 630 aufgegriffen.

4.1.1   HTML oder XHTML?

HTML gibt es in verschiedenen Ausprägungen und wird kontinuierlich weiterentwickelt. Die aktuellen Standards des W3C sind HTML 4.01, XHTML 1.0 und das modulare XHTML 1.1, außerdem wird das HTML-Konzept derzeit unter dem Begriff »HTML 5« überarbeitet.

Der Unterschied zwischen HTML 4.01 und XHTML 1.0 ist geringfügig und die Schreibweise fast identisch. So wurden in XHTML 1.0 einige Grundregeln neu formuliert, etwa die Kleinschreibung von Tags und Attributwerten. In diesem Buch wird die Schreibweise von XHTML bevorzugt, was im Übrigen absolut kompatibel mit HTML 4.01 ist.

Das W3C definiert gültiges (valides) HTML und XHTML in verschiedenen Spezifikationen, wobei XHTML 1.0 eine Reformulierung der SGML-basierten HTML 4.01-Spezifikation auf der Basis von XML ist. In den HTML-Spezifikationen werden jeweils die drei Dokumententypen

- `strict`
- `transitional`
- `frameset`

festgelegt. Die verwendete HTML-Variante steht immer zu Beginn eines HTML-Dokuments. Sie referenziert eine Dokumententypdefinition (DTD), die die gewählte »Rechtschreibung« für HTML enthält und dem Browser mitteilt, wie er das HTML aufzubereiten hat. Zwar können Browser HTML auch ohne eine solche Deklaration anzeigen, es kann jedoch zu Darstellungsproblemen kommen, da sie bei fehlender DTD in den sogenannten »Quirks-Modus« gehen.[1] Ein valides und standardkonformes HTML-Dokument bedingt also die Angabe der Dokumententypdefinition.

Für die Barrierefreiheit ist die Wahl des Dokumententyps zunächst nachrangig. Dies sei anhand von Strukturelementen erläutert: Die transitional-Varianten erlauben Texte ohne Strukturelemente (in den strict-Varianten ist dies nicht erlaubt), Barrierefreiheit fordert jedoch die Strukturierung der Inhalte. Auch die Vorteile von XHTML gegenüber HTML sind in anderen Bereichen als der Barrierefreiheit zu finden, etwa wenn es um Schnittstellen zu XML-basierten Dokumententypen (z. B. SVG, SMIL u. v. m.) geht.

In diesem Buch wird die strengere Version der Dokumententypdefinition verwendet, da sie implizit eine »Zuweisung« von Aufgaben an HTML, CSS, JavaScript oder sogar den Nutzer macht. Beispielsweise dürfen in strict keine target-Attribute für das Öffnen von Links in neuen Fenstern verwendet werden, weil davon ausgegangen wird, dass der Nutzer selber entscheiden kann, ob ein Link im gleichen Fenster, in einem neuen Register (»Tab«) oder einem neuen Fenster aufgehen soll. Es bleibt aber dem Leser überlassen, sich für eine andere Variante zu entscheiden.

Die gängigsten Gründe, transitional statt strict zu wählen, sind das target-Attribut, das start-Attribut für das OL-Element und das value-Attribut für das LI-Element. Ein weiterer Grund für den Einsatz von transitional ist der Einsatz von Java-Applets.

Die Angabe der DTD erfolgt zu Beginn eines HTML-Dokuments:

```
<!DOCTYPE html PUBLIC "-//W3C//DTD XHTML 1.0 Strict//EN"
"http://www.w3.org/TR/xhtml1/DTD/xhtml1-strict.dtd">
```

Listing 4-1   Dokumententypdefinition für XHTML strict

Eine DTD besteht aus dem »formal public identifier« (im Beispiel in der oberen Zeile) und dem »system identifier«. Der »formal public identifier« gibt die HTML-Ausprägung (XHTML oder HTML) für den Browser an und der »system identifier« eine Webressource, die die Definition der Auszeichnungssprache enthält.

Für HTML gibt es sechs unterschiedliche W3C-konforme Deklarationen. Neben der strengen Variante für HTML und XHTML und den beiden entsprechenden Deklarationen für transitional gibt es zwei Deklarationen für Framesets, worauf in Abschnitt 14.3 ab Seite 561 eingegangen wird.

Außerdem ist es möglich, Deklarationen zu verwenden, die über die sechs Grundformen des W3C hinausgehen. Dazu gehören die erweiterbare DTD für XHTML 1.1 oder die noch nicht fertige DTD für HTML 5.

---

1.   Für weitere Informationen über Quirks-Modus und Browserkompatibilität siehe: Jendrischyk, M., Browserkompatibilität, URL: *http://jendryschik.de/wsdev/einfuehrung/ css/browserkompatibilitaet* (Abruf 2.10.2009).

4.1.2   HTML-Grundgerüst

Der korrekte Aufbau eines Dokuments auf Basis von XHTML hat folgende Merkmale:

▨ Eine XML-Deklaration,
▨ die Dokumententypdeklaration (DTD),
▨ das HTML-Wurzelelement mit Meta-Angaben im Kopfbereich und einen Dokumentkörper mit strukturierten Inhalten.

Eine XML-Deklaration wird – falls erforderlich – als erste Zeile eines Webdokuments noch vor der im letzten Abschnitt vorgestellten Dokumententypdeklaration eingefügt:

```
<?xml version="1.0" encoding="utf-8" ?>
```

Dabei gibt das version-Attribut die XML-Version und das encoding-Attribut die Zeichenkodierung an. Letzteres wird normalerweise vom Webserver ausgeliefert und ist deswegen in HTML optional. Dennoch: Es wird Fälle geben, in denen die Angabe der Zeichenkodierung zweckmäßig ist; alternativ kann sie auch mit einem META-Element erfolgen.[2]

4.1.2.1   HTML-Wurzelelement

Für die meisten Webdokumente ist das HTML-Element das Wurzelelement (bei synchronisierter Multimedia wäre das Wurzelelement das SMIL-Element). Nach der Dokumententypdeklaration für HTML werden alle weiteren Elemente im HTML-Element verschachtelt:

```
<!DOCTYPE html PUBLIC "-//W3C//DTD XHTML 1.0 Strict//EN"
"http://www.w3.org/TR/xhtml1/DTD/xhtml1-strict.dtd">
<html xmlns="http://www.w3.org/1999/xhtml">
…
</html>
```

Listing 4-2   Dokumententypdeklaration und HTML-Wurzelelement

Das xmlns-Attribut bewirkt, dass alle HTML-Elemente standardmäßig dem XML-Namensraum zugeordnet werden, um deren Eindeutigkeit sicherzustellen. Als XML-basierte Sprache kann XHTML mit anderen Dokumententypen kombiniert werden, was dazu führen kann, dass in einem Dokument Elemente und Attribute mit unterschiedlichen Definitionen vorkommen. Beispielsweise definiert in HTML das P-Element einen Absatz, es könnte aber auch »Person« heißen, wenn das so in einem anderen XML-basierten Dokumententyp definiert wäre.

---

2. W3C Internationalization, Character encodings,
    URL: *http://www.w3.org/International/O-charset* (Abruf 24.2.2010).

Zu den Anforderungen der Barrierefreiheit gehört auch, dass für jedes Dokument die Sprache der Inhalte angegeben wird. Dies stellt sicher, dass Screenreader beim Vorlesen automatisch die richtige Sprachausgabe wählen.

Die Sprachzuweisung erfolgt in HTML mit dem lang-Attribut für das HTML-Wurzelelement:

```
<!DOCTYPE html PUBLIC "-//W3C//DTD XHTML 1.0 Strict//EN"
"http://www.w3.org/TR/xhtml1/DTD/xhtml1-strict.dtd">
<html lang="de" xmlns="http://www.w3.org/1999/xhtml">
…
</html>
```

Listing 4-3   Festlegung der Hauptsprache in einem HTML-Dokument

Der Wert des lang-Attributs ist ein Sprachcode nach RFC-1766 1995. Diese Sprachcodes stützen sich auf die Standards ISO 639-1 zur Angabe von Sprachen und ISO 3166-1 zur Angabe von Kulturräumen. Die beiden Standards ermöglichen die Vergabe von Sprachcodes wie de für deutsch oder den deutschsprachigen Raum oder en für englisch oder den englischsprachigen Raum.
Für XHTML gibt es auch das Attribut xml:lang, das dem Grunde nach die gleiche Wirkung haben sollte wie das lang-Attribut. Allerdings wird es nicht an Screenreader »durchgereicht«.[3] Das xml:lang-Attribut kann und soll aber ergänzend zum lang-Attribut verwendet werden, wenn z.B. mit CSS oder JavaScript auf das lang-Attribut im DOM eines XHTML-Dokuments zugegriffen wird. Für die korrekte Aussprache in Screenreadern ist jedoch das lang-Attribut erforderlich.
Wenn eine Webseite anderssprachige Inhalte enthält, dann sollten diese ebenfalls mit dem lang-Attribut und dem entsprechenden Sprachcode ausgezeichnet werden (vgl. Abschnitt 11.2 ab S. 419).

4.1.2.2   Kopfbereich und HEAD-Element

Der Kopfbereich eines HTML-Dokuments enthält Meta-Informationen – vom Dokumenttitel über die Einbindung externer Dateien für CSS und JavaScript bis hin zu zusätzlichen Navigationsmechanismen. Diese Inhalte sind für Nutzer im Allgemeinen verborgen und richten sich an Browser und andere Anwendungen.

Der Kopfbereich wird in HTML über das HEAD-Element definiert. Von den möglichen Inhalten des Kopfbereichs ist nur der Dokumenttitel eine Pflichtangabe. Er sollte eine inhaltsbezogene Bezeichnung der aktuell aufgerufenen Seite enthalten. Empfohlen ist außerdem die Angabe der Zeichenkodierung über ein

---

3.   MSDN, .NET Framework Developer Center, xml:lang-Behandlung in XAML,
      URL: *http://msdn.microsoft.com/de-de/library/ms788730.aspx* (Abruf 2.3.2010).

META-Element, da so die korrekte Darstellung des Textes sichergestellt werden kann (vgl. Abschnitt 13.2.1 ab S. 528).

```
<!DOCTYPE html PUBLIC "-//W3C//DTD XHTML 1.0 Strict//EN"
"http://www.w3.org/TR/xhtml1/DTD/xhtml1-strict.dtd">
<html lang="de" xmlns="http://www.w3.org/1999/xhtml">
<head>
<title>Dokumenttitel</title>
<meta http-equiv="Content-Type" content="text/html; charset=ISO 8859-1" />
</head>
…
</html>
```

Listing 4-4   Erforderliche Angaben für den Kopfbereich eines HTML-Dokuments

Der Dokumenttitel ist in der Titelleiste des Browsers zu lesen. Er wird von Such-maschinen in der Ergebnisliste einer Recherche angezeigt und vom Browser beim Speichern von Seiten als Lesezeichen bzw. Favorit zur Identifizierung der Seite genutzt. Daher ist ein möglichst knapper und dennoch aussagekräftiger Dokumenttitel sinnvoll (vgl. Abschnitt 7.3 ab S. 302).

4.1.2.3   Dokumentkörper mit dem BODY-Element

Für die eigentlichen Inhalte fehlt noch der Dokumentkörper, der mit den sicht-baren (oder auch hörbaren) Inhalten gefüllt wird. Die Inhalte werden in das BODY-Element eingefasst:

```
<!DOCTYPE html PUBLIC "-//W3C//DTD XHTML 1.0 Strict//EN"
"http://www.w3.org/TR/xhtml1/DTD/xhtml1-strict.dtd">
<html lang="de" xmlns="http://www.w3.org/1999/xhtml">
<head>
<title>Dokumenttitel</title>
<meta http-equiv="Content-Type" content="text/html; charset=ISO 8859-1" />
</head>
<body>
…
</body>
</html>
```

Listing 4-5   HTML-Grundgerüst ohne Inhalte

Mit diesen Angaben haben Sie ein valides und standardkonformes Grundge-rüst einer HTML-Seite erstellt, das außer einem Dokumenttitel keine Inhalte ent-hält. Im Browser wird nur der Dokumenttitel in der Titelleiste angezeigt.

4.1.3   HTML-Elemente

HTML dient der Strukturierung von Inhalten und wird deswegen auch als Strukturebene bezeichnet. Die Strukturebene wird über die sogenannten Blockelemente generiert, wobei die meisten dieser Elemente semantisch sind, etwa P
(Paragraph) für Absätze oder H1 (Heading) für Überschriften erster Ordnung. Da
diese Elemente einen Zeilenumbruch bewirken, sind sie »blockbildend«.

Für die meisten Blockelemente ist ein öffnendes Start-Tag und ein schlie-
ßendes End-Tag erforderlich:

```
<element> Inhalt des Elements </element>
```

Für das P-Element sieht das wie folgt aus:

```
<p>Sie lesen gerade einen Text über HTML. Es handelt sich dabei um die ersten
Schritte zu standardkonformem HTML.</p>
```

Die optische Gestaltung des Absatzes erfolgt über Browsereinstellungen oder
CSS-Regeln.

Von den Blockelementen zu unterscheiden sind die Inline-Elemente. Inline-
Elemente befinden sich innerhalb eines Blockelements und erzeugen keinen
Zeilenumbruch. Ein Link ist ein solches Inline-Element und sollte sich z.B. in
einem Absatz- oder einem Listenelement befinden.

Der Aufbau von Inline-Elementen entspricht dem von Blockelementen. Ein
Link wird beispielsweise wie folgt definiert:

```
<a href="http://www.seitenadresse.de"> Linktext</a>
```

Das A-Element wird um das href-Attribut ergänzt, das als Attributwert das Ziel
des Links enthält.

Für HTML-Elemente gibt es diverse Attribute, die den einzelnen Elementen
unterschiedliche Eigenschaften zuweisen. Sie bestehen aus Attributname und
Attributwert, kommen ausschließlich im Start-Tag eines Elements vor und werden durch Leerzeichen getrennt. Die Attributwerte können entweder in doppelten Anführungszeichen (") oder einfachen Anführungszeichen (') stehen.

Nicht alle Elemente benötigen einen öffnenden und schließenden Tag,
denn manche haben keinen Inhalt. Dies gilt für das HR-Element, das eine horizontale Linie erzeugt, das INPUT-Element für Formulare und das IMG-Element für
Grafiken. Für diese »leeren« Elemente wird in XHTML die Kennzeichnung des
Endes eines Elements (»/«) in das öffnende Tag hineingezogen:

```
<hr />
```

oder

```
<input name="agb" id="akzeptieren" type="checkbox" />
```

oder

```
<img src="lib/img/logo.gif" alt="Musterlogo" />
```

4.1.3.1   Blockelemente

Von den zahlreichen HTML-Blockelementen werden in der folgenden Tabelle die wichtigsten aufgeführt. Wenn sie ihrer Bedeutung nach eingesetzt werden, dann können Inhalte in einer strukturell nachvollziehbaren Weise aufgebaut werden und sind auch ohne CSS nachvollziehbar.

HTML-Element	Bedeutung	Anmerkungen
DIV	Erzeugung eines generischen Blockelements	DIV wird vor allem zu Layoutzwecken benötigt und besitzt weder Gestaltung noch Semantik.
P	Erzeugung eines Absatzes	Ein P-Element ist semantisch bedeutungsvoller als beispielsweise ein DIV oder zwei Zeilenumbrüche.
H1 bis H6	Erzeugung der sechs verschiedenen Überschriftenebenen	Die sechs verschiedenen Überschriftenelemente dienen der strukturellen Navigation. Die Überschriftenhierarchie spielt vor allem im inhaltlichen Bereich eine Rolle.
UL, OL, DL	Erzeugung der drei verschiedenen Listentypen	Die Listentypen UL und OL enthalten LI-Elemente und der Listentyp DL enthält (in der Regel) paarweise DT- und DD-Elemente. Auch Listen dienen der strukturellen Navigation.
TABLE	Erzeugung einer Tabelle	Tabellen sollen nur für die Datenaufbereitung genutzt werden. Es sind zahlreiche weitere Elemente zu berücksichtigen für Tabellenreihen, Zellen, Tabellenüberschriften, Spaltengruppen usw.
BLOCKQUOTE	Semantische Kennzeichnung eines anderen Blockelements als Zitat	Die Quellenangabe für einen zitierten Block erfolgt über das cite-Attribut.
FIELDSET	Gruppierung von Steuerelementen	FIELDSET erfordert zusätzlich das LEGEND-Element, um die darin gruppierten Steuerelemente zu beschriften.
HR	Erzeugung einer horizontalen Linie	Bei HR handelt es sich um ein leeres Element, d.h., es besitzt nur einen öffnenden Tag.

Tab. 4-1   Übersicht wichtiger Blockelemente

4.1.3.2   Inline-Elemente

Inline-Elemente erzeugen keinen Zeilenumbruch und dürfen in der Regel nur in Blockelementen oder anderen Inline-Elementen enthalten sein; umgekehrt dürfen die meisten Inline-Elemente keine Blockelemente enthalten. Ausnahmen von dieser Grundregel sind z.B. die Elemente OBJECT und BUTTON. Die Auswahl von Inline-Elementen in Tabelle 4-2 wurde mit besonderem Blick auf barrierefreies Webdesign getroffen.

HTML-Element	Bedeutung	Anmerkungen
A	Erzeugung eines Links oder einer Textmarke	Vor allem Links unterliegen im Kontext einer barrierefreien Umsetzung sehr vielfältigen Anforderungen.
IMG	Einbindung einer Grafik	Das IMG-Element benötigt keinen schließenden Tag. Nach der HTML-Spezifikation gehört zwingend ein alt-Attribut (Alternativtext) zu jeder Grafik.
OBJECT	Einbindung von Grafiken, Multimedia und anderen Objekten	Mit dem vielfältig einsetzbaren OBJECT-Element können strukturierte Textalternativen durch Verschachtelung weiterer HTML-Elemente vorgenommen werden.
INPUT und TEXTAREA	Erzeugung von Steuer-elementen wie Eingabe-felder, Checkboxen oder Radio-Buttons	Die Differenzierung der Steuerelemente nach Eingabefeld, Checkbox oder Radio-Button erfolgt über Attribute für das INPUT-Element. Das TEXTAREA-Element dient einer mehrzeiligen Eingabe. Bei INPUT handelt es sich um ein leeres Element.
SELECT	Erzeugung von Auswahllisten	Auswahlmöglichkeiten werden mit OPTION erzeugt und können mit OPTGROUP untergliedert werden.
BUTTON	Erzeugung einer Schaltfläche	In einem BUTTON-Element dürfen Blockelemente verschachtelt werden.
LABEL	Beschriftung eines Steuerelements	Mit dem LABEL-Element sollen Beschriftungen für Steuer-elemente explizit mit den Steuerelementen über das for-Attribut verknüpft werden.
STRONG und EM	Kennzeichnung von hervorgehobenem und betontem Text	STRONG und EM sollten statt B (fett) und I (kursiv) verwendet werden. Im Allgemeinen wird STRONG fett und EM kursiv dargestellt.
ACRONYM und ABBR	Auszeichnung von Abkürzungen	Die Auflösung der Abkürzungen erfolgt jeweils über das title-Attribut.
Q	Kennzeichnung eines Texts als Zitat	Die Quellenangabe eines Zitats erfolgt über das cite-Attribut.
SPAN	Erzeugung eines generischen Inline-Elements	SPAN wird vor allem zur Zuweisung von Attributen zu einzelnen Texten verwendet, etwa ein lang-Attribut für die Kennzeich-nung einer anderen Sprache.

Tab. 4-2   Übersicht wichtiger Inline-Elemente

4.1.4   Linearisierbares und strukturiertes HTML

Bevor auf die Präsentationsebene und damit auf CSS eingegangen wird, stellen wir den linearisierbaren und strukturierten Aufbau einer HTML-Seite vor. Zu die-sem Zweck wird das noch inhaltslose HTML-Grundgerüst mit ein wenig struktu-riertem Inhalt gefüllt. Zu diesem Zweck wird eine Beispielseite entwickelt.

Inhaltlich dreht sich die Beispielseite um barrierefreies Webdesign; das wird die Startseite zu dem bereits vorhandenen Informationsportal *www.barrie-refreies-webdesign.de*, das Artikel und weitere Informationen rund um das Thema bietet. Der Webauftritt wird uns als Beispielauftritt durch das gesamte Buch begleiten und anhand der behandelten Themen entwickelt und erweitert.

Über das Layout brauchen wir uns an dieser Stelle noch keine Gedanken zu machen, da es zuerst um die grundsätzliche Gruppierung und Strukturierung der vorgesehenen Inhalte geht:

- Inhaltsbereich,
- Navigationsleiste für das Hauptmenü (eventuelle Unterpunkte sollen dabei integriert werden),
- aktuelle Infos,
- Logo mit Slogan,
- Suchfunktion,
- Service-Bereich mit Links zu Hilfe, Glossar und Sitemap,
- Link zur Anbieterkennung,
- Copyright-Hinweise,
- Fußleiste mit einer Wiederholung wichtiger Links aus der Navigation.

Inhaltlich wird für die Startseite erst ein Einführungstext formuliert, der später ergänzt wird. Andere Seiten enthalten Artikel, ein Kontaktformular und weitere Inhalte, die in dieser Entwicklungsphase nicht berücksichtigt werden.

Im Vorfeld der Gestaltung mit CSS werden die Bereiche der HTML-Seite über generische DIV-Elemente zu einzeln gestaltbaren Bereichen zusammengefasst:

```
<div id="navigation"> … </div>
```

Die Bildung solcher Bereiche ist zwar nicht zwingend, aber dann erforderlich, wenn einem einzelnen Bereich eine Hintergrundfarbe oder ein Rahmen zugeordnet oder der komplette Bereich neu positioniert werden soll. Inhaltlich zusammengehörige Gruppen, die jeweils von einem DIV-Element umschlossen sind, erleichtern spätere Designanpassungen.

4.1.4.1 Klassen und IDs

Damit CSS-Regeln eindeutig zugewiesen werden können, müssen die einzelnen Elemente und Bereiche gezielt ansprechbar sein. Deswegen erhalten sie als Identifikatoren die HTML-Attribute id und class.

Sollen innerhalb eines Webangebots bestimmte Absätze anders als andere formatiert werden, bieten sich class-Attribute als Elementidentifikatoren an, da sie auf einer Seite mehrfach verwendet werden können. Der öffnende Tag für einen Absatz kann wie folgt verändert werden:

```
<p class="wichtig"> … </p>
```

Absätze mit dem Attributwert »wichtig« können in den CSS gezielt angesprochen werden:

```
p.wichtig {color:red; font-weight:bold;}
```

Durch diese Definition werden alle Absätze mit dem Attributwert wichtig rot eingefärbt und fett formatiert. Steht in den CSS hingegen die Regel:

```
.wichtig {color:red; font-weight:bold;}
```

dann werden alle Elemente (nicht nur Absätze), die die Klasse wichtig haben, rot eingefärbt und fett formatiert. Es können also nicht nur bestimmte, sondern beliebige Elemente über eine solche CSS-Klasse gestaltet werden.

Mit id verhält es sich ähnlich. Ein Element mit der id="navigation" wird in den CSS wie folgt angesprochen:

```
#navigation {background-color:blue;}
```

Alle Inhalte, die sich in einem Element mit der id="navigation" befinden, erhalten eine blaue Hintergrundfarbe.

Für die Organisation der Inhalte im HTML sind IDs besser geeignet als Klassen, da die einzelnen Bereiche nur einmal pro Seite vorkommen werden. Wenn es um sich wiederholende Gestaltungsmerkmale geht, werden hingegen Klassen verwendet.

4.1.4.2   Gute Planung ist die halbe Miete

Geht es um barrierefreie Inhalte, dann muss man sich von den Anordnungen »oben«, »unten«, »links« und »rechts« bei der HTML-Umsetzung verabschieden. Es gibt nur noch »Anfang« und »Ende« mit einer gut durchdachten Struktur dazwischen. Informationen müssen auch dann verstanden werden, wenn sie häppchenweise nacheinander folgen. Das ist die Beschreibung von Linearisierbarkeit, um die es im Folgenden geht.

Was soll nun in welcher Reihenfolge in HTML eingebunden werden? Hierzu gibt es unterschiedliche Auffassungen: Die einen sagen, der Inhalt solle vor der Navigation stehen, da er das Wichtigste ist. Andere sagen, die Navigation solle vor dem Inhalt stehen, da die Orientierung wichtig und diese Anordnung üblich ist.

In Abhängigkeit der einzelnen Webinhalte gibt es viele Feinheiten zu klären – und »die richtige« Lösung für die Reihenfolge gibt es nicht, zumal der Teufel oft im Detail liegt. Für unsere Beispielseite wird die folgende Reihenfolge für die einzelnen Seitenelemente festgelegt:

- Logo mit Slogan – der Nutzer soll sofort erkennen, auf welchem Webauftritt er ist.
- Am Anfang sollen die Suchfunktion und ein Link zur Anbieterkennung stehen.
- Navigationsleiste – eine Orientierung über das Gesamtangebot soll bei der Einordnung der Inhalte helfen.
- Inhalt der Seite,
- aktuelle Informationen – sie kommen nach dem Inhalt, da sie auf jeder Seite wiederholt werden.

▥ Service-Bereich mit allgemeinen Links und weiteren Texten,

▥ Fußleiste – wegen der Wiederholung natürlich getrennt von der Hauptnavigation,

▥ Hinweise zum Urheberrecht – als Abschluss

Die Bestimmung der Reihenfolge ist sicherlich abhängig von den Präferenzen des Konzepters. Auch ist es einfacher, Inhalte, die oben erscheinen sollen, auch zu Beginn der Reihung zu berücksichtigen, weil dann ein flüssiges Layout (vgl. Abschnitt 17.2 ab S. 659) leichter umzusetzen ist. Konkret könnte z.B. der Ser-vice-Bereich vor der Navigation einsortiert werden, wenn er im Kopfbereich der Seite positioniert werden soll. Obwohl das legitim ist, kann der konkrete Bereich auch über CSS in der Kopfzeile positioniert werden. Hier wird der Ser-vice-Bereich allerdings hinter dem Inhalt eingeordnet; es wird davon ausge-gangen, dass die Besucher in erster Linie von Suchmaschinen zu einer bestimmten Seite gelangen und sich primär für den Inhalt interessieren.

4.1.4.3   Beispiele für HTML-Strukturen

DIV-Elemente sind nicht semantisch und dienen ausschließlich der Gestaltung. Die Faustregel lautet: DIV-Elemente sollten niemals dort eingesetzt werden, wo ein semantisches Blockelement eingesetzt werden kann. Konstrukte wie

```
<div id="content">
 <div class="headline">Seitenüberschrift</div>
 …
</div>
```

Listing 4-6   Wie DIV-Elemente nicht einzusetzen sind

zeigen ein falsches Verständnis von HTML und Semantik. Das verschachtelte DIV-Element dient hier anscheinend als Überschrift und wurde statt eines Über-schriftenelements (H1 bis H6) eingesetzt.

Für die eben beschriebenen Bereiche des Beispiel-Webauftritts werden nun einige HTML-Strukturierungen vorgenommen. Jeder Bereich wird in ein eige-nes DIV-Element gebettet und mit einer id ergänzt, damit eine eindeutige Gestaltung über CSS erfolgen kann. Für den Moment dienen die Strukturierun-gen als Grundgerüst unserer Beispielseite.

Kopf der Seite

Das Logo mit dem Slogan »Barrierefreies Webdesign – ein zugängliches und nutzbares Internet gestalten« soll den sichtbaren Kopfbereich der Seite bilden. Der Kopfbereich wird außerdem einen Link zur Anbieterkennzeichnung enthal-ten und später um weitere Elemente ergänzt. Außerdem wird hier die Such-funktion eingebettet (vgl. Listing 4–7).

```
<div id="kopf">
    <p id="logo"><img src="lib/img/logo.png" alt="Logo" /></p>
    <p id="slogan">Barrierefreies Webdesign <span>ein zugängliches und
nutzbares Internet gestalten</span></p>
        <div id="kopfbox">
            <p id="kopfboxlink"><a href="#">Impressum</a></p>
            <form action="#" method="get" id="suchbox">
                <p>
                <label for="schnellsuche">Suchen Sie was auf barrierefreies-
webdesign.de?</label>
                    <input name="suche" id="schnellsuche" type="text" />
                    <button type="submit">Suche starten</button>
                </p>
            </form>
        </div>
        <br class="floatende"/>
    </div>
```

Listing 4-7   HTML für die Kopfzeile des Beispielauftritts

Zunächst erhalten alle zusammengehörenden Elemente einen strukturierenden Absatz, damit die Inhalte »absatzweise« und nicht ohne Unterbrechung von einem Screenreader ausgegeben werden. Außerdem erhalten einige Absätze eine id, um sie eindeutig identifizieren und später gezielt über CSS ansprechen zu können. Die ids sind frei wählbar, müssen aber mit einem Buchstaben beginnen und dürfen nur Buchstaben und Ziffern enthalten (nur wenige Sonderzeichen sind zulässig).

Der erste Absatz enthält nur ein Bild. Das IMG-Element referenziert das Bild über das src-Attribut und enthält einen Alternativtext im alt-Attribut. Weitere Attribute sind nicht zwingend erforderlich, auch wenn die Bildgröße noch angegeben werden sollte (vgl. Abschnitt 17.3.1 ab S. 676). Das Bild benötigt keine eigene id, denn es kann über einen fortgeschrittenen CSS-Selektor direkt angesprochen werden:

```
#logo img {
    width: 125px;
    height: 125px;
    border :1px solid #666666;
    display : block;
}
```

Listing 4-8   CSS für das Logo

In Worten heißt diese CSS-Regel: Alle IMG-Elemente, die in einem Element mit der id="logo" stehen, erhalten eine Breite und Höhe von 125px; außerdem erhalten sie einen Rahmen und werden als Blockelemente behandelt.

Der Slogan befindet sich ebenfalls in einem eigenen Absatz. Der zweite Teil des Slogans wird mit einem generischen SPAN-Element ausgezeichnet, damit er ggf. anders gestaltet werden kann als der erste Teil. Die CSS-Angabe

```
#slogan span {
  display:block;
}
```

Listing 4-9   Aus einzeilig wird zweizeilig.

bewirkt, dass der zweite Teil des Slogans als eigenständiger Absatz angezeigt wird.

Die weiteren Inhalte des Kopfbereichs werden in einem eigenen DIV-Element zusammengefasst, weil sie einen Informationsblock darstellen. Der Link zur Anbieterkennung dient noch als »Platzhalter«, signalisiert durch den Wert # für das href-Attribut.

Bei der Suchfunktion wird es schon ein wenig komplexer. Zunächst erhält das FORM-Element die Attribute action (Verweis auf das verarbeitende Skript bzw. URI) und method (Typ der http-Übertragung) sowie die id. Im FORM-Element sind nur Blockelemente als Kindelemente erlaubt, weswegen einzelne Steuerelemente des Formulars von einem Absatz oder einem anderen strukturierenden Element umschlossen sein müssen. Ausführlichere Erläuterungen zu Formularen folgen in Kapitel 15.

Die in einzelne Absätze gefassten Steuerelemente des Formulars können über die id des Formulars gestaltet werden:

```
#suchbox label {…}
#suchbox input {…}
#suchbox button {…}
```

Das LABEL-Element ist erforderlich, um das Eingabefeld eindeutig zu identifizieren. Das type-Attribut für das INPUT-Element bestimmt, dass es sich bei diesem Steuerelement um ein Eingabefeld handelt; außerdem ist für die Auswertung des Formulars das name-Attribut und für die Verknüpfung mit dem LABEL-Element das id-Attribut erforderlich. Mit dem BUTTON-Element wird die Schaltfläche für das Abschicken des Formulars eingebunden, wobei das type-Attribut erforderlich ist, um die Tastaturbedienbarkeit sicherzustellen.

Der Kopfbereich wird mit einem Zeilenumbruch mit der Klasse »floatende« abgeschlossen. Der Zeilenumbruch ist nicht zwingend erforderlich, aber wenn das Suchformular mit der CSS-Eigenschaft float positioniert wird, kann es zu Darstellungsproblemen kommen. Mit der Klasse »floatende« können später potenzielle Darstellungsprobleme mittels CSS behoben werden.

Navigationsleiste

Die Navigation wird als HTML-Liste strukturiert. Listen bieten einige Vorteile:

H 50

▓ Listen sind Strukturelemente und lassen sich im Rahmen der strukturellen seiteninternen Navigation gut nutzen.

▓ Navigationsleisten sind im Prinzip nichts anderes als Linklisten. Vor allem wenn Seiten ohne CSS genutzt werden, bieten Listen einen guten Überblick.

▓ Listen lassen sich gut verschachteln bzw. erweitern und sind auch bei ausgeschalteten CSS nachvollziehbar.

Welcher Listentyp eingesetzt wird, ist Geschmackssache. Im Screenreader funktionieren UL- und OL-Listen recht gut, DL-Listen hingegen nicht so gut. Die OL-Elemente sind für Screenreader aber dann problematisch, wenn eine verschachtelte Navigation geplant ist, weil Screenreader meist nur arabische Ziffern als Ordnungszahlen angeben:[4]

1. Eintrag
    1. Unterpunkt
    2. Unterpunkt
2. Eintrag
    1. Unterpunkt
    2. Unterpunkt

...

In der Liste sieht es aus, als ob die Ordnungszahlen nicht stimmen. Genauso sieht es dann auch in einigen Screenreadern aus. Insofern fällt die Wahl auf eine UL-Liste zur Strukturierung der Navigationsleiste, die auch Unterpunkte enthalten wird.

Natürlich sollte man im Vorfeld überlegen, welche Inhalte für Navigationsleisten vorzusehen sind. Für *www.barrierefreies-webdesign.de* gab es schon vor diesem Buch umfangreiche Inhalte, die sich wie folgt zusammenfassen lassen:

▓ »Startseite« mit einem Willkommenstext

▓ »Know-how« mit Fachartikeln und Beispielen zur Barrierefreiheit

▓ »Bücher« mit Informationen zu Veröffentlichungen

▓ »Richtlinien« mit einer Übersicht der Anforderungen zur Barrierefreiheit

▓ »Spezial« mit umfangreichen Beiträgen verschiedener Autoren

▓ »Links« mit kommentierten Linklisten

▓ »Kontakt« mit einem Kontaktformular

---

4. Vgl. Hellbusch, J. E., Die etwas besseren Listen, URL: *http://www.webkrauts.de/2008/12/10/die-etwas-besseren-listen-teil-1/* (Abruf 3.2.2009).

Daraus ergibt sich für die Navigationsleiste die folgende Struktur:

```
<div id="navigation">
  <ul>
    <li><a href="#">Startseite</a></li>
    <li><a href="#">Know-how</a></li>
    <li><a href="#">Bücher</a></li>
    <li><a href="#">Richtlinien</a></li>
    <li><a href="#">Spezial</a></li>
    <li><a href="#">Links</a></li>
    <li><a href="#">Kontakt </a></li>
  </ul>
</div>
```

Listing 4-10   Aufbau einer Navigationsleiste im Beispielauftritt

In der Darstellung ohne CSS sieht die Navigation so aus:

- Startseite
- Knowhow
- Bücher
- Richtlinien
- Spezial
- Links
- Kontakt

Abb. 4-1   Listendarstellung einer Navigationsleiste ohne CSS

Mit CSS kann nun die Gestaltung weiter angepasst werden. Der Aufzählungs-punkt kann ausgeblendet werden, außerdem steht eine Reihe weiterer Gestal-tungsmöglichkeiten zur Verfügung.

```
#navigation li {
    list-style: none;
}
```

Listing 4-11   Ausblendung der standardmäßig angezeigten Listenpunkte in UL-Listen

Das Ergebnis sieht im Browser wie folgt aus:

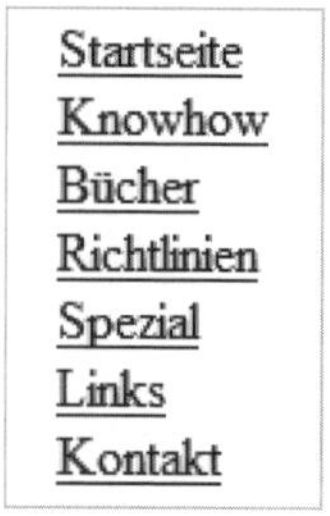

Startseite
Knowhow
Bücher
Richtlinien
Spezial
Links
Kontakt

Abb. 4-2   HTML-Liste ohne Aufzählungspunkte

Die Navigation umfasst in der Regel mehr als nur einige Hauptpunkte, da sie in den meisten Webauftritten durch weitere Unterteilungen gegliedert wird. Dies bedingt eine weitere Navigationsebene:

```
<div id="navigation">
 <ul>

  ...

   <li class="aktiv"<a href="#">Eintrag</a>
   <ul>
     <li><a href="#">Unterpunkt 1</a></li>
     <li><a href="#">Unterpunkt 2</a></li>
     <li><a href="#">Unterpunkt 3</a></li>
   </ul>
   </li>

   ...

 </ul>
</div>
```

Listing 4-12   Verschachtelung von Listen in einer Navigation

Zu beachten ist, dass die verschachtelte Liste in ein bestehendes LI-Element eingebunden wird. Der aktive Eintrag wird hier mit einer Klasse statt einer id belegt, da es mehrere aktive Navigationseinträge gleichzeitig geben kann; denkbar sind weitere Ebenen und die Kennzeichnung aller Einträge des Navigationspfads mit dem gleichen Attributwert.

Die Strukturierung einer Navigationsleiste ist nicht auf einfache Verschachtelungen von Listen beschränkt. Eine Einführung in die barrierefreie Umsetzung einer Navigationsleiste wird in Abschnitt 7.2.2 ab Seite 272 vorgestellt.

Inhaltsbereich

Eine einfache Seite besteht i. d. R. aus einer Hauptüberschrift sowie mehreren Absätzen und Zwischenüberschriften. Hinzu kommen im Inhaltsbereich evtl. Listen sowie Links und Bilder. Für unsere Beispielseite gehen wir von einer Hauptüberschrift und einigen Absätzen aus, die später durch weitere Inhalte ergänzt werden.

Der Inhalt der Startseite wird wie folgt aufbereitet:

```
<div id="inhalt">
    <h1>Das Web, die Zugänglichkeit und die Nutzung durch Menschen mit
Behinderung</h1>
    <p>Barrierefreies Webdesign - manchmal auch Web Accessibility genannt -
ist die Kunst, Webseiten so zu gestalten, dass jeder sie nutzen und lesen
kann.</p>
    <p>Beim Design von Webseiten wird oft nicht berücksichtigt, dass viele
Menschen körperliche oder kognitive Einschränkungen haben. Dann bilden
bestimmte Techniken der Webgestaltung "Barrieren" für deren Zugang zum
Internet. Dies können fehlende Texte zur Beschreibung von Grafiken, eine
```

unglückliche Auswahl der Farbkombinationen, unklar strukturierte Webseiten, nicht bedienbare Navigationsmechanismen u.a.m. sein. Wenn aber Webgestalter auf die Anforderungen der Barrierefreiheit achten, erleichtern sie Menschen mit Behinderungen das Surfen im Netz, statt sie daran zu hindern.</p>
    <p>Die wesentlichen Kriterien und Hinweise für ein barrierefreies und somit auch behindertengerechtes Webdesign werden in Deutschland durch die Barrierefreie Informationstechnik-Verordnung (BITV) geregelt, die am 24. Juli 2002 in Kraft trat. Bei der Einhaltung der BITV wird insbesondere - aber nicht nur - der Zugang zu Webseiten durch Menschen mit Behinderungen gewährleistet.</p>
  </div>

Listing 4-13   Inhalte der Startseite des Beispielauftritts mit einer Überschrift und mehreren Absätzen

»Aktuelle Informationen«

Der Beispiel-Webauftritt soll auch aktuelle Informationen berücksichtigen. Denkbar ist eine ganze Reihe seitenübergreifender Elemente, z. B. ein Tag-System und vielleicht sogar Werbung. Zusatzinformationen werden vermutlich in einer eigenen Spalte dargestellt, z. B. rechts neben dem Inhalt. Allerdings muss eine Festlegung jetzt noch nicht vorgenommen werden. Wichtig ist vor allem eine Struktur, die eine flexible Präsentation gewährleistet:

```
<div id="marginalie">
  <p>Die aktuellsten Informationen auf diesem Webauftritt sind:</p>
  <ul>
    <li><a href="#">Beitragstitel</a> - Beschreibung des Beitrags</li>
    <li><a href="#">Beitragstitel</a> - Beschreibung des Beitrags</li>
    <li><a href="#">Beitragstitel</a> - Beschreibung des Beitrags</li>
  </ul>
</div>
```

Listing 4-14   HTML für die Marginalie des Beispielauftritts

Dieser Bereich wird nach dem Inhalt platziert, weil noch unklar ist, was alles aufgenommen wird. Während kurze Hinweise vor dem Inhalt platziert werden können, werden umfangreichere Zusatzinformationen vor dem Inhalt vermutlich die Ausgabe in linearen Medien beeinträchtigen.

Service-Bereich

Im Service-Bereich sollen weitere Links enthalten sein, die für die Nutzbarkeit des Webangebots relevant sind. Unter anderem werden Links zu einer Hilfeseite und einem Glossar aufgenommen (vgl. Listing 4-15).

```
<div id="info">
  <div id="hilfe">
    <h2>Benötigen Sie Hilfe?</h2>
    <p>Einige Fragen und Antworten finden Sie in der <a href="#">Hilfe</a>.
Einige Begriffe finden Sie im <a href="#">Glossar</a> erläutert.</p>
  </div>
  <div id="accesskey">
    <h2>Der schnelle Seitenzugriff</h2>
    <p> Dieses Webangebot verwendet einige <a
href="#">Tastenkürzel</a>.</p>
  </div>
</div>
```

Listing 4-15   HTML für den Service-Bereich des Beispielauftritts

Anzumerken ist, dass hier mit verschachtelten DIV-Elementen gearbeitet wird. Das äußere DIV-Element dient der Positionierung als Spalte oder Kasten auf der Seite. Da im Service-Bereich verschiedene Inhalte vorkommen und diese unterschiedlich dargestellt werden können, sind zusätzliche Identifikatoren erforderlich. Strukturell beeinflussen die zusätzlichen DIV-Elemente die Seite jedoch nicht.

Fußleiste

Die Fußleiste ist eine Wiederholung der Hauptnavigation und wird strukturell identisch dazu aufgebaut. Der einzige Unterschied besteht in einem anderen Identifikator:

```
<div id="fussleiste">
  <ul>
    <li><a href="#">Startseite</a></li>
    <li><a href="#">Know-how</a></li>
    <li><a href="#">Bücher</a></li>
    <li><a href="#">Richtlinien</a></li>
    <li><a href="#">Spezial</a></li>
    <li><a href="#">Links</a></li>
    <li><a href="#">Kontakt </a></li>
  </ul>
</div>
```

Listing 4-16   HTML für die Fußleiste des Beispielauftritts

Durch den Einsatz eines anderen Identifikators kann die Fußleiste eigene CSS-Regeln erhalten. Um die Liste beispielsweise horizontal anzuordnen, können die Deklarationen aus Listing 4-17 vorgenommen werden.

```
#fussleiste ul {
   text-align: center;
}
#fussleiste li {
   list-style: none;
   display: block;
   float: left;
}
#fussleiste a {
   display: block;
   width: 6em;
}
```

Listing 4-17   Horizontale Ausrichtung einer Liste mit CSS

Die Fußleiste nimmt dadurch eine andere Form als die Hauptnavigation an:

| Startseite | Knowhow | Bücher | Richtlinien | Spezial | Links | Kontakt |

Abb. 4-3   HTML-Liste als horizontale Navigation

Seitenabschluss

Vorerst wird im Seitenabschluss nur ein Hinweis auf das Urheberrecht aufgenommen:

```
<div id="abschluss">
   <p>&copy; Jan Eric Hellbusch (2001-2010)</p>
</div>
```

Listing 4-18   HTML für den Seitenabschluss des Beispielauftritts

4.2   CSS-Einführung

HTML ist das Handwerk und CSS die Kunst. Sie besteht vor allem darin, auf der Grundlage strukturierter HTML-Vorlagen ein flexibles und möglichst vielen Nutzern gerecht werdendes Layout zu entwickeln.

Wie HTML entwickelt sich auch CSS weiter und seit 1998 stehen die Spezifikationen für CSS 2.0 zur Verfügung, die neben Formatierung auch die Gestaltung des Layouts erlauben. Allerdings wurde die CSS-Unterstützung in die Browser nicht ganz so schnell implementiert, sodass erst gut fünf Jahre danach ein einheitliches Layout in diversen Browsern – mit verschiedenen Einschränkungen – möglich wurde.

CSS kann auf verschiedene Weise eingebunden werden und verschiedene Ausgabemedien, wie z.B. Bildschirm oder Drucker, gezielt ansprechen. Vor allem aber dienen CSS als zentrale Formatvorlage eines Webangebots.

Wie HTML ist CSS keine Programmiersprache, sondern als deklarative Stylesheet-Sprache eine Sammlung von Regeln. Die CSS-Regeln müssen aber genauso wie die Regeln einer Programmiersprache gelernt werden. Eine besondere Rolle spielt die Kaskade, d.h., verschiedene Regeln können gleichzeitig auf ein und dasselbe HTML-Element angewendet werden. Eine Übersicht mit den wichtigsten Merkmalen soll den Einstieg erleichtern – aber die Beherrschung kommt nur mit der Praxis.

4.2.1   CSS-Spezifikationen

CSS gibt es genauso wie HTML in verschiedenen Varianten. Die ursprüngliche Spezifikation aus dem Jahr 1996 beschrieb die Möglichkeiten zur Formatierung. Bereits 1998 erschien die CSS 2-Spezifikation, die den Leistungsumfang u.a. um die Positionierung von Elementen sowie medienspezifische Angaben erweiterte. Seitdem wird parallel an zwei Weiterentwicklungen gearbeitet: CSS 2.1 und CSS 3.0.

CSS 2.1 ist insofern bemerkenswert, als der aktuelle Arbeitsentwurf eine Reduzierung von CSS 2.0 darstellt. Die Teile der CSS 2-Spezifikation, die sich als unpraktisch erwiesen haben oder nicht in die Browser implementiert wurden, entfallen. Andere, die von den Browsern unterschiedlich, jedoch stabil umgesetzt werden, werden angepasst. Die meisten Browser unterstützen CSS 2.1, auch wenn das Regelwerk noch nicht offiziell verabschiedet wurde.

CSS 3.0 ist hingegen noch Zukunftsmusik. Diese Spezifikationen sind eine modularisierte Erweiterung der Präsentationsmöglichkeiten für HTML. Beispielsweise werden Mehrspaltigkeit, Pop-ups, aus- und zuklappbare Listen oder Fußnoten von der Struktur- auf die Präsentationsebene verlagert. Obwohl bestimmte CSS 3-Eigenschaften in einigen Browsern bereits heute funktionieren, kann noch nicht von einer allgemeinen Unterstützung ausgegangen werden.[5]

4.2.2   CSS-Einbindung, Selektoren und Kaskade

Um ein CSS-Regelwerk in Webdokumente einzubinden, gibt es verschiedene Möglichkeiten. CSS sollte sinnvollerweise in einer externen Datei verwaltet werden, kann aber auch pro Seite oder sogar für einzelne Elemente direkt im HTML-Dokument vorkommen.

CSS bietet zahlreiche Selektoren mit denen einzelne Inhalte eines Dokuments direkt angesprochen bzw. gestaltet werden können. Bei einem CSS-Design gilt es, diese Selektoren zu beherrschen und insbesondere ihre Wirkungsweise in Form der Kaskade zu verstehen. Erst mit dem Verständnis der Kaskade kann ein robustes Layout mit CSS umgesetzt werden.

---

5.   Vgl. Web Devout, Web Browser CSS Support,
     URL: *http://www.webdevout.net/browser-support-css* (Abruf 3.4.2010).

4.2.2.1   CSS mit dem LINK-Element einbinden

Um die Vorteile der Trennung von Inhalt und Layout nutzen zu können, empfiehlt sich die Auslagerung der CSS-Angaben. Sie stellt sicher, dass die Gestaltung eines HTML-Dokuments jederzeit verändert werden kann. Dies gilt natürlich nicht nur für eine einzelne Seite, sondern für jedes HTML-Dokument, das
die »Formatvorlage« einbezieht.

Das Grundmuster für die Einbindung von CSS sieht wie folgt aus:

```
<link rel="stylesheet" media="screen,projection" type="text/css"
href="lib/css/standard.css" />
```

Listing 4-19   Einbindung einer CSS-Datei mit dem LINK-Element

Das LINK-Element ist in das HEAD-Element eines Webdokuments einzusetzen.
Das zugehörige rel-Attribut bestimmt die Beziehung zwischen Webdokument
und verknüpfter Seite und gibt hier an, dass die in Beziehung gesetzte Ressource ein Stylesheet ist.

Mit dem media-Attribut werden ein oder mehrere, durch Komma getrennte
Ausgabemedien angegeben; hier werden Bildschirm und Projektor bestimmt,
um auch den Vollbildmodus von Opera anzusprechen. Mit dem type-Attribut
wird dem Browser der MIME-Typ des Stylesheets mitgeteilt, denn die Präsentationsebene muss nicht unbedingt mit CSS gestaltet werden. Das href-Attribut
schließlich teilt dem Browser den URI der CSS-Datei mit.

Das media-Attribut ist für die Gestaltung möglichst flexibler HTML-Seiten
interessant. Insbesondere für Druckversionen von HTML-Dokumenten ist eine
angepasste Gestaltung mit einer weiteren CSS-Datei sinnvoll. Im Kopfbereich
eines HTML-Dokuments wird also eine weitere CSS-Datei eingebunden:

```
<link rel="stylesheet" media="print" type="text/css" href="lib/css/druck.css"
/>
```

Listing 4-20   Einbindung einer CSS-Datei für eine Druckversion

Um alternative Darstellungen für ein konkretes Medium anzubieten, müssen
alternative Stylesheets eingebunden werden. Die Schreibweise kann wie folgt
aussehen:

```
<link rel="alternate stylesheet" media="screen,projection" type="text/css"
href="lib/css/grossschrift.css" title="Großschrift" />
```

Listing 4-21   Einbindung einer CSS-Datei für eine alternative Darstellung

Die alternative CSS-Datei wird nicht automatisch geladen, was an der zusätzlichen Angabe "alternate" im rel-Attribut liegt. In einigen Browsern haben Nutzer die Möglichkeit, die alternative Darstellung auszuwählen (vgl. Abb. 4-4).

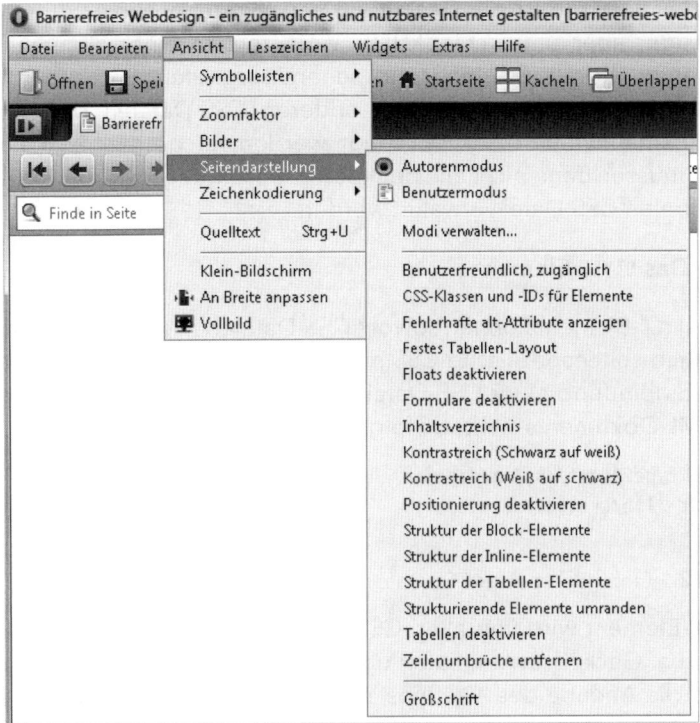

Abb. 4-4   Alternative CSS-Darstellungen werden in Opera bei den Seitendarstellungen aufgeführt.

Es gibt viele Szenarien, für die verschiedene CSS-Dateien eingebunden werden können: HTML-Seiten können sowohl für verschiedene Ausgabemedien gestaltet werden als auch z.B. für eine Großschriftversion als alternative Bildschirmdarstellung. Die folgende Liste zeigt die unterschiedlichen Medientypen, die jedoch nicht alle tatsächlich unterstützt werden:

Wert für rel	Medientyp
All	Alle Medientypen
Aural	Sprachbrowser
Braille	Braillezeilen
Embossed	Brailledrucker
Handheld	Mobile Kleingeräte
Print	Drucker
Projection	Projektoren
Screen	Bildschirme
Tty	Terminals
Tv	Fernseher

Tab. 4-3   CSS-Medientypen

Ein weiteres Szenario ist die Gestaltung verschiedener Projekte mit gleichem Grunddesign, aber unterschiedlichen Varianten. In einer allgemeinen CSS-Datei können die allgemeinen und seitenübergreifenden Layout- und Formatangaben vorgenommen und in anderen CSS-Dateien die spezifischen Gestaltungsmaßnahmen berücksichtigt werden. In gestalterisch komplexen Projekten müssen dann nicht alle denkbaren Gestaltungsmerkmale in einer einzigen zentralen CSS-Datei verwaltet werden.

4.2.2.2   Das STYLE-Element

Mit dem STYLE-Element können sowohl CSS-Dateien in eine HTML-Datei importiert als auch seitenspezifische CSS in das HTML-Dokument geschrieben werden. Die Einbindung einer CSS-Datei über das STYLE-Element im Kopfbereich eines HTML-Dokuments sieht wie folgt aus:

```
<style type="text/css" media="screen, projection">
@import 'lib/css/standard.css';
</style>
```

Listing 4-22   Einbindung einer CSS-Datei mit dem STYLE-Element

Das STYLE-Element wird von allen CSS 2-fähigen Browsern unterstützt. Einige Browser, u. a. GeckoBrowser, Safari und Internet Explorer, erfordern allerdings zwingend die Angabe des MIME-Typs, sonst wird das CSS nicht verarbeitet. Wie beim LINK-Element können auch beim STYLE-Element gezielt Ausgabemedien mit dem media-Attribut angesprochen werden.

Der Vorteil des STYLE-Elements ist, dass weitere CSS-Eigenschaften aufgenommen werden können. Wenn Absätze auf einer bestimmten Seite im Gegensatz zum restlichen Webauftritt zentriert ausgerichtet sein und eine andere Schriftgröße haben sollen, könnten die folgenden CSS-Regeln im Kopfbereich des HTML-Dokuments notiert werden:

```
<style type="text/css" media="screen, projection">
@import 'lib/css/standard.css';

p {
 text-align:center;
 font-size:1.1em;
}
</style>
```

Listing 4-23   Im STYLE-Element können CSS-Dateien importiert und CSS-Regeln
              formuliert werden.

Allerdings hat das Importieren von CSS-Dateien vor allem bei Gecko-basierten Browsern den Nachteil, dass beim Speichern der HTML-Dateien die importierten CSS nicht mitgespeichert werden. Es ist also im Allgemeinen vorteilhafter, mit verschiedenen LINK-Elementen für die Einbindung von CSS zu arbeiten.

4.2.2.3   Inline-CSS

CSS kann jedem einzelnen HTML-Element einer Seite über das style-Attribut direkt zugewiesen werden. Diese Methode eignet sich aber nur, wenn im Einzelfall die allgemeinen CSS-Regeln außer Kraft gesetzt werden sollen. Normalerweise gibt es keinen Grund, auf Identifikatoren im HTML und die Deklaration einer CSS-Regel in einer externen CSS-Datei zu verzichten.

Ein zentrierter Absatz mit größerer Schrift könnte so aussehen:

```
<p style="text-align:center; font-size:1.1em;">Text des Absatzes</p>
```

Der entscheidende Nachteil von Inline-CSS ist, dass sie die höchste Priorität vor allen anderen CSS-Eigenschaften haben. Inline-Styles können nur noch durch Nutzereinstellungen im Browser, eigene Userstyles und Userscripts oder durch das Schlüsselwort »!important« überschrieben werden (vgl. Abschnitt 4.2.2.5 ab S. 145).

4.2.2.4   Selektoren und CSS-Regeln

CSS-Regeln bestehen jeweils aus einem oder mehreren Selektoren mit einer zugehörigen Deklaration. Die Deklarationen wiederum bestehen aus Paaren von CSS-Eigenschaften und Werten. Das Grundmuster einer CSS-Regel sieht wie folgt aus:

```
Selektoren {
 Eigenschaft: Wert;
 Eigenschaft: Wert;

 ...
}
```

Listing 4-24   Muster für CSS-Regeln

Fast alle CSS-Eigenschaften haben einen Initialwert, der im Browser festgelegt ist, sodass bei der Definition von CSS-Regeln an sich nur die Voreinstellungen des Browsers verändert werden. Nur wenige Eigenschaften besitzen keinen Wert, etwa das Attribut color, dessen Wert aus den Browsereinstellungen ermittelt wird. Beachtet werden muss aber, dass bestimmte Werte von einem Element auf weitere verschachtelte Elemente »vererbt« werden, etwa font-size. Das bedeutet, dass viele Werte nur für Bereiche oder einzelne Blockelemente vergeben werden müssen, die von den verschachtelten Elementen übernommen werden. Das gilt auch für die Schriftart eines Dokuments. Sie kann für alle Inhalte mit der folgenden Zeile bestimmt werden:

```
body { font-family:
Verdana, Arial, Helvetica, sans-serif; }
```

Eine Deklaration muss nicht für jeden Selektor einzeln vergeben werden. Beispielsweise besagt

```
ul, ol, li {margin: 0; padding:0; }
```

dass die Initialwerte für den Außen- und Innenabstand der beiden Listentypen UL und OL sowie von Listenelementen auf null gesetzt werden.

Einfache Selektoren

Einige Selektoren wurden bereits im Laufe dieses Kapitels vorgestellt. Selektoren können einzelne Elemente, Klassen oder Bezeichner (id) sein:

- p { ... } verwendet einen »Typselektor«, d.h., es werden alle Elemente eines bestimmten Typs (hier sind es Absätze) innerhalb des HTML-Dokuments angesprochen.
- .wichtig { ... } ist ein Klassenselektor und spricht alle Elemente mit der angegebenen Klasse (hier: class="wichtig") an. Klassenselektoren können auch im Kontext eines Elements definiert werden. Wenn beispielsweise die CSS-Regel nur auf Absätze einer bestimmten Klasse angewandt werden soll, dann kann der Klassenselektor p.wichtig genutzt werden.
- #navigation { ... } ist ein id-Selektor, der nur auf das Element mit diesem Bezeichner (hier: id="navigation") angewandt wird.

Fortgeschrittene Selektoren

Neben diesen drei Grundtypen von Selektoren gibt es zahlreiche weitere Möglichkeiten, HTML-Elemente anzusprechen. Sie werden im Folgenden exemplarisch vorgestellt.

Der Nachfahrenkombinator gibt an, dass Elemente in einem anderen Element stehen müssen, damit die CSS-Eigenschaften Anwendung finden. Beispielsweise besagt

```
ol p {margin: 0;}
```

dass alle Absätze innerhalb einer nummerierten Liste einen Außenabstand von 0 bekommen. Die Absätze sind dabei keine unmittelbaren Kindelemente des OL-Elements, da für das OL-Element nur LI-Elemente als unmittelbare Kindelemente zulässig sind. In den einzelnen Listenelementen können aber Absätze vorkommen. Diese Methode ist nicht auf Elemente und auch nicht auf zwei Selektoren beschränkt:

- #navigation li {...} besagt, dass alle Listenelemente innerhalb eines HTML-Elements mit der id "navigation" mit der Deklaration gestaltet werden.
- #inhalt .hinweis h2 {...} besagt, dass Überschriften 2. Ordnung innerhalb eines Elements mit der Klasse "hinweis", das wiederum innerhalb eines anderen Elements mit der id "inhalt" steht, mit der Deklaration gestaltet wird.

```
<div id="inhalt">

...

<div class="hinweis">
<h2>Wichtiger Hinweis</h2>

...

</div>

...

</div>
```

CSS-Regeln können auch so formuliert werden, dass die Deklarationen nur für unmittelbare Kindelemente eines anderen Elements gelten. Ein Kindkombinator sieht wie folgt aus:

`li>p {...}`

Der Kindkombinator wird jedoch vom Internet Explorer bis einschließlich Version 6 nicht unterstützt.

Weitere Selektoren dieser Art (z.B. `h2+p` für alle Absätze, die »Nachbarelemente« einer Überschrift 2. Ordnung sind) werden bislang nur von bestimmten Browsern wie Internet Explorer 7 oder GeckoBrowsern unterstützt.

Eine andere Möglichkeit zur Formulierung von CSS-Regeln für bestimmte Elemente sind sogenannte Pseudoklassen. Pseudoklassen können vor allem für Links der Form `a:link`, `a:visited`, `a:hover`, `a:focus` und `a:active` verwendet werden. Der Fokuseffekt ist auch bei Formularen praktisch, da damit das auszufüllende Formularelement hervorgehoben werden kann. Die CSS-Spezifikation sieht eine ganze Reihe weiterer Pseudoklassen vor, die aber nur von einzelnen Browsern unterstützt werden.

Attributselektoren wie z.B. `a[href^="http"]` (A-Elemente, deren `href`-Attribut mit der Zeichenkette »http:« beginnen) können in einigen Browsern genutzt werden. Diese Selektoren werden in Zukunft an Bedeutung gewinnen, sind aber heute noch nicht praktikabel.

Spezielle Selektoren

CSS werden bisher leider von keinem Browser perfekt unterstützt und die Bugs variieren von Browser zu Browser. Vor allem der Internet Explorer 6 verursacht in der Webentwicklung viele Probleme. Viele Webentwickler setzen aufgrund der zahlreichen Erweiterungen zur Entwicklung standardkonformer Webseiten auf Firefox als Entwicklungsumgebung.

Speziell für Internet Explorer älteren Datums müssen oft spezielle CSS-Regeln angegeben werden, damit die Seiten ordentlich angezeigt werden. Bei der Anwendung von »CSS-Hacks« müssen sowohl Wechselwirkungen mit anderen Browsern als auch zahlreiche weitere Abhängigkeiten beachtet werden. Eine wichtige Ressource dafür ist

http://www.css-hack.de

Geht es jedoch um die »Ausbesserung« von CSS für verschiedene Versionen des Internet Explorer, dann sollte auf Conditional Comments gesetzt werden. Soll z. B. noch die Internet Explorer 5/6 (Windows) angesprochen werden, können im Kopf des Webdokuments folgende Zeilen notiert werden, um eine CSS-Anpassung nur für diese Browserversionen einzubinden:

```
<!-- [if lte 6]>
  <link rel="stylesheet" type="text/css" href=lib/css/ie5-6.css" />
<![endif]-->
```

Listing 4-25 Conditional Comment für den Internet Explorer

Auch Conditional Comments werden auf der Seite zu CSS-Hacks beschrieben.

@-Regeln

Es gibt eine weitere Form von CSS-Regeln, die sogenannten @-Regeln. Sie beginnen mit einem @. Eine @-Regel wurde bereits oben vorgestellt: @import. Mit @import können in eine CSS-Datei weitere CSS-Dateien importiert werden. Wichtig ist, dass @import vor anderen CSS-Regeln steht. Für das Importieren von CSS-Dateien gibt es zwei gültige Schreibweisen:

```
@import "lib/css/test.css";
@import url("lib/css/test.css");
```

Mit @media können gezielt bestimmte Ausgabemedien angesprochen werden. Mit den medienspezifischen CSS-Regeln in Listing 4-26 können unterschiedliche Schriftarten für Bildschirm und Drucker bestimmt werden.

```
@media screen {
  body {font-family: Arial, sans-serif; }
}
@media print {
  body {font-family: Times New Roman, serif; }
}
```

Listing 4-26 Medienspezifische CSS-Regeln mit @media

Diese Methode ist zwar manchmal nützlich, aber meist ist die Einbindung separater CSS-Dateien für die verschiedenen Ausgabemedien übersichtlicher.

Schließlich gibt es die @-Regel @charset, die für die Angabe der Zeichenkodierung genutzt werden kann, z. B.

```
@charset "UTF-8";
```

Diese Regel darf in einer externen CSS-Datei nur einmal vorkommen und muss als erste Regel ohne vorherige Zeichen notiert werden. Sie ist jedoch normalerweise überflüssig, da die Zeichenkodierung bereits vom Server bestimmt wird bzw. im HTML erfolgen sollte.

4.2.2.5   Kaskade und Spezifität

Bislang wurden die Einbindung von CSS-Dateien sowie die Gestaltung bestimmter Elemente über Selektoren beschrieben. Was passiert aber, wenn an verschiedenen Stellen in einer oder mehreren CSS-Dateien widersprüchliche CSS-Regeln für ein HTML-Element stehen? Die Antwort hängt von der Spezifität einer CSS-Regel ab.

Für das Verstehen der »Spezifität« und damit der Gewichtung der Selektoren ist wichtig, zunächst das »C« in »CSS« zu betrachten. Das »C« steht für »Cascading« (caskadierend) und bedeutet, dass verschiedene Stilregeln neben- oder nacheinander auf einzelne HTML-Elemente angewandt werden können. Im Grunde gibt es beim CSS-Einsatz drei Quellen für die CSS-Regeln, die in folgender Reihenfolge angewandt werden:

1.   Jeder grafische Browser bringt einen Satz von Stylesheets mit, die mal mehr und mal weniger den empfohlenen Initialwerten für CSS-Eigenschaften entsprechen.
2.   Die eingebundenen CSS-Dateien geben in der Regel die Gestaltung vor und überschreiben die Initialwerte des Browsers.
3.   Nutzer können in allen Browsern die Einstellungen für Farbe, Schriftgröße und Schriftart ändern, was vor allem von Sehbehinderten vorgenommen wird. Diese Voreinstellungen führen dazu, dass bestimmte CSS-Eigenschaften außer Kraft gesetzt werden.

Zudem haben sowohl Webentwickler als auch Nutzer die Möglichkeit, mit dem Schlüsselwort »!important« zu arbeiten. Die Aufzählung kann also um zwei weitere Punkte ergänzt werden:

4.   Webentwickler können die Anwendung von Deklarationen erzwingen, z.B. mit ul {background-color: #fff !important; }. Solche Deklarationen überschreiben nicht die Einstellungen des Nutzers, wie im vorherigen Punkt beschrieben, sondern haben nur Vorrang vor anderen CSS-Regeln.
5.   Das letzte Wort hat der Nutzer: Für eigene CSS-Regeln kann !important in Userstyles eingesetzt und so die gegebenen Angaben überschrieben werden.

In komplexen Projekten mit zahlreichen CSS-Dateien kann es passieren, dass auf ein bestimmtes Element eine »falsche« Deklaration Anwendung findet. Konkurrierende Deklarationen können mit folgendem einfachen Schema ermittelt werden:

1.   Wenn eine Eigenschaft über das style-Attribut im HTML einen Wert erhält, hat dieser Wert Vorrang vor allen anderen Werten.

    `<p style="font-size: 1.1em;">…</p>`

2.   Wenn ein Element über einen oder mehrere id-Selektoren angesprochen wird, dann ist die Spezifität der Deklaration höher, als wenn keine ids in den Selektoren vorkommen.

    `#navigation ul {…}` hat Vorrang vor ul {…}

3. Die Zahl der Klassen und Pseudoklassen in einem Selektor bildet die dritte Entscheidungsregel:

> `.hinweis` p erhält eine Spezifität 1 für die Klassen genauso wie `a:link`. Eine CSS-Regel `.aktuell a:link {…}` hat hingegen eine Spezifität von 2 für Klassen.

4. Als letzte Instanz wird die Zahl der Elemente in den Selektoren herangezogen:

> `ul li {…}` hat Vorrang vor `li {…}`

Die folgende Tabelle zeigt Beispiele für die Ermittlung der Spezifität. Die vier Spalten mit Zahlen sind im Entscheidungsfall von links nach rechts zu lesen. Konkurrieren zwei CSS-Regeln, wird zuerst die Spezifität der ersten Spalte miteinander verglichen. Nur wenn diese die gleiche Spezifität aufweist, wird die zweite Spalte herangezogen usw.

	Inline	ID	Klasse	Element
`<a style="font-weight: bold;">…</a>`	1	0	0	0
`#info #accesskey a { … }`	0	2	0	1
`#info a { … }`	0	1	0	1
`#accesskey a { … }`	0	1	0	1
`.aktuell a:link`	0	0	2	1
`.aktuell a { … }`	0	0	1	1
`a:link`	0	0	1	1
`a { … }`	0	0	0	1

Tab. 4-4   Beispiele für die Ermittlung der CSS-Spezifität

Wenn also ein HTML-Dokument nicht so angezeigt wird, wie aufgrund der CSS-Regeln zu erwarten wäre, dann liegt es – sofern eine Dokumententypdeklaration angegeben wurde – oft an der Spezifität einer anderen CSS-Regel. Die Erhöhung der Spezifität erfolgt durch eine Klasse oder eine id in dem Selektor. Die Reihenfolge kann ebenfalls eine Rolle spielen: Wenn zwei CSS-Regeln mit der gleichen Spezifität auf ein HTML-Element angewandt werden, so »gewinnt« die zuletzt aufgeführte Regel.

4.3   Eine erste Seite mit HTML und CSS

Nun ist es an der Zeit, HTML und CSS zusammenzubringen. Der HTML-Quellcode aus dem obigen Beispiel wird mit leichten Anpassungen in eine einfache Textdatei mit dem Namen »index.html« kopiert (vgl. Listing 4-27).

```
<!DOCTYPE html PUBLIC "-//W3C//DTD XHTML 1.0 Strict//EN"
"http://www.w3.org/TR/xhtml1/DTD/xhtml1-strict.dtd">
<html lang="de" xmlns="http://www.w3.org/1999/xhtml">
    <head>
```

```
     <title>Barrierefreies Webdesign - ein zugängliches und nutzbares Internet
gestalten [barrierefreies-webdesign.de]</title>
        <meta http-equiv="Content-Type" content="text/html; charset=ISO 8859-
1" />

        <link rel="stylesheet" media="screen,projection" type="text/css"
href="lib/css/standard.css" />
     </head>
     <body>
      <div id="kopf">
        <p id="logo"><img src="lib/img/logo.png" alt="Logo" /></p>
        <p id="slogan">Barrierefreies Webdesign <span>ein zugängliches und
nutzbares Internet gestalten</span></p>
        <div id="kopfbox">
          <p id="kopfboxlink"><a href="#">Impressum</a></p>
          <form action="#" method="get" id="suchbox">
            <p>
             <label for="schnellsuche">Suchen Sie was auf barrierefreies-
webdesign.de?</label>
             <input name="suche" id="schnellsuche" type="text" />
             <button type="submit">Suche starten</button>
            </p>
          </form>
        </div>
        <br class="floatende"/>
      </div>
      <div id="navigation">
        <ul>
         <li><a href="#">Startseite</a></li>
         <li><a href="#">Know-how</a></li>
         <li><a href="#">Bücher</a></li>
         <li><a href="#">Richtlinien</a></li>
         <li><a href="#">Spezial</a></li>
         <li><a href="#">Links</a></li>
         <li><a href="#">Kontakt </a></li>
        </ul>
      </div>
      <div id="inhalt">
        <h1>Das Web, die Zugänglichkeit und die Nutzung durch Menschen mit
Behinderung</h1>
        <p>Barrierefreies Webdesign - manchmal auch <span lang="en">Web
Accessibility</span> genannt - ist die Kunst, Webseiten so zu gestalten, dass
jeder sie nutzen und lesen kann.</p>
        <p>Beim Design von Webseiten wird oft nicht berücksichtigt, dass viele
Menschen körperliche oder kognitive Einschränkungen haben. Dann bilden
bestimmte Techniken der Webgestaltung "Barrieren" für deren Zugang zum
Internet. Dies können fehlende Texte zur Beschreibung von Grafiken, eine
unglückliche Auswahl der Farbkombinationen, unklar strukturierte Webseiten,
nicht bedienbare Navigationsmechanismen <abbr title="und anderes
```

```
mehr">u.a.m.</abbr> sein. Wenn aber Webgestalter auf die Anforderungen der
Barrierefreiheit achten, erleichtern sie Menschen mit Behinderungen das Surfen
im Netz, statt sie daran zu hindern.</p>
        <p>Die wesentlichen Kriterien und Hinweise für ein barrierefreies und
somit auch behindertengerechtes Webdesign werden in Deutschland durch die
Barrierefreie Informationstechnik-Verordnung (BITV) geregelt, die am 24. Juli
2002 in Kraft trat. Bei der Einhaltung der BITV wird insbesondere - aber nicht
nur - der Zugang zu Webseiten durch Menschen mit Behinderungen
gewährleistet.</p>
      </div>
      <div id="marginalie">
        <p>Die aktuellsten Informationen auf diesem Webauftritt sind:</p>
        <ul>
          <li><a href="#">Beitragstitel</a> - Beschreibung des Beitrags</li>
          <li><a href="#">Beitragstitel</a> - Beschreibung des Beitrags</li>
          <li><a href="#">Beitragstitel</a> - Beschreibung des Beitrags</li>
        </ul>
      </div>
      <div id="info">
        <div id="hilfe">
        <h2>Benötigen Sie Hilfe?</h2>
        <p>Einige Fragen und Antworten finden Sie in der <a href="#">Hilfe</a>.
Einige Begriffe finden Sie im <a href="#">Glossar</a> erläutert.</p>
        </div>
        <div id="accesskey">
        <h2>Der schnelle Seitenzugriff</h2>
        <p> Dieses Webangebot verwendet einige <a
href="#">Tastenkürzel</a>.</p>
        </div>
      </div>
      <div id="fussleiste">
        <ul>
          <li><a href="#">Startseite</a></li>
          <li><a href="#">Know-how</a></li>
          <li><a href="#">Bücher</a></li>
          <li><a href="#">Richtlinien</a></li>
          <li><a href="#">Spezial</a></li>
          <li><a href="#">Links</a></li>
          <li><a href="#">Kontakt </a></li>
        </ul>
      </div>
      <div id="abschluss">
        <p>&copy; Jan Eric Hellbusch (2001-2010)</p>
      </div>
      </body>
    </html>
```

Listing 4-27   Komplettes HTML für den Beispielauftritt

Dazu wird ein Ordner »lib« mit einem Unterordner »css« angelegt und darin eine einfache Textdatei mit dem Namen »standard.css« erstellt.

In der CSS-Datei werden die Selektoren und ihre Deklarationen (Eigenschaften und Werte) aufgeführt. Zu beachten ist, dass die Werte von Textgrößen im barrierefreien Webdesign in relativen Maßeinheiten erfolgen (vgl. Abschnitt 17.1.2 ab S. 651). Zulässig für die Textgestaltung sind die Einheiten em oder %; für Text nicht zulässig sind absolute Einheiten oder Werte in Pixel.

Die Deklarationen in Listing 4–28 dienen der groben Anordnung der Inhalte und müssen selbstverständlich noch verfeinert werden.

```css
body {
    color: #000000;
    background: #ffffff;
    font-size: 100.01%;
    font-family: Verdana,Arial,Helvetica,sans-serif;
}
.floatende {
    clear: both;
}
ul,ol,li,body {
    margin: 0;
    padding: 0;
}
#logo {
    float: left;
    margin-right : 0.6em;
}
#logo img {
    width: 125px;
    height: 125px;
    border :1px solid #666666;
    display : block;
}
#slogan span {
    display: block;
}
#kopfbox {
    float: right;
    text-align: right;
}
#suchbox label {
    display: block;
    font-size: 0.8em;
}
#suchbox input,
#suchbox button {
    font-size: 0.9em;
    vertical-align: middle;
}
```

```
#navigation {
   clear : both;
   float: left;
   width: 13em;
   padding : 0.4em;
}
#navigation li {
   list-style: none;
}
#navigation a {
   display: block;
   width: 100%;
}
#inhalt {
   width: 50%;
   float: left;
   padding : 0.4em;
}
#inhalt h1 {
   font-size: 1.4em;
}

#marginalie {
   float: left;
   width: 14em;
   padding : 0.4em;
}
#marginalie ul li {
   list-style-position: inside;
}
#info {
   float: left;
   width: 14em;
   padding : 0.4em;
}
#info h2 {
   font-size: 1.1em;
}
#fussleiste {
   clear: both;
   height: 1.5em;
}
#fussleiste ul {
   text-align: center;
}
#fussleiste li {
   list-style: none;
   display: block;
   float: left;
}
```

```
#fussleiste a {
   display: block;
   width: 6em;
}
#abschluss {
   padding : 0.2em;
}
```

Listing 4-28 Komplettes CSS für den Beispielauftritt

Diese Angaben dienen nicht dazu, einen Preis in Sachen »schönes Design« zu bekommen. Auch ist das CSS nicht so ausgereift, dass das Layout flüssig und somit barrierefrei ist. Vielmehr sollen die linearisierten Inhalte des HTML-Dokuments für die Bildschirmansicht positioniert werden, damit in den folgenden Abschnitten dieses Buchs auf dieser Basis weitergearbeitet werden kann. Das Ergebnis sieht im Browser wie folgt aus:

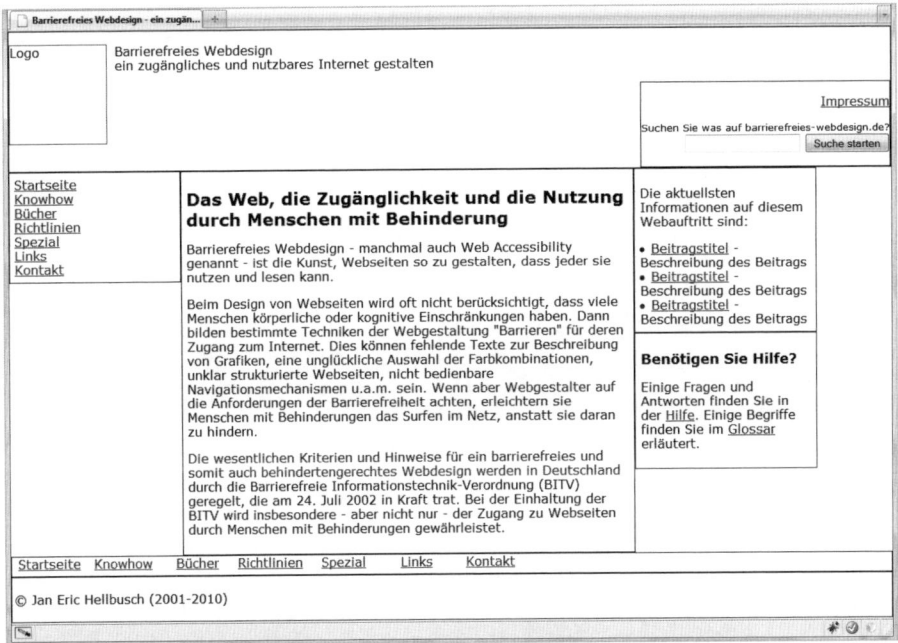

Abb. 4-5 Ein erstes Bildschirmlayout des Beispielauftritts

In der Darstellung wurde den DIV-Elementen eine border-Eigenschaft (schwarzer Rahmen) mitgegeben, damit die Positionierung am Bildschirm besser nachvollziehbar ist.

Zusammenfassung

1. Zur Strukturierung von Inhalten sind HTML-Strukturelemente zu verwenden.
2. Ein standardkonformes HTML-Grundgerüst erleichtert Browsern und Hilfs-mitteln das korrekte Verarbeiten einer Webseite.
3. Alle Aspekte von Layout und Formatierung sind über CSS vorzunehmen.
4. CSS-Angaben können sich gegenseitig überschreiben, wobei das letzte Wort immer der Nutzer hat.

5 Richtige oder falsche Formate?

Dieses Kapitel spannt den Bogen über im Web mögliche Formate. Angefangen bei Vorgaben für Grafikformate werden wir auf Scalable Vector Graphics ebenso eingehen wie auf diverse Multimedia-Formate (SMIL und Flash). Ein besonderer Schwerpunkt liegt dabei auf der Kompatibilität mit Hilfsmitteln und der Zugänglichkeit von Multimedia-Inhalten durch Untertitel.

5.1 Angemessenheit eines Formats

HTML und CSS sind erfolgreiche Webstandards, die gut dokumentiert und verbreitet sind. Sie unterliegen aber großen Einschränkungen, denen erst mit der Verabschiedung leistungsfähigerer Webstandards durch das W3C entgegnet wurde. HTML ist nur für die Auszeichnung von Textinhalten geeignet; Multimedia, Dynamik, Interaktion und viele andere Aspekte der Webgestaltung können allein mit HTML und CSS nicht umgesetzt werden.

Mit Webstandards können grundsätzlich alle Möglichkeiten der Barrierefreiheit berücksichtigt werden, wenngleich Browser, Redaktionssysteme und diverse andere Anwendungen sowie die Webentwickler selbst diese Möglichkeiten erst ausschöpfen müssen. Trotz korrekten Einsatzes von Webstandards kann es sein, dass Webinhalte nicht zugänglich sind. Die Gründe sind unterschiedlich:

- Bild- und Multimediaformate enthalten rein visuelle und/oder akustische Inhalte.
- Dynamisch erzeugte Effekte, etwa mit JavaScript oder Flash, können bei eingeschränktem Sehvermögen und in linearen Medien schwierig zu erfassen bzw. nutzbar sein.
- Kompatibilitätsprobleme zwischen Hilfsmitteln behinderter Nutzer und Plug-ins oder bestimmten Formaten machen den barrierefreien Einsatz dieser Formate problematisch.

Nicht alle Webstandards können zugänglich gestaltet werden. Die Browserunterstützung für Mathematical Markup Language (MathML) ist immer noch unbefriedigend und die Chemical Markup Language (CML) wird von gängigen

Browsern nicht unterstützt; erforderlich ist hier ein Java-Applet. Ähnliche Einschränkungen gibt es auch für andere Webstandards, weswegen die Kompatibilität der eingesetzten Formate stets geprüft werden muss.

Nicht alle im Web verwendeten Formate sind Teil der Webstandards. Generell ist die Kompatibilität von Hilfsmitteln mit Browser-Plug-ins bzw. Anwendungen, die zur Anzeige und zum Bedienen von Formaten wie Java, aber auch Flash oder PDF erforderlich sind, geringer als die mit einem HTML-Dokument. Ein wesentlicher Grund ist, dass solche Formate durch kommerzielle Unternehmen verbreitet und die Zugänglichkeit von Benutzerschnittstellen und der Formate selbst erst nachträglich statt integrativ berücksichtigt wurde.

Letztlich kommt es auf die Angemessenheit eines Formats an. Text sollte z.B. nicht mit Schriftgrafiken dargestellt werden, wenn er mit HTML und CSS gestaltet werden kann. Auf PDF oder Java sollte verzichtet werden, wenn die gleichen Inhalte und Funktionen über zugänglichere Formate vermittelbar sind. Gleichzeitig gibt es gute Gründe, bestimmte Formate einzusetzen: JavaScript oder Flash können die allgemeine Nutzbarkeit eines Webauftritts verbessern, manche Bilder sagen mehr als tausend Worte, der Mitschnitt einer Rede ist authentischer als eine Transkription und eine erforderliche digitale Signatur kann mit HTML und CSS alleine nicht umgesetzt werden.

5.2   Webstandards des W3C

Die wichtigsten Formate des W3C für die Gestaltung barrierefreier Webseiten sind HTML und CSS. Aber es gibt zahlreiche weitere Formate des W3C, mit denen einzelne Objekte barrierefrei umgesetzt werden können: Scalable Vector Graphics (SVG) kann zur Gestaltung textbasierter, interaktiver und geräteunabhängiger Multimedia genutzt werden; Synchronized Multimedia Integration Language (SMIL) kann für die Synchronisation von Video, Untertiteln und Audio-Deskription verwendet werden.

Diese Techniken bieten aber nur dann den Zugang zu Informationen, wenn die auslesende Software sie unterstützt. Diese Kompatibilität mit Hilfsmitteln ist nicht immer gegeben, sodass von Fall zu Fall entschieden werden muss, welche Technik für welchen Zweck angemessen ist.

Die Webstandards des W3C dienen in erster Linie der Kompatibilität: Webinhalte sollen auf möglichst vielen Endgeräten auf gleiche Weise dargestellt und bedient werden können. Ein Grundprinzip ist außerdem die Aufwärtskompatibilität der Webstandards, d.h., eine heute nach Webstandards erstellte Seite soll in zukünftigen Browsern mindestens ebenso gut funktionieren wie in heute gebräuchlichen.

Anzumerken ist, dass es sich bei dem Begriff »Webstandards« nicht um Standards im eigentlichen Sinne handelt. Das W3C ist keine Normierungsbehörde (wie z.B. die ISO) und nicht legitimiert, gesetzlich verbindliche Standards auszugeben. Das W3C spricht deswegen von »Empfehlungen« (Recommendations). Dennoch haben die Empfehlungen des W3C sowohl für Browserhersteller als auch für Hersteller von Software zur Generierung von Webinhalten eine hohe Verbindlichkeit, zudem aber auch für Webentwickler und sogar für die ISO selbst, die XML als Grundlage für manche Normen nutzt.[1] Seit 1994 wurden vom W3C über 130 Webstandards veröffentlicht.[2]

Webstandards können als gemeinsamer Nenner für verschiedene Browser gesehen werden. Sie sind zudem Basis für Redaktionssysteme und sollten es prinzipiell auch für Webentwickler sein. Webstandards müssen als Prozess gesehen werden, denn nicht alle Browser unterstützen sie vollständig. Sei es die Geräteunabhängigkeit in Firefox 3 oder die CSS-Darstellung im Internet Explorer 7, alle Browser haben ihre Schwachstellen und schließlich müssen auch Redaktionssysteme, JavaScript-Bibliotheken und Hilfsmittel weiterentwickelt werden, um Zugänglichkeit zu gewährleisten.

5.3   Grafiken

Grafiken sind Objekte und auf HTML-Ebene auch nur als solche zu sehen, d.h., der Inhalt des Objekts ist der auslesenden Software unbekannt. Am Bildschirm oder auf Papier wird die Grafik visuell wahrgenommen, aber was soll eine Sprachausgabe mit einer aus Pixel bestehenden Rastergrafik machen? Zurzeit ist ein beschreibender Text die einzige Möglichkeit, Bildinhalte nichtvisuell zu vermitteln.[3]

Dabei ist nicht die Grafik selbst die »Barriere«. Bilder und andere Multimedia sind wichtige Bestandteile des Web und dürfen nicht zugunsten eines Web aus reinem Text mit Layout geopfert werden. Behinderung bedeutet immer eine Einschränkung und bei Blinden ist es eine unbestrittene Tatsache, dass rein visuelle Informationen nicht wahrgenommen werden können. Bei Grafiken entsteht die »Barriere« dann, wenn ihr Inhalt nicht vermittelt wird. Deswegen müssen Bilder und andere Multimedia-Objekte, die eine visuelle Sinneswahrnehmung erfordern, mit Textalternativen ergänzt werden. Im Idealfall ist der Inhalt eines Bildes auch aus dem Kontext des Bildes verständlich, d.h., das Bild wird zur Verdeutlichung des Textes eingesetzt (vgl. Abschnitt 10.1 ab S. 375).

---

1.   Vgl. zur Anerkennung des W3C durch die EU: Modernising ICT Standardisation in the EU – The Way forward, URL: *http://www.wmictcluster.org/Modernising-ICT-Standardisation-in-the-EU-The-Way-Forward* (Abruf 20.9.2009).
2.   Vgl. W3C, All Standards and Drafts, URL: *http://www.w3.org/TR/* (Abruf 15.9.2009).
3.   Seit den 1980er-Jahren werden Entwicklungen von Flächendisplays für Blinde gemeldet, ohne dass sich diese Geräte als markttauglich erwiesen haben. Seit 2007 wird in Deutschland das Projekt »Hyperbraille« vom Bundesministerium für Wirtschaft und Technologie gefördert, um ein Flächendisplay mit zugehörigem Screenreader zu entwickeln. Es soll blinden Computernutzern das Erfassen grafischer Informationen ermöglichen. Hyperbraille besteht aus einer Stiftplatte mit 60 Zeilen zu je 120 Punkten. Ende 2010 soll die Entwicklung abgeschlossen sein. Vgl. »Hyperbraille entwickelt Flächendisplay für Blinde und Sehbehinderte«, URL: *http://www.heise.de/newsticker/Hyperbraille-entwickelt-Flaechendisplay-fuer-Blinde-und-Sehbehinderte--/meldung/137765* (Abruf 14.9.2009).

5.3.1   Formate für Rastergrafiken

Es gibt viele verfügbare Grafikformate. Entscheidend für den Einsatz im Web ist zunächst ein Bildformat, das die Dateigröße über ein Kompressionsverfahren minimiert. Für Rastergrafiken haben sich die folgenden drei Formate durchgesetzt:

- GIF (Graphics Interchange Format) wurde 1987 von CompuServe eingeführt und bietet eine verlustfreie Komprimierung von Bildern mit einer geringen Farbtiefe (256 Farben). Zwei besondere Merkmale von GIF sind die Berücksichtigung von Transparenz sowie die Möglichkeit der Darstellung als einfache Animation, indem mehrere Bilder in einer GIF-Datei gespeichert werden. Aufgrund der geringen Farbtiefe ist GIF nicht für Fotos u. Ä. geeignet, aber für Symbole, Hintergrundverläufe oder Schaubilder.
- JPEG wurde 1992 durch die Joint Photographic Experts Group entwickelt und eignet sich für Bilder mit einer hohen Farbtiefe (24 Bit). Aufgrund des Kompressionsverfahrens, dem Baseline Codec, müssen Verluste in der Bildqualität akzeptiert werden, die das menschliche Auge aber nicht wahrnimmt.
- PNG (Portable Network Graphics) wurde erstmals 1996 vom W3C veröffentlicht und 2003 zuletzt als gemeinsame W3C-Empfehlung und ISO-Standard ISO/IEC 15948:2003 aktualisiert. PNG vereint die Vorteile von GIF und JPEG und erlaubt die Speicherung von bis zu 16 Bit (48 Bit für RGB bzw. 64 Bit für RGBA) sowie Transparenz und Transparenzabstufungen. Zusätzlich können Meta-Informationen wie Autoren- oder Urheberhinweise in der Datei gespeichert werden.

Trotz der Vorteile des PNG-Formats hat es sich noch nicht überall durchsetzen können.

5.3.1.1   Einbindung von Rastergrafiken

Das IMG-Element zur Einbindung von Grafiken gehört zum HTML-Urgestein. Das Element ist nicht besonders flexibel, hat jedoch alle Versuche überlebt, es durch andere leistungsfähigere Elemente für die Einbindung von Grafiken zu ersetzen. In HTML 3.2 wurde beispielsweise das FIG-Element spezifiziert, das aber bereits in HTML 4 mangels Browserunterstützung wieder aus der Spezifikation entfernt wurde. In HTML 4 wurde das OBJECT-Element eingeführt. Die Browserunterstützung für Grafiken im OBJECT-Element lässt aber zu wünschen übrig, deshalb ist das IMG-Element nach wie vor das bevorzugte HTML-Element für die Einbindung von Grafiken.

Das IMG-Element ist ein leeres Element, d.h., es besteht nur aus einem öffnenden Tag. Es erhält ein src-Attribut zur Referenzierung der Grafikdatei und ein alt-Attribut für den Alternativtext. Angaben zur Bildgröße oder zur Verknüpfung einer langen Beschreibung sind optional. Daraus ergibt sich das folgende Grundmuster für die Einbindung einer Grafik in HTML:

```
<img src="lib/img/bild.jpg" alt="Alternativtext" />
```

Das alt-Attribut wird in jedem Fall benötigt, wenn HTML-Seiten mit Bildern valide sein sollen. Bei dem Alternativtext handelt es sich um eine knappe Äquivalente des Bildes in Textform. Er sollte nicht zu lang sein – ca. 80 Zeichen inkl. Leerzeichen sind eine gute Orientierung für die maximale Länge.

5.3.1.2   Wahl von Alternativtexten

Bei der Vergabe von Alternativtexten für Bilder sollten drei Fragen gestellt werden:

- Welchen Zweck erfüllt das Bild?
- Welchen Inhalt bietet das Bild?
- Wenn das Bild nicht angezeigt wird, geht eine wichtige Aussage verloren?

Die Formulierung geeigneter Alternativtexte ist keine triviale Angelegenheit, denn Bilder müssen immer im Kontext der Seite gesehen werden. Wenn in einem Text eine Person vorgestellt wird, so kann ein zugehöriges Porträtfoto einen Alternativtext mit dem Namen der Person erhalten. Wird aber im Foto die Person bei der Ausübung ihres Lieblingshobbys gezeigt und geht dies nicht deutlich aus dem Text der Seite hervor, dann gehört in den Alternativtext neben dem Namen auch die Angabe der Tätigkeit. In Kapitel 10 wird dieses komplexe Thema und der Zusammenhang von Bild und Text erneut aufgegriffen und vertieft.

Für die konzeptionelle Arbeit steht der Zweck einer Grafik im Vordergrund. Hier sind zwei Funktionen zu unterscheiden: Grafiken können als Link dienen und sie können rein gestalterisch genutzt werden. Die Wahl eines geeigneten Alternativtexts sei an dieser Stelle an einem einfachen Beispiel demonstriert: Die Druckversion wird durch ein grafisches Symbol angezeigt (vgl. Abb. 5-1) und erhält über den HTML-Code (vgl. Listing 5-1) einen Link zum URI.

Abb. 5-1   Druckersymbol für die Druckversion einer Seite

```
<a href="druckversion.html">
 <img src="lib/img/drucker.gif" alt="?" />
</a>
```

Listing 5-1   Welchen Alternativtext benötigt eine verlinkte Grafik?

In diesem Fall ist keine Beschreibung des Bildes als Alternativtext erforderlich. Das Bild ist verlinkt und das A-Element hat keinen weiteren Inhalt. Ein Screenreader wird deswegen als Linktext den Alternativtext des Bildes heranziehen. Obwohl ein Alternativtext »Stilisierte Darstellung eines Druckers« verständlich sein mag, so ist »Druckversion« deutlich sinnvoller:

```
<a href="druckversion.html">
 <img src="lib/img/drucker.gif" alt="Druckversion" />
</a>
```

Listing 5-2   Funktionsorientierter Alternativtext für eine verlinkte Grafik

Anders sieht die Wahl des Alternativtexts aus, wenn der Link neben dem Bild einen Text enthält, etwa:

```
<a href="druckversion.html">
 <img src="lib/img/drucker.gif" alt="?" /> Druckversion
</a>
```

Listing 5-3   Welchen Alternativtext benötigt eine verlinkte Grafik?

Die Information, nämlich dass der Link zur Druckversion führt, ist bereits als Text im A-Element enthalten. Das Bild hat also dekorativen Charakter und ist eine zusätzliche Visualisierung des Links. In einer nichtvisuellen Ansicht ist das Bild ohne zusätzlichen Informationsgehalt und sollte von Screenreadern ignoriert werden können. Dafür benötigt es einen leeren Alternativtext der Form alt="":

```
<a href="druckversion.html">
 <img src="lib/img/drucker.gif" alt="" /> Druckversion
</a>
```

Listing 5-4   Leerer Alternativtext für verlinkte Grafik

In diesem Fall ist sogar eine andere Alternative besser: Weil das Bild ausschließlich dekorativen Charakter hat und die entscheidende Information im Linktext vorhanden ist, kann das Bild über CSS als Hintergrundgrafik eingebunden werden:

```
a.druck {
      padding-left: 26px;
      background-image: url('lib/img/drucker.gif');
      background-repeat: no-repeat;
      background-position: left center;
}
```

Listing 5-5   CSS-Hintergrundgrafiken für Links einbinden

Diese CSS-Deklaration erfordert, dass das A-Element um class="druck" ergänzt wird.

```
<a class="druck" href="druckversion.html">Druckversion</a>
```

Steht der Link in einer Linkliste, dann kann die Grafik als Aufzählungszeichen des Listeneintrags mit folgender CSS-Deklaration eingebunden werden:

```
li.druck {
    list-style-image: url('lib/img/drucker.gif');
}
```

Listing 5-6   Aufzählungszeichen einer Liste mit Grafiken ersetzen

Damit diese Eigenschaft greift, muss der Link in einem Listenelement wie folgt verschachtelt sein:

```
<ul>
    <li><a href="#top">zum Seitenanfang</a></li>
    <li class="druck"><a href="druckversion.html">Druckversion</a></li>
    <li><a href="#">Seite empfehlen</a></li>
</ul>
```

Listing 5-7   Linkliste in HTML

Die Verwendung von CSS zur Einbindung von Grafiken ist diskussionswürdig, denn viele Grafiken vermitteln trotz einer Visualisierungsfunktion auch Information. Werden Format oder Sprache einer verlinkten Ressource durch die Ergänzung eines Links mit einem Symbol gekennzeichnet, so ist das Symbol unbedingt mit dem IMG-Element einzubinden. Nur reine Dekorations- oder Layoutgrafiken sollten über CSS eingebunden werden (vgl. Abschnitt 6.3.3.2 ab S. 221).

Bilder können aus gestalterischen Gründen auch eingesetzt werden, um Texte darzustellen, beispielsweise bei einem Logo oder einem anderen Schriftzug. Obwohl Grafiken zur Darstellung von Text zu vermeiden sind, gibt es Fälle, in denen sie eingesetzt werden sollen oder müssen. Dann ist im Alternativtext der exakte Wortlaut des Textes, der im Bild zu sehen ist, zu notieren. Ein Zusatz wie »Logo:« o. Ä. ist nur sinnvoll, wenn die Art des Bildes nicht aus dem Kontext hervorgeht.

Beispielsweise wurde für das Logo der Beispielseite der folgende Alternativtext gewählt:

```
<img src="lib/img/logo.png" alt="Logo" />
```

Auf vielen Webauftritten ist das Logo zugleich ein Link zur Startseite. Wäre das in dem Beispielauftritt der Fall, dann müsste der Alternativtext das Ziel des Links beschreiben, etwa:

```
<a href="http://www.barrierefreies-webdesign.de/">
  <img src="lib/img/logo.png" alt="Startseite" />
</a>
```

Listing 5-8   Zielorientierter Alternativtext für eine verlinkte Grafik

H
30

Weil die Grafik verlinkt ist, wird der Alternativtext zum Linktext. Ein Link »Startseite« ist nützlicher als ein Link »Logo«, weil das Ziel des Links deutlicher ist.
Dieses Thema wird in Abschnitt 6.3.1.4 ab Seite 215 wieder aufgegriffen.

5.3.1.3   title- und longdesc-Attribut

Vor allem bei informativen Grafiken kann es sinnvoll sein, sie mit weiteren
Texthinterlegungen zu versehen. Hier kommen das title- und das longdesc-
Attribut ins Spiel.

Das title-Attribut ist ein Universalattribut und kann auf fast jedes HTML-Element angewandt werden, auch auf das IMG-Element. Der Inhalt des title-Attributs wird beim Berühren mit dem Mauszeiger als »Tooltipp« bzw. Sprechblasentext oder Text in der Statusleiste des Browsers angezeigt. Somit können
zusätzliche Informationen für Mausnutzer bereitgestellt werden.

Das title-Attribut sollte jedoch nicht für Informationen verwendet werden,
die für das Verständnis des Links oder der Seite erforderlich sind. Title-Attribute sind ohne zusätzliches JavaScript für Tastaturnutzer nicht zugänglich und
Mausnutzer müssen den Mauszeiger über die Grafik positionieren, um an die
Informationen zu kommen. Das Attribut ist also ein Behelf und sollte nur für
unwichtige oder redundante Angaben verwendet werden.[4]

Kann der Inhalt eines Bildes nicht aus dem Kontext ermittelt werden und reicht
ein Alternativtext mit seinen 80 Zeichen für eine gleichwertige Textangabe nicht
aus, dann ist eine lange Beschreibung des Bildes erforderlich. Für lange Beschreibungen gibt es verschiedene Techniken (vgl. Abschnitt 10.1.3 ab S. 380).
Eine Möglichkeit ist die Verknüpfung des Bildes mit einer externen Text- oder
HTML-Datei über das longdesc-Attribut (»longdesc« steht für »long description«,
also »lange Beschreibung«), die eine Beschreibung der Bildinhalte enthält:

```
<img src="lib/img/ein-dpa-bild.jpg" alt=Der Ministerpräsident während des
Vortrags" longdesc="/lib/desc/lb-ein-dpa-bild.html" />
```

Eine solche zusätzliche Beschreibung ist nur erforderlich, wenn das Bild wichtige Informationen vermittelt, die im Kontext nicht erläutert werden.

5.3.2   Scalable Vector Graphics (SVG)

SVG wird für Vektorgrafiken genutzt. Wie HTML ist auch SVG ein Klartextformat
und kann mit einem Texteditor bearbeitet werden. Als XML-basiertes Format
lässt sich SVG serverseitig erstellen oder clientseitig über das DOM manipulieren, d.h., Inhalte können dynamisch generiert und auf der Grundlage des Nutzerverhaltens verändert werden. SVG wurde entwickelt, um mit anderen Web-

---

4.   456 Berea Street, The alt and title attributes, URL: *http://www.456bereastreet.com/archive/
200412/the_alt_and_title_attributes/* (Abruf 2.4.2010).

standards zu »kommunizieren«, u.a. mit SMIL, JavaScript, DOM und XLink. Hierdurch wird Barrierefreiheit relativ komplex.

Voraussetzung für den Einsatz von SVG ist die geometrische Modellierbarkeit der Bildinhalte. SVG eignet sich für die Darstellung von Zusammenhängen (Landkarten, Charts, technische Zeichnungen usw.), aber nicht für Fotos. Im Gegensatz zu den oben vorgestellten Formaten für Rastergrafiken, in denen einzelne Pixel definiert werden, werden in Vektorgrafiken sogenannte grafische Primitiven wie Linien, Kreise und Polygone (Vielecke) definiert. Um einen Kreis zu zeichnen, sind beispielsweise nur die Koordinaten des Mittelpunkts und ein Radius erforderlich:

```
<circle cx="20" cy="20" r="15" />
```

Eine Sammlung von Beispielen, die den vielfältigen Einsatz von SVG illustriert, ist zu finden auf:

http://svglbc.datenverdrahten.de

5.3.2.1   Unterstützung von SVG

SVG wurde 2001 als Webstandard vom W3C veröffentlicht. Die aktuelle und modularisierte Version ist SVG 1.1 aus dem Jahr 2003. SVG ist eine Weiterentwicklung der Precision Graphics Markup Language (PGML)[5] von Adobe, IBM, Netscape und Sun sowie der Vector Markup Language (VML)[6] von Microsoft, Macromedia, HP, Autodesk und Visio. Es gibt weitere SVG-Empfehlungen, die durch eine Reduzierung des Leistungsumfangs für mobile Geräte (SVG tiny und SVG basic) und Drucker (SVG print) optimiert wurden.

Die weitgehende Unterstützung für SVG 1.0 und SVG 1.1 war lange Zeit nur mit dem Adobe SVG Viewer möglich, der als Plug-in für Internet Explorer und Netscape zur Verfügung stand, aber auch in Opera[7], Firefox und SeaMonkey[8] zum Laufen gebracht werden konnte. Die Unterstützung des Plug-ins wurde inzwischen von Adobe eingestellt; in Zukunft wird auf die native Browserunterstützung von SVG gesetzt.

Diese Unterstützung bieten Opera- (ab Version 8) und Mozilla-Browser, wenn auch nicht vollständig. Der Browser Konqueror ab Version 3.2 kann mit dem KSVG-Plug-in SVG 1.1 verarbeiten und wurde in das Webcore-Framework für Apples Safari-Browser integriert. Zudem wurde 2007 der RENESIS Player als Stand-alone veröffentlicht, der auf Desktop-Computern und mobilen Geräten installiert werden kann. Der Internet Explorer unterstützt SVG erst ab Version 9.

5. Vgl. W3C, 1998, Precision Graphics Markup Language (PGML),
    URL: *http://www.w3.org/TR/1998/NOTE-PGML* (Abruf 14.9.2009).
6. Vgl. W3C, 1998, Vector Markup Language (VML),
    URL: *http://www.w3.org/TR/1998/NOTE-VML-19980513* (Abruf 14.9.2009).
7. Vgl. Opera Software, Installing the Adobe SVG Viewer plug-in,
    URL: *http://www.opera.com/support/search/view/466/* (Abruf 14.9.2009).
8. Vgl. Mozdev, Mozilla Plug-in Support on Microsoft Windows,
    URL: *http://plugindoc.mozdev.org/windows-all.html#AdobeSVG* (Abruf 14.9.2009).

Obwohl die gängigen Browser vor geraumer Zeit die XML-Unterstützung integriert haben, hat sich die Unterstützung von SVG noch nicht durchgesetzt. Eine einheitliche Implementierung kann erst mit HTML5 erwartet werden. Während beispielsweise das Adobe-SVG-Plug-in und Opera integrierte SVG-Objekte abspielen, unterstützt Firefox Animationen nur durch zusätzliches Scripting. Weil die Browserimplementierungen nicht optimal sind, haben Hilfsmittel wie Screenreader erst recht Probleme mit SVG. Aber es liegt nicht nur an der Browserunterstützung, dass Screenreader SVG noch nicht unterstützen: Die Linearisierbarkeit komplexer und dynamischer grafischer Anwendungen ist generell eine ungelöste Herausforderung.[9]

5.3.2.2   Aufbau eines SVG-Dokuments

Das SVG-Grundgerüst ähnelt dem HTML-Grundgerüst; im Gegensatz zu HTML ist aber die Schreibweise von SVG streng einzuhalten. Ist sie nicht eingehalten oder für einzelne Elemente nicht korrekt, dann kann es zu Darstellungsproblemen kommen. Allerdings ignoriert der Adobe SVG Viewer bestimmte Fehler, sodass fehlerhafter Code dort trotzdem angezeigt wird. In Mozilla-Browsern und anderen SVG-Implementierungen können aber Fehler dazu führen, dass SVG-Objekte nicht angezeigt werden.

Im Web finden sich zahlreiche SVG-Dokumente mit folgendem Grundgerüst:

```
<?xml version="1.0" standalone="no"?>
<!DOCTYPE svg PUBLIC "-//W3C//DTD SVG 1.1//EN"
"http://www.w3.org/Graphics/SVG/1.1/DTD/svg11.dtd">
<svg>
...
</svg>
```

Listing 5-9   Typischer Aufbau eines SVG-Dokuments

Obwohl eine Dokumententypdeklaration für alle XML-basierten Dokumente erforderlich ist, verursacht sie in SVG-Dokumenten Probleme. Mitarbeiter der Arbeitsgruppe empfehlen deswegen, in SVG 1.0 und SVG 1.1 auf die Dokumententypdeklaration zu verzichten[10] und stattdessen die version- und baseProfile-Attribute mit entsprechenden Werten für das SVG-Wurzelelement anzuwenden:

```
<svg version="1.1" baseProfile="full" xmlns="http://www.w3.org/2000/svg"
xmlns:xlink="http://www.w3.org/1999/xlink"
xmlns:ev="http://www.w3.org/2001/xml-events">
...
</svg>
```

Listing 5-10   Aufbau eines SVG-Dokuments ohne Dokumententypdeklaration

---

9.   Vgl. *http://tech.groups.yahoo.com/group/svg-developers/message/19323* (Abruf 14.9.2009).
10. Vgl. Yahoo! Groups, svg developers, 2005,
     http://tech.groups.yahoo.com/group/svg-developers/message/48562 (Abruf 14.9.2009).

Im Gegensatz zu HTML ist SVG an Namensräume gebunden, weshalb die Namensräume der verwendeten XML-Dialekte entsprechend den XML-Web-standards notiert werden müssen. Dabei stellen die SVG- und XLink-Namens-räume Minimalanforderungen dar und i.d.R. sollte der XML-Namensraum für Events ebenfalls einbezogen werden.

SVG kann mit CSS gestaltet werden, wobei die CSS-Eigenschaften nur zum Teil mit denen für HTML-Seiten übereinstimmen. Wenn CSS mit dem STYLE-Element angegeben wird, dann ist im SVG-Dokument eine Verschachtelung des STYLE-Elements im DEFS-Element erforderlich. Neben den bekannten CSS-Regeln können die CSS-Eigenschaften in SVG auch als Attribute verwendet werden. Das einfache Beispiel in Listing 5–11 zeigt die verschiedenen Schreibweisen.

```
<svg version="1.1" baseProfile="full" xmlns="http://www.w3.org/2000/svg"
xmlns:xlink="http://www.w3.org/1999/xlink"
xmlns:ev="http://www.w3.org/2001/xml-events">
 <defs>
   <style type="text/css"><![CDATA[
   circle {
       fill: red;
   }
   circle.special {
       fill: blue;
   }
   ]]></style>
 </defs>
 <circle cx="60" cy="60" r="40" />
 <circle cx="160" cy="60" r="40" class="special" />
 <circle cx="260" cy="60" r="40" style="fill: #00FF00" />
</svg>
```

Listing 5-11   Drei Möglichkeiten der CSS-Zuweisung in SVG

Abb. 5-2   Drei Kreise mit SVG

Für weitere Informationen zur Gestaltung von SVG-Dokumenten verweisen wir auf die zahlreichen Ressourcen im Web. Besonders hervorgehoben sei der Inkscape-Editor, ein Open-Source-Projekt mit dem Ziel, einen leistungsfähigen und standardkonformen Editor für SVG zu erstellen:

http://www.inkscape.org/

5.3.2.3   Einbindung eines SVG-Dokuments

SVG wird in der Praxis wahlweise mit dem IFRAME-, OBJECT- und dem nicht vom W3C spezifizierten EMBED-Element in ein HTML-Dokument integriert. Vor allem wenn JavaScript für die Interaktion zwischen HTML- und SVG-Dokument eingesetzt wird, können die Konsequenzen schwerwiegend sein: So deaktiviert z.B. das Adobe-SVG-Plug-in ab Version 3.01 die JavaScript-Unterstützung bei vorhandenem OBJECT-Element. Adobe und Microsoft empfehlen daher das EMBED-Element, was wiederum zu Darstellungsproblemen in Firefox und Opera führt. Entwickler gehen aber auch dazu über, SVG mithilfe von Scripts[11], eines Flash-Objekts oder mit Silverlight zu integrieren.

Die standardkonforme Einbindung eines SVG-Dokuments in HTML erfolgt über das OBJECT-Element. Das OBJECT-Element wurde als mächtiges Element in HTML eingeführt, um die vielfältigen Ressourcen des Web in eine HTML-Seite zu integrieren. Damit sollen nicht nur XML-basierte Dokumente, sondern Multimedia, Office-Dokumente und programmierte Objekte mit einer einheitlichen Syntax in ein HTML-Dokument eingebunden werden können. Hierfür verfügt das OBJECT-Element über zahlreiche Attribute, die – je nach Ressource – verwendet werden können oder müssen.

Ein allgemeiner Vorteil des OBJECT-Elements ist die Möglichkeit, umfangreiche und strukturierte Alternativen zu berücksichtigen. Im Gegensatz zum IMG-Element wird der Alternativtext zwischen dem öffnenden und schließenden OBJECT-Tag eingebunden. Die Alternative wird angezeigt, wenn das Objekt nicht angezeigt werden kann. Der Alternativtext kann z.B. auch HTML enthalten, um die Funktion des OBJECT-Elements in einer alternativen Form anzubieten. Als Alternativtext für das SVG-Objekt wird im folgenden Beispiel ein Bild eingesetzt:

```
<p>
        <object data="lib/svg/kreise.svg" type="image/svg+xml" width="300"
height="100">
            <param name="src" value="lib/svg/kreise.svg">
            <img src="lib/img/kreise.gif" width="300" height="100" alt="Drei Kreise"
    />
        </object>
    </p>
```

Listing 5-12   Einbindung eines SVG-Dokuments mit Bild als Textalternative

Das SVG-Dokument wird über das data-Attribut eingebunden. Wenn Werte zur Laufzeit benötigt werden, dann werden Name und Wert der Parameter über das PARAM-Element übergeben.[12] Die Angabe des MIME-Typs über das type-Attribut sagt dem Browser zwar, um welchen Dateityp es sich handelt, wird aber

---

11. Vgl. Schiller, J. (2006), Inlaying SVG with HTML, in: Codedread, URL:
     http://blog.codedread.com/archives/2006/01/13/inlaying-svg-with-html/ (Abruf 14.9.2009).
12. Dadurch kann das Beispiel nicht im Internet Explorer funktionieren.

nachrangig zum http-MIME-Typ des Servers behandelt, d.h., wenn das SVG-Dokument nicht richtig angezeigt wird, liegt es evtl. an den http-Einstellungen auf dem Webserver. Die Größe des OBJECT-Elements sollte für eine browserübergreifend akzeptable Darstellung immer angegeben werden.

5.3.2.4 Zugänglichkeit von SVG

SVG hat aus Sicht der Barrierefreiheit gegenüber anderen Grafikformaten viele Vorteile, etwa textbasierte Informationen, stufenlose Vergrößerbarkeit oder Beeinflussung der Darstellung über CSS. Trotz dieser Vorteile und der Leistungsfähigkeit ist das SVG-Format kritisch zu bewerten.

- Die stufenlose Skalierung von SVG-Inhalten ist teilweise nicht gut umgesetzt, z.B. die Unterstützung des pan-Attributs[13] für Vergrößerung im Internet Explorer 6 mit dem Adobe SVG Viewer 3.0.
- Obwohl Internet Explorer sowie Firefox ab der Version 2 die für Screenreader notwendige MSAA-Schnittstelle (Windows) unterstützen, ist der Zugang zu Texten in SVG noch mangelhaft. Im Zweifel wird nur das erste Element eines SVG-Objekts ausgegeben.
- Das Steuern von bewegten und blinkenden Inhalten durch den Nutzer unterliegt ähnlichen Einschränkungen wie in HTML. SVG verwendet deklarative Animationen wie in SMIL (animate, set, animateMotion, animateColor und animateTransform),[14] bietet aber außer Lösungen mit Scripting nur das accesskey-Attribut, um den Ablauf der Animation mit der Tastatur zu steuern. Dies ist vor allem dann kritisch, wenn Animationen zu schnell ablaufen, ablenken oder auf andere Art den Zugang zum Inhalt erschweren.
- Überhaupt wird der tastaturorientierte Zugang den Browsern und bzw. Plug-ins »überlassen«. In der SVG-Spezifikation wird beispielsweise nicht beschrieben, wie der Tastaturfokus im Browser hervorgehoben werden soll.[15] Dieses Manko wird zumindest in SVG tiny 1.2 für Mobiltelefone behoben sein.[16]
- Durch die intensivere Nutzung von DOM-Scripting in interaktiven SVG-Objekten kommt es zu einem allgemeinen Problem beim Einsatz clientseitiger Skripte: Wie können die Veränderungen insbesondere blinden Nutzern bzw. in eindimensionalen Ausgabemedien wie Screenreadern sinnvoll vermittelt werden? Dieses Problem besteht in abgemilderter Form auch für Nutzer von Vergrößerungssystemen.

---

13. Vgl. W3C, 2010, SVG 1.1 (Second Edition), Zoom and Pan Attribute, URL: *http://www.w3.org/TR/SVG11/interact.html#ZoomAndPanAttribute* (Abruf 10.12.2010).
14. Vgl. W3C, 2010, SVG 1.1 (Second Edition), Animation, URL: *http://www.w3.org/TR/SVG11/animate.html#AnimationElements* (Abruf 10.12.2010).
15. Vgl. W3C, 2009, Scalable Vector Graphics (SVG) Specification, *http://www.w3.org/TR/SVG11/text.html#TextSelection* (Abruf 2.2.2010).
16. Vgl. W3C, 2008, Scalable Vector Graphics (SVG) Tiny 1.2 Specification, *http://www.w3.org/TR/SVGMobile12/interact.html#navigation* (Abruf 2.2.2010).

Trotz der positiven Aspekte von SVG ist zum derzeitigen Stand der Technik die Kompatibilität von SVG mit Hilfsmitteln noch nicht sichergestellt.

5.4   Multimedia

Flash-Anwendungen, Video-Filme, Sprechertexte, Hörproben, animierte Banner – der Einsatz multimedialer Objekte ist vielfältig und aus dem Web nicht mehr wegzudenken. Multimedia ist ein starkes Mittel, um Inhalte visuell und akustisch zu ergänzen oder überhaupt zu vermitteln. Doch stoßen Nutzer auf Zugänglichkeitsprobleme: Mal ist das Plug-in oder der erforderliche Codec auf dem Rechner nicht vorhanden, mal reicht die Bandbreite für große Multimedia-Dateien nicht aus. Die Nutzbarkeit kann auch eingeschränkt sein, wenn die Multimedia-Player nicht mit der Tastatur bedient werden können oder die Einbettung von Multimedia in einem HTML-Dokument eine Erfassung durch Screenreader nicht zulässt. Eine wesentliche Anforderung der Barrierefreiheit sind außerdem Untertitel und Audio-Deskription.

Das W3C bietet keinen Webstandard für Videos, aber die ISO hat mit MPEG-4 einen Standard geschaffen. Mit den zugehörigen Codecs-Programmen zum Kodieren und Dekodieren von Daten sowie den immer größeren Bandbreiten kann mit MPEG-4 ein qualitativ hochwertiges Video im Web angezeigt werden. Ein aktueller und leistungsfähiger, aber lizenzpflichtiger Codec ist H.264. Er wird von vielen Multimedia-Playern unterstützt – sogar von Flash 9, der sich mittlerweile zum vollwertigen Multimedia-Player gemausert hat.

Für die Barrierefreiheit von Multimedia mit akustischen und visuellen Informationen ist deren Synchronisation mit Untertiteln (Text zur Beschreibung akustischer Informationen) und Audio-Deskriptionen (Audio mit Beschreibungen der visuellen Informationen) erforderlich. SMIL stellt als Webstandard die Grundlage sowohl für die Synchronisation von Untertiteln und Audio-Deskription mit Multimedia-Inhalten als auch für Navigationsstrukturen in Audio dar. Im letzteren Fall handelt es sich um ein SMIL-Derivat, das als Digital Accessible Information System (DAISY) bezeichnet wird.

5.4.1   Multimedia hilft

Auch wenn Video und Audio für Blinde und Gehörlose Barrieren bedeuten können, soll nicht auf Multimediainhalte verzichtet werden, denn sie bieten für die Informationsvermittlung viele Vorteile. Große Textmengen können für »Nichtleser« Zugangsbarrieren sein und die Anforderungen der Barrierefreiheit bieten für diese Nutzergruppe kaum Erfolgskriterien zum Abbau von Barrieren – vor allem nicht auf den Konformitätsstufen A und AA. Multimediale Inhalte sind ein probates Mittel einer alternativen Informationsvermittlung. Es gilt, im Einzelfall die Angemessenheit von Multimedia zu ermitteln und ggf. die Inhalte durch Untertitel und Audio-Deskriptionen zu ergänzen. Multimedia-Inhalte, die als Alternative zu Text angeboten werden, müssen übrigens keine Untertitel oder Audio-Deskription enthalten.

Viele Menschen sind »Nichtleser«; Lese-Rechtschreib-Schwäche (Legasthenie, Dyslexie), funktioneller Analphabetismus, aber auch Gehörlosigkeit oder Lernschwierigkeiten können die Ursachen sein. Eine Leseschwäche beeinflusst nicht nur die Fähigkeit, Texte zu lesen, sondern kann sich auch auf das Verständnis von Zahlen und Zusammenhängen auswirken. Multimedia-Inhalte, in denen der Text gesprochen oder erklärt wird, können solche Probleme abbauen. Ob Video oder Audio, die Möglichkeit, Informationen aufzunehmen, ohne Texte lesen zu müssen, fördert die Verständlichkeit.

G
193

Oft helfen Bilder und Videos Informationen zu transportieren oder zu veranschaulichen. Die Visualisierung von Zusammenhängen, Abläufen und anderen Sachverhalten, die eine längere Textbeschreibung benötigen, ist ein Mittel zum Abbau von Barrieren. Aber auch Audio-Versionen von Texten sind sinnvolle Ergänzungen: Geschriebene Texte können durch gesprochene ergänzt werden und der Einsatz serverseitiger Anwendungen kann zum Erzeugen von Audio-Dateien in synthetischer Sprache genutzt werden.

G
79

Noch effektiver als Audio-Fassungen von Texten sind Video-Aufnahmen. Auch wenn ein Text nur gesprochen wird, so hilft eine visuelle Darbietung bei der Informationsaufnahme. Auch für Gehörlose können Videos hilfreich sein – aber weil das Lippenlesen die Aufnahme von nur 30% des Gesprochenen ermöglicht,[17] sind Untertitel sinnvoll.

Videos mit Übersetzungen der Seiteninhalte in Gebärdensprache sind ein weiteres Beispiel, wie Multimedia zum Abbau von Verständlichkeitsproblemen eingesetzt werden kann. Auch Videos in Gebärdensprache können Untertitel erhalten, z. B. wenn die Video-Sequenzen als Kommunikationsmittel zwischen Gehörlosen und Hörenden eingesetzt werden. Im Allgemeinen benötigen Gebärdensprachfilme aber keine Untertitel, vor allem dann nicht, wenn sie bereits eine Alternative zu Text sind.

G
160

5.4.2 Untertitel und Audio-Deskription

Voraussetzung für die Aufnahme von Video- und Audio-Inhalten ist die Sinneswahrnehmung, deswegen können solche Inhalte immer eine Barriere sein und es müssen Textalternativen zur Verfügung gestellt werden. An diese werden hohe Anforderungen gestellt, da sie synchron mit den Inhalten sein müssen, um verständlich zu sein.

Alternativen für Multimedia-Inhalte können auf zwei Arten realisiert werden. Für Audio oder Video kann eine Textabschrift angeboten werden. Eine Textabschrift für Multimedia ist i. d. R. ein Dokument, das Video- und/oder Audio-

---

17. Vgl. Sichtzeichen, Häufig gestellte Fragen, *http://www.sichtzeichen.com/faq/* (Abruf 20.2.2010).

Inhalte textlich in korrekter Reihenfolge wiedergibt und Mittel bereitstellt, etwaige erforderliche Interaktionen mit Multimedia-Inhalten auf anderem Wege anzubieten. Daneben stehen die Anforderungen, Multimedia-Inhalte um synchronisierte Untertitel oder synchronisierte Audio-Deskription zu ergänzen. Die Synchronisation sollte mit SMIL erfolgen, auch wenn es andere Möglichkeiten (etwa mit Flash) gibt.

In den WCAG20 werden unterschiedliche und sich teilweise überlappende Anforderungen für Alternativen formuliert, mit denen die einzelnen Konformitätsstufen für Multimedia erreicht werden können (vgl. Tab. 5-1).

	Stufe A	Stufe AA	Stufe AAA
reine Audio-Inhalte	Textabschrift (aufgezeichnet)	–	Textabschrift (live)
reine Video-Inhalte	Textabschrift oder Audio-Spur (aufgezeichnet)	–	Textabschrift (aufgezeichnet)
synchronisierte Medien	Untertitel (aufgezeichnet) Textabschrift oder Audio-Deskription (aufgezeichnet)	Untertitel (live) Audio-Deskription (aufgezeichnet)	Gebärdensprachfilme (aufgezeichnet) erweiterte Audio-Deskription (falls erforderlich; aufgezeichnet) Textabschrift (aufgezeichnet)

Tab. 5-1   Maßnahmen bei Multimedia auf der Basis der drei Konformitätsstufen

Aufgezeichnete reine Audio-Inhalte wie Podcasts benötigen bereits auf Konformitätsstufe A eine Transkription. Für Live-Audio-Streams wird eine Textabschrift erst für die Konformitätsstufe AAA gefordert. Bei reinen Video-Inhalten gilt die Forderung nach einer Textfassung nur für aufgezeichnete Videos. Enthält das Video jedoch eine gesprochene Audio-Spur, wird es also zu synchronisierter Multimedia, dann benötigt es auf Konformitätsstufe A zusätzliche Untertitel.

Synchronisierte Medien sind Audio- oder Video-Inhalte, die Informationen in mindestens einem weiteren Format enthalten und/oder zeitabhängige Interaktion erfordern. Im ersteren Fall kann es sich z. B. um einen Film mit Audio- und Video-Inhalten handeln oder um untertitelte reine Videos. Im zweiten Fall kann es sich um automatisch ablaufende Präsentationen oder Spiele handeln. Solche Audio- oder Video-Inhalte müssen nur dann nicht barrierefrei sein, wenn sie selbst eine Alternative für Text sind, d. h., nicht mehr Informationen bieten, als auf der Seite bereits zu lesen sind.

Synchronisierte und zugleich barrierefreie Medien sind eine große Herausforderung. Wegen der Informationsdichte in Videos oder Animationen sowie der zeitabhängigen Darstellung ist es schwierig, komplexe Video-Inhalte zugänglich zu machen. Zusätzlich sind Texter und Sprecher für die Audio-Deskriptionen erforderlich. Bei Audio-Inhalten gelten ähnliche Anforderungen: Während das Texten für eine Untertitelspur bestimmten Restriktionen unter-

liegt, etwa dass nicht alle Dialoge und Geräusche berücksichtigt werden können, muss für die zusätzliche Einbindung von Gebärdensprachfilmen der Inhalt
übersetzt und gebärdet werden.

Damit Video-Inhalte für blinde und Audio-Inhalte für gehörlose Menschen
besser zugänglich sind, sollten Audio-Deskriptionen und Untertitel bzw. Gebärdensprache mit Multimedia synchronisiert werden. Auf Transkriptionen soll
dabei nicht verzichtet werden. Die synchronisierten Untertitel und Audio-Deskriptionen müssen außerdem in den Multimedia-Playern ein- und ausschaltbar
sein.

5.4.2.1 SMIL und SAMI

Das W3C spezifizierte erstmals 1998 mit der Synchronized Multimedia Integration Language (SMIL) einen Webstandard, der Untertitel und Audio-Deskriptionen berücksichtigt. Die aktuelle Version, SMIL 3.0, stammt aus dem Jahr 2008.
Sie definiert Spezifikationen, Bedingungen und Anforderungen für eine optimale Darstellung, Kombination und Synchronisation unterschiedlicher multimedialer Inhalte in interaktiven Präsentationen.

Der SMIL-Webstandard basiert auf XML und seine Syntax folgt den XML-
Konventionen. Das SMIL-Dokument enthält keine Multimedia-Daten, sondern
besteht aus Informationen darüber, wann, an welcher Position, in welcher
Größe und vor allem in welcher Abhängigkeit zu anderen Ressourcen ein
bestimmter Medientyp in einer Präsentation erscheint. SMIL ermöglicht sowohl
ein- und ausschaltbare Untertitel als auch Audio-Deskriptionen.

Unterstützung für SMIL-Dokumente bieten der AMBULANT Player, der
GRiNS Player, der RealPlayer und QuickTime. Obwohl RealPlayer, Windows
Media Player und QuickTime Player jeweils eigene herstellerabhängige Techniken zur Synchronisation von Untertiteln (RealText, SAMI, QuickTime-Text) mitbringen, kann und sollte für Real und QuickTime zugunsten von SMIL entschieden werden.

Video-Bearbeitungsprogramme verfügen oft über Features zur Einbindung
binärer Untertitel. Weil binäre Untertitel aber zum festen Bestandteil des Films
werden, können sie nachher nicht ausgeschaltet werden. Außerdem gibt es
Qualitätseinbußen, wenn die Video-Auflösung verändert wird. Binäre Untertitel
können jedoch dann eingesetzt werden, wenn die Textalternative für gesprochenen Text von allgemeinem Interesse ist, etwa bei starkem Dialekt der Sprecher.

Das SMIL-Grundgerüst besteht aus einer Dokumententypdeklaration, dem
SMIL-Wurzelelement sowie einem BODY-Element. Ein HEAD-Element für Meta- und
Layoutangaben ist zwar nur optional, aber bei Untertiteln sinnvoll, um die Position
des Untertitelfensters zu definieren. Alle Angaben zum Ablauf der Präsentation,
die zeitliche und räumliche Integration von Medien in einem Multimedia-Player,
befinden sich im BODY-Bereich (vgl. Listing 5–13).

G
93

```
<!DOCTYPE smil PUBLIC "-//W3C//DTD SMIL 2.1//EN"
"http://www.w3.org/2005/SMIL21/SMIL21.dtd">
<smil xmlns="http://www.w3.org/2005/SMIL21/Language">
 <head>

<layout>
<!-- Angaben zur Gestaltung der sichtbaren Bereiche im Player -->
</layout>
 </head>
 <body>
 <!-- Angabe der Medien sowie deren räumliche und zeitliche Organisation im
Mediaplayer -->
 </body>
 </smil>
```

Listing 5-13   Grundgerüst eines SMIL-Dokuments

Der Windows Media Player unterstützt statt SMIL für Untertitel und Audio-Deskription nur die von Microsoft entwickelte öffentliche Spezifikation SAMI. Mit SAMI können ähnlich wie bei SMIL einem Video Untertitel beigefügt und im Windows Media Player vom Nutzer ein- und ausgeschaltet werden. Audio-Deskription kann allerdings nur als fester Bestandteil der Multimedia-Inhalte integriert werden.

5.4.2.2   Werkzeuge für die Synchronisation

Da SMIL und SAMI textbasierte Formate sind, genügt für die Dokumenterstellung im Grunde ein einfacher Texteditor. Ohne technische Hilfe ist jedoch die Ermittlung des sekundengenauen Zeitpunkts der Ein- bzw. Ausblendung von Untertiteln nahezu unmöglich. Kommerzielle Programme bieten visuelle und funktionale Hilfestellungen bei der Gestaltung (z.B. Anzeige der möglichen Attribute und der korrekten Syntax) sowie eine grafische Benutzeroberfläche. Allerdings geht es hier konkret um Untertitel und Audio-Deskription und diese Aspekte sollten vor Kauf eines kommerziellen Produkts ausführlich geprüft werden.

Das amerikanische National Center for Accessible Media stellt die kostenlose Software MAGpie zur Verfügung; sie wurde speziell für die Erstellung von SMIL-Dokumenten mit synchronisierten Untertiteln und Audio-Deskription entwickelt. Außerdem können Steuerungsdateien für Untertitel in SAMI exportiert werden.

5.4.2.3   Untertitel

Untertitel sind ein wichtiges Mittel für zugängliche Videos, und zwar auch dann, wenn Transkriptionen vorhanden sind. Meist werden in Videos weitere visuelle Informationen geboten, die in Kombination mit den Dialogen ein Gesamtbild bieten. Beispielsweise werden Witz, Stimmung oder Charme auch durch Gestik und Mimik visuell vermittelt. Auf Transkriptionen muss dabei nicht verzichtet werden, denn sie sind besser durchsuchbar und können z.B. auch auf Braille-Displays gelesen werden, aber Untertitel können Zusammenhänge in zeitlicher Abhängigkeit und durch besondere Formatierungen kohärenter für den Nutzer darstellen.

Anforderungen an Untertitel

Die Wahrnehmung untertitelter Videos ist komplexer als oft angenommen: Video-Inhalte und eingeblendete Texte müssen parallel dargestellt werden. In vielen Videos wird allerdings mehr und schneller gesprochen, als in den Untertiteln vermittelt werden kann. Deswegen ist bei Untertiteln meist eine Reduzierung des Informationsgehalts der akustischen Informationen erforderlich. Texte können dann länger eingeblendet und somit parallel zum Video gelesen werden, auch wenn dies auf Kosten der vollständigen Informationsvermittlung geht.

Bei synchronisierten Untertiteln können Texte nur innerhalb eines kurzen Zeitraums wahrgenommen werden. Ein langsames Lesen ist nur durch Anhalten des Videos möglich. Während Gehörlose mit einer geringeren Schriftsprachenkompetenz (vgl. Abschnitt »Gebärdensprache« ab S. 20) eher von kurzen und auf das Wesentliche beschränkten Untertiteln profitieren, ist eine originalgetreue Wiedergabe der akustischen Inhalte für andere Gehörlose wünschenswert. Wenn in einem Video der Vater zur Tochter sagt: »Wenn Du von der Schule nach Hause kommst, kriegst Du was zum Essen, dann reparieren wir das Spielzeug und fahren dann ins Schwimmbad«, könnte verkürzt werden: »Nach der Schule fahren wir ins Schwimmbad.« Das natürlich nur, wenn im Verlauf des Videos der Schwimmbadbesuch eine wichtige Rolle spielt und das Essen und die Reparatur keinen Einfluss auf die Geschichte des Films haben.

Im Fernsehen können bei Unterhaltungssendungen bis zu 90% des Gesprochenen in Untertiteln aufgenommen werden, hingegen in handlungsreichen Action-Filmen maximal 50% der Audio-Informationen. Für die Einblendungszeiten wird als Faustregel 1 Sekunde pro maximal 9 Zeichen bestimmt.

Wenn die Untertitel verfasst und über SMIL mit dem Video synchronisiert wurden, erscheint im Multimedia-Player-Fenster ein Untertitelfeld unterhalb des Videos, in dem der Textkanal angezeigt wird. Das Feld kann ein- oder ausgeschaltet sein; hierzu müssen die Optionen des Players entsprechend ausgewählt werden. Das Untertitelfeld kann zwei bis drei Zeilen Text enthalten (vgl. Abb. 5-3).

Abb. 5-3   Player mit eingeblendeten Untertiteln

Für die Gestaltung des Untertitelfeldes gibt es Konventionen, die die Lesbarkeit und Verständlichkeit erhöhen:

- Der Hintergrund der Untertitel sollte schwarz sein. Wegen der besseren Kontraste sollten die Textfarben Weiß, Gelb, Cyan oder Grün verwendet werden. Die Farben Magenta, Rot und Blau sind zu vermeiden.
- Hauptakteure sollten mit eigenen Farben gekennzeichnet werden. Nebenakteure erhalten als Textfarbe Weiß.
- Untertitel sollten nicht sofort nach einem Szenenwechsel eingeblendet werden. Der Nutzer sollte 1–2 Sekunden Zeit haben, die Szene visuell zu erfassen, bevor ein Untertitel eingeblendet wird. Nach ausreichender Zeit sollte entweder der nächste Satz eingeblendet oder der Untertitel ausgeblendet und dem Nutzer wieder die Möglichkeit gegeben werden, die neue Bildszene zu erfassen.
- Handlungsrelevante, aber nicht gesprochene Geräusche sollten besonders formatiert werden, z.B. in Versalien oder eckigen Klammern: »[Ein lautes Platschen]«.
- Sprecher oder andere Quellen für gesprochene Texte können gekennzeichnet werden, z.B.: »Lautsprecher: Bitte verlassen Sie das Schwimmbad«, oder: »Hanna: Was war das für ein Geräusch?«. Solche Kennzeichnungen sind i.d.R. nur dann erforderlich, wenn kein visueller Hinweis auf die Quelle vorhanden ist.
- Vor allem im englischsprachigen Raum finden sich untertitelte Videos, bei denen die Untertitel nach oben gescrollt werden, wodurch ein rollender Effekt entsteht. Eine Alternative ist die Pop-on-Darstellung, bei der komplette Sätze auf einmal eingeblendet werden. Für deutsche Untertitel sollte

wegen des Satzbaus auf Roll-up verzichtet und Pop-on verwendet werden, da in der deutschen Sprache Verben meist am Ende des Satzes stehen.

Einbindung von Untertiteln

Die einfachste Art, Untertitel für RealPlayer, GRiNS Player, Windows Media Player und QuickTime zu erstellen, ist die Verwendung der Software MAGpie. Leider sind trotz SMIL für den RealPlayer und QuickTime unterschiedliche Angaben nötig, sodass zwei verschiedene SMIL-Dateien für beide Player erzeugt werden müssen. Der GRiNS Player erfordert RealText, der Windows Media Player SAMI. Alle Varianten können mit MAGpie erzeugt werden.

Eine SMIL-Datei für QuickTime kann wie folgt aussehen:

```
<?xml version="1.0" encoding="UTF-8"?>
<smil xmlns:qt="http://www.apple.com/quicktime/resources/smilextensions"
xmlns="http://www.w3.org/TR/REC-smil" qt:time-slider="true">
 <head>
   <layout>
    <root-layout width="330" height="315" background-color="black" />
    <region top="5" width="320" height="240" left="5" background-color="black"
id="videoregion"/>
     <region top="245" width="320" height="60" left="5" background-
color="black" id="textregion" />
   </layout>
 </head>
 <body>
   <par dur="0:03:01.89">
    <video region="videoregion" src="video.mov" />
    <textstream region="textregion" src="untertitel.de_DE.qt.txt"
systemCaptions="on" />
   </par>
 </body>
</smil>
```

Listing 5-14   SMIL-Dokument für QuickTime

In diesem Beispiel werden die Größen der Video-Bereiche (`videoregion`) und die Untertitel (`textregion`) im LAYOUT-Element angegeben. Die Untertitel haben einen Abstand nach oben von 245 px, was die Darstellung unterhalb des Videos bewirkt. Die Informationen im PAR-Element (parallel) besagen, dass Video und Textinformationen (Untertitel) in der Präsentation gleichzeitig ablaufen sollen. Das dur-Attribut gibt die Länge der Präsentation an (hier im Format Stunden:Minuten:Sekunden.Bildrahmen). Das `systemCaptions`-Attribut für das TEXTSTREAM-Element prüft im Player, ob die Option zur Anzeige von Untertiteln eingeschaltet ist.

Die Textdatei mit den Untertiteln für QuickTime kann dann wie folgt aussehen:

```
{QTtext}{timescale:100}{font:Arial}{size:20}{backColor:0,0,0}
{textColor:65535,65535,65535}{width:320}{justify:left}
[00:00:05.40]
Sprecher: Schwerstbehinderte, also Menschen mit Muskelschwund,
[00:00:07.80]
[00:00:07.80]
mit beidseitigen Armamputationen
[00:00:10.30]
[00:00:10.30]
oder mit hoher Querschnittlaehmung
[00:00:12.00]
[00:00:12.00]
sind fast in allen Lebensbereichen auf Hilfe angewiesen.
[00:00:14.80]
...
```

Listing 5-15   Auszeichnung von Untertiteln für QuickTime

Der Aufbau der SMIL-Datei für RealPlayer ist praktisch identisch zum Aufbau der SMIL-Datei für QuickTime. Die Untertitel für RealPlayer (RealText) werden jedoch etwas anders aufgebaut; weil auf eine andere Textdatei verwiesen werden muss, muss auch eine eigene SMIL-Datei angelegt werden. Für das gleiche Video beginnt die Textdatei wie folgt:

```
<window type="generic" extraspaces="use" wordwrap="true" width="320"
duration="0:03:01.89" bgcolor="#000000">
<time begin="00:00:05.40"/><clear/><font face="Arial"><font size="4"><font
color="#FFFFFF"><font bgcolor="#000000">
<b>Sprecher: Schwerstbehinderte, also Menschen mit Muskelschwund,
<time begin="00:00:07.80"/><clear/>
<time begin="00:00:07.80"/><clear/>mit beidseitigen Armamputationen
<time begin="00:00:10.30"/><clear/>
<time begin="00:00:10.30"/><clear/>oder mit hoher Querschnittlähmung
<time begin="00:00:12.00"/><clear/>
<time begin="00:00:12.00"/><clear/>sind fast in allen Lebensbereichen auf
Hilfe angewiesen.
<time begin="00:00:14.80"/><clear/>

...
</window>
```

Listing 5-16   Auszeichnung von Untertiteln für den RealPlayer

Bei der Synchronisation von Video und Untertitel für den Windows Media Player ist der Aufbau der SAMI-Textdatei wieder anders. Das gleiche Beispiel wird nachfolgend in SAMI vorgestellt; dabei ähnelt die Textdatei einem HTML-Dokument mit Stilangaben im STYLE-Element und den einzublendenden Texten im BODY-Element (vgl. Listing 5-17).

```
<SAMI>
<HEAD>
  <STYLE TYPE="Text/css">
    P {margin-left: 29pt; margin-right: 29pt; font-size: 14pt; text-align:
center; font-family: Tahoma; font-weight: bold; color: #FFFFFF; background-
color: #000000;}
      .UNTERTITEL {Name: 'Subtitles'; Lang: de-DE; SAMIType: CC;}
    </STYLE>
</HEAD>
<BODY>
  <SYNC START=5400>
   <P CLASS=UNTERTITEL>Sprecher: Schwerstbehinderte, also Menschen mit
Muskelschwund,
   <SYNC START=7800>
    <P CLASS=UNTERTITEL>mit beidseitigen Armamputationen
   <SYNC START=10300>
    <P CLASS=UNTERTITEL>oder mit hoher Querschnittlähmung
   <SYNC START=12000>
    <P CLASS=UNTERTITEL>sind fast in allen Lebensbereichen auf Hilfe
angewiesen.
   ...
  </body>
  </SAMI>
```

Listing 5-17   SAMI-Dokument für den Windows Media Player

Bei SAMI müssen Video und Untertitel in Dateien mit dem gleichen Dokument-
namen gespeichert werden, z.B. integramouse.wmv und integramouse.smi.
Diese sollten auch im gleichen Verzeichnis abgelegt sein und ein Link zum
untertitelten Video muss zum Video und nicht zur SAMI-Datei gesetzt sein.
Auch kann auf eine ASX-Datei[18] verwiesen werden, die wiederum auf Video
und Textdatei verweist (vgl. Listing 5-18).

```
<asx version="3.0">
<title>Verwendung der IntegraMouse</title>
<entry>
<ref href="http://www.barrierefreies-
webdesign.de/beispiele/multimedia/integramouse.wmv?SAMI= www.barrierefreies-
webdesign.de/beispiele/multimedia/integramouse.smi" />
</entry>
</asx>
```

Listing 5-18   Zusammenführung von Video und Untertitel mit ASX

Die Verweise zum Video und zu den Untertiteln werden in einem einzelnen REF-
Element angegeben, getrennt mit einem Fragezeichen (?). In diesem Fall können
Video und Textdatei auch in unterschiedlichen Verzeichnissen abgelegt werden.

18. Vgl. Microsoft, ASX Elements Reference,
    URL: *http://msdn.microsoft.com/en-us/library/ms910265.aspx* (Abruf 20.8.2010).

Untertitel mit Adobe Flash

Seit 2002 ist Flash »videofähig«, wobei der Codec H.263 in den ersten Jahren eher als Ressourcenfresser gesehen wurde. Im Jahr 2005 kam mit Flash 8 und dem deutlich effektiveren On2-VP6-Codec die Wende. Wegen der hohen Durchdringung von Flash ist diese Technik inzwischen eine echte Alternative zu den bisher verwendeten Video-Formaten. Allerdings ist bei der Auswahl des Flash-Players darauf zu achten, dass er zugänglich ist. Viele Flash-Player enthalten keine Labels, wodurch sie für Screenreader nicht erfassbar und/oder mit der Tastatur nicht bedienbar sind.

Auch für den Einsatz von Untertiteln bietet Flash einige Vorteile, denn es kann auf verschiedene Synchronisations- und Textdateien für Untertitel verzichtet werden. Zudem können mit einem geeigneten Flash-Player untertitelte Videos mit der Tastatur und sogar mit Screenreader bedient werden. In der Regel sind die Steuerelemente eingebetteter Videos allerdings nur mit der Maus bedienbar.

Eine Übersicht gängiger Flash-Player, die Untertitel unterstützen, ist auf der Seite von Sylvia Egger zu finden:

http://sprungmarker.de/2010/barrierefreiheit_mediaplayer_captioning/

Während für »herkömmliche« Multimedia-Player untertitelte Videos nicht nur unterschiedlich aufbereitet und als einzelne Links angeboten werden müssen, um mit der Tastatur im Multimedia-Player bedient werden zu können, bieten die Flash-Player die Möglichkeit, Videos in einem HTML- oder einem anderen Dokument geräteunabhängig einzubetten (vgl. aber auch Abschnitt 16.2.1 ab S. 602 zur Tastaturfalle). Voraussetzung ist natürlich, dass Flash im Browser abgespielt werden kann.

Neben Flash wird für eingebettete Videos zunehmend auf den noch nicht verabschiedeten HTML 5-Standard gesetzt. Mit dem video-Element bietet HTML 5 die Möglichkeit, Videos ohne zusätzliches Plug-in einzubinden. Große Anbieter wie YouTube fahren inzwischen zweigleisig und lassen dem Nutzer die Wahl zwischen Flash und HTML 5. Ein Grund für den zunehmenden Einsatz der HTML 5-Lösung für Videos ist sicherlich, dass Flash von beliebten Apple-Produkten wie iPod und iPad nicht unterstützt wird. Welches Format sich letztlich auch immer durchsetzen wird, ratsam ist eine Fallback-Lösung.

5.4.2.4   Audio-Deskription

Audio-Deskription ist vergleichbar mit Untertiteln, nur handelt es sich um ergänzende akustische statt um Textinformationen. Bei Audio-Deskriptionen werden nicht Dialoge, sondern Handlungen, Landschaften, Gestik, Kleidung und Dekoration von einem Sprecher knapp erläutert. Audio-Deskriptionen umfassen alle Informationen, die ausschließlich zu sehen und nicht zu hören und für das Verstehen des Videos oder das ästhetische Erleben wichtig sind.

Audio-Deskriptionen werden in den Dialogpausen eingeblendet. Wenn diese Pausen nicht ausreichen, kann mit erweiterten Audio-Deskriptionen gearbeitet werden, die das Anhalten des Videos während der akustischen Beschreibung ermöglichen.

Mit SMIL können kurze gesprochene Texte in einem Audio-Format, z.B. als MP3-Dateien, mit dem Video synchronisiert werden. Die Beschreibungstexte werden zunächst formuliert und mit einem beliebigen Audio-Verarbeitungsprogramm einzeln aufgenommen. Danach können die Audio-Dateien in MAGpie mit dem Video synchronisiert werden.

Der Code für eine Audio-Deskription kann im Dokumentenkörper von SMIL wie folgt aussehen:

```
<par dur="0:01:30.12">
<video dur="0:01:30.12" region="videoregion" src="video.rm" />
<audio begin="0:00:21.11" src="audio1.rm" systemAudioDesc="on" />
<audio begin="0:00:56.22" src="audio2.rm" systemAudioDesc="on" />
</par>
```

Listing 5-19   Inhalt eines SMIL-Dokuments mit Angaben zur Audio-Deskription

In diesem Beispiel wird die Präsentation für 1 Minute und 30 Sekunden angezeigt, was mit dem dur-Attribut bestimmt wird (hier ist das Format Stunde:Minuten:Sekunden.Rahmen). Die volle Präsentationsdauer umfasst ein Video mit gleicher Länge sowie zwei Audio-Dateien. Die Audio-Dateien werden nach 21 bzw. 56 Sekunden eingespielt, allerdings nur wenn im Multimedia-Player die Option für Audio-Deskription eingeschaltet ist; diese Prüfung erfolgt über das systemAudioDesc-Attribut.

Es wird davon ausgegangen, dass die Audio-Dateien jeweils in voller Länge in den Dialog- oder Sprecherpausen abgespielt werden können. Ist die Audio-Deskription länger als die verfügbaren Pausen, ermöglicht das EXCL-Element (exclusive) das Anhalten des Videos, um eine erweiterte Audio-Deskription anzubieten:

```
<excl dur="indefinite">
<priorityClass peers="pause">
<video region="videoregion" src="video.rm" />
<audio begin="21.3s" src="audio1.rm" systemAudioDesc="on" />
<audio begin="56.7s" src="audio2.rm" systemAudioDesc="on" />
</excl>
```

Listing 5-20   Erweiterte Audio-Deskription mit dem EXCL-Element

Jetzt wird das Video nach 21,3 Sekunden angehalten und die erste Audio-Datei wird vollständig abgespielt. Erst wenn die Audio-Datei abgespielt wurde, wird das Video wieder gestartet. Nach 56,7 Sekunden wird das Video erneut angehalten, um die zweite Audio-Datei »zwischenzuschieben«. Die erweiterte

Audio-Deskription bewirkt, dass die Präsentation zeitlich um die Spieldauer der beiden Audio-Dateien verlängert wird.

G 8

Obwohl SMIL 2.1 diese Unterbrechungen für Audio-Deskriptionen vorsieht, wird die erweiterte Audio-Deskription noch nicht gut unterstützt. Nur der AMBULANT Player liefert gute Ergebnisse. Statt mit SMIL kann auch mit Flash oder JavaScript die Umschaltung auf erweiterte Audio-Deskriptionen in Erwägung gezogen werden.

Audio-Deskription ist mit SMIL grundsätzlich auch für QuickTime möglich, aber die SMIL-Unterstützung ist im QuickTime Player nicht vollständig. QuickTime bietet eigene Möglichkeiten zur Einbettung von Audio-Deskription und erweiterter Audio-Deskription, die als eigene Audio-Spur ähnlich wie bei mehrsprachigen Filmen zum Video zugeschaltet werden können. Dafür sind die Anleitungen bei Apple heranzuziehen.

Mit SAMI für den Windows Media Player können keine zuschaltbaren Audio-Deskriptionen erstellt werden. Audio-Deskriptionen und erweiterte Audio-Deskriptionen müssen mit dem Video aufgenommen werden, sodass für den Windows Media Player besser zwei Versionen angeboten werden: eine mit Audio-Deskription und eine ohne.

5.4.3   Strukturierte Audio-Inhalte

Bei Audio-Informationen sind vor allem zwei Dinge zu berücksichtigen: Die Inhalte müssen auch für Gehörlose zugänglich gemacht werden und Audio bietet kaum Navigationsmöglichkeiten. Während die Zugänglichkeit für Audio mit Untertiteln[19] oder einer Transkription des gesprochenen Textes erfolgen kann, benötigen längere Audio-Beiträge eine Navigationsstruktur, die die Ansteuerung einzelner Abschnitte ermöglicht. Dies ist beispielsweise bei Hörbüchern[20], aber auch bei längeren Podcasts sinnvoll.

Das DAISY-Format bietet diese Zuweisung von einer Navigationsebene zu Audio-Dateien. Dafür gibt es zwei Möglichkeiten: Die vorhandenen Audio-Dateien werden mit Markierungen für Kapitel, Abschnitte, Seiten u.a.m. versehen und in einem SMIL-Dokument abgelegt oder es wird aus einem bereits strukturierten Dokument, z.B. aus HTML, PDF oder Microsoft Word, eine Audio-Fassung mit einer synthetischen Sprachausgabe über die SAPI-Schnittstelle (Windows) und mit den erforderlichen SMIL-Dokumenten generiert. Der Einsatz von spezialisierter Software zur Erzeugung solcher Strukturen ist wie bei der Erstellung von Untertiteln und Audio-Deskription sinnvoll; mittlerweile werden auch dafür kostenlose Programme angeboten.[21] Die meisten Hersteller von DAISY-Büchern bieten ihre Bücher derzeit als DAISY 2.0 an. Vor allem die deutschen Blindenhörbüchereien zögern noch, auf den neuen Standard

19. Vgl. NCAM, ccMP3Player, *http://ncam.wgbh.org/webaccess/ccforflash/ccmp3playermain.html* (Abruf 20.8.2009).
20. Vgl. Kahlisch, T. Dr., DAISY Hörbücher zum Blättern und Stöbern, URL: *http://www.kahlisch.de/pub/DAISY-art-mainstream2006.html* (Abruf 20.8.2009).

ANSI/NISO Z39.86 (DAISY 3) zu setzen, da er von gängigen DAISY-Playern noch nicht vollständig unterstützt wird. [22]

DAISY-Bücher können nur mit einem DAISY-Player abgespielt werden. Die Deutsche Zentralbücherei für Blinde zu Leipzig (DZB) hat aber mit dem »DAISY-Leser« eine kostenlose Software für Windows bereitgestellt.[23] Neben dieser Software gibt es Anwendungen für diverse Plattformen sowie Abspielgeräte mit DAISY-Unterstützung als eigenständige Hardware.[24] Bisher bieten nur wenige DAISY-Player die Möglichkeit, DAISY-Bücher aus dem Web zu lesen; dazu zählen der auf Silverlight aufbauende ButtercupReader[25] und die Flash-basierte Anwendung »CLC Dandelion«[26]. Im Allgemeinen müssen DAISY-Bücher aber auf der lokalen Festplatte liegen, damit in ihnen navigiert werden kann, d.h., die Bücher müssen als herunterladbares Archiv angeboten werden.

Seit Version 2 kann DAISY auch Texte mit Audio synchronisieren. Dadurch ist die Volltextsuche innerhalb eines Audio-Beitrags möglich: Der gesprochene Text wird im DAISY-Player am Bildschirm angezeigt und der aktuelle Satz optisch hervorgehoben. Mit der Suchfunktion des Players können Wörter und Phrasen gesucht werden und der Player setzt den Audio-Beitrag an der jeweiligen Fundstelle fort. Wegen des hohen Erstellungsaufwands gibt es bisher nur wenige Beispiele für solche Produktionen, etwa bei der Deutschen Zentralbücherei für Blinde zu Leipzig.

5.5 Dynamische Inhalte

Wenn Inhalte über clientseitige Scripts verändert werden, d.h., die Seite nicht neu geladen, sondern einzelne Inhalte ausgetauscht werden, spricht man von dynamischen Inhalten. Die gebräuchlichsten Webtechniken dafür sind JavaScript und ActionScript (Adobe Flash). Beide basieren auf dem standardisierten ECMAScript.

JavaScript wurde von Netscape und Sun Microsystems zunächst als Live-Script entwickelt und erstmals im Netscape Navigator 2 als JavaScript 1.0 implementiert. 1996 zog Microsoft mit seinem JScript-Interpreter nach, der allerdings zu Beginn nicht mit JavaScript kompatibel war. 1997 veröffentlichte die private Standardisierungsorganisation ECMA International das auf JavaScript basierende

---

21. Vgl. Gerull, K., DAISY BOOK GENERATOR (aus MP3 und WAV),
    URL: *http://www.satis.de/www/85-99_kl/96_audi3/9610-gen.htm*
    (Abruf 1.10.2009).
22. NCAM, Beyond the Text, Comparison chart of e-book and digital talking book (DTP) hardware and software, URL. *http://ncam.wgbh.org/ebooks/comparison.html#dtbsoftware*
    (Abruf 1.10.2009).
23. Vgl. DZB Leipzig, Max der DAISYPlayer ist da,
    URL: *http://www.dzb.de/index.php?site_id=6.3* (Abruf 1.10.2009).
24. Vgl. Gerull, K., Weitere DAISY-Spieler (und Recorder),
    URL: *http://www.satis.de/www/85-99_kl/96_audi3/96-5-vic.htm* (Abruf 1.10.2009).
25. ButtercupReader, URL: *http://www.buttercupreader.net/* (Abruf 9.5.2010).
26. Chen, C. L., CLC Dandelion – A Web-based Daisy Player,
    URL: *http://dandelion.clcworld.net/* (Abruf 9.5.2010).

ECMA 262 (ECMAScript), das 1998 zum Standard ISO/IEC 16262:1998 wurde. ECMAScript wurde zuletzt Ende 2009 in der Version 5 aktualisiert.

Auch ActionScript ist eine auf ECMAScript basierende Skriptsprache, wird aber von Adobe entwickelt und in Adobe-Produkten wie Flash eingesetzt. Mit ActionScript können in Flash interaktive Anwendungen und Datenverarbeitung programmiert werden. ActionScript und JavaScript sind nicht kompatibel.

Die Probleme beim Einsatz clientseitiger Scripts sind in Bezug auf Barrierefreiheit immer die gleichen: Screenreader arbeiten linear und clientseitige Scripts werden zur Dynamisierung der Inhalte auf einem zweidimensionalen Bildschirm genutzt. Wenn mehrere Seiteninhalte nachgeladen oder verschiedene Elemente aufgrund des Nutzerverhaltens ausgetauscht werden, dann können lineare Anwendungen aufgrund des einzigen Systemfokus die Veränderungen nur nacheinander ermitteln. Im Prinzip ist das mit einer komplexen Tabellenkalkulation vergleichbar: Wenn ein Datum geändert wird, können sich zahlreiche weitere Inhalte verändern. Während ein Sehender schnell zu den wichtigen Ergebnissen blicken kann, muss ein Screenreader-Nutzer die relevanten Änderungen erst ermitteln.

Mit clientseitigen Skripten können verschiedene Bibliotheken, von Nutzern generierte Inhalte u.v.m. dynamisch in ein Webdokument integriert werden. Sowohl die Zugänglichkeit der dynamischen Inhalte selbst als auch deren Nutzbarkeit müssen sichergestellt sein. Bilder benötigen Alternativtexte, Datensätze aus verschiedenen Quellen müssen strukturiert werden und die Bedienung mit der Tastatur muss ebenso gut möglich sein wie mit der Maus.

5.5.1   JavaScript

Alle grafischen Browser, aber auch andere Clients und Scripting-Hosts verfügen über JavaScript-Interpreter. Nicht nur HTML-Seiten oder Java-Applets, sondern z.B. auch PDF und andere Formate lassen sich heute mit ECMAScript-Derivaten dynamisch verändern. Insofern sind clientseitige Skripte ein fester Bestandteil des Web. Wie bei allen Techniken gibt es auch für JavaScript sinnvolle und weniger sinnvolle Einsatzmöglichkeiten.

JavaScript hat aufgrund seiner Geschichte vielseitige Ausprägungen. Erst seit der Einführung des Document Object Model (DOM) gibt es eine Basis für den geregelten Einsatz im Web. Das DOM ist eine abstrakte Herangehensweise, die den Zugriff auf einzelne Elemente eines Webdokuments und deren Manipulationsmöglichkeiten beschreibt. Der Einsatz von JavaScript zur Manipulation des DOM in XML-basierten Dokumenten wird deswegen auch als »DOM-Scripting« bezeichnet. Das DOM wurde 1998 vom W3C als Webstandard veröffentlicht und liegt mittlerweile in der Version 3 aus dem Jahr 2004 vor. Im Übrigen hat die DOM-Arbeitsgruppe des W3C ihre Arbeit Anfang 2008 eingestellt und überlässt die Weiterentwicklung anderen W3C-Arbeitsgruppen.[27]

---

27. Vgl. W3C, Document Object Model Activity Statement,
     URL: *http://www.w3.org/DOM/Activity* (Abruf 1.10.2009).

5.5.1.1   JavaScript als Ergänzungstechnik

Während Formulare beispielsweise mit HTML gestaltet werden können, können Plausibilitätsprüfungen von Formulareingaben nur mit serverseitigen oder clientseitigen Skripten vorgenommen werden – zumindest solange XForms keine verbreitete Unterstützung findet. Serverseitige Scripts wie PHP erfordern den Aufruf des Scripts auf dem Server, was ein Neuladen der Seite bedeutet. Der Vorteil clientseitiger Scripts ist, dass eine Seite nicht neu geladen werden muss und der Nutzer unmittelbar auf fehlerhafte oder fehlende Eingaben aufmerksam gemacht werden kann.

JavaScript wird oft zur Aufbereitung von Inhalten und weiteren, zum Teil als »Spielereien« zu bezeichnenden Funktionen eingesetzt. Der JavaScript-Einsatz beispielsweise zum Deaktivieren der rechten Maustaste oder zum ungewollten Schließen von Browserfenstern hat dazu geführt, dass JavaScript den Ruf als böse Technik erhielt. Aber: JavaScript kann (und soll) zur Verbesserung der Barrierefreiheit genutzt werden. JavaScript zur Erzeugung von Inhalten ist jedoch kritisch. Links wie der folgende sollten vermieden werden:

```
<a href="javascript:self.print()">Seite drucken</a>
```

Ist im Browser JavaScript deaktiviert, dann kann der Link nicht aufgerufen werden. Auch wenn man davon ausgehen kann, dass Browser und Hilfsmittel behinderter Nutzer mit JavaScript umgehen können, so kann je nach Nutzer oder auch aus firmeninternen Sicherheitserwägungen JavaScript deaktiviert sein. Funktionen, die bei deaktiviertem JavaScript nichts bewirken, oder Seiten, die ohne JavaScript inhaltsleer sind, sollten also zugunsten »unaufdringlicher« JavaScript-Lösungen vermieden werden. Eine unaufdringliche Lösung ist, wenn zunächst eine HTML-Variante geboten wird, etwa

```
<a href="seite.html?stil=druckversion" id="druckversion">Druckversion</a>
```

und bei aktiviertem JavaScript die gewünschte Änderung direkt über das DOM manipuliert wird (vgl. Listing 5-21).

```
function druckversion() {
        var knoten = document.getElementById("druckversion");
        if (knoten) {
            var linktext = document.createTextNode("Drucken");
            knoten.replaceChild(linktext, knoten.firstChild);
            knoten.href = 'javascript:print()';
        }
    }
window.onload = function() {
        druckversion();
    }
```

Listing 5-21   Dynamisierung eines statischen Links

So ist gewährleistet, dass es keinen wirkungslosen Link gibt, wenn JavaScript deaktiviert ist.

Dieses triviale Beispiel soll nur das Prinzip der Trennung von Inhalt und Verhalten einer Webseite verdeutlichen. Selbstverständlich ist eine Druckversion mit geeignetem CSS und der Druckvorschau eines Browsers ebenso zugänglich wie das vorgestellte Beispiel. Natürlich ist mit JavaScript deutlich mehr möglich. Generell aber gilt: JavaScript sollte HTML nicht ersetzen, sondern um die Verhaltensebene ergänzen.

5.5.1.2   DOM-Scripting

Das DOM ist als techникneutrales Schema für alle XML-basierten Webdokumente konzipiert und erlaubt den Zugriff auf Elemente durch ECMAScript-basierte Sprachen wie JavaScript. DOM-Scripting ist also keine eigenständige Sprache, sondern eine Bezeichnung für clientseitige Skripte, die auf das DOM zugreifen.

JavaScript gibt es in verschiedenen Versionen; ab Version 1.5 aus dem Jahr 2002 wurde die DOM-Unterstützung vollständig beschrieben. Allerdings gibt es zu viele kleinere Entwicklungen in den einzelnen Browsern, um sagen zu können, ab welcher Version welcher Browser auf welcher Plattform das DOM in welchem Umfang unterstützt.[28] Wenn also mit JavaScript ein Webdokument geändert wird, dann sollte auf das sogenannte »Browser-Sniffing« verzichtet werden und besser die Unterstützung einer JavaScript-Methode geprüft werden. Wenn beispielsweise eine JavaScript-Funktion die IDs eines Webdokuments mit getElementsById durchsucht, sollte die Funktion abgebrochen werden, wenn der Browser diese Methode nicht unterstützt:

```
if (!document.getElementsById) {return}
```

Bevor mit DOM-Scripting begonnen wird, muss das Grundschema verstanden sein: Wird ein HTML-Dokument im Browser geladen, erzeugt dieser einen DOM-Baum, d.h., angefangen mit dem HTML-Wurzelelement werden alle weiteren Elemente, Attribute oder Inhalte hierarchisch aufgebaut. Kindelemente des HTML-Wurzelelements sind das HEAD-Element und das BODY-Element; sie enthalten weitere Elemente und Textinhalte. Die einzelnen Elemente und Inhalte heißen »Knoten« (node) und sind im DOM-Scripting die zentralen Objekte.[29]

---

28. Wikipedia, ECMAScript, URL: *http://en.wikipedia.org/wiki/ECMAScript* (Abruf 1.10.2009).
29. Vgl. SelfHTML, JavaScript/DOM Objektreferenz, URL: *http://de.selfhtml.org/javascript/ objekte/node.htm* (Abruf 1.10.2009).

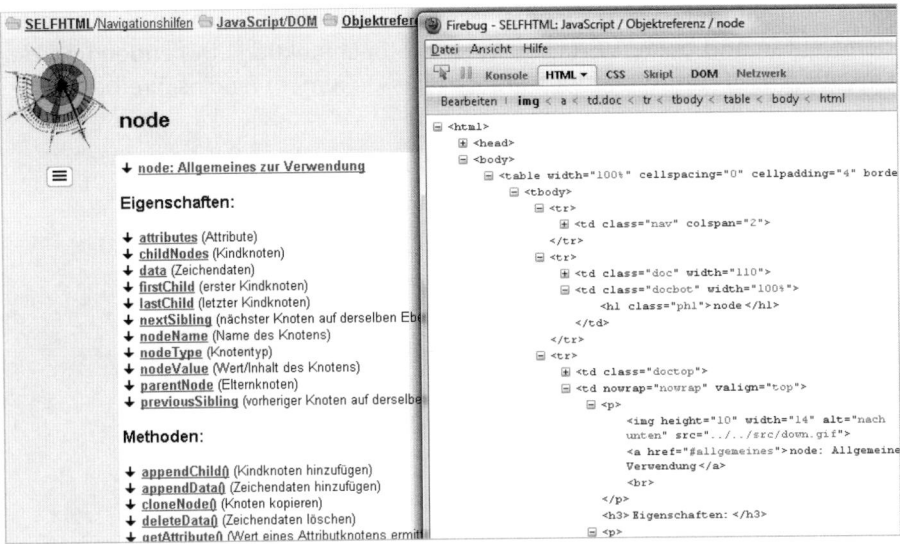

Abb. 5-4   DOM-Baum-Ansicht mit der Firefox-Erweiterung »Firebug«

Verändert man mit JavaScript die einzelnen Knoten, löscht sie oder fügt andere hinzu, so werden Elemente und Inhalte im HTML-Dokument nicht beeinflusst. Es wird der DOM-Baum manipuliert. Dabei findet eine ständige Synchronisierung zwischen dem Browserfenster und dem DOM-Baum statt.

Es wird davon ausgegangen, dass JavaScript in externen Dateien verwaltet wird, auf die z. B. im Kopfbereich eines HTML-Dokuments verwiesen wird:

```
<script type="text/javascript" src="lib/js/funktionen.js"></script>
```

Für ein erfolgreiches DOM-Scripting müssen die zu manipulierenden Knoten direkt angesteuert werden können. Eine Möglichkeit ist die Vergabe von IDs für einzelne HTML-Elemente, die mit der JavaScript-Methode getElementById ermittelt werden. Darüber hinaus stehen weitere Methoden zur Verfügung, um an die Eigenschaften einzelner Knoten heranzukommen, allen voran getElementsByTagName.

DOM-Scripting erfolgt in drei Schritten:

- Vorbereitung der Manipulation
- Ermittlung des zu manipulierenden Knotens im DOM-Baum
- Durchführung der Veränderung

Als Beispiel für ein kleines DOM-Script wird die bereits erstellte Vorlage auf Seite 129 (Listing 4-7) ergänzt: In der Kopfzeile befinden sich unter anderem ein Link »Impressum« und eine Eingabemaske für die Suche. Diese soll über JavaScript so verändert werden, dass aus dem Link »Impressum« ein dynamischer Link »Impressum einblenden« wird, der, statt eine neue Seite aufzurufen, die Daten des Impressums an Stelle der Eingabemaske einblendet. Danach soll der Link nicht mehr »Impressum einblenden«, sondern »Suchfunktion einblenden« lauten und beim Aufruf des Links die Suchfunktion einblenden und den Link »Impressum einblenden« wieder in das Dokument hineinschreiben.

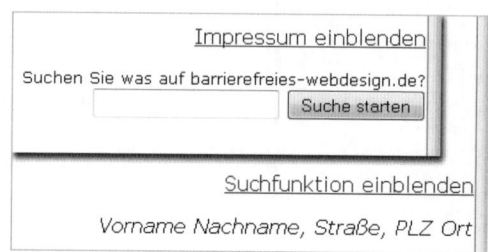

Abb. 5-5   Zwei Zustände der Kopfbox mit Suchfunktion und Impressum

Dafür sind folgende Schritte nötig:

▪ Es werden vier Knoten vorbereitet:
In beiden Darstellungen wird ein Link und der einzublendende Inhalt benötigt. Sie müssen also zunächst die Daten des Impressums zusammenstellen, was in einer eigenständigen Funktion erfolgen soll, d. h., es wird ein temporärer Knoten für die Adressangaben erzeugt. Der Knoten für die Suchbox existiert im HTML bereits und kann »gesichert« werden.

▪ Die zu manipulierenden Stellen (der Link sowie der darunter stehende Inhalt) werden anhand vorhandener IDs ermittelt.

▪ Die Einblendung des Impressums bzw. der Suchfunktion wird jeweils in eigenen Funktionen vorgenommen.

▪ Die Dynamisierung muss initialisiert werden.

Definieren Sie zunächst in einer JavaScript-Datei eine Funktion »kopfbox«:

```
function kopfbox() { ... }
```

Zwischen den geschweiften Klammern werden vier neue Knoten definiert. Nehmen Sie hierzu die Angaben für den aktuellen und zu manipulierenden Link »Impressum« vor:

```
var linktext_impressum = document.createTextNode("Impressum
einblenden");
var href_impressum = document.createAttribute("href");
href_impressum.nodeValue = "javascript:impressum();";
```

Listing 5-22   Beispiel einer Funktion auf der Basis von DOM-Scripting (Teil 1)

Hierbei werden ein Textknoten mit dem neuen Linktext sowie ein Attributknoten für das Linkziel erzeugt. Der Attributknoten wird außerdem mit einer Funktion belegt, die das Impressum anzeigen wird. In dieser Funktion können wir auch gleich den Austausch des Linktextes und des href-Attributs vorbereiten (vgl. Listing 5-23).

```
document.getElementById("kopfboxlink").firstChild.replaceChild(linktext_im
pressum,document.getElementById("kopfboxlink").firstChild.firstChild);

document.getElementById("kopfboxlink").firstChild.setAttributeNode(href_im
pressum);
```

Listing 5-23 Beispiel einer Funktion auf der Basis von DOM-Scripting (Teil 2)

Die erste der beiden Anweisungen sieht etwas unverständlich aus, bedeutet aber nur, dass über die ID des Absatzes der Linktext des im Absatz verschachtelten Links ausgetauscht wird, indem zunächst die ID gesucht wird und dann der erste Kindknoten (A-Element). Nun wird ein Kindknoten des A-Elements ausgetauscht: Weil nur über die ID des Absatzes eindeutig auf den Textknoten zugegriffen werden kann, wird der zu ersetzende Text mit einer recht langen Anweisung angesprochen. Der einzusetzende Text »linktext_impressum« wurde vorher bereits als Knoten definiert.

Das Ersetzen des `href`-Attributs ist einfacher. Mit `setAttributeNode` wird das bestehende `href`-Attribut mit dem bereits definierten Attributknoten ersetzt.

Damit der Link »Impressum einblenden« nicht ständig neu erzeugt werden muss, wird der derzeitige Stand »gesichert«:

```
absatz_impressum =
document.getElementById("kopfboxlink").cloneNode(true);
```

Listing 5-24 Beispiel einer Funktion auf der Basis von DOM-Scripting (Teil 3)

Wie die Methode schon andeutet, wird der Knoten geklont. Der Wert true gibt an, dass alle Kindknoten ebenfalls übernommen werden sollen. Für den umgekehrten Fall, also wenn die Impressums-Daten angezeigt werden sollen, muss der Link zur Anzeige der Suchfunktion erzeugt werden. Auch hierfür wird ein Knoten gebildet:

```
var linktext_suche = document.createTextNode("Suchfunktion einblenden");
var href_suche = document.createAttribute("href");
    href_suche.nodeValue = "javascript:suchbox();";
    var link_suche = document.createElement("a");
    link_suche.setAttributeNode(href_suche);
    link_suche.appendChild(linktext_suche);
    absatz_suche = document.getElementById("kopfboxlink").cloneNode(false);
    absatz_suche.appendChild(link_suche);
```

Listing 5-25 Beispiel einer Funktion auf der Basis von DOM-Scripting (Teil 4)

Die ersten drei Zeilen sind analog zu den Angaben für den ersten Knoten. Der zweite Knoten existiert noch nicht, deswegen muss erst ein Elementknoten für das A-Element definiert werden. An diesen Elementknoten werden das `href`-Attribut und der Linktext gehängt. Der Knoten ist zwar fertig, benötigt jedoch noch den Absatz mit der ID: Hierzu wird der aktuelle Absatz im HTML-Dokument wieder geklont, aber durch die Angabe des Wertes `false` werden keine

Kindknoten übernommen. Der Absatz erhält schließlich den neuen Linkknoten als Kindelement.

Nun haben Sie die neuen Links definiert und den Austausch des im HTML aufgeführten statischen Links vorbereitet. Die anzuzeigenden Inhalte müssen aber noch definiert werden:

```
inhalt_suche = document.getElementById("suchbox").cloneNode(true);
kontaktdaten();
```

Listing 5-26   Beispiel einer Funktion auf der Basis von DOM-Scripting (Teil 5)

Die Suchbox ist in der Ausgangssituation bereits auf der Seite vorhanden, und der Knoten kann samt Kindknoten in einem eigenen Knoten »gesichert« werden. Der Knoten mit den Impressums-Daten wird in einer eigenständigen Funktion gebildet; diese erfolgt durch den Aufruf der (noch nicht vorgestellten) Funktion »kontaktdaten«.

Die erste Funktion, die einige Daten vorbereitet und für dynamische Links sorgt, ist fertig, aber es müssen noch drei weitere Funktionen programmiert werden: kontaktdaten(), impressum() und suchbox(). Die Funktion zum Erzeugen eines Knotens mit allen Adressangaben inkl. HTML-Elementen (»kontaktdaten«) kann recht umfangreich werden – je nachdem, was berücksichtigt werden soll. Der Einfachheit halber werden die Kontaktdaten im Folgenden knapp angegeben:

```
function kontaktdaten() {
    adressdaten = document.createElement("address");
    text = document.createTextNode("Vorname Nachname, Straße, PLZ Ort");
    adressdaten.appendChild(text);
    adressdaten.setAttribute("id", "adressbox");

    return adressdaten;
}
```

Listing 5-27   Beispiel einer weiteren Funktion auf der Basis von DOM-Scripting

Mit dieser Funktion werden ein Elementknoten und ein Textknoten generiert, wobei der Textknoten dem Elementknoten als Kindknoten beigegeben wird. Die neue ID des Elements wird direkt mit der Methode setAttribute zugewiesen. Bei Aufruf der Funktion wird der Knoten adressdaten erzeugt, der an die aufrufende Funktion – das war kopfbox() – mit return zurückgegeben wird.

Die beiden verbleibenden Funktionen dienen dem eigentlichen Austausch der bereits definierten Knoten: Mit impressum() werden der Link zur Suchfunktion sowie die Impressums-Daten eingeblendet und mit suchbox()der Link zum Impressum sowie die Suchbox (vgl. Listing 5-28).

```
function impressum () {
    document.getElementById("kopfbox").replaceChild(adressdaten,
document.getElementById("suchbox"));
    document.getElementById("kopfbox").replaceChild(absatz_suche,
document.getElementById("kopfboxlink"));
}
function suchbox() {
    document.getElementById("kopfbox").replaceChild(inhalt_suche,
document.getElementById("adressbox"));
    document.getElementById("kopfbox").replaceChild(absatz_impressum,
document.getElementById("kopfboxlink"));
}
```

Listing 5-28   Ausführende Funktionen

Bisher wurden nur Funktionen definiert, die nun aber noch aufgerufen werden müssen. Das Kernstück dieser Funktionssammlung ist `kopfbox()`: Dort wird die Funktion `kontaktdaten()` aufgerufen und die beiden anderen Funktionen in den Knoten für die beiden Links integriert. Hierzu wird dem `window`-Objekt der Event-Handler `onload` zugewiesen, der eine anonyme Funktion enthält. Damit soll die Funktion `kopfbox()` aufgerufen werden, wenn die HTML-Seite fertig geladen wurde:

```
window.onload = function() {
    kopfbox();
}
```

Listing 5-29   Event-Handler für das unaufdringliche Initialisieren der JavaScript-Funktionen

Der Aufruf von JavaScript-Funktionen über das `window`-Objekt kann eine komplexe Angelegenheit werden,[30] denn es besteht die Gefahr, den Event-Handler zu überschreiben. Werden mehrere JavaScript-Dateien eingebunden, sollte entweder `onload` nur einmal definiert werden, wobei alle relevanten Funktionen nacheinander aufgerufen werden, oder Sie müssen trickreiche Routinen nutzen, die den bestehenden Inhalt sichern und um die neuen Funktionen ergänzen.

Auch dieses Beispiel ist relativ einfach aufgebaut und dient nur der Demonstration der Prinzipien. Für professionelle Anwendungen mit JavaScript sollten Sie bestehende JavaScript-Bibliotheken verwenden, die einen Großteil der Arbeit abnehmen, z.B. jQuery, Dojo oder YUI.

Weitere Aspekte, die beim Einsatz von JavaScript zu beachten sind, werden insbesondere in Abschnitt 16.3 ab Seite 618 vorgestellt.

---

30.   Vgl. LePera, S. A., Crossbrowser DOM Scripting: Event Handlers,
      URL: *http://www.scottandrew.com/weblog/articles/cbs-events* (Abruf 1.10.2009).

5.5.1.3 AJAX

Asynchronous JavaScript And XML (AJAX) ist keine eigenständige Technik, sondern beschreibt den kombinierten Einsatz verschiedener Techniken zur Datenabfrage, allen voran das DOM-Scripting und der XMLHttpRequest. Neben JavaScript unterstützen auch JScript und VBScript den XMLHttpRequest.

Der XMLHttpRequest ist eine ursprünglich von Microsoft entwickelte Programmschnittstelle, die das Senden und Empfangen beliebiger Daten über das http-Protokoll erlaubt. Zwischenzeitlich hat das W3C einen Entwurf für eine allgemein gültige Empfehlung veröffentlicht.[31] Die Programmschnittstelle funktioniert asynchron, d.h., das ausführende Skript muss nicht warten, bis eine Antwort des Servers vorliegt, sondern kann während der Verarbeitung weitere Anweisungen einer Anfrage ausführen. Im Wesentlichen wird dabei DOM-Scripting, d.h., der Austausch von Knoten, verwendet.

Ein klassisches interaktives Webdokument mit einem Formular oder einem Link wird wie folgt verarbeitet:

1. Ein Nutzer gibt Daten in ein Formular ein, wählt Optionen aus oder es werden Daten auf andere Weise »gesammelt«.
2. Die erfassten Daten werden durch den Linkaufruf oder das Abschicken eines Formulars zu einem serverseitigen Skript geschickt.
3. Der Server liefert ein neues Webdokument in Abhängigkeit der Daten aus.

Mit dem XMLHttpRequest sind diese Schritte überflüssig. Sobald etwas auf der Seite verändert wird, können die Formulareingaben geprüft werden, Mausklicks können unmittelbar dazu führen, dass Inhalte nachgeladen werden, und es können sogar Chats und ähnliche Anwendungen im Zusammenspiel mit JavaScript realisiert werden. Mit JavaScript werden neue Inhalte generiert und eingeblendet und vorhandene gelöscht bzw. ergänzt.

Zugänglichkeit und Nutzbarkeit von JavaScript-Anwendungen sind durch einige technische Restriktionen begrenzt. AJAX erfordert eine aktivierte JavaScript-Unterstützung im Browser. Der XMLHttpRequest ist nicht in allen älteren Browsern und mobilen Geräten gegeben.[32] Unterstützung bieten aber der Internet Explorer ab Version 5, GeckoBrowser ab Version 1.0, Opera ab Version 6, Safari ab Version 1.2 und die KHTML-Browser.

Die Anforderungen an zugängliche JavaScript-Anwendungen gehen nicht über die sonstigen Anforderungen der Barrierefreiheit hinaus. Mit AJAX wird HTML mittels DOM-Scripting generiert. Die Gestaltung, also das Layout, erfolgt nach wie vor mit CSS. Der Unterschied ist, dass mit JavaScript jederzeit neue Inhalte in die Seite geladen werden können. Diese Dynamisierung kann zu Ein-

---

31. Vgl. W3C, XMLHttpRequest (W3C Working Draft 20 August 2009),
    URL: *http://www.w3.org/TR/XMLHttpRequest/* (Abruf 1.10.2009).
32. Vgl. Baekdal, Th., XMLHttpRequest Usability Guidelines, URL: *http://www.baekdal.com/articles/Usability/XMLHttpRequest-guidelines/* (Abruf 1.10.2009).

schränkungen für Nutzer von Screenreadern oder Vergrößerungssystemen führen. Bei allen dynamischen Skripten muss deswegen beachtet werden: Wie erfährt der Nutzer – vor allem der Screenreader-Nutzer –, wo sich auf der Seite was geändert hat? Wenn ARIA breiter unterstützt wird, ist es möglich, beispielsweise »live regions« zu kennzeichnen.[33]

5.5.2 Adobe Flash

Flash ist eine mächtige Technik für Multimedia und interaktive Anwendungen. Weil aktuelle Flash-Plug-ins in über 97 % der Browser[34] installiert sind und mittlerweile die Aktualisierung der Plug-ins sehr einfach geworden ist, liegt es auf der Hand, diese Technik für Multimedia und webbasierte Anwendungen einzusetzen.

Flash kann inzwischen durchaus zur Verbesserung der Barrierefreiheit eingesetzt werden. Untertitelte Videos oder Multimedia-Alternativen für Texte in Form von Gebärdensprachfilmen oder Audio-Fassungen sind nur einige Beispiele. Gerade Multimedia-Alternativen, z.B. von gesprochenem Text, können für Menschen mit Lernschwierigkeiten den Informationszugang überhaupt erst ermöglichen. Weil Flash eine vektorbasierte Technik ist, sind die Inhalte grundsätzlich vergrößerbar. Auch bietet Flash mehr Möglichkeiten der Tastaturbedienung als HTML.

Lange Zeit bot Macromedia keine Möglichkeiten einer zugänglichen Gestaltung von Flash-Inhalten.[35] Seit 2002 und der Veröffentlichung von Flash 6 unterstützt Flash die MSAA-Schnittstelle in Windows, wodurch ein Zugang durch Screenreader grundsätzlich möglich wurde.[36] Allerdings haben diese eine »Holschuld«, denn nicht alles, was eine Anwendung an die MSAA-Schnittstelle liefert, wird von einem Screenreader interpretiert. Flash ist mit aktuellen Versionen von JAWS, Window- Eyes und dem IBM Homepage Reader sowie dem Webreader WebFormator teilweise zugänglich. Befriedigend ist die Situation aber aus mehreren Gründen nicht. Die »Accessibility-Features« (seit dem Flash-Release MX 2002) sind optional und lassen dem Gestalter den Freiraum, Barrierefreiheit zu beachten – oder auch nicht. Außerdem hat die Unterstützung der MSAA-Schnittstelle das Format zwar in Sachen Barrierefreiheit ein großes Stück vorangebracht, allerdings profitieren davon bisher nur Windows-Nutzer. Die Unterstützung der Schnittstellen von Apple und Linux steht noch aus.

Für barrierefreies Flash reicht es nicht aus, die technische Zugänglichkeit sicherzustellen, denn die dynamischen Möglichkeiten – und diese sind meist

---

33. Vgl. W3C, ARIA Overview, URL: *http://www.w3.org/WAI/intro/aria* (Abruf 1.10.2009).
34. Vgl. Adobe, Adobe Flash Player Version Penetration, URL: *http://www.adobe.com/ products/player_census/flashplayer/version_penetration.html* (Abruf 1.10.2009).
35. Vgl. Clark, J. (2000), Flash Access: Unclear on the Concept, URL: *http://www.alistapart.com/articles/unclear/* (Abruf 1.10.2009).
36. Vgl. Hellbusch, J. E., Wie geht man mit Flash um?, URL: *http://www.barrierefreies-webdesign.de/knowhow/flash/features.php* (Abruf 1.10.2009).

der Grund, überhaupt Flash einzusetzen – schränken die Nutzbarkeit ein. Beispielsweise wird ein Screenreader immer wieder an den Beginn eines Flash-
Objekts geworfen, wenn neue Textelemente (dynamisch) zum Objekt hinzugefügt werden. Solche Effekte machen die Nutzbarkeit eines Flash-Objekts im
Screenreader praktisch unmöglich.

Mit Flash können komplexe Anwendungen mit vielen Funktionen eingebettet werden, die einer Desktop-Anwendung gleichen. Weil jedoch die Kommunikation mit Screenreadern über die MSAA-Schnittstelle nur unvollständig ist,
ist kein direkter Zugriff auf die Inhalte möglich; das, was beim Screenreader-
Nutzer ankommt, kann als »selektiv« bezeichnet werden. Mögliche Herangehensweisen an dieses Problem sind:

- die Flash-Inhalte für die MSAA-auslesenden Screenreader optimieren,
- die Flash-Anwendung mit Audio-Informationen erweitern oder
- eine alternative Version in HTML und anderen Browsertechniken anbieten.

Nur die erste Option ist empfehlenswert, da hier die Möglichkeiten der barrierefreien Gestaltung von Flash ausgeschöpft werden können. Durch Audio-
Ergänzungen wird der gewohnte Screenreader quasi ersetzt, was eine ungewöhnliche Bedienung bedeuten oder zu anderen Verunsicherungen des Nutzers führen kann. Eine HTML-Alternative ist sicher am aufwändigsten, denn die
Funktionalität einschließlich Interaktion und Gestaltung muss dem Flash-
Objekt entsprechen (vgl. Abschnitt 8.2 ab S. 310).

Folgende Punkte sind bei Flash-Objekten wichtig:

- Texte sind für die Zugänglichkeit im Screenreader absolut notwendig. Während statischer Text in Flash normalerweise direkt an die MSAA-Schnittstelle geliefert wird, benötigen andere Objekte i.d.R. einen Alternativtext.
  Der Alternativtext sollte sowohl für Grafiken als auch für interaktive oder
  andere Elemente des Objekts verfügbar sein und das Gesehene mit Text
  ersetzen. Flash bietet zwei Felder für Alternativtexte – name und description –
  mit gleicher Funktion. Wenn beide Felder ausgefüllt sind, dann werden
  auch beide Texte vorgelesen. Weil Screenreader eine Vielzahl an Informationen verarbeiten müssen, können Inhalte, die keine Bedeutung für die
  Anwendung haben, gezielt ausgeblendet werden.
- Vorwiegend aus Audio bestehende Inhalte benötigen Untertitel (vgl. Abschnitt »Untertitel mit Adobe Flash« ab S. 176).
- Die farbliche Gestaltung von Informationen sollte den Anforderungen an
  Kontrastverhältnisse genügen (vgl. Abschnitt 18.1.1 ab S. 688) und Menschen mit einer Sehbehinderung das Lesen aller für die Bedienung und das
  Verstehen erforderlichen Inhalte ermöglichen.
- Aktionen und dynamisch erzeugte Inhalte sollten im Layout zusammenhängend dargestellt werden. Wenn Vergrößerungssysteme beispielsweise mit
  einer vierfachen Vergrößerung eingesetzt werden, so ist nur $1/16$ des Bildschirms zu sehen. Daher sollten sich die Auswirkungen einer Aktion in

unmittelbarer Nähe des Steuerelements befinden. Aber nicht nur in Vergrößerungssystemen sollen Aktion und Folge der Aktion zusammenhängend erfasst werden können: Auch für Screenreader sollte diese Informationen auffindbar sein.

- Dynamische Texte führen zu verschiedenen Problemen. Dem Problem,
dass neu eingeblendete Texte den Screenreader zum Anfang »werfen«, ist
bei wichtigen Informationen mit statischen Texten zu begegnen. Dynamische Texte, die für das Verständnis der Inhalte nicht wichtig sind, sollten vor
Screenreadern versteckt werden. Überhaupt muss die zeitliche Steuerung
der Inhalte durch den Nutzer berücksichtigt werden: Menschen mit Leseschwächen, mit einer Sehbehinderung oder auch Screenreader-Nutzer
lesen meist langsamer, sodass wichtige Informationen weder dynamisch
noch unsichtbar für Screenreader sein dürfen.

- Steuerelemente, z.B. Schaltflächen, benötigen entweder einen Text oder
einen Alternativtext. Ist das nicht möglich, dann sollte die Option zur auto-
matischen Verknüpfung von Labels und Schaltflächen aktiviert werden.
Dabei kann es aber zu unerwarteten Ergebnissen kommen, sodass immer
Tests mit verschiedenen Screenreadern durchgeführt werden müssen. Bei
unsichtbaren Steuerelementen (sog. »Hit areas«) sollte unbedingt ein mit
Text belegtes Element eingesetzt werden, ggf. auch unsichtbar, damit die
Steuerelemente von Screenreadern erkannt werden können.

- Die Tastaturbedienbarkeit ist zwar in Flash möglich, aber es sind einige
Maßnahmen zu treffen. Zunächst müssen die Optionen für die Tastaturbedienung der verschiedenen Steuerelemente aktiviert werden, da sie standardmäßig ausgeschaltet sind. Da sich im Gegensatz zu HTML Flash nicht
auf die Reihenfolge von Inhalten im Quellcode stützt, muss die lineare Ausgabe in Screenreadern getestet werden – das Durchgehen der Inhalte mit
der Tabulatortaste reicht nicht. Alle Inhalte müssen in einem Praxistest mit
Sprachausgabe bzw. Braillezeile geprüft werden. Um die Tab- und Lesereihenfolge zu bestimmen, müssen alle Inhalte als dynamischer oder Einga-
betext definiert werden und alle Symbole benötigen einen Namen in den
Eigenschaften des Symbols. Zu vermeiden sind interaktive Elemente, die
Drag & Drop oder einen Doppelklick erfordern, denn hierfür gibt es keine
Tastaturalternative.

- Standardmäßig bietet Flash einen gelben Hintergrund zur Hervorhebung
des Tastaturfokus (focusrect). Da dieser Effekt von Entwicklern gerne ausgeschaltet wird, muss für Tastaturnutzer eine andere Hervorhebung verwendet werden.

- Generell sollten Maßnahmen zur Barrierefreiheit die Nutzung von Hilfsmitteln nicht einschränken. Wenn beispielsweise Audio-Inhalte eingesetzt
werden, dann sollten vom Nutzer bereits verwendete Sprachausgaben bedacht werden: Überlagern sich Audio-Inhalte und Sprachausgabe, dann ist
weder das eine noch das andere verständlich. Die Nutzer sollten Audio-Inhalte also entweder selbst aktivieren oder unmittelbar deaktivieren können

(vgl. Abschnitt 6.2.3 ab S. 207). Auch Tastaturkürzel sollten vorsichtig eingesetzt werden, denn sie können mit denen von Browsern oder Hilfsmitteln konkurrieren.

Beispiele für zugängliche Flash-Objekte und Links zu weiteren Quellen bietet WebAIM:

http://www.webaim.org/techniques/flash/

Das W3C bietet ein Dokument für barrierefreie Flash-Techniken auf

http://www.w3.org/TR/WCAG20-TECHS/flash.html

5.6   Kompatibilität

Einige Formate sind problematisch, wenn sie nicht mit Standardsoftware genutzt werden. Dies betrifft Screenreader und Vergrößerungssysteme, aber auch die Tastaturbedienung ist oft ein Knackpunkt. Es gibt Kompatibilitätsprobleme mit PDF, Flash oder Java. Im Prinzip gilt: Die Zugänglichkeit ist am besten, wenn Techniken eingesetzt werden, die von Browsern nativ unterstützt werden. Browser unterstützen im Allgemeinen die Schnittstellen der Betriebssysteme für Hilfsmittel besser als andere Produkte.

Die Hauptursache von Kompatibilitätsproblemen liegt in der kommerziellen Natur der Formate. PDF oder Java wurden im Gegensatz zu den vom W3C veröffentlichten Standards nicht in öffentlichen Verfahren entwickelt. Während die direkte Zugänglichkeit von PDF mittlerweile im Adobe Reader durch das nachträgliche Tagging eines PDF-Dokuments in Ansätzen funktioniert, ist ein komplexes barrierefreies PDF-Dokument nur durch intensive Bearbeitung seitens des Anbieters möglich. Bei Java-Applets müssen Screenreader-Nutzer sogar eine zusätzliche Software, die Java Access Bridge, bei jeder Java-Aktualisierung nachträglich installieren.[37]

Auch muss man sich überlegen, ob davon ausgegangen werden kann, dass die Nutzer mehr als nur einen Browser verwenden. Der Grundgedanke ist, dass jeder Browser HTML interpretieren kann und mit jeder weiteren Technik oder jedem weiteren Format eine Barriere entstehen kann. Eine verbindliche Antwort, welche Technik über HTML hinaus eingesetzt werden soll oder nicht, ist nicht möglich. Denn: Alle Techniken werden sukzessive zugänglicher und jede Technik – auch HTML – kann besser oder schlechter eingesetzt werden. In Abschnitt 6.1 ab Seite 197 wird auf die Konformitätsbedingung 5 der WCAG20 eingegangen, die voraussetzt, dass barrierefreie Seiten auch dann funktionieren, wenn nur HTML angezeigt, gelesen und bedient wird.

---

37. Oracle Corporation, Java SE Desktop Accessibility – Java Access Bridge For Windows OS Java SE Desktop Accessibility, URL: *http://en.wikipedia.org/wiki/List_of_screen_readers* (Abruf 10.12.2010).

5.6.1   Portable Document Format (PDF)

Für ein barrierefreies PDF kommt es entscheidend darauf an, dass »Tagged PDF« (strukturiertes PDF) berücksichtigt wird. Die Optimierung ist derzeit nur in Adobe Acrobat möglich, aber die kostenlose Office-Anwendung OpenOffice kann seit Version 2 Tagged PDF in akzeptabler Qualität erzeugen. Ebenfalls nutzbare PDF-Dokumente bietet Microsoft Office ab Version 2007 mit dem Add-on »Save as PDF«. Sowohl für OpenOffice als auch für PDFs aus Microsoft Office heraus mit »Save as PDF« ist der korrekte Umgang mit Formatvorlagen Voraussetzung.

Grundsätzlich können barrierefreie PDFs mit drei Möglichkeiten erzeugt werden:

1. Ein Dokument wird in einer Anwendung mit Formatvorlagen erstellt und mit aktivierten Einstellungen für Tagged PDF exportiert. Danach werden die Tags in Adobe Acrobat optimiert.
2. Tags werden in Adobe Acrobat einem bestehenden und nicht strukturierten PDF-Dokument beigefügt und optimiert.
3. Barrierefreie PDF-Dokumente werden mit serverseitigen Anwendungen erzeugt.[38] Voraussetzung hierfür sind strukturierte Daten.

Die erste Methode ist die einfachste. Zum Umfang von Adobe Acrobat Professional gehört auch ein Makro-Paket, das sich automatisch in Anwendungen wie Microsoft Office ab Version 2000 integriert. Damit können Tags auf Basis der verwendeten Formatvorlagen beim PDF-Export erzeugt werden.

Dennoch: Die Arbeitsschritte für ein Tagged PDF sind von vielen Faktoren abhängig. Wir haben in Kapitel 12 einen umfassenden Überblick zu barrierefreien PDF-Dokumenten berücksichtigt, der sowohl die einzelnen Merkmale der Barrierefreiheit beleuchtet als auch optimale Workflows für diverse Quellformate beschreibt.

5.6.2   Java

Java ist eine eigenständige und betriebssystemähnliche Entwicklungsumgebung für sehr unterschiedliche Zwecke. Es kann zwischen drei Typen von Java unterschieden werden:

▪ Java-Anwendungen, d.h., ausgewachsenen Desktop-Anwendungen wie z.B. eine Office-Anwendung
▪ Java-Servlets, also Skripten zur Erzeugung von beispielsweise HTML. Sie entsprechen CGI, PHP und anderen serverseitigen Programmiersprachen.
▪ Java-Applets, d.h., »kleinen« Anwendungen, die in eine Webseite eingebettet werden

---

38. Vgl. Barrierefrei Informieren und Kommunizieren, Infobrief 10/2007,
URL: *http://www.bitvtest.de/ueber_uns/bitv_test_infobrief/bik_infobrief_102007_ministerientest_2007.html#c163* (Abruf 1.10.2009).

Für barrierefreie Webseiten spielen vor allem Applets eine Rolle. Da solche Objekte mit einer eigenen Benutzungschnittstelle ausgeliefert werden, gibt es bei der Screenreader-Nutzung erhebliche Kompatibilitätsprobleme. Um mit einem Screenreader auf Java-Applets zugreifen zu können, muss die »Java Access Bridge« installiert werden, eine Java-Klasse, die u.a. aus einer dynamischen Linkbibliothek (DLL) besteht. Diese Klasse kommuniziert durch die Java Virtual Machine (JVM) mit der Java Accessibility API und vermittelt die Elemente der Benutzerschnittstellen der Java-basierten Anwendung an das Betriebssystem.

Es gibt verschiedene Ansätze, die Zugänglichkeit von Java sicherzustellen:

G 135

- Java-Applets können mit Techniken wie der Java Accessibility API von Sun zu einem gewissen Grad zugänglich gestaltet werden. Die Java Accessibility API ist Teil der Java Foundation Classes (JFC).
- Die zweite für die Barrierefreiheit elementare Komponente der Java Foundation Classes ist Swing. Swing liefert Elemente für die grafische Benutzeroberfläche und ermöglicht eine Trennung zwischen Präsentation und Funktionalität der Benutzerschnittstellen. Damit kann statt der visuellen Darstellung der Schnittstelle eine Audio-Präsentation angeboten werden, was den Einsatz von Hilfsmitteln erübrigt.
- Die Java Accessibility Utilities werden von Sun für Entwickler von Hilfsmitteln bereitgestellt und ermöglichen den Zugang zu Java-Anwendungen, die in der Java Virtual Machine laufen. Einem Screenreader ist es so möglich, Schnittstellen zu lokalisieren oder Event-Listener zu installieren.
- Auch Microsoft hat Java-Tools vorgestellt. Hierzu zählen die Windows Foundation Classes for Java (WFC) und die Java-Entwicklungsumgebung Visual J++. Microsofts Vorgehensweise, um die Anwendungen zugänglich zu gestalten, ist die Nutzung der MSAA-Schnittstelle von Windows.

Am Beispiel Java wird ein Problem deutlich, das häufig die Bemühungen bei der barrierefreien Gestaltung von Anwendungen bremst: Schnittstellen für Computerhilfsmittel, wie in Java implementiert, helfen nicht, wenn sie von Hilfsmitteln nicht interpretiert werden können. Im Fall von Java unterstützen auf Windows-Systemen die Screenreader JAWS, HAL, SuperNova und Virgo die Access Bridge, und Unterstützung in Window-Eyes ist für Version 7 versprochen. Auf Linux-Systemen wird Java nur von Gnopernicus und Orca unterstützt.[39]

Im Internet Explorer funktioniert seit der Version 6 Service Pack 2 die standardkonforme Einbettung von Java-Applets mit dem OBJECT-Element nicht mehr. So bleibt derzeit nur die Möglichkeit, Java-Applets über das veraltete APPLET-Element einzubinden, wodurch eine standardkonforme Seite nach der strengen Dokumententypdeklaration nicht mehr möglich ist.

---

39. Vgl. Wikipedia, Comparison of screen readers,
    URL: *http://en.wikipedia.org/wiki/List_of_screen_readers* (Abruf 1.10.2009).

Weitergehende Informationen zum Thema barrierefreie Java-Applets finden sich in der IBM-Software-Accessibility-Checkliste, die mit zahlreichen Beispielen eine Übersicht über das Thema bietet:

http://www-03.ibm.com/able/guidelines/software/accesssoftware.html

sowie auf dem Webauftritt mit Erläuterungen zu den US-amerikanischen Richtlinien für barrierefreie Webinhalte, Section 508. Dort werden ebenfalls konkrete
Praxisbeispiele geliefert.

Für Java sowie für alle Formate, die über HTML und CSS hinausgehen, müssen die Ansätze des »Progressive Enhancement« berücksichtigt werden:
Zunächst sollen die Inhalte so weit wie möglich mit den einfacheren Mitteln von
HTML, CSS und Bildern aufbereitet werden. Danach können Dynamisierungen
»in Maßen« ergänzt, und aufbauend Multimedia und Applets entweder als optionale Ergänzung oder als weitere Version zum bestehenden und funktionierenden Dokument hinzugefügt werden. So ist bei Kompatibilitätsproblemen immer
eine Fallback-Lösung vorhanden.

Die umgekehrte Vorgehensweise, d.h., einfache Alternativen für erweiterte
Techniken zu finden, ist für eine Sicherstellung der Barrierefreiheit deutlich
schwieriger. Ein Java-Applet mit einem knappen Alternativtext zu belegen, ist
sicherlich keine adäquate Antwort. Wenn Java-Applets im Web eingesetzt werden, dann ist als Alternative z.B. eine JavaScript-Anwendung – auch mit verein-
fachter Benutzerführung – im Sinne der Barrierefreiheit die bessere Lösung.

Zusammenfassung

1. Für barrierefreie Webinhalte ist der korrekte Einsatz von Webstandards
    Grundlage, aber nicht Garantie. Manche Webstandards werden noch nicht
    ausreichend von allen Browsern oder Hilfsmitteln unterstützt. Dies gilt bei-
    spielsweise für das SVG-Format.
2. Multimedia kann Barrierefreiheit fördern und zugleich verhindern. Es
    kommt auf den richtigen Einsatz an; Multimedia-Inhalte benötigen Audio-
    Deskriptionen, Untertitel und ggf. weitere Textalternativen wie Transkriptio-
    nen.
3. JavaScript fördert die Barrierefreiheit, wenn es richtig und als Ergänzungs-
    technik eingesetzt wird.
4. Die Möglichkeit, barrierefreie Flash-Inhalte zu erstellen, hat in den letzten
    Jahren große Fortschritte gemacht. Problematisch ist jedoch, dass bisher
    nur Nutzer von Windows-Betriebssystemen davon profitieren.
5. PDF ist nicht immer das richtige Format; wenn PDF eingesetzt wird, dann ist
    Tagged PDF zu verwenden, das weiter optimiert werden muss.

6 Umgang mit Gestaltungselementen

Der Schwerpunkt dieses Kapitels ist die Gestaltung dynamischer und multimedialer Inhalte. Diese dürfen die Nutzbarkeit der Seite nicht blockieren. Sowohl das Lesen der Inhalte als auch die vollständige Bedienung der Seite muss unbeeinträchtigt möglich sein. Oft werden Webangebote als »im Wesentlichen barrierefrei« oder »barrierearm« bezeichnet. Manchmal sind jedoch genau die Aspekte, die nicht barrierefrei umgesetzt wurden, so problematisch, dass der gesamte Webauftritt nicht genutzt werden kann.

Bereits in der Konzeptionsphase muss hier sorgfältig geplant und auf Elemente verzichtet werden, die das Lesen und Bedienen behindern oder stören können. Bei einigen dieser »Störungen« gibt es Techniken, die die Zugänglichkeit und Nutzbarkeit dem Grunde nach erlauben, bei anderen hingegen nicht.

In diesem Kapitel wird zunächst auf das bereits erwähnte Grundprinzip des »Progressive Enhancement« eingegangen. Danach werden Kriterien vorgestellt, die erfüllt sein müssen, damit der Nutzer nicht vom Lesen und Bedienen der Webseite abgehalten wird. Dazu zählen:

- Erfolgskriterium 2.2.2 – Pausieren, beenden, ausblenden
- Erfolgskriterium 2.3.1 – Grenzwert von dreimaligem Blinken oder weniger
- Erfolgskriterium 1.4.2 – Audio-Steuerelement

Schließlich wird auf einige visuelle Gestaltungselemente eingegangen, die vor dem Hintergrund der Barrierefreiheit besondere Aufmerksamkeit benötigen. Es handelt sich insbesondere um Grafiken. Ein weiteres Thema ist der Umgang mit CAPTCHAs.

6.1 Progressive Enhancement

Progressive Enhancement bedeutet »fortschreitende Erweiterung« und ist eine Modernisierung des früheren Prinzips der »Graceful Degradation« (»würdevolle Abstufung« oder »würdevoller Rückfall«). Mit Zweiterem ist gemeint, dass Webseiten für die aktuellsten und gängigsten Browser entwickelt und dann so weit angepasst werden, dass sie in älteren und nicht so gängigen Browsern zumindest funktionieren – ein Vorgehen, das noch in den 1990er-Jahren empfohlen wurde.[1]

Aus den Ansätzen der »Graceful Degradation« hat sich die bedenkliche Haltung entwickelt, der Nutzer müsse doch einfach nur den Browser aktualisieren, um Seiten mit modernen Techniken zu nutzen. Auch wenn die Browser kostenlos sind, ist eine Aktualisierung des Browsers manchmal nicht einfach: In Firmen gibt es Update-Richtlinien, manchmal ist die Hardware schon zu alt für neue Anwendungen und letztlich gibt es auch bewusste Entscheidungen, kein Update auf den modernsten, schnellsten und größten Browser vorzunehmen. Für die Barrierefreiheit ist zudem relevant, dass bestimmte und sehr teure Hilfsmittel behinderter Nutzer vielleicht nur mit bestimmten Browsern und Versionen gut zusammenarbeiten und ein Browser-Update dazu führt, dass mehrere tausend Euro für neue Hilfsmittel ausgegeben werden müssen.

In den Richtlinien für barrierefreie Webinhalte werden neben Erfolgskriterien auch grundlegende Konformitätsbedingungen beschrieben, die noch vor einer Konformität mit den WCAG20 erfüllt sein müssen. Nach Konformitätsbedingung 5 beispielsweise müssen Inhalte unabhängig von den eingesetzten Techniken aufgebaut werden, d. h., eine Seite mit ihren Informationen und Funktionen muss »funktionieren«, wenn die eingesetzten Techniken

- von der Zugangssoftware unterstützt werden,
- von der Zugangssoftware nicht unterstützt werden und
- in der Zugangssoftware abgeschaltet wurden.

Konformitätsbedingung 5 bedeutet im Prinzip, dass alle Inhalte und Funktionen mit HTML ausgespielt werden müssen. Grafiken, CSS-Gestaltung, JavaScript zur Dynamisierung und viele andere Techniken sind je nachdem nicht verfügbar oder nicht eingeschaltet. Jede Technik, die über HTML hinausgeht, ist eine ergänzende Technik und es gibt keine Gewähr, dass sie von der Zugangssoftware des Nutzers unterstützt wird.

Für die Webentwicklung bedeutet das:

- Im HTML brauchen Bilder einen Alternativtext. Wenn Bilder in einer Zugangssoftware nicht angezeigt werden, wird der Alternativtext an Stelle des Bildes angezeigt.
- CSS muss in externe Dateien ausgelagert und medienspezifisch angelegt werden. Je nach Zugang werden die erforderlichen CSS geladen und bei abgeschalteten CSS entsteht im HTML keine Vermengung von Struktur- und Layoutinformationen.
- Auch JavaScript sollte in externe Dateien ausgelagert und unaufdringlich gestaltet werden. Wenn JavaScript im Browser deaktiviert ist und die JavaScript-Datei nicht geladen wird, sollte die Nutzung der Seite trotzdem möglich sein.

---

1. Vgl. Wikipedia, Graceful Degradation,
    URL: *http://en.wikipedia.org/wiki/Graceful_degradation* (Abruf 21.5.2010).

Der Begriff »Progressive Enhancement« wurde 2003 von Steven Champeon eingeführt und ist eine Strategie der Webentwicklung, mit der die Inhalte auf eine robuste Weise ausgeliefert werden können: Erst wird bei jedem Seitenaufruf das strukturierte und in sich funktionierende HTML mit allen Inhalten an die Zugangssoftware ausgeliefert. Je nach Leistungsfähigkeit, Nutzereinstellungen und anderen technischen Merkmalen der Zugangssoftware wird die Präsentation mittels externer CSS-Dateien und Verbesserungen der Gebrauchstauglichkeit mittels externer JavaScript-Dateien vom Server zum Client übertragen. Das bedeutet, dass erst ein linearisiertes und strukturiertes HTML-Dokument stehen muss, bevor Grafiken, ein spezielles Layout, Gebrauchstauglichkeit und komplexere Inhalte in Form von Anwendungen hinzugefügt werden.

Linearisiertes und strukturiertes HTML ist in jeder Zugangssoftware zugänglich und nutzbar. Alle Informationen und Funktionen des Inhalts sollten in HTML verfügbar sein. Da man sich mit diesem Ansatz nicht auf CSS, JavaScript oder andere Techniken stützt, um Information oder Funktionalität zu vermitteln, ist die logische Konsequenz, dass alle Informationen, Zusammenhänge und Funktionen in HTML nachzuvollziehen sind.

Dieser Ansatz hat aber Grenzen. Wenn z.B. eine Landkarte dargestellt werden soll, dann ist eine textliche Beschreibung der Karte nur eingeschränkt zweckmäßig. Manche Funktionen wie die Vorschlagsliste einer Suchfunktion sind nur mit JavaScript realisierbar. Auch hier ist die logische Konsequenz, dass derartige Inhalte oder Funktionen nicht barrierefrei gestaltet werden können. Dennoch handelt es sich bei der fortschreitenden Erweiterung um ein Grundprinzip und unter dem Strich bedeutet es, dass HTML immer die Basistechnik ist, die durch andere Techniken ergänzt wird.

6.2   Störungen vermeiden

Um Nutzer nach dem Seitenaufruf mit multimedialen Inhalten zu bedienen, werden Video- und Audio-Inhalte oft direkt abgespielt. Einführende Begrüßungsfilme, Animationen, Hintergrundmusik oder Avatare sollen die Attraktivität und Verständlichkeit einer Seite erhöhen. Ob Video oder blinkende Texte, diese dynamischen Gestaltungselemente haben gemein, dass sie die Aufmerksamkeit auf sich ziehen und vom eigentlichen Inhalt ablenken. Auch diese visuellen Elemente werden in der Konformitätsbedingung 5 thematisiert.

Hintergrund dieser Konformitätsbedingung ist, dass viele Menschen mit Behinderungen mehr Zeit für das Erledigen von Aufgaben benötigen. Das können längere physische oder kognitive Reaktionszeiten sein – oder die Tatsache, dass Sehbehinderte oder Menschen mit einer Leseschwäche mehr Zeit für das Finden und/oder Lesen benötigen können, was letztlich auch für den linearen Zugang im Screenreader gilt. Deswegen sollen dynamische Elemente, die vom sonstigen Seiteninhalt ablenken oder gar den Zugang verhindern, nicht eingesetzt werden. Angesprochen sind hier blinkende oder gar flackernde Inhalte, aber ebenso sich bewegende Inhalte wie z.B. ein Nachrichtenticker. Auch automatisches Abspielen von Audio ist problematisch, denn beim Einsatz einer Sprachausgabe »konkurrieren« Inhalt und Bedienung. Der Einsatz dieser Techniken ist zwar nicht »verboten«, muss aber sorgfältig überlegt sein und darf nur unter bestimmten Voraussetzungen erfolgen.

6.2.1 Blinken und Bewegung

Werden Inhalte so dynamisiert, dass sie regelmäßig blinken, automatisch scrollen oder sich auf andere Weise ständig bewegen, müssen die Nutzer immer die Möglichkeit haben, die Inhalte in statischer Form anzuzeigen. Obwohl z.B. Blinken durch Browsereinstellungen unterbunden werden kann, wurden in den WCAG20 dennoch spezielle Anforderungen an solche Inhalte formuliert. Kann auf dynamische visuelle Effekte nicht verzichtet werden, dann sollen sie entweder nach kurzer Zeit von selbst stoppen oder der Nutzer muss die Möglichkeit haben, einen statischen Zustand herzustellen.

In der Praxis treten blinkende und sich bewegende Inhalte oft im Zusammenhang mit Werbebannern auf. Die Werbefläche wird mit allen denkbaren Techniken gefüllt – mit einfachem Text, animierten Bildern bis hin zu Flash-Objekten. Sie können meist ebenso wenig wie die Einbindung über Frames, fehlende Alternativtexte oder ungenügende Kontrastverhältnisse vom Webanbieter beeinflusst werden, denn Code und Inhalt stammen meist von Drittanbietern und die Werbung wird über sogenannte Ad-Server eingespielt.

Das eigentliche Problem – und das ist nur durch einen Verzicht auf Drittanbieter zu vermeiden – sind dynamische Inhalte, die durch Blinken und Bewegung die Nutzer daran hindern, ihre Aufmerksamkeit dem restlichen Inhalt der Seite zu widmen. Der Verzicht ist nicht immer leicht. Wenn beispielsweise Werbebanner integriert werden, um Einnahmen zu generieren, dann besteht ein Konflikt zwischen Nutzerzufriedenheit und finanziellen Zielen. Wenn man aber als Anbieter Einfluss auf die eingeblendete Werbung hat, dann kann man sie auch zugänglich machen.

Bevor auf einige Techniken zur Vermeidung von Ablenkung eingegangen wird, müssen die Begriffe »Blinken« und »Flackern« voneinander abgegrenzt werden:

- Blinken bedeutet, dass ein Element zwischen zwei oder mehr visuellen Zuständen wechselt, um die Aufmerksamkeit des Nutzers auf das Element zu lenken. Das Problem ist hier die Ablenkung vom eigentlichen Seiteninhalt. Blinkende Inhalte sind dann WCAG20-konform, wenn das Blinken nach 5 Sekunden aufhört oder vom Nutzer abgeschaltet werden kann.
- Flackern bedeutet, dass die relative Luminanz einer Fläche oder Bildsequenz entgegengesetzt wird. Flackern entsteht ab einer Mindestfläche auf dem Bildschirm und ab einer bestimmten Frequenz. Bei einer Bildschirmauflösung von 1024×768 px wäre die Mindestfläche 341×265 px, was 25 % des zentralen Gesichtsfeldes von 10 Grad bei einer üblichen Entfernung zum Bildschirm entspricht. Die Frequenz wird auf drei oder mehr

Wechsel in einem beliebigen 1-Sekunden-Abschnitt festgelegt. Flackern kann bei fotosensitiver Epilepsie und anderen fotosensitiven Störungen zu Anfällen führen und ist deshalb ohne Ausnahme zu vermeiden.

Während »Blinken« also eher ablenkenden Charakter hat, hat »Flackern« für manche Nutzer möglicherweise gesundheitliche Folgen.

Ein blinkender Inhalt kann zu einem flackernden Element werden, wenn die Frequenz des Blinkens hoch genug und die blinkende Fläche groß genug ist. Vor allem dürfen die Helligkeitsunterschiede der verschiedenen Zustände bestimmte Grenzwerte nicht überschreiten, damit blinkende Inhalte nicht zu flackern beginnen.

6.2.1.1 Vermeidung von Ablenkung

Alle Inhalte, die sich in irgendeiner Form bewegen, sind eine Ablenkung. Das können automatisch ablaufende Videos sein oder auch Animationen, blinkender Text, Lauftexte oder andere dynamische Inhalte.

Insbesondere für Sehbehinderte und Nutzer mit einer Leseschwäche können dynamisierte Inhalte Schwierigkeiten beim Lesen bereiten. Neben den möglichen Problemen beim Lesen führen diese Effekte aber bei manchen Nutzern zur völligen Ablenkung, sodass der eigentliche Inhalt nicht mehr genutzt werden kann. Für den Abbau dieser Barrieren gibt es zwei Herangehensweisen:

1. Es werden Steuerelemente für dynamische Inhalte geboten, mit denen die Herstellung eines statischen Zustands möglich ist.
2. Die Inhalte werden spätestens nach 5 Sekunden automatisch in einen statischen Zustand versetzt.

Sofern Videos, blinkender oder sich bewegender Text oder andere dynamische Inhalte integriert wurden, muss die Dynamik vom Nutzer gestoppt werden können. Solche Steuerelemente können für einzelne Inhalte oder am Anfang der Seite für alle dynamischen Inhalte einer Seite zur Verfügung gestellt werden.

Für einige Techniken gibt es Möglichkeiten, die Dynamik zu begrenzen. Das kann insbesondere mit JavaScript erfolgen, aber auch animierte Bilder können nach einer vorgegebenen Zeit statisch werden.

6.2.1.2 Steuerung der Dynamik

Solange blinkende und sich bewegende Inhalte automatisch starten und parallel zum restlichen Inhalt dargestellt werden, müssen sie vom Nutzer gestoppt werden können. Das bedeutet, Sie müssen dem Nutzer ein Steuerelement direkt neben dem dynamischen Inhalt oder am Anfang der Seite anbieten. Auf diese zusätzliche Steuerungsmöglichkeit kann verzichtet werden, wenn

- der dynamische Inhalt nicht parallel zu anderen Inhalten dargestellt wird;
- der dynamische Inhalt in seiner dynamischen Form unentbehrlich ist;
- der dynamische Inhalt nach 5 Sekunden automatisch stoppt.

Die erste Ausnahme ist unproblematisch. Wenn auf einer Seite z. B. nur ein Video oder ein Spiel angeboten wird, dann darf der dynamische Inhalt auch automatisch starten. Der Nutzer hat dann in der Regel vorher einen Link aufgerufen, der ihm im optimalen Fall die Art des Inhalts vermittelt hat. Wenn das Video hingegen neben dem Text und weiteren Inhalten integriert ist, greift diese Ausnahmebedingung nicht.

Die zweite Ausnahme ist etwas schwieriger abzugrenzen: Dynamischer Inhalt ist dann unentbehrlich, wenn der Verzicht auf das dynamische Element den Inhalt wesentlich verändern würde und es keine konforme Technik zur Umsetzung der Information oder der Funktion gibt. Wenn z. B. in einer Live-Auktion die aktuellen Gebote (in kurzen Abständen) dynamisch eingespielt werden und ständig blinken, so ist der dynamische Inhalt unentbehrlich. Aber ist eine integrierte Webcam, in der live aus einer Veranstaltung übertragen wird, unentbehrlich im Sinne der Anforderung? Die Antwortet lautet Nein, denn die Aufnahme kann auch aufgezeichnet und später abgespielt werden; die Übertragung sollte deshalb in diesem Fall nach 5 Sekunden automatisch gestoppt werden bzw. durch den Nutzer angehalten werden können.

Die dritte Ausnahme ist die 5-Sekunden-Ausnahme. Wenn die dynamischen Inhalte spätestens nach 5 Sekunden stoppen, dann werden die Nutzer nicht dauerhaft vom sonstigen Inhalt abgelenkt. Wenn etwas für 5 Sekunden blinkt, wird zwar die Aufmerksamkeit darauf gelenkt, aber der Nutzer wird nicht an der Bedienung der Seite gehindert. Ähnliches gilt für Animationen, Videos und andere dynamische Inhalte.

Mechanismen mit JavaScript

Das Anhalten eines dynamischen Effekts bedeutet, dass der Nutzer ein Steuerelement betätigt und den statischen Zustand so lange erzielt, bis er den dynamischen Zustand wieder wünscht.

Mit den Ansätzen von »Progressive Enhancement« werden Inhalte, die z. B. blinken oder als Laufschrift angezeigt werden sollen, zunächst statisch eingebunden. Mit JavaScript kann dann eine Dynamisierung vorgenommen werden. Wenn die Zugangssoftware kein JavaScript unterstützt oder wenn JavaScript deaktiviert ist, wird der Inhalt ohne Informationsverlust angezeigt. Bei aktiviertem JavaScript wird entweder eine Dynamisierung für maximal 5 Sekunden oder ein Steuerelement zum Anhalten der Dynamik programmiert.

Im Folgenden wird eine Möglichkeit beschrieben, die 5-Sekunden-Ausnahme für einen blinkenden Text zu realisieren. Dabei wird JavaScript genutzt, um zunächst das Blinken zu bewirken und es dann zu stoppen. Wenn ein Text »Neu« blinken soll:

```
<span id="neueste"><strong>Neu!</strong></span>
```

dann kann mit folgenden JavaScript-Anweisungen das Blinken für 5 Sekunden zugelassen werden:

```
function blink_an() {
  if (document.getElementById) {
    document.getElementById("neueste").style.visibility = "visible";
  }
}
function blink_aus() {
  if (document.getElementById) {
    document.getElementById("neueste").style.visibility = "hidden";
  }
}
window.onload = function() {
  for (var i=1; i < 5; i++) {
    setTimeout("blink_aus()", (900*i));
    setTimeout("blink_an()", (900*i)+300);
  }
}
```

Listing 6-1   JavaScript-Funktion zur Begrenzung der Blinkdauer

Bei diesem JavaScript wird die Zeitbegrenzung durch viermaliges Blinken in knapp 4 Sekunden reguliert. Die beiden Funktionen werden jeweils vier Mal verzögert ausgelöst: das erste Ausblenden nach 900 Millisekunden, das erste Wiedereinblenden nach 1,2 Sekunden usw. Die letzte Einblendung findet nach 3,6 Sekunden statt. Ohne die Begrenzung der Aus- und Einblendung würde der Text immer weiter blinken.

In diesem Beispiel hätte auch die CSS-Eigenschaft text-decoration mit dem Wert blink statt der CSS-Eigenschaft visibility genutzt werden können, aber das Blinken mittels CSS funktioniert im Internet Explorer nicht. Generell sollte Blinken ohnehin nicht über CSS realisiert werden, denn das dynamische Ausschalten erfordert unbedingt JavaScript-Unterstützung, was im Widerspruch zu den Ansätzen des »Progressive Enhancement« bzw. der Konformitätsbedingung 5 steht. Gleiches gilt für das nicht spezifizierte BLINK-Element, das in erstaunlich vielen Browsern funktioniert. Im obigen Beispiel findet Blinken und Anhalten nur bei eingeschaltetem JavaScript statt, d.h., wenn JavaScript von der Zugangssoftware nicht unterstützt wird, wird auch nichts blinken.

Hier wird ein weiteres Problem deutlich: Ein Steuerelement, das einen dynamischen Inhalt in einen statischen Zustand versetzt, darf keine clientseitigen Skripte auslösen. Beim Betätigen des Steuerelements muss die Seite mit neuen Parametern aufgerufen werden, die die Dynamik verhindern. Selbstverständlich kann über DOM-Scripting und im Sinne des »Progressive Enhancement« JavaScript eingesetzt werden, um einen clientseitigen Aufruf zu initiieren, aber das Steuerelement muss auch ohne JavaScript funktionieren.

Stopp-Mechanismen sind für alle dynamischen Inhalte bereitzustellen. Das genannte Beispiel ist noch recht überschaubar, allerdings kann das Problem komplexer werden. Beispielsweise dürfen auch Flash-Inhalte nur blinken, wenn sie gestoppt werden können, d.h., neben dem Flash-Objekt muss eine barrierefreie Schaltfläche implementiert werden, die die Dynamik einfriert.

Mechanismen ohne JavaScript

Am sinnvollsten wäre es natürlich, wenn ablenkender Inhalt vom Nutzer direkt in der Zugangssoftware »ein für alle Mal« abgeschaltet werden könnte. In der Tat bieten Browser verschiedene Möglichkeiten, blinkende Elemente auszuschalten. Aber sie haben ihre Grenzen und es kann nicht erwartet werden, dass ein Nutzer standardmäßig beispielsweise JavaScript abschaltet. Wer aber durch blinkende Elemente beeinträchtigt wird, kann z.B. als Voreinstellung im Browser angeben, dass animierte Grafiken statisch angezeigt werden sollen.

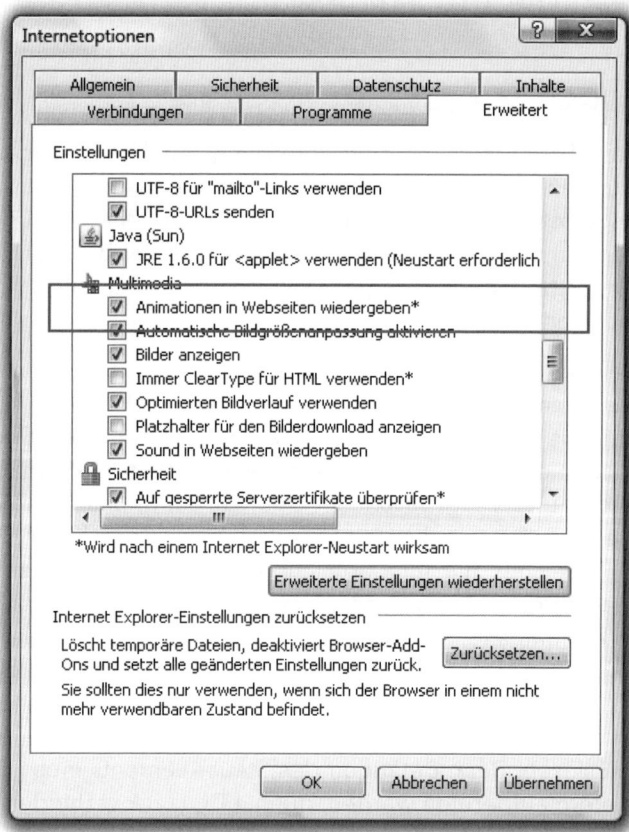

Abb. 6-1   Einstellung im Internet Explorer zum Verhindern animierter GIFs

Solche Einstellungen können für animierte Grafiken vorgenommen werden, d.h., für Grafiken, in denen mehrere einzelne Bilder gespeichert und in festgelegten Zeitabständen ausgetauscht werden.

In der Zugangssoftware gibt es typische Tastaturbefehle, um bestimmte Prozesse zu stoppen. Diese Möglichkeiten sollten auch beim Einsatz dynamischer Inhalte berücksichtigt werden. Durch Drücken der Esc-Taste können beispielsweise animierte Bilder in den GIF- und (den nicht standardisierten) animierten PNG[2]-Formaten gestoppt werden. Allerdings ist diese Möglichkeit nicht jedem Nutzer bekannt. Deswegen sollten Webanbieter Techniken einsetzen, die eine möglichst einfache Unterbrechung erlauben, wie eben mit der Esc-Taste. Die beiden Bildformate sind unter anderem aus diesen Gründen anderen Techniken wie Flash oder JavaScript vorzuziehen.

Gerade bei animierten GIFs können aber auch die Grafiken selbst so gestaltet werden, dass sie den Anforderungen genügen und für höchstens 5 Sekunden dynamisch sind. Die Dynamik in den Grafiken wird durch folgende drei Faktoren bestimmt:

- die Zahl der einzelnen Bilder in der Grafik,
- die Dauer, für die einzelne Bilder angezeigt werden, und
- die Zahl der Wiederholungen.

In der Regel ist die Zahl der Wiederholungen unbegrenzt, aber sie kann auch begrenzt werden. Dann entspricht die Dauer der Animation der Zahl der Bilder, multipliziert mit der Dauer und der Zahl der Wiederholungen. Ein animiertes GIF mit 3 Bildern, die alle 0,5 Sekunden angezeigt werden und 3 Wiederholungen hat, bleibt $3 \times 0{,}5 \times 3 = 4{,}5$ Sekunden lang animiert; danach ist die Grafik statisch und zeigt das dritte Bild an. Selbstverständlich können auch die anderen Parameter modifiziert werden.

Eine weitere Alternative, dynamische Inhalte statisch anzuzeigen, ist das Anbieten einer alternativen Seite ohne die störenden bzw. ablenkenden Inhalte. Statt eines Mechanismus, der das Blinken und die Bewegung anhält, kann auf Basis der Konformitätsbedingung 1 ein Link zu einer alternativen Version eingesetzt werden. Wenn z. B. in einem Formular die Pflichtfelder mit einem dynamischen Rahmen gekennzeichnet werden, dann würde der Link zu einer Version führen, in der die Pflichtfelder statisch markiert sind. Damit ist es allerdings nicht getan, denn die Anforderungen an alternative Versionen sind sehr umfangreich (vgl. Kap. 8). Wenn beispielsweise auf der alternativen Version weitere Erfolgskriterien der angestrebten Konformitätsstufe nicht erfüllt sind, dann können solche Alternativen nicht als barrierefrei deklariert werden.

6.2.2 Flackern

In der Vorgängerversion der WCAG20 waren die Anforderungen hinsichtlich Flackern sehr restriktiv, denn es durfte kein einzelnes Pixel im Bereich zwischen 3 Hz und 50 Hz flackern. In den WCAG20 wurde diese Anforderung dahingehend relativiert, dass unter bestimmten Bedingungen kleine Flächen kurz

2. APNG Project, URL: *http://animatedpng.com/* (Abruf 21.5.2010).

aufblitzen dürfen. Dennoch gelten kleinflächige flackernde Inhalte als ablenkend und sollten vermieden werden.

In die WCAG20 wurden Anforderungen für flackernde Inhalte gemäß denen des britischen Fernsehens übernommen. Der zu berücksichtigende Winkel des Gesichtsfeldes (und somit auch der Fläche auf dem Bildschirm) aufgrund des typischerweise geringeren Abstandes des Nutzers zum Bildschirm (56 bis 66 cm) wurde auf 10 Grad angepasst. Die Grenzwerte wurden bewusst auf kleinere Monitore (15 bis 17 Zoll) mit einer eher geringen Auflösung (1024×768px) ausgerichtet, weil bei größeren Monitoren die Darstellungen aufgrund der größeren Entfernung des Nutzers zum Bildschirm weniger gefährlich werden.

Die grundsätzlichen Kriterien für Flackern wurden oben bereits aufgeführt. Hier spielen die Fläche sowie Frequenz und Helligkeitsunterschiede eine wichtige Rolle. Flackernde Elemente (im Bereich 2 bis 55 Hz) können bei Nutzern mit fotosensitiver Epilepsie Anfälle auslösen. Hierbei geht es speziell um abrupte Veränderungen am Bildschirm oder einer Fläche in kurzen Abständen und nicht um kontinuierliche Bildübergänge, die typisch für Video-Inhalte sind. Aber Flackern kann auch in einem Video vorkommen, etwa wenn darin Blitze oder schnell wechselnde Bilder auftauchen.

Anfälle können in bestimmten Fällen bereits nach 1 bis 2 Sekunden ausgelöst werden. Von daher sind Steuerelemente, wie sie bei blinkenden Inhalten eingesetzt werden dürfen, bei flackernden Inhalten nicht ausreichend. Ein Anfall würde schneller ausgelöst werden, als ein Nutzer auf solche Möglichkeiten reagieren könnte. Barrierefreie Seiten dürfen deswegen nach der Konformitätsbedingung 5 kein Flackern aufweisen.

Die Nutzung von Inhalten ohne die Gefahr eines epileptischen Anfalls ist nur dann sichergestellt, wenn diese ab einer bestimmten Fläche nicht öfter als drei Mal innerhalb einer Sekunde flackern. Bei flackernden Inhalten müssen

- die Frequenz des Flackerns reduziert werden, auch wenn der Grenzwert eingehalten wird,
- die Kontraste der entgegengesetzten Übergänge reduziert werden,
- die flackernde Fläche verkleinert und/oder
- gesättigtes Rot vermieden werden.

Das Risiko für Anfälle ist besonders bei gesättigtem Rot gegeben. Dabei braucht die rote Farbe »nur« bei einem der Übergänge vorzukommen. Um die Gefahr eines epileptischen Anfalls – auch bei Einhaltung der Grenzwerte – zu minimieren, sollte ein Werkzeug eingesetzt werden, mit dem die Rotanteile festgestellt werden können.

6.2.3   Audio-Inhalte

Zur Erhöhung der Attraktivität eines Angebots wird auch mit Audio gearbeitet. Audio-Inhalte können dann problematisch sein, wenn sie automatisch abgespielt werden oder die Vordergrundinformationen (insbesondere gesprochener Text) aufgrund von Hintergrundgeräuschen nicht ausreichend abgehoben ist. Während das erste Problem beim Einsatz von Sprachausgaben beeinträchtigend ist, ist das zweite Problem eher ein Thema bei Menschen mit Schwerhörigkeit.

6.2.3.1   Automatisches Abspielen von Audio

Ein Erfolgskriterium, dem nach Konformitätsbedingung 5 unbedingt Rechnung getragen werden muss, ist das Vermeiden automatisch abgespielter Audio-Inhalte auf einer Seite mit weiteren Inhalten. Das kann ein reiner Audio-Inhalt wie Hintergrundmusik sein oder ein Video mit Audio-Spur. Ähnlich wie bei Blinken oder Bewegung dürfen automatisch abgespielte Audio-Inhalte nur für kurze Zeit abgespielt werden oder es muss ein Steuerelement bereitgestellt werden, mit dem das Audio abgeschaltet werden kann.

Automatisch ablaufende Audio-Inhalte auf einer Seite mit weiteren Inhalten können dazu führen, dass die Seite mit einer Sprachausgabe nicht genutzt werden kann, denn die Sprachausgabe ist dann nicht oder nur unter erschwerten Bedingungen zu verstehen. Außerdem kann Audio im Allgemeinen ablenkend sein und die Fokussierung auf weitere Inhalte beeinträchtigen oder verhindern. Statt automatisch abspielende Audio-Inhalte einzusetzen, wird empfohlen, dem Nutzer ein Steuerelement zum Starten einer Audio-Datei anzubieten oder eine Voreinstellung bereitzustellen, mit der der Nutzer diese selbst starten kann.

Automatisch abgespielte Audio-Inhalte dürfen nur für maximal 3 Sekunden abgespielt werden, da sonst Nutzer von Sprachausgaben stark beeinträchtigt sind. Auch wenn ein Steuerelement bereitgestellt wird, das das Audio abschaltet oder dessen Lautstärke herabsetzt, kann der Nutzer möglicherweise das Steuerelement trotzdem nicht bedienen.

Wenn Audio-Inhalte automatisch für weniger als 3 Sekunden abgespielt werden, dann hat der Nutzer immer noch die Möglichkeit, die sonstigen Inhalte der Seite zu lesen und zu bedienen. Wenn etwa beim Laden der Seite ein Audio-Inhalt mit einer kurzen gesprochenen Begrüßung, einem Audio-Hinweis oder einer kurzen Melodie abgespielt wird, werden diese Audio-Inhalte nicht als störend eingestuft.

Audio-Inhalte, die für länger als 3 Sekunden abgespielt werden, können dazu führen, dass eine Seite nicht mehr WCAG20-konform ist. Nur wenn das Audio abgeschaltet oder die Lautstärke unabhängig von der Systemlautstärke auf null gesetzt werden kann, ist die Konformitätsbedingung erfüllt.

Ein Steuerelement zum Abschalten von Audio sollte sowohl visuell als auch in der linearen Reihenfolge am Beginn einer Seite stehen. Außerdem muss es gut erkennbar sein und deutlich seine Funktion, das Abschalten von Audio-Inhalten, beschreiben. In der Tab-Reihenfolge sollte das Steuerelement durch wenige Tastenschläge erreicht werden können.

Da automatisch abgespielte Audio-Inhalte Nutzer von Sprachausgaben immer ablenken, ist es jedoch besser, wenn auf das automatische Abspielen verzichtet wird. Stattdessen kann ein Steuerelement zum Abspielen von Audio eingebunden werden.

Bei dieser Vorgehensweise ist es sinnvoll, dem Nutzer mitzuteilen, wie er während des Abspielens der Audio-Inhalte diese insbesondere mit der Tastatur wieder anhalten kann, denn oft werden auch Multimedia-Player mit diversen weiteren Steuerelementen genutzt. Sofern ein Tastenkürzel vergeben wird, wie etwa in Listing 6–2, kann die Bezeichnung des Steuerelements zum Starten in etwa lauten: »Abspielen von Multimedia starten (Pause mit Alt+P)«.

```
<button type="submit" >
    Start <span>und nachher mit Alt+P stoppen</span>
</button>
<button type="submit" accesskey="p">
    Stopp
</button>
```

Listing 6–2   Tastaturkurzbefehle zum Stoppen von Multimedia

6.2.3.2 Vorder- und Hintergrundinformationen in Audio

Ein Kriterium der Barrierefreiheit ist die Trennung von Vordergrund- und Hintergrundinformationen. Diese Anforderung gilt sowohl für Texte und Grafiken als auch für Audio-Inhalte (allerdings nur für reine Audio-Inhalte und nicht für Videos). Durch eine ausreichende Absetzung von Vordergrundaudio gegenüber Hintergrundaudio können Nutzer mit einer Hörbehinderung akustische Informationen besser wahrnehmen.

Gerade bei gesprochenen Texten ist die Verständlichkeit durch Vermeiden von Hintergrundgeräuschen zu beachten. Deshalb sollen Audio-Inhalte mit gesprochenem Text ohne Hintergrundgeräusche aufgenommen werden oder einen Unterschied der Lautstärke bei Vorder- und Hintergrundinformationen von mindestens 20 dB haben.

Für gesprochenen Text bedeutet das, dass das Vordergrund-Audio ausreichend laut zum Hintergrund-Audio aufgenommen werden muss. Wenn Anbieter sicherstellen, dass der Unterschied mindestens 20 dB beträgt, dann ist die Lautstärke der Vordergrundinformation vier Mal höher als der Hintergrund.[3]

---

3.   Vgl. Trace Center, About Decibels,
       URL: *http://trace.wisc.edu/docs/2004-About-dB/index.htm* (Abruf 21.5.2010).

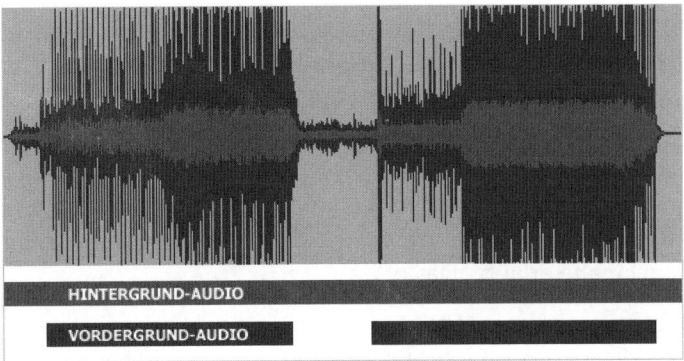

Abb. 6-2   Visualisierung eines Audio-Kontrasts

Es gibt Fälle, in denen diese Anforderung nicht gilt, etwa bei Audio-Logos oder gesangsartigen Texten sowie bei Audio-CAPTCHAs (vgl. Abschnitt 6.3.5 ab S. 225).

6.3 Grafiken

Grafiken werden in sehr unterschiedlichen Zusammenhängen eingesetzt, sei es als reine Dekoration, visuelle Anreicherung von Text oder zur Darstellung von Zusammenhängen. Grafiken müssen visuell wahrgenommen werden, um interpretiert oder verstanden werden zu können. Einerseits muss sich der Gestalter überlegen, wie Alternativtexte sinnvoll vergeben werden sollen, und andererseits geht es um die visuelle Wahrnehmung am Bildschirm, etwa unter den Gesichtspunkten von Kontrastverhältnissen oder Vergrößerbarkeit.

Was das Bereitstellen von Alternativtexten angeht, so gibt es zahlreiche uneindeutige Fälle. Dabei steht jedoch nicht die grundsätzliche Verwendung von Grafiken zur Diskussion: Grafiken sollen und dürfen eingesetzt werden, um einen Webauftritt attraktiv und/oder effizient zu gestalten. Dennoch stellt sich situationsabhängig die Frage, welcher Alternativtext der passende für eine bestimmte Grafik ist. Sollen dekorative Grafiken beschrieben oder doch besser als Hintergrundgrafik und damit ohne Alternativtext vor Screenreadern versteckt werden? Wie soll man mit Logos und anderen Schriftgrafiken umgehen? Diese und viele weitere Fragen sind vom Einzelfall abhängig. Deswegen sollten Sie sich vor der Gestaltung des Layouts darüber im Klaren sein, welche Bilder welchen Zweck erfüllen.

Grundsätzlich benötigen alle Grafiken einen Alternativtext, der einen gleichwertigen Zweck erfüllt. Diese vielfältige Anforderung wird in Kapitel 10 ausführlich behandelt; dennoch gibt es schon im frühen Entwicklungsprozess Aspekte, die Sie berücksichtigen können, etwa wenn Text als Bild eingesetzt werden soll. Zu der Grundregel gibt es aber Ausnahmen, etwa für dekorative Grafiken und CAPTCHAs.

6.3.1   Schriftgrafiken

Als »Bilder von Text« oder auch Schriftgrafiken werden Darstellungen von Text in Grafikform bezeichnet. Für die Darstellung einer bestimmten Schriftart werden also statt editierbarer Texte Grafiken verwendet. Statt Schriftgrafiken sollen aber CSS eingesetzt werden, um die Textformatierung zu realisieren. Durch die Trennung von Inhalt und Layout ist dann die logische und strukturelle Ebene von der Präsentationsebene getrennt, was einen besseren Zugriff auf die eigentlichen Inhalte erlaubt. Das bedeutet z. B.:

▦   Die Bearbeitung der Inhalte zur Förderung der Nutzbarkeit wird möglich.
▦   Eine effektivere Navigation wird eingeräumt, indem Inhalte und Eigenschaften durchsucht werden können.
▦   Die Anpassung der Präsentationsebene wird durch die Anwendung eigener Stilangaben möglich.

Wenn Bilder von Text eingesetzt werden, dann sind die eben genannten Möglichkeiten nur noch eingeschränkt bzw. nicht mehr realisierbar.

6.3.1.1   Warum Schriftgrafiken problematisch sind

Die visuelle Wahrnehmbarkeit ist bei Schriftgrafiken aus mehreren Gründen problematisch. Bestimmte Farbkombinationen sind möglicherweise vom Benutzer nicht wahrnehmbar, weil er farbfehlsichtig ist oder die Kontrastverhältnisse der verwendeten Farben nicht ausreichen. Bei Schriftgrafiken stehen dem Nutzer kaum Kompensierungsmöglichkeiten zur Verfügung, da die meisten Betriebssysteme dies nicht anbieten. Eine Ausnahme ist Mac OS mit einer Option zur Veränderung von Gammawerten. Normalerweise bleiben Grafiken aber unverändert und können höchstens mit einem Vergrößerungssystem oder einer anderen Anwendung invertiert werden. Dies führt dazu, dass sie in Negativfarben dargestellt werden – das Kontrastverhältnis bleibt jedoch davon unberührt. Die Darstellung von Texten hingegen kann im Betriebssystem und im Browser verändert werden.

Wenn Grafiken vergrößert werden, dann sind es oft nur die einzelnen Pixel. Die Leserlichkeit wird nicht unbedingt verbessert. Auch Vergrößerungssysteme stoßen an ihre Grenzen, z. B. bei der automatischen Kantenglättung.

Diese Gründe legen einen Verzicht auf Schriftgrafiken nahe, es sei denn:

1.   Die Schriftgrafik lässt sich an die Nutzerbedürfnisse anpassen, d. h., sie genügt sowohl den Kontrastanforderungen und lässt sich auch vergrößern. Schriftgrafiken sollten deswegen so vorbereitet werden, dass sie auch bei Vergrößerung auf 200 % scharf sind.
2.   Die Darstellung eines Textes in einer bestimmten Art und Weise ist notwendig, z. B. bei einer Wortbildmarke oder einem Logo.

Diese Ausnahmen gelten für die Konformitätsstufe AA. Auf Konformitätsstufe AAA dürfen keine Schriftgrafiken verwendet werden, außer wenn sie im Sinne der zweiten Ausnahme notwendig sind oder wenn sie rein dekorativen Charakter haben. Ansonsten ist Text stets mit CSS zu formatieren.

Texte, die über CSS formatiert sind, können durch Einstellungen im Betriebssystem und Browser oder durch eigene Stylesheets angepasst werden. Der Flexibilität der Darstellung steht oft der Wunsch der Webseitenbetreiber gegenüber, den Text in einer ganz bestimmten Schriftart darzustellen. Hier stoßen HTML und CSS an ihre Grenzen, denn es ist nicht möglich, jede beliebige Schriftart für Texte im Web zu verwenden (vgl. aber auch Abschnitt »Schriftformatierung mit Schriftartendateien« ab S. 212).

Obwohl individuelle Schriftarten mit CSS zumindest technisch möglich ist, können die Methoden noch nicht uneingeschränkt empfohlen werden. In der Praxis bleibt dann oft nur der Weg, Schriftgrafiken einzusetzen. Für einzelne kurze Texte mag das gehen, aber für Fließtexte und andere Textblöcke dürfen keine Schriftgrafiken eingesetzt werden, da die Barrierefreiheit an der mangelnden Anpassbarkeit scheitert.

6.3.1.2 Verwendung der Hausschrift

Viele Organisationen verwenden eine Hausschrift, also eine besondere Schriftart, die das Unternehmen kennzeichnet und wiedererkennbar machen soll. Die Hausschrift kann ein eher verspieltes oder ein technisch-sachliches Aussehen haben, auch der Schnitt kann emotional wirken oder einfach individuell sein. Meist bildet die Hausschrift zusammen mit anderen Wiedererkennungsmerkmalen wie dem Logo eine optische Einheit.[4]

Die Hausschrift präsentiert eine Organisation oder eine Firma nach außen, deswegen wird sie gelegentlich auch für Webinhalte genutzt. Wenn für den Schriftverkehr, in Werbemitteln und Formularen und sogar auf Wegweisern und anderen Schriftträgern dieselbe Schrift genutzt wird, warum nicht auch im Web? Ein Grund, der dagegen spricht, ist dass die Schriftartendateien online gestellt werden müssen, was linzenzrechtliche Probleme nach sich ziehen kann.[5]

Für Texte mit individuellen Schriftarten gibt es im Web bisher keine perfekte Lösung, auch wenn der Wunsch danach besteht. Auf der Basis von CSS gibt es zwei grundsätzliche Möglichkeiten:

1. Ein Text wird mit einer grafischen Darstellung überlagert. Diese sogenannte »Image-Replacement-Technik« gibt es in zahlreichen Varianten; sie dient speziell der Zugänglichkeit für Screenreader.

---

4. Ackermann, D., Brauche ich eine Hausschrift? URL: *http://www.designfragen.de/corporate-design/brauche-ich-eine-hausschrift* (Abruf 21.5.2010).
5. Schwarz, N., Warum kann ich den Text auf meiner Webseite nicht in meiner Hausschrift setzen? URL: *http://www.designfragen.de/web/schriften-im-web* (Abruf 21.5.2010).

2. Mit dem Entwurf der CSS 3-Spezifikation ist das Laden lizenzierter Schriftar-
    tendateien vorgesehen. Diese nicht ganz neue Möglichkeit wird zwar un-
    terschiedlich, aber mittlerweile in allen großen Browsern unterstützt.

Speziell die zweite Möglichkeit ist zukunftsweisend und ermöglicht die unein-
geschränkte Gestaltung über CSS; allerdings setzt sie voraus, dass auf Windows-Systemen die Darstellung für ClearType vom Nutzer aktiviert wird. Die
erste Methode ist eine Ersetzungstechnik und – obwohl mit CSS realisiert –
keine Technik für die Formatierung von Texten.

Image Replacement

Für die Erstellung strukturierter Dokumente bei gleichzeitigem Einsatz
bestimmter Schriftarten wurden ab ca. 2003 verschiedene Techniken unter
dem Begriff »Image Replacement« entwickelt. Hierbei werden HTML-Elemente
wie Überschriften durch Schriftgrafiken ersetzt, wobei der eigentliche Textinhalt
»versteckt« wird. Für die sichtbare Präsentation wird also eine Schriftgrafik
angezeigt, aber in Screenreadern der Textinhalt ausgegeben.

Um es kurz zu halten: Uns sind keine barrierefreien Image-Replacement-
Techniken bekannt.[6] Auch wenn einige die Zugänglichkeit mit Screenreadern
gewährleisten und gut lösen, sind sie meist für Menschen mit Sehbehinderungen, die auf benutzerdefinierte Farben angewiesen sind, nicht zugänglich.[7] Es
gibt zwar Lösungen, die die Barrierefreiheit für Sehbehinderte sicherstellen,
aber diese setzen auf JavaScript oder ungültiges HTML. Auch wenn eine valide
Umsetzung sicher nicht ausschlaggebend für den Einsatz einer Technik ist (es
muss doch nur funktionieren), ist zumindest aus Sicht der Barrierefreiheit ein
Argument gegen den Einsatz dieser Techniken die Festlegung des Schriftschnitts sowie der Farben. Auch wenn eine Schriftart nach den Wünschen des
Anbieters eingesetzt werden kann, sollte immer die Möglichkeit bestehen, die
vorgegebene Schriftart durch eine (subjektiv) leserlichere ersetzen zu können.

Beim Einsatz von Image-Replacement-Techniken sollte der Nutzer die Möglichkeit haben, auf eine Ansicht ohne Schriftgrafiken umzuschalten, um die Darstellung verändern zu können. Die Textvariante sollte dabei die Standardansicht
sein und das Steuerelement zum Wechseln der Ansicht sollte sich leicht auffindbar am Anfang der Seite befinden.

Schriftformatierung mit Schriftartendateien

Die Schriftgestaltung ist immer durch die Formatierung von Text mit CSS durchzuführen. Mit der ursprünglichen CSS-Spezifikation von 1996 können zwar

6. Vgl. Meiert, J. O., Übersicht: Image Replacement Techniken,
    URL: *http://meiert.com/de/publications/articles/20050513/* (Abruf 21.5.2010).
7. Vgl. Caspers, T. u. Hellbusch, J. E., Image-Replacement-Techniken nicht zugänglich für
    Sehbehinderte, URL: *http://www.einfach-fuer-alle.de/artikel/ image-replacement-nicht-
    barrierefrei/* (Abruf 21.5.2010).

Schriftarten vorgegeben werden, aber die Darstellung der Schriftart setzt voraus, dass die Schriftartendatei auf dem Rechner des Nutzers installiert ist.

In der CSS-2.0-Spezifikation war die Einbindung von Schriftartendateien mit @font-face vorgesehen. Implementiert wurde dies aber zunächst nur im Internet Explorer (mit dem Embedded Open Type; .eot) und in Netscape (TrueDoc-Technik) und nicht in Mozilla und andere Browser.[8] Deswegen wurde diese Option im Entwurf der CSS-2.1- Spezifikation wieder gestrichen.

Mit dem Entwurf zu CSS 3 wurde @font-face im Modul zu Web Fonts wieder eingeführt. Damit können lizenzierte TrueType-Schriftarten (.ttf) und OpenType-Schriftarten (.otf) über CSS eingebunden werden.[9] Seit Anfang 2008 unterstützt der Safari-Browser dieses Modul. Firefox 3.5, Opera 10 und Google Chrome sowie weitere Browser sind nachgezogen.[10]

Die vorgesehene Möglichkeit der Einbeziehung einer Schriftartendatei kann so aussehen:

```
@font-face {
font-family: MeineSchriftart;
src: url('lib/fonts/schriftart.otf') format("opentype");
}
```

Listing 6-3   Einbindung eigener Schriftarten

Diese CSS-Angaben fügen die Schriftfamilie »MeineSchriftart« der Schriftdatenbank des Browsers zu und können dann für das Webdokument verwendet werden. Der folgende CSS-Code zeigt die Zuweisung einer Schriftart für Absätze:

```
p {font-family: MeineSchriftart, Arial, sans-serif;}
```

Unterstützt ein Browser die Web Fonts nicht, dann wird er auf Arial oder – falls diese Schriftart nicht auf dem Rechner des Nutzers installiert ist – auf eine generische serifenlose Schriftart zurückgreifen.

Auch wenn diese Entwicklung positiv zu bewerten ist, gibt es in der Praxis noch viele Probleme. Derzeit gibt es wenige freie Schriftarten, die alle Bedürfnisse abdecken könnten, und auch die Kantenglättung auf Windows-Systemen bereitet erhebliche Schwierigkeiten.[11] Der Einsatz von @font-face steht also noch in den Startlöchern.[12]

---

8. Vgl. SelfHTML, Downloadbare Schriftarten,
   URL: *http://de.selfhtml.org/inter/downloadschriftarten.htm* (Abruf 21.5.2010).
9. Vgl. CSS3.info Web fonts with @font-face,
   URL: *http://www.css3.info/preview/web-fonts-with-font-face/* (Abruf 21.5.2010).
10. Vgl. Otte, T., Aktuelles zur Webtypografie,
    URL: *http://tobias-otte.de/2009/04/aktuelles-zur-webtypografie/* (Abruf 21.5.2010).
11. Vgl. van Aaken, G., Windows-Fontrendering killt Webfont-Fließtext,
    URL: *http://praegnanz.de/weblog/windows-fontrendering-killt-webfont-fliesstext*
    (Abruf 21.5.2010).
12. Vgl. Lie, H. W., CSS @Ten: The Next Big Thing auf A List Apart,
    URL: *http://www.alistapart.com/articles/cssatten* (Abruf 21.5.2010).

6.3.1.3   Alternativtexte für Schriftgrafiken

Mit Schriftgrafiken werden meist Informationen vermittelt. Sie müssen deshalb in HTML eingebunden werden, damit sie immer verfügbar sind, und sie benötigen einen passenden Alternativtext. Schriftgrafiken dürfen nicht über CSS z.B. mit einer Image-Replacement-Technik eingebunden werden, weil sie sonst von Screenreadern und/oder bei benutzerdefinierten Farben nicht wahrgenommen werden können.

G 94

Schriftgrafiken dienen der Darstellung von Texten. Deswegen gehört in den Alternativtext genau der Text, der abgebildet ist (vgl. Abb. 6-3).

Abb. 6-3   Link »Unterhaltung« mit gleich lautendem Alternativtext im Internet Explorer 7

H 37

Der Alternativtext wird so zum gleichwertigen Bildersatz und eine Beschreibung der Grafik ist nicht nötig.

Bei der grafischen Darstellung von Texten müssen weitere Aspekte beachtet werden. Bilder können mehr Text enthalten, als in einem knappen Alternativtext formuliert werden kann (vgl. Abschnitt 10.1.5.2 ab S. 392), und teilweise werden Techniken eingesetzt, bei denen es sich nicht um eine Grafik, sondern eine Anreihung von Bildern mit einzelnen Buchstaben handelt:

```
<img src="h.gif" alt="H" />
<img src="a.gif" alt="A" />
<img src="l.gif" alt="L" />
<img src="l.gif" alt="L" />
<img src="o.gif" alt="o" />
```

Listing 6-4   Unbrauchbare Alternativtexte für Schriftgrafiken

G 196

In einem solchen Fall ist es nicht sinnvoll, für jeden Buchstaben einen Alternativtext zu vergeben. Stattdessen sollte der komplette Text im Alternativtext des ersten Bildes aufgenommen werden, denn Screenreader kündigen Grafiken an. Das genannte Beispiel würde dann so vorgelesen: »Grafik H Grafik A Grafik L Grafik L Grafik O«. Der Alternativtext muss in diesem Fall wie folgt aussehen:

```
<img src="h.gif" alt="HALLO" />
<img src="a.gif" alt="" />
<img src="l.gif" alt="" />
<img src="l.gif" alt="" />
<img src="o.gif" alt="" />
```

Listing 6-5   Brauchbare Alternativtexte für Schriftgrafiken

Die leeren alt-Attribute gewährleisten, dass die weiteren Bilder von Screenreadern ignoriert werden. Diese Technik funktioniert für einzelne Wörter oder eine kurze Überschrift, aber je länger der Text ist, desto unsinniger wird sie. Obwohl es keine formale Begrenzung für die Länge des Alternativtextes gibt, sind 80 Zeichen im Alternativtext sicher nicht mehr als »kurz« zu bezeichnen. Daher sind Grafiken mit einzelnen Buchstaben für längere Texte nicht empfehlenswert.

In Abschnitt 10.1.5 ab Seite 390 werden weitere Kriterien für Alternativtexte in der redaktionellen Praxis diskutiert.

6.3.1.4 Verlinkte Schriftgrafiken

Schriftgrafiken werden auch für die Navigation oder für Funktionen genutzt. In der Regel steht ein Text in einem Bild und das Bild wird verlinkt. Generell ist auch bei verlinkten Schriftgrafiken für den abgebildeten Text ein Alternativtext einzufügen. Dennoch gibt es uneindeutige Situationen, in denen der Alternativtext anders formuliert werden sollte.

Die Basiskriterien für Alternativtexte grafischer Bedienelemente wurden bereits in Abschnitt 5.3.1.2 ab Seite 157 geklärt: Beim Verfassen von Alternativtexten für grafische Bedienelemente hat das Ziel bzw. die Funktion der verlinkten Grafik Priorität. Es ist hilfreich, sich hierbei folgende Frage zu stellen: Wenn kein Bild vorhanden wäre, welcher Text wäre an der Stelle zu erwarten? Bei kombiniertem Einsatz von Grafik und Text sollte ein leeres alt-Attribut oder die Einbindung der Grafik mittels CSS gewählt werden, wenn der Alternativtext der Grafik genauso lauten würde wie der Text.

Auf vielen Webangeboten verlinkt das Logo zur Startseite. In einem Logo ist mitunter auch Text enthalten. Was wäre dann der geeignete Alternativtext? Wenn das verlinkte Logo der einzige Link zur Startseite ist bzw. der einzige Link in unmittelbarer Umgebung, dann empfiehlt sich als Alternativtext »Startseite«. Auf eine Beschreibung des Logos kann an dieser Stelle verzichtet werden.

```
<a href="http://www.barrierefreies-webdesign.de"><img alt="Startseite"
src="lib/img/logo.png" /></a>
```

Listing 6-6   Zielorientierter Alternativtext für eine verlinkte Grafik (Wiederholung)

Wenn es in unmittelbarer Nähe des Logos einen Link zur Startseite gibt, kann auf eine Verlinkung verzichtet werden. Der Alternativtext sollte dann eine knappe Beschreibung des Logos enthalten. Damit der Klick zur Startseite nach wie vor über das Logo möglich ist, kann, wie in Abschnitt 7.1.2.4 ab Seite 236 beschrieben, ein JavaScript-Event-Handler verwendet werden.

Zu beachten ist, dass dieses Vorgehen nur für interne Links gilt. Wird auf ein anderes Webangebot über ein verlinktes Logo verwiesen, dann gehört der Name des verlinkten Webauftritts in den Alternativtext des Logos.

Die Beispiele in Abbildung 6-4 zeigen weitere Alternativtexte (im Internet Explorer) für einige Schriftgrafiken. Es handelt sich stets um Negativbeispiele.

Abb. 6-4   Alternativtexte entsprechen nicht dem sichtbaren Text.

Die vier im Internet Explorer 7 dargestellten verlinkten Schriftgrafiken weisen alle ein Problem auf: Während oben links der Alternativtext unvollständig ist und die beiden unteren Bilder einen inkorrekten Alternativtext aufweisen, verfügt die Grafik oben rechts über keinen Alternativtext.

Bei verlinkten Schriftgrafiken muss außerdem beachtet werden, dass die abgebildete Schrift aus verschiedenen Gründen möglicherweise nicht wahrgenommen wird. Das kann an den Kontrastverhältnissen, an der Schriftart oder der Schriftgröße liegen. Deswegen sollte neben dem Alternativtext ein title-Attribut berücksichtigt werden, in dem der Text wiederholt wird. Damit diese Zusatzinformation auch angezeigt wird, sollte das title-Attribut für den Link und nicht für die Grafik vergeben werden:

```
<a title="Produkte" href="#"><img src="bild.jpg" alt="Produkte" /></a>
```

Damit können zumindest Mausnutzer den Text als Sprechblasentext anzeigen, wenn sie das Bild nicht lesen können. Das title-Attribut ist jedoch kein Ersatz für den Alternativtext.

6.3.1.5   Alternativen für Image-Maps

Image-Maps können als Schriftgrafiken betrachtet werden. Mehrere Navigationspunkte werden in einer einzelnen Grafik abgebildet und die aktiven Regionen werden entweder clientseitig mit dem MAP-Element definiert oder serverseitig durch die angeklickten Koordinaten in der Grafik ermittelt. Sofern Image-Maps eingesetzt werden, sind alternative und von der Image-Map unabhängige Zugangsmöglichkeiten zu bieten. Diese müssen selbstverständlich in Konzeption und Design berücksichtigt werden.

Bei serverseitigen Image-Maps ist ein alternativer Zugang zwingend erforderlich, denn weder die Tastaturbedienung noch die Vergabe von Alternativtexten kann gewährleistet werden. Clientseitige Image-Maps können jedoch im Wesentlichen barrierefrei erstellt werden. Dabei kommt es darauf an, die aktiven Regionen mit geeigneten Alternativtexten zu ergänzen, dennoch kann bei sehr umfangreichen clientseitigen Image-Maps eine Alternative trotz zugänglicher Umsetzung sinnvoll sein. Hierfür gibt es verschiedene Möglichkeiten:

- Eine Linkliste, regulär ausgezeichnet mit dem UL-Element, kann die Image-Map ergänzen. Diese Lösung ist zwar einfach, aber nicht immer effizient, denn die Bedienung mit der Tastatur wird nicht unbedingt erleichtert.
- Eine Auswahlliste ist nützlich, wenn es sehr viele Auswahlmöglichkeiten gibt. Im Gegensatz zu Linklisten kann ein Nutzer durch das Drücken einzelner Buchstaben zum nächsten Eintrag gelangen, der mit dem jeweiligen Buchstaben beginnt.
- CSS kann statt Image-Maps eingesetzt werden, indem einzelne Listenpunkte per CSS auf einer Grafik positioniert werden.[13] Im Prinzip ist diese Methode vergleichbar mit der Ergänzung der Image-Map durch eine Linkliste, nur ist der Weg etwas anders. Hierbei gibt es jedoch meist Probleme, wenn die Schriftgröße im Browser vergrößert oder verkleinert wird, und sie ist deshalb nicht zu empfehlen.

Oft ist ein zur Image-Map gleichwertiger Zugang über eine Formularabfrage ein geeigneter Weg. Die beiden Varianten der Linklisten kommen besonders bei serverseitigen Image-Maps als Alternative in Frage, aber passend sind diese Methoden nur dann, wenn die Anzahl der Links überschaubar ist. Die einzelnen Lösungsansätze werden in Abschnitt 16.2.5 ab Seite 615 diskutiert.

6.3.2 Dekorative Grafiken

Dekorative Grafiken, auch Schmuckgrafiken oder Layoutgrafiken genannt, dienen der Ästhetik und enthalten weder Informationen noch Funktionen. Dekorative Grafiken benötigen keinen beschreibenden Alternativtext – im Gegenteil: Sie sollen entweder über CSS in den Hintergrund gestellt werden oder ein leeres alt-Attribut erhalten, damit sie von Screenreadern ignoriert werden können.

Das eigentliche Problem ist aber die klare Abgrenzung zu nichtdekorativen bzw. informativen Grafiken. Denn letztlich kann nur der Nutzer entscheiden, welche Informationen gewünscht und benötigt werden.

6.3.2.1 Abgrenzung zwischen »dekorativ« und »informativ«

Es ist nicht immer leicht, die Grenze zwischen »dekorativ« auf der einen und »informativ« auf der anderen Seite zu bestimmen. Im Beispiel in Abbildung 6–5 besteht die Kopfzeile aus einem Wappen und der Darstellung eines Plenarsaals.

---

13. Vgl. Robertson, S., Night of the Image Map, auf: A List Appart,
    URL: *http://www.alistapart.com/articles/imagemap/* (Abruf 22.5.2010).

Abb. 6-5   Kopfzeile einer Seite mit Wappen, Darstellung eines Plenarsaals sowie Suchfunktion und Pfadangabe

Das Wappen identifiziert die Seite als zugehörig zum Land Nordrhein-Westfalen und ist somit informativ. Die Darstellung des Plenarsaals ist hingegen austauschbar und somit dekorativ.

Informative Grafiken sollen nie als Hintergrundbilder eingesetzt werden, da CSS-Eigenschaften nur die Präsentationsebene bestimmen und es nicht möglich ist, einen Alternativtext hinzuzufügen. In diesem Beispiel dürfte also das Wappen kein CSS-Hintergrundbild sein, das Plenum aber schon. Außerdem sind Hintergrundgrafiken bei benutzerdefinierten Farbeinstellungen nicht mehr sichtbar. Das gleiche Beispiel könnte bei benutzerdefinierten Farben so aussehen:

Abb. 6-6   Das Hintergrundbild wird nicht mehr angezeigt.

Um eine Grafik als »dekorativ« einzustufen, muss man sich die Frage stellen, ob die Grafik einen Mehrwert zum Text oder der Seitenstruktur bietet. Nur wenn die Grafik aus inhaltlichen Gründen überflüssig ist, kann sie als dekorativ behandelt werden.

6.3.2.2   Im Zweifel »informativ«

Bilder werden oft als »Eye-Catcher« eingesetzt, z. B. in typischen Teasern:

Abb. 6-7   Ein typischer Teaser mit Bild als Eye-Catcher

Solange die Bilder nicht verlinkt sind, kann ein Bild als »dekorativ« bewertet und ein leerer Alternativtext eingesetzt werden. Wenn das Bild aber verlinkt ist oder Zusatzinformationen vermittelt, dann ist es »informativ« und benötigt einen Alternativtext. Pauschal können Bilder, die nur ansatzweise gegenüber dem Text zusätzliche Information vermitteln, nicht als »dekorativ« eingestuft werden, denn es wird Fälle geben, wo Bilder entweder einen Mehrwert haben oder zumindest im Kontext identifiziert werden müssen.

Für Bilder im Allgemeinen und dekorative Grafiken im Besonderen gibt es keine Kontrastanforderungen. Am Beispiel des Teasers wird aber ein anderes Problem deutlich: Kann das Bild nicht richtig gesehen werden, dann wünschen die Nutzer möglicherweise höhere Kontrastverhältnisse, und sei es nur, um dann zu erkennen, dass das Bild doch keinen Mehrwert hat.

Das Thema »Kontrastverhältnisse« kann dennoch bei dekorativen Grafiken eine Rolle spielen, und zwar dann, wenn diese als Hintergrund für andere Inhalte dienen. Ob ein Text oder eine Schriftgrafik mit Transparenz, die Kontrastverhältnisse müssen beim Einsatz von Hintergrundbildern berücksichtigt werden (vgl. Abschnitt 18.1.2.2 ab S. 691).

6.3.2.3 Dekorative Grafiken in HTML

Die Verwendung von HTML für dekorative Grafiken ist vor allem dann sinnvoll, wenn die Bilder auch beim Drucken oder bei benutzerdefinierten Farben angezeigt werden sollen. Das gilt z.B. für Teaser-Bilder oder Symbole, die die Aufmerksamkeit auf bestimmte Inhalte lenken sollen.

Für alle Grafiken, die entweder rein dekorativen Charakter haben oder aber redundant sind, müssen leere Alternativtexte vergeben werden. Weder der Verzicht auf ein alt-Attribut noch ein Alternativtext sind dabei zweckmäßig.

Leere Alternativtexte sehen wie folgt aus:

```
<img src="anmutung.jpg" alt="" />
```

Der Alternativtext muss auch tatsächlich leer sein. Obwohl alt=« « (mit Leerzeichen) valide ist, führt das Leerzeichen dazu, dass das Bild nicht ignoriert wird. Auch auf ein title-Attribut für dekorative Grafiken sollte verzichtet werden, denn es könnte dazu führen, dass die Bilder ebenfalls von Screenreadern nicht ignoriert werden können.

6.3.3 Symbole

In Abschnitt 5.3.1.2 ab Seite 157 wurden bereits verschiedene Szenarien für Symbole als Links bzw. als Ergänzung zum Link besprochen. Je nachdem musste entweder ein Alternativtext als Linktext oder ein leerer Alternativtext verwendet werden oder aber die Grafik konnte mittels CSS aus dem eigentlichen Inhalt herausgenommen werden. Das Problem des Kontextes bzw. der Wahl des Alternativtextes gibt es sehr häufig. Anhand von Symbolen sollen einige weitere Beispiele für die Herangehensweise geklärt werden.

Abb. 6-8   Das Symbol zum Link »Druckversion« sollte in HTML einen leeren Alternativtext besitzen oder per CSS eingebunden werden.

6.3.3.1   Kontext eines Symbols

Wenn für eine Suchfunktion ein Lupensymbol als Schaltfläche verwendet wird, dann ist der Kontext bzw. die Funktion unmittelbar gegeben.

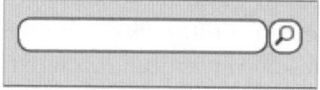

Abb. 6-9   Eingabefeld mit Lupensymbol als Schaltfläche

Die Suchbegriffe werden in das Eingabefeld eingegeben und die Suchfunktion über die Schaltfläche aufgerufen. Der Alternativtext für das Lupensymbol sollte »Suche starten« o.Ä., aber nicht »Lupe« heißen.

Symbole ohne korrespondierenden Text für Links und Funktionen können kritisch sein, denn sie werden nicht von allen Nutzern erkannt. Wird beispielsweise ein Briefumschlag als Link zur Kontaktmöglichkeit verwendet, so wird das Symbol vermutlich von einem Großteil der Nutzer verstanden. Bei einem verlinkten (grafischen) Paragrafenzeichen wird es schon schwieriger, denn die Frage ist: Führt dieser Link zum Impressum oder zu den AGB?

Auch wenn ein solches Paragrafenzeichen mit einem Alternativtext und einem title-Attribut versehen werden kann, sollte doch zugunsten einer besseren Verständlichkeit für alle auf Symbole ohne korrespondierenden Textlink verzichtet und stattdessen Symbole als Ergänzung zum Text verwendet werden.

Werden hingegen Textlinks von Symbolen begleitet, dann erleichtern sie die Nutzerführung und tragen zur Orientierung im Webangebot bei. Auch können Nutzer mit verminderten Lesefähigkeiten davon in besonderem Maße profitieren. Ein Beispiel ist die Lernplattform *http://www.on-line-on.eu/*. Auf diesem Webangebot werden Symbole gezielt als Ergänzung der Texte eingesetzt und dienen zugleich beim Surfen durch das Webangebot als Kennzeichnung der aktuellen Kategorie (vgl. Abb. 6-10).

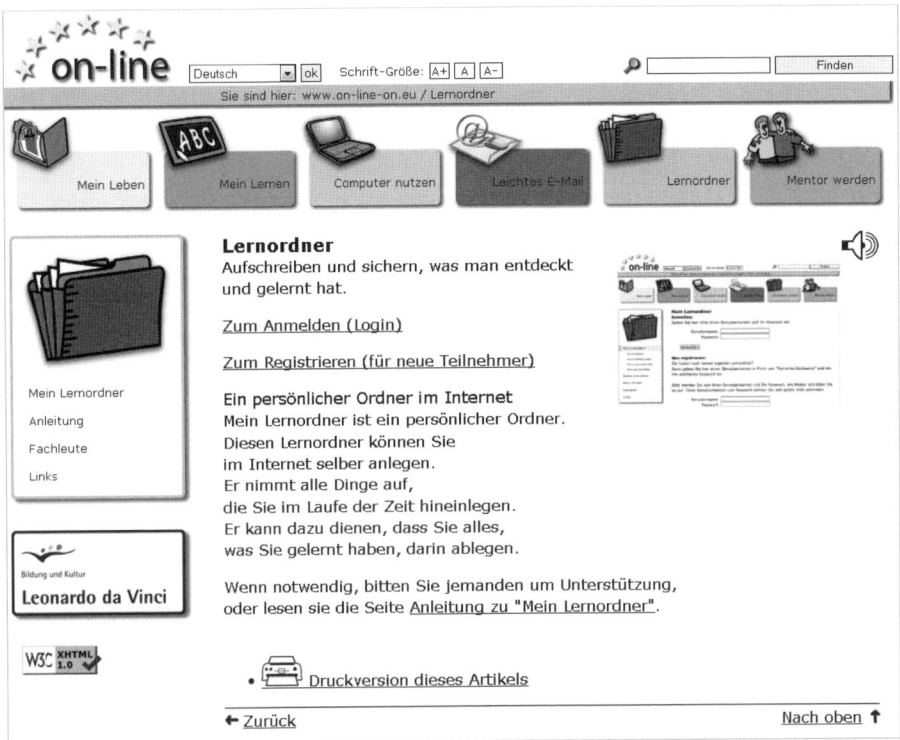

Abb. 6-10   Navigation mit (wieder-)erkennbaren Symbolen in der Navigation

6.3.3.2   HTML für verlinkte Symbole

Werden Grafiken zur Hervorhebung von Links oder Funktionen eingesetzt, ist besondere Sorgfalt bei der Vergabe von Alternativtexten geboten. Dabei geht es vor allem darum, Alternativtexte so zu formulieren, wie ein Textlink bzw. ein Teil des Linktextes formuliert sein würde, wenn auf die Grafik verzichtet würde.

Symbole in Links

Wenn Links zu PDF-Dateien mit einem vorangestellten Symbol gekennzeichnet werden, wie in Abbildung 6–11, finden sich im Web viele Beispiele, bei denen das Symbol als Hintergrundbild eingebunden wird.

Abb. 6-11   Link mit vorangestelltem Symbol

Auf der Textebene wird die Information, dass es sich um ein PDF-Dokument handelt, nicht vermittelt:

```
<p><a class="pdf" href="#">Dokument zum Ausdrucken</a></p>
```

Auch bei benutzerdefinierten Farben wird die Information nicht vermittelt, da die Hintergrundbilder dann nicht mehr sichtbar sind (vgl. Abb. 6-12).

| Dokument zum Ausdrucken |

Abb. 6-12 CSS-Hintergrundgrafiken verschwinden bei benutzerdefinierten Farben

Da das PDF-Symbol ein Informationsträger ist, muss es einen Alternativtext erhalten. In diesem Fall gibt die Information Auskunft über die Art der verlinkten Ressource und sollte im Linktext aufgenommen werden:

```
<a href="#">
 <img src="/lib/img/pdf.gif" alt="PDF: " />
 Dokument zum Ausdrucken
 </a>
```

Listing 6-7   Einbindung von Symbolen in Links

Etwas komplizierter, aber ebenso lösbar sind Navigationsleisten mit verschiedenen Symbolen. Im folgenden Beispiel werden in der Navigationsleiste zwei Arten von Symbolen eingesetzt:

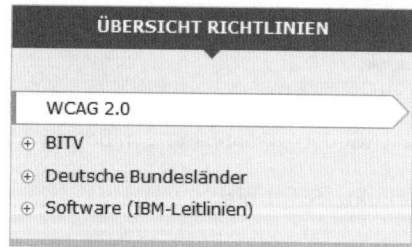

Abb. 6-13 Navigationsleiste mit verschiedenen grafischen Informationsträgern

Das Pluszeichen signalisiert, dass ein Navigationseintrag ausgeklappt werden kann. Der grafische Pfeil nach rechts signalisiert, dass die Seite im Inhaltsbereich der Seite gerade angezeigt wird. Die verlinkten Grafiken zum Ausklappen der Navigationseinträge haben funktionalen Charakter und werden deswegen mit dem Alternativtext »Ausklappen« versehen. Der Pfeil ist informativ und mit dem Alternativtext »Aktuelle Seite« o.Ä. auszuzeichnen. CSS-Techniken sind in beiden Fällen nicht geeignet.

Symbole als Schaltflächen

Wenn für Schaltflächen in Formularen Symbole verwendet werden, dann gilt das Gleiche wie für verlinkte Symbole ohne Text: Der Alternativtext des Bildes dient als Ersatz für die Grafik und die Aktion, die durch das Betätigen der Schaltfläche ausgelöst wird, muss sich im Alternativtext widerspiegeln. Die Vergabe von Alternativtexten für Schaltflächen kann auf zwei Weisen erfolgen. Die oben besprochene Suchfunktion mit dem Lupensymbol als Schaltfläche kann mit dem INPUT-Element ausgezeichnet werden:

```
<input type="image" src="lib/img/lupe.gif" alt="Suche starten" />
```

Alternativ steht das BUTTON-Element zur Verfügung:

```
<button type="submit">
 <img alt="Suche starten" src="lib/img/lupe.gif" />
</button>
```

Listing 6-8   Bild mit funktionsorientiertem Alternativtext als Schaltfläche

Wenn im BUTTON-Element noch ein ergänzender Text »Suche starten« stehen würde, dann wäre für die Grafik ein leeres alt-Attribut angebracht:

```
<button type="submit">
 <img alt="" src="lib/img/lupe.gif" /> Suche starten
</button>
```

Listing 6-9   Bild ohne Alternativtext und mit ergänzendem Text als Schaltfläche

6.3.4 Sparsamer Einsatz von CSS für Grafiken

Abb. 6-14
Redundante Symbole
in der Navigation

Im Allgemeinen können Grafiken, für die ein leeres alt-Attribut genügt, besser als Hintergrundgrafiken über CSS eingebunden werden. Folgt man dem Prinzip der Trennung von Inhalt und Layout, dann sind solche dekorativen Grafiken nicht Teil des Inhalts. Sie brauchen deswegen nicht im HTML vorhanden zu sein.

Symbole werden oft redundant zu Linktexten, HTML-Strukturen oder anderen Visualisierungen wie Einrückungen eingesetzt. Ein solcher Einsatz verbessert die Orientierung innerhalb der Seite.

Symbole können zwar aufgrund eines vorhandenen Textes redundant sein, aber dennoch einen Wiedererkennungswert haben oder die Orientierung fördern. Solche Symbole benötigen dann zwar keinen Alternativtext, sollten aber bei benutzerdefinierten Farbeinstellungen sichtbar sein.

Wenn hingegen z. B. ein seiteninternes Inhaltsverzeichnis wie in Listing 6–10 aufgebaut ist, dann können und sollen vorangestellte Symbole – sofern sie verwendet werden – als CSS-Grafiken eingebunden werden.

```
<h6 class="unsichtbar">Artikelübersicht</h6>
<ul class="seite">
    <li><a href="#">Abschnitt 1</a></li>
    <li><a href="#">Abschnitt 2</a></li>
    <li><a href="#">Abschnitt 3</a></li>
    <li><a href="#">Abschnitt 4</a></li>
    <li><a href="#">Abschnitt 5</a></li>
</ul>
```

Listing 6-10   HTML-Aufbau eines seiteninternen Inhaltsverzeichnisses

Weil die Links eindeutig sind und die HTML-Struktur die Eindeutigkeit weiter untermauert, gibt es keinen Grund, zusätzliche Grafiken in HTML einzubinden.

```
Link Abschnitt 1
Link Abschnitt 2
Link Abschnitt 3
Link Abschnitt 4
Link Abschnitt 5
```

Abb. 6-15   Darstellung der Linkliste in dem Webreader »WebFormator«

Über die Symbole wird zwar vermittelt, dass die Links zu den Inhalten weiter unten auf der Seite führen, aber diese Information ist auch ohne Symbole deutlich. Wenn die Grafiken in das HTML eingebunden werden, dann benötigen sie immer ein leeres alt-Attribut.

Dekorative Symbole können mit den folgenden Eigenschaften über CSS eingebunden werden:

▪ content in Verbindung mit den Pseudo-Attributen :before und :after zur Generierung von Inhalt
▪ list-style-image für grafische Aufzählungspunkte in Listen
▪ background für Hintergrundgrafiken

Screenreader ignorieren Inhalte, die mit diesen CSS-Eigenschaften eingebunden werden. Sobald Inhalte mit CSS eingebunden werden, entspricht dies nicht mehr den Grundsätzen des »Progressive Enhancement« und die Seite ist nach Konformitätsbedingung 5 nicht mehr WCAG20-konform.

Während CSS-Grafiken für Listen bei benutzerdefinierten Farben angezeigt werden, werden Hintergrundgrafiken ausgeblendet. Hintergrundbilder sind deshalb nur dann zugänglich, wenn der Verzicht zu keinem Informationsverlust führt. Wenn beispielsweise der Link

```
<a class="extern" href="#">Linktext</a>
```

mit CSS wie in Listing 5-5 auf Seite 158 eine Hintergrundgrafik erhält, dann ist die Grafik in Screenreadern oder bei benutzerdefinierten Bildschirmfarben nicht zugänglich. Auch hier gilt: Solange die Symbole dekorativ sind, kann diese Technik eingesetzt werden. Sobald sie aber zur Unterscheidung von Links genutzt werden, haben sie informativen Charakter und müssen als HTML eingebunden werden.

Hintergrundbilder können für dekorative Elemente eingesetzt werden, etwa für ein Hintergrundmuster oder -verlauf. Damit eine Seite ein Hintergrundmuster erhält, kann z. B. das BODY-Element eine Hintergrundgrafik erhalten:

```
body {
  background: #fff url('lib/img/hintergrund.gif')
}
```

Listing 6-11 CSS für ein Hintergrundmuster

6.3.5 CAPTCHAs

Bei Anmeldungsprozessen werden oft verzerrte zufällige Buchstabenfolgen visuell oder akustisch angeboten, die als CAPTCHA bezeichnet werden. CAPTCHA steht für »Completely Automated Public Turing test to tell Computers and Humans Apart« und ist eine verbreitete Methode, um den Zugang zu bestimmten Bereichen eines Webauftritts nur durch Menschen und nicht etwa durch Robots zu erlauben. Ein Turing-Test beschreibt jegliche Testmethode, die Menschen von Computern unterscheiden soll, und wurde nach Alan Turing benannt.

Der häufigste CAPTCHA-Typ ist die grafische Darstellung von Buchstaben- und Zahlenfolgen (vgl. Abb. 6-16).

Abb. 6-16 Grafisches CAPTCHA mit unleserlichen Zeichen

Nutzer müssen dann die sichtbaren Zeichen in ein Formularfeld tippen, um zum nächsten Schritt des Prozesses zu gelangen. Es liegt in der Natur der Sache, dass verzerrter Text nicht immer wahrgenommen werden kann. Nicht nur sehbehinderte und blinde Nutzer, auch viele andere Menschen haben Schwierigkeiten, die einzelnen Buchstaben zu identifizieren. Deswegen wird mindestens eine alternative Testmethode benötigt, die sich nicht allein auf die visuelle Wahrnehmung stützt. Eine solche Alternative kann z. B. ein Audio-CAPTCHA sein, bei dem die Buchstaben und Zahlen gesprochen werden.[14] Sehbehinderte und Blinde können dann den alternativen Test bestehen, während Hörbehinderte den ersten Test bestehen können.

Visuelle CAPTCHAs sind informative Grafiken und benötigen eigentlich Alternativtexte. Allerdings würden Alternativtexte, die die dargestellten Zeichen

---

14. Vgl. Nadig, O., Grafische Zugangscodes sperren blinde Internetnutzer aus, URL: *http://www.barrierefreies-webdesign.de/knowhow/captcha/* (Abruf 22.5.2010).

wiedergeben, dazu führen, dass Robots und anderer Software Tür und Tor geöffnet wird. Als Alternativtext kann also nicht der Wortlaut im Sinne einer Schriftgrafik verwendet werden. Dennoch benötigen auch solche Bilder einen Alternativtext, aus dem der Zweck der Grafik deutlich wird. Im einfachen Fall kann er »Tippen Sie diese Buchstaben im nachfolgenden Eingabefeld ein« lauten, denn dann wird der Nutzer zumindest über das Problem informiert. Ist ein alternatives CAPTCHA vorhanden, dann sollte das ebenfalls im Alternativtext erwähnt werden, etwa: »Buchstabenfolge der Grafik oder der nebenstehenden Audio-Datei bitte eintippen«.

Ein weiterer Aspekt ist die sinnvolle Einbindung eines CAPTCHAs über HTML. Da die Eingabe in einem Formularfeld erfolgt und Screenreader über einen Formular- bzw. Editiermodus verfügen, um Formulare effizienter auszufüllen, müssen die Fragestellungen erfasst werden können. Im Formular- bzw. Editiermodus von Screenreadern werden nur Steuerelemente mit ihren Beschriftungen sowie Links ausgegeben, sodass wichtige Hinweise zu den Steuerelementen nur dann an den Nutzer weitergegeben werden, wenn sie Teil der Beschriftung sind.

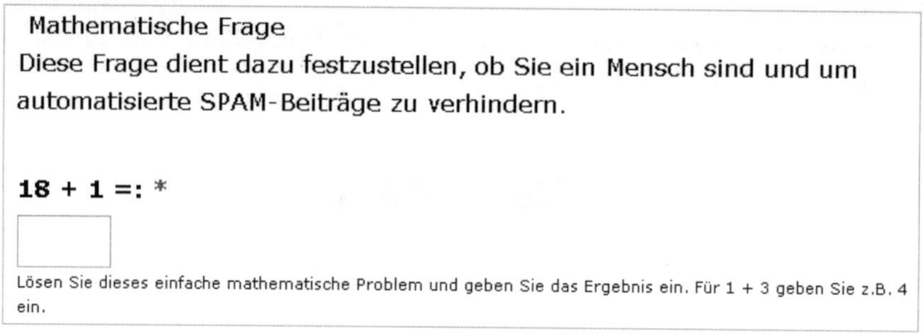

Mathematische Frage
Diese Frage dient dazu festzustellen, ob Sie ein Mensch sind und um automatisierte SPAM-Beiträge zu verhindern.

18 + 1 =: *

Lösen Sie dieses einfache mathematische Problem und geben Sie das Ergebnis ein. Für 1 + 3 geben Sie z.B. 4 ein.

Abb. 6-17   Alternative zu CAPTCHA mit einer einfachen mathematischen Aufgabe

Wenn alternativ zu den oben beschriebenen Testmethoden Rechen-CAPTCHAs verwendet werden, z. B.: »Was ergibt 18 + 1?«, könnte der Quellcode wie folgt aussehen:

```
<fieldset>
<legend>Mathematische Frage</legend>
<p>Diese Frage dient dazu festzustellen, ob Sie ein Mensch sind und um
automatisierte SPAM-Beiträge zu verhindern.</p>
<p>
<label for="captcha">18 + 1 =</label>
<input type="text" name="captcha_response" id="captcha" />
</p>
<p>Lösen Sie dieses einfache mathematische Problem und geben Sie das Ergebnis
ein. Für 1 + 3 geben Sie z.B. 4 ein.</p>
</fieldset>
```

Listing 6-12   Aufbau einer Textaufgaben-CAPTCHA mit LABEL- und LEGEND-Elementen

Im Formularmodus würden beim Fokussieren des Eingabefelds die beiden Texte aus dem LEGEND- und LABEL-Element ausgegeben werden. Obwohl es im Beispiel weitere Erläuterungen gibt, ist die Information »Mathematische Frage 18+1 =« ausreichend. Zu beachten ist aber, dass Rechen-CAPTCHAs für Menschen mit Rechenschwierigkeiten (Dyskalkulie) problematisch sein können.

Wichtig ist, dass jede CAPTCHA-Technik eine unüberwindbare Hürde sein kann, und insbesondere für Menschen mit Mehrfachbehinderungen können auch Alternativen wenig geeignet sein. Da alle Testmethoden zu offensichtlichen Problemen führen, sollte auf CAPTCHAs verzichtet werden. Stattdessen kann z.B. ein leistungsfähiger Spam-Filter wie Akismet verwendet werden, der die CAPTCHA-Technik in Gästebüchern, webbasierten Foren und Blogs ersetzen kann.[15] Alternativen können aber auch Möglichkeiten umfassen, durch direkten Kontakt mit dem Anbieter Hilfe zu erhalten.

Zusammenfassung

1. Eine Voraussetzung für Barrierefreiheit ist das Prinzip des »Progressive Enhancement«, d.h., Inhalte müssen immer genutzt werden können, auch wenn ergänzende Techniken wie Bilder oder JavaScript im Browser des Nutzers nicht unterstützt werden oder abgeschaltet sind.
2. Der Nutzer darf durch Gestaltungselemente nicht vom Inhalt abgelenkt werden.
3. Blinkende und sich bewegende Inhalte müssen vom Nutzer in einen statischen Zustand versetzt werden können oder die dynamischen Inhalte müssen nach 5 Sekunden von alleine statisch werden.
4. Auf flackernde Inhalte ist immer zu verzichten.
5. Audio-Inhalte dürfen nicht automatisch abgespielt oder müssen nach 3 Sekunden automatisch angehalten werden.
6. Image Replacement ist nicht barrierefrei.
7. Schriftgrafiken benötigen als Alternativtext genau den Inhalt, der abgebildet ist, sollten jedoch wegen geringerer Anpassbarkeit vermieden werden.
8. Wann eine Grafik dekorativ ist und somit mit einem leeren Alternativtext versehen werden kann oder per CSS eingebunden werden darf, kann oft nicht genau beantwortet werden. Deshalb sind Grafiken im Zweifel informativ.
9. Symbole zur Kennzeichnung von Links und anderen Inhalten sind über HTML einzubinden, weil sie i.d.R. informativ sind.
10. Die Mindestanforderung für CAPTCHAs ist die Bereitstellung einer Alternative; besser ist aber der Verzicht auf diese Tests.

---

15. Akismet, URL: *http://akismet.com/* (Abruf 22.5.2010).

7 Nutzerführung

Erfolgreiche und barrierefreie Webangebote gehen Hand in Hand mit einer schlüssigen und verständlichen Nutzerführung. Dabei geht es sowohl um das Navigieren innerhalb einer Seite als auch um das Navigieren im Gesamtangebot.

Eine besondere Rolle innerhalb einzelner Seiten spielt die strukturelle Navigation und damit das Navigieren über Strukturmerkmale. Der Nutzer muss aber auch immer wissen, wo er sich innerhalb des gesamten Webangebots befindet und welche Ziele einzelne Links haben. Dies gilt sowohl für die Orientierung über Navigationsleisten als auch für Suchergebnislisten und einzelne Schritte in Anwendungen, wie z.B. dem Kauf eines Online-Tickets. Neben der Verdeutlichung der aktuellen Position spielen auch alternative Zugänge in Form von Glossaren, Inhaltsverzeichnissen oder Suchfunktionen eine Rolle und sollten deshalb in ein Navigationskonzept integriert werden.

Bei dem Thema »Navigationskonzepte« wird deutlich, dass Barrierefreiheit ein ganzheitlicher Ansatz ist und Aspekte der Orientierung und der Verständlichkeit gleichermaßen betrifft. Essenziell sind Linktexte, die den Nutzer eindeutig über Linkziele informieren.

Eindeutigkeit ist auch bei der Wahl von Dokumenttiteln geboten, denn sie vermitteln die erste Information zum Inhalt einer Webseite.

7.1 Links

Die Gestaltung barrierefreier Links verdient aufgrund der zahlreichen Anforderungen in den Richtlinien für barrierefreie Webinhalte besondere Aufmerksamkeit und wird deswegen in diesem Kapitel ausführlich behandelt. Als Spezialfall wird dabei auch auf Links in clientseitigen Image-Maps eingegangen.

Links dienen der Navigation zwischen Dokumenten und Dateien; Linktexte sollten deswegen eindeutig identifiziert werden können. Wenn sich die Zieldatei nicht im Browser, sondern in einer anderen Anwendung öffnet, muss der Linktext zudem über das Zielformat informieren. Dies gilt für PDF-Dokumente ebenso wie für Audio- und Video-Formate und Office-Dokumente.

Auch die folgenden Aspekte gehören zu den Anforderungen:

- Ankündigen des Sprachwechsels
- Vermeiden rekursiver Links
- Informieren über neue Browserfenster

Weitergehende Anforderungen zur Erhaltung von Rolle und Status werden in Abschnitt 16.3 ab Seite 618 behandelt; auf die visuelle Gestaltung von Links wird in Abschnitt 19.2.1 ab Seite 703 eingegangen.

Die Anforderungen an barrierefreie Linktexte gelten für Textlinks sowie für weitere Navigationselemente, etwa grafische Bedienelemente und Image-Maps. Linktexte sollten zwar selbsterklärend sein, können aber auch im Kontext anderer Inhalte gesehen werden.

7.1.1   Der Quellanker (»Link«)

Ein Link wird mit dem A-Element (Anker) gesetzt und hat zwei Verwendungsmöglichkeiten:

- Erhält das A-Element ein href-Attribut mit einem URI, wird es zu einem Quellanker bzw. zu einem Link.
- Erhält das A-Element ein name-Attribut, fungiert es als Zielanker für Links.

Links sind im Browser meist gut erkennbar und werden standardmäßig blau und unterstrichen dargestellt. Der Inhalt kann Text sein, aber auch eine Grafik:

```
<a href="http://www.barrierefreies-webdesign.de">Barrierefreies Webdesign</a>
```

oder

```
<a href="http://www.barrierefreies-webdesign.de"><img src="lib/img/logo.jpg"
alt="Barrierefreies Webdesign" /></a>
```

Im ersten Beispiel ist der Text »Barrierefreies Webdesign« der Linktext und im zweiten Beispiel wird der Alternativtext der verwendeten Grafik zum Linktext. In beiden Fällen kann der Link angeklickt bzw. mit der Tabulatortaste fokussiert und mit der Eingabetaste aufgerufen werden.

Der Inhalt des A-Elements ist nicht auf Text oder Grafik beschränkt. Text und Grafiken können kombiniert und weitere Inline-Elemente als Inhalt des Links verwendet werden.

Ein Link verknüpft seinen Inhalt (Linktext) mit einem Zielanker, also der URI im href-Attribut, und kann auf verschiedene Ziele verweisen:

1. Es können andere Webseiten verlinkt werden.
2. Es können andere Ressourcen verlinkt werden, die nicht nativ im Browser geöffnet werden, etwa PDF oder Multimedia. In solchen Fällen bestimmen Server, Browser, Betriebssystem und Nutzereinstellungen, ob die Zieldatei im Browser oder in einer anderen Anwendung geöffnet werden soll.

3. Es können Stellen (Fragmente) innerhalb desselben Dokuments oder eines anderen Dokuments verlinkt werden.
4. Es können JavaScript-Funktionen mit einem Link aufgerufen werden (vgl. Abschnitt 16.3.5.1 ab S. 637).

Im Folgenden werden die ersten beiden Möglichkeiten genauer behandelt. Die Verlinkung von Fragmenten wird in Abschnitt 7.2.1.4 ab Seite 265 behandelt. Der Umgang mit JavaScript wurde bereits in Abschnitt 5.5.1 ab Seite 180 diskutiert.

7.1.2 Linktexte

Links sind Schlüssel- oder Reizwörter, die ebenso wie andere durch Gestaltung besonders hervorgehobene Elemente beim Seitenaufruf in kürzester Zeit »gescannt« werden. Bei der Informationssuche achten Nutzer zunächst wenig auf die eigentlichen Inhalte in Fließtexten, sondern suchen i.d.R. nach Schlüsselwörtern in Überschriften, Listenpunkten und Links. Deswegen sollten Linktexte schnell auffindbar und verständlich sein, denn sie sind der kurze Weg zum Linkziel. Dabei sollten immer die wichtigsten Wörter verlinkt werden, um dem Nutzer notwendige Informationen zu liefern.

Im Idealfall sollten Linktexte immer auch außerhalb ihres Kontextes verstanden werden. Das ist keine leichte Aufgabe, denn tatsächlich befinden sie sich immer in Texten oder Navigationsleisten und damit in einem bestimmten Kontext.

Ist der Aufbau selbsterklärender Links nicht möglich, dann müssen Linktexte mindestens aus dem Kontext heraus verstanden werden können. Kontextuell bedeutet dies, dass Linkziele oder -zwecke wie folgt ermittelt werden können:

- aus dem Satz, in dem sich der Link befindet,
- aus dem Absatz, in dem sich der Link befindet,
- aus dem umliegenden Text in einem gleichen Listenpunkt,
- aus einem übergeordneten Listenpunkt, wobei die korrekte Verschachtelung eine wesentliche Rolle spielt;
- wenn in Datentabellen das Ziel durch die Zeilen- oder Spaltenüberschrift oder
- durch eine vorstehende Überschrift deutlich wird.

Schaut man sich die oben genannten Techniken genauer an, wird deutlich, dass mit »Kontext« nicht der Inhalt im Allgemeinen gemeint ist. Es geht vielmehr um einen technischen, durch Software ermittelbaren Kontext. Diese Form der Zugänglichkeit ist speziell für Screenreader relevant. Auch wenn die meisten dieser Techniken Aufgabe der Redaktion sind, spielen sie bereits in der Konzeption eine Rolle, da sie die Entwicklung von Templates beeinflussen.

7.1.2.1   Linktexte und Kontext in der Praxis

Die Wahl von Linktexten kann durch viele Faktoren bestimmt werden. Dabei sind die Strukturen der HTML-Dokumente zu beachten, aber es gibt viele wechselseitige Abhängigkeiten.

Während Produktfotos, Bilder in einer Galerie u.v.m. immer einen Alternativtext benötigen (vgl. Abschnitt 10.1.5 ab S. 390), ist bei der Einbindung grafische Links der Zweck vorrangig, d.h., das Bild dient als Link und der Alternativtext somit als Linktext.

Abb. 7-1   Eine tabellarisch aufbereitete Produktliste. Die Grafiken führen zu Detailinformationen.

Das Beispiel Abbildung 7-1 zeigt eine Datentabelle mit verschiedenen Produkten. In der Kopfzeile befinden sich die Spaltenüberschriften »Produktbezeichnung«, »Beschreibung« und »Details«, wobei unter »Details« jeweils ein Bild des Produkts zu finden ist. Für den Kontext ist das HTML entscheidend: Aus einer Tabellenzelle mit der verlinkten Grafik ist sowohl die Produktbezeichnung aus der Reihenüberschrift als auch die Spaltenüberschrift »Details« ermittelbar. Dennoch: Auch wenn der Kontext gegeben ist, wäre ein selbsterklärender Linktext »Details zu [Produktbezeichnung]« besser und auf Konformitätsstufe AAA obligatorisch.

Würde die Tabelle Gemälde zeigen, die Spaltenüberschriften »Titel«, »Steckbrief« und »Miniaturansicht« lauten und die Grafik zu einer vergrößerten und druckbaren Ansicht führen, dann sollte der Linktext eine Angabe zur Funktion (»vergrößerbar, druckbar«) und ggf. auch zum Format liefern. Er könnte also heißen: »Druckbare Version (JPEG)«. Auch wenn die Angabe des Werktitels aus dem Kontext ermittelbar ist, so ist ein aussagekräftiger Alternativtext wie »Druckbare Version von [Werktitel] als JPEG« geeigneter.

Ein ähnliches Beispiel ist eine Linkliste, die Links zu einer HTML-, PDF- oder MP3-Version eines Inhalts enthält.

```
<ul>
 <li><a href="http://chaosradio.ccc.de/cre107.html"><img class="icon_extern"
 src="/lib/img/seite.gif" alt="[Externer Link]" /> Interview: Barrierefreiheit
 im Web</a></li>
  <li><a
  href="http://chaosradio.ccc.de/archive/chaosradio_express_107.mp3"><img
  class="icon_extern" src="/lib/img/audio.gif" alt="[Externes MP3 - Audio]" />
  Interview: Barrierefreiheit im Web</a></li>
 </ul>
```

Listing 7-1   Formatangaben in Linklisten

Wären nur die Titel verlinkt, so gäbe es mehrere Links mit identischem Linktext. Wären die Symbole außerhalb der Linktexte, so wären die Linktexte im Kontext eines Listenelements selbsterklärend; aber der Buchtitel zusammen mit der Formatangabe als Linktext entspricht der Anforderung eines selbsterklärenden Linktextes besser. Wären hingegen die Symbole über CSS als Listenpunkte dargestellt, würden die Linktexte nicht mehr eindeutig sein.

7.1.2.2   Navigieren per Links und Linklisten

Dadurch, dass Links i.d.R. durch Farbe und Unterstreichung hervorgehoben sind, werden sie meist recht schnell wahrgenommen. Solange der rein visuelle Zugang als Kriterium angenommen wird, reicht auch bei missverständlichen Linktexten der Kontext des Links, um seine Bedeutung zu verstehen. Obwohl auch bei Screenreader-Nutzern von einem kontextuellen Lesen ausgegangen werden kann, fördern eindeutige Linktexte doch deren Auffindbarkeit. Dieser Aspekt wird umso wichtiger, je umfangreicher eine Seite ist und je mehr Links sie enthält.

Um in Screenreadern schneller zu navigieren, wird oft die Tabulatortaste verwendet oder alternativ die Linkliste aufgerufen (vgl. Abb. 7-2).

Ein verbreitetes Beispiel für nichteindeutige Linktexte sind Teaser: Werden viele Themen angerissen und hinter jedem Teaser ein Text »mehr« verlinkt, der zum ausführlichen Beitrag führt, ist die Navigation ausschließlich über Links in einem Screenreader nicht mehr ergonomisch, da der Nutzer immer den Kontext ermitteln muss.

Natürlich geht es nicht nur um Links in Teasern. Selbsterklärende Linktexte sind für jeden sinnvoll: Wenn beispielsweise zwei Linktexte mit »Kontakt« bezeichnet werden und der eine zum Autor eines Beitrags, der andere aber zum technischen Ansprechpartner führt, ist die Verwechslung programmiert.

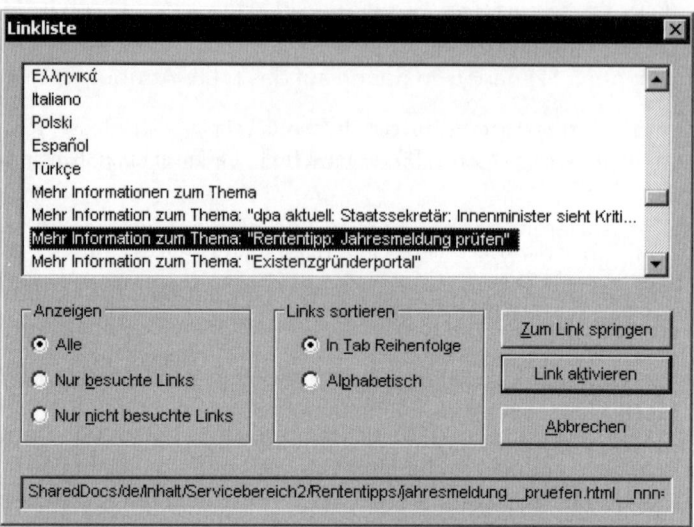

Abb. 7-2   Dialogfenster mit Linkliste und Sortiermöglichkeiten im Screenreader JAWS 10

Daraus ergibt sich, dass mehrdeutige Linktexte aus folgenden Gründen vermieden werden sollten:

▨ Führen identische Linktexte zu unterschiedlichen Zielen, dann muss der Nutzer den Link interpretieren. Das kann zu falschen Navigationspfaden führen und den Nutzer verunsichern.

▨ Umgekehrt sollten für verschiedene Links, die zum gleichen Inhalt führen, auch gleiche Linktexte vergeben werden. Der Nutzer kann dann bereits gesichtete Inhalte schneller erkennen und ist z. B. nicht alleine auf die Farbe für bereits besuchte Links angewiesen.

Ein anderer Fall ist, wenn ein Linktext für alle Nutzer mehrdeutig ist. Beispielsweise könnte das Wort »Spargel« im Satz »Im April kann frischer Spargel aus heimischer Ernte gekauft werden« verlinkt sein:

```
<p>Im April kann frischer <a
href=http://www.seitenadresse.de/spargel.htm>Spargel</a> aus heimischer Ernte
gekauft werden.</p>
```

Der Link könnte zu einer Definition von Spargel, zu einer Darstellung von Absatzzahlen für Spargel in einer bestimmten Region oder einem Foto von Menschen bei der Spargelernte führen. Aus dem Kontext wird also das Ziel des Links nicht deutlich. Die folgende Formulierung würde aber das Problem lösen und wäre für alle Nutzer eindeutig:

```
<p> Im April können Sie bei uns Spargel aus heimischer Ernte kaufen. Unsere
Verkausstände finden Sie <a href="http://www.seitenadresse.de/spargel.htm">an
folgenden Standorten</a>.</p>
```

7.1.2.3   Linktexte und title-Attribut

Es gibt verschiedene Szenarien, in denen auf das title-Attribut für Links zurückgegriffen wird.

H
33

- Ein Linktext ist nicht selbsterklärend und das Linkziel wird im title-Attribut platziert.
- Ein Linktext ist bereits selbsterklärend und wird nur wörtlich im title-Attribut wiederholt.
- Ein Linktext ist zwar selbsterklärend, das Linkziel soll aber zusammenfassend erläutert oder der Linktext in anderen Worten formuliert werden.

Ist ein Linktext weder selbsterklärend noch aus dem strukturellen Kontext heraus verständlich, dann wird er es für Tastaturbenutzer auch mit dem title-Attribut nicht. Title-Attribute sind nicht geräteunabhängig und erfordern meist den Mauszeiger, damit ihre Inhalte angezeigt werden können. Für die Tastaturnutzung muss zusätzliches JavaScript eingesetzt werden, um den Inhalt des title-Attributs bei Fokus sichtbar zu machen. Im Screenreader kann zwar die Option zur Ansage des title-Attributs aktiviert werden, dies bedeutet jedoch meist, dass der Linktext nicht mehr vorgelesen wird. Auch in Vergrößerungssystemen ist die Anzeige von Texten in title-Attributen oft damit verbunden, dass der Linktext hinter dem Sprechblasentext verschwindet oder nur ein Teil des Sprechblasentextes im vergrößerten Bildschirmausschnitt erkennbar ist.

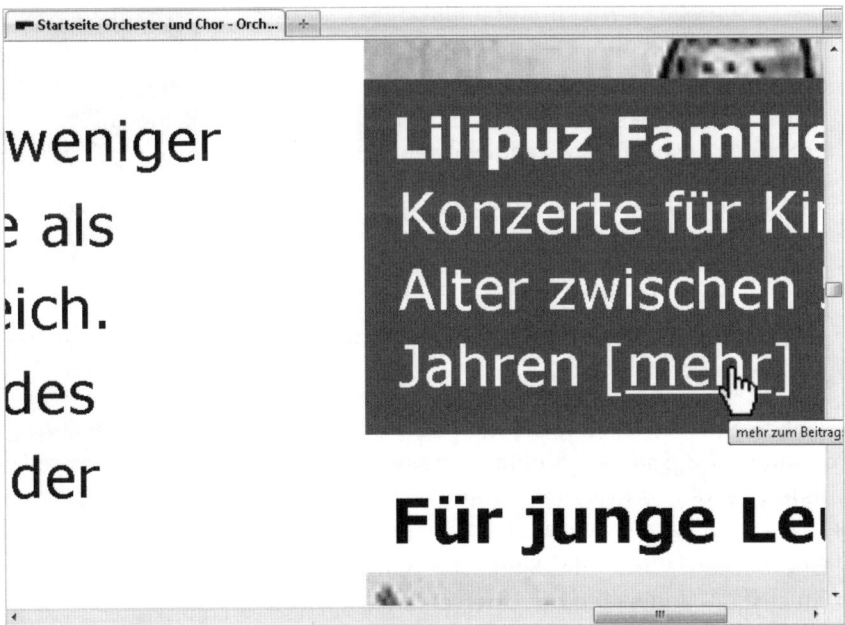

Abb. 7-3   Sprechblasentext bei Vergrößerung: Die Textgröße ist oft zu klein und verschwindet aus dem Vergrößerungsausschnitt.

Weitere Nachteile des title-Attributs als Technik für das Vermitteln wichtiger Informationen sind:

- Bei Ansteuern eines Links mit der Maus verschwinden Sprechblasentexte nach kurzer Zeit wieder. In einigen Browsern sind sie nur ca. 5 Sekunden sichtbar.
- Manche Browser zeigen nur 75 Zeichen an.
- Texte in title-Attributen können mit Bordmitteln des Browsers nicht vergrößert werden.

Das title-Attribut kann nur für ergänzende Informationen erwogen werden, z.B. wenn Links, die schwierige Wörter enthalten, im title-Attribut erläutert werden oder eine Zusammenfassung des Linkziels gegeben werden soll.

7.1.2.4 Links in Teasern

Den Klassiker unter den nichteindeutigen Linktexten findet man als Teil von Teasern, die sich auf Übersichtsseiten oder Nebenspalten befinden. Teaser bestehen in der Regel aus einer Überschrift, gefolgt von einem einleitenden Text, eventuell mit einem Bild ergänzt und einem Link zum vollständigen Beitrag.

In einem solchen Aufbau ist unbedingt darauf zu achten, dass sich der »mehr«-Link in einem aussagekräftigen Absatz (P-Element) befindet und das Ziel daher aus dem Kontext deutlich wird:

```
<div class="teaser">
 <h2>Überschriftentext</h2>
 <p><img alt="Alternativtext" src="teaserbild.jpg"
/></p>
 <p>Text des Teasers <a href="#">mehr</a></p>
</div>
```

Listing 7-2   HTML-Grundgerüst eines Teasers

Die Darstellung des Links in einer eigenen Zeile kann über CSS erfolgen:

```
.teaser p a { display:block; }
```

In diesem Beispiel ist das Linkziel zwar aus dem umgebenden Satz bzw. Absatz deutlich, der Link ist aber nicht selbsterklärend.

Eine bessere Lösung im Sinne der Barrierefreiheit ist zunächst die Verlinkung der Überschrift

```
<h2><a href="#">Überschriftentext</a></h2>
```

Abb. 7-4
Liste von drei Teasern mit jeweils einem »mehr«-Link

oder die Verlinkung der Grafik. Auch wenn Usability-Experten diese Methode befürworten, ist sie aus Sicht der Barrierefreiheit ungünstig, da gleich drei Links zum selben Ziel führen. Gleich formulierte Linktexte würden das Problem zwar lösen, aber vielleicht muss das Bild beschrieben werden.

Diskussionswürdig ist, ob Teaser-Bilder immer einen Alternativtext benötigen. Manche haben eher dekorativen Charakter, andere wiederum transportieren Inhalte und sind damit informativ (vgl. Abschnitt 6.3.2.1 ab S. 217). Wichtig sind ein einheitliches Vorgehen und ein Konzept zum Umgang mit Teaser-Bildern. Werden (auch) inhaltstragende Teaser-Bilder verwendet, dann muss immer ein beschreibender Alternativtext geschrieben werden. Das gilt ebenso, wenn sowohl Bilder mit dekorativen als auch Bilder mit informativem Charakter eingesetzt werden, damit die Konsistenz gewahrt ist.

Um ein Teaser-Bild dennoch klickbar zu machen, bietet sich eine dynamische Zuweisung an. Das folgende Skript sucht in einem Teaser nach dem Zielanker und der Grafik. Die Grafik erhält einen onclick-Event-Handler. Im Skript wird außerdem bestimmt, dass sich der Mauszeiger bei Berührung der Grafik verändert.

```
function teaser() {
 var myTeaserClass = "teaser";
 var div_array = document.getElementsByTagName("div");
 for ( i = 0; i < div_array.length; ++i) {
   if (div_array[i].className.indexOf(myTeaserClass) > -1) {
     var teaserPic = div_array[i].getElementsByTagName("img");
     var teaserHref =
div_array[i].getElementsByTagName("a")[0].getAttribute("href");
     teaserPic[0].onclick = function() {window.location.href = teaserHref;}
     if (document.all) { // IE
       teaserPic[0].style.cursor = "hand";
     }
     else {
       teaserPic[0].style.cursor = "pointer";
     }
   }
 }
}
teaser();
```

Listing 7-3   Anklickbare Teaser-Bilder mit JavaScript

Eine solche JavaScript-Funktion ist nur eine vorbereitende Maßnahme. Konkret wird durch das klickbare Bild die Gebrauchstauglichkeit gefördert und und es werden redundante, missverständliche Links vermieden. Aber der »mehr«-Link bleibt nur aus dem Kontext heraus verständlich. Das title-Attribut für den »mehr«-Link

```
<a title="Überschriftentext" href="#">mehr</a>
```

kommt aus oben genannten Gründen nicht als Lösung in Frage. Für Screenrea-der-Nutzer ist es sinnvoller, wenn die Überschrift oder zumindest wichtige Stichwörter der Überschrift im Linktext wiederholt werden:

```
<a href="#">mehr zu: Überschriftentext</a>
```

Durch den zusätzlichen Text kann der Linktext jedoch zu lang werden und das Vorgehen kann insgesamt unerwünscht sein. In solchen Fällen kann dieser Teil »versteckt« werden. Hierfür kann eine CSS-Klasse »unsichtbar« bestimmt wer-den:

```
<a href="#">mehr<span class="unsichtbar"> zu Überschriftentext</span></a>
```

Dabei ist zu beachten, dass Screenreader zwar nicht viel CSS verstehen, die meisten Screenreader sich jedoch gegenüber den Angaben display:none und visibility:hidden standardkonform verhalten und solche Inhalte nicht vorle-sen.[1] Deswegen müssen Inhalte, die versteckt werden sollen, über andere CSS-Angaben aus dem Viewport geschoben werden. Eine zuverlässige CSS-Regel ist in Listing 7-4 abgebildet.

```
.unsichtbar {
position:absolute;
left:-10000px;
top:auto;
width:1px;
height:1px;
overflow:hidden;
}
```

Listing 7-4   Die Klasse »unsichtbar«

7.1.2.5   Linktexte in Navigationsleisten

Eine wichtige Eigenschaft von Linktexten in Navigationsbereichen ist, dass Nut-zer mit den gewählten Beschriftungen die dahinterliegenden Inhalte antizipie-ren können. Linktexte in Navigationsbereichen bieten Anhaltspunkte über Schwerpunkt und Umfang eines Webangebots und helfen zu entscheiden, ob die aufgerufene Webseite dem Informationsbedarf des Nutzers entspricht.

Im Gegensatz zu Links in Fließtexten, wo die Nutzer einen Link aus dem Kontext heraus verstehen können – sei es durch einen umgebenden Satz oder einen Absatz –, haben Links in Navigationsleisten in der Regel keinen Kontext in diesem Sinne. Auch eine Überschrift wie »Navigation« oder »Menü« wäre als Kontext weder ausreichend noch aussagekräftig genug. Daher sollten Links in Navigationsleisten immer selbsterklärend sein.

Bei großen Webangeboten gibt es ein generelles Problem mit dem soge-nannten »Wording«. Für Linktexte in Hauptnavigationen wird oft auf Begriffe

---

1.   Vgl. WAI Austria, Texte verbergen,
     URL: *http://www.wai-austria.at/tipps/verbergen.php* (Abruf 5.10.2009).

zurückgegriffen wie »Informationen« oder etwas extravaganter »Akzente« oder »Fokus«. Linktexte dieser Art haben gemein, dass sie nicht selbsterklärend sind. Genauso gut könnten sie auch »Verschiedenes« oder »Diverses« heißen. Linktexte sollten so konkret wie möglich formuliert werden, d. h., aus »Informationen« könnte »Informationen zur Webentwicklung« werden.

Betrachten wir an dieser Stelle beispielhaft das erstellte Grundgerüst für *www.barrierefreies-webdesign.de* genauer.

Folgende Navigationslinks finden sich im Entwurf:

- »Impressum« in der Kopfzeile
- »Startseite«, »Know-how«, »Bücher«, »Richtlinien«, »Spezial«, »Links« und »Kontakt« in der Navigationsleiste und in der Fußzeile
- »Hilfe«, »Glossar« und »Tastaturkürzel« in der Service-Navigation
- Auf der rechten Seite befinden sich außerdem noch einige Teaser im »Entwurfsstadium«.

Die Begriffe »Know-how« und »Spezial« sind nicht selbsterklärend. »Know-how« könnte zwar noch auf Beispiele oder Wissenswertes zu barrierefreiem Webdesign hinweisen, »Spezial« jedoch ist deutlich unkonkreter.

Startseite
Knowhow
Bücher
Richtlinien
Spezial
Links
Kontakt

Inhaltlich werden in beiden Kategorien Textbeiträge zu finden sein: Unter »Know-how« werden meist eigene Artikel subsummiert und unter »Spezial« Arbeiten von Studierenden. Diese Unterteilung wird jedoch nicht deutlich genug vermittelt. Ein weiteres Problem sind inhaltliche Überschneidungen, da auch unter »Know-how« Beiträge anderer Autoren zu finden sein werden. Eine klare Abgrenzung der beiden Bereiche kann nicht gezogen werden, da sie sich inhaltlich nicht ausschließen.

Abb. 7-5
Navigationseinträge der Beispielseite

Wegen dieser Überschneidungen werden nun beide Bereiche zu einem Bereich zusammengeführt. Dieser wird zwar sehr umfangreich, dennoch ist die Entscheidung vertretbar, auch wenn es andere Lösungen gäbe, etwa die Unterscheidung nach technischen und nicht technischen Artikeln, nach einführenden Artikeln und Inhalten für Fortgeschrittene oder auch nach Inhalten allgemein, nach Zielgruppen u. v. m.

Wie soll nun diese Oberkategorie und damit der Linktext in der Navigationsleiste für die zusammengelegten Inhalte heißen? Im Allgemeinen gilt: Je spezifischer die Beschriftung, umso greifbarer ist sie. Berücksichtigt werden muss außerdem, dass Begriffe unterschiedliche Assoziationen auslösen können. Darüber hinaus können Fremdwörter (z. B. »Know-how«), Fachbegriffe und Abkürzungen problematisch sein und zudem soll die Konsistenz mit anderen Begriffen innerhalb der Hauptnavigation gewahrt bleiben: Hier werden die Oberpunkte jeweils mit einem Wort angegeben, was aber nicht heißt, dass zusätzliche Adjektive oder Verben vermieden werden müssen. Längere Navigationseinträge können konkreter sein und den Nutzern helfen, die richtigen Navigationspfade zu finden.[2]

Für unsere zusammengeführten Inhalte kommen Begriffe wie »Artikel«, »Wissen«, »Lösungen« oder »Beiträge« in Frage; auch Erweiterungen der Grundbegriffe wie »Artikel und Studienarbeiten« oder »Wissenswertes« sind denkbar.

Weil es um die Erklärung von Anforderungen der Barrierefreiheit und die Vermittlung konkreter Vorgehensweisen geht, wird zugunsten von »Wissen« als Oberbegriff entschieden. Daraus ergeben sich für die Navigation die in Abbildung 7–6 sichtbaren Haupteinträge.

Startseite
Wissen
Bücher
Richtlinien
Links
Kontakt

Abb. 7-6
Überarbeitete
Navigations-
einträge des
Beispielauftritts

Die Reduzierung der Linktexte in Navigationseinträgen auf 1–2 Begriffe kann gut sein. »Kontakt« sagt im Kontext eines Webangebots deutlich aus, dass der Link zu einer Kontaktmöglichkeit führt. Einzelne Begriffe sind aber nicht immer nutzerfreundlich, denn Nutzer suchen nach Schlüsselwörtern und allgemeinen Begriffen und es können je nachdem keine oder falsche Assoziationen ausgelöst werden. Vielleicht gehört ein wenig Mut dazu, aber längere Linktexte – auch in der Navigation – sind verständlicher und bringen den Nutzer eher zum Ziel.

Obwohl längere Linktexte für die Navigationseinträge des Beispielauftritts nicht in Betracht gezogen wurden, sind aussagekräftige Links für speziellere Inhalte sinnvoll. Der Link »Tastenkürzel«

```
<p> Dieses Webangebot verwendet einige <a href="#">Tastenkürzel</a>.</p>
```

ist zwar aus dem Kontext heraus verständlich, besser ist jedoch die folgende Lösung:

```
<p>Einige Links können direkt mit der Tastatur aufgerufen werden. Lesen Sie
bitte, welche <a href="#">Tastaturkürzel für dieses Webangebot</a>
berücksichtigt wurden.</p>
```

7.1.3 Format- und Sprachwechsel

Wenn ein Link aufgerufen wird, dann wird zunächst davon ausgegangen, dass der Zielanker im Browser angezeigt wird. Das muss aber nicht immer der Fall sein. Zum Beispiel können Multimedia oder PDF in einer eigenen Anwendung geöffnet werden. Dabei sind es nicht diese anderen Anwendungen, die Barrieren bedeuten können. Meist ist die Zugänglichkeit eingebetteter Objekte im Browser geringer als die Zugänglichkeit zu den gleichen Inhalten in einer Drittanwendung. Wird beispielsweise ein PDF- oder Office-Dokument im Browser und nicht im Adobe Reader bzw. einer Office-Anwendung geöffnet, ist die Zugänglichkeit des Dokuments geringer.

2.   Kalbach, J. u. a. (2008): Handbuch der Webnavigation.

Auch sollten weitere Aspekte berücksichtigt werden, etwa wenn die verknüpfte Zielseite in einer anderen Sprache verfasst ist. Problematisch kann das
z.B. für Nutzer von Sprachausgaben werden, aber der Hinweis auf den Sprachwechsel ist für viele weitere Nutzer ebenso nützlich.

7.1.3.1   Angabe des Formatwechsels

Der Umgang des Browsers mit verschiedenen Formaten ist von der Server-,
Browser- und Systemkonfiguration abhängig. Je nachdem wird die verknüpfte
Ressource im Browser oder in einer anderen Anwendung geöffnet. Die folgen-
den drei Fälle können auftreten:

1. Browser zeigen HTML-Dateien an. Außerdem können sie standardmäßig
    viele weitere Formate anzeigen, etwa Textdateien (TXT) oder Grafiken (GIF,
    JPEG oder PNG). Um andere Dateitypen anzuzeigen, etwa Multimedia
    oder PDF, müssen Plug-ins installiert und aktiviert sein.
2. Wenn der Browser ein Format nicht anzeigen kann, dem System aber eine
    andere Anwendung bekannt ist, die das Format verarbeitet, dann wird
    diese Anwendung gestartet und die Datei übergeben.
3. Wenn das System mit dem Format einer Webressource nichts anfangen
    kann, wird der Nutzer über das Dialogfenster des Betriebssystems aufge-
    fordert, den Download bzw. die Suche nach einer geeigneten Anwendung
    zu starten.

Einige Formate sind für bestimmte Nutzergruppen schwer oder nicht nutzbar.
Für gehörlose Nutzer sind MP3-Dateien eine Barriere und für blinde Nutzer
kommt es bei bestimmten Formaten zu Kompatibilitätsproblemen mit Screenreadern. Andere Formate wiederum setzen die Installation bestimmter Anwendungen voraus. Ist beispielsweise kein SVG-fähiger Browser vorhanden, können keine SVG-Dateien angeschaut werden; wenn z.B. der QuickTime Player
nicht installiert ist, können 360-Grad-Panoramen im QuickTime VR-Format nicht
geöffnet werden.

Bei einem Link auf eine PDF-Datei weiß der Webanbieter nicht, wie dieser
geöffnet wird, da der Nutzer bestimmen kann, ob dieses Dokument im Browser
oder beispielsweise im Adobe Reader geöffnet wird. Gerade Screenreader-
Nutzer werden PDF-Dokumente bevorzugt im Adobe Reader öffnen, da sie nur
dann mit PDF umgehen können (vgl. Abb. 7-7).

Ohne zusätzliche Formatangaben kann der Nutzer das Zielformat nur über
die Angabe in der Statuszeile des Browsers sehen, wenn er mit dem Mauszeiger den Link berührt oder mit der Tabulatortaste fokussiert. Die Informationen
in der Statuszeile sind allerdings nicht für jeden zugänglich, etwa beim Einsatz
eines Vergrößerungssystems.

Ein weiterer Aspekt ist die Unterstützung eines bestimmten Formats. Wenn
ein Archiv online gestellt wird, sollte angegeben werden, ob es sich beispielsweise um eine ZIP- oder RAR-Datei handelt. Auf Linux- und Windows-Systemen

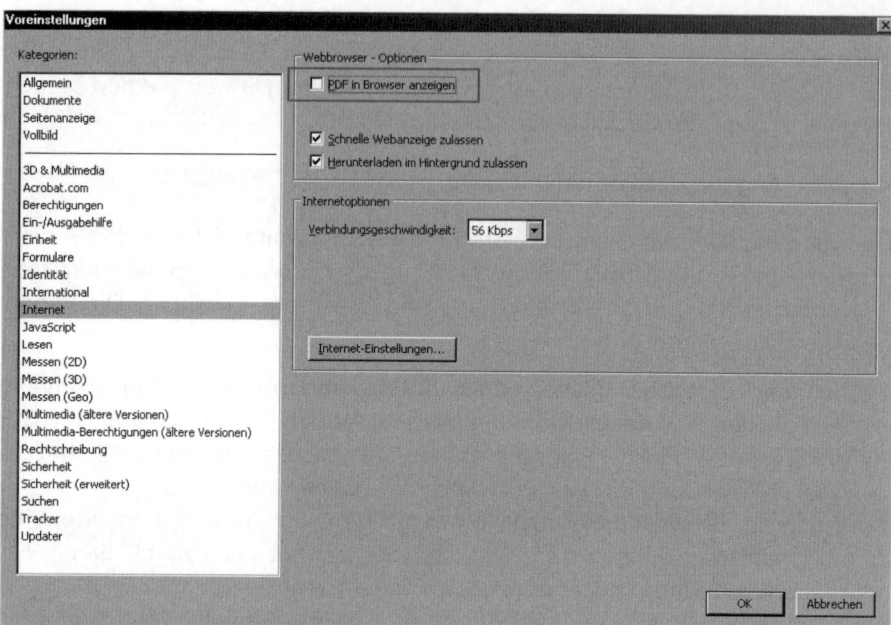

Abb. 7-7   Einstellung im Adobe Acrobat zum Öffnen von PDF aus dem Web

ist ein ZIP-Archiv meist mit den Bordmitteln des Betriebssystems zu öffnen, aber zum Extrahieren eines RAR-Archivs ist i. d. R. eine zusätzliche Software notwendig, die .rar beherrscht. Auch deshalb gehört das Format unbedingt zum Linktext, etwa in der Form:

```
<a href="codebeispiele.rar">alle Codebeispiele als RAR-Archiv</a>
```

Aus diesen Beispielen wird deutlich, dass die Angabe des Formatwechsels wichtig ist, damit der Nutzer das Ziel und den Zweck eines Links verstehen kann und im Vorfeld weiß, wie der Browser damit umgehen wird. Die Formatangabe sollte für Links zu Ressourcen folgender Art erfolgen:

- PDF
- Office-Dokumente
- E-Mail-Links
- Multimedia (Audio, Video)
- SVG, Flash und andere Formate, die Plug-ins erfordern könnten
- Archive

Generell sollten auch weitere für die Nutzbarkeit relevante Aspekte angegeben werden, z. B. ob ein Video untertitelt oder ein PDF barrierefrei ist.

HTML bietet eine (allerdings nur theoretische) Möglichkeit, dem Nutzer das Dokumentformat mitzuteilen. Hierfür ist das type-Attribut vorgesehen:

```
<a type="application/pdf" href="meine.pdf">Download</a>
```

Browser unterstützen die Angabe des MIME-Typs jedoch nur für JavaScript oder CSS, z. B. mit dem folgenden Attributselektor:

```
a:link[type='application/pdf'] {
background:url(../img/pdf.png) right no-repeat;
padding-right:14px;
}
```

Listing 7-5 Attributselektor für Links

Das type-Attribut sollte zwar auch dazu dienen, den Browser und somit auch den Nutzer über den Inhaltstyp des Zielankers zu informieren, aber weil diese Information weder in Browsern noch von Screenreadern interpretiert wird, eignet sich dieses Attribut nicht von vornherein zur Angabe eines Formatwechsels; mit zusätzlichem JavaScript kann das Attribut aber ausgewertet und ein zusätzlicher Knoten im Linktext eingefügt werden.

7.1.3.2 Angabe des Sprachwechsels

Neben Sprachangaben für eine Seite bzw. Sprachwechsel für einzelne Inhalte einer Seite mit dem lang-Attribut kann auch die Sprache einer verlinkten Ressource angegeben werden. Dafür ist das hreflang-Attribut für Links vorgesehen:

```
<a href="http://www.example.com" hreflang="en">eine Beispielseite</a>
```

Dieses Attribut kann mit CSS angesprochen und mit JavaScript ausgewertet werden, allerdings ist auch hier – ähnlich wie beim type-Attribut – keine Browser- oder Screenreader-Unterstützung gegeben.

Da es keine expliziten Symbole für Sprachen gibt, wird oft auf Ländersymbole zurückgegriffen. Auf den ersten Blick sind Ländersymbole dafür eine gute Wahl und werden gerne verwendet. Allerdings gibt es kein 1:1-Verhältnis zwischen Land und Sprache. Ein Link zu einer englischsprachigen Seite könnte sowohl mit einer britischen, einer US-amerikanischen als auch einer südafrikanischen Flagge gekennzeichnet werden.

Für australische oder andere englischsprachige Nutzer kann die britische Flagge irreführend sein. Ein weiteres Problem beim Einsatz allein stehender Flaggensymbole ist, dass Zweck und allgemeine Bekanntheit nicht vorausge-

Abb. 7-8
Navigationsleiste mit verschiedenen Flaggen

setzt werden können. Nicht alle Flaggen in Abbildung 7-8 dürften allgemein bekannt sein, etwa die der Vereinigten Arabischen Emirate für die arabische Version.

Eine andere Möglichkeit, den Sprachwechsel auch visuell zu signalisieren, wären die Länderkürzel nach ISO 639-1.[3] Allerdings sind auch diese nicht allgemein verständlich, da ein Link zu einer spanischen Seite z. B. für einen mexikanischen Nutzer zu dem gleichen Problem führen kann wie die spanische Flagge.

Es empfiehlt sich also, Links um den Namen der Sprache in der entsprechenden Landessprache, z. B. »français« oder »dansk«, zu ergänzen und den zugehörigen Linktext außerdem mit dem lang-Attribut auszuzeichnen.

```
<p>Eine Liste von Länderkürzeln finden Sie in der <a
href="http://www.w3.org/WAI/ER/IG/ert/iso639.htm" hreflang="en">ISO 639
(<span lang="en">English</span>)</a>.</p>
```

Um die Sprache einer verlinkten Ressource dem Nutzer mitzuteilen, kann auch der Linktext selbst helfen, die Sprache des verlinkten Inhalts zu vermitteln, etwa wenn er in der Sprache des Zielankers verfasst ist.

7.1.3.3 Kennzeichnung von Format- und Sprachwechsel

Zur Kennzeichnung eines Format- und/oder Sprachwechsels werden unterschiedliche Techniken eingesetzt. Dabei wird oft der Weg über per CSS eingebundene Symbole gewählt. Solche Zusatzinformationen dürfen allerdings nicht als CSS-Hintergrundgrafiken gestaltet werden (vgl. Abschnitt 6.3.4 ab S. 223).

Angaben in HTML

Informationen zu Format- und Sprachwechsel bei Links müssen immer in Textform vorliegen; ebenfalls geeignet ist der Alternativtext eines grafischen Symbols. Dafür gibt es zwei Möglichkeiten: die Angabe über den Kontext und die Angabe im Linktext. Ein kontextueller Hinweis zur Information über ein verknüpftes PDF-Dokument könnte so aussehen:

```
<p> … <img src="lib/img/pdf.gif" alt="PDF" /><a
href="dokument.pdf">Linktext</a> … </p>
```

Listing 7-6   Kontextueller Hinweis zu einem Link

Die bessere Lösung ist jedoch:

```
<a href="dokument.pdf"><img src="lib/img/pdf.gif" alt="PDF" />Linktext</a>
```

Listing 7-7   Kontextuelle Hinweise zu Links gehören in den Link.

Bei der zweiten Lösung ist kein kontextuelles Lesen nötig und das Linkziel ist selbsterklärend.

---

3. Library of Congress, Codes for the Representation of Names of Languages, maßgeblich ist der alpha-2 code (ISO 639-1), URL: *http://www.loc.gov/ standards/iso639-2/php/ English_list.php* (Abruf 5.10.2009).

Statt eines Symbols kann die Information über den Formatwechsel natürlich auch Teil des Linktexts sein:

```
<a href="dokument.pdf">Linktext (PDF)</a>
```

oder

```
<a href="dokument.xls">Linktext (Microsoft Excel)</a>
```

Ob Symbole oder Texte eingesetzt werden sollten, ist von verschiedenen Faktoren abhängig. Wenn es im Content-Bereich viele Links geben wird, dann können Symbole den Lesefluss stören, sodass dann reine Textangaben sinnvoller sind. Wenn Linklisten mit Zielankern in verschiedenen Formaten und Sprachen eingesetzt werden, dann sind Symbole zur Kennzeichnung der Listenelemente hilfreich. Wenn allerdings zu viele unterschiedliche Symbole eingesetzt werden, kann es zu Interpretationsproblemen kommen.

Angaben als grafische Aufzählungszeichen in Listen

Format- und Sprachangaben können auch als Aufzählungszeichen einer Liste eingebunden werden:

```
<ul>
...
<li class="pdf"><a href="dokument.pdf">Linktext</a></li>
...
</ul>
```

Listing 7-8   Aufbereitung einer Linkliste mit vorangestellten Symbolen

Über die folgende CSS-Eigenschaft wird der standardmäßig angezeigte Listenpunkt durch eine Grafik ersetzt (vgl. Listing 7-9).

```
li.pdf{
  list-style-image: url(pdf.gif);
}
```

Listing 7-9   CSS-Eigenschaft zur Einbindung einer Grafik als Listenpunkt

Mit der CSS-Eigenschaft `list-style-image` können Symbole zur Kennzeichnung von Sprach- oder Formatwechsel als Listenpunkt eingebunden werden. Die browserübergreifend gleiche Darstellung von Grafiken mit `list-style-image` ist allerdings problematisch:[4] Die Ersatzgrafiken werden von den Browsern vertikal unterschiedlich ausgerichtet. Diese Darstellungsunterschiede können nur durch den Zuschnitt der Grafik kompensiert werden.

Im Gegensatz zu Hintergrundbildern werden grafische Listenpunkte bei benutzerdefinierten Farbeinstellungen nicht ausgeblendet. Bei Linklisten sind grafische Listenpunkte per CSS im Gegensatz zu Hintergrundgrafiken also

---

4. SelfHTML Forum: Lage des Bildes bei list-style-image:url,
    URL: *http://forum.de.selfhtml.org/archiv/2003/11/t62428/* (Abruf 1.10.2009).

zunächst möglich. Hier hängt es jedoch vom konkreten Einsatz ab, ob eine Barriere entsteht oder nicht.

Werden Listenpunkte nur einheitlich »gehübscht«, dann vermitteln die einzelnen Grafiken normalerweise keine Information über das Linkziel und müssen nicht unbedingt weiterverarbeitet werden.

```
▼ Die Grundlagen und Einführung
▼ HTML-Techniken
▼ Layout-Techniken
▼ Verständlichkeit, Navigation und Orientierung
▼ Andere Technologien in der Webgestaltung
▼ HTML-Referenz
▼ Weitere Hinweise
```

Abb. 7-9   Symbole ohne zusätzlichen Informationsgehalt als Aufzählungszeichen

Wenn die einzelnen Listeneinträge über Symbole mit einer optischen Information angereichert werden, ist eine textorientierte Ergänzung notwendig.

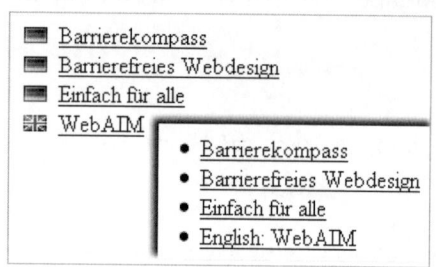

Abb. 7-10   Symbole mit zusätzlichem Informationsgehalt benötigen in HTML zusätzlichen Text.

Während die ersten drei Links durch den Linktext offensichtlich erkennbar zu deutschsprachigen Seiten führen, führt der vierte zu einer englischsprachigen Seite. Das, was visuell mittels CSS vermittelt wird, muss auch in Textform vorliegen. Dafür eignet sich ein unsichtbarer Text (vgl. Listing 7-10).

```html
<ul class="linkliste">
<li class="de"><a href="http://www.barrierekompass.de">Barrierekompass
</a></li>
<li class="de"><a href="http://bf-w.de">Barrierefreies Webdesign </a></li>
<li class="de"><a href="http://www.einfachfueralle.de">Einfach für
alle</a></li>
<li class="en"><a href="http://www.webaim.org"><span class="unsichtbar"
lang="en">English: </span>WebAIM</a></li>
</ul>
```

Listing 7-10   Textergänzung von HTML, um visualisierte Informationen zu berücksichtigen

In diesem Beispiel wird nur die englischsprachige Seite mit zusätzlichem Text gekennzeichnet. Das ist so lange sinnvoll, wie der restliche Text der Seite auf Deutsch ist: Konkret soll die Änderung der Sprache verdeutlicht werden. Auf einer französischsprachigen Seite wäre eine Kennzeichnung aller Links sinnvoll.

Obwohl davon auszugehen ist, dass Flaggen gute optische Kennzeichnungen von z.B. deutschen oder englischsprachigen Zielseiten sind, sind sie dennoch kritisch. Symbole bergen immer die Gefahr, dass sich ihre Bedeutung dem Nutzer nicht erschließt. In solchen Fällen ist ein zusätzlicher Sprechblasentext sinnvoll, auch wenn Tastaturnutzer davon nicht profitieren. Ein title-Attribut für die Listeneinträge fördert hier die Verständlichkeit:

```
<li class="en" title="Englischsprachige Seite"><a
href="http://www.webaim.org"><span class="unsichtbar" lang="en">English:
</span>WebAIM</a></li>
```

Listing 7-11 Ergänzung von Listen mit grafischen Aufzählungszeichen um das title-Attribut

In diesem Fall wird das title-Attribut ergänzend zu bereits bestehenden Informationen eingesetzt. Es soll helfen, die Bedeutung des Symbols zu vermitteln, wenn es nicht verstanden oder erkannt wird. Das title-Attribut kann alternativ ebenso auf den Link angewandt werden.

JavaScript als Unterstützung

Damit Linktexte auch ohne Kontext verständlich sind, können JavaScript-Lösungen zur Generierung von Inhalten eingesetzt werden. Wenn auf den unsichtbaren Text im obigen Beispiel verzichtet werden muss, kann der zusätzliche Text mit folgender JavaScript-Funktion generiert werden:

```
function hiddenText(element, text) {
    var myClass = "unsichtbar";
    var myNode = document.createElement(element);
    myNode.setAttribute("class", myClass);
        myNode.appendChild(document.createTextNode(text));
        return myNode;
}
```

Listing 7-12 JavaScript-Funktion zum Erzeugen eines versteckten Knotens

Diese Funktion erwartet zwei Variablen: einen Elementnamen (z.B. »span«) und einen einzufügenden Text. Außerdem wird mit der Variablen myClass die Klasse angegeben, mit der im aktuellen Projekt Inhalte unsichtbar, aber für Screenreader zugänglich gekennzeichnet werden. Es wird ein Elementknoten erzeugt, der die angegebene Klasse erhält und als Kindknoten den Text. Der neue Knoten wird dann an die aufrufende Instanz zurückgegeben.

Für eine Linkliste mit Links zu verschiedensprachigen Seiten könnte eine Funktion zum dynamischen Hinzufügen von Zusatztexten aussehen wie in Listing 7-13.

```
function linkLists() {
 if (document.getElementsByTagName && document.createTextNode) {
   var myListClass = "linkliste";
   var myListItemClasses = new Array(
   new Array("de", "Deutsch"),
   new Array("en", "English")
   );
   var ul_array = document.getElementsByTagName("ul");
   for ( i = 0; i < ul_array.length; ++i) {
    if (ul_array[i].className.indexOf(myListClass) > -1) {
      var li_array = ul_array[i].getElementsByTagName("li");
      for (var j = 0; j < li_array.length; ++j) {
       var listItemClass = li_array[j].className;
        for (var k = 0; k < myListItemClasses.length; ++k) {
         if (listItemClass.indexOf(myListItemClasses[k][0]) > -1) {
          newNode = hiddenText("span", myListItemClasses[k][1]);
          newNode.appendChild(document.createTextNode(": "));

li_array[j].getElementsByTagName("a")[0].insertBefore(newNode,
li_array[j].getElementsByTagName("a")[0].firstChild);
          }
         }
        }
       }
      }
     }
    }
window.onload = function() {
 linkLists();
}
```

Listing 7-13 JavaScript-Funktion zur Ergänzung einer Linkliste mit versteckten Knoten

Im Einzelnen ist die Funktion wie folgt aufgebaut:

1. Zunächst werden die verwendeten HTML-Klassen für Linklisten und einzelne Listeneinträge angegeben, wobei die Klassen für die Listeneinträge gleich mit dem Ersatztext in einem Array gespeichert werden.
2. Danach werden alle UL-Elemente aus dem Dokument geholt und der Reihe nach auf die Klasse für Linklisten geprüft.
3. Wenn eine Linkliste identifiziert wurde, werden die einzelnen Listenelemente des UL-Elements geholt und der Reihe nach die Klassen des Listenelements gesichert.
4. In der Schleife wird eine Übereinstimmung der aktuellen Listenklasse mit den im Array gespeicherten Klassen geprüft und bei Übereinstimmung die Funktion zur Erzeugung von verstecktem Text mit »span« und dem zugehörigen Text aufgerufen.
5. Schließlich wird der zurückgegebene Knoten als erster Kindknoten des im Listeneintrag enthaltenen Links eingefügt.

6. Die Funktion wird durch den Event-Handler onload ausgelöst, d.h., erst
    wenn das HTML-Dokument geladen wurde, wird die Funktion aufgerufen.

Solche JavaScript-Lösungen sind nur ein Behelf, denn grundsätzlich müssen
alle Inhalte auch ohne ergänzende Techniken wie JavaScript verfügbar sein.
Der unsichtbare Text ist aus dem Blickwinkel der Barrierefreiheit besser im
HTML-Dokument aufgehoben, als wenn er dynamisch in den DOM-Baum
generiert wird.

7.1.4   Rekursive Links

Rekursive Links sind Links, die auf sich selbst verweisen oder anders ausgedrückt: Links, die auf die Seite führen, die gerade angezeigt wird. Wenn z.B. auf
der Kontaktseite der Link

```
<a href="kontakt.html">Kontakt</a>
```

zu finden ist, so wird bei Aufruf die gleiche Seite nochmal geladen. Solche Links
signalisieren sehenden Nutzern oft durch eine andere Hintergrund- oder Vordergrundfarbe, dass sie auf die aktuelle Seite verweisen. Für die Optimierung
für Screenreader-Nutzer gibt es zwei Möglichkeiten der Kennzeichnung. Entweder es wird ein unsichtbarer Text vergeben:

```
<a href="kontakt.html"><span class="unsichtbar">Aktuelle Seite:
</span>Kontakt</a>
```

oder der Linktext wird als nicht verlinkter Text ausgespielt:

```
<strong>Kontakt</strong>
```

Ob rekursive Links kategorisch vermieden werden sollten oder nicht, ist eine
offene Frage und wird von Screenreader-Nutzern unterschiedlich beantwortet.
Rekursive Links finden sich meist nur in Navigationsbereichen. Hier spricht für
das Vermeiden rekursiver Links, dass die Seite bereits aufgerufen ist und ein
rekursiver Link deswegen redundant ist – zumal im Idealfall die Information
über die aktuell aufgerufene Seite aus dem Zusammenspiel von Dokumenttitel
und Breadcrumb hervorgeht. Gegen das Vermeiden rekursiver Links spricht,
dass dann ein wichtiges Navigationselement nicht mehr in der Tab-Reihenfolge
enthalten ist und es damit zu einer inkonsistenten und den blinden Nutzer verwirrenden Navigation kommen kann.[5]
    Werden rekursive Links eingesetzt, dann benötigen sie in jedem Fall einen
unsichtbaren Text, der Screenreader-Nutzern mitteilt, dass es sich um die aktuell aufgerufene Seite handelt. Für den Beispiel-Webauftritt wurde auf rekursive

---

5. Obwohl generell nur Links und Steuerelemente mit der Tabulatortaste angesteuert werden
    können, kann durch die Vergabe von zusätzlichen Tabindizes für andere Elemente die Bei-
    behaltung eines nicht verlinkten Navigationseintrags in der Tab-Reihenfolge sichergestellt
    werden.

Links verzichtet, und es wird in Abschnitt 7.2.2.2 ab Seite 274 eine Technik für die Umsetzung vorgestellt.

Zu beachten ist, dass in bestimmten Fällen rekursive Links sinnvoll sein können, etwa bei Inhalten, die sich in kurzen Intervallen ändern können. Ein Beispiel wäre die Navigation innerhalb einer Webcounter-Anwendung, bei der die Zugriffe in Echtzeit gezählt und im Inhaltsbereich aufgerufen werden können. Das Neuladen ist zwar eine Browserfunktion und muss deswegen nicht im Inhalt berücksichtigt werden, aber wenn das Neuladen der Seite bei zeitabhängigen Inhalten eine wichtige Funktion darstellt, sollte eine solche Funktion auf der Seite bereitstehen. Dabei ist eine automatische Aktualisierung zu vermeiden. Dieses Thema wird in Abschnitt 16.4.2 ab Seite 643 aufgegriffen.

7.1.5   Neue Fenster

Ein häufig diskutiertes Thema ist der Einsatz neuer Fenster. Links, die in einem neuen Fenster aufgehen, werden eingesetzt, um Besuchern zu signalisieren, dass die verlinkte Seite nicht zum aktuellen Angebot gehört, ein spezielles Layout hat oder eine Zusatzfunktion enthält.

Neue Fenster sollten der Kontrolle des Nutzers überlassen werden.[6] Nutzer erwarten eine ähnliche oder vergleichbare Funktion von ähnlichen oder gleichen Elementen, wozu beim Aufruf eines Links i.d.R. die Anzeige neuer Inhalte im Browserfenster gehört.

Ob ein neues Fenster generell als störend wirkt oder verunsichert, kann nicht allgemein gesagt werden. Auf jeden Fall bieten inzwischen alle Browser die Möglichkeit, das Öffnen von Links in einem neuen Fenster oder neuem Tab zu verhindern.

7.1.5.1   Vermeiden von neuen Fenstern

Bei einer barrierefreien Webseite sollten neue Fenster aus mehreren Gründen vermieden oder angekündigt werden:

- Einige ältere Screenreader erkannten zum Zeitpunkt der Veröffentlichung der WCAG 1.0 im Jahr 1999 neue Fenster nicht. Der Fokus blieb nach Auswahl eines solchen Links im alten Fenster und dem Nutzer kam es vor, als ob der Linkaufruf nichts ausgelöst hätte.
- In Vergrößerungssystemen gibt es ein Problem mit dem Fokus. Öffnet sich ein neues Fenster außerhalb des vergrößerten Ausschnitts, ohne dass der Ausschnitt auf das neue Fenster »gezogen« wird, kann speziell bei kleineren Bildschirmausschnitten der Eindruck entstehen, es habe sich nichts getan.

---

6.   Vgl. The user agent accessibility guidelines, URL: *http://www.w3.org/TR/WAI-USERAGENT/guidelines.html#tech-configure-focus-change* (Abruf 22.5.2010).

▨ Das automatische Öffnen neuer Fenster ist ohne Pop-up-Blocker problematisch. Vor allem ungeübte Nutzer stehen vor einer vielleicht verwirrenden Situation, das richtige Fenster mit der Werbung zu schließen.

Das Fokussieren neuer Fenster ist in modernen Hilfsmitteln unproblematisch. Schon als die BITV im Jahr 2002 in Kraft trat, wurden sie von allen gängigen Screen- und Webreadern erkannt und angekündigt. Zu beachten ist auch, dass das Kriterium in Anforderung 10 der BITV formuliert war und vor allem auf die Rückwärtskompatibilität mit älteren Hilfsmitteln abzielte.

Die Gebrauchstauglichkeit bleibt jedoch ein Thema: Sind neue Fenster förderlich für die Nutzbarkeit oder schädlich? Pop-up-Blocker, Browser-Tabs und diverse Einstellungsmöglichkeiten im Browser verhindern oft das Öffnen neuer Fenster. Das Öffnen der Seite muss händisch zugelassen werden. Zu bedenken sind auch Aspekte wie die Unterbrechung der »Zurück«-Funktion des Browsers oder die in vielen Fällen unnötige Erhöhung der Zahl gleichzeitig geöffneter Browserfenster.

Das eigentliche Problem entsteht aber, wenn bei Seitenaufruf mehrere Browserfenster dynamisch geöffnet werden und diese Werbung oder andere Hinweise enthalten. Nicht für jeden ist sofort erkennbar, dass die weiteren Fenster nicht relevant für die gesuchten Inhalte sind und geschlossen werden können. Zudem enthalten vor allem Fenster mit Werbung oft nicht zugängliche Inhalte, was vor allem blinden Nutzern das Einschätzen der Relevanz erschwert. Wenn Werbung eingebunden werden muss, dann muss der Inhalt in die Seite eingebunden und identifiziert werden. Auf jeden Fall ist zu vermeiden, dass sich beim Aufruf eines URI zwei oder mehr Fenster öffnen.

7.1.5.2   Sinnvoller Einsatz neuer Fenster

Unter der Voraussetzung, dass neue Fenster angekündigt werden, gibt es die folgenden sinnvollen Einsatzmöglichkeiten:

▨ Aufruf von Hilfefunktionen (z. B. in Formularen)
▨ Vergrößerte Ansicht eines Bilds
▨ Verlinkung von Video und Audio

Nur weil ein Link zu einem externen Angebot führt, ist ein neues Fenster normalerweise nicht sinnvoll, aber es lassen sich auch hier begründete Ausnahmen finden. Bei mehrseitigen Formularbearbeitungen kann es sinnvoll sein, wenn sich Hilfetexte oder ein Nachschlagewerk in einem neuen Fenster öffnen. Wichtig ist ein einheitliches Vorgehen, z. B. wenn externe Links ein neues Fenster öffnen und interne Links immer im gleichen Fenster aufgehen.

Welche Links ein neues Fenster öffnen sollen, ist eine konzeptionelle Frage. Vor dem Hintergrund der Gebrauchstauglichkeit sollte zunächst darauf verzichtet und dann entschieden werden, welche Ausnahmen sinnvoll sind. In jedem Fall sollten Links, die neue Fenster öffnen, sowohl visuell als auch über Text gekennzeichnet werden. Das Vorgehen ist analog zu den oben beschriebenen Möglichkeiten der Ankündigung von Format- und Sprachwechseln, d.h., die Links sind mit einem Symbol oder einem Zusatztext im Linktext zu ergänzen.

Weil das target-Attribut zum Öffnen neuer Fenster in der strengeren Dokumententypdeklaration ("strict") nicht spezifiziert ist, sollte eine JavaScript-Technik eingesetzt werden. Ein Beispiel finden Sie in Abschnitt 16.3.5.2 ab Seite 638.

7.1.6   Image-Maps

Image-Maps sind Grafiken, in denen einzelne Bereiche als Links definiert und damit auswählbar sind. Man bezeichnet sie deshalb auch als »verweissensitive« Grafiken. Image-Maps werden oft bei Landkarten oder Menüs eingesetzt.

Man unterscheidet zwei Arten von Image-Maps: serverseitige und clientseitige. Clientseitige Image-Maps enthalten Links, die im HTML definiert werden. Sie bestehen aus einer Grafik und einem damit verknüpften MAP-Element. Die Definition der Links erfolgt im MAP-Element entweder mit dem AREA- oder dem A-Element. Serverseitige Image-Maps hingegen leiten die Koordinaten eines Mausklicks an ein Skript weiter, das sie auswertet. Hier ist neben dem Skript die Verwendung des Mauszeigers notwendig.

7.1.6.1   Vorteile clientseitiger gegenüber serverseitigen Image-Maps

Serverseitige Image-Maps führen zu zwei Zugänglichkeitsproblemen:

1. Sie sind nur mit der Maus und nicht mit der Tastatur bedienbar.
2. Es gibt keine Möglichkeit, den einzelnen Koordinaten (Links) der Grafik einer serverseitigen Image-Map Linktexte zuzuweisen.

Diese beiden Probleme gibt es bei clientseitigen Image-Maps nicht. Deswegen sollten Image-Maps clientseitig sein.

7.1.6.2   Beispiel einer clientseitigen Image-Map

Bei clientseitigen Image-Maps erhalten zuerst die aktiven Bereiche (AREA-Elemente) Alternativtexte, die als Linktexte dienen.

Die einzelnen Links einer clientseitigen Image-Map erhalten ihre Form mit dem shape-Attribut des AREA-Elements. Mit diesem Attribut können Links in Image-Maps rechteckig, rund oder als Polygon gestaltet werden. Im Beispiel in Listing 7–14 werden sie rechteckig dargestellt.

```
<h1>Farbwähler</h1>
<p>Bitte wählen Sie aus der Farbskala eine Farbe, die Ihrer Lieblingsfarbe am
nächsten kommt.</p>

<p><img src="images/140_farben.gif" usemap="#farbwaehler" width="140"
height="100" alt="Farbfeld mit den 140 Standardfarben" />
```

```
<map id="farbwaehler" name="farbwaehler">
<area href="#" shape="rect" lang="en" coords="0,0,10,10" alt="maroon
(#800000)" />
<area href="#" shape="rect" lang="en" coords="10,0,20,10" alt="darkred
(#8B0000)" />
<area href="#" shape="rect" lang="en" coords="20,0,30,10" alt="firebrick
(#B22222)" />
<area href="#" shape="rect" lang="en" coords="30,0,40,10" alt="brown
(#A52A2A)" />
<area href="#" shape="rect" lang="en" coords="40,0,50,10" alt="crimson
(#DC143C)" />
<area href="#" shape="rect" lang="en" coords="50,0,60,10" alt="red (#FF0000)"
/>
[…]
</map>
</p>
```

Listing 7-14   Beispiel einer clientseitigen Image-Map

Auch wenn das Beispiel Alternativtexte hat und tastaturbedienbar ist, so ist doch die Nutzbarkeit nicht optimal. Mit der Tastatur muss die Tabulatortaste recht häufig betätigt werden, um die zuletzt aufgeführten Farben zu erreichen. Es müssen alternative Navigationsmöglichkeiten entwickelt werden, die die Navigation mit der Tastatur optimieren. Eine denkbare Lösung ist eine Auswahlliste (vgl. Abschnitt 16.2.5 ab S. 615).

7.1.6.3   Sonderfall: Grafische Schaltflächen in Formularen

Wenn in einem Formular die Schaltfläche als Grafik gestaltet ist

```
<input type="image" name="send" alt="Absenden" />
```

entspricht die Eingabebehandlung der Schaltfläche einer serverseitigen Image-Map. Im Hinblick auf die Tastaturnutzung ist das kein Problem, solange es nur eine Aktion auszuführen gibt.

Im Beispiel in Listing 7-15 ist die Bedienung mit der Tastatur möglich und der Alternativtext richtig gesetzt. In Abbildung 7-11 sehen Sie, wie es am Bildschirm aussieht.

```
<form action="#" method="post">
<p><input type="image" src="images/waehlen.gif" alt="Wählen"/></p>
</form>
```

Listing 7-15   Alternativtext für ein INPUT-Element

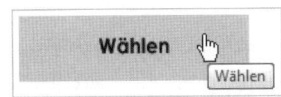

Abb. 7-11   Einzelne grafische Schaltfläche

Sind aber mehrere Aktionen auswählbar, kann weder ein Alternativtext für die einzelnen Bereiche vergeben werden, noch ist die Bedienung mit der Tastatur möglich. Das folgende Beispiel verdeutlicht das Problem:

```
<form action="#" method="post">
<p><input type="image" src="images/auswahl.gif" alt="Auswahl" /></p>
</form>
```

Listing 7-16 Alternativtext für das INPUT-Element ist nicht mehr möglich.

Abb. 7-12 Grafische Schaltfläche für zwei Aktionen; ein richtiger Alternativtext kann nicht vergeben werden.

Mit der Tastatur ist eine Auswahl der Aktionen nicht möglich, deswegen muss sie als separate Schaltflächen realisiert werden. Erst durch diese Trennung ist die Vergabe geeigneter Linktexte möglich.

```
<form action="#" method="post">
<p><input type="image" src="images/auswahl1.gif" alt="Auswahl 1"
name="aktion1" />
<input type="image" src="images/auswahl2.gif" alt="Auswahl 2" name="aktion2"
/></p>
</form>
```

Listing 7-17 Trennung der Funktionen zur Sicherstellung der Geräteunabhängigkeit

Alternativ können Sie auch eine clientseitige Image-Map als Schaltfläche einsetzen. Dies erfordert jedoch weiteres Scripting, weil die einzelnen Links in der Image-Map jeweils den URI im action-Attribut des FORM-Elements aufrufen.

7.2 Navigationskonzepte

Navigationskonzepte dienen der Organisation eines Webangebots. Dabei gilt es, dem Nutzer einen nachvollziehbaren und schlüssigen Zugang zu den einzelnen Inhalten zu bieten. Die Möglichkeit der Navigation wird meist, aber nicht immer, in Form von Navigationsleisten angeboten.

Ein barrierefreies Navigationskonzept bezieht die Kenntnisse und Fähigkeiten erfahrener wie unerfahrener Nutzer ebenso ein wie die Verständlichkeit, die geräteunabhängige Bedienbarkeit und die Wahrnehmung durch Sehbehinderte und Blinde.

Noch vor dem Aufbau einer Navigationsleiste muss jedoch die Navigation innerhalb einzelner Seiten sichergestellt werden. Vor allem die Steuerbarkeit mit der Tastatur steht dabei im Vordergrund. Weil sich eine solche Navigation im Wesentlichen an den HTML-Strukturen orientiert, wird sie als strukturelle Navigation bezeichnet.

7.2.1 Die strukturelle Navigation

Eine Möglichkeit, mit der Tastatur durch eine Seite zu navigieren, bietet die Tabulatortaste, mit der man von Link zu Link springen kann. Außerdem kennen Tastaturnutzer die strukturelle Navigation. Sofern auf den korrekten Einsatz von Webstandards gesetzt wird und HTML-Strukturmerkmale sinnvoll eingesetzt sind, können diese Strukturmerkmale von Tastaturbenutzern für die seiteninterne Navigation verwendet werden. Strukturmerkmale können beispielsweise Überschriften, Tabellen oder Listen sein, aber auch Grafiken, Frames oder Steuerelemente von Formularen.

Für den Aufbau der strukturellen Navigation gibt es drei grundlegende Techniken:

1. Navigation über HTML-Strukturmerkmale
2. Orientierungspunkte mit ARIA
3. Seiteninternes Inhaltsverzeichnis

Die Alternative zur strukturellen Navigation über HTML-Elemente oder Orientierungspunkte sind seiteninterne Links, z. B. in Form des seiteninternen Inhaltsverzeichnisses. Diese Möglichkeit darf nicht außer Acht gelassen werden, hat aber nicht die Bedeutung wie die Navigation über HTML-Strukturelemente.

7.2.1.1 Navigieren mit der Tastatur

Im Allgemeinen sind die seiteninternen Möglichkeiten der Tastaturnavigation gegenüber der Bedienung mit der Maus deutlich eingeschränkt. Die Tabulatortaste ist kein adäquater Ersatz zur Mausbedienung, denn mit dem Mauszeiger bewegt der Nutzer das Eingabegerät im zweidimensionalen Raum, während mit der Tastatur Links sequenziell fokussiert werden. Andere Tastaturbefehle sind »Seite ab« und »Seite auf« sowie »Pos1« und »Ende«, aber auch diese Möglichkeiten sind im Vergleich zur Mausbedienung nicht ganz so bequem.

Eine weitere Möglichkeit ist die Benutzung einer Tastaturmaus. Vor allem der Num-Block auf der Tastatur kann so eingerichtet werden, dass die Ziffern 4 und 6 für eine Links- oder Rechtsbewegung und die Ziffern 8 und 2 für eine Aufwärts- und Abwärtsbewegung des Mauszeigers genutzt werden können. Auch Screenreader-Nutzer verfügen über eine Tastaturmaus, wenngleich der Einsatz nicht mit typischen Aktionen wie »Scrollen«, »Drag & Drop« oder einem schlichten Klick irgendwo auf der Seite vergleichbar ist.

Die strukturelle Navigation bezeichnet die Tastaturnavigation innerhalb einer Seite auf Basis der Strukturmerkmale der Seite. Es handelt sich um eine alternative Navigationsmöglichkeit zur Tastaturbedienung mit der Tabulatortaste. Die strukturelle Navigation ist zwar nicht mit der Funktionalität des Mauszeigers vergleichbar, aber sie erleichtert die Navigation innerhalb einzelner Seiten sehr.

Eine semantisch und strukturell gut aufbereitete HTML-Seite ist Voraussetzung für die strukturelle Navigation. Allerdings haben HTML-Dokumente oft sehr viele Inhalte, die zudem in Spalten und anderen Bereichen visuell organisiert sind. Ein einzelner Bereich kann z.B. die Hauptnavigation sein. Wenn sie mit Listen gestaltet ist, dann kann ein Tastaturnutzer versuchen, durch das Ansteuern von Listen die Navigation zu erreichen. Was ist aber mit anderen Bereichen, wo weder Inhalt noch Struktur bekannt sind? Oder wie verschafft sich ein blinder Nutzer einen Überblick über die einzelnen Seitenbereiche? Hierfür müssen Möglichkeiten der Erschließung und Navigation für Tastaturnutzer integriert werden.

Browser wie Opera bieten eine Tastaturnavigation anhand von Strukturmerkmalen.[7] Überschriftenelemente werden mit den Tasten »S« zur nächsten und »W« zur vorherigen Überschrift angesteuert. Auch Firefox bietet mit der Erweiterung »HeadingsMap« die Möglichkeit, mit der Tastatur von Überschrift zu Überschrift zu springen.[8] Mit Screenreadern können Überschriften direkt angesprungen werden, meist mit der Taste »H« bzw. »Umschalt+H«. Obwohl auch über weitere Elemente auf ähnliche Weise navigiert werden kann, ist die strukturelle Navigation anhand der Überschriftenstruktur die wichtigste Möglichkeit dieser Art.

Überschriften für die strukturelle Navigation

Aus den Anforderungen der Barrierefreiheit lässt sich ableiten, dass Navigationsleisten und andere Linklisten eine vorangestellte Überschrift und einzelne Bereiche (z.B. einzelne Spalten, Kästen oder andere Informationsblöcke) eine eigene Überschrift erhalten sollen.

Diese Überschriften sind als kontextuelle Hinweise gedacht, damit beispielsweise eine Navigationsleiste als solche identifiziert und direkt angesteuert werden kann. Die Überschriften unterstützen auch beim Überspringen solcher Blöcke (vgl. Abb. 7-13).

Überschriften können aus einer Überschriftenliste ausgewählt werden; auch das Springen von Überschrift zu Überschrift innerhalb eines Dokuments ist möglich. Wenn einer Navigationsleiste beispielsweise die Überschrift »Navigation« vorangestellt wird, kann diese angesprungen und identifiziert werden. Wenn die Navigation doch nicht das bietet, was erwartet wurde, kann entweder zur nächsten Überschrift gesprungen oder, falls die Navigationsleiste mit einer HTML-Liste gestaltet wurde, zum Ende der Liste gesprungen werden. Es gibt

---

7.   Siehe Opera Software, Use Opera without a mouse, URL:
     http://www.opera.com/browser/tutorials/nomouse/#nav (Abruf 22.5.2010).
8.   Für Beschreibung und Installationsanleitung der Erweiterung HeadingsMap
     siehe Mozilla, Add-ons für Firefox,
     URL: *https://addons.mozilla.org/de/firefox/addon/7203/* (Abruf 22.6.2010).

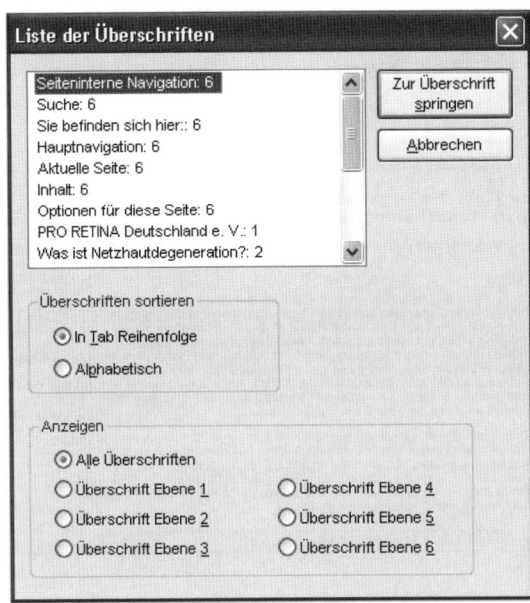

Abb. 7-13   Überschriftenliste im Screenreader JAWS

sehr viele Möglichkeiten der Tastaturnavigation. Eine Dokumentation für die strukturelle Navigation im Screenreader JAWS ist beispielsweise zu finden auf:

http://www.freedomsci.de/challenge/_Surfs_Up_Start_Here.htm

Auf den meisten Webangeboten gibt es keine besonderen Überschriften für Navigationsleisten. Auch andere Bereiche werden nicht mit Texten wie »Ich bin der Inhalt« versehen. Für die visuelle Präsentation ist dies auch nicht erforderlich, denn durch Positionierung und andere Gestaltungsmerkmale ist sehenden Nutzern meist klar, welche Spalten und andere Bereiche welchen Inhalt haben.

Der Einsatz einer strukturellen Navigation wird oft im Zuge einer Optimierung der Nutzbarkeit für Screenreader vorgenommen. Zusätzliche Überschriften werden deshalb unsichtbar gestellt. Dies kann z.B. durch die in Abschnitt 7.1.2.4 ab Seite 236 vorgeschlagene Klasse »unsichtbar« für das Überschriftenelement geschehen. Das Verstecken von Überschriften ist zwar sinnvoll für eine strukturelle Navigation speziell für Screenreader-Nutzer, aber zu berücksichtigen sind auch sehende Tastaturnutzer.

Die strukturelle Navigation sollte also folgende Kriterien erfüllen: Alle Tastaturnutzer sollen die einzelnen Bereiche sequenziell ansteuern können und Screenreader-Nutzer sollen einen Überblick über den Seitenaufbau erhalten.

Die Frage ist, wo genau Überschriften für eine solche Navigation erforderlich sind? Dies sei anhand des Beispielauftritts gezeigt (vgl. auch Abb. 7-14):

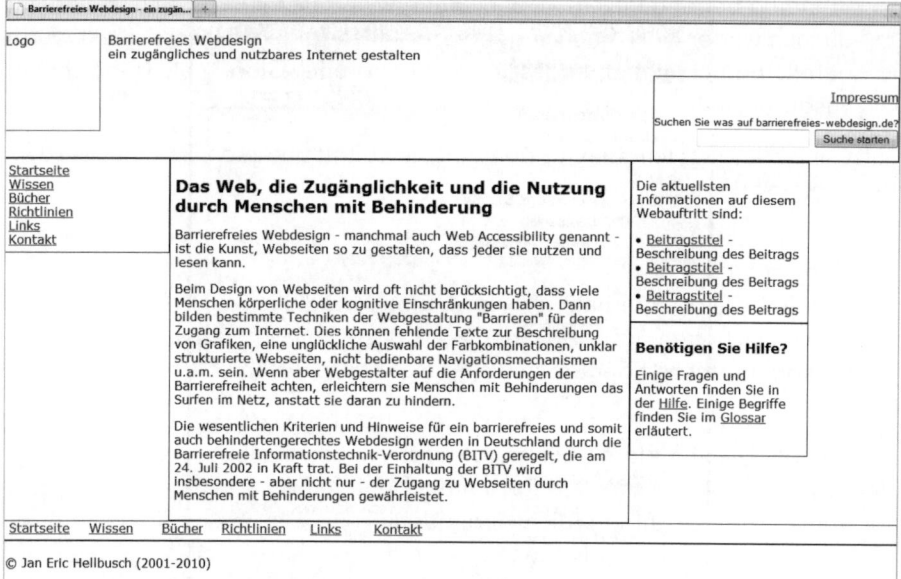

Abb. 7-14   Grundaufbau des Beispielauftritts

▦ Visuell erkennbare Überschriften müssen mit Überschriftenelementen aus-
gezeichnet werden. Dieses Thema wurde bereits im einführenden Abschnitt
»Inhaltsbereich« ab Seite 133 behandelt; folglich sind die Überschriften im
Inhalt sowie unterhalb der Navigation bereits als H1 bzw. H2 ausgezeichnet.

▦ Einzelne Bereiche benötigen eine eigene Überschrift. Der Beispielauftritt
hat eine Hauptnavigation sowie eine Fußleiste; außerdem findet sich oben
die Suchbox und in der rechten Spalte sind für den Moment noch aktuelle
Informationen vorgesehen. Entsprechend sind Überschriften zu vergeben,
die »Navigation«, »Fußleiste«, »Suche« und »Aktuelles« heißen können.

▦ Nach längeren Linklisten sollte der Seiteninhalt mit einer neuen Überschrift
fortfahren. Erst dadurch wird die Linkliste überspringbar. Im Beispielauftritt
ist das für die Hauptnavigation sowie für die rechte Spalte relevant. In beiden Fällen folgt direkt nach dem Inhalt eine Überschrift: Nach der Navigation folgt die Überschrift des Inhalts und nach der rechten Spalte kommt in
der linearen Darstellung der Info-Bereich unterhalb der Navigation, der
ebenfalls mit einer Überschrift beginnt. Die Fußleiste benötigt keine an-
schließende Überschrift, weil sie praktisch das Seitenende ist.

▦ Sofern Spalten oder Kästen noch nicht mit einer Überschrift beginnen, sollten sie eine eindeutige Überschrift erhalten. Im Moment beginnen alle
Bereiche mit einer Überschrift, aber speziell für die strukturelle Navigation
muss überlegt werden, ob für Inhaltsbereich und Info-Bereich unterhalb
der Hauptnavigation zusätzliche, identifizierende Überschriften sinnvoll sind.

▦ Überschriften, die der strukturellen Navigation dienen, sollten stets gefolgt
sein von einer Linkliste oder einem Informationsblock. Logos und Seiten-

Branding benötigen keine Überschriften, weil sie meist für sich stehen und danach weder Links noch zugehöriger Inhalt folgen. Dieser Aspekt wurde bereits berücksichtigt, sodass weder Logo noch Slogan als Überschriften ausgezeichnet wurden.[9]

Jetzt sind alle Überschriften für den Beispielauftritt umrissen. Es gibt aber zwei Bereiche mit Redundanzen:

1. Der Inhaltsbereich hat eine eigene Überschrift. Benötigt er eine weitere Überschrift »Inhalt«?
2. Im Info-Bereich unterhalb der Navigation sind die einzelnen Inhalte bereits als Überschriften ausgezeichnet. Sind diese Teil der strukturellen Navigation oder erfordert der Bereich eine eigene Überschrift?

Um die Antworten vorwegzunehmen: Der Inhaltsbereich erhält eine zusätzliche Überschrift. Dies hängt mit der im folgenden Abschnitt beschriebenen Anforderung einer einheitlichen Überschriftenebene für die strukturelle Navigation zusammen. Für den Info-Bereich wird jedoch keine zusätzliche Überschrift vergeben: Die bereits vorhandenen Überschriften werden als Teil der strukturellen Navigation behandelt.

Einheitliche Überschriftenelemente

Für Überschriftenebenen in strukturellen Navigationen gibt es keine allgemein gültigen Regeln. Für den Inhalt empfiehlt sich eine H1 für die Hauptüberschrift, gefolgt von hierarchisch aufgebauten Zwischenüberschriften.

Bei der Bestimmung der Überschriftenebenen für die strukturelle Navigation ist vor allem Einheitlichkeit zu beachten. Dabei geht es nicht um die Strukturierung von Inhalten, sondern um die Erreichbarkeit von Seitenbereichen per Tastendruck. Nicht die visuelle Präsentation oder die Ästhetik des Codes sollte im Vordergrund stehen, sondern eine für Tastaturnutzer leicht zu lernende Möglichkeit, sich durch eine Seite zu bewegen.[10]

Der Einsatz einer strukturellen Navigation kann endlose Diskussionen über Semantik in HTML auslösen,[11] die wir hier jedoch vermeiden möchten. Die folgenden Punkte sollen die unterschiedlichen Positionen verdeutlichen:

- Es gibt die nichtkanonische Forderung, dass auf jeder Seite nur ein H1-Element vorhanden sein sollte. Im Zusammenhang mit der strukturellen Navi-

9. Zur Auszeichnung von Logo und Slogan als H1 gibt es unterschiedliche Ansichten, vgl. The H1 Debate, URL: *http://h1debate.com/* (Abruf 27.5.2010).
10. Überschriftenelemente sind ein Behelf für die strukturelle Navigation, weil HTML 4.01/XHTML 1.0 nur wenige Elemente vorsieht, die eine erforderliche Semantik für die Nutzung in Hilfsmitteln aufweisen. Mit dem vom W3C noch zu verabschiedenden ARIA-Webstandard werden Orientierungspunkte (Landmarks) die Überschriftenelemente, die allein für die strukturelle Navigation eingesetzt werden, ersetzen.
11. Vgl. Caspers, T., Passende Überschrift hier einsetzen, URL: *http://www.einfach-fuer-alle.de/artikel/ueberschriften-strukturen-in-html/* (Abruf 22.5.2010).

gation ist nur wichtig, dass die erste H1 der Seite zum Inhalt gehört. Nur dann können z.B. Screenreader-Nutzer direkt zum Inhalt springen. Wenn der Inhalt über mehrere gleichwertige Inhalte verfügt, können auch mehrere Überschriften der Ebene 1 sinnvoll sein.

H 42

Es gibt den ästhetischen Anspruch an den Code, dass alle Überschriften eine schlüssige Hierarchie bilden. Aus Entwicklersicht mögen sich dafür Argumente formulieren lassen, aber für viele Nutzer ist es wichtiger, dass die strukturelle Navigation mit einem einheitlichen Überschriftenelement ausgezeichnet wird, damit nicht versehentlich ein Seitenbereich übersprungen wird. In seinen Beispielen für die strukturelle Navigation verwendet das W3C dafür eine H2. Die Anforderung einer hierarchischen Überschriftenstruktur im Inhaltsbereich selbst ist davon nicht betroffen.

Das Problem soll anhand der bereits bestimmten Überschriften für den Beispiel-Webauftritt gezeigt werden. Hier wurden weder Logo noch Slogan mit einer Überschrift versehen. Um bei einem verlinkten Logo oder Slogan eine Überschriftenhierarchie zu erzeugen, die nur eine H1 hat, müsste die Überschriftenstruktur so aussehen:

```
<h1>Barrierefreies Webdesign - ein zugängliches und nutzbares Internet
Gestalten</h1>
<h2Suche</h2>
<h2>Navigation</h2>
<h2>Das Web, die Zugänglichkeit und die Nutzung durch Menschen mit
Behinderung</h2>
<h2>Aktuelle Informationen</h2>
...
```

Werden Logo und Slogan als H1 ausgezeichnet, entstehen zwei Probleme: Es gibt keine Möglichkeit, über die strukturelle Navigation direkt zum Inhalt zu gelangen. Der kürzeste Weg ist über die Überschriften der Ebene 2 mit drei Tastendrücken. Logo und Slogan bieten keine weiteren Inhalte; alle anderen Überschriften leiten Inhalte ein. Logo und Slogan würden also einen überflüssigen Tastendruck erfordern.

Die Konsequenz ist, dass weder Logo noch Slogan als Überschriften ausgezeichnet werden und der Inhalt mit einer H1 versehen wird. Dies ist vertretbar, weil der Dokumenttitel jeder einzelnen Seite eindeutig sein wird (vgl. Abschnitt 7.3 ab S. 302):

```
<h2>Suche</h2>
<h2>Navigation</h2>
<h1>Das Web, die Zugänglichkeit und die Nutzung durch Menschen mit
Behinderung</h1>
<h2>Aktuelle Informationen</h2>
...
```

Eine solche Überschriftenstruktur ist in diesem Beispiel eine akzeptable Grundlage für die strukturelle Navigation. Tastaturnutzer werden schnell feststellen, dass sie anhand der Überschriften der 2. Ebene über die Seite navigieren können. Für die meisten Webangebote kommen für diese Form der strukturellen Navigation die Überschriftenelemente H2 bis H6 in Frage. Im Prinzip ist es nachrangig, welches Überschriftenelement tatsächlich für die strukturelle Navigation eingesetzt werden soll. Eine Überschrift 1. Ordnung wäre auch sinnvoll, aber nur wenn der Inhalt in der linearisierten Ausgabe an erster Stelle käme.

Ob H2 oder H6 eingesetzt wird, eine Begründung ist immer anfällig für Kritik, denn:

- Bei ausgeschalteten CSS sind die für strukturelle Navigation eingesetzten Überschriften sehr groß/sehr klein.
- Ein Überschriftenelement (H2 ... H6) steht vor der H1, deswegen ist die Hierarchie unlogisch.
- Das Überschriftenelement verursacht eine Lücke in der Überschriftenhierarchie, z.B. wenn die letzte Überschrift des Inhalts eine H2 ist und es in der Überschriftennavigation mit einer H4 oder H6 weitergeht.

Die Suche, die Navigation und die weiteren Überschriften für die strukturelle Navigation sind jetzt zwar einheitlich als H2 ausgezeichnet, aber es gibt ein weiteres Problem: Sobald die Inhalte ausgefüllt und mit weiteren hierarchisch untergeordneten Überschriften H2, H3 usw. ergänzt werden, stehen die Überschriftenelemente der strukturellen Navigation auf der gleichen Ebene wie inhaltliche Überschriften. Für den Beispielauftritt wurde für die strukturelle Navigation H6 verwendet, und zwar weil:

- H6 außer bei stark untergliederten, z.B. bei juristischen Texten, so gut wie nie gebraucht wird. Es besteht deswegen kaum Verwechslungsgefahr mit Überschriften für Inhaltsbereiche.
- H6 leicht zu erreichen ist (z.B. in JAWS 8 durch Drücken der Taste »6«). Als Eselsbrücke dient die F6-Taste, die von Tastaturnutzern zum Wechseln des Fensterbereichs (Symbolleiste/Anwendungsfenster oder zwischen Frames) genutzt wird (Windows).

Das bedeutet: Das Suchformular wird um eine unsichtbare Überschrift ergänzt:

```
<form action="#" method="get" id="suchbox">
<h6 class="unsichtbar">Suche</h6>
<p><label for="schnellsuche">Suchen Sie was auf

...
</form>
```

Listing 7-18 Ergänzung des Suchformulars um eine Überschrift der strukturellen Navigation

Die Navigation wird genauso ergänzt:

```
<div id="navigation">
  <h6 class="unsichtbar">Navigation</h6>
  <ul> … </ul>
</div>
```

Listing 7-19   Ergänzung der Navigationsleiste um eine Überschrift der strukturellen
                    Navigation

Entsprechend wird für den Inhaltsbereich, die rechte Spalte und die Fußleiste
verfahren. Nur im Informationsbereich wird anders vorgegangen: Die vorhandenen Überschriften, die bislang als Überschriften 2. Ordnung ausgezeichnet
waren, werden jetzt als H6 ausgezeichnet.

```
<h6>Der schnelle Seitenzugriff</h6>
```

Die zugehörige Angabe in den CSS wird ebenfalls angepasst. Die Deklaration
#info h2 wird ersetzt durch:

```
#info h6{
font-size:1.1em;
}
```

Listing 7-20   Angepasster CSS-Selektor für die strukturelle Navigation im Beispielauftritt

Aussagekräftige Überschriftentexte

G
130

Überschriften sollten ebenso wie Links aussagekräftig und »sprechend« sein,
damit Nutzer wissen, welche Inhalte vermittelt werden. Daher sollten die Überschriften der strukturellen Navigation keine Angaben zur sichtbaren Position
der nachfolgenden Inhalte enthalten. Auf Überschriftentexte wie »Linke
Spalte«, »Rechte Spalte«, »Mittlerer Bereich« o. Ä. ist zu verzichten. Ähnliches
gilt für Überschriften wie »Meta-Navigation« oder »Zweitnavigation«. Solche
Überschriftentexte unterscheiden sich nicht gut und haben einen geringen
Inhaltsbezug.

Wenn in der rechten Spalte ergänzende Informationen zum Inhaltsbereich
zur Verfügung gestellt werden, z. B. eine ergänzende Linksammlung oder eine
Liste von Downloads, dann benötigen sie immer eine möglichst aussagekräftige Überschrift, z. B. »Linksammlung« oder »Downloads«.

7.2.1.2   Weitere Strukturmerkmale

Neben der strukturellen Navigation anhand von Überschriften bieten Opera
sowie Screenreader weitere Möglichkeiten einer strukturellen Navigation.
Opera bietet eine überschaubare Zahl an Tastenbefehlen an. Neben »W« und
»S« für das Anspringen von Überschriften kann mit »E« und »B« zwischen weiteren Textelementen und mit »A« und »Q« zwischen Links navigiert werden. Mit
Screenreadern können außerdem Absätze, Listen, Tabellen, einzelne Steuerelemente eines Formulars, besuchte oder nicht besuchte Links u. v. m. direkt

angesteuert werden. Hierzu sind die einzelnen Dokumentationen der Screen-reader heranzuziehen.

Die Navigationsleisten im Beispiel-Webauftritt sind bereits als Liste ausgezeich-net. Unterpunkte der Haupteinträge in der Hauptnavigation sind als verschach-telte Liste ausgezeichnet, und zwar in beiden Fällen als UL-Liste (vgl. den einfüh-renden Abschnitt »Navigationsleiste« ab S. 131). Allerdings können Naviga-tionsleisten auch mit anderen Elementen sinnvoll gruppiert werden. Neben den UL- und OL-Elementen kann auch das MAP-Element verwendet werden, das speziell in Screenreadern ebenso geeignet ist. Die Navigation im Beispielauf-tritt könnte alternativ so aussehen:

```
<map>
<h6>Navigation</h6>
<p>
 <a href="#">Startseite</a>
…
 <a href="#">Kontakt</a>
</p>
</map>
```

Listing 7-21   Image-Maps in der strukturellen Navigation

Eine weitere Alternative zur Strukturierung von Seitenbereichen sind Frames. Im Allgemeinen gelangt ein Nutzer mit der F6-Taste von Frame zu Frame. Sofern die einzelnen Frames mit einem aussagekräftigen title-Attribut verse-hen sind, können sie auch von Screenreader-Nutzern genutzt werden:

```
<!DOCTYPE html PUBLIC "-//W3C//DTD XHTML 1.0 Strict//EN"
"http://www.w3.org/TR/xhtml1/DTD/xhtml1-strict.dtd">
<head>
    <title>Weitere Strukturmerkmale</title>
</head>

<frameset cols="22%, *">
 <frame src="navigation.html" name="navRahmen" title="Navigation" />
 <frame src="start.html" name="inhaltRahmen" title="Hauptinhalt" />
 <noframes>
    <body><p><a href="noframe.html">Alternativversion ohne Frames
aufrufen</a>.</p></body>
 </noframes>
</frameset>
```

Listing 7-22   Frames in der strukturellen Navigation

Im Gegensatz zu Links, wo ein title-Attribut nicht empfehlenswert ist, ist bei Fra-mes das title-Attribut für die Zugänglichkeit zwingend erforderlich. Das title-Attribut bezeichnet die Seiten bzw. den Frame und ersetzt somit den Dokument-titel. Die Angaben in den title-Attributen sind ebenfalls Ersatz für die oben beschriebenen unsichtbaren Überschriften der strukturellen Navigation.

Bei der Strukturierung von Inhalten gibt es oft kein »richtig« oder »falsch«, sondern mehrere Alternativen. Bei der Verwendung von Frames zur strukturellen Navigation sollte die Möglichkeit nicht als die »beste Lösung« angesehen werden, sondern es geht um die korrekte Aufbereitung, wenn Frames bereits im Einsatz sind. In jedem Fall ist die Kompatibilität mit Screenreadern und Browsern zu testen.

Aus den Möglichkeiten der strukturellen Navigation sind zwei Konsequenzen für die Webentwicklung zu ziehen:

1. Die Aufbereitung von Inhalten sollte mit den in HTML vorgesehenen Elementen vorgenommen werden. Absätze sind in P-Elemente einzuschließen und nicht nur visuell durch doppelte BR-Tags zu erzeugen; Aufzählungen sollten mit Listenelementen ausgezeichnet werden usw. Wenn diese Webstandards eingehalten werden, können Screenreader zuverlässig die Struktur der Inhalte auswerten und dem Nutzer entsprechende Navigationsmöglichkeiten bieten. Dort, wo die Struktur der vorhandenen Inhalte nicht ausreicht, können und sollen zusätzliche Strukturmerkmale berücksichtigt werden, um eine strukturelle Navigation zu ermöglichen.
2. Bei jeder Form von Dynamik sollten Inhalte nicht einfach aus- und eingeblendet werden, sondern es sollten Knoten mit Strukturmerkmalen im DOM-Baum gelöscht bzw. erzeugt werden. Im Zweifel werden unsichtbare Texte erfasst; hingegen werden Knoten, die aus dem DOM entfernt werden, von Screenreadern nicht mehr erfasst.

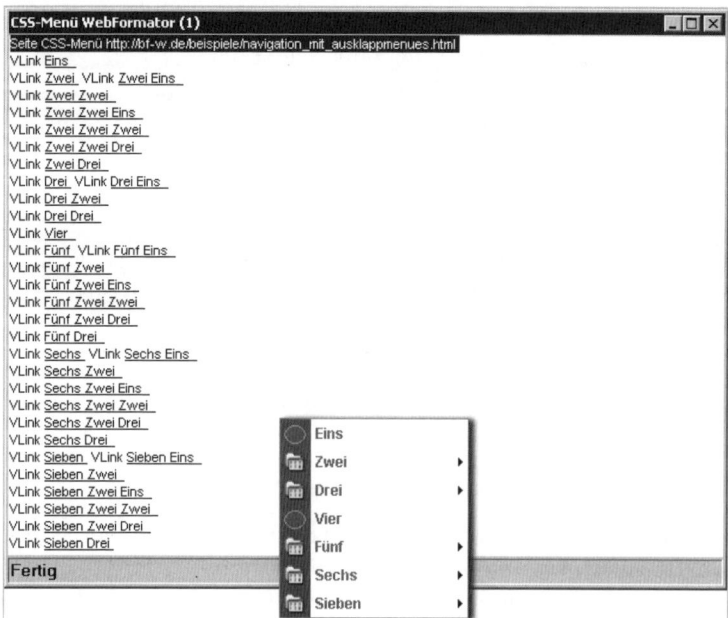

Abb. 7-15 Zwei Ansichten einer Navigation: In einem Webreader sind alle untergeordneten Navigationspunkte sichtbar.

7.2.1.3 Orientierungspunkte mit ARIA

Mit dem noch in der Entwicklung begriffenen Webstandard ARIA existiert eine weitere Möglichkeit, Screenreader-Nutzern die Orientierung innerhalb der Seitenstruktur zu ermöglichen. Über ARIA-Document-Landmarks können Seitenbereichen Rollen zugewiesen werden, z.B. navigation oder main. Bisher unterstützen jedoch noch nicht alle Screenreader ARIA, weswegen sie derzeit eine ergänzende Technik, aber keine ersetzende Technik ist.[12]

Dennoch empfiehlt sich bereits jetzt der Einsatz von ARIA, da Browser und Screenreader, die ARIA nicht unterstützen, die zusätzlichen ARIA-Angaben schlicht ignorieren. Nutzer von Browsern und Screenreadern, die ARIA unterstützen, profitieren hingegen von diesen zusätzlichen Informationen.

ARIA-Orientierungspunkte werden einem DIV- oder auch einem UL-Element über das role-Attribut hinzugefügt:

```
<div id="navigation" role="navigation">
...
</div>
```

Listing 7-23   Die Rolle eines Bereichs kann mit ARIA gekennzeichnet werden.

Für die strukturelle Navigation eignen sich folgende Landmarks:

- banner für Titel, Logo und Slogan
- main für den Hauptinhalt
- navigation für Navigationsleisten
- search für die Suchfunktion

Einen kleinen Haken hat ARIA allerdings noch: Der Einsatz führt dazu, dass eine Seite nicht validiert, da ARIA noch in keiner Dokumenttypdeklaration des W3C integriert ist.

7.2.1.4 Sprungmarken

Sprungmarken in Form einer Inhaltsangabe für eine einzelne Seite, wie sie aus F.A.Q.-Seiten bekannt sind, sind eine weitere Möglichkeit der seiteninternen Navigation (vgl. Abb. 7-16).

Mit der Tabulatortaste können Links einzeln angesprungen werden, aber wie werden größere Linklisten, z.B. in einer Navigationsleiste, übersprungen? Oder was tut ein Tastaturnutzer, wenn er unabhängig von Links durch die Seite »scrollen« möchte?

---

12. The Paciello Group, Using WAI ARIA Landmark Roles,
    URL: *http://www.paciellogroup.com/blog/?p=106* (Abruf 17.10.2010).

Zur strukturellen Navigation können auch Sprungmarken verwendet werden; dies bietet sich an, wenn

- ein oder mehrere Sprungmarken zu Beginn einer Seite als eine Art »Inhaltsverzeichnis« dienen und das direkte Anspringen verschiedener Seitenbereiche ermöglichen sollen.
- bei Linklisten zusätzliche Links am Anfang der Listen das Überspringen der nachstehenden Links möglich machen sollen.

Sprungmarken sind je nach Webauftritt sinnvoll. Sie ersetzen aber nicht die strukturelle Navigation über Überschriftenelemente, sondern ergänzen sie und sollten allen Tastaturbenutzern zur Verfügung stehen. Links zu Seitenbereichen können zwar unsichtbar gestellt werden, müssen aber beim Fokussieren mit der Tabulatortaste sichtbar sein.

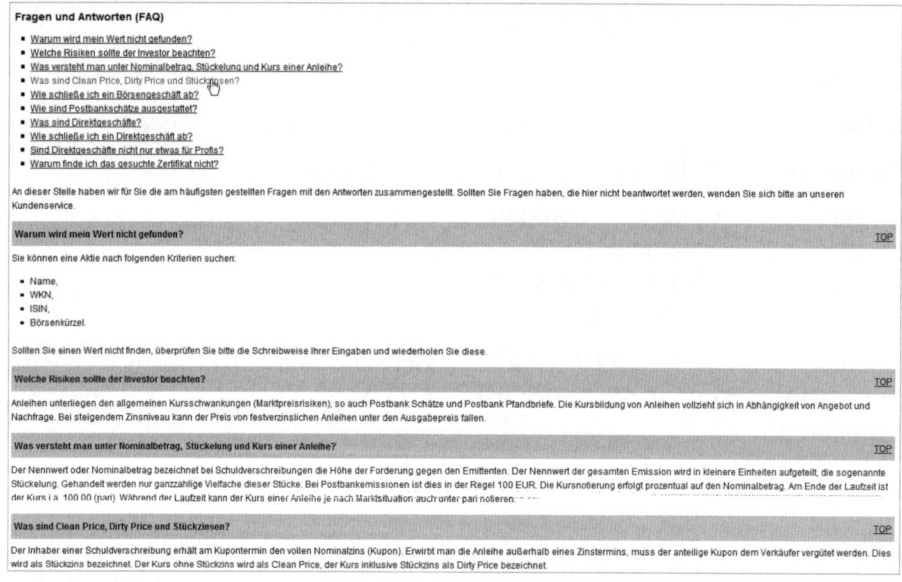

Abb. 7-16   Seiteninternes Inhaltsverzeichnis

Ankernamen für Zielanker

Ankernamen dienen der Kennzeichnung einer bestimmten Stelle eines Dokuments, um direkt dorthin zu verlinken. Ist ein Dokument in mehrere Abschnitte gegliedert, kann ein Abschnitt mit dem A-Element einem Ankernamen zugewiesen werden:

```
<h2><a name="recht"></a>Abschnitt 5: Rechtliche Aspekte</h2>
```

Sofern der Ankername innerhalb eines Dokuments eindeutig ist, kann diese Stelle mit einem Link direkt angesprungen werden. Wenn ein Link auf der glei-

chen Seite direkt zu diesem Fragment führen soll, muss die folgende Schreibweise verwendet werden:

```
<a href="#recht">Abschnitt 5: Rechtliche Aspekte</a>
```

Wird von einem anderen Dokument aus auf das Fragment verwiesen, dann wird
der Fragmentbezeichner am Ende des URI mit dem Nummernzeichen (#) angehängt:

```
<a href="http://www.seitenadresse.de/seite.html#recht">Abschnitt 5:
Rechtliche Aspekte</a>
```

Neben dem name-Attribut kann das id-Attribut eines beliebigen Elements als
Ankername dienen:

```
<h2 id="recht">Abschnitt 5: Rechtliche Aspekte</h2>
```

Das id- und das name-Attribut verwenden denselben Namensraum. Folglich
muss innerhalb eines Dokuments jeder Ankername eindeutig sein. Es ist aber
zulässig, für bestimmte HTML-Elemente, wie das A-Element, das IMG- und das
MAP-Element, sowohl ein name- als auch ein id-Attribut zu vergeben. Wenn eines
dieser Elemente beide Attribute erhält, müssen beide Werte identisch sein (vgl.
Listing 7-24).

```
<h2>
  <a id="recht" name="recht"></a>
  Abschnitt 5: Rechtliche Aspekte
</h2>
```

Listing 7-24   Kompatible Zielanker mit name- und id-Attributen

Aus Gründen der Abwärtskompatibilität ist das name-Attribut für das A-Element
sinnvoll. Beispielsweise unterstützten Screen- und Webreader bis ca. 2006
kaum die Festlegung von Ankernamen mit id. Weil aber SGML/HTML-Parser
das name-Attribut und XML-Parser das id-Attribut auswerten, ist der sicherste
Weg die Verwendung beider Attribute.

Ein sichtbares Inhaltsverzeichnis

Sehr lange Dokumente oder Dokumente mit vielen und stark gegliederten Inhalten benötigen ein vorangestelltes Inhaltsverzeichnis, mit dem die Abschnitte direkt angesprungen werden können. Inhaltsverzeichnisse geben einen Überblick und erleichtern Tastaturnutzern das Navigieren im Dokument
(vgl. Abb. 7-17).

Beispiele für Dokumente, die ein eigenes Inhaltsverzeichnis benötigen, sind:

- F.A.Q. (Frequently Asked Questions, d.h., häufig gestellte Fragen)
- Glossare
- Indexeinträge
- lange Artikel

▦ Bedienungsanleitungen
▦ Zeitschriften im HTML-Format
▦ Bücher

Ein Inhaltsverzeichnis ist umso sinnvoller, je länger ein Dokument ist. Dies gilt sowohl für Inhalte, die auf einer einzigen Seite angeboten werden, als auch für solche, die auf mehrere Seiten verteilt sind. Speziell bei längeren Inhalten, die nur auf einer Seite stehen, sind diese Fragen wichtig:

▦ Ab welcher Textlänge soll ein seiteninternes Inhaltsverzeichnis eingebunden werden?
▦ Welche Gliederungstiefe muss berücksichtigt werden?

Die Frage nach der Dokumentlänge ist tückisch, denn: Wie lang ist eigentlich lang? Und weiter: Ist ein 21-Zoll- oder vielleicht nur ein 17-Zoll-Monitor gemeint? Mit welcher Bildschirmauflösung hat man es zu tun? Bezieht sich die Länge des Inhalts auf die Zahl der Absätze oder die der Zeichen?

Für eine klare und eindeutige Antwort gibt es zu viele Rahmenbedingungen, es sollte aber bedacht werden, dass ein Inhaltsverzeichnis die strukturelle Navigation unterstützt und damit für viele Nutzer eine wichtige Navigationshilfe ist. Sofern also diese Navigation hilfreich ist, etwa damit ein stark sehbehinderter Nutzer nicht mehrfach scrollen muss, um alle Überschriften zu erfassen, sollte auf ein Inhaltsverzeichnis zurückgegriffen werden. Ein Dokument mit folgender Überschriftenstruktur benötigt z.B. keine zusätzlichen Links am Anfang:

Gustav Hirschfeld

Paul Oscar Gustav Hirschfeld (* 4. Nov schloss er sich eng an Ernst Curtius an, unerforschte Innere Kleinasiens. Als erste setzte er seine Karriere fort, verstarb aber bedeutendsten Archäologen des späten 1 Griechenlands und Kleinasiens und der h

Inhaltsverzeichnis [Verbergen]

1 Leben
   1.1 Wanderjahre
   1.2 Erste Kleinasien-Expedition
   1.3 Grabungsleiter in Olympia
   1.4 Professor in Königsberg
2 Leistungen
3 Schriften (Auswahl)
4 Literatur
5 Weblinks
6 Einzelnachweise

Leben [Bearbeiten]

Abb. 7-17
Die Wikipedia erstellt automatisch ein Inhaltsverzeichnis.

```
<h1>Hauptüberschrift</h1>
<h2>Erste Zwischenüberschrift</h2>
<h2>Zweite und letzte Zwischenüberschrift</h2>
```

In diesem Beispiel erreicht ein Nutzer relativ schnell über die Überschriften alle Inhalte. Wenn es aber 5 oder 10 Zwischenüberschriften gibt oder die einzelnen Zwischenüberschriften mit H3- oder H4-Elementen weiter untergliedert sind, dann ist ein Inhaltsverzeichnis für die Bedienung mit der Tastatur förderlich.

Auch bei der Gliederungstiefe sollte die strukturelle Navigation als wichtige Navigationshilfe verwendet werden: Je stärker ein Hauptabschnitt oder weitere Unterabschnitte – also z.B. ein mit H2 gekennzeichneter Abschnitt – untergliedert sind, umso sinnvoller ist das Vorkommen dieser Hierarchien und Gliederungsebenen in einem vorgeschalteten Inhaltsverzeichnis. Haben mit H2 ausgezeichnete Zwischenüberschriften nur wenige weitere Unterüberschriften der Ebene 3, dann sind diese im Inhaltsverzeichnis nicht nötig.

Obwohl es sowohl für Tastatur- als auch für Mausnutzer verschiedene Möglichkeiten im Browser gibt, um wieder zum Dokumentanfang zu gelangen, sind Links zurück zum Inhaltsverzeichnis oft hilfreich:

- Bei sehr langen Seiten kann ein Link »nach oben« am Ende der Seite eingefügt werden. Grundsätzlich ist jedoch der Link zum Seitenanfang eine Funktion des Browsers, die nicht zusätzlich im Dokumentinhalt berücksichtigt werden muss.[13]
- Wenn lange Seiten nicht vermieden werden können – z.B. bei einer F.A.Q.-Seite mit einer Liste von Fragen oben auf der Seite und anschließenden Antworten –, dann kann jedem Inhaltsblock eine Sprungmarke, der zurück zum Inhaltsverzeichnis führt, beigefügt werden.

Links zum Seitenanfang sind keine Barriere, wenn das Ziel deutlich benannt wird, etwa »Zum Seitenanfang« oder »nach oben«, optional ergänzt um ein Symbol wie ein nach oben zeigender Pfeil. Jedoch werden solche Links gerne rechtsbündig positioniert, was in Vergrößerungssystemen oft dazu führt, dass sie übersehen werden. Nach Möglichkeit sollten solche Links also linksbündig ausgerichtet sein oder es sollte mit anderen gestalterischen Mitteln der vorhandene Inhalt im rechten Fensterbereich signalisiert werden.

Ein unsichtbares Inhaltsverzeichnis

Neben der Navigation über Sprungmarken können für umfangreiche Seiten zusätzliche Sprungmarken zu einzelnen Seitenbereichen erforderlich sein. Auch hier gilt die Devise, die strukturelle Navigation zu ergänzen – und nicht zu ersetzen!

Nicht jeder Tastaturnutzer kennt die Möglichkeiten der strukturellen Navigation und die Struktur des aktuell aufgerufenen Angebots ist nicht allen Nutzern bekannt. Ein unsichtbares Inhaltsverzeichnis am Anfang der Seite wird eingesetzt, um Kopf- und Navigationsbereiche, die auf allen Seiten eines Angebots wiederholt werden, zu überspringen. Eine Sprungmarke direkt zum Hauptinhalt ist nötig, wenn vor dem Inhalt eine Kopfzeile und/oder eine Navigationsleiste steht. Dann sollte ein mit der Tabulatortaste als Erstes anspringbarer Link direkt zum Inhalt eingesetzt werden.[14]

---

13. Nielsen, J., Within-Page Links for AJAX, «Return to Top«, Skip-Links, URL: *http://www.useit.com/alertbox/within_page_links_comments.html* (Abruf 22.5.2010).
14. Vgl. auch Thatcher, J.: Skip Navigation Links, URL: *http://www.jimthatcher.com/skipnav.htm* (Abruf 22.5.2010).

Für den Beispielauftritt könnte eine Zeile vor dem Kopfbereich des Dokuments stehen:

```
<p class="unsichtbar"><a href="#textbeginn">Direkt zum Inhalt</a></p>
```

Listing 7-25   Sprung zum Inhalt als erster Absatz im Dokument

Ist im HTML der Inhalt vor der Navigation angeordnet, würde sich alternativ ein Link zur Navigation anbieten, um den Inhalt zu überspringen. Dabei würde der Linktext in etwa lauten: »Direkt zur Navigation«. Bei der Formulierung ist darauf zu achten, dass das Linkziel eindeutig ist.

Damit die Sprungmarke funktioniert, muss zu Beginn des Inhalts ein Ankername gesetzt werden:

```
<div id="inhalt">
 <h6 class="unsichtbar"><a id="textbeginn" name="textbeginn"></a>Inhalt</h6>
 <h1> …
```

Listing 7-26   Zielanker für den Sprung zum Inhalt

**G
124**

Hat eine Seite viele unabhängige Bereiche, wie bei großen Portalen mit vielen inhaltlichen Schwerpunkten, können weitere Sprungmarken zu verschiedenen Seiteninhalten gesetzt werden. Kontraproduktiv ist aber das Erfassen aller Bereiche. Bei einem dreispaltigen Layout könnte eine zweite Sprungmarke zur dritten Spalte führen. Dies liegt aber im Ermessen des Anbieters. Es gilt: so viele Sprungmarken wie nötig, aber so wenige wie möglich.

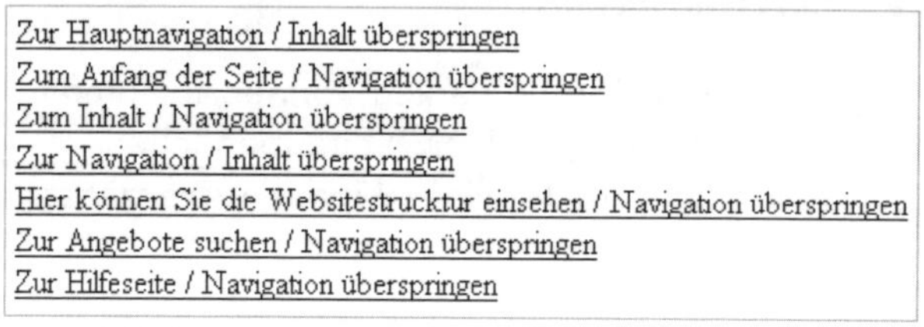

Zur Hauptnavigation / Inhalt überspringen
Zum Anfang der Seite / Navigation überspringen
Zum Inhalt / Navigation überspringen
Zur Navigation / Inhalt überspringen
Hier können Sie die Websitestruktur einsehen / Navigation überspringen
Zur Angebote suchen / Navigation überspringen
Zur Hilfeseite / Navigation überspringen

Abb. 7-18   Eine Vielzahl von Links als Sprungmarken, die zudem nicht sehr klar
formuliert sind

**G
124**

Zusätzliche Sprungmarken sind auf Bereiche zu beschränken, die nicht auf allen Seiten wiederholt werden. Im Beispielauftritt sind zusätzliche Sprungmarken zur Suche oder Navigationsleiste nicht erforderlich. Mit der Tastatur sind diese Bereiche ohnehin gut über die Überschriftenelemente erreichbar. Interessant ist die Überlegung, weitere Sprungmarken für Bereiche, die hinter dem Inhalt stehen, zu verwenden; es handelt sich im Beispielauftritt um die rechte Spalte, den Bereich unterhalb der Hauptnavigation sowie die Fußleiste. Da sich jedoch sowohl die Fußleiste als auch der Bereich unterhalb der Navigation auf jeder Seite wiederholen, benötigen sie keine Sprungmarken. Nur die rechte Spalte könnte mit einem Link vom Seitenanfang aus erreichbar gemacht werden.

Daraus ergeben sich für den Beispielauftritt zwei Sprungmarken. Da aus einer Sprungmarke nun eine Linkliste geworden ist, ist außerdem eine Überschrift nötig:

```
<div id="seiteninhalt" class="unsichtbar">
<h6>Seitennavigation</h6>
<ul>
 <li><a href="#textbeginn">Direkt zum Inhalt</a></li>
 <li><a href="#aktuell">Direkt zu den aktuellsten Beiträgen</a></li>
</ul>
</div>
```

Listing 7-27   Sprung zu verschiedenen Seitenbereichen als Liste zu Beginn eines Dokuments

Überspringen von Informationsblöcken

Sprungmarken werden zum Überspringen längerer Informationsblöcke, z. B. Navigationsleisten benötigt. Wie bei den Sprungmarken zu Seitenbereichen sollen Nutzer bei der Navigation mit der Tabulatortaste unterstützt werden. Bei längeren Linklisten ist eine Sprungmarke zum Ende der Liste sinnvoll. Dies sollte man vor allem bei Navigationsleisten in Betracht ziehen, und zwar besonders wenn sie aus mehreren einzelnen Listen bestehen, und bei Links zur Auswahl von Inhalten, z. B. einer Linkliste mit den Buchstaben A–Z in einem Glossar:

```
<h6>A-Z-Auswahl</h6>
<p class="unsichtbar"><a href="#abiszende">A-Z-Auswahl überspringen,
direkt zu Buchstabe A</a></p>
<ul>
<li><strong>A</strong></li>
<li><a href="#b">B</a></li>
<li><a href="#c">C</a></li>
<li>…</li>
<li><a href="#z">Z</a></li>
</ul>
<p class="unsichtbar"><a id="abiszende" name="abiszende"></a>Ende der A-Z-
Auswahl</p>
```

Listing 7-28   Sprungmarke vor einer A-Z-Liste

Sichtbarkeit des Fokus

Meist werden Sprungmarken zu verschiedenen Inhaltsbereichen einer Seite bzw. zum Überspringen von Linklisten unsichtbar gestellt. Vor allem für sehende Tastaturnutzer ist aber wichtig, dass die Links sichtbar sind, wenn sie den Tastaturfokus erhalten. Dies kann für die in Abschnitt 7.1.2.4 ab Seite 236 vorgestellte Klasse »unsichtbar« mit den CSS-Angaben in Listing 7-29 sichergestellt werden.

```
.unsichtbar a:focus,.unsichtbar a:active {
  display: block;
  position: absolute;
  left: 10010px;
  top: 5px;
  width: auto;
  white-space : nowrap;
  height: auto;
}
```

Listing 7-29   CSS-Eigenschaften für fokussierte Links, die mit der Klasse »unsichtbar«
trotzdem erkannt werden müssen

Mit diesen Angaben wird der Link in den sichtbaren Bereich geholt, wenn er
den Fokus erhält. Dabei muss beachtet werden, dass zusätzlich zur Pseudoklasse :focus die Pseudoklasse :active verwendet wird, da der Internet Explorer
:focus nicht gut unterstützt.

7.2.2   Navigationsleisten

Aus dem Straßenverkehr wissen wir, wie wichtig eine einheitliche Beschilde-
rung für die Orientierung ist. Dabei gibt es viele Regeln, die bei der Schilder-
aufstellung beachtet werden. Form, Farbe, Aufstellungsort und Beschriftung
werden entsprechend der Information gewählt und Autobahnschilder sind so
optimiert, dass sie bei 180 km/h noch gut lesbar sind. Auch im Web haben es
Besucher eilig und brauchen übersichtliche, einheitliche, wahrnehmbare und
klare Navigationsmechanismen.

Die wichtigsten seitenübergreifenden Navigationsmechanismen sind vertikale Navigationsleisten, die links oder rechts vom Inhalt positioniert werden,
oder horizontal ausgerichtete Menüs. Hinzu kommen ergänzende Navigationselemente, die Auskunft über die aktuelle Position in der Gesamthierarchie des
Webangebots geben, sowie Sitemaps oder Inhaltsverzeichnisse.

Auch wenn die Besucher eines Webangebots zunächst die Inhalte »scan-
nend« wahrnehmen bzw. querlesen und die Navigation dabei »übersehen«, ist
der Aufbau einer seitenübergreifenden Navigation nicht nutzlos. Getreu dem
Motto »Totgesagte leben länger« hat die seitenübergreifende Navigation mit
ihren Navigationsleisten und Menüs überlebt und spielt eine große Rolle in der
Nutzerführung.

Wie bei der strukturellen Navigation geht es auch hier um Bedienbarkeit.
Dabei spielen Konventionen eine wichtige Rolle, sowohl hinsichtlich der Ge-
brauchstauglichkeit im Allgemeinen als auch der Barrierefreiheit im Besonde-
ren. Vor allem die Navigation soll geräteunabhängig umgesetzt sein und ohne
Plug-ins oder clientseitige Skripte funktionieren. Barrieren und Probleme von
Schriftgrafiken in Navigationsbereichen wurden bereits in Abschnitt 6.3.1.4 ab
Seite 215 behandelt und werden an dieser Stelle nicht weiter diskutiert.

7.2.2.1 Struktureller Aufbau von Navigationsleisten und Menüs

Navigationsleisten und Menüs zeigen Hauptrubriken bzw. je nach Größe des Webangebots auch Unterkategorien an und geben damit einen kompakten Überblick über die Hauptinhalte des Webangebots. Deswegen können sie als Informationsblöcke angesehen werden und sollten strukturell nachvollziehbar sein.

Für den Aufbau einer Navigationsleiste stehen in HTML verschiedene Strukturelemente zur Verfügung. Auf den ersten Blick bieten sich Absätze oder Überschriftenelemente für die einzelnen Links in Navigationsbereichen an: Diese Elemente sind blockbildend und die Inhalte können in Screenreadern direkt angesprungen werden. Sie bewirken allerdings, dass jeder einzelne Navigationspunkt einen Block bildet und nicht der gesamte Navigationsbereich zu einer überspringbaren Einheit wird. Zudem hat die Auszeichnung einzelner Navigationspunkte mit dem P-Element oder einem der sechs Überschriftenelemente für Tastaturnutzer keinen Vorteil, denn Links können ohnehin mit der Tabulatortaste direkt angesprungen werden.

Speziell die Auszeichnung einzelner Navigationspunkte mit Überschriftenelementen – ein keineswegs seltenes Vorgehen und oft der Suchmaschinenoptimierung geschuldet – wirkt sich negativ auf die Barrierefreiheit aus, denn Überschriften sind Zusammenfassungen von ihnen folgenden Textabschnitten. Vor allem blinde Nutzer würden dadurch quasi auf die falsche Fährte geschickt und erhalten speziell beim Seitenaufruf keine realistische Einschätzung über ihren Aufbau. Nur bei sehr langen und zugleich verschachtelten Navigationen könnten Zwischenüberschriften eingebaut werden, die dann Teil der strukturellen Navigation sind.

Die strukturierenden HTML-Elemente, mit denen ein Navigationsbereich als Informationsblock am besten ausgezeichnet werden kann, sind Listenelemente. Letztlich handelt es sich bei Navigationsleisten um Linklisten, sodass es kaum Alternativen gibt. Nur Image-Maps kämen noch in Frage, die wegen möglicher Probleme mit Kontrast und Vergrößerbarkeit (vgl. Abschnitt 6.3.1 ab S. 210) jedoch nicht zu empfehlen sind.

Eine einfache Aufzählung (UL-Element) ist für Navigationsleisten das Mittel der Wahl. Sie ist für Nutzer gut nachvollziehbar und ermöglicht zudem den flexiblen Einbau zusätzlicher Unterpunkte.

Genauso berechtigt wie die Aufzählung wäre auch die Nummerierung (OL-Element), vor allem bei feststehenden Navigationsbereichen, z. B. einem Navigationsbereich mit Kontaktmöglichkeiten und Hilfefunktionen. Für feststehende Navigationsbereiche fördert eine geordnete Liste und damit ein Zahlenraum die Orientierung. Die wenigsten Webangebote sind allerdings derart starr. Nummerierte Listen würden allenfalls für kleinere Webauftritte in Frage kommen, deren Navigationsbereiche aber ohnehin meist schon übersichtlich sind.

In der Regel sind außerdem Navigationsbereiche grundsätzlich dynamisch, d.h., sie wachsen und ändern sich im laufenden Betrieb. Nummerierungen für einzelne Navigationspunkte würden bedeuten, dass der Zahlenraum nicht konstant bliebe. Weitere Probleme sind:

▪ Kontextabhängige Nummerierungen für Gliederungszahlen (1., 1.1, 1.2, 2., ...) sind in HTML nicht vorgesehen. Die Möglichkeit, Nummerierungen mit CSS zu bestimmen, entspricht nicht der Konformitätsbedingung 5 der WCAG20.

▪ Unterbrochene Listen, also Listen, die mit einem Absatz unterbrochen und später mit dem start-Attribut fortgesetzt werden, sind in der strengeren Dokumententypdeklaration nicht vorgesehen.

▪ Konsequenterweise müssten außerdem alle Links, auch solche im Inhalt, mit Nummerierungen ergänzt werden.

Webentwickler gehen oft davon aus, dass solche Nummerierungen allein für Screenreader-Nutzer vorzusehen sind, weshalb diese gerne unsichtbar gestellt werden. Wenn es einen triftigen Grund für nummerierte Links gibt, dann sollten alle Nutzer davon profitieren können und die Nummerierungen für alle sichtbar sein.

Insgesamt ist der Einsatz von Nummerierungen in Navigationsleisten und Menüs aus den genannten Gründen nicht zu empfehlen.

Bei verschachtelten Listen, also wenn eine Navigationsleiste über Unterpunkte verfügt, würden sich für die Inhalte in der Verschachtelung noch Definitionslisten anbieten, da diese mehrere DD-Elemente haben können. Das würde aber bedeuten, dass die Unterpunkte in den Beschreibungen (DD-Elementen) stehen würden. Da diese aber nicht beschreiben, sondern möglicherweise ihrerseits eine Beschreibung benötigen, ist die Definitionsliste nicht die richtige Wahl. Anders könnte es aussehen, wenn einzelne Navigationsbereiche im Inhaltsbereich stünden und als kommentierte Navigationsliste aufgebaut wären. Dann wäre eine Definitionsliste semantisch korrekt. Für eine Navigationsleiste eignen sich Definitionslisten (DL-Element) jedoch nicht.

7.2.2.2 HTML-Grundgerüst einer Navigationsleiste

Eine Liste besteht aus mehreren Listenpunkten, umschlossen von einem blockbildenden Element UL oder OL. Als Grundelement kann eine einfache Aufzählung wie in Listing 7–30 eingesetzt werden.

```
<div>
<ul>
  <li><a href="#">Eintrag 1</a></li>
  <li><a href="#">Eintrag 2</a></li>
  <li><a href="#">Eintrag 3</a></li>
</ul>
</div>
```

Listing 7–30   HTML-Grundgerüst für eine Navigationsleiste (Teil 1)

Damit die Navigationsleiste gezielt über CSS angesprochen werden kann, sollte ein umschließendes DIV-Element mit einer id (»navigation«) verwendet werden. Da es sich um eine Liste von Links handelt, muss sie im Sinne der strukturellen Navigation erkennbar sein, vorzugsweise durch eine Überschrift:

```
<div id="navigation">
 <h6>Navigation</h6>
 <ul>
   <li><a href="#">Eintrag 1</a></li>
   <li><a href="#">Eintrag 2</a></li>
   <li><a href="#">Eintrag 3</a></li>
 </ul>
</div>
```

Listing 7-31   HTML-Grundgerüst für eine Navigationsleiste (Teil 2)

Damit steht das Grundgerüst einer barrierefreien Navigation, die nun über CSS gestaltet werden kann (vgl. Listing 7-32).

```
ul, li {
     padding: 0;
     margin: 0;
     list-style: none;
}
#navigation {
   width: 13em;
   background-color: #DFE1F0;
   border-right: 1px solid #000;
}
#navigation ul {
   font-size: .9em;
}
#navigation li {
   font-weight: bold;
   border-bottom: 4px solid #A9B0D7;
}
#navigation a {
   display: block;
   padding: 6px;
   color: #2E3192;
   text-decoration: none;
}
#navigation h6 {
   position: absolute;
   left: -10000px;
   top: auto;
   width: 1px;
   height: 1px;
   overflow: hidden;
}
```

Listing 7-32   CSS für Teil 1 und Teil 2 der Navigationsleiste

Die CSS-Regeln haben folgende Bedeutung: Mit ul {…}, li {…} werden die unterschiedlichen Abstände und Aufzählungszeichen in verschiedenen Browsern »zurückgesetzt«. Mit #navigation {…} erhält die Navigationsleiste einige Formatierungen wie Breite, Farben und Rahmen. Die Schriftgröße wird über #navigation ul {…} zugewiesen. Zu beachten ist, dass sich dieser Wert auch auf (noch zu berücksichtigende) verschachtelte Aufzählungen vererbt. Die Haupteinträge der Navigation werden mit den Anweisungen unter #navigation li {…} fett formatiert. Haupteinträge haben außerdem einen dicken unteren Rahmen als Abgrenzung zum nächsten Punkt. Unter #navigation a {…} wird festgelegt, dass die Links als Blockelemente dargestellt werden, damit die gesamte Breite des Navigationsbereichs klickbar wird. Außerdem sollen Links in Navigationsbereichen nicht unterstrichen werden. Die vorangestellte Überschrift wird mit den CSS-Eigenschaften aus dem Fensterbereich geschoben; diese Technik wurde in Abschnitt 7.1.2.4 ab Seite 236 beschrieben.

Technisch müssen noch zwei weitere Aspekte beachtet werden: Sofern die Navigationseinträge Unterpunkte haben, sollten diese optisch und strukturell den Oberpunkten zuzuordnen sein. Der Navigationspunkt, der zum Aufruf der aktiven Seite führt, sollte kein (rekursiver) Link sein, da sonst angenommen werden könnte, weitere Inhalte stünden zur Verfügung.

7.2.2.3   Verschachtelte Einträge in der Navigation

Navigationsleisten und Menüs haben oft weitere Unterpunkte. Auch hier handelt es sich um Informationsblöcke; entsprechend sollten Unterpunkte ebenfalls als Liste ausgezeichnet werden. Damit Screenreader den Bezug zwischen Unterpunkten und Hauptpunkten herstellen können, sollten die Unterpunkte verschachtelt werden.

```
<div id="navigation">
 <h6>Navigation</h6>
 <ul>
   <li><a href="#">Eintrag 1</a></li>
   <li><a href="#">Eintrag 2</a>
   <ul>
     <li><a href="#">Eintrag 2.1</a></li>
     <li><a href="#">Eintrag 2.2</a></li>
     <li><a href="#">Eintrag 2.3</a></li>
   </ul>
   </li>
   <li><a href="#">Eintrag 3</a></li>
 </ul>
</div>
```

Listing 7-33   HTML-Grundgerüst für eine Navigationsleiste (Teil 3)

Die Unterpunkte der verschachtelten Liste werden auch mit CSS formatiert:

```
#navigation ul ul {
  font-size: 1em;
}
#navigation a {
  border-bottom: 10px;
}
#navigation li li {
  font-weight: normal;
  border-top: 1px solid #A9B0D7;
  border-bottom: none solid #A9B0D7;
}
#navigation li li a {
  padding: 4px 6px 4px 14px;
}
```

Listing 7-34   CSS für Teil 4 der Navigationsleiste

Unter `#navigation ul ul {…}` wird festgelegt, dass die Schriftgröße der Unterpunkte nicht kleiner werden soll als die Haupteinträge. Weil kein unterer Rahmen angezeigt wird, erhält der Link über `#navigation a {…}` eine größere Fläche nach unten. Die verschachtelten Navigationseinträge sollen sich von den anderen Navigationseinträgen visuell unterscheiden. Einige Formatierungen werden deshalb mit `#navigation li li {…}` überschrieben. Die Links in der verschachtelten Liste erhalten über `#navigation li li a {…}` einen zusätzlichen Innenabstand, um sie u. a. einzurücken.

7.2.2.4   Technik zur Vermeidung rekursiver Links

Da im Beispielauftritt keine rekursiven Links vorgesehen sind (vgl. Abschnitt 7.1.4 ab S. 249) und das aktuelle Grundgerüst der Navigation noch einen Link enthält, der auf sich selbst verweist, muss der Link entfernt werden. Stattdessen wird ein STRONG-Element für den aktiven Navigationseintrag eingesetzt. Der Listenpunkt erhält eine eigene Klasse (aktiv), damit der aktive Navigationseintrag samt Unterpunkten per CSS angesprochen werden kann.

H 49

```
<div id="navigation">
  <h6>Navigation</h6>
  <ul>
    <li><a href="#">Eintrag 1</a></li>
    <li class="aktiv"><strong>Eintrag 2</strong>
      <ul>
        <li><a href="#">Eintrag 2.1</a></li>
        <li><a href="#">Eintrag 2.2</a></li>
        <li><a href="#">Eintrag 2.3</a></li>
      </ul>
```

```
  </li>
    <li><a href="#">Eintrag 3</a></li>
  </ul>
  </div>
```

Listing 7-35 HTML-Grundgerüst für eine Navigationsleiste (Teil 4)

Die CSS-Eigenschaften werden hier wie folgt definiert:

```
#navigation li.aktiv strong {
  color: #EE3338;
  font-weight: normal;
  background-color: #FFF;
  padding: 6px 6px 10px 6px;
  display : block;
}
#navigation li li.aktiv {
  color: #EE3338;
}
```

Listing 7-36 CSS für Teil 5 der Navigationsleiste

Entscheidend sind die folgenden CSS-Deklarationen:

▓ #navigation li.aktiv strong {...}
Dies ist der aktuelle und nicht verlinkte Haupteintrag der Navigation. Er wird farbig gekennzeichnet. Zu beachten ist, dass sich der aktive Eintrag zwar von den anderen Einträgen dadurch unterscheidet, dass er nicht verlinkt ist, aber visuell wird diese Unterscheidung allein durch Farbe (Hinter- und Vordergrundfarbe) vermittelt. Die Innenabstände werden den anderen Haupteinträgen angepasst.

▓ #navigation li li.aktiv {...}
Auch die untergeordneten Punkte werden farbig hervorgehoben.

Die Angabe der aktuellen Position ist zwar bereits dadurch deutlich, dass sie nicht verlinkt ist, aber die Erreichbarkeit mit der Tastatur kann bei einem längeren Menü problematisch werden. Das direkte Ansteuern eines einzelnen Links in einer umfangreichen Linkliste mit der Tastatur wird durch eine zusätzliche Überschrift verbessert. Damit der aktuelle Eintrag in der Tab-Reihenfolge aufgenommen wird, erhält der Listenpunkt auch ein tabindex-Attribut (vgl. Listing 7-37).

```
<div id="navigation">
<h6>Navigation</h6>
<ul>
  <li><a href="#">Eintrag 1</a></li>
  <li class="aktiv"><h6>Aktuelle Seite: </h6><strong tabindex="0">Eintrag 2</strong>
    <ul>
      <li><a href="#">Eintrag 2.1</a></li>
      <li><a href="#">Eintrag 2.2</a></li>
```

```
          <li><a href="#">Eintrag 2.3</a></li>
       </ul>
    </li>
      <li><a href="#">Eintrag 3</a></li>
    </ul>
</div>
```

Listing 7-37   HTML-Grundgerüst für eine Navigationsleiste (Teil 5)

Die zusätzliche Überschrift wird wie die erste Überschrift durch die CSS-Angaben in Listing 7–32 aus dem sichtbaren Bereich geschoben. Die Vergabe von tabindex mit dem Wert 0 bewirkt, dass der nicht verlinkte Navigationseintrag in die Tab-Reihenfolge aufgenommen und dadurch nicht übersprungen wird (vgl. Abschnitt »Werte für das tabindex-Attribut« ab S. 608).

Eine textliche Angabe zur aktuellen Position ist in diesem Beispiel nicht zwingend erforderlich, weil der aktive Navigationseintrag bereits mit HTML strukturell hervorgehoben wird. Sofern eine Verlinkung des aktiven Navigationspunktes vorgenommen werden muss, ist jedoch eine textliche Kennzeichnung nötig.

Mit diesen Angaben ist zugleich die Forderung nach dem Überspringen von Informationsblöcken erfüllt und die technische Zugänglichkeit dieser Beispielnavigation gegeben.

7.2.2.5   Alternative mit ARIA

Wichtige Aspekte der strukturellen Navigation können heute schon mit ARIA-Orientierungspunkten umgesetzt werden (vgl. Abschnitt 7.2.1.3 ab S. 265). Obwohl Orientierungspunkte speziell für Screenreader vorgesehen sind, ist eine flächendeckende Unterstützung durch Screenreader erst in Zukunft zu erwarten. Zum einen ist ARIA noch nicht als Webstandard verabschiedet und zum anderen haben Nutzer nicht immer die aktuellsten Screenreader installiert. Derzeit wird ARIA von Screenreadern nur »selektiv« oder gar nicht unterstützt.

Wenn ARIA-Orientierungspunkte eingesetzt werden, dann sollten sie alternativ zu den Überschriften der strukturellen Navigation eingesetzt werden, damit sie von Screenreadern, die die Orientierungspunkte unterstützen, nicht doppelt ausgegeben werden. Wenn allerdings Orientierungspunkte statt Überschriften eingesetzt werden, dann profitieren deutlich weniger Screenreader-Nutzer davon, als wenn Überschriften eingesetzt werden.

7.2.2.6   Dynamische Menüs

Gerade bei umfangreichen Webauftritten ist eine dynamisierte Navigation bei der Nutzerführung oft effizienter. Mit JavaScript können Navigationseinträge schnell eingeblendet werden und ein erneuter Seitenaufruf wird vermieden. Es gibt zahlreiche Möglichkeiten der Dynamisierung. Im Folgenden wird auf drei typische Beispiele eingegangen.

Stark hierarchisierte Navigationsleisten

Vor allem bei sehr langen und/oder sehr verzweigten Hierarchien der Inhalte können dynamische Menüs zu einer effizienteren Bedienung führen. Wenn in einer vertikalen Hauptnavigation ein Eintrag bis zu einer vierten Ebene ausgeklappt werden muss, um an bestimmte Inhalte zu kommen, wird durch den Aufruf eines Links die Seite jedes Mal neu aufgebaut. Mausnutzer müssen dann wieder nach unten scrollen und Tastaturnutzer relativ weit über Strukturen und Links zur konkreten Stelle navigieren, um die nächste Ebene aufzurufen und das Prozedere erneut zu durchlaufen.

Eleganter, aber aufwändiger sind dynamische Menüs, bei denen das Ausklappen von Untermenüs über JavaScript durchgeführt und das Neuladen der Seite vermieden wird. Selbstverständlich muss die Seite auch ohne JavaScript funktionieren, sodass Zielanker nach wie vor berücksichtigt werden können, aber hier fördert JavaScript die Nutzbarkeit für alle Nutzer.

Emulation von Untermenüs

Eine häufige Lösung ist die Emulierung von Untermenüs, wie in »Fly-out-Menüs« oder »Pull-down-Menüs«. Damit werden zahlreiche und oft verzweigte Auswahlmöglichkeiten geboten, die normalerweise nicht alle in eine Navigationsleiste passen. Solche Menüs ähneln dem Menüsystem, das aus Desktop-Anwendungen bekannt ist.

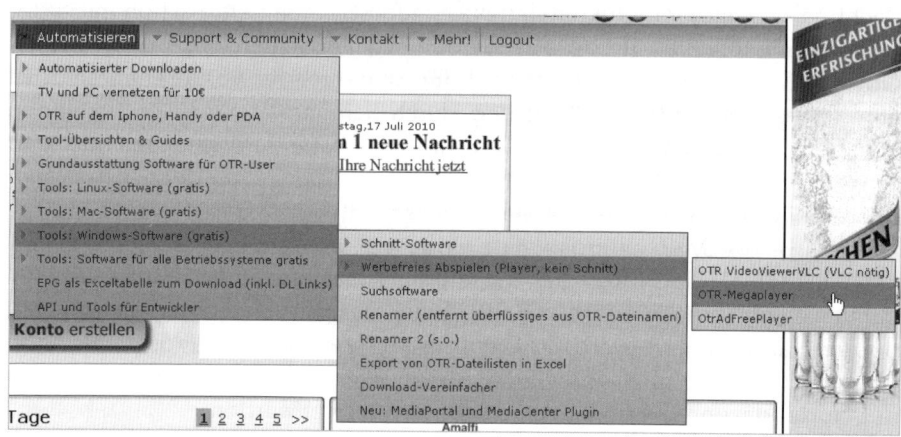

Abb. 7-19 Dynamische Menüs mit Unterpunkten

Solche Menüs können umständlich zu bedienen sein. Schwierig ist ihre Bedienung meist für Screenreader-Nutzer, denn die menüs verfügen nicht über die erforderlichen Strukturmerkmale. Aber auch Mausnutzer stoßen zuweilen auf Barrieren. Dynamische Menüs dieser Art erfordern in der Regel eine genaue Bewegung des Mauszeigers, da sonst das Menü wieder zusammenklappt und der Vorgang von vorne begonnen werden muss. Viele Menschen haben jedoch Schwierigkeiten, den Mauszeiger exakt zu positionieren, oder verrutschen beim Klicken. Im schlimmsten Fall klappen die zur dritten Ebene ausgeklappten Menüeinträge komplett zusammen und der Nutzer muss von vorne anfangen. Jede Art von Dynamik (auch bei Ausklappmenüs in der Navigation) kann daher eine Barriere sein. Man sollte generell möglichst große Klickflächen mit ausreichend großen Abständen zueinander verwenden.

Problematisch sind solche Menüs auch für Nutzer von Vergrößerungssystemen, da die ausgeklappten Menüpunkte bildschirmfüllend werden können, also nur ein kleiner Ausschnitt angezeigt und somit der Inhaltsbereich verborgen wird.

»Quick Launcher«

Bei einem sogenannten »Quick Launcher« handelt es sich um Ausklapplisten (Drop-down-Menüs), die mit einigen wichtigen Inhalten des Webangebots gefüllt sind. Durch Auswahl gelangt ein Nutzer direkt zu einer Seite, ohne sie über die Navigation oder andere Wege finden zu müssen.

Obwohl solche Auswahllisten tastaturbedienbar umgesetzt werden können, sind sie im Allgemeinen nicht gut nutzbar, und zwar weder für Maus- noch für Tastaturnutzer (kleinere Klickflächen, Navigation mit Pfeiltasten statt wie sonst üblich).

Man kann darüber streiten, ob Ausklappmenüs und Auswahllisten im Allgemeinen ein geeignetes Navigationskonzept sind. Ein wesentlicher Nachteil ist die Bedienung mit der Tastatur. Dabei geht es nicht um die grundsätzliche Tastaturbedienung – diese ist mit standardkonformer Gestaltung ohne Weiteres möglich. Zu Problemen führt der häufig bei »Quick Launchern« verwendete Event-Handler onchange. Während Mausnutzer das Menü aufklappen und einen Eintrag auswählen können, müssen sich Tastaturnutzer durch

Abb. 7-20
Quick Launcher mit einer Auswahl an Radiosendungen

die einzelnen Einträge mit der Pfeiltaste bewegen. Wird onchange verwendet, dann ist dies jedoch nicht möglich, da direkt der erste Eintrag aufgerufen wird (vgl. Abschnitt »Tastaturbedienung von Auswahllisten mit onchange« ab S. 625).

7.2.2.7   Positionierung von Navigationsleisten und Menüs

Wo Hauptnavigationsbereiche positioniert werden sollen, hängt von verschiedenen Faktoren ab, wie

- dem Umfang der zu erwartenden Haupteinträge,
- der generellen Gestaltung des Kopfbereichs oder
- eventuell zusätzlichen und ausgegliederten Navigationsbereichen.

Obwohl Navigationsleisten meist im linken Seitenbereich platziert sind, begegnen einem auch oft Navigationsleisten im rechten Seitenbereich. Grundsätzlich ist dies kein Problem. Es sollte jedoch auf Konsistenz im Sinne einer seitenübergreifend einheitlichen Position geachtet werden. Dies ist für Tastaturnutzer und in alternativen Ausgabemedien wie Sprachausgaben hilfreich. Insgesamt entspricht eine konsistente Navigation der Erwartungskonformität – einer wichtigen Anforderung der Gebrauchstauglichkeit.

Horizontale Menüs

Ein horizontales Menü als Hauptnavigation eignet sich, wenn eine überschaubare feste Anzahl an Haupteinträgen vorgesehen ist. Ein wesentlicher Vorteil ist, dass der darunterliegende Platz horizontal besser ausgenutzt werden kann. Darüber hinaus kann die Textvergrößerung im Design besser berücksichtigt werden.

Es kann aber auch zu Nachteilen führen, denn mit einer horizontal angeordneten Navigation wird die Mindestbreite des Browserfensters vorgegeben – was bei größeren Schrifteinstellungen zu einer Einschränkung der Nutzbarkeit führen kann.

Deshalb sollte man schon im Vorfeld sicherstellen, dass ein horizontales Menü bei einer Vergrößerung auf 200% vollständig sichtbar und funktionsfähig ist, ohne dass horizontales Scrollen erforderlich ist. Bei mangelndem Platz muss die Navigation umbrechen. Dies erfordert den Einsatz eines flüssigen Layouts (vgl. Abschnitt 17.2.3 ab S. 671).

Oft werden die Einträge eines horizontalen Menüs durch senkrechte Striche oder andere Symbole getrennt. Nach den WCAG 1.0 sollten diese Trennstriche ausdruckbare Zeichen sein, weil es vor allem in den 1990er-Jahren Darstellungsprobleme auf Braillezeilen gab.

Abb. 7-21   Seite des DVBS mit einer zweizeiligen horizontalen Navigation und Trennstrichen

Solche Striche sind dennoch nützlich und können im Design z. B. für Reiternavigationen gewünscht sein; als visueller Effekt sollten die Linien über CSS gestaltet werden. Da Links seit vielen Jahren auch auf Braillezeilen unterscheidbar dargestellt werden können, ist CSS heute und nach WCAG20 unproblematisch. Die optischen Unterscheidungen werden von Screenreadern ignoriert. Eine einfache Liste (vgl. Listing 7-38)

```
<div id="navigation">
 <ul>
   <li class="erste"><a href="#">Link A</a></li>
   <li><a href="#">Link B</a></li>
   <li><a href="#">Link C</a></li>
 </ul>
</div>
```

Listing 7-38   Einfache Linkliste

kann mit den CSS-Regeln in Listing 7-39 horizontal ausgerichtet und mit Trennstrichen versehen werden.

```
#navigation li {
  float : left;
  list-style-type : none;
  padding : 8px;
  background-color : #E0E0FF;
}
#navigation a {
  display : block;
  width : 100px;
  text-align : center;
  border-left : 2px solid blue;
  padding : 2px;
}
#navigation li.erste a{
  border-left : 0px;
}
```

Listing 7-39   Gestaltung von Trennstrichen zwischen Links der einfachen Linkliste

Bei der Verwendung von border zur Kennzeichnung sind auch die Anforderungen an die Mehrfachkennzeichnung (vgl. Abschnitt 19.2.1.3 ab S. 705) zu beachten.

Vertikale Navigationsleisten

Häufiger anzutreffen sind vertikale Navigationsbereiche, denn sie können jederzeit um weitere Einträge ergänzt werden, ohne dass wesentlich in das Design eingegriffen werden muss.

Im Gegensatz zu horizontalen Menüs oder Reiternavigationen, die durch ihre horizontale Ausrichtung quasi eine »natürliche« Begrenzung der Hauptnavigationspunkte haben, gibt es zu gebrauchstauglichen vertikalen Navigationsleisten unterschiedliche Ansichten. Die Übersichtlichkeit einer Navigationsleiste wird durch die Begrenzung der Anzahl der Links gewährleistet. Als Richtwert sollten nicht mehr als neun Navigationspunkte aufgeführt werden. Als Ideal werden oft auch nur sieben zusammenstehende Navigationspunkte angesehen. Wie viele Navigationspunkte sinnvoll und zweckmäßig sind, ist natürlich von den

Inhalten abhängig. Wichtig ist, dass sich die Navigationspunkte am Informationsbedarf des Nutzers orientieren.

Wo sollten Hauptnavigationsbereiche platziert sein: links oder rechts? Aus
Sicht der Barrierefreiheit wird dazu keine Stellung bezogen und diese Frage ist
eher aus Usability-Sicht zu beantworten. Menschen sind Gewohnheitstiere; dies
gilt auch für das Web. Eye-Tracking-Studien bestätigen, dass Menüs oben oder
links erwartet werden[15] und dass Nutzer bei Problemen Hilfe eher auf der linken als der rechten Seite suchen. Dies ist aber evtl. ein kulturbedingtes Phäno-
men, und in Kulturen, in denen von rechts nach links geschrieben wird, wird
vielleicht ein Hauptmenü oder eine Hilfe eher rechts erwartet.

Auch wenn diese Ausführungen aus der Usability-Forschung kommen, sind
sie für die Barrierefreiheit relevant. Nur blinden Nutzern wird es egal sein, wo
das Menü positioniert ist, sofern es linearisiert gut bedienbar ist. Für alle anderen – vor allem aber für behinderte Nutzer – ist wichtig, dass Navigationsbereiche erwartungskonform aufgebaut sind. Zu beachten ist außerdem, dass stark
sehbehinderte Nutzer, die mit Vergrößerungssystemen arbeiten, genauso wie
alle anderen ein Menü links vermuten und zuerst dort danach suchen würden.
Generell sollte man zu viele Experimente bei der Positionierung von Navigationsleisten vermeiden.

7.2.3 Zusammenhängende Dokumente

**G
128**

Selbstverständlich ist ein Navigieren – außer im Fall der strukturellen Navigation
– immer ein Navigieren zwischen Einzeldokumenten. In diesem Abschnitt geht
es jedoch um das Navigieren zwischen direkt miteinander verbundenen Dokumenten, also wenn

▦   längere Dokumente auf mehrere Seiten verteilt sind bzw. Suchergebnisse
     auf mehrere Seiten verteilt präsentiert werden und über eine Blätternaviga-
     tion verbunden sind.

▦   eine Seite Teil eines Prozesses ist, z.B. bei Arbeitsaufgaben, die sequenziell
     abzuarbeiten sind wie bei Buchungssystemen.

Da zusammenhängende Dokumente aus Einzelseiten bestehen, benötigen Nutzer Informationen über die Position jedes einzelnen Dokuments. Dies betrifft
sowohl den Dokumenttitel (vgl. Abschnitt 7.3 ab S. 302) als auch den grundsätzlichen Aufbau von Navigationsmechanismen zwischen den Dokumenten und
die Information über die aktuelle Position innerhalb eines Prozesses.

---

15. Nielsen, J. (2006): F-Shaped Pattern For Reading Web Content,
      URL: *http://www.useit.com/alertbox/reading_pattern.html* (Abruf 22.5.2010).

7.2.3.1 Blätternavigationen

Blätternavigationen finden sich immer dort, wo einzelne Dokumente entweder in einem inhaltlichen oder einem zeitlichen Zusammenhang stehen, also wenn

- Suchergebnisse auf mehreren Seiten dargestellt werden,
- Abschnitte längerer Artikel oder ganze Bücher auf mehrere Seiten verteilt sind,
- Artikel nach Datum angeordnet sind, wie z. B. in Blogs, oder
- Diskussionsbeiträge zu einem bestimmten Thema auf mehreren, aufeinander folgenden Unterseiten zu finden sind.

Die einfachste Form einer Blätternavigation besteht aus Pfeilen als grafische Bedienelemente, wobei ein nach rechts zeigender Pfeil zur nächsten Seite und ein nach links zeigender zur vorherigen Seite führen.

Solche Navigationselemente sind meist selbsterklärend. Ein Alternativtext »Vorherige Seite« bzw. »Nächste Seite« ist jedoch erforderlich. Weil Symbole nicht immer genau das vermitteln, was sich ein Gestalter gedacht hat, sollten verlinkte Symbole

Abb. 7-22
Typische Blätternavigation mit »Vorherige Seite« und »Nächste Seite«

immer mit Text ergänzt werden. Neben dem Alternativtext ist auch ein title-Attribut zweckmäßig:

```
<a href="seite.html" title="Nächste Seite"><img
src="lib/img/pfeil_rechts.gif" alt="Nächste Seite" /></a>
```

Damit wird zumindest für einen Teil der Nutzer beim Berühren des Links mit dem Mauszeiger deutlich, dass der Link tatsächlich zur nächsten Seite führt.

Besser ist jedoch ein Linktext:

```
<a href="seite.html">
<img src="lib/img/pfeil_rechts.gif" alt="" />
Nächste Seite
</a>
```

Listing 7-40 Link zur nächsten Seite in einer Serie von Dokumenten

Solche Linktexte können außerdem ergänzt werden, etwa mit dem Dokumenttitel der Zieldatei.

Ist in einer Serie von Seiten die letzte Seite erreicht oder wird – im Fall des Links zur vorherigen Seite – die erste Seite einer Serie aufgerufen, stellt sich die Frage, ob das Symbol im Dokument verbleiben soll. Im Allgemeinen empfiehlt es sich, das Navigationselement auf der Seite zu lassen, es jedoch nicht als Link auszuzeichnen. Damit diese Grafik nicht mit einem grafischen Bedienelement verwechselt wird, sollte sie ausgegraut und mit einem leeren alt-Attribut versehen werden.

Bei der Ergebnisanzeige einer Suchfunktion sind meist zunächst nur die zutreffendsten Ergebnisse aufgelistet. Die weiteren Ergebnisse werden oft durch eine eigene Blätternavigation angezeigt.

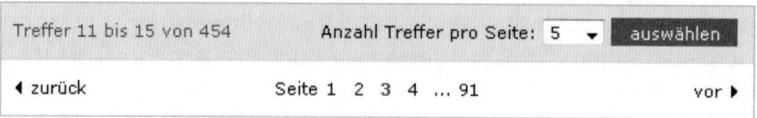

Abb. 7-23   Eine Blätternavigation mit Anzeigeoptionen

Solche Blätternavigationen werden nur angezeigt, wenn es mehr als eine Seite einer Dokumentenserie gibt; schon deswegen bietet sich die Aufbereitung als Liste an. Die Erreichbarkeit sollte auch über die strukturelle Navigation gewährleistet sein und der Blätternavigation eine Überschrift vorangestellt werden:

```
<div class="ergebnislisten">
  <h6>Treffer 11 bis 15 von 454</h6>
  ...
  <ul>
    <li><a href="#">1</a></li>
    <li><a href="#">2</a></li>
    <li class="aktuell"><h6 class="unsichtbar">Aktuelle Seite: </h6>3</li>
    <li><a href="#">4</a> ...</li>
    <li><a href="#">91</a></li>
  </ul>
</div>
```

Listing 7-41   Trefferliste einer Suche als HTML-Liste

Wie bei Menüs und Navigationsleisten sollte auch hier auf rekursive Links verzichtet werden. Deswegen wird im Code-Beispiel auf der aktuellen Ergebnisseite die »3« nicht verlinkt. Wenn die Ergebnisse 51 bis 55 angezeigt würden, dürfte hingegen die »11« nicht verlinkt sein. In dem Code-Beispiel wird die aktuelle Position mit einer Überschrift ergänzt, um die strukturelle Navigation zu fördern. Die Gestaltung erfolgt mit CSS:

```
* {
  font-family : verdana;
}
.unsichtbar {
  position: absolute;
  left: -10000px;
  top: auto;
  width: 1px;
  height: 1px;
  overflow: hidden;
}
```

```
ul li {
  float : left;
  list-style-type : none;
}
ul li.aktuell {
  background-color : #dddddd;
}
ul li.aktuell,
ul li a {
  text-decoration : none;
  display : block;
  padding : 0.2em 0.4em;
  border : 1px solid #aaaaaa;
  margin-right : 0.8em;
}
```

Listing 7-42   Gestaltung der Trefferliste mit CSS

Noch deutlicher wird die aktuelle Seite, wenn sie zusätzlich gefettet wird. Dies ist vor allem dann hilfreich, wenn in der Blätternavigation die Links nicht unterstrichen sind und die Information über die aktuelle Seite nicht nur über Farbe vermittelt wird:

```
<div class="ergebnislisten">
    <h6>Treffer 11 bis 15 von 454</h6>
    <ul>
      <li><a href="#">1</a></li>
      <li><a href="#">2</a></li>
      <li class="aktuell"><h6 class="unsichtbar">Aktuelle Seite:
</h6><strong>3</strong></li>
      <li><a href="#">4</a> …</li>
      <li><a href="#">91</a></li>
    </ul>
</div>
```

Listing 7-43   Trefferliste mit weiterem HTML zur Kennzeichnung der aktuellen Seite

Da auch Blätternavigationen – selbst wenn »nur« eine Reihenfolge von Zahlen verlinkt ist – aus Links bestehen, müssen diese eindeutig sein. Uneindeutige Links in Blätternavigationen sind »weiter« und »zurück«, deswegen sind – wie oben beschrieben – Linktexte wie »vorherige Seite« oder »nächste Seite« sinnvoller.

Bei der Navigation zwischen zusammenhängenden, aber auf mehrere Seiten verteilten Artikeln oder Abschnitten sollte als Linktext der Titel des Beitrags bzw. dessen Ordnungsnummer verwendet werden. Eine Rolle spielt das beispielsweise bei Online-Büchern, wenn einzelne Abschnitte nach ihrer Ordnungsnummer in einzelne Dokumente unterteilt sind. Umso wichtiger wird es, je unklarer der Kontext ist: Eine vorangestellte Überschrift ist also für Linklisten wichtig.

Eine weitere Möglichkeit, die Beziehung zwischen Einzeldokumenten zu vermitteln, bietet das rel-Attribut. Es kann die logische Beziehung zwischen Dokument und verlinkter Ressource verdeutlichen. Hier sind zahlreiche Möglichkeiten denkbar, wie etwa

- Verweise zum Inhaltsverzeichnis eines Online-Buchs,
- Verweise und Rückverweise zu Kapiteln und Abschnitten oder
- Verweise zu anderen Dokumentversionen.

Das rel-Attribut für Links wird – zumindest aus Nutzersicht – nicht so gut unterstützt und es ist zusätzliches Scripting erforderlich, um dem Nutzer die Information bereitzustellen. Das Attribut kann aber auch für das LINK-Element verwendet werden, das von einigen Browsern als optionaler Navigationsmechanismus in der Werkzeugleiste eingeblendet werden kann.

```
<link rel="Contents" href="inhalt.html" title="Inhaltsverzeichnis" />
<link rel="Prev" href="kap01.html" title="01 Titel des vorherigen Kapitels" />
<link rel="Next" href="kap03.html" title="03. Titel des nächsten Kapitels" />
```
Listing 7-44   Relationen zu anderen Dokumenten mit dem LINK-Element

7.2.3.2   Prozesse

Prozesse finden sich dort, wo Nutzer eine Abfolge an Schritten sequenziell gehen müssen, um ein Ergebnis zu erzielen, z.B.:

- Online-Kauf, z.B. von Büchern oder Bahntickets
- Lösen von Einzelaufgaben innerhalb eines E-Learning-Prozesses
- Mehrseitige Online-Befragungen
- Quizfragen

Im Unterschied zur Blätternavigation handelt es sich in diesen Fällen meist nicht um Links, die die einzelnen Dokumente miteinander verbinden, sondern der Nutzer sendet ein jeweils bearbeitetes Dokument über einen Absenden-Button ab (z.B. bei Formularen) und wird dann auf die Folgeseite geleitet.

Zu beachten ist, dass jede einzelne Seite barrierefrei sein muss, damit der Prozess problemlos abgeschlossen werden kann. Unter anderem sollten die Nutzer auf jeder einzelne Seite feststellen können, wo sie gerade sind, welcher Schritt vorher erfolgt ist und welcher Schritt als Nächstes kommt. Bei dem Abarbeiten von Einzelaufgaben innerhalb eines E-Learning-Prozesses sowie ähnlichen Applikationen ist darauf zu achten, dass die aktuelle Position auf der Seite und im Dokumenttitel enthalten ist.

Wie in anderen Bereichen gilt auch hier, dass die Information über die aktuelle Position nicht allein über Hintergrund- und/oder Vordergrundfarbe vermittelt werden soll. Zusätzlich sollten – ähnlich wie in Blätternavigationen – nicht aktive Schritte ausgegraut werden und nicht aufrufbar sein.

7.2.4   Ergänzungen zur Navigation

Die meisten Nutzer können sich über hierarchische Strukturen, wie klassische Navigationsleisten und Menüs, gut orientieren. Es gibt aber Grenzen, die von der Art des Webangebots gesetzt sein können oder von den individuellen Voraussetzungen sowie Nutzervorlieben abhängen:

- Bei großen Informationsangeboten kann eine Hauptnavigation schnell zu einer »Linkbatterie« werden.
- Nicht alle bevorzugen einen hierarchischen Zugang und machen sich lieber über andere Wege ein Bild über die Inhalte.
- Nutzer von Vergrößerungssystemen sowie Menschen mit kognitiven Einschränkungen bevorzugen vielleicht eine Suchfunktion, statt sich durch lange, hierarchisch aufgebaute Menüs zu lesen.
- Begriffe für Rubriken und Themen werden in der Annahme festgelegt, dass jeder sie versteht. Begriffe, die in einer Organisation selbstverständlich sind, müssen es aber nicht automatisch für den Nutzer sein. Dies gilt umso mehr, je spezieller ein Thema ist.

Deswegen sollte eine Mehr-Wege-Vermittlung von Webinhalten angestrebt werden. Das Konzept der unterschiedlichen Wege kann gut mit dem Aufschlagen eines Buchs verglichen werden. Während sich einige Leser einen Überblick über das Inhaltsverzeichnis verschaffen, bevorzugen andere das Schlagwortregister und wieder andere lesen einige Abschnitte, schauen sich dann die Überschrift des zugehörigen Kapitels an, bevor sie ins Inhaltsverzeichnis oder vielleicht auch ins Schlagwortregister wechseln – oder das Buch wieder zurück ins Regal stellen.

Ein nutzerorientiertes und zugleich barrierefreies Webangebot sollte ebenso wie ein Buch verschiedene Wege und ergänzende Navigationsmöglichkeiten zu den Informationen in zusammengehörenden Dokumenten anbieten:

- Inhaltsbezogene Menüs sind sinnvoll, wenn sowohl Haupteinträge als auch Unterpunkte sehr umfangreich sind.
- Eingebettete Links zu verständlichkeitsfördernden Informationen sind dann sinnvoll, wenn sie den Textfluss erhalten und nicht übermäßig eingesetzt werden.
- Kommentierte redaktionelle Linksammlungen am Artikelende liefern mehr Informationen über Linkziele, als wenn diese nur im Fließtext vorhanden sind.
- Größere Übersichten wie Inhaltsverzeichnisse und andere Verzeichnisse bieten kompakte Angaben zu den Inhalten. Diese können sich an der Hierarchie des Menüs orientieren oder nach anderen Kriterien aufbereitet sein, z.B. alphabetisch nach Stichworten oder chronologisch nach Veröffentlichungsdatum.
- Breadcrumbs können bei der Einordnung von Inhalten in einer Gesamthierarchie helfen.

Mehrere Wege zur Erschließung von Inhalten sind auch für kleinere Webauftritte sinnvoll. Kann jedoch jede einzelne Seite bereits aus der Hauptnavigation heraus verlinkt werden, sind zusätzliche Navigationsmöglichkeiten überflüssig, da die Inhalte der Hauptnavigation mit den Inhalten der Übersichtsseite identisch sind.

Um verschiedene Wege zu zusammengehörenden Dokumenten zur Verfügung zu stellen, ist es wichtig, das Konzept der »zusammengehörenden Dokumente« zu verstehen. Zusammengehörende Dokumente sind sowohl einzelne Seiten eines Gesamtangebots als auch Einzelseiten, die Teil eines Hauptthemas innerhalb des Gesamtangebots sind, z.B. einer Hauptrubrik. Zusammengehörende Dokumente sind aber auch Dokumente, die beispielsweise Teil eines Online-Buchs und auf mehrere Seiten verteilt sind, wozu auch eventuell vorhandene Glossare oder Stichwortverzeichnisse gehören können.

Nehmen wir als Arbeitsbeispiel die Online-Fassung eines Buchs mit einem Gesamtinhaltsverzeichnis. Jedes Kapitel ist in Unterkapitel unterteilt, die als separate Dokumente auf Einzelseiten zur Verfügung gestellt werden. Das Buch enthält außerdem ein Glossar, ein Abkürzungs- sowie ein Schlagwortverzeichnis und ist Teil einer Sammlung von Online-Büchern zum gleichen Thema sowie weiterer Online-Publikationen. Diese Sammlung wiederum ist Teil einer Rubrik »Publikationen«, unterteilt in »Online-Publikationen« und »Printpublikationen«.

G 125

In diesem Fall gibt es mehrere Möglichkeiten, die Dokumente miteinander zu verknüpfen und den Nutzer zum eigentlichen Inhalt zu führen. Ein Klick auf den Hauptnavigationspunkt »Publikationen« könnte zu einer Seite mit einer Linkliste verschiedener Fachgebiete führen (z.B. »Informationstechnik«, »Sozialpädagogik«, »Psychologie«). Die Auswahl eines Fachgebiets führt zu einer Linkliste verfügbarer Bücher, sortiert nach Online-Publikationen und Printveröffentlichungen. Wählt der Nutzer eine bestimmte Online-Publikation, sollte er nun auf das zugehörige Inhaltsverzeichnis gelangen und damit einen ersten Eindruck von den spezifischen Themen erhalten, die in diesem Werk vermittelt werden. Sofern es sich um ein umfangreiches Buch mit einer fein abgestuften Gliederung handelt, würde im nächsten Schritt das Inhaltsverzeichnis eines Hauptkapitels zur Verfügung gestellt werden, durch das der Nutzer schließlich auf den kleinsten Teil dieses Gesamtkontextes geführt wird, von dem aus wiederum Links z.B. zu einem Glossar oder einem Schlagwortregister führen können.

Ein Gesamtinhaltsverzeichnis des Webangebots, das neben weiteren möglichen Inhaltsbereichen den Bereich »Publikationen« auflistet und den Nutzer nach Auswahl dieses Links entsprechend wiederum zum eigentlichen Inhalt führt, könnte ebenfalls vorhanden sein.

G 63

Dieses Beispiel zeigt, wie mehrere Wege zum Ziel angeboten werden können. Neben dem klassischen Menü existiert ein globales Inhaltsverzeichnis für das gesamte Webangebot. Mehrere weitere lokale oder kontextbezogene Inhaltsverzeichnisse zeigen die Beziehung der einzelnen Dokumente zueinander. Die

Verknüpfung stellt sicher, dass der Nutzer die Beziehung dieser Dokumente zueinander versteht.

Voraussetzung des Navigationskonzepts der verschiedenen Wege ist, dass die aufgerufenen einzelnen Seiten durch eindeutige Links (vgl. Abschnitt 7.1.2 ab S. 231) miteinander verbunden sind. Außerdem sind sie durch den Dokumenttitel (vgl. Abschnitt 7.3 ab S. 302) erkennbar und zudem durch eine Kombination aus struktureller und inhaltlicher Navigation mittels aussagekräftiger Überschriften (vgl. Abschnitt »Überschriften für die strukturelle Navigation« ab S. 256 sowie Abschnitt 9.2.4.1 ab S. 333) navigierbar.

Gelangt der Nutzer auf diese Art und Weise quasi zu der kleinsten Einheit, z.B. dem Abschnitt eines Buchs, dann sollte diese Seite wiederum Auskunft über ihre Position innerhalb des Gesamtkontextes geben und durch Links mit dem vorherigen und folgenden Abschnitt verbunden sein sowie einen Link zum Inhaltsverzeichnis des Buchs enthalten.

G 127

7.2.4.1   Sitemaps, Übersichten und Inhaltsverzeichnisse

Sitemaps, Übersichten, Inhaltsverzeichnisse, Indizes...viele Begriffe, mit denen oft das Gleiche gemeint ist – und zwischen denen die Übergänge fließend sind. Immer aber geht es um das gleiche Prinzip: Dem Nutzer soll über die klassische Navigationsleiste hinaus ein weiterer Weg zum Inhalt angeboten werden.

Eine Gesamtübersicht ist eine Orientierungshilfe, in der alle Teile oder zumindest ein großer Teil der Inhalte eines Webauftritts »auf einen Blick« gelesen werden können. Im Gegensatz zur Navigation werden für alle Hauptpunkte weitere Unterpunkte und ggf. auch Inhalte einer dritten oder vierten Inhaltsebene angezeigt, die direkt ansteuerbar sind. Es handelt sich hierbei um ein Inhaltsverzeichnis eines Webauftritts.

G 64

Eine Sitemap ist eine (oft visualisierte) Darstellung der vorhandenen Einzeldokumente und verdeutlicht die Struktur des Webangebots, die Position eines Einzeldokuments innerhalb dieser Struktur und die Beziehung der Einzeldokumente zueinander (vgl. Abb. 7-24).

G 63

Insofern ist eine Sitemap am ehesten noch vergleichbar mit einem Organigramm (vgl. Abschnitt 10.1.5.3 ab S. 393) und tatsächlich werden »echte« Sitemaps häufig als clientseitige Image-Maps (s. S. 252) aufgebaut. Dieses Vorgehen ist jedoch aus Gründen der Barrierefreiheit nicht empfehlenswert. Schriftgrafiken – zumal für wichtige Navigationspunkte – sind immer problematisch, zudem können die tatsächlichen Beziehungen der Einzeldokumente zueinander über Alternativtexte nicht gut dargestellt werden.

Im Gegensatz zum Inhaltsverzeichnis enthält eine Übersicht nicht immer alle Inhalte eines Webauftritts. Wenn in Bestellvorgängen eine Produktauswahl vorausgesetzt wird, dann muss der Bezahlvorgang nicht in der Übersicht vorhanden sein. Der Bezahlvorgang kann aber dynamisch berücksichtigt werden, wenn Produkte bereits im Warenkorb enthalten sind. Genauso muss es nicht

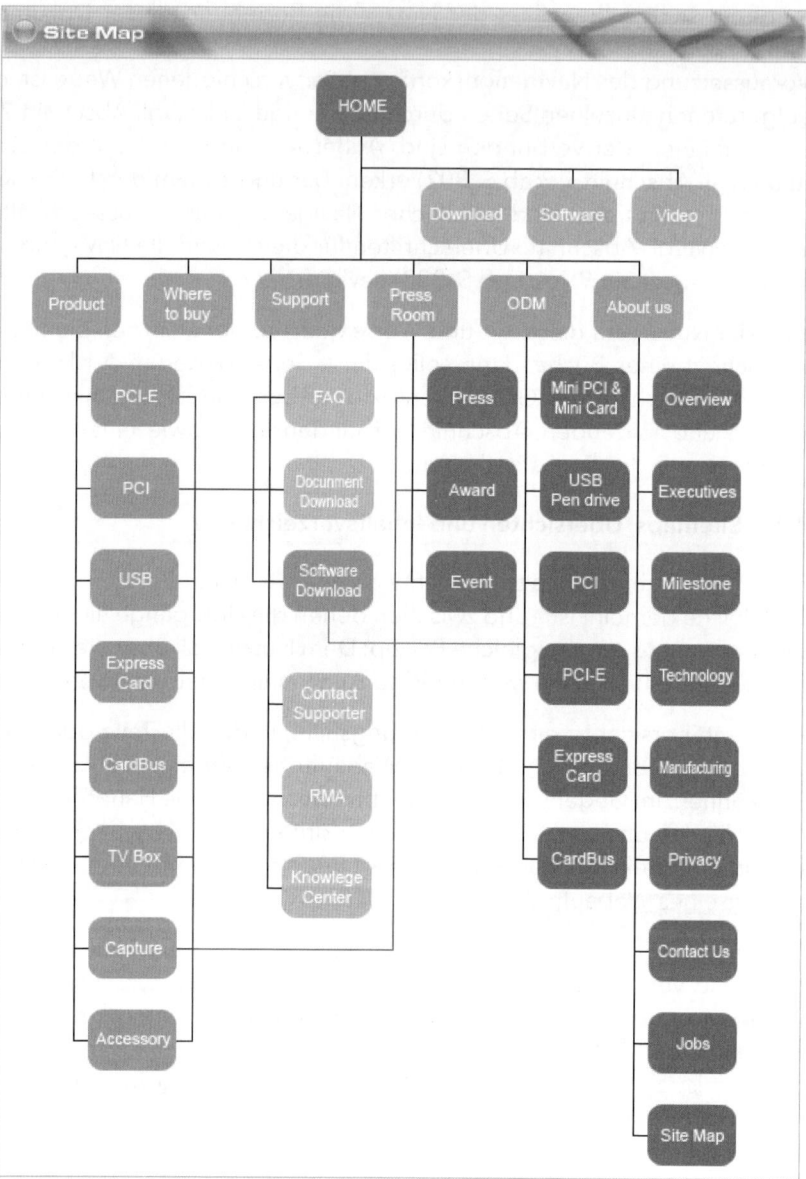

Abb. 7-24   Beispiel einer Sitemap

nur eine Gesamtübersicht geben, sondern für einzelne Bereiche können Teilübersichten angeboten werden. Letztlich kommt es auf den Umfang des Webauftritts und die Balance zwischen einem vollständigen Überblick und dem vermeintlichen Informationsbedarf des Nutzers an, wie granular eine Übersicht
gestaltet wird.

Je dezentraler ein Webauftritt gepflegt wird und je mehr einzelne Angebote sich inhaltlich, strukturell und gestalterisch voneinander unterscheiden, desto notwendiger ist es, die Seitenstruktur in einer Übersicht darzustellen. Sinnvollerweise sollten Gesamt- oder Teilübersichten mit einem Redaktionssystem dynamisch erzeugt werden, damit ihre Inhalte stets auf dem neusten Stand sind.

Je nach Aufbau einer Übersicht – sei es eine Sitemap oder ein Inhaltsverzeichnis – muss man sich zunächst überlegen, welche Bezeichnung man dafür verwenden will. »Sitemap« gehört zu den Worten, die für viele Nutzer nicht selbstverständlich sind. Sofern möglich, sollte also statt »Sitemap« ein leichter verständliches Wort verwendet werden. Außerdem sind die meisten vermeintlichen Sitemaps tatsächlich eher Übersichten oder Inhaltsverzeichnisse und können entsprechend als »Übersicht« oder »Verzeichnis« bezeichnet werden.

Für den Aufbau einer Übersicht aller (oder der meisten) Links eines Webauftritts bieten sich entweder (verschachtelte) ungeordnete Listen oder eine Kombination aus Überschriften und ungeordneten Listen an. Dabei sollten die Hauptebenen der verschachtelten Listen zusätzlich erkennbar gemacht werden. Die Kennzeichnung von Zwischenüberschriften sollte über weitere Überschriftenelemente geschehen:

```
<h1>Übersicht</h1>
<h2>Thema</h2>
<ul>
 <li>Seite A</li>
 <li>Seite B</li>
 <li>Seite C</li>
 <li><h3>Thema</h3>
   <ul>
    <li>Thema 1</li>
    <li>Thema 2</li>
    <li>Thema 3</li>
    <li>Thema 4</li>
   </ul>
 </li>
</ul>
```

Listing 7-45   Möglicher Aufbau einer Gesamtübersicht mit Überschriften und Listen

Vor allem bei größeren Übersichten ist es wichtig, den Akzent auf die strukturelle Navigation zu legen. Tatsächlich ist eine Übersicht Teil der strukturellen Navigation und sollte deswegen eher mittels Überschriften als über verschachtelte Listen organisiert sein. Dies hängt jedoch davon ab, wie groß eine solche Übersicht im Einzelfall ist und wie viele Unterpunkte zu den einzelnen Zwischenüberschriften gehören (vgl. Listing 7-46).

```
<h1>Übersicht</h1>
<h2>Thema 1</h2>
<ul>
 <li>Seite 1 1</li>
 <li>Seite 1 2</li>
 <li>Seite 1 3</li>
 <li>Seite 1 4</li>
</ul>
<h2>Thema 2</h2>
<ul>
 <li>Seite 2 1</li>
 <li>Seite 2 2</li>
 <li>Seite 2 3</li>
 <li>Seite 2 4</li>
</ul>
```

Listing 7-46   Alternativer Aufbau einer Gesamtübersicht mit Überschriften und Listen

Zusätzlich zu einem globalen Inhaltsverzeichnis sollten miteinander zusammen-hängende Dokumente, z. B. bei einem Online-Buch, ein Inhaltsverzeichnis erhalten, das als »lokale Übersicht« dienen kann.

7.2.4.2 Breadcrumb-Navigation

Die Breadcrumb-Navigation (engl. Breadcrumb-Trail), auch Ariadne-Faden genannt, gehört zu den ergänzenden Navigationsbereichen, die eine Seite in der Hierarchie des gesamten Webangebots verorten. Auch wenn Untersuchun-gen gezeigt haben, dass solche Navigationen nicht oft genutzt werden und sie die Orientierung nicht zwangsläufig fördern, sind sie doch geeignet, um eine Information über die aktuelle Position innerhalb des Webangebots zu vermit-teln. Breadcrumbs gibt es in diesen beiden Varianten:

1. Angabe der Position innerhalb eines Webauftritts (»Sie sind hier:«)
2. Pfad des Besuchers zu einer bestimmten Seite (»Ihr Weg hierher«)

Des Weiteren können Angaben in mehrstufige Prozesse wie »nächster Schritt« und »vorheriger Schritt« ebenfalls als Brotkrümelvariante betrachtet werden.

Die häufigste Form eines Breadcrumbs ist die Angabe der aktuellen Posi-tion der aktiven Seite innerhalb einer Seitenhierarchie. Der Nutzen dieser Infor-mation ist im Kontext eines Navigationskonzeptes, in dem die aktuelle Position schon in der Navigationsleiste hervorgehoben ist, zumindest nicht als »hoch« einzustufen. Allerdings können solche Angaben dennoch sinnvoll sein, z. B. für einzelne Schritte einer mehrstufigen Aufgabe oder bei granularen Nachschla-gewerken, da hier einzelne Inhalte meist nur in einem inhaltlichen Gesamtkon-text nachvollziehbar sind.

In dem oben dargestellten Beispiel der Online- und Printpublikationen könnte ein Breadcrumb-Pfad wie folgt aussehen:

Sie sind hier:

Startseite > Publikationen > Online-Publikationen > Titel des Buchs > Titel des Abschnitts

Der Breadcrumb-Pfad wird oft sowohl hinsichtlich Vollständigkeit als auch Schriftgröße und Schriftfarbe vernachlässigt; gleichzeitig werden Aussagen getroffen, dass eine Breadcrumb-Navigation kaum genutzt wird. Aussagen über die Effektivität solcher Pfadangaben müssen deshalb differenziert betrachtet werden. Für Screenreader-Nutzer bieten sie eine zusätzliche Orientierungsmöglichkeit. Während am Bildschirm die Einordnung eines bestimmten Inhalts anhand der Gestaltung deutlich wird, ist es in einem linearen Medium meist nicht so einfach, diese Information zu ermitteln, denn die Angaben müssen gesucht und gefunden werden.

Weil die Orientierung innerhalb eines Webauftritts für jeden Nutzer wichtig ist, bietet sich die Angabe der Position und Pfadangabe zu Beginn jeder Seite an:

```
<div id="pfadangabe">
<h6>Sie sind hier:</h6>
<ul>
<li><a href="#">Startseite</a> ></li>
<li><a href="#">Publikationen</a> ></li>
<li><a href="#">Online-Publikationen</a> ></li>
<li><a href="#">Titel des Buchs</a> ></li>
<li><strong>Titel des Abschnitts</strong></li>
</ul>
</div>
```

Listing 7-47   Aufbau einer Breadcrumb-Navigation mit vorangestellter Überschrift und Listenpunkten

Nützlicher als die Einordnung in die Gesamthierarchie ist die Angabe des tatsächlichen Pfads, den der Nutzer zur aktiven Seite gegangen ist. Dabei zeigt der Breadcrumb-Pfad, welche Seiten vorher besucht wurden. Für diese Form der Pfadangabe wird auch der Begriff »History« verwendet. Abgesehen davon, dass es sich bei solchen Pfadangaben eigentlich um eine Funktion des Browsers handelt, müssen Lösungen dynamisch implementiert werden.

Für beide Formen der Breadcrumb-Navigation gilt, dass sie im Layout optional und abhängig von den verfügbaren Ressourcen eingebaut werden können. Nur die Positionsangabe sollte am Anfang einer jeden Seite stehen, um die Orientierung in linearen Ausgabemedien zu fördern.

7.2.4.3   Glossare und Verzeichnisse

Auch das aus Büchern bekannte Stichwortverzeichnis oder ein Glossar kann für Webangebote hilfreich sein. Damit wird eine begriffsorientierte und von der Struktur des Webauftritts unabhängige Übersicht der verwendeten Fachbegriffe geboten.

Mit redaktionell gepflegten Stichwörtern kann eine alphabetische Schlagwortliste mit Links zu relevanten Seiten erstellt werden. Die Vorteile von Schlagwortlisten sind:

- Vertrautheit:
  Aus Büchern und anderen Printmedien sind Sachregister bekannt.

- Nachvollziehbarkeit:
  Durch die alphabetische Sortierung ist die Zugänglichkeit manchmal besser gewährleistet als eine auf der Struktur des Webauftritts basierende Übersicht.

Je nach Umfang kann eine Verteilung der Schlagwörter auf verschiedene Seiten oder die Auflistung auf einer einzelnen Seite vorgenommen werden.

Für den Aufbau der Glossareinträge gibt es verschiedene Optionen. Denkbar wäre, den zu definierenden Begriff als Überschrift auszuzeichnen und die folgende Erläuterung als Absatz. Allerdings bietet HTML für Listen von Erläuterungen die Definitionsliste für genau diesen Zweck. Je nach Größe eines Glossars bietet sich außerdem das alphabetische Gruppieren von Stichwörtern durch Überschriftenelemente an.

```
<h1>Glossar</h1>
<h2>A</h2>
<dl>
 <dt>Begriff</dt>
 <dd>Erläuterung</dd>
 <dt>Begriff</dt>
 <dd>Erläuterung</dd>
</dl>
<h2>B</h2>
<dl>
 <dt>Begriff</dt>
 <dd>Erläuterung</dd>
 <dt>Begriff</dt>
 <dd>Erläuterung</dd>
</dl>
```

Listing 7-48   Aufbau eines Glossars mit Überschriften und Definitionslisten

Sowohl Position als auch Gestaltung können durch CSS-Regeln verfeinert werden.[16]

Neben dem Aufbau der Glossareinträge muss das Glossar jederzeit erreicht werden können. Einige Möglichkeiten, wie Inhalte und Erläuterungen miteinander verknüpft werden können, werden in Abschnitt 9.2.5 ab Seite 347 vorgestellt.

Glossare können mit dem LINK-Element von Dokumenten aus verknüpft werden. Enthält ein Artikel einen oder mehrere Begriffe, die im Glossar erläutert werden, dann kann das Glossar wie folgt verknüpft werden:

```
<link rel="glossary" title="Glossar" href="glossar/index.html" />
```

7.2.4.4   Tags und Tag-Clouds

Die bisher vorgestellten Navigationskonzepte basieren auf einer eindeutigen und strukturierten Einordnung in eine Gesamthierarchie. Im Gegensatz dazu sind Tags für das Zuordnen von Schlagwörtern zu Inhalten zuständig und ermöglichen das Einsortieren eines Textes in mehrere Themen. Tags werden für gewöhnlich als Links ausgezeichnet und bieten ein Navigieren innerhalb einer flachen Hierarchie sowie auf der Inhalts- und Bedeutungsebene.[17]

Nehmen wir wieder das Beispiel des Webangebots mit mehreren Online-Publikationen. Diese Werke könnten – sei es durch Online-Redakteure oder durch die Nutzer – verschlagwortet und als Links ausgezeichnet werden. Ein Klick auf einen Tag würde zu einer Bücherliste führen, die mit dem gleichen Begriff verschlagwortet ist. Auch in diesem Fall würden mehrere miteinander in Beziehung stehende Dokumente verknüpft.

Am ehesten vergleichbar ist das Navigieren mit oder besser zunächst das Erstellen von Tags mit Taxonomien. Der Unterschied ist natürlich, dass Taxonomien von Experten (z.B. Informationsarchitekten) erstellt werden und Tags – vor allem beim Collaborative Tagging – auf die mentalen Konzepte der Nutzer zu einem bestimmten Thema setzen.

In Zeiten von Social Media wird das Tagging oft von einer Community vorgenommen, was bei hochfrequentierten Webangeboten wie z.B. Amazon erfolgreich eingesetzt wird.

---

16. Stumpf, B. (dyingeyes weblog), Definitionslisten, wie sie im Buche stehen,
    URL: *http://www.dyingeyes.de/2008/04/01/definitionslisten-wie-sie-im-buche-stehen/*
    (Abruf 26.11.2009).
17. Jordan, C. (2006), Tagging: Navigation auf der Bedeutungsebene, in: Politik digital,
    URL: *http://politik-digital.de/edemocracy/wissensgesellschaft/web20/*
    cjordan_tagging_060803.shtml (Abruf 13.10.2009).

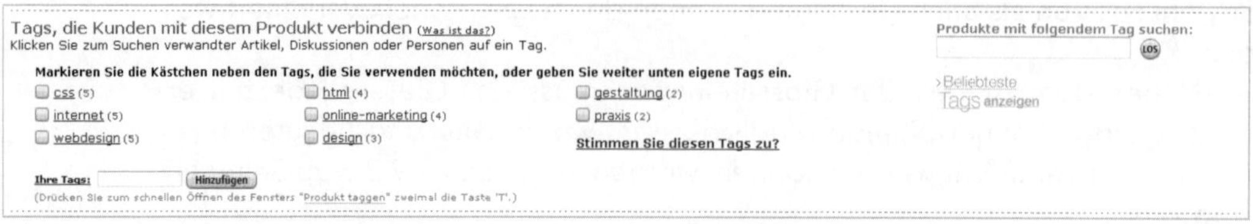

Tags, die Kunden mit diesem Produkt verbinden (Was ist das?)
Klicken Sie zum Suchen verwandter Artikel, Diskussionen oder Personen auf ein Tag.

Produkte mit folgendem Tag suchen:

› Beliebteste
Tags anzeigen

Markieren Sie die Kästchen neben den Tags, die Sie verwenden möchten, oder geben Sie weiter unten eigene Tags ein.

☐ css (5)   ☐ html (4)   ☐ gestaltung (2)
☐ internet (5)   ☐ online-marketing (4) ☐ praxis (2)
☐ webdesign (5)   ☐ design (3)   Stimmen Sie diesen Tags zu?

Ihre Tags: [   ] [Hinzufügen]
(Drücken Sie zum schnellen Öffnen des Fensters "Produkt taggen" zweimal die Taste 'T'.)

Abb. 7-25   Zuordnung von Inhalten über Tags auf amazon.de

Zurück zum Beispiel: Je nach Art der Online-Publikationen kommen einige Schlagwörter vielleicht häufiger vor als andere, sind also unterschiedlich gewichtet. Neben einer Auflistung aller Schlagworte in Form eines alphabetischen Index mit Angabe der Häufigkeit findet sich oft die Darstellung als Tag-Wolke (Tag-Cloud) und damit als »gewichtete Liste«, wie Tag-Clouds ursprünglich genannt wurden.

Abhängig von der Häufigkeit der vorhandenen Schlagworte werden Links in Tag-Clouds größer oder kleiner gestaltet, oft in Kombination mit unterschiedlichen Farben, wobei das Ergebnis an eine Wolke erinnert. Hieraus wird deutlich, dass es sich bei Tag-Clouds um eine Visualisierung von Informationen handelt. Im Gegensatz zu einer Darstellung von Schlagworten mit Angabe ihrer Häufigkeit wird die genaue Häufigkeit der vergebenen Tags nicht in Zahlen, sondern über die Kombination z.B. aus Schriftgröße und Farbe annäherungsweise vermittelt: Je größer, desto wichtiger. Hierbei gibt es zwei Möglichkeiten: Der Begriff kann der am häufigsten verwendete sein – wie in dem o.g. Beispiel – oder er kann am häufigsten gesucht worden sein.

Neben diesen zwei Möglichkeiten, die nicht immer klar abgrenzbar sind, sind Tag-Clouds aus Sicht der Barrierefreiheit ein Problem – zumindest dann, wenn nicht andere Wege der Informationsvermittlung zur Verfügung stehen.

Der Einsatz von Tag-Clouds hängt sicherlich vom Webangebot ab und ist zum Teil auch Geschmackssache. Die folgenden Punkte spielen jedoch eine wichtige Rolle, wenn Tag-Clouds als zusätzliches Navigationskonzept angeboten werden:

▪ Informationen sollen nicht allein über Farben, Form, Größe u.a.m. vermittelt werden.

▪ Es ist auf ausreichende Farbkontraste zu achten.

Generell ist es so, dass die Tagwolke zu den Spezialbegriffen des Web 2.0 gehört und sowohl Bezeichnung als auch Funktion nicht allen Nutzern bekannt sind. Da Tag-Clouds – ähnlich wie Mindmaps – Informationsvisualisierungen sind, waren bisherige Versuche, semantische und zugleich barrierefreie Tag-Clouds herzustellen, nicht überzeugend[18] und nach wie vor sind hier kreative Köpfe gefragt.

---

18. Einfach für alle (2009): Laborbericht Nr. 9. Semantische Tagclouds – geht das überhaupt? URL: *http://www.einfach-fuer-alle.de/blog/id/2475/* (Abruf 22.5.2010).

Eine Alternative wäre ein alphabetischer Tag-Index. Er käme einem Stichwortverzeichnis nahe und könnte relativ platzsparend als Tab-Navigation aufgebaut werden. Der Vorteil ist, dass hierbei Informationen nicht über Farbe oder Größe vermittelt werden und außerdem – im Gegensatz zur Tag-Cloud – mehr Platz für Einzeleinträge vorhanden ist.

Tag-Clouds oder Tag-Indizes sind allenfalls eine ergänzende Navigation und kein Ersatz für ein Inhaltsverzeichnis. Dies allein schon deswegen, weil nicht alle einzelnen Seiten über sie erreicht werden können, sondern nur die Seiten, deren zugehörige Tags die vergleichsweise stärkere Gewichtung haben.

7.2.4.5 Adaptive Navigation

Adaptive Navigationshilfen werden anhand von Nutzeraktionen dynamisch generiert und passen sich an das Nutzerverhalten an. Hierfür gibt es zwei Formen: die personalisierte und damit nutzerspezifische Navigation und eine auf das allgemeine Nutzerverhalten abgestimmte. Zwei typische Beispiele für adaptive Navigationshilfen sind:

- »Sie kommen von Google und suchten nach ... Die folgenden Beiträge könnten Sie ebenfalls interessieren:«
- »Nutzer, die diesen Artikel gekauft haben, haben auch die folgenden Artikel gekauft:«

In den Bereich der adaptiven Navigation fallen auch Listen der beliebtesten Artikel oder Listen von Artikeln, die am häufigsten aufgerufen wurden.

Adaptive Navigationen sollten als vertikale Listen aufgebaut und mit Listenelementen ausgezeichnet werden, da durch ihre dynamische Generierung z. B. die Linklänge nicht vorhersehbar ist. Da adaptive Navigationen eigenständige Informationsblöcke sind, benötigen sie immer eine eindeutige Überschrift, die sich in die Gesamthierarchie der strukturellen Navigation einfügen sollte.

Hiermit betreten wir allerdings das Gebiet des Marketings und verlassen das Thema »Navigationskonzepte«. Für die Barrierefreiheit ist entscheidend, dass es sich bei adaptiven Navigationshilfen um separat nutzbare Bereiche und Informationsblöcke handelt.

7.2.5 Suchfunktionen

Nicht jeder Besucher kommt mit einem Menü oder einer Gesamtübersicht zurecht. Zum Teil weicht der Informationsbedarf des Nutzers erheblich vom Informationsangebot ab, auch sind die inhaltlichen Strukturen und vor allem die Einordnung in die Hierarchie zuweilen nicht nachvollziehbar. Der wohl wichtigere Aspekt ist aber, dass viele Nutzer sich nicht lange mit der Orientierung und dem Konzept eines Webangebots auseinandersetzen wollen.

Eine Volltextsuche ist eine wichtige Alternative zur Navigation und zur Gesamtübersicht und bietet eine »schnelle« Suchmöglichkeit.

G
161

7.2.5.1   Phonetische Suche

Die meisten Suchfunktionen erfordern die Eingabe von Begriffen, die mit tatsächlich vorhandenen Texten des Webauftritts abgeglichen werden. Besucher mit Rechtschreibschwächen und fremdsprachige Besucher haben unter Umständen Schwierigkeiten, etwas zu finden, wenn eine korrekte Schreibweise des Suchbegriffs zwingend erforderlich ist. Deswegen sollten bei Suchfunktionen weitere Hilfen angeboten werden, etwa eine Rechtschreibprüfung und eine phonetische Suche.

7.2.5.2   Semantische Suche

Die meisten Webangebote sind syntaktisch aufgebaut. Das bedeutet, die Klassifizierung von Inhalten entspricht mehr oder weniger einem Verzeichnis. Entsprechend können Suchfunktionen und ähnliche Zugriffsmethoden sich nur an der Klassifizierung der Informationen sowie den Inhalten selbst orientieren, nicht jedoch an deren Bedeutung.

Das »semantische Web« kann als die voraussichtlich nächste große Entwicklung im Web gesehen werden. Hierbei geht es darum, Inhalte und Begriffe, nach denen ein Besucher sucht oder suchen wird, mit den Webinhalten zusammenzubringen. Über datenbankgestützte Modelle können beispielsweise Begriffe wie »mountain bike« direkt mit anderen Begriffen wie »Fahrrad«, »Freizeit«, »off-road« u. v. m. verknüpft werden. Mit solchen inhaltlichen Verknüpfungen kann ein Webanbieter nutzerorientierte Suchmöglichkeiten anbieten.

Um den Unterschied zwischen syntaktischem und semantischem Web besser zu verdeutlichen, kann ein Beispiel zweier Bibliothekare herangezogen werden. Der eine hat alle Bücher in der Bibliothek registriert und katalogisiert und kennt jeden Titel, Autor usw., der andere hat alle Bücher gelesen und kennt deren Inhalt. Den ersten könnte man eher nach genauen Titeln wie z.B. dem von Schillers »Die Glocke« befragen, dem anderen könnte man inhaltsbezogene Fragen stellen wie: »Wo ist die Glocke verankert?« Das semantische Web ähnelt dem zweiten Bibliothekar: Nutzer können inhaltsbezogene Fragen formulieren und der Server des Anbieters liefert über ein semantisches Modell inhaltsbezogene Antworten.

7.2.5.3   Erweiterte Suche

Wenn verschiedene Suchoptionen, z.B. die Bool'schen Operatoren »UND«, »ODER«, »NICHT« usw., angeboten werden, sollte bedacht werden, dass nicht alle Besucher diese Syntax beherrschen. Neben einer einfachen Suche, in der versierte Nutzer diese Suchoperationen direkt eingeben können, sollte zumindest bei Rechercheanwendungen eine Komfortsuche mit erweiterten Optionen angeboten werden.

Wichtig für Suchfunktionen ist, dass der Anbieter nicht wissen kann, was der Besucher suchen wird. Ein häufiges Problem ist, dass auch Besucher nicht genau wissen oder sich keine Gedanken darüber machen, was die Suchabfrage genau abfragt. Ob das Ergebnis sich nur auf das vorliegende Webangebot oder auf das gesamte Web bezieht, ist vielleicht nicht klar. Deswegen kommt dem »Lotsen« seitens des Anbieters eine besondere Bedeutung zu; die Beschriftung eines Suchfelds mit »Durchsuchen Sie diesen Webauftritt nach ...« unterstützt bei der Wahl der richtigen Suchbegriffe. Die Suchfunktion kann eine Gesamtübersicht in Katalogform nur ergänzen, jedoch nicht ersetzen.

7.2.5.4 Drill-downs

Drill-downs bzw. sortierbare Übersichten sind eine Mischung aus Navigation und Suchfunktion und eine Erweiterung einer Gesamtübersicht, um die angezeigten Links auf die subjektiv relevanten Inhalte zu reduzieren.

Wenn die Gesamtübersicht nicht das bietet, was gesucht wurde, oder für einen nutzerorientierten Überblick zu umfangreich ist, ist eine alternative Suchmöglichkeit anzubieten. Dass eine Gesamtübersicht ebenso integrierte Filtermöglichkeiten haben kann, z.B. um die Tiefe der inhaltlichen Gliederung durch den Nutzer steuern zu lassen, ist eine Möglichkeit, dieser Bedingung zu genügen.

Durch Nutzereingaben dynamisch generierte Drill-down-Navigationen finden sich z.B. in Online-Shops. Statt in einer Suchmaske nach einem bestimmten Produkt in einer bestimmten Preisklasse und Farbe zu suchen – Tippfehler inklusive – hat der Nutzer mehrere Auswahlmöglichkeiten auf jeder einzelnen Ebene. Er kann dann die Produktauswahl immer weiter eingrenzen, wobei hinter jedem Treffer die Anzahl der vorhandenen Produkte steht, die je nach eingrenzenden Merkmalen immer geringer wird.

7.2.6 Hilfefunktionen

Auch Informationen zur Unterstützung der Orientierung und der Bedienung gehören zu einem barrierefreien Webangebot. Denkbar sind Anleitungen zum Ausfüllen umfangreicher Formulare oder Informationen über das Konzept eines Webauftritts.

Vor allem komplexe Formulare und interaktive Elemente erfordern gut erreichbare Hilfefunktionen, um die Nutzung zu erleichtern:

- Bei Formularen und anderen interaktiven Elementen sind Hilfefunktionen durch einen selbsterklärenden Link erreichbar, der entweder vor oder hinter dem Eingabefeld stehen sollte.
- Ein interaktiver und/oder multimedialer Avatar führt durch das Formular und kann bei Problemen befragt werden. Hierbei ist allerdings wichtig, dass dieser Avatar Untertitel hat und eine Textalternative zur Verfügung steht.
- Rechtschreibhilfen und Vorschläge für die Texteingabe werden zur Verfügung gestellt. Das prominenteste Beispiel für diese Technik ist Google.
- Textanweisungen werden zu Beginn eines Formulars oder vor Formulargruppen angeboten.

Diese Themen werden insbesondere in Kapitel 15 wieder aufgegriffen.

7.3   Beschreibende Dokumenttitel

Der Dokumenttitel befindet sich im TITLE-Element im Kopfbereich einer Webseite. Er gehört zu den wenigen Angaben des Kopfbereichs einer HTML-Datei,
die für den Nutzer sichtbar sind:

```
<title>Beschreibender Dokumenttitel</title>
```

Dokumenttitel sind zusammen mit einer schlüssigen Navigation, Suchfunktionen und ergänzenden Navigationsmechanismen Teil einer barrierefreien Nutzerführung. Deswegen sollte für jede einzelne Seite eines Webangebots, einer
Anwendung oder eines Prozesses ein Dokumenttitel vorhanden sein, der Informationen über den Inhalt der aufgerufenen Seite vermittelt.

Beschreibende Dokumenttitel sind für alle Nutzer hilfreich. Sie fördern die
Orientierung im Webangebot und enthalten erste Informationen über eine aufgerufene Seite. Damit können Webseiten, aber auch PDF-Dokumente schneller
identifiziert oder in der Bookmark-Liste des verwendeten Browsers und auf
Social-Bookmarking-Plattformen wiedererkannt werden. Wenn mehrere Fenster oder Tabs geöffnet sind, ermöglicht er einen schnellen Wechsel zwischen
Fenstern oder Tabs, ohne erst die Zielseite aufrufen zu müssen. Insbesondere
erfahren aber Screenreader-Nutzer direkt nach Aufruf einer Webseite, ob sie
eine gewünschte Information enthalten kann oder nicht, und müssen sich nicht
erst zum Inhaltsbereich der Seite durchlesen.

7.3.1   Inhalt eines beschreibenden Dokumenttitels

Ein Dokumenttitel soll das Thema oder den Zweck des aufgerufenen Dokuments beschreiben und zeichnet sich durch folgende Eigenschaften aus:

- Das Hauptthema der aufgerufenen Seite kann identifiziert werden.
- Der Dokumenttitel ist auch außerhalb des Kontexts so aussagekräftig, dass
  die Seite in einer Sitemap und unter den eigenen Favoriten und Bookmarks
  identifiziert und wiedergefunden werden kann.

Zusammenhängende Dokumente wie Anwendungen und Prozesse verlangen
oft mehrere Schritte, die ein Nutzer »abarbeiten« muss, sei es die Online-
Buchung einer Konzertkarte, die Buchung einer Fahrkarte oder das Bestellen
eines Buchs. In Anwendungen und Prozessen sollte der Dokumenttitel zeigen,
an welcher Stelle sich der Nutzer innerhalb des Prozesses befindet, und zwar so
detailliert wie nötig und dabei so kurz wie möglich. Für Prozesse sollte man sich
nicht auf die bloße Nummerierung der Schrittfolge beschränken, sondern dem
Nutzer mitteilen, um welchen Schritt es sich handelt.

In interaktiven Anwendungen weist eine möglichst frühzeitige Fehlermeldung Nutzer darauf hin, dass es zu Problemen bei der Eingabe gekommen ist.
Auch dafür eignet sich der Dokumenttitel als erste Information einer Seite, die
vor allem Screenreader-Nutzer über ein Dokument erhalten.

7.3.2   Was gehört nicht in den Dokumenttitel?

Eine verbreitete Unsitte ist es, in den Dokumenttitel Keywords zu Werbezwecken oder als Suchmaschinenoptimierung einzubauen. Sie haben im Dokumenttitel ebenso wenig zu suchen wie in Alternativtexten, denn sie fördern die Orientierung in einem bestehenden Webangebot nicht – im Gegenteil.

Auf einen allzu exzessiven Einsatz von Interpunktionszeichen (z. B. »Titel der Seite:::....«) sollte verzichtet werden. Sinnvoll sind aber Spiegelstriche, um die einzelnen Teile für den Nutzer deutlich voneinander zu trennen (z. B. »Thema der Seite – Name des Webauftritts«).

Auch komplette Pfadangaben wie bei Breadcrumb-Pfaden sollten nicht verwendet werden. Die Dokumenttitel werden dadurch unnötig lang und der eigentliche Inhaltsbezug befindet sich erst am Ende.

7.3.3   Reihenfolge der einzelnen Teile des Dokumenttitels

Der Dokumenttitel soll nicht nur Webangebote verschiedener Anbieter voneinander abgrenzen, sondern auch einzelne Inhalte innerhalb eines Angebots. Der Nutzer kann so eine Beziehung zwischen unterschiedlichen Dokumenten herstellen. Ein Dokumenttitel sollte aus mindestens zwei Teilen bestehen: einer Angabe zum Inhalt und eine Angabe zum Herausgeber oder auch die Webadresse.

Optional kann der Dokumenttitel die Rubrik oder den zugehörigen übergeordneten Bereich der aufgerufenen Seite enthalten, um weitere Kontextinformationen zu geben. Zu beachten ist dabei aber, dass die Kombination aus dann drei Teilen unter Umständen zu lang wird.

Die WCAG20 machen keine explizite Aussage darüber, in welcher Reihenfolge die einzelnen Teile folgen sollen: erst die Angabe zum Webauftritt und dann zur Seite oder erst die Seite und dann der Auftritt? Beide Varianten haben Vor- und Nachteile.

Bei mehreren geöffneten Fenstern oder Tabs aus einem Webauftritt ist die Orientierung eher gegeben, wenn der spezifische Teil des Dokumenttitels am Anfang steht, da dann die einzelnen Unterseiten besser unterschieden werden können. Hat der Nutzer hingegen mehrere Seiten unterschiedlicher Websites geöffnet, so ist die Orientierung eher gegeben, wenn der allgemeine Teil zuerst aufgeführt wird. Neben Aspekten der Barrierefreiheit könnten an dieser Stelle auch Überlegungen aus der Suchmaschinenoptimierung eine Rolle spielen. Denn: Ist der Dokumenttitel zu lang und der allgemeine Teil steht zu Beginn, dann wird der spezifische Hinweis und damit der Inhaltsbezug unter Umständen in der Ergebnisliste einer Suche nicht mehr vollständig angezeigt.

Je früher etwa ein blinder Nutzer Informationen über den Seiteninhalt erhält, desto eher weiß er, ob die aufgerufene Seite die Informationen enthält, die er sucht. Dies spricht für die folgende Reihenfolge:

```
<title>Titel der Seite - Titel des Webangebots</title>
```

Für welche Reihenfolge man sich auch immer entscheidet, wichtig ist, dass sie einheitlich ist.

Zusammenfassung

1. Erfolgreiche und barrierefreie Webangebote gehen Hand in Hand mit einer schlüssigen und verständlichen Nutzerführung. Dabei geht es sowohl um das seiteninterne Navigieren als auch um das Navigieren im Gesamtangebot.

2. Linktexte sollten aussagekräftig und »sprechend« sein. Das Ziel oder der Zweck eines Links sollte eindeutig aus dem Linktext hervorgehen, mindestens aber über den Kontext identifizierbar sein. Das `title`-Attribut ist zur Vermittlung dieser Informationen nicht geeignet.

3. Führen Links zu anderssprachigen Webseiten oder Nicht-HTML-Dokumenten, profitieren viele Benutzer von der Ankündigung eines Sprach- und/oder Formatwechsels.

4. Rekursive Links und das Öffnen neuer Fenster sind generell zu vermeiden. Es gibt aber einzelne Situationen, in denen solche Links gut einsetzbar sind.

5. Navigationskonzepte dienen der Organisation der Inhalte eines Webangebots. Dabei gilt es, dem Nutzer einen nachvollziehbaren und schlüssigen Zugang zu den einzelnen Inhalten zu bieten.

6. Überschriften helfen bei der strukturellen Navigation innerhalb einzelner Seiten. Davon profitieren nicht nur blinde Nutzer, sondern alle Tastaturnutzer.

7. Mit ARIA kann die strukturelle Navigation zusätzlich durch das Setzen von Orientierungspunkten unterstützt werden.

8. Sprungmarken und unsichtbare Inhaltsverzeichnisse fördern das Navigieren über einzelne Seiten, sollten jedoch mit Bedacht eingesetzt werden.

9. Seitenübergreifende Navigationsmechanismen sind umso leichter zu bedienen, je konsistenter sie sind. Da viele Wege zum Ziel führen können, empfiehlt sich außerdem der Einsatz von Inhaltsverzeichnissen, Glossaren, Breadcrumb-Pfaden und benutzerfreundlichen Suchfunktionen.

10. Beschreibende Dokumenttitel sind eine erste Auskunft über den Inhalt von einzelnen Seiten.

8 Alternative Versionen

Dieses Kapitel behandelt das wohl umstrittenste Thema des barrierefreien Webdesigns, seitdem die WCAG 1.0 im Jahr 1999 veröffentlicht wurden: alternative Versionen eines Webangebots, also parallele Ausgaben eines Inhalts, der (im Gegensatz zum Original) barrierefrei gestaltet wird.

Bei alternativen Versionen handelt es sich nicht um ein Erfolgskriterium der WCAG20, sondern um die erste von fünf Konformitätsbedingungen: Für das Erreichen einer Konformitätsstufe (A, AA oder AAA) muss eine Seite entweder alle zugehörigen Erfolgskriterien erfüllen oder es muss eine alternative Version bereitgestellt werden, die die Erfolgskriterien erfüllt. Wann eine alternative Version aber überhaupt zulässig ist, muss genau geklärt werden.

Neben alternativen Versionen zur Erreichung einer Konformitätsstufe gibt es die Notwendigkeit, Inhalte für spezielle Bedürfnisse von Menschen mit Behinderungen aufzubereiten. Dabei geht es um ergänzende Inhaltsformen wie Gebärdensprachfilme oder Texte in Leichter Sprache, die den Zugang zu bestimmten Informationen fördern.

Neben technischer Zugänglichkeit und Verständlichkeit gibt es Fälle, in denen die visuelle Präsentation die angestrebte Konformitätsstufe nicht erreicht. Für sie ist daher in Einzelfällen ein Style Switcher zulässig, der die Anpassung aller nicht konformen Inhalte bewirkt. Diese Aspekte werden abschließend in diesem Kapitel behandelt.

8.1 Konformität zur WCAG20

Die WCAG20 schreiben im normativen Teil neben Richtlinien und Erfolgskriterien auch Konformitätsbedingungen fest. Im Kontext alternativer Versionen ist die Konformitätsbedingung 1 relevant. Nach dieser Konformitätsbedingung kann eine Seite nur dann eine bestimmte Konformitätsstufe erreichen, wenn eine der folgenden Alternativen uneingeschränkt zutrifft:

- Konformitätsstufe A:
  Die Seite genügt allen Erfolgskriterien der Stufe A oder es wird eine konforme Alternative bereitgestellt.

▪ Konformitätsstufe AA:
Die Seite genügt allen Erfolgskriterien der Stufen A und AA oder es wird eine mit Stufe AA konforme Alternative bereitgestellt.

▪ Konformitätsstufe AAA:
Die Seite genügt allen Erfolgskriterien der Stufen A, AA und AAA oder es wird eine mit Stufe AAA konforme Alternative bereitgestellt.

Alternative Versionen für alle Seiten quasi »auf Verdacht«, d.h., ein paralleler Webauftritt, ist hiermit allerdings nicht gemeint, denn die Konformitätsbedingung 1 geht explizit nur auf einzelne Seiten und nicht auf ein gesamtes Webangebot ein. Entscheidend ist, dass die alternative Version der Seite den Erfolgskriterien genügt und es keinen inhaltlichen Verlust gibt. Auch die Erreichbarkeit muss auf eine barrierefreie Art und Weise möglich sein. Dies ist vielleicht der wichtigste Aspekt bei der Bereitstellung alternativer Versionen, denn im Zweifel sollten alle Besucher zunächst nur auf die barrierefreien Inhalte kommen und erst von dort aus die nicht barrierefreie Version aufrufen können.

8.1.1 Zulässigkeit alternativer Versionen

Eine alternative Version ist stets ein Behelf[1] und es gibt nur wenige begründbare Ausgangssituationen:

▪ Es wird eine Technik eingesetzt, die noch nicht zugänglichkeitsunterstützend ist. Aktuell kann beispielsweise für Flash, HTML 5, Java, SVG, MathML und einige andere Techniken gesagt werden, dass sie entweder nicht oder nur teilweise von Hilfsmitteln oder Browsern unterstützt werden. Eine alternative Version, die z.B. mit HTML barrierefrei und ohne Inhaltsverlust aufbereitet wird, ist erforderlich.

▪ In der Praxis werden oft Dokumente online gestellt, die eigentlich elektronische Versionen eines Printmediums sind. Beispiele dafür sind Imagebroschüren oder Flyer. In der Regel handelt es sich dabei um PDF-Dokumente ohne Tags und andere zugänglichkeitsunterstützende Merkmale. Solange es eine konforme alternative Version gibt, sind solche – meist nicht barrierefreien – Dokumente zulässig.

▪ Es existieren gesetzliche Vorgaben, die eine Veränderung der Inhalte nicht zulassen. Für Inhalte, die nicht konform sind und nicht geändert werden dürfen, muss dann eine alternative Version angeboten werden, d.h. für Fälle, in denen besonders aufbereitete Inhalte besser zugänglich oder nutzbar sind, wie etwa ein Gebärdensprachfilm oder eine Multimedia-Animation. Dabei können spezialisierte Seiten u.U. nicht konform gestaltet werden; solche Seiten müssen nicht konform sein, solange es eine konforme alternative Version gibt.

---

1. Vgl. W3C, Understanding Conformance | Understanding WCAG20.
URL : *http://www.w3.org/TR/UNDERSTANDING-WCAG20/conformance.html#conforming-alternate-versiondef* (Abruf 22.5.2010).

Eine aus den oben genannten Gründen erforderliche alternative Version muss folgende Kriterien erfüllen:

- Den Erfolgskriterien der angestrebten Konformitätsstufe muss genügt werden.
- Es gibt keinen Informations- oder Funktionsverlust.
- Aktualisierungen werden genauso regelmäßig durchgeführt wie in der nicht konformen Version.
- Die alternative Version muss von der nicht konformen Version in einer konformen Weise aufgerufen werden können oder die nicht konforme Version kann ausschließlich von der alternativen Version aus aufgerufen werden.

Die ersten drei Punkte sind leicht nachvollziehbar. Der Zweck der alternativen Version ist ausschließlich das Erreichen einer bestimmten Konformitätsstufe. Dass die Inhalte der alternativen Version inhaltlich und funktionell gleichwertig sein müssen, versteht sich von selbst.

Das vierte Kriterium bietet verschiedene Optionen. Wenn davon ausgegangen wird, dass die nicht konforme Seite auch von jemandem aufgerufen werden kann, der auf Barrierefreiheit angewiesen ist, dann muss die alternative Version durch einen Link oder eine andere zugängliche Möglichkeit aufgerufen werden können. Es ist aber technisch möglich, den Aufruf der nicht konformen Seite zu unterbinden, außer die Seite wird von der alternativen Version aus aufgerufen.

8.1.2   Erreichbarkeit der alternativen Versionen

Der wichtigste Aspekt bei einer alternativen Version ist ihre Erreichbarkeit. Wenn die nicht konforme Seite aufgerufen wird, muss die alternative Version leicht auffindbar und aufrufbar sein, auch kann prophylaktisch zuerst immer auf die konforme alternative Version umgeleitet werden. Die Umleitung der Aufrufe der nicht konformen auf die alternative Version wird zumindest die Zugänglichkeit fördern; und wer die nicht konforme Seite aufrufen möchte, kann dies von der alternativen (barrierefreien) Version aus tun.

Es gibt sehr nützliche Techniken für eine bedingte Umleitung von Dateiaufrufen, die jedoch eine Konfiguration des Servers erforderlich machen. Weil nicht jeder Zugriff auf die Serverkonfiguration hat, können auch andere Techniken eingesetzt werden. Beispielsweise sind klassische Links eine Möglichkeit; eine andere ist die Verwendung von Meta-Angaben.

8.1.2.1   Serverseitige Umleitungen auf alternative Versionen

Wenn eine konforme alternative Version eines nicht konformen Dokuments bereitgestellt wird, dann kann der Server so konfiguriert werden, dass Nutzer zunächst nur Zugriff auf die konforme alternative Version erhalten. Beispielsweise kann auf Apache-Servern mit dem mod_access- Modul der Zugriff auf

SVR 2

Dateien so gesteuert werden, dass der Zugriff auf die nicht konforme Seite ausschließlich von der konformen Seite aus möglich ist.

Im einfachsten Beispiel gibt es zwei HTML-Dokumente, das eine konform
und das andere nicht konform. Die nicht konforme Seite könnte eine HTML 5-
Seite sein, die noch nicht zugänglichkeitsunterstützend gestaltet werden
konnte. Auf der konformen Seite werden die Inhalte und Funktionen mit
XHTML 1.0 und den dort vorhandenen Möglichkeiten aufbereitet. Beide Seiten
können valide und nach allen Kriterien der Barrierefreiheit erstellt worden sein,
aber die HTML 5-Seite ist zurzeit nicht zugänglichkeitsunterstützend.[2] Für das
Beispiel heißt die HTML 5-Seite »boese-linkseite.html« und die alternative Version »alternativ-seite.html«. Beide Seiten sind miteinander verlinkt.

Mit dem mod_redirect-Modul von Apache können Aufrufe der nicht konformen Seite umgeleitet werden, außer wenn boese-linkseite.html direkt von
alternativ-seite.html aus aufgerufen wird. Im .htaccess kann das wie folgt notiert
werden:

```
SetEnvIf Referer .*(alternativ-seite.html)$ oeffne_dich_sesam
<FilesMatch ^(boese-linkseite.html)$>
    Order Deny,Allow
    Deny from all
    Allow from env=oeffne_dich_sesam
</FilesMatch>
# Alle sonstigen Zugriffe werden umgeleitet
ErrorDocument 403 alternativ-seite.html
```

Listing 8-1   Zugriffsverhinderung bei nicht barrierefreien Dokumenten

Eine andere Möglichkeit, Zugriffe von der nicht konformen Seite auf die konforme Seite umzuleiten, ist die mit http-Referrern. Referrer werden vom Browser
erstellt und enthalten den URI (wenn vorhanden) des verweisenden Dokuments. Wenn also von seite1.html auf seite2.html verlinkt wird und ein Nutzer
so zu seite2.html gelangt, ist der Referrer im Browser die vollständige Adresse
von seite1.html.

Werden verschiedene Dateiformate bereitgestellt, z. B. ein nicht konformes
PDF-Dokument und eine alternative HTML-Version, müsste in der nicht konformen PDF-Datei ein Link zur konformen Version berücksichtigt werden. Da dies
nicht immer möglich ist, z. B. weil das PDF-Dokument rechtlich geschützt ist,
müssen serverseitige Lösungen geboten werden, um Nutzer auf die alternative
Version oder auf eine Übersicht mit Links sowohl zu konformen als auch nicht
konformen Inhalten umzuleiten.

Der Einsatz von http-Referrern ist allerdings keine zuverlässige Methode,
die Herkunft eines Dateiaufrufs festzustellen. Manchmal existiert kein Referrer,

---

2. Webstandards werden zurzeit nur dann vom W3C verabschiedet, wenn mehrere Browser
    den Webstandard unterstützen. Bei HTML 5 ist die Entwicklung des Webstandards in vol-
    lem Gange, aber nicht alle neuen Elemente werden in allen Browsern unterstützt. In
    Screenreadern ist derzeit keine Unterstützung gegeben.

etwa wenn ein URI direkt in die Adresszeile des Browsers eingetippt wird, und darüber hinaus werden die Referrer teilweise von Proxy-Servern oder Firewalls herausgefiltert. Die beschriebene Methode mit http-Referrern führt also dazu, dass der Zugriff auf nicht konforme Inhalte nicht immer möglich ist; hingegen wird der Zugriff auf die alternative Version immer möglich sein.

Wenn ein Webauftritt Nutzereinstellungen anbietet, so ist durch das Setzen von Cookies oder der Speicherung ergänzender Login-Daten eine Möglichkeit gegeben, die Anzeige nicht konformer Inhalte dem Nutzer zu überlassen. So könnten Optionen wie »Flash-Inhalte durch HTML-Inhalt ersetzen« oder »Links zu PDF auf HTML umleiten« vorgesehen werden. Dem Nutzer wird dabei die Kompetenz zugesprochen, die Zugänglichkeit von Inhalten selbst beurteilen zu können.

8.1.2.2 Erreichbarkeit von alternativen Versionen mit HTML

Die Konformitätsbedingung 1 ist nur erfüllt, wenn Nutzer direkt auf konforme Seiten umgeleitet werden oder wenn ein Link zur konformen Seite auf der nicht konformen Seite leicht auffindbar und bedienbar ist. Wenn serverseitige Umleitungen nicht möglich sind, müssen Links oder andere Mechanismen angeboten werden, um von der nicht konformen Seite zur alternativen Version zu gelangen. Vor allem Links zu alternativen Versionen müssen folgende Kriterien erfüllen:

- Wenn ein beliebiger (nicht konformer) Inhalt eines Webauftritts aufgerufen wird, muss der Link zur konformen Version des aktuell angezeigten Inhalts unmittelbar auffindbar sein.
- Der Link muss direkt zur konformen Seite und darf beispielsweise nicht auf eine Übersichtsseite führen.

Auch wenn Nutzer im Wesentlichen einen nicht konformen Webauftritt bedienen können, treten Zugänglichkeitsprobleme in Einzelfällen möglicherweise auf. Gerade dann ist es wichtig, dass der Nutzer direkt zur barrierefreien Fassung umschalten kann und nicht über die Startseite oder andere Übersichtsseiten zu einer erneuten Informationssuche gezwungen wird.

Sofern eine Technik Links unterstützt, sollte bei nicht konformen Inhalten ein Link am Anfang des Inhalts berücksichtigt werden, der direkt zur konformen alternativen Version führt. Dieser Link sollte für alle Nutzer sichtbar und bedienbar sein und kann entweder zu einer eigenen Seite führen oder aber auch auf einzelne Inhalte bezogen sein.

Das nachfolgende Beispiel verdeutlicht den Gesamtkomplex der Konformitätsbedingung 1:

Ein Webangebot enthält eingescannte historische Dokumente, die aufgrund von Kontrasten und Schriftbild von Sehbehinderten nicht gelesen werden können. Am Anfang solcher Seiten sollte ein Link »Alternative Version« den Nutzer direkt zu der dazugehörigen konformen Seite bringen. Die alternative Darstellung kann sich aber auch direkt neben oder hinter dem historischen Dokument in Form einer Transkription des eingescannten Textes befinden, die den Anforderungen der zugrundegelegten Konformitätsstufe genügt, oder das beschriebene gescannte Dokument wird mit einem Link »Dokument in Textform darstellen« ergänzt. Sofern die dabei eingesetzte Methode der Konformitätsstufe genügt, würde die nicht konforme Seite die Konformitätsbedingung 1 ebenfalls erfüllen.

Ein weiteres Beispiel:

Auf einer Webseite wird ein untertiteltes YouTube-Video eingebunden, das erläutert, wie eine bestimmte Software bedient wird. Dieses Video ist jedoch nicht mit der Tastatur bedienbar. In unmittelbarer Nähe des Videos wird nun ergänzend ein Link »Tastaturbedienbare Version von XY« eingebunden, der zu einer parallelen und barrierefreien Oberfläche führt, die alle Kriterien der gewünschten Konformitätsstufe erfüllt. Hier wäre Konformitätsbedingung 1 ebenfalls erfüllt.

Ist hingegen das YouTube-Video nicht untertitelt und existiert auch keine vollwertige Textalternative, dann wäre die Konformitätsbedingung 1 auch bei existierendem Link »Tastaturbedienbare Version von XY« nicht erfüllt, weil weder die eine noch die andere Version über Untertitel verfügt.

Ein weiteres Beispiel ist eine Seite, die ein Balkendiagramm mit passendem Alternativtext enthält. Über einen Link wird auf eine Seite mit einer alternativen Datentabelle verwiesen, die aus den gleichen Daten erstellt wurde und die Erfolgskriterien der gewünschten Konformitätsstufe erfüllt. In diesem Fall wäre die Konformitätsbedingung 1 in beide Richtungen erfüllt; es handelt sich um eine alternative Darstellung derselben Inhalte.

Für alle beschriebenen Situationen wäre jedoch Konformitätsbedingung 1 dann nicht erfüllt, wenn der Link zur alternativen Version bei Ansteuern mit der Tastatur keinen sichtbaren Fokus hätte oder die Kontrastverhältnisse zwischen Vordergrund und Hintergrund weniger als 4,5:1 betragen.

8.2 Optimierte Inhaltsformen

Grundsätzlich lassen sich Inhalte auf Basis des korrekten Einsatzes von Webstandards barrierefrei gestalten; Einschränkungen gibt es dann, wenn eine Technik nicht zugänglichkeitsunterstützend ist. In bestimmten Fällen, wenn eine barrierefreie Umsetzung nicht möglich ist, muss der Inhalt in einer zugänglichen Form bereitgestellt werden. Dabei geht es oft um einzelne Inhalte, etwa

- nicht oder nur teilweise zugänglichkeitsunterstützende Techniken wie HTML 5 oder SVG,
- Techniken oder Funktionen, die bisher nur mit der Maus zuverlässig bedienbar sind, etwa Drag & Drop-Funktionen, oder

▨ komplexe Inhalte, die in einer anderen Präsentationsform für bestimmte Nutzergruppen besser zu verstehen sind.

Die beiden erstgenannten Punkte sind eher technischer Natur und benötigen alternative Versionen im Sinne der oben beschriebenen Konformitätsbedingung 1. Dieser Ansatz ist allerdings nicht in allen Fällen zielführend, denn es gibt Inhaltstypen wie z.B. Landkarten, die mit den verfügbaren Mitteln der Webgestaltung nicht barrierefrei umgesetzt werden können.

Landkarten sind ein besonderes Problem der Barrierefreiheit: Es gibt nur wenige Ansätze, die die Zugänglichkeit für blinde Nutzer sicherstellen, z.B. zweidimensionale Braille-Displays. Meist sind diese Lösungen teuer und für den »normalen blinden Surfer« unerschwinglich. Das Problem ist, dass Landkarten nicht nur zweidimensional aufbereitet sind (und in einer linearisierten Ausgabe kaum verständlich gemacht werden können), sondern in jeder Dimension eine Fülle an verschiedenartigen Informationen enthalten. Die Zugänglichkeit solcher Informationen scheitert jedoch bereits an der linearisierten Ausgabe. Dieses Problem kann sicher auch auf andere Grafiken übertragen werden, wie etwa Lagepläne oder Schaltpläne, wenngleich die Komplexität der Aufgabenstellung dort etwas abnehmen wird.

Ein weiteres Problem, das bei komplexen Grafiken wie Landkarten auftritt, ist die eingesetzte Technik. Ob solche Grafiken mit Flash oder SVG generiert werden, beide Techniken sind nicht zugänglichkeitsunterstützend, und auch wenn sie es wären, erscheint die textorientierte Darstellung komplexer Zusammenhänge kaum lösbar: Landkarten sind vor allem durch viele Informationsebenen wie Symbole, Linien und Farben gekennzeichnet, und die bloße Zugänglichkeitsunterstützung wird das Gesamtbild der Karte kaum wiedergeben. Andere Lösungen scheinen sinnvoller:

▨ Sollen die Informationen von einer Datenbank abgerufen werden können, müssen geeignete Abfragen bereitgestellt werden, die textliche Informationen zur Verfügung stellen. Dabei erfüllen Landkarten unterschiedliche Zwecke: Für einen Lageplan wäre eine Beschreibung ein sinnvolles Ergebnis einer textbasierten Abfrage und bei geologischen Karten könnten Geodaten sinnvoller sein.

▨ Wenn die zugrunde liegende Informationstechnik die Texthinterlegung nicht ermöglicht, dann muss für die Barrierefreiheit die Erreichbarkeit des Anbieters per Telefon gewährleistet sein, damit die Informationen alternativ abgefragt werden können.

Neben den eher technischen Aspekten gibt es aber auch den Aspekt der Verständlichkeitsförderung; hier geht es nicht um konforme alternative Versionen, sondern um zusätzliche Formen eines Inhalts. Dabei kann es sich um sehr unterschiedliche Aspekte handeln, angefangen damit, visuelle Darstellungen wie eine Anfahrtsskizze oder ein Diagramm mit Text zu beschreiben, bis hin zu Inhalten in Leichter Sprache oder Gebärdensprache. Wann welcher Inhalt mit welchen Inhaltsformen zu ergänzen ist, kann nur im Einzelfall entschieden werden.

8.2.1   Mythos »Textversion«

Immer wieder werden Webangebote online gestellt, die eine parallele »Text-version« haben[3] und gelegentlich als »barrierefreie Version« oder sonstwie beschönigend umschrieben werden. Solche Seiten sind meist nur aus Sicht der Öffentlichkeitsarbeit zu bewerten: Die Webanbieter wollen oder müssen ihre Webauftritte auch für Menschen mit Behinderungen zugänglich machen, kön-nen oder wollen jedoch nichts an Technik oder Gestaltung ändern. Es wird dann eine Textversion als parallele Version generiert, die keinen Nutzen hat, außer dass die Öffentlichkeit die doppelten Inhalte feststellt. In den meisten Fällen sind die Textversionen nicht mehr und auch nicht weniger barrierefrei als die anderen Fassungen und es gibt folgende Probleme:

- Um Barrierefreiheit für blinde Nutzer zu erzeugen, benötigen Inhalte eine Struktur oder Bilder einen Alternativtext. Werden diese Aspekte im »Origi-nal« bereits berücksichtigt, dann ist die Textversion nicht erforderlich. Wer-den sie im Original nicht berücksichtigt, dann werden die gleichen Pro-bleme auch in der Textversion zu finden sein, denn die Inhalte der parallelen Webauftritte werden i. d. R. aus der gleichen Datenbank gespeist.
- Wenn die Inhalte der Zweitversion doch einen anderen strukturellen Auf-bau und weitere Aspekte der Barrierefreiheit berücksichtigen, so muss diese Version ebenso parallel zum Original gepflegt werden, d. h., die In-halte müssen stets zweimal bearbeitet werden.
- Da Textversionen manchmal nicht so umfangreich und oft nicht so schön sind wie das Original, werden sie von Menschen mit Behinderungen ebenso wenig genutzt wie von Menschen ohne Behinderung. Der gerin-gere Mehrwert führt dazu, dass die Inhalte nicht weiter gepflegt werden und die Textversion nicht mehr aktuell ist. Abgesehen davon, dass die Text-version dazu führt, dass der Webauftritt keiner Konformitätsstufe mehr ent-spricht, erkennen die Nutzer so etwas natürlich und vermeiden meist sol-che Alibi-Seiten.

Warum werden also Textversionen angeboten? Der eine Grund ist kommunika-tiver Natur: Webanbieter wollen der Öffentlichkeit signalisieren, dass sie etwas für eine gesellschaftlich benachteiligte Gruppe tun. Die einen, die sich nicht mit barrierefreiem Webdesign beschäftigen, nehmen das zur Kenntnis oder auch nicht, aber »wichtig« ist die Information nicht, d. h., die »sozialorientierte Aktivi-tät« wird im besten Fall akzeptiert.

Die anderen, die auf Barrierefreiheit angewiesen sind, benötigen i. d. R. nicht die Erfüllung aller Kriterien der Barrierefreiheit; zumindest spielt die Text-version keine Rolle für ihren Zugang.

---

3.   Eine Google-Abfrage listet mit den Stichwörtern »Textversion + Gemeinde« immerhin über 100.000 Treffer und bei der Abfrage »Barrierefreie Version + Gemeinde« sogar über 350.000 Treffer. (Stand 3.12.2010).

Es gibt oder, besser gesagt, »gab« in früheren Zeiten schon einen echten Grund, Textversionen zu berücksichtigen, nämlich die mangelnde Unterstützung von Frames in Hilfsmitteln blinder Nutzer. Das Verwenden von Frames zu Layoutzwecken wird im Zusammenhang mit der barrierefreien Webgestaltung oft als problematisch gesehen. Das hängt zum einen mit den oft fehlenden Beschreibungen der Frames, zum anderen mit der Darstellung in der linearisierten Ausgabe zusammen. Frames werden bereits seit den 1990ern von Screenreadern unterstützt, das »Nicht-Unterstützungsgerücht« hält sich jedoch bis heute.

Screenreader für grafisch orientierte Anwendungen wurden erst Ende der 1990er-Jahre entwickelt. Bis dahin mussten blinde Nutzer auf textorientierten Betriebssystemen wie DOS arbeiten, entsprechend wurde damals auch mit einem Textbrowser gearbeitet. Textbrowser unterstützen erst seit 1998 Frames, bis zu diesem Zeitpunkt waren Textversionen für Frames-basierte Layouts also tatsächlich erforderlich.

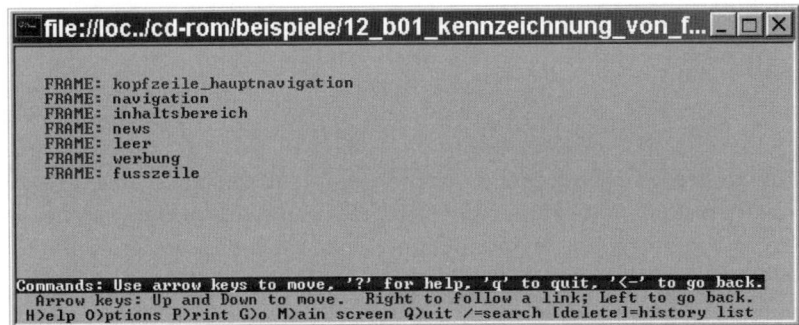

Abb. 8-1   Der Textbrowser »Lynx« zeigt name-Attribute in Frames als Links an

Abbildung 8-1 lässt schon vermuten, welche Schwierigkeiten Frames verursachten. In einem Textbrowser wurden einzelne Frames als Links dargestellt. Der Nutzer konnte sie wie gewohnt auswählen, jedoch wurde immer nur ein Frame angezeigt. Daher war es immer noch umständlich, Frames-basierte Seiten zu bedienen.

Schon Ende der 1990er-Jahre wurden die Screenreader aber Windowstauglich und seitdem wird auf grafische Oberflächen gesetzt. So war es schon mit dem Internet Explorer 4 möglich, mit einem Windows-basierten Screenreader zu arbeiten. Obwohl nicht alle Screenreader direkt mit Browsern arbeiten, gibt es kostenfreie Brückenanwendungen (sog. Webreader) wie den WebFormator, die als Plug-in für Browser eingesetzt werden. Probleme mit Frames gibt es dabei schon lange nicht mehr (vgl. Abb. 8-2).

Eine Textversion ist also heute nicht mehr erforderlich, weil sowohl Textbrowser als auch Webreader Frames unterstützen. Allerdings sind Frames in Textbrowsern nur schwer zu nutzen; Screen- und Webreader hingegen haben ausgereifte Funktionen zur Nutzung von Frames.

```
Arbeit gestalten in der Praxis WebFormator [1]
Seite Arbeit gestalten in der Praxis http://bilanzierung-arbeitsgestaltung.de/datenbank/index.php?frame=init
Frame  1 index.php?&frame=top ]
Grafik Arbeit gestalten in der Praxis ]
Besuchter Link [neue Suche]
Link [Impressum]
Link [Hilfe]
Link www.bilanzierung-arbeitsgestaltung.de
Frame  2 index.php?&frame=newsearch ]
Hier finden Sie Unternehmen und ihre Lösungen zur Arbeits- und Organisationsgestaltung.
Wählen Sie die Stichworte aus den einzelnen Kategorien aus der Liste, die für Sie interessant sind. Sie können auch mehrere Kategorien
 kombinieren. Probieren Sie mehrere interessante Kombinationen aus.
Branche:
Aufklappliste  Alle                                                                                     ]
Größe:
Aufklappliste  Alle                                                                                     ]
Bereich:
Aufklappliste  Alle                                                                                     ]
Lösung:
Aufklappliste  Alle                                                                                     ]
Auslöser:
Aufklappliste  Alle                                                                                     ]
Ziele:
Aufklappliste  Alle                                                                                     ]
Erfolge:
Aufklappliste  Alle                                                                                     ]
Zielgruppe:
Aufklappliste  Alle                                                                                     ]
Schalter Suche starten ]
Der regelmäßige Kontakt mit Ärzten aus anderen Fachgebieten eröffnet einen riesigen Wissenszuwachs und macht den Arbeitsalltag interessant.
 Aber manchmal ist das zusätzliche Lernen bei einem hohen Patientenaufkommen auch mit viel Anspannung verbunden.
Link mehr zu diesem Unternehmen
Frame  3 index.php?&frame=bottomhead ]
 Unternehmen PLZ Ort Branche Mitarbeiter Relevanz
Frame  4 index.php?&frame=bottom ]
Link Niedersächsische Landessozialverwaltung 31134 Hildesheim öffentliche Verwaltung > 1000
Link MKF GmbH 41844 Wegberg Metallverarbeitung 51-250
```

Abb. 8-2   Frames-Darstellung im Webreader »WebFormator«

Dennoch ist das kein »Freischein«, Frame-Layouts zu gestalten und sie als »barrierefrei« zu bezeichnen. Frames sind aus Sicht von Webstandards nicht zur Präsentation geeignet, sondern haben einen funktionellen Charakter. Frames können im Einzelfall verwendet werden, etwa für die Einbindung einer Hilfe-Funktion.

8.2.2   Verständlichkeitsfördernde Inhalte

Die Konformitätsbedingung 1 der WCAG20 geht nicht nur auf die Erreichbarkeit von konformen Seiten ein. Es gibt Fälle, in denen auch konforme Seiten mit zusätzlichem alternativem Inhalt ergänzt werden können oder sollen. Einige Beispiele:

G 103

▓   Komplexe Inhalte wie tabellarisch aufbereitete Zahlenwerke oder Abläufe mit einem hohen Grad an wechselseitigen Abhängigkeiten sollen durch Diagramme und andere Grafiken verdeutlicht werden. Dies kommt insbesondere Menschen mit Leseschwierigkeiten zugute.

G 153

▓   Dokumente, die das Verstehen von Inhalten unterstützen, sollen durch eine leichtere Sprache (kürzere Sätze, Vermeidung von Fremdwörtern und Jargon, Verwenden aktiver statt passiver Formulierungen oder Konsistenz in Satzaufbau und Wortwahl) verständlicher gestaltet werden, damit Menschen mit Lernschwierigkeiten einen effektiveren Zugang erhalten.

▦ Audio-Versionen eines Inhalts sollen als Aufnahme oder als Text-to-Speech-Lösung auch für Menschen mit Leseschwierigkeiten angeboten werden.

▦ Wichtige Zusammenhänge oder Abläufe sollen zusätzlich in Gebärdensprache angeboten werden.

Für diese Aufgaben gibt es stets verschiedene Lösungsansätze. Insbesondere multimediale Elemente können als für bestimmte Nutzergruppen optimierte Fassungen integriert werden. Für alle Beispiele gilt aber auch, dass eine gesonderte Seite mit der optimierten Inhaltspräsentation angeboten werden kann. Werden parallele Seiten in Leichter Sprache, mit Visualisierungen, Audio-Fassungen oder Gebärdensprachfilmen bereitgestellt, dann muss der Wechsel zwischen den verfügbaren Inhaltsformen immer auf eine konforme Weise möglich sein.

Weil es sich bei diesen Alternativen um andere Inhaltsformen handelt, entstehen zwei »neue« Probleme:

1. Die besonderen Inhaltsformen sind für konkrete Nutzergruppen optimiert und evtl. für andere Nutzergruppen nicht zugänglich. Das eingängigste Beispiel dafür sind Gebärdensprachfilme, die von der Mehrheit aller Nutzer nicht interpretiert werden können. Ein weiteres Beispiel sind grafische Aufbereitungen von komplexen Datentabellen, die z.B. für blinde Nutzer kaum verständlich gemacht werden können, außer die (barrierefreie) Datentabelle selbst wird zum Alternativtext dieser Visualisierung.

2. Es handelt sich bei den zusätzlichen Inhaltsformen nicht um eine alternative Version zum ursprünglichen Inhalt, sondern um ergänzende Inhaltsformen. Das konforme »Original« wird dadurch zur alternativen Version des für bestimmte Nutzergruppen optimierten Inhalts. Während im Allgemeinen sichergestellt werden muss, dass vor allem die konforme Seite von einer nicht konformen Seite aus direkt erreicht werden kann, muss bei verschiedenen Inhaltsformen sichergestellt sein, dass alle Versionen der Seite zugänglich aufgerufen werden können.

In der Konsequenz bedeutet dies, dass serverseitige Umleitungen nicht eingesetzt werden dürfen. Statt diesen bietet sich der Einsatz zusätzlicher Links am Seitenanfang oder in direkter Nähe zu den einzelnen Inhalten an, die ein einfaches Hin- und Herschalten zwischen Inhaltsformen zulassen (vgl. Abb. 8-3).

Es gibt weitere Möglichkeiten, verschiedene Inhaltsformen zugänglich zu machen, z.B. mit LINK-Elementen im Kopfbereich (vgl. Abschnitt 7.2.4.3 ab S. 296). Allerdings können nicht alle Browser durch LINK-Angaben vorgegebene Navigationselemente anzeigen. Und auch wenn bestimmte Browser die LINK-Angaben unterstützen, können die Navigationsleisten immer noch abgeschaltet sein. Unter dem Strich sind LINK-Angaben zur Verlinkung alternativer Versionen eines Inhalts keine zuverlässige Methode und führen deshalb auch nicht zum Erreichen einer Konformitätsstufe.

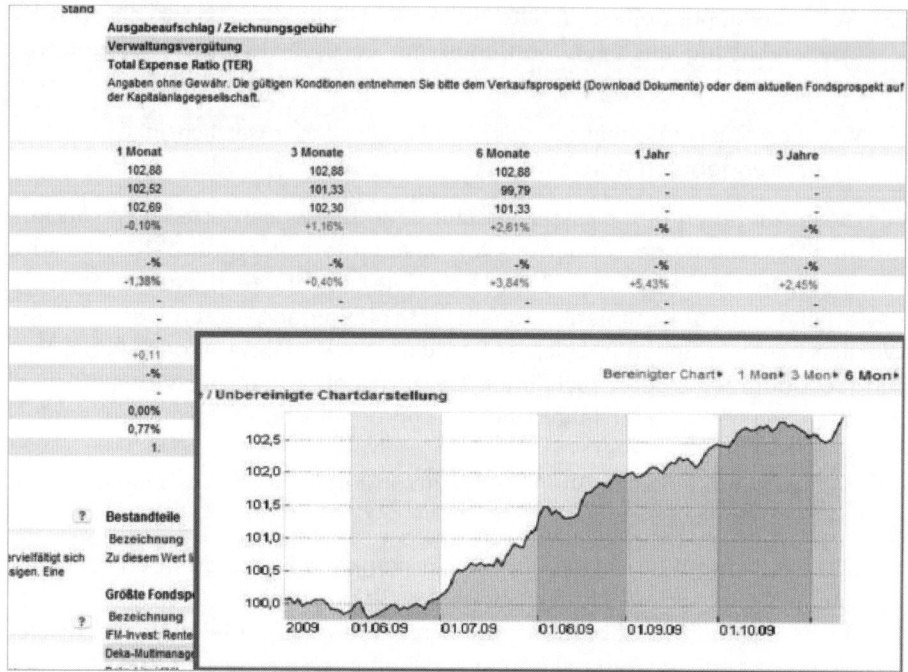

Abb. 8-3   Links für eine grafische und eine tabellarische Darstellung von Daten

8.3   Style Switcher

Als Style Switcher (Stilwechsler) werden Steuerungselemente bezeichnet, mit denen Nutzer die visuelle Präsentation bestimmen oder anpassen können, z.B. wenn

- sie mit Browser- und Systemeinstellungen für die Bildschirmanzeige nicht vertraut sind,
- sich Inhalte trotz Browser- und Systemeinstellungen nicht anpassen lassen (etwa bei Schriftgrafiken) oder
- die Kontrastverhältnisse der Seite nicht ausreichend sind.

Ein Style Switcher bewirkt das Anpassen von CSS-Eigenschaften. Das kann entweder dynamisch über JavaScript oder serverseitig, etwa über das Ablegen eines Cookies, erfolgen.

Für den Style Switcher selbst gelten folgende Anforderungen:

- Das Steuerelement muss der angestrebten Konformitätsstufe genügen. Beispielsweise muss ein Steuerelement zur Schriftvergrößerung gut erkennbar sein oder ein Steuerelement zur Erhöhung der Kontraste muss selbst auch kontrastreich sein.
- Auch nach Änderung der CSS müssen alle Inhalte dargestellt werden.

▓ Die neue Präsentation muss alle Erfolgskriterien der angestrebten Konformitätsstufe erfüllen. Das Erfüllen eines bestimmten Erfolgskriteriums darf also nicht auf Kosten eines anderen Erfolgskriteriums gehen.

Style Switcher können eingesetzt werden, um weitergehende Anforderungen der Barrierefreiheit zu erfüllen, etwa:

▓ im Blocksatz gestalteten Text linksbündig auszurichten,

▓ den Zeilenabstand im Fließtext zu erhöhen,

▓ eindeutige Linktexte zu erzeugen,

▓ blinkende Elemente auszuschalten,

▓ bewegende Inhalte statisch anzuzeigen,

▓ Schriftgrafiken durch Text zu ersetzen,

▓ das automatische Abspielen von Audio zu verhindern,

▓ stufenweise Schriftvergrößerung zu ermöglichen oder

▓ horizontales Scrollen zu vermeiden.

Für alle aufgeführten Punkte gibt es jedoch weitere Techniken der WCAG20, die das Erreichen der angestrebten Konformitätsstufe sicherstellen. Nur wenn diese Techniken nicht ausgeschöpft werden können, darf ein Style Switcher verwendet werden. Es versteht sich, dass diese Möglichkeiten genauso wie alternative Versionen als Maßnahmen für einzelne Seiten zu verstehen sind.

Eine Ausnahme ist die Anpassung der Kontrastverhältnisse. Während im Allgemeinen Mindestkontrastverhältnisse erforderlich sind, um die Lesbarkeit von Inhalten sicherzustellen, gibt es einzelne Behinderungen, die eine Abschwächung von Kontrastverhältnissen zur Förderung der Leserlichkeit erfordern. Es wird daher ein sogenannter Color Picker empfohlen, der die Bestimmung von Vordergrund- und Hintergrundfarben von Texten erlaubt.

Zusammenfassung

1. Alternative Versionen können für das Erreichen einer bestimmten Konformitätsstufe eingesetzt werden, wenn einzelne Seiten oder Inhalte besonders aufbereitet werden müssen. Sie sind jedoch ein Behelf und nur für wenige Szenarien zulässig, wie z.B. HTML-Alternativen für Dokumente in einem nicht barrierefreien Format.
2. Alternative Versionen müssen die Erfolgskriterien der gewählten Konformitätsstufe ohne Informations- oder Funktionsverlust erfüllen und auf konforme Weise aufgerufen werden können.
3. Textversionen waren und sind keine zulässigen alternativen Versionen.
4. Verständlichkeitsfördernde Alternativen mit zusätzlichem Inhalt sind ausdrücklich erwünscht. Dies gilt beispielsweise für Übersetzungen in Leichte Sprache, Audio-Versionen vorhandener Texte oder Datentabellen als Ergänzung zu Diagrammen und Charts.
5. Style Switcher können in Einzelsituationen nützliche Features darstellen und weitergehende Anforderungen der Barrierefreiheit sicherstellen.

Teil III
Inhalte

9 Zugängliche Inhalte

In diesem Kapitel werden Erkenntnisse der Verständlichkeitsforschung in den Kontext der Anforderungen und Erfolgskriterien der WCAG20 gesetzt. Auch werden verschiedene Initiativen zu einer verständlichen Verwaltungssprache sowie Vorgaben für die Technische Dokumentation vorgestellt. Thema dieses Kapitels sind neben Konzepten zur Leichten Sprache und Aspekten der Unterstützten Kommunikation im Web auch alternative Darstellungsformen.

9.1 Der barrierefreie Text

Barrierefreiheit bedeutet, dass jeder Mensch unabhängig von seinen persönlichen Voraussetzungen ein Webangebot vollständig nutzen kann. Das betrifft alle Aspekte der Webentwicklung, und je »technischer« eine Anforderung ist, desto einfacher die Umsetzung:

- PDFs können barrierefrei aufbereitet werden (vgl. Kap. 12), damit die Inhalte auf der Strukturebene für blinde Nutzer gut zugänglich sind.
- Navigationsmechanismen können so aufbereitet werden, dass sie mit verschiedenen Ein- und Ausgabegeräten bedienbar sind (vgl. Abschnitt 7.2.2 ab S. 272).
- Textalternativen für Grafiken gewährleisten, dass auch blinde Nutzer erfahren, was ein Bild zeigt (vgl. Abschnitt 10.1 ab S. 375).
- Ein unaufdringlicher Einsatz von JavaScript sichert, dass Funktionen bedient werden können (vgl. Kap. 16).

Textverständlichkeit ist jedoch etwas anderes als die Bedienung einer Navigation oder eines Formulars. Texte verstehen ist ein komplexer Prozess und die (wissenschaftliche) Beschäftigung damit füllt ganze Bücher aus unterschiedlichen Perspektiven: Hirnforschung, Linguistik, Lerntheorie, Kognitionspsychologie u.a.m. Im Vergleich dazu kann der Aufbau eines barrierefreien Formulars auf wenigen Seiten abgehandelt werden. Selbstverständlich spielen auch bei Formularen oder Alternativtexten Aspekte der Textverständlichkeit eine Rolle. So ist die Beschriftung eines Eingabefeldes umso verständlicher, je aussagekräftiger sie ist.

Letztlich geht es in der Webentwicklung aber immer um das, was wir in diesem Buch hin und wieder als den »eigentlichen Inhalt« bezeichnen: um Texte. Der »Nutzer« eines Webangebots ist, außer bei Anwendungen wie Online-Banking o.Ä., in erster Linie ein »Leser«. Denn die wenigsten Besucher eines Webangebots untersuchen gezielt die Möglichkeiten der Tastaturbedienung oder den korrekten Aufbau von Datentabellen – abgesehen von Menschen, die Webangebote auf Standardkonformität prüfen.

Leser bringen unterschiedliche Voraussetzungen mit, die es ermöglichen, einen Text zu verstehen oder auch nicht. Das hat zunächst wenig mit Barrierefreiheit zu tun, dafür umso mehr mit individuellen Interessen, formaler Schulbildung, Konzentrationsfähigkeit und Übung – eine bei Weitem nicht vollständige Aufzählung.

Als Webanbieter weiß man über diese Voraussetzungen und Kenntnisse der Leser wenig. Freilich werden sich wenige Schüler für Texte interessieren, die sich auf Webangeboten für ältere Nutzer befinden. Wissenschaftliche Texte z. B. der Bioethik interessieren meist erst bei persönlicher Betroffenheit. Dies kann der Fall sein, wenn man z. B. vor der Wahl steht, ob eine pränatale Diagnose durchgeführt werden soll oder nicht. Auch hier geht es zunächst nicht um Behinderung, sondern darum, ob der Leser mit der spezifischen Wissenschaftssprache und den Fachbegriffen vertraut ist oder nicht. Ein sozialwissenschaftlicher Fachtext kann für alle fachfremden Leser eine Barriere sein.

Dies gilt auch für das Amtsdeutsch mit Begriffen wie »Personenvereinzelungsanlage« (Drehkreuz) oder »nicht lebende Einfriedung« (Zaun) sowie speziellen »beamtischen« Formulierungen. Würde es hier in erster Linie um Behinderung gehen, dann wären über 86 % der deutschen Bevölkerung behindert.[1]

Das Textverstehen kann aus unterschiedlichen Gründen eingeschränkt sein. Vor allem komplexe Sachverhalte können zumindest ad hoc oft nicht so erklärt werden, dass alle Menschen sie verstehen. Unabhängig davon können Autoren durch Wortwahl und Satzbau die Verständlichkeit erschweren. So wurde bei der Tagung »on-line-on.eu – Computerwissen und andere Kompetenzen als vorberufliche Bildung für Menschen mit besonderen Lernbedürfnissen« darauf hingewiesen, dass gerade Hochschulabsolventen eher gelernt hätten, einfache Sachverhalte möglichst kompliziert auszudrücken und nicht komplexe Sachverhalte möglichst einfach.

Müssen dann vielleicht an Sprache und damit an Texte andere Anforderungen gestellt werden als z. B. an Navigationsbereiche? Ist der Versuch, barrierefreie Texte zu schreiben, von vornherein zum Scheitern verurteilt?

---

1.   Laut einer repräsentativen Studie der Gesellschaft für Deutsche Sprache (2009) haben 86 Prozent der Deutschen Probleme, Amtsdeutsch zu verstehen. Auch die formale Schulbildung hat nur wenig Einfluss, denn 81 Prozent der Studierenden haben gleichermaßen Probleme. Vgl. auch: »Restmüllbehältervolumenminderung« – Viele Deutsche verstehen die Behördensprache nicht, in: Hamburger Abendblatt, 15.4.2009,
URL: *http://www.abendblatt.de/vermischtes/article966553/Viele-Deutsche-verstehen-die-Behoerdensprache-nicht.html* (Abruf 24.5.2010).

Barrierefreies Webdesign bedeutet, Webseiten so zu gestalten, dass sie für behinderte Menschen »in der allgemein üblichen Weise, ohne besondere Erschwernis und grundsätzlich ohne fremde Hilfe zugänglich und nutzbar sind«.

Geht es ums Textverstehen, bezieht sich das zumindest auf den ersten Blick nicht auf eine besondere Personengruppe. Ein Mensch mit einer Querschnittslähmung versteht einen Artikel weder besser noch schlechter als ein Mensch ohne eine solche Behinderung. Folgt man der formalen Definition der Barrierefreiheit, dann könnte man von einem barrierefreien Text erst dann sprechen, wenn er von allen Menschen mit Behinderungen ohne fremde Hilfe verstanden werden kann. Da die formale Definition der Barrierefreiheit keine Altersgrenze angibt, wären hier auch Schüler, – seien sie behindert oder nicht – eingeschlossen.

So gesehen kann es »den« barrierefreien Text nicht geben. Dennoch: Autoren und Webredakteure können Voraussetzungen für möglichst verständliche Texte schaffen, indem sie

- zu lange Sätze und Wörter kürzen,
- Texte von Füllwörtern und Floskeln befreien,
- Texte durch Absätze, Listen und Zwischenüberschriften organisieren,
- ungeläufige Wörter, Fremdwörter und Fachbegriffe erklären oder – je nach Text – vermeiden,
- für Menschen, die schlecht lesen können, Audio-Versionen und Gebärdensprachfilme anbieten und
- für Menschen mit Lernschwierigkeiten Texte in Leichte Sprache übersetzen.

Wie in der technischen Umsetzung der Barrierefreiheit gilt auch hier, dass die Sicherstellung der Barrierefreiheit ein Prozess ist. Welche Aspekte wichtig sind, welche Beiträge die Verständlichkeitsforschung leistet, wie Initiativen und Organisationen unterstützen und wie sich die Textverständlichkeit in die Erfolgskriterien der WCAG20 einfügen, darum geht es in den folgenden Abschnitten. Neben der Erfüllung testbarer Erfolgskriterien geht es aber vor allem darum, einen Sinn für verständliche Texte zu entwickeln. Es geht darum, möglichst viele Voraussetzungen zu schaffen und sich dennoch im Klaren zu sein, dass es »den« barrierefreien Text nicht geben wird.

Auch wir Autoren sind in diesem Buch an Grenzen gestoßen, haben nicht jedes Füllwort erkannt, sicherlich nicht jedes kompositorische Wortungetüm aufgelöst oder Redewendungen verwendet, von denen wir nicht wissen, ob sie in anderen deutschsprachigen Ländern verstanden werden.[2]

---

2.   So wollten wir in Teil 1 schon mal das Kind nicht mit dem Bade ausschütten.

9.2   Maßstäbe für verständliche Texte

Texte und Inhalte sind so unterschiedlich wie ihre Leser. Bei welchem Komplexitätsgrad wird der Leser noch erreicht, wann versteht er einen Text noch und wann nicht mehr? Welcher Maßstab ist der richtige?

Nach WCAG20 sollen Texte so geschrieben sein, dass sie nach Entfernen von Eigennamen und Titeln mit einem »Lower Secondary Education Level« verstanden werden können. Der »Lower Secondary Education Level« ist Teil des International Standard Classification of Education (ISCED) der UNESCO. Gemeint ist eine formale Schulbildung von sieben bis neun Jahren; das entspricht einem Alter von 13 bis 15 Jahren. Das Erfolgskriterium ist nach WCAG20 zu erfüllen, wenn Konformitätsstufe AAA angestrebt wird, und heißt nicht »Verständliche Texte«, sondern »Reading Level«. In der autorisierten deutschen Übersetzung wird der Begriff »Leseniveau« verwendet.

Auf eine formale Schulbildung zu setzen, hat unterschiedliche Gründe. Bei der Entwicklung der WCAG20 ging es um testbare Kriterien und Techniken. Testbar bedeutet aber nicht nur messbar. Wer sich mit Testdesigns beschäftigt, weiß, dass Tests so aufgebaut werden müssen, dass die Ergebnisse vergleichbar sind – auch über Kulturen hinweg. Eine wichtige Frage ist dabei, ob beispielsweise eine Frage für eine deutsche Testperson das Gleiche bedeutet wie für eine Testperson aus einem anderen Land. Einige Beispiele:

▥ Die Frage danach, ob es jemandem schwerfällt, länger als 20 Minuten ruhig auf einem Stuhl zu sitzen, bedeutet für Menschen, die das Sitzen auf Stühlen nicht gewohnt sind, etwas anderes als für Menschen, die im Alltag viel sitzen.

▥ Bei einer Übersetzung von Testfragen durch zwölf zweisprachige Psychologen (deutsch, französisch) konnten 7 % der Testfragen nicht problemlos übersetzt werden.

▥ Fragen nach dem »generalisierten Anderen« sind für Menschen unverständlich, die in ihrer Sprache diesen Begriff nicht kennen. Das heißt, es wird nicht das Gleiche gefragt.

Diese Beispiele und der kleine Ausflug in die Testtheorie zeigen, dass Sprache und damit Texte kulturabhängig sind. Manche Grammatikkonstruktionen der deutschen Sprache gibt es in anderen Sprachen nicht. Einige Sprachen haben keine Präpositionen und in einigen asiatischen sowie afrikanischen Sprachen ist die Bedeutung eines Wortes abhängig von der Betonung. Bereits in Ländern, in denen offiziell die gleiche Sprache gesprochen wird, kann es zu Missverständnissen kommen. Deutlich wird das vor allem bei Redewendungen und bildhafter Sprache.

»Verwenden Sie die einfachste und klarste Sprache, die angemessen ist«, heißt es in der BITV. Diese Formulierung ist schon aufgrund des Begriffs »angemessen« erklärungsbedürftig:

Die BITV ist eine Verordnung, und damit bewegen wir uns nicht mehr nur auf der Ebene dessen, was technisch machbar und messbar ist. Der Begriff »Angemessenheit« verweist auf den Begriff »Verhältnismäßigkeit«. Verhältnismäßig im juristischen Sinne ist etwas dann, wenn die Nachteile nicht völlig außer Verhältnis zu den Vorteilen stehen – vor dem Hintergrund der Grundrechte.

In den WCAG20 ist die »einfachste und klarste Sprache, die angemessen ist«, nur noch eine »unterstützende Technik«. Erfüllen lässt sich das Erfolgskriterium »Leseniveau« (Konformitätsstufe AAA) damit nicht. Die Begriffe »einfachste« und »klarste« Sprache sind zu weich, um sinnvoll definiert, geschweige denn gemessen zu werden.

Folgt man den Vorgaben der Konformitätsstufen, ist klar, dass AAA zwar ein Ziel sein kann und sollte, aber vor allem was Textverständlichkeit angeht, nicht vollständig gelingen wird. Nicht immer können oder dürfen Texte so angepasst werden, dass sie von Menschen mit einer formalen Schulbildung von sieben bis neun Jahren verstanden werden können.

Die Lösung ist jedoch nicht der Verzicht auf verständliche Texte – nach dem Motto: »Wir machen ja nicht AAA.« Dies wird auch so in den WCAG20 formuliert. Dort wird explizit dazu aufgerufen, beispielsweise ungeläufige Wörter zu vermeiden oder zumindest zu erklären – auch bei Konformitätsstufe A oder AA.

Viele Techniken, mit denen nach WCAG20 Inhalte verständlich(er) gemacht werden können, stammen nicht aus der »Barrierefreiheitsecke«. Sie sind Ergebnisse der Verständlichkeitsforschung, in Handbüchern für Journalisten enthalten und gehören zu den Anforderungen an technische Dokumentationen. Es sind also auch Ergebnisse der Verständlichkeitsforschung heranzuziehen und einige sind technisch prüfbar und lassen sich auf Webinhalte sowie andere Dokumente anwenden.

9.2.1 Vielfalt der Textsorten

Wir lesen Romane, Kurzgeschichten oder auch Gedichte, und immer öfter tun wir das auch im Web. Je nach Interesse werden unterschiedliche Autoren und Textsorten bevorzugt. Mag man Gedichte nicht, dann wird man sie nur lesen, wenn sie zum Schulstoff gehören oder Teil der akademischen Ausbildung sind. Mag man Kurzgeschichten nicht, wird man hier weder Geld noch Zeit investieren.

Nicht immer haben wir aber die Wahl, ob wir etwas lesen wollen oder nicht. Bedienungs- oder Montageanleitungen sollten wir lesen, damit nach einer Montage nicht die sprichwörtliche Schraube übrig bleibt. Andere Texte sind je nach Lebenssituation wichtig, etwa juristische, wissenschaftliche oder politische. Daneben gibt es journalistische Beiträge in Wort und Text; sie ermöglichen die Teilhabe am globalen oder lokalen Geschehen.

Es gibt zudem unterschiedliche Textsorten: Manche enthalten Anweisungen oder Regeln, andere sind mitteilend, allgemein informativ oder auffordernd (z.B. Werbetexte und Einladungen), wieder andere dienen der Unterhaltung oder sind poetisch. Für einige dieser Texte wäre die Forderung, auf bildhafte Sprache oder lange Sätze zu verzichten, widersinnig.

Die Anforderungen an zugängliche Inhalte gelten in unterschiedlichem Maße, vor allem gelten sie für solche, die verstanden werden müssen. Mithin sollte es im Interesse des Autors sein, dass seine Texte verstanden werden können. Es gilt: Texte sind umso besser, je lesbarer und leserlicher sie sind, je besser organisiert und je verständlicher die Inhalte und Aussagen sind.

9.2.2   Lesbarkeit

Die wissenschaftliche Lesbarkeitsforschung begann in den 1920er-Jahren. Ergebnis dieser klassischen Lesbarkeitsforschung waren Formeln wie der Flesch-Reading-Ease-Index aus dem Jahr 1948; er wurde bereits in Abschnitt 3.1.2.2 ab S. 71 vorgestellt. Der Lesbarkeitsindex Flesch-Reading-Ease wurde für englische Texte entwickelt; Berechnungsgrundlage ist die durchschnittliche Satzlänge und die durchschnittliche Silbenzahl pro Wort. Für die deutsche Sprache wurde u.a. die Wiener Sachtextformel in den 1980er-Jahren entwickelt, basierend auf dem Anteil der Wörter mit drei und mehr Silben, der mittleren Länge eines Satzes, dem Anteil der Wörter mit mehr als sechs Buchstaben und dem Anteil der Wörter mit einer Silbe. Die Ergebnisse können in einer Skala von 4 bis 15 dargestellt werden.

Beide Formeln, die hier nur exemplarisch für Lesbarkeitsformeln stehen, beziehen Aspekte, wie z.B. die Bekanntheit eines Wortes, nicht ein. Weitere Kriterien wie die visuelle Präsentation, die Textorganisation oder das Leseniveau fließen ebenfalls nicht in die Bewertung ein. Deutlich ist, dass es bei solchen Lesbarkeitsindizes nur um die objektiven und messbaren Kriterien der Silbenanzahl sowie Wort- und Satzlänge geht.

Dass jedoch allein aus dem Zählen von Silben und Wörtern keine Aussage über die Verständlichkeit der Inhalte gemacht werden kann, liegt auf der Hand. Dennoch ist die Lesbarkeit ein wichtiger Faktor der Textverständlichkeit: Je länger ein Satz, desto schwerer lesbar ist er, und je mehr Silben Wörter haben, umso geringer ist die Lesegeschwindigkeit. Gerade im Web spielt die Lesegeschwindigkeit eine wichtige Rolle.

Auch wenn Redakteure und Autoren nicht zum Wort- und Silbenzähler mutieren sollen: Der Verzicht auf unsinnige Vorsilben, Floskeln und andere sprachliche Redundanzen führt zu kürzeren Sätzen und fördert sowohl Lesbarkeit als auch Lesegeschwindigkeit.

9.2.2.1   Satzlänge

Satz- und Wortlänge und damit die Silbenanzahl sind Kriterien gut lesbarer Texte. Natürlich sind Sätze denkbar, die nur wenige und kurze Wörter haben und dennoch nicht lesbar im Sinne der Verständlichkeit sind. Diese oft geäußerte Kritik an der klassischen Lesbarkeitsforschung ist in Teilen also berechtigt. Allerdings erfolgt die »Beweisführung« gegen klassische Lesbarkeitsformeln meist mit eigens dafür konstruierten Texten. Auch wenn klassischen Lesbarkeitsformeln nicht übermäßig das Wort geredet werden soll: Messbare Techniken haben eine Berechtigung, sie dürfen aber nicht isoliert von anderen Faktoren gesehen werden.

»Fassen Sie sich kurz!«, ist eine allgemeine und wiederkehrende Anweisung und Forderung. Dabei stellt sich natürlich die Frage, wie lang eigentlich noch kurz ist?

Nach den WCAG20 sollte ein Satz nicht mehr als 25 Wörter haben, wobei sich diese Angabe ebenso auf die englische Sprache bezieht, wie der dort empfohlene Flesch-Index als Mittel der Textprüfung.

G
153

Zudem ist diese Anforderung im Kontext des gesetzten Leseniveaus zu sehen. Maßstab ist also nicht, wie viele Wörter ein Text enthalten darf, damit Abiturienten den Text verstehen. Sondern es geht um die Anzahl der »erlaubten« Wörter, damit ein Text bei einer formalen Schulbildung von 7 bis 9 Jahren verstanden werden kann.

Wie lang sollte nun ein deutscher Satz sein? Eine Antwort bleiben die WCAG20 schuldig. Dies mag man kritisieren, ist aber logisch, denn die WCAG20 sind international. Angesichts von mehr als 6000 lebenden Sprachen kann nicht erwartet werden, dass das W3C alle berücksichtigen kann. Bereits daran wird ein wesentlicher Unterschied zu anderen Techniken deutlich. Valides HTML ist international; für eine verständliche Satzlänge hingegen gibt es keine international gültigen Regeln.

Eine Recherche nach der empfohlenen Satzlänge für deutsche Texte zeigt, dass sich oft auf eine Untersuchung des Instituts für Kybernetik aus dem Jahr 1983 berufen wird, nach der

- bei gehörter Sprache bei siebenjährigen Kindern beim 8. Wort das Verständnis für die Aussage eines Satzes aussetzt,
- bei einem Drittel der Erwachsenen mit dem 11. Wort und
- bei der Hälfte der Erwachsenen mit dem 14. Wort.

Die empfohlene Satzlänge läge demnach zwischen acht und elf Wörtern – bei gehörter Sprache. Natürlich gibt es Unterschiede zwischen gehörter und geschriebener Sprache, außer wenn z.B. eine Sprachausgabe oder eine Textto-Speech-Software eingesetzt wird. Dieser Einsatz ist nicht so ungewöhnlich, deswegen erscheinen uns die Angaben zur gesprochenen Sprache eine gute Richtschnur und auf das Web übertragbar.

Eine weitere Vorgabe findet sich in der einschlägigen Literatur, nämlich von der Deutschen Presseagentur (dpa).[3] Danach hat ein optimal verständlicher

---

3. Vgl. für alle anderen Rechenberg, P., Technisches Schreiben (2006): (Nicht nur) für Informatiker, S. 59, der sich solchen absoluten Vorgaben zur Satzlänge jedoch nicht anschließt und sie als eine »falsche, weil äußerliche Vorschrift« bezeichnet.

Satz nicht mehr als neun Wörter. Die »Obergrenze des Erwünschten« liegt bei 20 Wörtern und die »Obergrenze des Erlaubten« bei 30 Wörtern pro Satz.

Ebenfalls oft erwähnt wird eine Grenze der Leichtverständlichkeit von 18 Wörtern pro Satz.[4] Zu berücksichtigen ist bei diesen Vorgaben aber, dass hier die Zielgruppe der Erwachsenen im Mittelpunkt steht und zudem nicht ersichtlich ist, von welcher formalen Schulbildung ausgegangen wird.

Nicht ersichtlich ist zudem, ob es sich um Sätze handelt, die von Füllwörtern, Floskeln, ungeläufigen Wörtern und Fremdwörtern befreit wurden, und ob Redewendungen oder bildhafte Sprache erlaubt oder enthalten ist. Selbstverständlich sind aber mit den 18 Wörtern Maximallänge nicht 18 deutsche Komposita gemeint. Insgesamt ist die Satzlänge – auch nach WCAG20 – nur ein Anhaltspunkt, um Texte dem geforderten Leseniveau anzupassen.

9.2.2.2   Füllwörter und Floskeln

Das Entfernen und Vermeiden sprachlicher Redundanzen wie Füllwörter und Floskeln gehört zu den allgemeinen Empfehlungen verständlichen Schreibens. Diese Teiltechnik verringert die Komplexität eines Textes und erzeugt zugleich eine größere Informationsdichte.

Füllwörter und Floskeln sind Wörter, deren Weglassen den Sinn eines Textes nicht verändert. Das unterscheidet sie z. B. von den Modalpartikeln. Ein interessantes Beispiel gibt die Wikipedia[5]:

▩ »ja«
in »Ich bin ja vorhin schon einmal da gewesen.«
(= wie du vielleicht weißt/wie ich dir jetzt mitteile)

▩ »doch«
in »Ich bin doch vorhin schon einmal da gewesen.«
(= wie du wissen müsstest)

▩ »halt«
in »Ich bin halt vorhin schon einmal da gewesen.«
(= damit du es endlich weißt)

In diesen Sätzen wird die Aussage durch die jeweilige Modalpartikel verändert. Entfernt man sie, dann lautet der Satz: »Ich bin vorhin schon einmal da gewesen.« Man erhält so eine neutrale Information über ein Geschehen und wiederum eine andere Bedeutung. Entfernt man hingegen ein Füllwort, dann wird die Satzlänge reduziert und die Bedeutung bleibt erhalten.

Beispiele für Füllwörter der deutschen Sprache sind:

▩ »auch«
▩ »außerdem«

---

4.   Prestel, M., Textverständlichkeit und Textoptimierung aus psychologischer Perspektive, URL: *http://www.marcoprestel.de/text14.html* (Abruf 3.11.2009).
5.   Wikipedia, Modalpartikel, URL: *http://de.wikipedia.org/wiki/Modalpartikel* (Abruf 20.3.2010).

▓ »dann und wann« (sollte durch »manchmal« ersetzt werden)
▓ »einfach« (»Es ist einfach so, dass …«)

Einen Test auf Füllwörter gibt es beim Schreiblabor auf:

https://www.schreiblabor.com/textlabor/filler/

Neben Füllwörtern kann oft auf Floskeln verzichtet werden. Man findet sie zwar vor allem in der gesprochenen Sprache, aber natürlich ebenso im Schriftdeutsch. Einige Beispiele:

▓ Statt »ein Ding der Unmöglichkeit« sollte »unmöglich« geschrieben werden.
▓ Statt »keine Seltenheit« sollte »häufig« verwendet werden.
▓ Statt »einem nicht unerheblichen Teil der Menschen« kann man »viele Menschen« schreiben.
▓ Statt »sind nicht unumstritten« kann »sind umstritten« verwendet werden.

Auf Wörter oder Wortkombinationen, wie »gar keine«, »allererste«, »allermeiste« sollte man zugunsten von »keine«, »erste« oder »viele« ohnehin verzichten.

Einige dieser und der nachfolgenden Beispiele stammen aus dem Buch »Deutsch für Profis. Was die Schule vergaß zu lehren«, einem Buch, bei dem auch wir Autoren auf Schritt und Tritt ertappt wurden. Wichtige Informationen zur deutschen Sprache bietet – humorvoll präsentiert – außerdem die Kolumne »Zwiebelfisch« von Bastian Sick im »Spiegel«. Auch das Lesen des Buchs »Der Dativ ist dem Genitiv sein Tod – Ein Wegweiser durch den Irrgarten der deutschen Sprache« vom gleichen Autor empfiehlt sich.

9.2.2.3 Kürzere Wörter

Eine Möglichkeit, lange Silben und damit lange Sätze zu vermeiden, ist das Ersetzen langer Wörter durch kurze. Diese Teiltechnik ähnelt der oben genannten, aber es gibt Unterschiede.

G
153

Wichtig ist auch hier, dass Sinn und Aussage erhalten bleiben: Wenn zwei Wörter das Gleiche bedeuten und beide Wörter gleich verständlich sind, sollte das kürzere verwendet werden. Folgende Fragen helfen weiter:

▓ Enthält ein Text überflüssige Vorsilben?
▓ Welche Komposita können aufgelöst werden?
▓ Sind Dopplungen enthalten?
▓ Gibt es Synonyme, die gleich verständlich und kürzer sind?

Vor allem in der Lautsprache, aber auch in geschriebenen Texten werden oft überflüssige Vorsilben verwendet. Einige Beispiele, entlehnt aus dem »Handbuch des Journalismus« von Wolf Schneider und Paul-Josef Raue, sind:

▓ »absinken«
▓ »abändern«
▓ »abstützen«

▓ »ankaufen«

▓ »abspeichern«

▓ »ansteigen«

Überflüssige Vorsilben erkennt man daran, dass ihr Weglassen den Sinn des Wortes nicht entstellt. Entfernt man aus den oben genannten Wörtern die Vorsilben, dann erhält man:

▓ sinken

▓ ändern

▓ stützen

▓ kaufen

▓ speichern

▓ steigen

Auch wenn hier nur um zwei Buchstaben gekürzt wird: je weniger Silben, desto leichter das Lesen. Zudem gliedert sich diese Technik in weitere Kürzungstechniken ein.

Kurze Wörter können meist besser verstanden werden. Dies liegt u. a. daran, dass sie in der Regel gebräuchlicher sind. Je länger ein Wort, desto seltener kommt es vor, besagt das Zipf'sche Gesetz. Dies betrifft in der deutschen Sprache z. B. Komposita, also zusammengesetzte Substantive. Hierbei geht es hauptsächlich um sogenannte »Wortdreimaster« und »Silbenschleppzüge« wie:

▓ »Auslandsreisekrankenversicherung«,

▓ »Steuervergünstigungsabbaugesetz«,

▓ »Kapazitätsengpässe«,

▓ »Glatteisbildung«,

▓ »Witterungsbedingungen« oder neuerdings

▓ »Vulkanascheberatungszentrum«.

Der Begriff »Wortdreimaster« stammt von Arthur Schopenhauer, der lange vor Beginn der Verständlichkeitsforschung hier von der »Maske der Unverständlichkeit« sprach. Sein Tipp: Kappen Sie den letzten Mast! Würde man dies bei den »Witterungsbedingungen« – einem in diesem Zusammenhang oft genannten Beispiel – machen, dann bliebe »Witterung« übrig. Entfernt man »bildung« aus dem Wort »Glatteisbildung«, dann bleibt Glatteis übrig. Diese Technik spart mehrere Silben und die Aussage ist unverändert.[6] Dies ist natürlich nicht bei allen Silbenschleppzügen möglich, denn »Auslandsreisekrankenversicherung« ist ein feststehender Begriff.

Komposita sind jedoch nicht grundsätzlich schlecht: Das Wort »Hochhaus« meint etwas anderes als »hohes Haus«. Zudem kann sich die Bedeutung des Wortes und des Textes verschieben und missverständlich werden, denn mit »hohes Haus« ist nicht immer ein Gebäude gemeint. Nicht alle Auflösungen

---

6. Diese und weitere Beispiele finden Sie im »Handbuch des Journalismus«.

von Komposita führen automatisch dazu, dass die Aussage besser verstanden werden kann. Werden sie zu sehr aufgelöst, führt dies zu einem »abgehackten« Stil, der wiederum Langeweile beim Lesen entstehen lässt. Werden Komposita aufgelöst, die nur aus zwei Substantiven bestehen, dann bedingt dies die Einführung zusätzlicher Wörter. Die Texte werden zudem schnell »sperrig« und gerade durch das Auflösen von Komposita länger.

Das Kürzen langer Wörter bezieht sich aber nicht nur auf Komposita. Eine weitere Technik ist das Verwenden von Synonymen:

- Statt »lediglich« kann meist »nur« geschrieben werden.
- Für »aus diesem Grund« eignet sich meist »deswegen« oder »deshalb«.
- Für »anschließend« könnte »danach« verwendet werden.
- Für »sämtliche« kann »alle« benutzt werden.
- »Nichtsdestotrotz« kann zu »dennoch« oder »trotzdem« werden und
- »nicht selten« zu »oft«.

Schließlich sollten Dopplungen vermieden werden. Typische und in der einschlägigen Literatur oft genannte Dopplungen sind:

- Einzelindividuum (Individuum bedeutet »Einzelwesen«)
- kreisrund (Kreise sind immer rund)
- auseinanderdividieren (auseinander bedeutet, dass etwas bereits geteilt ist, es muss also nicht nochmal geteilt (dividiert) werden)
- zusammenaddieren (addieren heißt, dass etwas zusammengezählt wird)
- das Allererste (mehr als das »erste« geht nicht)

Diese und weitere Beispiele finden Sie ebenfalls im bereits erwähnten »Handbuch des Journalismus«.

9.2.3   Leserlichkeit

Ein zweites Kriterium für Textverständlichkeit im Sinne der Verständlichkeitsforschung ist die Leserlichkeit; sie ist Teil der Lesbarkeit. Die Leserlichkeit ist vornehmlich eine Sache der Typografie (vgl. Abschnitt 17.4 ab S. 683):

- Welche Schriften werden mit welchem Schriftgrad verwendet?
- Wie sind Zeilenabstände und Zeilenlängen beschaffen?
- Welcher Zeilenfall (Flattersatz oder Blocksatz) liegt vor?

Auch bei der Leserlichkeit geht es noch nicht um inhaltliche Aspekte; sondern darum, wie gut erkennbar die Buchstaben sind. Dabei spielen sowohl Schriftart als auch Hervorhebungen und Zeilenabstände eine Rolle.

Gemeinsam mit der Wort- und Satzlänge wirken sich diese visuellen Aspekte auf die Lesegeschwindigkeit aus. Sie nimmt am Bildschirm bei Blocksatz um 12% ab. Ein Grund ist der unterschiedliche Wortabstand. Auch Versalschrift und Sperrungen wirken sich negativ auf die Lesegeschwindigkeit aus: Bei Versalschrift verringert sie sich ebenfalls um ca. 12%.[7]

Dies gilt bereits für »Normalsichtige«, umso mehr aber für Menschen mit Seh-behinderungen und mit Lernschwierigkeiten. Zahlreiche Behindertenverbände empfehlen deswegen:

- Vermeiden Sie Kursivsetzungen.
- Vermeiden Sie Blocksatz.
- Vermeiden Sie Versalschrift und Sperrungen.
- Verwenden Sie Sans-Serif-Schriften.[8]

Zusätzlich spielen die gewählten Farben und Kontrastverhältnisse (vgl. Abschnitt 18.1 ab S. 687) ebenso eine Rolle wie Unterstreichungen oder Kapitälchen.

Webredakteure haben meist auf die visuelle Präsentation von Texten im Web wenig Einfluss. Texte können jedoch sowohl im Web wie auch als Down-loaddateien in einem Textverarbeitungsformat oder als PDF veröffentlicht wer-den. Manchmal entscheidet sich erst im laufenden Betrieb, welche Texte als HTML-Dokument im Web und welche in weiteren Formaten angeboten werden sollen. Daher ist beim Erstellen aller Texte auch in der Redaktion auf leserliche Inhalte zu achten.

9.2.3.1   Zeilenfall

G 169

Mögliche Zeilenfälle, also Textausrichtungen, sind der linksbündige oder der rechtsbündige Flattersatz und der Blocksatz. Für Menschen mit Lernschwierig-keiten, bzw. Menschen mit einer starken Sehbehinderung und Anwender von Vergrößerungssystemen ist Blocksatz problematisch. Dies liegt unter anderem an den unterschiedlichen Abständen zwischen den Wörtern. Deswegen sollte immer Flattersatz verwendet werden. Es gilt: Schriften, die von links nach rechts geschrieben werden, werden linksbündig ausgerichtet; Schriften, die von rechts nach links geschrieben werden, werden rechtsbündig ausgerichtet.

Dies gilt auch bei bidirektionalen Texten, wenn also ein deutscher Text bei-spielsweise ein hebräisches Zitat in Originalschrift enthält: Der deutsche Text würde als linksbündiger Flattersatz, das hebräische Originalzitat als rechtsbün-diger Flattersatz und die deutsche Fortsetzung wiederum als linksbündiger Flattersatz ausgerichtet. Handelt es sich jedoch bei dem hebräischen Zitat um eine latinisierte Umschrift, dann wird der ganze Text linksbündig ausgerichtet.

G 172

Kann auf Blocksatz nicht verzichtet werden, dann ist eine Funktion bereitzustel-len, mit der der Leser die Textausrichtung beeinflussen kann. Dies kann ein Style Switcher sein (vgl. Abschnitt 8.3 ab S. 316).

Neben Blocksatz sind zentrierte Texte ebenfalls problematisch. So können zentrierte Überschriften für Nutzer von Vergrößerungssystemen je nach Vergrö-ßerungsgrad schwer auffindbar sein.

---

7.   Groeben, N. (1982), Leserpsychologie. Textverständnis – Textverständlichkeit. S. 174.
8.   Diese Forderung nach Sans-Serif-Schriften beruht anscheinend auf Empirie. Belastbare experimentelle Quellen über den Zusammenhang von Sehbehinderung und Schriftarten konnten wir nicht finden.

9.2.3.2 Zeilenabstände

Speziell für Menschen mit einer kognitiven Behinderung fördern ausreichende Zeilenabstände und Abstände zwischen Absätzen die Leserlichkeit. In der Webredaktion kann dies für Webinhalte meist nicht beeinflusst werden. Er sollte jedoch z. B. in den Formatvorlagen von Textverarbeitungssoftware und beim Erstellen von PDF beachtet werden.

Der Zeilenabstand sollte mindestens 1,5 Zeilen sein und die Abstände zwischen Absätzen mindestens das 1,5-Fache des Zeilenabstands betragen. Relevant ist das bei allen Texten.

9.2.4 Textorganisation

Die Lesbarkeit steht natürlich nicht im »luftleeren Raum«. Sie hängt sowohl mit der Lesegeschwindigkeit zusammen als auch mit der Behaltensquote, also der Fähigkeit des Lesers, sich Inhalte zu merken.

Bei Lesbarkeit und Leserlichkeit geht es um Lesegeschwindigkeit und Wahrnehmbarkeit. Die Textorganisation bringt eine weitere Dimension in die Verständlichkeit: Gut organisierte Texte fördern sowohl Lesegeschwindigkeit als auch Behaltensquote und sind nach Norbert Groeben ein wichtiger Faktor der Textverständlichkeit. Textorganisation bedeutet die Arbeit mit Überschriften, Absätzen, Listen, Hervorhebungen und Zusammenfassungen.

Überschriften und Zwischenüberschriften sind nicht bloße Eye-Catcher, die man auch weglassen könnte. Sie bündeln die Aufmerksamkeit und vermitteln erste Informationen über den Inhalt. Dies gilt nicht nur für sehende Nutzer. Screenreader können Überschriftenlisten erstellen. Screenreader-Nutzer erhalten dann einen Einblick in die Inhalte eines Artikels und können von Überschrift zu Überschrift springen. Gleiches gilt für Dokumente aus der Textverarbeitung sowie für PDF.

Von einer guten Textorganisation profitieren alle Leser – sofern die einzelnen Elemente sowohl visuell als auch strukturell gekennzeichnet sind. Das bedeutet in HTML die Auszeichnung mit HTML-Strukturelementen, in der Textverarbeitung das Arbeiten mit Formatvorlagen und in PDF die Vergabe von Tags und Rollen (vgl. Abschnitt 12.2 ab S. 440).

9.2.4.1 Überschriften

Webinhalte sollten immer durch Überschriften organisiert sein. Das betrifft sowohl die Navigationsleisten als auch Kopf- und Fußbereich. Wie Webseiten durch Überschriften organisiert werden können, wurde im Abschnitt »Überschriften für die strukturelle Navigation« ab Seite 256 behandelt. Nachfolgend geht es um Überschriften im Inhalt; sie werden in HTML mit einem der sechs Überschriftenelemente ausgezeichnet:

```
<h1>Erste Überschriftenebene</h1>
 <h2>Zweite Überschriftenebene</h2>
  <h3>Dritte Überschriftenebene</h3>
   <h4>Vierte Überschriftenebene </h4>
    <h5>Fünfte Überschriftenebene </h5>
     <h6>Sechste Überschriftenebene </h6>
```

Für Sehende ist ein Text eine Überschrift, wenn er mindestens eines der folgenden sichtbaren Merkmale hat:

▪ Mehrere Wörter folgen hintereinander, die fetter und/oder größer sind als der Fließtext.
▪ Mehrere Wörter haben einen sichtbaren Abstand zum vorherigen und folgenden Text.
▪ Diese Wörter haben eine andere Farbe oder eine andere Schriftart als der Fließtext.

In den genannten Textformaten (HTML, Textverarbeitung, PDF) ist jedoch eine Überschrift nur dann eine, wenn sie mit einem der sechs Überschriftenelemente (HTML), einer entsprechenden Formatvorlage (Textverarbeitung) oder einem entsprechenden Tag (PDF) ausgezeichnet ist. Die Vorteile sind:

▪ Einige Redaktionssysteme (z. B. Wikis) erstellen anhand der Überschriften automatisch ein Inhaltsverzeichnis.
▪ In der Textverarbeitung können automatisch Inhaltsverzeichnisse erstellt werden. Außerdem wird ein Wechsel zwischen Gliederungsansicht und Normalansicht möglich.
▪ Lange Texte können anhand der Überschriften geteilt werden. Das ermöglicht bei mehreren Autoren eine einfachere Bearbeitung.
▪ Bei der Konvertierung nach PDF können anhand der Überschriften automatisch Lesezeichen und Tags gesetzt werden, die eine schnellere Navigation durch das Dokument bieten.
▪ In Textverarbeitungssystemen können Formatierungen über Formatvorlagen schnell und dokumentweit gestaltet und verändert werden.

Der wichtigste Aspekt ist aber, dass Screenreader diese Strukturelemente abgreifen. Blinde Nutzer können sich dann im Screenreader ein Inhaltsverzeichnis erstellen lassen, und mit der Tastatur von Überschrift zu Überschrift springen. Dies entspricht der Vorgehensweise sehender Nutzer, die beim Seitenaufruf zunächst die Überschriften mit den Augen »scannen« und dann schnell entscheiden können, ob der Inhalt interessant ist oder nicht. Eine weitere Rolle spielt die Überschriftenstruktur und damit die korrekte Gliederung eines Textes in Unterabschnitte.

Überschriftenstruktur

Kürzere Texte bestehen oft nur aus einer Hauptüberschrift. Ihr folgen mehrere Absätze und evtl. Listen, die Hervorhebungen und Links enthalten können. Längere Texte hingegen haben in der Regel eine Hauptüberschrift und eine oder mehrere Abschnittsüberschriften.

Die Ebene der Hauptüberschrift wird bei Webinhalten in der Regel durch die Programmierung festgelegt und ist meist eine H1 oder eine H2. Tiefere Ebenen werden für Hauptüberschriften hier selten verwendet. In Redaktionssystemen bestimmt die Hauptüberschrift oft zugleich einen Teil des Dokumenttitels (vgl. Abschnitt 7.3 ab S. 302) und sollte deswegen so kurz wie möglich und so aussagekräftig wie nötig sein.

Im folgenden Beispiel wird davon ausgegangen, dass ein Artikel mit einer Überschrift der Ebene 1 (H1) beginnt. Alle Zwischenüberschriften richten sich nach der Ebene der Hauptüberschrift. Das folgende Beispiel zeigt eine typische Gliederung mit Ordnungszahlen.

```
<h1>Hauptüberschrift</h1>
  <h2>1</h2>
    <h3>1.1</h3>
    <h3>1.2</h3>
    <h3>1.3</h3>
      <h4>1.3.1</h4>
      <h4>1.3.2</h4>
  <h2>2</h2>
```

Listing 9-1   Überschriftenhierarchie, mit einer H1 beginnend

Zu beachten ist: Anders als in Textverarbeitungsprogrammen gibt es in HTML kein Element für den Titel eines Textes. Hier übernimmt der Dokumenttitel diese Funktion; dadurch sind meist – aber nicht immer – Hauptüberschrift und Dokumenttitel identisch. Der Titel (Hauptüberschrift) erhält immer die höchstmögliche Überschriftenebene und die Abschnittsüberschriften werden dieser Hauptüberschrift untergeordnet. Ist das Webangebot so aufgebaut, dass die Hauptüberschrift als H2 ausgezeichnet wird, entsteht folgende Gliederung:

```
<h2>Hauptüberschrift</h2>
  <h3>1</h3>
    <h4>1.1</h4>
    <h4>1.2</h4>
    <h4>1.3</h4>
      <h5>1.3.1</h5>
      <h5>1.3.2</h5>
  <h3>2</h3>
```

Listing 9-2   Überschriftenhierarchie, mit einer H2 beginnend

Unabhängig davon, welche Ebene die Hauptüberschrift hat, bilden Zwischenüberschriften immer die Struktur eines Textes ab. Wichtig ist, dass keine Ebene ausgelassen oder übersprungen wird. Textorganisation meint also, dass Überschriften ausgezeichnet werden und außerdem eine korrekte Hierarchie der Inhalte vermitteln.

Aussagekräftige Überschriften

Überschriften sollten nicht nur vorhanden und hierarchisch sinnvoll vergeben sein. Wichtig ist außerdem, dass Überschriften aussagekräftig sind und Informationen über den folgenden Textabschnitt vermitteln. Eine Überschrift ist also immer auch eine kurze Zusammenfassung des darunter stehenden Textabschnitts. Auch diese Vorgabe der WCAG20 ist Teil einer guten Textorganisation, findet sich aber ebenso in Normen wie z. B. der DIN 1421[9].

Unser Beispiel in Listing 9–1 bzw. 9–2 zeigt bisher die hierarchische Struktur des Inhalts anhand der Überschriftenebenen auf der HTML-Ebene. Dafür wurden Ordnungszahlen verwendet, ein in der Webredaktion nicht ganz untypischer Fall. Im Rahmen der erweiterten Verständlichkeit sind Ordnungszahlen alleine nicht ausreichend, da sie keine Informationen über den Inhalt vermitteln. Deswegen müssen sie durch beschreibende Texte ergänzt werden.

Haben bestehende Texte keine oder nur Nummerierungen als Zwischenüberschriften, dann ist das Einfügen aussagekräftiger Überschriften sowohl aus Sicht der Barrierefreiheit als auch aus Sicht der Verständlichkeit sinnvoll und erforderlich. Suchmaschinenoptimierer würden außerdem argumentieren, dass die Vergabe aussagekräftiger Zwischenüberschriften der besseren Bewertung der Inhalte in Suchmaschinen dient.

Leider ist die Vergabe sinnvoller Zwischenüberschriften nicht immer möglich, etwa wenn Texte anderer Autoren übernommen werden. Sofern möglich, sollte dann auf die Autoren eingewirkt werden. Bei Online-Zeitschriften oder Zeitschriften, die auch im Web oder als PDF angeboten werden sollen, empfiehlt sich die Aufnahme dieses Punktes in die Autorenrichtlinien.

Ergänzende Angaben zu Hauptüberschriften

Alle vorhandenen Überschriften sind mit einem der sechs Überschriftenelemente auszuzeichnen. Umgekehrt sollten bloße Hervorhebungen nicht als Überschrift ausgezeichnet werden – auch dann nicht, wenn sie separat vom Fließtext stehen. Einige Fälle aus der Praxis:

- In einer Tagungsdokumentation folgt nach der Hauptüberschrift die Angabe über Ort und Zeit.
- Ein Artikel hat eine Hauptüberschrift und einen zusammenfassenden oder einführenden Absatz.
- Ein Artikel oder Buch hat eine Hauptüberschrift mit einem Untertitel.

---

9. DIN 1421, Gliederung und Benummerung in Texten und Absätzen, Januar 1983, URL: *http://www.knowscore.de/kurse/IV%20FGT%2012%20Tech-nische%20Dokumentation%20erstellen/20020911-FGT12/DIN%201421.pdf* (Abruf 27.5.2010).

Ortsangaben oder Angaben zum Zeitpunkt einer Veranstaltung leiten keinen eigenständigen Sinnabschnitt ein und sind nur ergänzende Informationen. Hier ist das strong-Element, platziert in einem Absatz, das Mittel der Wahl:

```
<h1>Titel der Tagung</h1>
<p><strong>Ort der Tagung, Datumsangaben</strong></p>
```

Listing 9-3   Überschrift mit Unterzeile als eigener Absatz

Diese Kombination aus Überschriftenelement, Absatzelement und STRONG eignet sich auch für Artikel mit einführenden Abschnitten. Anders kann dies bei Untertiteln von Büchern oder Artikeln sein. Da die bisher gültigen HTML-Sprachen kein Element für Untertitel haben, bieten sich nur zwei Möglichkeiten an: Entweder wird der Untertitel über das STRONG-Element hervorgehoben und als Absatz ausgezeichnet oder er wird in das Überschriftenelement hineingezogen. Damit der Untertitel nicht in der gleichen Zeile angezeigt wird, wird ein SPAN-Element integriert:

```
<h1>Hauptüberschrift
<span>Untertitel</span></h1>
```

Listing 9-4   Überschrift mit Unterzeile als Teil der Überschrift

Mit der CSS-Eigenschaft display kann dann der im SPAN-Element enthaltene Text in einer neuen Zeile angezeigt werden:

```
H1 span {
  display: block;
  font-size : 70%;
  color : gray;
}
```

Listing 9-5   CSS-Eigenschaften zur Darstellung eines SPAN-Elements in einer neuen Zeile

Überschriften und Urheberrecht

Der Vergabe aussagekräftiger und beschreibender Zwischenüberschriften kann das Urheberrecht entgegenstehen. Eine Lösung wäre, eine deutlich abgegrenzte und erkennbare Zusammenfassung mit der Abfolge der Inhalte voranzustellen. Sind Überschriften nur als Ordnungszahlen gegeben, dann kann der Leser auf die zugehörigen Inhalte hingewiesen werden.

Steht das Urheberrecht der Vergabe von Überschriften entgegen, dann sollte – sofern möglich – über Richtlinien auf die Autoren eingewirkt werden.

Anzahl der Überschriftenebenen

Anders als in der Textverarbeitung oder in PDF sind in HTML maximal sechs Überschriftenebenen erlaubt. Dies hat Konsequenzen für den Umgang mit Texten, die zunächst in Textverarbeitungsprogrammen entstehen. Immer mehr Texte werden jedoch im Rahmen des Cross Media Publishing für verschiedene

Ausgabeformate produziert. Schon bei der Textproduktion empfiehlt sich daher, darauf zu achten, dass nicht mehr als sechs Überschriftenebenen nötig sind oder verwendet werden.

Für die meisten Texte reichen die ersten drei bis vier Überschriftenebenen aus. Problematisch kann es bei stark gegliederten Texten werden, z. B. bei wissenschaftlichen Arbeiten, juristischen Abhandlungen oder Online-Versionen gedruckter Bücher. Beginnt dann der eigentliche Inhaltsbereich – wenn die Texte auch im Web veröffentlicht werden sollen – mit einer H2, verringert sich die Anzahl der noch erlaubten Ebenen auf fünf. Auch dies ist beim Verfassen von Autorenrichtlinien und generell bei der Webentwicklung zu beachten.

9.2.4.2 Absätze

Absätze werden in HTML mit dem P-Element (Paragraph) ausgezeichnet:

```
<p>Sie lesen einen Text über die Textorganisation. Besonders wichtig sind
dabei Überschriften, Absätze und Listen in HTML!</p>
```

Bei Absatzelementen ist darauf zu achten, dass keine leeren Absätze oder doppelten Zeilenumbrüche entstehen. Manche Redaktionssysteme wandeln z. B. ein doppeltes Drücken der Eingabetaste in einen leeren Absatz um und filtern diese danach nicht aus:

```
<p>Ein Absatz</p>
<p> </p>
<p>Ein Folgeabsatz (durch ein leeres &lt;p&gt; getrennt)</p>
```

Listing 9-6   Abstände mit leeren (und nicht validen) Absätzen

Für blinde Nutzer entsteht dann folgende Situation: Leere Absätze sind zwar nicht sichtbar, aber im Quellcode vorhanden. In Screenreadern kann von Absatz zu Absatz gesprungen werden, denn sie orientieren sich am P-Element. Sie werden deswegen auch dann angesprungen, wenn sie keinen Text enthalten.

Für die Webredaktion gilt: Verzichten Sie auf die Gestaltung durch leere Absatzelemente! Für Webentwickler gilt: Beobachten Sie dieses Vorgehen! Stellen mehrere Webredakteure aus verschiedenen Abteilungen auf diese Art Abstände her? Das kann ein Zeichen sein, dass die vorgegebenen Abstände einzelner Elemente zueinander tatsächlich zu gering sind und die CSS angepasst werden müssen.

Manchmal versuchen Webredakteure durch doppeltes Drücken der Eingabetaste einen größeren Abstand zwischen einzelnen Elementen eines Artikels herzustellen, z. B.:

- vor oder nach einer Datentabelle,
- zwischen Überschriften und Absätzen,
- vor und nach Listen oder einzelnen Listenpunkten.

Der doppelte Zeilenumbruch ist ebenfalls eine rein visuelle Kennzeichnung von Absätzen (vgl. Listing 9-7).

```
<p>Ein Absatz<br />
<br />
Fortsetzung des Fließtextes (durch ein doppeltes &lt;br /&gt; abgerückt)</p>
```

Listing 9-7   Doppelte Zeilenumbrüche

Sehende Nutzer interpretieren eine solche Textorganisation als zwei Absätze. Screenreader und andere Hilfsmittel erkennen den zweiten Absatz wegen des fehlenden P-Elements jedoch nicht. Er kann nicht mehr angesprungen werden. Dadurch wird ein zeilenweises Lesen des Textes nötig – mit dem damit verbundenen höheren Zeitaufwand.

Das BR-Element ist zwar ein gültiges HTML-Element, aber die sinnvollen Anwendungsmöglichkeiten sind begrenzt. Dennoch gibt es sinnvolle Möglichkeiten, das BR-Element zu verwenden, z. B. für Adressen oder Gedichte.

9.2.4.3   Listen

In der Webredaktion spielen alle Listen, also geordnete und ungeordnete Listen sowie Definitionslisten, eine Rolle. Listen dienen zur Gruppierung zusammenhängender Begriffe oder Gedanken und werden eingesetzt, wenn mindestens zwei »Dinge« aufgezählt werden.

HTML kennt die folgenden Listentypen:

- Ungeordnete Listen
  UL => Unordered List

- Geordnete bzw. nummerierte Listen
  OL => Ordered List

- Definitionslisten
  DL => Definition List, mit den Unterpunkten
  DT => Definition Term (zu definierender Begriff) und
  DD => Definition Description (Definition/Beschreibung)

Ungeordnete Listen

Ungeordnete Listen und damit auch unnummerierte Listen sind Aufzählungen, in denen die Reihenfolge für die Aussage unerheblich ist. Die einzelnen Einträge sind untereinander austauschbar. Ein einfaches Beispiel ist eine Aufzählung europäischer Hauptstädte:

```
<ul>
<li>London (und)</li>
<li>Brüssel (und)</li>
<li>Berlin (und)</li>
<li>Paris</li>
</ul>
```

Ein weiteres einfaches Beispiel wäre eine Liste mit Redewendungen bzw. Metaphern:

```
<ul>
<li>Buch mit sieben Siegeln</li>
<li>Eulen nach Athen tragen</li>
<li>Gretchenfrage</li>
<li>Hornberger Schießen</li>
</ul>
```

Zu beachten ist, dass Browser die Listenpunkte automatisch setzen. Deswegen sollten Listenpunkte, die durch Spiegelstriche in der Textverarbeitung entstanden sind, vorher entfernt werden. Spiegelstriche werden im Übrigen meist dann verwendet, wenn nicht mit Formatvorlagen gearbeitet wurde.

Geordnete Listen

Wann wird aus einer ungeordneten Liste eine geordnete und wann ist statt des UL-Elements das OL-Element zu verwenden? Nummerierte Listen bilden innerhalb der Listenpunkte eine innere Ordnung ab: Immer wenn eine andere Anordnung der Listenpunkte den Sinn entstellt, handelt es sich um eine geordnete Liste. Diese innere Ordnung und damit die Listenorganisation erfolgt also über die logische Beziehung der Listenpunkte.

Eine Anordnung der folgenden Städte nach Lieblingsstadt könnte die folgende Rangfolge und innere Ordnung ergeben:

1.   London
2.   Brüssel
3.   Berlin
4.   Paris

oder

a)   London
b)   Brüssel
c)   Berlin
d)   Paris

In HTML sehen diese beiden Listen aus wie in Listing 9–8 bzw. 9–9.

```
<ol>
<li>London</li>
<li>Brüssel</li>
<li>Berlin</li>
<li>Paris</li>
</ol>
```

Listing 9-8   Nummerierte Liste

```
<ol type="a">
<li>London</li>
<li>Brüssel</li>
<li>Berlin</li>
<li>Paris</li>
</ol>
```

Listing 9-9   Nummerierung mit alternativem Aufzählungszeichen

Würden bei dieser Rangfolge die Inhalte der Listenpunkte vertauscht, dann würde sich die Bedeutung ändern.

Wichtig ist auch hier, dass alle Browser beim OL-Element standardmäßig eine Liste mit Zahlen erzeugen. Es ist also nicht nötig, die Nummerierungen den Listenpunkten beizufügen.

Für eine alphabetisch geordnete Liste wird ergänzend zum OL-Element das type-Attribut wie in Listing 9-9 benötigt. Weitere Nummerierungsmöglichkeiten für geordnete Listen in Kombination mit dem type-Attribut sind:

- `<ol type="I">`
  Listeneinträge: I., II., III., IV. usw.

- `<ol type="i">`
  Listeneinträge: i., ii., iii., iv. usw.

- `<ol type="A">`
  Listeneinträge: A., B., C. usw.

Geordnete Listen werden außerdem bei Prozessen (z.B. Kurzbeschreibungen von Anmeldevorgängen) und einfachen Ranglisten (Charts, z.B. Top-Ten-Listen) eingesetzt.

Definitionslisten

Definitionslisten bestehen im Unterschied zu ungeordneten und geordneten Listen nicht nur aus einem Listenpunkt, sondern aus mindestens zwei Elementen, die zusammen einen Listenpunkt ergeben:

```
<dl>
<dt>London </dt>
<dd>Hauptstadt des Vereinigten Königreichs von Großbritannien und
Nordirland</dd>
<dt>Brüssel </dt>
<dd>Hauptstadt von Belgien und Hauptsitz der Europäischen Union</dd>
<dt>Berlin</dt>
<dd>Hauptstadt von Deutschland</dd>
<dt>Paris</dt>
<dd>Hauptstadt von Frankreich</dd>
</dl>
```

Listing 9-10   Definitionsliste für Begriffe

Im DT-Element wird ein zu definierender Begriff platziert und in das DD-Element eine Beschreibung oder Erklärung. Definitionslisten werden häufig für Glossare und Wörterbücher verwendet. Sie können außerdem für kommentierte Links verwendet werden, z.B. wenn Artikeln eine ergänzende Linksammlung nachgestellt wird:

```
<dl>
<dt><a href="#">Linktext</a></dt>
<dd>Beschreibung</dd>
<dt><a href="#">Linktext</a></dt>
<dd>Beschreibung</dd>
</dl>
```

Listing 9-11   Definitionsliste für eine Linkliste

Auch für Literaturverzeichnisse eignet sich die Definitionsliste. Für Interviews können Definitionslisten ebenfalls eingesetzt werden, indem Interviewer und Interviewter in DT- und der Diskussionsverlauf in DD-Elementen platziert werden. Bei Dokumenten mit häufig gestellten Fragen werden hingegen die Fragen über DT und die Antworten über DD ausgezeichnet.

Definitionslisten sollten einheitlich verwendet werden. Gibt es in einem Webangebot viele Interviews, dann sollten entweder immer Definitionslisten verwendet werden oder alternativ immer Kombinationen aus Überschriften und Absätzen. Meist eignet sich aber die Definitionsliste eher.

Definitionslisten dürfen nur ein DT pro Listeneintrag enthalten. Einem DT können jedoch mehrere DD zugeordnet werden. Eine Liste mit Veröffentlichungen, die den Titel, das Datum und z.B. die Zeitschrift oder das Buch sowie eine Kurzbeschreibung der Veröffentlichung enthält, kann so aufgebaut werden:

```
<dl>
<dt>Titel der Veröffentlichung </dt>
<dd>Erschienen am … in …</dd>
<dd>Kurzbeschreibung der Veröffentlichung</dd>
<dt>Titel der Veröffentlichung</dt>
<dd>Erschienen am … in …</dd>
<dd>Kurzbeschreibung der Veröffentlichung</dd>
</dl>
```

Listing 9-12   Definitionsliste für Literaturangaben

Bei langen Listen sollte man sich aber überlegen, ob eine Darstellung als Datentabelle sinnvoller ist (vgl. Abschnitt 11.1 ab S. 399). Kriterien sind die Übersichtlichkeit in Screenreadern und deren spezielle Befehle zur Navigation in Datentabellen. Bei kleineren Listen sollte man auf Definitionslisten setzen und Datentabellen verwenden, sobald die Darstellung komplexer wird.

Listenpunkte mit Ordnungszahlen

Solange Listenpunkte Ordnungszahlen von nur einer Ebene enthalten, sind diese als normale geordnete Listen zu behandeln. Wie sollte man jedoch mit einer solchen Liste umgehen?

1.
1.1
1.2
1.3
2.

In diesem Fall kann zwar die erste Gliederungsebene mit OL ausgezeichnet werden, nicht aber die in dieser Liste verschachtelten Listenpunkte. Die Listenpunkte lassen sich zwar über CSS emulieren, werden aber nur angezeigt, wenn die aufbereitende Software CSS unterstützt.

Auch wenn es semantisch nicht ganz richtig ist, können die zweistelligen Listenpunkte als ungeordnete Listen ausgezeichnet werden. In diesem Fall werden die Ordungszahlen der ersten Ebene zunächst aus dem Text entfernt, denn sie werden automatisch generiert. Die Ordnungszahlen der zweiten sowie weiterer Ebenen dürfen jedoch nicht entfernt werden und müssen im Listenpunkt enthalten sein. Ein Anwendungsfall wäre ein Online-Buch mit einem verlinkten Inhaltsverzeichnis, bei dem die einzelnen Kapitel mit Ordnungszahlen beginnen.

```
<ol>
 <li>Erster Hauptpunkt
  <ul>
   <li><span>1.1</span> Erster Unterpunkt</li>
   <li><span>1.2</span> Zweiter Unterpunkt</li>
   <li><span>1.3</span> Dritter Unterpunkt</li>
  </ul></li>
 <li>Zweiter Hauptpunkt</li>
</ol>
```

Listing 9-13   Gliederungsnummern in verschachtelten Listen

9.2.4.4   Zitate

In HTML werden zwei Formen von Zitaten unterschieden: inzeilige Zitate und blockbildende Zitate. Inzeilige Zitate gehören zu den sogenannten Inline-Elementen. Sie bilden keinen eigenständigen Absatz, sondern befinden sich innerhalb eines Absatzes. Im Gegensatz zu inzeiligen Zitaten werden blockbildende Zitate mit dem BLOCKQUOTE-Element ausgezeichnet, das wiederum einen oder mehrere Absätze (P-Elemente) enthält:

```
<blockquote>
 <p> … </p>
</blockquote>
```

Listing 9-14   Absatz als Zitat kennzeichnen

Das BLOCKQUOTE-Element kann außerdem Überschriften und Listen enthalten. Texte, die sich in einem BLOCKQUOTE befinden, werden standardmäßig von allen Browsern eingerückt. Wie bei anderen Elementen kann das Layout von Abständen, Aussehen usw. über CSS gesteuert werden.

Sowohl für BLOCKQUOTE als auch für Q sollte das cite-Attribut zur Angabe der Quelle des Zitats eingesetzt werden:

```
<blockquote cite="http://www.barrierefreies-webdesign.de">
<p>"Barrierefreies Webdesign ist die Kunst, Webseiten so zu gestalten, dass
jeder sie nutzen und lesen kann."</p>
</blockquote>
```

Listing 9-15   Quellenangabe eines Zitats mit dem cite-Attribut

Das cite-Attribut ist für Sehende nicht zugänglich, deswegen empfiehlt sich die Angabe von Quelle und Urheber immer auch über den Fließtext.

9.2.4.5   Hervorhebungen

H 49

Einzelne Wörter werden durch Fettung oder Kursivsetzungen hervorgehoben, wenn sie wichtig sind oder gegenüber anderen Teilen besonders betont werden sollen. Eine weitere Möglichkeit ist die Unterstreichung, auf die jedoch bei Online-Texten verzichtet werden sollte, denn sie kann mit einem Link verwechselt werden.

G 115

Mit den HTML-Elementen STRONG und B bzw. EM und I können Texte hervorgehoben werden. In Browsern wird STRONG und B gleich angezeigt (Fettung), ebenso EM und I (kursiv). Es gibt aber Unterschiede: Das B-Element (bold = fett) und das I-Element (italic = kursiv) sind visuell, das STRONG-Element (strong = hervorgehoben) und das EM-Element (emphasize = betonen) sind semantisch. Deswegen sollten STRONG und EM verwendet werden.

Ein sich hartnäckig haltender Mythos ist, dass Screenreader B und I nicht auswerten, STRONG und EM aber schon – z.B. durch eine Veränderung der Stimmfarbe (höher oder tiefer). Dass dem nicht so ist, zeigen die Tests von Steve Faulkner aus dem Jahr 2008.[10] Einige Screenreader können zwar so eingestellt werden, dass sich die Stimmfarbe bei STRONG und EM ändert, standardmäßig teilt aber nur der IBM Homepage Reader dem Nutzer solche Betonungen mit. An dieser Situation hat sich bis heute nichts geändert. Dennoch sollten für Hervorhebungen immer semantische Elemente verwendet werden.

Generell gilt, dass in Fließtexten auf zu viele Hervorhebungen verzichtet werden sollte. Eine Hervorhebung dient dazu, die Aufmerksamkeit des Lesers auf einen wichtigen Teil innerhalb eines Absatzes oder Abschnitts zu lenken und damit zu bündeln. Werden hingegen ganze Sätze hervorgehoben, so verlieren vorhandene Zwischenüberschriften an »Kraft« und der Text wird unleserlicher.

---

10. Faulkner, S., The Paciello Group, Screen Readers lack emphasis,
     URL: *http://www.paciellogroup.com/blog/?p=41* (Abruf 14.4.2010).

Ebenfalls zurückhaltend sollte kursive Schrift verwendet werden. Kursive Schrift ist generell im Web unleserlicher als normale Schrift. Dies gilt bereits für den sogenannten »normalsichtigen« Menschen, besonders aber für sehbehinderte Leser. Zudem können sich einige Farbkombinationen negativ auswirken. Deswegen sollten Hervorhebungen besser über STRONG vorgenommen werden.

9.2.4.6   Zusammenfassungen

Zusammenfassungen sind aus der wissenschaftlichen Literatur bekannt und heißen dort »Abstracts«. Zu unterscheiden ist die Zusammenfassung von einem Inhaltsüberblick. Der Inhaltsüberblick ist eine Vorstrukturierung und beschreibt, was in den einzelnen Kapiteln zu finden ist; die Zusammenfassung fasst die wichtigsten Inhalte in wenigen Zeilen und komprimiert zusammen.

Vor allem wenn Texte komplexe Sachverhalte vermitteln, fördern ergänzende Zusammenfassungen die Verständlichkeit für Menschen mit geringerer Schriftsprachenkompetenz. Solche Zusammenfassungen enthalten die wichtigsten Aussagen und Informationen in kurzen Sätzen und gebräuchlichen Wörtern. Die Lesbarkeit der Zusammenfassung sollte mit einem geeigneten Lesbarkeitsindex gemessen werden und für Menschen mit einer niedrigen sekundären Schulbildung verständlich sein.

Doch nicht immer können leicht verständliche Zusammenfassungen einem Text vorangestellt werden. Enthält er bereits eine (schwer verständliche) Zusammenfassung, kann eine leicht verständliche meist nur noch an das Ende gestellt werden. Auf die leicht verständliche Zusammenfassung kann dann in einem seiteninternen Inhaltsverzeichnis hingewiesen werden. Wichtig ist, dass auf diese Zusammenfassung durch eine Überschrift »Zusammenfassung leicht verständlich« hingewiesen wird.

Ein weiteres Problem entsteht, wenn ein Text bereits formatiert und nach PDF konvertiert wurde. Dann kann die zusätzliche Zusammenfassung oft nur noch auf eine vorgelagerte Seite gestellt werden.

9.2.4.7   Nicht auf Position, Form und Farbe verlassen

Ein Aspekt, der zumindest auf den ersten Blick mit der Textorganisation wenig zu tun hat, dafür umso mehr mit einer rein visuellen Herangehensweise, sind Anweisungen wie:

- Klicken Sie den runden Button!
- Weitere Informationen finden Sie rechts.
- Klicken Sie den grünen Button!
- Mischungen aus rein visuellen Aussagen wie »Klicken Sie den grünen Button rechts«.

Sie können von sehenden Nutzern problemlos verstanden werden. Ein blinder Nutzer steht aber bei dem Satz »Weitere Informationen finden Sie in der rechten Spalte« vor einer Barriere. Screenreader geben Inhalte linear aus, also von

oben nach unten. Blinde Nutzer können deswegen mit einer solchen Information wenig anfangen, wenn nicht eine weitere zusätzliche Angabe zur Position
der »weiteren Informationen« gegeben wird (vgl. Abschnitt »Linearisierbarkeit«
ab S. 86). Bei einer ergänzenden Linkliste in der rechten Spalte sollte also ein
Textverweis so formuliert werden:

> »Ergänzende Informationen zu ›Thema XYZ‹ finden Sie in der rechten Spalte
> unter ›Linkliste‹.«

»Linkliste« ist natürlich als Überschrift auszuzeichnen (vgl. Abschnitt »Überschriften für die strukturelle Navigation« ab S. 256), damit sie mit einem Screenreader angesteuert werden kann. Durch die Bezeichnung des Bereichs kann
die Stelle außerdem leicht mit der Suchfunktion des Browsers gefunden werden.

Generell sollte sich weder Richtungsangaben noch Angaben zur Form, Größe
oder zu Audio allein verlassen werden. Auch Formulierungen, die auf Farbwahrnehmung setzen, sind kritisch. Nur über eine Anweisung wie »Wichtige Informationen sind in Rot geschrieben« findet z.B. ein Leser mit einer Rot-Grün-
Schwäche den Zieltext möglicherweise nicht. Eine Lösung wäre:

- Der rote Text wird mit STRONG hervorgehoben und erhält außerdem zwei
  Ausrufezeichen (!!).

- Der Verweistext wird so formuliert:
  »Wichtige Informationen sind in Rot und fett geschrieben und enden mit!!«.

Damit wird der Hinweis zu einer wichtigen Information über drei Wege vermittelt: Farbe, Struktur und Text. Der Zieltext kann dann sowohl über den Inhalt als
auch über Farbe und Fettung gefunden werden.

Hier schließt sich der Kreis zur Textorganisation: Texte fügen sich in Webseiten immer in eine bestehende Struktur und damit eine Gesamthierarchie ein.
Ergänzende Informationen gehören zu diesem Text, auch wenn sie in einer
anderen Spalte stehen, und müssen deswegen durch Überschriften erkennbar
sein. Hervorhebungen dienen dem Betonen wichtiger Aussagen und der Verweis auf ergänzende Informationen ist ohne Frage eine »wichtige Information«.

Die Textorganisation wird – zumindest auf der visuellen Ebene – bereits in vielen
Redaktionen beachtet, aber oft nicht ausreichend auf der Strukturebene.

Die häufigsten Fehler entstehen, wenn Autoren zu visuell orientiert sind. In
allen Formaten wird dann schon mal eine Überschrift statt mit der erforderlichen Formatvorlage oder dem entsprechenden HTML-Strukturelement nur
über Größe oder Fettung gekennzeichnet. Ein weiteres Problem entsteht, wenn
versucht wird, ein 1:1-Verhältnis von der Vorlage zum Text im Web herzustellen.

In der Regel werden Überschriften umso kleiner dargestellt, je tiefer die
Ebene ist. Dies verleitet Online-Redakteure dazu, statt auf die korrekte Überschriftenebene nur auf die ähnliche oder gleiche Schriftgröße zu achten.

Informationen, die über mehrere Wege vermittelt werden, sind für alle verständlicher und zugänglicher. Das bedeutet, dass sie nicht ausschließlich über rein visuelle Angaben vermittelt werden sollten. Dieses Thema wird in Abschnitt 19.1 ab Seite 699 aufgegriffen.

9.2.5   Verständliche Wörter und Begriffe

Sowohl Lesbarkeit als auch Leserlichkeit beziehen sich meist auf die Oberflächenstruktur geschriebener Texte, wobei wichtigstes Kriterium die Lesegeschwindigkeit ist. Darüber hinaus ist natürlich das eingesetzte Vokabular wichtig.

Die ersten Verständlichkeitsforscher, die diesen Aspekt einbezogen, waren Edgar Dale und Jeanne Chell mit ihrem zeitgleich zum Flesch-Reading-Ease-Index veröffentlichten Lesbarkeitsindex. Sie erweiterten die bloße Lesbarkeit um die Dimension der Bekanntheit von Wörtern. Bestimmt wurde eine Liste von 763 »harten« Wörtern, die Mitte der 1990er-Jahre auf 3000 Wörter erweitert wurde: die »Dale-Chall List of 3000«. Diese einfachen und geläufigen Wörter sind für mehr als 80 % der Menschen mit einer formalen Schulbildung von vier Jahren verständlich.[11] Das entspricht einem Alter von ca. zehn Jahren.

Auch dieser Index kann nicht ohne Weiteres für andere Sprachen übernommen werden. Für die deutsche Sprache müsste er zudem an die regionalen Besonderheiten der deutschsprachigen Länder angepasst werden. Denn in Deutschland geläufige Wörter können in der Schweiz, Liechtenstein oder in Österreich ungeläufig sein und umgekehrt. Eine mögliche Grundlage könnte aber die Liste der 30.000 bekanntesten Wörter sein, die das Institut für Deutsche Sprache anbietet:

http://www.ids-mannheim.de/kl/projekte/methoden/derewo.html

Geläufige Wörter werden meist besser verstanden und behalten – auch wenn Kritiker einwenden, dass sie zu langweiligen Texten führen können. Ebenfalls besser behalten werden konkrete Wörter im Unterschied zu abstrakten Wörtern, denn sie sind meist geläufiger und anschaulicher:

Abstrakt	Konkret
Anerkennung	Lob
Dimension	Größe
Abfall	Müll
traditionell	wie immer
ästhetisch	schön
bereinigt	sauber

Tab. 9-1   Beispiele für abstrakte und konkrete Wörter

---

11. Montana Office of Public Instruction, The Dale-Chall Word List, URL: *http://opi.mt.gov/Pub/RTI/Forms/School/Choteau/The%20Dale-Chall% 20Word%20List.doc* (Abruf 6.11.2009).

Selbstverständlich muss bei der Wahl anschaulicher Begriffe beachtet werden, dass der Sinn einer Aussage nicht verstellt oder entstellt wird. Deutlich wird das an den Begriffen »Religion« und »Kirche«. Auch wenn der Begriff »Kirche« anschaulicher ist, ist er dennoch kein angemessener Ersatz für den abstrakten Begriff »Religion«, denn die meisten Religionen können nicht als »Kirchen« bezeichnet werden, ohne dass eine zumindest fragwürdige Aussage entsteht.

Neben der Wahl konkreter statt abstrakter Begriffe umfasst sprachliche Einfachheit:

- Fachbegriffe, die nicht unbedingt der Allgemeinheit verständlich sind, und Fremdwörter,
- Redewendungen und Metaphern, die kulturspezifisch sind und nicht überall gleich gut verstanden werden,
- Wörter mit speziellen Definitionen sowie Wortneuschöpfungen und mehrdeutige Wörter,
- Wörter, bei denen die Aussprache die Bedeutung beeinflusst.

9.2.5.1 Fachbegriffe und Fremdwörter

Manche Begriffe sind in einer bestimmten Disziplin eindeutig und Teil einer Fachsprache. Von Fachsprache redet man, wenn die verwendeten Begriffe nicht Teil der Allgemeinsprache oder Gemeinsprache ist. Fachbegriffe können nicht immer vermieden werden, aber nicht jeder Fachbegriff muss verwendet werden, vor allem wenn er sich negativ auf das Textverstehen auswirken kann. Natürlich kommt es darauf an, an wen ein Text gerichtet ist. Fachtexte, die an Vertreter eines bestimmten Faches gerichtet sind, werden natürlich Fachbegriffe der jeweiligen Disziplin enthalten. Je mehr sich ein Text aber an die Allgemeinheit richtet, umso eher wird eine Optimierung erforderlich. Besonders deutlich wird dies in Disziplinen wie Jura, Medizin oder Bioethik.

Im Gegensatz zu Fachbegriffen sind Fremdwörter aus anderen Sprachen eingewandert und können einen festen Platz in der deutschen Sprache haben. Laut Duden haben Fremdwörter vier Merkmale:[12]

- Einzelne Bestandteile, z.B. Endungen oder Vorsilben sind fremd: Sie beginnen z.B. mit »hypo«, »hyper«, »Pro« oder »Kon« oder enden mit »ni«, »iv« oder »ion«.
- Sie haben eine andere Aussprache oder Betonung: z.B. »Team« [ti:m], »autark«, »desolat« und »Diät«, wo die Betonung auf der letzten Silbe und nicht der Stammsilbe liegt.
- Sie haben ein anderes Schriftbild wie »Philie«, »Bodybuilder« und »Osteoporose« oder ungewöhnliche Anlaute wie »gn«, »pt« oder »ts«.
- Sie werden in der Alltagssprache selten verwendet wie »intrinsisch«, »paginieren« oder »eruieren«.

---

12. Ein Fremdwort – was ist das? URL: *http://www.duden.de/downloads/produkte/duden05/fremdwort_freund_oder_feind.pdf* (Abruf 25.5.2010).

Verständliche Texte bedeutet auch, sich evtl. für leichter verständliche deutsche
Wörter zu entscheiden – sofern sie gleich gut sind. Einige Beispiele:

- »Enthaltsamkeit« oder »Verzicht« statt »Abstinenz«
- »Verlust« oder »Mangel« statt »Defizit«
- »Neuheit oder »Erfindung« statt »Innovation«
- »Übereinstimmung« oder der »kleinste gemeinsame Nenner« statt »Konsens«
- »Bauchspeicheldrüse« statt »Pankreas«
- »ungewöhnlich« oder »unangepasst« statt »unorthodox«
- »Die Stelle ist frei« statt »Die Stelle ist vakant«
- »etwas herausfinden« statt »eruieren«
- »vorgeschrieben« oder »verpflichtend« statt »obligatorisch«
- »feststellen« statt »konstatieren«
- »nicht mehr gebräuchlich« statt »obsolet«

Selbstverständlich können diese Vorgaben mit dem Anspruch kollidieren,
möglichst kurze Sätze zu schreiben. In diesem Fall muss zwischen Kürze des Satzes und Verständlichkeit des Wortes abgewogen werden. Wir meinen, dass
dann die Verständlichkeit Vorrang haben sollte, dennoch sollte immer auch auf
die Satzlänge geachtet werden.

9.2.5.2 Redewendungen und Metaphern

Redewendungen und eine bildhafte Sprache werden nicht von allen Menschen
gleich gut verstanden. Solche Wörter oder Wortkombinationen sind vor allem
für Menschen mit kognitiven Einschränkungen eine Hürde. Manchmal ist es
zwar sinnvoll, etwas »durch die Blume« zu sagen, aber eine klare Sprache oder
zumindest Erläuterungen fördern die allgemeine Verständlichkeit.

Berühmte Zweizeiler sind manchmal nur in einer bestimmten Bildungs-
schicht berühmt und vor allem bekannt. Nicht jeder weiß z.B. mit »Die schärfs-
ten Kritiker der Elche waren früher selber welche« etwas anzufangen. Gleiches
gilt für »des Pudels Kern«, das »Ausruhen auf Lorbeeren« oder wenn es »Katzen
und Hunde« regnet. Während man in Deutschland wie der Ochse vorm Berg
steht, steht man in der Schweiz wie der Esel am Berg. In Deutschland kriegt man
die Kurve oder auch nicht; in der Schweiz findet man den Rank. In Deutschland
steckt der Teufel im Detail, in Österreich ist »die Technik ein Hund«. In Deutschland heißt es »gehüpft wie gesprungen« oder »gehuppt wie geduppt« und in
Österreich springt quasi nichts, denn dort heißt diese Redewendung »gehüpft
wie gegangen«.

Verwandt mit den Redewendungen sind die Metaphern. Eine bildhafte
Sprache belebt Texte, macht sie abwechslungsreicher und interessanter. Metaphern können Themen und Meinungen anschaulicher machen – zumindest
wenn sie allgemein verständlich sind.

Wortbilder wie

- den Faden verlieren
- den Bock zum Gärtner machen
- dem Fass den Boden ausschlagen
- der Zahn der Zeit
- wie die Faust aufs Auge
- das Kind mit dem Bade ausschütten
- Gras über eine Sache wachsen lassen

werden oft in Reden aufgrund ihrer Anschaulichkeit verwendet. Für Metaphern gilt das Gleiche wie für Redewendungen: Für Menschen mit einer Lernschwierigkeit oder einer niedrig(er)en formalen Schulbildung sind sie schwer verständlich.

Redewendungen und Metaphern können aber nicht nur im Kontext einer Behinderung oder der Schulbildung eine Barriere sein; sie sind außerdem kultur- und bildungsabhängig. Keinesfalls sollten daher Redewendungen, Sprichwörter oder Metaphern wörtlich übersetzt werden. Bei solchen Übersetzungen gilt oft: Knapp daneben ist auch vorbei.

9.2.5.3   Weitere ungeläufige Wörter

Eine weitere Gruppe ungeläufiger Wörter sind mehrdeutige Wörter, bei denen die Bedeutung erst aus dem Zusammenhang hervorgeht, sowie Wortneubildungen wie »brutalstmöglich« oder »unkaputtbar«. Angesprochen sind außerdem Wörter, die regional verständlich sind oder eben auch nicht sowie veraltete und alte Wörter und Anglizismen.

Ein bestimmter Gegenstand – und damit auch das Wort dafür – kann »verschwinden«, wie die Lochkarte, oder sich langsam verabschieden, wie die Schallplatte. Ein weiteres Beispiel ist das »Kaiserwetter«, das natürlich nichts mit Franz Beckenbauer zu tun hat. Die »Leibesübungen« heißen heute »Sport«, der »Schallplattenalleinunterhalter« ist dem »DJ« (Discjockey) gewichen und das Wort »Kapelle« für eine Band ist wohl auch nicht mehr vielen bekannt. Die älteren unter uns erinnern sich sicher auch noch an den »Yuppie« oder die »Buchse«. In manchen Fällen sollte ein veraltetes Wort durch ein neueres und damit geläufigeres Wort ersetzt werden. Zumindest aber sollte man mit veralteten Wörtern sparsam umgehen bzw. sie bei der ersten Nennung erklären – denn natürlich muss auch auf die Richtigkeit der Inhalte geachtet werden.

Das gilt auch für Anglizismen, wo im Einzelfall zugunsten eines bekannteren Wortes oder Ausdrucks entschieden werden sollte. Beispiele für Anglizismen mit ihren leichter verständlichen Pendants sind in Tabelle 9-2 aufgeführt.

Anglizismus	Deutsches Wort
Administration	Verwaltung
Hotline	Kundentelefon oder auch Notfallnummer oder Direktruf
Label	Anhänger, Etikett
Newbie	Anfänger
Mentoring	Betreuung, Förderung
Scoop	Sensationsmeldung

Tab. 9-2   Beispiele für Anglizismen

Es gibt selbstverständlich Fälle, in denen Anglizismen bekannter als deutsche Wörter sind. In diesen Fällen sollte unserer Ansicht nach der Anglizismus verwendet werden. Schließlich geht es nicht um die »Reinhaltung der deutschen Sprache«, sondern darum, von möglichst vielen verstanden zu werden. So dürfte der »Leichtrechner« eher unter dem Begriff »Netbook« bekannt sein und der Scheinanglizismus »Handy« könnte zumindest in Deutschland bekannter als das »Mobiltelefon« sein. Die Schweizerische Bundeskanzlei stellt auf

http://www.bk.admin.ch/dienstleistungen/db/anglizismen/ index.html

ein Glossar zur Verfügung, mit dessen Hilfe Anglizismen in das schweizerische Hochdeutsch übersetzt bzw. erklärt werden können. Dieses Glossar empfiehlt sich auch für deutsches Hochdeutsch.

Sprache ist in Bewegung. Wie andere Sprachen hat auch die deutsche Sprache sogenannte »eingewanderte« Wörter. Diese sind nicht grundsätzlich ein Problem, denn Verständlichkeit bedeutet nicht die ausschließliche Verwendung deutscher Wörter. Ein Verzicht auf eingewanderte Wörter würde streng genommen bedeuten, dass man gebräuchliche Wörter wie »Kaffee« nicht mehr verwenden dürfte und die »Kopie« der »Lichtpause« weichen müsste.

Ungeläufige Wörter sollten vermieden oder zumindest erläutert werden, wenn ohne deren Kenntnis der Inhalt nicht mehr verständlich ist. Dies gilt auch für Neudefinitionen oder Wortneuschöpfungen, die »Neologismen«. Beispiele sind Wörter wie »unkaputtbar«, »brutalstmöglich«, »Gutmensch« oder »Spätdekadenz«. Eine ausführliche und ständig aktualisierte Sammlung von Neologismen bietet die »Wortwarte« auf:

http://www.wortwarte.de/

Auf der anderen Seite waren Begriffe und Ausdrücke, die heute geläufig sind, einst Neologismen. Zu entscheiden, wann ein Wort ungeläufig ist und wann nicht, gehört zu den weichen Kriterien der Barrierefreiheit. Zudem können Begriffe zwar für den Leser ungeläufig, aber typisch für eine bestimmte Textsorte sein.

9.2.5.4   Betonung und Bedeutung

Das Wissen über die korrekte Aussprache von Wörtern kann Einfluss auf das Verstehen eines Textes haben. Angesprochen ist hier der Zusammenhang von Schriftsprache, Lautsprache und Bedeutung von Wörtern, die in ein und derselben Sprache gleich geschrieben werden:

▥   Zwei Wörter werden gleich ausgesprochen, unterschiedlich geschrieben und bedeuten nicht das Gleiche (Homophone).
▥   Zwei Wörter werden gleich geschrieben, gleich gesprochen und bedeuten nicht das Gleiche (Homonyme).
▥   Zwei Wörter werden gleich geschrieben, unterschiedlich ausgesprochen und bedeuten nicht das Gleiche (Homographe).

In der Interaktion zwischen Leser und Text und im Kontext der Verständlichkeit spielen vor allem Homonyme und Homographe eine Rolle.

Homonyme werden in der deutschen Sprache auch »Teekesselchen« genannt. Man findet sie im Unterschied zu anderen Sprachen eher im Bereich von Witz und Wortspiel als in »normalen« Texten. Einige Beispiele der mindestens 400 bekannten Teekesselchen:

▥   Fingerhut → eine Pflanze oder ein Schutz beim Nähen
▥   Läufer → ein Sportler oder ein Bodenbelag
▥   Kiwi → ein Tier oder eine Frucht
▥   Maus → Computer oder Tier

In der Regel ergibt sich in der deutschen Sprache die unterschiedliche Bedeutung eines Wortes oder Begriffs aus dem Kontext und benötigt keine Erläuterungen.

Beispiele für deutsche Homographe sind »modern« und »Tenor«: »modern« bedeutet entweder »fortschrittlich« (bei Betonung auf der zweiten Silbe) oder »verwesen« (bei Betonung auf der ersten Silbe); mit »Tenor« kann entweder eine hohe Männerstimme (2. Silbe) gemeint sein oder der grundlegende Gehalt einer Aussage (1. Silbe).

Für Wörter, die gleich geschrieben und nicht gleich ausgesprochen werden, sind erst dann Hinweise zur Aussprache erforderlich, wenn Texte sonst missverständlich oder unverständlich sind. Faktisch ist das in der deutschen Sprache meist nur der Fall, wenn in einem Text beide Wörter vorkommen. Ein fiktives Beispiel wäre: »Der Rentier ist kein Rentier«. Im ersten Fall ist jemand gemeint, der z.B. von regelmäßigem Geld lebt, das er für eine Verpachtung erhält. Aber auch hier dürfte aus dem Inhalt und schon aus dem verwendeten Artikel heraus sein, wann es sich um das Rentier und wann um den Rentier (sprich: rentje) handelt. Eine weitere Bedeutung, die das Wort annehmen kann, ist, wenn das gleichnamige Sternbild gemeint ist. Auch das dürfte aber aus dem Kontext deutlich werden und besondere Hinweise überflüssig machen.

Insgesamt scheint uns dies weniger ein Problem der deutschen Sprache zu sein. In vielen asiatischen und afrikanischen Sprachen aber ist der Zusammenhang von Aussprache und Bedeutung stärker, wobei es dann sowohl auf Silbenbetonungen als auch Tonhöhe sowie Kombinationen aus beidem ankommen kann. Ist die Aussprache für das Verstehen eines Textes wichtig, dann sind Hinweise zur korrekten Aussprache beim ersten Vorkommen des Wortes bereitzustellen. Dafür bieten sich folgende Techniken an:

- Eine Erklärung folgt direkt nach dem Wort z.B. in Klammern,
- Hinweise zur Aussprache sind verlinkt oder
- ein Glossar steht bereit.

Weitere Möglichkeiten sind die Verwendung des RUBY-Elements (vgl. Listing 11–24 auf S. 428) oder der Einsatz diakritischer Zeichen.

Werden diakritische Zeichen eingesetzt, dann sollte dies weitgehend automatisiert und dem Leser die Entscheidung überlassen werden, ob er einen Text mit oder ohne diakritische Zeichen wünscht. In diesem Fall kann eine Funktion zur Verfügung gestellt werden, um zwischen beiden Möglichkeiten hin- und herzuschalten. Auf ein solches interessantes Beispiel verweisen die WCAG20:

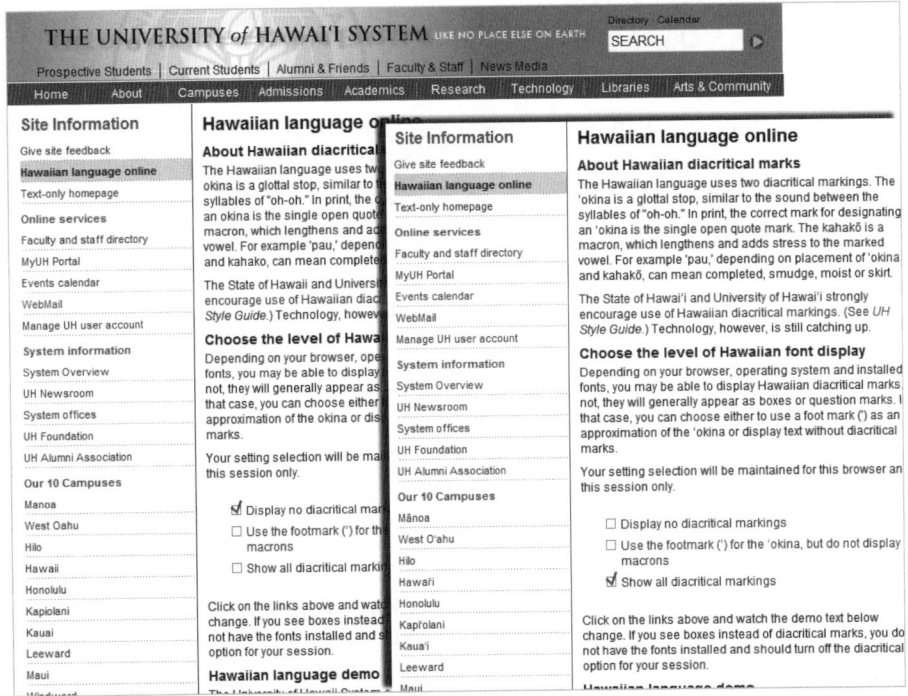

Abb. 9-1   Anzeige von einigen wenigen diakritischen Zeichen

9.2.5.5   Umgang mit ungeläufigen Wörtern und Ausdrücken

Falls man nicht auf ungeläufige Wörter, Fachbegriffe und Fremdwörter oder auf Redewendungen und bildhafte Sprache verzichten kann, werden Erläuterungen nötig. Dafür gibt es unterschiedliche Möglichkeiten. Diese hängen davon ab, ob ein Wort oder Ausdruck auf dem gesamten Webangebot die gleiche Bedeutung oder unterschiedliche Bedeutungen hat. Entscheidend ist auch, ob Erläuterungen nur bei erstmaliger Nennung gegeben werden sollen oder bei jeder Nennung.

Wenn ein Wort oder auch eine Abkürzung unterschiedliche Bedeutungen hat, dann muss es bei jedem Vorkommen entweder verlinkt oder erklärt werden.

Verlinkung zu einer Erläuterung

Schwer verständliche Begriffe und Ausdrücke benötigen grundsätzlich Erläuterungen. Selbstverständlich ist das aber nicht immer möglich. Dies betrifft beispielsweise Fachartikel, in denen quasi in jedem Satz Begriffe erläutert werden müssten. Sind Texte an die Allgemeinheit gerichtet, sollten aber z.B. folgende Fachbegriffe immer erläutert werden:

- juristische Fachbegriffe
- technische Fachbegriffe
- medizinische Fachbegriffe

Ein vollständiger Verzicht auf Fachwörter wird oft nicht möglich sein, denn was für den einen ein ungeläufiges Wort ist, bringt den Sachverhalt für den anderen auf den Punkt.

Ein Glossar kann für viele Webangebote eine gute Lösung sein, denn es kann außerdem für Abkürzungen und Hinweise zur Aussprache von Wörtern dienen. Selbstverständlich eignet es sich auch für das Erklären von Redewendungen und Metaphern.

Erläuterungen oder Definitionen können sich entweder auf der gleichen Seite oder auf einer anderen Seite befinden. Wo sie auch platziert werden, das zu erklärende Wort sollte verlinkt sein und der Link direkt zur Erklärung führen. Ein Zurück-Link von der Erläuterung zum Text ist nicht unbedingt erforderlich, jedoch sollte die Zurück-Funktion des Browsers in jedem Fall funktionieren.

Eine weitere Möglichkeit ist das Verlinken eines Glossars mit dem LINK-Element (vgl. Abschnitt 7.2.4.3 ab S. 296). Für die Arbeit in der Webredaktion ist entscheidend, ob das LINK-Element in der Webentwicklung vorgesehen wurde oder nicht. Wenn ja, dann müssen Worterklärungen nicht mehr über das direkte Verlinken eines Begriffs erfolgen.

Der Link kann natürlich auch ein normaler Textlink sein und zu den Erläuterungen führen.

Für die Aufbereitung selber empfiehlt sich eine alphabetisch aufgebaute Definitionsliste. Sie kann entweder Teil eines Glossars sein oder am Artikelende stehen:

```
<h2>Verwendete Redewendungen</h2>
<dl>
 <dt>Buch mit sieben Siegeln</dt>
 <dd>Wenn etwas schwer verständlich ist.</dd>
 <dt>Eulen nach Athen tragen</dt>
 <dd>Wenn man etwas Überflüssiges tut. Wenn man z.B. jemandem etwas bringt, das
er selber schon im Überfluss hat.</dd>
 <dt>Gretchenfrage</dt>
 <dd>Eine direkte Frage, die den Kern eines Problems betrifft.</dd>
 <dt>Hornberger Schießen</dt>
 <dd>Wird verwendet in Sätzen wie "das geht aus wie das Hornberger Schießen".
Wenn etwas laut angekündigt und viel geworben wird, nachher aber nichts dabei
herauskommt.</dd>
</dl>
```

Listing 9-16   Beispiel für den Aufbau eines Glossars

Worterklärungen am Ende eines Artikels benötigen eine Abschnittsüberschrift und eine Gliederungsebene, die sich in die Gesamthierarchie des Artikels einfügt. Die Definitionsliste enthält dann alle im Artikel enthaltenen Fachbegriffe oder Ausdrücke.

Verwandt mit diesem Thema sind evtl. erforderliche Auflösungen von Abkürzungen (vgl. Abschnitt 11.4.2 ab S. 430). Außerdem können sich weiterführende Informationen in Form einer ergänzenden Linksammlung ebenfalls am Ende eines Textes befinden. Eigenständige Glossare oder Wörterbücher könnten dann übersichtlicher sein. Generell empfiehlt sich ein einheitliches Vorgehen.

Erläuterungen im Fließtext

Worterklärungen können sich auch im gleichen Satz, und zwar entweder im folgenden Nebensatz, in Klammern hinter dem Wort oder vor dem schwierigen Wort befinden. Eine weitere Möglichkeit ist, die Definition in einem eigenen Satz aufzuführen. Damit deutlich ist, dass es sich um eine Worterklärung handelt, sollte dieser mit »Definition: ...« beginnen.

Zusätzlich kann das DFN-Element (Definition) verwendet werden. Hierbei ist darauf zu achten, dass sich nicht die Erläuterung im DFN-Element befindet, sondern das Wort, das erläutert wird, wie das folgende Beispiel aus den Techniken der WCAG20 zeigt:

```
<p>The Web Content Accessibility Guidelines require that non-text content
has a text alternative. <strong>Definition:</strong> <dfn>Non-text
content</dfn> is content that is not a sequence of characters that can be
programmatically determined or where the sequence is not expressing
something in human language; this includes ASCII Art (which is a pattern
of characters), emoticons, leetspeak (which is character substitution),
and images representing text .</p>
```

Nachschlagen von Erläuterungen

G 70

Wenn Begriffe bei jedem Auftauchen im gleichen Satz oder in der Nähe des Wortes erklärt werden, bremst das schnell den Lesefluss. Alternativ zur Verlinkung oder Definitionen in Fließtexten eignet sich deswegen eine Funktion, mit der ein Online-Wörterbuch oder ein Glossar durchsucht werden kann. Diese müssen nicht selber verfasst werden. Im Web finden sich zahlreiche Wörterbücher, auf die verwiesen werden kann. Hierbei gilt, dass spezialisierten Wörterbüchern der Vorzug zu geben ist.

Welche Technik sollte man nun verwenden? Nicht alle eignen sich gleichermaßen, was von verschiedenen Faktoren abhängt:

- Eine Erklärung im Fließtext sollte nicht von vornherein ausgeschlossen werden, kann aber zu sehr langen und schwer lesbaren Sätze führen.
- Eine Erklärung in Klammern kann ebenfalls zu schwer lesbaren Sätzen führen, z.B. wenn auch Auflösungen von Abkürzungen in Klammern gesetzt werden.
- Es können umfangreiche Erklärungen nötig sein.
- Es kann sich um Einzelfälle handeln, die ebenso als Anmerkung oder als »Fußnote« umgesetzt werden können.

Handelt es sich bei einem Artikel um die Erklärung eines Fachbegriffs oder einer Redewendung, dann ist der Artikel selber bereits erläuternd genug und benötigt keine weiteren Erläuterungen – aber natürlich nur, wenn in dem Text auf schwere Sprache verzichtet wird.

9.2.6   Eine Frage des Stils

Verständlich schreiben erschöpft sich nicht in den oben genannten Aspekten. Manchmal müssen Texte insgesamt verständlicher gemacht werden. Dies betrifft nicht nur technische Aspekte, sondern auch den Schreibstil.

Die teilweise »weichen Kriterien« für einen verständlichen Stil können wegen der Abhängigkeit der Verständlichkeit vom eigentlichen Inhalt und vom Leseniveau nicht genau formuliert werden. Redakteure müssen sich der Textverständlichkeit immer wieder neu annähern, je nachdem, über welches Thema sie schreiben oder welche Leser angesprochen werden.

In den WCAG20 werden weitere Empfehlungen zur Förderung der Verständlichkeit formuliert. Dabei handelt es sich um ein Bündel von Möglichkeiten, von denen wir nur einige wenige nennen und die teilweise ebenfalls in den Empfehlungen von Verständlichkeitsforschern enthalten sind:

- Nur ein Thema pro Absatz
- Einfacher Satzbau: Subjekt, Prädikat und Objekt
- Nicht mehr als zwei Konjunktionen
- Logische Beziehungen zwischen Sätzen, Absätzen oder Abschnitten
- Aktiv statt passiv formulieren
- Wörter konsistent verwenden

9.3   Verständliche Sprachen

Es gibt Sprachen, die kaum verständlich sind. Damit sind nicht Fremdsprachen gemeint, aber solche, die wie Fremdsprachen wirken. Berüchtigt ist das Amtsdeutsch, aber auch technische Dokumentationen oder Bedienungsanleitungen können sich wie eine Fremdsprache anhören. Lösung bietet nicht nur die Verständlichkeitsforschung. Manche Impulse kommen aus der Wirtschaft, wo es seit mehr als 50 Jahren Ansätze für eine »Kontrollierte Sprache« gibt.

9.3.1   Kontrollierte Sprache

Von »Kontrollierter Sprache« spricht man, wenn Texte nach vorgegebenen Regeln vereinfacht werden. Dies betrifft Fachbegriffe, Wortschatz, Stil und Grammatik gleichermaßen. Der deutsche Begriff »Kontrollierte Sprache« ist eigentlich ein Übersetzungsfehler, denn der Originalbegriff »Controlled Language« meint eine geregelte oder gesteuerte Sprache und nicht »Kontrolle« im Sinne von »Überwachung«.

»Kontrollierte Sprache« ist ein feststehender Begriff, verwendet wird er in der Privatwirtschaft u.a. bei Siemens und SAP. Ein ähnlicher Begriff ist »Übersetzungsgerechtes Schreiben«. Bekannt ist Kontrollierte Sprache in der Technischen Dokumentation und wird Technischen Redakteuren geläufig sein.

Grund und Startpunkt Kontrollierter Sprache in der Technischen Dokumentation war die Globalisierung. Man setzt Produkte nicht mehr nur in einem Sprachraum ab, und Übersetzungen in zahlreiche Sprachen können vor allem bei einer breiten Produktpalette kostspielig werden.

Ein Pionier der Kontrollierten Sprache ist die Firma Caterpillar, ein Produzent von Erdbewegungsmaschinen. Statt einen erheblichen finanziellen und zeitlichen Mehraufwand in die Übersetzung von Produktdokumentationen in 50 Sprachen zu investieren, erfand Caterpillar das *Caterpillar Fundamental English (CFE)*. CFE ist ein vereinfachtes Englisch mit einem Wortschatz von 800 Wörtern und einer einfachen Grammatik. Eine ergänzende Schulungsdokumentation machte die Sprache schnell erlernbar.[13] 1982 wurde CFE durch das *Caterpillar Technical English (CTE)* ersetzt.

Im angelsächsischen Sprachraum hat sich Kontrollierte Sprache in technischen Dokumentationen der Luft- und Raumfahrtindustrie durchgesetzt. Ein Beispiel ist das AECMA SE (Simplified English), das der Maßgabe »One Meaning – One Word« folgt und 800 zulässige Wörter hat.[14] Heute ist AECMA SE unter dem Namen *Simplified Technical English (STE)* bekannt. Es gehört zu den verbreitetsten Kontrollierten Sprachen[15] und wird u.a. bei Boeing, Rolls-Royce und Saab verwendet. IBM hat mit dem Easy English eine eigene Kontrollierte Sprache.

Vorteile von Kontrollierter Sprache sind sowohl die bessere Verständlichkeit als auch die leichtere Übersetzbarkeit, z.B. durch Übersetzungssysteme. Der Nachbearbeitungsaufwand wird geringer und der Übersetzungsprozess schneller. Deswegen wird Kontrollierte Sprache zuweilen auch als »Übersetzungsgerechtes Schreiben« bezeichnet und hat neben der Verständlichkeit weitere Vorteile. Der Stil ist konsistent und ermöglicht eine Zeitersparnis bei der Weiterverarbeitung von Texten, was einhergeht mit Kostensenkungen im Übersetzungsprozess. Selbstverständlich gibt es auch Nachteile. Der Schreibprozess ist komplexer und dauert länger; zusätzlich fallen Kosten für Entwicklung und Implementierung an. Dennoch gibt es weitere Vorteile: Es können sogenannte »Language Checker« und »Authoring-Memory-Systeme« eingesetzt werden. Auch wenn mehrere Redakteure an einem Text arbeiten, ist dennoch die Einheitlichkeit des Textes gewährleistet. Die Vorteile sind also geringere Folgekosten und weniger unverständliche oder fehlerhafte Texte.[16]

Vergleicht man die Vorgaben Kontrollierter Sprachen mit den Erkenntnissen der Textverständlichkeit, so sind diese zwar nicht deckungsgleich, aber recht ähnlich. Gleichwohl gehen Kontrollierte Sprachen weit darüber hinaus. Der Grundwortschatz liegt – je nach Kontrollierter Sprache – zwischen 700 und 5000 Wörtern. Meist werden z.B. Slang- und Modewörter (z.B. bügelecht) ebenso gestrichen wie Fremd- und Füllwörter (z.B. jeweilig, weitgehend, geschehen, erfolgen) sowie Gerundialattribute (z.B. durchzuführende, abzuwartende).[17]

13. Lehrndorfer, A. (2001), Kontrolliertes Deutsch, S. 42.
14. Vgl. die Einführung: AECMA Simplified English, URL: *http://www.techscribe.co.uk/ta/aecma-simplified-english.pdf* sowie PLAIN Conference (2002), AECMA Simplified English, URL *http://www.plainlanguagenetwork.org/conferences/2002/aecma/aecma.pdf* (Abruf 20.7.2010).
15. Göpferich, S. (2007), Sprachstandard oder Kontrollmechanismus? In: technische dokumentation (4/2007), URL *http://www.tekom.de/index_neu.jsp?url=/servlet/ControllerGUI?action= voll&id=2162* (Abruf 20.7.2010).
16. Schmidt, U. (2007), Kontrollierte Sprache. Einsparpotenziale ausschöpfen, in: Produkt Global (01/07), URL: *http://www.itl.eu/uploads/media/2007-01_Einsparpotenziale_ausschoepfen_Produkt_Global.pdf* (Abruf 20.7.2010).
17. Lehrndorfer, A. (1996), Kontrollierte Sprache für die Technische Dokumentation – ein Ansatz für das Deutsche, in: Krings, H.P., Hrsg. (1996), Wissenschaftliche Grundlagen der Technischen Kommunikation, S. 357.

Die DIN EN 62079 (VDE 0039) »Erstellen von Anleitungen – Gliederung, Inhalt und Darstellung« enthält folgende Normen für Texte, besonders im Bereich der Technischen Dokumentation:

- Texte sollten einfach, sinnvoll, kurz und verständlich sein.
- In einem Satz sollte möglichst nur eine Handlungsanweisung untergebracht werden.
- Es sollte in der Aktivform geschrieben und Negationen nur selten verwendet werden.
- Abkürzungen sollten beim ersten Vorkommen erklärt werden.
- Technische Fachbegriffe sollten beim ersten Vorkommen definiert werden.
- Eine Gliederung sollte konsistent sein und informative Überschriften haben.

In Deutschland informiert z.B. die Gesellschaft für Technische Kommunikation auf:

http://www.tekom.de/index_neu.jsp

9.3.2 Verständliche Amtssprache

In fast allen Ländern der Europäischen Union sowie der Schweiz gibt es Initiativen zur Förderung einer verständlichen Verwaltungssprache und einige Länder prüfen zuvor ihre Gesetze auf Verständlichkeit. Im November 2009 teilte die Europäische Kommission mit, dass Anleitungen zum Schreiben verständlicher Behördensprachen in Vorbereitung seien; zusätzlich wurde eine Hotline eingerichtet.[18]

Für die Schweiz existieren »Schreibweisungen der Bundeskanzlei zur Schreibung und zu Formulierungen in den deutschsprachigen amtlichen Texten des Bundes«.[19] Grundlage dieser Schreibweisungen und weiterer Vorgaben ist das sogenannte »Sprachengesetz«, wo es in § 7 heißt:

(1) Die Bundesbehörden bemühen sich um eine sachgerechte, klare und bürgerfreundliche Sprache und achten auf geschlechtergerechte Formulierungen.

(2) Der Bundesrat trifft die notwendigen Massnahmen; er sorgt insbesondere für die Aus- und Weiterbildung des Personals und für die nötigen Hilfsmittel.

Auch in Deutschland gibt es Bemühungen um eine »bürgernahe Verwaltungssprache« und darum, diese spezifische Sprache kontrollierter zu verwenden – auch wenn dies natürlich (noch) nicht den Regelwerken Kontrollierter Sprachen nahekommt. Im Jahre 2000 wurde ein Pilotprojekt mit dem umständlichen Titel »Textoptimierung der bürgerbezogenen Schriftkommunikation in der Verwal-

---

18. Euractiv, EU richtet Hotline für »klare Schreibweise« ein, URL: *http://www.euractiv.com/de/pa/eu-richtet-hotline-klare-schreibweise/article-187439* (Abruf 15.3.2010).
19. Schweizerische Bundeskanzlei, Schreibweisungen, URL: *http://www.bk.admin.ch/dokumentation/sprachen/04915/05016/index.html?lang=de* (Abruf 15.3.2010).

tungssprache« ins Leben gerufen. Ergebnis war der »Leitfaden zur bürgernahen Verwaltungssprache«[20], entwickelt gemeinsam mit der Stadtverwaltung Bochum. Im Jahr 2002 veröffentlichte das Bundesverwaltungsamt mit dem Handbuch »Bürgernahe Verwaltungssprache« ein Arbeitshandbuch für eine verständliche Verwaltungssprache.[21] Außerdem wurde in Deutschland mit IDEMA eine Sprachberatung mit Übersetzungsdienst eingerichtet.[22]

Auf Bundesebene wurde 2006 das Modellprojekt »Verständliche Gesetze« ins Leben gerufen und seit 2009 beraten zehn Sprachwissenschaftler die Bundesministerien bei der Ausarbeitung von Gesetzen und Verordnungen.[23] Auch die Bundesagentur für Arbeit ist auf dem Weg zu einer verständlicheren Amtssprache und dabei, Bewilligungs- und Ablehnungsbescheide auf Arbeitslosengeld II verständlicher zu formulieren. Laut einer Pressemeldung der Bundesagentur heißt es beispielsweise nicht mehr:

> »Sie sind bzw. waren nach § 60 Erstes Buch Sozialgesetzbuch (SGB I) verpflichtet, der oben bezeichneten Behörde alle Änderungen in den Verhältnissen mitzuteilen, die für die Leistung erheblich sind. Dieser Verpflichtung sind Sie zumindest grob fahrlässig nicht nachgekommen (§ 48 Abs. 1 Satz 2 Nr. 2 Zehntes Buch Sozialgesetzbuch – SGB X). In der Zeit vom 15.10.2009 bis 31.10.2009 wurden Leistungen nach dem SGB II in der genannten Höhe zu Unrecht gezahlt.«

sondern:

> »Da Sie nach den vorhandenen Unterlagen eine für den Leistungsanspruch erhebliche Änderung in Ihren Verhältnissen nicht rechtzeitig angezeigt haben, ist eine Überzahlung entstanden.«

Ziel ist laut Heinrich Alt, Vorstand Grundsicherung bei der Bundesagentur, die »Reduzierung von Widersprüchen, die oft nur deshalb eingelegt werden, weil Bescheide nicht verstanden werden.«[24]

In Österreich gibt es einzelne Initiativen und Empfehlungen für ein verständlicheres Deutsch in der öffentlichen Verwaltung. Beispielhaft sei die Broschüre »Wien spricht anders« genannt.[25] Die Bundesseite *HELP.gv.at* bietet ein umfangreiches Begriffslexikon, das auch Synonyme enthält.

20. Tipps zum einfachen Schreiben, URL: *http://www.moderne-verwaltungssprache.de/fileadmin/redaktion/ Download/einfachesschreiben.pdf* (Abruf 14.3. 2010).
21. Bundesverwaltungsamt, Arbeitshandbuch Bürgernahe Verwaltungssprache, 2002, URL: *www.ruhr-uni-bochum.de/vt/arbeitshandbuchBVamt.doc* (Abruf 18.9.2009).
22. IDEMA, URL: *http://www.moderne-verwaltungssprache.de/10.html* (Abruf 15.3.2010).
23. Bundesministerium der Justiz, Verständliche Gesetze, URL: *http://www.bmj.bund.de/enid/Verstaendliche_Gesetze_und_Buerokratieabbau/Verstaendliche_Gesetze_1nd.html* (Abruf 20.6.2010).
24. Pressemeldung der Bundesagentur für Arbeit auf Sozialticker vom 27. Mai 2010, URL: *http://www.sozialticker.com/alles-klar-amtsdeutsch-ade-ba-startet-mit-buergerfreundlicheren-bescheiden_20100517.html* (Abruf 27.5.2010).
25. Wien spricht anders, URL: *http://www.wien.gv.at/medien/pid/pdf/wien-spricht-anders.pdf* (Abruf 27.5.2010).

Vergleicht man die Broschüren, finden sich viele Ähnlichkeiten zu den Anforderungen an allgemeine Verständlichkeit und natürlich zu den WCAG20. Insofern sind viele Anforderungen an das barrierefreie Texten kein Spezifikum des barrierefreien Web sondern allgemeine Empfehlungen.

9.3.3 Leichte Sprache

»Mentale Imagination besitzt die Abilität, durch Kontinentaldrift kausierte Gesteinsformationen in ihrer lokalen Position zu transferieren.«[26]
Wenn Sie diesen Satz verstanden haben, dann sind Sie nicht nur fit in Sachen Fremdwörter, sondern auch ein Kenner deutscher Redewendungen. Wenn Sie nur glauben, ihn verstanden zu haben, dann könnte dieser Glaube Berge versetzen – so seine Bedeutung. Wenn Sie diesen Satz nicht verstanden haben, dann geht es Ihnen vielleicht so wie vielen Menschen mit Lernschwierigkeiten, die Probleme haben, schwierige Wörter und Texte zu verstehen.
Sprache hat viele Aspekte und viele Begriffe. Es gibt Umgangssprache, Fremdsprache, Fachsprache und es gibt Leichte Sprache. Leichte Sprache geht über die Anforderungen an bürgernahe Sprache und allgemeine Verständlichkeit hinaus und teilt doch gleichzeitig einige. Leichte Sprache ist eine eigene Textsorte und umfasst die Aspekte einer verständlichen Sprache. Sie folgt außerdem einem eigenen Regelwerk und kann – mehr als bürgernahe Verwaltungssprache – als Kontrollierte Sprache bezeichnet werden. Sie hat zudem den gleichen Stellenwert wie ein Gebärdensprachfilm oder eine Textalternative für eine Grafik.
Neben dem Begriff »Leichte Sprache«, der sich im deutschsprachigen Raum durchgesetzt hat, wird auch der Begriff »Einfache Sprache« verwendet. International ist einerseits der Begriff »Plain Language« in Gebrauch, womit eine verständliche Sprache gemeint ist, und der Begriff »Easy-to-Read«. Im Einsatz für eine Leichte Sprache sind international 65 Fachleuten aus 25 Ländern im Easy-to-Read-Netzwerk zusammengeschlossen. Im deutschsprachigen Raum gibt es außerdem das »Netzwerk Leichte Sprache« mit 16 Mitgliedern aus Deutschland und Österreich.
Im EU-Projekt »Pathways – Wege zur Erwachsenenbildung für Menschen mit Lernschwierigkeiten« formulierten Vertreter aus acht europäischen Ländern Qualitätsstandards und entwickelten einen Katalog mit über 50 Kriterien. In diese flossen sowohl Aspekte der Leserlichkeit als auch der Verständlichkeit ein. Die deutsche Fassung mit dem Titel »Informationen für alle. Europäische Regeln, wie man Informationen leicht lesbar und leicht verständlich macht« finden Sie unter:

http://www.inclusion-europe.org/LLL/documents/
DE-Information%20for%20all.pdf

---

26. Fremdwort.de, Fremdwortsätze und ihre Bedeutung,
     URL: *http://www.fremdwort.de/fremdwortsatz.php* (Abruf 22.5.2010).

Ein Wörterbuch für Leichte Sprache erhalten Sie beim Netzwerk »Mensch zuerst«.[27] Auf der gleichen Seite finden Sie im Downloadbereich eine Bücherliste für Inhalte in Leichter Sprache.[28] Die Zielgruppe für Leichte Sprache sind zwar vor allem Menschen mit Lernschwierigkeiten. Sie nutzt aber auch anderen; ein Beispiel ist der Reiseführer für Münster in Leichter Sprache.

9.3.3.1   Umsetzung von Leichter Sprache

Einige Empfehlungen für Leichte Sprache sind bereits aus den Erkenntnissen der Verständlichkeitsforschung sowie den Techniken und Erfolgskriterien der WCAG20 bekannt. Außerdem gibt es die folgenden, beispielhaft empfohlenen Empfehlungen aus der Broschüre »Informationen für alle. Europäische Regeln, wie man Informationen leicht lesbar und leicht verständlich macht«.

Regeln für Gestaltung:

▥ Schrift, die einen Hintergrund hat, ist schwieriger zu lesen. Deswegen sind Muster oder Bilder für Texthintergrund zu vermeiden.

▥ Ein Buchstabenabstand von 70% und ein Zeilenabstand von 0,8 pt erschweren die Lesbarkeit.

▥ Es sollte weder dünne noch kursive oder unterstrichene Schrift verwendet werden. Gleiches gilt für Schattenschrift und Texte mit Umrissen.

▥ Die Schriftgröße sollte mindestens so sein wie Arial in 14 Punkt.

Regeln für Wörter:

▥ Erklärungen sollten immer im Satz und nicht in Fußnoten gegeben werden.

▥ Abkürzungen sind zu vermeiden.

▥ Keine Synonyme verwenden.

Regeln für die Satzbildung:

▥ Jeder Satz beginnt in einer neuen Zeile.

▥ Es wird nur ein Gedanke pro Satz formuliert. Wenn Sätze durch »und« verbunden sind, dann sind diese zu trennen. Dies gilt auch bei Kommata.

▥ Zu viele Satzzeichen sollten vermieden werden.

Regeln für Inhalte:

▥ Nur wichtige Informationen schreiben.

▥ Keine mehrspaltigen Texte.

▥ Es ist hilfreich, Bilder zu verwenden. Dabei sollten aber nur die gleichen Bildsorten verwendet werden, also entweder nur Fotos oder nur Zeichnungen oder nur Symbole. Wenn sich die erstellten Texte an Erwachsene rich-

---

27. Netzwerk Mensch zuerst, Bücher, URL: *http://www.people1.de/buecher.html*
     (Abruf 18.9.2009).
28. Ders., Bücherliste Leichte Sprache, URL: *http://www.people1.de/pdf/Buecherliste.pdf*
     (Abruf 18.9.2009).

ten, dann sollten die Bilder darauf abgestimmt sein. Außerdem sollten auf den verwendeten Bildern nicht zu viele Details abgebildet sein.

- Ähnlich wie für Synonyme gilt auch für Bilder: immer das gleiche Bild für die gleiche Sache verwenden.

Für die deutsche Sprache gilt außerdem:

- Lange Wörter sind durch Bindestriche zu trennen.
- Sowohl Genitiv als auch Konjunktiv vermeiden.
- Auf Sätze mit »nicht« sollte verzichtet werden.
- Redewendungen und bildliche Sprache können die Aussage auf den Punkt bringen, sollten jedoch wohl dosiert eingesetzt werden.
- Wenn man die Wahl hat, sollten arabische und nicht römische Zahlen verwendet werden, auch sollte auf hohe Zahlen und Prozentzahlen verzichtet werden.
- Der Leser sollte direkt angesprochen werden.

Diese Vorgaben für Leichte Sprache gelten allgemein, d.h., für den Printbereich ebenso wie für elektronische Medien jeder Art.

9.3.3.2 Prüfung von Leichter Sprache

Viele Kriterien der Barrierefreiheit können mit Werkzeugen getestet werden. Bei Texten in Leichter Sprache ist dies nicht mehr so einfach und es sind Experten in eigener Sache, also Menschen mit Lernschwierigkeiten, hinzuzuziehen. In Deutschland bietet unter anderem das Netzwerk »Mensch zuerst« Übersetzungen in Leichte Sprache an. In Österreich gibt es mehrere Initiativen, u.a. »capito«.

Verständliche Texte im Sinne der Verständlichkeitsforschung zu schreiben, ist nicht so einfach. Man muss geliebte Formulierungen und Stile ebenso verlassen oder überdenken wie so manche Floskel, die sich beim Schreiben einschleicht. Dies gilt für Leichte Sprache noch mehr. Erfreulich ist, dass es inzwischen ein Regelwerk zur Prüfung von Leichter Sprache in Form einer Online-Checkliste gibt, mit der sowohl Printtexte als auch Online-Texte geprüft werden können:

http://www.inclusion-europe.org/checklist_de/

Wie in anderen Bereichen der Barrierefreiheit auch sind dennoch immer Menschen mit Lernschwierigkeiten einzubeziehen. Wichtig ist außerdem, dass Webinhalte in Leichter Sprache von der Zielgruppe erkannt werden können. Diese Inhalte sollten also eindeutig gekennzeichnet werden, z.B. mit dem europäischen Easy-to-Read-Logo.

Abb. 9-2
Easy-to-Read-Logo

Abb. 9-3
LL-Logo

Geeignet sind aber auch andere Logos, denn in Österreich ist das LL-Logo (vgl. Abb. 9–3) möglicherweise bekannter als das europäische Easy-to-Read. Verwendet wird es von »capito« als Gütesiegel für Texte in Leichter Sprache, die von der Zielgruppe geprüft oder erstellt wurden. Da das LL-Logo ein Gütesiegel ist, sollte der Text selbstverständlich von capito geprüft worden sein.

9.3.4   Symbolsprachen

G 103

Für Menschen mit Lernschwierigkeiten eignen sich ergänzende Illustrationen, Bilder oder Symbole. Solche Visualisierungen dienen der besseren Verständlichkeit. Dies gilt für Diagramme ebenso wie für Piktogramme. Sie können eine schmückende oder informative Begleitung von Navigationsleisten sein und für die Kommunikation und Vermittlung von Informationen verwendet werden. Die bekanntesten Piktogramme sind

- der Briefumschlag für Kontakt,
- das Haus für einen Link zur Startseite und
- das Ausrufezeichen oder Fragezeichen für einen Hilfe- oder Informationsbereich.

Im Web findet man sie auch als Symbole in Kombination mit Textlinks z. B. in Navigationsbereichen (vgl. Abb. 9–4).

Vor allem gegenständliche Piktogramme können bei einheitlicher Verwendung die Verständlichkeit von Texten und Navigationen fördern oder sogar vollständig ersetzen. Ansätze für eine Kommunikation über Bilder und Symbole gibt es seit mehreren Jahrzehnten. Daraus erwuchsen mehr als 40 Symbolsysteme. Einige werden in den folgenden Abschnitten beschrieben.

9.3.4.1   ISOTYPE

»Der gewöhnliche Bürger sollte in der Lage sein, uneingeschränkt Informationen über alle Gegenstände zu erhalten, die ihn interessieren, wie er geografisches Wissen von Karten und Atlanten erhalten kann.«[29]

Dieses Zitat stammt von Otto Neurath, einem Vertreter der Wiener Schule, der im frühen 20. Jahrhundert ISOTYPE erfand. ISOTYPE ist ein Akronym von »*International System Of TYpographic Picture Education*«.[30]

Abb. 9-4
Ergänzung einer Navigation mit vorangestellten Symbolen

---

29. Zitiert nach Hartmann, F., Sprechende Zeichen,
    URL: *http://www.heise.de/tp/r4/artikel/2/2168/2.html* (Abruf 27.5.2010).

Neurath entwickelte ISOTYPE, um komplexe Zusammenhänge grafisch darzustellen und zur Behebung des Analphabetismus beizutragen.

Sein Ansatz war, dass grafische Symbole alle Lebensbereiche erklären und sogar die Schrift ersetzen könnten. Mit ISOTYPE sollten Bildungs- und Wissensschranken überwunden werden und Neurath sah diese Bildersprache als zusätzliche Sprache bzw. Hilfssprache an. Er veröffentlichte ISOTYPE unter dem Titel »International Picture Language« (1936) sowie »Basic by ISOTYPE« in Basic English mit einem Grundwortschatz von 850 Wörtern.

Selbstverständlich gehört das Kommunizieren über Symbole zu den ältesten Kommunikationsarten der Welt. Eine der bekanntesten ist das ägyptische Hieroglyphensystem, das Otto Neurath zu ISOTYPE inspirierte. Sein Verdienst war das Verwenden von Symbolen für komplexe Zusammenhänge, u.a. für Wirtschaftsdaten und Geburtenraten, zu einer Zeit, als die grafische Darstellung solcher komplexen Zusammenhänge noch in den Kinderschuhen steckte.

Eine Basisregel von ISOTYPE ist die Konsistenz, damit eine Verständigung über Grenzen, Bildung oder Kultur hinweg möglich ist. Auch wenn der Name Otto Neurath und ISOTYPE vielen nicht bekannt ist, seine Symbole sind es.

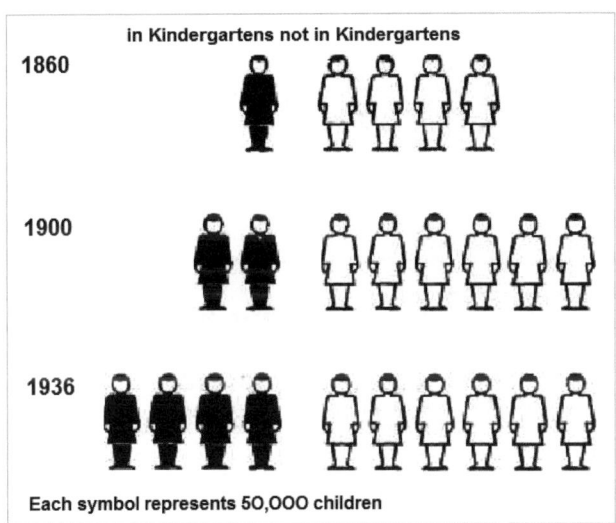

Abb. 9-5   Statistische Darstellung absoluter Zahlen mit ISOTYPE

Neben der Konsistenz ist eine weitere Basisregel von ISOTYPE, dass die Symbole »sprechend« und aus sich selbst heraus verständlich sein sollten; weitergehende Beschreibungen sollten nicht nötig sein. Beispielsweise werden Mengenverhältnisse nicht über eine vergrößerte Darstellung ein und desselben Symbols angezeigt, sondern durch eine unterschiedliche Anzahl des gleichen Symbols.

30. The Significance of Isotype, URL: *http://www.isotyperevisited.org/
The%20significance%20of%20Isotype.pdf* (Abruf 15.12.2009).

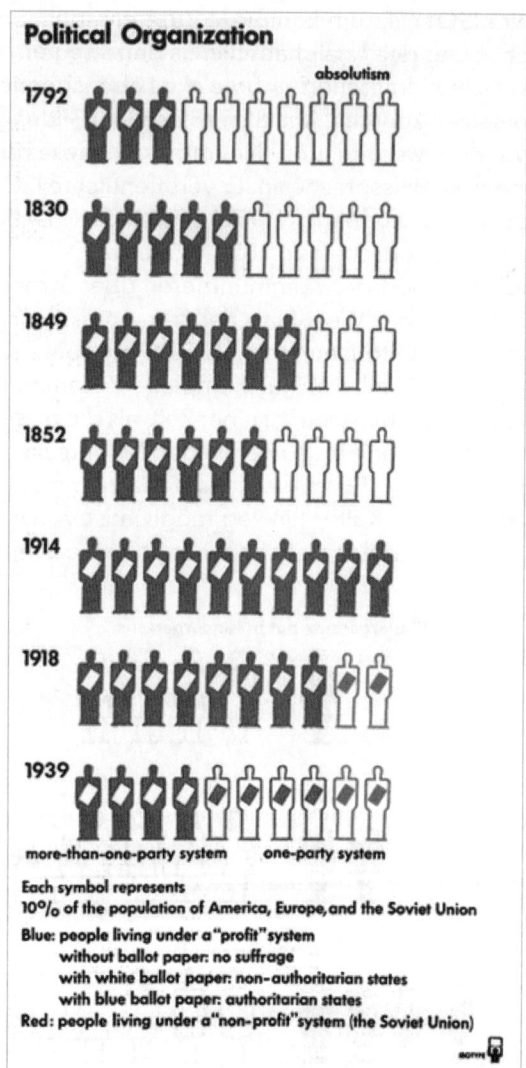

Abb. 9-6   Statistische Darstellung relativer Verhältnisse mit ISOTYPE

Ein weiteres Kriterium war die Eindeutigkeit. Ein Gegenstand sollte immer das gleiche Symbol erhalten, wie Neurath erläuterte:

> »Ein Bild, das nach den Regeln der Wiener Methode hergestellt ist, zeigt auf den ersten Blick das Wichtigste am Gegenstand; offensichtliche Unterschiede müssen sofort ins Auge fallen. Auf den zweiten Blick sollte es möglich sein, die wichtigeren Einzelheiten zu sehen, und auf den dritten Blick, was es an Einzelheiten sonst noch geben mag. Ein Bild, das beim vierten und fünften Blick noch weitere Informationen gibt, ist, vom Standpunkt der Wiener Schule, als pädagogisch ungeeignet zu verwerfen.«[31]

Neurath gilt als Vater des Piktogramms. Piktogramme sind Symbole, die eine Information über eine vereinfachte grafische Darstellung vermitteln und damit der Visualisierung von Information dienen. Heute begegnen einem Piktogramme überall und ihre Gestaltung ist ISO-genormt, dabei wird sich sich ausdrücklich auf ISOTYPE bezogen. Für standardisierte Symbole sind folgende ISO-Normen wichtig:

- ISO 7001:2007
  Graphical symbols – Public information symbols

- ISO 9186-2:2008
  Graphical symbols – Test methods – Part 2: Method for testing perceptual quality

- ISO 22727:2007
  Graphical symbols – Creation and design of public information symbols – Requirements

- ISO 9186-1:2007
  Graphical symbols – Test methods – Part 1: Methods for testing comprehensibility

9.3.4.2 Unterstützte Kommunikation

Im pädagogischen Bereich nennt man seit 1992 das Kommunizieren über Kombinationen aus Bildern und Leichter Sprache bzw. Wörtern »Unterstützte Kommunikation«.

Unterstützte Kommunikation hilft Menschen, die nicht oder kaum über eine Lautsprache verfügen, und richtet sich auch an Menschen, die noch nicht oder z.B. in Folge eines Unfalls nicht mehr sprechen können. Vor allem für die letzte Gruppe kann man davon ausgehen, dass sie die Schriftsprache noch beherrscht. In diesem Fall wird Unterstützte Kommunikation angewandt, um sich selber mitzuteilen. Die zweite Zielgruppe der Unterstützten Kommunikation ist die weitaus größere. Zu ihr gehören Menschen, die sich schwer mitteilen können und aufgrund einer Behinderung wie Autismus, Down-Syndrom oder Cerebralparese Schwierigkeiten haben, schwere Sprache, aber auch Leichte Sprache zu verstehen. Aber auch in der Kommunikation mit Demenzkranken kommt Unterstützte Kommunikation zum Einsatz, z.B. wenn durch Aphasie oder Wortfindungsschwierigkeiten die lautsprachliche Kommunikation eingeschränkt ist. Unterstützte Kommunikation ist eine Mischung aus Gebärden, Lautsprache und Symbolsystemen. In diesem Abschnitt betrachten wir vornehmlich wie Symbolsysteme Texte begleiten und ergänzen können.

---

31. Zitiert nach Hartmann, F., Sprechende Zeichen,
     URL: *http://www.heise.de/tp/r4/artikel/2/2168/2.html* (Abruf 27.5.2010).

Die bekanntesten Symbolsysteme der Unterstützten Kommunikation stammen aus dem angelsächsischen Raum und wurden an verschiedene Sprachen und Kulturen angepasst:

- Bliss,
- Picture Communication Symbols und
- Widgit Literacy Symbols (früher unter dem Namen Rebus bekannt).

Bliss war das erste Symbolsystem, das für die Unterstützte Kommunikation eingesetzt wurde. Entwickelt von Charles K. Bliss war das Ziel – ebenso wie bei ISO-TYPE – die Erleichterung der internationalen Verständigung.

Bliss basiert auf 120 Grundsymbolen, die miteinander kombiniert werden können. Aus diesen Kombinationen entstanden bisher 4500 genormte Bliss-Symbole.[32]

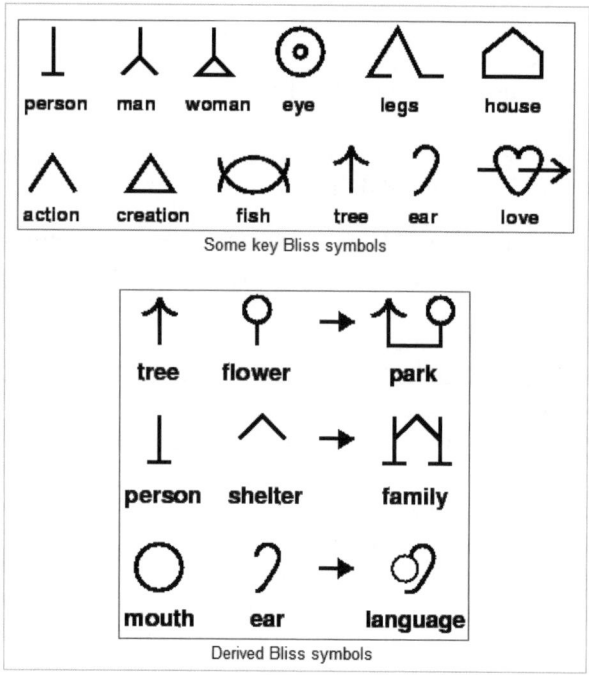

Abb. 9-7   Bliss-Symbole und ihre Bedeutung

Während Otto Neurath von den gegenständlichen ägyptischen Hieroglyphen inspiriert war, wurde Charles K. Bliss von den abstrakteren chinesischen Schriftzeichen angeregt. Dies merkt man den Bliss-Symbolen an, die im Vergleich zu ISOTYPE deutlich abstrakter sind. Bliss besteht aus den drei Symboltypen:

---

32. Blissymbolics Communication International (2004), The fundamental rules of Blissymbolics: creating new Blissymbolics characters and vocabulary,
URL: *http://www.blissymbolics.org/downloads/bliss-rules.pdf* (Abruf 27.5.2010).

- piktografische Symbole,
- ideografische Symbole und
- abstrakte Symbole.

Beispiele für Bliss findet man u. a. auf

http://www.blissonline.se/

Für eine erfolgreiche Kommunikation mit Bliss sind Abstraktionsvermögen und grammatikalisches Verständnis nötig. Sind diese Fähigkeiten nicht zu erwarten, dann sollte stattdessen auf Picture Communication Symbols oder andere und vor allem gegenständlichere Symbolsysteme gesetzt werden.

Die Picture Communication Symbols (PCS) sowie die Widgit Literacy Symbols kommen gegenständlicher daher und sind an eine andere Zielgruppe gerichtet. PCS ist inzwischen in 42 Sprachen erhältlich und wurde kulturell angepasst.

Abb. 9-8   Picture Communication Symbols

Das Widget-Symbolsystem umfasst derzeit 20.000 Einträge. Die Symbole sind farbig oder schwarz-weiß. Dieses Symbolsystem fordert kein hohes Abstraktionsvermögen vom Nutzer (wie Bliss), dennoch ist es nicht für jeden verständlich. Dies wird aus dem früheren Namen »Rebus« deutlich: Rebus ist ein Bilderrätsel und es werden einzelne Buchstaben oder auch ganze Sätze durch ein Symbol oder ein Zeichen ersetzt.

Abb. 9-9   Widget-Symbole: Teil der Geschichte »Grandma's Tales of Seaside Holidays Long Ago«, S. 6[33]

Ein weiteres Symbolsystem ist Makaton, entwickelt von Margret Walker, Kathy Johnston und Tony Confort und 1972 erstmals veröffentlicht. Makaton ist eine Kombination aus lautsprachunterstützenden Gebärden, Symbolen und Sprachen. Es wurde an die britische Gebärdensprache angelehnt und hat ein Grundvokabular von 450 Wörtern. In der Kommunikation werden die Gebärden laut gesprochen. Einen Eindruck von Makaton bietet dieses Video:

http://www.youtube.com/watch?v=FVneR39HCUw

---

33. Bildquelle: Widgit Resources, Story to print, Seaside Story, S. 6, URL: *http://www.widgit.com/resources/classroom/seaside_holidays/index.htm* (Abruf 20.8.2010).

9.3.4.3 Unterstützte Kommunikation im Web

Im deutschsprachigen Web finden sich leider noch nicht viele Beispiele für den gezielten Einsatz von Symbolsystemen bei längeren Texten. Häufiger ist, dass Symbole in Marginalspalten oder für Navigationspunkte verwendet werden. Beispielsweise wird auf dem Webangebot der Lebenshilfe in Leichter Sprache PCS nur in Navigationsbereichen verwendet.

Unterstützte Kommunikation umfasst jedoch mehr und bedeutet, dass auch Inhalte durch eine Mischung aus Leichter Sprache und Symbolsystemen vermittelt werden. Vor allem auf englischsprachigen Webangeboten gibt es einige sehr gute Beispiele, die einen Eindruck von dieser Form der Informationsvermittlung geben:

- Auf dem Webangebot »Symbol World« finden sich u. a. Filmbesprechungen und Informationsmaterial über unser Sonnensystem und die Planeten:

  http://www.symbolworld.org

- Makaton Charity in Großbritannien gibt über eine Kombination aus Leichter Sprache und Makaton-Symbolsystem eine Anleitung zum Wählen:

  http://www.makaton.org/khxc/gbu0-prodshow/life-voting.html

Eine interessante Variante zeigt die *International Society for Augmentative & Alternative Communication (ISAAC)*. Dort werden Navigationspunkte ebenfalls mit Symbolen ergänzt und es ist möglich, zwischen drei verschiedenen Systemen zu wählen:

Abb. 9-10 Navigationsleiste des Webangebots der ISAAC, ergänzt um Symbole

Besonders erwähnenswert sind die Zusammenfassungen der Inhalte in drei verschiedenen Symbolsystemen, die auf folgendem Webauftritt zur Verfügung gestellt werden – auch wenn sie nicht ganz vollständig sind:

  http://www.isaac-online.org/select_language.html

Während für die Blindenschrift (Braille) in Deutschland mit der ISO-Norm 11 548-2 eine Anweisung für die Umsetzung von 8-Punkt-Computerbraille existiert,[34] hat sich in den deutschsprachigen Ländern bisher kein Symbolsystem durchgesetzt. In Betreuungseinrichtungen werden Symbolsysteme uneinheitlich verwendet, sodass mitunter jede Einrichtung ihr eigenes Symbolsystem benutzt. Der Einsatz von Symbolsystemen als vollständige Textalternative ist also

---

34. Die 8-Punkt-Computerbrailleschrift wird von Screenreadern auf die jeweils angeschlossenen Braillezeilen umgesetzt.

fraglich und wird mithin so nicht verwendet, denn es geht hier immer um Ergänzungen.

Zudem muss bei Symbolsystemen dieser Art bedacht werden, dass sie kulturabhängig sind und nicht alle Symbole in jedem Land verstanden werden. Ein weiterer Punkt ist, dass nicht jeder Vereinfachungsgrad eines symbolisch dargestellten Begriffs für jeden in dieser großen Lesergruppe geeignet ist.

Dennoch haben sich ein paar grundlegende Symbole durchgesetzt, und so empfiehlt sich trotzdem der Einsatz einer Kombination aus Leichter Sprache und Symbolen für Menschen mit starken Lernschwierigkeiten. Das in Deutschland am weitesten verbreitete Symbolsystem sind die Picture Communication Symbols, auch wenn einzelne Symbole nicht an den deutschen Sprachraum angepasst sind.

Nun wäre es schön, wenn Texte automatisch um Symbole ergänzt werden könnten. Tatsächlich bietet der Browser Webwide eine solche Möglichkeit. Mit Webwide kann zwischen der Standardansicht und der Symbolansicht gewechselt werden. Die Symbolansicht ergänzt den vorhandenen Text um entsprechende Symbole. Die folgende Grafik zeigt einen Artikel aus den Google News in dieser Symbolansicht.

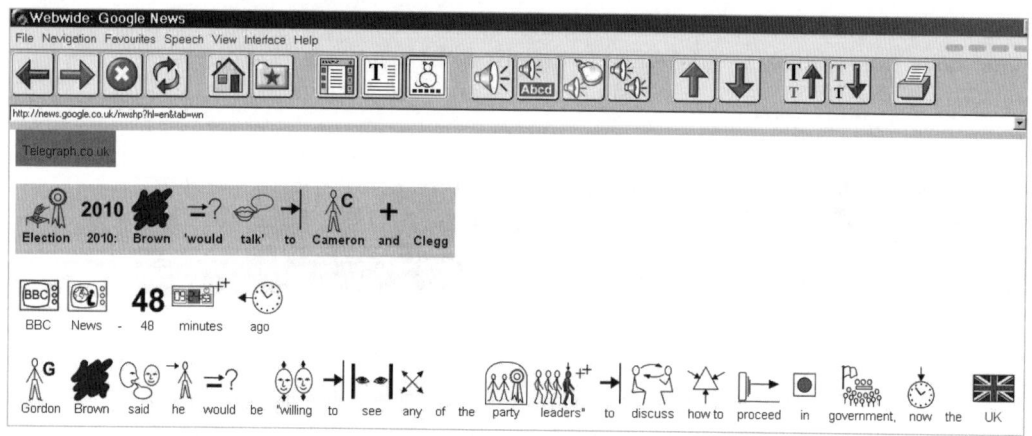

Abb. 9-11   Darstellung des Menüs und einiger Zeilen der Google News im Symbolbrowser Webwide

Webwide ist auf die englische Sprache abgestimmt und für deutsche Texte nicht geeignet. Was natürlich auch Webwide nicht kann, ist schwer verständliche Texte in leichter verständliche Texte zu transkribieren. Leider lief Webwide bei unseren Tests sowohl langsam als auch instabil und musste öfter neu gestartet werden. Dennoch gibt dieser kostenpflichtige Browser einen interessanten Einblick in zukünftige Möglichkeiten.

Das Verwenden von Symbolen ist schließlich auch eine Frage der Lizenz. Die meisten Symbolsammlungen kosten Lizenzgebühren. Dies gilt für Picture Communication Symbols ebenso wie für Widgit Literacy Symbols. Nur wenige stehen unter Lizenzen, die eine freie Verwendung erlauben. Dies gilt beispielsweise für PICOL (Pictorial Communication Language) von Melih Bilgil.

Wer die Kosten für Lizenzgebühren scheut und auf freie Zeichen und Symbole setzt, für den könnte PICOL eine Alternative sein. Auch wenn PICOL für Menschen mit Lernschwierigkeiten möglicherweise zu abstrakt ist, gibt es interessante und beeindruckende Beispiele, wie die Verständlichkeit mit PICOL gefördert werden kann: Auf YouTube stellt picolsigns Möglichkeiten für eine Informationsvermittlung mit PICOL-Unterstützung vor. Erklärt werden z. B. Themen wie Überhangmandate, die Fünf-Prozent-Hürde und die Geschichte des Internet:

> http://www.youtube.com/user/picolsigns

Wer sich mit der Geschichte der Symbolsprachen beschäftigt, wird feststellen, dass sich Bilgil bei der Entwicklung von PICOL u.a. von Otto Neuraths ISOTYPE inspirieren ließ.

Zusammenfassung

1. »Den« barrierefreien Text gibt es nicht, weil das Textverstehen sehr stark von Fähigkeiten, Kenntnissen und Interessen der Leser abhängig ist.
2. Anforderungen an verständliche Texte werden nicht nur von der Forschung, sondern auch von Wirtschaft und Verwaltung formuliert. In die WCAG20 werden aber nur testbare Anforderungen übernommen.
3. Die Verbesserung der Lesbarkeit durch kürzere Sätze und kürzere Wörter erhöht auch die Lesegeschwindigkeit.
4. Ein Text kann mit typografischen Mitteln leserlicher gemacht werden.
5. Die Textorganisation bedeutet, dass Texte mit Überschriften, Listen und anderen Auszeichnungen strukturiert werden.
6. Längere Texte benötigen eine leicht verständliche Zusammenfassung.
7. Kontrollierte Sprache fördert die Verständlichkeit und Übersetzbarkeit.
8. Leichte Sprache geht über Kontrollierte Sprache hinaus und berücksichtigt inhaltliche, stilistische und typografische Aspekte.
9. Texte können verständlicher gemacht werden, indem die sprachliche Einfachheit berücksichtigt wird. Dabei geht es darum, ungeläufige Redewendungen, Fachbegriffe oder Fremdwörter zu vermeiden.
10. Ungeläufige Wörter sollten erläutert werden.
11. Alternative Versionen von Texten können eingesetzt werden, um die Verständlichkeit zu verbessern. Dabei können Audio, Bilder, Video oder Bildersprache zum Einsatz kommen.

10 Redaktionsbilder

Bilder illustrieren und dekorieren und sind ein wichtiges Mittel, Inhalte verständlicher und zugänglicher zu machen. Komplexe Sachverhalte und Beziehungen können durch Diagramme und Organigramme leichter verständlich dargestellt werden; Bilder machen ein Webangebot interessanter, z.B. eine Fotoserie zu einem Blog-Eintrag. Die Wahl geeigneter Alternativtexte ist meist Aufgabe der Webredaktion, die diese abhängig vom Kontext des Bildes vergibt.

In diesem Kapitel geht es um die Bilder, die typischerweise in den Inhaltsbereichen von Webseiten vorkommen. Es geht um Fotos, Diagramme und andere Grafiken, die einen Text begleiten und illustrieren oder Inhalte vermitteln. Neben dem Problem richtiger Textalternativen spielen weitere Kriterien eine Rolle, wie z.B ausreichende Kontrastverhältnisse.

Einige Aspekte dieses Themenkomplexes wurden bereits in anderen Kapiteln diskutiert, vor allem das Schreiben von Alternativtexten bei verlinkten Grafiken (vgl. Abschnitt 5.3.1.2 ab S. 157) sowie bei Schriftgrafiken (vgl. Abschnitt 6.3.1.3 ab S. 214). Sie werden hier nur noch am Rande behandelt.

10.1 Textalternativen für Bilder

Informative Grafiken und Bilder benötigen immer adäquate Textalternativen, da sie sonst mit Screenreadern nicht zugänglich sind. Grundsätzlich gibt es dafür die folgenden Möglichkeiten:

- ein kurzer Alternativtext im alt-Attribut des IMG-Elements und
- lange Beschreibungen für Bilder, um komplexere Zusammenhänge oder umfangreiche Details in Textform anzubieten.

Welche dieser Möglichkeiten angemessen ist, hängt von der Komplexität des visuell vermittelten Inhalts ab. Zusätzlich ist zu beachten, dass Bildinhalte zwar beschrieben, aber nicht interpretiert werden sollen. Bildinterpretationen sollten immer dem Nutzer überlassen bleiben.

10.1.1 Informative oder dekorative Grafiken?

In der redaktionellen Praxis gilt es zunächst zu entscheiden, ob eine Grafik überhaupt eine Textalternative benötigt oder nicht. Wichtig ist dabei, welche Aufgabe ein Bild hat bzw. welchem Zweck es dient. Ist ein Bild

▦ rein dekorativ und vermittelt keine eigenständige Information?
▦ informativ, indem es die eigentlichen Inhalte vermittelt oder zumindest Zusatzinformationen enthält, die im Text nicht enthalten sind?
▦ illustrativ, d. h., es dient der Visualisierung oder Veranschaulichung eines im Text beschriebenen Sachverhalts oder Zusammenhangs?

Diese Abgrenzungen bereiten in der redaktionellen Praxis oft Probleme und sind tatsächlich im Einzelfall nicht immer leicht zu beurteilen. Ein Beispiel: Auf dem Webangebot einer Universität wird der Hinweis auf ein Seminar zur US-Geschichte begleitet durch Grafiken, die die Porträts berühmter US-amerikanischer Persönlichkeiten wie z. B. Abraham Lincoln zeigen.

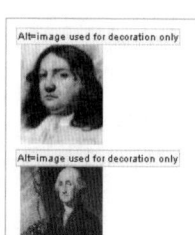

Alt=image used for decoration only

HIS 211 - United States History to 1865
General survey of American history from colonization through the Civil War.

211-01 through 04 Watson Jennison
The lecture portion of this class meets on Mondays and Wednesdays at 12:00-12:50. Smaller discussion groups meet on Fridays at either 12:00-12:50 or 1:00-1:50.
10318 211-01 - MW 12-12:50, F 12-12:50
10319 211-02 - MW 12-12:50, F 12-12:50
10320 211-03 - MW 12-12:50, F 1-1:50
10321 211-04 - MW 12-12:50, F 1-1:50

211-05 Susannah Link Online
10325

211-06 through 09 William Ryan
The lecture portion of this class meets on Mondays and Wednesdays at 9:00-9:50. Smaller discussion groups meet on Fridays at either 8:00-8:50, 9:00-9:50 or 10:00-10:50
12959 211-06 - MW 9-9:50, F 8-8:50
12960 211-07 - MW 9-9:50, F 9-9:50
12961 211-08 - MW 9-9:50, F 9-9:50
12962 211-09 - MW 9-9:50, F 10-10:50

Alt=image used for decoration only

HIS 212 - United States History since 1865
General survey of American history from Reconstruction to the present.

212-01 through 04 Justin Nystrom
The lecture portion of this class meets on Mondays and Wednesdays at 12:00-12:50. Smaller discussion groups meet on Fridays at either 12:00-12:50 or 1:00-1:50.
12295 212-01 - MW 12-12:50, F 12-12:50

Abb. 10-1   Vorlesungsverzeichnis mit den Bildern von vier US-amerikanischen Persönlichkeiten und mit eingeblendeten Alternativtexten

Handelt es sich bei diesen Porträts um reine Dekoration, werden relevante Zusatzinformationen gegeben, ohne die der Textinhalt nicht verständlich ist, oder haben sie illustrativen Charakter?

Betrachten wir zunächst die Dekoration. Dekorationen sind aus vielen Bereichen bekannt. Sie dienen der Verschönerung eines Gegenstandes oder eines Gebäudes. Ihre Funktion ist es, etwas hübscher zu machen, als es vorher war. Dies ist im Web nicht anders als beispielsweise in der eigenen Wohnung.

Erfüllen aber Dekorationen eine bestimmte Funktion, ohne die das Leben in der eigenen Wohnung nicht möglich wäre? Dies ist eindeutig nicht der Fall, denn es handelt sich um Ausschmückungen. Auch das ist im Web ähnlich, beispielsweise wenn ein Artikel über neue Entwicklungen im Sozialrecht von der Darstellung eines Paragrafenzeichens begleitet oder ein Artikel über gesunde Ernährung mit einem Bild dekoriert wird, das eine Schale mit Äpfeln zeigt. In beiden Fällen könnte auf das Bild verzichtet werden, denn der Text zum Sozialrecht oder der Artikel zur gesunden Ernährung ist auch ohne das Bild verständlich; es werden weder ergänzende Informationen vermittelt, noch dienen die Bilder der Veranschaulichung.

Im Gegensatz zur Dekoration dient die Illustration gemäß ihrer Wortbedeutung der Veranschaulichung. Illustrative Grafiken werden Texten ergänzend, erläuternd oder erklärend beigegeben. Nehmen wir an, unser Bild zeigt eine Schale mit Äpfeln einer bestimmten Sorte und begleitet einen Artikel über genau diese Apfelsorte.

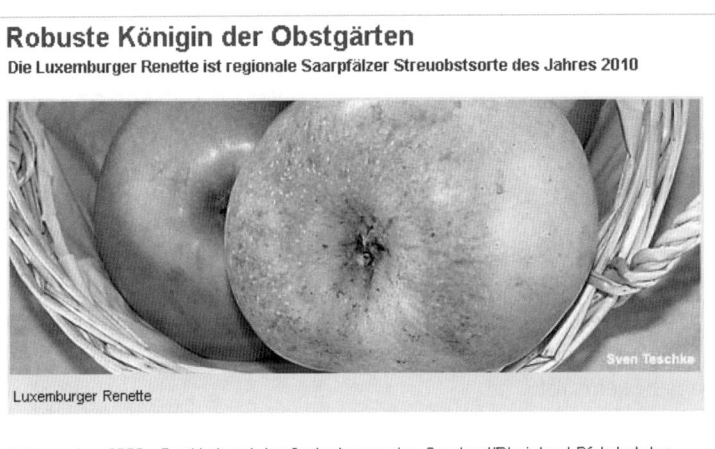

Abb. 10-2   Bild von zwei Äpfeln

Auch in diesem Fall ist der Text ohne das Bild verständlich, allerdings zeigt das Bild, wie die Apfelsorte aussieht. Es dient also der Veranschaulichung des geschriebenen Textes und gibt ergänzende Informationen, auch wenn es keine rein informative Grafik ist.

Der Übergang von Illustration zu Information ist ebenfalls fließend. Der Artikel über die Apfelsorte ist auch ohne das Bild ausreichend informativ und sicherlich könnte man sich überlegen, ob es noch relevant genug ist. Was aber, wenn es sich bei einer Grafik um eine technische Illustration handelt, beispielsweise eine Explosionsgrafik, die die Montage von Einzelteilen veranschaulicht? Würde man auf diese Veranschaulichung – selbst wenn es einen entsprechenden Text gäbe – beim Aufbau verzichten wollen oder nicht zumindest wissen wollen, dass eine solche Montageanleitung existiert, auch wenn man sie selbst vielleicht nicht interpretieren kann?

Nehmen wir an, die Montageanleitung würde nicht über Text, sondern nur über die Explosionsgrafik vermittelt: In diesem Fall dient die Grafik nicht mehr der Veranschaulichung oder der visuellen Erläuterung einer im Text gegebenen Information – sie ist dann keine technische Illustration mehr, sondern eine reine Informationsgrafik, denn der Inhalt wird ausschließlich über die Grafik vermittelt.

Kehren wir zurück zu unserem Universitätsbeispiel mit den Porträts US-amerikanischer historischer Persönlichkeiten. Welchen Charakter haben diese Bilder: reine Information, Illustration oder Dekoration?

Tatsächlich ist es in diesem Beispiel schwer zu entscheiden und je nach Sichtweise wird der eine Nutzer auf die Bildinformation verzichten wollen und der andere Nutzer nicht. Da wir das aber nicht wissen können, ist ein solches Bild als illustrativ zu bewerten und eine adäquate Textalternative angebracht.

Zusammenfassend kann für die drei Arten von Redaktionsbildern gesagt werden:

- Dekorationsgrafiken benötigen keine Textalternative,
- illustrative Grafiken sollten einen knappen Alternativtext erhalten und
- Informationsgrafiken benötigen immer eine Textalternative, die das Bild genauer beschreibt.

Unabhängig von dieser Differenzierung benötigen verlinkte Grafiken immer einen Alternativtext, der die Funktion des Links beschreibt bzw. als Linktext dient. Weil Links auch Text enthalten können, kann ein leerer Alternativtext nur dann eingesetzt werden, wenn die Grafik von einem aussagekräftigen und zusammen mit der Grafik verlinkten Text begleitet wird (vgl. Listing 5-4 auf S. 158).

Für die Webredaktion ergeben sich die folgenden Fragen:

- Wenn die Grafik verlinkt ist:
  Was ist die Funktion oder die Bedeutung dieses grafischen Bedienelements? Wohin führt der Link oder welche Aktion wird ausgelöst?
- Ist die Grafik nicht verlinkt:
  Denken Sie sich das Bild weg! Sind wichtige, veranschaulichende oder ergänzende Informationen verloren gegangen? Falls nicht, handelt es sich um eine dekorative Grafik, die keinen Alternativtext benötigt. Falls ja, benötigt die Grafik eine Textalternative.

Gerade bei illustrativen Grafiken wird ein letzter Unsicherheitsfaktor bleiben. Dann gilt: Im Zweifel benötigt ein Bild einen kurzen Alternativtext.

Schließlich muss bei informativen Grafiken die Frage gestellt werden, ob eine kurze Textalternative in Form eines Alternativtextes ausreicht oder eine lange Beschreibung nötig ist. Bei langen Beschreibungen muss außerdem geklärt werden, welche Technik geeignet ist.

10.1.2 Alternativtexte

Alternativtexte sind kurze Texte zur Beschreibung von Bildern und Grafiken. Sie richten sich immer danach, welche Funktion ein Bild hat und was das Bild zeigt. Dabei gilt es zunächst festzustellen, ob ein Bild überhaupt Informationen vermittelt oder eine rein dekorative Grafik ist. Dient es der Informationsvermittlung, dann benötigt es einen gleichwertigen Alternativtext, der in der Regel vom Kontext des Bildes abhängt.

In HTML wird ein Alternativtext mit dem `alt`-Attribut für das `IMG`-Element vergeben:

```
<img src="bild.jpg" alt="Alternativtext" />
```

Wenn möglich, sollten knapp formulierte Alternativtexte genutzt werden, um das Bild zu ersetzen oder zu beschreiben. Das bedeutet, dass der Alternativtext denselben Informationsgehalt hat oder denselben Zweck erfüllt wie das Bild, und im Idealfall führt die Anzeige des Alternativtextes an Stelle des Bildes zu keinem Informationsverlust.

Bei Schriftgrafiken ist die Bestimmung des Alternativtextes in der Regel unproblematisch. Der grafische Text wird 1:1 in den Alternativtext übernommen.

Zu beachten ist, dass das `alt`-Attribut immer vorhanden sein muss, da Webseiten mit Bildern sonst nicht validieren. Das `alt`-Attribut darf jedoch leer sein und führt dann dazu, dass das Bild von Screenreadern ignoriert werden kann und nicht mehr angekündigt wird. Wichtig ist dies bei dekorativen Grafiken:

```
<img src="dekoratives-bild.jpg" alt="" />
```

»Leer« bedeutet, dass im `alt`-Attribut auch keine Leerzeichen vorhanden sein sollten, denn sie werden von Screenreadern ausgewertet. Ein `alt`-Attribut wie

```
<img src="dekoratives-bild.jpg" alt=" " />
```

ist also nicht leer und das Leerzeichen wird als Alternativtext ausgegeben.

Ein leeres `alt`-Attribut ist nur angebracht, wenn ein Bild keine zusätzlichen Inhalte bietet und ausschließlich schmückend ist (z. B. wenn es als Eye-Catcher dient). Zu verzichten ist sicherheitshalber außerdem auf einen Text im `title`-Attribut, denn es kann bei Grafiken trotz eines leeren `alt`-Attributs dazu führen, dass Screenreader die Grafik ankündigen.

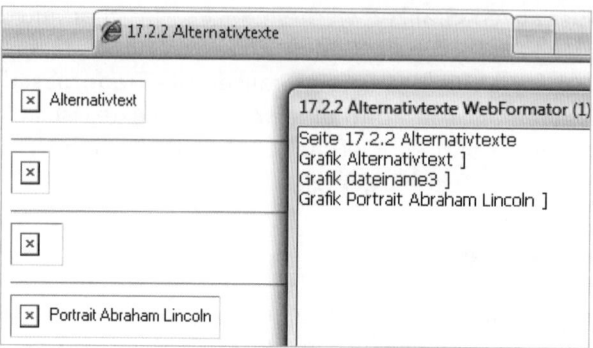

Abb. 10-3   Im Webreader »WebFormator« werden Bilder mit leerem Alternativtext
ignoriert.

Dass ein Alternativtext wie »Grafik nur für Layoutzwecke« oder »Layoutgrafik,
bitte ignorieren« nicht im alt-Attribut enthalten sein sollte, versteht sich fast von
selbst. Dennoch finden sich regelmäßig solche Alternativtexte, wie unser Beispiel der Porträts US-amerikanischer Persönlichkeiten in Abbildung 10-1 zeigt:
»Image used for decoration only«.

Natürlich haben auch dekorative Grafiken – wie eingangs beschrieben –
eine Funktion, nämlich die der Ausschmückung. Mit »Funktion« oder auch
»Zweck« ist allerdings immer ein Inhaltsbezug oder eine Information gemeint.

Wenn auf den Dekorationszweck selber hingewiesen wird, dann weiß ein
blinder Nutzer weder etwas über das Bild, noch kann er entscheiden, ob es
wirklich nur Dekoration ist oder ob nicht eine wichtige oder ergänzende Information verloren gegangen ist. Wären die Porträts nur schmückend, wäre also
ein leeres alt-Attribut angebracht gewesen. Da sie aber tatsächlich der Veranschaulichung dienen, wären Alternativtexte wie

```
<img src="lincoln.jpg" alt="Porträt Abraham Lincoln" />
```

angebracht.

10.1.3 Lange Beschreibungen

Manchmal ist es nicht möglich, ein Bild in nur wenigen Worten zu beschreiben.
Bei komplexen Bildern mit hohem Informationsgehalt sind die Möglichkeiten
des Alternativtextes mit den empfohlenen 80 Zeichen (vgl. Abschnitt 5.3.1.1 ab
S. 156) schnell ausgeschöpft. Anfahrtsskizzen, Diagramme, Organigramme und
andere komplexe Informationsgrafiken benötigen deswegen lange Beschreibungen.

Lange Beschreibungen sind zwar vor allem dann erforderlich, wenn der
Bildinhalt über den Alternativtext nicht ausreichend vermittelt werden kann,
aber lange Beschreibungen sind nicht nur für blinde Nutzer hilfreich. Komplexe
Bilder und Grafiken sind trotz der veranschaulichenden Absicht nicht immer

verständlich oder am Bildschirm wahrnehmbar. Wenn Texte im Bild nicht gelesen werden können (z. B. wegen zu kleiner Schrift oder unklaren Zuordnungen von Text zu grafischen Elementen) oder wichtige Unterscheidungsmerkmale nur über Farbe vermittelt werden, dann ist eine lange Beschreibung in Textform ebenso sinnvoll und dient letztlich auch als »Futter« für Suchmaschinen.

```
<img src="lib/img/theo.jpg" alt="Theo" longdesc="http://atelier-
hellbusch.de/lib/longdesc/theo.html" height="550" width="454"/>
```

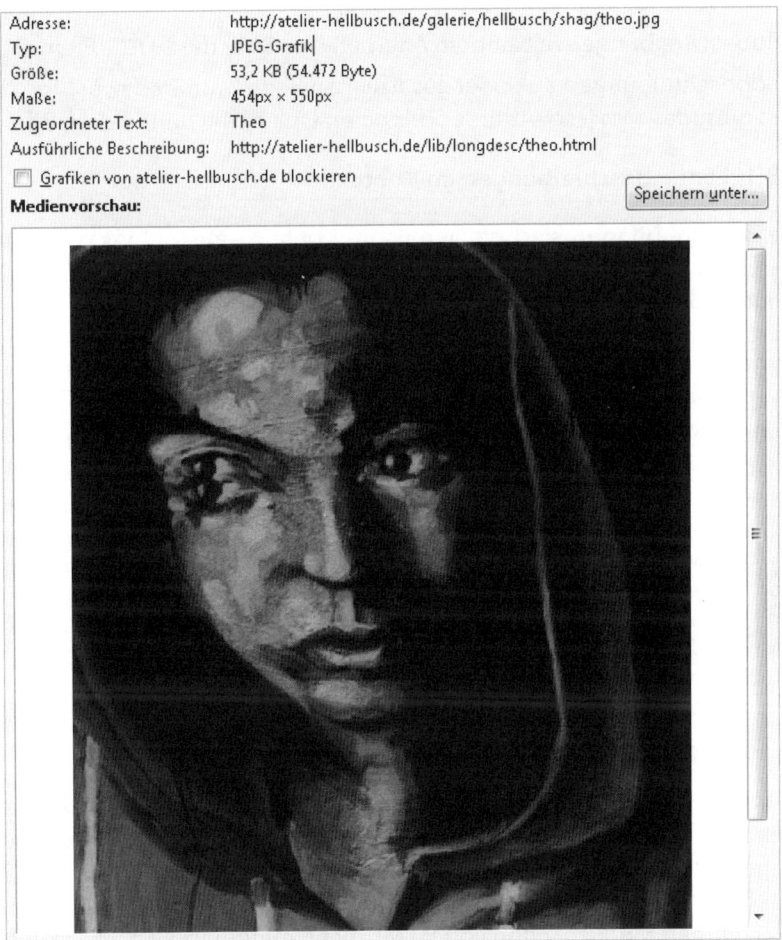

Abb. 10-4   Bilddetails einschließlich URL zur langen Beschreibung in Firefox 3.5

Kann der Inhalt einer Informationsgrafik nur über eine lange Beschreibung vermittelt werden, dann sollte über den Alternativtext das Bild identifiziert werden können und ein knapper Überblick über die Information gegeben werden. Die grafischen Informationen, die für das Verständnis noch erforderlich sind, müssen als lange Beschreibung bereitgestellt werden. Lange Beschreibungen ersetzen also nicht den Alternativtext, sondern bilden mit ihm eine informative Einheit: Über den Alternativtext kann das Bild identifiziert werden und die lange Beschreibung beschreibt das Bild.

Lange Beschreibungen können entweder auf der gleichen Seite oder in einer externen Datei zur Verfügung gestellt werden. Insgesamt kommen folgende Techniken in Frage:

G74
G73
H53
G73

- Bildbeschreibungen im Kontext,
- Bildbeschreibungen am Ende der Seite,
- Bildbeschreibungen mit langem Alternativtext über das OBJECT-Element oder
- Bildbeschreibungen auf einer zusätzlichen Seite, wofür es zwei Möglichkeiten gibt: das longdesc-Attribut oder einen Link direkt neben dem Bild.

10.1.3.1 Lange Beschreibungen im Kontext

G 74

Lange Beschreibungen sind oft bereits im Kontext eines Bildes enthalten. Es kann jedoch sein, dass der Inhalt von Schaubildern und anderen Grafiken im Text nur angedeutet wird, also dennoch die Wahrnehmung des Bildinhalts nötig ist. »Kontext« meint, dass ein technisch ermittelbarer Zusammenhang zwischen Beschreibung und Inhalt (Grafik) besteht.

Anders als bei Linktexten, wo der Kontext z.B. durch eine vorangestellte Überschrift oder einen übergeordneten Listenpunkt deutlich gemacht werden kann, ist für eine lange Beschreibung eine unmittelbare Nähe von Text und Bild erforderlich. Sie steht also entweder direkt vor oder nach der Grafik. Hat ein Bild eine Bildunterschrift als lange Beschreibung, so gehören Bild und Text in ein blockbildendes Element, etwa:

```
<div class="bild">
 <p><img src="bild.jpg" alt="Alternativtext" />
 <span class="bildunterschrift">Bildunterschrift</span></p>
</div>
```

Listing 10-1 Bildbeschreibung im Kontext des Bildes

Der Kontext ist dadurch gegeben, dass sich die lange Beschreibung zusammen mit dem Bild in einem Absatz befindet. In der Praxis reicht eine Bildunterschrift als lange Beschreibung allerdings meist nicht aus.

Ein technisch ermittelbarer Zusammenhang zwischen Bild und Text ist mit den derzeitigen Möglichkeiten von HTML nicht immer möglich. In Zukunft wird das aria-describedby-Attribut von ARIA Abhilfe verschaffen. Die WCAG20 beschreiben deshalb weitere Möglichkeiten zur Herstellung eines Bezugs zwischen Bild und langer Beschreibung, vornehmlich über Hinweise im Alternativtext. Er dient neben der knappen Beschreibung einer Grafik auch zur Identifizierung des Bildes und/oder als Hinweis auf die Position einer langen Beschreibung.

Zeigt beispielsweise ein Tortendiagramm die Umsatzverteilung mehrerer Filialen eines Unternehmens, dann könnte der Alternativtext lauten: »Umsatzverteilung des Unternehmens X, Erklärungen im folgenden Abschnitt«. Die folgenden Abschnitte würden dann die Inhalte des Diagramms beschreiben.

Der Vorteil eines Alternativtextes mit Hinweis auf die Position einer langen Beschreibung im Kontext ist, dass der Nutzer keinen Link aufrufen muss. Durch die unmittelbare Nähe der langen Beschreibung wird der Zusammenhang zwischen Text und Grafik schnell deutlich.

10.1.3.2 Lange Beschreibungen in einem OBJECT-Element

Mit dem OBJECT-Element können in HTML beliebige Objekte eingebunden werden. Wird OBJECT für komplexe Informationsgrafiken verwendet, so kann eine lange Beschreibung zwischen dem öffnenden und schließenden OBJECT-Tag platziert werden, beliebig lang sein und Strukturelemente wie Überschriften und Listen enthalten.

Das oben erwähnte Tortendiagramm mit seiner langen Beschreibung zur Umsatzverteilung könnte also so eingebunden sein:

```
<object data="lib/img/tortendiagramm.jpg" type="image/jpg">
 <p>Das Tortendiagramm zeigt die Umsatzverteilung in unseren Filialen X, Y und
 Z für das Jahr 2010. Auf die einzelnen Filialen entfielen…</p>
</object>
```

Listing 10-2   Bildbeschreibung mit dem OBJECT-Element

In der Regel werden jedoch eher Audio- und Video-Inhalte über das OBJECT-Element eingebunden und selten komplexe Informationsgrafiken. Deswegen ist diese Technik für die redaktionelle Tätigkeit nur eine theoretische Möglichkeit. Problematisch ist außerdem, dass weder alle Browser noch alle Hilfsmittel das OBJECT-Element ausreichend unterstützen.

10.1.3.3 Verknüpfung von langen Beschreibungen

Sofern eine lange Beschreibung nicht im Kontext berücksichtigt wird oder werden kann, bietet HTML die Möglichkeit, dem Bild einen Zielanker (URI) beizufügen. Der URI wird über das longdesc-Attribut an Browser und Screenreader übermittelt und ergänzt das alt-Attribut:

```
<p><img src="tortendiagramm.jpg" alt="Tortendiagramm Umsatzverteilung unserer
Filialen für das Jahr 2010" longdesc="tortendiagrammtext.html" /></p>
```

Der URI einer über longdesc verknüpften Ressource muss nicht zwingend eine HTML-Seite, sondern kann auch eine Textdatei sein:

```
<img src="bilddatei.png" alt="Knappe Beschreibung"
longdesc="lange_beschreibung.txt" />
```

Sofern der URI des longdesc-Attributs auf ein anderes Dokument verweist, sollten lange Beschreibungen mit strukturiertem HTML ausgezeichnet sein und eine Überschrift mit der Bezeichnung des Bildes erhalten.

Selbstverständlich wird auch ein aussagekräftiger Dokumenttitel (vgl. Abschnitt 7.3 ab S. 302) benötigt:

```
<!DOCTYPE html PUBLIC "-//W3C//DTD XHTML 1.0 Strict//EN"
"http://www.w3.org/TR/xhtml1/DTD/xhtml1-strict.dtd">
<html lang="de" xmlns="http://www.w3.org/1999/xhtml">
<head>
<meta http-equiv="content-type" content="text/html;charset=ISO 8859-15" />
<title>Alternativtext des Bildes</title>
</head>
<body>
<!-- Beschreibung des Bildes -->
</body>
</html>
```

Listing 10-3   Aufbau einer langen Beschreibung in einem eigenständigen Dokument

Bei HTML-Seiten ist ein einfaches Layout zweckmäßig und natürlich sollte in dieser Datei das Bild auch tatsächlich beschrieben werden. Seiten mit langen Beschreibungen sollten zudem auf die Beschreibung des Bildes beschränkt und ohne Navigationsleisten und anderen Seitenelementen ausgespielt werden.

Das longdesc-Attribut muss nicht auf ein separates Dokument, sondern kann auch auf ein Fragment der gleichen Seite verweisen. In diesem Fall wird das Bild nicht im Kontext, sondern in Form einer Anlage oder einer Fußnote beschrieben, indem die langen Beschreibungen am Dokumentende aufgeführt werden. Dafür sind zwei Aspekte zu beachten:

- Das Bild benötigt ein longdesc-Attribut, damit Screenreader-Nutzer direkt zur Beschreibung springen können.
- Am Ende der langen Beschreibung muss ein Link vorhanden sein, der zurück zum Bild führt.

Die langen Beschreibungen benötigen außerdem eine aussagekräftige Überschrift:

```
<h2>Beschreibungen der Bilder</h2>
<dl>
<dt><a name="zielanker1" id="zielanker1"></a>Alternativtext des Bildes</dt>
<dd>Lange Beschreibung des Bildes mit <a href="#quelle1">Link zurück zum Bild
"Alternativtext"</a></dd>
<dt><a name="zielanker2" id="zielanker2"></a>Alternativtext des Bildes</dt>
<dd>Lange Beschreibung des Bildes mit <a href="#quelle2">Link zurück zum Bild
"Alternativtext"</a></dd>
</dl>
```

Listing 10-4   Lange Beschreibungen als »Fußnoten« am Ende eines Textes

Auch in diesem Fall darf auf den Alternativtext nicht verzichtet werden, denn über ihn kann das Bild identifiziert werden. Er dient außerdem als Hinweis auf die genaue Position der langen Beschreibung am Ende des Textes. Der Link, der zurück zum Bild führt, benötigt einen eindeutigen Linktext. Im Idealfall ist dies der gleiche Text, der zur Identifizierung des Bildes als Alternativtext verwendet wurde.

Das longdesc-Attribut ist ein spezielles Attribut für Screenreader; die Darstellung im Browser ist meist nicht ohne zusätzliche Software möglich.[1] Obwohl die meisten Screenreader longdesc seit ca. 2002 unterstützen, scheint es bei blinden Nutzern auf wenig Gegenliebe zu stoßen. Dies legt zumindest eine – allerdings nicht repräsentative – Studie von WebAIM nahe: Von 665 Befragten sprachen sich nur 9,1 Prozent für das longdesc-Attribut aus.[2] Außerdem sei erwähnt, dass das longdesc-Attribut im derzeitigen Entwurf von HTML 5 nicht mehr vorgesehen ist.

10.1.3.4 Verlinkung von langen Beschreibungen

Auch die Verlinkung einer langen Beschreibung auf eine separate HTML-Seite ist eine adäquate Möglichkeit. In der Vergangenheit wurde hin und wieder der sogenannte D-Link verwendet und empfohlen:

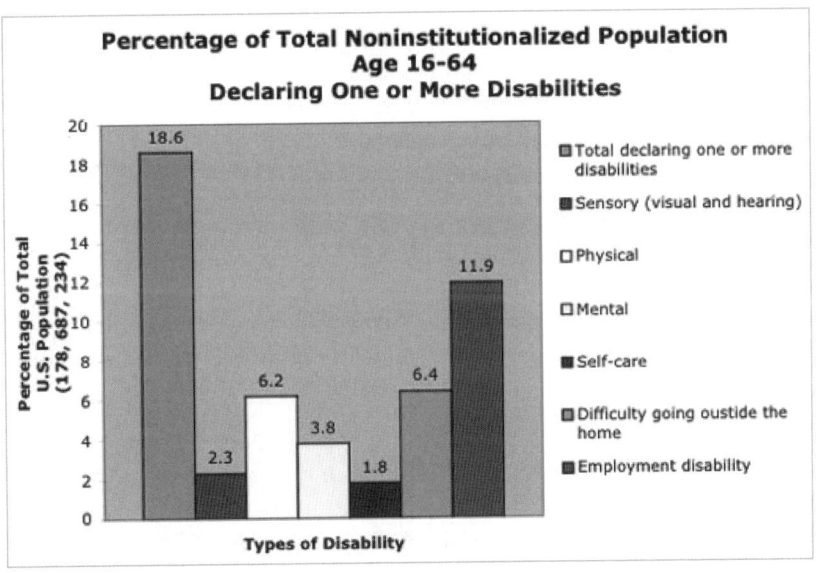

Abb. 10-5   Lange Beschreibung mit einem D-Link (links unterhalb des Bildes)

---

1.   Zur Implementierung von longdesc in IE8: Faulkner, S. auf The Paciello Group, IE8: alt change and longdesc weirdness, URL: *http://www.paciellogroup.com/blog/?p=43* (Abruf 29.7.2010).
2.   WebAIM, Screen Reader User Survey Results,
      URL: *http://www.webaim.org/projects/screenreadersurvey2/* (Abruf 27.5.2010).

Allerdings hat die Praxis gezeigt, dass blinde und andere Nutzer kaum etwas mit dem D-Link anfangen können und dessen Bedeutung nicht klar ist. Auch ein zusätzliches Belegen des D-Links mit »Description« oder »Detaillierte Beschreibung« im title-Attribut ist nicht barrierefrei, da das title-Attribut nicht zugänglichkeitsunterstützend ist (vgl. Abschnitt 7.1.2.3 ab S. 235).

D-Links sind zudem keine eindeutigen Linktexte. Stünden sie zusammen mit der Grafik und einem passenden Alternativtext in einem Absatz, könnte zwar der Kontext gegeben sein, aber auf der erhöhten Konformitätsstufe AAA wären sie nicht standardkonform.

G 73

Statt eines D-Links kann ein verlinktes Symbol in unmittelbarer Nähe einer komplexen Informationsgrafik verwendet werden und den Alternativtext »Beschreibung Name der Grafik« enthalten.

Wenn ausschließlich blinde Nutzer von der Beschreibung profitieren sollen, könnte das Symbol sogar mit CSS aus dem sichtbaren Bereich geschoben werden (vgl. Listing 7-4 auf S. 238). Eine weitere Möglichkeit ist ein Textlink mit vergleichbarem Text, der sich ebenfalls in direkter Nähe der komplexen Grafik befinden sollte. Welche dieser beiden Möglichkeiten verwendet wird, ist sicherlich auch eine Frage des Layouts.

10.1.3.5 longdesc oder Link?

Bei der Umsetzung ist zu überlegen, ob die Verknüpfung von komplexen Grafiken und ihren langen Beschreibungen über das longdesc-Attribut oder über einen (sichtbaren) Link erfolgen soll. Während eine über longdesc verknüpfte lange Beschreibung vor allem blinden Nutzern dient, profitieren alle Nutzer von einem sichtbaren und eindeutigen Link zu einer langen Beschreibung:

- Wenn Symbole verwendet werden, die nicht allgemein bekannt sind und deren Bedeutungen auch nicht aus dem Kontext hervorgehen, dann nutzt es allen, wenn bei Bedarf Erklärungen vorhanden sind.
- Wenn für die Wortbildmarke einer Firma oder eines Verbandes eine lange Beschreibung existiert, dann wird sie nicht nur für blinde Nutzer interessant sein.

Berücksichtigt werden muss auch, dass grafische Darstellungen zusätzlich in Textform vorliegen können, z.B. als Tabelle, und dass letztere je nach Aufbau der Grafik eine Information besser vermitteln kann als die Grafik selber (vgl. auch Abschnitt 8.2.2 ab S. 314). In Fällen, wo verschiedene Darstellungen eines Inhalts bereitstehen, gilt es abzuwägen, ob und in welchen Fällen über longdesc oder über einen sichtbaren, eindeutigen Link verknüpft werden soll. Je nachdem sollten Webredakteuren beide Möglichkeiten offenstehen.

Ergänzend sei erwähnt, dass lange Beschreibungen auch auf externe Informationsseiten (z.B. ein externes Lexikon) verweisen dürfen. In diesem Fall ist zu prüfen, ob dort das Bild wirklich beschrieben wird. Ein weiteres Kriterium ist die Konstanz der verknüpften Seite. Damit möglichst vielen Nutzern diese Information weiterhilft, sollte für deutschsprachige Angebote bevorzugt auf deutschsprachige Lexika verwiesen werden.

10.1.4 Häufige Alternativtextfehler

Bei der Wahl geeigneter Alternativtexte entstehen zahlreiche Probleme, die vom Fehlen des alt-Attributs bis zu ungenügenden, falschen oder allzu »epischen« Formulierungen reichen.

10.1.4.1 Fehlendes alt-Attribut

Jedes Bild benötigt ein alt-Attribut, da sonst die Seite nicht valide ist. Viel wichtiger ist aber, dass sein Fehlen in Screenreadern zu Problemen beim Auslesen der Seite führt. Im folgenden Beispiel kann ein Screenreader nur ankündigen, dass eine Grafik vorhanden ist:

```
<img src="dateiname.jpg" />
```

Trifft ein Screenreader beim Übersetzen einer Webseite auf eine Grafik, dann gibt er nur »Grafik« sowie den Alternativtext aus. Fehlt das alt-Attribut, kann das dazu führen, dass ein Screenreader auf einer Seite mit mehreren fehlenden alt-Attributen nur »Grafik, Grafik, Grafik ...« vorliest. Es versteht sich von selbst, dass Screenreader den Alternativtext brauchen, damit die Nutzer die Grafik verstehen bzw. identifizieren können.

Manche Hilfsmittel kompensieren ein fehlendes alt-Attribut, indem sie den Dateinamen des Bildes oder sogar den vollständigen Dateipfad ausgeben, was nicht gerade zum Verständnis beiträgt.

Sinn und Zweck des alt-Attributs ist die Ersetzung des Bildes, d.h. dessen Inhalt zu beschreiben oder es zu identifizieren. Wenn das Bild informativ ist oder eine Funktion erfüllt, dann muss der Alternativtext dies vermitteln. Mit anderen Worten: Wenn das Bild nicht vorhanden ist, kann dann alleine anhand des Alternativtextes der Sinn und Zweck des Bildes ermittelt werden?

10.1.4.2 Automatische Vergabe von Alternativtexten

Wenn in einem Redaktionssystem ein Feld für den Alternativtext vorhanden ist und darin ein Platzhaltertext wie »Fügen Sie hier eine Textbeschreibung ein« steht, dann sollte das Bild zumindest durch einen identifizierenden Alternativtext (z.B. »Gruppenfoto« oder »Balkendiagramm«) bezeichnet werden.

Vorsicht ist bei Anwendungen geboten, die den Alternativtext automatisch einsetzen. Dies kann dazu führen, dass Bilder mit sinnlosen Alternativtexten wie »0043« oder »Bild02« versehen werden. Ein Beispiel sind die Suchergebnisse des Microblogging-Dienstes Twitter. Hier mag es den Nutzer zwar amüsieren, Alternativtexte wie »xy_normal_13345758« für die Profilfotos zu lesen und so zu erfahren, unter welchem Dateinamen Twitter sie auf der eigenen Festplatte ablegt;

allerdings ist es ein Glücksspiel, ob ein solcher Alternativtext etwas über den tatsächlichen Inhalt oder das Ziel eines Bild vermittelt – auch wenn in diesem Fall dem Profilfoto ein Textlink folgt.

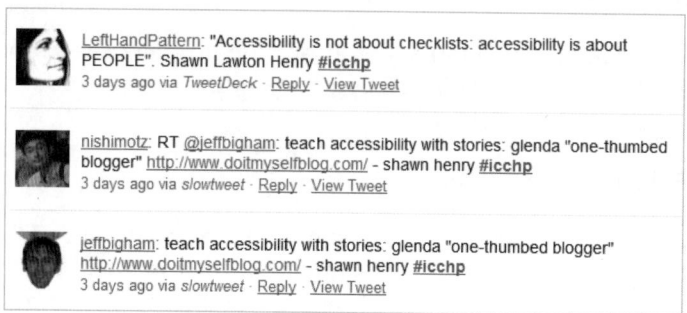

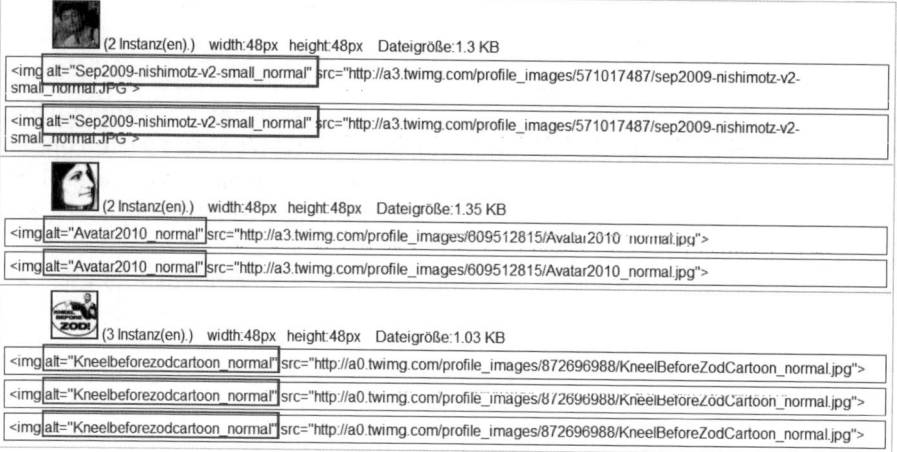

Abb. 10-6 Suchergebnis bei Twitter mit eingeblendeten Alternativtexten der Profilfotos

Alternativtexte können nur in wenigen Ausnahmefällen automatisch gesetzt werden:

▪ Wenn z.B. Schriftgrafiken aus einem Text erzeugt werden, kann eine Anwendung den Alternativtext auf den zugrunde gelegten Text setzen.
▪ Wenn Diagramme oder andere Schaubilder aus Daten erzeugt werden, kann ebenfalls ein identifizierender Alternativtext automatisch generiert werden.

In den meisten Fällen muss aber der Alternativtext abhängig von Kontext und Text formuliert werden.

Nicht in den Alternativtext gehören Angaben zum Dateiformat. Solche Angaben finden sich öfter bei Webangeboten, bei denen der Alternativtext automatisch anhand des Dateinamens generiert wird. Dieser wird in der Regel das

Bild nicht adäquat ersetzen oder beschreiben können. Auch gehören Angaben zur Dateigröße oder sonstigen Dateieigenschaften nicht in den Alternativtext.

10.1.4.3 Epische Alternativtexte

Ein Alternativtext sollte möglichst knapp und nicht redundant sein. Redundante Informationen sind solche, die der Screenreader bereits ausliest und mitteilt. Bei Grafiken und verlinkten Grafiken geben Screenreader die Information, dass eine Grafik bzw. eine verlinkte Grafik vorliegt, bereits an den Nutzer weiter. Sie brauchen also im Alternativtext nicht wiederholt werden. Alternativtexte, die mit

- »Das Bild zeigt…«
- »Diese Grafik stellt …. dar«
- »Der grafische Link führt zu …«
- »Mit Klick auf den grafischen Link gelangen Sie zu …«

anfangen, sind unnötig und sollten vermieden werden. Ausnahmen sind Cartoons, Comics, Karikaturen oder andere besondere Arten von Grafiken. Auf diese Sonderfälle wird ab Seite 394 eingegangen.

Das alt-Attribut wird im Internet Explorer bis einschließlich Version 7 als Tooltipp bzw. Sprechblasentext dargestellt.[3] Das hat dazu geführt, dass Webentwickler Alternativtexte insbesondere für verlinkte Grafiken eingesetzt haben; ein typischer solcher Alternativtext lautet: »Klicken Sie hier«. Wenn ein Sprechblasentext gewünscht wird, dann sollte dafür jedoch das title-Attribut genutzt werden. Umgekehrt kann das title-Attribut auf leer gesetzt werden, wenn der Alternativtext in älteren Versionen des Internet Explorer nicht als Sprechblasentext angezeigt werden soll:

```
<img src="dateiname.jpg" alt="Knapper Alternativtext" title="" />
```

10.1.4.4 Urheberhinweise

Da Alternativtexte den Inhalt einer Grafik kurz wiedergeben sollen, gehören Informationen zum Fotografen oder die Bildquelle nicht in das alt-Attribut. Dies ist auch logisch, denn der Name des Fotografen oder die Bildquelle ist auf dem Bild nicht zu sehen. Sofern Bildunterschriften vorgesehen sind, gehören solche Angaben in die Bildunterschrift oder an das Ende eines begleitenden Artikels.

Alternativ können sie über die Dateieigenschaften oder das title-Attribut des Bildes vermittelt werden.

Ein anderer Fall liegt vor, wenn es sich bei einem Foto um Fotokunst handelt. Dann ist der Alternativtext ähnlich zu behandeln wie bei Gemälden oder Bildern von Kunstgegenständen (vgl. S. 395).

---

3. Für Änderungen in IE8 vgl. Faulkner, S. (2008), IE8: alt change and longdesc weirdness, URL: *http://www.pacellogroup.com/blog/?p=43* (Abruf 15.10.2009).

10.1.4.5 Überflüssige Keywords

Alternativtexte dienen zur Information des Nutzers und sollten nicht zur Such-maschinenoptimierung eingesetzt werden. Abgesehen davon, dass blinden Nutzern evtl. irreführende Informationen vermittelt werden, kann dieses Verhalten unter Umständen sogar z. B. von Google abgemahnt werden:

> »Was Sie vermeiden sollten: Das Füllen von Suchbegriffen mit Alternativ-eigenschaften (»überflüssige Keywords«) mindert das Nutzererlebnis und kann dazu führen, dass Ihre Website als Spam eingestuft wird.«[4]

10.1.4.6 Informationsvermittlung über Farbe oder Position allein

Auch in Alternativtexten sollen Informationen nicht nur über Farbe vermittelt werden. Der Alternativtext eines Balkendiagramms, der sich nur auf Farbe bezieht, wie: »Der rote Balken zeigt ....«, oder der Alternativtext eines Liniendia-gramms, der nur auf Linienfarben Bezug nimmt, reicht nicht aus. Dies kann leicht festgestellt werden, wenn die Grafik verdeckt und nur der Alternativtext angeschaut wird: Werden dann noch alle Informationen vermittelt und ist immer noch klar, was »roter Balken« oder »blaue Linie« genau bedeutet?

Ein ähnlicher Fall ist, wenn der Alternativtext zu einem Balkendiagramm nur auf die Position der Balken (der linke Balken, der rechte Balken) Bezug nimmt und nicht auf deren Bedeutung.

10.1.5 Alternativtexte und lange Beschreibungen in der redaktionellen Praxis

Im Folgenden wird anhand konkreter Bildtypen der Umgang mit Textalternati-ven aufgezeigt. Dabei werden auch Einzel- und Sonderfälle diskutiert. Die meisten Bilder im Web sind illustrativ und es wird eine kurze Bildbeschriftung genügen. Nur komplexe Grafiken benötigen längere Beschreibungen. Zu beachten ist, dass bei komplexen Grafiken und vor allem Bildern, die Emotionen oder Stimmungen vermitteln, Textalternativen an ihre Grenzen kommen können.

10.1.5.1 Fotos

Alternativtexte für Fotos sollten kurz und knapp das enthalten, was auf dem Foto zu sehen ist. Hierbei ist zwischen Porträtfotos, Fotos von mehreren Personen und Fotos von Gegenständen zu unterscheiden.

Fotos benötigen kurze Angaben zum dargestellten Gegenstand, den Namen der Person oder Merkmale der Szene. Der Alternativtext ist immer im Zusammenhang mit dem Textinhalt zu sehen.

---

4.   Google Webmaster-Zentrale, *http://www.google.com/support/ webmasters/bin/answer.py?hl=de&answer=114016* (Abruf 15.3.2010).

Porträtfotos zeigen in der Regel eine einzelne Person. Verwendet werden sie z.B. auf Kontaktseiten, um einen visuellen Eindruck von Ansprechpartnern zu vermitteln, oder auch auf Profilseiten. Bei Porträtfotos reicht in der Regel der folgende Alternativtext aus: »Foto: Vorname, Zuname«.

```
<img src="foto.jpg" alt="Foto Hans Musterfrau" />
```

Darüber hinausgehende Bildbeschreibungen wie Haarfarbe, Farbe des Anzugs oder der Krawatte sind meist nicht nötig. Eine Ausnahme wäre allenfalls, wenn es im Kontext um eine Modenschau o.Ä. gehen würde, dann wäre die Kleidung tatsächlich eine wichtige Information. In diesem Fall könnten sowohl ihre Farbe als auch das Aussehen eine Rolle spielen.

Zeigt das Foto eine Person, die gerade eine Aktion durchführt (z.B. eine Rede hält), so müsste der obige Alternativtext erweitert werden:

```
<img src="foto.jpg" alt="Foto Hans Musterfrau beim Vortrag" />
```

Bei Gruppenfotos sind unterschiedliche Fälle denkbar. Zum Beispiel ist es nicht nötig, bei einem Foto der Außenminister der Europäischen Union dezidiert aufzuführen, wer dort zu sehen ist. Hier wäre ein Alternativtext »Abschlussfoto Außenministertreffen der EU« ausreichend. Es sind aber natürlich Gruppenfotos denkbar, bei denen es für alle Nutzer wichtig oder zumindest interessant ist, welche Personen gezeigt werden. In diesem Fall bietet sich der folgende Umgang an:

Der Alternativtext erhält einen kurzen Text und das Bild eine für alle Nutzer sichtbare Bildunterschrift, die die W-Fragen (Wer? Was? Wo? Wie? Wann? Warum?) beantwortet.

Typische Gruppenfotos sind Fotos von Abschlussklassen. Hier reicht es in der Regel aus, wenn der Alternativtext »Abschlussklasse Jahrgang« lautet. Begleitet das Foto jedoch einen Artikel über eine prominente Person, dann ist ein Verweis auf diese Person auf dem Foto im Alternativtext oder spätestens bei der Bildunterschrift sinnvoll.

Bei Fotos von Gegenständen genügt als Alternativtext normalerweise eine knappe Beschreibung. Dies kann im Einzelfall jedoch schwierig sein. Während es bei Personen der Zeitgeschichte, Gruppenfotos oder auch Fotos von Gegenständen und Landschaften angebracht ist, zu erwähnen, dass es sich um ein Foto handelt, muss dies bei Fotos von Kunstgegenständen normalerweise nicht extra aufgeführt werden.

Bei Produktfotos, wie sie in Online-Shops vorkommen, hängt der Alternativtext zunächst von der Art der technischen Umsetzung ab. Ein Produktfoto kann verlinkt sein und beim Anklicken eine vergrößerte Ansicht öffnen. Der Link kann aber auch zu einer Beschreibung des Produkts führen. In beiden Fällen muss dies über den Alternativtext vermittelt werden.

Öffnet der grafische Link eine vergrößerte Ansicht, ist ein Alternativtext

```
<img src="produktfoto.jpg" alt="Produktname, Ansicht vergrößern" />
```

angebracht. Führt der grafische Link zu einer Detailbeschreibung, ist der folgende Alternativtext angemessen:

```
<img src="produktfoto.jpg" alt="Produktname, Hinweis zur Beschreibung" />
```

Wird das Produktfoto als normale Grafik eingebunden, ist als Alternativtext der Name des Produktes ausreichend.

10.1.5.2 Symbole, Zeichen, Logos und Wortbildmarken

Sehr viel schwieriger können Alternativtexte für Symbole und Zeichen sein und je nach Komplexität und Kontext eine lange Beschreibung erfordern. Hat ein Symbol Zeichencharakter, wie z.B. ein mathematisches oder chemisches Formelzeichen, so wird es ausreichen, den folgenden Alternativtext zu schreiben:

»Formelzeichen | Name des Zeichens«

Mathematische oder chemische Symbole haben eine präzise Bedeutung und sind eindeutig. Je komplexer aber ein Symbol wird und je uneindeutiger, umso eher kann eine lange Beschreibung nötig sein. Vor allem bei Symbolen ist vor dem Schreiben einer Textalternative zu prüfen, ob über das Symbol eine Information vermittelt wird oder ob es eine dekorative Grafik ist.

Anschließend sollte geprüft werden, ob

- das Symbol bereits im Text erläutert wird oder
- der Text auf das Symbol verweist, ohne es zu erläutern, und ob
- ohne das Wissen über das genaue Aussehen des Symbols der Inhalt des Textes verständlich ist.

Wenn das Symbol bereits im Fließtext beschrieben wird, dann ist ein das Bild identifizierender Alternativtext wie »Symbol, Name des Symbols« ausreichend. Der Fall, dass das genaue Aussehen beschrieben werden muss, mag selten sein. Symbole stehen meist für etwas und entsprechend kann ein Alternativtext weniger das Symbol selbst betreffen und mehr das, wofür es steht. Symbole können schwer zu beschreiben sein und nicht nur Online-Redakteure an ihre sprachlichen Grenzen bringen. In diesem Fall könnte man beispielsweise auf ein im Web verfügbares Online-Lexikon zurückgreifen und – je nach Lizenz dieser Quelle – diesen Text entweder als Grundlage oder 1:1 als lange Beschreibung verwenden. Gibt das Urheberrecht dies nicht her, dann ist auch denkbar, den Artikel über einen Textlink mit dem Symbol zu verknüpfen.

Bei Logos ist es meist einfacher, Textalternativen zu verfassen. Erscheint das Logo einer Firma neben jedem Produkt einer Produktliste als Kennzeichnung, dass es sich bei dem Produkt um eines dieser bestimmten Firma handelt, dann benötigt das Logo einen knappen Alternativtext wie `alt="Logo, Name der Firma"`.

Schriftgrafiken und Wortbildmarken sind meist eher eine Frage der Konzeption als eine Aufgabe der Webredaktion, dennoch kommen sie im redaktionellen Online-Alltag vor, z.B. bei Artikeln zu Imagekampagnen oder anderen Aktionen, die die Wortbildmarken der entsprechenden Kampagne zeigen.

Hierbei gilt, was in Abschnitt 6.3.1.3 ab S. 214 bereits beschrieben wurde: Texte in Schriftgrafiken sollen im Alternativtext 1:1 wiedergegeben werden; verlinkt die Schriftgrafik oder das Logo auf einen Artikel oder ein anderes Webangebot, wird im Alternativtext das Ziel dieses Links vermittelt.

Daraus ergeben sich folgende Vorgaben:

- Begleitet ein Bild einen Artikel zu einem Buch oder einem Flyer und zeigt das Cover oder den Flyer, könnte es den Alternativtext »Flyer …« erhalten bzw. »Buchcover: Name des Buchs«.
- Die Wortbildmarke zu einer Veranstaltung erhält den Alternativtext »Plakat, Name der Veranstaltung«.
- Logos erhalten den Alternativtext »Logo, Name der Organisation« bzw. »Logo, Name der Firma« oder »Logo, Name der Kampagne«.

10.1.5.3 Komplexe Grafiken

Komplexe Informationsgrafiken zeigen meist Objekte und deren Beziehungen zueinander. In diese Kategorie fallen auch Diagramme, die der Veranschaulichung von Strukturen dienen, beispielsweise:

- Organisationsstrukturen (Organigramme)
- Verwandtschaftsbeziehungen (Stammbaum)
- Flowcharts, Concept-Maps oder Datenstrukturen (Baumdiagramme: Dendrogramm und Entscheidungsbaum)

Auch in diesem Fall sollte vor dem Verfassen einer langen Beschreibung geprüft werden, ob die Inhalte bereits im Text vermittelt werden und das Bild »nur« der Veranschaulichung dient bzw. eine bloße Visualisierung ist. Ist dies der Fall, dann reicht es aus, wenn das Bild über den Alternativtext identifiziert werden kann und man kann im Text die informative Grafik referenzieren. Dabei sollte die Referenz im Fließtext identisch mit dem Alternativtext sein. Befinden sich auf einer Einzelseite mehrere komplexe Informationsgrafiken zum gleichen Thema, dann bieten sich eindeutige Nummerierungen im Fließtext und für die Grafiken an. Fehlt eine Beschreibung im Fließtext, dann soll das Bild trotzdem eindeutig erkannt werden können und eine lange Beschreibung ergänzend zum Text geboten werden.

10.1.5.4 Schaubilder und Diagramme

Diagramme sind Visualisierungen von Daten oder Informationen und dienen der Veranschaulichung von Zusammenhängen zwischen voneinander abhängigen Werten oder Messgrößen.

Ein Beispiel ist ein Liniendiagramm, das die Temperaturentwicklung einer bestimmten Wetterregion zeigt. Auch hier sollte zunächst geklärt werden, ob das Diagramm bereits im Text erklärt wird. In diesem Fall ist ebenfalls ausreichend, wenn das zugehörige Bild anhand des Alternativtextes identifiziert werden kann – ergänzt um die Information, dass sich die Erklärungen im Fließtext befinden. Befinden sich solche Erklärungen direkt unter einer Überschrift, so kann diese als Positionsangabe verwendet und in den Alternativtext integriert werden. Befinden sich keine ausführlichen Beschreibungen im Fließtext, dann muss die informative Grafik in einer langen Beschreibung erklärt werden und folgenden Teile enthalten:

- Information darüber, ob es sich um ein Säulen-, Balken-, Kreis- oder Kurvendiagramm handelt
- Angabe, aus welchem Jahr/aus welchen Jahren die Daten stammen
- Angabe zu den verwendeten Werten (z.B. Celsius, Prozent, Kilo, Euro)
- Angabe, was ggf. miteinander verglichen wird

Für Beschreibungen von Schaubildern und Diagrammen eignen sich einheitliche und typische Formulierungen. Hier lohnt durchaus ein Blick in vorhandene Schulmaterialien, wie z.B. die »Redemittel zur Beschreibung von Schaubildern, Diagrammen und Statistiken« auf

http://www.wirtschaftsdeutsch.de/lehrmaterialien/redemittel-diagramm.pdf

Solche Materialien sollten auch in Anleitungen für Online-Redakteure integriert werden. Tutorials in Englisch finden Sie auf

http://www.w3.org/2000/08/nba-manual/Overview.html

Wenn möglich, sollte vor allem bei komplexen Grafiken wie Diagrammen ein anderer Weg gegangen werden. Da die Daten meist in einer Datenbank vorhanden sind, könnten dieselben Werte für die Generierung einer zusätzlichen barrierefreien Datentabelle verwendet werden. Sie dient dann als lange Beschreibung oder als alternative Version des Diagramms.

10.1.5.5 Zeichnungen, Cartoons und Karikaturen

Screenreader erkennen Grafiken und sagen sie an. Eine Wiederholung dieser Information im Alternativtext ist – wie oben bereits ausgeführt – nicht nur nicht erforderlich, sondern redundant. Anders verhält es sich, wenn das Bild Besonderheiten aufweist. Ähnlich wie bei Logos oder Diagrammen ist es hilfreich, wenn über den Alternativtext vermittelt wird, dass es sich um eine Zeichnung, ein Cartoon oder eine Karikatur handelt.

Zu beachten ist, dass es für diese Bildsorten unterschiedliche Anforderungen geben kann. Gerade Cartoons und Karikaturen sind oft umfangreiche Bilder, deren Bedeutungen sich nicht aus einem Alternativtext erschließen lassen. Ein Alternativtext antwortet auf die Frage: Was ist zu sehen?, und nicht auf die Frage: Welche Bedeutung hat das Gesehene? Stellen Sie sich dabei vor, Sie würden jemandem am Telefon die Karikatur beschreiben.

Sind Sprechblasentexte, Bildüber- oder -unterschriften enthalten, dann sind diese wörtlich in eine lange Beschreibung zu übernehmen und um die folgenden Aspekte zu ergänzen:

- Welche Personen werden gezeigt und wo befinden sich die Personen?
- Welche Gegenstände enthält die Karikatur?
- Welche Einzelheiten sind auffallend?
- Wird eine Situation oder eine Geschichte gezeigt?
- Sind Sprechblasentexte vorhanden und wenn ja, was steht in den Sprechblasen?
- Enthält die Karikatur Bildüber- oder Bildunterschriften?

Auch wenn Karikaturen bereits wertende Darstellungen z.B. des Zeitgeschehens sind, sollten die Textalternativen neutral geschrieben sein, keine Wertung liefern und nur das enthalten, was tatsächlich zu sehen ist. Denn Aufgabe einer Textalternative ist nicht die Interpretation, sondern die Beschreibung.

10.1.5.6 Gemälde und andere Kunstgegenstände

Für Gemälde und andere Kunstwerke ist eine adäquate Textalternative meist nicht möglich. In diesen Fällen kann ein Alternativtext aber zumindest die eindeutige Identifizierung des gezeigten Kunstgegenstandes durch den Nutzer leisten. Der Alternativtext enthält beispielsweise den Namen eines Gemäldes bzw. den Titel, den der Künstler dem Kunstgegenstand gegeben hat, sowie den Namen des Künstlers, z.B. »Sandro Botticelli, Die Geburt der Venus«.

Auf einer Seite zu Malerei wird das Bild eindeutig mit Titel und Künstler des Gemäldes benannt; um es besser von einem anderen Werk der Bildenden Kunst abzugrenzen, könnte der Alternativtext auch »Gemälde 'Die Geburt der Venus' von Sandro Botticelli« heißen. Dies kann vor allem bei Werkschauen sinnvoll sein, wenn neben Gemälden auch Skulpturen gezeigt werden, und vor allem dann, wenn es sich nicht um allgemein bekannte Kunstwerke wie die Mona Lisa handelt. Hier dürften die meisten wissen, dass es sich um ein Gemälde und nicht um eine Skulptur handelt.

Die Nennung der Kunstart kann generell bei Museen, Online-Ausstellungen und Online-Auktionen sinnvoll sein, sollte jedoch konsistent vorgenommen werden, damit der Nutzer weiß, was ihn erwartet.

Darüber hinausgehende Angaben wie »Aquarell«, »Druckgrafik« oder »Airbrush« sind wiederum Informationen, die für alle Nutzer sinnvoll sind. Für solche Informationen eignet sich deswegen eine für alle sichtbare Bildunterschrift. Auch Ergänzungen, z.B. verwendete Farben, Preis oder Standort, sind allgemeine Informationen und gehören in die Bildunterschrift und nicht in den Alternativtext. In diesen Fällen steht im Alternativtext der Titel des Werkes, der um die Informationen in der Bildunterschrift ergänzt wird. Etwaig entstehende Dopplungen (z.B. durch Nennung des Bildtitels sowohl im Alternativtext als

G
100

auch in der Bildunterschrift) sind in Kauf zu nehmen. Dieser Fall kann im redaktionellen Alltag natürlich auch Fotokunst betreffen.

Dieses Vorgehen eignet sich nicht nur für Kunstgegenstände, sondern generell für gegenständliche Abbildungen auf Webangeboten von Museen. Wenn Objekte durch begleitende Fließtexte erläutert werden, verfährt man ähnlich wie bei Diagrammen: Als Alternativtext dient der Titel des Gemäldes oder des Kunstgegenstandes und er erhält zusätzlich einen Verweis auf die Erklärung im Fließtext.

Für Webangebote aus dem Kunstbereich sollte über automatisierte oder zumindest halbautomatisierte Lösungen nachgedacht werden: Der Titel eines Kunstwerks könnte automatisch in das alt-Attribut eingespielt werden, ergänzt um die Information über existierende lange Beschreibungen entweder in der Bildunterschrift oder im begleitenden Fließtext.

Für darüber hinausgehende Bildbeschreibungen gilt ähnlich wie bei Karikaturen oder Cartoons, dass Textalternativen keine Bildinterpretationen sind, sondern möglichst neutrale Beschreibungen.

10.1.5.7 Formeln

In bestimmten Zusammenhängen werden Formeln als Grafiken abgelegt. Auf Webangeboten der öffentlichen Hand kommt das meist nur bei Finanzbehörden vor. Relevant ist dieses Thema aber z. B. auch für E-Learning-Angebote und natürlich für begleitende Webangebote der universitären Ausbildung. Hier ist es vor allem für die Studiengänge Mathematik, Chemie und Physik, aber auch andere Fächer von Bedeutung.

Obwohl das W3C mit MathML eine eigene Auszeichnungssprache für mathematische Ausdrücke veröffentlicht hat,[5] ist die Unterstützung in Browsern und Hilfsmitteln nicht immer gegeben. Für einfache mathematische Formeln können die entsprechenden HTML-Entities der ISO 8859-1 verwendet werden. Eine Liste mathematischer Symbole und Zeichen, die von HTML unterstützt werden, finden Sie hier:

http://de.selfhtml.org/html/referenz/zeichen.htm#benannte_mathematische

Der Einsatz von HTML-Entities ist jedoch bei komplexen Formeln nicht immer zufriedenstellend oder ausreichend. Deswegen können Formeln als Grafiken eingebunden werden, wobei der Alternativtext die Formel so wiedergibt, wie sie gesprochen würde.

---

5.   W3C, MathML, URL: *http://www.w3.org/TR/MathML2/* (Abruf 15.3.2010).

Die Gleichung in Abbildung 10-7 würde den folgenden Alternativtext erhalten:

```
alt="y Quadrat = x Quadrat mal (x + 1)"
```

Umfangreiche Formeln, die eine lange Beschreibung benötigen, sollten – anders als lange Beschreibungen komplexer Grafiken – als externe Datei zur Verfügung gestellt und über longdesc verknüpft werden.

Betrag:

$$|x| := \begin{cases} x & \text{für} \quad x > 0 \\ 0 & \text{für} \quad x = 0 \\ -x & \text{für} \quad x < 0 \end{cases}$$

Signum:

$$\mathrm{sgn}(x) := \begin{cases} 1 & \text{für} \quad x > 0 \\ 0 & \text{für} \quad x = 0 \\ -1 & \text{für} \quad x < 0 \end{cases}$$

Abb. 10-7
Formeln als Grafiken statt Text

10.1.5.8 Tabellen

Sie dürfen sich ruhig fragen, warum an dieser Stelle Tabellen aufgeführt werden. Die Praxis zeigt, dass Tabellen oft – genauso wie Formeln – als Bilder abgelegt werden. Da Tabellen über HTML strukturell aufbereitet und für Screenreader zugänglich und nutzbar gemacht werden können, sind sie immer mit HTML aufzubauen und nicht als Grafiken abzulegen.

Textalternativen für Tabellen sind nicht zweckmäßig, zumal die Aufbereitung über HTML vermutlich einfacher ist als das Schreiben einer Textalternative. Dies sei anhand der Ausführungen und Empfehlungen der *National Braille Association* zu grafischen Tabellen gezeigt:

Zunächst werden Titel, Quelle und Überschrift angegeben, gefolgt von der Tabellenstruktur. Tabellenstruktur bedeutet die Nennung der Spalten- und Zeilenanzahl sowie der Spalten- und Reihenüberschriften von links nach rechts. Eine adäquate Textalternative liefert zudem eine Aussage darüber, ob die Tabelle nach Spalten oder Zeilen gelesen wird. Die Spalten- und Reihenüberschriften sollten mindestens für die ersten beiden Zeilen ebenfalls notiert und bei langen Tabellen nach jeder fünften Zeile sowie bei der letzten Zeile, die zusätzlich angekündigt werden sollte, damit der Nutzer weiß, dass die Tabelle zu Ende ist, wobei gleichzeitig auf das Ende der Tabelle hingewiesen werden sollte.

10.2 Kontrastverhältnisse und Mindestschriftgröße

Vorder- und Hintergrundinformationen in Redaktionsbildern müssen sich stets gut voneinander abheben. Bei der Auswahl des Bildmaterials sollte deshalb besonders auf gut erkennbare Informationen geachtet werden.

Mögliche Probleme sind:

- Bilder können am Bildschirm nur unzureichend wahrgenommen werden, weil der Nutzer besondere Anforderungen an Kontrastverhältnisse oder Farben hat.
- Bildinhalte sind zu klein und können nicht ausreichend vergrößert werden.

Möglicherweise sollten Bilder für das Web nachbearbeitet werden; zu bedenken ist dabei, dass eine Grafik von verschiedenen Systemen sehr unterschiedlich dargestellt werden kann.

Vor allem bei Informationsgrafiken ist abzuwägen, ob die Bildinhalte gut
erkennbar sind. Als Richtwert für Schriftgröße auf einem Bildschirm gilt mindestens 14 px. Aber die visuelle Wahrnehmung ist von zahlreichen weiteren objektiven Umständen wie Lichtverhältnissen und Monitor oder Display abhängig.
Zu nennen sind außerdem die subjektive Wahrnehmung sowie Sehschärfe,
Gesichtsfeld und Blendempfindlichkeit. Mindestschriftgrößen für Grafiken greifen meist zu kurz, um die Leserlichkeit gewährleisten zu können. Die Messung
der Kontraste und Farbwerte muss ebenso bedacht werden (vgl. Abschnitt 18.1
ab S. 687).

Zusammenfassung

1. Grafiken, die ergänzende Informationen vermitteln, sowie allein stehende
   Informationsgrafiken benötigen immer Textalternativen.
2. Dekorative Bilder sind mit leeren alt-Attributen zu versehen, damit sie von
   Screenreadern ignoriert werden können.
3. Bei illustrativen Grafiken ist meist ein kurzer Alternativtext ausreichend.
4. Komplexe Grafiken benötigen – sofern sie nicht im Fließtext erläutert sind –
   eine lange Beschreibung und müssen vom Nutzer zusätzlich über den Alternativtext eindeutig identifiziert werden können.
5. Lange Beschreibungen von Informationsgrafiken können sich entweder auf
   der gleichen Seite oder auf einer weiteren Seite innerhalb des gleichen
   Webangebots befinden. Möglich ist auch der Verweis auf eine externe
   Quelle.
6. Informative Grafiken können entweder über das longdesc-Attribut, über ein
   verlinktes Symbol oder einen für alle Nutzer sichtbaren Textlink mit der langen Beschreibung verknüpft werden.
7. Je relevanter eine Information für alle Nutzer sein kann, umso eher ist ein
   sichtbarer Textlink angebracht, um die informative Grafik mit der langen
   Beschreibung zu verknüpfen.
8. Geprüft werden sollte immer, ob eine Bildunterschrift die Funktion einer
   langen Beschreibung übernehmen kann.
9. Bei komplexen Grafiken wie Diagrammen empfehlen sich automatisierte
   Lösungen, die die Daten in eine barrierefreie Datentabelle schreiben, die
   dann als lange Beschreibung fungieren kann.

11 Technische Zugänglichkeit

In diesem Kapitel wird auf Aspekte der Barrierefreiheit eingegangen, die teilweise programmierseitig gelöst werden können, teilweise aber auch Aufgabe der Webredaktion sind. Dies betrifft das Erstellen barrierefreier Datentabellen sowie den Umgang mit anderssprachigen Wörtern und Abkürzungen.

Zunächst wird der korrekte Umgang mit Datentabellen vorgestellt. Grundsätzlich ist dabei zwischen einfachen und komplexen Datentabellen zu unterscheiden. Während alle Datentabellen korrekte Tabellenüberschriften benötigen, muss bei komplexen Tabellen eine sorgfältige Verknüpfung der in Beziehung zueinander stehenden Zellen vorgenommen werden.

Die Kennzeichnung von Wörtern und Sätzen in anderen Sprachen sowie die Auflösung von Abkürzungen ist ebenfalls eine Aufgabe der Webredaktion. Sinnvollerweise sollten diese Aufgaben durch Werkzeuge im Redaktionssystem unterstützt werden.

11.1 Datentabellen

Datentabellen sind ein komplexes Thema. Dies betrifft sowohl die barrierefreie Aufbereitung als auch die Frage, wann Inhalte überhaupt als Datentabelle dargestellt werden sollten und wann z. B. eine Definitionsliste geeigneter ist.

Neben diesen Fragen stellen sich – je nach Datenmaterial – weitere wie: Wann haben wir es bei dem vorhandenen Material mit einfachen und wann mit komplexen Datentabellen zu tun? In welchen Fällen ist es sowohl für Online-Redakteure als auch Nutzer besser, komplexe Datentabellen in mehrere einfache Datentabellen zu unterteilen?

11.1.1 Datentabellen erkennen

Im Gegensatz zu den Inhalten einer reinen Layouttabelle sind die Inhalte von Datentabellen nicht austauschbar, sondern stehen in einer definierten und logischen Beziehung zueinander. Ein Beispiel zeigt die einfache Datentabelle »Historische Romane« (vgl. Listing 11-1 und Abb. 11-1).

```
<table>
<tr>
 <th>Titel</th>
<th>Autor</th>
<th>Jahr</th>
</tr>
<tr>
<td>Die Tore der Welt</td>
<td>Ken Follett</td>
<td>2010</td>
</tr>
<tr>
<td>Die Säulen der Erde</td>
 <td>Ken Follett</td>
 <td>1992 </td>
 </tr>
<tr>
<td>Die Tochter der Wanderhure</td>
<td>Ini Lorentz</td>
<td>2009</td>
</tr>
<tr>
<td>Die Henkerstochter</td>
<td>Oliver Pötzsch</td>
<td>2008 </td>
</tr>
<tr>
<td>Echo der Hoffnung</td>
<td>Diana Gabaldon</td>
<td>2009</td>
</tr>
<tr>
<td>Hiobs Brüder</td>
<td>Rebecca Gablé </td>
<td>2009</td>
</tr>
<tr>
<td>Die Tore der Welt (12 CDs)</td>
<td>Ken Follett</td>
<td>2008</td>
</tr>
<tr>
<td>Die Winterrose</td>
<td>Jennifer Donnelly</td>
<td>2008</td>
</tr>
<tr>
```

```
<td>Das Erbe der Königin</td>
<td>Philippa Gregory</td>
<td>2010</td>
</tr>
<tr>
<td>Die Artus-Chroniken. Arthurs letzter Schwur</td>
<td>Bernard Cornwell</td>
<td>2009</td>
</tr>
</table>
```

Listing 11-1   Datentabelle mit historischen Romanen

Historische Romane		
Titel	**Autor**	**Jahr**
Die Tore der Welt	Ken Follett	2010
Die Säulen der Erde	Ken Follett	1992
Die Tochter der Wanderhure	Ini Lorentz	2009
Die Henkerstochter	Oliver Pötzsch	2008
Echo der Hoffnung	Diana Gabaldon	2009
Hiobs Brüder	Rebecca Gablé	2009
Die Tore der Welt (12 CDs)	Ken Follett	2008
Die Winterrose	Jennifer Donnelly	2008
Das Erbe der Königin	Philippa Gregory	2010
Die Artus-Chroniken. Arthurs letzter Schwur	Bernard Cornwell	2009

Abb. 11-1   Datentabelle mit historischen Romanen

Würden die Inhalte der Spalten oder Reihen oder die Spalten- bzw. Reihen-überschriften ausgetauscht, dann würden Struktur und Logik der Datensätze durchbrochen. Dies ist leicht in folgendem Beispiel ersichtlich, in dem sich einige Angaben in den falschen Spalten befinden:

```
<table>
<tr>
 <th>Titel</th>
<th>Autor</th>
<th>Jahr</th>
</tr>
<tr>
<td>Ken Follett</td>
<td>Die Tore der Welt</td>
<td>2010</td>
</tr>
<!--Weitere Tabellenreihen -->
</table>
```

Listing 11-2   Datentabelle mit inkorrekter Spaltenbezeichnung

Einfache Datentabellen erkennt man daran, dass mindestens zwei Spalten-
und/oder Reihenüberschriften vorhanden sind, die die Basis für die Zuordnung
der Zellinhalte bilden und die Struktur der Datentabelle vorgeben. Die Daten
können jedoch durch Zwischenüberschriften oder durch einen anderen Aufbau
weiter strukturiert sein (s. Listing 11-3 und Abb. 11-2).

```
<table>
 <tr>
 <th>Titel</th>
 <th>Autor</th>
 </tr>
<tr>
 <th colspan="2">2010</th>
</tr>
 <tr>
 <td>Die Tore der Welt</td>
 <td>Ken Follett</td>
 </tr>
 <tr>
   <td>Das Erbe der Königin</td>
 <td>Philippa Gregory</td>
 </tr>
 <tr>
 <th colspan="2">2009</th>
 </tr>
        <tr>
   <td>Die Tochter der Wanderhure</td>
   <td>Ini Lorentz</td>
   </tr>
       <tr>
  <td>Echo der Hoffnung</td>
   <td>Diana Gabaldon</td>
   </tr>
       <tr>
   <td>Hiobs Brüder</td>
<td>Rebecca Gablé </td>
 </tr>
        <tr>

<td>Die Artus-Chroniken. Arthurs letzter Schwur</td>
<td>Bernard Cornwell</td>
 </tr>
 <tr>
 <th colspan="2">2008</th>
 </tr>
  <tr>
<td>Die Henkerstochter</td>
<td>Oliver Pötzsch</td>
 </tr>
```

```
        <tr>
    <td>Die Tore der Welt (12 CDs)</td>
    <td>Ken Follett</td>
    </tr>
        <tr>
    <td>Die Winterrose</td>
    <td>Jennifer Donnelly</td>
    </tr>
    <tr>
    <th colspan="2">1992</th>
    </tr>
        <tr>
    <td>Die Säulen der Erde</td>
    <td>Ken Follett</td>
    </tr>
    </table>
```

Listing 11-3   Datentabelle mit weiteren inhaltlichen Unterteilungen

Abb. 11-2   Datentabelle mit zusätzlichen inhaltlichen Unterteilungen

Neben den Spaltenüberschriften »Titel« und »Autor« besitzt diese Datentabelle durch die zusätzliche Gliederung nach Veröffentlichungsdatum eine weitere Strukturebene und damit eine Zwischenüberschrift. In solchen Fällen spricht man von komplexen Datentabellen, da mehreren Zeilen oder Spalten mehr als eine Überschrift zugewiesen wurde. Außerdem erstrecken sich die TH-Elemente mit den Jahresangaben über mehr als eine Spalte, was ebenfalls eine komplexe Tabelle bedeutet.

Erkennungsmerkmale komplexer Datentabellen sind:

▦ Mindestens eine Zeile oder Spalte wurde mehreren Überschriften zugewiesen, die miteinander in Beziehung stehen.

▦ Eine Überschrift wird mehreren Zeilen oder Spalten zugewiesen.

Ein weiterer Fall für eine komplexe Datentabelle ist, wenn die Inhalte einer Zeile oder Spalte sowohl den Charakter eines Datensatzes als auch den einer Überschrift haben. Ein einfaches Beispiel dafür zeigt Listing 11-3, in welchem die Angabe des Jahres zugleich eine strukturierende »Überschrift« ist. Ein anderes Beispiel zeigt die in Abbildung 11-3 abgebildete Fußball-Bundesligatabelle, in der die einzelnen Vereine sowohl Überschrift als auch Datensatz sind. Ein Code-Beispiel dazu finden Sie in Abschnitt 17.3.3 ab Seite 680, wo es neben der Struktur auch um die flexible Darstellung von Datentabellen geht.

Fussballbundesliga Abschlusstabelle 2003/2004							
Rang	Verein	S	U	N	TV	TD	P
1	Werder Bremen	22	8	4	79:38	+41	74
2	Bayern München	20	8	6	70:39	+31	68
3	Bayer Leverkusen	19	8	7	73:39	+34	65
4	VfB Stuttgart	18	10	6	52:24	+28	64
5	VfL Bochum	15	11	8	57:39	+18	56
6	Borussia Dortmund	16	7	11	59:48	+11	55
7	Schalke 04	13	11	10	49:42	+7	50
8	Hamburger SV	14	7	13	47:60	-13	49
9	Hansa Rostock	12	8	14	55:54	+1	44
10	VfL Wolfsburg	13	3	18	56:61	-5	42
11	Borussia Mönchengladbach	10	9	15	40:49	-9	39
12	Hertha BSC	9	12	13	42:59	-17	39
13	SC Freiburg	10	8	16	42:67	-25	38
14	Hannover 96	9	10	15	49:63	-14	37
15	1. FC Kaiserslautern	11	6	17	39:62	-23	36
16	Eintracht Frankfurt	9	5	20	36:53	-17	32
17	1860 München	8	8	18	32:55	-23	32
18	1. FC Köln	6	5	23	32:57	-25	23

Abb. 11-3   Datenzellen eignen sich auch als Reihenüberschriften.

11.1.2 Elemente für Datentabellen

Für den grundlegenden Aufbau von Datentabellen stehen in HTML die folgenden Elemente zur Verfügung:

▦ TABLE: Das TABLE-Element ist das Tabellenwurzelelement, in welchem alle weiteren Tabellenelemente verschachtelt werden.

▦ TR steht für »table row« (Tabellenreihe) und enthält zeilenweise einzelne Tabellenzellen.

▦ TD und TH bilden die beiden Typen von Tabellenzellen. TD steht für »table data« und dient der Erfassung einfacher Daten; TH steht für »table header«

und wird für die Auszeichnung von Reihen- und Spaltenüberschriften (Kopfzellen) verwendet.

11.1.2.1 Aufbau einer einfachen Datentabelle

Eine einfache Datentabelle mit zwei Spalten und zwei Spaltenüberschriften hat den folgenden Aufbau (vgl. Abb. 11-4):

```
<table>
 <tr>
  <th>Spaltenüberschrift</th>
  <th>Spaltenüberschrift</th>
 </tr>
 <tr>
  <td>1. Spalte, 1. Zeile</td>
  <td>2. Spalte, 1. Zeile</td>
 </tr>
 <tr>
  <td>1. Spalte, 2. Zeile</td>
  <td>2. Spalte, 2. Zeile</td>
 </tr>
</table>
```

Listing 11-4   Grundmuster einer einfachen Datentabelle

Spaltenüberschrift	Spaltenüberschrift
1. Spalte, 1. Zeile	2. Spalte, 1. Zeile
1. Spalte, 2. Zeile	2. Spalte, 2. Zeile

Abb. 11-4   Grundmuster einer einfachen Datentabelle

11.1.2.2 Das TH-Element

Mit TH werden die Spalten- bzw. Reihenüberschriften und damit die Kopfzellen einer Datentabelle definiert. Das TH-Element richtet sich nicht nach der visuellen Position, sondern nach dem Inhalt der Datentabelle, d.h., TH-Elemente sind nicht notwendigerweise die erste Zelle einer Spalte:

```
<table>
 <tr>
  <th>Reihenüberschrift</th>
  td>1. Spalte, 1. Zeile</td>
  <td>2. Spalte, 1. Zeile</td>
 </tr>
 <tr>
  <th>Reihenüberschrift</th>
  <td>1. Spalte, 2. Zeile</td>
```

```
    <td>2. Spalte, 2. Zeile</td>
  </tr>
</table>
```

Listing 11-5   Kopfzellen als Reihenüberschriften

Reihenüberschrift	1. Spalte, 1. Zeile	2. Spalte, 1. Zeile
Reihenüberschrift	1. Spalte, 2. Zeile	2. Spalte, 2. Zeile

Abb. 11-5   Kopfzellen als Reihenüberschriften

Damit Screenreader die Inhalte von Datentabellen korrekt auslesen können, ist die Auszeichnung der Spalten- und Reihenüberschriften mit dem TH-Element wichtig. Ähnlich der Auszeichnung von Überschriften in Fließtexten mit H1, H2, usw. ist eine reine Fettung dieser Strukturmerkmale mit CSS oder HTML-Elementen wie STRONG nicht ausreichend (vgl. Abschnitt 9.2.4 ab S. 333).

TH-Elemente sind eigentlich in jeder Datentabelle einzusetzen, auch wenn es sich um einfache Daten handelt und der Aufbau aus der ersten Zeile hervorgeht. Ein Beispiel wäre eine Tabelle mit Ansprechpartnern, die als Kontaktdaten den Namen sowie Telefonnummer und E-Mail-Adresse enthält. Eine solche Tabelle wäre auch ohne Kopfzellen eindeutig. Ohne TH-Elemente wäre sie jedoch nicht mehr erweiterbar. Denn käme zur Telefonnummer noch die Faxnummer dazu, wäre ohne Spalten- oder Reihenüberschriften nicht mehr deutlich, wann es sich um die Telefonnummer oder die Faxnummer handelt.

Vor allem bei längeren Datentabellen kann schnell die Orientierung verloren gehen, wenn die Werte in den einzelnen Zellen sehr ähnlich und/oder ohne Kopfzellen nicht deutlich genug unterscheidbar sind.

Es gibt jedoch Fälle, in denen TH-Elemente aus Layoutgründen nicht erwünscht sind. Dann können die Spalten- und Reihenüberschriften über CSS aus dem sichtbaren Bereich geschoben werden. Sie sind dann trotzdem für Screenreader-Nutzer zugänglich:

```
<table>
<tr>
 <th colspan="2">Ansprechpartner</th>
</tr>
<tr>
 <th class="unsichtbar">Name:</tr>
 <td>Vorname Nachname</td>
</tr>
<tr>
 <th class="unsichtbar">Telefon:</th>
 <td>Telefonnummer mit Durchwahl</td>
</tr>
</table>
```

Listing 11-6   Tabelle mit unsichtbaren Kopfzellen

Die Klasse »unsichtbar« wurde bereits in Listing 7–4 auf Seite 238 vorgestellt.

Bei Datentabellen, in denen Zellinhalte sowohl den Charakter einer Über-schrift als auch eines Datensatzes haben, kommt nicht das TH-Element, sondern das TD-Element, ergänzt durch zusätzliche Attribute, zum Einsatz. Bei komple-xen Datentabellen mit weiteren strukturierenden Zwischenüberschriften sind zusätzliche TH-Elemente, ebenfalls ergänzt durch spezielle Attribute, nötig. Sie verknüpfen die Datensätze logisch sowohl mit den Hauptspalten- oder Reihen-überschriften als auch mit weiteren Zwischenüberschriften und gewährleisten eine Zuordnung durch Screenreader.

Die Inhalte des TH-Elements werden von allen gängigen Browsern stan-dardmäßig fett und zentriert dargestellt, dies kann aber über entsprechende Angaben in den CSS verändert werden. Neben der Zugänglichkeit für Screen-reader hat das TH-Element einen zusätzlichen Vorteil: Die Überschriften sind auch bei benutzerdefinierten Farbeinstellungen oder ausgeschalteten CSS deutlich sichtbar und dienen so auch sehbehinderten Nutzern als Orientierung vor allem in umfangreichen oder komplexen Datentabellen.

11.1.3 Verbinden von Zellen

Tabellenzellen können sich über mehrere Zeilen bzw. Spalten erstrecken, wobei es hier zunächst um die visuelle Gestaltung geht. Für das Strecken von Zeilen bzw. Spalten wird das rowspan- bzw. colspan-Attribut verwendet. Dabei definiert der Wert des rowspan-Attributs die Anzahl der Zeilen, über die sich eine Zelle erstreckt, und der Wert des colspan-Attributs die Anzahl der Spalten. In beiden Fällen ist der Standardwert 1; mit dem Wert 0 wird mitgeteilt, dass sich die Zelle bis zur letzten Zeile bzw. Spalte des Tabellenabschnitts (Kopf, Fuß oder Rumpf; vgl. folgenden Abschnitt 11.1.4) erstrecken soll:

```
<table>
    <tr>
        <td colspan="2" rowspan="2">Zelle 1 und 2, Zeilen 1 und 2</td>
        <td>Spalte 3, Zeile 1</td>
    </tr>
    <tr>
        <td>Spalte 3, Zeile 2</td>
    </tr>
    <tr>
        <td>Spalte 1, Zeile 3</td>
        <td>Spalte 2, Zeile 3</td>
        <td>Spalte 3, Zeile 3</td>
    </tr>
</table>
```

Listing 11-7   Strecken von Zellen über mehrere Spalten und Reihen

Zelle 1 und 2, Zeilen 1 und 2		Zelle 3, Zeile 1
		Zelle 3, Zeile 2
Zelle 1, Zeile 3	Zelle 2, Zeile 3	Zelle 3, Zeile 3

Abb. 11-6 Strecken von Zellen über mehrere Spalten und Reihen

11.1.4 Zeilengruppen

Mit den Elementen THEAD, TFOOT und TBODY können Tabellen weiter gegliedert und vor allem fürs Drucken optimiert werden, z.B. um Kopf- und Fußzeile einer Tabelle bei einem Seitenumbruch auf jeder Seite auszugeben. Die Gruppierung von Zeilen in Kopf, Fuß und Rumpf erlaubt in einigen Browsern einzelne Tabellenbereiche am Bildschirm zu scrollen.

Anders als zu erwarten ist die Reihenfolge THEAD, TFOOT und dann erst TBODY einzuhalten. Damit können die Kopf- und Fußzeileninhalte bereits vor dem Ausdrucken geladen und der auf dem Papier oder am Bildschirm erforderliche Platz berechnet werden.

```
<table>
    <thead>
     <tr>
      <th>Monat</th>
      <th>Ausgaben</th>
     </tr>
    </thead>
     <tfoot>
     <tr>
      <td>Summe</td>
      <td>1300  </td>
     </tr>
    </tfoot>
    <tbody>
     <tr>
      <td>Januar</td>
      <td>200  </td>
     </tr>
     <tr>
      <td>Februar</td>
      <td>800  </td>
     </tr>
       <tr>
      <td>März</td>
      <td>300  </td>
     </tr>
    </tbody>
 </table>
```

Listing 11-8   Einsatz von THEAD, TFOOT und TBODY

Über CSS können die Inhalte des Tabellenkopfes und -fußes gestaltet werden:

```
thead {
  background-color : #cccccc;
}
tfoot {
  background-color : #cccccc;
}
```

Listing 11-9   CSS für THEAD und TFOOT

Monat	Ausgaben
Januar	200 €
Februar	800 €
März	300 €
Summe	1300 €

Abb. 11-7   Einsatz von THEAD, TFOOT und TBODY

Diese Elemente sollten aus Sicht der Barrierefreiheit jedoch vermieden werden, da Screenreader diese Elemente linear, also in der Reihenfolge THEAD, TFOOT und TBODY auslesen. Die Reihe(n) in der Fußzeile werden als normale Tabellenzeile(n) direkt nach der Kopfzeile ausgegeben.

11.1.5 Tabellenüberschriften, Zusammenfassungen und Abkürzungen

Datentabellen – vor allem lange oder komplexe – sollten über Tabellenüberschriften, Zusammenfassungen und ggf. Kurzformen für Zeilen- und Spalteninhalte verfügen.

11.1.5.1 Tabellenüberschriften

Im Gegensatz zu strukturellen und inhaltsbezogenen Überschriften werden Tabellenüberschriften nicht mit Überschriftenelementen wie H1 oder H2, sondern dem CAPTION-Element erzeugt:

```
<caption>Tabellenüberschrift</caption>
```

Das CAPTION-Element wird direkt nach dem öffnenden TABLE-Tag notiert:

```
<table>
<caption>Beliebte Historische Romane</caption>
 <tr>
<th>Titel</th>
<th>Autor</th>
<th>Jahr</th>
```

```
        </tr>
        <tr>
         <td>Die Tore der Welt</td>
         <td>Ken Follett</td>
         <td>2010</td>
        </tr>
        <!--Weitere Tabellenreihen -->
        </table>
```

Listing 11-10   Einsatz des `CAPTION`-Elements

	Beliebte Historische Romane		
	Titel	**Autor**	**Jahr**
	Die Tore der Welt	Ken Follett	2010
	Die Säulen der Erde	Ken Follett	1992
	Die Tochter der Wanderhure	Ini Lorentz	2009
	Die Henkerstochter	Oliver Pötzsch	2008
	Echo der Hoffnung	Diana Gabaldon	2009
	Hiobs Brüder	Rebecca Gablé	2009
	Die Tore der Welt (12 CDs)	Ken Follett	2008
	Die Winterrose	Jennifer Donnelly	2008
	Das Erbe der Königin	Philippa Gregory	2010
	Die Artus-Chroniken. Arthurs letzter Schwur	Bernard Cornwell	2009

Abb. 11-8   Einsatz des `CAPTION`-Elements

Für jede Datentabelle ist nur eine Tabellenüberschrift erlaubt. Eine Tabellenüberschrift bezieht sich immer auf die Datentabelle selbst. Deswegen sollte immer das `CAPTION`-Element und nicht etwa ein Überschriftenelement genutzt werden. Eine Ausnahme sind allenfalls Seiten, die nur aus Tabellen ohne Fließtext bestehen und einer Hauptüberschrift folgen. Hier ist eine Auszeichnung über `H1` oder `H2` sinnvoll.

Ähnlich wie bei anderen Überschriften sollten Tabellenüberschriften immer aussagekräftig sein.

Mit der CSS-Eigenschaft `caption-side` ist in CSS 2.1 vorgesehen, dass die Tabellenüberschrift auch als Tabellenunterschrift dargestellt werden kann. Über den Wert `bottom` stellen die meisten Browser die Tabellenüberschrift unter der Tabelle dar. Die Unterstützung in Konqueror und Internet Explorer ist allerdings nicht zufriedenstellend; sie nehmen den Wert `top` für `caption-side` an.

Titel	**Autor**	**Jahr**
Die Tore der Welt	Ken Follett	2010
Beliebte Historische Romane		

Abb. 11-9   `CAPTION`-Elemente können unterhalb von Tabellen dargestellt werden.

11.1.5.2 Zusammenfassungen für Datentabellen

Über das summary-Attribut für das TABLE-Element können Zusammenfassungen von Datentabellen speziell für Screenreader-Nutzer geschrieben werden; Browser zeigen dieses Attribut jedoch nicht an.

Das summary-Attribut bietet die Möglichkeit, den Zweck, die Struktur oder den Inhalt einer Tabelle zu beschreiben und so ergänzende Informationen zu Inhalten und Überschrift einer Datentabelle zu geben. Es gewährleistet, dass vor allem große Datentabellen isoliert vom Fließtext gelesen werden können. Für jede Tabelle können also ausreichende Informationen gegeben werden, ohne dass der Kontext, also die vorherigen und/oder die nachfolgenden Texte, gelesen werden müssen.

```
<table summary="Romane aus den Jahren 1992 bis 2010 mit Angabe von Titel, Autor
und Erscheinungsjahr">
<caption>Beliebte Historische Romane</caption>
 <tr>
<th>Titel</th>
<th>Autor</th>
<th>Jahr</th>
</tr>
<tr>
 <td>Die Tore der Welt</td>
 <td>Ken Follett</td>
 <td>2010</td>
 </tr>
 <!--Weitere Tabellenreihen -->
</table>
```

Listing 11-11 Einsatz des summary-Attributs

Eine Zusammenfassung kann zwei Ziele verfolgen: die Tabellenstruktur erklären oder eine knappe Inhaltsangabe (kontextueller Hinweis) geben. Während eine Erklärung der Tabelle bei komplexen Tabellen sinnvoll ist, ist bei überschaubar aufgebauten, aber im Kontext nicht klaren Tabellen ein Inhaltsbezug sinnvoll, ähnlich einem Alternativtext für Bilder. Eine Wiederholung des Inhalts aus dem CAPTION-Element sollte vermieden werden, sodass dann auf das summary-Attribut verzichtet werden kann.

11.1.5.3 Tabellenüberschrift oder Zusammenfassung?

Tabellenüberschriften und Tabellenzusammenfassungen dienen unterschiedlichen Zwecken. Ihr Verhältnis zueinander entspricht in etwa dem Verhältnis der Hauptüberschrift eines Artikels zu einer Zusammenfassung desselben, z.B. in Form eines Abstracts.

Für die Vergabe von Tabellenüberschriften und Zusammenfassungen emp-fiehlt sich das folgende Vorgehen (Ausgangssituation ist, dass die Datentabel-len über die strukturelle Navigation direkt ansteuerbar sind):

1. Können vorangestellte Texte als Tabellenüberschriften (CAPTION) dienen, dann sollte eine Auszeichnung mit CAPTION vorgenommen werden. CAPTION ist ein sichtbares Element, das allen Nutzern dient.

2. Wenn (1.) nicht zweckmäßig ist, kann eine Zusammenfassung der Tabellen-inhalte über das summary-Attribut erfolgen. Auch wenn Informationen, die für das Verständnis der Tabelle wichtig sind, nicht im Kontext der Tabelle stehen, d.h., die Informationen stehen außerhalb des TABLE-Elements, kann die Aufnahme ins summary-Attribut sinnvoll sein. Inhalte, die außerhalb der Tabelle stehen, sind zwar visuell im Kontext der Tabelle, aber nur mit ergän-zenden ARIA-Techniken durch Software ermittelbar.

Das summary-Attribut ist umso nützlicher, je komplexer oder länger eine Datenta-belle ist. Es kann unabhängig von der Tabellenüberschrift eingesetzt werden. Werden sowohl eine Tabellenüberschrift als auch eine Zusammenfassung zur Verfügung gestellt, so sollte nicht in beiden der gleiche Text stehen, sondern die Zusammenfassung sollte den Tabellenaufbau beschreiben und die Tabel-lenüberschrift somit ergänzen.

Die Verwendung des summary-Attributs in einfachen Datentabellen wird regelmäßig diskutiert. Hintergrund ist folgende Überlegung: Wären diese ein-fachen Tabellen als Listen (z. B. als Definitionslisten) ausgezeichnet, dann würde eine Zusammenfassung entweder nicht oder allenfalls in einem vorgeschalte-ten und beschreibenden Fließtext in Frage kommen. Die Frage, warum bei der tabellarischen Aufbereitung einer gleichartigen Information ein zusätzlicher erklärender Text gegeben werden sollte, ist auf den ersten Blick berechtigt.

Im Gegensatz zu anderen Inhalten sind Tabellen zweidimensionale Anord-nungen, die in Screenreadern auch auf besondere Weise erschlossen und navi-giert werden müssen. Die übliche Navigation auf Webseiten liefert eine lineari-sierte Darstellung der Tabelleninhalte; die Übersichtlichkeit, die eine Tabelle einem sehenden Nutzer bieten kann, kann oft nur durch die Wahl einer geeig-neten Zusammenfassung für Screenreader-Nutzer geboten werden. Das summary-Attribut ist also unter dem Gesichtspunkt der Verbesserung der Nutz-barkeit für Screenreader-Nutzer einzusetzen und sollte zum Ziel haben, die Tabelleninhalte und -strukturen grob zu beschreiben.

Für Zusammenfassungen von Inhalten einfacher Datentabellen spricht außerdem:

- Es ist erheblich aufwändiger, in einem Screenreader »nach oben zu blicken« und einen Kontext zu erfassen; Absätze und Überschriften müssen stets angesteuert werden, was den Verlust des Fokus in der Tabelle bedeutet.

- Beim direkten Ansteuern einer Datentabelle im Screenreader über die strukturelle Navigation wird die Zusammenfassung sofort mit ausgegeben.

11.1.6 Verknüpfungen von Tabellenzellen

Tabellen können schnell komplex werden, vor allem wenn Beziehungen zwischen verschiedenen Spalten- oder Reihenüberschriften bestehen. Dies betrifft komplexe Tabellen,

- in denen Spalten- und/oder Reihenüberschriften mit colspan bzw. rowspan »gestreckt« wurden.
- in denen einzelnen Zellen mehr als eine Spaltenüberschrift und/oder mehr als eine Reihenüberschrift zugeordnet werden können.
- die Zwischenüberschriften haben.

Für die Verknüpfung von Zellen mit Überschriften, bei denen entweder eine Überschrift den Spalten oder Reihen zugewiesen wird oder Tabellenzellen mit einzelnen Spalten- und Reihenüberschriften verknüpft werden, gibt es verschiedene Möglichkeiten:

- Mit dem scope-Attribut kann eine logische Beziehung von einer Kopfzelle zu einer Spalte oder einer Spaltengruppe bzw. Zeile oder Zeilengruppe hergestellt werden.
- Mit id und headers kann eine direkte Verknüpfung zwischen zwei Zellen hergestellt werden.

11.1.6.1 Verknüpfungen mit dem scope-Attribut

Mit dem scope-Attribut wird eine bestimmte Zelle als Überschrift für eine Zeile, eine Spalte oder eine Gruppe von Zeilen oder Spalten definiert. In einfachen Datentabellen, in denen Spalten- oder Reihenüberschriften mit dem TH-Element ausgezeichnet wurden, ist das scope-Attribut nicht erforderlich. Mithin wird das scope-Attribut nicht von allen Screenreadern in allen Versionen durchgängig oder einheitlich interpretiert, weswegen der Verknüpfung von Zellen in komplexen Datentabellen über headers und id der Vorzug zu geben ist.

Dennoch ist das scope-Attribut sinnvoll, und zwar für Zellinhalte, die sowohl den Charakter eines Datensatzes als auch den Charakter einer Zeilen- oder Spaltenüberschrift haben und mit dem TD-Element ausgezeichnet werden. Ein Beispiel dafür ist die Fußball-Bundesligatabelle aus Abschnitt 17.3.3 ab Seite 680 (vgl. auch Abb. 11–3), in der die Spalte »Verein« als Datensätze die Vereine enthält, die aber selbst wiederum Überschriftencharakter für die folgenden Daten der gleichen Reihe haben. In diesem Fall trägt das scope-Attribut insofern zur Barrierefreiheit bei, als der Zelleninhalt (hier die Vereine) bei jedem rechts stehenden Inhalt mit ausgegeben werden kann.

Eine Ausnahme vom Verzicht auf das scope-Attribut für Kopfzellen ist, wenn für TH-Elemente weitere Attribute verwendet werden, wie z.B. das abbr-Attribut. In diesem Fall wird das scope-Attribut erforderlich, um die Kurzform auf die gesamte Spalte bzw. Zeile anzuwenden. Dies wird unten in Listing 11–12 beispielhaft gezeigt.

11.1.6.2 Verknüpfungen mit headers und id

Zuverlässiger als die Verknüpfung über das scope-Attribut ist die direkte Verknüpfung einzelner Datenzellen mit ihren Kopfzellen über die Attribute headers und id. Diese Art der Verknüpfung sollte vor allem in komplexen Datentabellen verwendet werden, um eine größtmögliche Zugänglichkeit für Screenreader-Nutzer zu gewährleisten.

Bei der Verknüpfung von Zellinhalten über headers und id wird jede Spalten- und Reihenüberschrift zusätzlich mit einer eindeutigen ID versehen. In den einzelnen Datensätzen werden dann die Werte der id-Attribute im headers-Attribut getrennt durch ein Leerzeichen notiert. Dieses Vorgehen ermöglicht Screenreadern die Ausgabe einer eindeutigen Zuordnung von Zellinhalten und Überschriften.

Bundesligatabelle 1977/78, 34. Spieltag

	Pl.	Verein	↑↓	Sp.	S	U	N	Tore	Diff.	Pkt.
	1.	1. FC Köln		34	22	4	8	86:41	+45	48
	2.	Borussia M'gladbach		34	20	8	6	86:44	+42	48
UEFA-Cup	3.	Hertha BSC Berlin	↑	34	15	10	9	59:48	+11	40
	4.	VfB Stuttgart	↑	34	17	5	12	58:40	+18	39
	5.	Fortuna Düsseldorf	↓	34	15	9	10	49:36	+13	39
	6.	MSV Duisburg		34	15	7	12	62:59	+3	37
	7.	Eintracht Frankfurt		34	16	4	14	59:52	+7	36
	8.	1. FC Kaiserslautern		34	16	4	14	64:63	+1	36
	9.	FC Schalke 04		34	14	6	14	47:52	-5	34
Mittelfeld	10.	Hamburger SV		34	14	6	14	61:67	-6	34
	11.	Borussia Dortmund		34	14	5	15	57:71	-14	33
	12.	FC Bayern München		34	11	10	13	62:64	-2	32
	13.	Eintracht B'schweig		34	14	4	16	43:53	-10	32
	14.	VfL Bochum	↑	34	11	9	14	49:51	-2	31
	15.	SV Werder Bremen	↓	34	13	5	16	48:57	-9	31
	16.	TSV 1860 München	↑	34	7	8	19	41:60	-19	22
Abstieg	17.	1. FC Saarbrücken	↓	34	6	10	18	39:70	-31	22
	18.	FC St. Pauli		34	6	6	22	44:86	-42	18

[table KEINE Zusammenfassung!]

[caption] Bundesligatabelle 1977/78, 34. Spieltag[/caption]

[th Nein scope! &Nein id!]	[th Nein scope! id="pl"] Pl.	[th Nein scope! id="ve"] Verein	[th Nein scope! id="be"] ↑↓	[th Nein scope! id="sp"] Sp.	[th Nein scope! id="si"] S	[th Nein scope! id="un"] U	[th Nein scope! id="ni"] N	[th Nein scope! id="to"] Tore	[th Nein scope! id="di"] Diff.	[th Nein scope! id="pu"] Pkt.
	[th Nein scope! id="platz1" headers="pl"] 1.	[td headers="ve platz1 uefa"] 1. FC Köln	[td headers="be"]	[td headers="sp"] 34	[td headers="si"] 22	[td headers="un"] 4	[td headers="ni"] 8	[td headers="to"] 86:41	[td headers="di"] +45	[td headers="pu"] 48
	[th Nein scope! id="platz2" headers="pl"] 2.	[td headers="ve platz2 uefa"] Borussia M'gladbach	[td headers="be"]	[td headers="sp"] 34	[td headers="si"] 20	[td headers="un"] 8	[td headers="ni"] 6	[td headers="to"] 86:44	[td headers="di"] +42	[td headers="pu"] 48
[th Nein scope! id="uefa"] UEFA-Cup	[th Nein scope! id="platz3" headers="pl"] 3.	[td headers="ve platz3 uefa"] Hertha BSC Berlin ↑	[td headers="be"]	[td headers="sp"] 34	[td headers="si"] 15	[td headers="un"] 10	[td headers="ni"] 9	[td headers="to"] 59:48	[td headers="di"] +11	[td headers="pu"] 40
	[th Nein scope! id="platz4" headers="pl"] 4.	[td headers="ve platz4 uefa"] VfB Stuttgart ↑	[td headers="be"]	[td headers="sp"] 34	[td headers="si"] 17	[td headers="un"] 5	[td headers="ni"] 12	[td headers="to"] 58:40	[td headers="di"] +18	[td headers="pu"] 39
	[th Nein scope! id="platz5" headers="pl"] 5.	[td headers="ve platz5 uefa"] Fortuna Düsseldorf ↓	[td headers="be"]	[td headers="sp"] 34	[td headers="si"] 15	[td headers="un"] 9	[td headers="ni"] 10	[td headers="to"] 49:36	[td headers="di"] +13	[td headers="pu"] 39
	[th Nein scope! id="platz6" headers="pl"] 6.	[td headers="ve platz6 mittelfeld"] MSV Duisburg	[td headers="be"]	[td headers="sp"] 34	[td headers="si"] 15	[td headers="un"] 7	[td headers="ni"] 12	[td headers="to"] 62:59	[td headers="di"] +3	[td headers="pu"] 37
	[th Nein scope! id="platz7" headers="pl"] 7.	[td headers="ve platz7 mittelfeld"] Eintracht Frankfurt	[td headers="be"]	[td headers="sp"] 34	[td headers="si"] 16	[td headers="un"] 4	[td headers="ni"] 14	[td headers="to"] 59:52	[td headers="di"] +7	[td headers="pu"] 36

Abb. 11-10 Komplexe Datentabelle mit eingeblendeten headers- und id-Attributen

Ausgezeichnete Beispiele für zugängliche (komplexe) Datentabellen, inklusive Code-Listings und Screenreader-Beispielen, bietet der Artikel »Benimmregeln für Datentabellen« von Tomas Caspers auf

http://www.einfach-fuer-alle.de/artikel/barrierefreie-datentabellen/

Eine automatische Verknüpfung in komplexen, mehrdimensionalen Tabellen ist aufgrund der vielen Varianten kaum möglich.[1] Da das Erschließen der Inhalte komplexer Datentabellen sowohl für den Nutzer als auch für den Anbieter je nach Größe und Grad der Komplexität einen erheblichen Aufwand bedeuten kann, sollte immer überlegt werden, ob eine komplexe Datentabelle entweder

- durch eine Änderung in der Struktur in eine einfache Datentabelle transformiert oder
- durch Aufteilung der Inhalte in mehrere einfache Datentabellen zerlegt werden kann.

11.1.7 Kurzformen für Kopfzellen

Neben Tabellenüberschriften und -zusammenfassungen können Kurzformen für Spalten- und Reihenüberschriften (abbr-Attribut) sinnvoll sein. Dies ist jedoch abhängig von den Inhalten.

Das Beispiel in Listing 11-12 zeigt einen Kalender, bei dem der Lesefluss für Screenreader-Nutzer durch das abbr-Attribut deutlich gesteigert werden kann.

```
<table>
  <thead>
    <tr>
      <th colspan="7" scope="colgroup" abbr="Januar">Januar</th>
    </tr>
    <tr>
      <th abbr="Montag" scope="col">Mo.</th>
      <th abbr="Dienstag" scope="col">Di.</th>
      <th abbr="Mittwoch" scope="col">Mi.</th>
      <th abbr="Donnerstag" scope="col">Do.</th>
      <th abbr="Freitag" scope="col">Fr.</th>
      <th abbr="Samstag" scope="col">Sa.</th>
      <th abbr="Sonntag" scope="col">So.</th>
    </tr>
  </thead>
  <tbody>
    <tr>
      <td>1</td>
      <td>2</td>
      <td>3</td>
      <td>4</td>
```

1. Datentabellen können im Web mit dem Accessible Table Builder von Accessify erstellt werden: *http://accessify.com/tools-and-wizards/accessibility-tools/ table-builder/* (Abruf 20.8.2010).

```
        <td>5</td>
        <td>6</td>
        <td>7</td>
      </tr>
      <tr>
        <td>8</td>
        <td>9</td>
        <td>10</td>
        <td>11</td>
        <td>12</td>
        <td>13</td>
        <td>14</td>
      </tr>
      <tr>
        <td>15</td>
        <td>16</td>
        <td>17</td>
        <td>18</td>
        <td>19</td>
        <td>20</td>
        <td>21</td>
      </tr>
      <tr>
        <td>22</td>
        <td>23</td>
        <td>24</td>
        <td>25</td>
        <td>26</td>
        <td>27</td>
        <td>28</td>
      </tr>
      <tr>
        <td>29</td>
        <td>30</td>
        <td>31</td>
        <td> </td>
        <td> </td>
        <td> </td>
        <td> </td>
      </tr>
    </tbody>
  </table>
```

Listing 11-12 Verwendung des abbr-Attributs für Kopfzellen

Ein Screenreader wird statt »Mo«, »Di« die Werte in den abbr-Attributen »Montag«, »Dienstag« usw. lesen, wobei in diesem Fall das scope-Attribut die Verknüpfung und damit logische Aufbereitung durch Screenreader sicherstellt. Hier wird das abbr-Attribut allerdings nicht zur Abkürzung eines längeren Textes verwendet, sondern um die Inhalte der Kopfzellen »sprechend« zu machen; faktisch funktioniert das abbr-Attribut als Ersatz für den Zelleninhalt.

11.1.8 Layoutelemente in Datentabellen vermeiden

In der Praxis kommt es häufiger vor, dass in Datentabellen Elemente von Layouttabellen verwendet werden. Ein typischer Fall ist die Herstellung größerer Abstände zwischen Zellinhalten mittels leerer Reihen oder Spalten.

Kommt dies in der Webredaktion gehäuft vor, dann sollten Programmierer in den Dialog mit Redakteuren treten. Der Grund ist oft, dass die Übersichtlichkeit in Datentabellen gesteigert werden kann, wenn die Abstände größer sind, und dies erst im laufenden Betrieb deutlich wird. Grundsätzlich sollten Abstände zwischen Reihen und Spalten über Angaben in den CSS hergestellt werden und nicht über leere TD-Elemente.

11.1.9 Datentabellen oder Listen?

Häufig muss bei Strukturierung von Inhalten zwischen einer Tabelle oder einer Liste entschieden werden. Zudem gibt es Inhalte, für die sowohl eine Auszeichnung als Liste als auch eine Auszeichnung als Datentabelle möglich ist. Dies ist abhängig vom vorhandenen Datenmaterial und kann nicht von vornherein festgelegt werden.

Hilfreich für die Entscheidung ist, dass Datentabellen Inhalte immer in einem zweidimensionalen Raum abbilden. Dies bedeutet, dass für eine Datentabelle entweder zwei Spalten oder zwei Zeilen vorhanden sein müssen. Gibt das vorhandene Material dies nicht her, dann ist eine Liste die bevorzugte Strukturierung und sollte einer einspaltigen oder einzeiligen Tabelle vorgezogen werden.

Auch wenn vorhandene Inhalte als Datentabelle aufbereitet werden können, sollte man sich immer überlegen, ob eine Definitionsliste diese Inhalte auf einfachere Art und Weise strukturieren kann.

Beispielsweise können Aufstellungen kommentierter Links sowohl als zweispaltige Datentabelle wie auch als Definitionsliste ausgezeichnet werden. Die auf Seite 342 in Listing 9-11 aufgeführte Definitionsliste könnte als Tabelle wie folgt aussehen:

```
<table>
 <tr>
   <th>Link</th>
   <th>Beschreibung</th>
 </tr>
 <tr>
   <td>Linktext</td>
   <td>Beschreibung</td>
 </tr>
```

```
<tr>
  <td>Linktext</td>
  <td>Beschreibung</td>
</tr>
</table>
```

Listing 11-13 Tabelle für eine Linkliste

In den folgenden Fällen könnte eine Definitionsliste statt einer Datentabelle das Mittel der Wahl sein:

- Kommentierte Links
- Glossare
- Einfache Kontaktdaten von Einzelpersonen (Name, E-Mail, Telefon)

Auch unsere Literaturtabelle könnte statt als Datentabelle als Definitionsliste aufbereitet werden:

```
<dl>
<dt>Autor</dt>
<dd>Titel </dd>
<dd>Jahr</dd>
</dl>
```

Listing 11-14 Literaturliste als Definitionsliste (1)

Oder als verschachtelte Liste:

```
<dl>
  <dt>Jahr</dt>
    <dd><dl>
     <dt>Autor</dt>
     <dd>Titel </dd>
     <dt>Autor</dt>
     <dd>Titel </dd>
    </dl></dd>
  <dt>Jahr</dt>
  <!-- weitere Listeneinträge -->
</dl>
```

Listing 11-15 Literaturliste als Definitionsliste (2)

Anzumerken ist hier, dass eine Definitionsliste generell aus Pärchen von Begriffen und Beschreibungen besteht, aber es sind – wie im Beispiel ersichtlich – Beschreibungen (DD-Elemente) mit verschachtelten Inhalten möglich. Auch sind mehrere Beschreibungen für einen einzelnen Begriff (DT-Element) zulässig.

11.2 Sprachangaben

Die Definition der verwendeten Sprache ist für Sprachausgaben wichtig, aber auch für Tools wie Autoren- und Übersetzungswerkzeuge. Sprachausgaben arbeiten mit Sprachtabellen, das heißt, sie erfassen einen Text und geben ihn entsprechend den Sprachangaben an die Sprachsynthese weiter. Liest ein Nutzer vor allem deutschsprachige Webseiten, die aber nicht korrekt gekennzeichnete fremdsprachige Passagen enthalten, so werden diese in der voreingestellten Sprache der Sprachausgabe gelesen. Und umgekehrt, wenn deutschsprachige Seiten mit einer anderen Sprache ausgezeichnet werden, so werden die deutschen Texte auch in dieser Sprache vorgelesen. In beiden Fällen ist der Inhalt nicht mehr verstehbar.

Das Thema »verwendete Sprache« berührt sowohl die korrekte Angabe der Hauptsprache eines HTML-Dokuments (vgl. Abschnitt 13.2.2 ab S. 532) als auch die Kennzeichnung anderssprachiger Wörter und Abschnitte (Sprachwechsel). Durch die Angabe der Hauptsprache im HTML mit dem lang-Attribut erkennen Sprachausgaben, in welches Wörterbuch sie schalten müssen, und können dann beispielsweise von Deutsch auf Englisch wechseln.

Das lang-Attribut kann für fast alle Elemente außer applet, base, basefont, br, frame, frameset, iframe, param und script verwendet werden und gehört zu den Universalattributen.

Die Frage der Sprache und der richtigen Auswahl der Werte für das lang-Attribut betrifft nicht nur Fragen der Barrierefreiheit, sondern auch Aspekte der Internationalisierung. Für die meisten Informationen von Behörden und andere einsprachige Webangebote ist die Umsetzung des Sprachwechsels überschaubar. Bei Webangeboten, die in verschiedenen Sprachen zur Verfügung gestellt werden, und solchen, auf denen die unterschiedlichsten Sprachen vorkommen, ist die Angabe der korrekten Sprache nicht mehr trivial.

11.2.1 Sprachwechsel

Die meisten Webangebote sind in einer einzigen Sprache verfasst. Befindet sich jedoch mehr als eine Sprache auf einer Seite, z.B. aufgrund von Zitaten oder anderen Texten in englischer Sprache auf einer primär deutschsprachigen Seite, fördert das lang-Attribut die Barrierefreiheit.

Handelt es sich um XML-Dokumente, zu denen auch XHTML gehört, empfiehlt sich aus Kompatibilitätsgründen sowohl das lang-Attribut als auch das xml:lang-Attribut zu verwenden, wobei beiden der gleiche Wert zugewiesen wird.

Werden Dokumentsprache und Sprachwechsel mit dem lang-Attribut ausgezeichnet, können Sprachausgaben die Aussprache automatisch anpassen und die Inhalte korrekt und verständlich aussprechen. Wenn Seiten durch falsche oder fehlende Sprachkennzeichnung in einer Sprachausgabe nicht zugänglich sind, bleibt dem Nutzer immer noch die Möglichkeit, den Sprachsynthesizer manuell anzupassen.

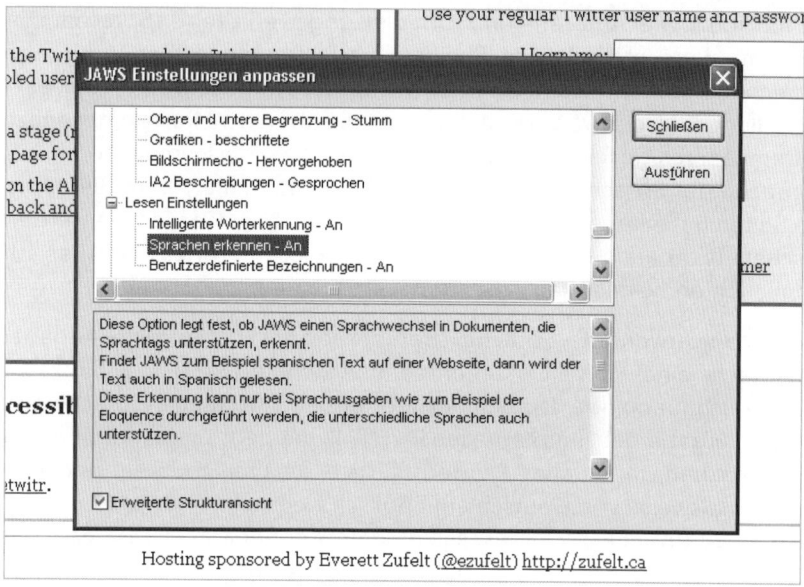

Abb. 11-11 Einstellung in JAWS zum Ignorieren von Sprachangaben

Der Sprachwechsel ist eine Frage der technischen Zugänglichkeit und i.d.R. Aufgabe der Webredaktion. Die Auszeichnung einzelner Wörter kann dem Webredakteur durch die Programmierung abgenommen werden. Anderssprachige Abschnitte und Sätze sind jedoch »händisch« mit den Möglichkeiten des verwendeten Redaktionssystems auszuzeichnen:

```
<p>Und es wurde still im Saal. Dann sagte der <acronym lang="en" title="Chief
Executive Officer">CEO</acronym>: <q lang="en">I want to make money, not
music!</q> Damit war klar, dass der Musiksparte des Unternehmens keine Zukunft
mehr eingeräumt wird.</p>
```

Listing 11-16 Kennzeichnung von inzeiligen Sprachwechseln

In diesem Beispiel wurde das HTML-Attribut für Sprache in Kombination mit ACRONYM und Q verwendet. Ist kein HTML-Element vorhanden, z.B. weil ein Wort im Fließtext steht, kann das Element SPAN eingesetzt werden:

```
<p>Weitere Informationen zu diesem Produkt erteilt Ihnen die <span
lang="en">Sales Promotion</span> unter der <span lang="en">Hotline</span>:
…</p>
```

Listing 11-17 Kennzeichnung eines Sprachwechsels mit dem SPAN-Element

Nicht für alle anderssprachigen Wörter muss der Sprachwechsel ausgezeichnet sein. Ein Verzicht auf den Sprachwechsel ist möglich und sinnvoll, wenn

▨   das Wort Einzug in die verwendete Hauptsprache der Webseite gefunden hat.

▨   das Wort so ausgesprochen wird, wie es geschrieben wird oder

▨   das Wort z.B. ein Scheinanglizismus ist: Es sieht aus wie ein englisches Wort, ist aber eine Wortneuschöpfung und kommt in der Originalsprache nicht vor oder hat dort sogar eine andere Bedeutung (Handy, Beamer).

▨   das Wort aus zwei Teilen mit unterschiedlichen Sprachen (z.B. Downloadbereich) besteht.

Eine gute Grundlage für die Beurteilung, ob Wörter in die verwendete Hauptsprache eingewandert sind, sind die offiziellen Wörterbücher der jeweiligen Sprache. Für das Deutsche ist der Duden (Wörterbuch der deutschen Sprache) eine geeignete Referenz.

Gleiches gilt übrigens auch im umgekehrten Fall, also wenn ein deutsches Wort in die englische Sprache eingewandert ist und in einem englischsprachigen Absatz vorkommt. In diesem Fall wird der Sprachwechsel für den Absatz ausgezeichnet, jedoch nicht unbedingt das deutsche Wort in diesem Absatz. Ein Beispiel ist das deutsche Wort »Realpolitik« in einem englischen Zitat:

```
<p>So schrieb Barack Obama in <span lang="en">The Audacity of Hope: Thoughts on
Reclaiming the American Dream</span>:</p>
<blockquote>
<p>"<span lang="en">By the start of the twentieth century, then, the motives
that drove U.S. foreign policy seemed barely distinguishable from those of the
other great powers, driven by realpolitik and commercial
interests</span>."</p>
</blockquote>
```

Listing 11-18 Verzicht auf einen Sprachwechsel

Unstrittig ist, dass anderssprachige Sätze und Absätze ausgezeichnet werden sollten. Anders verhält es sich, wenn es um die Auszeichnung einzelner Wörter geht. Der Screenreader JAWS beispielsweise legt beim Umschalten in ein anderes Wörterbuch eine kleine Kunstpause ein. Deswegen hat die – vor allem übertriebene – Auszeichnung anderssprachiger Inhalte unter blinden Nutzern nicht nur Freunde. Wie bei anderen Themen der Barrierefreiheit gilt deswegen: so viel wie nötig und so wenig wie möglich.

11.2.1.1 Welche Sprachen sollten ausgezeichnet werden?

Eine weitere Frage ist, welche Sprachen überhaupt ausgezeichnet werden sollen: Beschränkt man sich auf Hauptsprachen? Und welche Sprachen können als Hauptsprachen bezeichnet werden? Wie soll man mit Sprachen umgehen, die nicht mit lateinischen Buchstaben geschrieben werden?

Die möglichen Sprachen sollten bereits bei Planungsbeginn erfasst werden. Je nach Webangebot gibt es evtl. nur wenige anderssprachige Inhalte. Es gibt jedoch Fälle, in denen unter Umständen eine Vielzahl unterschiedlicher

Sprachen berücksichtigt werden muss, z. B. bei Universitäten oder auch Museen, sofern originalsprachliche Dokumente im Web veröffentlicht werden.

Nehmen wir an, Sie arbeiten in einem sprachwissenschaftlichen Institut, an dem auch außereuropäische Sprachen gelehrt werden, z. B. die Sprache Yoruba. Sollten Absätze in Yoruba ausgezeichnet sein oder nicht? Immerhin gibt es derzeit keinen Screenreader, der diese Sprache ausgibt. Auch weitere – zumindest für uns – exotische Sprachen werden in den Standardeinstellungen nicht angesagt.

Die Antwort ist: Ja. Screenreader können dann den Sprachwechsel zumindest ankündigen, auch wenn sie nicht in das richtige Wörterbuch schalten können. So bekommen blinde Nutzer immerhin die Information darüber, dass es sich um einen Textsonderfall und nicht um unverständliches, sinnloses Kauderwelsch oder einen Tippfehler handelt.

Im Gegensatz zu solch »exotischen« Sprachen sieht es bei Sprachen wie Hebräisch und Arabisch anders aus. Hier wird neben dem Wechsel der Schriftrichtung der Sprachwechsel durch Sprachcodes ausgezeichnet, sofern diese Schriften nicht in der Umschrift geschrieben stehen. Bei Umschriften sollte der Sprachcode um diese Information ergänzt werden, wobei die entsprechenden ISO-Normen zu beachten sind. Allerdings sagt beispielsweise JAWS sowohl bei lang="ar" als auch bei lang="ar-latn" nur »arabisch« an. Zu beachten ist auch, dass es bei der Ausdifferenzierung nach Dialekten, Regionen oder Umschriften mit Subcodes zu Problemen mit älteren Screenreader-Versionen kommen kann.

Sofern es sich hier nur um einzelne Wörter handelt, bieten sich diese Möglichkeiten an:

▓ Die Aussprache wird in Klammern dahinter gesetzt und/oder
▓ es wird eine verlinkte Audio-Datei zur Verfügung gestellt, z. B durch einen Link oder durch Einsatz der bereits bekannten Klasse »unsichtbar«, oder
▓ das ruby-Element wird verwendet (vgl. Abschnitt 11.3.2 ab S. 427).

Eine weitere Möglichkeit wären Links zu einem Glossar, in dem die Aussprache oder diakritische Zeichen erklärt werden. Geprüft werden muss natürlich, ob die Aussprache eine für alle Nutzer essenzielle Information ist. In diesem Fall eignet sich die Klasse »unsichtbar« nicht, da dann die Aussprache nur blinden Nutzern zur Verfügung steht.

Maßgeblich für die Auszeichnung eines Sprachwechsels ist aber immer das lang-Attribut.

Das Thema »Aussprache« betrifft u. U. nicht nur den reinen Sprachwechsel. Es gibt Wörter, bei denen eine bestimmte Aussprache für alle Nutzer Voraussetzung für das Verstehen eines Textes ist. Dieses Thema wird unten in Abschnitt 11.3.2 noch einmal aufgegriffen.

11.2.1.2 Sprache von Zielankern

Mit dem `hreflang`-Attribut für das `A`-Element kann die Sprache des Zieldokuments ausgezeichnet werden. Es kann also für Links verwendet werden, die auf anderssprachige Seiten verweisen:

```
<p>Die <a href="http://www.w3.org" hreflang="en">Richtlinien für das Web</a> …
</p>
```

Listing 11-19 Verwendung des `hreflang`-Attributs für Links

So könnte ein Nutzer theoretisch entscheiden, ob er diese Seite aufruft oder nicht, je nachdem, ob er die Sprache beherrscht. Das `hreflang`-Attribut als für alle Nutzer erkennbare Kennzeichnung wird jedoch nicht unterstützt (vgl. Abschnitt 7.1.3 ab S. 240). Da der Sprachwechsel für viele Nutzer relevant ist, sollte diese Angabe im Linktext stehen oder über JavaScript anhand des `hreflang`-Attributs eingefügt werden.

11.2.2 CSS für fremdsprachige Texte

Die CSS-Spezifikation sieht mit der Pseudoklasse `:lang` eine visuelle Kennzeichnung für HTML-Elemente vor. Um die Darstellung eines Textes in einer bestimmten Sprache zu bestimmen, kann diese CSS-Anweisung notiert werden:

```
p:lang(en) { font-style: italic; }
```

Damit würden englischsprachige Absätze, die mit dem `xml:lang`-Attribut ausgezeichnet sind, kursiv dargestellt. Mit Ausnahme des Internet Explorer bis einschließlich Version 7 unterstützen die gängigen Browser diese Pseudoklasse. Zu beachten ist, dass die Werte in HTML und CSS identisch sein müssen und dass nur der Primär-Code ausgewertet wird. Ist ein Text z.B. als `de-CH` ausgezeichnet, so würde er dennoch aussehen wie ein Text, der nur mit de ausgezeichnet wurde.

Theoretisch könnten mit dieser Pseudoklasse auch aurale CSS zur Steuerung der Aussprache einer Sprachausgabe angewandt werden. Doch werden weder Pseudoattribute für Sprache noch aurale CSS von aktuellen Screenreadern unterstützt.

11.3 Abkürzungen

Abkürzungen sind verkürzte Wörter oder Wortgruppen. Dazu gehören Akronyme und Initialwörter, Buchstabenketten und Kürzel. Langfassungen bzw. Auflösungen von Abkürzungen dienen der Verständlichkeit von Texten.

Der Duden definiert Akronyme als Kurzwörter, die aus den Anfangsbuchstaben mehrerer Wörter zusammengesetzt werden.

Akronyme können differenziert werden in:

- Akronyme, die aus den Buchstaben mehrerer Wörter gebildet sind, ausbuchstabiert und am Ende betont werden (EU für Europäische Union, GPS, ISBN). Diese Akronyme werden auch manchmal Kürzel genannt.
- Akronyme, die silbischen Wert angenommen haben und am Anfang betont werden (NATO).
- Akronyme, die als Worteinheit ausgesprochen werden (Aids, PIN, TAN).
- Mischformen wie Azubi oder Bafög.

In die gleiche Kategorie gehören auch Initialwörter, wie z.B. Radar oder Laser, die inzwischen wie normale Substantive geschrieben werden. Kurzwörter können zwar auch Akronyme sein, allerdings fallen in diese Wortkategorie eher Wörter wie »Bus« (statt »Omnibus«), »Lok« (»Lokomotive«) oder »Akku« (»Akkumulator«). Schließlich gibt es die Gruppe der Silbenkurzwörter. Sie setzen sich aus den Anfangsbuchstaben der enthaltenen Silben zusammen. Ein Beispiel ist »Kripo«, gebildet aus dem Langwort »*Kri*minal*po*lizei«, oder »Kita«, die Kurzform für »*Ki*nder*ta*gesstätte«.

Solche Kurzwörter braucht man normalerweise nicht auszeichnen, da sie in der Regel Teil der Alltagssprache sind. Ein besonders deutliches Beispiel ist das Wort »Persil«. Bei diesem Silbenkurzwort ist den meisten nicht bewusst, dass es sich eigentlich um eine Abkürzung handelt (*Per*borat und *Si*l*i*kat), und das Auflösen wäre eher verwirrend als hilfreich. Auch Begriffe wie »ISDN« oder »Hartz 4« werden in der Alltagssprache nicht in der aufgelösten Form ausgesprochen, sondern in der Kurzform.

11.3.1 Abkürzungen auflösen

Für die meisten Abkürzungen gilt, dass sie aufgelöst oder erklärt werden sollten. Dies hängt von der jeweiligen Abkürzung ab und es gibt verschiedene Techniken und Situationen:

- Eine Abkürzung bedeutet über das gesamte Webangebot hinweg das Gleiche oder
- eine Abkürzung wird unterschiedlich verwendet, bedeutet also nicht auf jeder Seite das Gleiche.

Beispielsweise wird auf einer deutschen Behördenseite mit der Abkürzung »SGB« immer das Sozialgesetzbuch gemeint sein. Auf dem Webangebot einer Zeitung kann »SGB« jedoch auch für den Schweizerischen Gewerkschaftsbund stehen.

Abkürzungen, die über das gesamte Webangebot hinweg gleich definiert werden, können entweder nur bei der ersten Nennung oder bei jeder aufgelöst oder erklärt werden. Beim ersten Auftreten

- kann die Definition unmittelbar vor oder nach der Abkürzung im Text gegeben werden, z.B. »Barrierefreie Informationstechnik-Verordnung (BITV)«.

- können Abkürzung und Definition untereinander verlinkt sein, d.h., eine Abkürzung wird auf der gleichen oder einer anderen Seite erläutert und die verlinkte Abkürzung führt direkt zur Erklärung.

- können Abkürzungen über das ABBR- oder das ACRONYM-Element zusammen mit einem title-Attribut aufgelöst werden.

Die Vorgabe, Abkürzungen bei erster Nennung zu erläutern oder aufzulösen, führt regelmäßig zu der Frage, was in Zeiten von dynamischen Inhalten unter »erste« zu verstehen ist? Gemeint ist immer die aktuelle Seite bzw. Darstellung der Seite in ihrer linearisierten Ausgabe. Gerade bei zusammengesetzten Inhalten aus verschiedenen Quellen bleibt es aber nicht aus, dass die »erste Nennung« nicht ermittelt werden kann und Abkürzungen entweder mehrmals ausgezeichnet werden müssen oder clientseitige Skripts die Abkürzungen auszeichnen. Letzteres ist allerdings nur bei eindeutigen Abkürzungen sinnvoll: Auf einem Nachrichtenportal könnte beispielsweise »TV« sowohl für »Turnverein« als auch für »Fernsehen« eingesetzt werden.

Eine Abkürzung beim erstmaligen Auftreten entweder vor oder nach der Langfassung aufzulösen, ist eine gute Empfehlung. Konvention ist, zunächst das Schreiben der Langfassung, gefolgt von der Abkürzung in Klammern:

- Web Content Accessibility Guidelines (WCAG)
- Barrierefreie Informationstechnik-Verordnung (BITV)

Dieser Umgang mit Akronymen eignet sich aber nur, wenn eine Abkürzung nicht zugleich erläutert werden muss. Zudem kann dieses Vorgehen urheberrechtlich problematisch sein. Die meisten Texte dürfen nicht verändert werden, diese Form der Auflösung führt jedoch unweigerlich zu einer Veränderung des Textes und muss zumindest mit dem Autor abgesprochen werden. Zu beachten sind auch weitere Vorgaben, insbesondere für amtliche Texte und technische Dokumentationen, Schreibvorgaben von Bundesbehörden sowie internationale Normen.

Definitionen und Langfassungen von Abkürzungen können auch als Glossar oder Definitionsliste am Ende eines Artikels zur Verfügung gestellt werden. Dabei sollten Abkürzung und Definition gegenseitig verlinkt sein, damit Nutzer bequem zwischen Text und Glossar wechseln können (vgl. Abschnitt 9.2.5.5 ab S. 354).

Enthalten Texte nicht nur Abkürzungen, sondern auch Fremdwörter, dann könnte ein Glossar für Abkürzungen nutzerfreundlicher sein, als das Auflösen von Abkürzungen in Klammern. Das Erklären von Fremdwörtern fördert ebenso wie das Auflösen von Akronymen die Verständlichkeit. Stünde jedoch beides in nachfolgenden Klammern, dann könnte dies den Lesefluss stören und sogar die Verständlichkeit reduzieren.

Eine weitere Technik ist mit dem ABBR- oder ACRONYM-Element in Kombination mit dem title-Attribut möglich. Das title-Attribut enthält dann als Wert die aufgelöste Form der Abkürzung. Screenreader-Nutzer können einstellen, ob Abkürzungen oder Auflösungen ausgegeben werden sollen; (sehende) Mausnutzer bekommen die Auflösung angezeigt, wenn sie mit dem Mauszeiger darüberfahren. Beide Elemente werden jedoch meist nicht zugänglichkeitsunterstützend eingesetzt, denn Tastaturnutzer haben keinen Zugriff auf das title-Attribut.

Für ABBR und ACRONYM gilt, dass aus mehreren Initialen gebildete Abkürzungen mit dem ACRONYM-Element ausgezeichnet werden und Wörter, die erklärt werden müssen oder deren aufgelöste Form nicht mit den Anfangsbuchstaben übereinstimmt, mit dem ABBR-Element:

```
<acronym title="Barrierefreie Informationstechnik-Verordnung">BITV</acronym>
<abbr title="und andere">et al.</abbr>
<abbr title="gegen">vs.</abbr>
```

Listing 11-20 Beispiele für ACRONYM und ABBR

Das ABBR-Element eignet sich außerdem z. B. für folgende Abkürzungen:

- DarlN → Darlehensnehmer
- ZusHang → Zusammenhang
- NebenBest → Nebenbestimmung

sowie bei Kurzformen wie »z. B.«. In diesem Fall ermöglicht das ABBR-Element, dass Sprachausgaben nicht »zett punkt bee punkt« lesen. Mit entsprechenden Angaben in den CSS ist es möglich, die optische Hervorhebung zu unterdrücken und sie so nur Screenreader-Nutzern zugänglich zu machen.[2]

Für Abkürzungen wie i. S. d. (im Sinne des), h. M. (herrschende Meinung) oder a. A. (anderer Ansicht) sind hingegen sowohl das ABBR-Element als auch das ACRONYM-Element denkbar.

Zu beachten ist, dass im aktuellen Entwurf zum HTML 5-Webstandard nur das ABBR-Element vorgesehen ist. Der Internet Explorer interpretiert zwar ABBR erst ab Version 7, dies kann aber – sofern der IE6 noch unterstützt werden soll – mit einer JavaScript-Lösung abgefangen werden, wie sie auf

http://www.sovavsiti.cz/css/abbr.html

präsentiert wird.

Werden Abkürzungen bei jedem Auftreten aufgelöst oder erklärt, dann sind Klammern ungeeignet. Dies wird nirgends so deutlich wie bei juristischen Texten, die oft viele Abkürzungen enthalten und meist ohnehin schon schwer verständlich sind. Stattdessen bieten sich die folgenden Techniken an:

---

2. Hellbusch, J. E., Zett Punkt Bee Punkt,
    http://www.einfach-fuer-alle.de/artikel/abkuerzungen/ (Abruf 15.1.2010).

▨ Abkürzung und Definition sind untereinander verlinkt.

▨ Ein Glossar mit einem eigenen URI wird zur Verfügung gestellt.

▨ Der Nutzer kann über eine Funktion in einem Online-Wörterbuch suchen.

▨ Es wird das ABBR- bzw. ACRONYM-Element verwendet.

Eine weitere Möglichkeit bietet das link-Element, mit dem auf ein Glossar über die Werkzeugleiste des Browsers verlinkt werden kann:

```
<link rel="glossary" href="http://www.seitenadresse.de/#glossary">
```

Listing 11-21 Verlinkung eines Glossars mit dem LINK-Element

Browser, die das link-Element unterstützen, zeigen dann eine zusätzliche Navigationsleiste und in dieser einen Link zu einem Glossar an.

Vor allem bei knappen personellen und zeitlichen Ressourcen kann eine Schnittstelle oder das Verlinken zu einem bereits vorhandenen Online-Wörterbuch das Mittel der Wahl sein. Zu beachten ist natürlich, dass die dortigen Angaben vollständig und korrekt sind. Hier eignen sich spezielle Fachwörterbücher meist eher als Online-Enzyklopädien wie die Wikipedia, in der nicht alle Angaben stimmen müssen und die meisten Artikel recht lang sind.

Je nach Textsorte, Fachgebiet und Land können Abkürzungen unterschiedlich definiert sein. Je größer, komplexer und mehrsprachiger ein Webangebot ist, umso wahrscheinlicher werden Abkürzungen auch innerhalb des Webauftritts uneinheitlich verwendet. Einige Beispiele:

▨ Abs.
Absatz, Absender, Absolut

▨ SAB
Schweizerische Arbeitsgemeinschaft der allgemeinen
öffentlichen Bibliotheken, Sächsische Aufbaubank

▨ TV
Turnverein, Television

▨ SGB
Schweizerischer Gewerkschaftsbund, Sozialgesetzbuch (Deutschland)

In diesen Fällen empfiehlt sich entweder das gegenseitige Verlinken von Abkürzungen und Definitionen oder der Einsatz von ABBR und ACRONYM.

11.3.2 Sprache und Aussprache von Abkürzungen

Die korrekte Aussprache von Abkürzungen sollte in folgenden Fällen zusammen mit der Erläuterung der Abkürzung vermittelt werden:

▨ Das Akronym stammt aus einer anderen Sprache als der verwendeten Hauptsprache (CEO, GPS) oder

■ das Akronym wird im normalen Sprachgebrauch nicht Buchstabe für Buchstabe (wie z.B. EU) oder anhand der verwendeten Initialen silbisch ausgesprochen (NATO).

Stammen Abkürzungen aus anderen Sprachen und wird das ACRONYM-Element verwendet, dann wird es mit dem lang-Attribut ergänzt:

```
<acronym lang="en" title="North Atlantic Treaty Organisation">NATO</acronym>
```

Listing 11-22 Sprachangabe für die Auflösung einer Abkürzung

Allerdings wird »NATO« in den deutschsprachigen Ländern auch als deutsches Wort ausgesprochen. Wie soll damit umgegangen werden? Das lang-Attribut wirkt sich sowohl auf die Elementattribute als auch auf den Inhalt des Elements aus. Eine Sprachausgabe kann so eingestellt sein, dass sie die Akronyme wahlweise auflöst oder nicht, und bei nicht aufgelösten Abkürzungen wirkt sich das lang-Attribut dennoch auf den Inhalt aus. Eine Richtlinie gibt es dafür nicht. Als Behelf für die praktische Nutzung kann der Quellcode wie folgt ergänzt werden:

```
<acronym lang="en" title="North Atlantic Treaty Organisation"><span
lang="de">NATO</span></acronym>
```

Listing 11-23 Doppelte Sprachangaben für fremdsprachige Abkürzungen

Manche Abkürzungen wie »NATO« werden silbisch zusammengezogen und nicht Buchstabe für Buchstabe ausgesprochen. Es gibt jedoch Abkürzungen, die bei der Aussprache nur teilweise zusammengezogen oder silbisch mit zusätzlichen Buchstaben ausgesprochen werden. Ein Beispiel dafür ist die Abkürzung BITV, die manchmal als »BittVau« ausgesprochen wird.

Will man auch die spezielle Aussprache zur Verfügung stellen, dann ist das title-Attribut allein nicht mehr ausreichend. Verwendet werden könnte das Ruby-Element, das zwar für asiatische Sprachen entwickelt wurde, aber nicht auf diese begrenzt ist.[3] Bisher wird RUBY trotz vorhandener W3C-Spezifikation und Empfehlung als Technik in den WCAG20 noch nicht ausreichend von Browsern unterstützt. Nur der Internet Explorer und seit Anfang 2010 auch Safari werten das Ruby-Element bisher aus. Als Fallback-Lösung, mit der der Hinweis zur Aussprache in Klammern hinter die Abkürzung gesetzt wird, empfiehlt sich für einfaches RUBY die folgende Schreibweise:

```
<ruby>
 <rb>WWW</rb>
 <rp>(</rp><rt>World Wide Web</rt><rp>)</rp>
</ruby>
```

Listing 11-24 Verwendung des RUBY-Elements

---

3. W3C Recommendation 31. Mai 2001, Ruby Annotation,
    URL: *http://www.w3.org/TR/ruby/* (Abruf 14.10.2010).

WWW (World Wide Web)

Abb. 11-12 Auswirkung von RUBY in Internet Explorer (links) und Firefox (rechts)

Das Ruby-Element kann auch für Hinweise zur Aussprache von unbekannten oder eingewanderten Wörtern verwendet werden. Eine deutsche Übersetzung der RUBY-Annotation finden Sie bei Jens Meiert auf

http://meiert.com/de/w3/TR/ruby/

11.4 Programmierseitige Lösungen für Abkürzungen und Sprachwechsel

Das Auflösen von Abkürzungen und die Auszeichnung des Sprachwechsels gehören zu den Aufgaben, die nicht ausschließlich der Webredaktion überlassen werden sollten, da sie – zumindest teilweise – durch Skripte gelöst werden können. Neben der Zeitersparnis in der Webredaktion gewährleistet dies ein einheitliches Vorgehen. Einige Redaktionssysteme haben unterstützende Werkzeuge, andere können um entsprechende Skripte ergänzt werden.

11.4.1 Allgemeine Anforderungen

Skripte für automatisches Auflösen von Abkürzungen sollten folgende Merkmale haben:

▦ Ein Dokument kann nach Abkürzungen durchsucht werden.
▦ Bei Eindeutigkeit des Akronyms wird es als ACRONYM bzw. ABBR ausgezeichnet, ergänzt um die Erläuterung im title-Attribut sowie bei Bedarf um lang-Attribute.
▦ Bei Nichteindeutigkeit wird der Redakteur gefragt, welche der Möglichkeiten die richtige ist.

Ein solches Skript sollte außerdem plattform- und softwareunabhängig sein sowie bei Zuweisung des Akronyms oder der Abkürzung durch den Redakteur korrigiert werden können. Bei uneindeutigen Auflösungen werden die vorhandenen Optionen um die Möglichkeit, weitere Erläuterungen zur Datenbasis hinzuzufügen, ergänzt. Die Frage, ob solche Skripte beim Speichern in einer Datenbank oder beim Aufruf durch den Nutzer ausgelöst werden, kann nicht eindeutig beantwortet werden. Im Allgemeinen empfiehlt sich ein Skript beim Ausspielen der HTML-Dokumente, da dann Aktualisierungen besser berücksichtigt werden können.

Positive automatisierte Lösungsansätze sind der Acronym-Replacer BITV 1 für WordPress von Harald Kampen, der auch in anderen Redaktionssystemen verwendet werden kann, sowie eine programmierte Routine für das Content-Management-System Fiona, beschrieben auf

http://www.barrierefreies-webdesign.de/knowhow/
automatische_auszeichnung

11.4.2 Empfehlungen für die Behandlung von Abkürzungen

Aufgrund der Komplexität der unterschiedlichen Abkürzungsformen sowie der Geräteabhängigkeit des `title`-Attributs sollte vor allem bei umfangreichen Webangeboten auf das Verlinken zu Definitionslisten gesetzt werden, die entweder am Ende eines Artikels oder auf einer separaten Seite stehen können.

Das Verlinken zu Definitionslisten in einem Glossar – dies gilt auch für Fachwörter – hat viele Vorteile:

- Der Webredaktion wird die Entscheidung zwischen `ABBR`-Element oder `ACRONYM`-Element erleichtert.
- Links zu Erläuterungen oder Definitionen sind für alle Nutzer zugänglich.
- Fachwörter oder Fremdwörter können in einem solchen Glossar ebenfalls erläutert werden; damit wird die Aufgabe, Abkürzungen zu erläutern, zentralisiert und der Webredaktion abgenommen.
- Sofern Hinweise zur Aussprache erforderlich sind, können diese ebenfalls integriert werden.

Zu beachten sind teils verbindliche Schreibweisen und internationale Normen für Abkürzungen sowie Fachbegriffe und Fremdwörter für amtliche Schreiben und technische Dokumentationen. Vorgaben für amtliche Texte der schweizerischen Bundesregierung finden Sie unter

http://www.bk.admin.ch/dokumentation/sprachen/04915/
05016/index.html?lang=de

Empfehlungen der deutschen Bundesregierung befinden sich im Handbuch »Bürgernahe Verwaltungssprache«.

Aus Gründen der Einheitlichkeit sollten Webagenturen bei jedem realisierten Webangebot die gleiche Technik verwenden. Verlinkt man auf ein externes Glossar oder Online-Wörterbuch, dann sollte man sich vergewissern, dass dieses möglichst barrierefrei ist. Bei gleicher Qualität der Erklärungen sollte dem zugänglicheren Glossar Vorrang gegeben werden.

Zusammenfassung

1. Datentabellen sind mit HTML-Strukturelementen auszuzeichnen. Dabei sind Kopfzellen immer mit dem TH-Element zu kennzeichnen. In komplexen Datentabellen sind die Zellen eindeutig den Spalten- und Reihenüberschriften zuzuweisen.

2. Sprachwechsel in Dokumenten sind auszuzeichnen. Dies gilt besonders für längere Textabschnitte.

3. Abkürzungen sind zur Förderung der Verständlichkeit aufzulösen.

4. Für Datentabellen, Sprachwechsel und Abkürzungen empfiehlt sich die Entwicklung entsprechender Templates und Skripte, die für Einheitlichkeit sorgen und der Webredaktion einen Teil der Arbeit abnehmen können.

12 PDF umsetzen und prüfen

Das folgende Kapitel ist vom Gastautoren Markus Erle, Geschäftsführer von Wertewerk – Agentur für Accessibility-Beratung, barrierefreie PDF-Dateien, barrierefreies Internet – (*www.wertewerk.de*) geschrieben. Wir möchten uns für diesen Einsatz besonders bedanken.

Der erste Abschnitt (Abschnitt 12.1) dreht sich um Gerüchte, die Geschichte und die gegenwärtige Lage des Themas PDF und Barrierefreiheit und liefert einige Hintergrundinfos, um das Zugänglichkeitspotenzial von PDF einschätzen zu können. Im zweiten Abschnitt (Abschnitt 12.2 ab S. 440) machen wir Ernst und versuchen die Merkmale barrierefreier PDF-Dateien in Zuordnung zu den WCAG20 auf den Punkt zu bringen. PDF ist ein Sekundärformat und deswegen wirft der dritte Abschnitt (Abschnitt 12.3 ab S. 463) einen realistischen Blick auf die gängigsten Workflows: Was muss ich im Primärformat hineinstecken, um möglichst viel Barrierefreiheit im PDF herauszubekommen? Der Fokus liegt hier auf Office- und Layoutprogrammen. Eine große Herausforderung für jeden, der barrierefreie PDF-Dateien erstellt, ist die Qualitätssicherung. Der vierte Abschnitt (Abschnitt 12.4 ab S. 501) stellt dazu ein Prüfmodell in drei Schritten und einige nützliche Werkzeuge vor. Den Abschluss bildet ein kurzes Fazit mit einem hoffnungsvollen Blick in die Zukunft (Abschnitt 12.5 ab S. 514).

12.1 Barrierefreiheit in PDF verstehen – Gerüchte, Geschichte und gegenwärtige Lage

12.1.1   PDF als strukturiertes Format

PDF hat den Ruf, die schnellste Art zu sein, um Informationen ins Netz zu stellen. Nein, nicht dass dies jemand extra laut propagiert hätte. In der Praxis hat sich schlicht durchgesetzt, aus beinahe jeder Anwendung heraus auf Knopfdruck ein PDF zu erstellen, das überall gleich aussieht und von jedem gelesen werden kann. Von jedem? Von fast jedem!

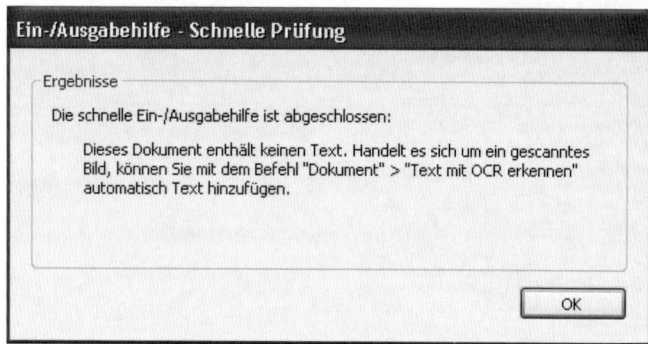

Abb. 12-1   In einem eingescannten PDF kann kein Text als Sprache oder Braille ausgegeben werden – dies merkt auch die schnelle Prüfung auf Barrierefreiheit,
die in Adobe Acrobat und Adobe Reader zur Verfügung steht.

PDF hat auch den Ruf, eines der unzugänglichsten Formate für Menschen mit
Behinderungen zu sein. Versuchen Sie doch einmal, sich einen eingescannten
und dann als PDF abgespeicherten Flyer von einem Screenreader vorlesen zu
lassen. PDF ist eben doch nicht gleich PDF. Es hängt davon ab, aus welcher
Quelle das Dokument erstellt wurde und ob sein Autor beim Erstellen an Barrierefreiheit gedacht hat.

PDF könnte aber auch den Ruf haben, viele Formate, die an und für sich völlig unzugänglich sind, ebenso für Menschen mit den unterschiedlichsten Einschränkungen in einer wahrnehmbaren und bedienbaren Form zur Verfügung
zu stellen[1]. Solche »kritischen« Formate lassen sich in PDF konvertieren und
dort mit einer Strukturebene und weiteren Zugänglichkeitseigenschaften versehen, die es Hilfsmitteln ermöglichen, Inhalte auszuwerten und auszulesen.

Kurz und gut: Ob wir wollen oder nicht, ob wir es wissen oder es bisher
immer für ein Gerücht gehalten haben – PDF zählt zu den strukturierten Formaten.[2]

---

1.   Johnson, D., Vorsitzender des PDF/UA-Komitees, ruft hier besonders laut. In seinem Artikel
     »Why PDF?« schreibt er: »One of the great beauties of PDF is the ability to make almost any
     source content accessible to users with disabilities who must use Assistive Technology (AT)
     in order to read. From scanned documents to drawings, diagrams and multilingual content,
     PDF files may be tagged to provide a complete, high-quality reading and navigating expe-
     rience. Many applications can't generate accessible content by themselves, but converted
     to PDF, these documents may be structured and tagged for complete accessibility.«
     URL: *http://www.appligent.com/talkingpdf-whypdf* (Abruf 27.5.2010).
2.   Strukturierte Formate sind Dateiformate, die zu ihren Inhalten Strukturinformationen mitlie-
     fern können. Zu den klassischen strukturierten Formaten gehören HTML und XML. Struktu-
     rierte Formate basieren auf einer konsequenten Trennung zwischen Struktur und Layout.
     Dies ermöglicht, Inhalte automatisch in andere Formate zu konvertieren und sie dort wei-
     terzuverarbeiten.

12.1.2   Ein Blick zurück

Bevor wir die Merkmale barrierefreier PDF-Dateien genauer anschauen, werfen wir einen kurzen Blick auf die Entstehungsgeschichte dieses Formats und darauf, inwieweit es den Anforderungen der Richtlinien für barrierefreie Webinhalte heute entspricht.

12.1.2.1   PDF als offener internationaler Standard

Adobe Systems entwickelte PDF zu Beginn der 90er-Jahre als digitale Entsprechung zu einem Blatt Papier aus dem PostScript-Format. Gemäß dem Gebot der Layouttreue sollte eine PDF-Datei auf jedem Endgerät gleich aussehen, sei es ein beliebiger Drucker oder ein Windows-, Apple-, Linux- oder Unix-Computer.

Für Behörden und Geschäftsvorgänge bietet diese identische Ansicht über verschiedene Plattformen hinweg viele Vorteile. Dazu passt die Legende, dass ein Formular zur Einkommenssteuererklärung die erste PDF-Datei gewesen sein soll.

Inzwischen wird PDF nicht mehr ausschließlich von Adobe Systems kontrolliert. Als ISO 32000-1, basierend auf der PDF-Version 1.7, ist es ein weltweit einheitlicher und öffentlicher Standard, der seit Juli 2008 vom zuständigen ISO-Komitee verwaltet wird.

12.1.2.2   Barrierefreiheit im Standard PDF/UA

Damit auch Menschen mit Behinderungen PDF-Dateien nutzen können, müssen sie an individuelle Wahrnehmungsanforderungen anpassbar sein, ebenso wie HTML-Dokumente (vgl. Kap. 17). Aus einem harten Lehmziegel (»adobe« ist passenderweise die englische Bezeichnung für luftgetrocknete Lehmziegel) musste also bildlich gesprochen wieder ein weicher formbarer Lehmklumpen werden, denn Barrierefreiheit drückt sich auch in der höchstmöglichen Flexibilität der Ansicht aus.

Da Adobe jedoch nicht von Beginn an Barrierefreiheit oder Semantik im Sinne hatte, war es erst 2001 mit Acrobat 5 möglich, einer PDF-Datei semantische Informationen mitzugeben. Wie in HTML konnte nun auch in PDF die Bedeutung einzelner Inhalte mithilfe von Strukturinformationen – sogenannten Tags – konkretisiert, maschinenlesbar und für Hilfsmittel wie Screenreader nutzbar gemacht werden.[3]

Welche PDF-Tags es gibt und wie sie verwendet werden dürfen, ist in der jeweils aktuellen PDF-Spezifikation festgelegt. Zu vielen weiteren Merkmalen der Barrierefreiheit in PDF findet man dort jedoch nichts.

---

3.   Das Anlegen von Strukturinformationen war bereits in Acrobat 4 rudimentär implementiert. Th. Merz und O. Drümmer schreiben dazu in »Die PostScript- & PDF-Bibel« (2. Auflage, 2002): »Mangels nutzbarer Funktionen lag die Strukturinformation in Acrobat 4 weitgehend brach. Richtig nutzbar wird sie erst mit der Erweiterung Tagged PDF in Acrobat 5« (S. 103 f.).

2004 setzte sich eine von Adobe unabhängige Arbeitsgruppe das Ziel, eine verlässliche Grundlage zur Beurteilung barrierefreier PDF-Dokumente zu etablieren. Ende 2010 sollte ein nicht öffentlicher Entwurf zu diesem internationalen Standard ISO/CD 14289 vorliegen. Seine Verabschiedung ist für 2010 geplant.[4]

PDF/UA (Universal Access), wie der Standard auch genannt wird, ist letztlich eine Übertragung der WCAG20 auf PDF-Techniken. PDF-Dateien, die diesem Standard entsprechen, erfüllen somit die Anforderungen der WCAG20. Britische ebenso wie deutsche Normungsorganisationen haben bereits ein Interesse an der Übernahme dieses Standards signalisiert.

12.1.2.3   ISO-Spezifikation und die aktuelle Praxis

So vielversprechend die Einigung auf verbindliche Merkmale barrierefreier PDF-Dokumente auch ist, in der aktuellen Praxis besteht noch eine Kluft. Es gibt mindestens zwei Versionen der PDF Spezifikation: das, was im offiziellen ISO-Dokument steht, und das, was wirklich in Acrobat funktioniert.[5] Dies betrifft beispielsweise einige der Tag-Attribute.

12.1.3   Zugänglichkeitsunterstützung von PDF

Die Kernfrage, die die Webwelt umtreibt, lautet: Ist PDF überhaupt ein Format, das barrierefrei sein kann? In die Sprache der WCAG20 übersetzt lautet die Frage: Ist PDF zugänglichkeitsunterstützend?

Die Anforderungen an barrierefreie HTML-Seiten gelten auch für barrierefreie PDF-Dokumente, denn die Prinzipien, Richtlinien, Erfolgskriterien und ein Teil der Techniken der WCAG20 sind formatübergreifend formuliert. Dabei genügt es jedoch nicht, dass das PDF-Format rein theoretisch – beispielsweise durch Eigenschaften, die in der ISO-Spezifikation dokumentiert sind – die Anforderungen der WCAG20 erfüllt. Es müssen auch den Nutzern Programme zur Verfügung stehen, die diese PDF-Eigenschaften unterstützen (vgl. auch Abschnitt 2.3.1 ab S. 40).

12.1.3.1   Wie sieht der aktuelle Stand aus?

Sowohl Adobe als auch Nutzergruppen, die auf eine technische Zugänglichkeit der Barrierefreiheit angewiesen sind, haben in den letzten Jahren aufgezeigt, dass PDF grundsätzlich zugänglich ist.

---

4. Johnson, D., Testimony at the US Access Board public hearing on Section 508, URL: *http://www.appligent.com/talkingpdf-section508refresh* (Abruf 13.5.2010).
5. »First of all, there is the very long Adobe PDF Reference produced by Adobe. This freely available document is very long, detailed and often rather cryptic. […] The second PDF File Specification is what works in Acrobat.« Stephens, M., Java PDF blog, URL: *http://pdf.jpedal.org/java-pdf-blog/bid/27325/There-is-more-than-one-PDF-file-specification* (Abruf 13.5.2010).

Dokumentation von Adobe

Natürlich vertritt Adobe selbst die Meinung, dass PDF ein Format ist, das die Zugänglichkeit unterstützt, und hat dies in einer dokumentierten Testreihe zu beweisen versucht.[6] In dieser Dokumentation finden sich zu den einzelnen Richtlinien der WCAG20 die jeweiligen PDF-Eigenschaften, die eine Anforderung erfüllen. Adobe betont jedoch, dass sich nicht alle 61 Erfolgskriterien der WCAG20 auf PDF anwenden lassen. Eine Ausnahme wären beispielsweise eingebettete Multimedia-Formate. In solchen Fällen müssten die eingebetteten Dateien selbst die entsprechenden Erfolgskriterien erfüllen. Dies mag vielleicht für Untertitel gelten, die man tatsächlich am besten in der originären Multimedia-Datei anlegt, weil dies nachträglich im PDF nicht mehr möglich ist. Für Audio-Deskriptionen sieht das jedoch schon wieder anders aus. Letztlich fehlt zu diesen Punkten der Beweis der Zugänglichkeitsunterstützung und es bleibt die ketzerische Frage, ob denn alle Möglichkeiten, Multimedia oder Audio in ein PDF zu integrieren, zu barrierefreien Lösungen führen können. Allein beim Stichwort Tastatursteuerung kommen mir da Zweifel. Zusätzliche Testreihen sind hier nötig.

Klar muss sein, dass design- und inhaltsspezifische Kriterien ebenso für PDF gelten und erfüllt sein müssen. Das betrifft beispielsweise Aspekte wie ein ausreichendes Kontrastverhältnis von Schriftfarbe und Hintergrundfarbe bei Texten als auch bei Grafiken und Diagrammen (vgl. Kap. 18) oder verständliche Inhalte (vgl. Kap. 9). Dies sind Kriterien, die technisch gesehen nicht dem PDF-Format zuzuschreiben sind und die Adobe deswegen mit dem Vermerk, dass dies Sache des Autors sei, schnell abhakt.

Interessant ist deswegen die Betrachtung, welche der Kriterien Adobe als das PDF-Format direkt betreffend einordnet: Für die Konformitätsstufe AA beispielsweise sind es 19. Will man die Stufe AAA erreichen, müssen die PDF-Dokumente weitere sechs Kriterien erfüllen. In unserer anschließenden Beschreibung der Merkmale sind alle diese Kriterien berücksichtigt.

Screenreader-Tests mit PDF

Das Projekt »Informationspool Computerhilfsmittel für Blinde und Sehbehinderte« (INCOBS) stellte in einer lobenswerten Studie[7] fest, dass zumindest mit einem fortschrittlichen Screenreader die Nutzbarkeit einer barrierefreien PDF-Datei mit derjenigen eines barrierefreien HTML-Dokuments vergleichbar ist.

---

6.   Accessibility Support Documentation for PDF (October, 2008),
     URL: *http://www.w3.org/WAI/GL/WCAG20/implementation-report/*
     PDF_accessibility_support_statement (Abruf 1.7.2010).
7.   Die INCOBS-Studie kommt zu dem Schluss: »Mit JAWS ist die Nutzbarkeit gut getaggter PDFs inzwischen durchaus vergleichbar mit der barrierefreier HTML-Seiten. Die meisten wichtigen Tags werden analog zu HTML-Strukturelementen behandelt und erlauben dem Nutzer, PDFs mit den gleichen Techniken zu lesen, die er schon von Webseiten kennt.« Getestet wurde mit JAWS 7.01 und 9.0.

Die American Foundation for the Blind (AFB) zeigte unter dem Motto »Den Mythos der Unzugänglichkeit des PDF-Formats entlarven«[8] in einem Webinar, wie gut PDF bereits von blinden und sehbehinderten Nutzern verwendet werden kann, und schiebt den schwarzen Peter eindeutig den Erstellern von PDF-Dokumenten und nicht dem Format an sich zu.[9]

Generelle Kritik am Format

Auch wenn die Tendenz in Richtung barrierefrei geht, so gibt es doch skeptische Stimmen, die eine grundsätzliche Zugänglichkeit von PDF in Frage stellen, weitere Testreihen als notwendig erachten oder fordern, dass sich das Format weiterentwickelt. Kritikpunkte sind:

1. PDF liefert zu wenig Unterstützung für Menschen mit Sehbehinderungen, wenn es um individuelle Textdarstellungen geht. Beispielsweise lässt sich weder der Zeilen- noch der Zeichenabstand einstellen. Auch gibt es teilweise erhebliche Probleme bei benutzerdefinierten Bildschirmfarben, die dazu führen können, dass Inhalte unsichtbar werden.
2. Bisher wurden barrierefreie PDF-Dateien fast ausschließlich mit Screenreadern und zu wenig mit anderen Hilfsmitteln getestet.[10] Auch bezogen auf die unterschiedlichen Nutzergruppen liegt der Fokus bisher eher auf blinden Nutzern und zu wenig auf Zielgruppen wie gehörlose Nutzer und Menschen mit kognitiven Einschränkungen oder Lernschwierigkeiten.

12.1.4   Quellformate im Blick

Bei allen Schwächen, die das Format im Hinblick auf Barrierefreiheit aufweist, müssen wir verschiedene Aspekte unterscheiden:

- Liegen die Defizite im Bereich des Testens und des Forschens?
- Liegen die Defizite eher in den Quell- und Konvertierungsprogrammen, aus denen PDF-Dateien erstellt werden?
- Liegen die Defizite an der Unzuverlässigkeit und den Mängeln der PDF-Editoren, mit deren Hilfe man PDF-Dateien bearbeiten können sollte?
- Liegen die Defizite doch am Format selbst?

8. Vgl. Burton, D. & Salmon, A., AFB consulting, Debunking the myth of PDF Inaccessibility: Accessible PDFs – What you need to know, URL: *http://www.afbconsulting.org* (American Foundation for the Blind)(Abruf 5.7.2010).
9. »The problem is not in the structure of the PDF but in how those PDFs are created by the author. There is no reason somebody who is visually impaired, using screen reading software, cannot access a properly created and structured PDF.« Einen Link zum aufgezeichneten Webinar sowie eine MP3-Version und eine Transkription findet man auf den Internetseiten des AFB: *www.afb.org* (Abruf 5.7.2010).
10. Wild, G., Barrierefreiheitsexpertin aus Australien, legte offen, welche Versäumnisse dem Adobe-Dokument zum Nachweis der Zugänglichkeitsunterstützung zugrunde liegen: »Firstly, PDF was not tested with other assistive technologies such as an onscreen keyboard, joystick, touchscreen or thumb switch«. URL:*http://www.gianwild.com/2010/04/22/a-few-problems-with-the-concept-of-accessible-pdfs/* (Abruf 15.7.2010).

Ein ehrlicher Blick lässt uns zu dem Schluss kommen, dass die weitaus größeren Hindernisse auf dem Weg zu barrierefreien PDF-Dateien in der fehlenden Unterstützung von Merkmalen der Barrierefreiheit in den Quell- und Konvertierungsprogrammen liegen. Beispielsweise können nur sehr wenige PDF-Konvertierungsprogramme überhaupt Tags aus einer Quelldatei in ein PDF übernehmen. Deshalb ist es erforderlich, zunächst einen detaillierten Blick auf die Merkmale der Barrierefreiheit zu werfen, bevor einzelne Workflows in verschiedenen Anwendungen vorgestellt werden.

Ein anderer Kompromiss könnte aber auch sein, die Inhalte als HTML und nicht als PDF barrierefrei zur Verfügung zu stellen. Joe Clark beispielsweise beklagt, dass PDF zu häufig für die falschen Inhalte eingesetzt wird, und hat dankenswerterweise eine Liste aufgestellt, in welchen Fällen PDF erste Wahl ist.[11] In allen anderen Fällen sollte es ein barrierefreies HTML-Dokument sein. Unser Tipp hier: Gehen Sie nicht immer davon aus, was für Sie jetzt der bequemste Weg ist, sondern stellen Sie sich die Frage, welches Format für den Nutzer die höchste Zugänglichkeit aufweist.

12.1.5   Klärung einiger Begriffe

Damit wir den Text nicht mit Begriffen überfrachten, erlauben wir uns eine gewisse Vereinfachung, die wir kurz erläutern wollen.

Im Kern sind die jeweils aktuellen Programmversionen im Fokus:

- Für »Adobe Acrobat 9 Professional« schreiben wir immer »Acrobat«. Wenn der kostenlose reine PDF-Viewer Adobe Reader oder andere Acrobat-Versionen gemeint sind, ist dies dementsprechend vermerkt.
- Für andere Adobe-Anwendungen wird immer die Kurzform mit der Versionsnummer verwendet, beispielsweise statt »Adobe InDesign CS4« schreiben wir »InDesign CS4«.
- Für Microsoft-Anwendungen haben wir die gleichen Schreibweisen gewählt: »Word 2007« meint natürlich »Microsoft Office Word 2007«.
- Mit »OpenOffice« ist immer die aktuelle Version 3 der Office-Anwendung gemeint.
- Wenn wir »JAWS« schreiben, dann beziehen wir uns auf die deutsche Programmversion 10.0.1178 des auch in Deutschland gängigsten Screenreaders für blinde Nutzer.[12]
- Mit »PDF-Spezifikation« meinen wir stets die aktuell gültige ISO-Spezifikation 32000 für PDF.[13]

11. Vgl. Clark, J. (2005), Facts and Opinions About PDF Accessibility, URL: *http://www.alistapart.com/articles/pdf_accessibility* (Abruf 15.7.2010).
12. Vgl. Freedom Scientific für die jeweils aktuellen JAWS-Versionen, URL: *http://www.freedomsci.de/serv01.htm* (Abruf 23.4.2010).
13. Siehe für ISO-Spezifikation und Ergänzungen auf der Adobe-Website im Entwicklungsbereich. Die Dokumente stehen kostenlos und inhaltsgleich als PDF zur Verfügung, URL: *http://www.adobe.com/devnet/pdf/pdf_reference.html* (Abruf 23.4.2010).

12.2 Merkmale barrierefreier PDF-Dateien

12.2.1   Eine Frage vorweg

Über Merkmale barrierefreier Dokumente zu schreiben, setzt immer schon die Frage voraus, wer denn nun diese Merkmale bestimmt. Hier gibt es diverse Antwortmöglichkeiten:

- *Die WCAG20 oder darauf aufbauend die BITV oder andere länderspezifische Regelungen:*
  Dies im Auge zu behalten, ist bestimmt nicht falsch, denn schließlich sind die Prinzipien, Richtlinien, Erfolgskriterien und viele Techniken der WCAG20 formatübergreifend formuliert.

- *Die PDF-Spezifikation:*
  Schön, da haben wir ein 700-Seiten-Dokument, das sich vielleicht nicht gerade als Bettlektüre eignet, in dem alles festgehalten ist, was ein PDF-Dokument können müssen sollte – auch zu PDF mit Tags steht dort einiges drin.

- *Die interne Barrierefreiheitsprüfung in Adobe Acrobat:*
  Klasse, ich kann auf Knopfdruck prüfen, und wenn dort null Fehler herauskommen, dann ist das Dokument barrierefrei! Sie merken hoffentlich an dem Unterton, dass dem nicht so ist.

- *Der reale Nutzer:*
  gemäß dem Motto »Er kommt gut damit klar, also ist das Dokument barrierefrei«.

- *Die Möglichkeiten der Hilfsmittel wie des Screenreaders JAWS:*
  Natürlich wollen wir eine PDF-Datei nicht für einen einzigen Screenreader optimieren, aber funktionieren sollte unsere barrierefreie PDF-Datei mit JAWS, dem Screenreader mit der aktuell besten PDF-Unterstützung, schon.

- *Die Möglichkeiten, die Acrobat bietet, eine PDF-Datei barrierefrei zu machen:*
  Zugegeben, das ist natürlich schon eine harte Grenze, aber muss sie auf Dauer bestehen bleiben?

- *Ich*
  (oder Sie, wenn Sie eine barrierefreie PDF-Datei erstellt haben)

Wir gehen davon aus, dass Sie die Absicht haben, in Zukunft PDFs möglichst barrierefrei zu gestalten, und wollen deswegen eine Brücke schlagen von den Richtlinien zur Praxis. Als Ausgangspunkt haben wir deswegen die pragmatische Perspektive gewählt, die sich an den möglichen Workflows orientiert. Dabei nehmen wir wie im restlichen Buch eine Zuordnung zu den WCAG20-Techniken vor. Die generellen Techniken der WCAG20 stehen im Fokus. Da es aber keine PDF- spezifischen Techniken gibt, haben wir an manchen Stellen zusätzlich zu den generellen Techniken die HTML- oder CSS-spezifischen Techniken aufgegriffen, die sich auf PDF übertragen lassen.

12.2.2   Durchsuchbarer Text als Voraussetzung

Eine Voraussetzung, um überhaupt eine PDF-Datei barrierefrei machen zu können, ist, dass sie durchsuchbaren Text enthält. Denn nur wenn Text wirklich als Text im Dokument vorhanden ist und nicht nur rein optisch als ein Bild (beispielsweise wenn ich ein Dokument einscanne und anschließend als PDF speichere), dann lässt sich das PDF-Dokument nach Text durchsuchen und barrierefrei machen.

Bequeme Zeitgenossen könnten auf die Idee kommen: »Na gut, ich lasse das Ganze als ein Bild und vergebe einfach einen Alternativtext.« Wenn es sich dabei um einen Plan, eine Karte oder ein Titelblatt handelt, könnte dies durchaus ein pragmatischer Kompromiss sein. Zu bedenken ist aber, dass eine PDF-Seite, die aus einem kompletten Bild besteht, nicht umfließen kann, auch wenn sie korrekt mit Tags ausgezeichnet ist (vgl. Abschnitt 12.2.13 ab S. 458).

12.2.2.1   Dokument auf durchsuchbaren Text prüfen

Die einfachste Art festzustellen, ob Ihr Dokument aus durchsuchbarem Text besteht, ist die Wortsuche. Wählen Sie über Strg+F (oder Apfel+F) die Suchfunktion aus, geben Sie das Suchwort ein und bestätigen Ihre Eingabe. Wenn Acrobat das Wort nicht findet, dann ist kein durchsuchbarer Text vorhanden und Sie haben es wahrscheinlich mit einem eingescannten PDF zu tun.

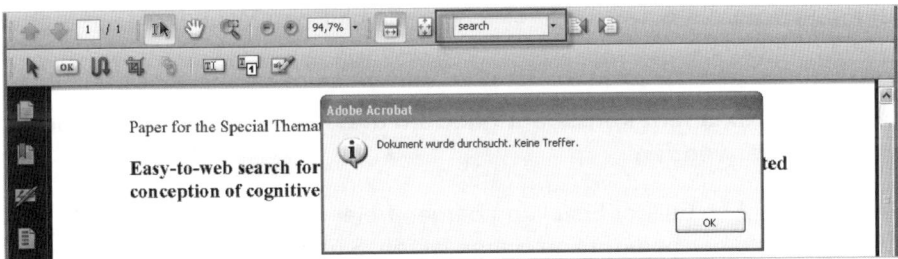

Abb. 12-2   Eine Suche nach dem englischen Wort »search«, das offensichtlich im Dokument vorhanden ist, führt zu keinem Treffer. Der Text ist im Dokument nur grafisch vorhanden.

12.2.2.2   Eingescannte Inhalte mit OCR bearbeiten

Damit Sie aus nur grafisch vorhandenem Text einen durchsuchbaren Text erstellen können, benötigen Sie eine OCR-Texterkennung. Diese macht den Zugriff auf den Text möglich und diesen damit bearbeitbar. Erst dann haben Sie die Möglichkeit, Tags anzulegen.

Sie können dazu die Funktion »Text mit OCR erkennen« von Acrobat verwenden, die Sie über das Menü »Dokument« und dann »OCR-Texterkennung« aufrufen.

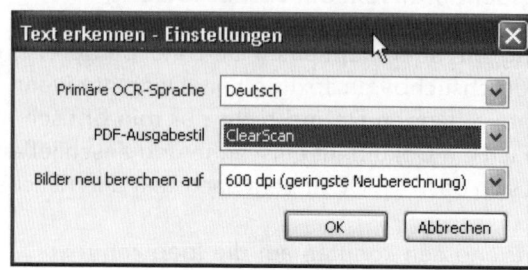

Abb. 12-3   Dialogfenster für die Bearbeitungseinstellungen der Texterkennung in Acrobat

Für ein optimales Ergebnis wählen Sie folgende Einstellungen aus (vgl. auch Abb. 12-3):

1. die primäre OCR-Sprache, das heißt die Grundsprache des zu erkennenden Textes,
2. den PDF-Ausgabestil »ClearScan«, denn nur dann wird das manuell getaggte Dokument später auch umfließen können.
3. »Bilder neu berechnen« sollte auf das geringste Berechnen gesetzt werden, das ist die Auflösung von 600 dpi.

Prüfen Sie nach Abschluss der Texterkennung, ob es Problemstellen gibt, und korrigieren Sie diese. Dazu gibt es unter dem gleichen Menüpunkt in Acrobat eine Suchfunktion.

12.2.3   Dokument konsistent gliedern und korrekten Zeichencode verwenden

Zu Beginn stehen bei der Erstellung barrierefreier PDF zwei Merkmale, die sich im Nachhinein nur bedingt korrigieren lassen. Sie sollten deswegen von vornherein daran denken und bereits in der Quelldatei darauf achten, dass diese Voraussetzungen erfüllt sind:

1. eine konsistente Gliederung
2. eine korrekte Zeichenkodierung

Betrachten wir genauer, was damit gemeint ist.

12.2.3.1   Konsistente Gliederung

Ein Dokument mit einer konsistenten Gliederung zu erstellen heißt, ich baue mein Dokument konsistent mit Überschriften auf. Im Detail bedeutet dies:

G
141

- Die erste Überschriftenebene in einem Dokument ist H1.
- Darunter können mehrere Überschriften 2. Ebene stehen (H2).
- Keine Überschriftenebene wird übersprungen. Nach einer H2-Überschrift darf also nicht eine H4-Überschrift kommen, nur weil die besser aussieht.

Besonderes Augenmerk verlangen Elemente, die Zusatzinformationen vermitteln und optisch nicht zum Hauptinhalt gehören, wie beispielsweise Info-Boxen. Hier gilt es anhand des Inhalts zu entscheiden, ob die Überschrift der Infobox der vorhergehenden Überschriftenebene untergeordnet sein soll oder gleichrangig auf derselben Ebene steht. Insgesamt gibt es für die konsistente Gliederung keine Pauschallösung, es gelten aber die Anforderungen an die Textorganisation (vgl. Abschnitt 9.2.4 ab S. 333).

12.2.3.2   Korrekte Zeichenkodierung

Auf dem Papier ist es eindeutig: Ein Merkmal barrierefreier PDF-Dateien ist, dass alle enthaltenen Zeichen eindeutig interpretierbar sind, sodass die Konvertierung in andere Formate sauber funktioniert und die Hilfsmittel alle Zeichen korrekt übersetzen können, beispielsweise in gesprochene Sprache. Technisch lässt sich dies durch Verwenden des Unicode-Zeichensystems erreichen (vgl. Abschnitt 13.2.1 ab S. 528). Unicode ist ein internationaler Standard mit dem Ziel, für jedes sinntragende Schriftzeichen eine eindeutige digitale Entsprechung zur Verfügung zu stellen. UTF-8 ist die gängigste Kodierung für Unicode. Beim Verwenden von Unicode sind alle Texte extrahierbar, ohne dass Sonderzeichen falsch dargestellt werden. Dies trifft auch auf Fremdsprachen zu, selbst wenn sie eigene Schriftzeichen verwenden wie beispielsweise Arabisch oder Türkisch.

In der Praxis sieht es anders aus: Unicode-konforme Zeichen sind in der realen Welt leider nur die Minimalanforderung. Damit ein barrierefreies PDF-Dokument wirklich nutzbar ist, müssen die Zeichen natürlich auch zumindest von den gängigen Screenreadern sinnvoll interpretiert werden. Bei den Buchstaben funktioniert das ganz gut. Problematisch wird es mit Sonderzeichen, wie sie beispielsweise für Aufzählungszeichen eingesetzt werden. Von der großen Auswahl möglicher Zeichen bleiben nur wenige übrig. JAWS beispielsweise liest die Unicode-Zeichen 2022 als »Aufzählungszeichen«, 2013 als »Strich« oder 25A0 als »schwarzes Quadrat«. Wenn Sie also nicht für jedes Zeichen einen Alternativtext anlegen wollen, dann sollten Sie sich an die wenigen Zeichen halten, die JAWS lesen kann. Alle anderen Screenreader können hier noch weniger und auch die Vorlesefunktion des Adobe Reader selbst ignoriert diese Zeichen. Für Listen ließe sich hier noch die Lösung finden, einfach Nummern oder Buchstaben zu verwenden. Auf gar keinen Fall dürfen Sie die in

Word so beliebten Zeichen einsetzen, die aus dem Webdings- oder Wingdings-Zeichensatz stammen.

12.2.3.3   Silbentrennung als Spezialfall

Ebenfalls ein Problem im Kontext der Zeichenkodierung ist die Silbentrennung – sowohl für die Sprachausgabe (der Trennstrich soll ja nicht gesprochen werden) als auch für das Umfließen (der Trennstrich soll nicht mitten im Wort erscheinen, wenn der Text neu umbrochen wird).

Spontan könnte man meinen: Klar, dazu gibt es doch den bedingten Trennstrich (»soft hyphen«), der nur erscheinen soll, wenn das Wort am Zeilenende steht und dort nicht mehr ganz hinpasst. In Unicode ist dieses Zeichen genau für so einen Zweck bestimmt. Nur leider sieht es in der Praxis wieder völlig anders aus. Manuell gesetzte bedingte Trennstriche funktionieren in vielen Anwendungen nicht zuverlässig und selbst die automatische Silbentrennung ist nur für den InDesign-Workflow eine Lösung.

12.2.4   Über PDF-Tags Strukturinformationen anlegen

Wie für HTML-Dokumente gilt auch für PDF-Dateien: Irgendwann und irgendwie muss Struktur – und zwar in einer nicht visuellen Form – in das Dokument kommen, sonst kann man nicht von einem barrierefreien Dokument sprechen. Diese Aufgabe kann Ihnen kein Programm abnehmen. Gute Programme unterstützen Sie wenigstens dabei, beispielsweise durch eine Gliederungsansicht. Am besten hat der Autor Ihres Dokuments (im Idealfall sind Sie es selbst) sich von vornherein folgende Gedanken gemacht:

- Wie ist mein Dokument hierarchisch gegliedert?
- Welche zusätzlichen Elemente außer Text und Überschriften kommen noch vor?

Das Aussehen der Elemente spielt in dieser Phase noch keine Rolle. Ausschlaggebend ist nur, in welcher Beziehung sie zueinander stehen und welche Bedeutung sie dadurch haben. Fachleute sprechen hier von Semantik.

Ein Dokument semantisch aufzubauen, ist die Stärke von Auszeichnungssprachen wie HTML oder XML. Weder Grafiker noch Durchschnitts-Word-Anwender hätten sich träumen lassen, jemals mit der Forderung konfrontiert zu sein, semantisch zu arbeiten, und das noch vor ihrer eigentlichen Tätigkeit des Gestaltens oder Formulierens. Aber genau darin liegt der Erfolgsfaktor für barrierefreie Inhalte, gleichgültig welchen Formats: von Anfang semantisch denken und mit einer konsistenten Dokumentstruktur beginnen.

Auch bei PDF müssen Sie so vorgehen, wenn Sie ein barrierefreies Dokument als Ziel haben. Wie bei HTML oder XML können Sie über Tags Strukturinformationen anlegen. Die PDF-Tags dienen dazu,

- Seitenelemente in einem PDF-Dokument entsprechend ihrer Bedeutung und Funktion im Gesamtdokument auszuzeichnen.
- einen Strukturbaum bzw. Tag-Baum zu bilden, der die Informationshierarchie in einem Dokument widerspiegelt.

Über PDF-Tags lassen sich viele Probleme lösen, die das Format aufgrund seines Ursprungs in der Printwelt mit sich herumschleppt. Korrekte Tags in einem PDF ermöglichen es,

- PDF-Seiten am Bildschirm dynamisch umformatieren zu lassen (»Umfließen«),
- PDF-Inhalte für Screenreader zuverlässig vorlesbar und navigierbar zu machen,
- Texte zuverlässig zu extrahieren (beispielsweise über die Zwischenablage),
- Inhalte zuverlässig in andere Dateiformate zu konvertieren (beispielsweise in Word oder in strukturierte Formate wie XML oder ePub).

12.2.4.1   PDF-Tags näher betrachtet

Ein einzelner PDF-Tag

Ein PDF-Tag ist ein Etikett, das einem Inhaltselement zugeordnet ist und dessen Strukturinformation vermittelt. In Acrobat hat ein Tag deswegen auch ein Etikett als Symbol.

Ein einzelner Tag besteht aus einem Elementtypen oder Namen, der in spitzen Klammern (< >) angezeigt wird, einem Titel und dem Inhalt des Elements beziehungsweise einer Beschreibung des Inhalts. Der Inhalt ist dem Tag immer untergeordnet.

Auch Tags selbst können anderen Tags untergeordnet sein. Untergeordnete Tags bezeichnet man als »Kind«-Tags, übergeordnete als »Eltern«-Tags oder Container-Tags.

Außerdem besitzt jeder Tag eine Rolle, das ist seine Zuordnung zu einem der PDF-Standard-Tags. Die Rolle bestimmt, für welche Strukturinformation ein Etikett steht. Ist keine spezielle Rolle zugeordnet, so hat ein Tag immer die Rolle P, ist also ein normaler Absatz.

Der Tag-Baum

Alle Etiketten zusammen sind in einer hierarchischen Struktur angeordnet, die man als »Tag-Baum« bezeichnet.

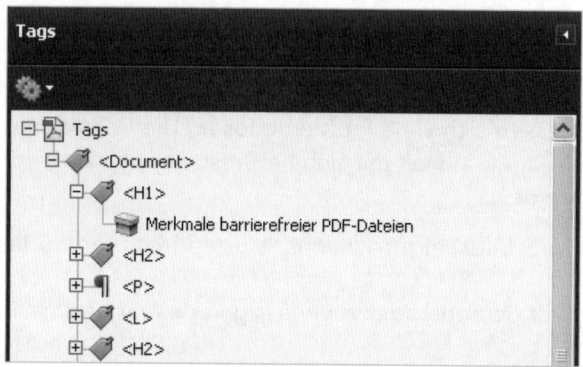

Abb. 12-4   Tag-Baum in Acrobat

Ein Tag-Baum besteht aus einem Tag-Stamm Tags, dem keine Eigenschaften zugewiesen werden können, und einem obersten Container-Tag, meistens Document. Diesem sind alle weiteren Tags untergeordnet.

In einem PDF-Tag-Baum finden sich beispielsweise:

- H1-Tags für die Überschriften erster Ordnung (first-level headings)
- P-Tags für Absätze (paragraphs)
- L-Tags für Listen
- Table-Tags für Tabellen (tables)

Das erinnert schon mal sehr an HTML. Zu beachten ist allerdings, dass in PDF die Tags immer mit großen Anfangsbuchstaben geschrieben werden, während in HTML Tags generell kleingeschrieben werden sollten.

Standard-Tags und benutzerdefinierte Tags

Für alle typischen Seitenelemente gibt es vordefinierte Tags, die Standard-Tags für PDF-Dokumente. Beispiele sind H1, H2, H3, P, L, Span oder Link. In Anhang B finden Sie eine Übersicht der PDF-Standard-Tags.

Mit XML vergleichbar lassen sich in PDF-Dokumenten benutzerdefinierte Tags anlegen. Die Tag-Namen lassen sich also frei bestimmen. Entscheidend ist die Rolle, die einem Tag zugeordnet ist.

Bei den Standard-Tags sind Tag-Name und Rolle identisch. Benutzerdefinierten Tags, wie sie aus vielen Konvertierungsprogrammen entstehen, müssen wir die Rolle erst zuweisen. Wollen Sie einen Tag <Überschrift1> verwenden, so müssen Sie ihm die Rolle H1 zuweisen, damit er die Strukturinformation als Überschrift 1. Ordnung trägt und auch – beispielsweise von einem neueren

Screenreader – als solche erkannt wird. Beachten Sie dabei jedoch, dass ältere Screenreader teilweise noch nicht die Rolle auswerten, sondern nur den Tag-Namen. Ideal ist es deswegen, wenn Sie nur Standard-Tags verwenden.

12.2.4.2   Prüfen, ob Tags vorhanden sind

Da Tags nicht das Erscheinungsbild einer PDF-Datei verändern, sind sie auf den ersten Blick nicht erkennbar. Zwar erhöhen Tags die Gesamtgröße einer PDF-Datei, aber darüber finden wir nicht heraus, ob eine Datei getaggt ist oder nicht.

Wir haben jedoch mehrere Möglichkeiten, dies in Acrobat zu prüfen:

- unter *Datei > Eigenschaften >* Registerkarte *Beschreibung* (auch mit Adobe Reader möglich): Diese Anzeige lässt sich jedoch bei vorhandenen Tags verbergen. Das heißt, wenn hier »Ja« steht, dann sind Tags vorhanden. Wenn hier »Nein« steht, heißt das nicht zwangsläufig, dass keine Tags vorhanden sind. Es könnte auch einfach nur im Navigationsfenster »Tags« im Menü »Optionen« die Option »Dokument ist PDF (mit Tags)« deaktiviert sein.
- über *Erweitert > Ein-/Ausgabehilfe > Schnelle Prüfung* oder über den Tastenbefehl Umschalt+Strg+6 (auch mit Adobe Reader möglich).
- über *Erweitert > Ein-/Ausgabehilfe > Vollständige Prüfung*
- im Navigationsfenster »Tags« wird z.B. ein PDF-Dokument ohne Tags mit »Keine Tags vorhanden« angezeigt.

12.2.4.3   Korrekter Einsatz von Tags

Tags allein genügen nicht, sie müssen auch korrekt sein. Damit Sie ein PDF-Dokument mit korrekten Tags erhalten, müssen Sie auf drei Dinge achten:

1. eine korrekte Semantik
2. eine korrekte Syntax
3. die Auszeichnung des Dokuments als ein PDF mit Tags

Semantisch korrekte Tags

Semantisch korrekte Tags, also Tags, die der tatsächlichen Bedeutung und Rolle der Elemente im Dokument entsprechen, sind eine grundlegende Voraussetzung für ein barrierefreies Dokument. Falsche Tags erschweren die Verständlichkeit und Navigation bis dahin, dass ein Dokument völlig unzugänglich wird.

G 115

Mit Ihren Gedanken zur Gliederung des Dokuments haben Sie bereits die wesentliche Vorarbeit für eine korrekte Semantik geleistet. Sie müssen nun jedem Element den PDF-Tag zuordnen, der am besten seine Rolle im Gesamtgefüge Ihres Dokuments auf den Punkt bringt.

Syntaktisch korrekte Tags

Auch bei PDF-Tags gibt es Regeln dafür, wie sie verwendet werden, welche Tags aufeinander folgen dürfen und welche ineinander verschachtelt sein können. Man könnte von einem validen barrierefreien PDF-Dokument sprechen, wenn die Tags gemäß der PDF-Spezifikation korrekt eingesetzt sind.

Als PDF mit Tags markiert

Auch wenn Ihr Dokument semantisch und syntaktisch korrekte Tags besitzt, müssen Sie noch darauf achten, dass es als PDF mit Tags markiert ist. Dies ist eine Einstellung, die man im Optionen-Menü des Navigationsfensters »Tags« vornehmen kann und die in den Dokumenteigenschaften einsehbar ist. Für ein korrektes Bearbeiten in Acrobat ist dies absolut notwendig.

12.2.5   Unterschiedliche Reihenfolgen

In einer PDF-Datei gibt es drei unterschiedliche Reihenfolgen, die teilweise getrennt voneinander festgelegt werden. Es handelt sich dabei um die Vorlese-Reihenfolge (für Screenreader, Sprachausgaben und Braillezeilen), die Umfließen-Reihenfolge (für die Anzeige im Umfließen-Modus) sowie um die Tab-Reihenfolge (für Verknüpfungen und Formularfelder). In den meisten Fällen wird es genügen, eine gemeinsame Reihenfolge für das Vorlesen und das Umfließen zu bestimmen.

12.2.5.1   Vorlese-Reihenfolge

Die Vorlese-Reihenfolge bestimmt, in welcher Abfolge die Inhalte eines Dokuments von einem Vorleseprogramm oder einer Braillezeile ausgegeben werden. Sie kann seitenübergreifend festgelegt werden. Das heißt, dass ein Element, das physisch und optisch auf der ersten Seite des Dokuments positioniert ist, in der Vorlese-Reihenfolge an letzter Stelle stehen kann, noch hinter den Inhalten der physisch letzten Seite. Dies ist möglich, da sich die Vorlese-Reihenfolge nach der Reihenfolge der Elemente im Tag-Baum richtet und für den Tag-Baum die Seiteneinteilung keine Rolle spielt. Sie legen die Vorlese-Reihenfolge in Acrobat im Navigationsfenster »Tags« fest.

12.2.5.2   Umfließen-Reihenfolge

Die Umfließen-Reihenfolge ist die Reihenfolge der Elemente, wie sie in der Umfließen-Ansicht erscheint. Diese Reihenfolge ist seitenweise festgelegt, was bedeutet, dass auf jeder Seite wieder von Neuem die Positionen der einzelnen Elemente festgelegt werden und diese auf die Seite, auf der sie physisch stehen, beschränkt sind. Sie bestimmen die Umfließen-Reihenfolge in Acrobat im Navigationsfenster »Reihenfolge«.

12.2.5.3   Tab-Reihenfolge

Die dritte Reihenfolge ist die Tab-Reihenfolge. Sie legt fest, in welcher Reihenfolge Sie interaktive Elemente mit der Tabulatortaste ansteuern können. Interaktive Elemente sind beispielsweise Formularfelder und Verknüpfungen. Wenn keine interaktiven Elemente in Ihrem Dokument enthalten sind, dann ist es nicht zwingend notwendig, eine Tab-Reihenfolge festzulegen.

Sie legen die Tab-Reihenfolge über das Optionenmenü im Navigationsfenster »Seiten« fest. Markieren Sie alle Seiten und rufen Sie die Seiteneigenschaften auf. Im Reiter »Tab-Reihenfolge« legen Sie fest, dass diese sich an der Dokumentstruktur orientieren sollen, dass heißt, die interaktiven Elemente werden in der Reihenfolge angesprungen, in der sie im Tag-Baum angeordnet sind.

12.2.6   Alternativtexte

Fast jede Anwendung, aus der sich PDFs mit Tags erstellen lassen, bietet die Möglichkeit, Alternativtexte anzulegen, die in das PDF übernommen werden. Technisch gesehen muss zu jedem Figure-Tag ein Alternativtext angelegt sein, um bei der Prüfung nicht bemängelt zu werden.[14]

In Acrobat können Sie den Alternativtext entweder im Dokument direkt über dem Kontextmenü des TouchUp-Leserichtungswerkzeug anlegen oder im Tag-Baum über den TouchUp-Eigenschaften eines Figure-Tags, zu denen Sie ebenso über das Kontextmenü gelangen.

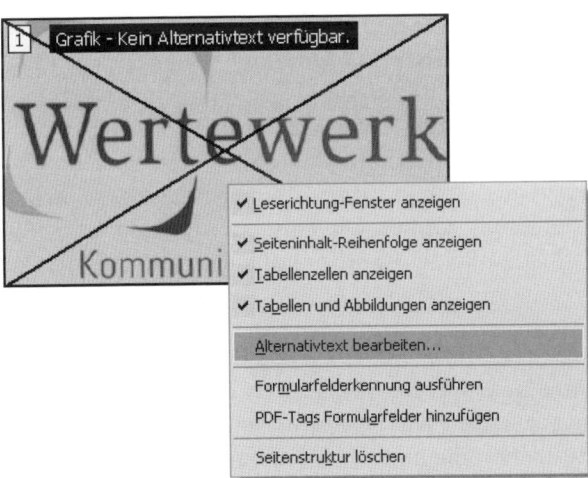

Abb. 12-5   Alternativtext anlegen über das Kontextmenü des TouchUp-Leserichtungswerkzeugs

---

14. Das bedeutet, dass auch ein leerer Figure-Tag zu solch einer Fehlermeldung führen kann. Nur schade, dass es bisher keine schnelle Möglichkeit gibt, einen leeren Figure-Tag im Tag-Baum zu suchen.

12.2.6.1   Komplexe Grafiken

Ein Alternativtext sollte sowohl aus Gesichtspunkten der Nutzbarkeit als auch aus technischen Gründen nicht zu lang sein. Versuchen Sie die Kernaussage eines Bildes wiederzugeben und weniger das Bild detailliert zu beschreiben.

Bei komplexen Grafiken hat sich die Lösung bewährt, einen knappen Alternativtext anzulegen, der dem Nutzer vermittelt, um was für eine Grafik es sich handelt. Eine ausführliche Beschreibung findet er dann im Kontext des Bildes oder über einen Link (vgl. Abschnitt 10.1.3 ab S. 380).

12.2.6.2   Diagramme

Diagramme sind sozusagen Sekundärgrafiken. In den meisten Fällen liegt ihnen eine Tabelle zugrunde. Dies kann man sich aus Sicht der Barrierefreiheit zunutze machen, da Screenreader korrekt ausgezeichnete Tabellendaten besser auswerten können als Diagramme. Entweder verlinken Sie deswegen auf die Ursprungstabelle (beispielsweise im Anhang) oder ersetzen das Diagramm im Tag-Baum durch die zugrunde liegende Tabelle. Diese elegante Alternative ist jedoch nicht mit den Acrobat-Bordmitteln möglich.

12.2.6.3   Bildbeschriftung

Natürlich besteht auch die Möglichkeit, über eine Bildbeschriftung Informationen zu einem Bild oder einer Grafik zu liefern. Verwenden Sie dazu die Beschriftungswerkzeuge in dem jeweiligen Programm. Leider unterstützen weder die gängigen Konvertierungsprogramme noch die üblichen Screenreader den dafür vorgesehenen Caption-Tag in korrekter Weise. Das bedeutet Zusatzaufwand durch manuelles Nacharbeiten.

Teilweise entstehen sogar fehlerhafte Tags oder Verschachtelungen, die zu einer Unzugänglichkeit von Bildern führen können. In OpenOffice beispielsweise wird das Bild im Caption-Tag verschachtelt. Dies ist gemäß der PDF-Spezifikation keine zulässige Syntax. Die falsche Auszeichnung führt dazu, dass JAWS über das Tastaturkürzel »G« die Grafik nicht mehr finden kann.

12.2.7   Artefakte

Ein barrierefreies PDF bietet die Möglichkeit, Elemente im Dokument, die keine inhaltliche Relevanz haben, als Hintergrundelemente (Artifacts) auszuzeichnen. Solche »außertextlichen Elemente«, wie sie von Acrobat genannt werden, sind in der Umfließen-Ansicht ausgeblendet und Vorleseprogramme sollten sie ignorieren. Da der Begriff »Hintergrund« im Layouten anders belegt ist, halten wir uns an eine wörtliche Übersetzung des englischen Begriffs und nennen die außertextlichen Elemente »Artefakte«.

Sie können Artefakte bestimmen über

- das TouchUp-Leserichtungswerkzeug: die Tags-Palette bietet Ihnen direkt die Möglichkeit, über die Schaltfläche »Hintergrund« Elemente als Artefakte zu kennzeichnen.
- das Kontextmenü im Navigationsfenster »Inhalt«.

Manche Programme bieten die Möglichkeit, Elemente bereits in der Quelldatei als Artefakt zu bestimmen. Die größte Kontrolle bietet hier Adobe InDesign.

Gemäß der PDF-Spezifikation ließen sich Artefakte sogar noch weiter differenzieren. Beispielsweise könnte man darüber unterscheiden, ob es eine Seitenzahl ist oder ein reines Layoutelement. Dies wird bisher jedoch von keinem Hilfsmittel unterstützt.

12.2.8   Verknüpfungen

Mit dem LINK-Tag können Verknüpfungen sowohl zu anderen URIs als auch innerhalb eines Dokuments in den Tag-Baum aufgenommen werden. Dabei muss vor allem darauf geachtet werden, dass die Links mit der Tastatur ansteuerbar werden, was mit dem OBJR-Tag geschieht. Gerade bei Verknüpfungen ist eine Nachbearbeitung sehr aufwändig, sodass alle Verknüpfungen am besten in der Quelldatei geprüft werden sollten.

12.2.8.1   Tastaturbedienbare Links

Jeder Link, der in einer PDF-Datei enthalten ist, muss drei technische Anforderungen erfüllen:

1. Er muss aktiv, das heißt anklickbar sein – das lässt sich natürlich am einfachsten ausprobieren.
2. Er muss als LINK-ausgezeichnet sein, das heißt einem Link-Tag zugeordnet sein.
3. Er muss zusätzlich über die Accessibility-Schnittstelle in Acrobat erkennbar und bedienbar sein. Dazu dient das OBJR-Element. OBJR steht für Object Reference.

So gut wie jede Anwendung, aus der sich PDF mit Tags erstellen lassen, bietet die Möglichkeit, aktive Links aus einer Quelldatei in die PDF-Datei zu übertragen. Dieser Weg ist immer vorzuziehen, denn Links im Nachhinein in Acrobat anzulegen, ist immer mit einem Zusatzaufwand verbunden. Über beide Wege können Sie barrierefreie externe Verknüpfungen zu Internetseiten oder E-Mail-Adressen erstellen. Anders sieht es bei Verlinkungen innerhalb eines Dokuments aus. In einer PDF-Datei lassen sich bisher keine Verknüpfungen zu Strukturelementen anlegen. Dies hat zur Konsequenz, dass interne Verknüpfungen immer nur rein optisch funktionieren. Dies betrifft verlinkte Inhaltsverzeichnisse ebenso wie Fußnoten oder andere interne Verweise. Dieses Problem ist bekannt und steht auch auf der Agenda der Arbeitsgruppe des Standards

PDF/UA (vgl. Abschnitt 12.1.2.2 ab S. 435). Gemäß der PDF-Spezifikation könnten Lesezeichen zu Strukturelementen verknüpft sein. Über die Acrobat-Benutzeroberfläche lässt sich dies aber nicht nutzen.

12.2.8.2   Link mit OBJR-Element in Acrobat anlegen

Der schnellste Weg, Links anzulegen, führt in Acrobat über das Auswahl-Werkzeug: Markieren Sie den Linktext im Dokument und rufen Sie über das Kontextmenü die Funktion »Verknüpfung erstellen« auf. Nun können Sie einen URL (einschließlich »http:«) oder eine E-Mail-Adresse (einschließlich »mailto:«) hinterlegen. Sie erhalten einen kompletten Link-Tag an der richtigen Stelle im Tag-Baum einschließlich untergeordnetem Linktext und OBJR-Element – und anklickbar ist ihr Link im Dokument auch.

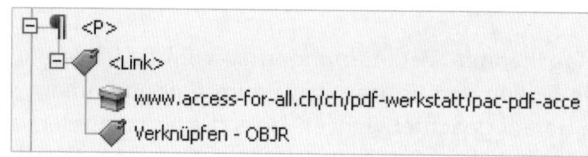

Abb. 12-6   Link-Tags benötigen zusätzlich zum Text des Links ein untergeordnetes OBJR-Element.

Wenn die Verknüpfung bereits aktiv ist und sich nicht mehr vollständig löschen lässt, muss man einen anderen, aufwändigeren Weg wählen und die einzelnen Bestandteile eines barrierefreien Links von Hand anlegen: Isolieren Sie zuerst den Linktext im Tag-Baum. Erstellen Sie dann einen LINK-Tag an der richtigen Stelle und ordnen Sie den Linktext darunter ein. Markieren Sie den Linktext im Tag-Baum und fügen Sie dann das OBJR-Element hinzu, indem Sie im Navigationsfenster »Tags« über das Optionenmenü nicht markierte Verknüpfungen suchen. Wenn der aktuelle Link im Dokument hervorgehoben wird, klicken Sie auf »Tag-Element« und das OBJR-Element wird unterhalb der markierten Stelle im Tag-Baum eingefügt.

12.2.9   Hintergrundfarbe von Texten

In den Voreinstellungen des Adobe Reader lassen sich Schrift- und Hintergrundfarbe frei festlegen. Mit dieser wichtigen Funktion können Menschen mit Seheinschränkungen die Präsentation des Dokuments an ihre individuellen Anforderungen anpassen.

Gehen Sie dazu über das Menü »Bearbeiten« zu den Voreinstellungen und dort zu der Kategorie »Ein-/Ausgabehilfe«. Aktivieren Sie die Option »Dokumentfarben ersetzen« und wählen Sie benutzerdefinierte Farben für den Seitenhintergrund und für den Dokumenttext aus. Nachdem Sie mit OK bestätigt haben, wird jede PDF-Datei mit diesen Einstellungen angezeigt.

Dies muss möglich sein, ohne dass Elemente verschwinden oder unleserlich werden. Der Nutzer hat dabei noch die Möglichkeit, zwei weitere Optionen in den Voreinstellungen zu aktivieren: Die eine beschränkt die Änderung der Schriftfarbe auf schwarzen Text, die andere ändert auch die Farben von Vektorgrafiken. Außerdem kann er in die Umfließen-Ansicht wechseln. Text wird ihm dort immer auf dem von ihm gesetzten Hintergrund angezeigt.

Grundsätzlich müssen Sie deswegen zwischen zwei Nutzungsszenarien unterscheiden:

- Bereits in der Standardansicht soll gewährleistet sein, dass bei individuellen Farbeinstellungen alle Texte gelesen werden können: Bei der Gestaltung des Dokuments sind Ihnen dann enge Grenzen gesetzt, besonders wenn Sie bei Texten mit Farbhintergründen arbeiten.

- Soll zumindest in der Umfließen-Ansicht der komplette Inhalt lesbar bleiben? Dies ist die Mindestanforderung. Sie bietet Ihnen ein breiteres Spektrum an Möglichkeiten, Farbhintergründe einzusetzen, denn in der Umfließen-Ansicht werden Text und Hintergründe immer getrennt dargestellt.

Ein Beispiel: Angenommen Sie haben eine Textbox mit schwarzer Schrift und gelbem Hintergrund verwendet. Ein Nutzer mit gelber Schrift und schwarzem Hintergrund als Voreinstellung wird in der Normalansicht den Text in der Box nicht lesen können, da der Box-Hintergrund gelb geblieben ist. In der Umfließen-Ansicht jedoch wird der Text lesbar, da er nun von seinem gelben Hintergrund getrennt ist und auf dem schwarz gesetzten Seitenhintergrund erscheint.

Abb. 12-7   Die Verwendung von Farbhintergründen kann zu Unleserlichkeiten in Acrobat führen, die jedoch in der Umfließen-Ansicht aufgehoben sind – drei Dokumentansichten von links nach rechts: Standarddarstellung, invertierte Darstellung und Umfließen-Ansicht.

12.2.10 Lesezeichen

PDF-Dokumente sind ab einem gewissen Seitenumfang ohne Lesezeichen nicht mehr vernünftig navigierbar. Man könnte nur seitenweise blättern oder sich optisch über die Miniansichten der Seiten orientieren. Deswegen gibt es Lesezeichen. Sie liefern einen hierarchisch gegliederten Überblick über die Überschriften in einem Dokument und sind mit den entsprechenden Stellen verlinkt, sodass man über sie navigieren kann. Lesezeichen sind also sozusagen eine Mischung aus Navigationsmenü (vergleichbar zu einer Webseite) und Inhaltsverzeichnis oder Sitemap.

Dementsprechend dienen hierarchisch gegliederte Lesezeichen dazu, schnell einen inhaltlichen Überblick zu gewinnen und gezielt an gesuchte Inhalte zu gelangen. Dies funktioniert auch mit reiner Tastaturbedienung und für Screenreader.

Lesezeichen lassen sich automatisch oder von Hand anlegen. Automatisch ist natürlich zu bevorzugen, nicht nur weil es weniger Arbeit ist, sondern weil die auf Knopfdruck erstellten Lesezeichen in den meisten Fällen genauer sind.

Für das automatische Erstellen gibt es zwei Möglichkeiten:

1. durch das Konvertierungsprogramm, das aus den Strukturinformationen des Quelldokuments Lesezeichen erstellen kann (z.B. der Adobe PDFMaker oder das Microsoft Plug-in Save as PDF im Zusammenspiel mit Word-Dateien oder der PDF-Export in OpenOffice)
2. durch ein PDF-Werkzeug, das aus PDF-Tags strukturierte Lesezeichen erzeugen kann

Die Bordmittel von Acrobat sind hier leider nicht erste Wahl. Die Funktion »Lesezeichen aus Struktur«, die Sie im Optionenmenü des Navigationsfensters »Lesezeichen« finden, erzeugt nur eine nicht gegliederte Lesezeichenliste und schneidet den Text der Lesezeichen bei langen Überschriften ab. Aufwändiges manuelles Nacharbeiten ist hier erforderlich.

Eleganter und zeitsparender geht es mit dem nützlichen Acrobat-Plug-in PDF-TagRenamer[15]. Dort können Sie in einem Profil hinterlegen, welche Gliederungsebenen in die Lesezeichen übernommen werden, bis zu welcher Ebene sie in der Startansicht geöffnet sind und wie die einzelnen Ebenen auch optisch unterscheidbar gestaltet sein sollen.

---

15. Der PDF-TagRenamer ist ein Produkt der xyMedia GmbH. Mehr Informationen dazu finden Sie unter *http://xymedia.ch/pdf_tagrenamer.html* (Abruf 25.5.2010).

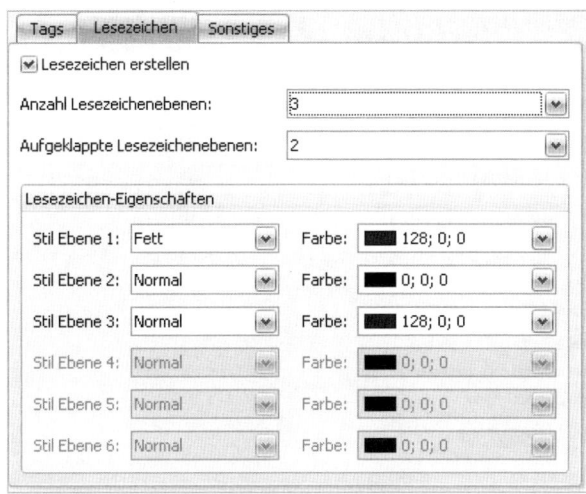

Abb. 12-8   Einstellungen für Lesezeichen in »PDF-TagRenamer«

12.2.11   Startansicht für eine PDF-Datei

Einer PDF-Datei können sie mitgeben, was ein Nutzer nach dem Öffnen der Datei sehen soll. So können Sie beispielsweise den Vergrößerungsfaktor bestimmen, den Text für den Fenstertitel und welche Navigationsfenster geöffnet sein sollen. Folgende Einstellungen haben sich bewährt:

▪ *Vergrößerung:*
Standard – es gilt die Einstellung des Nutzers.

▪ *Fenstertitel:*
Dokumenttitel – Über den Dokumenttitel und die Option »Dokumenttitel als Fenstertitel einblenden« können Sie den Verfasser und den Titel oder das Thema Ihres Dokuments vermitteln. Viele Screenreader lesen zuerst den Fenstertitel einer PDF-Datei. Standardmäßig steht hier der Dateiname. Dieser liefert oft wenig verständliche Informationen zum Inhalt und Verfasser der Datei. Außerdem wird der Dateiname sowieso von den meisten Screenreadern im Anschluss an den Fenstertitel vorgelesen.

▪ *Lesezeichen:*
Sofern Sie die Lesezeichen optimiert haben, sollten diese beim Öffnen der PDF-Datei eingeblendet werden.

Sie finden das Eingabefeld für den Dokumenttitel (den sie idealerweise bereits aus der Quelldatei automatisch übernommen haben) im Menü »Datei« unter »Eigenschaften« und dort unter dem Reiter »Beschreibung«. Unter dem Reiter »Ansicht« können Sie bestimmen, dass der Dokumenttitel in der Titelleiste des PDF-Anzeigeprogramms statt des Dateinamens angezeigt wird.

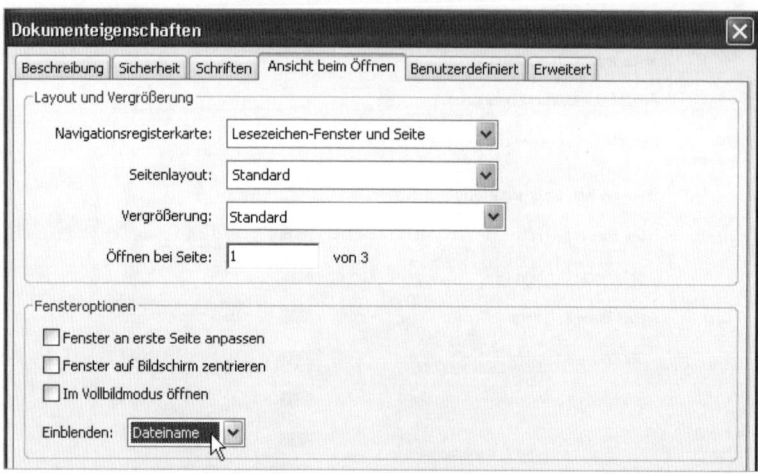

Abb. 12-9   In den Dokumenteigenschaften lässt sich der Dokumenttitel als Fenstertitel festlegen.

An der gleichen Stelle legen Sie fest, welches Navigationsfenster beim Öffnen der Datei eingeblendet sein soll. Sinnvoll sind hier die *Lesezeichen*, denn viele Nutzer wissen sonst nicht, wie sie zu dieser nützlichen Navigationsleiste gelangen können.

12.2.12   Sprache der Inhalte festlegen

Es gibt verschiedene Möglichkeiten, die Sprache eines Dokuments zu bestimmen. Diese Einstellungen, die es Sprachausgaben ermöglichen, die richtige Aussprache von Wörtern anzuwenden, muss sowohl für die PDF-Datei als auch im Tag-Baum berücksichtigt werden.

12.2.12.1   Dokumentsprache

In einer PDF-Datei können Sie an zwei Stellen die Grundsprache festlegen. Sinnvoll ist es, dies an beiden Stellen auch zu tun: Rufen Sie über Strg+D die Dokumenteigenschaften auf und bestimmen Sie unter dem Reiter »Erweitert« die Grundsprache.

Legen Sie auch für den obersten Tag – im Normalfall ist dies der Tag DOCUMENT – über die TouchUp-Eigenschaften die Grundsprache fest. Diese gilt auch für alle untergeordneten Tags.

12.2.12.2   Sprachwechsel

Auch Sprachwechsel lassen sich in einer PDF-Datei auszeichnen. Schnell und einfach geht es, wenn dieser sich auf ein bereits vorhandenes Tag bezieht – beispielsweise einen ganzen Absatz oder eine komplette Überschrift. Sie können nämlich jedem Tag über die TouchUp-Eigenschaften eine Sprache zuweisen.

Aufwändiger wird es, wenn sich der Sprachwechsel auf einzelne Wörter innerhalb eines Tags bezieht. In diesem Fall müssen Sie die betreffenden Textelemente erst isolieren und ihnen einen eigenen Span-Tag zuweisen. Diesem wiederum können Sie über die TouchUp-Eigenschaften eine Sprachauszeichnung
mitgeben.

Für das Isolieren gehen Sie am besten wie folgt vor:

1. Markieren Sie denjenigen Tag im Tag-Baum, in dem die entsprechenden
    Textelemente enthalten sind.
2. Markieren Sie die Textelemente im Dokument und erstellen Sie im Naviga-
    tionsfenster »Tags« über die Funktion »Tag erstellen« im Optionenmenü ei-
    nen eigenen Container für die Textelemente.
3. Es entstehen drei neue Container an der markierten Stelle: ein Container
    mit dem Text vor den entsprechenden Textelementen, ein Container mit
    dem Text nach den entsprechenden Textelementen und ein Container mit
    den Textelementen selbst. Dieser steht jetzt noch an der falschen Stelle.
    Schieben Sie ihn zwischen die beiden Container oberhalb.
4. Markieren Sie den Container über den isolierten Textelementen und erstel-
    len Sie wiederum über die Funktion »Tag erstellen« einen Span-Tag.
5. Ordnen Sie dem Span-Tag den Container mit den Textelementen unter.
    Jetzt können Sie für den Span-Tag eine Sprache festlegen.

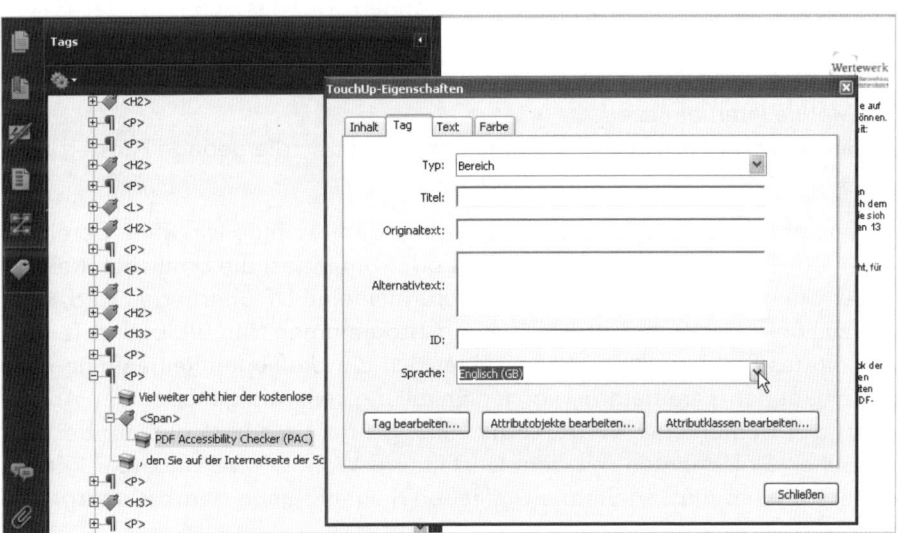

Abb. 12-10   Ausschnitt eines Tag-Baums mit einem Sprachwechsel. Dieser lässt sich
jedoch in Acrobat nur über die TouchUp-Eigenschaften einsehen.

12.2.13   Umfließen-Ansicht

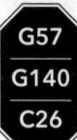

Die Umfließen-Ansicht ist eine linearisierte Ansicht eines PDF-Dokuments. Alle Elemente werden in der Reihenfolge, wie sie im Navigationsfenster »Reihenfolge« (in Acrobat) sortiert sind, angezeigt. Text wird neu umbrochen. Dabei passt sich die Länge der Textzeilen an die Fenster- beziehungsweise Bildschirmgröße an. Als Artefakte gekennzeichnete Elemente bleiben ausgeblendet. Vordergrund und Hintergrund werden getrennt angezeigt. Dies hat z.B. zur Folge, dass weißer Text auf farbigem Hintergrund in der Umfließen-Ansicht nicht mehr lesbar ist: Die weiße Schrift auf weißem Hintergrund verschwindet einfach.

Sie können die Umfließen-Ansicht schnell über Strg+4 aufrufen und genauso auch wieder verlassen. Wer es umständlicher mag, kann natürlich auch über die Zoomfunktion des Menüpunktes »Anzeige« in die Umfließen-Ansicht wechseln.

Die Umfließen-Ansicht ist wichtig für:

▪ *Sehbehinderte Nutzer:*
Vergrößern ohne horizontales Scrollen.

▪ *Nutzer mit motorischen Einschränkungen:*
Umfließen und »automatischer Bildlauf«

▪ *Nutzer mit Lernschwierigkeiten:*
Blocksatz auf linksbündig umstellen können oder das Anpassen der Zeilenlänge in Kombination (über das Festlegen der Fensterbreite) mit einer individuellen Schriftgrößen-Einstellung

▪ *Mobile Internetnutzer:*
linearisierte Ansicht von Dokumenten, jeweils an die geringe Fensterbreite angepasst

Leider gibt es kein Autorenprogramm, mit dem es möglich wäre, bereits in einer Quelldatei die Umfließen-Ansicht oder zumindest die Umfließen-Reihenfolge, wie sie dann durch die Konvertierung in ein PDF übertragen wird, sinnvoll zu kontrollieren. In Textverarbeitungsprogrammen sind Bilder und Textboxen oft das Problem, in InDesign richtet sich die Umfließen-Reihenfolge nach verschiedenen Parametern wie der Erstellungsreihenfolge oder der Anordnung der Elemente als Vorder- oder Hintergrund. Dies lässt sich nur bei sehr einfachen Dokumenten mit dem Gestaltungs-Workflow vereinbaren. In allen anderen Fällen müssen Sie die Umfließen-Reihenfolge in Acrobat überprüfen und korrigieren.

Bei vielen Dokumenten, die aus Layoutprogrammen erstellt wurden, besteht deswegen die größte Herausforderung darin, bei der Optimierung zu einer barrierefreien PDF-Datei eine einigermaßen nutzbare Umfließen-Ansicht einzurichten. Nun könnte man sagen: Gut, auf das Vermeiden eines horizontalen Scrollbalkens bezogen ist die Umfließen-Funktion in den WCAG20 als Level AAA eingestuft, wir verzichten einfach darauf. Aus praktischer Sicht wäre dies aber ein großer Verlust, zumindest solange das Dokument nicht auch noch in einem Format wie ePub angeboten wird, in dem das Umfließen weniger problematisch ist. Außerdem lässt sich die Umfließen-Funktion mit gleichem Recht der Forderung nach einer linearisierten Ansicht zuordnen, das wäre Level A und müsste auf alle Fälle erfüllt sein.

Ein erhebliches Manko der Umfließen-Ansicht ist die bisher halbherzige Implementierung in Acrobat und dem Adobe Reader. Leider werden nicht einmal die Attribute gemäß der PDF-Spezifikation konsequent unterstützt, mit denen es beispielsweise möglich wäre, einer weißen Schrift mitzugeben, dass sie in der Umfließen-Ansicht schwarz dargestellt sein soll.

Umfließen ist nicht möglich, wenn die Doppelseiten-Ansicht aktiviert ist. Und noch etwas: In der Umfließen-Ansicht stehen Ihnen viele Bearbeitungsfunktionen nicht zur Verfügung. Also: Wenn Sie sich einmal wundern, warum manche Menüpunkte ausgegraut sind, prüfen Sie zunächst, ob Sie sich noch in der Umfließen-Ansicht befinden.

12.2.14   Tastaturbedienbarkeit

Eine grundlegende Tastaturbedienbarkeit von PDF-Dokumenten ist durch den Adobe Reader gewährleistet. PDF-Formularfelder und andere interaktive Elemente sind dort über Tastatur bedienbar. Trotzdem ist darauf zu achten, bei benutzerdefinierten Aktionen nicht auf rein mausbasierte Auslöser zu setzen. Für eine Schaltfläche, über die eine bestimmte Aktion ausgelöst werden soll, müssen Sie dazu den Auslöser »Maustaste loslassen« wählen. Bei Tastatursteuerung kann ein Nutzer dann die entsprechende Aktion über die Eingabetaste starten, wenn er mit der Tab-Taste die Schaltfläche angesteuert hat.

Für Autoren und Herausgeber barrierefreier PDF-Dokumente ist hier der Hinweis wichtig, dass das Dokument korrekte Lesezeichen aufweisen sollte, die bereits in der Startansicht angezeigt werden. Denn über Tastatur kann ich zwischen Lesezeichen und Dokumentfenster hin- und herspringen und im Dokument navigieren.

12.2.15   Bedienbare Formularfelder

Für barrierefreie PDF-Formulare gelten die gleichen Anforderungen wie für barrierefreie PDF-Dateien, abgesehen von der Umfließen-Ansicht, die bei Formularen technisch nicht möglich ist, und der schnellen Webanzeige, die bei Formularen kontraproduktiv ist, wie Max Wyss in einem Artikel gezeigt hat.[16]

---

16. Vgl. Wyss, M., Why »Optimizing for Fast Web View« is not optimal for PDF forms (9.10.2006), URL: *http://www.prodok.com/articles/why_optimizing_for_fast_web_view_is_not_optimal_for_forms* (Abruf 25.5.2010).

Zusätzlich gelten für barrierefreie PDF-Formulare die folgenden Anforderungen:

- eine Gestaltung, die den unterschiedlichen Nutzergruppen die Orientierung und das Benutzen des Formulars ermöglicht und erleichtert. Diese grundlegende Anforderung zielt darauf, strukturelle Zusammenhänge sowohl optisch als auch für Hilfsmittel wahrnehmbar zu machen – hier wird der Zusammenhang zwischen Usability und Accessibility besonders deutlich.

- digital ausfüllbare Formularfelder

- für jedes Formularobjekt einen eigenen Form-Tag

- kurze, aber aussagekräftige Quickinfos, die dem Nutzer eindeutig vermitteln, was er in das Formularfeld eintragen muss oder welche Auswahlmöglichkeiten er hat.

- Hilfen zur korrekten Eingabe beziehungsweise zur Fehlervermeidung: Dazu gibt es einige Validierungsmöglichkeiten, die zu den Bordmitteln in Acrobat gehören. Alles, was darüber hinausgeht, muss über benutzerdefiniertes JavaScript ergänzt werden.

12.2.16 Abkürzungen

Auch in einer PDF-Datei ist es möglich, die ausgeschriebene Form oder Erläuterungen zu Abkürzungen und Akronymen zu hinterlegen. Gemäß der PDF-Spezifikation ist dafür ein eigenes Attribut vorgesehen, das über die Acrobat-Benutzeroberfläche aber nicht in einer praktikablen Form zugänglich ist und bisher von keinem Hilfsmittel unterstützt wird.

In Acrobat lässt sich jedoch das Feld »Alternativtext«, das nur für textliche Alternativen zu optischen Informationen vorgesehen ist, für das Anlegen von Erläuterungen zu Texten »zweckentfremden«. Auf diese Weise können Sie für Abkürzungen Textalternativen hinterlegen, indem Sie beispielsweise das Wort »GEZ« in Ihrem Tag-Baum isolieren, ihm einen Span-Tag zuweisen und diesem Span-Tag dann den Alternativtext »Gebühreneinzugszentrale der öffentlich-rechtlichen Rundfunkanstalten (GEZ)« über die TouchUp-Eigenschaften hinzufügen. Praktisch funktioniert dies sowohl mit JAWS als auch mit der Text-to-Speech-Funktion des Adobe Reader. Wie Sie beim Isolieren vorgehen müssen, finden Sie oben in Abschnitt 12.2.12.2 ab Seite 456.

12.2.17 Kompatibilität

PDF ist ein Format, das kontinuierlich weiterentwickelt wird. Dies hat zur Folge, dass ältere Reader-Versionen beispielsweise nicht mehr alle Funktionalitäten der aktuellen PDF-Version unterstützen. Ähnliches gilt für ältere Screenreader. Ohne hier jedoch den Nutzer von der Verantwortung loszusprechen, seine Programme auf einem möglichst aktuellen Stand zu halten, gerade wenn er in besonderem Maße darauf angewiesen ist, sollten wir unserer Datei eine möglichst hohe Kompatibilität zu im Einsatz befindlicher und zukünftiger Technik einschließlich Hilfsmitteln mitgeben. Dies schließt vier Aspekte ein:

1. ein ISO-standardkonformes PDF einschließlich einer korrekten Syntax der PDF-Tags
2. eine korrekte Rollenzuordnung der PDF-Tags
3. korrekte Tag-Namen
4. eine angemessene Abwärtskompatibilität

12.2.17.1   ISO-Standardkonformität und korrekte Syntax

Nicht jedes PDF, das Ihnen in der Weite des wilden Web begegnet, ist ein PDF, das die erforderlichen Eigenschaften aufweist, um gemäß der PDF-Spezifikation als ein korrektes PDF zu gelten. Viele PDF-Konvertierungsprogramme können schlicht und ergreifend kein standardkonformes PDF erstellen.

Erst recht betrifft dies die Verwendung der PDF-Tags. Hier besteht noch ein großer Optimierungsbedarf, denn selbst der Adobe PDFMaker kann aus Word kein valides PDF mit Tags erzeugen. Manche Syntaxfehler bedeuten beim aktuellen Stand der Screenreader keine Barriere, andere wiederum machen ein Dokument völlig unzugänglich. Damit sich Hersteller von Hilfsmitteln jedoch auf bestimmte Eigenschaften barrierefreier PDF-Dateien verlassen und ihre Programme dementsprechend ausrichten können, sollten Sie auf Standardkonformität achten.

G 192

Korrekte Rollenzuordnung

Bei selbst definierten Tag-Namen müssen Sie zumindest darauf achten, dass die Tags den entsprechenden PDF-Tags zugeordnet sind. Dazu finden Sie im Optionenmenü des Navigationsfensters »Tags« die Funktion »Rollenzuordnung bearbeiten«. Dort können Sie zu jedem einzelnen Tag die Rolle einsehen und anpassen. Markieren Sie dazu den entsprechenden Tag im Fenster »Rollenzuordnung« und klicken Sie auf »Element ändern«. Nun haben Sie die Möglichkeit, als Wert den korrekten PDF-Tag einzugeben.

G 135

Korrekte Tag-Namen

Mit der korrekten Rollenzuordnung wäre der PDF-Spezifikation Genüge getan. In der Praxis unterstützen jedoch nicht alle Screenreader das Rollenkonzept. Es gibt – besonders ältere – Screenreader, die statt der Rolle den Tag-Namen auswerten. Bewährt hat es sich deswegen, bereits die Tag-Namen gemäß den PDF-Standard-Tags zu wählen oder sie im Nachhinein entsprechend umzubenennen. Für den zweiten Fall gibt es ein sehr nützliches Helferlein, den bereits oben erwähnten PDF-TagRenamer.

12.2.17.2   Abwärtskompatibilität, Komprimierung und schnelle Webanzeige

Wenn Ihre Datei nicht auf Eigenschaften angewiesen ist, die nur in der aktuellen PDF-Version verfügbar sind, dann sollten Sie ihr immer eine bestimmte Kompatibilität mit älteren Adobe-Reader-Versionen mitgeben. Rufen Sie dazu als vorletzten Arbeitsschritt die Funktion »Dateigröße verringern« im Menü »Dokument« auf und wählen Sie als Einstellung für die herzustellende Kompatibilität mindestens »Acrobat 7 und höher«, und wenn nichts dagegen spricht, sogar »Acrobat 5.0 und höher«. Ein Nebeneffekt dieser Funktion besteht darin, dass Ihre Datei außerdem neu komprimiert und für die schnelle Webanzeige optimiert wird, wenn in den Voreinstellungen in der Kategorie »Dokumente«, Unterpunkt »Speichereinstellungen«, die Option »›Speichern unter‹ optimiert für schnelle Webanzeige« aktiviert ist.

12.2.18   Sicherheitseinstellungen

PDF bietet die Möglichkeit, ein Dokument mit einem Kennwortschutz zu versehen, um das Ändern oder Entnehmen von Inhalten zu verhindern beziehungsweise zu erschweren. Sobald Sie das Entnehmen von Inhalten einschränken, bedeutet dies jedoch zugleich eine mehr oder weniger große Einschränkung der Zugänglichkeit. Setzen Sie deshalb diese Schutzoption nur ein, wenn sie unbedingt erforderlich ist.

Die Mindestanforderung ist natürlich, immer die Option »Textzugriff für Bildschirmlesehilfe für Sehbehinderte aktivieren« beim Setzen eines Kennwortschutzes auszuwählen. Dies gewährleistet, dass zumindest aktuellen Screenreadern über die Accessibility-API das Auslesen des Textes möglich ist.

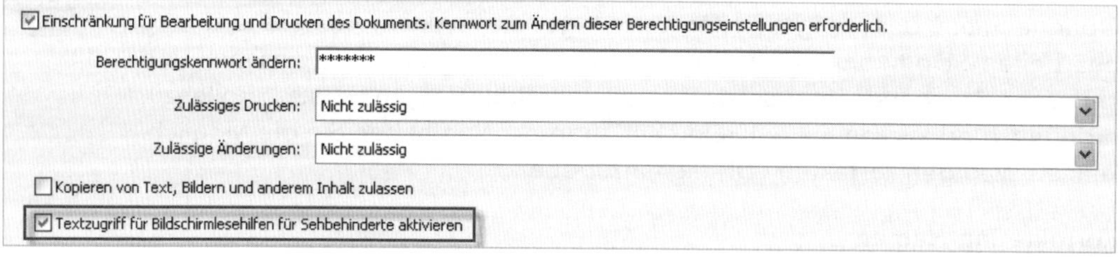

Abb. 12-11   Minimalanforderungen aus Sicht der Barrierefreiheit bei Schutz gegen Veränderung des Dokuments: Die Option »Textzugriff für Bildschirmlesehilfe für Sehbehinderte aktivieren« muss ausgewählt sein.

Wenn Sie auch Nutzern von älteren Screenreadern, die diese Schnittstelle nicht unterstützen, den Zugang ermöglichen wollen, dann müssen Sie auch die Option »Kopieren von Text, Bildern und anderem Inhalt« aktivieren. Nur dann lässt sich eine PDF-Datei beispielsweise als Textdatei speichern.

12.3 Workflows zum Erstellen barrierefreier PDFs

12.3.1 PDF ist ein Sekundärformat

PDF ist ein Format, das so gut wie immer aus einem anderen Dateiformat erzeugt wird.[17] Entwickelt wurde es als layouttreue Version einer originären Datei, die ausgedruckt oder unter den verschiedenen Betriebssystemen angezeigt werden kann, ohne ihr Aussehen zu verändern.

Vereinfacht lässt sich deswegen auch sagen: Aus jeder druckbaren Datei lässt sich ein PDF erzeugen. Vielleicht war dies bisher auch Ihr Weg, über den Druckdialog eine PDF-Datei zu erstellen? Zum Erstellen barrierefreier PDFs eignet sich dieser Weg nicht, denn über den Druckdialog ist es nicht möglich, Strukturinformationen in ein PDF zu übertragen. Sie würden auf diesem Weg nur flache PDF-Dateien ohne semantische Tiefenstruktur erhalten. Diese müssten Sie dann nachträglich anlegen.

12.3.1.1 Barrierefreie PDFs erstellen

Dementsprechend können Sie barrierefreie PDF-Dateien auf zwei Arten erstellen:

1. von strukturierten Quelldokumenten ausgehend durch eine geeignete PDF-Konvertierung oder
2. durch das nachträgliche Anlegen einer Strukturebene in einer unstrukturierten PDF-Datei.

12.3.1.2 Barrierefreie PDFs bearbeiten

Übertragen auf das Bearbeiten einer barrierefreien PDF-Datei bieten sich Ihnen zwei Möglichkeiten:

1. Der indirekte Weg über das Optimieren des Quelldokuments und anschließendes neuerliches Konvertieren oder
2. der direkte Weg über das Editieren der Tags und das Anlegen weiterer Eigenschaften in der PDF-Datei selbst.

Wählen Sie den direkten Weg nur, wenn die Quelldatei Ihnen nicht mehr zur Verfügung steht. In allen anderen Fällen optimieren Sie über den indirekten Weg. Dies hat den Vorteil, dass Ihre Optimierungen Bestand haben, sollten Sie später Änderungen beispielsweise inhaltlicher Art an der Originaldatei vornehmen und neu konvertieren müssen.

---

17. Seit Acrobat 8 ist es auch möglich, ein PDF direkt in Acrobat ohne vorherige Konvertierung zu erstellen – dies jedoch nur in sehr rudimentärer Form.

12.3.2   Die acht Phasen jedes Workflows

Gleichgültig ob Sie mit einer Quelldatei starten oder ein flaches PDF-Dokument Ihren Ausgangspunkt bildet, der gesamte Workflow lässt sich in acht Phasen einteilen. Idealerweise durchlaufen Sie den Workflow genau in der skizzierten Reihenfolge:

1. *Inhalte mit Strukturinformationen versehen (»strukturiert arbeiten«)*
   Bereiten Sie von Beginn an Inhalte semantisch und nicht nur rein optisch auf. Lernen Sie die Möglichkeiten kennen, die Ihnen das Quellformat dafür bietet, und nutzen Sie diese konsequent.

2. *Barrierefrei gestalten*
   Für die Gestaltung der Quelldatei, aus der ein barrierefreies PDF entstehen soll, gelten die gleichen Anforderungen an eine barrierefreie Gestaltung (z. B. an Kontrastverhältnisse) wie für alle anderen digitalen Formate auch.
   Darüber hinaus müssen Sie besonders die Dinge beachten, die in der Printgestaltung üblich, chic oder kein Problem sind, während sie für das Erstellen einer barrierefreien PDF-Version einen erhöhten Aufwand nach sich ziehen oder gar unüberbrückbare Hürden darstellen können.
   Ein Beispiel hierfür sind schräg gesetzte Links. In einer PDF-Datei sind LINK-Objekte immer rechteckig und können nicht gedreht werden. Das bedeutet, dass es nicht möglich ist, die Verknüpfung nur hinter den Text des Links zu legen, sondern dass das dahinter liegende Verknüpfungsobjekt immer größer oder kleiner als der dazugehörige Text ist. Sehr schnell kommt es hier auch zu Überlappungen, die es dem Nutzer erschweren, den richtigen Link anzuklicken.
   Ein weiteres Beispiel ist weißer Text auf farbigem Hintergrund. In der Umfließen-Ansicht werden Schrift und Hintergrund getrennt angezeigt und die weiße Schrift lässt sich dann auf weißem Hintergrund nicht mehr erkennen. Bisher lässt sich dieses Problem nur durch Zusatzaufwand in Acrobat oder eine aufwändigere Gestaltung in InDesign lösen. Bei einer konsequenten Trennung zwischen Struktur und Layout dürfte Schrift ihr Farbattribut in der Umfließen-Ansicht nicht beibehalten und müsste standardmäßig schwarz dargestellt sein. Ein Trost: Manuell lässt sich die Schriftfarbe in den Grundeinstellungen des Adobe Reader ändern.

3. *Merkmale der Barrierefreiheit im Quelldokument anlegen*
   Einige Quellformate bieten die Möglichkeit, für die weiteren Merkmale einer barrierefreien PDF-Datei vorzuarbeiten. Beispielsweise lassen sich bereits Alternativtexte anlegen und aktive Verknüpfungen setzen.

4. *Tags erstellen*
   In einem idealen Workflow entstehen die Tags bei der Konvertierung aus den Strukturinformationen der Quelldatei. Durch gutes Vorarbeiten und ein geeignetes Konvertierungsprogramm können Sie einen Tag-Baum erhalten, der den Aufwand für das Nacharbeiten auf ein Minimum reduziert.

5. *Zwischenprüfung*
   Prüfen Sie jeweils direkt nach dem Konvertieren, ob Ihr PDF die Tags und Merkmale der Barrierefreiheit tatsächlich aufweist, die Sie angestrebt haben. Wenn nicht, dann korrigieren Sie Ihre Quelldatei und konvertieren neu.

6. *Eigenschaften vervollständigen*
   Es gibt keinen Workflow, bei dem Sie auf diesen Schritt verzichten könnten. Je nachdem, welche Messlatte Sie an Ihr barrierefreies PDF anlegen, müssen Sie die aus der Konvertierung entstandenen Tags nacharbeiten und weitere Eigenschaften ergänzen.
   Selbst bei dem bisher besten Workflow aus Textverarbeitungsprogrammen heraus (Word und OpenOffice) sind Nacharbeiten nötig, da beispielsweise Strukturinformationen nur für einfache Tabellenkopfzeilen angelegt werden können und es nicht möglich ist, eine Tab-Reihenfolge festzulegen. Ebenso ist es bisher bei keinem Workflow möglich, Erläuterungen für Abkürzungen anzulegen, es sei denn, sie werden direkt in den Text integriert.

7. *Prüfen*
   Als einen wichtigen Schritt der Qualitätssicherung sollten Sie Ihre PDF-Datei sorgfältig auf faktische Barrierefreiheit testen. Dies gelingt Ihnen mit den drei Stufen, die in Abschnitt 12.4 ab Seite 501 beschrieben werden. Bei den Beschreibungen der einzelnen Workflows haben wir deswegen nur Besonderheiten aufgegriffen, die Ihnen helfen können, Ergebnisse des automatischen Prüfens besser einzuschätzen oder für das manuelle Prüfen das notwendige Hintergrundwissen zur Verfügung zu haben.

8. *Sicherheit festlegen*
   Dieser abschließende Arbeitsschritt – falls Sie ihn überhaupt als notwendig erachten – lohnt sich erst nach dem Prüfen, auch wenn die meisten Konvertierungsprogramme die Möglichkeit bieten, bereits in Phase 4 ein Dokument mit einem Kennwortschutz zu versehen. Erste Hinweise, was Sie dabei beachten müssen, finden Sie in Abschnitt 12.2.18 ab Seite 462.

Für die in den folgenden Abschnitten vorgestellten Beschreibungen einzelner Workflows haben wir immer den gleichen Aufbau gewählt: Wir greifen jeweils die ersten vier Phasen auf und schildern sie formatspezifisch. Zusätzlich geben wir Ihnen noch den einen oder anderen Tipp, worauf Sie bei der Zwischenprüfung (Phase 5) oder beim Vervollständigen (Phase 6) achten sollten.

Doch bevor wir mit dem Erstellen barrierefreier PDF-Dateien aus Textverarbeitungen loslegen, werfen wir noch einen kurzen Blick auf die beiden grundsätzlichen Startpunkte:

1. von einem Autorenprogramm ausgehend: Quelldatei als Ausgangspunkt
2. von einem PDF ohne Strukturinformationen ausgehend: flaches PDF als Ausgangspunkt

12.3.2.1   Quelldatei als Ausgangspunkt

Wenn Sie mit einer Quelldatei beginnen, dann arbeiten Sie in den Phasen 1 bis 4 im Autoren- oder Quellprogramm. Für die Zwischenprüfung (Phase 5) oder die abschließende Qualitätssicherung (Phase 7) stehen Ihnen unterschiedliche Prüfprogramme zur Verfügung (vgl. Abschnitt 12.4.1 ab S. 501). Spätestens für Phase 6 (das Vervollständigen der Eigenschaften) benötigen Sie jedoch einen Editor, der PDF-Tags bearbeiten kann. Hier ist die Auswahl bisher sehr überschaubar; das gängigste Programm ist Acrobat Professional. Weitere mögliche PDF-Tag-Editoren sind Nuance PDF Converter Professional 6.0[18] oder das spezielle Editierprogramm für barrierefreie PDFs Commonlook von NetCentric[19].

Ein guter Workflow hilft Ihnen, die Nacharbeit in Acrobat gering zu halten. Um einen geeigneten Workflow zu finden, sollten Sie sich von zwei Fragen leiten lassen:

1. Welche Merkmale der Barrierefreiheit kann ich bereits im Quellformat anlegen?
2. Welche geeignete Konvertierung muss ich auswählen, die es ermöglicht, die Merkmale der Barrierefreiheit in das PDF zu übertragen?

Wie zugänglich und nutzbar Ihr entstandenes PDF ist, hängt also von einer guten Vorarbeit und Strukturierung im Quelldokument ab. Doch die Vorarbeit ist nicht der einzige Erfolgsfaktor. Jede Software-Kombination hat ihr spezielles Ergebnis. Es lässt sich beispielsweise nicht sagen: »Aus Word lassen sich immer sehr gut zugängliche PDF-Dateien erstellen.« Es hängt von den verwendeten Formatvorlagen in der Quelldatei ab, von Ihrer Vorarbeit und von dem Programm, mit dem Sie das PDF erstellen – ist es der Adobe PDFMaker 8 oder 9 oder ist es das Microsoft-Plug-in Save as PDF oder der Converter von Nuance?

12.3.2.2   Flache PDF-Datei als Ausgangspunkt

Wenn Sie von einer flachen PDF-Datei ausgehen, dann benötigen Sie von Beginn an einen PDF-Tag-Editor. Phase 1 und 4 müssen Sie in einem Arbeitsschritt erledigen, denn Sie strukturieren die Inhalte in Ihrer PDF-Datei durch das Anlegen der Tags. Phase 2 und 3 fallen weg. Für das Anlegen der Tags bietet Ihnen Acrobat drei Vorgehensweisen:

▌ *Automatisch*
  Über die Funktion »Tags automatisch hinzufügen« im Optionenmenü des Navigationsfensters »Tags« können Sie auf Knopfdruck Tags anlegen. Erwarten Sie bitte nicht, dass Sie darüber einen semantisch korrekten Tag-

---

18. NUANCE Document Imaging Solutions, PDF Converter Professional,
     URL: *http://www.nuance.de/imaging/pdfconverter/pdfconverter-professional.asp*
     (Abruf 25.7.2010).
19. NetCentric, CommonLook Section 508 for Adobe Acrobat,
     URL: *http://www.net-centric.com/products/cl_s508_adobe.aspx* (Abruf 25.7.2010).

Baum erhalten. Die Funktion versucht einfach aufgrund vorhandener Layoutattribute die Strukturinformationen zu erraten. Deswegen empfiehlt sich dieses Vorgehen nur als letzte Möglichkeit.

▨ *Mit einem Quick-Tag-Editor*
Über das TouchUp-Leserichtungswerkzeug steht Ihnen eine Palette mit einer Auswahl wichtiger Standard-Tags zum schnellen Zuordnen zur Verfügung. Sie rufen es über *Werkzeuge > Erweiterte Bearbeitung > TouchUp-Leserichtungswerkzeug* auf. Dieses Vorgehen eignet sich für ein schnelles, grobes Taggen.

▨ *Manuell*
Über das Optionenmenü im Navigationsfenster »Tags« können Sie für ein markiertes Inhaltselement einen Tag von Hand anlegen. Dieses Vorgehen bietet Ihnen die maximale Kontrolle.

Alle weiteren Eigenschaften legen Sie an wie in Abschnitt 12.2 ab Seite 440 beschrieben.

12.3.3   Textverarbeitung

Die beiden Textverarbeitungsprogramme Microsoft Word und OpenOffice bieten die bisher beste Möglichkeit, möglichst viele Merkmale der Barrierefreiheit bereits im Quelldokument anzulegen und damit den Nachbearbeitungsaufwand auf ein Minimum zu reduzieren. Je nach Inhaltselementen ist es sogar möglich, barrierefreie Dokumente auf Knopfdruck zu erstellen.

Ausgehend von dem oben vorgestellten Workflow-Modell beschreiben wir hier die ersten fünf Phasen, die sich auf die Vorarbeit im Quellprogramm beziehen.

12.3.3.1   Phase 1: Inhalte mit Strukturinformationen versehen (»strukturiert arbeiten«) als Vorarbeit für PDF-Tags

Die Grundvoraussetzung für barrierefreie PDF-Dokumente gilt auch für das Arbeiten mit Textverarbeitungsprogrammen. Bereiten Sie die Inhalte semantisch auf und arbeiten Sie nicht nur rein optisch. Dies ist eine notwendige Vorarbeit, damit bei der Konvertierung brauchbare PDF-Tags entstehen.

Das Grundprinzip verstehen – Formatvorlagen als Grundlage

Mit dem Nutzen von Formatvorlagen für Überschriften, Absätze, Listen und Tabellen können Sie dafür sorgen, dass sowohl aus Word als auch aus OpenOffice während der Konvertierung die entsprechenden PDF-Tags entstehen. Dies erspart Ihnen ein aufwändiges manuelles Nachbearbeiten des Tag-Baums in Acrobat.

Idealerweise organisieren Sie Ihre Formatvorlagen in einer speziellen Dokumentvorlage. Zeichenformate hingegen haben keine Auswirkung auf PDF-Tags.

Je nach gewählter Programmversion und Konvertierungsart erhalten Sie unter Umständen stark voneinander abweichende Ergebnisse. Wir haben deswegen für die wichtigsten Tags die wesentlichen Informationen bezogen auf aktuelle Quellprogramme zusammengestellt.

Überschriften-Tags

Überschriften-Tags sind die wichtigsten Tags einer PDF-Datei, da sie zur Navigation dienen. Ein korrekter Überschriften-Tag der Ebene 1 hat den korrekten Namen H1 und die Rolle H1.

Theoretisch sollten aus den Absatzformaten für Überschriften mit einer korrekten Gliederungsebene die entsprechenden Überschriften-Tags im PDF entstehen. Es gibt dazu systemeigene Überschriftenformate in der Standard-Dokumentvorlage, die Sie anpassen und nutzen können. Aus OpenOffice (mit dem integrierten PDF-Export) und aus Word 2007 (mit dem Plug-in Save as PDF) entstehen aus den Standard-Absatzformaten »Überschrift 1« bis »Überschrift 6« PDF-Tags mit korrektem Namen H1 bis H6.

Falls Sie jedoch andere Programme einsetzen und ein anderer Tag-Name entstehen sollte, beispielsweise »Überschrift 1«, dann ist es sinnvoll, eigene Überschriftenformate anzulegen, die Sie bereits in Ihrem Quellprogramm wie die korrekten PDF-Tags nennen, also H1 bis H6. Während der Konvertierung entstehen daraus PDF-Überschriften-Tags mit korrekten Namen. Dies gewährleistet im Zusammenspiel mit korrekten Tag-Rollen, dass auch Hilfsmittel die Überschriften erkennen (vgl. Abschnitt »Standard-Tags und benutzerdefinierte Tags« ab S. 446).

Wenn Sie mit nummerierten Überschriften arbeiten, empfiehlt es sich, den Überschriftenformaten bereits die Nummerierung mitzugeben. Folgende Einschränkungen gilt es dabei zu beachten: Aus Word 2007 entstehen korrekte Überschriften-Tags, welche die Nummerierung einschließen. Im Zusammenspiel mit »Save as PDF« entstehen jedoch Lesezeichen ohne Nummerierung. In OpenOffice müssen Sie darauf achten, dass Sie der Zahl ein Leerzeichen mitgeben, da sonst in der Umfließen-Ansicht Zahl und Text zusammenkleben.

Strukturansicht nutzen

Textverarbeitungsprogramme bieten oft Möglichkeiten, die das Erstellen von Gliederungen und das Strukturieren vereinfachen. In Word 2007 können Sie sich über *Ansicht > Gliederung* die Struktur Ihres Dokuments in einer praktischen Übersicht anzeigen lassen. Sie können dort bequem die Gliederungsebene von Überschriften ändern und ganze Abschnitte oder Kapitel umorganisieren. In OpenOffice 3 finden Sie eine ähnliche Funktion unter *Ansicht > Navigator > Überschriften*.

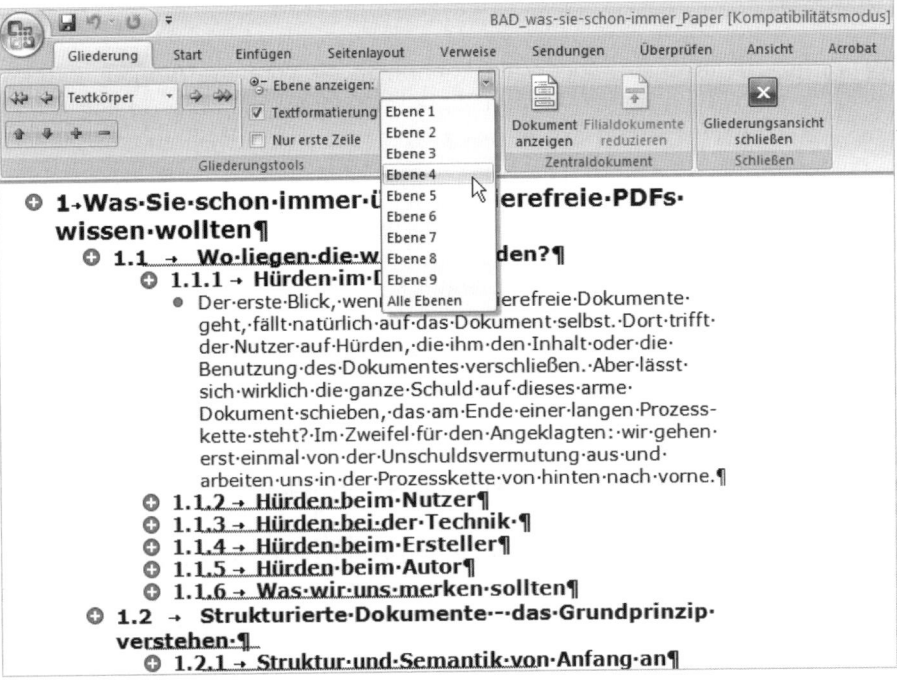

Abb. 12-12   In Word 2007 hilft die Gliederungsansicht beim Erstellen einer konsistenten Überschriftenhierarchie.

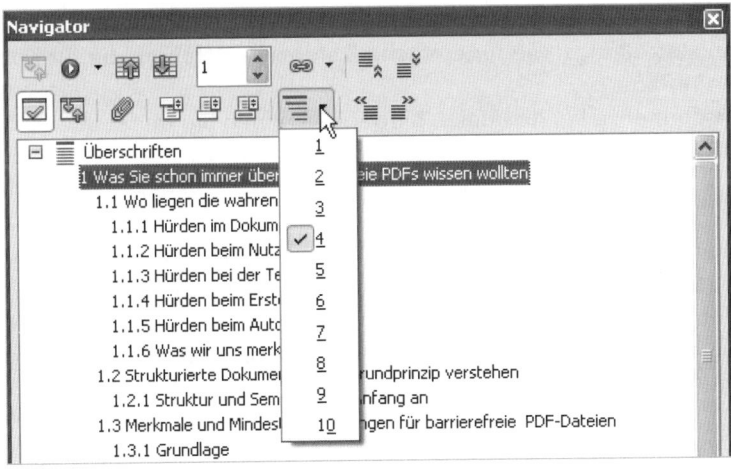

Abb. 12-13   In OpenOffice lässt sich im Navigator schnell und einfach eine konsistente Überschriftenhierarchie erstellen.

Listen-Tags

Indem Sie Listenformate verwenden, können Sie die Voraussetzung für korrekte Listen-Tags im PDF schaffen. Achten Sie jedoch darauf, ein Unicode-konformes und von möglichst vielen Screenreadern vorlesbares Aufzählungszeichen zu verwenden.

Tabellen-Tags

Logisch aufgebaute Tabellen mit einer eindeutigen Zuordnung von Überschriften- und Datenzellen führen bei der Konvertierung zu sehr gut zugänglichen Tabellen in Ihrer PDF-Datei. Besonders wichtig sind dabei korrekt ausgezeichnete Überschriftenzellen, die den Tag TH aufweisen müssen. Oft stehen Überschriftenzellen in der obersten Zeile, sie können jedoch auch mehrere Zeilen und sogar Spalten umfassen. Überlegen Sie, welche Informationen notwendig sind, um den Inhalt einer Tabellendatenzelle – die jeweils mit einem einzelnen Tag TD ausgezeichnet sind – zu verstehen.

Strukturinformationen für Überschriftenzellen – auch Kopfzellen genannt – können Sie bereits im Quelldokument anlegen, zumindest wenn sie sich auf eine Spalte beziehen. In Word 2007 markieren Sie dazu die entsprechenden Zellen und aktivieren über *rechte Maustaste > Tabelleneigenschaften > Zeile* die Option »Gleiche Kopfzeile auf jeder Seite wiederholen«. Beachten Sie jedoch, dass Seiten, die Tabellen enthalten, in Dateien aus Word 2007, die Sie mit »Speichern als PDF« erstellt haben, nicht mehr umfließen können. In OpenOffice markieren Sie die entsprechenden Zeilen und zeichnen sie über *Tabelle > Überschrift wiederholen* als Überschriftenzellen aus. In beiden Fällen entstehen dann statt TD-Tags, die für einfache Datenzellen stehen, die für Kopfzellen korrekten TH-Tags.

Überschriftenzellen für Reihen hingegen können Sie weder in Word noch in OpenOffice auszeichnen. Prüfen Sie diese in Acrobat und zeichnen sie dort ggf. manuell aus. In Acrobat unterstützt Sie dabei der Tabelleneditor. Das gleiche Vorgehen gilt für verbundene Zellen.

Um Fehler in der Tag-Struktur von Tabellen im PDF zu vermeiden, setzen Sie auf möglichst deutliche Begrenzungen der Tabellenzellen. Wenn Sie ein elegantes Tabellendesign mit gedachten Linien wählen, dann testen Sie, ob nach dem Konvertieren im PDF für jede Tabellenzelle die korrekten Tags vorhanden sind.

Tags für ein Inhaltsverzeichnis

Sowohl mit Word als auch mit OpenOffice können Sie automatisch Inhaltsverzeichnisse erstellen. In beiden Programmen entstehen daraus bei der Konvertierung PDF-Tags, die es ermöglichen, ein Inhaltsverzeichnis wie eine Liste zu navigieren.

Wenn ein Inhaltsverzeichnis aktive Links enthalten soll, dann achten Sie darauf, dass die Verknüpfungen bereits im Quelldokument korrekt funktionieren. Dann ist die Wahrscheinlichkeit hoch, dass sie auch im PDF über Tastatur aufrufbar sind.

Fußnoten

Fußnoten sind komplexe Inhaltselemente, für die es praktisch noch keine barrierefreie Umsetzung gibt. Gedacht ist es so, dass eine Fußnote einen NOTE-Tag bekommt und im Tag-Baum direkt an der Stelle des Fußnotenverweises platziert ist. Ein Screenreader sollte erkennen, dass ein Fußnotenverweis vorhanden ist, und die Optionen anbieten, die Fußnote vorzulesen oder zu überspringen – so weit die Theorie.

In der Praxis sieht es so aus, dass jede Programmversion und Konvertierungsart zu eigenen mangelhaften Ergebnissen führt. Aus OpenOffice heraus werden die Fußnoten jeweils als Note-Tags in einen Div-Container ans Ende der Seite gestellt. Aus Word in Kombination mit Adobe PDFMaker werden Fußnoten seitenweise als ein Note-Tag nach dem Absatz, in dem der erste Fußnotenverweis vorkommt, positioniert. Wenn Sie Ihr PDF aus Word über »Speichern als PDF« erstellen, sieht es ähnlich aus, nur dass die Fußnotenverweise keine aktiven Links sind – also ein weiterer Nachteil dieser Konvertierungsart.

Letztlich müsste jede Fußnote einen aktiven Fußnotenverweis und direkt anschließend einen Note-Tag mit der eigentlichen Fußnote aufweisen. Dazu müssen Sie ein aufwändiges Nacharbeiten in Acrobat in Kauf nehmen. Oder Sie leben mit den mehr schlechten als rechten Kompromissen, die Ihnen die Programme bisher bieten.

Bild und Beschriftung

Eingefügte Bilder und Grafiken erhalten bei der Konvertierung automatisch den richtigen Figure-Tag. Jeder Figure-Tag muss einen Alternativtext aufweisen, damit der Inhalt des Bildes zugänglich ist. Wenn zusätzlich eine Beschriftung vorhanden ist, dann sollte der Alternativtext mit dieser nicht identisch sein. Für Beschriftungen ist der Tag Caption vorgesehen.

Grafikobjekte ohne Aussage kann man als Hintergrundelement kennzeichnen. In Acrobat heißen solche Elemente Artifacts (deutsch: Artefakte) oder außertextliche Elemente. Diese bereits in Textverarbeitungsprogrammen zu kennzeichnen, ist jedoch nicht vorgesehen. Sie können dies nur nachträglich manuell in Acrobat bestimmen. Einzige Ausnahme: Kopf- und Fußzeilen gelangen automatisch sowohl aus Word als auch aus OpenOffice als Artefakte in das PDF-Dokument.

12.3.3.2   Phase 2: Barrierefrei gestalten

Für das Gestalten in Word und OpenOffice gelten die gleichen Regeln wie für alle anderen digitalen Formate, die barrierefrei sein sollen. In den folgenden Abschnitten geben wir Ihnen einige formatspezifische Hinweise zu Gestaltungselementen und -strategien, die aus Sicht der Barrierefreiheit zu Problemen in PDF führen können.

Leerzeilen und Leerzeichen

Leerzeilen und Leerzeichen blähen ein PDF auf und sollten deswegen im Quelldokument nicht zur Positionierung von Elementen verwendet werden. Jede Leerzeile erzeugt einen leeren PDF-Tag und wird von vielen Screenreadern auch als »leer« vorgelesen. Das ist besonders bei mehreren Leerzeilen hintereinander für die Nutzer sehr irritierend. Arbeiten Sie deswegen immer mit eingeblendetem Steuerungszeichen, um solche überflüssigen Elemente zu erkennen und zu löschen.

Den Formatvorlagen Layoutattribute mitgeben

Wenn Sie grundsätzlich die Strategie wählen, alle Layoutattribute wie Schriftgröße oder Fettung über Formatvorlagen zu organisieren, behalten Sie leichter den Überblick, haben länger Freude an einer sauberen Dokumentvorlage und können schneller Dokumente erzeugen, die das Corporate Design Ihrer Organisation berücksichtigen.

Worttrennungen

Denken Sie daran, dass es keine Textverarbeitung gibt, aus der heraus korrekte bedingte Trennstriche im PDF entstehen – sei es über eine automatische Silbentrennung (oft im Zusammenhang mit Blocksatz) oder durch manuelles Setzen der Trennstriche. Wenn Sie auf Nummer sicher gehen wollen, vermeiden sie Worttrennungen.

Spalten

Wenn Sie Spalten über die dafür vorgesehenen Funktionen erstellen, ist der korrekte Textfluss kein Problem. Setzen Sie dafür auf gar keinen Fall Tabulatoren oder Tabellen ein. In Word klicken Sie zum Erstellen von Spalten auf der Registerkarte »Seitenlayout« in der Gruppe »Seite einrichten« auf »Spalten«. In OpenOffice finden Sie eine ähnliche Funktion unter *Format > Spalten*.

Reihenfolge

Eine Kontrolle über die Reihenfolge Ihrer Elemente – sei es für das Vorlesen oder das Umfließen – haben Sie in Textverarbeitungsprogrammen nicht. Wenn Sie auf kritische Elemente wie Textfelder beispielsweise verzichten und ein gutes Konvertierungsprogramm einsetzen, könnte es Ihnen zumindest gelingen, die Reihenfolge der PDF-Tags über die optische Reihenfolge in Ihrem Quelldokument zu bestimmen.

Beim Gestalten an Barrierefreiheit denken

Denken Sie beim Gestalten immer daran, dass Ihr Textdokument auch als barrierefreies Dokument veröffentlicht werden soll. Wenn Sie sich unsicher sind, ob Elemente zu Problemen führen, erstellen Sie ein Test-PDF und probieren Sie es aus. Besonders aufschlussreich dürfte das Testen der Umfließen-Ansicht sein, denn dort liegt für das Gestalten die größte Herausforderung.

12.3.3.3   Phase 3: Merkmale der Barrierefreiheit im Quelldokument anlegen

Zusätzlich zu den Strukturinformationen, aus denen im Idealfall korrekte PDF-Tags entstehen, können Sie in Word und OpenOffice noch für weitere Merkmale einer barrierefreien PDF-Datei vorarbeiten.

Alternativtexte anlegen

Zu jedem Bild können Sie bereits in Ihrem Quelldokument einen Alternativtext anlegen. Sie finden das zugehörige Eingabefeld meist über das Kontextmenü. Klicken Sie dazu mit der rechten Maustaste auf das Bild und wählen in Word *Größe > Alternativtext* und in OpenOffice *Bild > Zusätze*.

Links

Für externe Links wie z.B. zu einem URL oder einer E-Mail-Adresse gilt die Regel, dass aktive Verknüpfungen in der Quelldatei bei korrekter Konvertierung zu barrierefreien Links in der PDF-Datei werden. Aktiv ist ein Link in Ihrem Quelldokument dann, wenn er bereits dort klickbar ist und zu dem beabsichtigten Ziel führt. Standardmäßig ist die AutoFormat-Funktion aktiviert, sodass Hyperlinks oder E-Mail-Adressen schon bei ihrer Eingabe automatisch klickbar werden, wenn Sie die Eingabe mit einem Leerzeichen oder der Eingabetaste abschließen. Sie können in Word diese Einstellung im Reiter »AutoFormat während der Eingabe« des Dialogfensters »AutoKorrektur« ändern, den Sie über die Schaltfläche *Office > Word-Optionen > Dokumentprüfung* finden. In OpenOffice finden Sie die automatische Linkerkennung unter *Extras > AutoKorrektur-Optionen > Optionen > URL erkennen*.

Für interne Links wie Inhaltsverzeichnis, Fußnoten oder Verweise lässt sich keine zuverlässige Regel formulieren. Zu unterschiedlich sind die Ergebnisse je nach eingesetzter Programmversion. Und selbst wenn es gelingt, interne Links zu aktivierbaren Links im PDF werden zu lassen, so haben diese oft das Problem, dass die Linkziele nur für die Maus und rein optisch funktionieren und nicht zuverlässig für Screenreader oder mit der Tastatur erreichbar sind.

Lesezeichen aus Überschriftenformaten

Die Lesezeichen sind das Navigationsmenü in Ihrer PDF-Datei. Idealerweise entstehen sie beim Konvertieren aus Ihren Überschriftenformaten. Wenn Sie die Standard-Überschriftenformate verwenden, genügt es, den richtigen Haken zu setzen.

Bei Word in Kombination mit der Funktion »Speichern als PDF « aktivieren Sie dazu über den Button »Optionen« unten rechts im Fenster »Als PDF veröffentlichen« die Funktion »Textmarken erstellen mithilfe von: Überschriften«. Beachten Sie jedoch, dass die so erstellten Lesezeichen nicht mehr funktionieren, wenn Sie Ihre Datei in Acrobat speichern – kurz und schlecht: Faktisch ist diese Funktion unbrauchbar, sobald Sie das PDF nachbearbeiten.

Setzen Sie den Adobe PDFMaker zum Konvertieren ein, so aktivieren Sie die Option »Lesezeichen erstellen« unter *Acrobat > Grundeinstellungen > Einstellungen*. In OpenOffice finden Sie die Option »Lesezeichen exportieren« unter *Datei > Exportieren als PDF > Allgemein*. Standardmäßig ist diese Option bereits bei allen Programmen gesetzt.

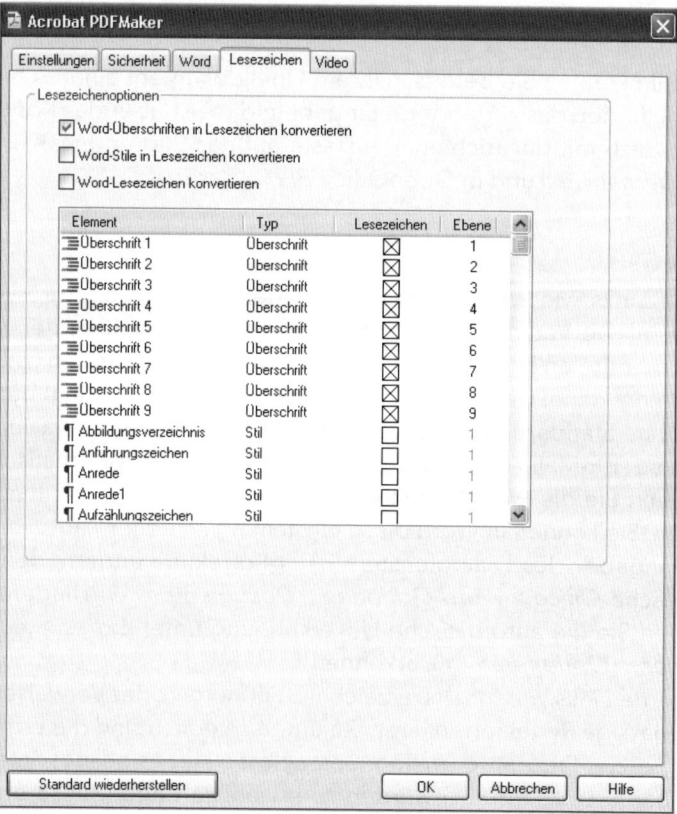

Abb. 12-14   In den Grundeinstellungen des PDFMaker legen Sie fest, aus welchen Formatvorlagen beim Konvertieren Lesezeichen erstellt werden.

Wenn Sie den Adobe PDFMaker verwenden, können Sie in Word die Format-vorlagen auswählen, aus denen bei der Konvertierung Lesezeichen erstellt wer-den sollen. Diese Option ist nur sinnvoll, wenn Sie eigene Überschriftenformate angelegt haben. Rufen Sie dazu über *Acrobat > Grundeinstellungen > Lesezei-chen* das entsprechende Fenster auf, in dem Sie die gewünschten Formate als Ausgangspunkt für Ihre Lesezeichen aktivieren.

Dokumenttitel

Den Dokumenttitel, der später zum Fenstertitel Ihrer PDF-Datei werden soll, können Sie bereits im Quellprogramm anlegen: in Word über die Schaltfläche *Office > Vorbereiten > Eigenschaften* und in OpenOffice über *Datei > Eigen-schaften > Beschreibung > Titel*.

Dokumentsprache

In Ihrem Textverarbeitungsprogramm ist immer schon eine Dokumentsprache festgelegt. OpenOffice und Word nutzen diese, um sie auch der PDF-Datei zuzuweisen. Ist Ihr Dokument in einer davon abweichenden Sprache verfasst, müssen Sie die entsprechende Hauptsprache manuell zuordnen.

In OpenOffice ist dies über *Extras > Sprache > für den gesamten Text* mög-lich. Sollte die manuell geänderte Grundsprache des Dokumentes nicht über-nommen werden, so können Sie auch über *Extras > Optionen > Spracheinstel-lungen > Sprachen* die Standardsprachen Ihrer Dokumente verändern. Beim Konvertieren überträgt OpenOffice diese Einstellung in das PDF. Beachten Sie jedoch, dass die Standardsprache für alle weiteren Dokumente ebenso gilt, wenn Sie nicht den Haken bei »Nur für das aktuelle Dokument« gesetzt haben.

In Word markieren sie den gesamten Text und ändern die Dokumentspra-che im Dialogfeld »Sprache«, das Sie über die Spracheinstellung in der unteren Info-Leiste aufrufen. Diese gilt dann auch als Dokumentsprache im PDF.

Sprachwechsel

Bisher bietet nur OpenOffice die Möglichkeit, für Sprachwechsel bereits in der Quelldatei vorzuarbeiten. Über *Extras > Sprache* können Sie einem markierten Textelement eine Sprache zuweisen (Option »Für die Auswahl«) oder die Sprachzuordnung für den Absatz ändern, in dem gerade Ihr Cursor platziert ist (Option »Für den Absatz«). Diese Einstellung wird als Tag-Eigenschaft für das entsprechende Element in die PDF-Datei übernommen.

Zwar können Sie auch in Word Sprachwechsel auszeichnen, doch es steht keine Konvertierung zur Verfügung, bei der diese auch in die PDF-Datei über-nommen werden.

12.3.3.4   Phase 4: Tags erstellen

Eine gute Vorarbeit im Quelldokument ist nur ein Erfolgsfaktor auf dem Weg zu einer barrierefreien PDF-Datei. Ein weiterer ist eine PDF-Konvertierung, die Ihre Vorarbeit in das PDF übernimmt. Eines vorneweg: Keine der Konvertierungs- möglichkeiten, die PDF mit Tags erzeugen können, führt zu einwandfreien Ergebnissen. Beispielsweise gibt es bisher kein einziges Programm, das einen syntaktisch korrekten Tag-Baum erstellen kann. Sie müssen also immer prüfen, ob syntaktische Fehler eine Barriere darstellen oder nicht.

Über die Konvertierung lassen sich bereits folgende Tags erstellen:

- Tags für Absätze, Überschriften, Bilder und Grafiken, Bildunterschrift (be- dingt), Tabellen (bedingt), Listen (zum größten Teil inklusive der korrekten Tag-Rollen)
- Weitere Tag-Namen über das geschickte Benennen der Absatzformate (und anschließendem Zuordnen der Rolle in Acrobat)

Welche Einstellungen dazu notwendig sind, schauen wir uns genauer in drei Konvertierungsprogrammen an:

1. Adobe PDFMaker 9 als Plug-in für Word 2007
2. das Microsoft Office 2007 Add-in: Microsoft Save as PDF[20]
3. die PDF-Exportfunktion von OpenOffice

1. Word 2007 und Adobe PDFMaker 9

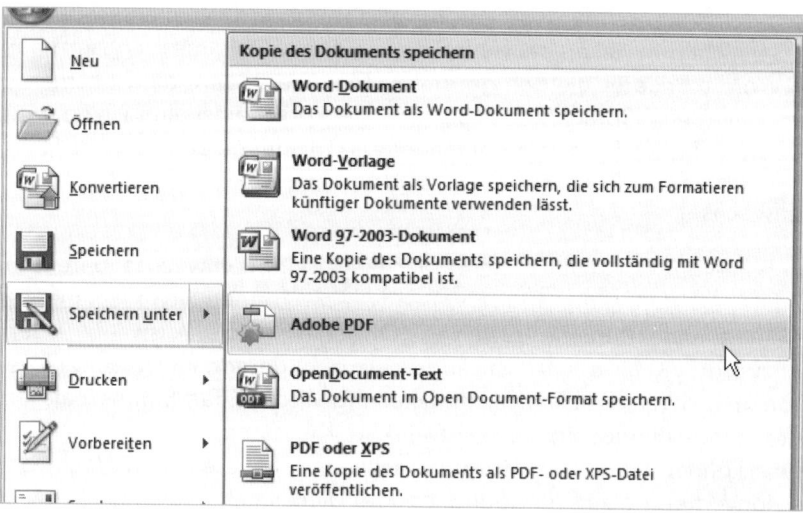

Abb. 12-15   Die Konvertierung über den PDFMaker starten Sie in Word über »Speichern unter« und dann die Auswahl »Adobe PDF«.

---

20. Dieses kostenlose Zusatzprogramm steht als Version 1.0, die am 8.11.2006 erschienen ist, auf der Internetseite von Microsoft Office 2007 zum Herunterladen zur Verfügung.

Wenn Sie mit PDFMaker arbeiten, finden Sie in Word in der Menüleiste oben an der letzten Stelle einen zusätzlichen neuen Menüpunkt »Acrobat«. Dort verbirgt sich auch die Möglichkeit, die Konvertierungseinstellungen anzupassen.

Mit den Standardeinstellungen des PDFMaker fahren Sie schon ganz gut, solange Sie nicht eigene Überschriftenformate definieren. Sie können die PDF-Maker-Einstellungen unter *Acrobat > Grundeinstellungen* überprüfen. Dort stehen Ihnen verschiedene Reiter zur Verfügung. Die drei wichtigsten sind:

- *Einstellungen*
  Dort sind standardmäßig unter anderem die für die Barrierefreiheit relevanten Optionen aktiv: Dokumentinfo konvertieren, Lesezeichen erstellen, Links hinzufügen und natürlich das Erzeugen von PDF-Tags, das hier mit den Worten »Ein-/Ausgabehilfe und Umfließen durch Erstellen von Adobe PDF mit Tags aktivieren« umschrieben ist.

- *Word*
  Zum Standard gehört die Option »Fußnoten- und Endnotenverknüpfungen konvertieren«, die dafür sorgt, dass klickbare Fußnoten- und Endnotenverweise in Ihrem PDF entstehen.

- *Lesezeichen*
  Dort sollten Ihre verwendeten Überschriftenformate ausgewählt sein. Wenn dies die Word-Standardformate sind, dann ist der Haken bei »Word-Überschriften in Lesezeichen konvertieren« ganz ok, sonst deaktivieren Sie dies und wählen die Formate aus, die Sie als Grundlage für die Lesezeichen vorgesehen haben.

Der Reiter *Sicherheit* ist in dieser Phase des Workflows nicht sinnvoll, da Sie Ihre Datei noch in Acrobat prüfen und vervollständigen müssen. Über den Reiter *Video* besteht die Möglichkeit, Parameter von eingebetteten Audio- und Video-Dateien zu bestimmen.

Sie starten die Konvertierung über *Office > Speichern unter > Adobe PDF* oder über *Acrobat > PDF erstellen*.

2. Word 2007 und Save as PDF

Die Funktion »als PDF speichern« bietet weitaus weniger Einstellungsmöglichkeiten als PDFMaker. Sie können sie einsehen, indem Sie die Konvertierung über Schaltfläche *»Office« > Speichern unter > PDF oder XPS* (vgl. Abb. 12–16). Sie gelangen in das Dialogfenster »Als PDF oder XPS veröffentlichen«. Dort klicken Sie auf »Optionen«.

Die Einstellung, dass ein PDF mit Tags entstehen soll, ist standardmäßig bereits aktiviert. Sie lautet dort »Dokumentstrukturtags für Eingabehilfen« und Sie finden sie unter der Überschrift »Nicht druckbare Informationen einschließen«. Zu diesen Informationen gehören auch die Dokumenteigenschaften (ebenso bereits als Standard aktiviert) und die Möglichkeit, Lesezeichen zu

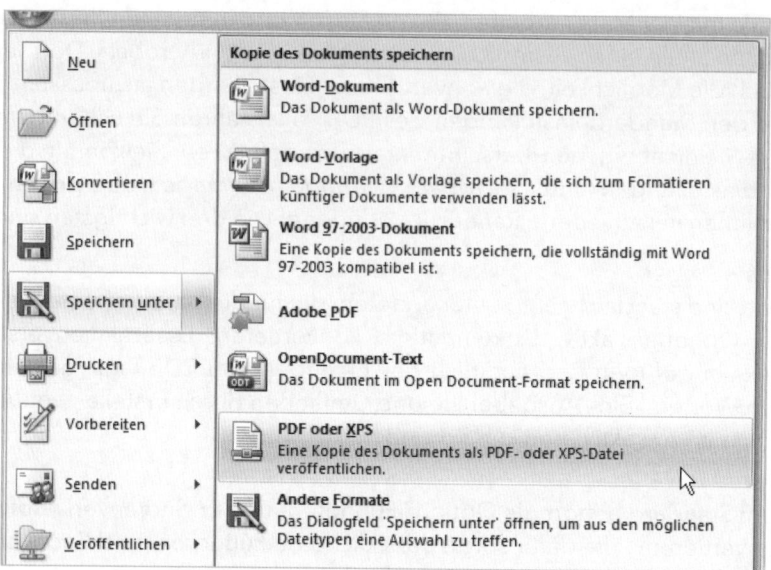

Abb. 12-16   Die Konvertierung mit Speichern als PDF starten Sie in Word über
»Speichern unter« und dann die Auswahl »PDF oder XPS«.

erstellen. Dazu sollten Sie die Option »Textmarken erstellen mithilfe von:
Überschriften« ausgewählt haben. Voraussetzung dafür ist, dass Sie Überschriftenformate auch tatsächlich in Ihrem Dokument eingesetzt haben – eine erste
kleine Word-interne Prüfung, ob Sie strukturiert gearbeitet haben.

Bestätigen Sie die geänderten Optionen mit »OK« und starten Sie die Konvertierung über den Button »Veröffentlichen«.

3. OpenOffice 3

Die Konvertierungseinstellungen bei OpenOffice sind etwas versteckt, aber
brauchen sich nicht zu verstecken, denn sie bieten Möglichkeiten, die sich
deutlich von den beiden bereits erwähnten abheben. Sie finden sie, indem Sie
die Konvertierung nicht über den PDF-Button in der Symbolleiste starten, sondern über *Datei > Exportieren als PDF*. Es öffnet sich das Dialogfenster »PDF
Optionen« mit fünf Reitern. Im Reiter »Allgemein« müssen Sie die Option
»Tagged PDF« aktivieren. Sie ist standardmäßig nicht aktiviert. Die Einstellung
»Lesezeichen exportieren« hingegen ist bereits als Standard gesetzt.

Die besonderen Optionen befinden sich unter den Reitern »Anfangsdarstellung« und »Benutzeroberfläche«. Dort können Sie Einstellungen vornehmen, die Sie sonst in Acrobat ergänzen müssten. Zur Anfangsdarstellung gehören die Bereiche mit der Option »Lesezeichen-Fenster und Seite«, zur
Benutzeroberfläche die Einstellung für die Fensteroptionen (»Dokumenttitel
anzeigen«) und die Angabe, bis zu welcher Gliederungsebene die Lesezeichen
beim Öffnen der Datei geöffnet sein sollen (über die Option »Aufgeklappte
Lesezeichenebenen«).

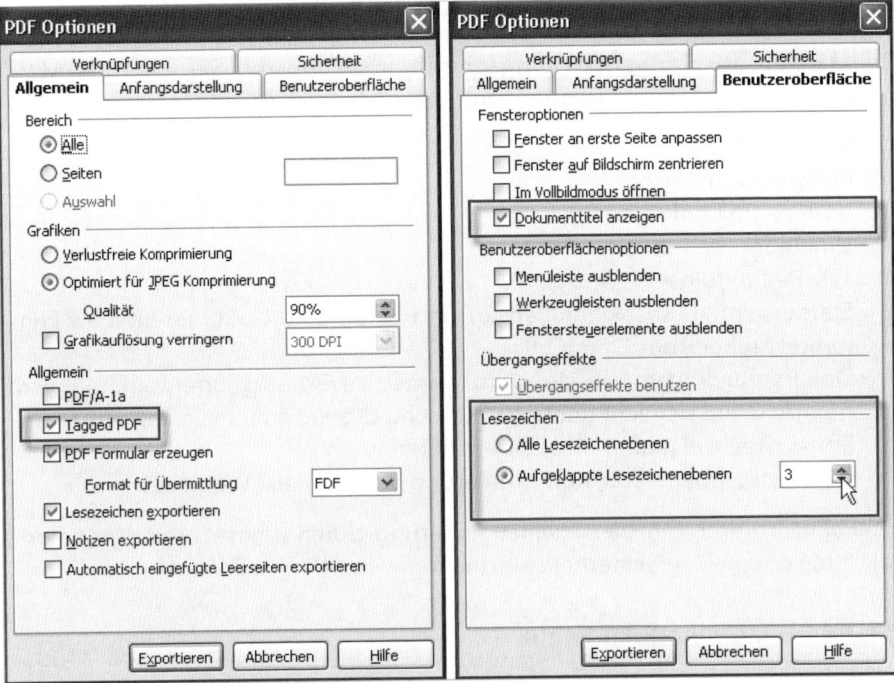

Abb. 12-17   Die PDF-Optionen in OpenOffice bieten Möglichkeiten, die über die anderen beiden besprochenen Konvertierungsarten hinausgehen. Beispielsweise lässt sich dort festlegen, bis zu welcher Ebene die Lesezeichen geöffnet sein sollen und dass der Dokumenttitel als Fenstertitel angezeigt werden soll.

Sie stoßen die eigentliche Konvertierung an, indem Sie das Dialogfenster »PDF Optionen« über den Button »Exportieren« verlassen.

12.3.3.5   Phase 5: Zwischenprüfung

Bevor Sie Ihrer PDF-Datei noch fehlende Merkmale der Barrierefreiheit hinzufügen, prüfen Sie, ob alle angestrebten Eigenschaften durch die Konvertierung korrekt in das PDF übertragen wurden.

Typische Warnungen oder Fehler bei aus Textverarbeitungsprogrammen erzeugten Dateien, die aber keine praktische Barriere darstellen, sind Syntaxfehler, die manchmal zusätzlich noch Semantikfehler sind. Aus Word beispielsweise entsteht als oberster Container-Tag immer Sect statt korrekterweise Document.

Denken Sie daran: Sobald Fußnoten, Textfelder, Bilder und Bildunterschriften im Spiel sind, müssen Sie ein besonderes Augenmerk auf die Reihenfolge der Elemente sowohl für das Vorlesen als auch für das Umfließen legen. In Abschnitt 12.4.3 ab Seite 509 finden Sie genauere Angaben, wie Sie beim Prüfen vorgehen können.

12.3.3.6   Was bleibt noch in Acrobat zu tun?

Bei Dateien aus Textverarbeitungsprogrammen müssen Sie folgende Merkmale in Acrobat prüfen und ggf. korrigieren oder ergänzen (Phase 6):

- Syntaxfehler
- Rollenzuordnungen
- Vorlese-Reihenfolge
- Umfließen-Reihenfolge
- Tab-Reihenfolge
- Startansicht »Lesezeichen-Fenster und Seite« und Dokumenttitel als Fenstertitel (außer über OpenOffice)
- Dokumentsprache (da sie nicht immer zuverlässig übernommen wird, gerade wenn sie nicht der Grundsprache des Programms entspricht)
- Sprachwechsel (außer über OpenOffice)
- Abwärtskompatibilität, Komprimierung und schnelle Webanzeige

Schließlich führen Sie die Qualitätssicherung durch (Phase 7) und nehmen – falls notwendig – die Sicherheitseinstellungen vor (Phase 8).

12.3.4   Tabellendokumente

Für Tabellendokumente gibt es in den beiden großen Office-Suites spezielle Programme: Excel als Teil von Microsoft Office und Calculator als Teil von OpenOffice. Beide Tabellenkalkulationsprogramme bieten keine Möglichkeit, Strukturinformationen kontrolliert anzulegen. Während Excel durch die Konvertierung zumindest eine rudimentäre Strukturierung in das PDF übernimmt – es entstehen Tabellen mit einfachen Tabellendatenzellen –, versagt der PDF-Export des Calculator völlig. Tabellendaten werden dort nämlich nicht als Inhalte in den Tag-Baum übernommen.

Aus Excel gibt es zwei Konvertierungsmöglichkeiten. Mit dem kostenlosen Plug-in Save as PDF entstehen aus Excel-Tabellen rudimentäre Tabellen-Tags: ein Tabellen-Container-Tag und Tabellendatenzellen-Tags. Umfließen funktioniert bei dieser Konvertierung allerdings im PDF nicht. Dies liegt daran, dass Block-Level-Elemente, die einem Tag für eine Tabellenzelle untergeordnet sind, das Umfließen verhindern. Setzen Sie beim Konvertieren den Adobe PDF-Maker ein, dann erhalten Sie einen ähnlich strukturierten Tag-Baum. Das Umfließen funktioniert bei dieser Datei jedoch.

Aus einem Arbeitsblatt wird jeweils ein WORKSHEET-Tag, aus der gesamten Datei ein WORKBOOK-Tag. Deren jeweilige Zuordnung zu einem PDF-Standard-Tag ist über die Rollenzuordnung nur in der über Adobe PDF-Maker erstellten Datei einsehbar. WORKBOOK entspricht dem Document-Tag, Worksheet dem Section-Tag.

Sowohl für Excel als auch für Calculator gilt: Sie fahren besser, wenn Sie die Tabellen in die Textverarbeitung integrieren und dann eine PDF-Datei erstellen. Auf diese Weise haben Sie wenigstens die Möglichkeit, Tabellenkopfzeilen und den Text vor und nach den Tabellen korrekt auszuzeichnen, damit bei der Konvertierung sinnvolle Tags im PDF entstehen.

12.3.5 Präsentationen

Standardisierung ist eine nahe Verwandte der Barrierefreiheit. Besonders deutlich ist dies, wenn Sie eine barrierefreie Präsentation erstellen wollen. Wir vergleichen hier PowerPoint, das Präsentationsprogramm aus Microsoft Office, und Impress, das Pendant aus OpenOffice. Beide Programme bieten begrenzte Strukturierungsmöglichkeiten, vorausgesetzt, Sie verwenden die verfügbaren Templates. Als Elemente können Sie Titel, Folientitel, Text, Listen, Bilder, Tabellen und Grafiken einsetzen.

Während aus PowerPoint bei der Konvertierung brauchbare PDF-Tags entstehen, erweist sich in Impress der Export von PDF-Dateien mit Tags als ungeeignet.

Aus PowerPoint gibt es zwei Konvertierungsmöglichkeiten. Mit dem kostenlosen Plug-in Save as PDF entstehen sowohl für den Titel der Präsentation auf der Titelfolie als auch für den jeweiligen Folientitel ein Tag H1. Texte, Listen und Grafiken übersetzt die Konvertierung in korrekte Tags. Aus einer Folie entsteht ein Tag SLIDE, aus jedem Textrahmen ein TEXTBOX-Tag. Umfließen funktioniert nicht, da der Folienrahmen fälschlicherweise in ein Span-Tag gesetzt ist, der dies verhindert. Wenn Sie für das Konvertieren den Adobe PDF-Maker einsetzen, dann erhalten Sie einen ähnlich strukturierten Tag-Baum, bei dem auch das Umfließen funktioniert. Alternativtexte, die beide Konvertierungen ins PDF übernehmen, können Sie über die rechte Maustaste auf der *Grafik > Größe und Position >* Reiter *Alternativtext* anlegen.

Aus Impress entstehen Überschriften-Tags für Titel und Folientitel. Alle anderen Texte werden einfach zu P, auch wenn es sich um Listen handelt. Datum, Fußzeile und Foliennummer werden für jede Folie in den Tag-Baum übertragen und rutschen in der Umfließen-Ansicht jeweils vor den eigentlichen Inhalt. Alternativtexte lassen sich keine anlegen. Beachten Sie, dass Formatvorlagen keine Auswirkung auf die Strukturinformation haben. Wenn Sie aus Impress eine barrierefreie PDF-Datei erstellen wollen, müssen Sie also in weit höherem Maße in Acrobat manuell nacharbeiten als bei einer Datei aus PowerPoint.

Grundsätzlich gilt für das Gestalten Ihrer Präsentation, dass Sie sich eng an vorhandene Templates halten. Problematisch sind besonders aus einzelnen Elementen zusammengestellte Grafiken, denn diese werden auch als einzelne Grafiken ins PDF übertragen. Sinnvoller ist es hier mit Bilddateien zu arbeiten. Das bedeutet, dass Sie Ihren Workflow entsprechend umstellen müssen und Ihre Grafiken erstellen, bevor Sie die eigentliche Präsentation gestalten.

12.3.6   InDesign

Adobe InDesign bietet bisher die einzige Möglichkeit, bei professionell gestalteten Publikationen bereits im Quelldokument eine ins PDF übertragbare Struktur und Merkmale der Barrierefreiheit anzulegen. Damit lässt sich der Nachbearbeitungsaufwand in Acrobat entscheidend minimieren.

Bei allen anderen Layoutprogrammen wie beispielsweise QuarkXPress oder der Open-Source-Alternative Scribus müssen Sie ausgehend von einem PDF ohne Tags in Acrobat alle Tags und Merkmale der Barrierefreiheit anlegen, wie in Abschnitt 12.2 ab Seite 440 beschrieben.

Ausgehend von dem oben vorgestellten Workflow-Modell beschreiben wir hier die ersten fünf Phasen, die sich auf die Vorarbeit in InDesign beziehen.

12.3.6.1   Phase 1: Vorarbeit für PDF-Tags – Strukturinformationen anlegen

Auch in InDesign lassen sich Inhalte semantisch aufbereiten und nicht nur rein optisch gestalten. Im Folgenden stellen wir Ihnen die Schritte und Funktionen dazu vor und zeigen Ihnen, welche Vorarbeit Sie für einen sinnvollen PDF-Tag-Baum bereits in InDesign leisten können.

Das Grundprinzip verstehen

Über das Zusammenspiel von InDesign-XML-Tags und Absatzformaten lässt sich beeinflussen, welche PDF-Tags entstehen. Dies können Sie sich zunutze machen, um durch die Konvertierung einen möglichst hochwertigen PDF-Tag-Baum zu erhalten. Durch die Konvertierung erhalten die PDF-Tags den Namen von den Bezeichnungen Ihrer Absatzformate. Die Rollenzuordnung Ihrer PDF-Tags können Sie über ein geschicktes Mapping von Absatzformaten und XML-Tags festlegen. Leider ist das bisher nur für Überschriften möglich. Für alle anderen Tags müssen Sie die Rolle in Acrobat nacharbeiten.

Klug mit Absatz- und Zeichenformaten arbeiten

Wie bereits bei den Textverarbeitungsprogrammen spielen auch in InDesign semantisch eingesetzte Absatzformate eine wichtige Rolle. Am besten gewöhnen Sie sich an, Ihre Absatzformate bereits gemäß den PDF-Standard-Tags zu benennen. Dadurch lassen sich die Formate leichter organisieren, Sie werden immer daran erinnert, dass Sie semantisch vorgehen sollten, und die PDF-Tags erhalten den richtigen Namen.

Für ein Absatzformat mit der gleichen semantischen Information, aber unterschiedlichem Aussehen – beispielsweise eine H2 normal und eine H2 für das Impressum, die einfach etwas kleiner ausfallen soll – oder zum Hervorheben einzelner Wörter innerhalb eines Absatzes setzen Sie am besten Zeichenformate ein.

Struktur in InDesign

Mit Struktur ist in InDesign der Baum der InDesign XML-Tags gemeint. Zu jedem Inhaltselement lässt sich ein XML-Tag anlegen. Diese InDesign XML-Tags sind aber nicht zu verwechseln mit den PDF-Tags. Über die Funktion »Struktur« und dann »Struktur einblenden« im Menü »Ansicht« lässt sich das Struktur-Fenster öffnen. Standardmäßig ist für ein InDesign-Dokument keine Struktur vorhanden.

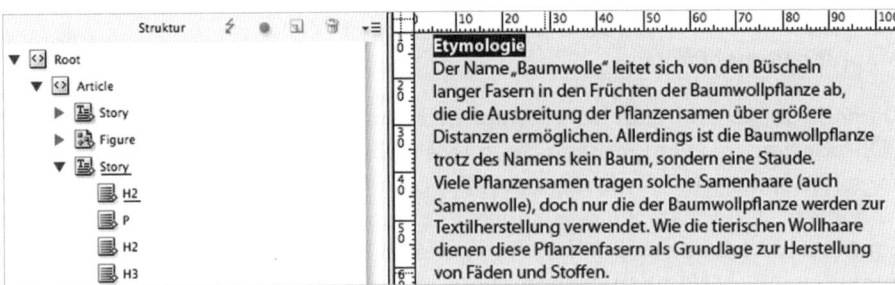

Abb. 12-18   Nur wenigen bisher bekannt – die Struktur-Ansicht in InDesign

InDesign – XML-Tags erzeugen

Es gibt verschiedene Möglichkeiten, XML-Tags in einer InDesign-Datei anzulegen: manuell oder automatisch. Der beste Weg führt über das Optionenmenü im Struktur-Fenster und den Menüpunkt »Objekte ohne Tags hinzufügen«. Diese Funktion erstellt einen Struktur-Baum, in dem alle Elemente Ihres Dokuments enthalten sind, jedoch nicht in Form einzelner XML-Tags. Nur alle Textrahmen erhalten einen Story-Tag, alle Bilder einen Figure-Tag. Außerdem stehen Ihnen in der Standard-Tags-Palette eine Auswahl weiterer XML-Tags zur Verfügung.

Über das Verschieben von Story und Figure legen Sie die Reihenfolge der Tags im Struktur-Baum fest und bestimmen so die Reihenfolge dieser Elemente im PDF-Tag-Baum, die ja der Vorlese-Reihenfolge entspricht.

Tags-Palette speichern und laden

Die Standard-Tags-Palette enthält nicht alle Tags, die Sie benötigen. Sie können sie jedoch anpassen, speichern und auch in ein neues Dokument laden (jeweils über das Optionenmenü im Tags-Fenster). Zu Ihrer Palette sollten auf alle Fälle folgende Tags gehören:

- Article
- Artifact
- Figure
- H1 bis H6
- L
- LI
- P

▨ Root
▨ Story
▨ Tabelle
▨ Zelle

Beachten Sie, dass beim Laden der Tags die neue Tags-Palette eine beste-
hende Palette nicht ersetzt, sondern ergänzt. Am besten markieren und löschen
Sie deswegen vorher alle überflüssigen Tags über das Optionenmenü im *Tags-
Fenster > Alle nicht verwendeten Tags auswählen.*

Mapping vornehmen

Damit InDesign Ihre Überschriftenformate mit korrekter Rollenzuordnung ins
PDF übertragen kann, müssen Sie nun ein Mapping zwischen Formaten und
Tags vornehmen. Rufen Sie dazu das Mapping-Fenster auf über *Struktur > Opti-
onenmenü > Formate zu Tags zuordnen.* Wenn Sie Ihre Überschriftenformate
korrekt als H1 bis H6 benannt haben, können Sie für ein schnelles Zuordnen die
Funktion »Nach Name zuordnen« verwenden. Das Absatzformat H1 ist dann
dem XML-Tag H1 zugeordnet, für H2 und alle weiteren Formate gilt jeweils das
Entsprechende.

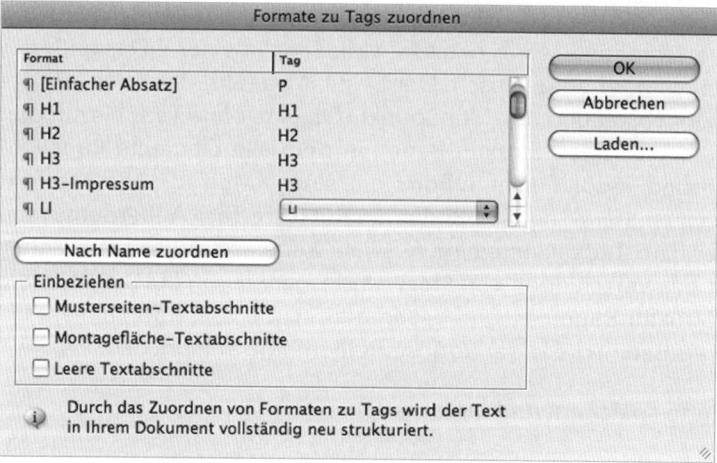

Abb. 12-19   Indem Sie Ihren Überschriften-Formaten die entsprechenden Tags zuordnen, erhalten Sie PDF-Tags mit einer korrekten Rollenzuordnung.

Eine weitere Zuordnung ist nicht unbedingt notwendig, verhilft aber – gerade
bei großen Dokumenten – im Struktur-Baum zu einer leichteren Übersicht. Viel
mehr müssen Sie an dieser Stelle zu XML nicht wissen, da das Meiste sowieso
keine Auswirkung auf die PDF-Tags hat. Man muss hier sagen leider, denn ein
vernünftiger Export der XML-Struktur in ein PDF könnte den Workflow immens
vereinfachen und logischer gestalten.

Sie schließen das Mapping ab, indem Sie mit OK bestätigen. InDesign ergänzt nun den Struktur-Baum mit zusätzlichen Inhalts-Tags. Der Struktur-Baum dient nun als Grundlage für die Bestimmung der Vorlese-Reihenfolge, die Vergabe von Alternativtexten und die Kennzeichnung von Artefakten.

12.3.6.2   Phase 2: Gestalten – formatspezifische Aspekte

Publikationen mit einem professionellen Layout sind für die Barrierefreiheit oft eine große Herausforderung, da bei ihrer Gestaltung bisher meist nur rein optisch vorgegangen wird. Damit Sie hier zu einem guten Workflow kommen, dürfen Sie nicht mehr rein im Sinne der Printgestaltung denken, sondern sollten zuerst semantisch arbeiten. Das bedeutet, dass Sie zu jedem Element, das Sie verwenden, bereits eine semantische Rolle zumindest im Kopf haben. Am besten halten Sie dies jedoch schriftlich fest, beispielsweise auf einem Entwurfsausdruck.

Seien Sie zurückhaltend mit unsichtbaren Elementen oder üblichen Tricks, Elemente optisch anders erscheinen zu lassen, als sie tatsächlich im Dokument enthalten sind, denn aus Sicht der Barrierefreiheit haben Sie mit den tatsächlichen Elementen zu tun und nicht nur mit denen, die man sieht.

Seitenreihenfolge, seitenübergreifende Elemente und Druckbogen

Eines vorneweg: Wer barrierefrei gestalten möchte, sollte am besten von Beginn an mit einzelnen Seiten arbeiten und diese dann – wenn notwendig – für das Druck-PDF umorganisieren. Das gilt auch für Flyer, die im PDF meist nicht mit Seite 1. Während dies für die Vorlese-Reihenfolge kein allzu großes Problem darstellt, bedeutet es für die Umfließen-Ansicht, die sich jeweils auf einzelne Seite bezieht, einen erheblichen Aufwand, erst recht, wenn nicht in einzelnen Seiten gedacht wurde und seitenübergreifende Elemente vorhanden sind. Von Vorteil ist deswegen, bereits beim Gestalten an die Vorlese-Reihenfolge und die Umfließen-Reihenfolge zu denken. Sonst kommt immer nur ein leidlicher Kompromiss heraus.

Grundsätzliche Vorüberlegungen fürs Gestalten

Am besten fahren Sie, wenn Sie einige Vorüberlegungen zum grundsätzlichen Layout und der Struktur anstellen, bevor Sie an das konkrete Gestalten gehen. Mögliche Fragen sind:

- Wie ist mein Dokument semantisch aufgebaut? Welche Strukturinformationen muss ich vermitteln? (Denken Sie dabei möglichst bereits in den Kategorien der PDF-Tags.)
- Wo habe ich welche Überschriften? Sind diese hierarchisch richtig aufgebaut?
- In welcher Reihenfolge sollte ein Screenreader die Inhalte vorlesen?

■ Wo muss ich Bilder im Textrahmen verankern, weil sie auch im Tag-Baum genau an der Stelle stehen sollen?

■ Wo habe ich inhaltsrelevante Grafiken und Bilder, wo nur grafische Elemente ohne Aussage, die ich zu Artefakten machen muss?

■ Habe ich auf jeder Seite wiederkehrende Elemente, die ich als Artefakte in die Mustervorlage integrieren kann?

Mustervorlage

Natürlich können Sie auch das Arbeiten mit Mustervorlagen beibehalten. Eventuell könnte es sogar vorteilhaft sein, unterschiedliche Mustervorlagen für Titel und Inhaltsseiten festzulegen (Musterseite aufrufen, verwalten über Seiten oder über die untere Info-Leiste links bei der Seitenauswahl).

Sie können die Elemente manuell mit XML-Tags versehen oder als Artefakte kennzeichnen. Bilder und Textrahmen werden einmal in den Tag-Baum der PDF-Datei übernommen, gleichgültig, wie oft sie im Dokument tatsächlich vorkommen. Als Artefakte gekennzeichnete Elemente bleiben dies auch in der PDF-Datei.

Tabellen

Tabellen lassen sich nur rudimentär in InDesign vorbearbeiten. Setzen Sie dafür auf alle Fälle das Tabellenwerkzeug ein. Wenn Sie das Mapping von Formaten zu Tags vornehmen, erstellt InDesign Tabellen-Tags und Zellen-Tags im Struktur-Baum. In der Regel entstehen bei der Konvertierung daraus zumindest korrekte Tags für die Tabelle, die Tabellenzeilen und die Tabellendatenzellen. Kopfzellen und verbundene Zellen müssen Sie in Acrobat nachträglich auszeichnen.

Listen

Mithilfe des Listenwerkzeugs ist es nicht möglich, eine barrierefreie Liste im PDF entstehen zu lassen. Sie können sich jedoch das Grundprinzip »Absatzformat wird zu Tag-Name« zunutze machen und das entsprechende Absatzformat für Listeneinträge bereits LI nennen. Auf diese Weise bekommen die Listeneinträge bereits den korrekten Tag-Namen. Die korrekte Rollenzuordnung müssen Sie in Acrobat ergänzen. Ebenso müssen Sie in Acrobat noch ein Listencontainer-Tag L erstellen und diesem die LI-Elemente unterordnen.

Bilder platzieren

Für das genaue Platzieren eines Bildes ist es sinnvoll, es in einem Textrahmen zu verankern. Das Bild sollte dann in einem einfachen Textabsatz stehen. Über diesen Textabsatz können Sie den Abstand zur Zeile davor und/oder danach für die Umfließen-Ansicht bestimmen.

Bilder, die aus einzelnen Elementen bestehen oder die Sie aus einzelnen Elementen in InDesign erst zusammenstellen, verursachen besonders dann

Probleme, wenn es um eine korrekte Umfließen-Ansicht geht. Die Objekte zu gruppieren ist zwar gut, hilft aber in diesem Fall nicht weiter, da sich gruppierte Objekte nicht mit einem XML-Tag versehen lassen.

Worttrennungen

Auch in InDesign sind Worttrennungen eine potenzielle Barriere: Aus einem manuell gesetzten bedingten Trennstrich wird im PDF ein fester Trennstrich, der beim Umfließen auch mitten im Wort angezeigt oder beim Vorlesen mitgesprochen wird. Das ist nicht nur unschön, sondern kann auch sehr schnell unverständlich werden. Die einzige Lösung, die es hier bisher gibt, ist, ganz auf die automatische Silbentrennung zu setzen und diese so weit anzupassen, dass man einen guten gestalterischen Kompromiss findet. Die Einstellungen für die automatische Silbentrennung finden Sie jeweils in den Optionen Ihrer Absatzformate.

Fußnoten

Was für Textverarbeitungsprogramme gilt, hat auch bei InDesign Bestand: Es gibt bisher keinen einfachen Weg, Fußnoten barrierefrei in ein PDF-Dokument zu übertragen. Sie können nur so weit vorarbeiten, dass Sie das Fußnotenwerkzeug nutzen, manuell bei jeder Fußnote einen Textanker setzen und von jedem Fußnotenverweis eine entsprechende Verknüpfung darauf. Im PDF entstehen dann Links, die aber nur mit der Maus und optisch funktionieren. Sie müssen deswegen für Fußnoten ein eigenes Absatzformat Note verwenden. Da Sie Fußnotentext keinem XML-Tag zuordnen können, müssen Sie die korrekte Rollenzuordnung dafür – wie für manche anderen Tags auch – in Acrobat manuell vornehmen. Auf diese Weise wären die Fußnoten auch mit einem Screenreader bedienbar, wenn dieser den Tag Note korrekt auslesen kann.

Die größte Herausforderung: Umfließen-Ansicht

Aus InDesign eine barrierefreie PDF-Datei mit einer sauberen Umfließen-Ansicht zu erhalten, ist eine große Herausforderung. Für eine sinnvolle Vorlese-Reihenfolge, nach der sich Screenreader richten, können Sie mit InDesign sehr kontrolliert vorarbeiten. Für die Umfließen-Reihenfolge gilt das nicht. Sie hängt zum einen davon ab, in welcher Reihenfolge Sie die Elemente in Ihr Dokument eingefügt haben, zum anderen wie Sie sie angeordnet haben. Das unterste Element wird in der Umfließen-Ansicht ganz oben angezeigt. Dies funktioniert natürlich nur, wenn Sie vorher alle Elemente auf eine gemeinsame Ebene geholt haben. Diese »Um die Ecke denken«-Logik und die gestalterischen Einschränkungen im Hinblick auf das Anordnen von Elementen und das Verwenden von Ebenen macht das Erstellen der Umfließen-Reihenfolge faktisch unmöglich. Letztlich bleibt Ihnen nur das Optimieren der Umfließen-Reihenfolge in Acrobat. Ausnahmen können Dokumente mit einem sehr einfachen Layout sein.

12.3.6.3   Phase 3: Merkmale der Barrierefreiheit anlegen

Die Strukturinformation auf Basis der XML-Tags sind das Rückgrat eines barrierefreien PDF. In InDesign können Sie noch für weitere Merkmale der Barrierefreiheit vorarbeiten.

Über XML-Tags

Die im Folgenden beschriebenen Merkmale stehen in engem Zusammenhang mit der Strukturansicht in InDesign:

Vorlese-Reihenfolge

Die Reihenfolge der InDesign-XML-Tags ergibt die Reihenfolge der Tags im PDF und damit die Vorlese-Reihenfolge. Entsprechend können Sie die XML-Tags von Hand in die richtige Reihenfolge bringen. Hilfreich sind die Markierungs- und Suchfunktionen, die InDesign bietet. Zum einen können Sie über einen Doppelklick auf ein XML-Tag im Struktur-Baum das entsprechende Element im Dokument hervorheben, zum anderen können Sie auch vom Dokument ausgehen, dort ein Element markieren und sich über *rechte Maustaste > In Struktur hervorheben* den zugeordneten XML-Tag im Struktur-Baum anzeigen lassen.

Beachten Sie beim Bestimmen der Vorlese-Reihenfolge, dass Elemente, die Sie umsortieren müssen, in einem separaten Textrahmen stehen sollten. Wenn Sie die Position von Tags ändern, die sich nur auf einzelne Wörter oder Absätze innerhalb eines Textrahmens beziehen, dann verschieben Sie die entsprechenden Elemente auch im Dokument.

Alternativtexte

Zu jedem Figure-Tag im Struktur-Baum können Sie einen Alternativtext anlegen. Dazu markieren Sie den entsprechenden Tag mit der rechten Maustaste und wählen »Neues Attribut«: Als Name geben Sie »Alt« ein, als Wert den entsprechenden Alternativtext. Wenn Sie mit OK bestätigen, erscheint der Alternativtext als Attribut zum Figure-Tag.

Artefakte

Ein großer Vorteil des InDesign-Workflows besteht darin, dass Sie bereits im Quelldokument die volle Kontrolle über das Kennzeichnen von Artefakten haben. Das betrifft jedoch nur grafische Elemente und Textrahmen. Einzelne Textelemente oder Pfade können Sie zwar in InDesign im Struktur-Baum als Artefakt kennzeichnen, aber lassen Sie sich nicht täuschen: Diese Kennzeichnung wird nicht ins PDF übertragen.

Der übliche Weg geht über die Figure- oder Story-Tags im Struktur-Baum. Diese können Sie mithilfe der Tags-Palette dem XML-Tag Artifact zuordnen. Oder Sie markieren das Element im Dokument und weisen diesem wiederum über die Tags-Palette das XML-Tag Artifact zu.

Über andere InDesign-Funktionen

Die im Folgenden beschriebenen weiteren Merkmale lassen sich über die gezielte Nutzung von InDesign-Funktionen anlegen:

Externe Links

Auch in InDesign gilt die Regel, dass aktive Links im Quelldokument zu barrierefreien Links in der PDF-Datei werden – zumindest theoretisch. Denn praktisch
gibt es in InDesign CS4 einen Programmfehler, der es notwendig macht, jeden
Link im PDF manuell nachzubearbeiten. Dieser Fehler wurde übrigens auch in
InDesign CS5 nicht beseitigt.

Trotzdem nutzen wir natürlich diese Funktion und legen bereits in InDesign
aktive Verknüpfungen an. Dazu markieren Sie das Element, aus dem eine Verknüpfung werden soll, und rufen über die rechte Maustaste das Kontextmenü
auf. Über *Interaktiv > Neuer Hyperlink* gelangen Sie in das Dialogfenster, in
dem Sie die Verknüpfungsart und den URL festlegen können. Zusätzlich können
Sie bestimmen, wie der Link im Dokument dargestellt sein soll. Dies gilt auch
für die PDF-Datei.

Interne Links

Interne Links lassen sich auf dem gleichen Wege wie externe Links anlegen. Sie
wählen dazu nur eine andere Verknüpfungsart, beispielsweise Seite oder Textanker. Bei beiden Verknüpfungsarten springt ein Screenreader jedoch immer
nur an den Seitenanfang, da diese Funktion nicht mit korrekten Strukturinformationen korrespondiert. Solche internen Links sind deswegen nicht als barrierefrei anzusehen.

Inhaltsverzeichnis mit Links

Was wir zu internen Links geschrieben haben, trifft auch für verlinkte Inhaltsverzeichnisse zu. Wichtiger für eine barrierefreie PDF-Datei sind deswegen korrekte Überschriften-Tags und korrekte Lesezeichen, die auf diesen Überschriften-Tags basieren. Diese sind über Screenreader und Tastatur nutzbar.

Lesezeichen

Für Lesezeichen können Sie in InDesign auf zwei Arten vorarbeiten. Sie erstellen Lesezeichen manuell oder fügen ein Inhaltsverzeichnis in Ihr Dokument ein,
aus dem bei der Konvertierung Lesezeichen werden können. Es gibt jedoch
noch einen dritten Weg: Wenn korrekte Überschriften-Tags in Ihrer PDF-Datei
vorhanden sind, dann können Sie daraus auf Knopfdruck Lesezeichen machen.
Dies klappt jedoch mit den Bordmitteln von Acrobat nur sehr mangelhaft.
Bequemer geht dies beispielsweise mit dem Acrobat Plug-in PDF-TagRenamer.
Es ermöglicht sogar das Erscheinungsbild sowie die Tiefe der Lesezeichenebenen generell und bei der Startansicht zu bestimmen und die Lesezeichen auf
Knopfdruck zu erstellen.

Dokumenttitel

Am besten geben Sie bereits der InDesign-Datei einen Dokumenttitel mit, den Sie später zum Fenstertitel machen können. Über *Datei > Dateiinformationen > Beschreibung* gelangen Sie zum Eingabefeld »Dokumenttitel«.

12.3.6.4   Phase 4: Tags erzeugen

Für das Erstellen Ihrer PDF-Datei steht in InDesign eine mächtige Exportfunktion zur Verfügung. Für das Erstellen barrierefreier PDF-Dateien legen Sie dazu am besten ein eigenes Exportprofil an über *Datei > Adobe PDF-vorgaben > Definieren > Neu*. Geben Sie dem Profil beispielsweise den Namen »barrierefrei ab A7«. Unter »Allgemein« wählen Sie folgende Einstellungen:

▨ Kompatibilität
   Acrobat 7 (PDF 1.6)

▨ Optionen
   »Für schnelle Webansicht optimieren« und »PDF mit Tags erstellen«

▨ Einschließen
   »Lesezeichen« und »Hyperlinks«

Unter »Komprimierung« können Sie natürlich bereits eine geringere Auflösung für Ihre Bilder eingeben. Wenn Sie unter *Ausgabe > Farbe Dokument-RGB als Zielfarbraum* wählen, denken Sie daran, dass Sie bereits in Ihrer InDesign-Datei den Transparenzfarbraum entsprechend umstellen.

Sie starten die Konvertierung, indem Sie über *Datei > Adobe PDF-Vorgaben* Ihr Exportprofil auswählen.

12.3.6.5   Phase 5: Zwischenprüfung

Prüfen Sie jeweils direkt nach dem Konvertieren, ob Ihr PDF tatsächlich die Tags und Merkmale der Barrierefreiheit aufweist, die Sie angestrebt haben. Wenn nicht, dann korrigieren Sie Ihre Quelldatei und konvertieren neu.

Je nach Quelldokument und Konvertierungsart entsteht ein Tag-Baum mit einem spezifischen Aussehen und spezifischen Fehlermeldungen. Das gilt auch für InDesign. Beim Exportieren in ein PDF entsteht ein Tag-Baum, der nicht in allen Punkten der PDF-Spezifikation entspricht. Die Acrobat-Prüfung auf Barrierefreiheit ist hier großzügiger als der PDF Accessibility Checker (PAC; vgl. Abschnitt 12.4.1 ab S. 501), der jeden Syntaxfehler gemäß der PDF-Spezifikation findet. Nicht jeder Fehler muss dabei eine Barriere bedeuten. Zu den typischen Fehlern gehören:

▨ Die Prüfung findet Elemente, die keine relevante Aussage haben (z.B. Tabellenlinien, Hintergrundelemente, Schmucklinien, Unterstriche) und nicht mit Tags versehen sind. Es kann sogar sein, dass die Acrobat-Prüfung keine Fehler findet, während der viel genauere PDF Accessibility Checker hier noch einiges bemängelt.

Ein weiterer typischer Fehler, den der PDF Accessibility Checker bei aus InDesign erstellten PDF-Dateien findet, ist eine Warnung in Bezug auf die Lesereihenfolge. Dies liegt daran, dass in InDesign-Dateien oft Elemente optisch anders angeordnet sind, als es für die Vorlese-Reihenfolge sinnvoll wäre. Hier müssen Sie prüfen, ob die von Ihnen angelegte Tag-Reihenfolge dem entspricht, was Sie als Vorlese-Reihenfolge beabsichtigt haben. Am einfachsten geht dies über die Vorschaufunktion des PAC.

Ein typischer Syntaxfehler, den der PDF Accessibility Checker in Dokumenten mit Tabellen findet, besteht darin, dass InDesign eine Tabelle immer einem Absatz unterordnet und deswegen der PDF-Tag für die Tabelle im Tag-Baum einem PDF-Tag P untergeordnet wird.

Ein weiterer Syntaxfehler bezieht sich auf die PDF-Tags für Listeneinträge. Gemäß der PDF-Spezifikation müsste der Inhalt eines Listeneintrags noch in einen Tag für das Listenzeichen <LBL> und einen Tag für den eigentlichen Text LBODY aufgeteilt sein. Aus Sicht der praktischen Zugänglichkeit ist dies nicht unbedingt notwendig.

Sie sehen, dass Sie am Ende des InDesign-Workflows mit Fehlermeldungen konfrontiert werden, deren potenzielle Barrieren Sie oft nicht richtig einschätzen können. Umso wichtiger ist deswegen gerade bei aus InDesign erstellten PDF-Dokumenten der Screenreader-Test, den wir als 3. Phase der Qualitätssicherung in Abschnitt 12.4.4 ab Seite 513 beschreiben. Denn selbst wenn in den anderen beiden Prüfphasen keine Barrieren mehr gefunden wurden, können sich beim Praxistest noch massive Barrieren zeigen.

12.3.6.6   Was bleibt noch in Acrobat zu tun?

Auch bei aus InDesign erzeugten PDF-Dateien mit Tags müssen Sie die PDF-Tags manuell nacharbeiten und weitere Eigenschaften ergänzen (Phase 6). Wenn Sie in InDesign gut vorgearbeitet haben, dann dürfte zumindest die auf der Reihenfolge der Tags basierende Vorlese-Reihenfolge stimmen.

Korrekte Tags

Neben dem Prüfen des Tag-Baums auf Reihenfolge, korrekte Syntax und Semantik müssen Sie besonders folgende InDesign-typischen Korrekturen im Blick haben:

Wenn Listen vorhanden sind, dann müssen Sie in Acrobat noch Listencontainer L anlegen und die Listenelemente LI darunter einordnen.

Etwas mühsam ist es, die jeweiligen Programmfehler zu beheben. Bei der Konvertierung aus InDesign CS4 oder CS5 erhalten Sie falsch verschachtelte LINK-Tags. Diese müssen Sie manuell im Tag-Baum an die korrekte Stelle schieben.

Zu korrekten Tags gehört natürlich auch eine richtige Rolle. Dazu müssen Sie auf alle Fälle die Rollenzuordnung im Optionsmenü des Navigationsfensters »Tags« aufrufen und die Rollen prüfen. Wenn Sie gut vorgearbeitet haben, sind die Überschriftenrollen bereits korrekt. Die meisten anderen Tags haben einfach die Rolle P bekommen. Korrigieren Sie nun die Tags, für die P die falsche Rolle ist. Enthält Ihr Dokument Listen, dann betrifft dies beispielsweise den Tag LI. Dieser muss natürlich auch die Rolle LI erhalten.

Weitere Korrekturen und Ergänzungen

Damit Sie an alles denken, haben wir Ihnen hier die neben der Korrektur der Tags weiteren notwendigen Schritte zusammengestellt, die Sie in Acrobat erledigen müssen, bevor Sie Ihr Dokument der abschließenden Prüfung unterziehen.

- Umfließen-Reihenfolge korrigieren
- Tab-Reihenfolge festlegen
- Startansicht festlegen (eingeblendetes Lesezeichen-Fenster und Dokumenttitel als Fenstertitel anzeigen)
- Dokumentsprache festlegen
- Lesezeichen erstellen

Schließlich führen Sie die Qualitätssicherung durch (Phase 7) und nehmen – falls notwendig – die Sicherheitseinstellungen vor (Phase 8).

12.3.7   Formulare

Bei barrierefreien PDF-Formularen müssen wir zwei grundsätzliche Technologien unterscheiden. Es gibt einerseits die klassischen PDF-Formulare, basierend auf Acrobat – die sogenannten AcroForms –, und andererseits PDF-Formulare, die Sie mit Adobe LiveCycle Designer erstellen können, sogenannte XFA-Formulare. XFA steht für XML Forms Architecture. Es handelt sich dabei um XML-basierte PDF-Formulare, die Sie mit Acrobat jedoch weder nachträglich bearbeiten noch auf Barrierefreiheit testen können. Vergleichen wir in einem ersten Schritt diese beiden Formate, um eine gute Entscheidungsgrundlage zu erhalten, welcher der beiden Workflows der passende sein könnte.

Auch in PDF-Formularen gilt, dass die Inhalte strukturiert sein müssen, um Tagged PDF zu erzeugen. Darüber hinaus müssen aber auch Aspekte der Interaktion berücksichtigt werden: Hierzu zählen vor allem Beschriftungen für einzelne Steuerelemente sowie die Tastaturbedienung. Schließlich müssen PDF-Formulare genauso wie andere PDF-Dokumente geprüft werden, wobei bei Formularen ein besonderes Augenmerk auf Nutzertests zu legen ist.

12.3.7.1   AcroForms vs. XFA

AcroForms bieten im Zusammenspiel von PDF-Tags und JavaScript ein bewährtes Konzept für Barrierefreiheit und lassen sich in einem hohen Maße barrierefrei erstellen. Voraussetzung sind natürlich ein korrekter Tag-Baum und weitere, bereits vorgestellte Merkmale. Im Gegensatz dazu funktionieren XFA-Formulare nach einer anderen Logik für die Barrierefreiheit und die Merkmale, die Sie dort anlegen können, sind noch begrenzt, auch wenn Sie an manchen Stellen das Gegenteil lesen. Zwei international anerkannte Experten vertreten hier gerade diametral entgegengesetzte Meinungen: Duff Johnson vertritt in »Choosing between PDF and XFA forms« die Auffassung, dass AcroForms vorzuziehen wären, wenn es um maximale Barrierefreiheit geht.[21] Charlie Pike hingegen sieht im Rahmen des Webinars »PDF forms and WCAG20« in den XFA-Formularen die bessere Wahl, um barrierefreie PDF-Formulare zu erstellen.[22]

Beim Erstellen von AcroForms haben Sie eine relativ hohe Kontrolle über das Entstehen der Tags. Ihre Formulare bleiben über die üblichen Wege prüfbar und Sie können den Tag-Baum nachträglich weiter optimieren. Bei XFA-Formularen hingegen können Sie weder die vollständige Ausgabehilfe von Acrobat noch den PDF Accessibility Checker einsetzen. Und der Tag-Baum eines XFA-Formulars lässt sich mit Acrobat auch nicht korrigieren.

AcroForms weisen eine hohe Abwärtskompatibilität auf, während Sie bei XFA-Formularen am sichersten fahren, wenn Sie für ihre Verwendung Acrobat und Adobe Reader ab Version 8 voraussetzen. PDF-Viewer von Drittanbietern können oft nicht mit XFA-Formularen umgehen.

Wenn Sie bereits mit der mächtigen JavaScript API in Acrobat zurechtkommen und sie ausgiebig nutzen, dann müssen Sie nicht alles noch einmal in LiveCycle Designer nachbauen. Denn auch LiveCycle Designer bietet nicht alle Möglichkeiten von JavaScript als hinterlegte Skripte an. Und noch etwas: JavaScript funktioniert in den beiden Techniken unterschiedlich. JavaScript-Routinen, die Sie in AcroForms einsetzen, lassen sich nicht eins zu eins für XFA-Formulare übernehmen.[23]

Ein weiterer Punkt sind die Kosten. Für AcroForms sind Serverlösungen unterschiedlicher Anbieter verfügbar. Bei XFA-Formularen sind Sie auf Adobe und deren Preisgestaltung angewiesen.

Für XFA-Formulare spricht aus Sicht der Barrierefreiheit erst einmal wenig. Die Vorzüge liegen auf einem anderen Gebiet – zumindest bisher, denn das XML-basierte XFA-Format böte theoretisch sehr gute Voraussetzungen für das Erstellen strukturierter Formulare.

In der Praxis haben XFA-Formulare klare Vorteile, wenn sich das Aussehen eines Formulars dynamisch durch die Nutzereingabe ändern soll. In LiveCycle Designer haben Sie einige Möglichkeiten »out of the box«, die in Acrobat zwar

21. Vgl. Johnson, D., Choosing between PDF and Designer/XFA forms,
    URL: *http://www.appligent.com/talkingpdf-choosingbetweenPDFandXFA* (Abruf 5.7.2010).
22. Vgl. Paciello, M., PDF Forms & WCAG 2.0 Webinar,
    URL: *http://www.paciellogroup.com/blog/?p=197* (Abruf 5.7.2010).
23. Adobe hat die Differenzen zwischen AcroForms und XFA-Formularen in Bezug auf Java-
    Script in einem 43-seitigen Dokument mit dem Titel »Converting Acrobat JavaScript for use
    in Adobe LiveCycle Designer forms« festgehalten, URL: *http://www.adobe.com/devnet/
    livecycle/articles/AcroJS_DesignerJS.pdf* (Abruf 20.6.2010).

auch möglich sind, aber ein fundiertes Wissen in JavaScript erfordern. Und wenn Sie Ihr Formulardesign und Ihre Formularinhalte mithilfe von XML verwalten wollen, dann dürften XFA-Formulare Ihre erste Wahl sein.

12.3.7.2   Strukturinformationen anlegen

Grundanforderungen an barrierefreie PDF-Formulare, die auch für sehbehinderte und blinde Menschen nutzbar sein sollen, sind eine barrierefreie Gestaltung, digital ausfüllbare Formularfelder und korrekte Strukturinformationen. Am besten wäre es, wenn der komplette Workflow einschließlich des Versendens des Formulars digital zu erledigen wäre.

Interaktive Formularfelder

Interaktive Formularfelder können Sie in Acrobat automatisch – mithilfe einer Formularfelderkennung – oder manuell anlegen. LiveCycle Designer bietet die Möglichkeit, ein neues Formular von Beginn an mit interaktiven Feldern aufzusetzen, eine vorhandene Vorlage oder eine Tabelle als Ausgangspunkt zu nehmen oder eine PDF- oder Word-Datei zu importieren als Grundlage für Ihr Formular. Auch dort müssen Sie die interaktiven Formularfelder manuell anlegen.

Korrekte Tags für PDF-Formulare

Korrekte Strukturinformationen bedeuten für barrierefreie PDF-Formulare dasselbe wie für barrierefreie PDF-Dokumente: Alle Inhaltselemente müssen semantisch und syntaktisch korrekte Tags aufweisen, damit ein Screenreader die Strukturinformationen auslesen kann. In dieser Hinsicht lassen sich PDF-Formulare einfach als PDF-Dokumente mit zusätzlichen interaktiven Elementen – die Formularfelder – betrachten. Es kann also auch Überschriften-Tags und Absatz-Tags in Formularen geben und zusätzlich muss jedes Formularfeld, gleichgültig um welchen Typ es sich handelt, ein eigenes Form-Tag aufweisen. Ein Screenreader erkennt dann automatisch den Typ eines Formularfeldes.

AcroForms-Workflow

PDF ist ein Sekundärformat – dies gilt besonders für den AcroForms-Workflow. Denn dort gestalten Sie die Grundlage für Ihr Formular in einem Quellformat – beispielsweise Word oder InDesign – erstellen eine PDF-Datei und legen die interaktiven Formularfelder anschließend in Acrobat an.

Beachten Sie, dass es außer OpenOffice kein Quellprogramm gibt, aus dem Sie interaktive Formularfelder über eine Konvertierung in das PDF übertragen können. Beispielsweise werden Word-Formularfelder beim Konvertieren in ein PDF nicht als PDF-Formularfelder erkannt.

Strukturinformationen für Text- und Bildinhalte können Sie aus dem Quellformat übernehmen und in Acrobat um die Formular-Tags ergänzen. Oder Sie erstellen die Tags für alle Elemente komplett erst in Acrobat. Denken Sie daran, dass Sie zuvor jedoch alle Elemente ohne Aussage wie beispielsweise Layout-tabellen als Artefakte kennzeichnen. Die Reihenfolge der Tags bestimmt die Vorlese-Reihenfolge, so wie Sie es von gewöhnlichen barrierefreien PDF-Dateien kennen.

XFA-Workflow

Im XFA-Workflow ist PDF ein gefühltes Primärformat. LiveCycle Designer bietet Ihnen nämlich die Möglichkeit, Layout, Interaktivität und Tags komplett in einem Programm zu erledigen. Sie benötigen in diesem Fall kein vorgängiges Quellformat, in dem Sie das Layout des Formulars vorarbeiten, auch wenn LiveCycle Designer die Möglichkeit bietet, PDF- oder Word-Dateien als Grund-layout zu importieren.

Als Grundwerkzeug für das Gestalten und Anlegen der interaktiven Formularfelder dient Ihnen die Objektbibliothek. Darüber können Sie ein völlig neues interaktives Formular zusammenstellen oder vorhandene Vorlagen anpassen. Sie können sich die Objektbibliothek durch *Fenster > Objektbibliothek* oder über das Tastaturkürzel Umschalt+ F12 anzeigen lassen. Am besten verwenden Sie daraus nur die Standardobjekte. Für diese sind bereits gewisse Voreinstellungen in Bezug auf Barrierefreiheit vorgenommen. Für benutzerdefinierte Objekte müssen Sie diese Eigenschaften erst manuell über die Palette »Ein-/Ausgabehilfe« bestimmen. Sie können sie aufrufen über das Fenster *Ein-/Ausgabehilfe* oder über *rechte Maustaste auf ein Objekt > Paletten > Ein-/Ausgabehilfe*.

Dort können Sie Merkmale der Barrierefreiheit anlegen, wie »Quickinfo«, »Bildschirmlesehilfen-Rangfolge« und »Benutzerdefinierter Bildschirmlesehilfen-Text«. Die Rolle eines Formularfeldes legen Sie über die Auswahl des Typs im Fenster *»Objekt« > Reiter »Feld«* fest. Für Text stehen im Fenster »Ein-/Ausgabehilfe« folgende Rollen zur Auswahl: Überschrift, Überschriftenebene 1 bis 6. Diese Rollen können Sie nur einem kompletten Textrahmen zuordnen und nicht einzelnen Elementen innerhalb eines Rahmens. Teilformularen können Sie folgende Rollen zuweisen: Tabelle, Kopfzeile, Textzeile, Fußzeile, Liste, Listenelement. Ob diese Zuordnung tatsächlich zu einem korrekten Tag-Baum in Ihrer PDF-Datei führt, ist jedoch nicht garantiert. Und bedenken Sie: Den Tag-Baum aus einem XFA-Formular können Sie in Acrobat zwar einsehen, aber leider nicht nachbearbeiten. Sie sind also völlig auf eine gute Vorarbeit in LiveCycle Designer und das Konvertierungsergebnis angewiesen. Aus Sicht der Barrierefreiheit liegt hier einer der größten Nachteile des XFA-Workflows im Vergleich zu AcroForms.[24]

---

24. Dass XFA-Formulare noch weitere Nachteile aufweisen und letztlich nicht in die PDF-Welt passen, zeigt Duff Johnson in seinem Beitrag »PDF Forms: More than Fields Alone«, URL: *http://www.appligent.com/talkingpdf-formsaremorethanfieldsalone* (Abruf 19.7.2010).

12.3.7.3   Formularspezifische Aspekte der Gestaltung

Natürlich gelten für PDF-Formulare dieselben Gestaltungsrichtlinien wie für HTML-Formulare: Ein einfacher logischer Aufbau mit zu sinnvollen Einheiten gruppierten Formularfeldern und verständliche und eindeutig zugeordnete Beschriftungen sollten selbstverständlich sein.

Das klingt klar und einleuchtend und trotzdem muss man gerade bei PDF-Formularen oft feststellen, dass diese Anforderungen nicht erfüllt sind. Der Grund ist einfach: Aus einem anfänglichen Printformular musste ein identisch aussehendes PDF-Formular werden. Für die Gestaltung des Printformulars galt aus Kostengründen jedoch der Grundsatz, dass alles möglichst auf eine Seite passen sollte. An Usability oder Barrierefreiheit hat dabei keiner gedacht. Letztlich kommen Sie deswegen meist nicht umhin, für ein zugängliches und nutzbares PDF-Formular das Printformular einem Redesign zu unterziehen.

12.3.7.4   Anlegen von Merkmalen der Barrierefreiheit

Neben der Struktur einer PDF-Datei sind zusätzliche Informationen notwendig, um die Bedienung und das Ausfüllen eines Formulars für Screenreader-Nutzer zu ermöglichen. Während es für Nutzer mit einer Sehbehinderung genügt, Formularfelder und Beschriftungen eindeutig aufgrund ihrer Positionierung zuordnen zu können, benötigen blinde Nutzer eine Beschriftung, die der Screenreader beim Ansteuern eines Formularfeldes mit der Tab-Taste vorliest. Die vorlesbare Beschriftung muss dabei nicht der sichtbaren Beschriftung entsprechen, sollte diese aber zumindest enthalten, sodass auch ein blinder und ein sehender Nutzer sich über ein und dasselbe Formular verständigen können.

Oft ist eine ausführlichere Beschriftung anzulegen, damit für Screenreader-Nutzer verständlich ist, welche Arten von Information oder Interaktion für die einzelnen Formularfelder gefragt sind. Dazu gibt es die Möglichkeit, einen zusätzlichen, fest an ein Formularfeld geknüpften Text anzulegen. Dieser Zusatztext ist sozusagen ein Alternativtext für ein Formularfeld. Ohne ihn würde ein Screenreader maximal den Namen des Formularfeldes (beispielsweise »Optionsfeld 1«), seine Rolle (»Auswahlfeld«) und seinen Status (»nicht aktiviert«) vorlesen. JAWS beispielsweise liest standardmäßig nur die Rolle und den Status.

Quickinfos bei AcroForms

Für AcroForms heißt dieser Zusatztext »Quickinfo«. Er wird von einem Screenreader vorgelesen und als Mouse-over-Text angezeigt. Jeder Formularfeldtyp hat in seinen Eigenschaften unter dem Reiter »Allgemein« ein Feld, um eine solche Quickinfo anzulegen. Für die meisten Formularfeldtypen genügt es, eine passende Quickinfo zu formulieren. Bei Radio-Buttons müssen Sie eine sinnvolle Kombination aus Quickinfo und Exportwert wählen.

Bildschirmlesehilfen-Text bei XFA-Formularen

In LiveCycle Designer stehen mehrere Möglichkeiten zur Verfügung, einen vorlesbaren Zusatztext zu hinterlegen. Es gibt hier im Fenster »Ein-Ausgabehilfe« auch das Feld »Quickinfo«, zusätzlich jedoch noch ein Feld »Bildschirmlesehilfen-Text« und die Möglichkeit, eine Rangfolge zu bestimmen. Es stehen fünf Optionen zur Auswahl: Eigener Text, Quickinfo, Beschriftung, Name, ohne. Die Einstellung für die Rangfolge bestimmt, welcher Text beim Speichern als PDF als Vorlesetext für Screenreader in die Datei übernommen wird.

Eigener Text ist die Standardeinstellung der Standardobjekte und besagt, dass ein Screenreader zuerst im Feld »Bildschirmlesehilfe-Text« nach dem Inhalt sucht und diesen vorliest. Wenn dieses Feld leer ist, dann sucht er im Feld »Quickinfo« nach vorlesbarem Inhalt, und wenn dieses leer ist, im Feld »Beschriftung« und so weiter. Am besten halten Sie sich an diese Standardeinstellung, um in dieser Vielzahl an Möglichkeiten und damit auch Fehlermöglichkeiten nicht verloren zu gehen.

Gleichzeitig bestimmt die Rangfolge auch, was als Mouse-over-Text angezeigt wird. Ein Beispiel: Wenn eine Quickinfo eingegeben, aber als Priorität »Name« angegeben ist, dann wird der Name vorgelesen und als Mouse-over-Text angezeigt.

Validierungen und Rückmeldungen bei Fehleingaben

Gerade bei Formularen ist eine Unterstützung zum Vermeiden und Korrigieren von Eingabefehlern notwendig. Hier ist ein breites Spektrum denkbar: Sie können auf die Verantwortung des Nutzers setzen, dass er alles noch einmal kontrolliert, bis hin zu ausgeklügelten Eingabeprüfungen über JavaScript mit eindeutigen Rückmeldungen zu Fehlern und wie der Nutzer sie beheben kann. Hier ist besonders wichtig, dass das entsprechende Feld für alle Nutzer schnell lokalisierbar und anspringbar ist.

Die in den Programmen hinterlegten Skripte bieten oft nur rudimentäre Möglichkeiten oder Lösungen für gängige Eingabefelder wie beispielsweise Datumsfelder. Hier kommen Sie um das Verfassen eigener Skripte nicht herum.[25]

Tab-Reihenfolge

PDF-Formulare können grundsätzlich nicht umfließen. Sie legen bei Formularen also nur eine Vorlese- und eine Tab-Reihenfolge an. Die Vorlese-Reihenfolge in einem Formular sollte sowohl statische Elemente wie Texte und Bilder als auch interaktive Elemente wie Formularfelder einschließen. Im Gegensatz

---

25. Erste Hinweise für das Erstellen geeigneter Skripte finden Sie in dem JavaScript-Bereich zu Acrobat unter *http://livedocs.adobe.com/acrobat_sdk/9.1/Acrobat9_1_HTMLHelp/ JavaScript_SectionPage.70.1.html* (Abruf 26.9.2010). Beispielskripte erhalten Sie auch auf *www.pdfscripting.com* (Abruf 26.9.2010).

dazu bezieht sich die Tab-Reihenfolge ausschließlich auf die interaktiven Elemente.

In einer barrierefreien PDF-Datei bestimmen Sie die Vorlese-Reihenfolge über die Anordnung der Tags im Tag-Baum. Bei AcroForms können Sie auf die gleiche Weise vorgehen. Die Tab-Reihenfolge legen Sie dann über die Seiteneigenschaften und die Einstellung »Dokumentstruktur verwenden« fest.

Bei mit LiveCycle Designer gestalteten PDF-Formularen sind Sie voll und ganz auf die vom Programm erstellte Reihenfolge angewiesen. Sie können diese nicht mehr nachträglich in Acrobat verändern und müssen deswegen in LiveCycle Designer entsprechend vorarbeiten. Standardmäßig entsteht beim Speichern als PDF automatisch eine Reihenfolge fürs Vorlesen und Tabben. Diese richtet sich nach der Positionierung der Elemente nach folgenden Regeln: Alle Elemente werden gemäß ihrer Position von links nach rechts und von oben nach unten angeordnet, beginnend in der linken oberen Ecke. Alle Teilformulare werden als eigenständige Einheiten betrachtet, in denen dieselbe Regel gilt. Sind zwei Teilformulare nebeneinander angeordnet, dann liest ein Screenreader zuerst komplett das linke Teilformular, dann das rechte.

Für einfache Formulare mag diese Standard-Reihenfolge ausreichen. Für komplexere Formulare müssen Sie die Reihenfolge zumindest prüfen und gegebenenfalls manuell korrigieren. Dazu wählen Sie *Fenster > Tab-Reihenfolge* oder *Ansicht > Tab-Reihenfolge einblenden*. Sie erhalten eine nummerierte Liste aller Elemente, eingeteilt nach Seiten. Außerdem erhalten alle Elemente im Dokument in der rechten oberen Ecke eine Nummer gemäß ihrer Position in der Liste. Sie können über das Optionenmenü die Ansicht auf die Felder beschränken. Verschieben können Sie die Elemente per Drag & Drop in der Liste, über die Pfeil-Tasten, über die Befehle im Optionenmenü oder indem Sie zweimal kurz verzögert auf die Nummer des Listeneintrags klicken und diese ändern. Dies ist nur innerhalb einer Seite möglich. Wenn Sie das Optionenmenü verwenden wollen, dann muss natürlich das entsprechende Element in der Liste markiert sein. Das ist auch über das Anklicken des Elementes im Dokument möglich. Über den Button »Reihenfolge ausblenden« oder das Menü mit *Ansicht > Tab-Reihenfolge ausblenden* kehren Sie zur normalen Bearbeitungsansicht zurück. Beachten Sie, dass Sie die Reihenfolge von Elementen auf der Masterseite oder eines Fragmentes nur auf der Masterseite oder in dem Fragment selbst verändern können.

12.3.7.5   Tags erzeugen

In Acrobat legen Sie die Tags für Formularfelder am besten manuell mit dem TouchUp-Leserichtungswerkzeug an. Beachten Sie, dass auch die anderen Formularelemente wie Überschriften oder Zwischentexte Tags aufweisen oder als Artefakte gekennzeichnet sind.

In LiveCycle Designer entstehen die Tags durch das Speichern des Formulars als PDF mit Tags. Dies ist die Standardeinstellung. Prüfen Sie diese über das

Menü *Datei > Formulareigenschaften > Reiter Speicheroptionen*. Dort sollte die Option »Eingabehilfedaten (Tags) für Acrobat erzeugen« aktiviert sein. Diese Option lässt sich natürlich nur anwenden, wenn Sie Ihr XFA-Formular als PDF-Datei speichern.

12.3.7.6   Prüfen als Abschluss

Auch für Formulare gilt der dreistufige Prüf-Workflow. Die gängigen automatischen Prüftools können nur bei AcroForms prüfen, ob Quickinfos vorhanden und weitere Merkmale technischer Barrierefreiheit erfüllt sind. In der manuellen Prüfung sollten Sie deswegen kontrollieren, ob die Quickinfos verständlich sind.

Für XFA-Formulare gibt es seit 2010 ein automatisches Prüftool.[26] Es ist als LiveCycle Designer-Makro angelegt und prüft ob Beschriftungen, Quickinfos oder Bildschirmlesehilfen-Text, Alternativtexte für Grafiken oder Kopfzellen bei Tabellen fehlen und ob die Vorlese-Reihenfolge von der Tab-Reihenfolge abweicht. Die Ergebnisse der Prüfung sind in Form eines Berichtes »Accessibility Warnings« zusammengefasst mit genauer Benennung des jeweiligen Objekts und des gefundenen Fehlers.

Grundsätzlich empfehlen wir bei allen barrierefreien PDF-Dokumenten als Abschluss einen Praxistest – Stufe 3 der Qualitätssicherung. Für Formulare hingegen ist dies sogar unverzichtbar. Nur dann können Sie beurteilen, ob die von Ihnen angelegte Interaktion auch für Screenreader funktioniert und verständlich ist.

12.3.8   Barrierefreie PDF aus XML und HTML

Aus strukturierten Formaten wie HTML oder XML müsste es doch ein Leichtes sein, barrierefreie PDF-Dokumente zu erstellen, oder? Für einen Laien mag es nur schwer nachvollziehbar sein, warum es so kompliziert sein soll, aus einem h1-Element aus HTML oder XML einen H1-Tag im PDF zu machen. Um das Grundproblem besser nachvollziehen zu können, gehen wir etwas genauer auf die Unterschiede zwischen Auszeichnungssprachen wie HTML oder XML und einem Format wie PDF ein. Gerne wird dabei von einem semantischen Graben (»Semantic Gap«) gesprochen, der sich zwischen diesen beiden grundverschiedenen Ansätzen, Dokumente zu »denken«, auftut.

Zwar ist dieser Graben bereits schmaler geworden, denn PDF-Dateien können auch eine Strukturebene enthalten, die semantische Informationen vermittelt, aber die Strukturebene ist eben nur eine Ebene unter anderen und nicht der Quellcode wie bei den Auszeichnungssprachen. Wenn also aus der Auszeichnung im Ausgangsformat korrekte PDF-Tags entstehen, dann wäre das zwar schon ein wichtiges Merkmal einer barrierefreien PDF-Datei, aber damit

---

26. Ein Accessibility Checker für XFA-Formulare als Makro für LiveCycle Designer: *http://blogs.adobe.com/formfeed/2010/03/an_accessibility_checker_for_p.html* (Abruf 27.3.2010). Bisher ist dieses Prüftool nur auf Englisch verfügbar.

sind noch nicht alle Merkmale festgelegt. Der Tag-Baum ist nämlich nur eine Zwischenebene. Er enthält den Inhalt nicht in dem gleichen Sinn, wie in einer XML-Datei beispielsweise der Inhalt zwischen den Tags enthalten ist. Der Tag-Baum verweist nur auf den Inhalt. Das heißt, es genügt nicht, nur die Ebene der Tags zu beeinflussen, eine korrekte Konvertierung muss – vereinfacht ausgedrückt – auch auf der Inhaltsebene greifen. Das bedeutet beispielsweise, dass ein bestimmtes Attribut nicht nur einem Tag mitgegeben wird, wie man ihn im Navigationsfenster »Tags« einsehen kann, sondern auch dem entsprechenden Inhaltselement im Navigationsfenster »Inhalt.

Das hat zur Folge, dass alles, was über grundlegende Tags hinausgreift, nicht rein mit XML-Techniken machbar ist. Das betrifft beispielsweise das Listenmodell in PDF mit der Unterteilung in LBL, das Aufzählungszeichen und LBODY, den eigentlichen Text des Listeneintrags. In XML gibt es dieses Aufzählungszeichen nicht separat. Es ist semantisch der Rolle einer unsortierten Liste mitgegeben. Im PDF sind also auf der Ebene des physischen Inhalts immer noch Struktur und Präsentation vermischt, während XML reine Struktur ist.

12.3.8.1   HTML

Für den HTML-Workflow gibt es PDFlib 8 als aktuellen Konverter für die Server-basierte Erstellung von PDF mit Tags. In der API Reference zu dieser Serverlösung finden Sie ausführliche Informationen, welche Strukturinformationen PDFlib in das PDF übernimmt.[27] Es unterstützt dabei die wesentlichen PDF-Tags. Übrigens: Der Weg, mit Acrobat aus einer HTML-Datei ein barrierefreies PDF zu erstellen, funktioniert nicht. Sie haben hier doch wohl nichts anderes erwartet?

12.3.8.2   XML

Aus XML-Daten lässt sich nicht auf direktem Wege ein PDF erzeugen. Zuerst müssen Sie die XML-Daten mithilfe eines XSLT-Stylesheets in das Format XSL-FO umwandeln. Davon ausgehend können Sie dann über einen PDF-Prozessor eine PDF-Datei erzeugen. PDF-Prozessoren sind beispielsweise Apache FOP oder Antenna House Formatter V5.

Damit aber auch eine barrierefreie PDF-Datei herauskommt, benötigen Sie einen PDF-Prozessor, der Strukturinformationen aus Ihrem XSL-FO-Dokument ins PDF übernehmen kann und sie in korrekte PDF-Tags übersetzt. Bereits hieran scheitern die meisten PDF-Prozessoren. Während Apache FOP das Erstellen von PDF-Tags bisher nicht unterstützt, verfügt Formatter V5 wenigstens über eine rudimentäre PDF-Tag-Unterstützung. Er bietet Ihnen die Möglichkeit, ein Mapping zu den PDF-Tags für Tabellen, Listen und Text vorzunehmen. Die so wichtigen Überschriften fehlen allerdings ganz.

---

27. Vgl PDFlib GmbH (2007-2010), PDFlib, PDFlib+PDI, PPS. A library for generating PDF on the fly, Version 8.01, URL: *http://www.pdflib.com/fileadmin/pdflib/pdf/manuals/PDFlib-8.0.1-API-reference.pdf* (Abruf 26.9.2010).

12.4 Qualitätssicherung als Herausforderung

Für eine möglichst realitätsnahe Beurteilung, ob ein PDF-Dokument barrierefrei ist oder nicht, empfiehlt sich eine Qualitätssicherung in drei Stufen. Nur einige wenige Merkmale oder Erfolgskriterien lassen sich automatisch prüfen (Stufe 1). Ein Großteil der Merkmale ist eng mit inhaltlichen Entscheidungen verknüpft und muss deswegen von einem Menschen im Rahmen einer manuellen Prüfung beurteilt werden (Stufe 2). In welcher Form letztlich ein Dokument für bestimmte Nutzergruppen barrierefrei ist, muss jeweils ein Praxistest zeigen (Stufe 3).

Damit Sie diese unterschiedlichen Aspekte angemessen in einem Prüf-Workflow berücksichtigen können, benötigen Sie ein dreifaches Wissen:

1. das Wissen um Merkmale, die eine PDF-Datei barrierefrei machen,
2. das Wissen, wie Hilfsmittel mit barrierefreien PDF-Dateien umgehen (z.B.: welche Screenreader-Versionen werten welche Tags wie aus),
3. das Wissen, wie Nutzer PDF-Dateien tatsächlich anwenden (z.B.: Wie lässt sich ein blinder Nutzer eine Tabelle vorlesen?).

Wissen allein genügt jedoch nicht. Sie benötigen ebenso die richtigen Programme, die Ihnen beim dreistufigen Prüf-Workflow Arbeit abnehmen können. Wir stellen passende Werkzeuge für die drei Stufen im Folgenden kurz vor.

12.4.1   Prüfwerkzeuge

12.4.1.1   Werkzeuge für die automatische Prüfung (Stufe 1)

Für das automatische Prüfen stehen zwei Werkzeuge zur Auswahl: die vollständige Ausgabehilfe-Prüfung in Acrobat oder der PDF Accessibility Checker PAC. Die schnelle Ausgabehilfe-Prüfung eignet sich dafür nicht, da sie nur prüft, ob durchsuchbarer Text und Tags vorhanden sind. Das ist für Sie aber an dieser Stelle des Workflows zu wenig.

12.4.1.2   Werkzeuge für die manuelle Prüfung (Stufe 2)

Für das manuelle Prüfen benötigen Sie ein Programm, mit dessen Hilfe man die Tag-Struktur in einem PDF und damit die Vorlese-Reihenfolge für Screenreader einsehen kann. Meist ist dies bisher Acrobat. Eine Standard-Version oder gar der kostenlose Adobe Reader bieten diese Möglichkeit nicht. Als besonders praktisch für das manuelle Prüfen erweist sich die Vorschaufunktion, die PAC bietet. Sie erhalten darüber die Vorlese-Reihenfolge in einer angenehmen Screenreader-Vorschau und können zugleich erkennen, welche Inhalte mit welchem Tag ausgezeichnet sind. Im Vergleich zu Acrobat sind Sie mit PAC bei der manuellen Prüfung schneller.

Außerdem benötigen Sie einen PDF-Viewer, mit dem Sie die unterschiedlichen Darstellungsoptionen und die Lesezeichen ausprobieren können. Hier genügt der Adobe Reader oder eine der Acrobat-Versionen.

12.4.1.3   Werkzeuge für die Praxisprüfung (Stufe 3)

Unter Praxisprüfung verstehen wir in diesem Falle die Prüfung der tatsächlichen Barrierefreiheit einer PDF-Datei mithilfe eines Screenreaders. Dies muss ein Screenreader mit guter PDF-Unterstützung sein. Das bedeutet, dass er zumindest einen Teil der Strukturinformationen auslesen können muss. Minimalanforderung ist, dass er Überschriften-Tags auswerten kann. Ideal wäre eine aktuelle Version des Screenreaders JAWS, der PDF-Tags bisher am besten unterstützt, beispielsweise auch das Auswerten von Tags für Tabellenkopfzellen. Nicht geeignet für diesen Test ist die Text-to-Speech-Funktion des Adobe Reader. Diese kann nämlich keine Strukturinformationen auswerten und bietet keine Navigationsmöglichkeiten.

Je nach Ihrem Schwerpunkt und Ihrer Erfahrung können Sie den Screenreader-Test auch mit konkreten Nutzertests ergänzen.

12.4.2   Stufe 1: Die automatische Prüfung – »Auf Knopfdruck prüfen«

Per Knopfdruck etwas auf Barrierefreiheit zu prüfen ist verführerisch und trügerisch zugleich. Eine automatische Prüfung kann nicht mehr als ein nützliches Werkzeug sein. Schon gar nicht liefert sie eine verlässliche Beurteilung eines Dokuments auf seine faktische Barrierefreiheit und muss sich auf technisch eindeutig bestimmbare Kriterien beschränken. Wir sprechen hier deswegen auch von Aspekten der technischen Barrierefreiheit.

Programme zum Prüfen der technischen Aspekte einer barrierefreien PDF-Datei gibt es nur wenige. Das bisher verbreitetste ist die Vollständige Ausgabehilfe-Prüfung in den Professional-Versionen von Acrobat. Der Grund für die Verbreitung ist jedoch nicht unbedingt die Qualität dieses Tools, sondern der Mangel an Alternativen, denn bisher war es das einzige automatische Prüfwerkzeug.

Seit dem Frühjahr 2010 ist ein kostenloses Prüfprogramm verfügbar, das ohne Acrobat eingesetzt werden kann und einige interessante Zusatzfunktionen aufweist: der PDF Accessibility Checker (PAC) der schweizerischen Stiftung Zugang für alle.[28]

In Tabelle 12-1 stellen wir gegenüber, welche Merkmale von beiden Werkzeugen geprüft werden, und welchen Aussagegehalt die Ergebnisse für die praktische Barrierefreiheit besitzen.

---

28. Stiftung Zugang für alle (2010), PDF Accessibility Checker (PAC), URL: *http://www.access-for-all.ch/ch/pdf-werkstatt/pac-pdf-accessibility-checker.html* (Abruf 26.9.2010). Beachten Sie für den Einsatz des PAC die angegebenen Lizenzbestimmungen.

Merkmal	Vollständige Ausgabe-hilfe-prüfung der Acrobat-Professional-Versionen (Profil: Adobe PDF)	PDF Accessibility Checker (PAC)	Aussagegehalt für die praktische Barrierefreiheit
Alternativtexte	Es wird geprüft, ob es zu einem Figure-Tag einen Alternativtext gibt.	Es wird geprüft, ob es zu einem Figure-Tag einen Alternativtext gibt.	Die Prüfung sagt nur aus, ob ein Alternativtext vorhanden ist, aber nicht, ob er die Kernaussage oder den Bildinhalt angemessen wiedergibt.
Dokumentsprache	Es wird geprüft, ob in den Dokumenteigenschaften eine Sprache für das gesamte Dokument festgelegt ist oder ob alle Tags eine Sprachfestlegung haben.	Es wird nur geprüft, ob in den Dokumenteigenschaften eine Sprache für das gesamte Dokument festgelegt ist.	Die Prüfung sagt nur aus, ob eine Sprache überhaupt festgelegt ist, aber nicht, ob es auch tatsächlich die richtige ist.
Zeichenkodierung	Es wird geprüft, ob alle Zeichen im Dokument Unicode-konform sind und damit eindeutig interpretiert werden können.	Es wird geprüft, ob alle Zeichen im Dokument Unicode-konform sind und damit eindeutig interpretiert werden können.	Selbst wenn alle Zeichen Unicode-konform sind, kann es trotzdem sein, dass Zeichen von einem Screenreader nicht oder nicht richtig gelesen werden. Unicode-konforme Zeichen garantieren aber, dass sich der gesamte Text korrekt extrahieren und in andere Formate oder Zeichen übersetzen lässt (wie beispielsweise Braille).
Tags für alle Elemente	Es wird geprüft, ob es Elemente gibt, die weder einem Tag zugeordnet noch als Artefakt gekennzeichnet sind.	Es wird geprüft, ob es Elemente gibt, die weder einem Tag zugeordnet noch als Artefakt gekennzeichnet sind.	Es ist keine Barriere, wenn Elemente, die keinen Aussagegehalt haben, keinem Tag zugeordnet sind. Sie werden einfach nicht vorgelesen und in der Umfließen-Ansicht nicht angezeigt.
Quickinfos für Formularfelder	Es wird geprüft, ob es Formularfelder gibt, deren Quickinfo keinen Inhalt aufweist.	Es wird geprüft, ob es Formularfelder gibt, deren Quickinfo keinen Inhalt aufweist.	Die Prüfung sagt nur aus, ob eine Quickinfo vorhanden ist, aber nicht, ob sie auch die Funktion erfüllt, die Formularbeschriftung zu ersetzen.
Konsistente Tab-Reihenfolge	Es wird geprüft, ob die Tab-Reihenfolge der Reihenfolge der Tags entspricht (Option »Dokumentstruktur verwenden«).	Es wird geprüft, ob die Tab-Reihenfolge der Reihenfolge der Tags entspricht (Option »Dokumentstruktur verwenden«).	Die Prüfung sagt aus, dass Links, Formularfelder und andere interaktive Elemente gemäß ihrer Reihenfolge im Tag-Baum mit der Tabulator-Taste anspringbar sind.

Merkmal	Vollständige Ausgabe-hilfe-prüfung der Acrobat-Professional-Versionen (Profil: Adobe PDF)	PDF Accessibility Checker (PAC)	Aussagegehalt für die praktische Barrierefreiheit
Korrekte Tags gemäß Adobe-PDF-Spezifikation (»Validität«)	Nur Tabellen- und Listen-Tags werden daraufhin geprüft, ob sie korrekt aufgebaut sind.	Der Aufbau des gesamten Tag-Baums wird daraufhin geprüft, ob es Tags gibt, die gemäß PDF-Spezifikation nicht aufeinander folgen oder ineinander verschachtelt sein dürfen.	Falsche Tabellen- und Listentags können große Auswirkungen auf die praktische Barrierefreiheit haben. Wenn beispielsweise keine Tabellen- oder Listen-Container-Tags vorhanden sind, dann wird die Tabelle oder die Liste durch Screenreader nicht erkannt. Letztlich sollte eine Verwendung der Tags gemäß der PDF-Referenz gewähr-leisten, dass Hersteller gerade von Hilfsmitteln eine verlässliche Grund-lage vorfinden, auf der sie ihre eigenen Funktionalitäten aufsetzen können. In diese Hinsicht ist ein »valides« PDF-Dokument ein absolutes Qualitätsmerkmal.
Überschriften	Wird nicht geprüft.	Es wird geprüft, ob Überschriften-Tags vorhanden sind. Ob sie tatsächlich semantisch korrekt sind, muss der Prüfer entscheiden.	Wenn keine Überschriften-Tags vorhanden sind, dann fehlt eine wichtige Orientierungs- und Navigationsmöglichkeit für Screenreader-Nutzer.
Dokumenttitel	Wird nicht geprüft.	Es wird geprüft, ob das Feld »Titel« in den Doku-menteigenschaften einen Inhalt aufweist. Es wird nicht geprüft, ob der Dokumenttitel als Fenstertitel gesetzt ist.	Wenn kein Dokumenttitel vorhanden ist, dann kann auch kein sinnvoller Fenstertitel gesetzt werden.
Sicherheits-einstellungen	Wird nicht geprüft.	Es wird geprüft, ob bei gesetztem Schutz vor Textentnahme es für Hilfsmittel trotzdem möglich ist, auf den Text zuzugreifen.	Letztlich kann es eine Barriere bedeuten, wenn ein Dokument vor Textentnahme geschützt ist. Text lässt sich dann nicht mehr extrahieren und in andere Formate übertragen.

Merkmal	Vollständige Ausgabehilfe-prüfung der Acrobat-Professional-Versionen (Profil: Adobe PDF)	PDF Accessibility Checker (PAC)	Aussagegehalt für die praktische Barrierefreiheit
Lese-Reihenfolge	Wird nicht geprüft.	Es wird geprüft, ob es Elemente gibt, deren Position im Tag-Baum anders ist als in der Dokumentansicht. Zum Beispiel: Element B steht optisch unterhalb von A. B muss also auch in der Tag-Reihenfolge hinter A stehen, ansonsten warnt PAC hier.	Die Reihenfolge der Tags im Tag-Baum bestimmt die Vorlese-Reihenfolge für Screenreader. Wenn hier keine Warnung ausgesprochen wird, dann heißt das, dass die Lese-Reihenfolge der optischen Reihenfolge der Elemente im Dokument entspricht. Dies kann korrekt sein, es könnte aber auch gute Gründe geben, die Reihenfolge der Inhalte für Screenreader-Nutzer zu ändern. Eine Warnung an dieser Stelle sagt also nur aus: Vorsicht! Wissen Sie genau, dass die geänderte Lesereihenfolge von Ihnen beabsichtigt ist? Es bedarf also auf alle Fälle der Einschätzung des Prüfers, ob es sich wirklich um einen Fehler oder gar eine Barriere handelt.
Lesezeichen	Wird nicht geprüft.	Es wird geprüft, ob Lesezeichen vorhanden sind. Es wird nicht geprüft, ob die Lesezeichen auch in der Startansicht angezeigt werden.	Lesezeichen sind eine wichtige Navigationsmöglichkeit für die unterschiedlichsten Nutzergruppen. Sie sind quasi das Navigationsmenü für PDF-Dokumente und deswegen für sehende wie für blinde Nutzer gleichermaßen von Bedeutung.
Konsistente Gliederung	Wird nicht geprüft.	Es wird geprüft, ob der oberste Überschriften-Tag eine Überschrift 1. Ebene ist und ob es Sprünge zwischen Überschriftsebenen gibt, beispielsweise von Ebene 2 auf Ebene 4.	Eine inkonsistente Gliederung erschwert es Screenreader-Nutzern, den Aufbau und letztlich auch den Inhalt Ihres Dokuments zu verstehen. Auch die Navigation wird dadurch erschwert. Überschriften könnten unbeabsichtigterweise übersprungen werden.
Leerzeichen	Wird nicht geprüft.	Es wird geprüft, ob zwischen Wörtern korrekte Leerzeichen vorhanden sind, sodass auch in der Umfließen-Ansicht die einzelnen Wörter erkennbar bleiben.	Manche Programme beziehungsweise manche Konvertierungen übergeben keine korrekten Leerzeichen an das PDF, sodass in der Umfließen-Ansicht alle Wörter »zusammenkleben« und eventuell sogar ein Screenreader Wörter beim Vorlesen fälschlich zusammenzieht.

Merkmal	Vollständige Ausgabe-hilfe-prüfung der Acrobat-Professional-Versionen (Profil: Adobe PDF)	PDF Accessibility Checker (PAC)	Aussagegehalt für die praktische Barrierefreiheit
Kontraste	Wird nicht geprüft.	Es wird geprüft, ob für das Kontrastverhältnis von Schrift- und Hintergrund-farbe die Grenzwerte der WCAG20 eingehalten sind (vgl. Abschnitt 18.1 ab S. 687).	Ein ausreichendes Kontrastverhältnis ist besonders für sehbehinderte Menschen wichtig, damit alle Text-inhalte gut wahrnehmbar sind.

Tab. 12-1   Automatische PDF-Prüfung in Acrobat und PAC

12.4.2.1   Vorgehen mit Acrobat

In Acrobat finden Sie die vollständige Ausgabehilfe-Prüfung unter *Erweitert > Ein-/Ausgabehilfe > Vollständige Prüfung*. Das zu prüfende Dokument muss geöffnet sein. Sie erhalten ein Dialogfenster »Vollständige Ein-/Ausgabehilfe«. Die Standardeinstellungen entsprechen dem empfohlenen Vorgehen: Bericht erstellen, Korrekturhinweise einschließen, alle Seiten prüfen, Adobe PDF als Prüfprofil, alle sieben Prüfkriterien sind aktiviert (vgl. Abb. 12–20).

Mit »Prüfung starten« gleicht Acrobat die Prüfkriterien mit dem Dokument ab und meldet das Ergebnis erst einmal in einem kleinen Fenster »Adobe Acro-bat«. Findet Acrobat keine Fehler, dann lautet das Ergebnis dort. »Es wurden keine Probleme in diesem Dokument gefunden.« Wenn Sie mit OK bestätigen, erstellt Acrobat einen Bericht, der in diesem Fall aber nichts Aufschlussreiches enthält und überflüssig ist. Sind jedoch Problemstellen vorhanden, dann müs-sen Sie den Bericht genauer anschauen.

Der Bericht erscheint in einem gesonderten Navigationsfenster »Ein-/Aus-gabehilfebericht«. Dort haben Sie die Möglichkeit, zuerst zu einer Zusammen-fassung zu springen und sich dann den detaillierten Bericht anzuschauen. Die Mängel sind seitenweise aufgeführt und mit Links zu den Problemstellen im Dokument versehen, wenn sich diese im Dokument genau lokalisieren lassen. Außerdem gibt es einen Bereich mit Hinweisen zur Korrektur. Er kann als Erin-nerung dienen für die Art und Weise, wie Sie die Probleme beheben können.

Abb. 12-20 In der vollständigen Prüfung der Barrierefreiheit in Acrobat stehen Ihnen sieben auswählbare Prüfkriterien zur Verfügung.

12.4.2.2 Vorgehen mit PAC

Wenn Sie mit PAC prüfen, erhalten Sie zwar keine Korrekturhinweise, aber dafür stehen Ihnen doppelt so viele Prüfkriterien zur Verfügung. Deshalb ist es empfehlenswert, PAC zumindest ergänzend zur Acrobat-Prüfung auf Barrierefreiheit einzusetzen (vgl. Abb. 12-21).

Beim PAC wählen Sie die zu prüfende Datei über »Durchsuchen« aus; sie muss nicht geöffnet sein. Wählen Sie dann den Button »Prüfung starten« und Sie erhalten eine optisch aufbereitete Zusammenfassung der Prüfergebnisse zu

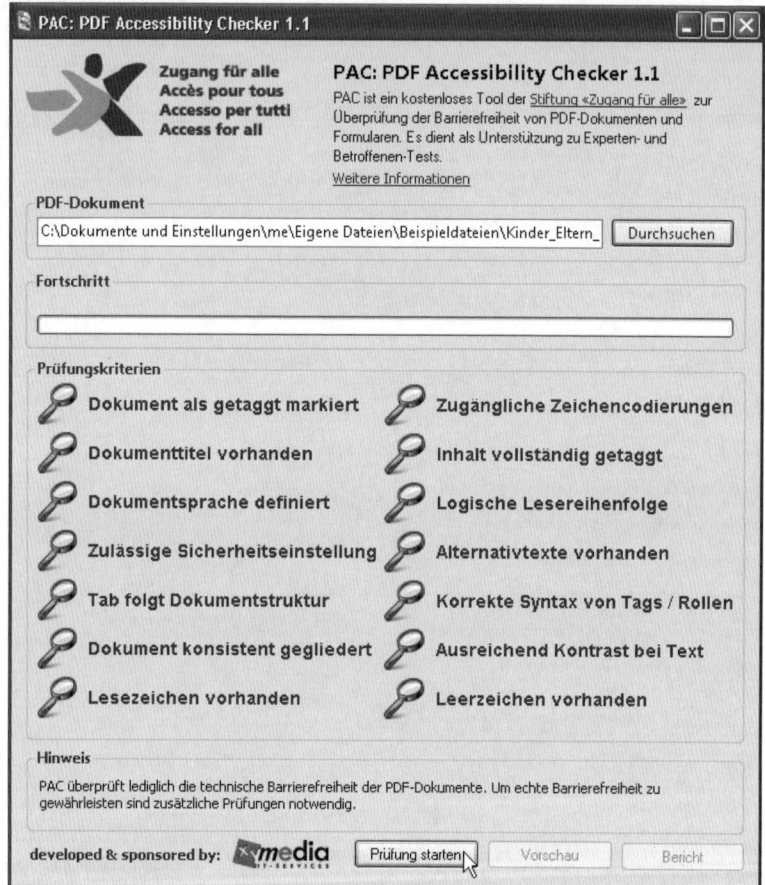

Abb. 12-21   PAC prüft immer alle 14 Prüfkriterien. Und erst nach der Prüfung haben
Sie die Möglichkeit, die Screenreader-Vorschau zu nutzen oder sich den
detaillierten Prüfbericht anzeigen zu lassen.

den 14 Kriterien. Ein grüner Haken bedeutet »Kriterium erfüllt«, ein rotes Kreuz
signalisiert »Hier ist ein Fehler, der mit großer Wahrscheinlichkeit eine Barriere
bedeutet« und ein gelbes Warndreieck mit Ausrufezeichen weist darauf hin,
dass hier ein Fehler vorliegen könnte oder aber eine bewusste Abweichung
und dass deswegen ein manuelles Prüfen dieses Kriteriums gemäß der im
Bericht genannten Mängel notwendig ist.

Auch der PAC bietet einen ausführlichen Fehlerbericht mit Links zu den
Fehlerstellen im Dokument. Wählen Sie dazu den Button »Bericht« aus.

12.4.2.3   Null Fehler deuten auf eine technische Validität hin

Die automatische Prüfung, gleichgültig ob sie in Adobe Acrobat Professional oder mit PAC durchgeführt wird, ist ein nützliches Werkzeug, besonders wenn es um Aspekte der technischen Barrierefreiheit geht. Sie kann jedoch nur einen kleinen Teil der Mindestanforderungen prüfen. Null Fehler bei dieser Prüfung bedeuten nicht, dass das Dokument barrierefrei ist. Und anders herum: Gefundene Mängel müssen keine Barrieren sein. Dies zu beurteilen ist Ziel der Stufe 2, der manuellen Prüfung, sowie der Stufe 3, der Praxis-Prüfung.

Inhaltsaspekte etwa lässt die automatische Prüfung unberücksichtigt. Diese können nur manuell geprüft werden. Dazu ist ein genauer Blick auf den Tag-Baum beziehungsweise auf die Zuordnung eines Inhaltselements zu einem Tag notwendig.

12.4.3   Stufe 2: Die manuelle Prüfung – »Von Hand sowie mit Kopf und Verstand«

Im Mittelpunkt der manuellen Prüfung steht die Beurteilung der Tags und des Tag-Baums auf semantische Richtigkeit, denn Syntax lässt sich automatisch prüfen, Semantik jedoch nicht. Korrekte Tags sind deshalb so wichtig, weil sie ein Dokument navigierbar machen. Das gilt besonders für Überschriften, Aufzählungen, Tabellen, Links oder Fußnoten, die sich auf diese Weise direkt anspringen lassen. Sehende lesen visuell quer, Screenreader-Nutzer können in einem barrierefreien PDF akustisch querlesen und sich schnell von Überschrift zu Überschrift durch ein Dokument bewegen. Deswegen genügt es nicht, sich nur auf technisch eindeutig überprüfbare Kriterien zu verlassen oder den alleinigen Praxistest durch Menschen mit Behinderungen heranzuziehen. Wir kommen nicht umhin, den Tag-Baum einer inhaltlichen Analyse zu unterziehen.

12.4.3.1   Schritt 1: Die Zuordnung des Tags zum Inhaltselement prüfen

Die Kernfrage der manuellen Prüfung lautet: Entsprechen die Tags den unterschiedlichen Rollen der tatsächlichen Inhaltselemente im Dokument, deren Bedeutung sie ja vermitteln sollen? Was heißt das konkret? Einfach gesprochen: Schauen Sie, ob sich die Rolle eines Inhaltselementes – beispielsweise einer Überschrift 2. Ebene – im Tag-Baum in einem entsprechenden Tag widerspiegelt. Das müsste in diesem Fall ein H2-Tag sein. Oder kontrollieren Sie, ob eine Liste tatsächlich mithilfe von Listen-Tags richtig ausgezeichnet ist oder doch nur mit P als einfacher Textabsatz.

12.4.3.2   Schritt 2: Leere Tags entdecken

Gleichzeitig prüfen Sie, ob noch leere Tags oder Tags mit leeren Inhaltsbehältern vorhanden sind. Leere Tags können Sie ohne Bedenken löschen. Tags mit leeren Inhaltsbehältern jedoch müssen Sie als Artefakte kennzeichnen. Wenn

Sie diese einfach löschen, dann bemängelt die automatische Prüfung, dass es Inhalte ohne Tags gibt.

Leere Tags sind keine Barriere. Sie blähen Ihre Datei nur auf. Tags mit leeren Inhaltsbehältern hingegen lesen manche Screenreader als »leer« vor. Besonders wenn mehrere solcher Tags hintereinander stehen, ist dies für blinde Nutzer irritierend.

Am besten ist es natürlich, Tags mit leeren Inhaltsbehältern zu verhindern oder im Quelldokument zu korrigieren, denn sie stammen von leeren Absätzen.

12.4.3.3   Schritt 3: Vorlese-Reihenfolge kontrollieren

Im gleichen Arbeitsschritt lässt sich die Vorlese-Reihenfolge kontrollieren, da diese von der Reihenfolge der Tags bestimmt wird. Überprüfen Sie, ob Abweichungen von der optischen Reihenfolge im Dokument sinnvoll und beabsichtigt sind.

12.4.3.4   Schritt 4: Alternative Darstellungsoptionen und Navigation ausprobieren

Menschen mit einer Sehbehinderung sind auf eine starke Vergrößerung ohne horizontalen Scrollbalken und die individuelle Farbanpassung angewiesen. Prüfen Sie deswegen in einem weiteren Schritt der manuellen Prüfung, ob die Vergrößerung Ihres Dokuments möglich ist, ohne dass Barrieren entstehen. Kontrollieren Sie außerdem die Lesezeichen auf Richtigkeit und Funktion. Dies kommt allen Nutzern zugute.

Umfließen-Ansicht testen

Über *Anzeige > Zoom > Umfließen* oder das Tastaturkürzel Strg+4 wechseln Sie in den Umfließen-Modus und prüfen, ob die inhaltsrelevanten Elemente vollständig und lesbar sind und in einer sinnvollen Reihenfolge angezeigt werden. Dies ist sowohl mit Adobe Reader möglich als auch mit den unterschiedlichen Acrobat-Versionen.

Die Umfließen-Reihenfolge muss nicht zwingend der Vorlese-Reihenfolge entsprechen. Es genügt, wenn die Inhalte in einer verständlichen Art und Weise angeordnet sind. Beispielsweise kann es in Ordnung sein, wenn Bilder jeweils am Seitenende stehen, wenn sie nicht einen unmittelbaren Bezug zu einer konkreten Textstelle haben.

Beachten Sie, dass bei Formularen Schritt 4 entfällt, da für diese keine Umfließen-Ansicht möglich ist.

Kontrastmodus testen

Im Adobe Reader oder in Acrobat können Sie unter *Bearbeiten > Voreinstellungen > Ein-/Ausgabehilfe* die individuellen Farbeinstellungen für den Kontrastmodus vornehmen. Aktivieren Sie dazu die Funktion »Dokumentfarben ersetzen« und legen Sie eine Farbkombination fest – beispielsweise gelbe Schrift auf dunkelblauem Hintergrund – oder wählen Sie aus den vordefinierten Einstellungen. Prüfen Sie dann, ob bei einem Wechsel von Schrift- und Hintergrundfarbe alle Inhalte lesbar bleiben – wenn schon nicht in der Normalansicht, dann wenigstens in der Umfließen-Ansicht.

Beachten Sie, dass sich die Farbeinstellungen nicht nur auf ein Dokument beziehen, sondern auf das gesamte Programm, das heißt auch für alle weiteren Dokumente, die Sie nach dem Aktivieren des Kontrastmodus öffnen.

Navigation über Lesezeichen testen

Neben korrekten Überschriften-Tags gibt es ein weiteres wichtiges Kriterium, das ein barrierefreies Navigieren ermöglicht: korrekte Lesezeichen. Der PAC kann zwar prüfen, ob Lesezeichen angelegt sind, aber nicht, ob sie korrekt sind und funktionieren. Dies müssen Sie manuell testen.

Lesezeichen als eine Mischung aus Navigationsmenü und Inhaltsverzeichnis sollten allein die Überschriftenstruktur des Dokuments widerspiegeln. Das Lesezeichenfenster sollte bereits in der Startansicht sichtbar sein. Andere Elemente außer Überschriften zu Lesezeichen zu machen, entspricht nicht der Gewohnheit und Erwartung der Nutzer und ist in den meisten Fällen eher verwirrend.

12.4.3.5   Schritt 5: Weitere Dokumenteigenschaften prüfen

Nicht alle Merkmale einer barrierefreien PDF-Datei lassen sich automatisch prüfen. Für die manuelle Prüfung bleiben außer den bisher genannten noch folgende Kriterien zu prüfen:

- Ist der angegebene Dokumenttitel als Fenstertitel festgelegt? Diese Einstellung finden Sie in den Dokumenteigenschaften im Reiter »Ansicht beim Öffnen« unter *Fensteroptionen > Einblenden*.
- Ist die Dateigröße bereits maximal verringert und eine sinnvolle Abwärtskompatibilität bestimmt? Dies können Sie über die Dokumenteigenschaften im Reiter »Beschreibung« unter »Erweitert einsehen« und über den Menüpunkt *Datei > Dateigröße* verringern anpassen.

12.4.3.6   Zwei Wege, um die Schritte 1–3 durchzuführen

Während für den Test der Umfließen-Ansicht (Schritt 4) der kostenlose Adobe Reader ausreicht, benötigen Sie für die Schritte 1–3 entweder Acrobat oder den PDF Accessibility Checker.

Visuelle Tag-Baum-Prüfung mit Acrobat

Als Programm, mit dem Sie den Tag-Baum einsehen und bearbeiten können, eignet sich beispielsweise Acrobat. Dort gehen Sie in das Navigationsfenster »Tags« und öffnen den Tag-Baum bis auf die erste Ebene der Inhalts-Tags, also dort, wo die Tags H1, P und L zu sehen sind. Über das Optionenmenü aktivieren Sie die Funktion »Inhalt markieren«. Wenn Sie jetzt den obersten Inhalts-Tag anklicken, dann ist im Dokument das entsprechende Inhaltselement mit einem graublauen Rahmen hervorgehoben. Mit der Pfeil -Taste bewegen Sie sich nun Tag für Tag nach unten und prüfen die Zuordnung Tag zu Dokumentinhalt, den Tag-Namen und die Vorlese-Reihenfolge.

Schließlich kontrollieren Sie noch, ob alle Tags die richtige Rolle besitzen. Dazu wählen Sie im Optionenmenü die Funktion »Rollenzuordnung bearbeiten« und schauen sich die Rollenzuordnungen an. Links steht der verwendete Tag-Name, rechts die Rolle, die einem der PDF-Standard-Tags entsprechen müsste, und zwar demjenigen, das am besten die Strukturinformation des jeweiligen Elementes vermittelt. Wie wir bereits des Öfteren erwähnt haben, ist es ideal, Tag-Name und Tag-Rolle identisch zu wählen gemäß den PDF-Standard-Tags. Auf diese Weise erkennen Sie sehr schnell, wenn eine falsche Rollenzuordnung vorliegt.

Sprachwechsel und Erläuterungen zu Abkürzungen können Sie nur sehr umständlich über das Aufrufen der TouchUp-Eigenschaften oder im Navigationsfenster »Inhalt für jeden Tag« einzeln prüfen.

Tags mithilfe von PAC beurteilen

PAC ermöglicht zwar nicht das Einsehen des Tag-Baums wie Acrobat, bietet aber eine Screenreader-Vorschau, die es Ihnen auf anderem Wege ermöglicht, die Zuordnung des Tags zum Dokumentinhalt zu überprüfen. Die Screenreader-Vorschau zeigt optisch an, was ein Screenreader in welcher Reihenfolge vorlesen würde und welche Strukturinformationen er erkennen könnte. Dazu gibt es am Rand kleine Symbole, die bei Mouse-over anzeigen, welcher Tag dem jeweiligen Inhaltselement zugeordnet ist (vgl. Abb. 12-22).

Um diese sehr nützliche Funktion aufzurufen, wählen Sie »Vorschau«. Bei Bildern und Grafiken sehen Sie in der Vorschau nur die hinterlegten Alternativtexte. Sprachwechsel sind über Flaggen-Symbole gekennzeichnet. Abkürzungen sind im Text durch ihre hinterlegten Erläuterungen ersetzt. Überschriften stellt die Vorschaufunktion in sehr übersichtlicher Weise blau und in einer ihrer Gliederungsebene entsprechenden Größe dar.

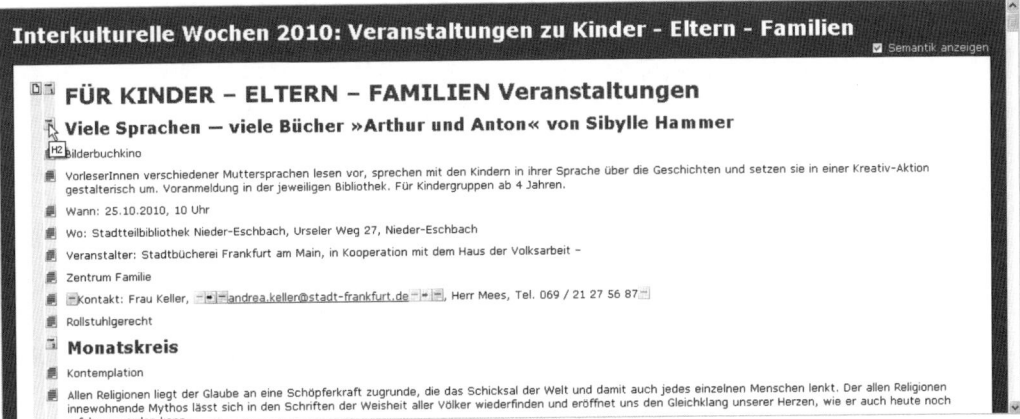

Abb. 12-22   Ein wirklich sehr nützliches Werkzeug ist die Screenreader-Vorschau im PAC. Einige blinde Nutzer setzen sie bereits als Ersatz für den Adobe Reader ein.

12.4.4   Stufe 3: Härtetest mit Vorlesesoftware

Als Prüfung der praktischen Barrierefreiheit wird das PDF-Dokument schließlich mit einem aktuellen Screenreader oder einer Sprachausgabe mit guter PDF-Unterstützung getestet. Im Fokus stehen hier besonders folgende Fragen:

- Funktioniert das Dokument überhaupt mit einem Screenreader oder einer Sprachausgabe?
- Erkennt der Screenreader bzw. die Sprachausgabe die Überschriften?
- Können Alternativtexte zu Grafiken und Fotos ausgelesen werden?
- Werden Links erkannt und sind sie über die Tastatur aufrufbar?
- Sind alle Zeichen eindeutig interpretierbar (denn nicht alle Unicode-Zeichen werden von einem Screenreader korrekt wiedergegeben)?
- Ist das Dokument navigierbar – beispielsweise über Lesezeichen oder das direkte Anspringen von Elementen wie Überschriften, Tabellen oder Listen?
- Sind auch komplexe Elemente wie verschachtelte Tabellen zugänglich?

Auch wenn die 1. und die 2. Etappe erfolgreich durchlaufen wurden, gibt erst ein Screenreader-Test Aufschluss über die faktische Zugänglichkeit des PDF-Dokuments. Von Vorteil ist es, das Dokument von einem blinden Anwender testen zu lassen. Denn ein Nutzer ist am besten in der Lage, die Prüfung sinnvoll durchzuführen.

Wenn Sie selbst mit JAWS testen, dann müssten Sie bereits zu Beginn einen summarischen Bericht zur Anzahl der Überschriften und der Links im Dokument hören. Wenn JAWS »Keine Überschriften« liest, dann liegt der Verdacht nahe, dass nicht von einem barrierefreien PDF gesprochen werden kann. Der Grund könnte beispielsweise in einer falschen Rollenzuordnung oder im völligen

Fehlen von Überschriften-Tags liegen. Doch Letzteres hätten Sie bereits beim automatischen Prüfen mit PAC herausfinden müssen. Dies zeigt, dass keine der drei Stufen übersprungen werden darf, wenn am Ende ein für alle Nutzer bedienbares, barrierefreies PDF-Dokument herauskommen soll.

12.5 Fazit und Ausblick

12.5.1   Barrierefreiheit in PDF verstehen

PDF ist in Bezug auf Barrierefreiheit besser als sein Ruf – zumindest wenn wir das Format als solches betrachten und nicht die Summe aller im Web verfügbaren PDF-Dateien. Diese Einschränkung gilt wohl für alle anderen Formate wie z. B. HTML in ähnlicher Weise. Eine PDF-Datei kann eine Strukturebene und weitere Eigenschaften aufweisen, die ein hohes Maß an Barrierefreiheit gewährleisten.

Das Format bietet einzigartige Möglichkeiten, bestimmte Formen digitaler Inhalte barrierefrei zur Verfügung zu stellen. Das betrifft einerseits Quellformate, die nicht die Möglichkeit für das Anlegen von Strukturinformationen bieten, andererseits Quellformate, die ein hohes Maß an Strukturierung und weiterer Eigenschaften aufweisen, die sich über die Konvertierung in ein PDF hineinlegen lassen.

Im Vergleich zu HTML bietet PDF jedoch bisher nicht dieses – nennen wir es »flächendeckende«-Maß – an Zugänglichkeitsunterstützung, da es viele Hilfsmittel gibt, die das Auswerten von Strukturinformationen und das Nutzen wichtiger PDF-Eigenschaften noch nicht voll oder überhaupt nicht unterstützen. Weitere Tests sind hier notwendig.

12.5.2   Merkmale

Die Anforderungen der WCAG 20 gelten auch für PDF. Letztlich muss sich die Barrierefreiheit des Formats daran messen lassen. Ein Mapping der PDF-Eigenschaften zu den Erfolgskriterien und Techniken macht deutlich, dass PDF die Anforderungen erfüllen kann. Ergänzend wären noch PDF-spezifisch formulierte Techniken notwendig.

Auch eine Konkretisierung oder Erweiterung der PDF-Eigenschaften im Hinblick auf Nutzergruppen wie Menschen mit Sehbehinderungen, Menschen mit Lernschwierigkeiten oder gehörlose Menschen muss folgen. Bisher mangelt es insgesamt noch an einem einheitlichen und transparenten Standard, der jedoch als PDF/UA in Arbeit ist und dessen Veröffentlichung als ISO-Standard für 2011 angekündigt wurde.

12.5.3   Workflows

Der Königsweg führt ausgehend von gut vorbereiteten Quelldateien über eine saubere Konvertierung zu barrierefreien PDF-Dateien ohne Nacharbeitungsaufwand – dies ist bisher noch eine Wunschvorstellung und höchstens in Ansätzen und nur für einfache Inhaltselemente möglich. Für einige Workflows beispielsweise aus Word, OpenOffice Writer, PowerPoint oder InDesign ist es bereits möglich, Quelldateien für Barrierefreiheit vorzubereiten und damit den Aufwand insgesamt zu minimieren.

An dieser Stelle gibt es jedoch noch viel Optimierungsbedarf. Besonders die großen Softwarehersteller Microsoft, Adobe, Apple sowie Entwicklerteams von OpenSource-Programmen oder auch kleine findige Unternehmen sind hier gefragt, bessere Autorenprogramme und zuverlässigere Konvertierungslösungen bereitzustellen.

Beim Optimieren bestehender PDF-Dateien ist man weiterhin auf kostenintensive Programme angewiesen, die sich jedoch nicht durch ihre Zuverlässigkeit und einfache Handhabung auszeichnen. Auf mittlere und lange Sicht sollte dies sowieso eine Notlösung bleiben für Quellformate, die keine Möglichkeit zum Anlegen von Strukturinformationen bieten.

12.5.4   Qualitätssicherung

Aktuell liegt im Bereich der Qualitätssicherung noch eine große Herausforderung. Zum einen kursiert hier immer noch die falsche Auffassung, dass null Fehler bei der Acrobat-internen automatischen Prüfung ein Nachweis für die Barrierefreiheit einer PDF-Datei wären, zum anderen erscheint vielen Erstellern ein sorgfältiges Prüfen als zu aufwändig.

Ein kleines, frei verfügbares Prüfwerkzeug hat hier einiges in Bewegung gebracht: der PDF Accessibility Checker. PAC orientiert sich an technisch eindeutig überprüfbaren Anforderungen der WCAG 20 und hat die Möglichkeiten des automatischen Prüfens spürbar erweitert. Besonders hervorzuheben ist die integrierte Screenreader-Vorschau einschließlich einer Anzeige der Strukturinformationen.

Trotzdem ist das nachträgliche Prüfen immer der aufwändigere Weg. Nachhaltiger wäre es, die Qualitätssicherung in den Erstellungsprozess der Quelldateien selbst »vorzuverlegen«. Einen ersten bescheidenen Ansatz verfolgt Word 2010 mit einer in das Autorenwerkzeug integrierten Prüfung auf Barrierefreiheit, dem sogenannten Document Accessibility Checker.[29]

---

29. Office 2010: Accessibility Investments & Document Accessibility.
    URL: *http://blogs.technet.com/b/office2010/archive/2010/01/07/ office-2010-accessibility-investments-document-accessibility.aspx* (Abruf 26.9.2010).

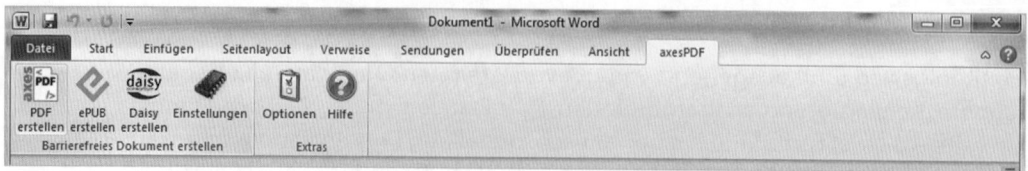

Abb. 12-23   axesPDF for Word bietet die Möglichkeit, auf Knopfdruck barrierefreie
Dokumente zu erstellen ohne Nacharbeit im jeweiligen Zielformat PDF,
ePub oder DAISY.

Noch weiter geht hier axesPDF for Word[30], ein Word-Add-on, das nur eine Konvertierung erlaubt, wenn alle Anforderungen an die Barrierefreiheit wie beispielsweise eine konsistente Überschriftenhierarchie oder korrekte Tabellen in der Quelldatei erfüllt sind. Wir konnten eine Beta-Version testen und sind von den Möglichkeiten begeistert. Besonders praktisch: axesPDF for Word bietet durch ein individuelles Mapping von Elementen beziehungsweise Formatvorlagen zu PDF-Tags eine maximale Kontrolle bei der Konvertierung. Der Königsweg, von einem Quelldokument ausgehend auf Knopfdruck ein barrierefreies PDF-Dokument zu erzeugen, scheint zumindest aus Word heraus in greifbare Nähe zu rücken. Wenn sich dies auch noch auf die weiteren Workflows anwenden ließe, dann hätte PDF vielleicht tatsächlich bald den Ruf als schnellster Weg, digitale Inhalte barrierefrei ins Web zu stellen.

---

30. axesPDF ist eine Entwicklung der Schweizer Firma xyMedia. Wertewerk ist in Deutschland
der Lösungs- und Vertriebspartner.

Teil IV
Vorlagen

13 Technischer Unterbau

Valide Dokumente zeigen, dass Webinhalte sorgfältig und zeitgemäß aufbereitet wurden. Valide Dokumente sind damit ein Zeichen für Standardkonformität und fördern die Kompatibilität. Zudem unterstützen Hilfsmittel eine Auszeichnungssprache besser, wenn diese entsprechend ihrer Spezifikation verwendet wird. Valider Code ist zugleich ein Qualitätsmerkmal und erleichtert die Arbeit nach Webstandards.

Valides HTML bedeutet aber nicht, dass der Inhalt barrierefrei ist, sondern ist sozusagen das i-Tüpfelchen der Barrierefreiheit, wenn inhaltliche, strukturelle und interaktive Komponente barrierefrei umgesetzt sind.

Validität ist die Übereinstimmung des Quellcodes mit der formalen Grammatik einer Sprache wie z.B. HTML und zeigt, dass die jeweilige Auszeichnungssprache auf gültige (valide) Weise verwendet wird. Ein weiterer Aspekt ist die Wohlgeformtheit, die beispielsweise für XML-basierte Dokumente berücksichtigt werden muss.

Letztlich können alle Aspekte, die den technischen Unterbau eines Dokuments und gleichzeitig die Zugänglichkeit und Nutzbarkeit betreffen, unter dem Gesichtspunkt der Validität gesehen werden. Aus dem Blickwinkel der Barrierefreiheit geht es u.a. um den sinnvollen Einsatz von HTML-Elementen und -Attributen sowie die logischen Beziehungen zwischen einzelnen, zusammenhängenden Inhalten.

13.1 Validität

Die Einhaltung aller Webstandards ist für eine Konformität mit den WCAG20 nicht zwingend erforderlich, gilt aber als »Best Practice«. Nicht immer kann aber genau nach Webstandards gearbeitet werden, wenn z.B. in den CSS zuweilen Hacks für eine browserübergreifend gleiche Darstellung nötig werden.[1] Auch wenn eine Validierung gegen alle technischen Standards erfolgt, kann weder eine Aussage über die grundsätzliche Zugänglichkeit noch die Nutzbarkeit einer Webseite getroffen werden. Sie ist jedoch Voraussetzung für die technische

---

1. Heller, St., CSS Hack, URL: *http://www.css-hack.de/* (Abruf 10.12.2010).

Aufbereitung von Dokumenten und damit für die Zugänglichkeit der Inhalte in verschiedenen Anwendungen.

Auf der technischen Ebene ist – trotz der nur eingeschränkten Aussagefähigkeit zur Barrierefreiheit – ein valides Dokument ein Qualitätsmerkmal. Der Einsatz von HTML-Validatoren zur Prüfung des technischen Unterbaus kann Fehler aufdecken, die die technische Zugänglichkeit beeinflussen.

Für die Barrierefreiheit selbst gibt es keine Validatoren. Obwohl die WCAG20 technisch überprüfbare Anforderungen enthalten, muss Barrierefreiheit in Abhängigkeit sowohl von den Inhalten als auch ihrem Kontext bewertet werden. Einige spezialisierte Tools erleichtern jedoch die Bewertung.

13.1.1 Kompatibilität sichert die Zugänglichkeit

Die Zugänglichkeit der Webinhalte ist nicht nur vom Browser abhängig. Hilfsmittel wie Screenreader, Vergrößerungssysteme, Spracherkennung oder Maus- und Tastaturergänzungen setzen den korrekten Einsatz verschiedener Techniken entweder voraus oder funktionieren dann besser. Die Schnittstelle zwischen Hilfsmittel und Dokument kann der Browser selbst oder ein Teil des Betriebssystems sein, wie etwa die MSAA-Schnittstelle in Windows-Systemen.[2] Je standardkonformer Dokumente aufbereitet sind, umso besser können die Schnittstellen zwischen Inhalt und Nutzer »gefüttert« werden.

Keine Software ist perfekt und nicht alle Spezifikationen zur Barrierefreiheit werden von den Anwendungen so aufbereitet oder unterstützt, wie es erforderlich wäre. Browser und Hilfsmittel entwickeln sich aber ebenso wie andere Software-Produkte weiter. Wenn Sie heute Webstandards berücksichtigen, dann ist auch die Bedienung der Schnittstellen in der Zukunft sichergestellt. Werden hingegen Techniken eingesetzt, die zwar heute funktionieren, aber nicht standardkonform sind, entstehen zwei Probleme:

1. Eine nicht standardkonforme Technik funktioniert möglicherweise in zukünftiger Software nicht oder nicht mehr so gut. So verfügen die meisten Browser über Korrektur-Algorithmen beim Rendering von HTML. Fehlerhafter Quellcode kann dadurch meist trotzdem angezeigt werden. Wenn aber das HTML nicht ordentlich in eine Datenstruktur umgewandelt werden kann, kann es sein, dass eine falsche oder gar keine Darstellung angezeigt wird. Eine korrekte Schreibweise ist robust und gewährleistet eine zuverlässige Interpretation durch Browser und weitere Zugangssoftware.
2. Nur der richtige Einsatz von Webstandards stellt die Unterstützung in Anwendungen langfristig sicher. Die Förderung der Zugänglichkeit ist selbstverständlich nicht nur Aufgabe der Webanbieter, sondern auch eine Aufgabe der Browserhersteller und der Entwickler von Redaktionssystemen. Die Zugänglichkeit muss durch den erzeugten Code in Richtung Barriere-

---

2. Christmann, G.; Hellbusch, J. E., Microsoft Active Accessibility,
    URL: *http://www.barrierefreies-webdesign.de/knowhow/msaa/* (Abruf 5.7.2010).

freiheit optimiert werden, da es sonst für die Software-Hersteller wenig Anreiz gibt, die Techniken an die Schnittstellen durchzureichen.

13.1.2 HTML-Validierung

Ein gültiger Code ist Voraussetzung einer korrekten Umsetzung nach Webstandards und wird durch die HTML-Validierung festgestellt.

Damit ein Webdokument mit einem Validator geprüft werden kann, muss zu Beginn des Dokuments eine Dokumententypdefinition (DTD) angegeben werden (vgl. Abschnitt 4.1.1 ab S. 118). Die DTD gibt dem Validator die Information über die anzuwendende Spezifikation und definiert zugleich den zulässigen (gültigen) Aufbau des Dokuments sowie die Verwendung von Elementen und Attributen. Durch die DTD können außerdem die Inhalte durch die Browser standardkonform aufbereitet werden. DTDs gibt es außer für HTML für zahlreiche weitere Sprachen.[3]

G 134

13.1.2.1 Validatoren für HTML-Dokumente

Validatoren sind Werkzeuge, mit denen Dokumente auf formale syntaktische Fehlerfreiheit geprüft werden können, indem der Quelltext mit der in der Dokumententypdefinition angegebenen HTML-Spezifikation abgeglichen wird. Bei der Validierung werden uneindeutige Zusammenhänge innerhalb des Codes aufgedeckt. Sie dient aber nicht der Konformitätsprüfung mit dem zugrunde gelegten Standard oder gar der Barrierefreiheit. Das Ergebnis ist entweder die Information, dass ein Dokument den formalen Anforderungen genügt, oder eine Fehlerliste (vgl. Abb. 13-1).

Zwei der zahlreichen Webanwendungen zur Validierung haben sich bewährt:

- W3C Markup Validation Service:
  Der Validator des W3C bietet die Prüfung und Korrektur von HTML-Dokumenten. Die Originalversion ist zu finden auf

  http://validator.w3.org/

- WDG HTML Validator:
  Ein Werkzeug der Web Design Group, das sich für Dokumente eignet, in denen andere Dokumententypdefinitionen als die vom W3C spezifizierten verwendet werden. Außerdem ist es möglich, komplette Webangebote in einem Schwung zu validieren. Zu finden ist der Validator auf

  http://www.htmlhelp.com/tools/validator/

---

3. Vgl. W3C, Recommended list of Doctype Declaration,
   URL: *http://www.w3.org/QA/2002/04/valid-dtd-list.html* (Abruf 5.7.2010).

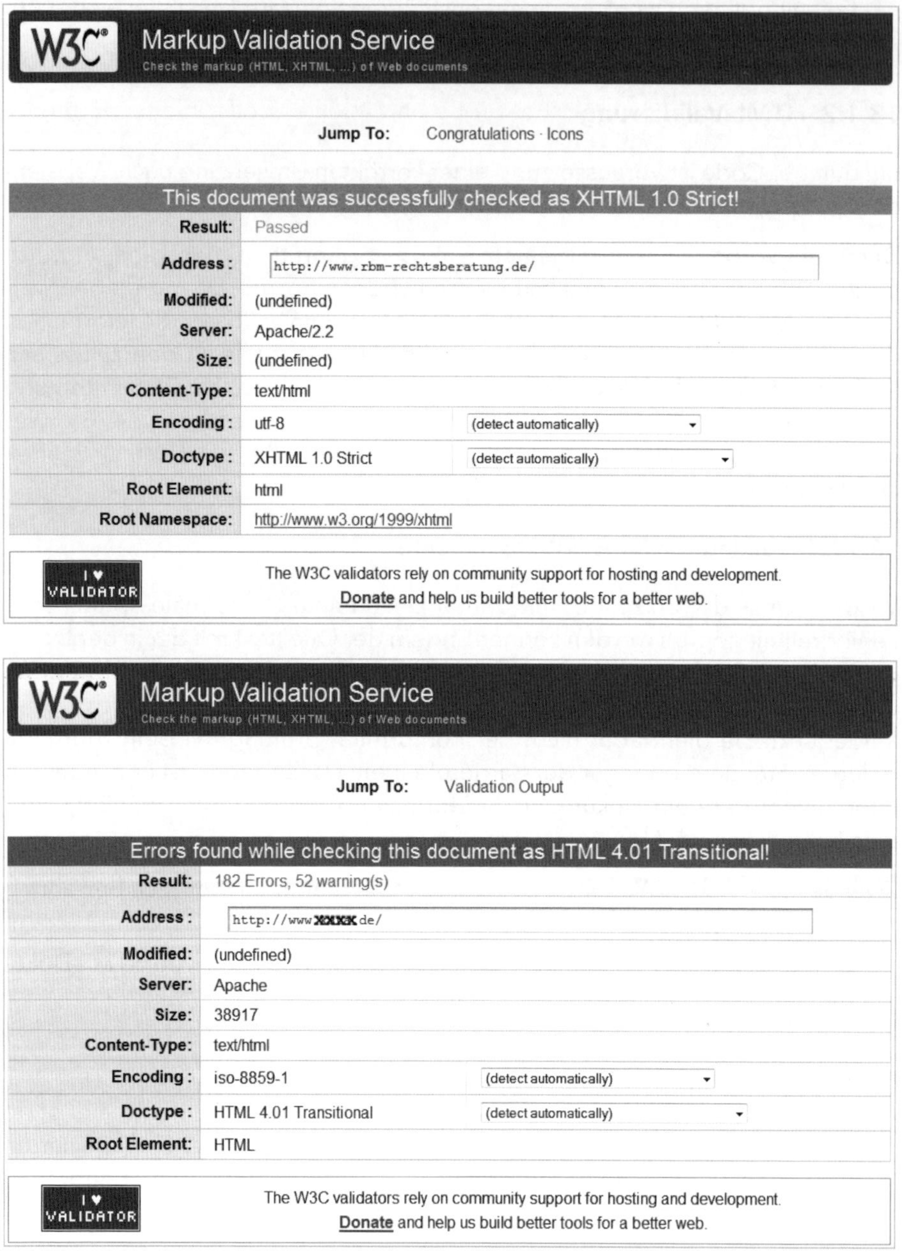

Abb. 13-1   Ergebnisse einer W3C-Validierung für ein valides und ein nicht valides HTML-Dokument

Ein weiteres hilfreiches Werkzeug ist Tidy, eine Anwendung, mit der die Syntax geprüft und aufgeräumt werden kann. Tidy kann auch bestimmte Aspekte der Barrierefreiheit prüfen und liefert hierzu Hinweise. Das Herzstück von Tidy ist die TidyLib, es wird in diversen Anwendungen von HTML-Editoren bis Validatoren eingesetzt.

Für die Prüfung einzelner Seiten oder Seitenbereiche eignet sich einer der oben genannten Validatoren. Bei größeren Projekten sollte die Serverumgebung mit Tidy so erweitert werden, dass eine automatisierte HTML-Optimierung erfolgen kann.

Viele Editoren und andere Entwicklungsumgebungen bieten zusätzliche Validierungsmöglichkeiten. Dabei geht es selbstverständlich nicht nur um HTML, sondern auch um XML, SVG, SMIL, CSS oder eine der zahlreichen anderen Techniken zur Erstellung von Webdokumenten. Dass prinzipiell andere Techniken ebenso valide sein sollten, steht außer Frage. HTML spielt aber wegen seiner Funktion als technische Benutzungsschnittstelle für Hilfsmittel eine besondere Rolle.

Links zu verschiedener Validierungssoftware des W3C, einschließlich Tidy, finden Sie auf:

http://www.w3.org/Status.html

13.1.2.2 Strategie der Fehlervermeidung

HTML-Validierung ist vor allem eine Strategie der Fehlervermeidung und keine Optimierungsstrategie, da man »nur« die offensichtlichen Fehler auf der technischen Ebene feststellen kann.

Bei XML-basierten Auszeichnungssprachen ist auf die in den XML-Spezifikationen definierte Wohlgeformtheit des Dokuments zu achten. Dazu zählt, dass Elemente richtig verschachtelt werden, dass es genau ein Wurzelelement gibt oder dass sonstige Regeln für Attribute oder Wertzuweisungen gemäß ihrer Spezifikation eingesetzt werden. Die XML-Regeln sind für XHTML ebenso wie für SVG, SMIL oder andere XML-basierte Auszeichnungssprachen einzuhalten.

Zunächst geht es um die Vermeidung nicht spezifizierter Schreibweisen. Einige HTML-Elemente und -Attribute waren nie Teil einer HTML-Spezifikation und sollten deshalb nicht eingesetzt werden. Ein Beispiel ist das Element MARQUEE zur Erzeugung von Laufschriften. Abgesehen davon, dass MARQUEE nicht von allen Browsern unterstützt wird, führt es gelegentlich zum Absturz von Screenreadern.

Viele Elemente und Attribute, die noch in den 1990er-Jahren genutzt wurden, lassen sich heute problemlos mit CSS umsetzen. Sie werden deswegen vom W3C als veraltet eingestuft. Dies betrifft vor allem solche, die das Layout beeinflussen. Zu den veralteten Elementen gehören u.a. das FONT- oder das U-Element (Unterstreichung). Veraltete Attribute sind beispielsweise hspace, bgcolor sowie das language-Attribut für das SCRIPT-Element. Einige Attribute wiederum sind nur für bestimmte Elemente veraltet, wie border für IMG und OBJECT oder value für LI. Zu beachten ist, dass bei der Validierung nicht alle veralteten Elemente und Attribute als Fehler beanstandet werden. Deswegen müssen Tests mit weiteren Anwendungen, wie sie in speziellen Toolbars für Webentwickler vorhanden sind, durchgeführt werden.

Viele veraltete Elemente und Attribute sind in den strengen DTDs (strict) nicht zugelassen;[4] es ist teilweise dem Einsatz dieser Elemente und Attribute zu »verdanken«, dass es alternative Übergangs-DTDs (transitional) gibt.

Die Validierung unterstützt bei der Klärung eindeutiger Beziehungen zwischen einzelnen Inhalten. Beispielsweise sind id-Attribute für bestimmte Elemente für die Zugänglichkeit des Dokuments wichtig. Werden komplexe Datentabellen über headers-Attribute für die einzelnen Zellen zugänglich gemacht, dann ist eine eindeutige Verknüpfung der Datenzellen mit den Zeilen- bzw. Spaltenüberschriften nötig, damit sie von Screenreadern erkannt werden. HTML-Validatoren stellen jedoch nur fest, ob die Werte für id-Attribute von Kopfzellen eventuell doppelt vergeben wurden. Ob die Verknüpfung von Kopfzellen und Datenzellen über headers-Attribute korrekt ist, hängt von den Tabelleninhalten ab und muss »per Hand« und sicherheitshalber direkt mit einem Screenreader ermittelt werden.

Die Verknüpfung von Formularbeschriftungen mit Steuerelementen ist ähnlich. Jedes Formularelement benötigt eine Beschriftung, die eindeutig mit dem Steuerelement verknüpft ist. Kann dieser Zusammenhang nicht über die Verknüpfung durch Screenreader erkannt werden, dann sind vor allem komplexe Formulare von blinden Nutzern kaum noch bedienbar. Voraussetzung ist auch hier die Vergabe eindeutiger Werte in den id-Attributen der Steuerelemente. Aber auch hier kann ein Validator nicht ermitteln, ob die Beschriftungen den richtigen Steuerelementen zugewiesen wurden.

Mit einer Validierung können außerdem kleinere Fehler aufgespürt werden, die zwar oft nicht auffallen, aber irgendwann zu Kompatibilitätsproblemen führen können. Ob HTML-Elemente nicht korrekt verschachtelt, zulässige Attribute eingesetzt oder geöffnete Tags nicht geschlossen sind: Bestimmte Fehler können dazu führen, dass die Inhalte durch die verwendete Software falsch aufbereitet werden. Auch Attribute ohne Anführungszeichen oder fehlende Trennung von Attributen mit Leerzeichen können zu Zugänglichkeitsproblemen führen.

Besteht ein HTML-Dokument die Validierung, ist es zwar formal korrekt aufgebaut, aber nicht zwingend fehlerfrei im Sinne der Zugänglichkeit und Nutzbarkeit. Ein HTML-Validator wird z. B. für den folgenden HTML-Schnipsel keine Fehlermeldung liefern:

```
<a href="unsinn">Linktext</a>
```

Weil in der Dokumententypdefinition als Wert für das href-Attribut ein Inhalt des Typs »CDATA« gefordert wird, ist die Schreibweise formal richtig. Nutzbar ist das allerdings nicht.

---

4.   Vgl. SelfHTML, nicht erlaubte Elemente und Attribute bei Variante strict, URL: *http://de.selfhtml.org/html/referenz/varianten.htm#strict_nicht_erlaubt* (Abruf 5.7.2010).

Ein weiterer wichtiger Aspekt der Barrierefreiheit, der durch eine Validierung nicht aufgedeckt werden kann, ist die logische Reihenfolge der Inhalte im Quelltext (Linearisierbarkeit). Sie gehört zu den für viele Nutzer problematischen Aspekten und wird im Unterschied zu dem oben aufgeführten Linkbeispiel konkret in den WCAG20 angesprochen.

Wenn ein Tabellenlayout verwendet wird, dann kann es gemäß der HTML-Spezifikation aufgebaut und damit valide sein. Sind aber die Tabellen- oder Zelleninhalte nicht linearisierbar, dann ist die Seite nicht konform nach den Webstandards der Barrierefreiheit.

Bereits diese wenigen Beispiele zeigen, dass trotz formaler Gültigkeit und Einhaltung der HTML-Spezifikation für die Zugänglichkeit und Nutzbarkeit weitere Anforderungen erfüllt sein müssen.

13.1.2.3 HTML semantisch richtig anwenden

In den HTML-Spezifikationen wird nicht nur die richtige Syntax beschrieben, sondern auch die Semantik der Elemente und die korrekte Verwendung der Attribute. Erst die Berücksichtigung dieser Vorgaben stellt sicher, dass die Inhalte von einer Zugangssoftware einschließlich Hilfsmitteln korrekt aufbereitet werden.

Der standardkonforme und semantisch richtige Einsatz der HTML-Elemente und -Attribute wird in diesem Buch in verschiedenen Kapiteln gezeigt: Eine einfache und grundsätzliche Einführung befindet sich in Abschnitt 4.1 ab Seite 117. Die wichtigsten blockbildenden Elemente werden in Tabelle 4-1 auf Seite 124 als Übersicht und in Abschnitt 9.2.4 ab Seite 333 ausführlich behandelt. Der Aufbau von Navigationsleisten wird in Abschnitt 7.2.2 ab Seite 272 erläutert und Steuerelemente für Formulare in Tabelle 15-1 auf Seite 570 sowie Tabelle 15-2 auf Seite 574 aufgelistet.

Wichtig ist, dass HTML-Elemente und -Attribute ihrem Zweck nach eingesetzt werden, denn es geht nicht nur um die bloße sichtbare Darstellung der Inhalte, sondern auch um semantischen und damit bedeutsamen Quellcode. Seien es das Document Object Model (DOM) oder die Schnittstellen für Hilfsmittel, es kommt immer darauf an, dass die Werte, Status und Rollen der Inhalte technisch ermittelt werden können.

Für die rein visuelle Präsentation ist die in den Spezifikationen beschriebene Semantik meist irrelevant. Sehenden Nutzern erschließt sich die Bedeutung der Elemente in der Regel durch die visuelle Gestaltung, z. B. über Farbe, Schriftgröße oder Position. Semantisch korrekt und damit standardkonform ist ein Dokument aber erst, wenn die Bedeutung auf der Strukturebene und damit technisch ermittelbar ist, z. B. durch eine Zugangssoftware, die auf der Datenbasis eine Benutzungsschnittstelle erstellt, wie Screenreader, Vergrößerungssysteme oder diversen Eingabegeräte.

Ein typisches Beispiel ist der falsche Einsatz des BLOCKQUOTE-Elements: Obwohl es einfach erscheint, mit diesem Element z. B. einen normalen Absatz einzurücken (die meisten Browser fügen bei diesem Element einen Einzug ein), so ist dieser Absatz nicht notwendigerweise ein Zitat. Da Screenreader mit BLOCKQUOTE ausgezeichnete Textpassagen als Zitate ankündigt, wird die Semantik des Absatzes nicht mehr korrekt übertragen und so eine inkorrekte Dateistruktur übermittelt. Selbstverständlich gilt das auch für das UL- oder das DD-Element, die ebenfalls nicht für normale Texteinrückungen verwendet werden sollten.

Ein weiteres Beispiel ist die Emulierung von Links und Steuerelementen mit JavaScript. Mit dem onclick-Attribut kann ein beliebiger Inhalt klickbar gemacht und als Link oder Steuerelement genutzt werden. Solche Texte sind jedoch meist keine Links oder Formularelemente im Sinne der Spezifikation, weshalb die Rolle des Inhalts oft nicht richtig an eine weiterverarbeitende Software übermittelt wird. Bei emulierten Links lässt sich oft feststellen, dass sie mit der Tastatur nicht bedienbar sind (vgl. Abschnitt 16.3.3.1 ab S. 631).

Entscheidend ist die Verwendung standardisierter Schnittstellen. Wird eine Checkbox mit dem INPUT-Element erzeugt, dann kann der Browser die Rolle (Kontrollkästchen) und den Status (aktiviert oder nicht aktiviert) des Elements identifizieren und an entsprechende Schnittstellen weiterreichen. Wenn hingegen eine Checkbox als verlinkte Grafik eingebunden wird, dann ist die Rolle des Elements ein Link. Der (visuell vermittelte) Status muss dann durch zusätzliche Maßnahmen technisch vermittelt werden, etwa durch Alternativtexte für die verlinkten Grafiken. Solche Maßnahmen können selbstverständlich vorgenommen werden, aber standardisierte Elemente erleichtern die Webentwicklung und fördern die Zugänglichkeit deutlich.

Auch weitere Informationen und ihre Beziehungen zueinander müssen im HTML berücksichtigt werden, damit sie auch dann verständlich sind, wenn sich die Präsentation ändert. Dies ist der Fall, wenn die Inhalte ohne CSS (z.B. mit einem Screenreader) gelesen werden oder eine Webseite mit benutzerdefinierten Bildschirmeinstellungen dargestellt wird, etwa eigenen Farbschemata oder Schriftschnitten, die die vorgegebenen CSS-Eigenschaften überschreiben. Auch hier geht es darum, dass sichtbare Informationen oder Beziehungen zwischen Informationen immer auch technisch ermittelt werden können. Richtige Verschachtelungen und logische Beziehungen dürfen nicht vernachlässigt werden. Diese Aspekte können meist nur durch praktische Tests und nicht mit einem Validator geprüft werden.

Dass zugänglichkeitsunterstützende Techniken nicht immer zu barrierefreien Ergebnissen führen, wird vor allem bei Datentabellen deutlich. Wird der Inhalt einer Datentabelle im summary-Attribut zusammengefasst, dann steht diese Information nur Screenreader-Nutzern zur Verfügung. Beschreibungen, vor allem von komplexen Datentabellen, können aber auch für andere Nutzer hilfreich sein. Hier gilt es abzuwägen, ob die Beschreibung als CAPTION-Element und somit für alle sichtbar oder sogar im Kontext der Tabelle stehen kann oder sollte. Im Einzelfall muss überlegt werden, welche Technik die barrierefreie Nutzung für alle am besten fördert. Während summary-Attribute oder CAPTION-Elemente durch Software ermittelbare Techniken sind, ist die kontextuelle Beschreibung maschinell nicht überprüfbar, sodass auch dieses Beispiel die Grenzen eines Validators zeigt.

Auf einer technischen Ebene ist Barrierefreiheit nur mit den Grundsätzen des »Progressive Enhancement« (vgl. Abschnitt 6.1 ab S. 197) zweckmäßig. Dem Grunde nach geht es darum, die Inhalte so aufzubereiten, dass sie auf allen Endgeräten zumindest funktionieren, was die Aufbereitung von reinen HTML-Seiten ohne weitere Techniken bedeutet. CSS, JavaScript und andere Techniken werden als optionale Techniken angesehen und das Fehlen dieser Techniken in Endgeräten darf bei diesem Ansatz nicht dazu führen, dass die Seite ganz oder in Teilen nicht mehr funktioniert.[5]

13.1.3 Werkzeuge zur Prüfung der Barrierefreiheit

Automatisierte Prüfwerkzeuge für Barrierefreiheit gibt es nicht – zumindest keine, mit denen eine erfolgreiche Prüfung möglich wäre –, denn Barrierefreiheit ist keine formale Grammatik. Die vorhandenen Werkzeuge können zwar unterstützen (vgl. Abschnitt 2.4.1.1 ab S. 52), liefern aber keine genauen Ergebnisse. Am sichersten ist immer die Einbeziehung qualifizierter Prüfer und behinderter Nutzer.

Die wichtigsten Werkzeuge zur Prüfung von Barrierefreiheit sind die Web Accessibility Toolbar für Internet Explorer und Opera sowie die Web Developer Toolbar für Firefox. Mit diesen auch in deutscher Sprache verfügbaren Tools können verschiedene Elemente eines HTML-Dokuments identifiziert und hervorgehoben werden. Außerdem sind alternative Darstellungen einer Seite möglich. Die manuelle Prüfung wird dabei recht umfassend unterstützt. Für Firefox stehen außer der oben genannten Web Developer Toolbar weitere Werkzeuge zur Verfügung, wie die Juicy Studio Toolbar, die Firefox Accessibility Extension und WAVE.

Viele Aspekte der Barrierefreiheit können mit Firefox geprüft werden. Trotzdem darf der Internet Explorer in keiner Testsuite fehlen, insbesondere wenn es um das Zusammenspiel mit Hilfsmitteln geht. Obwohl Firefox die Zugänglichkeit unterstützt, funktionieren viele Hilfsmittel behinderter Nutzer immer noch besser mit dem Internet Explorer. Außerdem kann es in verschiedenen Browsern zu Unterschieden bei der Darstellung von Inhalten kommen, sodass auch eine Prüfung im Internet Explorer immer nötig ist. Dies betrifft u. a. das Verhalten einer Webseite bei Schriftvergrößerung und den sichtbaren Fokus bei Einsatz der Tabulatortaste. Auch weitere Aspekte der Tastaturbedienbarkeit, wie die logische Reihenfolge der Inhalte oder Tastaturfallen, müssen immer in verschiedenen Browsern getestet werden.

Manche Aspekte wie Überschriftenhierarchien und Alternativtexte lassen sich sowohl mit der Web Developer Toolbar für Firefox als auch mit der Web

---

5. Filament Group, Designing with progressive enhancement,
    URL: *http://filamentgroup.com/dwpe/* (Abruf 5.7.2010).

Accessibility Toolbar für Internet Explorer gut testen. Die Barrierefreiheit von einfachen und komplexen Datentabellen hingegen lässt sich besser mit den entsprechenden Funktionen der Web Accessibility Toolbar testen, da die Tabellenattribute dort deutlicher angezeigt werden.[6]

13.2 Allgemeine Sorgfaltspflichten

In der technischen Umsetzung gilt es zahlreiche Sorgfaltspflichten zu beachten. In vielen Fällen handelt es sich um Details. Oft führen aber nicht beachtete Details zu Schwierigkeiten. Das können ungenügende Angaben zur Zeichenkodierung sein oder – in internationalen Projekten – falsche Angaben zur Dokumentsprache oder Schriftrichtung. In den folgenden Abschnitten stellen wir einige teilweise sehr kurze Code-Schnipsel vor, die – trotz ihrer Kürze – die Zugänglichkeit eines Webauftritts stark beeinflussen können.

13.2.1 Zeichenkodierung

Die korrekte Angabe der Zeichenkodierung gehört nicht zu den Anforderungen der Barrierefreiheit, ist aber ein allgemeines Problem. Immer wieder werden z. B. Umlaute in dem einen Browser richtig, aber in einem anderen Browser falsch und gelegentlich sogar in allen Browsern falsch dargestellt.

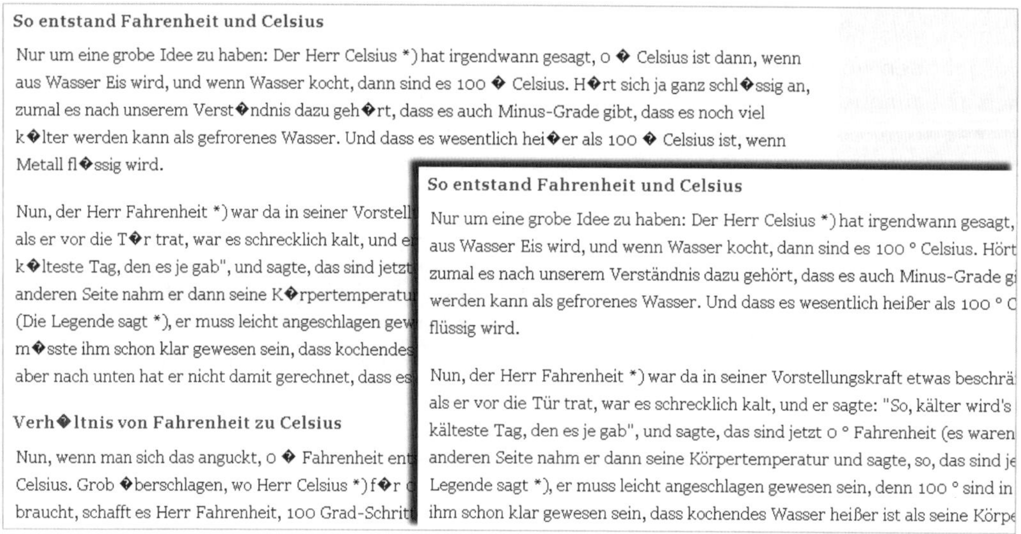

So entstand Fahrenheit und Celsius

Nur um eine grobe Idee zu haben: Der Herr Celsius *) hat irgendwann gesagt, 0 ◆ Celsius ist dann, wenn aus Wasser Eis wird, und wenn Wasser kocht, dann sind es 100 ◆ Celsius. H◆rt sich ja ganz schl◆ssig an, zumal es nach unserem Verst◆ndnis dazu geh◆rt, dass es auch Minus-Grade gibt, dass es noch viel k◆lter werden kann als gefrorenes Wasser. Und dass es wesentlich hei◆er als 100 ◆ Celsius ist, wenn Metall fl◆ssig wird.

Nun, der Herr Fahrenheit *) war da in seiner Vorstell

als er vor die T◆r trat, war es schrecklich kalt, und e

k◆lteste Tag, den es je gab", und sagte, das sind jetzt

anderen Seite nahm er dann seine K◆rpertemperatu

(Die Legende sagt *), er muss leicht angeschlagen gew

m◆sste ihm schon klar gewesen sein, dass kochendes

aber nach unten hat er nicht damit gerechnet, dass es

Verh◆ltnis von Fahrenheit zu Celsius

Nun, wenn man sich das anguckt, 0 ◆ Fahrenheit ent

Celsius. Grob ◆berschlagen, wo Herr Celsius *) f◆r d

braucht, schafft es Herr Fahrenheit, 100 Grad-Schritt

So entstand Fahrenheit und Celsius

Nur um eine grobe Idee zu haben: Der Herr Celsius *) hat irgendwann gesagt, aus Wasser Eis wird, und wenn Wasser kocht, dann sind es 100 ° Celsius. Hört zumal es nach unserem Verständnis dazu gehört, dass es auch Minus-Grade gi werden kann als gefrorenes Wasser. Und dass es wesentlich heißer als 100 ° C flüssig wird.

Nun, der Herr Fahrenheit *) war da in seiner Vorstellungskraft etwas beschrä als er vor die Tür trat, war es schrecklich kalt, und er sagte: "So, kälter wird's kälteste Tag, den es je gab", und sagte, das sind jetzt 0 ° Fahrenheit (es waren anderen Seite nahm er dann seine Körpertemperatur und sagte, so, das sind je Legende sagt *), er muss leicht angeschlagen gewesen sein, denn 100 ° sind in ihm schon klar gewesen sein, dass kochendes Wasser heißer ist als seine Körp

Abb. 13–2 Schwer lesbarer Text aufgrund falscher Zeichenkodierung

---

6.   Siehe Probiesch, K. (2009), Barrierefreiheit mit Firefox testen, in: Webstandards Magazin 3/2009. Vgl. auch *http://www.pacellogroup.com/resources/wat-ie-about.html*.

Die korrekte Darstellung von Zeichen kann von Servereinstellungen oder Angaben in Skripten abhängig sein, aber auch von der Kodierung einer gespeicherten Datei oder Angaben im Quelltext.

13.2.1.1 Zeichensatz und Zeichenkodierung

Eine falsche Darstellung von Sonderzeichen hängt mitunter vom verwendeten Zeichensatz ab. Jedoch spielen weitere Aspekte bei diesem komplexen Thema eine Rolle. Eine lesenswerte Einführung von Michael Jendryschik findet sich auf:

http://jendryschik.de/wsdev/einfuehrung/grundlagen/zeichenkodierung

Für Texte wird zunächst ein Zeichensatz benötigt, in dem die abzubildenden Zeichen repräsentiert sind, etwa der Buchstabe »a«. Mit ASCII, auch als ANSI X3.4-1986 bekannt, wurde bereits 1967 ein Zeichensatz für Computer standardisiert und zuletzt 1986 aktualisiert. Der ASCII-Zeichensatz wird mit 7 Bit kodiert und enthält 128 Zeichen. Weil auch Steuerzeichen (z. B. Zeilenumbruch) berücksichtigt werden müssen, enthält ASCII nur 95 druckbare Zeichen. Die für die deutsche Sprache erforderlichen Umlaute gehören nicht zu diesem Zeichensatz.
  Andere Zeichensätze kodieren die einzelnen Zeichen mit 8 Bit (Oktett mit einer Kombination von 0 und 1) und können damit bis zu 256 Zeichen abbilden. Ein sehr gängiger 8 Bit-Zeichensatz ist ISO 8859 mit 15 einzelnen Zeichenkodierungen für – im Wesentlichen – europäische Sprachen. Auch der Zeichensatz Windows-1252, der in Windows-Betriebssystemen zugrunde gelegt wird, basiert auf ISO 8859. Für deutschsprachige Texte kommen folgende Zeichensätze der ISO 8859-Reihe in Betracht:

- ISO 8859-1 (Latin 1) enthält die typischen deutschen, aber auch andere westeuropäische Buchstaben, etwa aus der französischen Sprache.
- ISO 8859-15 (Latin 9) entspricht im Wesentlichen ISO 8859-1, enthält aber einige kleine Änderungen, etwa das €-Zeichen.

Die ISO 8859-3, -9, -14 und -16 enthalten ebenfalls die deutschen Umlaute. Gleiches gilt für ISO 8859-4, -10 und -13, allerdings sind die in der deutschen Sprache seltenen französischen Ausschreibungen wie etwa »è« nicht vorhanden.
  Die 8 Bit-Kodierung reicht nicht aus, um die Zeichen aller vorhandenen Sprachen abzubilden. Abgesehen von mehrsprachigen Texten gibt es auch Einschränkungen bei typografischen Zeichen wie Auslassungszeichen (»…«), Gedankenstrichen oder Anführungszeichen. Obwohl die Browser oft in der Lage sind, solche Zeichen trotz falscher Zeichenkodierung anzuzeigen, kann es zu Darstellungsproblemen kommen.
  Seit 1991 arbeitet das Unicode Consortium an dem 8-bit UCS Transformation Format (UTF-8). Ziel des Unicode-Projekts ist, alle vorhandenen Zeichen der Schriftkulturen darzustellen. Dies betrifft nicht nur Schriftzeichen, sondern auch Symbole. Im Unterschied zur ISO 8859 wird in den 8 Bit (erstes Oktett) auch die Information »mitgegeben«, wie viele weitere Oktette für die Interpretation eines Zeichens hinzugezogen werden müssen. Dabei können einzelne

Zeichen mit bis zu 32 Bit beschrieben werden, wodurch theoretisch über 4 Milliarden Zeichen abgebildet werden könnten. Tatsächlich ist der Umfang des Zeichensatzes auf ca. 1 Million Zeichen beschränkt.[7]

Obwohl die meisten deutschsprachigen Texte mit ISO 8859-1 bzw. 8859-15 abgebildet werden können, empfiehlt sich aus typografischer Sicht die Verwendung von UTF-8. Es gibt darüber hinaus einige handfeste technische Gegebenheiten, die UTF-8 nahelegen.

Auch wenn das Unicode-Projekt eher in den Bereich der Internationalisierung gehört, gibt es dennoch Aspekte, die die Barrierefreiheit in Zukunft fördern könnten. Bei besserer Browser- und Hilfsmittelunterstützung könnte beispielsweise bei der Darstellung von Symbolen statt Grafiken, die Alternativtexte benötigen, Unicode-Zeichen verwendet werden.[8] Auch wenn Unicode inzwischen besser von Screenreadern unterstützt wird, sollten dennoch Dokumente mit seltenen oder ungewöhnlichen Zeichen immer in verschiedenen Screenreadern getestet werden.

13.2.1.2 Zeichenkodierung festlegen

Ob ein (Sonder-)Zeichen angezeigt wird oder nicht, hängt von verschiedenen Faktoren ab. Es können Einstellungen des Webservers, des Betriebssystems oder des Browsers, aber auch die installierten Schriftarten sein, die zu Darstellungsproblemen führen. Wenn Zeichen nicht dargestellt werden können, wird meist ein Fragezeichen, ein Rechteck oder eine Kodierung angezeigt.

Texte, die als ISO 8859 abgespeichert werden, sind unter Windows meist unproblematisch. Sollte es Probleme bei der Darstellung von Zeichen geben, dann können folgende Punkte die Ursache sein:

▓ Dateien können mit verschiedener Zeichenkodierung abgespeichert werden. Zunächst legen Editoren die Zeichenkodierung fest. Beim Abspeichern von HTML-Dateien, aber auch Skriptdateien, muss meist zwischen ANSI, das im Wesentlichen ISO 8859-1 entspricht, und Unicode gewählt werden.

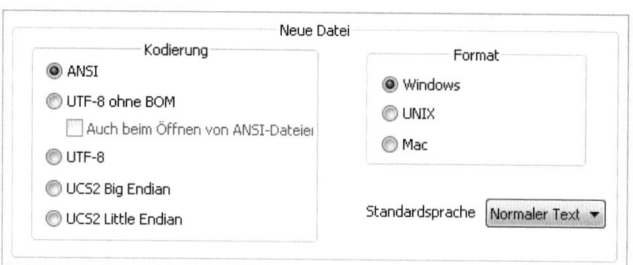

Abb. 13-3 Festlegung der Zeichenkodierung in Notepad++

7. Jendryschik, Michael, Glossar, URL: *http://jendryschik.de/publikationen-und-vortraege/glossar/p/language=de/taps=1222/631/pdf* (Abruf 7.7.2010).
8. Unicode Consortium, URL: *http://unicode.org/* (Abruf 5.7.2010).

▓ Im Kopfbereich z. B. eines HTML-Dokuments muss die verwendete Zeichenkodierung deklariert werden:

```
...
<head>
...
<meta http-equiv="Content-Type" content="text/html; charset= ISO 8859-15">
...
</head>
```

▓ Hierbei kann auch eine andere Zeichenkodierung, etwa UTF-8, angegeben
werden. Die Angabe kann auch über eine XML-Deklaration erfolgen. Fehlt
die Angabe, so kann die Anzeige der Inhalte in einer anderen Software als
einem Browser fehlerhaft sein.

▓ Möglicherweise liefert der Server eine andere Zeichenkodierung aus als im
Dokument festgelegt; die Servereinstellungen haben dabei Vorrang. Auf
Apache-Servern kann mit der @charset-Direktive eine u. U. vorgegebene
Zeichenkodierung im http-Header geändert werden.[9] Die Schreibweise
und Optionen sind der Serverdokumentation zu entnehmen.

Zeichenkodierung spielt auch bei Formularen eine Rolle. Grundsätzlich werden
Daten aus einem HTML-Formular so kodiert, wie das Formular an den Browser
ausgeliefert wurde. Wurde es mit UTF-8 ausgeliefert, dann werden die abgeschickten Daten normalerweise ebenfalls in UTF-8 an den Server übertragen.
Bei AJAX-Request mit Formulareingabe muss allerdings unterschieden werden: Während bei der post-Methode alle Anfragen an den Server in UTF-8
ankommen, ist bei der get-Methode die Kodierung mit encodeURI bzw. enco-
deURIComponent anzugeben. Für die AJAX-Antworten ist die Zeichenkodierung ebenfalls immer anzugeben.

Bei serverseitigen Skripts ist die Zeichenkodierung so lange irrelevant, wie
dort keine Printanweisungen stehen. Perl- und PHP-Skripts senden allerdings
MIME-Typen zusammen mit der Zeichenkodierung unabhängig von der Serverkonfiguration, deshalb können Darstellungsprobleme evtl. auch dort verursacht werden.

Für das gesamte Webangebot sollte eine identische Zeichenkodierung verwendet werden. Es gibt jedoch Ausnahmen: Wenn beispielsweise ein umfangreicher Webauftritt bereits mit ISO 8859-1 kodiert ist und eine Übersetzung ins
Japanische ergänzt wird, dann sind die Seiten in japanischer Sprache mit ISO
8859-1 nicht darstellbar und UTF-8 käme als Alternative in Frage. Für Seiten in
polnischer oder türkischer Sprache kämen neben UTF-8 auch die spezifischen
Zeichensätze der ISO 8859 in Frage.

---

9.   W3C, Einstellung der Zeichenkodierungsangabe (»charset« in .htaccess),
     URL: *http://www.w3.org/International/questions/qa-htaccess-charset* (Abruf 7.7.2010).

13.2.2 Dokumentsprache

Das Universalattribut lang spezifiziert in HTML-Dokumenten die Sprache eines Elementinhalts. Neben dem lang-Attribut existiert für XML-Dokumente das Attribut xml:lang. Beide Attribute bewirken im Browser das Gleiche. Das W3C empfiehlt, für XHTML-Dokumente sowohl lang als auch xml:lang zu notieren und beiden Attributen den gleichen Wert zuzuweisen. Aus praktischer Sicht, d. h., beim Lesen von HTML-Dokumenten mit Screenreadern, ist aber das lang-Attribut ausschlaggebend. Das xml:lang-Attribut hingegen ist beim CSS-Einsatz wichtig.

Der Wert des lang-Attributs besteht aus einem für jede Sprache festgelegten Sprachcode, definiert in den RFC-1766. So steht z. B.

- lang="de" für Deutsch,
- lang="en" für Englisch und
- lang="fr" für Französisch.

Sprachcodes bestehen aus einem primären Code und eventuell einem Untercode. Maßgebend für die Festlegung sind die internationalen Normen ISO 639-1 (Kurzbezeichnung von Sprachen) und ISO 3166-1 (Kurzbezeichnung von Staaten). Nach RFC-3066 2001 sind auch dreistellige Sprachcodes auf Basis der ISO 639-2 zulässig. Das W3C empfiehlt, den Sprachcode nach der IANA Language Subtag Registry zu definieren:

http://www.iana.org/assignments/language-subtag-registry

Untercodes können beispielsweise für die englische Sprache in Frage kommen. So lässt sich der Sprachcode »en« für englisch differenzieren, etwa als »en-us« für US-amerikanisches Englisch und »en-gb« für britisches Englisch. Der Sprachcode für Russisch ist »ru« und für latinisiertes Russisch »ru-latn«. Neben Subtags, die latinisierte Sprachen kennzeichnen, gibt es für regionale Varianten weitere Subtags. Einige Sprachcodes gelten inzwischen als überholt. Insgesamt empfiehlt sich zu diesem Thema der Artikel »Choosing a language tag« auf

http://www.w3.org/International/questions/qa-choosing-language-tags

Bei einer einsprachigen Seite ist die Angabe der hauptsächlich verwendeten Sprache im Wurzelelement ausreichend, um alle Texte als dieser Sprache zugehörig zu kennzeichnen. Die Angabe wird an alle weiteren Elemente der Seite vererbt:

```
<html xmlns="http://www.w3.org/1999/xhtml" lang="de">
```

definiert Deutsch als Hauptsprache eines HTML-Dokuments. Alternativ kann die Sprachangabe mit einem META-Element angegeben werden:

```
<META http-equiv="content-language" content="de">
```

Theoretisch kann die Hauptsprache auch im body-Element definiert werden. Dies empfiehlt sich jedoch nur für den seltenen Fall, bei dem der Dokumenttitel in einer anderen Sprache als der restliche Text verfasst wurde.

Eine zuverlässige Definition der Hauptsprache ist mit dem lang-Attribut für das HTML-Wurzelelement und über das META-Element möglich. Serverseitige Alternativen, die Sprache mittels http-Header-Techniken bestimmen, sind keine adäquate Methode, denn eine serverseitige Lösung dient der Auswahl einer Sprachversion, wenn Inhalte in mehreren Sprachen vorliegen.

Die Festlegung der Hauptsprache mit dem lang-Attribut betrifft nicht nur HTML-Dokumente. Werden Texte z.B. als PDF zur Verfügung gestellt, so ist auch hier die Hauptsprache anzugeben (vgl. Abschnitt 12.2.12 ab S. 456). Auch alle anderen Webdokumente sind mit der Angabe der Hauptsprache zu ergänzen.

13.2.3 Texte mit unterschiedlicher Schriftrichtung

Auf den meisten europäischen Webseiten ist die Schreibrichtung von links nach rechts. Es ist jedoch denkbar, dass entweder ganze Webseiten zusätzlich in einer Sprache mit einer anderen Schreibrichtung zur Verfügung gestellt werden oder in den Texten einzelne Wörter eine andere Schreibrichtung haben. Letztere werden als bidirektionale Texte bezeichnet und können beispielsweise bei Lexika, aber auch in Glossaren sowie in Fließtexten von Webseiten aus dem kultur- und sprachwissenschaftlichen Bereich vorkommen. Ein Beispiel sind Webangebote aus den Bereichen der Regionalwissenschaften, der Semitistik und Arabistik.

Vor allem bei der Schreibrichtung sollte die dafür vorgesehene Technik und nicht etwa CSS verwendet werden. Entscheidend ist das dir-Attribut:

- dir="ltr" (left to right = links nach rechts)
- dir="rtl" (right to left = rechts nach links)

Das HTML-Wurzelelement eines Dokuments in arabischer Sprache muss daher wie folgt ausgezeichnet werden:

```
<html xmlns="http://www.w3.org/1999/xhtml" dir="rtl" lang="ar">
...
</html>
```

Anzumerken ist, dass der Wert ltr und damit links nach rechts – zumindest für hiesige Browser – die Standardeinstellung ist und nicht angegeben werden muss, sofern keine Texte mit anderer Schreibrichtung vorhanden sind.

Maßgebend für die Angabe der Schriftrichtung sind die Regeln der verwendeten Sprache. Beispielsweise werden arabische Texte zwar von rechts nach links geschrieben, jedoch Zahlen von links nach rechts. Deswegen ist ein arabischer Text oft bidirektional und muss im Quellcode auch so behandelt werden.

Handelt es sich also um eine Webseite, in der Texte vornehmlich von rechts nach links geschrieben werden und nur einzelne Wörter von links nach rechts, so sind die dir-Attribute im HTML-Wurzelelement sowie bei – in diesem Fall – Zahlen im Fließtext anzugeben.

Bei bidirektionalen Texten kann es passieren, dass beispielsweise Satzzeichen eine logische Reihenfolge unterbrechen oder nur einzelne Buchstaben eine andere Schreibrichtung haben. In diesem Fall können Unicode-Entities zur Auszeichnung verwendet werden.

Für die Auszeichnung von Blockelementen im Kontext bidirektionaler Texte sind die Spezifikationen zu beachten. Dies gilt besonders für das TABLE-Element, da sich die Auszeichnung mit dem dir-Attribut zwar direkt auf die Anordnung der Tabelle auswirkt, jedoch nicht dazu führt, dass die Tabelle selber gedreht wird. Eine Lösung für diesen Fall wäre, die Tabelle in ein DIV-Element zu integrieren und das DIV-Element durch das dir-Attribut zu markieren.

Hilfreich für dieses Thema ist das Dokument »Authoring HTML: Handling Right-to-left Scripts« der *Internationalization Core Working Group* des W3C:

http://www.w3.org/TR/i18n-html-tech-bidi/

Zusammenfassung

1. Validität gilt als »Best Practice« und dient der besseren Kompatibilität in verschiedenen Anwendungen.
2. HTML-Validatoren helfen, technische Fehler in einem Dokument zu finden.
3. Standardisierter und semantischer Code fördert die Zugänglichkeit.
4. Mit UTF-8 können Zeichen zuverlässig dargestellt werden.
5. Sprachwechsel und Schriftrichtung gehören zur Barrierefreiheit und müssen in HTML-Templates berücksichtigt werden.

14 Layouttechniken

In diesem Kapitel geht es um die standardkonforme Aufbereitung eines HTML-Layouts. Eine Einführung in die wichtigsten Aspekte eines barrierefreien Layouts – Linearisierbarkeit und struktureller Aufbau – wurde bereits in Abschnitt 3.2.2.2 ab Seite 86 sowie in Kapitel 4 gegeben. Im Folgenden geben wir zunächst einen Überblick über verfügbare Layouttechniken.

HTML bietet drei grundlegende Layouttechniken:

1. Cascading Style Sheets (CSS)
2. Layouttabellen
3. Frames

Sie lassen sich beliebig kombinieren und mit weiteren Techniken wie Flash und JavaScript verbinden. Alle Techniken haben jedoch ihre Vor- und Nachteile.

Für ein barrierefreies Layout muss vor allem ein linearisierbares HTML-Grundgerüst beachtet werden. Die Darstellung am Bildschirm ist zweidimensional. Eine Seite kann in verschiedene Bereiche wie Hauptnavigation, Inhalt und inhaltsbezogene Navigation aufgeteilt werden. Am Bildschirm wird durch die Positionierung bzw. durch die strukturierte visuelle Darstellung der Inhalte eine übersichtliche Webseite präsentiert. Die visuelle Anordnung lässt jedoch keine Aussage über die linearisierte Darstellung zu. Deswegen wird der Beispielauftritt aus Abschnitt 4.3 ab Seite 146 erneut betrachtet und anhand eines grafischen Designs optimiert.

Standardkonformität setzt u. a. die Trennung von Inhalt und Layout voraus. Die Präsentationsebene wird deswegen mit CSS gestaltet; Tabellen und Frames eignen sich für eine barrierefreie Webgestaltung nicht, weil sie die visuelle Anordnung am Bildschirm vorgeben. Daher nimmt die Gestaltung mit CSS in diesem Kapitel mehr Raum ein als die Beschäftigung mit Tabellenlayouts und Frames.

14.1 CSS-Design

Für die barrierefreie Gestaltung einer Webseite sollte für die Präsentationsebene ausschließlich CSS genutzt werden. Bevor der Beispielauftritt mit einem
neuen grafischen Design über CSS umgesetzt wird, werden die drei grundlegenden Aspekte des CSS-Designs erneut betrachtet.

14.1.1 Voraussetzungen für ein CSS-Design

Mit CSS können HTML-Elemente umfangreiche Informationen zu ihrer Darstellung mitgegeben werden. Die CSS-Regeln definieren die Position von HTML-
Elementen, die Gestaltung von Texten, Farben sowie Hintergründe und vieles
mehr und befinden sich i.d.R. nicht im HTML-Dokument, sondern in externen
CSS-Dateien, die zentral verwaltet werden. CSS-Dateien werden in der Regel
vom Browser zwischengespeichert, weswegen die Seiten spätestens beim Aufruf einer zweiten Seite des gleichen Webauftritts schneller angezeigt werden.
   Eine grundsätzliche Einführung in HTML und CSS bietet Kapitel 4. Bevor wir
in die technische Umsetzung mit CSS einsteigen, betrachten wir noch einmal
kurz die drei wesentlichen Faktoren einer barrierefreien Aufbereitung von
HTML-Dokumenten:

▥   Trennung von Inhalt und Layout
▥   Linearisierbare Inhalte
▥   Strukturierte Inhalte

Erst wenn diese Voraussetzungen geschaffen sind, sollte mit dem CSS-Design
begonnen werden.

14.1.1.1 Trennung von Inhalt und Layout

Durch die seitenübergreifende Auslagerung von Layout- und Formatinformati-
onen in eine externe CSS-Datei wird das HTML »schlanker« und übersichtlicher.
Browser können die CSS-Angaben zwischenspeichern, der Aufruf der Seite
beschränkt sich auf das HTML und die Seiten laden deutlich schneller.[1]

Ist die Inhaltsebene von der Präsentationsebene getrennt, kann ein Webauftritt
prinzipiell auf verschiedenen Endgeräten und in verschiedener Software
betrachtet werden. Das Auslagern von Layoutangaben ermöglicht eine
medienspezifische Gestaltung der Inhalte (z.B. für Bildschirm, Kleingerät oder
Drucker). Nach einem Export der Inhalte in eine Textverarbeitung können
außerdem Formatvorlagen auf die Inhalte angewandt werden.

---

1.   W3C, Network Performance Effects of HTTP/1.1, CSS1, and PNG.
     URL: *Vgl. http://www.w3.org/Protocols/HTTP/Performance/Pipeline.html* (Abruf 7.7.2010).

CSS ist eine mächtige Gestaltungstechnik und bietet deutlich mehr Möglichkeiten als beispielsweise HTML. In HTML wurden Elemente wie TABLE oder BLOCKQUOTE oft genutzt, um Position und Einrückungen zu simulieren und die Schriftgestaltung wurde mit zahlreichen FONT-Elementen bestimmt bzw. durch Schriftgrafiken »umgangen«. Die Position der Inhalte über die CSS-Eigenschaften position und float, Abstände mit margin und padding und die Schriftgestaltung mit zahlreichen weiteren Eigenschaften können schon heute sehr differenziert bestimmt werden. Die neue CSS 3-Spezifikation wird zukünftig die bereits guten gestalterischen Möglichkeiten noch einmal deutlich erweitern.

14.1.1.2 Linearisierbare Inhalte

Im Vergleich zur Trennung von Inhalt und Layout ist die Linearisierbarkeit enger mit der Barrierefreiheit verknüpft. Screenreader bzw. Sprachausgaben und Braillezeilen bereiten Inhalte linear auf. Informationen, die zweidimensional am Bildschirm angezeigt werden, werden sequenziell bzw. in sehr kleinen Ausschnitten präsentiert. Die Reihenfolge der Inhalte sollte daher stimmig und der Zusammenhang kleinerer Informationsblöcke nachvollziehbar sein. Die Linearisierbarkeit kann aber auch bei der Betrachtung mit Kleingeräten oder Vergrößerungssystemen relevant sein, abhängig von Nutzereinstellungen oder CSS-Unterstützung.

Ausgangspunkt ist die Reihenfolge der Inhalte im HTML-Quellcode: Wenn sie in der Reihenfolge gesprochen werden, wie sie im Quelltext stehen, dann müssen sie schlüssig und nachvollziehbar sein. Ähnlich ist es, wenn Inhalte aus dem Web in eine Textverarbeitung kopiert werden: Wenn nur die Inhalte (ohne Formatierung) kopiert werden, dann muss das Ergebnis eine schlüssige Reihenfolge aufweisen.

Die Linearisierbarkeit bezieht sich zunächst auf die Inhalte einzelner Informationsblöcke. Wenn eine Seite eine Navigationsleiste und einen Inhaltsbereich enthält, so ist das Dokument linearisierbar, wenn sowohl der Navigationsblock vor dem Inhaltsblock steht als auch wenn der Navigationsblock nach dem Inhaltsblock folgt. Würden aber Navigation und Inhalte abwechselnd angezeigt, dann wäre das Dokument nicht mehr linearisierbar. Ein Beispiel für nicht linearisierbare Informationsblöcke wurde in Listing 3-1 auf Seite 87 gezeigt.

Für die Reihenfolge verschiedener Informationsblöcke gibt es jedoch keine festgelegten Kriterien. Auf manchen Webseiten befinden sich die eigentlichen Inhalte vor der Navigation, auf anderen ist es umgekehrt. Es gibt aber grundsätzliche Überlegungen in Abhängigkeit des Inhalts und weiterer Seitenbereiche:

- Wichtige Navigationsbereiche gehören eher an den Anfang, also vor den eigentlichen Inhalt. Eine Wiederholung solcher Informationen (z.B. Angaben zu Impressum, Kontaktinformationen, Link zur Suche) in einer klassischen Fußleiste gehört hingegen an das Ende des HTML-Quelltextes.
- Eine Kopfzeile mit Logo und weiteren Informationen wie z.B. einem Slogan gehört an den Beginn des HTML-Quellcodes.

Die Anordnung der Informationsblöcke sollte im HTML-Quelltext in etwa der visuellen Anordnung entsprechen: Das, was oben ist, sollte im HTML eher am Anfang stehen, und im Allgemeinen werden Inhalte von links nach rechts gelesen. Ob in einem mehrspaltigen Layout zuerst die linke, die rechte oder eine andere Spalte an erster Stelle steht, hängt von der Wichtigkeit der Informationen ab.

Die letzte Anforderung kann nicht immer leicht erfüllt werden, vor allem wenn es viele kleinere Informationsblöcke gibt, denn: Tastaturnutzer sollten die Tab-Reihenfolge vorhersehen bzw. nachvollziehen können. Obwohl mit dem tabindex-Attribut die Reihenfolge beeinflusst werden kann, sollte darauf verzichtet werden (vgl. Abschnitt 16.2.4.1 ab S. 608).

Für Sehbehinderte, die mit Vergrößerungssystemen arbeiten und unterstützend eine Sprachausgabe einsetzen, sollte die sichtbare Reihenfolge der Inhalte derjenigen der Sprachausgabe entsprechen. Sprachausgaben orientieren sich am Quelltext und nichtlinearisierbare Inhalte führen dazu, dass der Vergrößerungsausschnitt beim Navigieren hin- und herspringt.

Die visuelle Anordnung kann wichtig für die Verständlichkeit der Inhalte sein. Weicht die Reihenfolge im Quelltext stark von der sichtbaren Präsentation ab, kann möglicherweise eine Aufgabe nicht erledigt werden. Insbesondere Screenreader-Nutzer profitieren von einer sinnvollen Reihenfolge im Quelltext.

Die Reihenfolge von Informationsblöcken im Quelltext ist für die Linearisierbarkeit wichtig, aber nicht unbedingt für die Bildschirmdarstellung. Deshalb sollte die lineare Darstellung einer Seite vor der grafischen Gestaltung mit CSS vorgenommen werden, denn wenn ein Design einmal steht und dann im HTML Änderungen vorgenommen werden sollen, muss i.d.R. das CSS neu geschrieben werden.

14.1.1.3 Strukturierte Inhalte

Strukturierte Inhalte sind sowohl ein Aspekt der Barrierefreiheit als auch eine allgemeine Hilfe. Dokumentstrukturen sind quasi ein Ersatz für visuelle Formatierungen, was aber genauso umgekehrt gesehen werden kann: Sind die Strukturen schlüssig, dann ist die grafische Gestaltung eine Visualisierung der Strukturen. Wie auch immer ein Webentwickler diesen Zusammenhang betrachten will, die Strukturen sind vor allem bei der Arbeit mit Screenreadern wichtig für die Navigation und Orientierung innerhalb des Dokuments.

Wenn Inhalte formatiert werden, dann können die meisten Nutzer aus der Formatierung die Bedeutung des Inhalts ableiten:

- Großer fetter Text wird als Überschrift interpretiert.
- Kursiv gestellte, mit Einzug formatierte Absätze werden als Zitate verstanden.
- Farbschemata werden genutzt, um inhaltliche Zusammenhänge zwischen einzelnen Informationsblöcken herzustellen.
- Hervorhebungen werden durch Fettungen oder andere Formatierungen gekennzeichnet.

Auf der Strukturebene sollte jedoch ein großer, fettgeschriebener Text statt über ein gestaltetes Absatzelement mit einem Überschriftenelement ausgezeichnet werden – selbstverständlich nur dann, wenn es sich wirklich um eine Überschrift handelt. Auf Zitate sind die entsprechenden Strukturmerkmale anzuwenden; Zusammenhänge müssen strukturell oder textlich vermittelt werden.

Mit HTML können nicht alle erdenklichen Formatierungen auf der Strukturebene wiedergegeben werden, dennoch ist immer semantisches HTML einzusetzen, damit Anwendungen wie Screenreader Zugriff auf die visuell vermittelten Bedeutungen haben.

Die Trennung von Inhalt und Layout erfordert indirekt, dass Inhalte strukturiert werden, da sonst der Inhalt ohne Präsentation nicht mehr gut lesbar ist. Überschriften und Absätze würden gleich aussehen, Listenelemente würden genauso wie Absätze (oder Überschriften) dargestellt werden. Insgesamt würde ein nicht strukturiertes Dokument als »Textbrei« an den Browser ausgeliefert werden. Mit der Strukturierung der Inhalte wird die Interaktion des Nutzers mit dem Dokument erleichtert, etwa dadurch, dass Überschriften durch die Möglichkeiten der Software direkt angesteuert oder aufgelistet werden können, Formulare besser identifiziert werden können oder die Navigation in Listen erleichtert wird. Außerdem wird der Export der Inhalte vereinfacht, etwa wenn sie von einer Spezialsoftware gelesen werden sollen.

Der »richtige« Einsatz von HTML weist den einzelnen Inhalten eine spezifische Rolle zu. Ein Absatz mit einer Klasse wird ein Absatz bleiben. Wenn aber die Rolle des Absatzes eine Überschrift ist, dann sollte ein Überschriftenelement eingesetzt werden. Das Überschriftenelement wird von Software erkannt, sei es von einem Screenreader, einer Suchmaschine oder einem Textverarbeitungssystem, und kann dadurch genutzt, bewertet oder neu gestaltet werden.

Da HTML-Elemente nur einen kleinen Teil visualisierbarer Informationen abbilden können und nicht alle HTML-Elemente zugänglichkeitsunterstützend sind, muss manchmal auf andere Techniken zurückgegriffen werden. Wenn z.B. ein Navigationspunkt in einer Navigationsleiste nicht verlinkt wird, weil die Seite gerade angezeigt wird, so könnte der Navigationspunkt mit einem STRONG-Element ausgezeichnet sein:

```
<li><strong>Navigationspunkt</strong></li>
```

Diese Auszeichnung erfüllt die Anforderungen an strukturierte Inhalte (solange die anderen Navigationspunkte ohne das STRONG-Element ausgezeichnet sind). Da Screenreader STRONG derzeit nicht gut unterstützen, ist es heute (noch) nicht zugänglichkeitsunterstützend und muss durch einen zusätzlichen Text ergänzt werden. Dieser Text kann jedoch unsichtbar gestellt werden:

```
<li><strong><span class="unsichtbar">Aktuelle Seite:
</span>Navigationspunkt</strong></li>
```

Diese Technik wirkt möglicherweise unelegant und könnte als unnötig bewertet werden, weil durch die Nichtverlinkung bereits vermittelt wird, dass der Navigationspunkt nicht aufgerufen werden kann. Dennoch gibt es Fälle, in denen Texte als Ergänzung oder Ersatz für Strukturen verwendet werden müssen. Erst mit ARIA und später auch mit HTML 5 wird die Aufbereitung von Inhalten auf der Strukturebene eher gleichwertig zur visuellen Darstellung möglich sein.

14.1.2 CSS-Regeln für ein HTML-Grundgerüst

In Kapitel 4 wurde bereits ein HTML-Grundgerüst mit einem rudimentären CSS-Layout für den Beispielauftritt aufgebaut; dieses Grundgerüst wird jetzt optimiert und mit CSS ein grafisches Layout angepasst.

Das grafische Layout wurde erst nach der Erstellung des HTML-Grundgerüsts entworfen. Obwohl es auf der Grundlage des strukturierten und linearisierbaren HTML entwickelt wurde, müssen einige kleinere Änderungen im HTML vorgenommen werden. Dies liegt zum Teil an gestalterischen Elementen des Designs, aber auch an neuen Erkenntnissen – insbesondere aus Abschnitt 7.1 ab Seite 229.

Für die Gestaltung des Beispielauftritts dient nun das folgende grafische Layout:

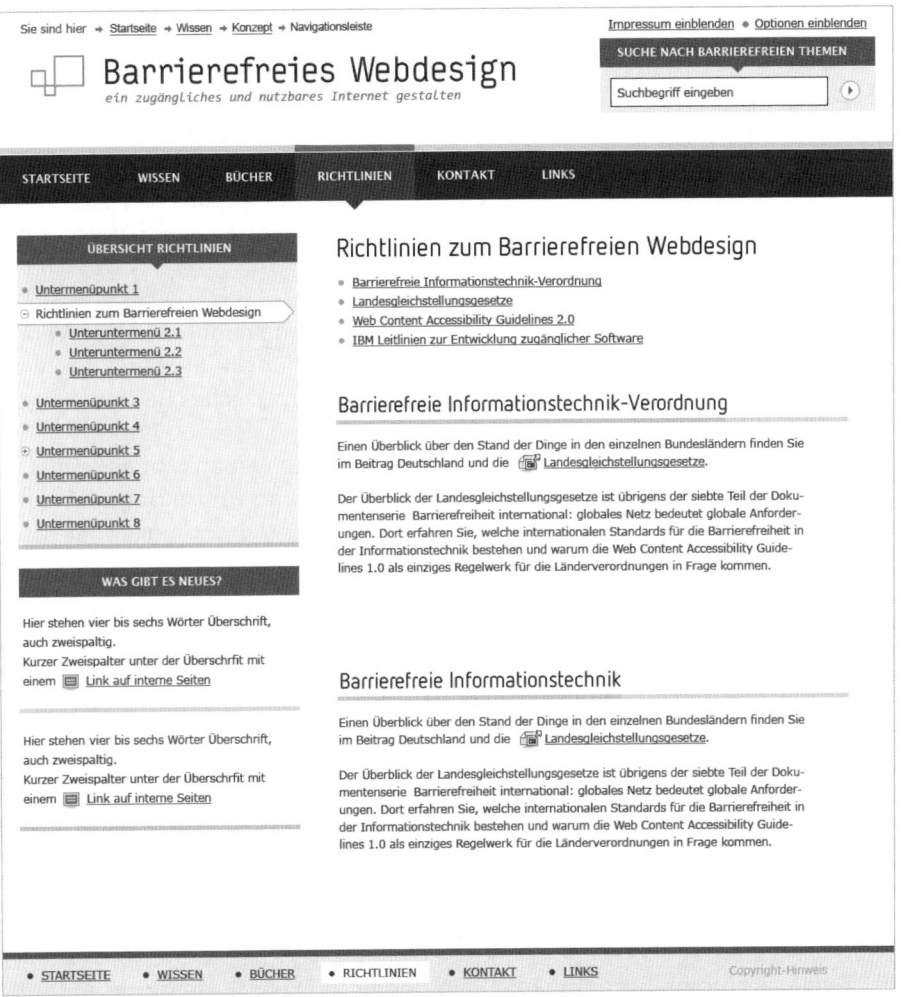

Abb. 14-1   Grafisches Layout des Beispielauftritts nach Christian Mehlaus

14.1.2.1 Überprüfung des HTML

Gegenüber dem Arbeitsentwurf in Listing 4-27 ab Seite 146 gibt es im grafischen Layout vor allem folgende Änderungen:

▦ Das grafische Layout sieht eine horizontale Hauptnavigation vor. Die Unternavigation wird aber nach wie vor in der Hauptnavigation verschachtelt, auch wenn das eines kleinen »Tricks« im HTML bedarf.

▦ Das neue Layout sieht zwei statt drei Spalten vor. Für das HTML bedeutet dies, dass die ursprünglich auf der rechten Seite des Layouts vorgesehenen Inhalte in die linke Spalte gebracht werden.

▦ Vor die Kopfzeile wird ein Breadcrumb gesetzt.

▦ Für Kopfbereich und Hauptnavigation wurden keine nennenswerten Veränderungen vorgenommen. Nur die Schaltfläche für die Suchfunktion wird um ein title-Attribut ergänzt, weil es sich um ein grafisches Bedienelement handelt.

▦ Die Unternavigation hat zwei Besonderheiten: Zum einen gibt es grafische Links zum Aus- und Einklappen der Unterpunkte und zum anderen wird die aktuelle Seite durch einen Pfeil signalisiert. Weil es sich um funktionale bzw. informative Grafiken handelt, müssen sie natürlich in das HTML eingebunden werden.

▦ In Abschnitt 7.2.1 ab Seite 255 wurde die strukturelle Navigation diskutiert. Obwohl an der grundlegenden Entscheidung, wichtige (unsichtbare) Navigations- und Orientierungspunkte mit H6 zu kennzeichnen, nicht gerüttelt wird, werden nun die sichtbaren Überschriften im Info-Bereich unter der Hauptnavigation doch als H2 ausgezeichnet. Das Überschriftenthema ist im Kontext von Überschriften außerhalb des Inhalts nicht einfach, wie Sie in diesem Buch an einigen Stellen feststellen können.

▦ Zum Inhalt sowie zum Fußbereich gibt es keine nennenswerten Abweichungen zur ersten Vorlage.

Nicht im grafischen Layout berücksichtigt wurden diese Punkte:

▦ Zwei unsichtbare Sprungmarken am Beginn des HTML werden zum Inhalt bzw. zum Info-Bereich führen.

▦ Mit der strukturellen Navigation können die verschiedenen Navigations- und Orientierungspunkte des Layouts erschlossen werden, d.h., die verschiedenen Bereiche werden gekennzeichnet und Zusatzinformationen zur aktuellen Position in der Navigationsleiste eingebaut.

Diese Änderungen beeinflussen das HTML und müssen jeweils neu kodiert werden. Der überarbeitete HTML-Code ist in Listing 14-1 zu sehen:

```
<!DOCTYPE html PUBLIC "-//W3C//DTD XHTML 1.0 Strict//EN"
"http://www.w3.org/TR/xhtml1/DTD/xhtml1-strict.dtd">
<html lang="de" xmlns="http://www.w3.org/1999/xhtml">
<head>
<title>Barrierefreies Webdesign - ein zugängliches und nutzbares Internet
gestalten [barrierefreies-webdesign.de]</title>
<meta http-equiv="Content-Type" content="text/html; charset=ISO 8859-15" />
<link rel="stylesheet" media="screen,projection" type="text/css"
href="lib/css/standard.css" />
<script type="text/javascript" src="lib/js/funktionen.js"></script>
</head>
<body>
<h6 class="unsichtbar">Sprungmarken</h6>
<ul id="sprungmarken">
    <li><a class="unsichtbar" href="#content">Zum Inhalt</a></li>
    <li><a class="unsichtbar" href="#service">Zum Info-Bereich</a></li>
</ul>
<div id="kopf">
<div id="logobox">
<div id="pfad">
<h6>Sie sind hier:</h6>
<ul>
    <li><a href="#">Startseite</a></li>
    <li><strong>Richtlinien</strong></li>
</ul>
</div>
<p id="logo"><a href="/"><img src="lib/img/logo.png" alt="zur Startseite"
/></a></p>
<p id="slogan">Barrierefreies Webdesign <span>ein zugängliches und nutzbares
Internet gestalten</span></p>
</div>
<div id="kopfbox">
<p id="kopfboxlink"><a href="/kontakt/impressum.html">Impressum</a></p>
<form action="/suche/query.html" method="get" id="suchbox">
<h6><label for="schnellsuche">Suchen Sie was auf barrierefreies-
webdesign.de?</label></h6>
<p><input name="suche" id="schnellsuche" type="text" />
<button type="submit" title="Suche starten"><img src="lib/img/such-
button.png" alt="Suche starten" /></button>
</p>
</form>
</div>
<div class="floatende"></div>
</div>
<div id="navigation">
<h6 class="unsichtbar">Navigation</h6>
```

```
<ul>
    <li><a href="/index.html">Startseite</a></li>
    <li><a href="/knowhow/">Wissen</a></li>
    <li><a href="/buecher/">Bücher</a></li>
    <li class="aktiv"><a href="/richtlinien/">Richtlinien</a>
    <div id="unter-nav">
    <h2>Übersicht Richtlinien</h2>
    <ul>
        <li class="aktiv">
        <h6><img src="lib/img/nav-pfeil.png" alt="Aktuelle Seite" /></h6>
        <strong><acronym lang="en" title="Web Content Accessibility
Guidelines"><span lang="de">WCAG</span></acronym> 2.0</strong></li>
        <li><a href="/bitv/"><img src="lib/img/icon-plus.png" alt="Aufklappen: "
/><acronym title="Barrierefreie Informationstechnik-
Verordnung">BITV</acronym></a></li>
        <li><a href="/richtlinien/lgg/"><img src="lib/img/icon-plus.png"
alt="Aufklappen: " />Deutsche Bundesländer</a></li>
        <li><a href="/richtlinien/ibm-leitlinien/"><img src="lib/img/icon-
plus.png" alt="Aufklappen: " />Software (IBM-Leitlinien)</a></li>
    </ul>
    </div>
    </li>
    <li><a href="/verweise/">Links</a></li>
    <li><a href="/kontakt/">Kontakt </a></li>
</ul>
</div>
<div id="floater"></div>
<script type="text/javascript">
    setFloaterHeight();
</script>
<div id="inhalt">
<h6 class="unsichtbar"><a name="content" id="content"></a>Inhalt</h6>
<h1>Die vier Prinzipien der <span lang="en">Web Content Accessibility
Guidelines</span> 2.0</h1>
<h2>Die vier Prinzipien</h2>
<p>Bereits 1999 hat das <span lang="en">World Wide Web
    Consortium</span> (W3C) Richtlinien zur Gestaltung von zugänglichen und
    nutzbaren Webauftritten veröffentlicht, die Mitte 2002 in der
    <a href="/bitv/"><img src="/lib/img/intern.gif" alt="[intern]" height="14"
width="14" /> Barrierefreien Informationstechnik-Verordnung</a> (BITV)
als verbindliche Regelung für die
    deutsche Bundesverwaltung übernommen wurden.</p>
<p>Mit den <span lang="en">Web Content Accessibility Guidelines</span> 2.0
(WCAG20) aus dem Jahr 2008 wird angestrebt, die
    Prinzipien der Barrierefreiheit unabhängig von heutigen und zukünftigen
    Techniken zu formulieren. <abbr title="das heißt">D. h.</abbr> nicht,
    dass die bisherigen Richtlinien verworfen werden, im Gegenteil: Sie
    werden vorausgesetzt, indem fast alle bisherigen Kriterien in den WCAG20
```

aufgenommen und einer der nachfolgenden vier Prinzipien zugeordnet
wurden:</p>
<ul>
    <li>wahrnehmbar</li>
    <li>bedienbar</li>
    <li>verständlich</li>
    <li>robust</li>
</ul>
<p>Der Unterschied liegt in der Formulierung der Erfolgskriterien: Sie sind
jetzt auf der einen Seite allgemeiner formuliert, sodass sie
    sich auch auf beliebige Techniken anwenden lassen, und auf der anderen
    Seite wird auf die Verständlichkeit und auch Übersetzbarkeit in andere
    Sprachen sehr geachtet. Insgesamt haben sich die Anforderungen an die
    Barrierefreiheit ausgeweitet und umfassen mehr Aspekte der Interaktion
    als in der Version aus 1999. Außerdem wurde die technische
    Überprüfbarkeit der Richtlinien stärker gewichtet.</p>
<p>Die nachfolgend aufgeführten Prinzipien sind der deutschen
    Fassung der WCAG20, den <a href="http://www.w3.org/Translations/WCAG20-
de/"><img src="/lib/img/de.gif" alt="[extern, deutsch]" /> Richtlinien
für barrierefreie Webinhalte</a>,
    entnommen. Für eine schnellere Orientierung finden Sie eine Übersicht mit
Filterfunktion auf
    <a href="http://2bweb.de/wcag20"><img src="/lib/img/de.gif" alt="[extern,
deutsch]" /> http://2bweb.de/wcag20</a>.</p>
<h2>Prinzip 1: wahrnehmbar</h2>
<p><strong>Informationen und Bestandteile der
    Benutzerschnittstelle müssen den Benutzern so präsentiert werden, dass
    diese sie wahrnehmen können.</strong></p>
<p>Das Prinzip "wahrnehmbar" umfasst folgende einzelne Richtlinien:</p>
<ol>
    <li>Stellen Sie Textalternativen für alle Nicht-Text-Inhalte zur Verfügung,
sodass diese in andere vom Benutzer benötigte Formen geändert werden können,
wie z.B. Großschrift, Braille, Symbole oder einfachere Sprache.</li>
    <li>Stellen Sie Alternativen für zeitbasierte Medien zur Verfügung.</li>
    <li>Erstellen Sie Inhalte, die auf verschiedene Arten dargestellt werden
können (z.B. einfacheres Layout), ohne dass Informationen oder Struktur
verloren gehen.</li>
    <li>Machen Sie es Benutzern leichter, Inhalt zu sehen und zu hören
einschließlich der Trennung von Vorder- und Hintergrund.</li>
</ol>
<h2>Prinzip 2: bedienbar</h2>
<p><strong>Bestandteile der Benutzerschnittstelle und
    Navigation müssen bedienbar sein.</strong></p>
<p>Das Prinzip "bedienbar" umfasst folgende einzelne Richtlinien:</p>
<ol>
    <li>Sorgen Sie dafür, dass alle Funktionalitäten per Tastatur zugänglich
sind.</li>
    <li>Geben Sie den Benutzern ausreichend Zeit, Inhalte zu lesen und zu
benutzen.</li>

```
    <li>Gestalten Sie Inhalte nicht auf Arten, von denen bekannt ist, dass sie
zu Anfällen führen.</li>
    <li>Stellen Sie Mittel zur Verfügung, um Benutzer dabei zu unterstützen, zu
navigieren, Inhalte zu finden und zu bestimmen, wo sie sich befinden.</li>
</ol>
<h2>Prinzip 3: verständlich</h2>
<p><strong>Informationen und Bedienung der
    Benutzerschnittstelle müssen verständlich sein.</strong></p>
<p>Das Prinzip "verständlich" umfasst folgende einzelne Richtlinien:</p>
<ol>
    <li>Machen Sie Inhalt lesbar und verständlich.</li>
    <li>Sorgen Sie dafür, dass Webseiten vorhersehbar aussehen und
funktionieren.</li>
    <li>Helfen Sie den Benutzern dabei, Fehler zu vermeiden und zu
    korrigieren.</li>
</ol>
<h2>Prinzip 4: robust</h2>
<p><strong>Inhalte müssen robust genug sein, damit sie
    zuverlässig von einer großen Auswahl an Benutzeragenten einschließlich
    assistierender Techniken interpretiert werden können.</strong></p>
<p>Das Prinzip "robust" umfasst eine Richtlinie:</p>
<ol>
    <li>Maximieren Sie die Kompatibilität mit aktuellen und zukünftigen
Benutzeragenten, einschließlich assistierender Techniken.</li>
</ol>
</div>
<div id="infobox">
<div id="aktuelles">
<h2><a name="service" id="service"></a>Was gibt es Neues?</h2>
<p>Die aktuellsten Informationen auf diesem Webauftritt sind:</p>
<dl>
    <dt><a href="#">Beitragstitel</a></dt>
    <dd>Beschreibung des Beitrags</dd>
    <dt><a href="#">Beitragstitel</a></dt>
    <dd>Beschreibung des Beitrags</dd>
    <dt><a href="#">Beitragstitel</a></dt>
    <dd>Beschreibung des Beitrags</dd>
</dl>
</div>
<div id="hilfe">
<h2>Benötigen Sie Hilfe?</h2>
<p>Einige Fragen und Antworten finden Sie in der <a href="/hilfe/">Hilfe</a>.
    Einige Begriffe finden Sie im <a href="/glossar/">Glossar</a>
erläutert.</p>
</div>
<div id="accesskey">
<h2>Der schnelle Seitenzugriff</h2>
<p>Einige Links können direkt mit der Tastatur aufgerufen werden.
```

```
        Lesen Sie bitte, welche <a href="#">Tastaturkürzel für dieses
        Webangebot</a> berücksichtigt wurden.</p>
    </div>
    <div id="werbung">
    <h2>Werbung</h2>
    <p>Werbung Werbung Werbung Werbung Werbung Werbung Werbung Werbung</p>
    </div>
    </div>
    <div id="fussleiste">
    <h6 class="unsichtbar">Seitenabschluss</h6>
    <ul>
        <li><a href="/">Startseite</a></li>
        <li><a href="/knowhow/">Wissen</a></li>
        <li><a href="/buecher/">Bücher</a></li>
        <li class="aktiv"><a href="/richtlinien/"><span
    class="unsichtbar">Aktueller Bereich: </span>Richtlinien</a></li>
        <li><a href="/verweise/">Links</a></li>
        <li><a href="/kontakt/">Kontakt </a></li>
    </ul>
    <div id="abschluss">
    <p>&copy; Jan Eric Hellbusch (2001-2010)</p>
    </div>
    <div class="floatende"></div>
    </div>
    </body>
    </html>
```

Listing 14-1   Überarbeitetes HTML-Grundgerüst für den Beispielauftritt

14.1.2.2 CSS-Regeln für den Beispielauftritt

Nachfolgend werden die CSS-Regeln für das HTML aus Listing 14–1 vorgestellt und kurz kommentiert. Die grundlegenden Informationen der einzelnen CSS-Eigenschaften, ihrer Leistungsfähigkeit und Browserunterstützung können einer der zahlreichen CSS-Referenzen im Web entnommen werden.

Wir beginnen mit einer knappen Angabe, die vor allem die Breite der Inhalte sowie die Zentrierung des Layouts festlegt:

```
body {
    font-family: verdana, arial, helvetica, sans-serif;
    font-size: 75%;
    color: #333;
    width: 100%;
    max-width: 80em;
    margin: 1.6em auto 3em;
    background-color: white;
}
```

Listing 14-2   CSS für eine zentrierte Darstellung des Layouts

Mit der Schriftgröße von 75 % wird die Standardschrift im Browser bei Standardeinstellungen mit 12 px dargestellt. durch die `max-width`-Eigenschaft nimmt die Seite die Breite eines circa 1024 px breiten Fensters ein, auch wenn der Monitor eine höhere Auflösung hat; wenn weniger Platz verfügbar ist, greift die `width`-Eigenschaft mit dem Wert 100 % und nimmt somit die volle Fensterbreite ein. Durch den `margin`-Wert auto wird die Seite automatisch zentriert (das »auto« in dieser Schreibweise greift für den linken und rechten Außenabstand).

Wir fahren mit dem unsichtbaren Inhaltsverzeichnis fort. Durch die Klasse »unsichtbar« können Texte ausgeblendet werden. Sinn dieser speziellen Ausblendung ist, zusätzliche Navigationshilfen für Screenreader-Nutzer anzubieten, ohne dass sie im grafischen Layout zu sehen sind. Der Text wird nicht ausgeblendet, sondern nur aus dem »Viewport«, sprich aus dem Sichtfenster geschoben. Falls man ein `display: none;` oder `visibility: hidden;` verwendet, werden Texte definitiv ausgeblendet, auch für Screenreader. Über die absolute Positionierung und negative Positionen können Screenreader die unsichtbaren Inhalte nach wie vor lesen.

```
.unsichtbar {
    position: absolute;
    left: -1000px;
    top: -1000px;
    width: 1px;
    height: 1px;
    overflow: hidden;
    display: inline;
}
```

Listing 14-3   CSS für die unsichtbare seiteninterne Navigation

Die vorangestellte (identifizierende) Überschrift der strukturellen Navigation sowie die Liste und die einzelnen Links werden unsichtbar gestellt. Bei Fokus müssen die Links sichtbar gestellt werden.

Um die Sprungmarken beim Durchtabben sichtbar zu machen, wird über das Pseudo-Attribut `:focus` der Link wieder in den Viewport geholt und zugleich ein wenig gestaltet. Der Internet Explorer unterstützt das Pseudo-Attribut `:focus` nicht; hierzu ist das Pseudo-Attribut `:active` hinzuzufügen, das den gleichen Effekt im Internet Explorer bewirkt wie `:focus` im Firefox, Safari und Chrome.

```
#sprungmarken a.unsichtbar:focus,
#sprungmarken a.unsichtbar:active {
    left: 4px;
    width: auto;
    white-space: nowrap;
    top: 4px;
    height: 20px;
    overflow: visible;
    display: block;
    color: #333;
```

```
        padding: 2px 8px 0;
        background-color: white;
        font-weight: 700;
    }
```

Listing 14-4   CSS für fokussierte, unsichtbare Links

Die Breadcrumb-Navigation wird mit drei Anweisungen gestaltet. Zunächst wird der Platz im Layout für die Breadcrumb-Navigation »reserviert«:

```
    #pfad {
        min-height: 2em;
        padding: 0.0em 0em 0.4em 2em;
    }
```

Listing 14-5   CSS für räumliche Angaben der Breadcrumb-Navigation

In der zweiten Anweisung für die Breadcrumb-Navigation wird dafür gesorgt, dass Listenpunkte nebeneinander dargestellt werden; die Listendarstellung des LI-Elements wird mit der CSS-Eigenschaft display: inline; aufgelöst:

```
    #pfad p,
    #pfad ul,
    #pfad li {
        float: left;
        display: inline;
    }
```

Listing 14-6   Horizontale Anordnung der Breadcrumb-Navigation

In der dritten Anweisung werden die Links bzw. die aktuelle Position gestaltet:

```
    #pfad li a,
    #pfad li strong {
        padding-left: 1.6em;
        color: #666;
        font-weight: 700;
        display: block;
        background-image: url("/img/bkn-pfeil.png");
        background-position: 0.2em 0px;
        background-repeat: no-repeat;
    }
```

Listing 14-7   Gestaltung der Navigationseinträge in der Breadcrumb-Navigation

Im Kopfbereich befinden sich im Wesentlichen zwei DIV-Elemente – einmal »logobox« mit Logo und Slogan und einmal »kopfbox« mit Impressumslink und Suchformular. Das verlinkte Logo, der Slogan, der Link zum Impressum und das Suchformular entsprechen im Wesentlichen Listing 4–27 auf Seite 148. Natürlich sind die farbliche Gestaltung und die genaue Anordnung anders. Hervorzuheben ist, dass über #slogan span über die Eigenschaft display: block; der zweite Teil des Slogans in eine eigene Zeile gerückt und individuell gestaltet wird.

```css
#logo {
   float: left;
}
#logo img {
   display: block;
   width: 5.3em;
   height: 4.2em;
   margin-right: 1.2em;
   margin-left: 2.8em;
}
#logobox {
   float: left;
   width: 51em;
   max-width: 100%;
}
#slogan {
   font-size: 2.8em;
}
#slogan span {
   display: block;
   font-size: 0.4em;
   font-weight: 700;
   font-style: italic;
   color: #517c8f;
}
#kopfbox {
   float: left;
   text-align: right;
   background-color: #fff;
   width: 25.4em;
   text-align: left;
   margin-left: 2em;
   margin-bottom: 1.6em;
}
#kopfbox label {
   font-weight: 700;
   display: block;
   background-color: #517c8f;
   color: #fff;
   text-transform: uppercase;
   padding: 0.2em 0.4em;
   font-size: 1.1em;
   margin-bottom: 0.8em;
}
#kopfbox button {
   width: 2.6em;
   height: 2.6em;
   cursor: pointer;
```

```
     margin: 0.0em 0 0 0.8em;
     float: left;
     border: 0px;
}
#kopfbox a {
     color: #666;
     font-weight: 700;
}
#adressbox,
#suchbox {
     background-color: #e5f2f8;
     min-height: 8em;
     margin-top: 0.8em;
}
#adressbox {
     margin-top: 0.4em;
}
#suchbox input,
#suchbox button {
     font-size: 0.9em;
     vertical-align: middle;
}
#schnellsuche {
     margin: 0.2em 0 0 1em;
     border: 1px solid black;
     padding: 0.4em;
     width: 20em;
     float: left;
     font-size: 1.1em;
}
```

Listing 14-8   CSS für den Kopfbereich des Layouts

Bei der Navigation wird es schon etwas aufwändiger. Zunächst gibt es eine horizontale Hauptnavigation:

```
#navigation {
     clear: both;
     float: left;
     width: 100%;
     background-image: url("../img/nav-border-oben.png");
     background-position: 0px 0px;
     background-repeat: repeat-x;
     position: relative;
     background-color: #313131;
}
#navigation ul {
     float: left;
     width: 100%;
     overflow: hidden;
```

```
    background-image: url("../img/navi-sub.png");
    background-position: 0px bottom;
    background-repeat: repeat-x;
}
#navigation ul li {
    float: left;
}
#navigation ul li a {
    vertical-align: middle;
    display: block;
    padding: 1.6em 1.8em 1.5em 1.8em;
    font-weight: 700;
    color: #fff;
    text-transform: uppercase;
    background-image: url("../img/nav-punkt-border-oben.png");
    background-position: 0px 6px;
    background-repeat: repeat-x;
}
#navigation ul li.aktiv {
    background-image: url("../img/navi-sub-pfeil.png");
    background-position: center bottom;
    background-repeat: repeat-x;
    padding-bottom: 10px;
}
#navigation ul li.aktiv a {
    border-color: #6392a9;
    background-position: 0px 0px;
    border-top: 6px solid #517C8F;
    padding: 1.2em 1.8em 1.5em 1.8em;
    background-color: #535353;
}
#navigation ul li a:hover,
#navigation ul li a:focus,
#navigation ul li a:active {
    padding: 1.15em 1.8em 1.5em 1.8em;
    background-color: #535353;
    border-top: 6px solid #517C8F;
    background-position: 0px 0px;
}
#navigation ul li.aktiv a:hover,
#navigation ul li.aktiv a:focus,
#navigation ul li.aktiv a:active {
    padding: 1.2em 1.8em 1.5em 1.8em;
    background-color: #535353;
    border-top: 6px solid #ddd;
    background-position: 0px 0px;
}
```

Listing 14-9   CSS für die horizontale Hauptnavigation

Anzumerken ist, dass der Pfeil unterhalb des aktiven Menüpunkts zur Kennzeichnung der aktuellen Position über CSS eingebunden wird. Diese Kennzeichnung gehört zwar normalerweise in das HTML, aber wir werden in Abschnitt 19.2.1.3 ab Seite 705 eine alternative Vorgehensweise für Sehbehinderte vorstellen. Abgesehen davon wird aber im Untermenü die aktuelle Rubrik in Worten gezeigt, sodass die Orientierung grundsätzlich auch ohne CSS gewährleistet ist.

Das Besondere an der Unternavigation ist die Position im Quelltext: Die Unternavigation wird strukturell innerhalb des dazugehörigen LI-Elements der Hauptnavigation verschachtelt. Die Unternavigation muss deshalb absolut positioniert werden. Um die Kaskade aus den CSS-Eigenschaften für die Haupteinträge zu vermeiden, etwa bei der Hintergrundgrafik, müssen für die Unternavigation einige Werte korrigiert, d. h., zurückgesetzt werden. Zudem müssen neben den Navigationseinträgen auch die grafischen Bedienelemente sowie die Kennzeichnung der aktuellen Position besonders beachtet werden:

```
#navigation #unter-nav {
    position: absolute;
    left: 0;
    width: 24.8em;
    border-bottom: 5px solid #b8d6e1;
    margin: 3.8em 1em 0 1.7em;
    padding-bottom: 1em;
    background-color: #e3f2f7;
}
#navigation #unter-nav h2 {
    padding-bottom: 1.4em;
    border: 0px;
    background-image: url("../img/sec-navi-sub-pfeil.png");
    background-position: center bottom;
    background-repeat: repeat-x;
}
#navigation #unter-nav ul {
    margin-top: 2em;
    background-image: url('');
}
#navigation #unter-nav li {
    width: 100%;
}
#navigation #unter-nav li.aktiv {
    background-image: url('');
    padding-bottom: 0px;
    background-color: #e3f2f7;
}
```

```css
#navigation #unter-nav li.aktiv h6 {
    background-color: #e3f2f7;
    float: right;
    display: inline;
    padding: 0;
}
#navigation #unter-nav li.aktiv strong,
#navigation #unter-nav a {
    color: #333;
    background-color: transparent;
    background-image: none;
    font-weight: 400;
    text-transform: none;
    padding: 0.4em;
}
#navigation #unter-nav a {
    background-position: center top;
    background-repeat: repeat-x;
    border: 0px;
}
#navigation #unter-nav li.aktiv strong {
    border-top: 1px solid #8cb9cc;
    border-bottom: 1px solid #8cb9cc;
    background-color: #fff;
    display: block;
    width: 20.9em;
    padding-left: 2.2em;
}
#navigation #unter-nav ul li img {
    float: left;
    vertical-align: bottom;
    margin-right: 0.4em;
    margin-top: 0.1em;
}
#navigation #unter-nav ul li.aktiv h6 img {
    margin: 0px;
    width: 1.3em;
    height: auto;
    background-color: #e3f2f7;
}
```

Listing 14-10 Positionierung und Gestaltung der Unternavigation

Weil die Unternavigation absolut positioniert werden muss, kann der nachstehende Inhalt nicht mehr richtig fließen. Deshalb setzen wir ein leeres DIV-Element ein, das eine Breite und im Hinblick auf den Info-Bereich auch eine Höhe erhält und den »Fluss« wieder herstellt (vgl. Listing 14-11).

```
#floater {
    width: 27em;
    height: 25em;
    float: left;
}
```

Listing 14-11 CSS für ein Behelfselement zur Wiederherstellung des Flusses

Unter der Unternavigation sollen Inhalte vertikal ausgerichtet werden, sodass dieses Behelfs-DIV eine Höhe braucht. Weil die Inhalte der Unternavigation im Umfang stark variieren können, kennen wir diese erforderliche Höhe nicht – sie kann erst ermittelt werden, wenn die Inhalte geladen werden. Es bleibt deshalb nicht aus, dass wir die Höhe serverseitig »schätzen« müssen und Inline-Styles anwenden. Eine Optimierung der Höhe erfolgt mit JavaScript. Dieser kann unmittelbar nach dem Behelfs-DIV im HTML-Code eingefügt werden. Die Funktion setFloaterHeight() wird direkt hinter dem Quelltextabschnitt des Behelfselements aufgerufen, die Anpassung der Höhe geschieht also unmittelbar beim Laden der Seite. Die Funktion kann für das vorgestellte Layout wie in Listing 14-12 dargestellt aussehen.

```
var floaterHeight = 0;
var subnavHeight = 0;
var korrVal = 80;
function setFloaterHeight ()
{
    // Höhe des Floaters wird ermittelt
    if (document.getElementById("floater")) {
        floaterHeight = document.getElementById("floater").offsetHeight;
    }
    // Höhe der Unternavigation wird ermittelt
    if (document.getElementById("unter-nav")) {
        subnavHeight = document.getElementById("unter-nav").offsetHeight;
    }
    // Korrekturwert (oberer Abstand der Unternavigation) wird zu der
    ermittelten Höhe der Unternavigation addiert
    // danach wird der Floater auf die berechnete Höhe gebracht - der Infoblock
    schließt dann an die Unternavigation an!
    if (document.getElementById("floater")) {
        subnavHeight = subnavHeight + korrVal;
        document.getElementById("floater").style.height = subnavHeight + "px";
    }
}
```

Listing 14-12 JavaScript zur Optimierung der Höhe des Behelfselements

Für den Inhaltsbereich werden exemplarisch einige wenige Elemente mit CSS gestaltet. Die allgemeinen CSS-Eigenschaften werden zum Zurücksetzen einiger Browservoreinstellungen eingesetzt. Damit strebt man eine einheitliche Darstellung in unterschiedlichen Browsern an (die Standardeinstellungen variieren von Browser zu Browser). Des Weiteren wird ein minimales Basis-Design angegeben, was für die ganze Seite gilt.

```css
p, div, h1, h2, h3, h4, h5, h6, button, ol, ul, li,
fieldset, input, select, button, textarea {
    padding: 0;
    margin: 0;
    font-size: 1em;
    font-family: "verdana", "arial", sans-serif;
}
abbr {
    border-bottom: 0px
}
a img,fieldset {
    border: 0;
}
li {
    list-style-type: none;
}
a {
    text-decoration: none;
    outline-style: none;
}
a:hover,
a:focus,
a:active {
    text-decoration: underline;
}
acronym {
    border-bottom: 0.0em dashed #808080;
    cursor: help;
}
#inhalt {
    float: right;
    padding: 3.4em 6em 5.05em 2em;
    margin: auto;
    max-width: 44em;
}
#inhalt h1 {
    font-size: 2em;
    font-weight: 400;
    color: #000;
    margin-bottom: 1.6em;
}
#inhalt h2 {
    font-size: 1.8em;
    font-weight: 400;
    color: #000;
```

```
    margin-bottom: 0.6em;
    margin-top: 1.6em;
}
#inhalt p {
    line-height: 1.8em;
}
#inhalt ol,
#inhalt ul {
    line-height: 1.8em;
    margin-left: 1.8em;
}

#inhalt ol li,
#inhalt ul li {
    padding-left: 0.4em;
    list-style-type: disc;
}
#infobox h2,
#info h2,
#navigation h2 {
    text-transform: uppercase;
    background-color: #517c8f;
    text-transform: uppercase;
    text-align: center;
    width: auto;
    color: #fff;
    padding: 0.6em;
    font-size: 1em;
    border: 1px solid #517c8f;
}
```

Listing 14-13 Etwas CSS für den Inhaltsbereich

Natürlich wird es zahlreiche weitere CSS-Regeln für den Inhalt geben. Verschiedene Bilder, Listen, Tabellen und weitere Inhalte müssen noch gestaltet werden.

Der Info-Bereich ist relativ geradlinig. Der Bereich besteht aus Überschriften und im Wesentlichen Absätzen und Listen (vgl. Listing 14-14).

```
#infobox {
    float: left;
    margin: 1em 1em 0 1.7em;
    width: 24.8em;
}
#infobox div {
    margin-bottom: 1.6em;
}
#infobox p,
#infobox ul,
#infobox ol,
#infobox dl {
```

```
      padding: 1.2em 0.6em 0;
      margin: 0;
   }
   #info {
      width: 12em;
      float: left;
   }
```

Listing 14-14 CSS für den Info-Bereich

Auch für den Fußbereich gibt es in den CSS keine weiteren Besonderheiten:

```
   #fussleiste {
      margin-top: 2em;
      padding: 0.6em 1em;
      clear: both;
      border-top: 7px solid #666;
      border-bottom: 0px;
      background-color: #ebe9ea;
      min-height: 2em;
   }
   #fussleiste ul {
      text-align: left;
      float: left;
      background-color: #ebe9ea;
   }
   #fussleiste li {
      display: block;
      float: left;
      padding: 0.3em 1.8em;
      background-image: url("../img/icon-fuss.png");
      background-position: 0.3em center;
      background-repeat: no-repeat;
   }
   #fussleiste a {
      width: auto;
      color: #333;
      text-decoration: underline;
      text-transform: uppercase;
   }
   #fussleiste li.aktiv {
      background-color: #fff;
      background-image: url("../img/icon-fuss-aktiv.png");
   }
```

Listing 14-15 CSS für die Fußleiste

Das CSS wurde unter besonderer Beachtung der Flexibilität (vgl. Abschnitt 17.2.2 ab S. 660) bestimmt. Ein flexibles, d.h., flüssiges Layout ist vermutlich eine der größten Herausforderungen komplexer Designs. Das vorliegende Design ist hingegen verhältnismäßig überschaubar, da es nur zwei Spalten hat.

Der komplette CSS-Code kann auf *www.barrierefreies-webdesign.de/lib/css/standard.css* eingesehen werden.

14.2 Layouttabellen sind wie Briefe in Excel

In den 1990er-Jahren hieß es: »Für das Layout brauchen Sie Tabellen.« Leider hat sich das teilweise bis heute in Ausbildung und Literatur festgesetzt. Der Grund ist jedoch längst Vergangenheit und hieß Netscape 4, ein Browser, der CSS kaum unterstützte und heute keine Rolle mehr spielt.

Wie sehr sich das Tabellenlayout »etablierte«, zeigt eine – zugegebenermaßen schon im Jahr 2005 durchgeführte – Untersuchung von Google. Ergebnis: Bei den am häufigsten verwendeten Elementen rangieren die Tabellenelemente TABLE, TR und TD bereits an 9. bzw. 10. und 11. Stelle.[2] Berücksichtigt man, dass die meisten Seiten Links enthalten und zudem einige Elemente verwendet werden müssen (BODY, HTML, HEAD), dann spricht die prominente Position der Tabellenelemente Bände.

Tabellenlayouts entsprechen nicht ganz der HTML-Spezifikation und sind eigentlich sogar ein »Missbrauch« von Tabellen; sie ersparen aber Webdesignern die Beschäftigung mit CSS-Techniken. Solange Tabellenlayouts nur mit Browsern angesehen werden, die verschachtelte Tabellen gut darstellen, scheinen sie eine probate Layouttechnik zu sein. Sobald sie aber auf Kleingeräten oder mit Screenreadern dargestellt oder gar ausgedruckt werden, beginnen die Probleme: Inhalt und Präsentation lassen sich oft nicht mehr trennen und die Optimierung für den Bildschirm wird zu einem Problem der Darstellung oder gar der Nutzbarkeit.

Tabellen sollten nicht grundsätzlich vermieden werden; für tabellarische Daten sollen und müssen sie sogar verwendet werden. Ist die zweidimensionale Anordnung von Informationen essenziell für die Verständlichkeit der Inhalte, dann sind Tabellen die richtigen HTML-Elemente, um die Zusammenhänge der Inhalte aufzubereiten. Die Regel lautet: Wenn Sie auch eine Tabellenkalkulation wie Excel zur Aufbereitung der Informationen verwenden können, dann können Datentabellen (vgl. Abschnitt 11.1 ab S. 399) eingesetzt werden. Pressemeldungen, Artikel, Kontaktformulare u.v.m. werden aber nicht mit Tabellenkalkulationen erstellt und sollten deswegen auch im Web nicht als Tabellen umgesetzt werden.

---

2. Google, Web Authoring Statistics, Elements,
    URL: *http://code.google.com/intl/de-DE/webstats/2005-12/elements.html* (Abruf 7.7.2010).

Screenreader lesen Tabellen Zelle für Zelle, von links nach rechts und Reihe für Reihe aus. Wird ein Tabellenlayout eingesetzt, dann muss die Reihenfolge der Inhalte logisch sein, damit sie bei der Arbeit mit linearen Ausgabemedien sinnvoll aufeinander folgen. Layouttabellen führen aber ohne Ausnahme zu einer Einschränkung der Barrierefreiheit, auch wenn sie linearisierbar sind:

▓ Tabellenlayouts setzen den Bildschirm als Ausgabemedium voraus.
▓ In der Praxis werden Layouttabellen oft (mehrfach) verschachtelt, was die Navigation mit Screenreadern erschwert.
▓ Tabellen geben einem Layout eine Semantik, die es nicht hat.

Das W3C tut sich mit einem »Verbot« von Layouttabellen schwer – auch wenn ihr Einsatz kaum noch begründet werden kann. Alle Behauptungen, dass Tabellen zu Layoutzwecken eingesetzt werden können und dies die Barrierefreiheit nicht besonders beeinträchtigt, sind skeptisch zu betrachten.

Layouttabellen strukturieren zwangsläufig den Seiteninhalt. Mit Tabellenzellen wird eine horizontale und vertikale Anordnung vorgegeben, die in der linearen Ausgabe nicht unbedingt nachvollziehbar ist. Dies gilt umso mehr, wenn Tabellen ineinander verschachtelt werden.[3] Layouttabellen werden, was die Barrierefreiheit angeht, immer eine Abwertung der A-Note mit sich ziehen: Für die Präsentationsebene kann und darf nur CSS eingesetzt werden.

Das Grundgerüst einer nicht linearisierbaren Layouttabelle wurde bereits in Abschnitt 3.2.2.2 ab Seite 86 vorgestellt. Dort wurde ebenfalls gezeigt, wie aus einer Layouttabelle eine vernünftige Reihenfolge mit erforderlichen HTML-Strukturen erzeugt werden kann. Schließlich wurden einige Zeilen CSS für die identische Gestaltung ohne Tabellen notiert.

Wenn dennoch Layouttabellen eingesetzt werden müssen, dann dürfen nur die einfachen Elemente

▓ TABLE für die Tabelle,
▓ TR für die einzelnen Tabellenreihen und
▓ TD für die in den Tabellenreihen enthaltenen Tabellenzellen

verwendet werden. Für Überschriften, Absätze und Listen innerhalb der Tabelle sind selbstverständlich die dafür vorgesehenen HTML-Elemente einzusetzen.

Werden über einfache Tabellenelemente hinaus strukturierende Tabellenelemente oder -Attribute zur logischen Verknüpfung von Zellen verwendet, dann werden Tabellen von Screenreadern falsch aufbereitet. Zu vermeiden sind deswegen:

▓ TH-Elemente (Kopfzellen), denn sie werden oft zusammen mit den zugeordneten Tabellenzellen ausgewertet,
▓ CAPTION-Elemente, denn sie werden für Tabellenüberschriften verwendet,

---

3. Clark, J. (2010): Building Accessible Websites, tables and frames,
    URL: *http://joeclark.org/book/sashay/serialization/Chapter10.html* (Abruf 7.7.2002).

▥ summary-Attribute für TABLE-Elemente, denn das Layout muss nicht beschrieben werden, und

▥ headers- und scope-Attribute, denn sie verknüpfen Tabellenzellen und Kopfzellen miteinander und werden von Screenreadern ausgewertet.

Auch THEAD-, TFOOT- und TBODY-Elemente sind mit Vorsicht zu genießen. Diese Tabellenelemente dienen dem Druck, indem man Kopf- und Fußzeilen auf jeder ausgedruckten Seite wiederholen kann, müssen aber in der Reihenfolge THEAD, TFOOT und TBODY im Quelltext vorkommen. Das bedeutet, dass sich die vorgesehene Fußzeile zwischen Kopf und Inhalt der Tabelle befindet, was in der linearisierten Ausgabe meist nicht sinnvoll ist.

14.3 Frames

Mit einem Frameset lassen sich mehrere HTML-Dokumente in einem Browserfenster anzeigen. Bei einem Frameset handelt es sich zwar prinzipiell um ein HTML-Dokument. Zunächst sind jedoch Metaangaben aufgeführt, die den sichtbaren Bildschirmbereich in verschiedene Frames aufteilen und Informationen zu den einzubindenden Dateien und weitere Parameter enthalten:

▥ Mit FRAMESET-Elementen wird das Browserfenster in verschiedene Bereiche unterteilt.

▥ Innerhalb der FRAMESET-Elemente werden einzelne Frames mit dem FRAME-Element definiert.

▥ Die Attribute des FRAME-Elements definieren die einzubindende Datei des Frames sowie Größen, Namen und Titel des Frames.

Die Gestaltung barrierefreier Frames ist auf Code-Ebene eine lösbare Herausforderung. Die eigentlichen Probleme entstehen in der visuellen Darbietung. Bei sehr kleinen Fenstern können Frames zu Darstellungsproblemen führen, wenn die Inhalte einzelner Frames horizontal nicht mehr vollständig angezeigt werden können (vgl. Abschnitt 17.2.2 ab S. 660).

14.3.1 Grundlegendes zu Frames

Werden Frames verwendet, dann bedeutet dies nicht automatisch, dass ein Webauftritt nicht zugänglich ist. Zu beachten sind aber drei Aspekte:

▥ Frames setzen die Nutzung eines Bildschirms implizit voraus. Auch wenn es heute keine Kompatibilitätsprobleme mit Screenreadern mehr gibt, so teilen Frames die Bereiche des Bildschirms auf. Drei bis fünf Frames sind in einem Screenreader noch nachvollziehbar, aber komplexere Frameset-Konstruktionen erschließen sich kaum noch. Auch kann in Kleingeräten schon ein Frameset mit drei Frames unübersichtlich werden.

▥ Frames sind seit HTML 4.01 Teil der Webstandards. Gegenüber CSS-Design haben sie jedoch einige Nachteile, wie etwa höhere Ladezeiten durch häufigere Serverabfragen, oder Probleme beim Aufrufen von Unterseiten, etwa beim Druck oder beim Speichern in den Lesezeichen. Außerdem wird das Prinzip der Trennung von Inhalt und Layout nicht befolgt, weil die Bildschirmaufteilung über HTML und nicht mit CSS-Regeln erfolgt. Frames sollten zwar auf andere HTML-Dokumente verweisen, aber es können zahlreiche weitere Dateiformate in einem Frame angezeigt werden. Sind die eingebundenen Dateien keine HTML-Dokumente, ist die Zugänglichkeit meist problematisch. Wenn beispielsweise ein Bild in einem Frame direkt referenziert wird, dann gibt es keine Möglichkeit, diesem einen Alternativtext beizufügen.

Der Vorteil von Frames liegt in der Ansteuerbarkeit im Sinne einer strukturellen Navigation (vgl. Abschnitt 7.2.1 ab S. 255) sowie in der Flexibilität der Darstellung. Wenn bestimmte Inhalte oder Funktionen in einer Seite geändert werden, kann der Aufruf einer neuen Seite oder der Sprung zu einem anderen Teil der Seite einschränkend sein. In solchen Fällen kann ein Frame genutzt werden, um die Inhalte gesondert anzuzeigen, etwa Links in einem längeren Dokument, die zu Fußnoten oder Anmerkungen führen.

14.3.1.1 Grundgerüst eines Framesets

Eine Seite mit Frames besteht aus einem Frameset und den einzelnen Frames. Das Frameset ist eine HTML-Datei mit einer eigenen Dokumententypdeklaration; erlaubt sind ein oder mehrere Framesets. Die Framesets selbst ermöglichen entweder eine horizontale oder eine vertikale Aufteilung des verfügbaren Platzes im Browserfenster. Die einzelnen Inhalte werden mit dem FRAME-Element eingebunden.

Das folgende Beispiel teilt das Browserfenster in einen linken Navigationsbereich und einen rechten Inhaltsbereich, wobei das Browserfenster im Verhältnis 4:13 aufgeteilt wird. Der Inhaltsbereich wird mit einem weiteren Frameset in zwei weitere Frames unterteilt; im oberen Bereich werden Inhalte und im unteren Bereich Anmerkungen zu den Inhalten dargestellt:

```
<!DOCTYPE html PUBLIC "-//W3C//DTD XHTML 1.0 Frameset//EN"
"http://www.w3.org/TR/2000/REC-xhtml1-20000126/DTD/xhtml1-frameset.dtd">
  <head>
    <title>Ein einfaches Frameset</title>
  </head>
<frameset cols="4*,13*">
  <frame src="navigation.html" name="navigation" title="Inhaltsverzeichnis" />
<frameset rows="*,10%">
<frame src="start.html" name="inhalt" title="Dokument" />
<frame src="kommentare.html" name="kommentare" title="Anmerkungen und
Fussnoten" />
</frameset>
<noframes>
<body>
```

```
<p>Wir setzen auf die Frames-Technik, um unsere Dokumente darzustellen. Die <a
href="start.html">Startseite</a> und das <a
href="navigation.html">Inhaltsverzeichnis des Dokuments</a> können Sie direkt
aufrufen. Von dem Inhaltsverzeichnis können Sie im Übrigen alle Seiten des
Dokuments aufrufen.</p>
</body>
</noframes>
</frameset>
```

Listing 14-16 Grundgerüst eines Framesets

Nach der Dokumententypdeklaration und dem Kopfbereich folgt ein Frameset, in dem die einzelnen Frames oder weitere Framesets verschachtelt sind. Im Frameset muss noch das `NOFRAMES`-Element verwendet werden, will man »Lynx«, dem einzig bekannten Browser, der keine Frames unterstützt, einen Inhalt anbieten. Die `name`-Attribute sind zweckmäßig, damit die Inhalte durch Links direkt ansteuerbar sind. Der folgende Link im Dokument, das im Frame »navigation« angezeigt wird, lädt die Seite »impressum.html« im Frame »inhalt«:

```
<a href="impressum.html" target="inhalt">Impressum</a>
```

Diese Angabe wird über das `target`-Attribut des Links im Zusammenhang mit dem `name`-Attribut des `FRAME`-Elements bestimmt. Wenn im Inhaltsbereich Fußnoten oder Anmerkungen vorkommen, können sie wie folgt im dafür vorgesehenen Frame aufgerufen werden:

```
… Die Ankündigung erfolgte mit einer Pressemitteilung.<sup><a href="fussnote-
010.html" target="kommentare">10</a></sup> …
```

14.3.1.2 Grundgerüst für ein IFRAME

Frames können in eine HTML-Seite eingebunden werden; hierbei wird in ein HTML-Dokument ein Frame eingebettet, in das ein anderer Inhalt geladen wird. Diese Technik wird oft für das Einbinden von Werbebannern und anderen wechselnden Inhalten genutzt.

Eingebettete Frames mit dem `IFRAME`-Element sind nur bedingt standardkonform: Das `IFRAME`-Element ist in der HTML-Variante »strict« nicht vorgesehen und nur in »transitional« erlaubt.

```
<iframe src="inhalt2.html" width="90%" height="400" title ="eingebetteter
Inhalt" name="iFrame">
  <p>Wir setzen auf Frames zur Anzeige von externen Inhalten. Wir sind leider
nicht in der Lage, andere Möglichkeiten zu nutzen. Sie können die eingebettete
Seite über den folgenden Verweis aufrufen: <a href="inhalt2.html">Seite
2</a></p>
</iframe>
```

Listing 14-17 Grundgerüst eines eingebetteten Frames

14.3.1.3 Alternativtexte für das FRAMESET-Element

Für ein valides Frameset muss das NOFRAMES-Element innerhalb eines FRAMESET-Elements notiert werden. Der NOFRAMES-Bereich ist im Prinzip ein Alternativtext für das Frameset und sollte mindestens die Navigationslinks enthalten. Dies kann eine umfangreiche Navigationsleiste sein oder z.B. ein Link zu einer Gesamtübersicht.

Die Anforderung des Alternativtexts für Framesets muss historisch gesehen werden: Ein NOFRAMES-Bereich ist – wenn überhaupt – nur noch im Zusammenhang mit alten Browsern relevant. Sicher sind Sätze wie »Ihr Browser unterstützt keine Frames!« heute überflüssig. Abgesehen davon kann die Frage, was genau im NOFRAMES-Bereich stehen soll, kaum beantwortet werden. Auf jeden Fall sollte der Nutzer das Webangebot weiter erschließen können, sei es über Links oder eine Suchfunktion.

Der Alternativtext des IFRAME-Elements wird nicht mit dem NOFRAMES-Element, sondern durch weiteren Inhalt zwischen öffnendem und schließendem IFRAME-Tag generiert.

In den beiden vorgestellten Grundgerüsten für ein Frameset (Listing 14-16) und für eingebettete Frames (Listing 14-17) wurden Alternativtexte berücksichtigt.

Ein grundlegendes Problem im Zusammenhang mit dem Alternativtext entsteht, wenn die Inhalte eines Frames verändert werden. Frames können durch Nutzereingaben und/oder Scripting beliebigen Inhalt enthalten, aber der Alternativtext des Framesets bzw. des eingebetteten Frames ist statisch und verändert sich nicht. Der Alternativtext für ein Frameset oder eingebettete Frames muss also generisch gewählt werden und für alle potenziellen Inhalte gelten.

14.3.1.4 Inhalte der Frames

Ein Vorteil von Frames ist ihre Dynamik. Mit dem target-Attribut eines Links können beliebige Inhalte in vorhandene Frames geladen werden. Dabei können nicht nur HTML-Dokumente eingebunden werden, sondern theoretisch beliebige Objekte.

Aus Sicht der Barrierefreiheit sollte von einem FRAME-Element jedoch nicht direkt auf Objekte wie Bilder, PDF-Dokumente oder Multimedia verwiesen werden, sondern die Inhalte müssen barrierefrei in ein HTML-Dokument integriert sein. Dies gilt beispielsweise für die oben bereits erwähnten Alternativtexte für Bilder. Auch andere Objekte sind zugänglicher, wenn der Nutzer sie in den für ihn geeigneten Anwendungen öffnen kann, etwa ein PDF-Dokument mit dem Adobe Reader.

Alle Frames müssen auf barrierefreie Dokumente verweisen. In der Praxis ist diese Anforderung schwer zu erfüllen. Wenn die Inhalte eines Frames vom eigenen Server kommen, kann die Barrierefreiheit in einem HTML-Dokument sichergestellt werden. Wenn die Inhalte aber von einem externen Server kommen, sind sie oft nicht vorhersagbar und die barrierefreie Gestaltung obliegt dem Lieferanten.

Grundsätzlich besteht das Problem also darin, dass dynamisierte Inhalte nur zugänglich sind, wenn die eingebundenen Dokumente die Barrierefreiheit »mitbringen«. Hierzu zählen neben Aspekten wie Alternativtexte oder verschiedene Formate auch Anforderungen an Semantik, Kontrastverhältnisse, Skalierbarkeit, Vermeidung von Blinken u.v.m. Das bedeutet: Jedes Dokument muss alle Anforderungen der Barrierefreiheit erfüllen.

14.3.2 HTML-Attribute für Frames

Aus Gründen der Standardkonformität sollten Frames vermieden werden. Wenn es keine Layoutalternative gibt, dann müssen die Beschriftungen der Frames sorgfältig gewählt werden.

Frames müssen über das title-Attribut beschriftet werden. Die korrekte Beschriftung ergibt sich aus der Nutzung von Screenreadern: Das, was durch die Anordnung der Frames am Bildschirm offensichtlich ist, muss für eine textorientierte und lineare Ausgabe durch kontextuelle Beschriftungen kompensiert werden. Wenn ein Frameset im Screenreader aufgerufen wird, werden zunächst die einzelnen Frames aufgelistet. Je nachdem, wie diese beschriftet sind, kann der Nutzer besser oder schlechter von Frame zu Frame navigieren und sich orientieren.

Das title-Attribut des FRAME-Elements sollte Aufschluss über den Inhalt eines Frames geben. Unklar sind Bezeichnungen wie »Right_Frame«. Bessere Bezeichnungen sind »Navigation«, »Inhalt« oder »Werbung«. Leere Frames, die nur für Layoutzwecke genutzt werden, sollten mit »Leer« o.Ä. bezeichnet werden.

Erforderlich ist aufgrund von Änderungen der HTML-Spezifikation außerdem eine sinnvolle Benennung der Frames mit dem name-Attribut. Vor 1999 war das name-Attribut als Beschriftung spezifiziert. Dadurch zeigen ältere Web- und Screenreader nur das name-Attribut als Beschriftung an.[4] Abgesehen davon ist das title-Attribut für moderne Screenreader relevant, während das name-Attribut für die Verlinkung und das Scripting nötig ist.

```
<frameset cols="4*,13*">
 <frame src="navigation.html" name="navigation" title="Inhaltsverzeichnis" />
 <frame src="start.html" name="inhalt" title="Dokument" />
</frameset>
```

Listing 14-18 Frameset mit aussagekräftigen name- und title-Attributen

---

4. Dies liegt mitunter daran, dass der Microsoft Internet Explorer bis Version 6 das name-, aber nicht das title-Attribut an die für Screenreader erforderliche MSAA-Schnittstelle des Windows-Betriebssystems weiterleitet.

Bei Frames kommt es auf das title-Attribut für das FRAME-Element an. Dies gilt sowohl für Frames in einem Frameset als auch für eingebettete Frames. Das title-Attribut des Frames ist nicht identisch mit dem TITLE-Element des HTML-Dokuments, das in einem Frame angezeigt wird. Das title-Attribut beschriftet den Frame und das TITLE-Element den Inhalt des HTML-Dokuments; sowohl das title-Attribut für den Frame als auch TITLE-Element für das eingebundene HTML-Dokument sind erforderlich.

Die HTML-Spezifikation sieht ein longdesc-Attribut für Framesets vor. Da vor allem bei Einsatz vieler Frames in einem Frameset ihr Zusammenhang bei Screenreader-Nutzung nicht unbedingt erkennbar ist, wurde in den WCAG 1.0 die Beschreibung der Zusammenhänge über das longdesc-Attribut verlangt. Allerdings wird dieses Attribut in Kombination mit Framesets bis heute von Screenreadern nicht unterstützt. Der Einsatz von longdesc wird in der WCAG20 nicht mehr verlangt.

Zusammenfassung

1. Standardkonformität bedeutet Trennung von Inhalt und Layout.
2. Bevor ein CSS-Design umgesetzt werden kann, muss die Linearisierbarkeit und Strukturierung im HTML vorgenommen werden.
3. Tabellenlayouts können zwar linearisierbar gestaltet werden, entsprechen aber nicht dem Grundsatz der Trennung von Inhalt und Layout.
4. Frames müssen aussagekräftige title-Attribute aufweisen.

15 Formulare

In der vielfältigen Interaktion zwischen Nutzer und Webseite spielen Formulare eine zentrale Rolle. Dies betrifft vor allem die Nutzereingabe.

HTML-Formulare sind ein standardisiertes Mittel zur Erfassung von Daten. Sie werden mit den INPUT-, TEXTAREA-, SELECT- und BUTTON-Elementen erzeugt. Da Browser die einzelnen Steuerelemente eines HTML-Formulars interpretieren und deren Rolle und Bezeichnung (z.B. ob eine Checkbox aktiviert ist oder nicht) an Screenreader, Vergrößerungssysteme oder Spracheingaben weitergeben, bieten HTML-Steuerelemente eine grundlegende Zugänglichkeit. Dennoch gibt es einige Anforderungen hinsichtlich ihrer Beschriftung; außerdem sind eine strukturierte Aufbereitung sowie ihre Linearisierbarkeit erforderlich.

Mit clientseitigen Scripts können weitere Schnittstellen geschaffen werden, z.B. Schieberegler, die in der HTML-Spezifikation nicht vorgesehen sind, oder Anwendungen für erweiterte Eingaben wie WYSIWYG-Editoren. In diesem Kapitel werden nur die HTML-Steuerelemente für Formulare behandelt. Dynamische Effekte mit JavaScript werden im nachfolgenden Kapitel 16 besprochen.

15.1 Aufbau eines Formulars

HTML-Formulare enthalten Steuerelemente für Eingabe und Auswahl von Inhalten sowie zum Abschicken der Formularinhalte. Dazu zählen Eingabefelder, Kontrollkästchen (Checkbox), Auswahlschalter (Radio-Button), Auswahllisten und Schaltflächen.

15.1.1 Das FORM-Element

Ein HTML-Formular wird mit dem FORM-Element erzeugt und enthält diverse Steuerelemente, Beschriftungen sowie andere Inhalte (wie Anweisungen oder Beschreibungen). Wenn ein Nutzer die erforderlichen Eingaben ausgefüllt oder eine Auswahl getroffen hat, werden die Daten an einen URI bzw. an ein Skript geschickt. Dies kann auf verschiedene Weise erfolgen, z.B. durch Drücken einer Schaltfläche oder ausgelöst durch einen Event-Handler. Was danach mit den Formularinhalten geschieht, hängt davon ab, was in dem URI damit gemacht wird.

Das FORM-Element benötigt die Attribute action und method. Im action-Attribut wird der URI notiert, an den die Formularinhalte geschickt werden. Im method-Attribut wird die http-Übertragungsmethode »get« oder »post« angegeben. Während der Standardwert »get« die Daten an die URI im action-Attribut einfach dranhängt, werden die Daten mit dem post-Attribut über den sogenannten Standardeingabekanal des URI im action-Attribut zur Verfügung gestellt. Das get-Attribut hat einige Beschränkungen, sodass für umfangreiche Daten oder bei Daten, die z.B. für eine Datenbank weiterverarbeitet werden, mit dem Wert post gearbeitet werden sollte. Für einfache Eingaben reicht aber i.d.R. die standardmäßige get-Methode.

```
<form action="/lib/db/suche.php" method="get">
<!-- Steuerelemente, Beschriftungen und weitere Inhalte -->
</form>
```

Listing 15-1   Attribute für das FORM-Element

Bei der post-Methode wird standardmäßig der MIME-Typ »application/x-www-form-urlencoded« an den Server übergeben, der aber mit dem enctype-Attribut z.B. auf »multipart/form-data« geändert werden kann, wenn das Formular auch Uploads ermöglichen soll.

```
<form action="/lib/db/upload.php" method="post" enctype="multipart/form-data">
<!-- Steuerelemente, Beschriftungen und weitere Inhalte -->
</form>
```

Listing 15-2   Änderung des MIME-Typs in einem Formular

15.1.2   Steuerelemente

Jedes Formular muss abgeschickt werden können. Deshalb gehört in jedes Formular zunächst eine Schaltfläche zum Absenden der Formularinhalte. In der Regel gehört auch mindestens ein Steuerelement für eine Eingabe oder eine Auswahl zu einem Formular, denn beim Abschicken werden die Bezeichnungen und Werte der einzelnen Steuerelemente übertragen. Wenn keine Eingabe- oder Auswahlmöglichkeit vorgesehen ist und nur eine Schaltfläche angeboten wird, dann kann auch auf das FORM-Element verzichtet werden (vgl. Abschnitt 15.1.4.2 ab S. 583). Die einzelnen Steuerelemente werden mit INPUT-, SELECT-, TEXTAREA- oder BUTTON-Elementen erzeugt.

15.1.2.1 INPUT-Element

Das leere INPUT-Element wird für verschiedene Steuerelemente eingesetzt. Das INPUT-Element dient verschiedenen Eingabemöglichkeiten, etwa Texteingabe, Kontrollkästchen oder Auswahlschalter. Mit dem Attribut type wird die Rolle des INPUT-Elements bestimmt, d.h. ob das Steuerelement ein Eingabefeld, ein Kontrollkästchen oder ein Auswahlschalter ist. Darüber hinaus kann die Rolle eines

INPUT-Felds eine einfache oder grafische Schaltfläche, die Passworteingabe, eine Schaltfläche zum Zurücksetzen eines Formulars, ein versteckter Parameter oder ein Datei-Upload sein.

Ein INPUT-Element benötigt i.d.R. das name-Attribut. Dieses Attribut bezeichnet das Feld und wird an das verarbeitende Skript zusammen mit dem Wert als Datenpärchen übermittelt. Ohne name-Attribut kann ein Skript die Nutzereingaben nicht auswerten. Nur für Schaltflächen ist kein name-Attribut erforderlich.

Die Rolle des INPUT-Elements wird durch das type-Attribut wie in Tabelle 15-1 dargestellt bestimmt.

Werte für das type-Attribut	Steuerelement (Rolle)	Kommentare
`<input type="text" name="vorname" />`	Einzeiliges Eingabefeld	Mit dem Attribut size wird die Breite des Eingabefelds bestimmt und mit dem Attribut maxlength die maximale Zeichenanzahl, die der Nutzer eingeben darf. Beide Attribute haben als Wert eine Zahl, wobei die Zahlen unterschiedlich sein können. Eine Vorbelegung des Eingabefelds erfolgt mit dem value-Attribut.
`<input type="checkbox" name="agb" value="ja" />`	Kontroll-kästchen	Für eine Checkbox ist ein Wert (value-Attribut) erforderlich. Wenn das Kontrollkästchen aktiviert wurde, wird der Wert geschickt, wenn das Kontrollkästchen nicht ausgewählt wurde, wird kein Wert an das verarbeitende Skript geschickt. Mit dem Attribut checked (und dem gleichen Wert "checked") kann ein Kontrollkästchen vorausgewählt werden.
`<input type="radio" name="anrede" value="w" chekked="checked" /> <input type="radio" name="anrede" value="m" />`	Auswahl-schalter	Mit Auswahlschaltern erhalten Nutzer sich gegenseitig ausschließende Optionen; dabei müssen sie die gleiche Bezeichnung (name-Attribut) teilen und unterschiedliche Werte (value-Attribute) besitzen. Eine Vorauswahl (checked-Attribut) ist für genau eine Option sinnvoll.
`<input type="submit" value="Fertigstellen" />`	Schaltfläche	Die Schaltfläche ermöglicht das Abschicken eines Formulars an das verarbeitende Skript (URI im action-Attribut des Formulars). Ein name-Attribut ist nicht erforderlich. Das value-Attribut ist die Beschriftung der Schaltfläche.
`<input type="image" src="/lib/img/absenden.gif" alt="Absenden" />`	Grafische Schaltfläche	Als Alternative zur einfachen Schaltfläche kann eine grafische Schaltfläche verwendet werden. Die Grafik wird mit dem src-Attribut referenziert und der Alternativtext mit dem alt-Attribut statt des value-Attributs eingesetzt. Ein name-Attribut ist nicht erforderlich.
`<input type="password" name="pwd" />`	Eingabefeld für Passwörter	Die Eingabe wird mit Sternchen (*) maskiert. Wie beim einzeiligen Eingabefeld sind bei der Passworteingabe die Attribute size, maxlength und value zulässig.

Werte für das type-Attribut	Steuerelement (Rolle)	Kommentare
`<input type="reset" value="Abbrechen" />`	Zurücksetzen-Schaltfläche	Die Zurücksetzen-Schaltfläche ermöglicht ein Zurücksetzen der Eingaben. Das `value`-Attribut ist die Beschriftung der Schaltfläche.
`<input type="hidden" name="konto" value="user103" />`	Verstecktes Steuerelement	Da http ein zustandsloses Protokoll ist, können z.B. in mehrstufigen Formularabfragen bereits getätigte Eingaben von Formular zu Formular »mitgenommen« werden, ohne dass die Nutzer die Steuerelemente wahrnehmen. Der Parameter wird wie gehabt mit dem `name`-Attribut und der Wert des Parameters mit dem `value`-Attribut übertragen.
`<input type="file" name="upload" />`	Dateiauswahl für Datei-Upload	Es werden zwei Steuerelemente erzeugt, eines für einen Dateinamen und eines zum Durchsuchen der lokalen Festplatte. Mit dem `value`-Attribut kann ein Dateiname vorgegeben werden.

Tab. 15-1   Rollen für das INPUT-Element

Für das INPUT-Element gibt es noch die sogenannte Skript-Schaltfläche. Mit `type="button"` kann z.B. JavaScript eingebunden werden. Dieses Steuerelement sollte allerdings nicht verwendet werden, um Formulare zu verarbeiten, auch wenn das grundsätzlich möglich ist. Es ist wegen der Abhängigkeit von Java-Script u.U. nicht nutzbar.

15.1.2.2 SELECT-Element (Auswahllisten)

Das SELECT-Element wird in Verbindung mit OPTION für die Generierung von Auswahllisten verwendet. Wenn das `multiple`-Attribut für das SELECT-Element genutzt wird, wird aus der Auswahlliste eine Mehrfachauswahlliste. Das Grundgerüst einer einfachen Auswahlliste sieht wie folgt aus:

```
<select name="anlass">
 <option>Allgemeine Anfrage</option>
 <option>Produktbestellung</option>
 <option>Feedback zur Homepage</option>
</select>
```

Listing 15-3   Aufbau einer Auswahlliste

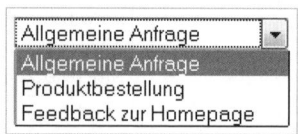

Abb. 15-1   Einfache Auswahlliste

Beim Absenden wird der Inhalt der ausgewählten Option als Wert geschickt. Es können aber mit dem value-Attribut für die OPTION-Elemente andere Werte übertragen werden:

```
<select name="anlass">
 <option value="0">Allgemeine Anfrage</option>
 <option value="sales">Produktbestellung</option>
 <option value="hp" selected="selected">Feedback zur Homepage</option>
</select>
```

Listing 15-4   Auswahlliste mit angepassten Werten

Über das selected-Attribut für ein OPTION-Element kann eine Option vorausgewählt werden.

Normalerweise erzeugt SELECT ein ausklappbares Menü. Es ist aber durch ein zusätzliches size-Attribut möglich, die Zahl der ursprünglich angezeigten Einträge zu bestimmen. Das ist vor allem bei Mehrfachauswahllisten sinnvoll, in denen mehrere Optionen gleichzeitig ausgewählt werden können. Für eine Mehrfachauswahlliste ist zusätzlich das multiple-Attribut erforderlich:

```
<select size="5" multiple="multiple" name="auswahl">
 <option>Pizza</option>
 <option>Nudeln</option>
 <option>Kuchen</option>
 <option>Salat</option>
 <option>Suppe</option>
 <option>Pudding</option>
</select>
```

Listing 15-5   Mehrfachauswahlliste

Abb. 15-2   Mehrfachauswahlliste mit zwei Markierungen

Mehrfachauswahllisten sind für viele Nutzer ungewohnt, da sie über die Strg-Taste bzw. der Befehlstaste zusammen mit der eigentlichen Auswahl bedient werden. Problematisch ist ihre Bedienung mit Screenreadern, da meist zunächst der Bedienungsmodus geändert werden muss. Deswegen sind Mehrfachauswahllisten nicht empfehlenswert. Einfache Auswahllisten sind hingegen unproblematisch.

15.1.2.3 TEXTAREA-Element (mehrzeilige Eingabefelder)

Mehrzeilige Eingabefelder werden mit dem TEXTAREA-Element erzeugt. Die Größe wird mit den Attributen cols und rows bestimmt, wobei in den CSS genauere und vor allem auch relative Angaben vorgenommen werden sollten. Falls ein mehrzeiliges Eingabefeld vorbelegt werden soll, kann die Vorbelegung in das TEXTAREA-Element integriert werden:

```
<textarea cols="50" rows="12" name="kommentar">
 Ihr Kommentar
</textarea>
```

Listing 15-6   Mehrzeiliges Eingabefeld

In ein mehrzeiliges Eingabefeld können längere, unformatierte Texte eingegeben werden. Eine Vorbelegung erfolgt über den Text zwischen dem öffnenden und schließenden TEXTAREA-Tag. Wenn der Text länger als der verfügbare Platz ist, zeigen Browser einen Scrollbalken an. Falls bei der Formularübergabe die Texte nicht vollständig übermittelt werden, sollte zunächst geprüft werden, ob das Formular nicht mit der Methode »post« verschickt wird.

15.1.2.4 BUTTON-Element (Schaltflächen)

Schaltflächen werden in HTML in der Regel mit dem INPUT-Element in Verbindung mit den Attributen submit oder image erzeugt, können aber auch mit dem BUTTON-Element ausgezeichnet sein. Das folgende Beispiel zeigt eine einfache Schaltfläche:

```
<button type="submit">
 Absenden
</button>
```

Listing 15-7   Einfache Schaltfläche mit BUTTON

Das BUTTON-Element bietet größere Gestaltungsspielräume, denn es kann weitere HTML-Elemente enthalten, die über CSS gestaltet werden können.[1]

```
<button type="submit">
 <img src="lib/img/absenden.gif" alt="Absenden" />
</button>
```

Listing 15-8   Schaltfläche mit grafischem Inhalt

Neben Text und Grafik können Kombinationen von beidem oder weitere Elemente verwendet werden, etwa versteckte Texte für Screenreader-Nutzer für eindeutige Beschriftungen.

---

1. Speckyboy Design Magazine (2009): 15 Tips and Techniques for Styling the button element, URL: *http://speckyboy.com/2009/12/30/15-tips-and-techniques-for-styling-the-button-element/* (Abruf 7.7.2010).

15.1.3 Beschriftungen

Das FORM-Element ist zunächst ein Element, in das Steuerelemente verschachtelt werden; für die maschinelle Auswertung sind Bezeichnungen (name-Attribute) zur Identifizierung der Steuerelemente erforderlich. Für die Benutzungsschnittstelle – also die Präsentation für den Nutzer – müssen die Steuerelemente beschriftet werden. Außerdem enthalten FORM-Elemente oft kontextuelle Hilfen oder Links zur Anzeige von Hilfetexten.

Für den Nutzer sind vor allem die Beschriftungen der Steuerelemente wichtig: Was soll in welches Feld eingetragen werden oder was muss bei der Auswahl in einer bestimmten Liste beachtet werden?

Anrede	keine Angabe ▾
	keine Angabe
Firma	Herr
	Frau
Vorname *	Firma
Nachname *	
Geburtsdatum (TT MM YYYY)	
Straße / Hausnummer	
PLZ / Ort	
Vorwahl / Nummer	
Land	

Abb. 15-3   Ein typisches Kontaktformular mit Beschriftungen für Steuerelemente

Die meisten Formulare enthalten Beschriftungen für Eingabefelder. Diese sind zusätzlich mit den Eingabefeldern über das LABEL-Element zu verknüpfen, es kann aber auch Ausnahmen geben. Für Schaltflächen erfolgt die Beschriftung beispielsweise mit dem value-Attribut des INPUT-Elements bzw. mit dem Inhalt des BUTTON-Elements. Auch ist in Ausnahmefällen ein title-Attribut zur Identifizierung des Steuerelements zulässig. Tabelle 15-2 zeigt die grundsätzlichen Möglichkeiten zur Beschriftung von Steuerelementen in HTML.

HTML-Element	Steuerelement	Beschriftung mit
BUTTON	Schaltfläche	Inhalt des BUTTON-Elements oder title-Attribut
INPUT (Typ »submit« oder »Reset«)	Schaltfläche	value-Attribut
INPUT (Typ »image«)	Schaltfläche	alt- oder title-Attribut
INPUT (Typ »text« oder »password«) und TEXTAREA	Eingabefeld	Inhalt des LABEL-Elements oder title-Attribut
INPUT (Typ »checkbox«)	Auswahlschalter	Inhalt des LABEL-Elements oder title-Attribut
INPUT (Typ »radio«)	Auswahlschalter	Inhalt des LABEL-Elements oder title-Attribut
SELECT	Auswahlliste	Inhalt des LABEL-Elements oder title-Attribut
FIELDSET	Gruppierung	Inhalt des LEGEND-Elements

Tab. 15-2   Beschriftung von Steuerelementen in HTML

G
131

Das LABEL-Element ist die (technische) Beschriftung eines Steuerelements. Das kann »Ihr Name« für das entsprechende Eingabefeld in einem Kontaktformular, Zusatzinformationen wie »Pflichtfeld« bzw. »optional« oder auch eine Anweisung zum Bedienen eines Steuerelements sein. Das LABEL-Element ist aus verschiedenen Gründen anderen Beschriftungsmöglichkeiten unbedingt vorzuziehen:

▤ Die explizite Verknüpfung von Beschriftungen mit Steuerelementen gewährleistet die logische Zuordnung unabhängig von der Präsentation: Ob im Screenreader oder mit anderer Software, eine eindeutige Identifizierung der Felder ist immer möglich.

▤ Die Beschriftung (z. B. eines Kontrollfelds oder eines Auswahlschalters) wird über das LABEL-Element maussensitiv. Sie kann angeklickt und das zugehörige Steuerelement aktiviert bzw. deaktiviert werden. Bei Eingabefeldern führt ein Klick auf die Beschriftung zu einer Fokussierung des verknüpften Eingabefelds. Ein weiterer Vorteil ist die Vergrößerung der Klickfläche, da neben dem Steuerelement auch die Beschriftung klickbar ist.

▤ Insbesondere das title-Attribut ist nur zweite Wahl. Screenreader unterstützen zwar das title-Attribut für Steuerelemente, wenn kein LABEL-Element mit dem Steuerelement verknüpft ist, es stellt aber Tastaturnutzer vor eine Barriere.

▤ Nur bei Schaltflächen und Gruppierungen ist das LABEL-Element nicht zu verwenden; sie werden auf andere Weise beschriftet.

15.1.3.1 LABEL-Element

Das LABEL-Element gehört zu den eher unbekannten HTML-Elementen und hat
nur einen Zweck: die logische Verknüpfung zwischen Beschriftung und Steuerelement. Sichergestellt wird das mit dem Attribut for, das den gleichen Wert
wie die id des Steuerelements erhalten muss, z. B.:

```
<label for="wert">Vorname</label> <input name="vorname" id="wert" type="text"
/>
```

Bei korrekter Verknüpfung, also hier mit »Vorname«, können Steuerelemente
von Hilfsmitteln eindeutig identifiziert werden. Voraussetzung ist, dass das
Steuerelement (INPUT, TEXTAREA oder SELECT) mit einer ID gekennzeichnet ist. Hier
ist nur wichtig, dass die id-Werte eindeutig sind. Wenn keine IDs für Steuerelemente vergeben wurden oder uneindeutig sind, kann die Software die
Beschriftungen den Steuerelementen nicht mehr korrekt zuweisen.

In den WCAG 1.0 wurde neben der expliziten Verknüpfung von Beschriftung
und Steuerelement auch das Verschachteln der Steuerelemente innerhalb von
LABEL-Elementen empfohlen.[2] Diese Technik wurde damit begründet, dass
Ende der 1990er die Unterstützung der expliziten Verknüpfung über das LABEL-
Element mangelhaft war. Es hat sich aber herausgestellt, dass die implizite Verknüpfung nicht zugänglichkeitsunterstützend ist, deswegen kann auf die explizite Verknüpfung mit dem for-Attribut nicht verzichtet werden. Sind also Steuerelemente in ein LABEL-Element verschachtelt, ist die Verknüpfung dennoch
erforderlich:

```
<label for="wert">
Vorname
<input name="vorname" id="wert" type="text" />
</label>
```

Listing 15-9   Implizite Beschriftungen benötigen eine Verknüpfung.

Der Nachteil dieser Schreibweise ist, dass für die CSS-Gestaltung ein zusätzliches HTML-Element für die Beschriftung erforderlich sein könnte. Im Allgemeinen sollte deshalb auf diese Schreibweise verzichtet werden.

15.1.3.2 Inhalte für das LABEL-Element

Meist entspricht der Inhalt des LABEL-Elements der sichtbaren Beschriftung
eines Steuerelements. Es gibt aber auch Fälle, in denen allein eine sichtbare
Beschriftung nicht möglich oder nicht ausreichend ist. Im Folgenden werden
Beispiele aufgeführt, bei denen zusätzliche Beschriftungen oder Erweiterungen
erforderlich sind.

---

2.   Vgl. W3C, HTML Techniques for Web Content Accessibility Guidelies 1.0 (11.3 Labeling
     form controls), URL: *http://www.w3.org/TR/WCAG10-HTML-TECHS/#forms-labels*
     (Abruf 7.7.2010).

Kennzeichnung von Pflichtfeldern

Enthält eine Beschriftung besondere Markierungen, z. B. die Kennzeichnung eines Steuerelements als Pflichtfeld, dann muss diese Kennzeichnung in das LABEL-Element. Das kann über ein Asterisk (*) erfolgen:

```
<p><label for="nname">Nachname:*</label>
<input type="text" name="nname" id="nname" /></p>
```

Listing 15-10   Kennzeichnung eines Pflichtfelds mit dem Sternchensymbol

Das Sternchen (Asterisk) zur Kennzeichnung von Pflichtfeldern ist zwar Konvention, dennoch kann nicht vorausgesetzt werden, dass jeder Nutzer die Bedeutung erkennt oder versteht. Zudem wird von manchen Anbietern von dieser Konvention abgewichen.

Formulare sind meist verständlicher, wenn statt oder ergänzend zu Symbolen Text verwendet wird. Eine Angabe »Pflichtfeld« oder »optional« fördert die Verständlichkeit deutlich. Im folgenden Beispiel werden nicht die Pflichtfelder besonders gekennzeichnet, sondern das optionale Eingabefeld:

```
<p><label for="vname">Vorname</label> <input id="vname" name="vname"
type="text" /></p>
<p><label for="nname">Nachname</label> <input id="nname" name="nname"
type="text" /></p>
<p><label for="gdatum">Geburtsdatum (optional)</label> <input id="gdatum"
name="gdatum" type="text" /></p>
```

Listing 15-11   Kennzeichnung von optionalen Steuerelementen mit Text

Eine Kennzeichnung von Steuerelementen als Pflichtfelder ist innerhalb des LABEL-Elements vorzunehmen, da diese Information im Bearbeitungsmodus des Screenreaders sonst nicht erfasst wird.

Die meisten Screenreader verfügen über einen Standardmodus zum Lesen von Inhalten und einen Bearbeitungsmodus. Ist eine Texteingabe erforderlich, dann muss in den Bearbeitungsmodus geschaltet werden. Der Grund für den erforderlichen Wechsel ist die Tastenbelegung im Standardmodus mit Funktionen; erst durch den Wechsel in den Bearbeitungsmodus werden die Tastenbefehle zur Navigation innerhalb eines Dokuments ausgeschaltet und der Nutzer kann die Eingabe vornehmen. Im Bearbeitungsmodus werden jedoch ausschließlich aktive Elemente, also Formulare und Links, angesteuert. Andere Texte, auch solche, die in einem FORM-Element stehen, werden nicht ausgespielt.

Eine ergänzende Möglichkeit, um Pflichtfelder speziell für Screenreader zu kennzeichnen, kann über den zukünftigen Webstandard ARIA erfolgen:

```
<p><label for="nname">Nachname:</label>
<input aria-required="true" type="text" name="nname" id="nname" /></p>
```

Listing 15-12   Kennzeichnung von Pflichtfeldern mit ARIA

Auf diese Weise kann dem Screenreader-Nutzer ohne zusätzliche Angaben in der Beschriftung mitgeteilt werden, dass das Eingabefeld ausgefüllt werden muss. In diesem Fall könnte die Kennzeichnung eines Pflichtfelds auch außerhalb eines LABEL-Elements erfolgen.

ARIA wird allerdings noch nicht in allen Screenreader-Browser-Kombinationen unterstützt. Der Code in Listing 15-12 funktioniert in einigen Screenreadern mit Firefox,[3] und JAWS 10 unterstützt diese Funktion im Internet Explorer ab Version 8.

Erforderliche Informationen

Enthalten Formulare Sicherheitsabfragen auf Basis einer mathematischen Aufgabe, dann gehören diese ebenfalls in das LABEL-Element, ähnlich wie bei der Kennzeichnung von Pflichtfeldern.

In diesem Beispiel wird die eigentliche Frage im Bearbeitungsmodus eines Screenreaders nicht erfasst und er würde nur »Sicherheitsabfrage« als Beschriftung des Steuerelements ausgeben:

```
<p><label for="frage">Sicherheitsabfrage</label>
<span class="hinweis">Wieviel ist 2 plus 3?</span>
<input type="text" name="captcha" id="frage" /></p>
```

Listing 15-13   Nicht zugängliche Beschriftung eines Steuerelements

Das Notieren einer Sicherheitsabfrage im LABEL-Element stellt sicher, dass ein Screenreader die Information an den Nutzer weitergibt:

```
<p><label for="frage">Sicherheitsabfrage: <span class="hinweis">Wieviel ist 2
plus 3?</span></label>
<input type="text" name="captcha" id="frage" /></p>
```

Listing 15-14   Berücksichtigung der Fragestellung in der Beschriftung

Dieses Vorgehen ist außerdem für weitere Hinweise oder Links zu Hilfetexten sinnvoll. Bei längeren Texten sollte jedoch nicht der Text selber, sondern ein eindeutiger Hinweis auf die Erläuterungen im LABEL-Element stehen:

```
<p><label for="cv">Lebenslauf <span class="unsichtbar">Erläuterungen auf der
Seite</span></label>
<span class="hinweis"><!-- Ausführliche Hinweise --></span>
<textarea cols="40" rows="25" name="lebenslauf" id="cv"></textarea></p>
```

Listing 15-15   Zusätzliche Hinweise in einer Beschriftung

---

3.   Vgl. Zehe, M., Einfaches ARIA Tip #1: Das Attribut aria-required, URL: *http://www.zehe-edv.de/
2008/02/29/einfaches-aria-tip-1-das-attribut-aria-required/* (Abruf 7.7.2010).

15.1.3.3 Alternative Beschriftungen

Manche Formulare haben keine (sichtbaren) Beschriftungen. Ein Beispiel ist eine einfache Suchfunktion, bestehend aus Eingabefeld und Schaltfläche:

```
<form action="/lib/db/suche.php" method="get">
 <p><input type="text" name="suche" />
 <button type="submit">Suche starten</button></p>
</form>
```

Listing 15-16   Nicht zugängliches Eingabefeld

Obwohl ein Nutzer durch die Schaltfläche den Zweck des Eingabefelds ermitteln kann, ist eine Beschriftung dennoch erforderlich. Hierfür gibt es verschiedene Möglichkeiten:

1. Sie setzen eine mit LABEL verknüpfte Beschriftung ein, die dann über CSS aus dem sichtbaren Bereich geschoben wird. Damit können Nutzer von Software ohne CSS-Unterstützung den Zweck des Eingabefeldes erfassen.
2. Alternativ ergänzen Sie das Eingabefeld mit dem title-Attribut. Mausnutzer erhalten bei Mausberührung einen Sprechblasentext und Screenreader erkennen das Eingabefeld über das title-Attribut.

Unsichtbare Beschriftungen mit LABEL

Ist eine visuell sichtbare Beschriftung nicht vorgesehen, kann speziell für Screenreader ein unsichtbares LABEL-Element eingebunden werden:

```
<form action="/lib/db/suche.php" method="get">
 <p><label for="schnellsuche" class="unsichtbar">Suchbegriffe
 eingeben:</label>
 <input type="text" name="suche" id="schnellsuche" />
 <button type="submit">Suche starten</button></p>
</form>
```

Listing 15-17   Verwendung eines unsichtbaren LABEL-Elements für ein Eingabefeld

Die Klasse »unsichtbar« wurde bereits in Listing 7–4 auf Seite 238 vorgestellt. Hier erhält ein Eingabefeld eine Beschriftung, die aber aus dem sichtbaren Bereich des Bildschirms geschoben wird.

title-Attribute für Steuerelemente

Eine Alternative zum LABEL-Element ist das title-Attribut. Es wird von Screenreadern wie JAWS oder Window-Eyes zur Identifizierung eines Steuerelements herangezogen, wenn kein LABEL-Element mit dem Steuerelement verknüpft wurde.

In Listing 15–17 wäre statt eines unsichtbaren LABEL-Elements folgende Alternative möglich:

```
<form action="/lib/db/suche.php" method="get">
<p>
<input type="text" name="suche" id="schnellsuche" title="Suchbegriffe
eingeben" />
<button type="submit">Suche starten</button></p>
</form>
```

Listing 15-18 Verwendung eines title-Attributs für ein Eingabefeld

Ein title-Attribut für Steuerelemente sollte nur eingesetzt werden, wenn die Beschriftungen missverständlich sind. Für das Suchformular empfehlen wir die Technik des unsichtbaren LABEL-Elements.

In der Praxis kommt das title-Attribut nur in wenigen Fällen in Frage. So könnte die Frage im folgenden Beispiel alternativ über das title-Attribut gegeben werden:

```
<p>Akzeptieren Sie die Geschäftsbedingungen?</p>
<p><input type="radio" name="agb" id="foo" value="1" /><label
for="foo">ja</label>
<input type="radio" name="agb" id="bar" value="0" /><label
for="bar">nein</label></p>
```

Listing 15-19 Auswahlschalter mit LABEL-Elementen

Hier sind die Beschriftungen zwar eindeutig mit den Steuerelementen verknüpft, aber außerhalb des Kontextes nicht aussagekräftig. Wenn mit title-Attributen gearbeitet wird, dann muss auf LABEL-Elemente verzichtet werden, denn das title-Attribut wird von Screenreadern meist nur ausgelesen, wenn das LABEL-Element fehlt. Dieses Beispiel sollte entweder mit unsichtbarem Text im LABEL-Element (vgl. Listing 15-17), einem zweiten LABEL-Element für die Fragestellung (vgl. Listing 15-21 auf S. 580) oder einem LEGEND-Element für die Fragestellung (vgl. Listing 15-26 auf S. 584) ergänzt werden. Ein title-Attribut ist ebenso zulässig, aber nur wenn auf das LABEL-Element verzichtet wird.

In bestimmten Formularen mit vielen Auswahlmöglichkeiten wie in Abbildung 15-4 müssen hingegen Auswahlschalter und Kontrollkästchen zusätzliche title-Attribute erhalten.

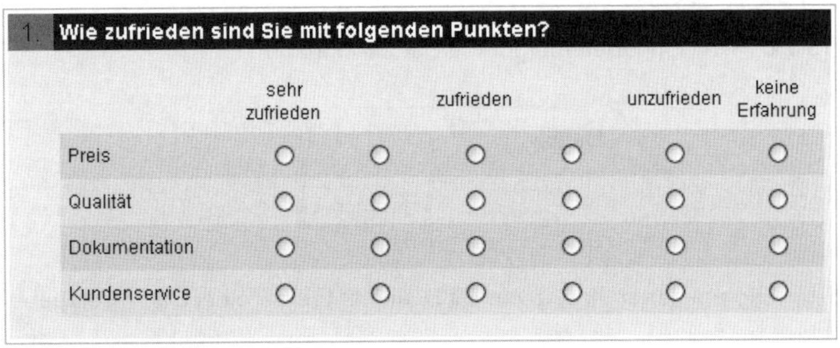

Abb. 15-4 Tabellenmatrix mit zahlreichen Auswahlschaltern

Mit dem `title`-Attribut können die Informationen aus den Kopfzellen der Tabelle hinterlegt und die Steuerelemente eindeutig identifizierbar gemacht werden. Für solche tabellarisch aufbereiteten, komplexen Formulare sind eindeutige Beschriftungen einfacher über `title`-Attribute herzustellen.

Mehrere Beschriftungen mit LABEL

In anderen Formulartypen kann auf zusätzliche `title`-Attribute zugunsten eines zweiten Label-Elements für ein Steuerelement verzichtet werden. Im folgenden Beispiel ist aus der Beschriftung nicht genau erkennbar, worum es sich beim Kontrollkästchen handelt:

```
<p>Akzeptieren Sie die <a href="#">Geschäftsbedingungen</a>?</p>
<p><input type="checkbox" name="agb" id="wert" />
 <label for="wert">Ja, ich akzeptiere</label></p>
```

Listing 15-20   Kontrollkästchen mit LABEL-Element

In diesem Fall kann aus der Fragestellung eine zweite Beschriftung gemacht und mit dem Steuerelement verknüpft werden:

```
<p><label for="wert2">Akzeptieren Sie die <a
href="#">Geschäftsbedingungen</a>?</label></p>
<p><input type="checkbox" name="agb" id="wert2" />
 <label for="wert2">Ja, ich akzeptiere</label></p>
```

Listing 15-21   Kontrollkästchen mit zwei LABEL-Elementen

Datumsfelder mit mehreren Eingabefeldern

Ein weiteres Beispiel für den sinnvollen Einsatz des `title`-Attributs ist die Datumseingabe, bei der drei Felder für Tag, Monat und Jahr vorgesehen sind:

```
<p><label for="datum1">Datum</label>
 <input type="text" size="2" maxlength="2" id="datum1" name="datum1" /> .
 <input type="text" size="2" maxlength="2" id="datum2" name="datum2"
title="Monat" /> .
 <input type="text" size="4" maxlength="4" id="datum3" name="datum3"
title="Jahr" /></p>
```

Listing 15-22   Drei Eingabefelder für die Datumseingabe

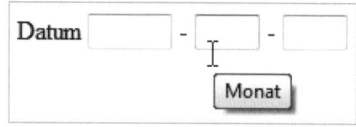

Abb. 15-5   Kombinierter Einsatz von LABEL und `title` bei einer Datumseingabe

Das LABEL-Element kann nur mit einem einzigen Steuerelement verknüpft wer-
den. Ohne weitere LABEL-Elemente ist die Identifizierung der anderen Felder
dem Zufall überlassen: Obwohl Hilfsmittel über Algorithmen verfügen,
Beschriftungen zu identifizieren, würde für die beiden letzten Steuerelemente
jeweils der Punkt zwischen den Eingabefeldern als einzig verfügbarer Text herangezogen. In diesem Fall gibt es nur eine Beschriftung für drei Eingabefelder
und die eindeutige Identifizierung ist ohne zusätzliche Beschriftung nicht möglich. Mit dem title-Attribut können die beiden letzten Felder eindeutig identifizierbar gemacht werden.

Trotz der Ergänzung mit title-Attributen müssen sichtbare Beschriftungen Hinweise zur Eingabe geben. Bei Datumsfeldern und anderen Eingabefeldern, die
eine bestimmte Form erfordern, ist immer das Format anzugeben. Am besten
erfolgt das natürlich im LABEL-Element und nicht etwa auf einer zusätzlichen Hilfeseite:

```
<p><label for="datum1">Datum (TT.MM.JJJJ)</label>
 <input type="text" size="2" maxlength="2" id="datum1" name="datum1" /> .
 <input type="text" size="2" maxlength="2" id="datum2" name="datum2"
title="Monat" /> .
 <input type="text" size="4" maxlength="4" id="datum3" name="datum3"
title="Jahr" /></p>
```
Listing 15-23   Angabe des Eingabeformats im LABEL-Element

Vorbelegung von Eingabefeldern

Eine weitere Möglichkeit zur Identifizierung von Eingabefeldern ist die Vorbelegung über das value-Attribut. Allerdings hilft diese Methode nur bei der Nutzung am Bildschirm und nicht in einem Screenreader; es sollte nach wie vor ein
LABEL-Element oder ein title-Attribut eingesetzt werden. Dennoch kann eine
ergänzende Vorbelegung von Eingabefeldern sinnvoll sein, und zwar für Nutzer von Vergrößerungssystemen. Da hier Beschriftung und Eingabefeld nicht
unbedingt im Vergrößerungsausschnitt zusammen zu sehen sind, lässt sich
durch eine Vorbelegung unnötiges Hin- und Herschieben des Ausschnitts vermeiden. Wenn z. B. Daten bekannt oder wahrscheinlich sind, kann es dem Nutzer leichter gemacht werden, sich durch ein Formular zu arbeiten.

Das Eingabefeld eines Suchformulars könnte dann so aussehen:

```
<form action="#">
<p><input type="text" name="suche" title="Suchbegriffe eingeben"
value="Suchbegriffe eingeben" />
    <button type="submit">Suche starten</button></p>
    </form>
```
Listing 15-24   Vorbelegung eines Eingabefelds

Der Nachteil dieser Methode ist, dass der Vorgabetext vor einer neuen Eingabe gelöscht werden muss. Deshalb sollte tendenziell auf eine Vorbelegung über das `value`-Attribut im HTML verzichtet und stattdessen per DOM-Scripting die Vorbelegung eingeblendet bzw. bei Fokus ausgeblendet werden. Dieses Thema wird in Abschnitt 16.3.3.2 ab Seite 631 erneut aufgegriffen, wo auch eine JavaScript-Lösung vorgestellt wird.

15.1.4   Beschriftung von Schaltflächen

Schaltflächen benötigen keine zusätzliche Beschriftungen oder `title`-Attribute, denn die Beschriftung ist Teil der Schaltfläche selbst. Wie in Tabelle 15-2 auf Seite 574 aufgeführt, wird die Beschriftung einer einfachen Schaltfläche durch das `value`-Attribut und die Beschriftung einer grafischen Schaltfläche durch das `alt`-Attribut festgelegt. Bei `BUTTON`-Elementen ist der Inhalt des Elements die Beschriftung der Schaltfläche.

Obwohl Schaltflächen hauptsächlich zum Abschicken von Formularinhalten genutzt werden, dürfen sie auch außerhalb von Formularen eingesetzt werden. Schaltflächen außerhalb von `FORM`-Elementen finden sich vor allem auf Seiten mit vielen dynamischen Funktionen.

15.1.4.1 Schaltflächen für Formulare

Im Allgemeinen benötigen Schaltflächen immer einen sichtbaren Text. Allein stehende Symbole können mitunter nicht interpretiert werden und sind nicht immer verständlich.

Schaltflächen müssen aussagekräftig beschriftet sein. Auch wenn in einer einfachen Suchfunktion das Eingabefeld eine aussagekräftige Beschriftung mit dem `LABEL`-Element erhält, so müssen die Schaltflächen dennoch selbsterklärend sein. Ein solcher Code beispielsweise genügt den Anforderungen nicht:

```
<form action="#" method="get">
 <p><input type="text" name="suche" title="Suchbegriffe eingeben" />
    <button type="submit"><img src="lib/img/los.gif" /></button></p>
</form>
```

Listing 15-25   Nicht zugängliches Suchformular

Aus der Beschriftung einer Schaltfläche muss immer die auszuführende Funktion deutlich werden. Die Schaltfläche müsste »Suche starten« o. Ä. heißen, was auf verschiedene Weise realisiert werden kann. Wenn die referenzierte Grafik eine Schriftgrafik mit einem Text »Los!« ist, dann stehen folgende Möglichkeiten zur Verfügung:

■ Verzicht auf die Schriftgrafik:
   `<button type="submit">Suche starten</button>` und Gestaltung mit CSS.

■ Passender Alternativtext:
   `<button type="submit"><img src="los.gif" alt="Suche starten" /></button>`

▦ Leerer Alternativtext mit Zusatztext:

```
<button type="submit"><img src="los.gif" alt="" /><span class="unsicht-
bar">Suche starten</span></button>
```

Obwohl Alternativtexte für Grafiken die Zugänglichkeit für blinde Nutzer sicher-stellen (vgl. Abschnitt 6.3.1 ab S. 210), können Schriftgrafiken für sehbehin-derte und andere Nutzer problematisch sein (vgl. Abschnitt 18.1 ab S. 687). Deswegen sollte auf Schriftgrafiken möglichst verzichtet und stattdessen ein per CSS gestalteter Text verwendet werden.

Bei Schaltflächen, die mit einem INPUT-Element des Typs image erzeugt werden, ist auf das alt-Attribut zu achten. Das alt-Attribut sollte die Funktion der Schalt-fläche angeben, ähnlich wie im zweiten Beispiel mit passendem Alternativtext.

Diese und weitere Möglichkeiten dienen der eindeutigen Identifizierung von Schaltflächen. Je mehr Schaltflächen vorhanden sind, umso wichtiger ist dieser Aspekt. Wenn in einer Fotogalerie neben jedem Bild verschiedene Funktionen wie »Bild vergrößern«, »als E-Mail versenden« usw. stehen, benötigen diese Schaltflächen eine eindeutige Beschriftung: Neben der Funktion muss der inhaltliche Bezug deutlich werden, etwa statt »Bild vergrößern« dann »Bild ver-größern: Schnappschuss eines glücklichen Abteilungsleiters«. Das Gleiche gilt für Tasten von Multimedia-Playern: Ein einfaches »Start« benötigt bei mehrfa-chem Vorkommen einen inhaltlichen Bezug.

15.1.4.2 Schaltflächen außerhalb von Formularen

Einzelne Steuerelemente sind zunächst Inline-Elemente. Obwohl sie im Zusam-menhang mit dem FORM-Element nicht nur die Formularbedienung, sondern auch die Verarbeitung von Nutzereingaben ermöglichen, können sie in HTML auch außerhalb von FORM-Elementen verwendet werden. Überall, wo Inline-Ele-mente zulässig sind, sind Steuerelemente für die Nutzereingabe ebenfalls zulässig. Eine Ausnahme ist, dass das INPUT-Element nicht in ein BUTTON-Element gesetzt werden darf.

Generell bietet HTML zwei Möglichkeiten für Nutzeraktionen: Links und Steuerelemente für Formulare. Obwohl beide sowohl der Navigation als auch der Ausführung von Funktionen dienen können, sollte die Navigation über Links und die Ausführung von Funktionen mit Steuerelementen realisiert werden.

Auf vielen Web-2.0-Seiten finden sich Listen mit Multimedia ergänzt um Links, mit denen die Inhalte angezeigt, abgespielt oder bearbeitet werden kön-nen. Mit Schaltflächen käme man aber den Funktionen »Abspielen« oder »Zurückblättern« näher. Nicht nur handelt es sich hierbei um Funktionen, die generell mit Formularsteuerelementen umgesetzt werden sollten, Schaltflä-chen können auch leichter zugänglich gemacht werden als Links.

Ein Link kann mit unsichtbarem Text eindeutig gestaltet werden, etwa:

```
<p><a href="#">Abspielen <span
class="unsichtbar">Beitragstitel</span></a></p>
```

Insbesondere in dynamischen Anwendungen können die Inhalte durch FIELD-
SET- bzw. LEGEND-Elemente besser nutzbar gemacht werden. Schaltflächen werden in Screenreadern mit einem vorhandenen LEGEND-Element ausgegeben:

```
<fieldset>
  <legend>Beitragstitel</legend>
  <!-- Multimedia- und weitere Inhalte -->
  <p><button type="submit">Abspielen</button></p>
  <p><button type="submit">Twittern</button></p>
  <!-- Multimedia- und weitere Inhalte -->.
</fieldset>
```

Listing 15-26   FIELDSET und LEGEND für Steuerelemente eines integrierten Multimedia-
Objekts

Es reicht nicht immer aus, Steuerelemente unmittelbar vor oder hinter Multime-
dia-Inhalte zu stellen, da der Zusammenhang zwischen Steuerelement und
Objekt nicht immer deutlich wird. Mit der Verschachtelung in ein FIELDSET ist
der Kontext durch das bezeichnende LEGEND-Element sichergestellt. Von
Screenreadern wird bei Schaltflächen sowohl der Inhalt des LEGEND- als auch des
BUTTON-Elements ausgegeben. Listing 15-26 ist allerdings kein funktionierendes
Beispiel, da die auszuführende Aktion fehlt.

Weil solche Inhalte im Allgemeinen mit JavaScript generiert werden, können die LEGEND-Elemente dynamisch erzeugt werden. Die LEGEND-Elemente sollten möglichst knapp formuliert werden, ohne dass der inhaltliche Bezug verloren geht.[4]

15.2   Strukturen in Formularen

FORM-Elemente dürfen nur Blockelemente als Kindelemente enthalten. Im Sinne
semantischen HTMLs sollten Absätze für die Gliederung der Steuerelemente
genutzt werden. Für umfangreiche Formulare eignen sich FIELDSET und LEGEND.

15.2.1   Optimierung der HTML-Strukturen

Zu einem barrierefreien Formular gehört eine gute HTML-Struktur. Wie immer
sind Layouttabellen zu vermeiden und der strukturelle Aufbau sollte im Wesentlichen auf Absätze und formularspezifische HTML-Elemente beschränkt sein.

Die optische Gliederung von Formularen ist ein wichtiger Aspekt der Verständlichkeit, der sich auf der Strukturebene, also im HTML, widerspiegeln und
eine bessere Aufbereitung der Inhalte von Screenreadern ermöglichen muss.
Große Informationsblöcke sind in handhabbare Blöcke herunterzubrechen,
denn die Informationen werden sonst von Screenreadern »in einem Schwung«

---

4.   Vgl. Yahoo! Developer Network Blog, Making the new Yahoo! Currency Converter accessi-
bile, URL: *http://developer.yahoo.net/blog/archives/2009/01/accessible_converter.html*
(Abruf 7.7.2010).

ausgegeben. HTML-Strukturelemente für das Navigieren im Standardmodus eines Screenreaders sind daher zweckmäßig.

Formularbereiche können durch Blockelemente gruppiert und damit gegliedert werden. Nach der Spezifikation könnte zwar ein solches Blockelement ein DIV-Element sein, es wird jedoch nicht explizit von Screenreadern ausgewertet. Enthält ein DIV-Element weitere Inhalte, die nicht als Absätze, Überschriften oder Listen ausgezeichnet sind, werden sie als zusammenhängender Text behandelt.

Beim Formularaufbau sollten Steuerelemente mit ihren Beschriftungen in Absätze gegliedert werden. Die Alternative, Überschriften oder Listen einzusetzen, ist für Formulare nicht geeignet; diese Art der Semantik wird über die formularspezifischen Elemente abgedeckt. Zusammengehörende Informationen, d. h., Steuerelemente mit Beschriftungen und eventuellen Hilfen, sowie das Eingabefeld sollten jeweils in einem eigenen Absatz stehen:

```
<p><label for="foo">Vorname:</label>
 <input type="text" name="vname" id="foo" /></p>
<p><label for="bar">Nachname:</label>
 <input type="text" name="nname" id="bar" /></p>
```

Listing 15-27   Strukturierung von Eingabefeldern mit Absätzen

Während die Beschriftungen im Allgemeinen vor dem Steuerelement stehen, werden sie bei Kontrollkästchen und Auswahlschaltern hinter das Steuerelement gestellt. Auch bei diesen Steuerelementen sollten Absätze zur Strukturierung eingesetzt werden, etwa:

```
<p><input type="radio" name="anrede" value="w" checked="checked" id="form-
anrede1" />
 <label for="form-anrede1">Frau</label></p>
<p><input type="radio" name="anrede" value="m" id="form-anrede2" />
 <label for="form-anrede2">Herr</label></p>
```

Listing 15-28   Strukturierung von Auswahlschaltern mit Absätzen

Sind Absätze ausgezeichnet, dann ist die strukturelle Navigation innerhalb eines Formulars im Standardmodus des Screenreaders gewährleistet.

15.2.2   Gruppierung von Steuerelementen

HTML bietet speziell für Formulare weitere Strukturierungsmöglichkeiten, die neben der visuellen Darstellung semantische Informationen an Screenreader weitergeben. Beispielsweise können einzelne Formularbereiche mit FIELDSET und LEGEND ausgezeichnet und gruppiert werden. Das FIELDSET-Element umfasst eine Gruppe von Steuerelementen und das LEGEND-Element gibt den enthaltenen Steuerelementen eine zusätzliche Beschriftung. Diese Beschriftung (LEGEND-Element) kann als Überschrift betrachtet werden, wird aber für die enthaltenen Steuerelemente stets zusätzlich zur eigentlichen Beschriftung herangezogen.

H
71

Meist werden umfangreiche Formulare in mehrere Schritte unterteilt und nacheinander als einzelne Seiten angezeigt. Wenn ein größeres Formular auf einer einzelnen Seite angezeigt wird, kann eine Grobeinteilung der Informationen sinnvoll sein, z.B. in einem Bestellformular: Angaben zur Person, Produktwahl und Kontoverbindung. Diese können mit FIELDSET und LEGEND gruppiert werden:

```
<form action="#" method="post">
 <fieldset>
   <legend>Persönliche Daten</legend>
   <!-- Steuerelemente, Beschriftungen und weitere Inhalte -->
 </fieldset>
 <fieldset>
   <legend>Produktauswahl</legend>
   <!-- Steuerelemente, Beschriftungen und weitere Inhalte -->
 </fieldset>
 <fieldset>
   <legend>Bankverbindung</legend>
   <!-- Steuerelemente, Beschriftungen und weitere Inhalte -->
 </fieldset>
</form>
```

Listing 15-29   Gruppierung von Forumularinhalten mit FIELDSET und LEGEND

Der Einsatz von FIELDSET und LEGEND sollte grundsätzlich nur für die Grobeinteilung des Formulars genutzt werden. Das FIELDSET-Element erzeugt einen Rahmen (border-Eigenschaft) um die gruppierten Steuerelemente und hebt sie somit hervor. Die Beschriftung (LEGEND-Element) wird in die obere horizontale Begrenzung gesetzt. Selbstverständlich kann das Aussehen des Rahmens und der Beschriftung mit CSS gestaltet werden.

Abb. 15-6   Standardmäßige Darstellung von FIELDSET und LEGEND ohne weitere Inhalte

Auf der Strukturebene bewirkt das LEGEND-Element eine zweite Identifikation der im FIELDSET-Element enthaltenen Steuerelemente. Ein Steuerelement wird dann sowohl durch seine Beschriftung als auch durch die Gruppenbeschriftung identifiziert.

```
<fieldset>
 <legend>Persönliche Daten</legend>
 ...
    <p><label for="foo">Vorname:</label>
  <input type="text" name="vname" id="foo" /></p>
 ...
</fieldset>
```

Listing 15-30 Steuerelemente werden mit LEGEND und LABEL identifiziert.

Ein solches Konstrukt bewirkt, dass Screenreader für das Eingabefeld nicht nur die Beschriftung »Vorname«, sondern zusätzlich die Gruppenbeschriftung vorlesen: »Persönliche Daten Vorname«. Wenn Sie mit FIELDSET und LEGEND arbeiten, müssen Sie darauf achten, dass die Gruppenbeschriftung im LEGEND-Element möglichst knapp ist und keine überflüssigen oder redundanten Informationen enthält. Ständige Wiederholungen der Gruppenbeschriftungen bei jedem Steuerelement können für Screenreader-Nutzer zu einem lästigen Problem werden. Wenn einzelne Blöcke mit langen Texten wie »Geben Sie bitte in den nachstehenden Feldern Ihre persönlichen Daten ein« beschriftet werden sollen, dann sollten diese nicht über LEGEND gegeben werden:

```
<fieldset>
 <legend class="unsichtbar">Persönliche Daten</legend>
 <p>Geben Sie bitte in den nachstehenden Feldern Ihre persönlichen Daten
 ein.</p>
 ...
</fieldset>
```

Listing 15-31 Kontextuelle Hinweise gehören nicht in das LEGEND-Element.

FIELDSET und LEGEND können und sollen aber bei Auswahlschaltern und Kontrollkästchen genutzt werden, wenn diese Steuerelemente uneindeutig beschriftet werden:

```
<fieldset>
 <legend>Ich habe die Geschäftsbedingungen gelesen</legend>
 <p><input name="agb" id="agb1" type="radio" />
 <label for="agb1">Ja</label></p>
 <p><input name="agb" id="agb2" type="radio" />
 <label for="agb2">Nein</label></p>
</fieldset>
```

Listing 15-32 FIELDSET und LEGEND für Auswahlschalter

15.2.3 Lange Auswahllisten

Ein weiteres HTML-Element zur Gruppierung von Formularen in Informationsblöcke ist OPTGROUP in Verbindung mit dem label-Attribut. Einzelne Optionen
eines SELECT-Elements können mit dem OPTGROUP-Element zu Gruppen zusammengeführt werden. Auch hier ist die Unterteilung erst bei langen Auswahllisten sinnvoll.

Die einzelnen Optionen werden durch das OPTION-Element eingebunden:

```
<p><label for="ziel">Wählen Sie Ihr Reiseziel aus:</label>
 <select name="ziel" id="ziel">
  <option>Frankreich</option>
  <option>Italien</option>
  <option>Malediven
  <option>Thailand</option>
 </select></p>
```

Listing 15-33   Auswahlliste ohne Unterteilung

Um mehrere OPTION-Elemente kann ein umschließendes OPTGROUP-Element eingefügt werden. Zwischenüberschriften im OPTGROUP-Element erfolgen über das
label-Attribut.

```
<p><label for="ziel2">Wählen Sie Ihr Reiseziel aus:</label>
 <select name="ziel" id="ziel2">
  <optgroup label="Europa">
   <option>Frankreich</option>
   <option>Italien</option>
  </optgroup>
  <optgroup label="Asien">
   <option>Malediven</option>
   <option>Thailand</option>
  </optgroup>
 </select></p>
```

Listing 15-34   Auswahlliste mit einer Unterteilung durch OPTGROUP

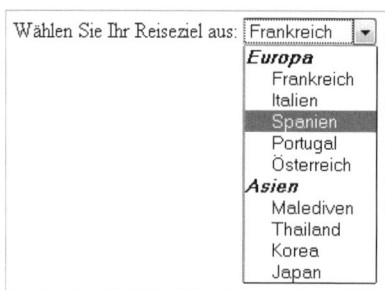

Abb. 15-7
Unterteilung einer Auswahlliste
mit OPTGROUP

In den meisten Browsern werden diese
Gruppen zwar unterschiedlich, aber besonders hervorgehoben. Gruppierungen
dieser Art können nicht verschachtelt werden, sodass eine Gruppierung nur auf einer Ebene möglich ist.

OPTGROUP-Elemente haben Einschränkungen bezüglich Nutzbarkeit und Zugänglichkeit. Lange Auswahllisten sind in Vergrößerungssystemen schwierig zu nutzen, wenn
die Liste länger ist als der sichtbare Bildschirmausschnitt. Problematisch ist außer-

dem, dass die Zwischenüberschriften von Screenreadern nicht ausgelesen werden und eine Ansteuerung mit der Tastatur nicht möglich ist. Deswegen sollte auf lange Auswahllisten verzichtet werden. Eine Alternative sind Links oder andere Elemente, mit denen eine Vorauswahl getroffen werden kann.

15.3 Reihenfolge der Formularinhalte

Die Anordnung von Beschriftungen und Steuerelementen ist besonders im Hinblick auf die Nutzbarkeit durch Blinde und Sehbehinderte vorzunehmen. Während es für blinde Nutzer auf die Linearisierbarkeit ankommt, ist für Sehbehinderte eine gut sichtbare Position von Beschriftung und Steuerelementen wichtig.

15.3.1 Linearisierbare Formulare

Die Linearisierbarkeit von Webinhalten muss auch beim Aufbau von Formularen beachtet werden. Trotz LABEL-Element ist die Anordnung von Steuerelementen im Verhältnis zu den Beschriftungen für die Nachvollziehbarkeit eines Formulars wichtig. Dies gilt vor allem für den Standardmodus eines Screenreaders, bei dem alle Seiteninhalte sequenziell nach der Reihenfolge im Quelltext ausgegeben werden.

Im Wesentlichen geht es darum, Beschriftungen für Eingabefelder im HTML-Quelltext unmittelbar vor oder nach dem Eingabefeld zu positionieren. In der linearisierten Ausgabe kann es sonst passieren, dass zunächst die Beschriftungen für zwei oder mehrere Steuerelemente ausgegeben werden und erst anschließend die Steuerelemente. Das folgende Beispiel soll dieses Problem darstellen:

```
<p><label for="nname">Name,</label>
<label for="vname">Vorname</label><br />
<input type="text" name="nname" id="nname" />
<input type="text" name="vname" id="vname" /></p>
```

Listing 15-35 Nicht linearisierbare Formularinhalte

Die angeführte Anordnung der Eingabefelder kann per CSS so gestaltet werden, dass am Bildschirm eindeutig ist, welches Steuerelement zu welcher Beschriftung gehört.

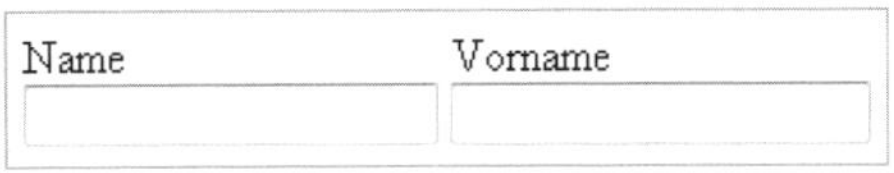

Abb. 15-8 Nicht linearisierbare Formularinhalte sind am Bildschirm »schlüssig«

In einer linearisierten Ausgabe wird bei obigem Code aber »Name, Vorname [Eingabefeld] [Eingabefeld]« ausgelesen und es bleibt dem Nutzer überlassen, die richtige Zuordnung herzustellen. Die Komplexität dieses Problems steigt natürlich mit wachsender Anzahl der Formularelemente.

Was genau in einem Formular als »linearisierbar« bezeichnet werden kann, orientiert sich an den Konventionen für Betriebssysteme. Allgemein sollen Beschriftungen über oder links neben dem Eingabefeld positioniert werden. Im Quelltext soll die Beschriftung unmittelbar vor dem Formularelement stehen. Beschriftungen von Kontrollfeldern und Auswahlschaltern sollen hinter dem Formularfeld positioniert werden bzw. im Quelltext unmittelbar nach dem Formularelement.

Das folgende Formular ist linearisierbar, d.h., bei ausgeschaltetem CSS sind die Formularelemente und ihre Beschriftungen zusammenhängend dargestellt.

```
<p><label for="nname">Name</label>
  <input type="text" id="nname" name="nname" /></p>
<p><label for="vname">Vorname</label>
  <input type="text" id="vname" name="vname" /></p>
```

Listing 15-36   Linearisierbare Formularinhalte

Mit wenigen zusätzlichen CSS-Angaben kann die grafische Darstellung in Abbildung 15-8 erzielt werden:

```
p {
    width : 9.6em;
    float : left;
}
```

Listing 15-37   CSS für die horizontale Anordnung von Formularelementen

Es kann weder auf die Linearisierbarkeit noch auf die logische Verknüpfung mit LABEL verzichtet werden. Die Linearisierbarkeit stellt die Nachvollziehbarkeit im Standardmodus des Screenreaders sicher und die Verknüpfung zwischen Beschriftung und Steuerelement die Nachvollziehbarkeit im Bearbeitungsmodus.

15.3.2   Positionierung am Bildschirm

Was für Screenreader-Nutzer im Hinblick auf Linearisierbarkeit gilt, gilt auch für andere Nutzer. Wenn Beschriftungen dort positioniert werden, wo sie der Nutzer erwartet, können komplexe Formulare besser verstanden und bestimmte Steuerelemente besser gefunden werden. Beschriftungen werden üblicherweise unmittelbar vor oder unmittelbar oberhalb des zugehörigen Steuerelements positioniert, außer bei Kontrollkästchen und Auswahlschaltern, wo die Beschriftung rechts neben das Steuerelement gehört.

Im Allgemeinen können Formulareingaben leichter vorgenommen werden, wenn zuerst die Beschriftung gelesen wird und dann das Eingabefeld folgt. Das gilt vor allem für Nutzer von Vergrößerungssystemen, die sich z. B. bei vertikal ausgerichteten Beschriftungen eines Formulars zuerst einen Überblick verschaffen können. Wenn Beschriftungen nicht vertikal ausgerichtet sind, dann besteht bei hoher Vergrößerung die Gefahr, dass einzelne Beschriftungen und Steuerelemente übersehen werden.

Kontrollkästchen und Auswahlschalter sind im Gegensatz zu Eingabefeldern und Auswahllisten immer gleich groß und können wesentlich leichter vertikal ausgerichtet werden.

Bitte wählen Sie die Portale aus, die Sie kennen oder von denen Sie schon einmal gehört haben.

☐ Quoka.de	☐ Gigajob.de
☐ StepStone.de	☐ job24.de
☐ Jobbörse der Arbeitsagentur	☐ Stellenanzeigen.de
☐ JobScout24.de	☐ gamira.com
☐ Stellenmarkt.de	☐ kijiji.de
☐ experteer.de	☐ kleinanzeigen.ebay.de
☐ jobpilot.de	☐ jobs.meinestadt.de
☐ monster.de	☐ kleinanzeigen.net
☐ fazjob.net	☐ markt.de
☐ jobs.de	☐ Sonstige
☐ kalaydo.de	☐ Ich kenne keine Jobportale.
☐ Jobware.de	

Abb. 15-9 Vertikal ausgerichtete Checkboxen

Beide Anordnungen sind aus Betriebssystemen und anderen Bereichen der Informationstechnik bekannt und Konvention. Auch wenn das Web viel Freiraum für Kreativität bietet, gibt es wenige Gründe, davon abzuweichen.

In Vergrößerungssystemen können weitere Schwierigkeiten entstehen. Wenn eine Webseite aus zwei Spalten besteht, in der links Beschriftungen und rechts die zugehörigen Eingabefelder stehen, kann zwischen der ersten und zweiten Spalte ein großer Leerraum entstehen. Wenn ein Benutzer mit einer sehr starken Vergrößerung arbeitet und bei der Verschiebung des vergrößerten Ausschnitts von der linken zur rechten Spalte über den Leerraum fährt, gelangt er möglicherweise in der rechten Spalte in die falsche Zeile (vgl. Abb. 15-10).

Die Zuordnung von Beschriftung zu Steuerelement kann durch die visuelle Gestaltung unterstützt werden. Wenn »Führungslinien« angeboten werden, die beispielsweise als horizontale Rahmen einer gesamten Zeile oder durch verschiedene Hintergrundfarben gestaltet sind, so wird die Führung des Vergrößerungssystems über den Leerraum erleichtert und Fehleingaben verringert.

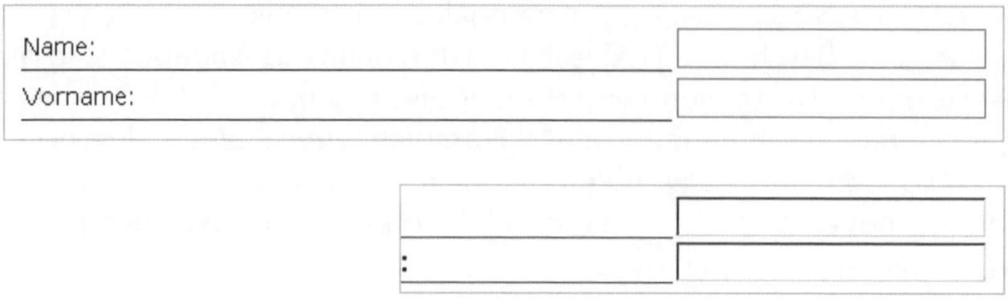

Name:

Vorname:

Abb. 15-10   Führungslinien als Unterstützung beim Einsatz von Vergrößerungssystemen

Weitere Alternativen zur Förderung der Nutzbarkeit für Sehbehinderte sind die Vorbelegung der Eingabefelder (vgl. Abschnitt »Vorbelegung von Eingabefeldern« ab S. 581) oder ergänzende title-Attribute für Steuerelemente (vgl. Abschnitt 15.1.3.3 ab S. 578).

15.4   Fehlervermeidung und -behandlung

In vielen Formularen ist es sinnvoll, zusätzliche Anweisungen ergänzend zu den eigentlichen Beschriftungen zu geben. Bei Datumsfeldern ist die Angabe des Formats, etwa das in Deutschland übliche Format TT.MM.JJJJ oder das nach der ISO 8601 vorgegebene Format Jahr-Monat-Tag, dann sinnvoll, wenn das verarbeitende Skript dessen Einhaltung zwingend vorgibt. Auch für Pflichtfelder oder möglicherweise unverständliche Formularelemente sind Bedienungshilfen nützlich. Im Folgenden wird beispielhaft auf einige Möglichkeiten eingegangen. Während kontextuelle Hinweise eher statischer Natur ohne Weiteres berücksichtigt werden können, setzen interaktive und multimediale Inhalte weitere Programmierungen voraus.

15.4.1   Kontextuelle Hilfen

Formulare werden für viele Zwecke eingesetzt und Nutzer bringen sehr unterschiedliche Fähigkeiten und Kenntnisse mit, die das Ausfüllen für den einen leicht von der Hand gehen lassen und für den anderen aber nicht. Es ist natürlich abhängig vom jeweiligen Formular und den sonstigen Beschriftungen, inwieweit Verständnis fördernde Hilfetexte sinnvoll sind.

Manche Steuerelemente benötigen zusätzliche Erläuterungen in Form kontextueller Hilfen. Sie sind jedoch nur erforderlich, wenn die eigentliche Beschriftung keine ausreichenden Informationen bietet. Die Hilfetexte sollten für den Nutzer offensichtlich sein. Bei einer Sicherheitsabfrage für einen Kommentar zu einem Blogpost könnte ein kurzer Text den Zweck erläutern (vgl. Listing 15-38).

```
<form action="/verarbeiten.php" method="post">
...
<p>Diese Frage dient dazu festzustellen, ob Sie ein Mensch sind, und um
automatisierte SPAM-Beiträge zu verhindern.</p>
<p><label for="captcha">Mathematische Frage: Was ist 4 + 6?</label>
<input type="text" id="captcha" name="formcaptcha" /></p>
<p>Lösen Sie dieses einfache mathematische Problem und geben Sie das Ergebnis
ein. Für 1 + 3 geben Sie z.B. 4 ein.</p>
...
</form>
```

Listing 15-38 Kontextuelle Hilfen für ein CAPTCHA

Texte außerhalb von Beschriftungen haben einen Nachteil: Im Bearbeitungsmodus eines Screenreaders werden sie nicht mit ausgegeben (das gilt allerdings nicht für Links zu Hilfetexten). Für dieses Problem wird ARIA eine Lösung
bieten. Mit der describedby-Eigenschaft kann das Steuerelement mit einer
Beschreibung verknüpft werden:

```
<p><label for="captcha">Mathematische Frage: Was ist 4 + 6?</label>
<input aria-describedby="captchahinweis" type="text" id="captcha"
name="formcaptcha" /></p>
<p>Lösen Sie dieses einfache mathematische Problem und geben Sie das Ergebnis
ein. <span id="captchahinweis">Für 1 + 3 geben Sie z.B. 4 ein</span>.</p>
```

Listing 15-39 Kontextuelle Hilfen mit describedby

Noch funktioniert die aria-describedby-Eigenschaft nur in wenigen Browser-
Screenreader-Kombinationen, etwa mit JAWS 11 auf Firefox 3.6.

Eine weitere Alternative für kontextuelle Hilfen ist mit dem title-Attribut möglich, auch wenn es hier zu Zugänglichkeitsproblemen für Tastaturnutzer kommt.
Gleiches gilt für Screenreader-Nutzer, wenn Beschriftungen korrekt mit LABEL-
Elementen assoziiert sind. Insofern sollten Hilfetexte im title-Attribut nur
ergänzend eingesetzt werden.

In manchen Formularen ist eine kurze vorangestellte Anleitung eine sinnvolle
Unterstützung. Auf einer Seite, wo Nutzer bzw. Kunden ihre Profildaten ändern
können, etwa bei einer Telefongesellschaft, könnten einige Hinweise wie in Lis-
ting 15-40 dargestellt aussehen.

```
<h2>Hinweise</h2>
<p>Mit dem nachstehenden Formular können Sie einige Einstellungen für
Benachrichtigungen durch die Telefongesellschaft ändern. Bitte beachten Sie
folgende Hinweise:</p>
<ol>
<li>Sie können die Texte in den Eingabefeldern ändern. Nach der Änderung
drücken Sie bitte "Speichern" und Sie erhalten die Möglichkeit, die geänderten
Daten als PDF zu speichern. Wenn Sie die Eingaben wieder auf den ursprünglichen
Zustand zurücksetzen wollen, drücken Sie bitte "Abbrechen".</li>
```

```
<li>Überprüfen Sie bitte insbesondere, wie wir Ihnen die Rechnung zustellen
sollen. Wenn Sie "per Post" wählen, stellen wir Ihnen die Portokosten in
Rechnung. Der Versand per E-Mail ist selbstverständlich kostenlos.</li>
<li>Einige Texte können nicht geändert werden. Diese werden aus
Sicherheitsgründen durch unser Personal gepflegt. Wenn Sie der Meinung sind,
dass solche Angaben geändert werden sollen, dann wählen Sie bitte die jeweils
nachstehenden Links zur Hilfe aus. Es öffnet sich ein neues Fenster mit einem
Kontaktformular der zuständigen Mitarbeiter.</li>
<li>Die mit einem Sternchen (*) gekennzeichneten Felder sind Pflichtfelder und
müssen ausgefüllt werden, um die Änderungen zu speichern.</li>
</ol>
```

Listing 15-40   Kontextuelle Hilfen als vorangestellte Anleitung

15.4.2   Links zu Hilfe-Funktionen

Bei anderen Formularen kann eine eigene Seite bzw. ein gesondertes Dokument mit ausführlichen Ausfüllhilfen mit einen vorangestellten Link angeboten
werden:

```
<p>Wir bieten Ihnen eine ausführliche <a href="hilfe.html">Ausfüllhilfe</a>,
die weitere Informationen und Hinweise zum nachstehenden Formular
bereitstellt. Wenn Sie den Link mit der rechten Maustaste bzw. der
Anwendungstaste auf Ihrer Tastatur wählen, können Sie die Hilfe in einem
zweiten Fenster öffnen.</p>
```

Für Nutzer mit einer Leseschwäche kann es hilfreich sein, wenn statt oder als
Ergänzung zu einer Textanleitung ein Avatar als Multimedia-Hilfe zur Verfügung
gestellt wird. Der Aufwand für die Erstellung und Aktualisierung einer solchen
Hilfe ist natürlich deutlich höher als bei einer Textanleitung, zumal die Anforderungen an Multimedia ebenso beachtet werden müssen (vgl. Abschnitt 5.4 ab
S. 166). Dennoch: Multimedia erhöht die Attraktivität eines Angebots und kann
bei komplexen und schwierigen Formularen eine Hilfe für alle Nutzer sein.

Weitere Alternativen sind Links zu Hilfetexten direkt neben den Steuerelementen. Im folgenden Beispiel soll eine Seite aufgerufen werden, die die
Bestimmung der Bankleitzahl unterstützt.

```
<p><label for="blz">Bankleitzahl <a href="blz.html"><img
src="/lib/img/suchen.gif" alt="BLZ suchen" /></a></label>
  <input name="blz" id="blz" maxlength="8" size="8" type="text" /></p>
```

Listing 15-41   Kontextuelle Hilfe als Link innerhalb des LABEL-Elements

Das Beispiel hat eine Besonderheit: Der Link befindet sich in der Beschriftung.
Dadurch ist sichergestellt, dass auch Screenreader im Bearbeitungsmodus die
Links erfassen, wenn von Formularelement zu Formularelement navigiert wird.
Diese Links zu den kontextabhängigen Hilfen dürfen aber auch außerhalb des
LABEL-Elements stehen:

```
<p><label for="blz">Bankleitzahl</label>
 <a href="blz.html">Bankleitzahl suchen</a>
 <input name="blz" id="blz" maxlength="8" size="8" type="text" /></p>
```

Listing 15-42   Kontextuelle Hilfe als Link außerhalb des LABEL-Elements

In diesem Fall wird sichergestellt, dass der Linktext beim Durchtabben eindeutig formuliert ist. Der Link kann vor oder nach dem Eingabefeld positioniert werden.

15.4.3   Eingabeabhängige Hilfe

Natürlich kann eine Hilfe auch abhängig von der Nutzereingabe angeboten werden. Das »klassische« Beispiel ist Google, wo bereits bei der Eingabe Vorschläge gemacht werden und bei einer ergebnislosen Suche ein alternativer Suchbegriff geboten wird (vgl. Abb. 15-11 und 15-12).

Abb. 15-11   Ein paar Buchstaben eingetippt und dazu eine Vorschlagsliste

Abb. 15-12   Eine Suchanfrage liefert keine Ergebnisse und trotzdem geht es weiter.

Die Erkennung von Fehleingaben spielt bei der Barrierefreiheit eine besondere Rolle. Nicht nur sollen Nutzer beim Abschicken einer fehlerhaften Formulareingabe eine Korrektur vornehmen können, sie müssen die Art und Stelle des Fehlers möglichst genau erfahren. Es kommt also vor allem auf eine textliche Beschreibung an. Der bloße Hinweis auf eine fehlerhafte Eingabe, ergänzt um Markierungen im Formular, reicht nicht aus. Farbliche Kennzeichnungen der Fehler sind selbstverständlich empfehlenswert, müssen aber durch Text ergänzt werden.

Wenn Fehleingaben durch eine Anwendung erkannt werden und die richtige Eingabe ermittelt oder sehr wahrscheinlich ist, dann sollten die Nutzer darüber informiert werden. Oft ist es so, dass Nutzer trotzdem verunsichert über die Handlungsmöglichkeiten sind. Ein »Meinten Sie … ?« wie in Abbildung 15-12 oder eine anhand von Straßenname und Ort ermittelte Postleitzahl fördern die Nutzbarkeit von Formularen. Dabei muss sich der Vorschlag nicht auf einen Wert beschränken; es kann außerdem eine Auswahl oder eine Beschreibung der möglichen Eingaben erfolgen.

Besonders wichtig sind Hinweise zur Fehlervermeidung bei Formularen, die finanzielle Transaktionen auslösen oder rechtliche Konsequenzen haben. Eine nicht mehr rückgängig zu machende Hotelreservierung oder eine Online-Bestellung muss nach dem Speichern gesichtet und ggf. korrigiert oder abgebrochen werden können. Hintergrund ist, dass Menschen mit Behinderungen eher Bedienungsfehler bei solchen (meist nicht immer ganz barrierefreien) Anwendungen machen. Es muss zumindest eine Karenzzeit im Prozess gegeben werden, in der der Nutzer den Vorgang ändern oder abbrechen kann.

Je nachdem, ob die Eingaben serverseitig oder zusätzlich clientseitig geprüft werden, müssen die Angaben zu den Fehleingaben entweder vor dem Formular stehen oder in einem Dialogfenster angezeigt werden.

Serverseitige Strategien sind:

▨ Wenn ein Pflichtfeld nicht ausgefüllt wurde, kann auf der Korrekturseite entweder ein Text vor dem Formular auf die fehlenden Eingaben hinweisen und/oder die LABEL-Elemente werden um zusätzlichen Text, wie etwa »Fehler« oder »Bitte ausfüllen« ergänzt.

▨ Wenn eine Fehleingabe festgestellt wird, dann sollte auf der Korrekturseite darauf hingewiesen werden, welche Angabe korrigiert werden muss, und die zulässige Eingabe beschrieben werden. Wenn beispielsweise eine Postleitzahl zu kurz ist, dann sollte angegeben werden, wie lang eine Postleitzahl zu sein hat. Solche Hinweise können auch zusätzlich im LABEL-Element der entsprechenden Steuerelemente berücksichtigt werden.

- Wenn eine Eingabe uneindeutig ist, können Links, Auswahllisten oder andere Hinweise die Wahl einer passenden Eingabe vor dem Formular oder neben dem Steuerelement unterstützen. Wenn ein Produktname eingegeben wurde und im E-Shop das Produkt in zwei Varianten verkauft wird, kann beispielsweise eine Auswahl für beide Produkte angeboten werden.

- Vor allem bei mehrstufigen Formularen ist vor dem endgültigen Abschicken eine Übersicht aller getätigten Eingaben anzubieten. Mit der Aufforderung, die Daten sorgfältig zu überprüfen, kann die Wahrscheinlichkeit von Fehleingaben verringert werden. Eine solche Prüfung ist besonders bei Prozessen mit finanziellen oder rechtlichen Konsequenzen notwendig.

- Bei Bestätigungen von Eingaben muss der Umstand berücksichtigt werden, dass ein (versehentliches) Drücken der Eingabetaste zum Abschicken des Formulars führen kann. Daher wird empfohlen, bei der Bestätigung von Eingabedaten ein zusätzliches Kontrollkästchen neben der Schaltfläche anzubieten, mit dem der Nutzer die Weiterverarbeitung der eingegebenen Daten bestätigen muss.

- Wenn eine Schaltfläche zum Zurücksetzen bzw. Löschen der Eingaben angeboten wird, sollte der Nutzer vor dem endgültigen Löschen der Daten den Vorgang bestätigen. Auch Schaltflächen für das Zurücksetzen von Eingaben können versehentlich betätigt werden.

- Bevor ein Prozess mit finanziellen oder rechtlichen Konsequenzen verarbeitet wird, sollte eine bestimmte Zeit vorgesehen werden, damit die Nutzer den Vorgang ändern oder rückgängig machen können. Ein Bestellvorgang könnte z. B. erst nach einem Tag weiterverarbeitet werden. Wichtig dabei ist, dass der Nutzer Informationen an die Hand bekommt, wie und innerhalb welcher Frist eine Änderung oder Stornierung möglich ist.

Serverseitige Lösungen müssen umgesetzt werden, um den Prinzipien des Progressive Enhancement Rechnung zu tragen (vgl. Abschnitt 6.1 ab S. 197). Clientseitige Hinweise können im Hinblick auf Ladezeiten effektiver sein und sollten serverseitige Formularvalidierungen ergänzen:

- Wenn beim Abschicken des Formulars festgestellt wird, dass eine Pflichtangabe fehlt oder Eingabewerte unzulässig sind, dann kann ein Alert mit einer Beschreibung der Fehleingabe und ggf. der Korrekturmöglichkeiten ausgelöst werden. Anschließend kann der Fokus auf das (erste) fehlerhafte Steuerelement gesetzt werden.

- Statt eines Dialogfensters können Fehlermeldungen auch per DOM-Scripting eingefügt werden. Dabei sollte der Fokus auf die erste Fehlermeldung gesetzt werden. Es bietet sich an, die Fehlerangaben zusätzlich als Linkliste dem Formular voranzustellen, damit auch eine Übersicht bereitsteht.

Wenn Fehlermeldungen – seien es serverseitige oder clientseitige – als Linkliste vor dem Formular angezeigt werden, können Nutzer schneller zum entsprechenden Formularelement gelangen. Je nachdem sollte aber auch ein Link zurück zur Liste der Fehler bereitgestellt werden, vor allem wenn mehrere Fehler aufgelistet sind:

```
<p><label for="email">E-Mail-Adresse <span class="fehler">bitte
überprüfen</span></label>
  <input type="text" id="email" name="form-mail" value="hans@mayer" />
  <a href="#fehlerliste">Zurück zur Fehlerliste</a></p>
```

Listing 15-43   Kennzeichnung einer fehlerhaften Eingabe mit Link zurück zur Liste der Fehleingaben

Auch über das erfolgreiche Abschicken des Formulars sollte der Nutzer informiert werden. Statt einer Korrekturseite kann eine Bestätigungsseite angezeigt werden, die die abgeschickten Daten anzeigt und die gedruckt bzw. gespeichert werden kann.

Zusammenfassung

1. Formulare gehören zu den wichtigsten Interaktionen zwischen Nutzer und Webseite. Die standardisierten Steuerelemente für Formulare bieten eine grundsätzliche Zugänglichkeit, müssen aber durch Beschriftungen, Strukturen und korrekte Reihenfolge nutzbar gemacht werden.
2. Beschriftungen von Eingabefeldern sollten immer vor dem Eingabefeld stehen, Beschriftungen von Checkboxen und Radio-Buttons dahinter.
3. Für eine barrierefreie Bedienung von Formularen müssen Beschriftungen und Eingabefelder logisch über das LABEL-Element miteinander verknüpft sein.
4. Komplexe Formulare sollten zusätzlich über das FIELDSET-Element strukturiert und mit LEGEND-Elementen bezeichnet werden.
5. Die Linearisierbarkeit von Formularen ist durch eine logische Anordnung der einzelnen Elemente im HTML-Quellcode sicherzustellen.
6. Fehleingaben sind durch gezielte Informationen des Nutzers über Pflichtfelder und weitere Inhalte zu vermeiden. Dies betrifft vor allem rechtlich relevante Transaktionen.
7. Fehlermeldungen sollten so positioniert werden, dass sie leicht auffindbar und verständlich sind.

16 Tastaturbedienung und dynamische Inhalte

Eingabemöglichkeiten lassen sich im Wesentlichen in zwei Kategorien einteilen: Eingabe mittels eines Zeigegeräts und Eingabe über eine Tastaturschnittstelle. Es gibt zwar noch weitere Eingabemöglichkeiten wie Touchscreens und andere Techniken, aber bei Barrierefreiheit geht es insbesondere um die Tastaturbedienung.

In der Webentwicklung steht die Tastaturbedienung im Vergleich zur Mausbedienung eher an zweiter Stelle. Auf statischen Seiten gibt es für eine effiziente Tastaturnutzung nur wenig zu beachten, aber je dynamischer Seiten werden, desto intensiver muss die Geräteunabhängigkeit kontrolliert werden.

Mit JavaScript können Webseiten gebrauchstauglicher gestaltet werden, aber es gibt einige Problemstellen, wenn es um eine tastaturorientierte Bedienung geht. Angefangen bei Event-Handlern über DOM-Scripting und unaufdringlichem JavaScript bis hin zu Ergänzungen mit ARIA werden verschiedene Ansatzpunkte vorgestellt, um dynamische Inhalte mit der Tastatur und insbesondere mit Hilfsmitteln besser nutzbar zu machen. Vor allem werden der Tastaturfokus und die Beibehaltung des Kontextes für Tastaturnutzer genauer betrachtet.

16.1 Bedeutung der Tastaturbedienung

Die Bedienung des Mauszeigers setzt voraus, dass er auf dem Bildschirm sichtbar ist und eine Maus oder ein vergleichbares Eingabegerät bedient werden kann. Beide Aspekte sind Teil der Augen-Hand-Koordination. Screenreader verfügen zwar über Funktionen, die die Mauseingabe nachahmen, aber wegen der fehlenden visuellen Kontrolle ist eine problemlose Benutzung nicht immer möglich.

Nutzer mit starken motorischen Einschränkungen können zum Teil keine Maus benutzen. Stattdessen setzen sie zur Steuerung des Mauszeigers beispielsweise Mund- und Augen-Steuerungsgeräte ein. Ein weiteres wichtiges Hilfsmittel ist für diese Nutzergruppe die Tastaturmaus und die Steuerung des Mauszeigers über den Num-Block der Tastatur, wodurch ebenfalls eine Interaktion mit den Webinhalten möglich ist.

Kann der Mauszeiger nicht oder nur eingeschränkt gesteuert werden, bleibt oft nur die Nutzung der Tastaturschnittstellen. Sie werden nicht nur mit Tastaturen im engeren Sinne bedient, sondern interagieren ebenso mit Spracheingaben, Mikro- oder Großfeldtastaturen oder Mund- und Augen-Steuerungssystemen, bei denen die Tastatureingabe über eine Bildschirmtastatur erfolgt.

Für die seiteninterne Navigation von Webseiten und die Bedienung von Steuerelementen stehen in der Regel nur einige wenige Tasten zur Verfügung. Für die Navigation zwischen Links und Steuerelementen wird vor allem die Tabulatortaste verwendet; eine wichtige Rolle spielt zudem die Eingabe- und Leertaste. Für Auswahllisten werden außerdem die Pfeiltasten genutzt.

Unabhängig vom konkreten Eingabegerät gibt es einige Einschränkungen:

- Mit der Tastatur wird grundsätzlich linear gearbeitet. Sofern ein linearisierbares HTML-Grundgerüst eingesetzt wird, kann zumindest für statische Inhalte eine akzeptable Tab-Reihenfolge erzielt werden.

- Je mehr Links und andere Steuerelemente eine Seite enthält, desto schwieriger wird das gezielte Ansteuern der Inhalte. Enthält eine Seite 160 Links und will ein Tastaturnutzer den 90. Link aufrufen, so kann er entweder 90-mal die Tabulatortaste oder 70-mal gleichzeitig auf Umschalt- und Tabulatortaste drücken.

- Der Tastaturfokus wird i.d.R. von der eingesetzten Software bestimmt. Fokussierte Links und Steuerelemente erhalten einen Rahmen (`outline`) oder eine andere Hervorhebung. Ohne diese Markierung ist der Fokus nicht erkennbar. Durch die verwendeten Farben, aber auch durch explizites Entfernen mit JavaScript oder Unterdrücken dieser Hervorhebung in den CSS kann der Tastaturfokus unsichtbar werden. Tastaturnutzer können sich dann meist nicht mehr auf der Webseite orientieren.

- Tastaturkurzbefehle unterliegen im Web vielen Einschränkungen. Sie können zwar für einzelne Anwendungen oder besonders wichtige Links eingesetzt werden, sind aber nur ein Behelf.

- Einige Anwendungen können nicht mit der Tastatur bedient werden. Ein Beispiel ist das Freihandzeichnen mit dem Mauszeiger. Abgesehen von solchen einzelnen Beispielen können fast alle Anwendungen tastaturbedienbar umgesetzt werden.

Die Tabulatortaste wird von einem Teil der motorisch eingeschränkten Nutzer, aber auch von Nutzern mit Leseschwierigkeiten oder einer Sehbehinderung verwendet. Eine wichtige Rolle spielt hier die Nachvollziehbarkeit der Tab-Reihenfolge. Vor allem bei starker Sehbehinderung in Kombination mit Vergrößerungssystemen und entsprechend vergrößerten Bildschirmausschnitten oder bei Lernschwierigkeiten ist dieser Aspekt bedeutend. Wenn durch Drücken der Tabulatortaste unerwartete Aktionen ausgelöst werden oder man zu einer unerwarteten Position gelangt, dann ist dies verwirrend. Auch für Screenreader-Nutzer ist die Tabulatortaste wichtig, wenngleich sie mit der strukturellen Navigation alternative dokumentinterne Navigationsmöglichkeiten haben.

Die Bedeutung einer barrierefreien Tastatursteuerung darf nicht unterschätzt werden und wird in zahlreichen Richtlinien der WCAG20 thematisiert. Treten dabei gravierende Mängel auf, kann die Seite möglicherweise nicht als barrierefrei im Sinne der WCAG20 eingestuft werden. Ein Beispiel sind Tastaturfallen, die nach Konformitätsbedingung 5 eine Konformität mit einer der drei Konformitätsstufen verhindern.[1] Tastaturfalle meint, dass fokussierte Inhalte mit den üblichen Tastenbefehlen wie der Tabulatortaste nicht mehr verlassen werden können.

In der Praxis zeigt sich, dass Formulare zwar häufig im Wesentlichen zugänglich sind, an manchen Stellen aber die Tastaturbedienbarkeit problematisch ist. Gründe sind z. B. die unvollständige Vergabe von Tabindizes oder das Verwenden nicht standardkonformer Elemente. In solchen Fällen ist der gesamte Prozess nicht mehr standardkonform; erst wenn alle Links und Steuerelemente mit der Tastatur bedient werden können, kann die Seite eine Konformitätsstufe erreichen.

Daraus ergibt sich, dass alle Inhalte und Funktionen sowohl mit der Tastatur als auch mit der Maus bedient werden können müssen. Manchmal ist das schwierig bzw. nicht möglich. Einige Spiele sind abhängig von Mausaktionen; Freihandzeichnen ist, wie schon erwähnt, mit der Tastatur kaum denkbar. Die seiteninterne Navigation, also das Anspringen von Links und Steuerelementen per Tastatur, muss in einer nachvollziehbaren Reihenfolge jedoch möglich sein. Dabei bezieht sich die Nachvollziehbarkeit zunächst auf die visuelle Anordnung der Inhalte am Bildschirm.

Ein besonderes Problem entsteht, wenn Inhalte zwar mit der Tastatur angesteuert und bedient werden können, aber die Elemente selbst weder als Links noch als Steuerelemente ausgezeichnet sind, sondern als DIV- oder SPAN-Elemente mit Event-Handlern. Dies betrifft einige JavaScript-Bibliotheken, bei denen die Inhalte zwar mit Maus und Tastatur bedient, aber die Rollen, Werte und Zustände technisch nicht ermittelt werden können. Hier können die Hilfsmittel nicht erkennen, dass es sich um Links oder Steuerelemente handelt, wodurch wichtige Eigenschaften, z. B. ob ein Link besucht worden ist oder nicht oder ob es sich bei einem Steuerelement um ein Kontrollkästchen handelt, verloren gehen. Meist sind die in HTML standardisierten Elemente für Links und Steuerelemente ausreichend; diese sind im Allgemeinen mit der Tabulatortaste ansteuerbar und die Rollen, Zustände und Werte werden erkannt und an die Hilfsmittel weitergereicht.

Zwar ist die Tastaturbedienung oft entscheidend für die Nutzbarkeit, jedoch sollte nicht auf mausabhängige Funktionen verzichtet werden: Es geht vielmehr darum, eine gleichwertige Tastaturbedienung sicherzustellen. Die meisten Aktionen mit dem Mauszeiger können auch für die Bedienung mit der Tastatur optimiert werden.

---

1.   Vgl. für Konfomitätsbedingung 5 das Kapitel 6 dieses Buchs ab Seite 197.

16.2   Tastaturbedienung in HTML

Generell navigieren Tastaturnutzer in einer Seite mit der Tabulatortaste; es gibt zwar weitere Möglichkeiten (z.B. mit den Tasten Pos1, Ende, SeiteAuf und SeiteAb), aber sie sind relativ eingeschränkt. Umso wichtiger sind eine konsistente Reihenfolge der Links und Steuerelemente sowie ein sichtbarer Fokus. In Abschnitt 16.2.4 werden die beiden HTML-Attribute tabindex und accesskey zur Tastatursteuerung vorgestellt, auch wenn sie nur mit großer Sorgfalt eingesetzt werden sollten. Die Verbesserung der seiteninternen Navigation erfolgt besser durch strukturiertes und linearisierbares HTML oder durch Vermeiden redundanter und überflüssiger Links.

16.2.1   Nicht erreichbare Inhalte und Tastaturfallen

Grundsätzlich müssen alle Links und Steuerelemente mit der Tabulatortaste erreichbar und bedienbar sein. Dies setzt voraus, dass das Objekt fokussierbar ist. Probleme entstehen vor allem bei Flash-Objekten, können aber immer auftreten, wenn Inhalte eines anderen Formats oder dynamisch eingefügte Inhalte vorhanden sind. Diese sind oft mit der Tastatur nicht erreichbar und werden beim Durchtabben einer Seite samt enthaltenen Steuerelementen übersprungen.

Zudem kann es je nach Aufbereitung der Inhalte zu Tastaturfallen kommen, bei denen ein Seitenelement zwar angesteuert, aber nicht mehr verlassen werden kann. Dies entsteht oft, wenn Plug-ins zur Anzeige von Inhalten eines bestimmten Formats eingesetzt werden und der Fokus dynamisch auf diese Inhalte gelegt wird.

Wenn eingebettete Objekte nicht tastaturbedienbar sind, können Inhalte alternativ in einer anderen Anwendung angezeigt werden. Das ist nicht immer möglich, aber beispielsweise für synchronisierte Multimedia schon. In der Regel sind Multimedia-Inhalte in einem Multimedia-Player zugänglicher, als wenn sie mit einem Plug-in in ein HTML-Dokument eingebettet werden.

Die Tastaturfalle ist nicht das Problem spezieller Formate, sondern liegt an der Kommunikation zwischen Browser und Plug-ins. Die barrierefreie Alternative sind Skripte, die den Wechsel zwischen Seite und eingebettetem Objekt ermöglichen.

Ein Beispiel ist das Einbinden eines Flash-Objekts. In Firefox bis einschließlich Version 3 kann mit der Tabulatortaste weder von HTML-Inhalten in ein Flash-Objekt noch umgekehrt navigiert werden. Um dieses Problem zu lösen, müssen Sie mit JavaScript arbeiten:

▪ Zunächst muss vor und nach jedem Flash-Objekt ein fokussierbares Element vorhanden sein – das kann ein Link oder Steuerelement sein oder ein anderes Element mit einem tabindex="0" (vgl. Abschnitt »Werte für das tabindex-Attribut« ab S. 608).

Das Flash-Objekt selbst muss ebenfalls in die Tab-Reihenfolge mit `tabindex="0"` aufgenommen werden (das betrifft nur das Objekt, nicht die Inhalte oder Schaltflächen).

In einigen Browsern zirkuliert innerhalb eines Flash-Objekts die Tab-Reihenfolge, das heißt, beim letzten fokussierbaren Element führt ein Drücken der Tabulatortaste zurück zum ersten Element des Flash-Objekts. Umgekehrt führt das Drücken von Umschalt- + Tabulatortaste auf dem ersten fokussierbaren Element zum letzten Element. Dieses Problem kann mit der Vergabe von Event-Handlern im Flash-Objekt gelöst werden, die Funktionen auslösen, die an diesen Stellen ein Hinausnavigieren zu den nächsten bzw. vorherigen fokussierbaren Elementen im HTML-Markup ermöglichen.

Mit der `SWFFocus`-Klasse, die explizit zur Pfadangabe des Flash-Objekts hinzugefügt werden muss, können die erforderlichen Event-Handler berücksichtigt werden. Hierzu kann die Datei `com/swffocus/SWFFocus.as file` (einschließlich der Verzeichnisstruktur) im Wurzelverzeichnis des Objekts kopiert werden. Die `SWF-Focus`-Klasse kann wie folgt initialisiert werden:

```
import com.swffocus.SWFFocus;
SWFFocus.init(this);
```

Listing 16-1   Initialisierung der `SWFFocus`-Klasse in einem Flash-Objekt

Das Problem der Tastaturfalle ist nicht auf Adobe Flash beschränkt. Video-Player, Java-Applets und andere Plug-ins können zu ähnlichen Problemen führen.

Die Tastaturfalle kann aber nicht nur mit clientseitigen Skripten umgangen werden, sondern beim Einsatz von JavaScript auch erst entstehen. Wenn mit JavaScript zusätzliche Bedienelemente, z.B. ein Kalender, eingeblendet werden, dann müssen Tastaturnutzer diese Elemente erreichen sowie verlassen oder schließen können.

Dabei kommt es nicht allein auf die Tabulatortaste an: Über Texthinweise können auch alternative Tastaturbefehle vermittelt werden. Beispielsweise können die Steuerelemente eines eingebetteten Multimedia-Players auch mit den üblichen Tastenbefehlen wie Pfeiltasten bedienbar gemacht werden.

Andere Probleme entstehen, wenn in den JavaScript-Funktionen die Tab-Reihenfolge manipuliert wird: Gelegentlich entstehen Tastaturfallen, etwa wenn Tabindizes dynamisch geändert werden und dadurch nur noch ein Zirkulieren in bestimmten Elementen möglich ist.

Unabhängig davon, welche ergänzenden Techniken eingesetzt werden, die Tastaturbedienung muss immer getestet werden, um Unregelmäßigkeiten aufzudecken. Als Lösung bleibt neben dem Verzicht auf eingebettete Objekte meist nur ein Workaround mit clientseitigen Skripten. Sollte der Einsatz zusätzlicher Techniken dazu führen, dass einzelne Objekte und Steuerelemente nur mit einem Mauszeiger verlassen werden können, dann ist eine Seite gemäß Konformitätsbedingung 5 der WCAG20 nicht barrierefrei.

16.2.2   Konsistenter Seitenaufbau

Gleiche Funktionen sollten stets an der gleichen Stelle platziert sein. Dies ist allen Nutzern wichtig und fördert die Orientierung innerhalb einer Webseite. Besonders gilt dies für Links oder Funktionen, die häufig genutzt werden (müssen). Abgesehen von der allgemeinen Gebrauchstauglichkeit ist dieser Aspekt für Sehbehinderte, die mit Vergrößerungssystemen arbeiten, und für Tastaturnutzer, die oft in erstaunlicher Geschwindigkeit Tastenfolgen drücken, um häufig wiederholte Vorgänge durchzuführen, wichtig. Einige Beispiele sind:

- Wenn als erster Link eine unsichtbare Sprungmarke zum Inhalt steht, dann bringt das Drücken der Tabulatortaste und anschließend der Eingabetaste den Nutzer direkt zum Inhalt. Wenn diese Sprungmarke fehlt oder ein anderer Link auf einmal davorsteht, wird der Nutzer durch die Tastenfolge womöglich ganz woanders hingeleitet.
- Wenn in verschiedenen Formularen eines Webauftritts zwei Schaltflächen – zum Senden und Abbrechen – vorhanden sind und ihre Reihenfolge im Einzelfall vertauscht wurde, dann setzt ein Tastaturnutzer womöglich das Formular versehentlich zurück.
- Wenn der Link zu einer Login-Seite am Seitenende steht, kann mit der Taste »Ende« und einmaligem Drücken von Umschalt + Tab zu diesem Link gesprungen werden. Ändert sich seine Position, dann kann ein sehender Nutzer die neue Position noch leicht wiederfinden und ansteuern, aber ein blinder Nutzer müsste die neue Position suchen.

Konsistenter Seitenaufbau bedeutet nicht, dass alle einzelnen Seiten identisch aufgebaut sein müssen. Wenn in einer Navigationsleiste ein Link aufgerufen und auf der nächsten Seite ein Untermenü angezeigt wird, ist dies unproblematisch. Die Untermenüs selbst sollten aber seitenübergreifend einheitlich und damit vorhersehbar positioniert werden.

Wenn der Umfang der Navigationseinträge auf verschiedenen Seiten variiert, dann ist die Navigation nach wie vor konsistent – es kommt auf die gleiche Reihenfolge an. Wenn aber die Reihenfolge vertauscht wird oder die Positionen von Navigationsbereichen unterschiedlich sind, sind die Seiten nicht mehr vorhersagbar und schwerer bedienbar.

Ausnahmen bestehen selbstverständlich, wenn dynamische Funktionen angeboten werden, um den Nutzer die Position und Reihenfolge von Links und anderen Inhalten selbst bestimmen zu lassen.

Manchmal werden bestimmte Inhalte nicht angezeigt. Wenn z. B. in einer Kopfzeile Logo, Suchfunktion und ein Link zu einer erweiterten Suche zu finden sind, dann kann auf der Seite mit der erweiterten Suche auf die Suchfunktion in der Kopfzeile verzichtet werden. Wichtig ist, dass die Reihenfolge der übrigen Inhalte beibehalten wird.

Standardkonformes HTML hilft weiterhin, die strukturelle Navigation speziell in Screenreadern zu verbessern. Navigationsleisten sollten mit Listenelementen und vorangestellten Überschriften ausgezeichnet werden, es sollten unter Umständen Sprungmarken berücksichtigt werden, um umfangreiche Bereiche zu überspringen, und im Allgemeinen semantisches HTML eingesetzt werden. Diese Aspekte der strukturellen Navigation wurden bereits ausführlich in Abschnitt 7.2.1 ab Seite 255 behandelt.

16.2.3   Sichtbarer Fokus

Sehende Tastaturnutzer benötigen zur Orientierung einen sichtbaren Fokus für angesteuerte Links und Steuerelemente. Während Mausnutzer den Mauszeiger oder ggf. Hover-Effekte sehen, ist der sichtbare Fokus für Tastaturnutzer oft die einzige Möglichkeit zu erkennen, welches Element aufgerufen oder verändert werden kann.

16.2.3.1   Ohne Fokus nichts los

Der sichtbare Fokus ist von der Webgestaltung abhängig. Manche Webdesigner blenden ihn jedoch aus ästhetischen Gründen aus. Wenn Links in dynamischen Anwendungen oder Auswahlschalter und Checkboxen mit der Eingabe- oder Leertaste betätigt werden und die standardmäßige Kennzeichnung des Fokus (ein gepunkteter Rahmen) über `onclick="this.blur();"` entfernt wird, dann können Tastaturnutzer die Seite nicht mehr nutzen.

Wenn in einer dynamischen Navigation die Einträge auf- und zugeklappt werden können, der Fokus aber bei jedem Klick entfernt wird, dann kann die Navigation mit der Tastatur nicht bedient werden. Wenn der Fokus vom aktivierten Menüeintrag entfernt wird, wird beim nächsten Drücken der Tabulatortaste der Fokus auf das erste fokussierbare Element der Seite gelegt. Um das dynamische Menü weiter zu bedienen, muss nochmal sehr häufig auf die Tabulatortaste gedrückt werden. Bei dieser »Entführung« des Fokus handelt es sich um eine Kontextänderung, die grundsätzlich zu vermeiden ist. Leider wird diese Technik von einigen bekannten und nicht ganz so bekannten Redaktionssystemen standardmäßig verwendet.

Noch problematischer ist, wenn der Fokus von Steuerelementen entfernt wird. Im folgenden Beispiel kann die Schaltfläche mit der Aufschrift »Bestellung abschicken« mit der Tastatur nicht mehr bedient werden:

```
<p><input type="submit" onFocus="this.blur();" value="Jetzt bestellen!" /></p>
```

Aufgrund ästhetischer Erwägungen wird zudem häufig der gepunkteter Rahmen eines Links oder Steuerelements z.B. über die CSS-Eigenschaft `outline: none` unterdrückt. Vor allem im Firefox führt dies dazu, dass Links und Steuerelemente zwar weiterhin tastaturbedienbar sind, die Seite aber dennoch für sehende Tastaturnutzer unbenutzbar wird, denn sie wissen nicht, wo sie sich auf der Seite befinden.

Der Systemfokus (outline für Links, Auswahlschalter und Kontrollkästchen) sollte nicht manipuliert werden. Er wird normalerweise vom Betriebssystem geliefert und von verschiedenen Anwendungen einschließlich dem Browser übernommen. Wenn der Systemfokus unterdrückt wird, müssen andere Techniken zur Hervorhebung eingesetzt werden.

Hervorhebung des Tastaturfokus

Bei standardisierten HTML-Elementen für Links und Steuerelemente verhält sich der Fokus erwartungskonform. Der sichtbare Fokus kann hierbei der Cursor (Eingabefelder), eine farbliche Hervorhebung (Auswahllisten) oder der Systemfokus, meist in Form eines gepunkteten Rechtecks (um Links, Auswahlschalter, Kontrollkästchen und Schaltflächen herum), sein. Die Darstellung des Fokus kann vom Nutzer beeinflusst werden, um die Sichtbarkeit zu verbessern und sollte deshalb nicht über CSS-Angaben unterdrückt werden.

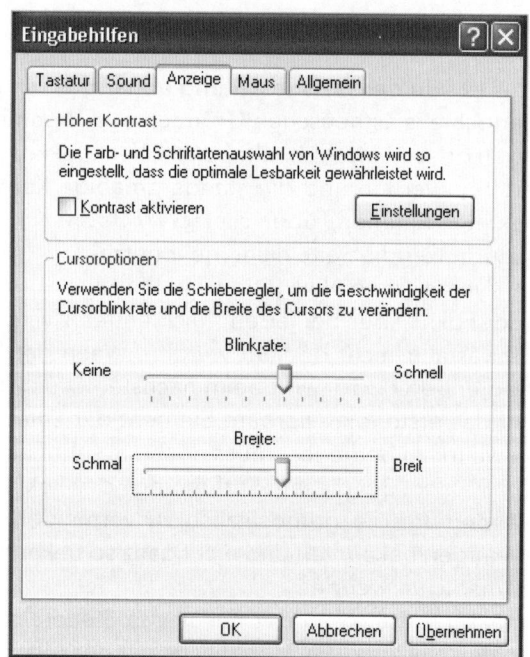

Abb. 16-1   Eingabehilfen in Windows für die Breite des Cursors

Die Richtlinien der Barrierefreiheit fordern einen deutlich sichtbaren Fokus. Auch wenn die Standardeinstellungen des Nutzers für den Fokus übernommen werden, kann es dazu kommen, dass der Fokus nicht gut sichtbar ist. Wenn eine Checkbox auf einem dunklen Hintergrund dargestellt wird – sei es durch die Seitengestaltung oder durch benutzerdefinierte Farbangaben –, dann ist der gepunktete schwarze Rahmen nur noch schwer erkennbar.

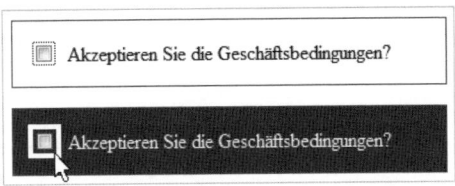

Abb. 16-2   Der Fokus ist auf dunkler Hintergrundfarbe nicht gut erkennbar.

Die Sichtbarkeit des Fokus sollte immer durch CSS-Regeln verbessert werden. Dies kann mit CSS für verschiedene Seitenelemente entweder über Farbwechsel, Unterstreichungen, Fettungen und/oder Rahmen (outline) erfolgen. In vielen Fällen empfiehlt sich dafür die Anpassung von outline, z.B. für Checkboxen:

```
.dunklerhintergrund input:hover,
.dunklerhintergrund input:active,
.dunklerhintergrund input:focus {
  outline: 4px solid white;
}
```

Listing 16-2   CSS-Eigenschaft für Fokushervorhebung in Checkboxen

Mit diesen Angaben ist die fokussierte Checkbox sowohl auf einem dunklen Seitenhintergrund als auch bei invertierten Bildschirmfarben erkennbar.

Ein sichtbarer Fokus ist auch aus einem anderen Grund wichtig: Während auf vielen Seiten selbstverständlich mit a:hover eine Hervorhebung etwa durch die Veränderung der Hintergrundfarbe gegeben wird, wird eine Hervorhebung für den Fokus oft vernachlässigt. Dabei verfügen Mausnutzer bereits über einen Indikator, dass sie auf Links klicken können: Der Mauszeiger wird in der Regel in eine Hand umgewandelt. Diesen Luxus der mehrfachen Kennzeichnung erhalten Tastaturnutzer nur selten. Die Mindestanforderung ist, dass der Tastaturfokus genauso gestaltet wird wie der Hover-Effekt. Für Links könnte der Hover-Effekt wie folgt ergänzt werden:

```
A:hover, a:focus, a:active {background-color:#fff; color:#000;}
```

Das Pseudo-Attribut :active ist für den Internet Explorer erforderlich, der :focus nicht unterstützt und :active wie :focus behandelt.

Der Umgang mit Pseudo-Attributen ist etwas problematisch, denn sie werden nicht von allen Browsern gleich unterstützt. Das gilt nicht nur für :focus im Internet Explorer. Der sichtbare Fokus für Links und Steuerelemente, als wichtiger Aspekt der Nutzbarkeit, kann notfalls mit JavaScript emuliert werden. Das folgende Skript durchsucht alle Links mit der Klasse »kontrast« in einem Dokument:

```
<a href="#" class="kontrast">Linktext</a>
```

Als Nächstes kann eine Funktion geschrieben werden, die Links mit der Klasse »kontrast« eine gelbe Hintergrundfarbe zuweist, wenn sie fokussiert werden (vgl. Listing 16-3).

```
function kontrastFokus(link) {
  link . style . backgroundColor = link . style . backgroundColor == "yellow" ?
  "inherit" : "yellow";
}
```

Listing 16-3   JavaScript-Funktion zur Hervorhebung fokussierter Links

Auch unsichtbare Links für Screenreader-Nutzer, die per CSS außerhalb des sichtbaren Bildschirmbereichs geschoben werden, müssen bei Ansteuerung sichtbar werden. In Listing 7–29 auf Seite 272 wurde der Umgang mit unsichtbaren Sprungmarken bei Fokussierung vorgestellt. Links, die vor allem für die Navigation im Screenreader bereitgestellt werden, werden in die Tab-Reihenfolge aufgenommen. Für sehende Tastaturnutzer sind solche Links nicht erkennbar; bei Fokussierung sollten sie unbedingt in den sichtbaren Bereich des Bildschirms zurückgeholt werden, damit sehende Tastaturbenutzer nicht »ins Leere tabben«.

16.2.4   Einsatz von `tabindex` und `accesskey`

Mit den folgenden zwei HTML-Attributen kann die Tastaturbedienung von HTML-Seiten beeinflusst werden: `tabindex` verändert die Tab-Reihenfolge und mit `accesskey` können Tastaturkurzbefehle festgelegt werden. Obwohl der Einsatz dieser Attribute legitim ist, wird dennoch – außer in Einzelfällen – davon abgeraten.

16.2.4.1   Das `tabindex`-Attribut

**G
59**

Beim internen Navigieren durch eine Seite mit der Tabulatortaste werden normalerweise Links und Steuerelemente in der Reihenfolge ihrer Anordnung im Quelltext angesprungen. Tab-Reihenfolge und Reihenfolge der strukturellen Navigation sind also identisch. Wenn ein Screenreader-Nutzer Links und Steuerelemente über die strukturelle Navigation anspringt, orientiert sich der Screenreader an der Reihenfolge der Elemente im HTML-Quelltext. Dies entspricht auch der Reihenfolge, in der Links und Steuerelemente mit der Tabulatortaste angesprungen werden. Für die meisten Inhalte ist dies in Ordnung und weder die Anordnung im Quelltext noch die Tab-Reihenfolge muss geändert werden. Wird das `tabindex`-Attribut eingesetzt, so ändert sich die Tab-Reihenfolge, sodass zwei unterschiedliche Reihenfolgen entstehen.

Werte für das `tabindex`-Attribut

Tabindizes können im Allgemeinen für A-, AREA-, BUTTON-, (sichtbare) INPUT-, OBJECT-, SELECT- und TEXTAREA-Elemente vergeben werden. Ein Link kann beispielsweise mit einem `tabindex`-Attribut so ergänzt werden:

```
<a href="http://www.seitenadresse.de/" tabindex="1200">Linktext</a>
```

Die Vergabe von Werten für tabindex unterliegt nur wenigen Einschränkungen: Es wird eine Zahl zwischen 0 und 32,767 vergeben. Tabindizes müssen nicht eindeutig sein, sodass für bestimmte Bereiche einer Seite immer der gleiche Wert vergeben werden kann.

Ein Sonderfall ist der Wert »0«: Das tabindex-Attribut kann dann auch für andere HTML-Elemente vergeben werden und fügt diese der Tab-Reihenfolge zu;[2] dabei werden solche Elemente wie Links und Steuerelemente ohne tabindex behandelt – sie werden in der Reihenfolge angesprungen, wie sie im Quelltext vorkommen, aber erst nach etwaigen Links und Steuerelementen, die einen tabindex > 0 (größer null) haben.

Die Spezifikation für das DOM sieht auch den Einsatz von tabindex="-1" vor. Damit kann ein beliebiges Element einer Seite fokussiert werden, ohne dass es in die Tab-Reihenfolge aufgenommen wird. Wenn also anhand der Tab-Reihenfolge durch die Seite navigiert wird, werden nur Links und Steuerelemente sowie Elemente mit einem tabindex-Wert von 0 und höher angesprungen, mit der JavaScript-Methode focus() können aber weitere Elemente fokussiert werden.

Wert für tabindex	Aufnahme in Tab-Reihenfolge	Fokussierbar mit element.focus()
kein tabindex	Links und Steuerelemente	Standardverhalten (Links und Steuerelemente)
1 ... 32,767	Elemente stehen am Anfang der Tab-Reihenfolge und werden aufsteigend angesprungen; Elemente mit gleichem tabindex-Wert werden entsprechend ihrer Reihenfolge im Quelltext angesprungen.	Standardverhalten
0	Elemente werden in die Tab-Reihenfolge aufgenommen.	Elemente können mit Java-Script fokussiert werden.
−1	Elemente werden nicht in die Tab-Reihenfolge aufgenommen.	Elemente können mit Java-Script fokussiert werden.

Tab. 16-1   tabindex, Tab-Reihenfolge und Fokus

Der negative Wert für tabindex ist nicht Teil der HTML-Spezifikation, d. h., es sollten nur Methoden des DOM-Scriptings verwendet werden, um Tabindizes mit einem Wert »−1« zu vergeben.

Änderung der Tab-Reihenfolge

Wenn eine Seite linearisierbar ist, dann ist die Tab-Reihenfolge meist schlüssig. Manchmal ist aber das, was am Bildschirm neben- oder untereinander angeordnet ist, mit der Tastatur umständlich zu bedienen, weil die Tabulatortaste den Nutzer woanders hinbringt als er erwartet oder sich wünscht. In Layouts mit

---

2.   Vgl. W3C, Changed Attribute: tabindex,
     URL: *http://www.w3.org/html/wg/wiki/ChangedAttributeTabindex* (Abruf 10.9.2010).

vielen Informationsblöcken können solche Schwierigkeiten vor allem an einer Kombination aus der Anordnung der Inhalte und den Erwartungen des Nutzers liegen. Die folgenden Fragen zeigen, mit welchen Aspekten man sich in der Entwicklung auseinandersetzen muss:

▓ Sollte in einer Tabelle reihenweise oder spaltenweise navigiert werden?

▓ Welche Spalten sollten in einem dreispaltigen Layout nacheinander angesprungen werden?

▓ Wenn viele Informationsblöcke einer Seite gleichrangige Inhalte haben, welche sollen zuerst angesprungen werden können?

Die Antworten sind immer abhängig von den Inhalten. Beispielsweise sollten in einem dreispaltigen Layout Hauptnavigation und Inhalte eher am Anfang der Tab-Reihenfolge stehen; wenn eine Spalte wichtige Funktionen zum Bedienen der Inhalte aufweist, können diese aber auch höher bewertet werden und in der Tab-Reihenfolge an vorrangiger Stelle stehen. In Tabellen wird allgemein horizontal navigiert, aber es kann Fälle geben, in denen eine vertikale Navigation besser ist. Bei verschiedenen Informationsblöcken spielt das Layout hingegen eine wesentliche Rolle (vgl. Abb. 16-3).

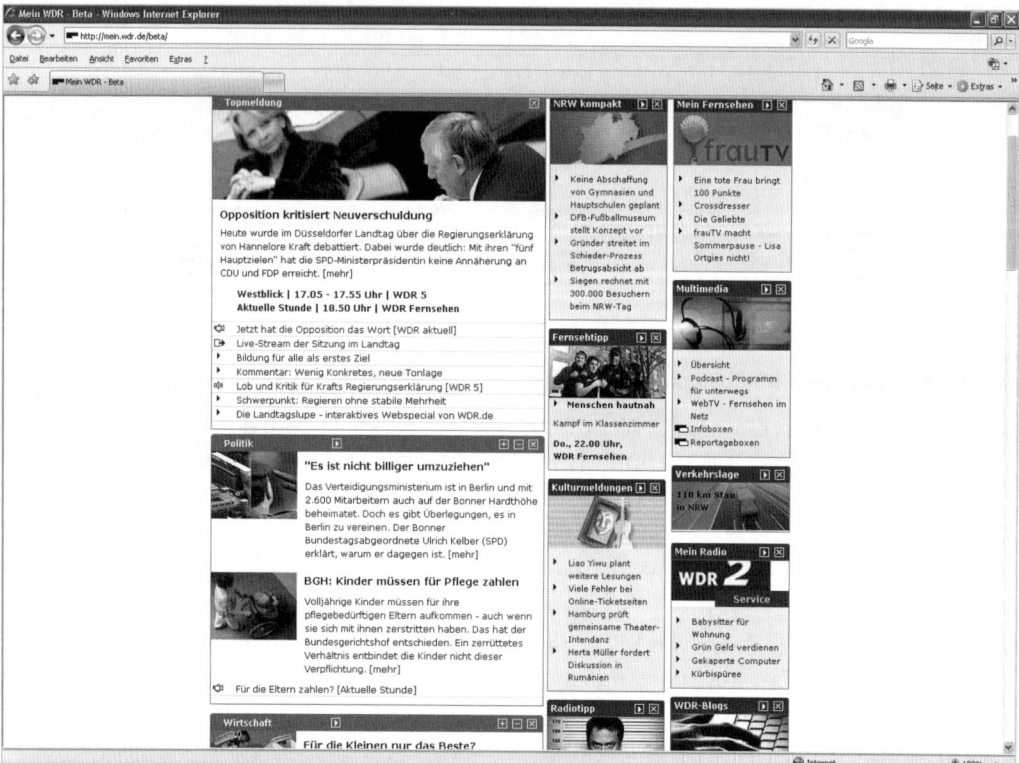

Abb. 16-3   Es gibt mehrere denkbare Tab-Reihenfolgen.

Wichtig ist stets, dass visuell vermittelte logische Beziehungen von Links und Steuerelementen zusammenhängend angesteuert werden. Dies wird mit linearisierbarem Code bewirkt. Nur wenn die logischen Beziehungen am Bildschirm mit der Tastatur nicht intuitiv bedient werden können, kann man sich für den Einsatz des tabindex-Attributs entscheiden.

In einigen wenigen Fällen ist die Beeinflussung der Tab-Reihenfolge mit tabindex-Attributen sinnvoll.

Das von vielen Webanbietern genutzte Tool phpMyAdmin ist ein Beispiel für den Einsatz von tabindex-Attributen für einzelne Eingabefelder. Bei der Bearbeitung einzelner Tabellen mit der Tabulatortaste werden im Bereich »Einfügen« die Steuerelemente nicht horizontal nacheinander angesteuert, sondern spaltenweise.

Feld	Typ	Funktion	Null	Wert
id	int(11)			
dbase	varchar(255)			
user	varchar(255)			
label	varchar(255)			
query	text			

Abb. 16-4   Datenbanktabelle in phpMyAdmin

Wenn abzusehen ist, dass ein Nutzer nur bestimmte Angaben ändern wird, kann in Vorwegnahme dieses Verhaltens die Tab-Reihenfolge optimiert werden. Bei phpMyAdmin werden u.a. Tabindizes für die Steuerelemente in der Spalte »Wert« gesetzt, wodurch ein Tastaturnutzer zuerst diese Spalte vertikal nach unten durchwandert. Eine solche Festlegung ist sinnvoll, wenn man davon ausgehen kann, dass Nutzer nur den »Wert« und nicht etwa die Funktion eines Feldes ändern werden. Für sehende Tastaturnutzer, die aufgrund der visuellen Anordnung eine andere Tab-Reihenfolge erwarten, kann dieses Verhalten allerdings verwirrend sein.

Einige Nachteile von tabindex sind:

1. Alle Links und Steuerelemente müssen ein tabindex-Attribut erhalten. Geschieht dies nicht, entsteht ein »Bruch« in der Tab-Reihenfolge und es wird nach dem Anspringen des letzten ausgezeichneten Links oder Steuerelements zum ersten Link oder Steuerelement der Seite ohne tabindex gesprungen.

2. In manchen Browsern sind bei vergebenen tabindex-Attributen nur noch diese Links und Steuerelemente ansteuerbar. Dies betrifft vor allem ältere Versionen von Firefox.

Für die erste Einschränkung soll ein kleines Beispiel gegeben werden. Wenn ein einfaches Suchformular mit einem tabindex für das Eingabefeld, aber nicht für die Schaltfläche ausgezeichnet wurde, dann kann es mit der Tabulatortaste nicht mehr bedient werden.

```
<form action="#" method="get">
 <p><input type="text" name="suche" title="Suchbegriffe eingeben"
tabindex="123" />
 <button type="submit">Suche starten</button></p>
 </form>
```

Listing 16-4   Unvollständige Vergabe von Tabindizes

Nach Eingabe eines Suchbegriffs und Betätigen der Tabulatortaste wird der Fokus nicht unbedingt auf die Schaltfläche gesetzt, sondern entweder zu einem Element mit dem nächsthöheren tabindex-Wert oder zum ersten aktiven Element ohne tabindex-Attribut. Das kann zwar die Schaltfläche sein, aber meist ist sie es nicht.

Das tabindex-Attribut ist in der Regel nicht nur unnötig, sondern verursacht oft Folgeprobleme, die nur durch intensives Testen ermittelt werden können. Wenn die Manipulation der Tab-Reihenfolge nicht zwingend erforderlich ist, sollte also darauf verzichtet werden. Wenn jedoch tabindex eingesetzt wird, dann müssen alle Steuerelemente und Links damit versehen werden. Sonst wird mehr Schaden angerichtet als Nutzen gestiftet.

Alternative zu tabindex

Soll die Tab-Reihenfolge manipuliert werden, dann geht es meist um eine bestimmte Funktion oder einen Inhalt, der sofort erreicht werden soll. Manchmal ist es zweckmäßig, den Fokus automatisch in ein Suchfeld zu setzen – in der Annahme, dass alle Besucher zu dieser Stelle wollen. Ein Beispiel ist Google: Nach Aufruf blinkt bei aktiviertem JavaScript der Cursor bereits im Eingabefeld. Statt hier mit tabindex zu arbeiten, empfiehlt sich eine einfache JavaScript-Lösung:

```
<form action="#" method="get">
<p><label for="schnellsuche" class="unsichtbar">Suchbegriffe
eingeben:</label><input type="text" name="suche" id="schnellsuche" />
    <button type="submit">Suche starten</button></p>
    </form>
<script type="text/javascript">
document.getElementById('schnellsuche').focus();
</script>
```

Listing 16-5   Fokussierung eines Eingabefelds mit JavaScript

Diese Methode sollte jedoch nur angewandt werden, wenn davon auszugehen ist, dass jeder Nutzer dieses eine Steuerelement nutzen will und sonst keines. Wenn sich z. B. vor einem Suchformular Navigationsbereiche befinden, ist fraglich, ob wirklich jeder Nutzer nur an dem Suchformular interessiert ist. Tatsächlich gibt es wenige Webangebote mit solch dominanten Funktionen, sodass im Allgemeinen auf diese Technik verzichtet werden sollte.

Dennoch können solche Techniken auch die Barrierefreiheit fördern, etwa bei der Fehlerbehandlung in Formularen (vgl. Abschnitt 15.4 ab S. 592): Wird nach Abschicken eines Formulars ein Eingabefehler festgestellt, dann kann der Fokus auf das erste fehlerhaft ausgefüllte Eingabefeld gelegt werden. Voraussetzung ist aber das Ergänzen des LABEL-Elements um einen Fehlerhinweis.

16.2.4.2   Das accesskey-Attribut

Die Computerbedienung mithilfe von Tastaturkürzeln ist für Tastaturnutzer Alltag. Das gilt für Desktop-Anwendungen ebenso wie für die Browserbenutzung (z. B. wird in Internet Explorer und Firefox ein neues Fenster mit Tastaturkurzbefehl Strg+n geöffnet). Aber wie sieht es mit der Bedienung von Webseiten aus? Können, sollen, müssen oder dürfen Tastaturkürzel in HTML-Dokumenten berücksichtigt werden?

Tastaturnutzern steht eine große Zahl an Tastaturbefehlen zur Verfügung, die vom Betriebssystem, Browsern oder Hilfsmitteln bereitgestellt werden. Meist bestehen solche Tastaturkurzbefehle aus Tastenkombinationen von z. B. Alt- oder Strg-Taste und einer weiteren Taste und variieren stark, abhängig von der eingesetzten Software.

Für Tastaturkürzel auf Webseiten gibt es keine internationalen Konventionen oder international gültigen Standards, auch wenn sie immer wieder diskutiert werden. Sofern Sie Accesskeys verwenden wollen, sollten Sie Tastaturkürzel einheitlich vergeben und es sollte deutlich werden, welche Tastenkombinationen möglich sind und was sie auslösen.

Einheitliche Tastaturkurzbefehle

Bei der Vergabe von Tastenkürzeln könnten für einen Link »Home« unterschiedlichste Shortcuts definiert werden: »H«, weil das Wort damit anfängt; »M«, weil »H« anderweitig, z. B. für »Hilfe«, vergeben ist; »S«, weil vielleicht der Begriff »Startseite« statt »Home« verwendet wird; »1«, weil Home die Startseite ist, oder auch »0« – aus demselben Grund.

Buchstaben als Shortcuts sind grundsätzlich problematisch: Die Zugangstaste für Shortcuts in einem HTML-Dokument (wie die Alt-Taste im Internet Explorer) wird auch für Browserfunktionen gebraucht. Da die Browser (je nach Betriebssystem) zum Teil eigene Shortcuts in Verbindung mit der gleichen Zugangstaste verwenden, sind browserübergreifende Shortcuts, die keine Konflikte verursachen, schwierig zu finden.

Tastaturkurzbefehle können schnell kritisch werden: Beispielsweise öffnen Tastaturnutzer im Internet Explorer 7 mit Alt+d das Menü »Datei«. Wenn ein accesskey-Attribut mit dem Wert »d« vergeben wird, dann wird das entsprechende Element fokussiert und nicht das Menü »Datei« geöffnet. Auf dem alphanumerischen Ziffernblock funktionieren aber auch die Ziffern 0 bis 9 und in den meisten Browsern sind diese unproblematisch.

Natürlich kann jeder Webanbieter seine Tastaturkurzbefehle dokumentieren. Regelmäßige Besucher werden diese Kürzel schnell auswendig wissen. Aber das ist zunächst nur auf dem einen Webangebot nützlich und für Nutzer, die auf Tastaturkürzel angewiesen sind, ist es eine Zumutung, auf jeder Seite neuen Kürzeln zu begegnen. Halten Sie sich also an vorhandene Empfehlungen. Entwickeln Sie keine eigenen Schemata.[3]

Selbstverständlich sollten Tastaturkurzbefehle konsistent und nur einmal pro Seite vergeben werden – vor allem für die Bedienung dynamischer Anwendungen.

Wenn Tastaturkurzbefehle mit accesskey-Attributen angeboten werden, muss dies mitgeteilt werden. Wichtig ist, dass Tastaturnutzer die Tastenkombinationen jederzeit nachschlagen können, z.B. durch einen Link am Seitenanfang, der mit der Tastatur schnell erreicht werden kann.

Zweckmäßige Tastaturkurzbefehle

Tastaturkurzbefehle können für Links und Steuerelemente vergeben werden, indem das accesskey-Attribut dem jeweiligen Link oder Steuerelement bzw. dem zugehörigen LABEL-Element zugewiesen wird. Der folgende Code-Ausschnitt zeigt, wie durch dieses Attribut dem Eingabefeld für Suchbegriffe ein Tastenkürzel zugewiesen wird:

```
<p><label for="suche" accesskey="7">Suchbegriffe eingeben</label>
<input type="text" name="search" id="suche" /></p>
```

Listing 16-6   Tastaturkurzbefehl für ein Eingabefeld

Das Eingabefeld ist dann unter Windows mit der Tastenkombination Alt+7 (Microsoft Internet Explorer und Firefox vor Version 2), Alt+Umschalt+7 (Firefox ab Version 2) oder durch Drücken und wieder Loslassen von Umschalt+Esc und anschließendem Drücken von 7 (Opera) aufrufbar. Die Zugangstasten für andere Browser und andere Betriebssysteme sind der Dokumentation der einzelnen Browser zu entnehmen.

Ist ein Formularelement für die Nutzung einer bestimmten Seite entscheidend, so kann ein Tastaturkurzbefehl als Alternative zu einem vielfachen

---

3.   Verschiedene Vorschläge für die Vergabe von Shortcuts bieten Hellbusch, J. E., Erläuterungen zu Accesskey, URL: *http://2bweb.de/accesskey/* (Abruf 15.9.2010), und Zugang für Alle, Accesskeys, URL: *http://www.access-for-all.ch/ch/barrierefreiheit/barrierefreies-webdesign/tools-fuer-barrierefreies-webdesign/accesskeys.html* (Abruf 15.9.2010).

Drücken der Tabulatortaste eingesetzt werden. Überlegungen für den Einsatz von accesskey-Attributen können betreffen:

- Das accesskey-Attribut kommt für jedes Steuerelement oder jeden Link in Frage, der zum Abschließen einer Aktion aufgerufen werden muss. In sehr umfangreichen Formularen, in denen der Nutzer nur wenige Änderungen vornimmt, erleichtert ein Tastaturkurzbefehl das Speichern. Ein Beispiel wäre ein Shortcut für das Speichern eines Artikels in einem Redaktionssystem.
- Häufig genutzte Funktionen, etwa die Suchfunktion, können mit einem Tastaturkurzbefehl belegt werden.
- Wenn Steuerelemente zur Bedienung von Animationen, Multimedia und anderen dynamischen Inhalten eingesetzt werden, dann ist für die Unterbrechung der Animation oder des Multimedia-Inhalts (Pause) ein Tastaturkurzbefehl bereitzustellen.
- Auch weitere Steuerelemente können abhängig vom Inhalt für die Belegung mit einem Tastaturkurzbefehl in Frage kommen, z.B. Schaltflächen zum Blättern zwischen Ansichten oder ein Link zur nächsten Seite.

Das accesskey-Attribut kann direkt auf Schaltflächen angewandt werden. Dabei muss beachtet werden, dass das Betätigen der Zugangstasten mit einem Klick auf der Schaltfläche gleichzusetzen ist. Ein versehentliches Drücken der Tastenkombination kann zu unerwarteten Ergebnissen führen:

```
<button type="submit" accesskey="s">
Sofort-Kauf
</button>
```

Listing 16-7   Problematische Vergabe von Tastaturkurzbefehlen auf Schaltflächen

Da die Zahl möglicher Tastaturkurzbefehle begrenzt ist, will die Verwendung von accesskey gut überlegt sein. Es gilt, die Tastaturkurzbefehle gezielt für die Optimierung der Tastaturnavigation einzusetzen und nicht bei jeder Gelegenheit zu vergeben.

16.2.5   Vermeidung redundanter Links

Die Tastaturbedienung ist meist erst ein Problem, wenn eine Seite sehr viele Links und Steuerelemente enthält. Die Manipulation der Tab-Reihenfolge mit tabindex greift – wie oben ausgeführt – meist zu kurz und ist schwer zu optimieren. Auch das accesskey-Attribut hat nur ein geringes Potenzial. Ein anderer Ansatz ist die Reduzierung der Linkzahl, vor allem für Seiten mit zahlreichen Links. Eine Richtlinie für die empfohlene Zahl von Links pro Seite gibt es jedoch nicht.

Abgesehen von struktureller Navigation und Sprungmarken gibt es wenige Techniken, die seiteninterne Navigation per Tastatur effizienter zu gestalten. Das Vermeiden redundanter Links gehört zu diesen Techniken der Optimierung der Tastaturbedienung.

In Abschnitt 7.1.2.4 ab Seite 236 wurden von drei möglichen Verlinkungen in einem Teaser-Text »nur« zwei Links gesetzt. Ein weiteres Beispiel ist das Zusammenziehen von vorangestellten Symbolen und Linktexten zu einem Link. Ein anderes Beispiel mit deutlich mehr Potenzial sind Image-Maps.

16.2.5.1 Auswahllisten als Alternative zu Linklisten

Da auf Image-Maps (vgl. Abschnitt 7.1.6 ab S. 252) ein Konglomerat an Links abgebildet wird, spielt die Tastaturbedienbarkeit eine Rolle. Insbesondere bei serverseitigen Image-Maps, die selbst nicht barrierefrei gestaltet werden können, aber auch bei clientseitigen Image-Maps können umfangreiche Linklisten durch Auswahllisten leichter mit der Tabulatortaste umgangen werden.

Das Beispiel in Listing 7-14 auf Seite 253 mit der Auswahl aus 140 Farben könnte statt als verweissensitive Grafik als Auswahlliste umgesetzt werden:

```
<form action="#" method="post">
<p><label for="auswahl">Wählen Sie eine Farbe aus</label>
<select id="auswahl" name="i" size="1">
<option lang="en" value="0">aliceblue (#F0F8FF)</option>
<option lang="en" value="1">antiquewhite (#FAEBD7)</option>
<option lang="en" value="2">aqua (#00FFFF)</option>
<option lang="en" value="3">aquamarine (#7FFFD4)</option>
<!--Weitere Optionen -->]
<option lang="en" value="139">yellowgreen (#9ACD32)</option>
</select></p>
<p><input type="submit" value="Auswählen" /></p>
</form>
```

Listing 16-8   Auswahlliste für 140 Farben

Auswahllisten haben gegenüber Linklisten folgende Vorteile:

- Sie sind textbasiert und zumindest für serverseitige Image-Maps eine echte Alternative.
- Sie können mit der Tastatur gut bedient werden. Das Drücken der Anfangsbuchstaben führt direkt zum nächsten Eintrag, der mit diesem Buchstaben beginnt.
- Statt (wie in oben beschriebenem Fall) 140 einzelne Links darzustellen, wird nur ein Steuerelement in die Tab-Reihenfolge aufgenommen; die Navigation innerhalb der Liste geschieht nicht über die Tabulatortaste, sondern mit Pfeiltasten sowie den Zeichen »a« bis »z«.

Auswahllisten können aber auch nachteilig sein. So könnten beim Einsatz von Vergrößerungssystemen die angezeigten Einträge nicht in den Vergrößerungsausschnitt passen. Auch muss man sich dann fragen, ob eine clientseitige Image-Map oder eine Auswahlliste die bessere Alternative ist: Wäre die Image-Map eine serverseitige Image-Map, dann wäre die Alternative mit einem Steuerelement eine gute Lösung. Bei clientseitigen Image-Maps kann die Image-Map jedoch auch anders optimiert werden.

16.2.5.2   Integrierte Linklisten in Image-Maps

Das folgende Beispiel zeigt eine clientseitige Image-Map mit vier Links.

```
<map id="wohin" name="wohin">
    <area href="#" shape="rect" coords="183,3,269,62" title="der hohe Norden
ist nur einen Tastendruck entfernt" alt="Norden" />
    <area href="#" shape="rect" coords="0,179,56,255" title="Hier ist kein
wilder Westen zu erwarten" alt="Westen" />
    <area href="#" shape="rect" coords="181,371,246,428" title="Ab in den
Süden" alt="Süden" />
    <area href="#" shape="rect" coords="366,176,442,257" title="Mit Vollgas
in den Osten" alt="Osten" />
</map>
<p>
    <img src="lib/img/kompass.png" width="445" height="430" alt="klassischer
Kompass" usemap="#wohin" />
</p>
```

Listing 16-9   Image-Map mit vier aktiven Regionen

In den AREA-Elementen werden die Koordinaten der Grafik bestimmt, die als Link funktionieren. Gelegentlich werden Image-Maps mit einer zusätzlichen Linkliste neben der Grafik ergänzt, die aber zu Verdoppelung der Links führt. Alternativ bietet sich das OBJECT-Element an. Damit können redundante Textlinks für Image-Maps als Alternativtext in das Objekt platziert und somit zusätzliche Textlinks vermieden werden. Die redundanten Textlinks werden in das OBJECT-Element integriert für den Fall, dass Grafiken nicht angezeigt werden können. Gleichzeitig werden die Links dazu verwendet, die aktiven Regionen der Image-Map zu definieren.

```
<object data="lib/img/kompass.gif" type="image/gif" width="490"
height="470" usemap="#wohin">
    <h2>Klassischer Kompass</h2>
    <map id="wohin" name="wohin">
        <ul>
        <li><a href="index.html" shape="rect" coords="183,3,269,62"
title="der hohe Norden ist nur einen Tastendruck entfernt">Norden</a></li>
        <li><a href="index.html" shape="rect" coords="0,179,56,255"
title="Hier ist kein wilder Westen zu erwarten">Westen</a></li>
        <li><a href="index.html" shape="rect" coords="181,371,246,428"
title="Ab in den Süden">Süden</a></li>
        <li><a href="index.html" shape="rect" coords="366,176,442,257"
title="Mit Vollgas in den Osten">Osten</a></li>
        </ul>
    </map>
</object>
```

Listing 16-10   Image-Map als OBJECT

Dieses Beispiel weicht insofern von anderen Image-Maps ab, als die verweis-sensitiven Bereiche der Grafik mit A- statt AREA-Elementen definiert werden. Ansonsten ist das OBJECT-Element mit strukturiertem Alternativtext und inte-griertem MAP-Element nur eine Alternative.

16.3   Erhaltung von Rolle, Name und Status

Während bei statischen HTML-Seiten die Rolle eines Links oder eines Steuerele-ments durch den Einsatz von standardisiertem HTML sichergestellt werden kann, können die Rollen einzelner Elemente beim Einsatz von JavaScript verlo-ren gehen. Können Rollen nicht korrekt übertragen werden, entstehen meist Probleme bei der Tastaturbedienung und der Arbeit mit Hilfsmitteln.

Für Links und Steuerelemente wird die Tastaturbedienung durch das A-Ele-ment sowie die diversen Elemente für Steuerelemente insofern sichergestellt, als der Browser diese Elemente fokussierbar macht. Bei standardisiertem HTML werden weitere Eigenschaften an die auslesende Software übermittelt, etwa der Status eines Kontrollkästchens oder ob ein Link bereits besucht wurde oder nicht. In Kapitel 15 sind wir ausführlich auf diese Aspekte in Zusammenhang mit Steuerelementen eingegangen. Worauf es bei Links ankommt, wurde ebenfalls ausführlich in Abschnitt 7.1 ab Seite 229 diskutiert. Im Folgenden geht es vor allem um ergänzende Techniken zur HTML-Basistechnik.

Mit JavaScript können beliebige HTML-Elemente interaktiv gestaltet wer-den. So können SPAN-Elemente als Links oder komplexe Steuerelemente die-nen. Damit vor allem Tastaturnutzer solche Elemente bedienen können, sollten fokussierbare HTML-Elemente eingesetzt werden. Die Alternative, solche Steu-erelemente mit kombiniertem Einsatz von zusätzlichen Event-Handlern und tabindex-Attributen zu ergänzen, kann ein Steuerelement mit der Tastatur bedi-enbar machen, aber die Rolle von Links und Steuerelementen und – damit ein-hergehend – der Status eines bestimmten Elements wird dadurch nicht an Browser und Hilfsmittel übermittelt.

Sogenannte Rich Internet Applications (RIA) werden seit etwa 2005 stärker im Web eingesetzt. Dabei handelt es sich um Webanwendungen mit Funktio-nen, die denen einer Desktop-Anwendung ähneln und meist client- und server-seitige Skripte kombinieren. Aber weder HTML noch andere Auszeichnungs-sprachen des Web verfügen über genügend unterschiedliche Elemente und Attribute, um die bekannten Objekte einer Desktop-Anwendung abzubilden, seien es sortierbare Tabellen, Drag & Drop-Funktionen oder Farbauswähler. Webentwickler haben zahlreiche Lösungen entwickelt, durch die diese Objekte mit JavaScript, CSS und rudimentärem HTML emuliert werden. Wenn aber z.B. ein einfaches DIV-Element zu einem Fortschrittsbalken umgewandelt wird, dann gibt es keine Möglichkeit, dieses Steuerelement in HTML abzubilden oder auf eine zugängliche Weise an die Hilfsmittel zu übermitteln.

Mit den fortgeschritteneren Funktionen dynamischer Anwendungen geht eine geringere Nutzbarkeit mit der Tastatur und besonders mit Screenreadern einher. Da Steuerelemente emuliert werden, müssen Rolle und Status der Elemente zusätzlich programmiert werden. JavaScript, insbesondere für komplexe Webanwendungen, muss also vielfältige Anforderungen erfüllen:

▓ Bevor JavaScript zum Einsatz kommt, sollte eine funktionierende HTML-Seite stehen. Dies entspricht nicht nur dem Prinzip des »Progressive Enhancement« (vgl. Abschnitt 6.1 ab S. 197), es fördert auch die Tastaturbedienung.

▓ Alle Event-Handler müssen sowohl mit der Maus als auch mit der Tastatur ausgelöst werden können. Oft müssen Event-Handler-Pärchen verwendet werden, wie etwa onmouseover für den Mauszeiger und onfocus für die Tastatur.

▓ Um die Nutzbarkeit von JavaScript-Funktionen und -Anwendungen insbesondere mit Screenreadern sicherzustellen, sollten beim Einsatz von JavaScript Methoden des DOM-Scriptings verwendet werden.

▓ Kontextänderungen, die den Tastaturfokus betreffen, sind zu vermeiden.

▓ Gerade weil mit JavaScript vieles möglich ist, was mit HTML-Elementen und -Attributen nicht abgebildet werden kann, werden Accessible Rich Internet Applications (ARIA) bedeutender – auch wenn diese Technik noch nicht standardisiert ist – und sollten bei Bedarf eingesetzt werden.

16.3.1   Standardisierte HTML-Elemente

Die standardisierten HTML-Elemente für Links und Steuerelemente sind grundsätzlich mit der Tastatur bedienbar. Insbesondere der korrekte Einsatz der zugehörigen Attribute ist wichtig, damit die Elemente von Hilfsmitteln identifiziert und mit der Tabulatortaste fokussiert werden können.

Es geht aber um mehr als tastaturbedienbare Links und Steuerelemente: Steuerelemente verfügen über konkrete Rollen (z. B. kann ein INPUT-Element die Rolle eines Kontrollkästchens haben) und können in verschiedenen Status auftreten (ein Kontrollkästchen kann z. B. »aktiviert« oder »nicht aktiviert« sein). Ein wichtiger Aspekt ist zudem der Name bzw. die Beschriftung. Diese technischen Aspekte sind vor allem für Screenreader, Vergrößerungssysteme und Spracherkennungssoftware wichtig.

Mit standardisierten HTML-Elementen für Links und Steuerelemente wird eine Reihe von Eigenschaften an die auslesende Software übertragen, die es dem Browser oder einem Hilfsmittel erlaubt, entsprechende Funktionalität bereitzustellen. Wenn aber Elemente der Benutzungsschnittstelle nicht wie üblich eingesetzt werden, z. B. eine verlinkte Grafik als Kontrollkästchen dient, dann muss ein Mehraufwand in der Programmierung geleistet werden, damit Rolle, Status und Zustand an die auslesende Software übertragen werden können.

Auch wenn es zahlreiche Möglichkeiten gibt, Seiteninhalte anklickbar zu machen und wie einen Link aussehen zu lassen: Ein Link ist nur dann ein Link, wenn seine Rolle durch das A-Element in Verbindung mit dem href-Attribut determiniert werden kann. Ein Link

```
<a href="seite.html">Linktext</a>
```

erhält seine Rolle durch das öffnende A in Verbindung mit dem href-Attribut. Der Name bzw. die Beschriftung des Links ist der Inhalt des A-Elements, also »Linktext«, und der Wert des Links ist der Inhalt des href-Attributs. Der Status hängt vom Nutzerverhalten ab: Tabbt der Nutzer zu diesem Link, dann ist er fokussiert, und wenn die Eingabetaste oder ein Mausklick auf den Link ausgelöst wird, dann ist der Link (kurzzeitig) aktiv.

Wenn statt eines Textes eine Grafik verlinkt ist:

```
<a href="seite.html"><img src="bild.jpg" alt="Alternativtext" /></a>
```

so ist der Name des Links der Alternativtext der Grafik. Wären Text und Bild zusammen verlinkt, so würde sich der Name des Links aus dem Linktext und dem Alternativtext zusammensetzen.

Die Rollen und Namen für Steuerelemente wurden in Tabelle 15–1 auf Seite 570 bzw. in Tabelle 15–2 auf Seite 574 vorgestellt. Das type-Attribut für INPUT-Elemente hat beispielsweise für die Rolle eines Steuerelements eine besondere Bedeutung – es bestimmt, ob ein Browser das INPUT-Element als Kontrollkästchen, Auswahlschalter oder Eingabefeld identifiziert. Die Namen bzw. Beschriftungen von Steuerelementen werden in der Regel über das LABEL-Element bestimmt.

Eine besonders wichtige Statusinformation bei Links und Steuerelementen ist, ob sie fokussiert sind. Weitere Statusinformationen sind z.B., ob ein Eingabefeld Inhalt hat, eine Option auf einer Auswahlliste ausgewählt oder ein Auswahlschalter aktiviert ist. Solche Statusinformationen werden mit standardkonformem HTML an die auslesende Software übertragen. Da, wo die HTML-Spezifikation Elemente zur Vermittlung von Rollen, Status und Zuständen zur Verfügung stellt, sollten sie auch eingesetzt werden. Dies gilt selbstverständlich auch für dynamische Anwendungen.

16.3.2   Event-Handler

Event-Handler sind das Bindeglied zwischen HTML und JavaScript. Sie sind für das DOM festgelegte Ereignisse, die es erlauben, JavaScript-Funktionen dynamisch auszulösen, ohne dass die HTML-Seite neu aufgerufen werden muss. Event-Handler wurden in vom W3C im Jahr 2000 veröffentlichten Webstandard DOM Level 2 beschrieben, finden sich aber auch als Attribute in der HTML-Spezifikation.

Beim Einsatz von Event-Handlern geht es darum, die Geräteunabhängigkeit sicherzustellen. Ereignisse müssen sowohl mit einem Mauszeiger als auch mit der Tastatur ausgelöst werden können. Dabei gibt es zwei Strategien:

1. Neben dem mausabhängigen Event-Handler wird ein zusätzlicher tastaturabhängiger Event-Handler eingesetzt.
2. Es werden geräteunabhängige Event-Handler verwendet.

16.3.2.1   Wichtige Event-Handler

Es gibt eine große Zahl an Event-Handlern. Wir stellen im Folgenden solche vor, die aufgrund ihrer Geräte(un)abhängigkeit verwendet bzw. nicht verwendet werden sollen.

Die Event-Handler werden unterschieden nach Maus- und Tastaturereignissen sowie logischen Ereignissen. Die Tabellen 16–2, 16–3 und 16–4 zeigen jeweils das entsprechende HTML-Attribut für ein Ereignis, d.h., für »click« wird das HTML-Attribut onclick aufgeführt.

HTML-Attribut	Beschreibung
onclick	Das »click«-Ereignis wird durch Mausklick auf ein HTML-Element ausgelöst.
ondblclick	Das »dblclick«-Ereignis wird durch doppelten Mausklick auf ein HTML-Element ausgelöst.
onmousedown	Das »mousedown«-Ereignis wird ausgelöst, wenn die Klick-Taste einer Maus über einem HTML-Element gedrückt wird.
onmouseup	Das »mouseup«-Ereignis wird ausgelöst, wenn die gedrückte Taste einer Maus über einem HTML-Element losgelassen wird.
onmouseover	Das »mouseover«-Ereignis wird ausgelöst, wenn der Mauszeiger über einem HTML-Element gehalten wird.
onmousemove	Das »mousemove«-Ereignis wird ausgelöst, wenn der Mauszeiger über ein HTML-Element bewegt wird.
onmouseout	Das »mouseout«-Ereignis wird ausgelöst, wenn der Mauszeiger von einem HTML-Element wegbewegt wird.

Tab. 16-2   Mausabhängige Event-Handler in HTML

Die mausabhängigen Attribute können auf die meisten Elemente angewandt werden. Im Gegensatz dazu werden tastaturabhängige Ereignisse teilweise nur bei bestimmten Elementen ausgelöst.

HTML-Attribut	Beschreibung
onfocus	Das »focus«-Ereignis wird ausgelöst, wenn ein Element den Fokus entweder durch ein Zeigegerät oder durch die Navigation mit der Tab-Reihenfolge erhält. Das onfocus-Attribut kann im Allgemeinen für A-, AREA-, BUTTON-, INPUT-, LABEL-, SELECT- und TEXTAREA-Elemente verwendet werden.
onblur	Das »blur«-Ereignis wird ausgelöst, wenn ein Element den Fokus wieder verliert. Das onblur-Attribut kann für die gleichen Elemente wie das onfocus-Attribut verwendet werden.
onkeypress	Das »keypress«-Ereignis wird ausgelöst, wenn bei einem HTML-Element eine Taste gedrückt und wieder losgelassen wird. Dieses Attribut kann mit den meisten Elementen verwendet werden.
onkeydown	Das »keydown«-Ereignis wird ausgelöst, wenn bei einem HTML-Element eine Taste gedrückt wird. Dieses Attribut kann mit den meisten Elementen verwendet werden.
onkeyup	Das »keyup«-Ereignis wird ausgelöst, wenn bei einem HTML-Element eine Taste losgelassen wird. Dieses Attribut kann mit den meisten Elementen verwendet werden.

Tab. 16-3   Tastaturabhängige Event-Handler in HTML

Neben den maus- und tastaturabhängigen Event-Handlern gibt es logische Event-Handler, die nur für Formulare einsetzbar sind.

HTML-Attribut	Beschreibung
onsubmit	Das »submit«-Ereignis wird ausgelöst, wenn ein Formular abgeschickt wird. Dieses Attribut ist nur auf das FORM-Element anwendbar.
onreset	Das »reset«-Ereignis wird ausgelöst, wenn ein Formular zurückgesetzt wird. Dieses Attribut ist nur auf das FORM-Element anwendbar.
onselect	Das »select«-Ereignis wird ausgelöst, wenn der Nutzer einen Text markiert. Dieses Attribut ist nur auf INPUT- und TEXTAREA-Elemente anwendbar.
onchange	Das »change«-Ereignis wird dann ausgelöst, wenn ein Steuerelement den Fokus verliert und sein Wert sich seit dem Fokussieren geändert hat. Dieses Attribut ist auf INPUT-, SELECT- und TEXTAREA-Elemente anwendbar.

Tab. 16-4   Logische Event-Handler in HTML

Über diese Grundtypen hinaus gibt es eine ganze Reihe speziellerer Event-Handler, etwa Ereignisse zur Überwachung des DOM, die »touch«-Ereignisse für iPhone oder Android OS, die Microsoft-spezifischen Event-Handler für die Zwischenablage oder die Mozilla-spezifischen Event-Handler für XUL-Elemente.

16.3.2.2   Geräteunabhängiger Einsatz von Event-Handlern

Mit Event-Handlern werden clientseitige Skripte ausgelöst. Wenn ein bestimmtes Ereignis eintritt (»focus«, »click«...), dann können JavaScript-Funktionen in Abhängigkeit vom Nutzerverhalten aufgerufen werden.

Speziell bei Links müssen Event-Handler immer paarweise eingesetzt werden, damit die verknüpften Funktionen sowohl mit einem Zeigegerät als auch über eine Tastaturschnittstelle ausgelöst werden. Eine Ausnahme ist der onclick-Event-Handler: Bei Links und Formularen wird onclick auch durch Betätigen der Eingabetaste oder der Leertaste ausgelöst.

Einige mausabhängige Event-Handler wie ondblclick oder onmousemove können nicht mit der Tastatur »nachgeahmt« werden. Wenn Sie auf diese Event-Handler nicht verzichten können oder wollen, dann müssen Sie für die Tastaturbedienung eine alternative Benutzungsschnittstelle entwerfen und programmieren.

Für die weiteren mausabhängigen Event-Handler müssen Pärchen mit tastaturabhängigen Event-Handlern gebildet werden:

- onmousedown und onkeydown
- onmouseup und onkeyup
- onmouseover und onfocus
- onmouseout und onblur

Die Event-Handler-Pärchen erfüllen jeweils nicht denselben Zweck; es handelt sich vielmehr um eine Annäherung. Jede Funktion, die mit dem Mauszeiger aufgerufen wird, muss auch mit der Tastatur aufgerufen werden können:

```
<script type="text/javascript">
function hervorheben (){
  document.getElementById('link').style.fontWeight = 'bold';
  document.getElementById('link').style.color = 'red';
}
function zuruecksetzen (){
  document.getElementById('link').style.fontWeight = 'normal';
  document.getElementById('link').style.color = '';
}
</script>
<p><a id="link" href="#" onmouseover="hervorheben();"
onmouseout="zuruecksetzen();" onfocus="hervorheben();"
onblur="zuruecksetzen();">Linktext</a></p>
```

Listing 16-11   Event-Handler-Pärchen im Einsatz

Die JavaScript-Funktion »hervorheben« wird in diesem Beispiel aufgerufen, wenn der Mauszeiger über dem Link steht und der Tastaturfokus auf dem Link liegt. Ebenso muss die Funktion »zuruecksetzen« sowohl für die Tastaturnavigation als auch für den Mauszeiger berücksichtigt werden.

Für das Event `onclick` bedarf es bei Links und Formularen keines speziellen Event-Handlers für die Tastatur. Denkbar wäre zwar `onkeypress`, aber `onkeypress` reagiert auf jeden Tastendruck, auch den der Tabulatortaste, was sicher nicht zum gewünschten Ergebnis führt. In einer JavaScript-Funktion muss also sichergestellt werden, dass bei `onkeypress` nur Tasten angenommen werden, die mit dem Mausklick vergleichbar sind. In Listing 16-12 sehen Sie, wie bei einem Tastendruck geprüft werden kann, ob es sich um die Leertaste oder Eingabetaste handelt, bevor weitere Befehle ausgeführt werden.

```
function meineFunktion() {
  if (event && event . type == 'keypress') {
    if (event . keyCode) {tastenCode = event.keyCode;} /* IE */
    else if (event . which) {tastenCode = event . which;} /* Moz, Saf, Op */
    if (tastenCode != 13 && tastenCode != 32) {return true;}
  }
  /* weitere Befehle, wenn Leertaste oder Eingabetaste gedrückt wurde */
}
```

Listing 16-12   Durchlassen nur bestimmter Tastencodes bei `onkeypress`

16.3.2.3   Vorsicht mit logischen Event-Handlern

Grundsätzlich sind die logischen Event-Handler in Tabelle 16-4 auf Seite 622 geräteunabhängig; es müssen keine Pärchen gebildet werden. Dennoch ist die Geräteunabhängigkeit logischer Event-Handler kein Freischein.

Wenn Event-Handler eine Kontextänderung bewirken, muss dies angekündigt werden. Änderungen des Kontextes entstehen beispielsweise, wenn der Tastaturfokus unerwartet geändert wird, eine neue Seite ohne ausdrücklichen Aufruf eines Links geladen wird oder durch Nutzeraktionen Inhalte unangekündigt ausgetauscht werden. Wenn durch eine Auswahl oder Texteingabe Inhalte ausgetauscht werden, ist nicht jedem Nutzer bewusst, dass sich etwas geändert hat. Wenn hingegen die Änderungen nach Drücken der Leertaste oder Eingabetaste stattfinden, dann handelt es sich nicht um eine Kontextänderung i. S. d.. der WCAG20, denn durch Drücken der Eingabetaste in einem Formular oder bei einem Link muss der Nutzer erwarten, dass eine neue Seite oder neuer Inhalt aufgerufen wird.

Im Idealfall hat jedes Formular eine Schaltfläche zum Senden der Formularinhalte bzw. zur Bestätigung der Eingabe. Damit kann sichergestellt werden, dass Tastaturnutzer mit der Eingabe oder Auswahl tatsächlich fertig und bereit sind, das Formular abzuschicken. Für Tastaturnutzer ist es üblich, die Eingabe oder Auswahl mit der Eingabetaste zu bestätigen; Schaltflächen werden dabei mit der Eingabe- oder Leertaste und nicht etwa mit der Tabulatortaste aktiviert.

Aufgrund der Probleme mit Event-Handlern sollten Zugänglichkeit und Nutzbarkeit immer ohne Mauszeiger geprüft werden, bevor eine dynamische Anwendung online geht.

Ankündigen von Kontextänderungen

Wenn Event-Handler für dynamische Kontextänderungen verwendet werden, dann muss der Nutzer diese Änderung antizipieren können. Für sehbehinderte und blinde Nutzer kann eine Änderung von Seiteninhalten schwer zu erfassen sein, wenn nicht klar wird, dass Inhalte ausgetauscht oder hinzugefügt wurden. Wenn z. B. in einem Formular abgefragt wird, ob sich der Nutzer bereits registriert hat, und abhängig von der Auswahl weitere Steuerelemente eingeblendet werden, ist die dynamische inhaltliche Änderung nicht unbedingt offensichtlich; der Fokus eines Vergrößerungssystems oder eines Screenreaders müsste zu den neuen Inhalten »entführt« werden, was keine gute Idee ist (der »Fokusklau« ist ebenfalls eine Kontextänderung!). Auch für andere Nutzer kann ein Wechsel der Inhalte ohne Ankündigung verwirrend sein.

Mit Texthinweisen kann auf eine mögliche bevorstehende Kontextänderung hingewiesen werden. Im einfachsten Fall könnte ein solcher Hinweis so aussehen:

```
<form action=#" method="get">
<fieldset>
<legend>Sind sie bei uns bereits registriert?</legend>
<p>Wenn Sie bei uns bereits registriert sind, müssen Sie anschließend
Benutzername und Passwort eingeben. Wenn Sie noch nicht bei uns registriert
sind, müssen Sie einmalig die Registrierung vornehmen. Wenn Sie sich schon mal
registriert haben, aber Ihr Passwort vergessen haben, können Sie sich ein neues
Passwort per E-Mail zuschicken lassen.</p>
<p><label for="auswahl">Was möchten Sie tun?</label>
<select name="auswahl" id="auswahl" onchange="meine_funktion();">
 <option value="anmelden">Anmelden</option>
 <option value="registrieren">Erstmalig registrieren</option>
 <option value="passwort">Neues Passwort erzeugen</option>
</select></p>
</fieldset>
</form>
```

Listing 16-13   Ankündigung einer Kontextänderung bei einer Auswahlliste

Dabei kommt es auf die Ankündigung an. Während es hier vielleicht sogar offensichtlich ist, was nach der Auswahl einer Option passieren wird, ist eine Ankündigung umso wichtiger, je mehr Seiteninhalte ausgetauscht werden. Wenn eine Seite in verschiedenen Sprachen verfasst ist und eine Abfrage darauf abzielt, die Sprache zu ändern, dann ist die Kontextänderung nicht mehr trivial.

Tastaturbedienung von Auswahllisten mit onchange

Wenn Auswahllisten zu einem »Quick Launcher« (vgl. Abschnitt »Quick Launcher« ab S. 281) zusammengefasst werden, können weitere unerwartete Ergebnisse für Tastaturnutzer eintreten. Mausnutzer können ein Thema auswählen und bei einem Mausklick wird die zugehörige Seite sofort aufgerufen. Auch wenn solche Auswahllisten standardkonform mit dem onchange-Event-Handler umgesetzt werden, gibt es dennoch ein praktisches Problem. So erscheint der Code in Listing 16-14 auf den ersten Blick unproblematisch.

```html
<script type="text/javascript">
    function seitenaufruf(formObj) {
        window.location.href = formObj.options[formObj.selectedIndex].value;
    }
</script>
<form action="#">
    <p>
        <label for="auswahl">Seite auswählen:</label>

        <select id="auswahl" name="auswahl" onchange="seitenaufruf(this)">
            <option>-- Bitte auswählen --</option>
            <option value="seite-1.html">Seite 1</option>
            <option value="seite-2.html">Seite 2</option>
            <option value="seite-3.html">Seite 3</option>
        </select>
    </p>
</form>
```

Listing 16-14   Standardkonformer Einsatz von onchange in einer Auswahlliste

Navigiert jedoch ein Opera- oder Internet-Explorer-Nutzer mit den Pfeiltasten durch die Einträge, wird bei Veränderung des Fokus von einem zum anderen Eintrag der Event-Handler ausgelöst, sodass er bereits bei Fokussierung des ersten Eintrags zur zugehörigen Seite geleitet wird. Tastaturnutzer können den letzten Eintrag meist nur erreichen, indem die erste Seite aufgerufen wird, dann die Zurück-Funktion des Browsers betätigt wird, dann die zweite aufgerufen wird und erneut die Zurück-Funktion betätigt wird und schließlich der dritte Eintrag gewählt wird. Das Problem liegt in der Bedienung von Auswahllisten: Um die Auswahlliste zu bedienen, ohne den onchange-Event-Handler auszulösen, muss die Auswahlliste in diesen Browsern mit *Alt+Pfeil nach unten* geöffnet werden.

Eine Lösung ist meist nur der Verzicht auf onchange für SELECT-Elemente. Es können aber Workarounds programmiert werden, die verhindern, dass bei Drücken der Pfeiltasten eine Aktion ausgelöst wird (vgl. Listing 16-12, wo zuerst geprüft wird, ob die Eingabe- oder Leertaste gedrückt worden ist).

H32
H84

Um den Anforderungen des »Progressive Enhancement« zu genügen, kommt man um eine Schaltfläche für Formulare nicht herum. Bei SELECT-Elementen sollten Schaltflächen immer statt onchange-Event-Handlern eingesetzt werden.

Ein weiteres Beispiel für eine Kontextänderung in Verbindung mit Auswahllisten sind voneinander abhängige Auswahllisten. Die in Listing 15-34 auf Seite 588 vorgestellte Auswahlliste mit den OPTGROUP-Elementen könnte auch als zwei einzelne Auswahllisten umgesetzt werden:

Wählen Sie zuerst ein Kontinent aus	Europa ▼

Wählen Sie jetzt ein Land aus	-- bitte auswählen -- ▼
	-- bitte auswählen --
	Frankreich
	Italien
	Spanien

Abb. 16-5   Zwei voneinander abhängige Auswahllisten

Wird in der ersten Auswahlliste ein Kontinent ausgewählt, werden in der zweiten Auswahlliste nur die Länder angezeigt, die im ausgewählten Kontinent liegen. Das HTML-Grundgerüst muss dafür nicht groß geändert werden:

```
<form action="#" method="get">
 <p><label for="ziel">Wählen Sie Ihr Reiseziel aus:</label>
 <select name="ziel" id="ziel">
   <optgroup label="Europa">
   <option>Frankreich</option>
   <option>Italien</option>
   <option>Spanien</option>
   </optgroup>
   <optgroup label="Asien">
   <option>Japan</option>
   <option>Malediven</option>
   <option>Thailand</option>
   </optgroup>
 </select></p>
</form>
```

Listing 16-15   Auswahlliste mit einer Unterteilung durch OPTGROUP

Im HTML ist das Listing nur eine Auswahlliste, in der einzelne Listeneinträge über OPTGROUP gruppiert werden. Das ist im Sinne des »Progressive Enhancement« notwendig. Mit JavaScript können nun die Haupteinträge und die zugehörigen Unterpunkte getrennt erfasst und in zwei Auswahllisten angeboten werden. Dabei muss die ursprüngliche Beschriftung angepasst werden (vgl. Listing 16-16).[4]

---

4. Zu Darstellungszwecken werden im HTML in Listing 16-15 Zeilenumbrüche und Einzüge berücksichtigt. In der Praxis führt dies bei Verwendung von childNode zu Problemen, weil Browser wie Firefox Zeilenumbrüche und Leerzeichen zwischen HTML-Elementen als Knoten identifizieren und andere Browser wie Internet Explorer nicht. Um gleiche Ergebnisse bei der Verwendung von childNode zu erzielen, muss in diesem Beispiel auf Zeilenumbrüche und Leerzeichen zwischen HTML-Elementen verzichtet werden.

```
var auswahl1 = document.createElement('p');
/* Man könnte auf die Klasse verzichten */
auswahl1.className = 'kasten';

auswahl2 = auswahl1.cloneNode(true);

var label1 = document.createElement('label');
var label2 = document.createElement('label');

label1For = document.createAttribute('for');
label1For.value = 'kontinent';
label1.setAttributeNode(label1For);

label2For = document.createAttribute('for');
label2For.value = 'land';
label2.setAttributeNode(label2For);

var text1 = document.createTextNode('Wählen Sie zuerst ein Kontinent aus');
label1.appendChild(text1);

var text2 = document.createTextNode('Wählen Sie jetzt ein Land aus');
label2.appendChild(text2);

var select1 = document.createElement('select');

var ersteOption1 = new Option('-- bitte auswählen --');
select1.add(ersteOption1, select1.options[select1.options.length]);

select2 = select1.cloneNode(true);

select1Name = document.createAttribute('name');
select1Name.value = 'kontinent';
select1.setAttributeNode(select1Name);
select1.onchange = function() {einblenden(this.value); }

select2Name = document.createAttribute('name');
select2Name.value = 'land';
select2.setAttributeNode(select2Name);

select1.id = 'kontinent';
select2.id = 'land';

var select_array = document.getElementsByTagName("select");
var optgroup_array = select_array[0].getElementsByTagName("optgroup");
var laender = new Array();
for ( var i = 0; i < optgroup_array.length; ++i) {
 optionKontinent = new Option(optgroup_array[i].getAttribute('label'));
 optionKontinentValue = document.createAttribute('value');
 optionKontinentValue.value = i;
 optionKontinent.setAttributeNode(optionKontinentValue );
 select1.add(optionKontinent, select1.options[select1.options.length]);
 var option_array = optgroup_array[i].getElementsByTagName("option");
 laender[i] = select2.cloneNode(true);
```

```
for ( var j = 0; j < option_array.length; ++j) {
  optionLand = new Option(option_array[j].firstChild.data);
  laender[i].add(optionLand, laender[i].options[laender[i].options.length]);
  }
}

auswahl1.appendChild(label1);
auswahl1.appendChild(select1);

var formular = document.getElementsByTagName('form')[0];
formular.removeChild(formular.firstChild);
formular.appendChild(auswahl1);

auswahl2.appendChild(label2);

function einblenden(wert) {
  if (formular.childNodes[1]) {formular.removeChild(formular.childNodes[1]);}
  if ((wert == "0") || (wert == "1")) {;
    if (auswahl2.childNodes[1]) {auswahl2.removeChild(auswahl2.childNodes[1]);}
    auswahl2.appendChild(laender[wert]);
    formular.appendChild(auswahl2);
  }
}
```

Listing 16-16   JavaScript zur Darstellung zweier voneinander abhängiger Auswahllisten

In diesen JavaScript-Zeilen werden zunächst die erforderlichen Bausteine für die zwei Auswahllisten per DOM-Skripting generiert. Diese sind zwei umschließende Absätze, zwei neue Beschriftungen (LABEL-Elemente) und zwei Auswahllisten, die beide vorerst nur eine Option »Bitte auswählen« enthalten. Die erste Auswahlliste erhält eine Funktion, die bei Veränderung der Auswahl mit dem onchange-Event-Handler ausgelöst wird. Danach wird die bereits vorhandene, mit OPTGROUP unterteilte Auswahlliste durchwandert: Aus den label-Attributen der OPTGROUP-Elemente werden die Optionen für die erste Auswahlliste erzeugt; aus den jeweils verschachtelten OPTION-Elementen werden Arrays für die einzelnen Kontinente erzeugt. Danach wird der neue erste Knoten als Absatz mit Beschriftung und Auswahlliste erzeugt und der neue Knoten ersetzt den ursprünglichen Absatz. Die zweite Auswahlliste wird per Funktion eingeblendet und zwar dann, wenn in der ersten Auswahlliste der entsprechende Kontinent ausgewählt wurde.

Vorbeitabben muss möglich sein

Event-Handler können auch dann problematisch werden, wenn sie zum automatischen Abschicken eines Formulars eingesetzt werden, nachdem Nutzer (vermeintlich) die Eingabe vervollständigt haben. Wenn z.B. ein Eingabefeld mit einem onchange-Event-Handler so umgesetzt wird, dann ist die Seite wahrscheinlich nicht mehr nutzbar.

```
<form action="weiter.php" method="post" id="check1n">
  <p>
    <label for="kundennummer">Geben Sie Ihre achtstellige Kundennummer
ein, um fortzufahren:</label>
    <input type="text" size="8" maxlength="8" name="kdnr"
id="kundennummer" onchange="document.forms[0].submit();" />
  </p>
</form>
```

Listing 16-17   Problematisches Eingabefeld mit onchange

Dass ein Formular gesendet werden kann, wenn ein Nutzer das Feld mit der Tabulatortaste oder einem Mausklick verlässt, setzt voraus, dass das Formular vollständig ausgefüllt wurde. Möglicherweise will ein Tastaturnutzer aber an diesem Steuerelement einfach »vorbeitabben«, selbst wenn schon ein Text eingegeben wurde.

Worauf Sie auf jeden Fall verzichten sollten, sind Funktionen, die nur durch das bloße Fokussieren eines Elements ausgelöst werden. Tastaturnutzer müssen oft eine Seite mit der Tabulatortaste »durchwandern«, um ein bestimmtes Ziel zu erreichen. Wenn Links und Steuerelemente ein onfocus-Attribut haben, dann dürfen keine Kontextänderungen ausgelöst werden. Es sollte auf onclick-Event-Handler zurückgegriffen werden.

Die Kontextänderung ist nicht gleichzusetzen mit einer Änderung des Inhalts. Wenn durch Nutzeraktionen Seiteninhalte hinzugefügt werden, etwa indem eine Schaltfläche fokussiert und eine Warnmeldung für inkorrekt ausgefüllte Eingabefelder ausgegeben wird, dann wurde zwar der Inhalt ergänzt, aber nicht der Kontext verändert. Kontextänderung meint, dass die Bedeutung der Inhalte geändert wird. Wenn nach Verlassen eines Eingabefeldes automatisch zur nächsten Seite weitergeleitet wird, dann handelt es sich um eine Änderung des Kontexts. Wenn hingegen ein Eingabefeld verlassen, mittels eines Skripts ungültiger Inhalt festgestellt wird und eine Fehlermeldung in der Seite erscheint, dann handelt es sich um eine Ergänzung des Inhalts.

16.3.3 DOM-Scripting und »unobtrusive« JavaScript

Beim Einsatz von JavaScript ist stets davon auszugehen, dass eine Seite auch ohne aktiviertes JavaScript angezeigt werden und bedienbar sein sollte. Einführend wurde in Abschnitt 3.2.3 ab Seite 97 sowie Abschnitt 5.5.1 ab Seite 180 auf zwei grundlegende JavaScript-Techniken eingegangen. Mit »DOM-Scripting« werden Techniken eingesetzt, die Knoten direkt im DOM-Baum manipulieren. Mit »unobtrusive« (unaufdringlichem) JavaScript werden Techniken eingesetzt, die dem Prinzip des »Progressive Enhancement« genügen, indem sie nur dann zur Verfügung stehen, wenn JavaScript tatsächlich aktiviert ist.

Der richtige JavaScript-Einsatz füllt ganze Bücher, sodass wir »nur« auf die wichtigsten Aspekte eingehen. Eine ausführliche Einführung in unaufdringliches JavaScript mit Methoden des DOM finden Sie bei Christian Heilmann auf:

http://ichwill.net/

16.3.3.1   Kein Verlass auf JavaScript

Die Dynamik in JavaScript-Anwendungen führt in einigen wenigen Fällen zu technischen Problemen (vgl. Abschnitt 3.2.3.2 ab S. 100). Abgesehen davon geht es im Allgemeinen darum, JavaScript als getrennte Ebene einzusetzen und vom HTML- und CSS-Code zu lösen.

JavaScript kann verschiedene Probleme verursachen, wenn es als Teil des HTML-Codes ausgeliefert wird und Methoden des DOM nicht genutzt werden. Wenn z.B. ein »Link« wie nachstehend ausgezeichnet wird, kommen Tastaturnutzer nicht weiter.

```
<p><img onmousedown="weiter();" src="pfeil_rechts.gif" alt="Weiter" /></p>
```

Es kommt zu gleich drei Problemen:

1. Die Grafik ist nicht fokussierbar und kann mit der Tabulatortaste nicht erreicht werden. In Screenreadern erscheint außerdem kein Eintrag in der Linkliste.
2. Die Funktion, die aufgerufen werden soll, funktioniert nur bei aktiviertem JavaScript.[5]
3. Zum Weiterkommen benötigt man den Mauszeiger.

Die beiden ersten Probleme hängen zusammen: Es sollte ein A-Element eingesetzt werden, damit die Browser den Fokus auf das Element legen können. Dann erst sollte ein Event-Handler mit Methoden des DOM dem Link beigefügt werden. Dies entspricht der Vorgehensweise des »Progressive Enhancement« (vgl. Abschnitt 6.1 ab S. 197).

Das dritte Problem wird durch einen geräteunabhängigen Event-Handler gelöst. Dieses Thema wurde in Abschnitt 16.3.2 ab Seite 620 behandelt.

16.3.3.2   Methoden des DOM

Bei Methoden des DOM geht es darum, Seiteninhalte über den direkten Zugriff auf das DOM zu verändern. Sie sind vor allem gegenüber Techniken wie dem Ein- und Ausblenden von Inhalten vorzuziehen.

---

5. Zuverlässige Angaben über den Anteil der Nutzer, die in ihrem Browser kein JavaScript aktiviert haben, fanden wir bei unseren Recherchen nicht. Immer wieder tauchen aber Aussagen auf, dass 5 – 6 Prozent der Webnutzer keine JavaScript-Funktionalität haben; URL: *http://www.thecounter.com/stats/2008/July/javas.php* (Abruf 3.8.2010).

Es gibt viele Bereiche, in denen DOM-Scripting sinnvoll ist, meist in ausgereiften Webanwendungen. Ein kleines Beispiel ist die Vorbelegung eines Eingabefelds in einem Suchformular mit dem `value`-Attribut:

```
<p>label for="schnellsuche">Suche:</label>
<input name="suche" id="schnellsuche" type="text" value="Suchbegriffe
eingeben" /></p>
```

Listing 16-18   Vorbelegung eines Eingabefelds mit `value`

Wenn das Eingabefeld fokussiert wird und der Nutzer einen Suchbegriff eingeben will, muss er die Vorbelegung löschen. Das ist normalerweise zwar kein großes Problem, aber mit JavaScript kann das `value`-Attribut dem DOM hinzugefügt, bei Fokussierung des Eingabefelds entfernt und bei Verlassen des Eingabefelds, auch ohne dass Text eingegeben wurde, wieder eingefügt werden. Das `value`-Attribut sollte aus dem HTML entfernt werden, damit auch bei deaktiviertem JavaScript die Vorbelegung nicht gelöscht werden muss:

```
<p><label for="schnellsuche">Suche:</label>
<input name="suche" id="schnellsuche" type="text" /></p>
```

Listing 16-19   Verzicht auf die Vorbelegung eines Eingabefelds in HTML

Der JavaScript-Teil könnte so aussehen:

```
function suchboxVorbelegung() {
 meineVorbelegung = "Suchbegriff(e) eingeben";
 knoten = document.getElementById("schnellsuche");
 if (!knoten.value) {
    vorbelegung = document.createAttribute('value');
    vorbelegung.value = meineVorbelegung;
    knoten.setAttributeNode(vorbelegung);
 }
 knoten.onfocus = function() {
    if (knoten.value == meineVorbelegung) {knoten.value = "";}
 };;
 knoten.onblur = function() {
    if (knoten.value == "") {knoten.value = meineVorbelegung;}
 };
}
window.onload = function() {
 suchboxVorbelegung();
}
```

Listing 16-20   Vorbelegung eines Eingabefelds mit DOM-Skripting

Das Attribut wird mit der DOM-Methode `createAttribute` erzeugt und mit `setAttributeNode` dem INPUT-Element angehängt. Es gibt zahlreiche weitere Methoden zum Erzeugen von Element-, Attribut- und Textknoten, um Knoten im DOM einzufügen, zu verschieben oder zu entfernen und um zahlreiche andere Veränderungen vorzunehmen. Die wichtigsten Methoden und Eigenschaften des DOM sowie deren Browserkompatibilität finden Sie auf der Seite von Peter Paul Koch:

http://www.quirksmode.org/compatibility.html

Weitere Anregungen mit Verweisen finden Sie im Artikel von Gerrit van Aaken auf

http://www.webkrauts.de/2006/12/02/was-ist-dom-scripting/

16.3.3.3 Unaufdringliches JavaScript

Auch das Thema unaufdringliches JavaScript wurde bereits behandelt. Dem Grunde nach soll JavaScript robust gebaut werden, d.h., keine Fehler im Browser verursachen. Selbstverständlich sind Methoden des DOM einzusetzen und das Ergebnis muss geräteunabhängig sein. Im folgenden Beispiel werden Event-Handler aus dem HTML entfernt:

```
<a href="#" onmouseover="hervorheben();" onmouseout="zuruecksetzen();"
onfocus="hervorheben();" onblur="zuruecksetzen();">Linktext</a>
```

Damit die Event-Handler unaufdringlich dem Link zugewiesen werden können, muss er identifizierbar sein. Der Einfachheit halber erhält der Link eine ID:

```
<a href="#" id="beispiel">Linktext</a>
```

In einer JavaScript-Funktion können der Geräteunabhängigkeit halber die Funktionen nun als Event-Handler-Pärchen zugewiesen werden:

```
obj = document.getElementById('beispiel');
obj.onmouseover = obj.onfocus = function() {
  hervorheben('beispiel')
}
obj.onmouseout = obj.onblur = function() {
  zuruecksetzen('beispiel')
}
```

Listing 16-21   Unaufdringliche Zuweisung von geräteunabhängigen Event-Handlern

16.3.4 Lücken mit ARIA schließen

Nicht alle aus Desktop-Anwendungen bekannten Steuerelemente können mit HTML realisiert werden. Wie können Rolle, Status und Zustand eines Schiebereglers vermittelt werden? Was ist mit dem Zustand einzelner Knoten in einer ausklappbaren Baumstruktur oder wie wird der Fortschritt in einem Fortschrittsbalken an eine auslesende Software übermittelt? Wie können Drag & Drop-Funktionen einem Tastaturnutzer und insbesondere einem blinden Nutzer angeboten oder umfangreiche Funktionen von WYSIWYG-Editoren und Tabellenkalkulationen barrierefrei aufbereitet werden?

HTML stößt bei der Vielfalt an JavaScript-Steuerelementen eindeutig an seine Grenzen.[6] DOM-Scripting allein verschafft dabei keine Abhilfe in puncto

Barrierefreiheit, weil die Elementknoten im DOM auf HTML-Elemente und -Attribute zurückgreifen müssen.

G 10

Wenn Webentwickler fortgeschrittenere Steuerelemente einbauen wollen, dann müssen deren Name, Rolle und Status an die auslesende Software übermittelt werden. Manche Steuerelemente können durch die Einbettung von Objekten wie einem Flash-Player, einem Java-Applet oder einem ActiveX-Element zugänglichkeitsunterstützend in ein HTML-Dokument eingebunden werden. Während es Techniken gibt, die die Barrierefreiheit solcher Steuerelemente fördern, bieten HTML und JavaScript meist nur die Möglichkeit, einen Namen oder einen beschreibenden Text für komplexe Steuerelemente zu vergeben.

Mit ARIA kann die Lücke zwischen dem, was HTML bietet, und dem, was JavaScript leisten kann, deutlich verringert werden. Nicht nur für Tastaturnutzer, sondern insbesondere für Nutzer von Hilfsmitteln wie Screenreadern, Vergrößerungssystemen und Spracheingaben kann die fehlende Semantik dem DOM-Baum hinzugefügt werden. Mit ARIA können u.a. folgende Rollen und Zustände berücksichtigt werden:

- Rollen, die Steuerelemente beschreiben, die in HTML nicht existieren, etwa tree für eine Baumnavigation oder slider für einen Schieberegler
- Rollen, die die Seitenstruktur beschreiben (Orientierungspunkte)
- Eigenschaften, die Zustände von Steuerelementen beschreiben, etwa ob ein Eingabefeld ein Pflichtfeld ist oder wie weit ein Fortschrittsbalken fortgeschritten ist
- Eigenschaften, die Informationen und Steuerungsmöglichkeiten für »Live Regions« beschreiben, d.h., für Seitenbereiche, die regelmäßig aktualisiert werden
- Eigenschaften, die Quelle und Ziel bei Drag-and-drop-Funktionen beschreiben
- Erweiterung der möglichen Werte für tabindex entsprechend DOM Level 2

ARIA ergänzt bestehende Techniken und kann zusammen mit HTML, aber auch mit SVG oder anderen Auszeichnungssprachen eingesetzt werden. Allerdings dient ARIA primär der Zuweisung von Informationen für dynamische Inhalte. Obwohl es möglich und manchmal sogar sinnvoll ist, ARIA-Attribute im HTML einzubinden, sind die meisten Rollen und Eigenschaften erst interessant, wenn JavaScript-basierte, fortgeschrittene Steuerelemente geboten werden. Beispielsweise ist die tree-Rolle erst dann sinnvoll einsetzbar, wenn mit JavaScript eine Baumnavigation dynamisch auf- und zugeklappt werden kann.

Zur Demonstration der Ergänzung von HTML mit ARIA-Attributen ziehen wir an dieser Stelle Listing 15–21 auf Seite 580 heran. Wenn HTML-Steuerelemente mehrere Beschriftungen besitzen müssen, damit sie im Formularmodus

---

6. Vgl. W3C (2006), Dynamic Accessible Web Content, Editor's Draft, 5. April,
    URL: *http://www.w3.org/WAI/PF/roadmap/DHTMLRoadmap040506.html* (Abruf 1.9.2010).

eines Screenreaders verstanden werden, kann das aria-labelledby-Attribut eingesetzt werden:

```
<form action="#">
...
<p><label id="frage" for="wert2">Akzeptieren Sie die <a
href="#">Geschäftsbedingungen</a>?</label></p>
<p><input type="checkbox" name="agb" id="wert2" aria-labelledby="frage
antwort" />
 <label id="antwort" for="wert2">Ja, ich akzeptiere</label></p>
...
</form>
```

Listing 16-22   Formularbeschriftungen mit aria-labelledby-Attribut

Mit diesem Attribut können beliebige Texte mit dem Steuerelement verknüpft
werden. Theoretisch könnte jetzt auf LABEL verzichtet werden, allerdings ist das
LABEL-Element nicht nur für Nutzer von Hilfsmitteln sinnvoll. Außerdem wird das
aria-labelledby-Attribut nur von den modernsten Hilfsmitteln unterstützt.

Die Rollen und Zustände in ARIA sind nicht Teil der HTML-Spezifikation und
deshalb (noch) nicht valide.[7] Abgesehen davon, dass ARIA-Attribute eher als
Teil von clientseitigen Skripten und somit nicht Teil einer Dokumententypdefinition sind, ist die mit ARIA erreichbare Nutzbarkeit der Inhalte höher zu bewerten als ein formal valider Quellcode (vgl. Abschnitt 13.1 ab S. 519). Im Übrigen
ist der richtige Einsatz von ARIA noch stärker von den Inhalten und Funktionen
abhängig als bei HTML, sodass eine formale Validität von ARIA kaum Aussagen
über die Barrierefreiheit der damit gestalteten Webseite ermöglicht.

Während es in Listing 16-22 für das Beispiel mit dem aria-labelledby-Attribut eine Fallback-Lösung durch das label-Element in HTML gibt, existieren für
die meisten ARIA-Techniken keine vergleichbaren HTML-Techniken.

Wenn fortgeschrittenere Steuerelemente eingesetzt werden, dann stehen
normalerweise leistungsfähige JavaScript-Bibliotheken wie Dojo oder jQuery
im Hintergrund. Werden Steuerelemente über ARIA ergänzt, dann sollte dies
sinnvollerweise ebenfalls über solche JavaScript-Bibliotheken erfolgen. Der
Grund: Weil HTML die Steuerelemente nicht kennt, wird die Zuweisung der Rollen und Zustände nur bei aktiviertem JavaScript möglich sein.

Die fortgeschritteneren Steuerelemente können recht komplex werden, wenn
alle Aspekte der Barrierefreiheit berücksichtigt werden sollen. Im Folgenden
verweisen wir anhand eines Schiebereglers auf Aspekte, die beim Einsatz von
ARIA zu beachten sind. ARIA sieht die Rolle slider für Schieberegler vor.

---

7.   Ein experimenteller Validator, der die Validität von Seiten ohne Dokumenttypdeklaration
     prüft, ist zu finden auf *http://validator.nu* (Abruf 20.8.2010).

An Eigenschaften sind vorgesehen:

- aria-value-min ist der minimal zulässige Wert des Schiebereglers.
- aria-value-max ist der maximal zulässige Wert.
- aria-valuenow ist der aktuelle Wert.
- aria-value-text kann genutzt werden, um dem Wert eine Einheit oder sonstige Bezeichnung zu geben.

Weil über HTML-Elemente die Rolle eines Schiebereglers nicht vermittelt werden kann, beginnen wir mit einem leeren DIV-Element, das den Schieberegler darstellen soll. Der Schieberegler soll zwischen 1900 und 2010 geschoben werden können, wobei die Zahlen für Jahre stehen. In das DIV-Element wird ein BUTTON-Element platziert, das mit JavaScript von links nach rechts geschoben werden soll. Das BUTTON-Element ist mit der Tabulatortaste fokussierbar und eignet sich deshalb besser als z.B. ein SPAN-Element:

```
<p id="beschreibung-schieberegler1">Mit diesem Schieberegler können Sie die
Zeitskala zwischen dem Jahr 1900 und 2010 verschieben und es werden darunter
die Flugzeugunglücke im zivilen Luftverkehr des ausgewählten Jahres
aufgelistet.</p>
<div class="schieberegler">
 <button role="slider" aria-describedby="beschreibung-schieberegler1
beschreibung-schieberegler2" aria-valuemin="1900" aria-valuemax="2010" aria-
valuenow="2010" aria-valuetext="angezeigt:2010"></button>
</div>
<p id="beschreibung-schieberegler2">Verwenden Sie die Pfeiltasten, um vor und
zurück zu navigieren. Mit den Tasten SeiteAuf und SeiteAb können Sie in 10er
Schritten vorgehen.</p>
```

Listing 16-23 HTML-Grundgerüst für einen Schieberegler

Die gesamte Funktionalität des Schiebereglers muss natürlich mit JavaScript programmiert sein. Anhand des HTML wird aber ein Problem deutlich: Wenn JavaScript nicht aktiv ist, dann vermitteln Texte und ARIA-Attribute falsche Zusammenhänge. Deshalb wird eine Fallback-Lösung benötigt, die mit standardisiertem HTML aufbereitet wird. Statt eines Schiebereglers sollte zunächst ein Eingabefeld eingesetzt werden:

```
<p id="beschreibung-schieberegler1">Geben Sie im nachfolgenden Eingabefeld
eine Jahresangabe zwischen 1900 und 2010 ein.</p>
<div class="schieberegler">
<p><label for="jahresangabe">Jahresangabe</label>
<input type="text" id="jahresangabe" maxlength="4" size="4" />
<button type="submit">Unfälle im Flugverkehr für das angegebene Jahr
anzeigen</button></p>
</div>
```

Listing 16-24 Fallback-Lösung für einen Schieberegler

Mit DOM-Scripting können nun der Inhalt des ersten Absatzes und des DIV-Elements durch den Code in Listing 16–23 ersetzt und die Textanleitung dynamisch dem DOM-Baum hinzugefügt werden.

ARIA bietet viele Verbesserungsmöglichkeiten für die Zugänglichkeit und Nutzbarkeit dynamischer Anwendungen. Da die meisten dynamischen Anwendungen mit JavaScript-Bibliotheken generiert werden, müssen die ARIA-Rollen und -Zustände auch in diesen Anwendungen berücksichtigt werden. In Dojo, YUI, GWT oder jQuery wird ARIA bereits eingesetzt. Obwohl ARIA noch kein Webstandard ist, wird es von immer mehr Screenreadern und Vergrößerungssystemen auf Windows, MacOS und Linux unterstützt.

Einen guten Überblick zu ARIA mit Links zu Artikeln und vielen anderen Ressourcen ist zu finden auf:

http://wiki.codetalks.org/

16.3.5   Einsatz von JavaScript und ARIA

JavaScript und andere clientseitige Skripte sind gängige Praxis in der Webentwicklung. Obwohl die Forderung nach funktionierenden Fallback-Lösungen wichtig und berechtigt ist, entwickeln sich Webstandards und Hilfsmittel weiter und dynamische Inhalte können heute durchaus so gestaltet werden, dass Screenreader und andere Hilfsmittel erforderliche Rollen und Zustände von Steuerelementen auslesen können. In den WCAG20 hat gegenüber den WCAG10 ein kleiner Paradigmenwechsel stattgefunden: Der Einsatz von JavaScript wird empfohlen, sofern das Ergebnis geräteunabhängig ist und die sonstigen Anforderungen der Barrierefreiheit umgesetzt werden.

16.3.5.1   JavaScript ohne Fallback-Lösung

Auch wenn die grundlegende Funktionalität mit HTML gesichert werden muss, bietet JavaScript Funktionen, die mit HTML nicht realisierbar sind. Ein weiterer Vorteil gegenüber HTML ist, dass Funktionen verfügbar gemacht werden können, ohne dass die Seite neu geladen werden muss. Einige einfache Beispiele:

- Links mit JavaScript-Funktionen, etwa zum Drucken mit `Self.print();` oder Schließen eines Fensters mit `window.close();`,
- Festlegen des Fokus, z.B. bei einem wichtigen Eingabefeld oder einem im Hintergrund befindlichen Fenster, das neue Inhalte zeigt,
- Formularvalidierung mit z.B. `try ... catch`,
- dynamische Funktionen wie Taschenrechner, die mit der Funktion `eval();` effizient durchgeführt werden können,
- Einbinden eines Merkzettels, der durch AJAX-Requests und Cookies von Seite zu Seite »mitgenommen« wird.

Manche JavaScript-Funktionen sind durch vergleichbare Funktionen des Browsers ersetzbar. »Drucken«, »Fenster schließen« oder die »Zurück«-Funktion sind solche Beispiele. Für diese Fälle ist keine Fallback-Lösung erforderlich. Wenn aber JavaScript eingesetzt wird, dann sollten die Methoden des DOM genutzt werden. Ein Link

```
<p><a href="javascript:history.back();">Zurück zur vorherigen Seite</a></p>
```

ist bei deaktiviertem JavaScript ein Problem und es sollte im HTML ein Link eingesetzt werden, der ohne JavaScript funktioniert (vgl. Abschnitt 5.5.1.1 ab S. 181), oder es müsste mit JavaScript ein Knoten erzeugt und dem DOM an passender Stelle hinzugefügt werden.

Natürlich gibt es zahlreiche JavaScript-Funktionen, die weder der Browser noch eine serverseitige Technik vollständig ersetzen können. Beispielsweise kann ein im Hintergrund befindliches Browserfenster nur mit JavaScript in den Vordergrund geschoben werden. Wenn in einer Zwei-Fenster-Technik eine Übersicht und eine Detailansicht angeboten werden, etwa in einer Bildergalerie, dann kann mit einem `onload="this.fokus();"` für das BODY-Element selbstverständlich ein Hintergrundfenster in den Vordergrund geschoben werden, wenn darin neue Inhalte angezeigt werden. Wichtig ist hier, dass es sich nicht um eine unüberwindbare Barriere handelt: Auch ohne JavaScript ist das Wechseln zum zweiten Fenster möglich.

16.3.5.2   JavaScript-Beispiel

Um den richtigen Einsatz von JavaScript zu zeigen, greifen wir im Folgenden das Thema »Neue Fenster« erneut auf. In Abschnitt 7.1.5 ab Seite 250 wurden grundlegende Aspekte vorgestellt, die es bei neuen Fenstern zu beachten gilt. Neue Fenster sollten zwar vermieden werden, aber wenn Links in einem neuen Fenster geöffnet werden sollen, sollte die Kontextänderung angekündigt werden.

Für valide HTML-Dokumente gibt es für das Öffnen neuer Fenster zwei Möglichkeiten:

- ▓ das target-Attribut (HTML 4.01 transitional und XHTML 1.0 transitional), wobei das neue Fenster im Linktext angekündigt wird

- ▓ DOM-Scripting (HTML 4.01 strict und XHTML 1.0 strict)

Wichtig ist das Ankündigen der Kontextänderung. Ein neues Fenster wird den Tastaturfokus erhalten, schon deswegen sollte der Nutzer »gewarnt« werden. Um sicherzustellen, dass der Hinweis von allen wahrgenommen wird, sollte er Teil des Linktextes sein:

```
<a href="http://www.seitenadresse.de/" target="_blank">Linktext (neues
Fenster)</a>
```

Listing 16-25   Ankündigung eines neuen Fensters durch einen Texthinweis im Link

Im Gegensatz zu der vorgestellten Technik in Abschnitt 7.1.2.4 ab Seite 236, wo ein Teil von Linktexten unsichtbar gestellt werden konnte, muss in diesem Fall der Hinweis sichtbar sein. Alternativ kommt auch ein Symbol in Frage, wobei das title-Attribut für den Link und das alt-Attribut für das Symbol beachtet werden müssen:

```
<a title="Neues Fenster" href="http://www.seitenadresse.de/"
target="_blank"><img alt="Neues Fenster" src="lib/img/popup.png" width="14"
height="14" /> Linktext</a>
```

Listing 16-26   Ankündigung eines neuen Fensters durch ein Symbol im Linktext

Wenn statt mit dem HTML-Attribut das neue Fenster mit JavaScript geöffnet werden soll, dann sollte der Hinweis auf die Kontextänderung ebenfalls per JavaScript erfolgen. Ausgangspunkt ist der folgende Linkaufbau:

```
<a href="http://www.seitenadresse.de">Linktext</a>
```

Dieser Linkaufbau muss immer gewahrt sein, d.h., für einen Link ist ein A-Element zu verwenden und der Wert des href-Attributs muss im Sinne des Progressive Enhancement auch ohne JavaScript funktionieren.

Damit manipulierte Links identifizierbar sind, muss es ein Attribut geben, das mit JavaScript ermittelt werden kann. Es ist im Prinzip möglich, ein beliebiges Attribut eines Links zu verwenden:

Id	Die einfachste Methode ist die Verwendung einer ID. Nachteil ist, dass die ID nur einmal pro Seite vorkommen darf.
Class	Wenn Links, die in einem neuen Fenster öffnen, mit Klassen gekennzeichnet sind, dann können diese Klassen auch mit JavaScript ermittelt werden.
Title	Wenn title einheitlich für Links, die in einem neuen Fenster geöffnet werden, genutzt wird, ist dieses Attribut eine gute Ausgangsbasis.
Rel	Ein häufig für Links in verschiedenen Zusammenhängen verwendetes Attribut ist rel (relation), das z.B. den Wert »popup« erhalten könnte. Auch rel ist eine gute Ausgangsbasis.[a]

a.   Vgl. Lloyd, I., The Perfect Pop-up, URL: *http://accessify.com/features/tutorials/the-perfect-popup* (Abruf 20.8.2010).

Tab. 16-5   Mögliche Attribute zur Identifizierung eines Links

Im Folgenden gehen wir davon aus, dass neue Fenster in irgendeiner Weise eine Besonderheit darstellen und mit dem title-Attribut zusätzlich beschrieben und gekennzeichnet werden, etwa:

```
<a href="hilfe.html" title="Erläuterung">Linktext</a>
```

Es steht natürlich jedem frei, ein anderes Attribut mit einem bestimmten Wert als »Erkennungszeichen« zu verwenden.

Die Links werden nun um Event-Handler erweitert, die beim Klick mit dem Mauszeiger oder durch Drücken der Eingabe- oder Leertaste das Öffnen in einem neuen Fenster bewirken. Insbesondere muss der Linktext um einen entsprechenden Hinweis ergänzt werden, was wir übrigens auch im title-Attribut berücksichtigen.

Für die dynamische Anpassung des Links sind folgende Bausteine erforderlich:

- eine erste Funktion, die das Dokument nach Links mit einem title="Erläuterung" durchsucht. Jeder Link wird dann per JavaScript um Event-Handler erweitert, die das Öffnen eines neuen Fensters ermöglichen.
- Die Ankündigung der Kontextänderung muss in der ersten Funktion eingebaut werden.
- eine zweite Funktion, die das geräteunabhängige Öffnen eines neuen Fensters erlaubt.
- Das Starten der ersten Funktion zur Ergänzung der Links mit Event-Handlern darf nicht vergessen werden.

Der Code für die erste Funktion sieht so aus:

```
function sucheNeueFenster() {
var hilfeText = "Erläuterung";
var textNeuesFenster = " (Neues Fenster)";
if (!document . getElementsByTagName) { return } ;
var links = document . getElementsByTagName("a");
for (i = 0; i < links . length; i++) {
   titleText = links[i] . getattribute("title");
   if (titleText && (titleText . indexof(hilfeText) != -1)) {
   links[i].firstChild.data = knoten.firstChild.data + externerlinktext;
   textzusatz = titleText . substring((titleText . indexof(hilfeText)) +
hilfeText . length, titleText . length);
   links[i] . setattribute("title", hilfeText + textneuesfenster +
textzusatz);
   links[i] . onclick = links[i] . onkeypress = erzeugepopup;
   }
   }
   }
```

Listing 16-27   JavaScript zum Ankündigen neuer Fenster und Hinzufügen von Event-Handlern

Wenn das Skript einen Link mit dem title-Attribut »Erläuterung« findet, dann werden

- der Linktext um die Ankündigung der Kontextänderung ergänzt,
- das title-Attribut um die Ankündigung der Kontextänderung ergänzt und
- zwei Event-Handler (onclick und onkeypress) zum Link hinzugefügt.

In der ersten Funktion werden die Links bzw. deren Attribute verändert. Die beiden Event-Handler, die dem Link hinzugefügt wurden, rufen dabei eine zweite (noch nicht definierte) Funktion erzeugePopup auf. Im Folgenden wird die zweite

Funktion einfach gehalten; sie kann ebenfalls ausgebaut werden, um beispielsweise Größe und Position des neuen Browserfensters zu bestimmen. Wichtig ist aber zunächst, dass die Funktion geräteunabhängig ist.

```
function erzeugePopup() {
  if (event && event.type == 'keypress') {
  if (event.keyCode) {tastenCode = event.keyCode;} /* IE */
  else if (event.which) {tastenCode = event.which;} /* Mozilla, Safari, Opera*/
  if (tastenCode!= 13 && tastenCode != 32) { return true; }
  }
  hilfe = window . open(this . href);
  if (!hilfe) {return true; }
  hilfe. focus();
  return false;
}
```

Listing 16-28   JavaScript zum Öffnen eines neuen Fensters

Bei Linkaufruf wird die Zielseite in einem neuen Fenster geöffnet und der Fokus darauf gelegt. Wenn kein neues Fenster geöffnet werden kann, wird die Zielseite im gleichen Fenster aufgerufen. Es fehlt nur das Starten der ersten Funktion mit

```
window.onload = sucheNeueFenster;
```

Freilich ist eine solche Funktion nur sinnvoll, wenn valides HTML 4.01 strict und XHTML 1.0 strict eingesetzt werden, denn sonst kann das target-Attribut verwendet werden. Wichtig in diesem Beispiel sind insbesondere das Ankündigen des neuen Fensters im Linktext und die geräteunabhängige Bedienung des Links. Darüber hinaus funktioniert der Link auch ohne JavaScript. Das Öffnen neuer Fenster mit JavaScript ist allerdings bei den sehr unterschiedlich funktionierenden Pop-up-Blockern keine robuste Angelegenheit.

16.4 Kontextänderung bei Zeitbeschränkungen

Beim Thema »Kontextänderung« spielen weitere Faktoren eine Rolle. Durch dynamische Weiterleitungen oder automatische Aktualisierungen kann das Lesen beeinträchtigt werden. Zudem wird der Tastaturfokus oft verändert oder gar entfernt.

Alle Prozesse, die ohne Nutzeraktionen fortgeführt werden, stellen eine Zeitbeschränkung dar. Viele Menschen mit Behinderungen lesen langsamer als andere Nutzer. Auch blinde Nutzer müssen aufgrund ihres linearen Zugangs zuerst die Inhalte finden. Deshalb sollten dynamische Änderungen des Inhalts möglichst lange hinausgezögert werden. Oft werden sie jedoch nur für eine kurze Zeit angezeigt, bevor sie »erneuert« oder bei einer Weiterleitung durch andere Inhalte ersetzt werden.

Hierfür gibt es mehrere Strategien:

1. Auf die dynamische Weiterleitung bzw. Aktualisierung kann verzichtet werden.
2. Der Nutzer erhält die Möglichkeit, die Weiterleitung oder Aktualisierung abzuschalten.
3. Die Zeitgrenze kann auf mindestens die 10-fache Zeit erhöht werden oder
4. der Nutzer wird gewarnt, bevor eine automatische Aktualisierung oder Weiterleitung stattfindet, und hat mindestens 20 Sekunden Zeit, um durch eine einfache Aktion die Zeitbeschränkung aufzuheben.

Weiterleitungen und Aktualisierungen sollten nur durch den Nutzer ausgelöst werden (z.B. durch einen Klick auf einen Link oder die Aktivierung eines Links mit der Leertaste) oder – im Falle der Weiterleitung – serverseitig erfolgen. Allerdings gibt es Ausnahmen, etwa in bestimmten Echtzeitanwendungen oder synchronisierter Multimedia, in denen eine Zeitbeschränkung nicht aufgehoben werden kann.

16.4.1 Weiterleitungen

Das Thema »Weiterleitung« wurde bereits im Zusammenhang mit Event-Handlern angesprochen (vgl. Abschnitt 16.3.2.3 ab S. 624). Das Problem für Tastaturnutzer ist vor allem, dass sie durch bestimmte Event-Handler ungewollt zu anderen Seiten weitergeleitet werden könnten oder Inhalte unbeabsichtigt geändert werden. Weiterleitungen betreffen aber nicht nur »Tastaturnutzer«, sondern auch »Langsamleser«. Im Folgenden geht es konkret um clientseitige und serverseitige Refresh-Funktionen; prinzipiell treffen die Aussagen aber auch auf JavaScript zu.

Weiterleitungen sollten durch Nutzer ausgelöst werden, durch Aufruf eines Links oder Aktivierung einer Schaltfläche. Für Situationen, in denen eine Weiterleitung besser automatisch erfolgt, muss Folgendes beachtet werden:

- Eine serverseitige Weiterleitung ist unproblematisch; Nutzer nehmen das i.d.R. überhaupt nicht wahr.
- Clientseitige Weiterleitungen sollten sofort, d.h., bevor Inhalte im Browserfenster angezeigt werden, ausgeführt werden.

Wenn sich der URI einer Seite ändert, ist es zweckmäßig, für die alte Adresse eine Weiterleitung auf die neue Adresse einzurichten. Dafür bieten serverseitige Techniken verschiedene Anweisungen, die dem Browser einen http-Response im 300er-Bereich geben und eine sofortige Umleitung erwirken:

- `redirect` in einer .htaccess auf Apache-Servern
- `header` in PHP-Skripten
- `response.sendRedirect` in JSP
- `Response.Redirect` in ASP

Für serverseitige Weiterleitungen muss beachtet werden, dass die verzögerte serverseitige Weiterleitung nicht barrierefrei ist – obwohl Browser den http-Header »Refresh« mit einer Zeitbeschränkung und einer Zieladresse unterstützen.

Kann auf eine automatische Weiterleitung nicht verzichtet werden, dann sollte eine clientseitige Weiterleitung erfolgen: Sie kann vom Nutzer eventuell noch gesteuert werden. Grundsätzlich geht das über JavaScript oder das META-Element.

Wenn ein META-Element ein http-equiv-Attribut mit dem Wert »refresh« und ein content-Attribut mit dem Wert »0« (was null Sekunden bedeutet), gefolgt von einer Zieladresse, erhält, dann wird beim Seitenaufruf sofort auf den neuen URI umgeleitet:

```
<meta http-equiv="refresh" content="0;URL='http://www.seitenadresse.de'" />
```

Listing 16-29   Sofortige clientseitige Weiterleitung mit META

Die Seite mit diesem META-Element wird nicht geladen. Durch die Anweisung zur sofortigen Weiterleitung, werden keine Inhalte angezeigt und die Zieladresse wird aufgerufen. Der Nutzer verliert keine Informationen.

Zu vermeiden ist eine verzögerte Weiterleitung durch Erhöhen des Werts der Zeitbeschränkung im content-Attribut. Nutzer könnten den Inhalt lesen wollen, werden aber im Lesefluss unterbrochen. Es ist nicht vorhersagbar, wie lange ein Nutzer braucht, um einen Text zu lesen, sei dieser noch so kurz.

16.4.2   Automatische Seitenaktualisierungen

Das META-Element kann auch verwendet werden, um eine Seite regelmäßig über Neuladen zu aktualisieren. Das kann sinnvoll sein, wenn in kurzen Abständen neue Inhalte geboten werden. Problematisch ist, dass der Tastaturfokus verloren geht und auf der neu geladenen Seite wieder am Anfang steht. Deshalb sollte auf diese Technik verzichtet werden. Stattdessen können JavaScript-Techniken eingesetzt werden, die eine Möglichkeit zum Abschalten der Aktualisierung bieten.

Im Idealfall finden keine automatischen Aktualisierungen statt. Wenn der Nutzer die Browserfunktion zum Neuladen nutzen kann oder eine Seite ein Steuerelement enthält, durch das sie jederzeit aktualisiert werden kann, dann findet keine unerwartete Kontextänderung statt. Oft schafft ein einfacher Link Abhilfe:

```
<a href="diese-seite.html">Seite aktualisieren</a>
```

Kann auf eine automatische Aktualisierung nicht verzichtet werden, dann muss der Nutzer die Aktualisierung abschalten oder das Zeitlimit erhöhen bzw. verlängern können. Ein solches Steuerelement muss leicht auffindbar sein und gemäß Konformitätsbedingung 5 umgesetzt werden.

Zusammenfassung

1. Die Bedienung von Links und Steuerelementen muss für die Tabulatoren-, Eingabe- und Leertaste genau geprüft werden.
2. Tastaturfallen, wie sie insbesondere bei der Einbettung von Multimedia entstehen, sind zu vermeiden.
3. Die Bedienbarkeit mit der Tastatur wird erst durch einen sichtbaren Fokus möglich.
4. Ein konsistenter Seitenaufbau erleichtert die Bedienung mit der Tastatur.
5. Eine Manipulation der Tab-Reihenfolge ist nur in Ausnahmefällen sinnvoll. Gleiches gilt für Tastaturkurzbefehle, die mit dem accesskey-Attribut erzeugt werden.
6. Standardisierte HTML-Elemente für Links und Steuerelemente bieten eine gute Basis für die Tastaturbedienung.
7. Event-Handler müssen geräteunabhängig und unaufdringlich eingesetzt werden.
8. Kontextänderungen für den Tastaturfokus müssen vermieden werden.
9. ARIA sollte bei Bedarf eingesetzt werden.
10. Verzögerte Weiterleitungen und automatische Aktualisierungen sollten vermieden werden.

Teil V

Screendesign

17 Flexible Darstellung

Webseiten sollten auf beliebigen Endgeräten vollständig darstellbar und leserlich sein. Dabei geht es sowohl um Schriftvergrößerung als auch um Anpassbarkeit des Layouts.

Im Rahmen von Pflichtenheften gehören browserübergreifend gleich aussehende Webseiten meist zu den wesentlichen Arbeitsaufträgen und Aufgaben des Webdesigners. Dies muss aber im Hinblick auf Barrierefreiheit, immer größere Monitore und Auflösungen sowie Kleingeräte relativiert werden. Ein optimiertes Layout ist heute nicht mehr ein pixelgenaues, sondern ein flexibles Design.

Auch wenn sich die flexible Darstellung vor allem auf Text bezieht, können theoretisch alle Inhalte mit relativen Einheiten ausgezeichnet werden. Es gibt jedoch Ausnahmen. Neben Bildern, die mit absoluten Maßeinheiten ausgezeichnet werden sollten, kann es weitere Ausnahmen geben, in denen kein flüssiges Layout eingesetzt werden kann.

Die Leserlichkeit der Inhalte hängt nicht allein von einer variablen Schriftgröße oder einem flüssigen Layout ab. Neben Kontrastverhältnissen (vgl. Kap. 18) spielen auch typografische Aspekte eine Rolle. Das Thema Typografie wird in diesem Kapitel ebenfalls – wenn auch nicht erschöpfend – behandelt.

17.1 Vergrößerung von Inhalten

Nach den WCAG20 sollen Inhalte – vor allem Texte und Formularinhalte – auf 200 % der Ausgangsschriftgröße skaliert werden können. Diese Anforderung steht in Verbindung mit den verschiedenen Vergrößerungsmöglichkeiten der Browser für Schrift und Layout, mit denen die Nutzer Seiten an ihre Bedürfnisse anpassen können (vgl. Abb. 17-1).

Die Layoutvergrößerung, der sogenannte »Seitenzoom«, bietet eine Vergrößerung auf über 1000 %. Dabei wird eine Webseite so vergrößert, dass der Nutzer für das vollständige Erfassen der Inhalte nach rechts scrollen muss. Der Seitenzoom ist eine reine Browserfunktion mit leichten Unterschieden von Browser zu Browser.

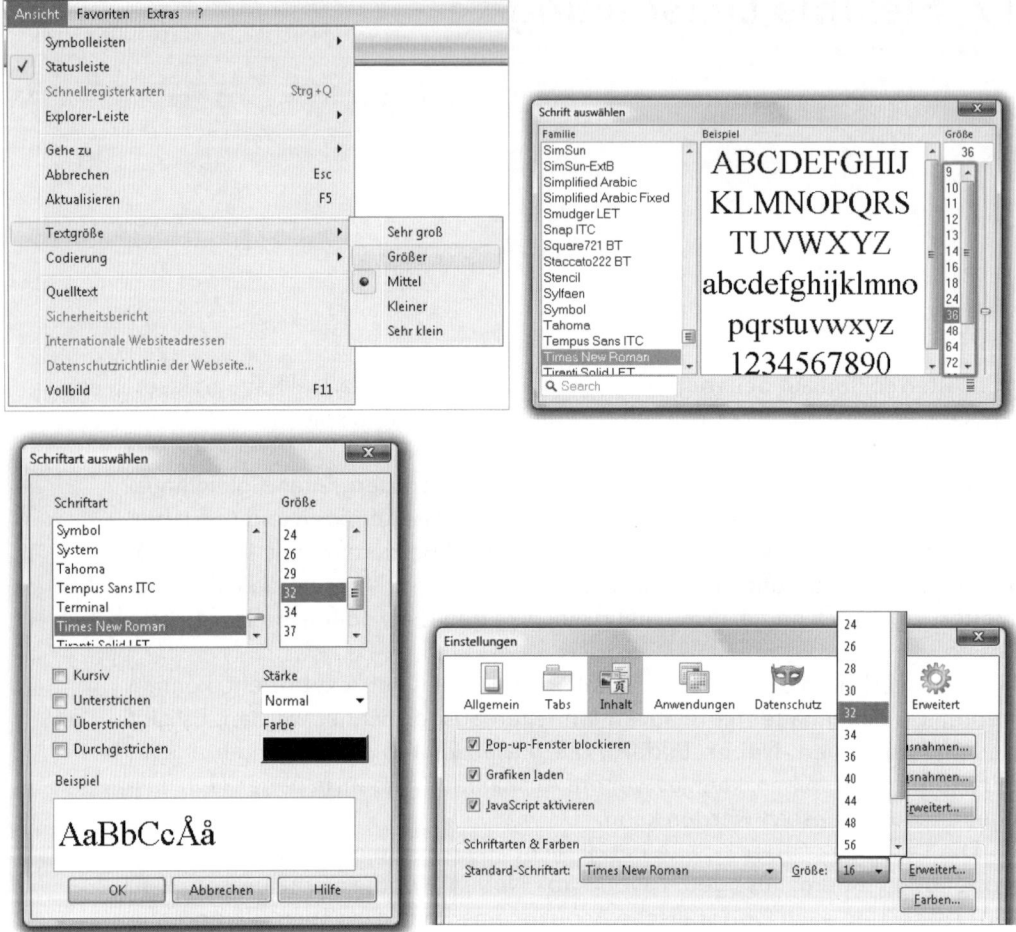

Abb. 17-1   Schriftvergrößerung in Internet Explorer, Safari, Opera und Firefox

Sowohl Schriftvergrößerung als auch Seitenzoom sind Aufgaben des Browsers bzw. – wenn mit anderen Formaten gearbeitet wird – der Zugangssoftware im Allgemeinen. Wird beispielsweise PDF oder Flash eingesetzt, dann muss die Zugangssoftware ebenfalls Vergrößerungen zulassen. Aufgabe der Webentwicklung ist es, die Vergrößerungsmöglichkeiten der Browser und anderer Software zu unterstützen bzw. nicht zu unterbinden. Die Anforderung einer flexiblen Darstellung zielt vor allem auf Menschen mit Seheinschränkungen ab, denen eine geringe, bis zu zweifache Vergrößerung ausreicht.

Abb. 17-2   Schrift- und Layoutvergrößerung im Internet Explorer 7 bei Bildschirmbreite 800 px: einmal ohne Schriftvergrößerung und Seitenzoom, einmal
mit einem Seitenzoom von 200 % und einmal mit Schriftvergrößerung von
150 % und einem Seitenzoom von 150 %

Eine dritte Vergrößerungsmöglichkeit ist die Anpassung des Bildschirmaus-
schnitts mit Vergrößerungssystemen. Mit Vergrößerungssystemen kann ein
Bildschirmausschnitt bis auf das ca. 50-Fache vergrößert werden. Verwendet
werden solche Systeme von Menschen mit einer starken Sehbehinderung. Sie
sind browserunabhängig nutzbar und nicht Gegenstand der Anforderungen an
ein flexibles Design.

Die Skalierbarkeit von Texten, Formularinhalten und ggf. weiteren Inhalten auf
200 % der Ausgangsgröße ist eine Mindestanforderung. Selbstverständlich dürfen darüber hinausgehende Vergrößerungen möglich sein, aber meist kommt
es dann zu Überlagerungen von Inhalten und/oder Seitenbereiche werden nicht
mehr vollständig angezeigt. Deshalb wird davon ausgegangen, dass bei einem
höheren Vergrößerungsbedarf ein Vergrößerungssystem verwendet wird.

17.1.1 Mindestschriftgröße

Die WCAG20 geben keine Mindestschriftgröße für Text und Formularinhalte
vor und generell gibt es dazu unterschiedliche Ansichten. Immer wieder wird
aber die Schriftgröße auf Webseiten als zu klein empfunden. Nach einer Untersuchung von Jakob Nielsen aus dem Jahr 2005 ist eine zu kleine Schrift im Web
das größte Problem.[1] Deswegen sind Anforderungen der Schriftvergrößerung
und damit die Verwendung relativer Maßeinheiten für Texte sowohl aus Sicht
der Barrierefreiheit als auch aus Sicht der Gebrauchstauglichkeit begründet.
  Die Ursachen sind unterschiedlich: Vor allem spielen Bildschirmgröße und -
auflösung sowie Abstand zum Bildschirm eine Rolle. Bei kleineren Bildschirmen
halten Nutzer meist einen geringeren Abstand (50 cm) und bei größeren Bildschirmen einen höheren (60 cm bis 80 cm) zum Monitor ein. Der größere
Abstand ist nötig, um die gesamte Bildschirmoberfläche im Blick zu haben.
Damit wird ein Problem deutlich: Allein durch einen größeren Bildschirm werden zu kleine Texte nicht leserlicher, denn der Sehabstand muss größer werden, um den Bildschirm im Blickwinkel zu haben.
  Dieses Problem wird in Richtlinien für Mindestschriftgrößen aufgegriffen
und die erforderliche Mindestschriftgröße nicht in px, em oder anderen webbasierten Maßeinheiten berechnet, sondern in Bogenminuten.[2] Nach DIN EN ISO
9241 Teil 3 dürfen 16 Bogenminuten für die Textgröße nicht unterschritten werden; nach den Empfehlungen der Verwaltungs-Berufsgenossenschaft (VBG)
sind 31 Bogenminuten für ein effektives Arbeiten anzustreben. Bei 22 Bogenminuten unterschreiten Texte am Bildschirm bei einem Sehabstand von 50 cm
eine Schriftgröße von 3 mm, bei einem Sehabstand von 70 cm 4,5 mm nicht.

---

1. Nielsen, J. (2005), Top Ten Web Design Mistakes of 2005,
    URL: *http://www.useit.com/alertbox/designmistakes.html* (Abruf 12.2.2010).
2. Eine Bogenminute ist der 60ste Teil eines Grads. Von der Erde aus hat beispielsweise der
    Vollmond durchschnittlich einen Durchmesser von 31 Bogenminuten.

17.1.2 Schriftvergrößerung

Die einzelnen Browser verhalten sich bei Schriftvergrößerung unterschiedlich: Firefox vergrößert auch Angaben in px und pt, der Internet Explorer nur bei em, % und relativen Schlüsselwörtern. Da beide Browser relevant sind, kann Barrierefreiheit nur über relative Schriftgrößenangaben sichergestellt werden. Stellt ein Nutzer beispielsweise im Internet Explorer die Schriftgröße von »Mittel« auf »Größer« oder »Sehr groß«, dann sollte dies auch für den Inhalt greifen. Das geht im Allgemeinen nur, wenn Texte und Formularinhalte mit relativen Schriftgrößen ausgezeichnet sind.

17.1.2.1 Relative Maßeinheiten

Relative Maßeinheiten sind von absoluten Maßeinheiten zu unterscheiden. »Relativ« bedeutet, dass die Angabe einer Schriftgröße in Abhängigkeit von einer anderen, bereits definierten Schriftgröße festgelegt wird.[3] Wichtig ist hier das Vererbungsprinzip: HTML-Elemente »erben« ihre Schriftgröße von Elternelementen und relative Maßeinheiten beziehen sich auf die geerbte Schriftgröße. Tabelle 17-1 führt einige Maßeinheiten für relative Schriftgrößen auf.

Einheit	Beschreibung
em	1 em entspricht der Breite des Buchstabens M in der (benutzerdefinierten) Schrift.
ex	Wie em bezieht sich diese Einheit zunächst auf die Standardschriftgröße im Browser. 1 ex ist die Höhe des Buchstabes x der gewählten Schriftart. In der Praxis liefert diese Maßeinheit unzuverlässige Ergebnisse.[a]
Prozent	Schriftgrößenangaben in Prozentwerten funktionieren sehr ähnlich zu em-Werten. 100 % entspricht der Schriftgröße der (benutzerdefinierten) Browserschrift.
relative Schlüsselwörter	Im Gegensatz zu em und Prozent beziehen sich relative Schlüsselwörter wie »small« oder »medium« immer auf die voreingestellte Schriftgröße im Browser und nicht auf die vererbte Schriftgröße (vgl. Tabelle 17-2 auf Seite 653).

a. Poley, S. (2008), Web Matters. The CSS ex unit,
    URL: *http://www.xs4all.nl/~sbpoley/webmatters/emex.html* (Abruf 13.2.2010).

Tab. 17-1   Relative Einheiten für Schriftgrößen

Im Kontext aller Endgeräte und benutzerdefinierten Einstellungen gibt es keine ideale Maßeinheit für alle Elemente einer Webseite. Für Schriften wird jedoch em bevorzugt. Da sich diese Maßeinheit immer auf einen anderen Wert bezieht (nämlich auf die Breite des Buchstabens »m« in der geerbten Schriftgröße), ist der absolute Wert z.B. von 0.75em; nicht bekannt. Wenn die Schriftgröße mit der

C 14

---

3. Ausführliche Informationen auf W3C, Syntax and basic data types, Lenghts,
    URL: *http://www.w3.org/TR/REC-CSS2/syndata.html#length-units* (Abruf 2.7.2010).

Angabe font-size:0.75em; für das BODY-Element bestimmt wird, so ist die zugrunde gelegte Schriftgröße die Einstellung des Browsers. Sie liegt normalerweise bei 16 px, sodass 0,75 em in der Regel eine Schriftgröße von 12 px ergibt.

Webdesigner finden die voreingestellte Schriftgröße meist zu groß und definieren eine geringere Schriftgröße. Ob sie aber überhaupt verringert werden soll oder muss, ist eine Frage des Blickwinkels.[4] Mit einer kleineren Schrift für das BODY-Element erzielt man im Allgemeinen eine »akzeptable« Schriftgröße für Inhalte. Nur bei bestimmten Texten, etwa größeren Überschriften, müssen eventuell zusätzliche CSS-Eigenschaften notiert werden.

Auch Prozentangaben sind relativ zu einer anderen Größe. Die Auswirkung einer Prozentangabe ist mit der Maßeinheit em vergleichbar. Beispielsweise sollten die folgenden CSS-Zeilen zum gleichen Ergebnis führen:

```
div {font-size:85%;}
```

```
div {font-size: 0.85em;}
```

In älteren Versionen des Internet Explorer sind die em-Angaben u.U. problematisch und Schriftgrößen und Zeilenhöhen werden wahlweise sehr klein oder überdimensional groß, wenn für das BODY-Element eine Schriftgröße von unter 1em definiert wurde. Da in der Webentwicklung die Standardschriftgröße gerne reduziert wird, sollte für das BODY-Element mit % statt em gearbeitet werden. Hierzu wird die Schriftgröße des BODY-Elements relativ zur im Browser voreingestellten Schriftgröße gesetzt:

```
body {font-size:75%;}
```

Diese Angabe bewirkt, dass die Schriften in den meisten Browsern mit 12 px dargestellt werden. Die Regel formuliert aber etwas anderes, nämlich dass Texte mit 75 % der im Browser voreingestellten Schriftgröße dargestellt werden. Wird die Schriftgröße im Browser verändert, dann verändert sich die berechnete Schriftgröße ebenfalls. Außerdem müssen die Initialwerte der einzelnen HTML-Elemente beachtet werden:

▪ Überschriften werden im Allgemeinen größer als beispielsweise Absätze angezeigt, z.B. eine Überschrift erster Ordnung mit 15 px. Weil die Schriftgröße für Fließtext aber nun 12 px beträgt, muss in diesem Fall die CSS-Eigenschaft font-size für das H1-Element den Wert 1,25 em erhalten (1,25 × 12 px = 15 px).

---

4. Die »Information Architects« plädieren in »The 100 % Easy2-Read Standard« für die Beibehaltung der Standardschriftgröße, URL: *http://informationarchitects.jp/100e2r/?v=4* (Abruf 13.2.2010). Vgl. für unterschiedliche Ansichten zum Ausgangswert einer Schriftgröße Jendryschik, M., Schrift – Eigenschaften und Werte, in: Einführung in XHTML, CSS und Webdesign, URL: *http://jendryschik.de/wsdev/einfuehrung/eigenschaften/schrift* (Abruf 13.2.2010).

▓ Nicht alle HTML-Elemente, die vergrößerbar sein sollen, haben einen relativen Initialwert. So benötigen Steuerelemente von Formularen (Auswahllisten, Eingabefelder, Schaltflächen) explizit relative Angaben.

Bei Prozentangaben für Texte gibt es einige Probleme.[5] Dies betrifft vor allem den Internet Explorer bis Version 6, der mit Prozent definierte Inhalte überproportional vergrößert, wenn als benutzerdefinierte Einstellung ein Kontrastmodus gewählt wurde. Deshalb ist em die bevorzugte Maßeinheit für Texte.

Relative Schlüsselwörter für Schriftgrößen sind für die CSS-Eigenschaften font-size und font ebenfalls zulässig. Die folgende Tabelle gibt die Schriftgröße an, die bei Standardschrift im Browser angezeigt wird. Werden diese Voreinstellungen geändert, dann verändern sich auch die berechneten Schriftgrößen.

Wert	Schriftgröße
xx-small	9 px
x-small	10 px
Small	13 px
Medium	16 px
Large	19 px
x-large	24 px
xx-large	32 px

Tab. 17-2   Relative Schlüsselwörter für Schriftgrößen

17.1.2.2   Vererbungsprinzip

Die größte Herausforderung bei der Arbeit mit relativen Angaben ist, dass die Seiteninhalte mehr Platz benötigen, wenn der Nutzer die Schriftgröße erhöht. Weitere Herausforderungen – vor allem bei em und Prozentwerten – entstehen durch das Vererbungsprinzip. Vor allem beim Einstieg in die Arbeit mit relativen Angaben ist dies für Designer eine Hürde. Wird eine Schrift in em oder Prozent definiert, dann verhält sie sich immer relativ zu einem Elternelement. Wenn z.B. ein Absatz eine Hervorhebung enthält:

```
<p>Ein Text mit einem <strong>hervorgehobenen Begriff</strong>.</p>
```

dann wird die Schriftgröße des Absatzes auf das enthaltene STRONG-Element vererbt:

```
p {font-size:0.8em;}
```

Diese CSS-Regel besagt, dass die Schriftgröße des Absatzes 80 % der geerbten Schriftgröße ist. Befindet sich der Absatz in einem DIV-Element, für das eine Schriftgrößenangabe existiert, dann wird seine Schriftgröße in Relation zu der

---

5.   CSS-Discuss, Using Percentages,
     URL: *http://css-discuss.incutio.com/?page=UsingPercentages* (Abruf 13.3.2010).

Schriftgröße innerhalb des DIV-Elements berechnet. Ist für das DIV-Element keine Schriftgröße definiert, sondern hat es selbst eine Schriftgröße geerbt, dann beziehen sich die 80% auf diese geerbte Schriftgröße. Das kann bis zum BODY-Element zurückgehen. Wird auch diesem keine Schriftgröße zugewiesen, dann ist die voreingestellte Schriftgröße im Browser die Berechnungsgrundlage.

Zurück zum Beispiel: Die Schriftgröße 0.8em wird auch auf das STRONG-Element übertragen. Dabei wird jedoch nicht der Wert 0.8em vererbt, sondern die Schriftgröße, die sich daraus für den Absatz ergibt. Kommen keine weiteren Schriftgrößenangaben vor und ist im Browser eine Standardschriftgröße von 16px eingestellt, dann würde der Absatztext eine Schriftgröße von 16px×0,8=12,8px erhalten. An das STRONG-Element werden diese 12,8px vererbt. Würde das STRONG-Element ebenfalls eine relative Schriftgröße erhalten, etwa:

```
strong {font-size:1.1em;}
```

dann bezöge sich diese Angabe auf die geerbte Schriftgröße, also die Schriftgröße des Absatzes. Die Hervorhebung würde statt 12,8px eine Größe von 12,8px×1,1=14,08px haben.

Relative Maßeinheiten sollten generell auf blockbildende Elemente wie Überschriften, Absätze und Listen angewandt werden, damit die Vererbungen auf ein »überschaubares Maß« reduziert sind. Allerdings müssen Verschachtelungen, etwa bei Datentabellen oder Listen besonders sorgfältig gestaltet werden. Ist beispielsweise eine Navigationsleiste wie folgt aufgebaut:

```
<ul>
 <li>Haupteintrag 1
  <ul>
   <li>Unterpunkt A</li>
   <li>Unterpunkt B</li>
  </ul>
 </li>
 <li>Haupteintrag 2</li>
 <li>Haupteintrag 3</li>
</ul>
```

Listing 17-1   Verschachtelte Liste mit Navigationseinträgen

dann bewirkt die CSS-Regel

```
ul {font-size:0.8em;}
```

dass die Haupteinträge eine Schriftgröße von 80% der geerbten Schriftgröße erhalten. Die Angabe bewirkt aber auch, dass beide Unterpunkte auf 64% der ursprünglich geerbten Schriftgröße verkleinert werden, denn die relative Auszeichnung wird auf beide UL-Elemente angewandt (0,8×0,8=0,64). Durch die zusätzliche Angabe

```
ul ul {font-size:1em;}
```

kann die Schriftgröße eines in einem anderen UL-Element verschachtelten UL-Elements so gesetzt werden, dass sie der des Elternelements entspricht. Geht man davon aus, dass die LI-Elemente keine eigene Schriftgröße haben, dann erhalten die Elemente der verschachtelten Liste die Schriftgröße der umschließenden Liste und die Texte beider Listenebenen sind gleich groß.

17.1.2.3 Probleme bei absoluten Schriftgrößenangaben

Absolute Schriftgrößeneinheiten sind im Web problematisch, weil die im Browser voreingestellte Schriftgröße nicht berücksichtigt wird. Sinnvoll sind sie nur, wenn das Endgerät bestimmt werden kann. Das kann z.B. ein Drucker sein, wenngleich es international unterschiedliche Normen für Papiergrößen gibt. Dennoch sind absolute Maßeinheiten hier sinnvoll und die in Tabelle 17-3 abgebildeten Einheiten stehen zur Verfügung.

Abkürzung	Einheit
cm	Zentimeter
mm	Millimeter
pt	Punkte (1 Punkt in CSS 2 entspricht $1/72$ eines Zolls)
pc	Pica (= 12 Punkt)
in	Zoll (inch = 2,54 cm)

Tab. 17-3   Absolute Maßeinheiten

Ein Sonderfall ist die Maßeinheit Pixel (px). Formal ist Pixel zwar eine relative Einheit. Sie bezieht sich allerdings auf den Bildschirm und nicht auf die Schrifteinstellung. Die Maßeinheit px verhält sich wie eine absolute Einheit und ist deswegen für ein barrierefreies Webdesign ungeeignet.

Ausnahmen sind Größenangaben für Bilder: Noch sind die meisten Bilder im Web Rastergrafiken, mit einer festen Breite und Höhe definiert in Pixel. Deswegen können sie im Browser nicht beliebig skaliert werden, ohne dass das Bild unscharf (»verpixelt«) wird (vgl. Abschnitt 17.3.1 ab S. 676).

17.1.3 Seitenzoom

Werden für Schriftgröße und Layout absolute Maßeinheiten verwendet, dann ist die Schriftvergrößerung nicht mehr in allen Browsern möglich. Am einfachsten wäre es also, auf den Seitenzoom zu setzen. Dieser Ansatz hat aber zwei Nachteile:

G 142

1. Der Seitenzoom auf 200% muss in allen Browsern getestet werden, weil die vergrößerte Darstellung und Beibehaltung aller räumlichen Anordnungen vollständig den Browsern überlassen wird. Firefox ab Version 3 oder Opera 9 unterstützen den Seitenzoom zuverlässig, aber ältere Browser wie Firefox 2 oder Internet Explorer 6 unterstützen ihn nicht und auch im Internet Explorer 7 gibt es Inkonsistenzen.

2. Erzwingt ein Nutzer die Schriftgröße, kann es zu unvorhersehbaren Ergebnissen in der Darstellung kommen.

Unabhängig davon, ob die Schriftvergrößerung berücksichtigt wird oder nicht, die Auswirkungen der benutzerdefinierten Schriftvergrößerung auf das Layout müssen getestet werden. Selbst bei starren Layouts mit pixelgenauen Positionierungen und Schriftgrößen hat immer der Nutzer das letzte Wort und kann durch die Optionen der Eingabehilfe des Internet Explorer oder mit Userstyles eine subjektiv optimale Schriftgröße erzwingen.

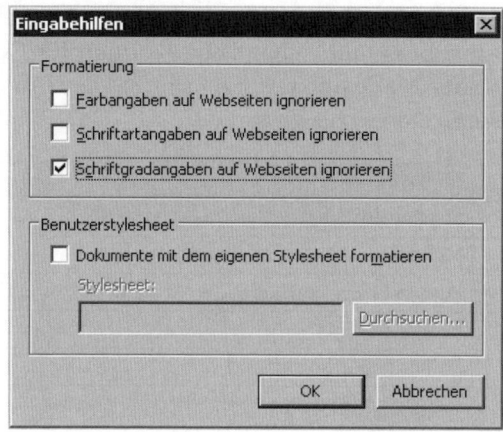

Abb. 17-3   Benutzerdefinierte Schriftgrößen in den Eingabehilfen des Internet Explorer

Feste Spaltenbreiten können bei benutzerdefinierten Einstellungen dazu führen, dass die Inhalte über die vorgesehene Spaltenbreite hinausragen und mit anderen Inhalten überlappen. Sie können auch komplett verschwinden. Außerdem werden die Einstellungen zwar auf die Schriftgröße, aber nicht unbedingt auf die Zeilenhöhe angewandt (vgl. Abb. 17-4 auf S. 657).

Abhängig von Inhalt und Design können unterschiedliche Maßnahmen zur Vermeidung von Überlappungen erforderlich sein:

▨ Die Zeilenhöhe wird mit der CSS-Eigenschaft `line-height` so bestimmt, dass eine Vergrößerung problemlos möglich ist.

▨ Der Text sollte neu umbrechen können und/oder es wird mit bedingten Trennstrichen (`&shy;`) gearbeitet.

▨ Es werden Scrollbalken für Spalten bereitgestellt, wenn der Text zu lang für den vorgesehenen Platz wird, etwa mit der CSS-Eigenschaft `overflow`.

▨ Die Spalten werden statt mit fester Breite mit em ausgezeichnet, damit sie sich bei Schriftvergrößerung horizontal ausdehnen.

Abb. 17-4   Eine voreingestellte Schriftvergrößerung führt zu Überlappungen

Während für eine vertikale Navigationsleiste Scrollbalken nicht in Frage kommen und eine Vergrößerung des horizontalen Anzeigebereichs z. B. durch em sinnvoll ist, kann für eine Randnotiz durchaus ein Scrollbalken in Frage kommen.

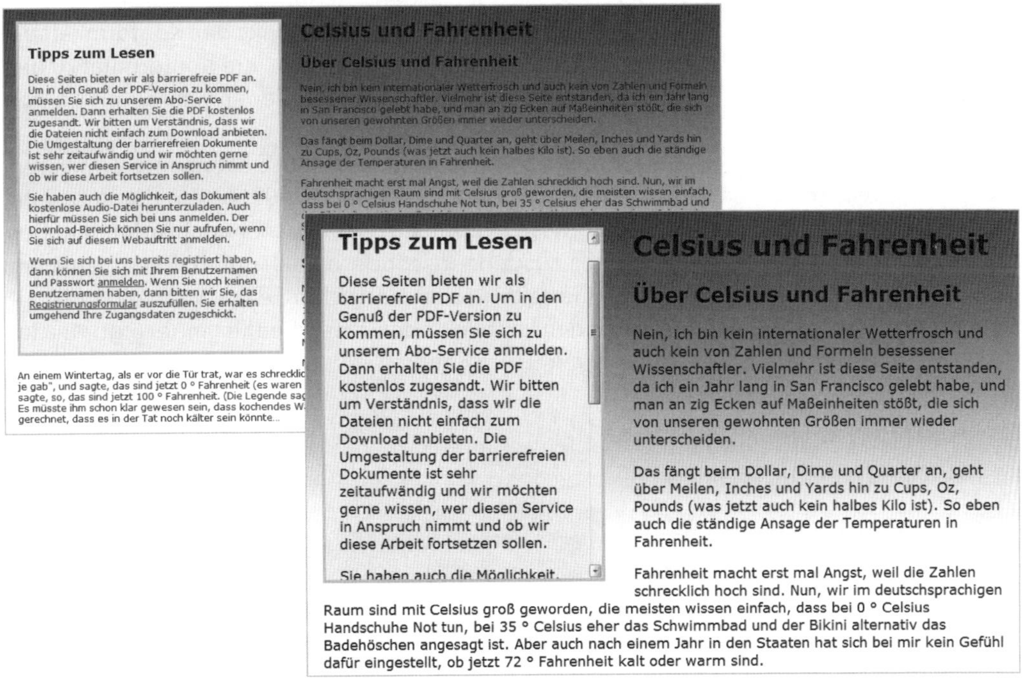

Abb. 17-5   Bei Schriftvergrößerung werden durch `overflow:auto;` Scrollbalken angezeigt.

Der Seitenzoom führt ab einer bestimmten Größe dazu, dass ein Nutzer nach rechts scrollen muss, damit er die Inhalte lesen kann. Da die meisten Seiten zudem vertikal gescrollt werden müssen, muss also beim Zoomen in zwei Richtungen gescrollt werden. Wird zusätzlich ein Vergrößerungssystem eingesetzt, dann ist eine Orientierung auf der Seite besonders schwierig. Der Seitenzoom ist ohne Zweifel hilfreich, wenn Texte kurzzeitig vergrößert werden müssen, eine dauerhafte Lösung ist er jedoch nicht. Vor allem wenn bei zweifacher Vergrößerung Fließtexte horizontal nicht mehr vollständig ins Browserfenster passen, ist das Lesen praktisch nicht möglich. Das passiert immer dann, wenn eine Spalte horizontal mehr als 50% des Browserfensters füllt; ein Seitenzoom ist dann allenfalls ein temporärer Behelf.

Aufgrund der zahlreichen Vergrößerungsmöglichkeiten – sowohl durch das Nutzerverhalten als auch durch die Besonderheiten der verschiedenen Browser – ist es keine pauschale Lösung und keine Garantie für die Zugänglichkeit der Inhalte, auf einen Seitenzoom von 200% zu setzen. Auch wenn dies oft gut funktioniert: Es kommt auf das Layout und die verwendete Layouttechnik an. Auf jeden Fall muss das Verhalten der verschiedenen Browser bei benutzerdefinierten Schriftgrößen getestet werden.

Eine Alternative, die Tücken des Seitenzooms zu umgehen, ist ein Style Switcher. Über Steuerelemente oder Links kann der Nutzer Texte und Formularinhalte stufenweise auf bis zu 200% der Ausgangsschriftgröße vergrößern. Allerdings sind Style Switcher auch unter dem Gesichtspunkt der Konformitätsbedingung 1 (vgl. Abschnitt 8.1.1 ab S. 306) zu sehen, d.h., die Konformität zu den WCAG20 ist nur gegeben, wenn alle Erfolgskriterien der angestrebten Konformitätsstufe erfüllt sind.

Im Idealfall würde ein Style Switcher nicht nur den Seitenzoom emulieren, sondern auch den Übergang zu einem flüssigen Layout bieten. Bei Vergrößerung der Inhalte würde sich das Layout nicht nach rechts und dadurch außerhalb des sichtbaren Bereichs ausdehnen, sondern nach unten. Mit alternativen CSS-Dateien kann sich die Gestaltung stark verändern, etwa wenn ein dreispaltiges Layout aus Platzgründen in zwei oder einer Spalte angezeigt werden muss.[6]

6. Clark, J. (2005), Big, Stark & Chunky, in: A List apart,
    URL: *http://www.alistapart.com/articles/lowvision/* (Abruf 10.1.2010).

17.2 Flüssiges Layout

In der Vergangenheit haben Designer sogenannte »optimierte« Layouts entwickelt, die bei bestimmten Bildschirmauflösungen gut funktionierten. Man erkennt sie oft an Aussagen wie: »Diese Seiten sind *optimiert für* eine *Auflösung* von 1024×768 Bildpunkten.«

Aber wie verhält sich ein »optimiertes« Layout auf verschiedenen Endgeräten? Ein für 800×600 »optimiertes« Layout sieht auf großen Bildschirmen nicht besonders elegant aus und ein für größere Auflösungen »optimiertes« Layout ist auf kleineren meist nicht nutzbar.

Selbstverständlich müssen Layouts für verschiedene Browser optimiert werden, aber mit dem Ziel einer größtmöglichen Flexibilität. Dazu zählen Schriftgrößenangaben im Browser ebenso wie unterschiedliche Fensterbreiten. Kombinationen von Schriftgrößen- und Fenstergrößenanpassungen müssen ebenfalls möglich sein. Alles, was dem Nutzer hilft, die Inhalte an seine Bedürfnisse anzupassen, sollte flexibel gestaltet sein.

Für die Vergrößerung bis zu 200% müssen sowohl Seitenzoom als auch Schriftvergrößerung bedacht werden. Vor allem die Schriftvergrößerung bedeutet, dass im Layout »Ausdehnungsbereiche« vorgesehen sein müssen. Der Nutzer soll die Schrift ohne Informationsverlust auf eine bis zu zweifache Größe der Standardschriftgröße einstellen können. Diese Anforderungen gelten auch bei geringer Bildschirmauflösung.

Die Flexibilität des Layouts hat »natürliche« Grenzen, die vor allem durch Bildschirmauflösung bzw. Fensterbreite bestimmt werden. Bei grafischen Layouts muss deshalb experimentiert werden, inwieweit Schrift- und Bildschirmeinstellungen zur vergrößerten Darstellung eines bestimmten Layouts ausgereizt werden können.

17.2.1 Anforderungen im Überblick

Ein Layout soll flexibel sein. Es soll weder zu einem horizontalen Scrollbalken noch zu Textüberlagerungen kommen, sondern die Inhalte sollen sich an den im Browserfenster verfügbaren Platz anpassen. Längerer Fließtext ist schlecht leserlich, wenn jede Zeile horizontal gescrollt werden muss. Dass sich Texte bei Schriftvergrößerung nicht überlagern dürfen, versteht sich von selbst.

Daraus ergeben sich zwei Mindestanforderungen:

1. Bei einer geringen Bildschirmauflösung und/oder einer Schriftvergrößerung müssen alle Inhalte ohne horizontales Scrollen sichtbar und nachvollziehbar sein.
2. Fließtexte sollten umbrechen können. Wenn sich bei Schriftvergrößerung und geringer Bildschirmauflösung einzelne Inhalte und das Layout nicht umbrechen lassen, müssen zumindest einzelne Spalten für sich ohne horizontales Scrollen gelesen werden können. Dieser Fall tritt vor allem bei

Datentabellen auf, aber auch bei langen Wörtern (vor allem in der deutschen Sprache) oder URIs.

Dabei geht es ausdrücklich um maximierte Browserfenster auf handelsüblichen Desktop- und Laptop-Bildschirmen. Statt eine konkrete Bildschirmauflösung vorzugeben, verweisen die Richtlinien auf die allgemeine Marktentwicklung. Das bedeutet, dass beim aktuellen Stand der Technik eine Bildschirmauflösung von 800×600px relevant ist.

Das Vermeiden eines horizontalen Scrollbalkens für die vollständige Darstellung des Fließtextes spielt auch im Kontext der Arbeit mit Vergrößerungssystemen eine Rolle. Hierbei werden oft geringere Bildschirmauflösungen gewählt, denn die Schrift wird dadurch größer und es besteht ein geringerer Vergrößerungsbedarf im Vergrößerungssystem. Ist durch eine niedrigere Bildschirmauflösung im Vergrößerungssystem statt einer sechsfachen »nur« noch eine vierfache Vergrößerung erforderlich, dann wird im Vergrößerungsausschnitt $1/16$ des Bildschirms statt $1/36$ angezeigt, wodurch die Übersichtlichkeit deutlich gesteigert wird. Da der Nutzer auch im Vergrößerungssystem den Bildschirmausschnitt in alle Richtungen bewegen muss, wird horizontales Scrollen zu einer echten Herausforderung: Der Scrollbalken befindet sich am unteren Rand des Browserfensters und der Vergrößerungsausschnitt muss stets dorthin bewegt werden. Die zu lesenden Inhalte sind dann oft nicht mehr im sichtbaren Bereich. Das bedeutet auch, dass die Stelle, wo das Lesen zuvor abgebrochen wurde, neu gesucht werden muss. Deshalb ist es wichtig, dass Fließtexte auch bei geringeren Bildschirmauflösungen horizontal vollständig dargestellt werden.

17.2.2 Flüssig, elastisch oder starr

Wie die Überschrift vermuten lässt, werden barrierefreie Webseiten mit flüssigen Layouts erstellt. In einem solchen Layout kann die Schrift um bis zu 200% vergrößert werden und die Inhalte passen sich bei benutzerdefinierten Schrifteinstellungen und geringeren Bildschirmauflösungen an das Browserfenster an.

Im CSS-Design gibt es die folgenden wesentlichen Layouttypen:

- starres Layout,
- elastisches Layout und
- flüssiges Layout.

Diese drei Grundformen lassen sich anhand eines einfachen HTML-Dokuments demonstrieren (vgl. Listing 17–2).

```
<!DOCTYPE html PUBLIC "-//W3C//DTD XHTML 1.0 Strict//EN"
"http://www.w3.org/TR/xhtml1/DTD/xhtml1-strict.dtd">
<html lang="de" xmlns="http://www.w3.org/1999/xhtml">
<head>
 <meta http-equiv="Content-Type" content="text/html; charset=ISO 8859-1" />
 <title>Beispiel für verschiedene Layouts</title>
 <link rel="stylesheet" media="all" type="text/css" href="standard.css" />
</head>
<body>
 <div id="rahmen">
   <h1>Sixtinische Kapelle</h1>
   <div id="navigation">
    <h2>Decken&shy;gemälde</h2>
    <ul>
      <li><a href="#">1 Zentrale Bildfelder</a></li>
      <li><a href="#">2 Benachbarte Darstellungen</a></li>
      <li><a href="#">3 Vier Eckzwickel</a></li>
      <li><a href="#">4 Vorfahren Jesu</a></li>
      <li><a href="#">5 Propheten und Sibyllen</a></li>
    </ul>
   </div>
   <div id="inhalt">
    <h2>Sixtinische Kapelle</h2>
    <p>Die Pläne für die Kapelle machte Baccio Pontelli. Sie wurde zwischen
1475 und 1483 unter Papst Sixtus IV. erbaut, auf den auch der Name »Sixtinische
Kapelle« zurückgeht. Sie wurde am 15. August 1483 eingeweiht, ist heute Teil
der Vatikanischen Museen und kann auch besichtigt werden.</p>
    <p>Die Sixtinische Kapelle ist rechteckig, 40,9 Meter lang, 13,4 Meter
breit und 20,7 Meter hoch. Sie ist in der Proportion des Salomonischen Tempels
errichtet, ihre Länge entspricht in etwa der doppelten Höhe und der dreifachen
Breite. Die Decke ist ein flaches Tonnengewölbe.</p>
   </div>
   <br class="clear"/>
 </div>
</body>
</html>
```

Listing 17-2 HTML-Grundgerüst für verschiedene Typen von CSS-Layouts

In starren Layouts werden i.d.R. sowohl Schriftgröße als auch Spaltenbreiten in Pixel angegeben:

```
* {
  font-family: verdana, sans-serif;
}
#rahmen {
  border: 4px solid #cccccc;
  width: 960px;
  padding: 10px;
  height: 500px;
}
#navigation {
  border: 2px solid #eeeeee;
  width: 200px;
  float: left;
  padding: 10px;
}
#inhalt {
  border: 2px solid #eeeeee;
  padding: 10px;
  float: left;
  width: 680px;
  margin-left: 20px;
}
h1 {
  font-size: 24px;
}
h2 {
  font-size: 18px;
}
.clear {
  clear: both;
}
p, li {
  font-size: 12px;
}
```

Listing 17-3   CSS-Eigenschaften für ein starres Layout

Wie bereits erwähnt, bedeutet die Verwendung von Pixel für Schriften nicht, dass Texte nicht vergrößert werden können (ein Seitenzoom ist immer noch möglich), aber die Schriftgröße passt sich nicht unbedingt den Browsereinstellungen an. Bei Bildschirmauflösungen kleiner als 1024px Breite kommt es außerdem dazu, dass nach rechts gescrollt werden muss, um alle Inhalte zu erfassen. Bei einer Bildschirmauflösung von 1024×768 kommt es beim Seitenzoom ebenfalls zu abgeschnittenen Inhalten. Erzwingt ein Nutzer eine größere Schrift, kann es außerdem zu Überlagerungen von Texten kommen.

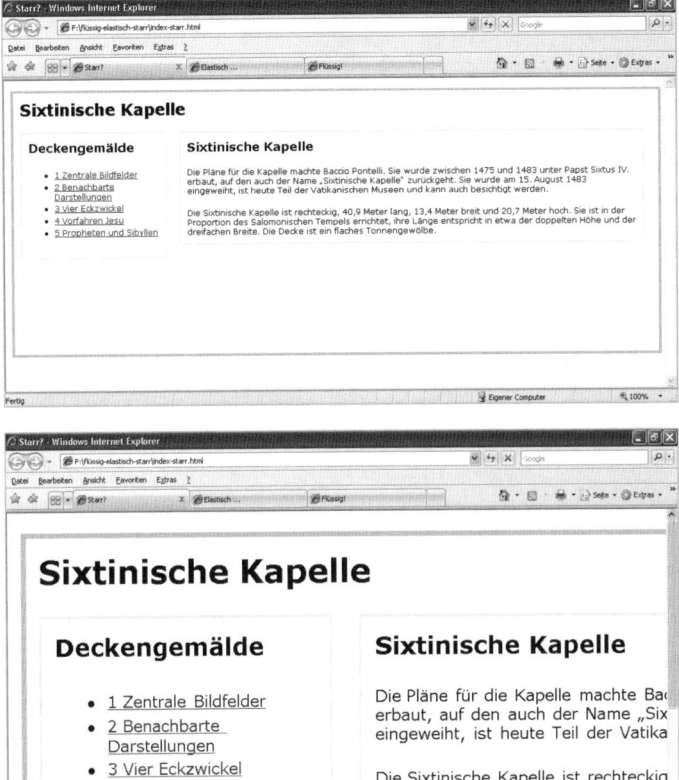

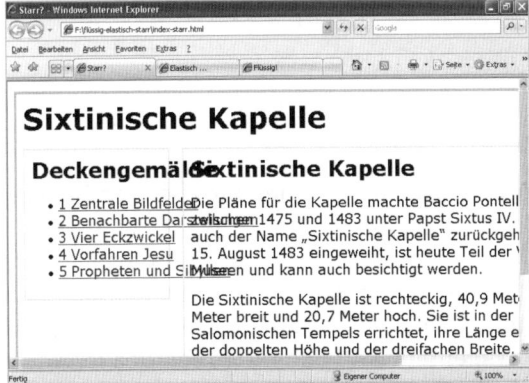

Abb. 17-6 Mögliche Probleme bei einem starren Layout: horizontales Scrollen (Seitenzoom) und Textüberlagerungen (erzwungene Schriftvergrößerung im Internet Explorer)

Bei einem elastischen Layout könnten die CSS-Regeln wie folgt aussehen:

```
* {
  font-family: verdana, sans-serif;
}
#rahmen {
 Border : 4px solid #cccccc;
 width : 60em;
 padding : 10px;
 min-height : 31.2em;
}
#navigation {
 border : 2px solid #eeeeee;
 width : 12.5em;
 float : left;
 padding : 10px;
}
#inhalt {
 border : 2px solid #eeeeee;
 padding : 10px;
 float : left;
 width : 42.5em;
 margin-left : 20px;
}
h1 {
 font-size : 1.5em;
}
h2 {
 font-size : 1.1em;
}
p, li {
 font-size: 0.75em;
}
.clear {
 clear : both;
}
```

Listing 17-4   CSS-Eigenschaften für ein elastisches Layout

Wurden die Standardeinstellungen des Browsers beibehalten, dann dürften diese CSS-Regeln dazu führen, dass das Layout identisch zum starren Layout aussieht. Wenn die Schriftgröße im Browser geändert wird, dann passt sich das Layout an: Eine größere Schrift führt zu einem breiteren Layout und eine kleinere Schrift zu einem schmaleren. Wenn die Schriftgröße auf 150 % erhöht wird, dehnen sich die DIV-Elemente um denselben Faktor aus. Weil dabei der äußere Rahmen breiter als das Fenster wird, muss der Nutzer nach rechts scrollen, um die Inhalte vollständig zu erfassen.

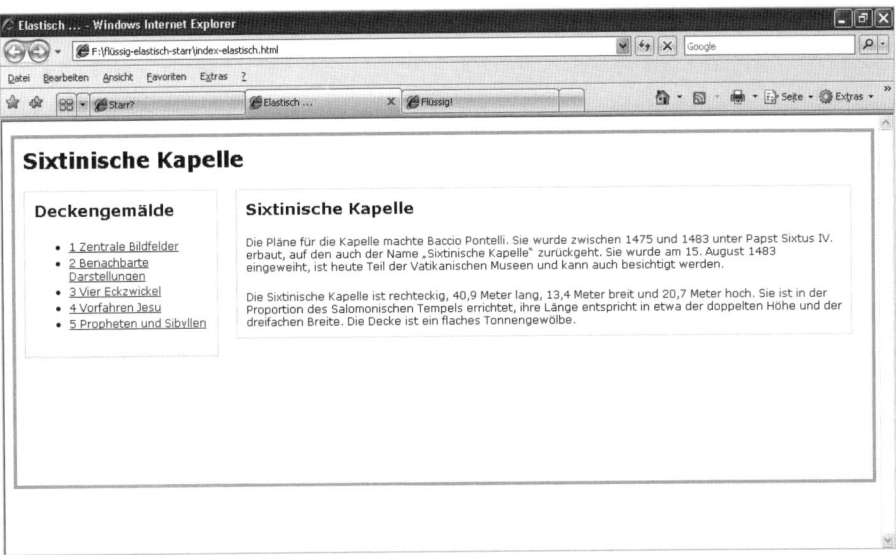

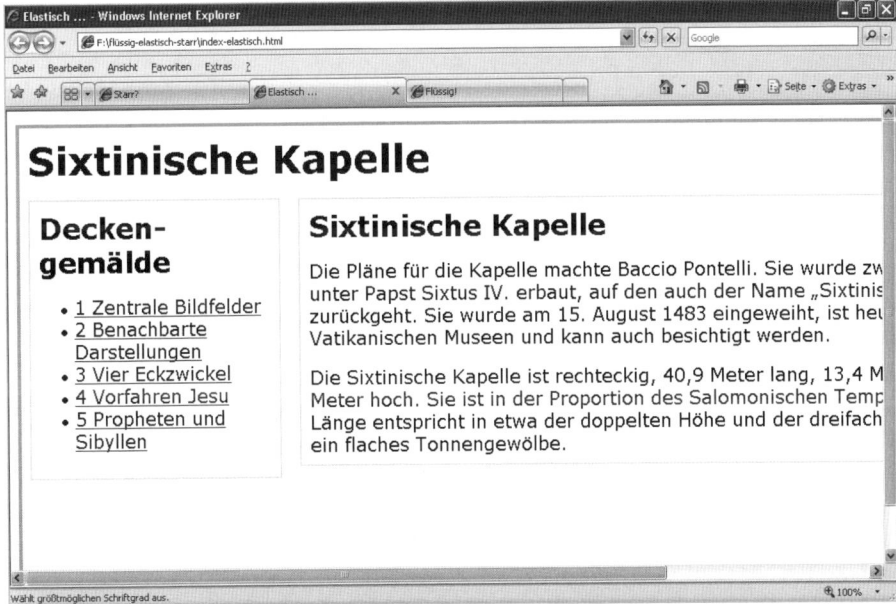

Abb. 17-7   Mögliches Problem bei einem elastischen Layout: horizontales Scrollen bei
Schriftvergrößerung

In einem flüssigen Layout sind die Spalten im Allgemeinen mit Prozentwerten angegeben, z.B.:

```css
* {
 font-family : verdana, sans-serif;
}
#rahmen {
 border : 4px solid #cccccc;
 width : 97.6%;
 padding : 10px;
 min-height : 31.2em;
}
#navigation {
 border : 2px solid #eeeeee;
 width : 20.9%;
 float : left;
 padding : 10px;
}
#inhalt {
 border : 2px solid #eeeeee;
 padding : 10px;
 float : left;
 width : 71%;
 margin-left : 20px;
}
h1 {
 font-size : 1.5em;
}
h2 {
 font-size : 1.1em;
}
p, li {
 font-size: 0.75em;
}
.clear {
 clear : both;
}
```

Listing 17-5 CSS-Eigenschaften für ein flüssiges Layout

Diese CSS-Regeln geben an, dass sich die DIV-Elemente nach dem verfügbaren Platz im Browserfenster richten, d.h., die Spaltenbreiten sind abhängig von der Fensterbreite. Dadurch sind die Seiten bei hoher Auflösung nicht mehr gut leserlich (vgl. Abb. 17-8).

Abb. 17-8 Mögliches Problem bei einem flüssigen Layout: sehr breite Spalten bei höheren Bildschirmauflösungen

Das Problem zu breiter Spalten kann mit der CSS-Eigenschaft max-width gelöst werden. Sinnvoll ist in diesem Fall die Maßeinheit em, denn die Angaben sollen vor allem bei Veränderungen der Schriftgröße durch den Nutzer greifen:

```
#rahmen {
        max-width : 960px;
}
```

Listing 17-6 max-width zur Beschränkung der Laufweite

Weil die rechte Spalte bei Schriftvergrößerung weiter nach rechts geschoben wird, sollte ihre Ausdehnung durch die Begrenzung der Breite des äußeren Rahmens beschränkt werden.

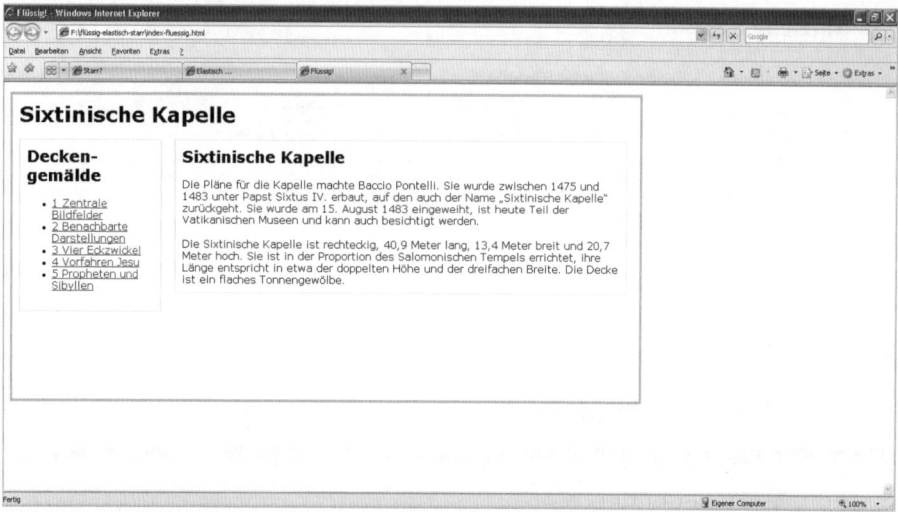

Abb. 17-9   Bei hoher Fensterbreite wird das Layout auf ein leserliches Maß begrenzt.

Ein wichtiges Merkmal flüssiger Layouts ist, dass die Inhalte neu angeordnet werden, wenn der horizontale Platz im Fenster nicht mehr zur Darstellung ausreicht: Wird die Fensterbreite für die beiden Spalten zu schmal, dann werden die einzelnen Spalten zunächst gestaucht. Um zu vermeiden, dass Spalten so schmal werden, dass Texte nur noch mit wenigen Wörtern pro Zeile dargestellt werden, kann auch eine minimale Breite für die Spalten angegeben werden; wird diese Breite erreicht, werden die einzelnen Blöcke statt nebeneinander dann untereinander dargestellt und ein horizontales Scrollen wird vermieden.

Um die minimale Breite der Spalten festzulegen, reicht die Ergänzung der entsprechenden Selektoren um die CSS-Eigenschaft min-width aus:

```
#navigation {
 min-width : 11.25em;
}
#inhalt {
 min-width : 30em;
}
```

Listing 17-7   min-width zur Vermeidung sehr schmaler Spalten

Die beiden Spalten werden schmaler, wenn die Fensterbreite schmaler wird, aber wenn eine der Spalten die Breite von min-width erreicht, wird sie nicht weiter gestaucht. Wenn die minimale Breite beider Spalten nicht mehr nebeneinander ins Browserfenster passt, werden sie untereinander dargestellt.

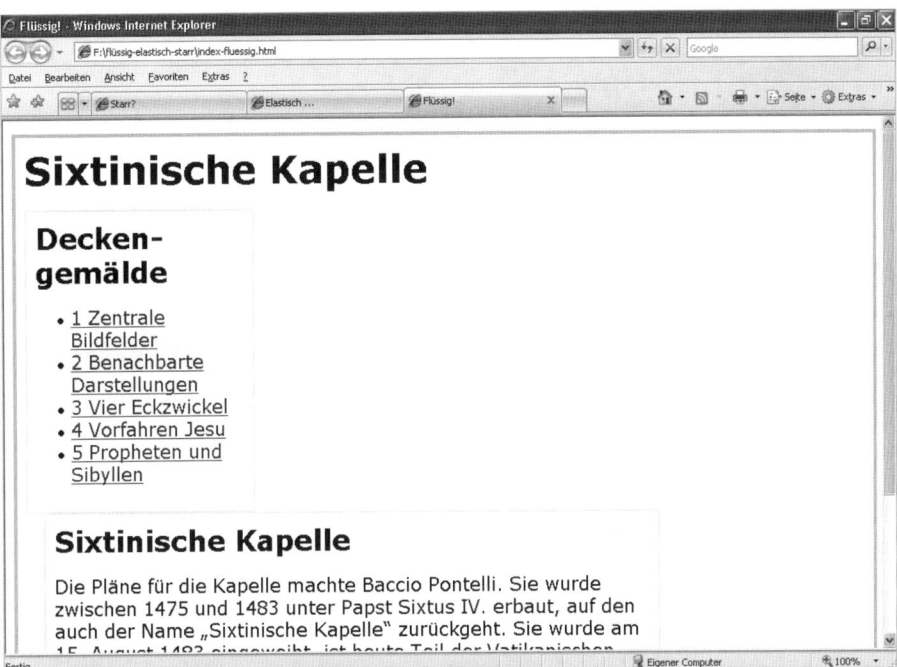

Abb. 17-10   Bei einer Bildschirmbreite von 1024 px und einer Schriftvergrößerung von 150 % wird das flüssige Layout umbrochen.

Tabelle 17-4 fasst die wesentlichen Merkmale sowie Vor- und Nachteile der drei Layoutgrundtypen zusammen.

	Merkmal	Vorteil	Nachteil
Flüssiges Layout	Insbesondere die Breite von Seiten-bereichen wird in Prozent vorge-nommen.	Das Layout passt sich grundsätzlich der Fenster-breite des Browsers an.	Bei Schriftvergrößerung werden Spalten evtl. zu schmal für lange Worte. Eine Lösung ist die Verwen-dung von `min-width`. Bei hohen Bild-schirmauflösungen werden die Zeilen zu lang, was den Einsatz der CSS-Eigenschaft `max-width` erfordert.
Elastisches Layout	Vor allem die Breite von Seiten-bereichen wird in em definiert.	Das Layout passt sich grundsätzlich der im Browser eingestellten Schriftgröße an.	Die Schriftvergrößerung hat die gleiche Auswirkung wie eine Layoutvergrößerung. Bei geringen Bildschirmauflösungen ist horizon-tales Scrollen unvermeidbar.
Starres Layout	Die Inhalte und das Layout wer-den meist in Pixel festgelegt.	Das Layout sieht immer gleich aus.	Das Layout passt sich nicht an Bild-schirmauflösungen an. Bei benut-zerdefinierten Schriftgrößen kann ein Layout unleserlich werden.

Tab. 17-4   Merkmale, Vorteile und Nachteile verschiedener CSS-Layouttechniken

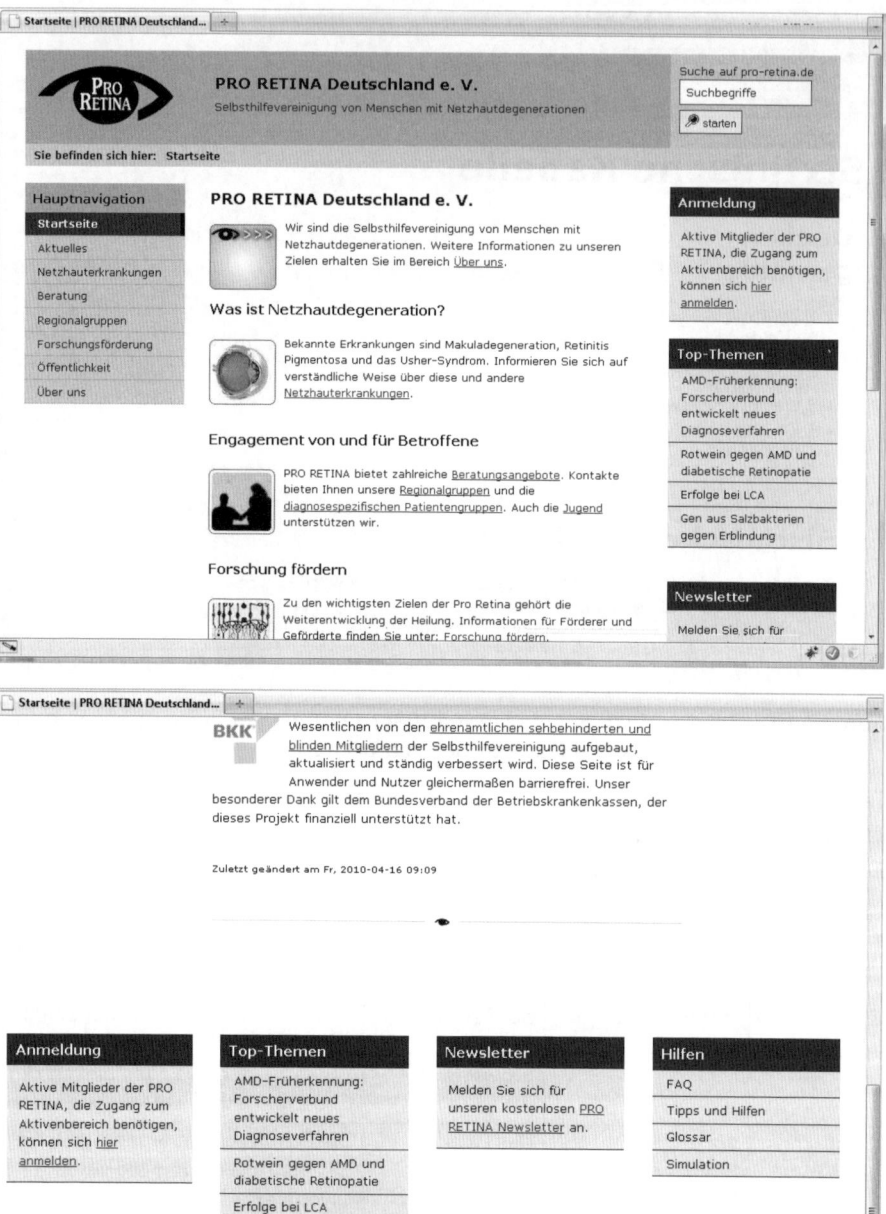

Abb. 17-11   Bei schmalen Browserfenstern wird die rechte Spalte unter dem Inhalt neu
angeordnet.

Natürlich gibt es viele Mischformen. So müssen in flüssigen Layouts elastische Bereiche berücksichtigt werden. Im Fokus sollten dabei zunächst die Breitenangaben für einzelne Spalten stehen. Bei einem einspaltigen Bereich sollte die Breite in Prozent angegeben werden, aber bei zwei- und mehrspaltigen Seitenbereichen müssen manche Spalten eventuell mit em ausgezeichnet werden. Insbesondere gilt:

- Einspaltige Bereiche, wie eine Kopfzeile oder ein äußerer Rahmen für mehrere Spalten, sollten in Prozent angegeben werden, damit sich das Layout dem Fenster anpasst. Damit es sich bei sehr breiten Fenstern nicht zu sehr in die Breite zieht, kann mit der CSS-Eigenschaft max-width gearbeitet werden. Umgekehrt verhindert die Eigenschaft min-width, dass beispielsweise ein Fließtext bei einem sehr schmalen Fenster nach jedem Wort umbricht. Sinnvollerweise wird für max-width und min-width die Maßeinheit em und keine Prozentangabe verwendet.[7]

C 24

- Hat eine Seite zwei oder mehr Textspalten, dann sollte die Breite der schmalen Spalten in em ausgezeichnet werden. Würden hier Prozentwerte verwendet, könnten sie bei kleinen Fenstern zu schmal für den Inhalt werden und die Texte würden in andere Bereiche hineinragen. Wird dagegen em verwendet, dann richtet sich die Breite schmaler Spalten nach der Schriftgröße.

C 28

Flüssige Layouts sehen nicht auf allen Endgeräten gleich aus, sondern passen sich an Bildschirmauflösungen bzw. Fensterbreiten und benutzerdefinierte Schriftgrößen an. Passen die Inhalte nicht mehr nebeneinander, dann werden sie untereinander angeordnet, ohne dass der Zusammenhang verloren geht (vgl. Abb. 17–11).

17.2.3 Flüssiges Layout in der Praxis

Flüssige Layouts sind die effektivste Möglichkeit, Barrierefreiheit unter Berücksichtigung der Schriftvergrößerung zu realisieren. Sie erfordern natürlich gute HTML- und CSS-Kenntnisse, denn das Layout muss verschiedene Bildschirmauflösungen, verschiedene Schriftgrößen und vieles mehr berücksichtigen. Aufgrund der großen Abhängigkeit von den einzelnen Inhalten und ihrer grafischen Gestaltung betrachten wir an dieser Stelle das CSS des Beispielauftritts, das in Abschnitt 14.1.2 ab Seite 540 vorgestellt wurde.

Der Kopfbereich besteht aus dem Logo, einem Slogan sowie einer Suchbox. Darunter befindet sich das Hauptmenü. Beide Bereiche sind horizontal angeordnet und bei Standardschriftgrößen und einer Bildschirmauflösung von 1024×768 »ansehnlich«.

---

7. Dirk Jesse kommt auf *http://www.drweb.de/magazin/flexible-layouts-die-herausforderung-der-zukunft/* zum Ergebnis, dass die minimale Breite in Pixel angegeben werden sollte.

Abb. 17-12   Kopfbereich und Hauptmenü des Beispielauftritts bei 1024 px
Fensterbreite

Für höhere Bildschirmauflösungen wurde das Layout so gestaltet, dass es nicht
am linken Rand »klebt«, sondern zentriert wird:

Abb. 17-13   Kopfbereich des Beispielauftritts bei einer Bildschirmbreite von 1280 px

Wird die Schrift auf 200 % vergrößert, führt die Darstellung auf einem großen
Bildschirm nur dazu, dass alles größer wird. Schon bei einer horizontalen Bildschirmbreite von 1024 px werden die Inhalte aber nicht mehr nebeneinander
dargestellt. In diesem Fall muss das Layout umbrechen.

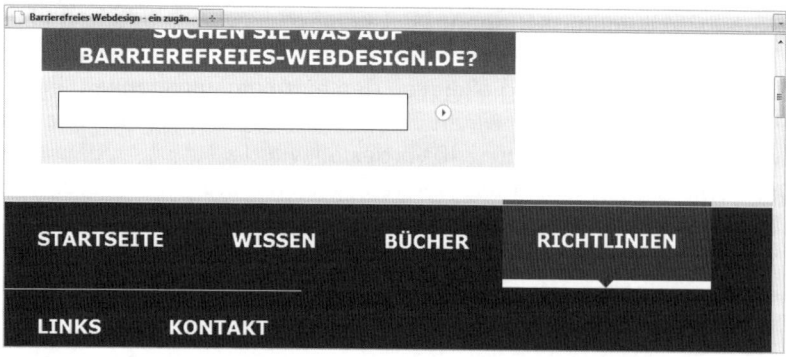

Abb. 17-14   Kopfbereich des Beispielauftritts bei zweifacher Schriftvergrößerung und
1024 px Bildschirmbreite

Und selbstverständlich können alle Inhalte auch bei 800 px Bildschirmbreite und einer zweifachen Schriftgröße dargestellt werden, ohne dass ein horizontales Scrollen nötig wird.

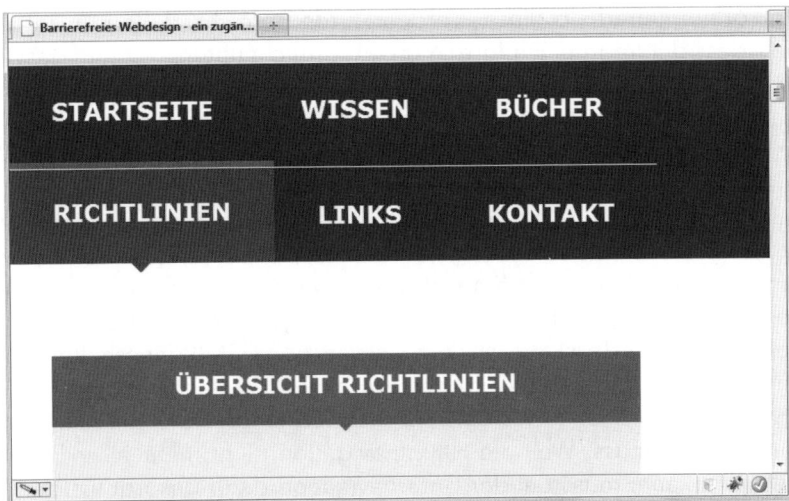

Abb. 17-15   Kopfbereich des Beispielauftritts bei Schriftvergrößerung und 800 px Bildschirmbreite

Hier die CSS-Eigenschaften, die für das flüssige Verhalten im Kopfbereich »verantwortlich« sind:

```
body {
    font-size: 75%;
    margin: 1.6em auto 3em;
    max-width: 80em;
    width: 100%;
}
* html body { /* für IE6 */
    width: 80em;
}
#logobox {
    float: left;
    width: 51em;
    max-width: 100%;
}
#kopfbox {
    float: left;
    width: 25.4em;
}
```

Listing 17-8   CSS-Eigenschaften, verantwortlich für einen »flüssigen« Kopfbereich

Die Breite des Inhalts wird für das BODY-Element definiert. In Kombination mit der Schriftgröße von 75% wird die maximale Breite auf eine Fensterbreite von ungefähr 1024px bei normaler Schriftgröße beschränkt. Wird die Fensterbreite kleiner als 1024px oder die Schrift größer, greift die Breite von 100%. Alle Inhalte können innerhalb dieses vordefinierten Bereichs fließen. Anzumerken ist noch, dass der Internet Explorer 6 max-width nicht unterstützt und deswegen eine feste relative Breite von 80em mit einem »IE6-Hack« festgelegt wird.

Damit Breadcrump, Logo und Slogan in einem Block bleiben, erhält der linke obere Kasten eine Breite. Auch hier – damit dieser keine horizontalen Scrollbalken erzeugt – wir die maximale Breite auf 100% gesetzt. Der Kasten rechts mit dem Link zum Impressum und dem Suchformular bekommt ebenfalls eine Breite. Damit beide Kästen sich »selber positionieren«, bekommen beide die Eigenschaft float: left;, was dazu führt, dass die Kästen untereinander angeordnet werden können, wenn im Browserfenster zu wenig horizontaler Platz ist.

Selbstverständlich ist die Wirkungsweise der CSS-Eigenschaften vom in Abschnitt 14.1.2.1 ab Seite 542 vorgestellten HTML abhängig.

Etwas komplexer ist das Verhalten des Untermenüs, wenn die Hauptnavigation umbrechen muss. Weil die Hauptnavigation nicht mehr einzeilig dargestellt werden kann, muss bei der Unternavigation dafür gesorgt werden, dass sie trotzdem vollständig angezeigt wird (die Unternavigation wird absolut positioniert):

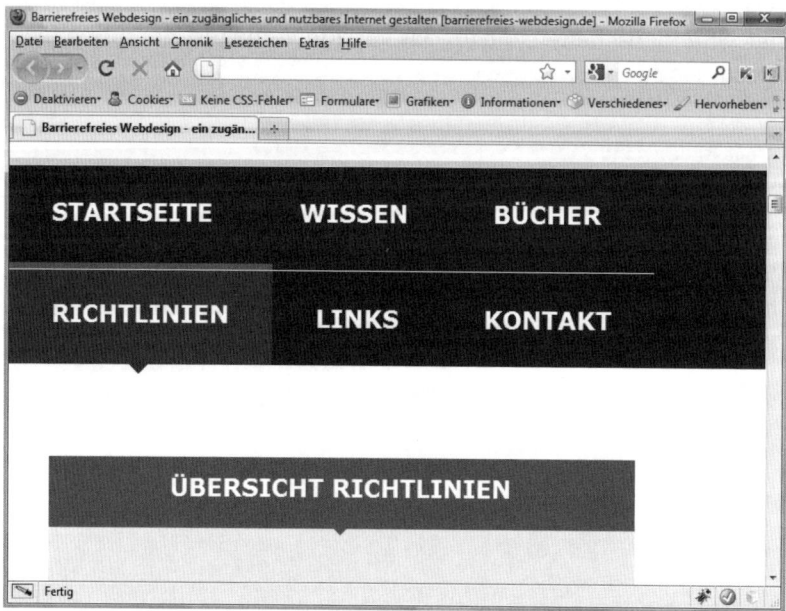

Abb. 17-16   Die Hauptnavigation kann umbrechen und die Unternavigation ist weiterhin bedienbar.

Die Unternavigation ist absolut positioniert (vgl. Listing 14–10 auf S. 554). Damit fließt die Unternavigation überhaupt nicht, sondern befindet sich immer an der gleichen Stelle. Das bedeutet, dass der nachfolgende Inhalt an der Hauptnavigation ausgerichtet werden wird. Deshalb wurde in Listing 14–11 auf Seite 555 die Größe eines Behelfselements vorgestellt, das die Größe der Unternavigation einnimmt und den Fluss der Inhalte wieder aufnimmt. Insbesondere erhält das Element die Eigenschaft float:left;

```
#floater {
    width: 27em;
    height: 25em;
    float: left;
}
```

Listing 17-9   Wiederherstellung des Flusses

Weil es sich um ein zweispaltiges Layout handelt, gestaltet sich das flüssige Layout danach relativ einfach. Mit den folgenden Angaben für den Inhaltsbereich ist sichergestellt, dass das Layout rechtzeitig umbricht, um ein horizontales Scrollen bei 800 px zu vermeiden:

```
#inhalt {
    float: right;
    max-width: 44em;
}
```

Listing 17-10   Erhalten des flüssigen Layouts für den Inhaltsbereich

Mit der maximalen Breite von 44 em und einer Standardschriftgröße im Browser passt der Inhalt neben die Unternavigation – bei einer Fensterbreite von 1024 px. wird das Fenster schmaler und/oder die Schriftgröße erhöht, rutscht der Inhaltsbereich irgendwann unter die Unternavigation. Das float:right; bewirkt, dass die noch folgenden Inhalte aus dem Info-Bereich den Inhaltsbereich links umfließen können und damit in der visuellen Anordnung unterhalb der Unternavigation positioniert werden. Dafür braucht der Info-Bereich folgende Angaben:

```
#infobox {
    float: left;
    width: 24.8em;
}
```

Listing 17-11   Erforderliche Angaben für einen »flüssigen« Info-Bereich

Natürlich müssen zahlreiche Szenarien beachtet werden; diese Beispiele sollen nur verdeutlichen, dass das Layout tatsächlich umbricht. Generell müssen vor allem für 800 px und 1024 px Bildschirmbreite folgende Fragen beachtet werden:

▨ Können alle Inhalte (Navigationsbereiche, Fließtexte, Formulare) bei schrittweiser Erhöhung der Schriftgröße ohne horizontales Scrollen gelesen und bedient werden?

▓ Sind Inhalte, die bei Schriftvergrößerung und/oder Verringerung der Bildschirmauflösung aufgrund ihrer Breite (z.B. Tabellen, Grafiken, lange Wörter) nicht mehr in eine Spalte passen, ohne horizontales Scrollen wahrnehmbar?

Es gibt sicherlich Fälle, in denen eine linearisierbare und strukturierte HTML-
Vorlage nicht wie erwartet umgesetzt werden kann. Manchmal liegt das an der
Browserunterstützung für bestimmte CSS-Eigenschaften und manchmal ist CSS
(noch) nicht leistungsfähig genug. Manchmal gibt es Browserbugs, unter anderem bei der Positionierung von Inhaltsbereichen in älteren Versionen des Internet Explorer. CSS ist für jeden Webentwickler eine Herausforderung und die
Probleme lassen sich teilweise nur durch intensive Recherche lösen.

17.3   Größenangaben in HTML

Von der grundsätzlichen Forderung nach relativen Angaben in den CSS gibt es
Ausnahmen. Den folgenden drei Beispielen ist gemein, dass die Größen im
HTML angegeben werden können und sogar sollten.

1. Bilder werden meist als Rastergrafik eingesetzt. Obwohl eine Vergrößerung
    manchmal zweckmäßig ist, führen vergrößerte Rastergrafiken nicht immer
    zum gewünschten Ziel einer besseren Wahrnehmbarkeit.
2. Wenn ein Layout über Frames aufgebaut wird, müssen die relativen Anga-
    ben im HTML berücksichtigt werden.
3. Datentabellen werden reihenweise aufgebaut, aber für die Schriftvergrö-
    ßerung können im HTML einige Angaben zur relativen Spaltenbreite vor-
    genommen werden.

17.3.1 Grafiken

Mit der Angabe von Breite und Höhe einer Grafik im HTML wird vermieden,
dass sich eine Seite beim Laden »zurechtruckelt«:

```
<img src="lib/img/bild.jpg" alt="Alternativtext" width="100" height="60" />
```

Die Bildgröße wird in Pixel angegeben. Dadurch können die Browser beim Seitenaufbau den benötigten Platz im Layout reservieren, bevor alle Bilder vollständig geladen sind.

Alternativ kann die Bildgröße im HTML in Prozent angegeben werden, was
aber bei ausgeschalteten CSS zu (meist) unerwarteten Ergebnissen führt.
Würde die Breite eines Bildes mit width="100%" angegeben, so würde es den
verfügbaren Raum seines Elternelements ausfüllen. Das setzt voraus, dass die
Breiten der Elternelemente ebenfalls im HTML angegeben werden müssten.
Wenn CSS aber nicht eingeschaltet ist, dann ist der verfügbare Platz die Fensterbreite, wodurch auch die kleinsten Bilder bildschirmfüllend werden. Wenn
relative Angaben für Bilder vergeben werden sollen, dann sollten absolute

Breiten- und Höhenangaben in den CSS mit em-Werten überschrieben werden. Im folgenden Beispiel kann es sinnvoll sein, die Größe der Grafik relativ anzugeben, da bei vergrößerter Schrift das Symbol zu klein und bei verkleinerter Schrift zu groß wirkt:

```
<a class="linksymbol" href="#"><img src="lib/img/pdf.gif" alt="PDF"
height="22" width="25" />Anleitung herunterladen</a>
```

Zu beachten ist, dass die Grafik bei größerer und kleinerer Darstellung nicht mehr scharf aussieht. Eine scharfe Darstellung der Grafik bis zu einer Schriftvergrößerung von 200% kann nur durch den dynamischen Austausch des Bildes bei vergrößerter Schrift erzielt werden.

Ob Grafiken vergrößerbar sein sollten oder nicht, ist eher eine Frage des Designs. Wenn auch Logos oder Teaser-Bilder bei Schriftvergrößerung skalieren, dann nehmen sie automatisch mehr Platz ein und es bleibt weniger Platz für andere Inhalte. Gleichzeitig sollte bei einer Schriftvergrößerung ein Teaser-Text noch als solcher erkennbar sein. Bei kleineren Bildern ist eine per CSS gesteuerte Vergrößerbarkeit also u.U. zweckmäßig.

Bei großen Bildern ist zu beachten, dass sie bei Schriftvergrößerungen zur Ausdehnung der Elternelemente führen können, wodurch Texte weiter nach rechts fließen. Bei niedrigen Bildschirmauflösungen kann es dann wiederum zu einem horizontalen Scrollbalken oder anderen Unannehmlichkeiten kommen. Für größere Bilder sind also Auszeichnungen in em nicht empfehlenswert, zumindest sollte eine Schriftvergrößerung bis 200% den Lesefluss in einem schmalen Browserfenster nicht beeinträchtigen.

In den WCAG20 wird die Vergrößerbarkeit nur für Texte gefordert. Explizit ausgenommen sind beispielsweise Schriftgrafiken, weil vergrößerte Grafiken in der Regel nicht leserlicher sind. Zudem wird der Verzicht auf Schriftgrafiken zugunsten einer Formatierung von Schrift mit CSS gefordert (vgl. Abschnitt 6.3.1.2 ab S. 211).

17.3.2 Vergrößerbare Frames

Bei der Umsetzung eines Frames-Layouts muss die Leserlichkeit mit niedrigen Bildschirmauflösungen und/oder Schriftvergrößerung geprüft werden. Gerade die Schriftvergrößerung kann die Nutzbarkeit eines Framesets stark einschränken, und zwar dann, wenn vergrößerte Texte nicht mehr in die vorgesehene Größe eines Frames passen und das Scrollen oder die Veränderung der Breite des Frames im HTML unterbunden wird.

Normalerweise kann die Größe von Frames mit dem Mauszeiger verändert werden. Dies ist vor allem im Hinblick auf die Schriftvergrößerung sinnvoll. Nur in den Fällen, in denen Sie absolut sicher sein können, dass der Inhalt nicht vergrößert werden kann (z.B. wenn ein Frame leer ist oder ausschließlich Bilder enthält), ist die Unterbindung dieser Browserfunktion sinnvoll. Das Attribut noresize für ein FRAME-Element sollte also normalerweise nicht genutzt werden. Außerdem muss beachtet werden, dass jede Veränderung der Größe eines Frames Auswirkungen auf die Größe benachbarter Frames hat. Die wechselseitigen Abhängigkeiten sind bei zwei oder drei Frames überschaubar, aber bei mehreren Frames, die möglicherweise in verschachtelten FRAMESET-Elementen angeordnet sind, entstehen zahlreiche Probleme: Wenn ein Frame vergrößert wird, ist zwangsläufig weniger Platz für andere Frames vorhanden, und ob deren Inhalte bei Schriftvergrößerung noch ohne horizontales Scrollen zu lesen sind, ist zweifelhaft.

Bei allen Frames mit Textinhalten sollte das Scrollen innerhalb des Frames zugelassen werden, um die Auswirkungen von Schriftvergrößerungen zu kompensieren. Nur wenn sichergestellt ist, dass eine Schriftvergrößerung keinen Einfluss auf die Darstellung hat und der Inhalt nicht größer werden kann, kann ein scrolling="no" gesetzt werden. Das ist beispielsweise dann der Fall, wenn das angezeigte Dokument eine Grafik mit absoluten Größenangaben enthält. Sobald ein Frame Text enthält, muss eine Schriftvergrößerung möglich sein und das Scrolling berücksichtigt werden.

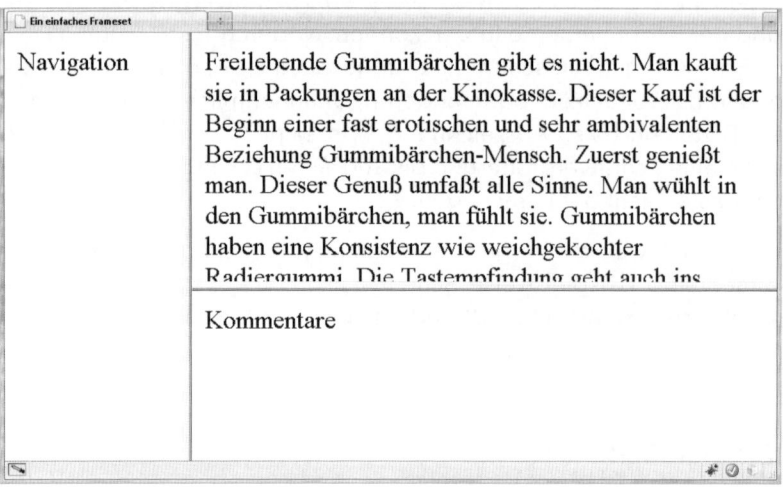

Abb. 17-17   Eine Schriftvergrößerung führt zu abgeschnittenen Inhalten in einem Frameset.

Streng genommen genügt allein das Scrolling nicht den Anforderungen, denn der Nutzer muss zunächst horizontal scrollen, um Inhalte zu lesen. Nur die Veränderung der Breite der Frames sichert die Zugänglichkeit.

Grundsätzlich sind auch bei Frames relative Einheiten einzusetzen. Im FRAMESET werden die Größenangaben als Attribute der FRAMESET-Elemente angegeben. Als relative Einheiten kommen Prozentangaben und relative Relationen in Frage. Die relativen Angaben orientieren sich am verfügbaren Platz im Browserfenster. Je nachdem, ob ein Frameset in Reihen oder Spalten aufgeteilt wird, sind die Attribute rows oder cols zu verwenden:

```
<!DOCTYPE html PUBLIC "-//W3C//DTD XHTML 1.0 Frameset//EN"
"http://www.w3.org/TR/2000/REC-xhtml1-20000126/DTD/xhtml1-frameset.dtd">
<head>
 <title>Ein einfaches Frameset</title>
</head>
<frameset cols="4*,13*">
 <frame src="navigation.html" name="navigation" title="Inhaltsverzeichnis" />
   <frameset rows="90%,10%">
     <frame src="start.html" name="inhalt" title="Dokument" />
     <frame src="kommentare.html" name="kommentare" title="Anmerkungen und
Fussnoten" />
   </frameset>
 <noframes>
   <body>
    <p>Wir setzen auf die Frames-Technik, um unsere Dokumente darzustellen. Die
<a href="start.html">Startseite</a> und das <a
href="navigation.html">Inhaltsverzeichnis des Dokuments</a> können Sie direkt
aufrufen. Von dem Inhaltsverzeichnis können Sie im Übrigen alle Seiten des
Dokuments aufrufen.</p>
   </body>
 </noframes>
</frameset>
```

Listing 17-12 Relative Größenangaben für Frames

In diesem Frameset wird in einem äußeren Frame der Bildschirm in einer Relation von 4:13 horizontal aufgeteilt, d.h., es wird ein schmaler linker und ein breiter rechter Bereich definiert. Der rechte Bereich wird dann noch mal über Prozentangaben im Verhältnis 9:1 vertikal aufgeteilt, wobei oben ein großer Bereich und unten ein kleiner Bereich definiert wird. Die Aufteilung sollte bei Prozentwerten jeweils für die Breite und die Höhe maximal 100% ergeben.

Im obigen Beispiel wurden zwei Framesets in jeweils zwei Bildschirmbereiche unterteilt; möglich ist aber auch die Aufteilung in mehrere Bereiche. Mit cols="2*,5*,6*,2*" würde ein Bildschirmbereich in vier Spalten unterteilt, wobei die erste Spalte 13,3% des Fensters einnimmt, die zweite Spalte 33,3%, die dritte Spalte 40% und die vierte Spalte 13,3%.

Auch eingebettete Frames sollen relativ ausgezeichnet werden. Im Gegensatz zu den in einem FRAMESET-Element eingebundenen Frames kann das IFRAME-Element über CSS gestaltet werden. Somit können IFRAME-Elemente in em dimensioniert werden und passen sich der eingestellten Schriftgröße an.

17.3.3 Tabellen mit Angaben zur Spaltenbreite

Sowohl bei Layout- als auch bei Datentabellen sollte die Breite der einzelnen Tabellenelemente in relativen Einheiten angegeben werden, damit sich die horizontal angeordneten Inhalte dem Browserfenster anpassen.

Eine besondere Eigenschaft von Tabellen ist, dass die Zellen von den Browsern nur eingeschränkt gestaucht werden (können). Haben die Inhalte von Datenzellen eine bestimmte Breite, dann werden die Zellen und zugehörigen Spalten nicht weiter verkleinert. Das heißt: Trotz relativer Angaben orientiert sich die Spaltenbreite an den breitesten Inhalten einer Spalte.

Umgekehrt wird bei relativen Angaben wie Prozent eine Tabelle möglicherweise in die Breite gezogen. Es gilt, eine Art maximale Breite für die Spalten einer Tabelle festzulegen. Hierfür bietet HTML die Elemente COLGROUP und COL, die die Definition von Spaltenbreiten unabhängig vom Inhalt ermöglichen.

Im Folgenden wird nur auf Datentabellen eingegangen (vgl. Abschnitt 11.1 ab S. 399). Das unten vorgestellte Beispiel verwendet HTML-Elemente, die nicht für Layouttabellen eingesetzt werden dürfen.

Zur Festlegung der Spaltenbreiten können Sie im TABLE-Element die Spaltengruppen mit dem COLGROUP-Element angeben. Zwei Alternativen stehen zur Verfügung: Das COLGROUP-Element kann entweder ein span-Attribut mit der Anzahl der Spalten erhalten oder jedes in einem COLGROUP-Element enthaltene COL-Element bestimmt eine oder mehrere Spalten.

Wenn eine Tabelle mehrere gleich breite Spalten hat, dann ist die erste Methode einfacher:

```
<colgroup span="4" width="200"></colgroup>
```

Diese Angabe besagt, dass eine Tabelle insgesamt vier Spalten mit jeweils einer Breite von 200 px enthält, d.h., die Tabelle hat eine Gesamtbreite von 800 px. Die folgende Schreibweise hat die gleiche Auswirkung:

```
<colgroup>
 <col width="200">
 <col width="200">
 <col width="200">
 <col width="200">
</colgroup>
```

Listing 17-13 Vordefinieren von Tabellenspalten mit gleicher Breite

Das Verhältnis der Spaltenbreiten zueinander wird durch das width-Attribut definiert. Es kann eingesetzt werden, wenn verschiedene Spalten unterschiedlich gestaltet werden sollen. Dabei können COL-Elemente auf mehrere Spalten angewandt werden. Die folgende Auszeichnung bewirkt, dass die ersten drei Spalten 250 px breit sind und die letzte Spalte eine Breite von 50 px hat:

```
<colgroup>
 <col span="3" width="250">
 <col width="50">
</colgroup>
```

Listing 17-14 Vordefinieren von Tabellenspalten mit unterschiedlicher Breite

Folgende Maßeinheiten sind möglich:

- fixe Breiten in Pixel der Form width="200",
- relative Breiten in Prozent der Form width="25%", abhängig vom verfügbaren Platz im Browserfenster bzw. von der Breite des Elternelements, oder
- relative Relationen der Form width="2*", abhängig vom benötigten Platz der Tabelleninhalte oder der Breitenangabe der Tabelle selbst.

In Listing 17-15 werden verschieden breite Spalten für eine Tabelle definiert. In einem COLGROUP-Element werden nur fünf COL-Elemente benötigt, weil die 3., 4. und 5. sowie 7. und 8. Spalte gleich breit sein sollen.

```
<table>
  <caption>Fussballbundesliga Abschlusstabelle 2003/2004</caption>
  <colgroup>
    <col width="50" class="tabelle-mittig" />
    <col width="600" class="tabelle-links" />
    <col span="3" width="50" class="tabelle-mittig" />
    <col width="80" class="tabelle-mittig" />
    <col span="2" width="50" />
  </colgroup>
  <thead>
    <tr>
     <th scope="col">Rang</th>
     <th scope="col">Verein</th>
     <th scope="col" abbr="Siege">S</th>
     <th scope="col" abbr="Unentschieden">U</th>
     <th scope="col" abbr="Niederlagen">N</th>
     <th scope="col" abbr="Torverhältnis">TV</th>
     <th scope="col" abbr="Tordifferenz">TD</th>
     <th scope="col" abbr="Punkte">P</th>
    </tr>
  </thead>
  <tbody>
    <tr>
     <th abbr="Rang 1" scope="row">1</th>
     <th scope="row">Werder Bremen</th>
     <td>22</td>
     <td>8</td>
     <td>4</td>
     <td>79:38</td>
```

```
            <td>+41</td>
            <td>74</td>
        </tr>
    <!—Weitere Reihen für den Rest der Bundesliga -->
    </tbody>
</table>
```

Listing 17-15 Datentabelle mit Spaltenbreiten

Weil die Tabelle selbst keine Breite hat, werden die Spaltenbreiten vom Browser berechnet – das ist erst möglich, wenn alle Inhalte geladen wurden. Wenn hingegen die Tabelle eine Breite erhält, orientieren sich die Spaltenbreiten an der Tabellenbreite:

```
<table width="980">
```

Sofern die Tabelle horizontal in ihr Elternelement passt, dehnt sie sich bis zur angegebenen Breite aus und die Spalten verteilen sich entsprechend den Relationen in den COL-Elementen.

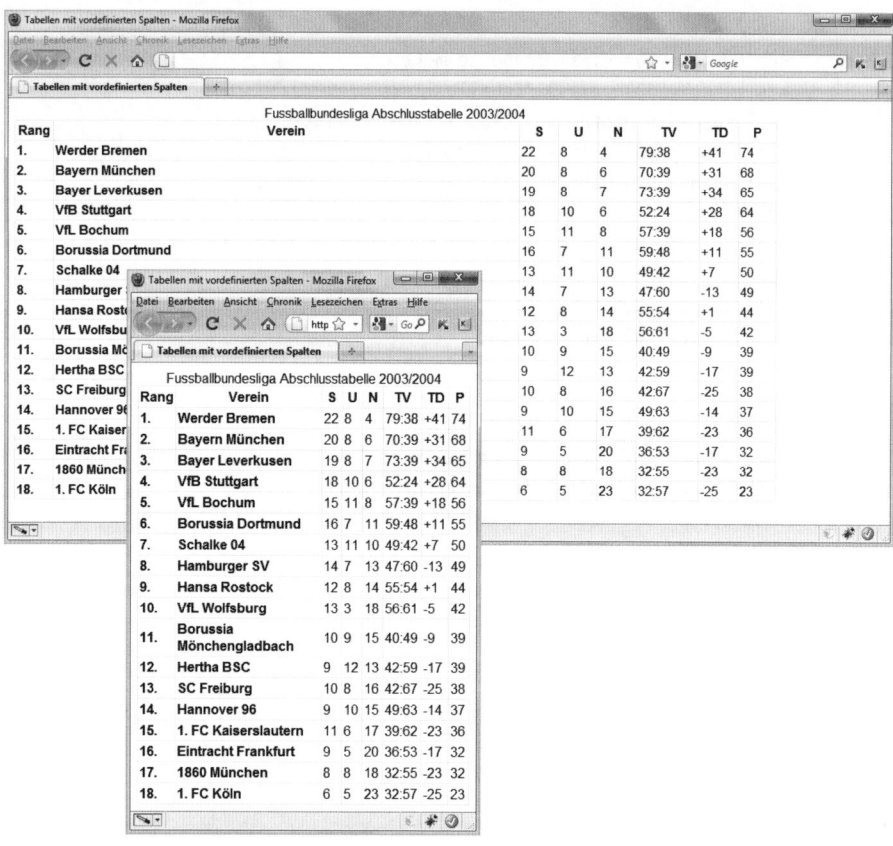

Abb. 17-18   Eine Datentabelle mit relativen Spaltenbreiten kann gestaucht werden.

Die Spalten erhalten ihre vordefinierte Breite, wenn mindestens 980 px horizon-taler Platz zur Verfügung steht. Ist ein Browserfenster nicht breit genug, können die Spalten einheitlich schmaler werden. Wenn das Elternelement der Tabelle weniger als 980 px aufweist, können die Spalten zusammengestaucht werden, außer wenn die Inhalte einzelner Zellen (z.B. das breiteste Wort der Spalte) nicht weiter umbrechen können.

17.4   Typografisches

Typografie ist in der Webentwicklung immer ein Thema und umfasst die opti-sche Gestaltung durch Schrift, Linien, Abstände, Flächen und Bilder mit dem Ziel, Inhalte leserlicher und somit auch verständlicher zu gestalten.

Für typografische Aspekte gibt es Normen, etwa in Deutschland die DIN 5008, aber Typografie ist immer auch an Konventionen »gebunden«. Diese ver-ändern sich im Laufe der Zeit und sind oft auch kultur- oder länderspezifisch. Erwägungen zur Typografie müssen sich aber zusätzlich an dem Medium, der Zielgruppe oder der Textform orientieren. Deshalb ist es schwierig, allgemein gültige typografische Regeln für das Layout und die Darstellung von Inhalten zu formulieren.

Typografische Aspekte werden in den WCAG20 zwar behandelt, sind aber auf wenige konkrete Aspekte beschränkt. Die wichtigen Anforderungen zur Schrift-vergrößerung wurden bereits oben vorgestellt; die Anforderungen an Kon-trastverhältnisse werden im folgenden Kapitel beschrieben. Weitere Anforde-rungen betreffen Zeilenhöhe, Zeilenlänge und Zeilenfall in Fließtexten.

Neben Anforderungen an die Textgestaltung müssen einige Aspekte der relativen Auszeichnung für einzelne Gestaltungselemente berücksichtigt wer-den. Sie betreffen besonders die Vergrößerbarkeit im Zusammenhang mit CSS.

17.4.1   Leserlichkeit von Texten

Anforderungen an die Leserlichkeit sind besonders für Menschen mit Lese- oder Lernschwierigkeiten und für Menschen mit einer Sehbehinderung rele-vant.

Zu lange Zeilen erschweren den Lesefluss und die Orientierung. Sie können dazu führen, dass beim Zeilenwechsel der Anfang der nächsten Zeile nicht gefunden wird. Die optimale Zeilenlänge liegt zwischen 40 und 80 Zeichen, abhängig von Schrifttyp und Inhalt.[8] Zur Beschränkung der Zeilenlänge genügt im Grunde ein flüssiges Layout, wie oben in Abschnitt 17.2.2 ab Seite 660 beschrieben.

---

8.   Vgl. Schopp, J.F. (2002), Faktoren der Lesbarkeit,
     URL: *http://www.uta.fi/~trjusc/tt-lesbk.htm* (Abruf 15.2.2010).

Für die Beschränkung der Zeilenlänge auf maximal 80 Zeichen kann in den CSS auf die Eigenschaft max-width gesetzt werden:

```
p {max-width:60em; }
```

Die Leserlichkeit von Texten und die Orientierung werden auch durch die Zeilenhöhe gefördert, insbesondere beim Wechsel vom Ende einer (langen) Zeile auf den Beginn der nächsten Zeile. In den WCAG20 wird ein mindestens 1,5-facher Zeilenabstand empfohlen:

```
p {line-height:150%;}
```

Die Abstände zwischen einzelnen Absätzen sollten das 1,5-Fache der Zeilenhöhe betragen, was mit folgender Zeile CSS erzielt wird:

```
p { margin-top:2.25em; }
```

Im Gegensatz zum allgemeinen Credo, auf Style Switcher zu verzichten, kann bei typografischen Aspekten ein Umschalten zwischen Standarddarstellung und optimierter Darstellung sinnvoll sein. Wenn die Zeilenhöhe weniger als 1,5 Zeilen beträgt, dann kann und soll eine Möglichkeit zur Veränderung der Zeilenhöhe angeboten werden. Allerdings muss dabei die Konformitätsbedingung 1 beachtet werden (vgl. Abschnitt 8.3 ab S. 316).

Blocksatz erschwert aus verschiedenen Gründen die Leserlichkeit von Texten. Dies betrifft Menschen mit einer kognitiven Behinderung, aber auch Menschen mit einer Sehbehinderung. Ein linksbündiger Zeilenfall erleichtert zudem das Lesen von Texten mit Vergrößerungssystemen.

Sofern nicht mit bedingten Trennstrichen (­) gearbeitet wird, haben als Blocksatz ausgerichtete Fließtexte unterschiedlich große Wortabstände, die den Lesefluss stören. Auch wenn bedingte Trennstriche inzwischen von allen gängigen Browsern unterstützt werden, sind Fließtexte mit der CSS-Eigenschaft text-align und dem Wert justify grundsätzlich zu vermeiden.

Wenn Blocksatz als Gestaltungsmittel gewünscht ist, dann reicht es wie bei der Zeilenhöhe aus, wenn der Text mit einem Style Switcher von Blocksatz auf linksbündigen Flattersatz (für Schriften, die von links nach rechts geschrieben werden) umgeschaltet werden kann.

Viele weitere Anforderungen an leserliche Inhalte haben nur teilweise Eingang in die WCAG20 gefunden. Die Techniken werden zwar aufgeführt, aber mit dem Hinweis, dass sie erst in Zukunft Empfehlungscharakter bekommen und deshalb nur beispielhaft beschrieben werden:

- Schriftgrafiken sollten vermieden werden (vgl. Abschnitt 6.3.1.2 ab S. 211). Stattdessen sollte Text mit CSS gestaltet werden.

- Größere Informationsblöcke in kursiver Schrift lassen sich bei starker Vergrößerung aufgrund von Problemen bei der Kantenglättung in Vergrößerungssystemen schlechter lesen.

▦ Für die Laufweite von Texten sollte statt Leerzeichen die CSS-Eigenschaft
`letter-spacing` verwendet werden. Bei großer Schrift darf zur Verbesserung
der Leserlichkeit die Laufweite generell etwas reduziert und bei kleiner
Schrift etwas erhöht werden.

▦ Für Fließtexte sollte möglichst eine serifenlose Schriftart verwendet werden. Eine andere Schriftart kann zur Hervorhebung beispielsweise für
Überschriften eingesetzt werden.

17.4.2 Gestaltungselemente ohne Vergrößerbarkeit

Relative Maßeinheiten sind Voraussetzung einer flexiblen Darstellung und es
gibt keinen Grund, darauf zu verzichten – wenn es um die Inhalte geht. Wenn jedoch Gestaltungselemente mit relativen Maßeinheiten ausgezeichnet werden,
dann werden sie bei einer Schriftvergrößerung ebenfalls vergrößert, wodurch
für die Inhalte (noch) weniger Platz ist. Es ist eine Einzelentscheidung, welche
dieser Elemente bei Schriftvergrößerung ebenfalls vergrößert werden sollen
und welche nicht, und manchmal gibt es gute Gründe, darauf zu verzichten.

Wenn Texte mit Abständen (`margin`) gestaltet werden, dann können die
Abstände normalerweise in Pixeln festgelegt werden. Ein Absatz mit der CSS-
Regel

```
p {margin: 2.3em 14px 0 23px;}
```

hat einen relativen Außenabstand nach oben, aber einen absoluten Außenabstand nach rechts, unten und links. Bei Schriftvergrößerung wird der Abstand
zum vorherigen Absatz oder der Überschrift größer, bleibt aber nach rechts
und links gleich. Dieses Vorgehen ist sinnvoll, da durch die Schriftvergrößerung
mehr Platz benötigt wird. Während der relative vertikale Abstand bei einer
Schriftvergrößerung ebenfalls größer werden sollte und somit die Leserlichkeit
fördert, würden größere horizontale Abstände dazu führen, dass der Text horizontal noch weniger Platz erhält und früher umbricht.

Andere Gestaltungselemente wie Rahmen (`border`) müssen ebenfalls nicht
bei Schriftvergrößerung mitskalieren. Rahmen werden als optische Begrenzung
eingesetzt. Natürlich kann die Farbe und/oder Breite eines Rahmens gestaltet
werden, aber solange die anderen Inhalte durch weitere Formatierungen klar
voneinander abgegrenzt sind, muss ein Rahmen bei Schriftvergrößerung nicht
unbedingt breiter sein. Auch hier gilt: Der verfügbare Platz am Bildschirm wird
bei Schriftvergrößerungen »wertvoll« und sollte nicht durch Gestaltungselemente ausgefüllt werden. Anders sieht es aus, wenn die Rahmen eine Information vermitteln, etwa in Kombination mit den verwendeten Farbschemata. In
solchen Fällen sollte sichergestellt werden, dass die informationstragenden
Elemente bei Schriftvergrößerung gut erkennbar sind.

Abgesehen von den hier dargestellten Beispielen, gibt es sicher weitere
Fälle, wo von relativen Maßangaben abgesehen werden kann.

Etwas anders gelagert ist der Einsatz von CSS-Grafiken: Grafiken, die über CSS als Hintergrundgrafik oder Aufzählungszeichen verwendet werden, können nicht im CSS dimensioniert und müssen vorher zugeschnitten werden. Die CSS-Eigenschaften zur Steuerung der Darstellung von Hintergrundgrafiken beschränken sich auf die Position der Grafik, den sichtbaren Bereich oder Angaben zur Wiederholung. CSS-Grafiken sollten nur zu dekorativen Zwecken eingesetzt werden; wenn Grafiken vergrößerbar sein sollen, dann sind sie in das HTML einzubinden (vgl. Abschnitt 6.3.2 ab S. 217).

Zusammenfassung

1. Texte und Formularinhalte müssen auf die zweifache Größe vergrößerbar sein.
2. Schriftvergrößerung setzt relative Einheiten für Textinhalte voraus.
3. Beim Seitenzoom dürfen bei benutzerdefinierten Schriftgrößen keine Überlappungen entstehen.
4. Die Darstellung von Inhalten sollte sich am Platz im Browserfenster orientieren und horizontales Scrollen sollte nicht zur Notwendigkeit werden.
5. Bei Grafiken und Frames sollten – entgegen der Grundregel – Größenangaben im HTML vorgenommen werden. Das ist auch für Spaltenbreiten in Datentabellen zweckmäßig.
6. Einige wenige Anforderungen zur Typografie betreffen die Zeilenhöhe, den Zeilenabstand und den Zeilenfall.

18 Kontraste und Farben

Farbschemata gehören zu den größten Konfliktpotenzialen der Barrierefreiheit. Damit Inhalte für möglichst viele Nutzer leserlich sind, dürfen die Grenzwerte der Kontrastverhältnisse zwischen Vordergrundinformationen und Hintergrundfarben nicht unterschritten werden. Menschen mit Sehbehinderungen haben oft Schwierigkeiten, Texte zu lesen, wenn die verwendeten Farben keine ausreichenden Kontrastverhältnisse aufweisen. Andererseits bestehen Organisationen zu Recht auf bestimmten Farbschemata entsprechend ihrer Corporate Identity.

Auf der technischen Ebene geht es bei Farben und Kontrastverhältnissen außerdem um benutzerdefinierte Einstellungen, denn sie können im Browser und Betriebssystem eingestellt werden, wodurch CSS-Angaben von Webseiten überschrieben werden. Hier fördert das Zulassen benutzerdefinierter Farbangaben die Zugänglichkeit für Nutzer, die auf bestimmte Farbkontraste angewiesen sind.

Die Anforderungen zur Farbgestaltung gelten für Farben in Fließtexten und Navigationsbereichen sowie für Schriftgrafiken. Einige Inhalte fallen nicht unter die kontrastreich zu gestaltenden Inhalte, etwa nebensächliche Inhalte. Ebenso sind Texte, die Teil eines Logos oder Markennamens sind, von der Empfehlung ausgenommen.

18.1 Mindestkontrastverhältnis

Das Kontrastverhältnis wird durch das Verhältnis der relativen Luminanz der helleren Farbe (L1) zur relativen Luminanz der dunkleren Farbe (L2) definiert und kann zwischen 1:1 und 21:1 liegen:

Kontrastverhältnis = (L1 + 0,05) / (L2 + 0,05)

Bei einem Verhältnis von 1:1 besteht kein Kontrast zwischen den verwendeten Farben; ein Kontrastverhältnis von 21:1 ist der höchste Wert; er entsteht bei der Verwendung von Weiß und Schwarz.

Die Anforderungen der WCAG20 für Kontrastverhältnisse gehen auf die Standards ISO 9241-3 und ANSI-HFES-100-1988 zurück, wo ein minimales Kontrastverhältnis von 3:1 empfohlen wird. Empirische Studien[1] ergaben jedoch, dass vor allem im Kontext altersabhängiger Seheinschränkungen für ein ausreichendes Kontrastverhältnis der Faktor 1,5 erforderlich ist. Ein Kontrastverhältnis von 3:1 genügt für eine Leserlichkeit von Texten und Schriftgrafiken nicht.

18.1.1 Schwellenwerte

Eine »sichere« Schwelle, ab der Kontrastverhältnisse und Farbkombinationen noch bzw. nicht mehr erkannt werden, gibt es nicht. Die Leserlichkeit hängt nicht nur von den verwendeten Farben, sondern auch von der Schriftart, der Zeilenhöhe sowie weiteren typografischen Merkmalen ab. Auch äußere Lichtverhältnisse wirken sich auf die Leserlichkeit von Texten am Bildschirm aus.

Im Allgemeinen wird für Texte und Schriftgrafiken ein Mindestkontrastverhältnis von 4,5:1 gefordert. Bei verschiedenen Sehbehinderungen ist das Bedürfnis nach noch stärkeren Kontrasten gegeben. Für Konformitätsstufe AAA beträgt deswegen der Mindestwert 7:1. Sind noch höhere Kontrastverhältnisse nötig, wird in den WCAG20 davon ausgegangen, dass die Nutzer auf die Möglichkeiten von Betriebssystem und Browser für individuelle Farbeinstellungen zurückgreifen.

Ein oberer Schwellenwert wurde in den WCAG20 nicht definiert. Gleichwohl gibt es Menschen, die Schwierigkeiten haben, Texte zu lesen, wenn die verwendeten Farben zu kontrastreich sind. Dies betrifft beispielsweise Menschen mit Irlen-Syndrom, einer Störung der visuellen Wahrnehmung, die oft mit starker Licht- und Blendempfindlichkeit einhergeht.

18.1.1.1 Kontrastverhältnisse und Schriftgrößen

Texte sind leserlicher, wenn die Schrift größer oder fetter ist. Für großformatige Texte werden in den Richtlinien deshalb geringere minimale Kontrastverhältnisse formuliert. Text oder Schriftgrafiken sind nach WCAG20 dann großformatig, wenn die Schriftgröße mindestens 18 Punkt (nicht fett) oder mindestens 14 Punkt (fett) beträgt. Zum Vergleich:

- Auf Konformitätsstufe AA beträgt das minimale Kontrastverhältnis für große Schrift 3:1 (statt 4,5:1) und

- auf Konformitätsstufe AAA beträgt das minimale Kontrastverhältnis für große Schrift 4,5:1 (statt 7:1).

---

1. Vgl. Arditi, A. und Faye, E. (2004), Monocular and binocular letter contrast sensitivity and letter acuity in a diverse ophthalmologic practice. Supplement to Optometry and Vision Science, 81, 287.

Zu berücksichtigen ist, dass der Wert »Punkt« aus dem Printbereich kommt und nicht ohne Weiteres auf Webinhalte übertragen werden kann. Jared Smith von WebAIM empfiehlt folgende Werte für die Schriftgröße, wobei die Angabe 'pt' für Punkt in HTML und die Angabe 'PSpt' für Punkt in Photoshop steht:[2]

Standard-schriftgröße	1 em	= 100%	= 16 px	=12 pt	= 16 PSpt
Große Schrift	1.5 em	= 150%	= 24 px	= 18 pt	= 24 PSpt
Große/fette Schrift	1.166 em	= 116.66%	= 18.66 px	= 14 pt	= 18.66 PSpt

Tab. 18-1   Großformatige Schrift und der Zusammenhang zwischen em, px und pt

Smith bemerkt dazu treffend:

> »And before anybody corrects me, yes I know this is system dependent (…), but it's close enough for WCAG conformance (…).«

18.1.1.2 Messung von Kontrastverhältnissen

Eine von 255 Frauen und jeder zwölfte Mann hat Probleme bei der Wahrnehmung von Farben. Zudem ist die Wahrnehmung von Farbtönen subjektiv; Farben und relative Luminanzen können unterschiedlich wirken. Eine Möglichkeit, die eigene Farbwahrnehmung zu prüfen, ist der *FM 100 Hue Test*, wo Farbflächen ihrem Farbverlauf innerhalb vorgegebener Bereiche zugeordnet werden sollen:

http://www.xrite.com/custom_page.aspx?PageID=77

Durch die subjektive Wirkung von Farben greift eine »Messung nach Augenschein« für viele Farbkombinationen zu kurz und Kontrastverhältnisse sind immer mit Werkzeugen zu messen. Für zuverlässige Ergebnisse sollten solche verwendet werden, die auf der Basis der vom W3C empfohlenen Formel arbeiten. Folgende Prüfwerkzeuge haben sich bewährt:

- Color Contrast Analyser (CCA):[3]
  Der CCA misst den Helligkeitsunterschied zwischen Vordergrund- und Hintergrundfarbe, um deren Kontrastverhältnis zu bestimmen. Das Tool steht sowohl als Stand-Alone-Software als auch in der umfangreichen Erweiterung »Web Accessibility Toolbar«[4] für Internet Explorer und Opera zur Verfügung.

---

2. WebAIM, URL: *http://www.webaim.org/discussion/mail_thread.php?thread=3887* (Abruf 13.2.2010).
3. The Paciello Group, Contrast Analyzer, Version 2.2, URL: *http://www.paciellogroup.com/resources/contrast-analyser.html* (Abruf 15.6.2010).
4. Ders., Web Accessibility Toolbar [for IE], Version 2.0, URL: *http://www.paciellogroup.com/resources/wat-ie-about.html* (Abruf 15.6.2010).

▓ Luminosity Colour Contrast Ratio Analyser:[5]
Mit diesem Online-Service von Gez Lemon kann geprüft werden, ob zwei Farbwerte den Anforderungen der WCAG20 entsprechen. Eine Erweiterung für Firefox, der Colour Contrast Analyser[6] für die Analyse anhand des DOM, wird ebenfalls angeboten.

Kontrastverhältnisse sollten immer im Browser und nicht anhand von Vorlagen aus Grafikprogrammen gemessen werden. Die Messung im Browser stellt sicher, dass tatsächliche Kontrastverhältnisse (z.B. bei Transparenzen) festgestellt werden und dass andere Probleme, etwa mit Farbprofilen,[7] vermieden werden können. Zudem kann die Messung von Texten (im Gegensatz zu Grafiken) bei ausgeschalteter Kantenglättung durchgeführt werden.

18.1.2 Benutzerdefinierte Farbeinstellungen

Viele Sehbehinderte, aber auch einige Menschen mit Lese-Rechtschreib-Schwächen sowie Menschen mit Lernschwierigkeiten stellen die Bildschirmfarben um, wenn sie das Kontrastverhältnis dauerhaft verändern oder Blendeffekte kompensieren müssen. Diese individuellen Einstellungen sind vielfältig, hängen vom Bedarf des Nutzers sowie den Möglichkeiten des verwendeten Browsers und Betriebssystems ab und haben meist Einfluss auf die Darstellung einer Webseite. Sie sollten deshalb beim Screendesign berücksichtigt werden.

18.1.2.1 Anpassung der Farben

Nutzer, die nur bei bestimmten Kontrastverhältnissen Inhalte erkennen, haben mehrere Möglichkeiten, die Farbeinstellungen anzupassen:

▓ Werden die Farben in den Systemeinstellungen des Betriebssystems eingestellt, müssen sie nicht unbedingt für Webseiten übernommen werden. Sind für alle Inhalte einer Webseite sowohl eine Vordergrund- als auch eine Hintergrundfarbe definiert, haben Systemeinstellungen keine Auswirkung auf die Darstellung.

▓ Die gewünschten Farben können im Browser definiert werden. Hierbei ist es möglich, Farben für Vordergrund, Hintergrund und Links zu bestimmen sowie die Farben des Betriebssystems für den Browser zu übernehmen. Wenn alle Inhalte einer Webseite über CSS sowohl eine Vordergrund- als auch eine Hintergrundfarbe zugewiesen bekommen, haben die Farbeinstellungen im Browser ebenfalls keine Auswirkung auf die Darstellung der Webseite.

---

5.   Juicy Studio, Colour Contrast Ratio Analyzer,
     URL: *http://juicystudio.com/services/luminositycontrastratio.php* (Abruf 15.6.2010).
6.   Ders., Colour Contrast Analyser. URL: *http://juicystudio.com/article/colour-contrast-analyser-firefox-extension.php* (Abruf 15.6.2010).
7.   Avery, D., The Mysterious »Save for Web« Color Shift, URL:
     http://www.viget.com/inspire/the-mysterious-save-for-web-color-shift/ (Abruf 15.6.2010).

▦ Die von der Webseite vorgegebenen Farben können vom Browser ignoriert werden. In diesem Fall werden alle Text- und Linkfarben sowie Hintergrundfarben und -bilder durch benutzerdefinierte Vordergrund- und Hintergrundfarben ersetzt. Das Ersetzungsschema kann vom Betriebssystem
übernommen werden oder direkt im Browser vorgenommen worden sein.

▦ Mit Userstyles oder Userscripts können alle oder nur bestimmte Webangebote mit eigenen Farben versehen werden. Diese Möglichkeit wird aber
bisher nur selten verwendet, da sie Grundkenntnisse in CSS voraussetzt
und zudem meist nur für bestimmte Elemente angewandt wird, z.B. zur
Hervorhebung von Links oder Überschriften.

In der Praxis müssen für die Verwendung eigener Farbschemata mindestens
die ersten beiden oder besser die ersten drei Schritte durchgeführt werden.
Werden nur die ersten beiden Strategien verwendet, können Inhalte unsichtbar
werden, wenn beispielsweise auf einer Webseite nur die Vordergrundfarbe,
aber keine Hintergrundfarbe definiert wurde und die benutzerdefinierten Farben eine Hintergrundfarbe vorsehen, die mit der Textfarbe der Webseite identisch ist.

18.1.2.2 Sowohl Vordergrund- als auch Hintergrundfarbe

Üblicherweise wird die Hintergrundfarbe der Webseite als Hintergrundfarbe eines Textes angenommen, aber sie ist nicht unbedingt die Hintergrundfarbe in
der vom Nutzer gewählten Darstellung. Texte und vor allem Schriftgrafiken benötigen deswegen sowohl eine Hintergrund- als auch eine Vordergrundfarbe.

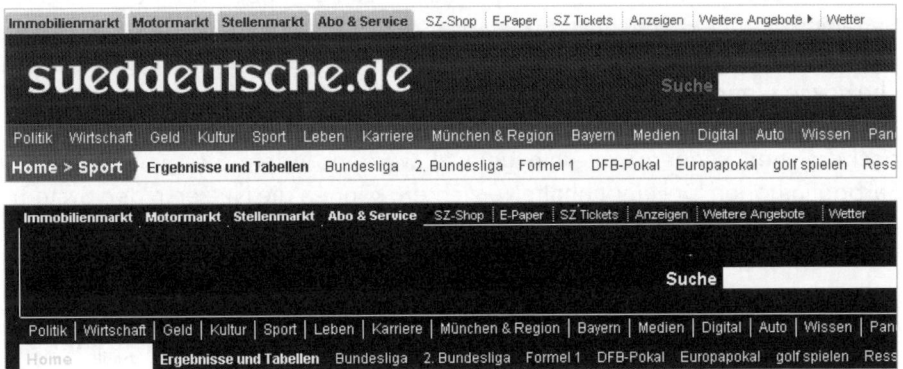

Abb. 18-1   Das Logo ist bei invertierten Farben nicht sichtbar.

Wenn auf Transparenz für Schriftgrafiken nicht verzichtet werden kann, so können einzelne Buchstaben mit einem Rahmen oder einen »Glow«-Effekt versehen werden, der die Leserlichkeit auch bei invertierten Farben gewährleistet.

G
17

Abb. 18-2   Die Schriftgrafiken sind wegen eines Glow-Effekts bei invertierten Farben
leserlich.

18.1.2.3 Weder Vordergrund- noch Hintergrundfarbe

**G
148**

Benutzerdefinierte Farbeinstellungen für Texte können sichergestellt werden,
indem sowohl auf eine Definition der Vordergrundfarbe als auch der Hintergrundfarbe verzichtet wird. In diesem Fall werden die Farben angezeigt, die
der Nutzer in den Systemeinstellungen oder den Farbeinstellungen des Browsers einstellt.

Der vollständige Verzicht auf die Angabe von Vordergrund- und Hintergrundfarbe hat mehrere Aspekte. Er zielt zunächst auf Mängel in bestimmten
Browsern ab, die benutzerdefinierte Farben nur teilweise übernehmen. Bei
einer »normalen« HTML-Seite sind die Farben in allen gängigen Browsern
durch den Nutzer anpassbar, sofern Inhalt und Layout getrennt sind. Werden
Fenster aber mit JavaScript erzeugt, dann übernehmen Mozilla-Browser nicht
immer die benutzerdefinierten Farben.

**C
23**

Eine sinnvolle »Mischtechnik« ist die Vergabe von Vorder- und Hintergrundfarben für sekundäre Seitenbereiche bei gleichzeitigem Verzicht auf Farbdefinitionen für Hauptinhalte. Zu den Hauptinhalten zählen neben dem eigentlichen
Seiteninhalt auch Formulare.

Die Definition einer Text- und einer Hintergrundfarbe für Navigationsbereiche sowie einer Hintergrundfarbe für Grafiken (vor allem Schriftgrafiken) stellt
die Wahrnehmbarkeit sicher und farbige Gruppierungsmerkmale in Navigationsbereichen können weiterhin genutzt werden. Indem Sie gleichzeitig auf
Farbdefinitionen für Hauptinhalte verzichten, können die Nutzer in den Systemeinstellungen eigene Farbkombinationen wählen, ohne zusätzlich die Option
»Farbangaben im Browser ignorieren« einzustellen.

**G
175**

Eine weitere Möglichkeit, die Farbwahl und damit die visuelle Präsentation dem
Nutzer zu überlassen, ist der Einsatz eines Color Picker. Ein Color Picker geht
über einen Style Switcher (vgl. Abschnitt 8.3 ab S. 316), bei dem eine Auswahl
bestimmter Farbschemata angeboten wird, hinaus: Es wird hierbei eine Farb-
palette angeboten, aus der die Farbkombinationen ausgewählt werden können, die für den Nutzer am angenehmsten sind. Ein Beispiel findet sich auf

http://www.w3.org/TR/WCAG20-TECHS/working-examples/G175/index.php

Damit Texte bei benutzerdefinierten Farben wahrnehmbar sind, genügt es jedoch meist, wenn sowohl Vorder- als auch Hintergrundfarbe definiert werden. Wenn auf Farben für Textbereiche verzichtet wird, kann in den CSS mit Rahmen (border-top, border-right, border-bottom und border-left) gearbeitet werden, um besondere Bereiche, wie z.B. Infoboxen, zu kennzeichnen.

18.1.3 Ausnahmen für Mindestkontrastverhältnisse

Keine Regel ohne Ausnahme. Dies gilt auch für Kontrastverhältnisse. Für folgende Inhalte gelten keine Mindestanforderungen:

- Nebensächliche Texte und rein dekorative Inhalte
- Texte, die Teil eines Bildes mit anderen wesentlichen Inhalten sind
- Wortbildmarken

Nebensächliche oder beiläufige Texte sind Texte, die für das Verstehen einer Seite nicht erforderlich sind, also keinen informativen Wert haben. Ähnlich wie bei der Vergabe von Alternativtexten für informative Grafiken sollte man sich bei der Gestaltung von Textfarben stets fragen: Geht eine wichtige Information verloren, wenn man diesen Text nicht sehen kann?

Auch wenn die WCAG20 mehrere Beispiele für nebensächliche Inhalte anführen, so ist die Entscheidung darüber, was eigentlich »nebensächlich« ist, im Einzelfall ungeklärt oder obliegt der Interpretation.

Nebensächliche Informationen könnten beispielsweise typische Informationen in Fußzeilen sein, wie der Urheber (»© Name des Seitenbetreibers, 2010«) oder auch Hinweise auf verwendete Themes, Templates oder Frameworks. Angaben zum Urheber oder Anbieter befinden sich in der Regel im Impressum und der Hinweis auf den softwaretechnischen Hintergrund eines Webangebots ist meist für die Bedienung nicht wichtig.

Auch Service-Links, die sich oft am Seitenende befinden und Browserfunktionen anbieten, können als nebensächliche Inhalte eingestuft werden. Dies betrifft z.B. einen Link »nach oben«. Da man sowohl mit der Maus als auch mit der Tastatur bequem an den Seitenanfang navigieren kann, benötigt ein solcher Link nicht unbedingt einen ausreichenden Kontrast zum Hintergrund. Auch eine JavaScript-Funktion zur Integration der aufgerufenen Seite in die Lesezeichen oder eine Druckfunktion können als nebensächlicher Inhalt bewertet werden. Ist dies bei einer Lesezeichenfunktionalität noch gut begründbar, so ist »Nebensächlichkeit« bei einer Druckfunktion dann fraglich, wenn es zwei Funktionen gibt: eine für den Druck in Originalfarben und eine für einen Schwarz/Weiß-Druck.

Befinden sich auf einer Seite die Links zu einem Kontaktformular und einem Impressum zweimal, einmal im oberen Bereich und ein weiteres Mal im Fußbereich, so ist es ausreichend, wenn einer der beiden Links deutlich sichtbar ist und die verwendeten Farben ein ausreichendes Kontrastverhältnis haben. Da in der Lesereihenfolge eine Information im Kopfbereich zuerst wahrgenommen wird, sollte in der Farbgestaltung dieser Links immer für ein ausreichendes Kontrastverhältnis zum Hintergrund gesorgt werden. Wenn hingegen die Links zum Kontakt und zum Impressum nur in der Fußzeile vorhanden sind, sollte dort natürlich das Kontrastverhältnis von mindestens 4,5:1 eingehalten werden.

Vor dem Hintergrund einer Information (z.B. zur aktiven Rubrik), die dem Nutzer sowohl über den Dokumenttitel, die Überschrift, die Navigation als auch über weitere Wege vermittelt wird, kann man überlegen, ob die verwendeten Farben in allen Fällen über ein ausreichendes Kontrastverhältnis verfügen müssen.[8]

Ein weiteres Beispiel ist ein inaktiver Schritt bei der Abarbeitung eines Prozesses beim Online-Banking, einer Bestellung oder einer Registrierung mit mehreren Schritten. Bei einer Abfolge von Schritten ist Sinn und Zweck dieser Darstellung die Hervorhebung des aktuellen Schrittes. Die anderen Schritte können als nebensächlich bewertet werden.

Abb. 18-3   Der zweite Prozessschritt ist deutlich hervorgehoben.

Definitiv »nebensächliche« oder beiläufige Informationen sind Texte auf Bildern, die für das Verständnis einer Seite nicht erforderlich sind. Hierzu gehört beispielsweise das Bild eines Politikers, auf dem auch das Parteienlogo zu sehen ist. Geht aus dem Inhalt bereits deutlich hervor, welcher Partei der Politiker angehört, dann handelt es sich bei dem Parteienlogo um nebensächlichen Inhalt. Wird hingegen nur ein Parteienlogo dargestellt, dann ist das Logo als Schriftgrafik zu bewerten und nicht nebensächlich. Entscheidend ist immer der Kontext.

Nebensächliche Texte sind auch solche, die rein dekorativen Zwecken dienen. Dies ist der Fall, wenn einzelne Wörter untereinander ohne Sinnverlust austauschbar sind. Würden sie als Hintergrund aufbereitet, dann wäre kein ausreichendes Kontrastverhältnis erforderlich. Eine Informationsseite zur Rechtschreibung könnte beispielsweise Grafiken dieser Art zu Schmuckzwecken einsetzen. Ein weiteres Beispiel sind Wörter, die aus Gründen der Suchmaschinenoptimierung eingefügt werden. Auch in diesem Fall wäre denkbar, dass es sich um für einen »normalen« Nutzer beiläufige Informationen handelt.

Allerdings ist der Begriff »nebensächlich« dehnbar und der Nutzer kann über die tatsächliche Nebensächlichkeit von Inhalten nur dann entscheiden, wenn er diesen auch sieht. Die Unsicherheit, die hier entsteht, wurde bereits im Kontext von Teaser-Bildern beschrieben und diskutiert (vgl. Abb. 6-7 auf S. 218).

Bei der Entscheidung, ob es sich um beiläufige und nebensächliche Informationen oder reine Dekoration handelt, gilt: Im Zweifel für ein ausreichendes

8.   Caspers, T., EfA-Laborbericht Nr. 8, URL: *http://www.einfach-fuer-alle.de/blog/id/2462/* (Abruf 12.7.2010).

Kontrastverhältnis sorgen. Explizit ausgenommen von der Anforderung ausrei-chender Kontrastverhältnisse sind Wortbildmarken wie Logos.

18.2 Wo die WCAG20 zu kurz greifen

Anforderungen an Kontrastverhältnisse greifen nach WCAG20 nur für Texte und Schriftgrafiken. Für andere Inhalte gibt es keine Kontrastanforderungen. Vor allem für Menschen, die farbfehlsichtig sind, kann es zu Einschränkungen bei der Nutzung von Inhalten kommen, die weder Text noch Schriftgrafik sind.

Farbfehlsichtige haben eine verschobene Farbwahrnehmung. Farbtöne, die sie nicht wahrnehmen, werden durch andere, wahrnehmbare Farben »ersetzt«. Das führt dazu, dass manche Farbabstufungen »mehrfach belegt« sind und es zu Differenzierungsschwierigkeiten und Verwechslungen kommen kann – ein entscheidendes Problem bei Farbfehlsichtigkeit.[9]

Das Problem der Verwechslung von Farben wird in den WCAG20 zwar durch die Vorgaben für Kontrastverhältnisse abgemildert, deckt aber nicht alle Szenarien ab. Zum einen gibt es Farbkombinationen, die von bestimmten Nutzergruppen nicht wahrgenommen werden können, zum anderen gibt es informative Webinhalte, die weder Text noch Schriftgrafik sind. Im Folgenden werden einige zusätzliche Aspekte angesprochen, die über die Anforderungen der WCAG20 hinaus beachtet werden sollten.

18.2.1 Farbkombinationen

Da das entscheidende Problem bei Farbfehlsichtigkeit im Unterscheiden von Farben liegt, muss beim Design in Farbkombinationen gedacht werden. Pro-blematisch ist die Kombination von Komplementärfarben, weil sie zu Flimmern führen können. Kombinationen von Beige oder Orange mit Rot oder Grün kön-nen bei einer Rot- oder Grünschwäche dazu führen, dass Informationen nicht unterscheidbar sind; Rot und Grün werden oft durch Farbtöne im Bereich von Beige und Orange ersetzt.

Barrierefreies Webdesign bedeutet, neben dem Kontrastverhältnis zusätz-lich Farbschemata und -kombinationen zu beachten, die für Menschen mit Seheinschränkungen kritisch sein können. Beispiele für barrierefreie Farbsche-mata bietet die Website *Accessible Colour Schemes*:

> *http://www.accessiblecolours.co.uk/*

Die dort gezeigten Farbkombinationen und -schemata sind eine gute Aus-gangsbasis für das Screendesign. Zu beachten ist, dass die Basis der gezeigten Farbschemata die Farbkontraste und Helligkeitsunterschiede der verwendeten Farben sind und das Kontrastverhältnis nach den Vorgaben der WCAG20

---

9.   Vgl. Högger, S., Farbfehlsichtig? Wenn Dunkelrot schwarz aussieht,
     URL: *http://www.galerieo.ch/ost/cl/chromagen/farben1.html* (Abruf 17.7.2010).

sicherheitshalber nachgemessen werden sollte. Gleichwohl stellen die gezeigten Farbschemata einen guten Einstieg in ein barrierefreies Farbdesign dar.

Eine führende Wissenschaftlerin auf dem Gebiet zuträglicher Farbschemata ist Cynthia Brewer. Im Web stellt sie ihren ColorBrewer zur freien Verfügung:

http://colorbrewer2.org/

Mit dieser Anwendung können Darstellungen komplexer Objekte auf geeignete Farbkombinationen geprüft werden.

18.2.2 Mindestkontrastverhältnis ist keine Garantie

Die Leserlichkeit ist bei einem zu niedrigen Kontrastverhältnis – je nachdem – stark oder weniger stark eingeschränkt. Allerdings gibt es zu viele, sich zum Teil widersprechende Vorgaben, um jedem Nutzer gerecht zu werden, sodass die WCAG20 die Sicherstellung geeigneter Farben über das Kontrastverhältnis regeln. Das Mindestkontrastverhältnis von 4,5:1 kann meist, aber nicht immer die Leserlichkeit von Texten unabhängig von Farben sicherstellen.

Die Leserlichkeit ist allerdings nicht immer über ein Mindestkontrastverhältnis erreichbar. Zum Beispiel ist es bei einer Protanomalie oft der Fall, dass Rot auf Schwarz oder auf einem anderen dunklen Hintergrund trotz vorhandenem Mindestkontrast nicht erkannt wird: Die rote Farbe wird als Dunkelgrau oder Schwarz wahrgenommen, deshalb sollten Kombinationen von Rot und dunklen Farben vermieden werden.

Nicht nur sehbehinderte Nutzer profitieren von geeigneten Farben. Einige Menschen mit Dyslexie leiden unter einer starken Licht- bzw. Blendempfindlichkeit (auch bekannt unter dem Begriff Irlen-Syndrom). Die Folge ist, dass zu starke Kontraste wie Schwarz auf Weiß unleserlich werden können. Die WCAG20 sehen jedoch keinen oberen Schwellenwert vor, sondern empfehlen den Einsatz von Style Switchern oder einem Color Picker, bzw. setzen darauf, dass die Nutzer selber die entsprechenden System- und Browsereinstellungen vornehmen.

18.2.3 Schaubilder und andere Info-Grafiken

Für grafische Darstellungen von Daten in Diagrammen und ähnlich komplexen Abbildungen gibt es keine expliziten Anforderungen an ausreichende Kontrastverhältnisse; nur die Anforderungen der Mehrfachkennzeichnung (vgl. Kap. 19) werden in den WCAG20 definiert. Dies gilt auch für Karten oder Pläne, wo Farben nicht nur als Unterscheidungsmerkmale, sondern meist auch als Informationsträger eingesetzt werden.

Gleichwohl wird empfohlen, auch hier auf ausreichende Kontrastverhältnisse zu setzen, damit die Informationen für Menschen mit Seheinschränkungen leserlich sind. Für Sehbeeinträchtigte und Sehbehinderte reicht ein geeigneter Alternativtext nicht aus. Deswegen sollten bei grafischer Vermittlung von Informationen auch die Kontrastverhältnisse geprüft werden. Die folgenden Möglichkeiten können für barrierefreiere Bildinhalte verwendet werden, ob nun die Kontrastverhältnisse ausreichend sind oder nicht:

- Informative Grafiken können ein title-Attribut erhalten, in dem die Bedeutung des Bildes erläutert wird. Damit haben zumindest Mausnutzer die Möglichkeit, ein evtl. unverständliches Bild besser zu verstehen. Wenn das Bild verlinkt ist, kann auf die Technik verzichtet werden.
- Bei verlinkten Bildern sollte nach Möglichkeit ein sichtbarer Text im Linktext berücksichtigt werden (vgl. Abschnitt 10.1.1 ab S. 376).

- Sind in einem Schaubild zwei Flächen vorhanden, dann kann eine dieser beiden Flächen beispielsweise durch eine Schraffierung gekennzeichnet werden.

Zusammenfassung

1. Die Leserlichkeit und Wahrnehmbarkeit von Texten sowie weiteren Inhalten hängt eng zusammen mit der Berücksichtigung eines ausreichenden Kontrastverhältnisses zwischen Vordergrund- und Hintergrundfarben.
2. Kontrastverhältnisse sind mit Werkzeugen zu messen, die nach den Vorgaben der WCAG20 arbeiten.
3. Alle informativen Seitenbereiche und Grafiken sind so zu gestalten, dass sie auch bei benutzerdefinierten Farbeinstellungen zur Verfügung stehen.
4. Bei informativen Grafiken, Schriftgrafiken sowie Logos ist Transparenz zu vermeiden, da sonst diese Inhalte bei benutzerdefinierten Farbeinstellungen nur noch schwer leserlich sein können.
5. Nur bei nebensächlichen und beiläufig gegebenen Informationen sowie bei Wortbildmarken kann von den Mindestanforderungen an ausreichende Kontrastverhältnisse abgewichen werden.
6. Über ein ausreichendes Kontrastverhältnis hinaus sind kritische Farbkombinationen zu vermeiden, die von Menschen mit Seheinschränkungen verwechselt werden können.

19 Mehrfachkennzeichnung

Barrierefreies Webdesign stellt sicher, dass Informationen nicht ausschließlich über Merkmale vermittelt werden, die sich an die Sinneswahrnehmung richten. Dazu gehören sowohl Informationen, die über Farbe allein vermittelt werden, als auch solche, die nur über Form (Aussehen) oder Sound vermittelt werden. Selbstverständlich ist es nicht »untersagt«, Farbe, Sound u. Ä. zu verwenden, vielmehr geht es darum, mindestens zwei Merkmale zur Kennzeichnung zu verwenden. Idealerweise ist eines dieser Merkmale auditiv und visuell unabhängig wahrnehmbar. Diese Vermittlung über mehrere Wege bezeichnen wir in diesem Buch als »Mehrfachkennzeichnung«.

Dieses Kapitel legt den Schwerpunkt auf visuelle Aspekte der Mehrfachkennzeichnung. Das Thema betrifft aber neben der visuellen Gestaltung auch die Strukturebene, die vor allem in Abschnitt 9.2.4 ab Seite 333 behandelt wird. Die Mehrfachkennzeichnung ist ein vielschichtiges Thema, das zwar in erster Linie das Screendesign betrifft, aber dem Grunde nach in allen Schritten des Designprozesses berücksichtigt werden muss.

19.1 Informationen über mehrere Wege vermitteln

Die Vermittlung von Informationen über mehrere Wege und damit die Mehrfachkennzeichnung gehört zu den ältesten Anforderungen des barrierefreien Webdesigns. Während die zusätzliche Beschriftung von Grafiken mit Alternativtexten für blinde Nutzer oder das Anbieten verschiedener Navigationspfade, um die verschiedenen Fähigkeiten und Kenntnisse der Nutzer zu berücksichtigen, zunehmend im Web umgesetzt werden, ist die Vermittlung von Informationen über sensorische Merkmale und insbesondere Farbe nach wie vor ein kritischer Aspekt. Ob die Hervorhebung eines Navigationspunktes durch eine veränderte Hintergrundfarbe, die Unterscheidung von Inhaltstypen durch verschiedene Formatierungen oder Audio-Hinweise ohne visuelle Pendants: Die Vermittlung von Informationen über mehrere Wege ist oft erforderlich. Die meisten Voraussetzungen der Mehrfachkennzeichnung sind beim Screendesign zu schaffen.

Sind Hervorhebungen für das Erkennen oder Unterscheiden von Informationen nur über Farbe allein vorgenommen, dann sind sie für viele Sehbehinderte nicht wahrnehmbar. Ein typisches Beispiel sind Links, die abgesehen von einer anderen Farbe nicht vom umgebenden Fließtext unterscheidbar sind. Hier ist eine zusätzliche Eigenschaft, z.B. eine Unterstreichung, angebracht. Werden Texte hervorgehoben, dann ist zusätzlich z.B. zu einer roten Farbe eine Fettung sinnvoll. Außerdem können Schriftgröße und -art, vorangestellte Symbole oder Rahmen als Ergänzung verwendet werden.

Auch Informationen, die nur über ihre sichtbare Position oder ihre Form vermittelt werden, sind ein Problem, denn sie setzen die Sichtbarkeit der Inhalte am Bildschirm voraus. Ein »Klicken Sie in der rechten Spalte ...« ist sicher für viele Nutzer eine klare Anweisung, aber: Nicht jeder arbeitet über den Bildschirm oder mit einer erforderlichen Auflösung. Statt sich nur auf Richtungsangaben, sichtbare Position, Form oder sonstiges Aussehen zu verlassen, sollte in einer für alle zugänglichen Art auf Inhalte verwiesen werden. Aus einem »Klicken Sie in der rechten Spalte ...« könnte ein »Die weiterführenden Links zu ... finden Sie in der rechten Spalte« werden, vorausgesetzt, diese sind mit einer aussagekräftigen Überschrift wie »Weiterführende Links« versehen. Neben der Bildschirmposition wird hier ein zusätzlicher Text verwendet.

Die Mehrfachkennzeichnung betrifft vor allem die Formatierung und die Bezeichnung von Inhalten. Sie gilt jedoch gleichermaßen, wenn Hinweise ausschließlich über Sound[1] übertragen oder durch kurzzeitige dynamische Effekte am Bildschirm angezeigt werden. Dieser Aspekt der Barrierefreiheit betrifft also alle Inhalte, die durch ihre Gestaltung eine sensorische, d.h., insbesondere eine visuelle oder auditive Wahrnehmung erfordern.

19.1.1 Farbe als einziger Informationsträger

Barrierefreies Webdesign bedeutet nicht Verzicht auf Farbe, im Gegenteil: Farbe fördert die Nutzbarkeit von Webangeboten auf mehrfache Weise. Der Einsatz bestimmter Farbschemata ist oft Teil der Nutzerführung und dient der Orientierung. Beispiele sind die Vergabe bestimmter Farbcodes für Rubriken, die in zugehörigen Hauptüberschriften sowie Haupt- und Unternavigation wiederholt werden und den Nutzer so durch das Webangebot führen:[2]

---

1.   Wird bei einer E-Learning-Anwendung oder einem Online-Test die verbleibende Zeit für das Lösen einer Aufgabe ausschließlich über akustische Informationen vermittelt, so sind gehörlose Menschen gegenüber Hörenden im Nachteil. In diesem Fall muss die akustische Information durch eine visuelle Information ergänzt sein. Ein Beispiel für diese Form der Mehrfachkennzeichnung ist zu finden bei accessibletwitter.com, einer parallelen Oberfläche zu Twitter von Dennis Lembree: In dieser Anwendung erhalten Nutzer die Information über die noch verfügbaren Zeichen sowohl über eine akustische Information als auch über einen sichtbaren Text.

2.   Aufgrund der Schwarz-Weiß-Darstellung in diesem Buch ist im folgenden und in weiteren Screenshots dieses Kapitels das Problem evtl. nicht deutlich genug erkennbar. Ziehen Sie deswegen stets den begleitenden Fließtext zurate.

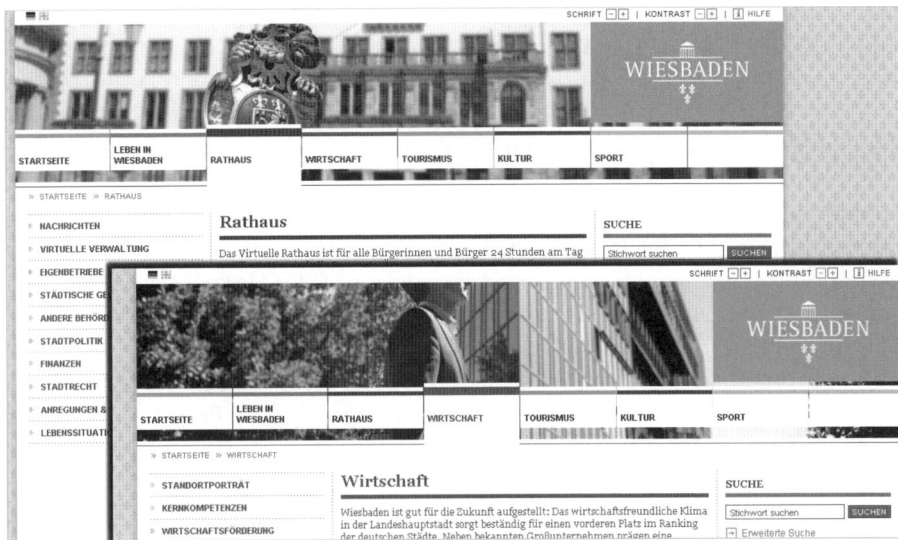

Abb. 19-1 Rubrik mit farbiger Kennzeichnung sowie Wiederholung der Farbe für die inhaltliche Überschrift

Verlassen Sie sich nicht auf Farbe allein, denn Farbinformationen gehen bei benutzerdefinierten Bildschirmeinstellungen oft verloren (vgl. Abschnitt 18.1.2 ab S. 690). Es können aber ebenso Schriftgrößen und Schriftarten vom Nutzer eingestellt werden, sodass Unterscheidungen von Inhalten durch Schriftgröße oder Schriftart vom Nutzer ebenfalls nicht wahrgenommen werden können.

Farben und andere Formatierungen sind auch im Kontext nichtvisueller Zugangssoftware ein Thema, betreffen das Screendesign aber nur am Rande. Während für die visuelle Wahrnehmung die Textformatierung sowie die sichtbaren Bezeichnungen relevant sind, ist für den Screenreader-Zugang die HTML-Struktur ausschlaggebend. Die Strukturebene darf bei der Gestaltung zwar nicht aus den Augen verloren werden, aber im Idealfall sind HTML-Vorlagen bereits strukturiert und linearisierbar vorhanden bzw. das einzusetzende Redaktionssystem erlaubt Redakteuren die Strukturierung der Inhalte.

Die zusätzliche Kennzeichnung farbig hervorgehobener Inhalte hat also zwei Aspekte: Wenn Inhalte durch eine Vorder- oder Hintergrundfarbe in irgendeiner Weise hervorgehoben werden, dann muss die Hervorhebung auf der HTML-Ebene ermittelbar und die sichtbare Formatierung durch eine weitere Eigenschaft ergänzt werden. Folgende Möglichkeiten kommen in Betracht:

- zusätzliche Formatierung mit CSS, etwa Schriftgröße, Schriftart oder Schriftschnitt
- zusätzliche Gestaltungselemente mit CSS, etwa Rahmen (border) oder Einrückungen
- zusätzliche Texthinweise
- ergänzende Symbole

Typische Beispiele für Inhalte, die oft nur durch Farbe gekennzeichnet werden, sind Links und Überschriften. Die Mehrfachkennzeichnung betrifft aber auch Formulare, Tabellen und viele andere Inhaltsformen.

19.1.2 Bildschirmabhängige Hinweise

Formen, vor allem geometrische Formen, haben zuweilen recht komplizierte Namen. Wer würde schon auf Anhieb den Unterschied zwischen einem Pentagon und einem Sehnenfünfeck erkennen oder bei der Darstellung eines Sehnenvierecks und eines Drachenvierecks genau wissen, welches welches ist?

Nun gibt es freilich im Web selten Informationen, die über derart komplizierte geometrische Formen vermittelt werden. Allerdings stellen bereits Anweisungen wie »Ein Klick auf den runden Button fügt das Produkt in den Einkaufswagen« blinde Nutzer vor ein Problem, wenn kein zusätzliches Merkmal in Textform vorhanden ist.

```
<button type="submit">
  <img src="lib/img/runder-button.gif" alt="Runder Button" />
</button>
```

Listing 19-1   Ein runder Button benötigt einen sinnvollen Text.

Vermutlich kommt ein solches Beispiel in der Praxis selten vor, aber das grundsätzliche Problem dürfte deutlich sein: In der Webentwicklung wird zu selbstverständlich davon ausgegangen, dass jeder eine Schaltfläche nicht nur sehen kann, sondern auch ihre Form erkennt. Ähnliche Beispiele finden sich mitunter in Online-Shops, etwa wenn die Verfügbarkeit eines Produkts mit einem grünen Haken und die Nichtverfügbarkeit mit einem roten X gekennzeichnet sind. In diesem Fall sind Alternativtexte wie »verfügbar« oder »leider ausverkauft« erforderlich.

Das Problem zieht sich durch alle Bereiche des Webs, von Bibliotheksanwendungen bis zu Computerspielen. Auch mit SVG ist eine technische Lösung nicht in Sicht, denn noch ist die Kompatibilität von Screenreadern mit SVG-Objekten mehr als dürftig.

Die Form oder das Aussehen darf natürlich angegeben werden, aber erst ein Text, wie »Die runde Schaltfläche 'In den Einkaufswagen' merkt das Produkt vor« sichert die Zugänglichkeit:

```
<button type="submit">
  <img src="lib/img/runder-button.gif" alt="In den Einkaufswagen" />
</button>
```

Listing 19-2   Schaltfläche mit Inhaltsbezug

Allein stehende Symbole als Bedienelemente eignen sich meist nicht. Durch die Anweisung im Text mit Bezug auf den Namen der Schaltfläche wird die sichtbare Bezeichnung der Schaltfläche notwendig. Der Alternativtext reicht nicht, stattdessen sollte der runde Button mit dem Text »In den Einkaufswagen«

ergänzt oder als Schriftgrafik abgelegt werden. Die Verwendung von Symbolen für Links und Formulare wurde ausführlich in Abschnitt 6.3.3 ab Seite 219 behandelt.

Auch andere Angaben können Hürden sein. Ein »Klicken Sie auf den Link am Ende der Seite« ist in der Regel für alle nachvollziehbar, aber ein »Angaben in der linken Spalte« oder »Die rechte Schaltfläche führt zum Löschen« ist in linearen Ausgabemedien wie Screenreadern kritisch und für blinde Nutzer nicht notwendigerweise verständlich. Und wer sagt eigentlich, ob die linke, die rechte oder eine andere Schaltfläche an erster Stelle im Quelltext steht? Unabhängig von Aspekten der Barrierefreiheit kann es auch zu Problemen bei sehr niedrigen Bildschirmauflösungen kommen, etwa bei mobilen Endgeräten.

19.2 Mehrfachkennzeichnung in der Praxis

Im Folgenden werden einige typische Beispiele der Mehrfachkennzeichnung vorgestellt, die bei der Gestaltung berücksichtigt werden sollten. Grundsätzlich wird davon ausgegangen, dass das HTML bereits so weit eine Struktur vorgibt, dass zumindest an dieser Stelle die Mehrfachkennzeichnung zur besseren Nutzbarkeit in Screenreadern nicht zusätzlich beachtet werden muss.

Zur Erinnerung – Inhalte müssen in den folgenden zwei Fällen wahrgenommen werden können:

- Wenn die Formatierung abgeschaltet ist oder nicht wahrgenommen werden kann, dann muss das HTML oder ein Text den Unterschied zum umgebenden Inhalt verdeutlichen.
- Wenn eine Formatierung durch den Nutzer überschrieben wird, dann muss eine zusätzliche Formatierung oder ein Text den Unterschied zum umgebenden Inhalt am Bildschirm verdeutlichen. Bei Farbe werden dabei Vordergrund- und Hintergrundfarbe als die gleiche Formatierung behandelt.

19.2.1 Links

Die Gestaltung von Links, vor allem auf der Struktur- und Textebene, wurde bereits ausführlich in Abschnitt 7.1 ab Seite 229 behandelt. Im Kontext der Mehrfachkennzeichnung kommen weitere Anforderungen hinzu. Damit Links in Fließtexten auch ohne Farbe erkennbar sind, benötigen sie eine Unterstreichung, eine Fettung oder eine andere sichtbare Hervorhebung. Linktexte müssen sich außerdem sowohl vom Hintergrund (vgl. Abschnitt 18.1 ab S. 687) als auch vom umgebenden Fließtext deutlich abheben. Das bedeutet, dass die verwendeten Farben für Links gegenüber den Fließtexten ein Kontrastverhältnis von mindestens 3:1 aufweisen sollten.

Darüber hinaus gibt es besondere Maßnahmen, um Hervorhebungen bei benutzerdefinierten Farben zu optimieren. Bereits einige wenige CSS-Auszeichnungen können einen positiven Einfluss auf die Wahrnehmbarkeit haben, ohne in das Layout einzugreifen.

19.2.1.1 Unterstreichung oder nicht?

Ob ein Link unterstrichen werden soll oder nicht, ist oft Geschmackssache. Manchmal wird die Unterstreichung in den CSS unterdrückt, weil unterstrichene Links den Lesefluss stören können oder aus Layoutgründen nicht erwünscht sind. Die Links sind dann zwar meist farbig hervorgehoben, haben aber abgesehen davon die gleiche Schriftart und den gleichen Schriftschnitt wie der umgebende Fließtext.

Nur über Farbe gekennzeichnete Links haben meist einen Mouse-over-Effekt, der eine Unterstreichung bewirkt. Offenbar ist Designern klar, dass ein Link ohne Unterstreichung nicht automatisch als Link erkannt wird. Ein solcher Hover-Effekt reicht jedoch nicht, denn er setzt voraus, dass der Link identifiziert werden und der Nutzer ein Zeigegerät bedienen kann. Kann er aber aufgrund der Farbgebung einen Link nicht sehen, dann wird er ihn auch nicht mit der Maus ansteuern. Ein typisches Beispiel sind Links in roter Farbe, die bei einer Rotblindheit als Dunkelgrau oder gar Schwarz wahrgenommen werden können.

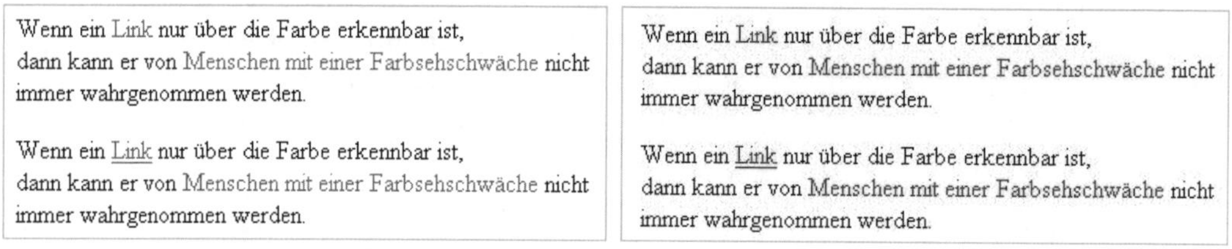

Wenn ein Link nur über die Farbe erkennbar ist, dann kann er von Menschen mit einer Farbsehschwäche nicht immer wahrgenommen werden.	Wenn ein Link nur über die Farbe erkennbar ist, dann kann er von Menschen mit einer Farbsehschwäche nicht immer wahrgenommen werden.
Wenn ein Link nur über die Farbe erkennbar ist, dann kann er von Menschen mit einer Farbsehschwäche nicht immer wahrgenommen werden.	Wenn ein Link nur über die Farbe erkennbar ist, dann kann er von Menschen mit einer Farbsehschwäche nicht immer wahrgenommen werden.

Abb. 19-2 Farbige Links im Fließtext benötigen mindestens eine weitere Formatierung.

Ist eine Unterstreichung nicht vorgesehen oder durchsetzbar, dann können Links zusätzlich fett formatiert und/oder durch Symbole ergänzt werden. Eine weitere Möglichkeit ist der Verzicht auf Links in Fließtexten und eine Auflistung dieser als Linkliste »Weiterführende Links« am Ende des Inhalts. Auch ein Style Switcher oder Color Picker, für das Umstellen der Farben, kommt in Betracht.

Links im Fließtext können unabhängig von einer Unterstreichung den Lesefluss stören. Obwohl es in den WCAG20 keine Anforderung gibt, die den Verzicht auf Links in Fließtexten nahelegt, muss dennoch über die Alternative einer Linkliste am Ende eines Artikels nachgedacht werden. Vor allem wenn Texte viele Links enthalten, kann die Umschaltung zwischen der Anzeige von Links im Fließtext und der Anzeige als ausführliche Linkliste am Ende des Dokuments sinnvoll sein.

Eine am Ende eines Textes platzierte Linkliste ist nicht nur eine Lösung im Sinne der Mehrfachkennzeichnung, sondern hilft außerdem die Anforderung an aussagekräftige Linktexte zu erfüllen, denn: Linktexte wie »hier« oder »mehr« sind dann nicht mehr möglich. Auch Brigitte Bornemann kommt in ihrem Artikel »Farbkontraste nach WCAG20« zum Schluss, dass auf Links im Fließtext zugunsten einer Linkliste verzichtet werden kann.[3]

19.2.1.2 Unterschiede im Kontrastverhältnis

Links in Fließtexten sollten deutlich erkennbar sein und gegenüber dem umgebenden Text ein Kontrastverhältnis von mindestens 3:1 aufweisen. Wenn beispielsweise der Fließtext schwarz auf Weiß ist, dann ist das Kontrastverhältnis des Fließtextes zum Hintergrund 21:1; nach den WCAG20 sollte das Kontrastverhältnis für Links im Fließtext dann zwischen 7:1 (erweiterte Mindestanforderung an Kontrastverhältnisse) und 18:1 liegen.

Diese doppelte Anforderung an Links, d.h., ausreichendes Kontrastverhältnis zum Hintergrund und ausreichendes Kontrastverhältnis zum umgebenden Fließtext, unterstreicht die Bedeutung von Links als wichtiges Navigationselement. Gleichzeitig führt sie dazu, dass das »erlaubte« Farbschema eingeschränkt wird.

Wie so oft bei der Umsetzung der Barrierefreiheit ist auch die Anforderung nach ausreichenden Kontrastverhältnissen kein absolutes Kriterium, sondern von anderen Faktoren abhängig. Ist z.B. ein Link unterstrichen, dann muss diese Anforderung nicht unbedingt erfüllt werden, denn der Link ist bereits auf anderem visuellem Weg erkennbar. Gleiches gilt, wenn sich Links nicht im Fließtext, sondern in einer Linkliste am Ende des Textes befinden. Welche dieser Lösungen auch gewählt wird, es geht darum, durch bessere Lesbarkeit der Links den Spielraum des Farbdesigns zu bewahren.

19.2.1.3 border-Technik für Navigationslinks

Auch in Navigationsleisten sollten Links nicht nur über die Farbe erkennbar sein. Wenn die aktuelle Seite in der Navigation hervorgehoben wird, so wird dies oft durch eine Veränderung der Hintergrundfarbe, der Vordergrundfarbe oder beider signalisiert. Auch hier gilt: Haben Nutzer eigene Farbschemata eingestellt, dann sind die Hervorhebungen nicht mehr erkennbar und es muss mindestens ein weiteres Erkennungsmerkmal vorgesehen werden. Das kann eine Veränderung des Schriftschnitts, z.B. eine Fettung, oder ein vorangestelltes Symbol (mit geeigneten Alternativtexten für die Textebene) sein. Eine weitere und bewährte Technik sind sichtbare oder unsichtbare CSS-Rahmen (border).

An dieser Stelle werfen wir einen Blick auf die Gestaltung der Hauptnavigation unseres Beispielauftritts. Die optische Hervorhebung des aktuellen Navigationseintrags erfolgt über Farbe sowie eine CSS-Hintergrundgrafik. Die Vermittlung der Information (»Ich bin kein Link!«) muss durch weitere Merkmale ergänzt werden. Diese wurden im Layout berücksichtigt (vgl. Abb. 19-3).

---

3.   Vgl. Bornemann, B., Farbkontraste nach WCAG20,
      URL: *http://www.bit-informationsdesign.de/blog/farbkontraste/* (Abruf 14.7.2010).

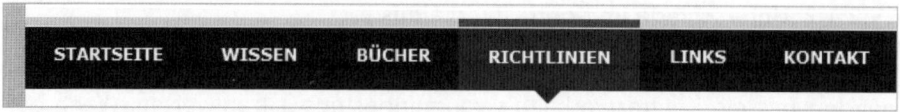

Abb. 19-3 Hervorhebung eines Menüeintrags durch einen farbigen Balken (oben) und einen Pfeil (unten)

Beide Techniken sind auf der rein visuellen Ebene und bei Standardfarben für die Anforderung an Mehrfachkennzeichnung ausreichend, nicht jedoch bei benutzerdefinierten Farbeinstellungen. Der Balken oberhalb des Eintrags wird mit einer Hintergrundgrafik bewirkt, die bei benutzerdefinierten Farben nicht sichtbar sein wird. Der Pfeil wurde ebenfalls über CSS als Hintergrundgrafik eingebunden und wird ebenfalls nicht sichtbar sein.

So schön die Hervorhebung durch Symbole also ist: Werden sie als Hintergrundgrafiken eingebunden, dann wird zur Anzeige der aktuellen Position in der Navigation mindestens ein weiteres Unterscheidungsmerkmal benötigt.

Wir greifen hier auf die bereits erwähnte und bewährte CSS-Eigenschaft border zurück, denn sie wird bei benutzerdefinierten Farbeinstellungen in der vom Nutzer eingestellten Textfarbe dargestellt. Das gilt vor allem für den Internet Explorer und für Mozilla-Browser. Der Rahmen ist also ein ausgezeichnetes Mittel, um einen Hinweis über den Zustand eines Navigationseintrags zu vermitteln. Dieser zusätzliche Rahmen muss bei Standardfarben nicht sichtbar sein, weil in diesem Fall die Symbole zu sehen sind.

Die CSS-Gestaltung wird wie folgt ergänzt:

```
#navigation ul li.aktiv a {
    border-color: #6392a9;
    background-position: 0px 0px;
    border-top: 6px solid #517C8F;
    padding: 1.2em 1.8em 1.5em 1.8em;
    background-color: #535353;
}
#navigation ul li.aktiv a:hover,
#navigation ul li.aktiv a:focus,
#navigation ul li.aktiv a:active {
    padding: 1.2em 1.8em 1.5em 1.8em;
    background-color: #535353;
    border-top: 6px solid #ddd;
    background-position: 0px 0px;
}
```

Listing 19-3 CSS-Eigenschaften für die border-Technik in der Hauptnavigation

Die Haupteinträge erhalten zur Verdeutlichung der Hierarchie eine obere Rahmendicke von 6 px. Die Rahmenfarbe ist dieselbe wie die Hintergrundfarbe und nur bei benutzerdefinierten Farbeinstellungen sichtbar. In unserem Beispiel erfolgt die Mehrfachkennzeichnung also über Farbe, über ein Symbol und über

Rahmen. Das Symbol ist bei Standardfarben sichtbar und die Rahmen sind bei benutzerdefinierten Bildschirmfarben erkennbar. Diese Hervorhebung wird dann auch für den Tastaturfokus und den Hover-Effekt berücksichtigt.

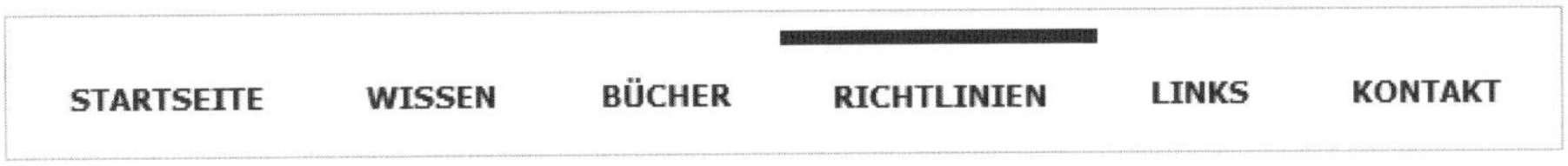

STARTSEITE   WISSEN   BÜCHER   RICHTLINIEN   LINKS   KONTAKT

Abb. 19-4 Der aktive Menüpunkt bleibt bei benutzerdefinierten Farben wahrnehmbar

Auf die Border-Technik kann verzichtet werden, wenn die Symbole statt als Hintergrundgrafik als Listenaufzählungspunkte verwendet werden oder direkt in das HTML eingebunden sind (vgl. auch Abschnitt 6.3.2 ab S. 217).

Die Symbole dienen als Informationsträger (»Aktueller Bereich«) und die Information muss selbstverständlich auch bei ausgeschaltetem CSS wahrnehmbar sein. Für den aktiven Eintrag reicht im Normalfall die Nichtverlinkung, aber ein zusätzlicher Text fördert die Nutzbarkeit (vgl. Abschnitt 7.1.4 ab S. 249).

19.2.2 Inhalte

Die Mehrfachkennzeichnung beschränkt sich nicht auf Links. Ob Überschriften oder Tabellen, es gibt zahlreiche Inhaltstypen, die oft über Farbe allein und ohne zusätzliche Formatierung gestaltet werden. Im Folgenden werden einige typische Barrieren beschrieben, die insbesondere in Inhaltsbereichen entstehen können.

19.2.2.1 Überschriften

In der Regel werden Überschriften im Inhaltsbereich visuell durch Schriftgröße, Fettung und Farbe hervorgehoben. Während eine Hauptüberschrift i.d.R. größer als der Fließtext gestaltet wird, werden – je tiefer ein Dokument strukturiert ist – die Überschriftenebenen oft nur noch durch Farbe und somit nicht ausreichend gekennzeichnet.

Überschriften sind markante Informationspunkte. Sie ziehen die Aufmerksamkeit auf sich und geben im Idealfall eine Information über den nachstehenden Text. Zudem vermittelt die Überschriftenhierarchie, wo in der inhaltlichen Gliederung ein Text einzuordnen ist. Deswegen müssen Überschriften auf der Strukturebene entsprechend ihrer Hierarchie im HTML ausgezeichnet werden. Die Anforderung gilt selbstverständlich auch im Kontext der visuellen Wahrnehmung. Überschriftenebenen müssen unabhängig von einzelnen Formatierungen wie Farbe erkennbar sein.

Eine Möglichkeit, Überschriften hervorzuheben, ist über vorangestellte Symbole. Für jede vorhandene Überschriftenebene kann ergänzend zur Textgestaltung ein Symbol eingebunden werden (vgl. Listing 19-4).

G
103

```
h1, h2, h3, h4 {
  padding: 5px 0px 5px 25px;
  display: list-item;
  margin-left : 20px;
}
h1 {
  list-style-image:url('lib/img/h1.gif');
}
h2 {
  list-style-image:url('lib/img/h2.gif');
}
h3 {
  list-style-image:url('lib/img/h3.gif');
}
h4 {
  list-style-image:url('lib/img/h4.gif');
}
```

Listing 19-4   CSS für vorangestellte Symbole bei Überschriften

Eine weitere Möglichkeit ist, Überschriften zusätzlich mit einem Rahmen auszuzeichnen, der links vor der Überschrift platziert wird. Horizontale Rahmen unterhalb der Überschriften sind ungeeignet, da sie wie Unterstreichungen wirken
und als Links interpretiert werden könnten.

Natürlich kann mit Schriftgröße, Einrückungen und anderen Formatierungen (in Ergänzung zu Farbe) gearbeitet werden. Für die sechs Überschriftenebenen ist darauf zu achten, dass sie sich unabhängig von der Farbe unterscheiden. Bei längeren Dokumenten mit einer nummerierten Gliederung kann
jedoch auf zusätzliche Formatierungen verzichtet werden, sofern die Ordnungszahlen der Gliederung nachvollziehbar sind.

19.2.2.2 Listen

Bei Aufzählungen und Listen kann es erwünscht sein, die Aufzählungspunkte
durch CSS-Grafiken zu ersetzen. Dies ist unproblematisch, solange diese Grafiken keine Informationen transportieren. Wenn jedoch verschiedene Symbole
zur Unterscheidung von Listeneinträgen eingesetzt werden, dann muss sichergestellt sein, dass die Bedeutung der Symbole klar ist. Ist dies nicht der Fall,
dann ist ein weiterer beschreibender Text nötig, denn für über CSS eingebundene Grafiken gibt es keine Möglichkeit, Alternativtexte zu vergeben.

Bei verschiedenfarbigen Aufzählungszeichen (z.B. »rote und grüne Punkte«)
kann ergänzend zur Farbe eine Form verwendet werden, etwa rote Kreise und
grüne Quadrate. Werden unterschiedliche Symbole als Informationsträger in
Listenpunkten eingesetzt, muss die Barrierefreiheit durch weitere Maßnahmen
sichergestellt werden.

In Listing 7-10 auf Seite 246 wurde eine Liste mit vier Links durch Grafiken ergänzt. Die ersten drei Grafiken waren identisch, aber die vierte Grafik machte deutlich, dass der nachstehende Link zu einer anderssprachigen Seite führt. Der letzte Eintrag wurde mit unsichtbarem Text ergänzt. Das ist so lange sinnvoll, wie der restliche Text einer Seite deutsch ist: Auf einer französischsprachigen Seite wäre es sinnvoll, auch die Links zu deutschsprachigen Seiten zu kennzeichnen.

19.2.2.3 Hervorhebungen im Fließtext

Zusätzlich zu einer Vermittlung durch Symbole oder über Farben können typografische Merkmale wie eine andere Schriftart und Schriftgröße, Unterstreichungen oder Durchstreichungen zum Hervorheben einzelner Inhalte eingesetzt werden. Die Verwendung von Farbe ist auch hier empfehlenswert, solange sie nicht der einzige Informationsträger ist.

G 117

Wenn Texte kollaborativ – z. B. in einem Wiki – geschrieben werden, können unterschiedliche Versionen angezeigt und eingefügte sowie gelöschte Texte eingesehen werden. Diese Informationen werden oft nur über Farbe vermittelt.

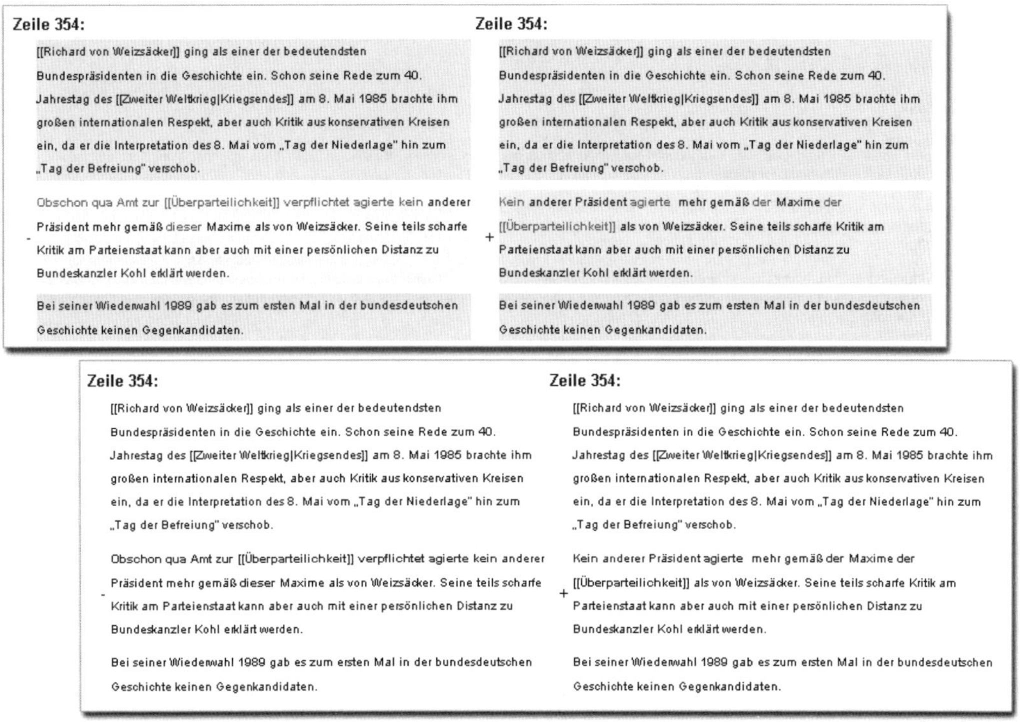

Abb. 19-5 Eingefügte und gelöschte Texte werden durch Hintergrund- und Vordergrundfarben hervorgehoben.

Auch hier sind zusätzliche Formatierungen im Sinne einer Informationsvermittlung über mehrere Wege nötig. Eine Lösung wäre, die Textpassage sowohl in
Rot als auch fett darzustellen – wobei die Fettung selbstverständlich mit HTML
geschehen sollte – und wie folgt darauf zu verweisen: »Textänderungen sind in
Rot und fett dargestellt.«

Auf der Strukturebene könnte ein eingefügter oder gelöschter Text mit
einem STRONG-Element ausgezeichnet sein. Wird jedoch das STRONG-Element
auch zur Hervorhebung anderer Texte genutzt, dann lässt sich die »normale«
Hervorhebung nicht mehr von der für geänderte Texte unterscheiden. Die nach
der HTML-Spezifikation für diesen Zweck vorgesehenen INS- und DEL-Elemente
sind nicht geeignet. Sie werden von Screenreadern nicht ausgewertet und sind
daher nicht zugänglichkeitsunterstützend.

In einem solchen Fall ist es am besten, Versionsunterschiede direkt im
Fließtext zu kennzeichnen und dies bereits im Screendesign zu berücksichtigen, z.B. indem solche Bereiche so gestaltet werden, dass neben einer Textfarbe die geänderten Stellen vorher und hinterher ergänzt werden.

W3C Editor's Draft

To use this technique, an author incorporates a visual cue in addition to color for each place where color alone is used to convey information. Visual cues can take many forms including changes to the font style, the addition of underlines, bold, or italics, or changes to the font size.

[begin add]

Note: While this technique is sufficient to meet the visual requirements of Success Criterion 1.4.1, the information conveyed by the color must also be available programmatically to satisfy Success Criterion 1.3.1. See How to Meet 1.3.1.

[end add]

Examples

- [begin add]
  The default formatting for links on a page includes presenting them both in a different color than the other text on the page underlining them to make the links identifiable even without color vision.
  [end add]
- An article comparing the use of similar elements in different markup languages uses colored text to identify the elements from each language. Elements from the first markup language are identified using BLUE, bolded text. Elements from the second are presented as RED, italicized text.
- [begin change]
  A news site lists links to the articles appearing on its site. Additional information such as the section the article appears in, the time the article was posted, a related location or an indication that it is accompanied by live video appears in some cases. The links to the articles are in a different color than the additional information but the links are not underlined, and each link is presented in a larger font than the rest of the information so that users who cannot see color can identify the links more easily.
  [end change]
- Short news items sometimes have sentences that are also links to more information. Those sentences are printed in color and use a sans-serif font face while the rest of the paragraph is in black Times-Roman.

Related Techniques

- G14: Ensuring that information conveyed by color differences is also available in text
- H92: Including a text cue for colored form control labels
- G183: Using a contrast ratio of 3:1 with surrounding text and providing additional visual cues on focus for links or controls where color alone is used to identify them

Abb. 19-6   Veränderungen im Dokument werden mit Farbe und Text gekennzeichnet.

19.2.2.4 Farbig hinterlegte Bereiche

Auf Webseiten werden oft Informationskästen für ergänzende oder hervorgehobene Informationen verwendet. Sie können allgemeine Hinweise, Merksätze,
Linklisten u.v.m. enthalten. Meist werden solche Bereiche über Farbe (z.B.
einen grauen Hintergrund) gekennzeichnet. Auch solche Informationskästen
und ähnliche Seitenelemente benötigen zusätzliche Erkennungsmerkmale. In
der Regel reicht ein Rahmen, hilfreich sind aber auch Bezeichnungen.

Wenn Absätze oder andere Textblöcke durch eine veränderte Farbe hervorgehoben werden, gehört auf der Strukturebene eine vorangestellte Überschrift als Bezeichnung zu den Minimalanforderungen.

```
<div class="hinweis">
 <h2>Benötigen Sie Hilfe?</h2>
 <p>Einige Fragen und Antworten finden Sie in der <a href="#">Hilfe</a>.</p>
 <p>Einige Begriffe finden Sie im <a href="#">Glossar</a> erläutert.</p>
</div>
```

Auch sollte der Informationskasten einen ergänzenden, umschließenden Rahmen erhalten. Da er bei benutzerdefinierten Farben erkennbar ist, kann er die gleiche Farbe wie die farbige Hinterlegung selbst erhalten:

```
.hinweis {
 padding: 1em;
 width: 320px;
 height: 400px;
 border: 2px solid #eee;
 overflow: auto;
 float: left;
 margin: 0 2em 1em 0;
 background-color: #eee;
}
```

Listing 19-5   border-Technik für Info-Kästen

Ohne die border-Eigenschaft wird ein Info-Kasten bei benutzerdefinierten Farben nicht gut von anderen Inhalten zu differenzieren sein. Mit einem Rahmen kann die Hervorhebung hier sichergestellt werden, wie im untersten Bild von Abbildung 19-7 zu sehen ist.

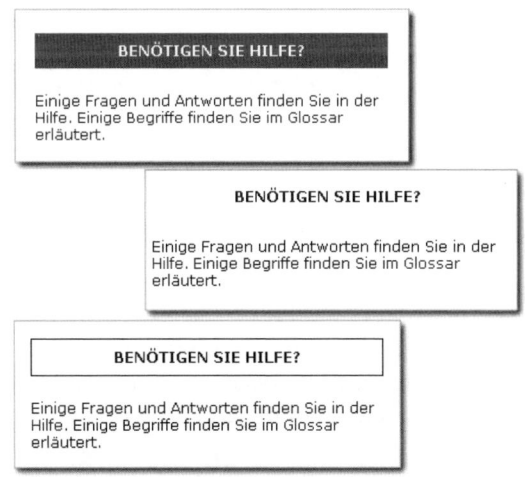

Abb. 19-7   Eine farbliche Hervorhebung kann durch einen Rahmen bei benutzerdefinierten Farben besser wahrgenommen werden.

19.2.2.5 Tabellen

Auch in Tabellen können verschiedene Maßnahmen der Mehrfachkennzeichnung berücksichtigt werden. Ein Beispiel sind Spalten- und Zeilenüberschriften: Die farbige Gestaltung von Kopfzellen fördert die Leserlichkeit, aber durch Fettung und/oder Zentrierungen oder andere Ausrichtungen können die Zellen auch unabhängig von der Farbe visuell hervorgehoben werden.

Vor dem Hintergrund benutzerdefinierter Bildschirmfarben sollte auch bei der Gestaltung von Tabellen auf einige wenige weitere Zeilen CSS geachtet werden, um die Wahrnehmbarkeit zu fördern.

Sind beispielsweise in einer Datentabelle die Reihen abwechselnd nur mit zwei unterschiedlichen Hintergrundfarben gestaltet (Zebratabellen), dann geht diese visuelle Leseunterstützung bei benutzerdefinierten Farben verloren. Auch wenn die Tabelle noch zugänglich ist, kann das Lesen durch weitere Maßnahmen gefördert werden. Eine sehr einfache Technik sind Rahmen für Tabellenzellen bzw. -reihen, die in der gleichen Farbe wie der Zellenhintergrund gehalten sein können und bei benutzerdefinierten Farben Orientierungsmöglichkeiten in langen Datentabellen bieten. Dies ist vor allem bei wichtigen Informationen in großen Tabellen sinnvoll.

19.2.2.6 Grafiken

Auch in Schaubildern (z. B. Kursverläufe in Charts, Diagrammblöcke) darf nicht allein durch Farbe unterschieden werden. Neben Farbe können hier ergänzend Muster (z. B. eine gestrichelte rote und eine durchgezogene blaue Kurve) eingesetzt werden. Dies ist besonders bei Farben wichtig, die für farbfehlsichtige Menschen problematisch sind (vgl. Abschnitt »Farbfehlsichtigkeit« ab S. 13).

Um etwa in einem Geschäftsbericht die Gewinne und Verluste darzustellen, darf sich nicht allein auf eine farbige Markierung der Zahlen verlassen werden: Rot für negative Zahlen und Schwarz für positive Zahlen reicht nicht aus. Empfehlenswert ist hier ein zusätzliches Plus- bzw. Minuszeichen vor den jeweiligen Zahlen. Darstellungen von Flächen (z. B. Zufriedenheit oder Unzufriedenheit mit einem bestimmten Produkt) sind durch weitere Merkmale zu ergänzen, vor allem wenn für die Flächen die Farben Rot und Grün verwendet werden. Für diesen Fall bietet sich eine Schraffierung für eine der beiden Flächen an.

19.2.3 Formulare

Bei Formularen gibt es über die bereits aufgeführten Techniken hinaus zwei Besonderheiten: Zum einen wird oft zwischen Pflichtfeldern und optionalen Feldern unterschieden, zum anderen muss die Fehlerbehandlung besonders beachtet werden.

19.2.3.1 Pflichtfelder

Pflichtfelder werden gerne über Farbe hervorgehoben. Wie für andere Seitenelemente ist auch hier die Verwendung von Farbe empfehlenswert. Die farbige Kennzeichnung von Pflichtfeldern sollte jedoch durch zusätzliche, sichtbare Merkmale ergänzt werden. Die notwendigen Textangaben im LABEL-Element wurden bereits im Abschnitt »Kennzeichnung von Pflichtfeldern« ab Seite 576 vorgestellt. Einige Möglichkeiten sind das Asterisk, ein Text oder ein grafisches Symbol.

Wenn Pflichtfelder über Farbe gekennzeichnet sind, dann muss eine dieser Möglichkeiten genutzt werden. Dabei geht es nicht um die Zugänglichkeit für Screenreader-Nutzer, sondern ausdrücklich um Sehende bzw. Sehbehinderte.

Wenn beispielsweise ein Asterisk zusätzlich zur Farbe eingesetzt wird, dann sollte bei den (ebenfalls empfehlenswerten) Ausfüllhilfen ein Hinweis der Art »Bitte füllen Sie alle gelben und mit einem Asterisk (*) gekennzeichneten Felder aus« stehen. Das Asterisk ist zwar Konvention, aber wegen der geringen Größe des Zeichens ist es möglicherweise für Menschen mit einer Sehbehinderung nicht erkennbar.

Statt oder in Ergänzung eines solchen Zeichens empfiehlt sich zusätzlicher Text. Pflichtfelder können im zugehörigen LABEL-Element durch »Pflichtfeld« bzw. optionale Felder durch »optional« gekennzeichnet werden:

```
<p><label for="wert">Mobiltelefon (optional)</label>
<input name="handy" id="wert" type=text" /></p>
```

Listing 19-6   Mehrfachkennzeichnung für Pflichtfelder durch Textergänzung

Eine weitere Technik der Mehrfachkennzeichnung besteht in der Verwendung strukturierender HTML-Elemente. Wenn die Beschriftung eines Pflichtfelds über STRONG ausgezeichnet wird, dann wird sie fett dargestellt. Formal genügt das den Anforderungen. In der Praxis kommt es darauf an, ob ein Nutzer mit einer Seheinschränkung dies gut erkennt oder nicht.

Die Vermittlung von Informationen über Farbe allein ist besonders dann kritisch, wenn Inhaltstypen voneinander unterschieden werden sollen. Das folgende Beispiel zeigt die Vermittlung einer wichtigen Information allein über Farbe im Administrationsbereich von DokuWiki (vgl. auch Abb. 19-8 bzw. 19-9): »Einstellungen mit einem hellroten Hintergrund sind gesichert und können nicht mit diesem Plug-in verändert werden, Einstellungen mit hellblauem Hintergrund sind Voreinstellungen, weiß hinterlegte Felder zeigen lokal veränderte Werte an. Sowohl die blauen als auch die weißen Felder können verändert werden.«

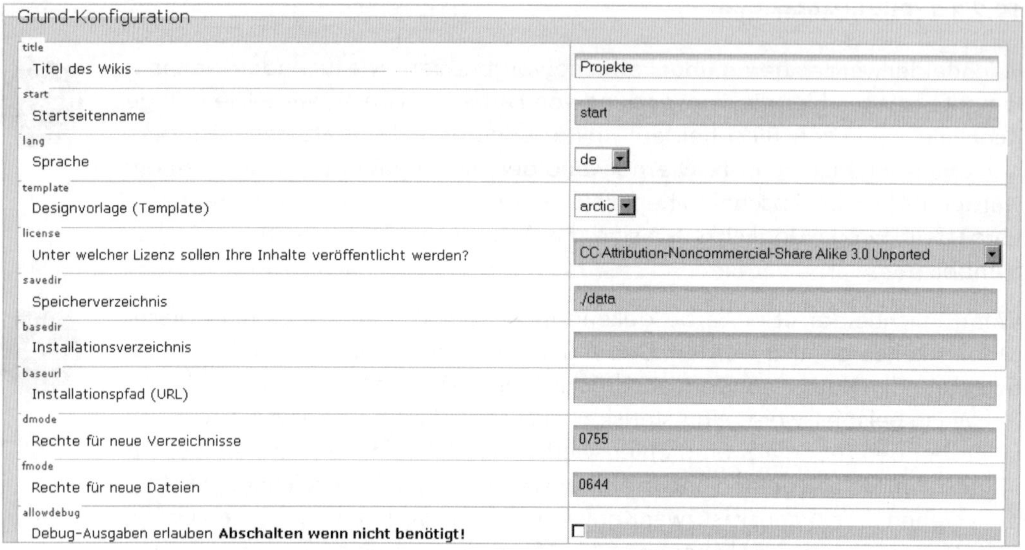

Grund-Konfiguration

title
Titel des Wikis | Projekte

start
Startseitenname | start

lang
Sprache | de ▼

template
Designvorlage (Template) | arctic ▼

license
Unter welcher Lizenz sollen Ihre Inhalte veröffentlicht werden? | CC Attribution-Noncommercial-Share Alike 3.0 Unported ▼

savedir
Speicherverzeichnis | ./data

basedir
Installationsverzeichnis

baseurl
Installationspfad (URL)

dmode
Rechte für neue Verzeichnisse | 0755

fmode
Rechte für neue Dateien | 0644

allowdebug
Debug-Ausgaben erlauben **Abschalten wenn nicht benötigt!** | ☐

Abb. 19-8 Administrationsbereich in einem DokuWiki mit farblicher Kennzeichnung verschiedener Typen von Steuerelementen

Bei benutzerdefinierten Bildschirmfarben ist dieses Formular nicht mehr bedienbar:

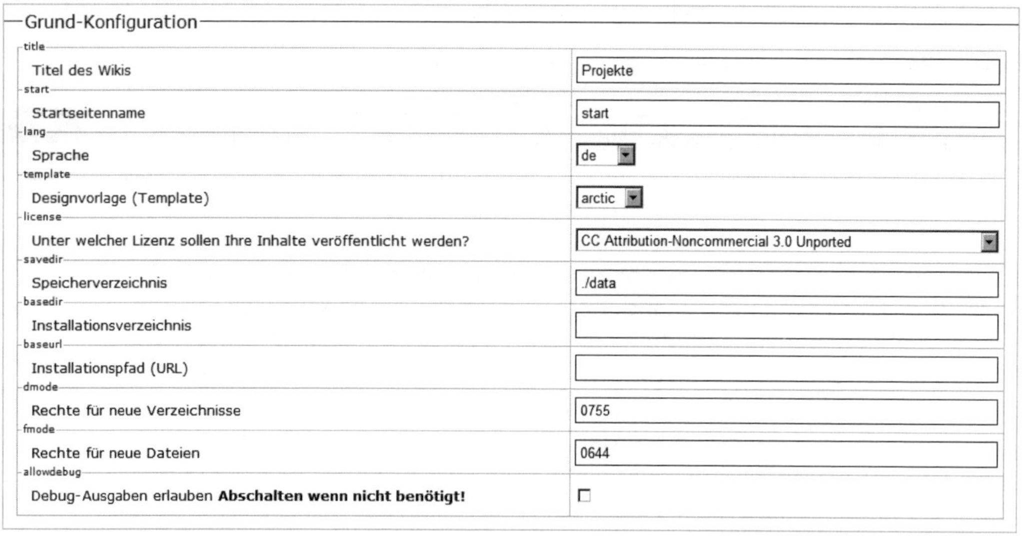

Grund-Konfiguration

title
Titel des Wikis | Projekte

start
Startseitenname | start

lang
Sprache | de ▼

template
Designvorlage (Template) | arctic ▼

license
Unter welcher Lizenz sollen Ihre Inhalte veröffentlicht werden? | CC Attribution-Noncommercial 3.0 Unported ▼

savedir
Speicherverzeichnis | ./data

basedir
Installationsverzeichnis

baseurl
Installationspfad (URL)

dmode
Rechte für neue Verzeichnisse | 0755

fmode
Rechte für neue Dateien | 0644

allowdebug
Debug-Ausgaben erlauben **Abschalten wenn nicht benötigt!** | ☐

Abb. 19-9 Bei benutzerdefinierten Farben ist der Administrationsbereich des DokuWiki nicht mehr bedienbar.

19.2.3.2 Fehlermeldungen

Fehlermeldungen müssen unter dem Gesichtspunkt der Mehrfachkennzeichnung sorgfältig gestaltet werden. Fehlerbeschreibungen und Hilfen (vgl. Abschnitt 15.4 ab S. 592) müssen nicht nur vorhanden, sondern auch wahrnehmbar sein. Es sind die Hinweise, Fehlermeldungen und Ausfüllhilfen, die es Nutzern ermöglichen, Logins, Bestellungen oder auch Online-Banking erfolgreich vornehmen bzw. abschließen zu können.

Eine über Farbe vermittelte Fehlermeldung wird deswegen durch zusätzliche Formatierungen (Schriftschnitt), Symbole oder Rahmen ergänzt. Hinweise wie »Fehlermeldungen in roter Farbe« sind nicht barrierefrei. Eine bessere Fehlermeldung ist: »Falsche Eingaben sind in Rot und fetter Schrift gekennzeichnet«.

Symbole für Fehlermeldungen sind ebenfalls positiv zu bewerten. Allerdings müssen allein stehende Symbole (ohne ergänzenden Text) im HTML stehen und dürfen nicht mittels CSS generiert werden, da sie wichtige Informationen transportieren. Außerdem müssen sie allgemein verständlich sein, wie z. B. ein Dreieck mit einem Ausrufezeichen.

Eine interessante Technik zur Mehrfachkennzeichnung fehlerhafter Eingaben wird beim Webangebot von »Sozialnetz Hessen« verwendet. Hier wird bei Fehleingaben das auch bei benutzerdefinierten Farbeinstellungen sichtbare FIELDSET-Element in Kombination mit LEGEND eingesetzt. Die Rahmen des FIELD-SET-Elements werden dabei nicht unterdrückt und die Fehlermeldung hebt sich somit vom umgebenden Inhalt ab:

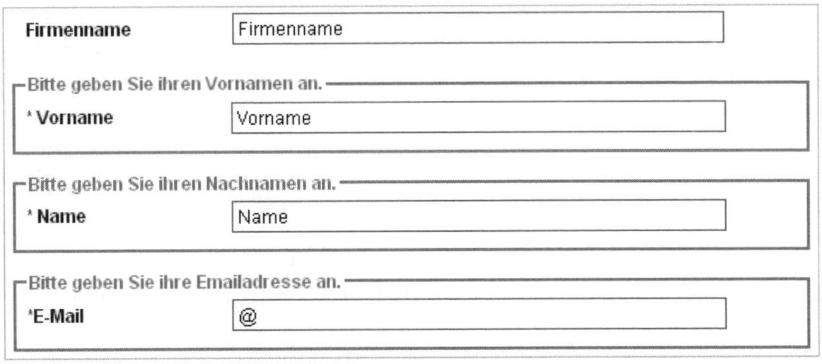

Abb. 19-10 In drei von vier Feldern werden fehlende Eingaben mithilfe von FIELDSET und LEGEND hervorgehoben.

Mit dieser Form der Mehrfachkennzeichnung ist die Sichtbarkeit der fehlerhaft ausgefüllten Eingabefelder für alle Nutzer gleichermaßen gewährleistet. Sie sind bei benutzerdefinierten Farben erkennbar und zudem mit Screenreadern aufgrund der verwendeten HTML-Technik eindeutig identifizierbar.

19.3 Mehrfachkennzeichnung ist interdisziplinär

Gerade in der Anforderung der Mehrfachkennzeichnung zeigt sich, wie das Zusammenspiel von Screendesign, Programmierung und Online-Redaktion funktionieren kann. Während die Strukturebene einer HTML-Seite eher Sache der Technik ist und die Formulierung bildschirmunabhängiger Texte eher eine Aufgabe der Redaktion, gibt es in der Webentwicklung durchaus Schnittstellen zwischen Screendesign und anderen Disziplinen. Insbesondere die Mehrfachkennzeichnung, aber auch Kontraste müssen während der grafischen Gestaltung forciert werden.

19.3.1 Zusammenspiel von Screendesignern und Programmierern

Neben der visuellen Wahrnehmung geht es immer auch um die Vermittlung von Zusammenhängen auf der Strukturebene. Wenn nur einer der beiden Aspekte nicht verwirklicht werden kann, müssen zusätzlich zur Formatierung (mit CSS) und/oder Strukturierung (mit HTML) hinweisende Texte berücksichtigt werden. Zusatztexte können auch dann nötig sein, wenn es um die Ergänzung rein visueller Merkmale geht. Letzteres lässt sich oft nicht alleine mit CSS und/oder HTML realisieren und erfordert weitere Texte im Screendesign.

Während es vor allem die Aufgabe des Screendesigners ist, die visuelle Ebene der Mehrfachkennzeichnung zu beachten, obliegt dem Programmierer die Umsetzung der Strukturebene. Die folgenden Beispiele betreffen beide Arbeitsbereiche:

▥ Ausgewählte Menüpunkte haben eine zusätzliche Formatierung, die sie von nicht ausgewählten unterscheidet, z.B. durch ein vorangestelltes, in das HTML eingebundene Symbol.

▥ Zusätzliche visuelle Merkmale sollen vorhanden sein, wenn farbige Informationen etwas über den Status eines Elements (z.B. eines Textes) aussagen. Diese müssen als Strukturen ebenfalls ermittelbar sein.

▥ Wenn bestimmte Zusatzinhalte beispielsweise in einer rechten Spalte vorhanden sind, dann benötigen sie eine Bezeichnung, auf die die Redakteure hinweisen können. Diese muss als Überschrift ausgezeichnet sein, damit die entsprechende Stelle auch mit Screenreadern angesteuert werden kann.

▥ Formatierungen wie Fettung oder Kursivstellung sollen auf der HTML-Ebene mit den Elementen STRONG und EM ausgezeichnet werden und nicht etwa mit CSS.

19.3.2 Zusammenspiel von Screendesignern und Redaktion

Screendesigner und Redakteure: Welche Verbindung besteht zwischen diesen beiden Gruppen, wenn es um Barrierefreiheit geht? Der Zusammenhang ist auf den ersten Blick nicht leicht zu erkennen, wird jedoch im Kontext der Mehrfachkennzeichnung deutlich.

Im Screendesign können Voraussetzungen dafür geschaffen werden, dass Redakteuren die Möglichkeit der Mehrfachkennzeichnung in Formulierungen zur Verfügung steht.

Werden in einem Webangebot z.B. Informationskästen verwendet oder ergänzende Links in einer rechten Spalte, dann finden sich in Artikeln oft Formulierungen wie »Ergänzende Informationen finden Sie in der rechten Spalte« oder »Ergänzende Informationen sind blau hinterlegt«. Im ersten Fall wird eine Information allein über die visuelle Position gegeben und im zweiten allein über Farbe.

Im ersten Fall kann bereits im Screendesign eine zusätzliche Überschrift vorgesehen werden. Dadurch können Online-Redakteure in ihren Texten sowohl auf die sichtbare Position als auch auf die Überschrift Bezug nehmen. Im zweiten Fall verhilft die oben in Listing 19-5 vorgestellte Border-Technik in Kombination mit einer eindeutigen Überschrift zu einer Formulierung wie »Ergänzende Informationen zu ... finden Sie im blau hinterlegten Kasten«.

Zusammenfassung

1. Unterschiedliche Informationen und Kennzeichnungen von Bedienfunktionen dürfen weder über Farbe allein noch nur über einzelne andere visuelle oder auditive Merkmale vorgenommen werden.
2. Farbig gekennzeichnete Navigationsbereiche benötigen mindestens eine zusätzliche Eigenschaft, damit die Kennzeichnung bei benutzerdefinierten Farben erhalten bleibt.
3. Pflichtfelder und Fehlermeldungen in Formularen sind mehrfach zu kennzeichnen.
4. Die Mehrfachkennzeichnung ist sowohl Aufgabe von Screendesignern als auch von Webentwicklern und Online-Redakteuren.

</ende>

20 Gedanken zum Schluss

Abschließend möchten wir, die Autoren, einige wichtige Aussagen aufgreifen, die in diesem Buch immer wieder in verschiedener Form formuliert wurden. Wir nehmen an, dass nur wir das Buch von vorne bis hinten vollständig gelesen haben und dass die Bedeutung der Aussagen sicherheitshalber pointiert werden sollte. Diese Aussagen stellen weder eine Zusammenfassung noch ein Fazit dar, sondern verdeutlichen wie umfassend die Barrierefreiheit ist und stellen klar, dass es nicht für jede Situation eine Patentlösung gibt.

Im letzten Abschnitt sind wir bereits auf die notwendige Zusammenarbeit zwischen Screendesignern, Programmierern und Redakteuren eingegangen. Barrierefreiheit ist interdisziplinär ohne diese Erkenntnis ist das Ziel eines barrierefreien Webs kaum erreichbar. Die Rahmenbedingungen für dieses Ziel sind sehr unterschiedlich, abhängig vom Wissen einzelner Beteiligten und weiterer, organisatorischen Gegebenheiten. Wichtig sind die folgenden Punkte aber immer:

- Man muss verstehen, dass es bei Barrierefreiheit um die Nutzbarkeit und Zugänglichkeit für Menschen mit Behinderungen geht. Die fehlende Barrierefreiheit muss in der Webentwicklung an den Wurzeln gepackt werden, da sonst unkalkulierbare Mehrkosten und Frust – und zwar sowohl bei Webentwicklern als auch bei Nutzern – entstehen.
- Barrierefreiheit ist ohne Zweifel ein hohes Ziel. Weil die Anforderungen der Barrierefreiheit manchmal unerfüllbar erscheinen, wird gerne von »Barrierearmut« gesprochen – eine beliebige und letztlich irreführende Umschreibung für »nicht barrierefrei«. Wenn Barrierefreiheit angestrebt wird, sollte die Erreichung einer der Konformitätsstufen der WCAG20 konkretisiert werden.
- Barrierefreiheit betrifft heterogene Nutzergruppen und unterschiedliche Bedienungsszenarien. Zum Teil geht es auch um sehr individuell erscheinende Anforderungen, die aber nicht unter den Teppich gekehrt werden dürfen. Beteiligte Konzepter und Webentwickler haben hier oft große Wissenslücken, denen nur durch Schulungen begegnet werden kann.

Insbesondere in Kapitel 2 sind wir auf Vorurteile gegenüber Barrierefreiheit eingegangen. Natürlich wird das Thema »Behinderung« in der Praxis oft immer noch stigmatisiert. Wir haben uns Mühe gegeben, die Einschränkungen, die aufgrund einer Behinderung entstehen, und die Lösungen für barrierefreies Webdesign umfassend und sachlich darzustellen. Dennoch ist barrierefreies Webdesign durch viele Missverständnisse geprägt, etwa:

- Barrierefreiheit ist kein spezifisches Thema der Verwaltungen und betrifft alle Webangebote. Die öffentliche Hand darf Menschen mit Behinderungen nicht benachteiligen und die Privatwirtschaft sollte sich stärker an diesem »Verbot« ein Beispiel nehmen.
- Redaktionssysteme können Barrierefreiheit nur zum Teil generieren und sicherstellen. Investieren Sie deswegen in die Schulung der Online-Redakteure, damit Barrierefreiheit langfristig sichergestellt werden kann.
- CSS-Design ist wichtig, kann jedoch mit Barrierefreiheit nicht gleichgesetzt werden. Design muss flexibel sein und darf nicht für bestimmte Bildschirmdarstellungen oder Browsertypen optimiert werden. Insbesondere geht es um das Prinzip der Trennung von Inhalt und Layout.
- JavaScript verursacht seit vielen Jahren keine Kompatibilitätsprobleme. Die WCAG20 empfiehlt sogar den Einsatz von JavaScript, um Barrieren abzubauen. Die Anforderungen an barrierefreies JavaScript lassen sich mit folgenden zwei Begriffen umschreiben: »unaufdringliches JavaScript« und »DOM-Skripting«.
- Barrierefreiheit bedeutet keinesfalls schlechtes Design. Auf der inhaltlichen Ebene bedeutet Barrierefreiheit sogar gutes Design. Auf der Präsentationsebene bedeutet Barrierefreiheit insbesondere die Einhaltung von ausreichenden Kontrastverhältnissen.

Wer sich die diesem Buch zugrunde liegenden Web Content Accessibility Guidelines 2.0 und vor allem deren unterstützende Dokumente zu Gemüte führt, stellt fest, dass Barrierefreiheit ein universales Thema der Webentwicklung ist. Wir sind in diesem Buch nicht auf jede einzelne Technik eingegangen, aber wer die Inhalte dieses Buchs verinnerlicht, kann weitere Details in seinen Webprojekten erfolgreich umsetzen. Einige Themen mussten wir jedoch außen vor lassen:

- Das Thema Flash haben wir nur am Rande berücksichtigt. Zwischenzeitlich bieten die Techniken zur WCAG20 eine Dokumentensammlung zu barrierefreiem Flash.
- Unsere Ambition, den zukünftigen ARIA-Webstandard ausführlich zu behandeln, wurde durch Praxistests zunichte gemacht. Obwohl einzelne ARIA-Techniken bereits in Screenreadern und anderen Hilfsmitteln funktionieren, führen viele der nützlichen Erweiterungen eher dazu, dass Hilfsmittel nichts mehr mit den Inhalten anfangen können. Diesen Zwiespalt können wir nur mit der Empfehlung resümieren, dass es auf ausführliche Tests mit allen Hilfsmitteln ankommt.

▦ Gleiches gilt für HTML5. Aufgrund erheblicher Kompatibilitätsprobleme mit Screenreadern und weil HTML5 noch kein Webstandard ist, haben wir auf HTML 4.01- bzw. die XHTML-Spezifikationen gesetzt.

In einer eventuellen Neuauflage des Buchs werden wir sowohl HTML5 als auch ARIA und Flash stärker berücksichtigen – versprochen. Und sollte die BITV2 noch zu Gottes Lebzeiten kommen, diese natürlich auch.

Das Thema HTML5 wird uns in der Zukunft immer mehr beschäftigen. Zum einen stellen die derzeitigen Webstandards mit HTML 4.01 und XHTML nur sehr eingeschränkte Möglichkeiten zur strukturellen Darstellung von Informationen und deren Zusammenhängen bereit. Zum anderen müssen Multimedia, fortgeschrittene Steuerungselemente und vieles mehr mit zusätzlichen Webtechniken realisiert werden. Dieser Zustand ist nicht nur aufwändig, sondern ebenso anfällig für Kompatibilitätsprobleme. HTML5 wird zusammen mit ARIA dieses Problem voraussichtlich beheben.

Noch mussten wir uns aber mit HTML 4.01 und XHTML herumschlagen und es entstanden während der Manuskripterarbeitung einige Diskussionen. Diese haben ihre Ursache ausschließlich in den eingeschränkten Möglichkeiten von HTML 4.01 und XHTML:

▦ HTML bietet nur begrenzte Auszeichnungsmöglichkeiten. Dialoge könnten beispielsweise als Überschrift-Absatz-Kombinationen oder als Definitionslisten ausgezeichnet werden – keine dieser Möglichkeiten befriedigt völlig. Beispiele dieser Art finden sich viele.

▦ Strukturelle Überschriften für Hauptbereiche von Webseiten können als H6 umgesetzt werden, als H2 oder sogar als H1 – es gibt keinen Königsweg. Sobald ARIA Recommendation Status hat, können Landmarks eingesetzt werden und die Diskussionen um korrekte Auszeichnungen werden sich dann hoffentlich erledigt haben.

▦ Es gibt viele Techniken, die standardkonform, aber nicht zugänglichkeitsunterstützend sind. Viele eingesetzte Techniken mussten wir prüfen und uns in manchen Situationen von gängigen Auszeichnungen verabschieden. Beispielsweise sind title-Attribute für Links oder auch Abkürzungen nicht zugänglichkeitsunterstützend – sie dürfen und sollen eingesetzt werden, müssen aber durch weitere Techniken ergänzt werden, um für Tastaturnutzer zugänglich zu sein.

▦ Rekursive Links können entweder vermieden werden oder als Link verbleiben. Im letzten Fall benötigen sie einen Zusatztext, der die Information über die aktuelle Seite an Screenreader vermittelt. Beide Techniken haben ihre eigenen Vor- und Nachteile und können trefflich diskutiert werden – auch dies haben wir in den vergangenen Monaten sowohl telefonisch als auch face-to-face reiflich getan.

Wir sind eine »alternde Gesellschaft« und dem, der seine Sites nicht barrierefrei macht, entgehen nicht nur Menschen mit Behinderungen als Kunden, sondern auch Senioren und evtl. auch die sogenannten Best Ager, »Reife Kunden« oder wie auch immer man diese Gruppe gerade nennt. Von Barrierefreiheit werden viele Nutzergruppen profitieren, wenn das Scheuklappendenken der HTML- und CSS-Konformität abgelegt wird. Immerhin, die WCAG20 ist ebenso Teil der Webstandards wie XHTML und CSS.

Barrierefreiheit ist ein Ziel und kein Zustand. Computer und Software entwickeln sich weiter und so werden die Richtlinien zur Barrierefreiheit auch weiterentwickelt. Barrierefreiheit ist somit auch ein bewegliches Ziel, wobei die Anforderungen im Laufe der Jahre eher steigen werden. Nur wenn Barrierefreiheit fest in Ihren Zielvorgaben verankert ist, werden zugängliche und nutzbare, zugleich aber auch moderne Webauftritte gelingen.

Anhang

A Erfolgskriterien der WCAG20

Nachstehend werden die Konformitätsbedingungen, Prinzipien, Richtlinien und Erfolgskriterien von

http://www.w3.org/Translations/WCAG20-de/

abgedruckt. Es handelt sich um die offizielle deutsche Version der Web Content Accessibility Guidelines 2.0. Die englischsprachige Originalfassung ist zu finden auf

http://www.w3.org/TR/WCAG20/

Der hier abgedruckte Text ist von Links sowie verlinkten Hinweisen zu anderen Dokumenten bereinigt.

Um die Erfolgskriterien erfolgreich anzuwenden, müssen die Erläuterungen und insbesondere die Techniken auf den Seiten des W3C herangezogen werden. Einige dieser Zusatzdokumente stehen auf der Seite der Aktion Mensch

http://www.einfach-fuer-alle.de/wcag2.0/

in einer deutschen Übersetzung zur Verfügung.

A.1   Konformitätsbedingungen

Richtlinie			Seite
KB1	Konformitäts-stufe	Eine der folgenden Stufen der Konformität ist vollständig erfüllt. ■ **Stufe A** Für eine Konformität auf Stufe A (die minimale Konformitäts-stufe) muss die Webseite alle Erfolgskriterien der Stufe A erfüllen oder es wird eine konforme Alternativversion zur Verfügung gestellt. ■ **Stufe AA** Für eine Konformität auf Stufe AA muss die Webseite alle Erfolgskriterien der Stufen A und AA erfüllen oder es wird eine Stufe AA-konforme Alternativversion zur Verfügung gestellt. ■ **Stufe AAA** Für eine Konformität auf Stufe AAA muss die Webseite alle Erfolgskriterien der Stufen A, AA und AAA erfüllen oder es wird eine Stufe AAA-konforme Alternativversion zur Verfügung gestellt. **Anmerkung 1:** Obwohl eine Konformität nur in den angegebenen Stufen erreicht werden kann, werden Autoren dazu ermutigt, (in ihrer Erklärung) jeglichen Fortschritt, den sie in Bezug auf die Erfüllung von Erfolgskriterien aller Stufen über die erreichte Stufe der Konformität hinaus gemacht haben, aufzuführen. **Anmerkung 2:** Es wird nicht empfohlen, Konformität auf Stufe AAA als allgemeine Richtlinie für komplette Websites zu fordern, da es bei manchen Inhalten nicht möglich ist, alle Erfolgskriterien der Stufe AAA zu erfüllen.	58, 305
KB2	Ganze Seiten	Konformität (und Konformitätsstufen) gelten nur für (eine) ganze Webseite(n) und kann nicht erreicht werden, wenn ein Teil einer Webseite ausgeschlossen ist. **Anmerkung 1:** Zum Zweck der Bestimmung der Konformität gelten Alternativen zu einem Teil der Inhalte einer Seite als Teil der Seite, wenn die Alternativen direkt von der Seite aus erreicht werden können, z. B. eine lange Beschreibung oder eine alternative Darstellung eines Videos. **Anmerkung 2:** Autoren von Webseiten, die aufgrund von Inhalten, die außerhalb der Kontrolle des Autors liegen, nicht konform sein können, können eine Erklärung partieller Konformität in Betracht ziehen.	58

Richtlinie			Seite
KB3	Vollständiger Prozess	Wenn eine Webseite Teil einer Folge von Webseiten ist, die einen Prozess darstellen (z. B. eine Folge von Schritten, die abgeschlossen werden müssen, um eine Handlung auszuführen), dann müssen alle Webseiten in dem Prozess zu der bestimmten Stufe oder höher konform sein. (Konformität zu einer bestimmten Stufe ist nicht möglich, wenn irgendeine Seite in dem Vorgang nicht zu der Stufe oder zu einer höheren Stufe konform ist.) **Beispiel:** Ein Online-Shop hat eine Reihe von Seiten, die benutzt werden, um Produkte auszuwählen und zu kaufen. Alle Seiten in der Abfolge vom Anfang bis zum Ende (Kasse) sind konform, damit alle Seiten, die Teil des Prozesses sind, konform sind.	58, 601
KB4	Ausschließliche Benutzung von Techniken auf eine die Barrierefreiheit unterstützende Art	Nur bei der Benutzung von Techniken auf eine die Barrierefreiheit unterstützende Art kann man sich darauf verlassen, dass die Erfolgskriterien erfüllt werden. Jegliche Information oder Funktionalität, die auf eine nicht die Barrierefreiheit unterstützende Art zur Verfügung gestellt wird, ist auch auf eine die Barrierefreiheit unterstützende Art und Weise verfügbar.	58
KB5	Nicht störend	Wenn Techniken auf nicht die Barrierefreiheit unterstützende Art benutzt werden oder wenn sie auf nicht-konforme Art benutzt werden, dann blockieren sie nicht die Fähigkeit des Benutzers, auf den Rest der Seite zuzugreifen. Darüber hinaus erfüllt die Webseite als Ganzes weiterhin die Konformitätsbedingungen unter jeder der folgenden Bedingungen: 1. wenn irgendeine Technik, auf die man sich nicht verlassen kann, in einem Benutzeragenten angeschaltet wird, 2. wenn irgendeine Technik, auf die man sich nicht verlassen kann, in einem Benutzeragenten ausgeschaltet wird und 3. wenn irgendeine Technik, auf die man sich nicht verlassen kann, nicht von dem Benutzeragenten unterstützt wird. Darüber hinaus gelten die folgenden Erfolgskriterien für sämtlichen Inhalt einer Seite einschließlich Inhalt, auf dessen Konformität man sich sonst nicht verlassen würde, da das Scheitern bei der Erfüllung dieser die Nutzung der Seite beeinträchtigen könnte: **1.4.2 – Audio-Steuerelement, 2.1.2 – Keine Tastatur-Falle, 2.3.1 – Grenzwert von dreimaligem Blinken oder weniger** und **2.2.2 – Pausieren, beenden, ausblenden. Anmerkung:** Wenn eine Seite nicht konform sein kann (zum Beispiel eine Konformitäts-Testseite oder eine Beispielseite), dann darf diese nicht in dem Geltungsbereich der Konformität oder in der Konformitätserklärung inbegriffen sein.	59, 198, 207, 570, 601, 603

Tab. A-1 Konformitätsbedingungen

A.2   Prinzip 1

Wahrnehmbar – Informationen und Bestandteile der Benutzerschnittstelle müssen den Benutzern so präsentiert werden, dass diese sie wahrnehmen können.

Richtlinie 1.1	Textalternativen	Stellen Sie Textalternativen für alle Nicht-Text-Inhalte zur Verfügung, so dass diese in andere vom Benutzer benötigte Formen geändert werden können, wie zum Beispiel Großschrift, Braille, Symbole oder einfachere Sprache.	Seite
A **1.1.1**	Nicht-Text-Inhalt	Alle Nicht-Text-Inhalte, die dem Benutzer präsentiert werden, haben eine Textalternative, die einem äquivalenten Zweck dient, mit Ausnahme der unten aufgelisteten Situationen. (Stufe A) ▨ **Steuerelemente, Eingabe** Wenn es sich bei dem Nicht-Text-Inhalt um ein Steuerelement handelt oder Eingaben durch den Benutzer akzeptiert, dann hat dieser einen Namen, der seinen Zweck beschreibt. (Beachten Sie Richtlinie 4.1.2 für zusätzliche Anforderungen an Steuerelemente und Inhalte, die Eingaben durch den Benutzer akzeptieren.) ▨ **Zeitbasierte Medien** Wenn es sich bei den Nicht-Text-Inhalten um zeitbasierte Medien handelt, dann stellen Textalternativen zumindest eine deskriptive Identifizierung des Nicht-Text-Inhalts bereit. (Beachten Sie Richtlinie 1.2 für zusätzliche Anforderungen an Medien.) ▨ **Test** Wenn es sich bei dem Nicht-Text-Inhalt um einen Test oder eine Übung handelt, die nichtig wäre, wenn sie als Text dargestellt würde, dann stellen Textalternativen zumindest eine deskriptive Identifizierung des Nicht-Text-Inhalts bereit. ▨ **Sensorisch** Wenn Nicht-Text-Inhalt hauptsächlich dafür gedacht ist, eine bestimmte Sinneserfahrung zu schaffen, dann stellen Textalternativen zumindest eine deskriptive Identifizierung des Nicht-Text-Inhalts bereit. ▨ **CAPTCHA** Wenn der Zweck des Nicht-Text-Inhalts der ist zu bestätigen, dass eine Person und nicht ein Computer auf den Inhalt zugreift, dann werden Textalternativen bereitgestellt, die den Zweck des Nicht-Text-Inhalts identifizieren. Außerdem werden alternative Formen von CAPTCHAs bereitgestellt, die Ausgabeformen für verschiedene Arten der sensorischen Wahrnehmung nutzen, um verschiedenen Behinderungen Rechnung zu tragen.	155, 209, 217, 225, 449

Richtlinie 1.1	Textalternativen	Stellen Sie Textalternativen für alle Nicht-Text-Inhalte zur Verfügung, so dass diese in andere vom Benutzer benötigte Formen geändert werden können, wie zum Beispiel Großschrift, Braille, Symbole oder einfachere Sprache.	Seite
A **1.1.1** Fortsetzung	Nicht-Text-Inhalt	▪ **Dekoration, Formatierung, unsichtbar** Wenn der Nicht-Text-Inhalt reine Dekoration ist, nur für visuelle Formatierung benutzt wird oder dem Benutzer gar nicht präsentiert wird, dann wird der Inhalt so implementiert, dass er von assistierender Technik ignoriert werden kann.	

Richtlinie 1.2	Zeitbasierte Medien	Stellen Sie Alternativen für zeitbasierte Medien zur Verfügung.	Seite
A **1.2.1**	Reine Audio- und Videoinhalte (aufgezeichnet)	Für aufgezeichnete reine Audio- und aufgezeichnete reine Video-Medien gilt das Folgende, außer die Audio- oder Videomedien sind eine Medienalternative für Text und als solche klar gekennzeichnet: (Stufe A) ▪ **Aufgezeichneter reiner Audioinhalt** Es wird eine Alternative für zeitbasierte Medien bereitgestellt, die äquivalente Informationen für aufgezeichneten reinen Audioinhalt bietet. ▪ **Aufgezeichneter reiner Videoinhalt** Es wird entweder eine Alternative für zeitbasierte Medien oder eine Audiospur zur Verfügung gestellt, die äquivalente Informationen für aufgezeichneten reinen Videoinhalt bietet.	
A **1.2.2**	Untertitel (aufgezeichnet)	Untertitel werden für alle aufgezeichneten Audioinhalte in synchronisierten Medien bereitgestellt, außer die Medien sind eine Medienalternative für Text und als solche deutlich gekennzeichnet. (Stufe A)	109, 170
A **1.2.3**	Audiodeskription oder Medienalternative (aufgezeichnet)	Eine Alternative für zeitbasierte Medien oder eine Audiodeskription des aufgezeichneten Videoinhalts wird für synchronisierte Medien bereitgestellt, außer die Medien sind eine Medienalternative für Text und als solche deutlich gekennzeichnet. (Stufe A)	109, 176
AA **1.2.4**	Untertitel (Live)	Untertitel werden für alle Live-Audioinhalte in synchronisierten Medien bereitgestellt. (Stufe AA)	
AA **1.2.5**	Audiodeskription (aufgezeichnet)	Eine Audiodeskription wird für alle aufgezeichneten Videoinhalte in synchronisierten Medien zur Verfügung gestellt. (Stufe AA)	176
AAA **1.2.6**	Gebärdensprache (aufgezeichnet)	Eine Übersetzung in die Gebärdensprache wird für alle aufgezeichneten Audioinhalte in synchronisierten Medien bereitgestellt. (Stufe AAA)	76

Richtlinie 1.2	Zeitbasierte Medien	Stellen Sie Alternativen für zeitbasierte Medien zur Verfügung.	Seite
AAA 1.2.7	Erweiterte Audiodeskription (aufgezeichnet)	Wenn die Pausen im Vordergrund-Audio nicht ausreichend sind, um Audiodeskriptionen zu ermöglichen, die den Sinn des Videos vermitteln, dann wird eine erweiterte Audiodeskription für alle aufgezeichneten Videoinhalte in synchronisierten Medien bereitgestellt. (Stufe AAA)	177
AAA 1.2.8	Medienalternative (aufgezeichnet)	Eine Alternative für zeitbasierte Medien wird für alle aufgezeichneten synchronisierten Medien und für alle aufgezeichneten reinen Videomedien bereitgestellt. (Stufe AAA)	
AAA 1.2.9	Reiner Audioinhalt (Live)	Eine Alternative für zeitbasierte Medien, die äquivalente Informationen für live übertragene reine Audioinhalte bietet, wird bereitgestellt. (Stufe AAA)	

Richtlinie 1.3	Anpassbar	Erstellen Sie Inhalte, die auf verschiedene Arten dargestellt werden können (z. B. einfacheres Layout), ohne dass Informationen oder Struktur verloren gehen.	Seite
A 1.3.1	Info und Beziehungen	Informationen, Struktur und Beziehungen, die über die Darstellung vermittelt werden, können durch Software bestimmt werden oder stehen in Textform zur Verfügung. (Stufe A)	92, 128, 346, 444, 460, 526, 539
A 1.3.2	Bedeutungstragende Reihenfolge	Wenn die Reihenfolge, in der Inhalte präsentiert werden, sich auf deren Bedeutung auswirkt, kann die korrekte Leseabfolge durch Software bestimmt werden. (Stufe A)	86, 127, 448, 458, 525, 533, 537
A 1.3.3	Sensorische Eigenschaften	Anweisungen, die für das Verständnis und die Bedienung von Inhalt bereitgestellt werden, stützen sich nicht nur auf sensorische Eigenschaften von Komponenten wie Form, Größe, visuelle Position, Ausrichtung oder Ton. (Stufe A) **Anmerkung:** Für Anforderungen in Bezug auf Farbe beachten Sie Richtlinie 1.4.	345, 700

Richtlinie 1.4	Unterscheidbar	Machen Sie es Benutzern leichter, Inhalt zu sehen und zu hören einschließlich der Trennung von Vorder- und Hintergrund.	Seite
A 1.4.1	Benutzung von Farbe	Farbe wird nicht als einziges visuelles Mittel benutzt, um Informationen zu vermitteln, eine Handlung zu kennzeichnen, eine Reaktion zu veranlassen oder ein visuelles Element zu unterscheiden. (Stufe A) **Anmerkung:** Dieses Erfolgskriterium spricht ausdrücklich die Farbwahrnehmung an. Andere Formen der Wahrnehmung werden in Richtlinie 1.3 behandelt einschließlich programmtechnischer Zugriff auf Farbe und andere visuelle Darstellungskodierungen.	700
A 1.4.2	Audio-Steuerelement	Wenn Audioinhalt auf einer Webseite automatisch für mehr als 3 Sekunden abgespielt wird, dann gibt es entweder einen Mechanismus, um die Wiedergabe zu pausieren oder zu beenden, oder es gibt einen Mechanismus, um die Lautstärke unabhängig von der allgemeinen Systemlautstärke zu regeln. (Stufe A) **Anmerkung:** Jeglicher Inhalt, der dieses Erfolgskriterium nicht erfüllt, kann die Möglichkeit eines Benutzers beeinträchtigen, die ganze Seite zu nutzen. Daher muss jeglicher Inhalt auf einer Webseite (egal ob er dazu benutzt wird, andere Erfolgskriterien zu erfüllen oder nicht) dieses Erfolgskriterium erfüllen. Siehe Konformitätsbedingung 5: Nicht störend.	207
AA 1.4.3	Kontrast (Minimum)	Die visuelle Darstellung von Text und Bildern von Text hat ein Kontrastverhältnis von mindestens 4,5:1 mit folgenden Ausnahmen: (Stufe AA) ■ **Großer Text** Großer Text und Bilder von großem Text haben ein Kontrastverhältnis von mindestens 3:1; ■ **Nebensächlich** Für Text oder Bilder eines Textes, die Teil eines inaktiven Bestandteils der Benutzerschnittstelle, rein dekorativ, für niemanden sichtbar oder Teil eines Bildes sind, welches signifikanten anderen visuellen Inhalt enthält, gibt es keine Kontrastanforderung. ■ **Wortbildmarken** Text, der Teil eines Logos oder eines Markennamens ist, hat keine Kontrastanforderungen.	36, 317, 688, 696
AA 1.4.4	Textgröße ändern	Mit Ausnahme von Untertiteln und Bildern eines Textes, kann Text ohne assistierende Technik um bis zu 200 Prozent geändert werden, ohne dass dabei Inhalt oder Funktionalität verloren geht. (Stufe AA)	650, 677

Richtlinie 1.4	Unterscheidbar	Machen Sie es Benutzern leichter, Inhalt zu sehen und zu hören einschließlich der Trennung von Vorder- und Hintergrund.	Seite
AA 1.4.5	Bilder eines Textes	Wenn die benutzten Techniken die visuelle Präsentation bewirken können, dann wird Text statt Bilder eines Textes dazu benutzt, Informationen zu vermitteln mit den folgenden Ausnahmen: (Stufe AA) ▣ **Anpassbar** Das Bild eines Textes kann visuell an die Anforderungen des Benutzers angepasst werden; ▣ **Unentbehrlich** Eine bestimmte Präsentation von Text ist für die vermittelten Informationen unentbehrlich. **Anmerkung:** Wortbildmarken (Text, der Teil eines Logos oder Markennamens ist) werden als unentbehrlich betrachtet.	210, 441
AAA 1.4.6	Kontrast (erhöht)	Die visuelle Präsentation von Text und Bildern eines Textes hat ein Kontrastverhältnis von mindestens 7:1, mit folgenden Ausnahmen: (Stufe AAA) ▣ **Großer Text** Großer Text und Bilder von großem Text haben ein Kontrastverhältnis von mindestens 4,5:1; ▣ **Nebensächlich** Für Text oder Bilder eines Textes, die Teil eines inaktiven Bestandteils der Benutzerschnittstelle, rein dekorativ, für niemanden sichtbar oder Teil eines Bildes sind, welches signifikanten anderen visuellen Inhalt enthält, gibt es keine Kontrastanforderung. ▣ **Wortbildmarken** Text, der Teil eines Logos oder eines Markennamens ist, hat keine Mindest-Kontrastanforderungen.	219, 688

Richtlinie 1.4	Unterscheidbar	Machen Sie es Benutzern leichter, Inhalt zu sehen und zu hören einschließlich der Trennung von Vorder- und Hintergrund.	Seite
AAA 1.4.7	Leiser oder kein Hintergrund-Audioinhalt	Für aufgezeichneten, reinen Audioinhalt, der (1) hauptsächlich Sprache im Vordergrund enthält, (2) kein Audio-CAPTCHA oder ein Audio-Logo ist und (3) bei dem es sich nicht um eine Vokalisierung handelt, die hauptsächlich als musikalischer Ausdruck bestimmt ist wie beispielsweise Singen oder Rappen, gilt mindestens eines der Folgenden: (Stufe AAA) ▪ **Kein Hintergrund** Der Audioinhalt enthält keine Hintergrundgeräusche. ▪ **Abschalten** Die Hintergrundgeräusche können abgeschaltet werden. ▪ **20 dB** Die Hintergrundgeräusche sind mindestens 20 Dezibel leiser als der Sprachinhalt im Vordergrund mit der Ausnahme von gelegentlichen Geräuschen, die nur 1 oder 2 Sekunden andauern. **Anmerkung:** Gemäß der Definition von »Dezibel« sind Hintergrundgeräusche, die diese Anforderung erfüllen, ungefähr viermal so leise wie der Sprachinhalt im Vordergrund.	208
AAA 1.4.8	Visuelle Präsentation	Für die visuelle Präsentation von Textblöcken gibt es einen Mechanismus, um das Folgende zu erreichen: (Stufe AAA) 1. Vorder- und Hintergrundfarben können vom Benutzer ausgewählt werden. 2. Die Breite beträgt nicht mehr als 80 Zeichen oder Glyphen (40 wenn es sich um CJK handelt). 3. Text ist nicht im Blocksatz ausgerichtet (sowohl links- als auch rechtsbündig ausgerichtet). 4. Der Zeilenabstand (Durchschuss) ist mindestens 5. 1,5-fach innerhalb von Paragraphen und der Paragraphenabstand ist mindestens 1,5-fach so groß wie der Zeilenabstand. 6. Die Textgröße kann ohne assistierende Technik bis auf 200 Prozent skaliert werden und zwar so, dass der Leser nicht horizontal scrollen muss, um eine Textzeile in einem bildschirmfüllenden Fenster zu lesen.	458, 658, 659, 683
AAA 1.4.9	Bilder eines Textes (keine Ausnahme)	Bilder eines Textes werden nur rein dekorativ benutzt oder dann, wenn eine bestimmte Präsentation von Text unentbehrlich für die zu vermittelnden Informationen ist. (Stufe AAA) **Anmerkung:** Wortbildmarken (Text, der Teil eines Logos oder Markennamens ist) werden als unentbehrlich betrachtet.	211

Tab. A-2   Richtlinien und Erfolgskriterien des Prinzips »wahrnehmbar«

A.3   Prinzip 2

Bedienbar – Bestandteile der Benutzerschnittstelle und Navigation müssen bedienbar sein.

Richtlinie 2.1	Per Tastatur zugänglich	Sorgen Sie dafür, dass alle Funktionalitäten per Tastatur zugänglich sind.	Seite
A 2.1.1	Tastatur	Alle Funktionalitäten des Inhalts sind durch eine Tastaturschnittstelle bedienbar, ohne dass eine bestimmte Zeiteinteilung für einzelne Tastenanschläge erforderlich ist, außer wenn die zugrunde liegende Funktion Eingaben verlangt, die vom Pfad der Bewegung des Benutzers und nicht nur von den Endpunkten abhängig sind. (Stufe A) **Anmerkung 1:** Diese Ausnahme bezieht sich auf die zugrunde liegende Funktion und nicht auf die Eingabetechnik. Zum Beispiel: Wenn man Handschrift benutzt, um Text einzugeben, dann verlangt die Eingabetechnik (Handschrift) Pfad-abhängige Eingaben, die zugrunde liegende Funktion (Texteingabe) verlangt dies aber nicht. **Anmerkung 2:** Es ist nicht verboten noch sollte es Sie davon abhalten, eine Maus-Eingabe oder andere Eingabemethoden zusätzlich zur Tastaturbedienung zur Verfügung zu stellen.	33, 459, 601
A 2.1.2	Keine Tastaturfalle	Wenn der Tastaturfokus durch eine Tastaturschnittstelle auf einen Bestandteil der Seite bewegt werden kann, dann kann der Fokus von diesem Bestandteil weg bewegt werden, indem man nur die Tastaturschnittstelle benutzt; wenn man dazu mehr als nicht modifizierte Pfeil- oder Tabulatortasten oder andere übliche Ausstiegsmethoden benutzen muss, dann wird der Benutzer über die Methode zum Bewegen des Fokus informiert. (Stufe A) **Anmerkung:** Jeglicher Inhalt, der dieses Erfolgskriterium nicht erfüllt, kann die Möglichkeit eines Benutzers beeinträchtigen, die ganze Seite zu nutzen. Daher muss jeglicher Inhalt auf einer Webseite (egal ob er dazu benutzt wird, andere Erfolgskriterien zu erfüllen oder nicht) dieses Erfolgskriterium erfüllen. Siehe Konformitätsbedingung 5: Nicht-Störend.	602
AAA 2.1.3	Tastatur (keine Ausnahme)	Alle Funktionalitäten des Inhalts sind durch eine Tastaturschnittstelle bedienbar, ohne dass eine bestimmte Zeiteinteilung für einzelne Tastenanschläge erforderlich ist. (Stufe AAA)	601

Richtlinie 2.2	Ausreichend Zeit	Geben Sie den Benutzern ausreichend Zeit, Inhalte zu lesen und zu benutzen.	Seite
A **2.2.1**	Zeiteinteilung anpassbar	Für jede zeitliche Begrenzung, die vom Inhalt festgelegt wird, gilt mindestens eines der Folgenden: (Stufe A) ▪ **Abschalten** Der Benutzer kann die zeitliche Begrenzung abschalten, bevor er darauf trifft oder ▪ **Anpassen** Der Benutzer darf die zeitliche Begrenzung anpassen, bevor er darauf trifft, und zwar so weitreichend, dass es sich um die mindestens zehnfache Zeit der Standardeinstellung handelt oder ▪ **Ausweiten** Der Benutzer wird gewarnt, bevor die Zeit abläuft und bekommt mindestens 20 Sekunden Zeit, um die zeitliche Begrenzung mit einer einfachen Handlung auszuweiten (zum Beispiel: »Drücken Sie die Leertaste«) und der Benutzer darf die zeitliche Begrenzung mindestens 10 mal ausweiten oder ▪ **Echtzeit-Ausnahme** Die zeitliche Begrenzung ist ein erforderlicher Bestandteil eines Echtzeit-Ereignisses (zum Beispiel einer Auktion) und es gibt keine Alternative zur zeitlichen Begrenzung oder ▪ **Unentbehrliche Ausnahme** Die zeitliche Begrenzung ist unentbehrlich und eine Ausweitung dieser würde die Handlung ungültig machen oder ▪ **20 Stunden-Ausnahme** Die zeitliche Begrenzung beträgt mehr als 20 Stunden. **Anmerkung:** Dieses Erfolgskriterium hilft dabei sicherzustellen, dass Benutzer Aufgaben beenden können ohne unerwartete Änderungen am Inhalt oder Gesamtzusammenhang, die das Ergebnis einer zeitlichen Begrenzung sind. Dieses Erfolgskriterium sollte zusammen mit Erfolgskriterium 3.2.1 betrachtet werden, welches Änderungen am Inhalt oder am Gesamtzusammenhang als Ergebnis von Benutzerhandlungen begrenzt.	641

Richtlinie 2.2	Ausreichend Zeit	Geben Sie den Benutzern ausreichend Zeit, Inhalte zu lesen und zu benutzen.	Seite
A **2.2.2**	Pausieren, beenden, ausblenden	Für sich bewegende, blinkende, scrollende oder sich automatisch aktualisierende Informationen gelten alle folgenden Punkte: (Stufe A) ■ **Sich bewegend, blinkend, scrollend** Für alle sich bewegenden, blinkenden oder scrollenden Informationen, die (1) automatisch beginnen, (2) länger als 5 Sekunden dauern und (3) parallel zu anderen Inhalten dargestellt werden, gibt es einen Mechanismus für den Benutzer, um diese zu pausieren, zu beenden oder auszublenden außer die Bewegung, das Blinken oder das Scrollen ist Teil einer Handlung, bei der es unentbehrlich ist und ■ **Automatische Aktualisierung** Für alle sich automatisch aktualisierenden Informationen, die (1) automatisch beginnen und (2) parallel mit anderen Inhalten dargestellt werden, gibt es einen Mechanismus, damit der Benutzer die Aktualisierung pausieren, beenden oder ausblenden oder die Häufigkeit der Aktualisierung kontrollieren kann, außer die automatische Aktualisierung ist Teil einer Handlung, bei der sie unentbehrlich ist. **Anmerkung 1:** Für Anforderungen in Bezug auf flackernden oder blitzenden Inhalt beachten Sie Richtlinie 2.3. **Anmerkung 2:** Jeglicher Inhalt, der dieses Erfolgskriterium nicht erfüllt, kann die Möglichkeit eines Benutzers beeinträchtigen, die ganze Seite zu nutzen. Daher muss jeglicher Inhalt auf einer Webseite (egal ob er dazu benutzt wird, andere Erfolgskriterien zu erfüllen oder nicht) dieses Erfolgskriterium erfüllen. Siehe Konformitätsbedingung 5: Nicht-Störend. **Anmerkung 3:** Inhalt, der regelmäßig durch Software aktualisiert oder zum Benutzeragenten gestreamt wird, muss Informationen, die zwischen dem Beginn der Pause und der Wiederaufnahme der Präsentation generiert oder erhalten werden, nicht aufrechterhalten oder anzeigen, da dies möglicherweise technisch nicht möglich ist und es in vielen Situationen irreführend sein könnte, dies zu tun. **Anmerkung 4:** Eine Animation, die als Teil einer Vorlade-Phase oder einer ähnlichen Situation entsteht, kann als unentbehrlich angesehen werden, wenn für alle Benutzer während dieser Phase keine Interaktion stattfinden kann und wenn es Benutzer verwirren könnte oder dazu führen könnte, dass sie denken, dass der Inhalt eingefroren oder defekt ist, wenn der Fortschritt nicht angezeigt wird.	201

Richtlinie 2.2	Ausreichend Zeit	Geben Sie den Benutzern ausreichend Zeit, Inhalte zu lesen und zu benutzen.	Seite
AAA 2.2.3	Keine Zeiteinteilung	Die Zeiteinteilung ist kein unentbehrlicher Teil eines vom Inhalt dargestellten Ereignisses oder einer Handlung außer bei nicht-interaktiven synchronisierten Medien und Echtzeit-Ereignissen. (Stufe AAA)	641
AAA 2.2.4	Unterbrechungen	Unterbrechungen können vom Benutzer aufgeschoben oder unterdrückt werden mit Ausnahme von Unterbrechungen, bei denen es sich um einen Notfall handelt. (Stufe AAA)	
AAA 2.2.5	Erneute Authentifizierung	Wenn eine authentifizierte Sitzung abläuft, kann der Benutzer die Handlung nach der erneuten Authentifizierung ohne Datenverlust fortführen. (Stufe AAA)	

Richtlinie 2.3	Anfälle	Gestalten Sie Inhalte nicht auf Arten, von denen bekannt ist, dass sie zu Anfällen führen.	Seite
A 2.3.1	Grenzwert von dreimaligem Blitzen oder weniger	Webseiten enthalten nichts, was öfter als dreimal in einem beliebigen, eine Sekunde dauernden Zeitraum blitzt, oder der Blitz ist unterhalb der allgemeinen Grenzwerte zu Blitzen und roten Blitzen. (Stufe A) **Anmerkung:** Jeglicher Inhalt, der dieses Erfolgskriterium nicht erfüllt, kann die Möglichkeit eines Benutzers beeinträchtigen, die ganze Seite zu nutzen. Daher muss jeglicher Inhalt auf einer Webseite (egal ob er dazu benutzt wird, andere Erfolgskriterien zu erfüllen oder nicht) dieses Erfolgskriterium erfüllen. Siehe Konformitätsbedingung 5: Nicht-Störend.	206
AAA 2.3.2	Drei Blitze	Webseiten enthalten nichts, das öfter als dreimal in einem beliebigen, eine Sekunde dauernden Zeitraum blitzt. (Stufe AAA)	205

Richtlinie 2.4	Navigierbar	Stellen Sie Mittel zur Verfügung, um Benutzer dabei zu unterstützen zu navigieren, Inhalte zu finden und zu bestimmen, wo sie sich befinden.	Seite
A 2.4.1	Blöcke umgehen	Es gibt einen Mechanismus, um Inhaltsblöcke zu umgehen, die auf verschiedenen Webseiten wiederholt werden. (Stufe A)	257, 565
A 2.4.2	Seite mit Titel versehen	Webseiten haben einen Titel, der Thema oder Zweck beschreibt. (Stufe A)	121, 302, 455

Richtlinie 2.4	Navigierbar	Stellen Sie Mittel zur Verfügung, um Benutzer dabei zu unterstützen zu navigieren, Inhalte zu finden und zu bestimmen, wo sie sich befinden.	Seite
A 2.4.3	Fokus-Reihenfolge	Wenn eine Webseite der Reihe nach navigiert werden kann und die Reihenfolge der Navigation die Bedeutung oder Bedienung beeinflusst, erhalten fokussierbare Komponenten den Fokus in einer Reihenfolge, der Bedeutung und Bedienbarkeit aufrecht erhält. (Stufe A)	538, 611
A 2.4.4	Linkzweck (im Kontext)	Der Zweck jedes Links kann durch den Linktext allein oder durch den Linktext zusammen mit seinem durch Software bestimmten Link-Kontext bestimmt werden außer in Fällen, in denen der Zweck des Links mehrdeutig für Benutzer im Allgemeinen wäre. (Stufe A)	78, 231
AA 2.4.5	Verschiedene Methoden	Es gibt mehr als eine Methode, um eine Webseite innerhalb eines Satzes von Webseiten zu finden, außer die Webseite ist das Ergebnis oder ein Schritt innerhalb eines Prozesses. (Stufe AA)	77, 289
AA 2.4.6	Überschriften und Beschriftungen (Labels)	Überschriften und Labels beschreiben ein Thema oder einen Zweck. (Stufe AA)	79, 256, 279, 460
AA 2.4.7	Fokus sichtbar	Jede durch Tastatur bedienbare Benutzerschnittstelle hat einen Bedienmodus, bei dem der Tastaturfokus sichtbar ist. (Stufe AA)	605
AAA 2.4.8	Position	Es gibt Informationen zu der Position des Benutzers innerhalb eines Satzes von Webseiten. (Stufe AAA)	76, 278
AAA 2.4.9	Linkzweck (reiner Link)	Es gibt einen Mechanismus, um den Zweck jedes Links durch den Linktext allein zu erkennen, außer der Linkzweck wäre mehrdeutig für Benutzer im Allgemeinen. (Stufe AAA)	231, 240
AAA 2.4.10	Abschnittsüberschriften	Abschnittsüberschriften werden genutzt, um den Inhalt zu gliedern. (Stufe AAA) **Anmerkung 1:** »Überschrift« wird in seiner allgemeinen Bedeutung benutzt und beinhaltet Titel und andere Methoden, um verschiedenen Arten von Inhalt eine Überschrift hinzuzufügen. **Anmerkung 2:** Dieses Erfolgskriterium behandelt Abschnitte innerhalb von Geschriebenem, nicht Bestandteile der Benutzerschnittstelle. Bestandteile der Benutzerschnittstelle werden unter Erfolgskriterium 4.1.2 behandelt.	

Tab. A-3　　Richtlinien und Erfolgskriterien des Prinzips »bedienbar«

A.4   Prinzip 3

Verständlich – Informationen und Bedienung der Benutzerschnittstelle müssen verständlich sein.

Richtlinie 3.1	Lesbar	Machen Sie Inhalt lesbar und verständlich.	Seite
A 3.1.1	Sprache der Seite	Die voreingestellte menschliche Sprache jeder Webseite kann durch Software bestimmt werden. (Stufe A)	121, 456
AA 3.1.2	Sprache von Teilen	Die menschliche Sprache jedes Abschnitts oder jedes Satzes im Inhalt kann durch Software bestimmt werden außer bei Eigennamen, technischen Fachbegriffen, Wörtern einer unklaren Sprache und Wörtern oder Wendungen, die Teil des Jargons des direkt umliegenden Textes geworden sind. (Stufe AA)	456
AAA 3.1.3	Ungewöhnliche Wörter	Es gibt einen Mechanismus, um spezielle Definitionen von Wörtern oder Wendungen zu erkennen, die auf ungewöhnliche oder eingeschränkte Weise benutzt werden, Idiome und Jargon eingeschlossen. (Stufe AAA)	325
AAA 3.1.4	Abkürzungen	Es gibt einen Mechanismus, um die ausgeschriebene Form oder Bedeutung von Abkürzungen zu erkennen. (Stufe AAA)	460
AAA 3.1.5	Leseniveau	Wenn der Text nach der Entfernung von Eigennamen und Titeln Lesefähigkeiten voraussetzt, die über das Niveau der niedrigen, sekundären Schulbildung hinausgehen, dann gibt es ergänzenden Inhalt oder eine Version, die keine über die niedrige, sekundäre Schulbildung hinausgehenden Lesefähigkeiten verlangt. (Stufe AAA)	69, 311
AAA 3.1.6	Aussprache	Es gibt einen Mechanismus, um die bestimmte Aussprache von Wörtern zu erkennen, wenn die Bedeutung der Wörter – im Zusammenhang – mehrdeutig ist, wenn man die Aussprache nicht kennt. (Stufe AAA)	

Richtlinie 3.2	Vorhersehbar	Sorgen Sie dafür, dass Webseiten vorhersehbar aussehen und funktionieren.	Seite
A 3.2.1	Bei Fokus	Wenn irgendein Bestandteil den Fokus erhält, dann löst dies nicht eine Änderung des Kontextes aus. (Stufe A)	630
A 3.2.2	Bei Eingabe	Die Änderung der Einstellung irgendeines Bestandteils der Benutzerschnittstelle führt nicht automatisch zur Änderung des Kontextes, außer der Benutzer wurde vor Benutzung des Bestandteils auf das Verhalten hingewiesen. (Stufe A)	625
AA 3.2.3	Konsistente Navigation	Navigationsmechanismen, die auf mehreren Webseiten innerhalb eines Satzes von Webseiten wiederholt werden, treten jedes Mal, wenn sie wiederholt werden, in der gleichen relativen Reihenfolge auf, außer eine Änderung wird durch den Benutzer ausgelöst. (Stufe AA)	604
AA 3.2.4	Konsistente Erkennung	Bestandteile mit der gleichen Funktionalität innerhalb eines Satzes von Webseiten werden konsistent erkannt. (Stufe AA)	233
AAA 3.2.5	Änderung auf Anfrage	Änderungen des Kontextes werden nur durch Benutzeran-frage ausgelöst oder es gibt einen Mechanismus, um solche Änderungen abzuschalten. (Stufe AAA)	282, 642

Richtlinie 3.3	Hilfestellung bei der Eingabe	Helfen Sie den Benutzern dabei, Fehler zu vermeiden und zu korrigieren.	Seite
A 3.3.1	Fehlererkennung	Wenn ein Eingabefehler automatisch erkannt wird, dann wird das fehlerhafte Element identifiziert und der Fehler wird dem Benutzer in Textform beschrieben. (Stufe A)	80, 596
A 3.3.2	Beschriftungen (Labels) oder Anweisungen	Wenn der Inhalt eine Eingabe durch den Benutzer verlangt, werden Beschriftungen (Labels) oder Anweisungen bereit-gestellt. (Stufe A)	460, 573
AA 3.3.3	Fehlerempfehlung	Wenn ein Eingabefehler automatisch erkannt wird und Korrekturempfehlungen bekannt sind, dann werden diese Empfehlungen dem Benutzer bereitgestellt, außer dies würde die Sicherheit oder den Zweck des Inhalts gefährden. (Stufe AA)	80, 596

Richtlinie 3.3	Hilfestellung bei der Eingabe	Helfen Sie den Benutzern dabei, Fehler zu vermeiden und zu korrigieren.	Seite
AA 3.3.4	Fehlervermeidung (rechtliche, finanzielle, Daten)	Für Webseiten, die eine für den Benutzer auftretende rechtliche Verpflichtung oder finanzielle Transaktion zur Folge haben, die Benutzer-gesteuerte Daten in Datenspeicherungssystemen ändern oder löschen oder die Testantworten des Benutzers abschicken, gilt mindestens eines der Folgenden: (Stufe AA) ▦ **Reversibel** Versendete Daten sind reversibel. ▦ **Geprüft** Vom Benutzer eingegebene Daten werden auf Eingabefehler überprüft und der Benutzer erhält die Gelegenheit, diese zu korrigieren. ▦ **Bestätigt** Es gibt einen Mechanismus, um Informationen zu überprüfen, zu bestätigen und zu korrigieren, bevor sie endgültig abgesendet werden.	596
AAA 3.3.5	Hilfe	Es gibt eine kontextsensitive Hilfe. (Stufe AAA)	134, 301, 592
AAA 3.3.6	Fehlervermeidung (alle)	Für Webseiten, die verlangen, dass der Benutzer Informationen absendet, gilt mindestens eines der Folgenden: (Stufe AAA) ▦ **Reversibel** Versendete Daten sind reversibel. ▦ **Geprüft** Vom Benutzer eingegebene Daten werden auf Eingabefehler überprüft und der Benutzer erhält die Gelegenheit, diese zu korrigieren. ▦ **Bestätigt** Es gibt einen Mechanismus, um Informationen zu überprüfen, zu bestätigen und zu korrigieren, bevor sie endgültig abgesendet werden.	

Tab. A-4   Richtlinien und Erfolgskriterien des Prinzips »verständlich«

A.5   Prinzip 4

Robust - Inhalte müssen robust genug sein, damit sie zuverlässig von einer großen Auswahl an Benutzeragenten einschließlich assistierender Techniken interpretiert werden können.

Richtlinie 4.1	Kompatibel	Maximieren Sie die Kompatibilität mit aktuellen und zukünftigen Benutzeragenten, einschließlich assistierender Techniken.	Seite
A 4.1.1	Syntaxanalyse	Bei Inhalt, der durch die Benutzung von Auszeichnungssprache implementiert wurde, haben Elemente komplette Start- und End-Tags, werden Elemente entsprechend ihrer Spezifikationen verschachtelt, enthalten Elemente keine doppelten Attribute und alle IDs sind einzigartig, außer wenn die Spezifikationen diese Eigenschaften erlauben. (Stufe A) **Anmerkung:** Start- und End-Tags, bei denen entscheidende Zeichen in ihrer Formation fehlen, wie eine schließende spitze Klammer oder nicht zueinander passende Anführungszeichen von Attribut-Werten, sind nicht vollständig.	80, 120, 448, 520, 581, 601
A 4.1.2	Name, Rolle, Wert	Für alle Bestandteile der Benutzerschnittstelle (einschließlich, aber nicht beschränkt auf: Formularelemente, Links und durch Skripte generierte Komponenten) können Name und Rolle durch Software bestimmt werden; Zustände, Eigenschaften und Werte, die vom Benutzer festgelegt werden können, können durch Software festgelegt sein; und die Benachrichtigung über Änderungen an diesen Elementen steht den Benutzeragenten zur Verfügung, einschließlich assistierender Techniken. (Stufe A) **Anmerkung:** Dieses Erfolgskriterium ist hauptsächlich für Webautoren gedacht, die ihre eigenen Bestandteile der Benutzerschnittstelle entwickeln oder skripten. Standard-HTML-Steuerelemente erfüllen zum Beispiel bereits dieses Erfolgskriterium, wenn sie entsprechend der Spezifikation benutzt werden.	445, 526, 619

Tab. A-5   Richtlinien und Erfolgskriterien des Prinzips »robust«

B   PDF-Standard-Tags

Die PDF-Standard-Tags sind eine Auswahl der wesentlichen Standard-Struktur-elemente, wie sie in der PDF-Spezifikation definiert sind.[1] Bei PDF-Standard-Tags sind Name und Rolle identisch. Liegen in Ihrem Dokument Tags vor, deren Namen von den Standard-Tags abweichen, so müssen Sie eine Zuordnung zu den PDF-Standard-Tags vornehmen. Dies nennt man Rollenzuordnung.

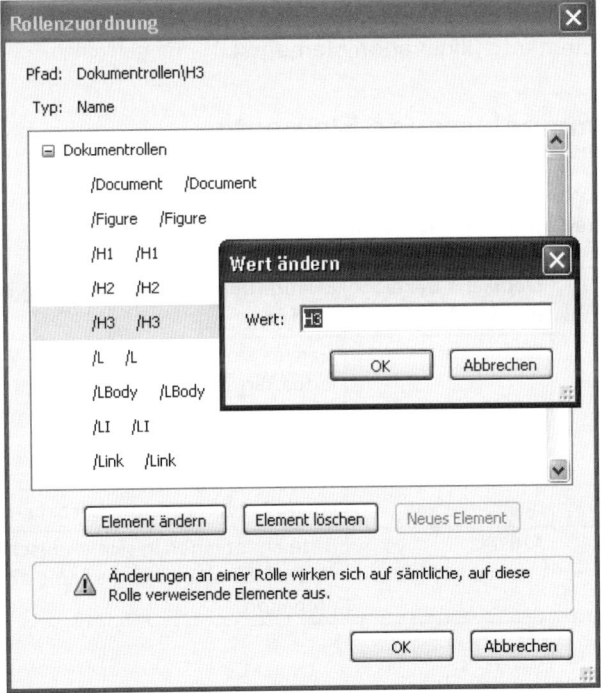

Abb. B-1   Das Dialogfenster zur Rollenzuordnung in Acrobat

---

1.   PDF-Spezifikation, Abschnitt 14.8.4 Standard Structure Types (S. 583 f.).

In Acrobat finden Sie einen entsprechenden Menüpunkt im Optionenmenü des Navigationsfenster »Tags«. Andere Möglichkeiten, eine Rollenzuordnung vorzunehmen, sind Mapping-Werkzeuge in Quellprogrammen, beispielsweise in InDesign oder über das Word-Add-on axesPDF for Word. Oder Sie setzen ein Werkzeug wie den PDF-TagRenamer[2] ein, der es ermöglicht, sogar profilbasiert Tags im gesamten Dokument auf Knopfdruck umzubenennen oder ihnen eine Rolle zuzuordnen.

Das Verwenden der PDF-Standard-Tags gewährleistet, dass Sie bei der Konvertierung eines PDF-Dokuments in ein anderes Format – beispielsweise Word oder HTML – das bestmögliche Ergebnis erhalten.

Wir stellen Ihnen im Folgenden die PDF-Standard-Tags mit kurzen Erläuterungen vor. Dieser Überblick erleichtert Ihnen, Tags die korrekte Rolle zuzuordnen oder beim nachträglichen Taggen die korrekten Tags für Ihre Inhalte zu bestimmen.

PDF-Standard-Tags lassen sich in vier Kategorien einteilen:

- Zusammenfassende Elemente (Grouping Elements)
- Blockelemente (Block-Level Elements)
- Inline-Elemente (Inline-Level Elements)
- Bildhafte Elemente (Illustration Elements)

B.1   Zusammenfassende Elemente

Zusammenfassende Elemente dienen allein dazu, andere Strukturelemente zu gruppieren. Sie sind nicht direkt mit Inhalten verbunden.

Tag	Vollständiger Tag-Name (engl.)	Deutsche Bezeichnung in Acrobat	Erläuterung, für was dieser Tag verwendet wird
`<Document>`	Document	Dokument	Ganzes Dokument: Dies ist das Wurzelelement jedes Tag-Baums. Dieser Tag kann mehrere `Part`-Tags oder `Article`-Tags enthalten.
`<Part>`	part	Teil	Teil eines Dokuments auf der Makroebene. Dieser Tag eignet sich für das Zusammenfassen von `Article`-Tags oder `Section`-Tags.
`<Art>`	article	Artikel	Bezeichnet einen in sich abgeschlossenen Textteil. Ein Artikel sollte keine anderen Artikel enthalten.

---

2.   Der PDF-TagRenamer ist ein von xyMedia entwickeltes Plug-in für Acrobat (jedoch nur unter Windows), URL: *http://www.xymedia.ch/pdf_tagrenamer.html* (Abruf 27.9.2010).

Tag	Vollständiger Tag-Name (engl.)	Deutsche Bezeichnung in Acrobat	Erläuterung, für was dieser Tag verwendet wird
`<Sect>`	section	Abschnitt	Teil eines Dokuments auf der Mikroebene. Dieser Tag gruppiert zusammenhängende Inhaltselemente. Ein `Section`-Tag kann beispielsweise eine Überschrift, mehrere Absätze und sogar mehrere untergeordnete `Section`-Tags enthalten.
`<Div>`	division	Teilung	Generisches Blockelement oder Gruppe von Blockelementen
`<Block-Quote>`	block quote	Zitat	Zitat, aus mehreren Absätzen bestehend
`<Caption>`	caption	Beschriftung	Kurzer Text, der eine Tabelle oder ein Bild beschreibt
`<TOC>`	table of content	Inhaltsverzeichnis	Container-Tag für ein Inhaltsverzeichnis (ähnlich wie `<L>` für eine Liste)
`<TOCI>`	table of content Item	Inhaltsverzeichnis-Eintrag	Einzelner Eintrag eines Inhaltsverzeichnisses (ähnlich wie `<LI>` für einen Listeneintrag)
`<Index>`	index	Index	Stichwortverzeichnis

Tab. B-1   Zusammenfassende PDF-Elemente

B.2   Blockelemente

Zu den PDF-Blockelementen zählen:

- Absatzähnliche Elemente: `P`, `H`, `H1` bis `H6`
- Listenelemente: `L`, `LI`, `Lbl`, `LBody`
- Tabellenelemente: `Table`, `TR`, `TH`, `TD`

B.2.1   Absatzähnliche Elemente

Tag	Vollständiger Tag-Name (engl.)	Deutsche Bezeichnung in Acrobat	Erläuterung, für was dieser Tag verwendet wird
`<P>`	paragraph	Absatz	Einfacher Textkörper
`<H>`	heading	Überschrift	Überschrift, die ihre Gliederungsebene durch die korrekte Verschachtelung der Tags erhält
`<H1>` bis `<H6>`	heading level 1 to 6	Überschriften-ebene 1 bis 6	Überschriften mit festgelegter Gliederungs-ebene. Hat sich in der Praxis als Standard durchgesetzt, da nur wenige Programme eine korrekte Verschachtelung der `H`-Tags anlegen oder lesen können.

Tab. B-2   Absatzähnliche PDF-Elemente

B.2.2   Listenelemente

Tag	Vollständiger Tag-Name (engl.)	Deutsche Bezeichnung in Acrobat	Erläuterung, für was dieser Tag verwendet wird
<L>	list	Liste	Listencontainer, der mehrere LI-Tags enthalten kann
<LI>	list item	Listenelement	Einzelner Listeneintrag. Jeder Listeneintrag benötigt ein eigenes LI-Tag.
<Lbl>	list label	Beschriftung **Achtung:** Die deutsche Bezeichnung für Lbl ist in Acrobat 9 identisch mit der deutschen Bezeichnung für Caption. Über die Auswahlliste erhalten Sie deswegen immer einen Caption-Tag. Einen Lbl-Tag müssen Sie manuell anlegen.	Aufzählungszeichen, Name oder Nummer eines Listeneintrags
<LBody>	list body	Listenelementinhalt	Beschreibender Inhalt eines Listeneintrags

Tab. B-3   PDF-Listenelemente

B.2.3   Tabellenelemente

Genaugenommen ist nur der Table-Tag ein Blockelement. Die weiteren Tags, um Tabelleninhalte zu organisieren, sind gemäß PDF-Spezifikation weder Blockelemente noch Inline-Elemente.

Tag	Vollständiger Tag-Name (engl.)	Deutsche Bezeichnung in Acrobat	Erläuterung, für was dieser Tag verwendet wird
<Table>	table	Tabelle	Daten- oder Texttabelle
<TR>	table row	Tabellenzeile	Komplette Zeile einer Tabelle
<TD>	table data cell	Tabellendaten-zelle	Einfache Tabellenzelle
<TH>	table header cell	Tabellenüber-schriftzelle	Tabellenzelle, die Kopftext enthält. Die Tabellenüberschriftzelle kann zu einer Spalte, zu einer Zeile oder zu beiden gehören.

Tab. B-4   PDF-Tabellenelemente

B.3 Inline-Elemente

Inline-Elemente dienen zur semantischen Auszeichnung innerhalb einer Text-
einheit (eines Absatzes beispielsweise) und unterbrechen den Textfluss nicht.

Tag	Vollständiger Tag-Name (engl.)	Deutsche Bezeichnung in Acrobat	Erläuterung, für was dieser Tag verwendet wird
`<Span>`	span entry	Bereich	Jedes Inline-Textsegment. Kann eingesetzt werden, um einem Element innerhalb eines Absatzes weitere Attribute zuzuweisen.
`<Quote>`	quote entry	Anführungszeichen	Textsegment innerhalb eines Absatzes, das einer anderen Person und nicht dem Autor des umgebenden Textes zugeschrieben wird. Kurz gesagt: ein Zitat innerhalb eines Absatzes.
`<Note>`	note entry	Notiz	Erklärender und ergänzender Text in Form von Fuß- oder Endnoten, zu dem hin vom Textkörper aus verwiesen wird.
`<Reference>`	reference entry	Reverenz	Ein Verweis zu relevantem Inhalt an einer anderen Stelle im Dokument
`<BibEntry>`	bibliography entry	Bibliografieeintrag	Bibliografischer Hinweis: verweist auf die Quelle zu einem zitierten Inhalt.
`<Code>`	code entry	Code	Programmiercode
`<Link>`	link entry	Verknüpfung	Eine Verbindung zwischen einem Inhalt und einer PDF-Verknüpfung zu einer anderen Stelle im Dokument, zu einem anderen Dokument oder zu einer Webseite. Einem Link-Tag müssen ein oder mehrere Inhaltselemente (beispielsweise der Linktext) und ein oder mehrere OBJR-Elemente (Object References) untergeordnet sein.
Annot	annotation	Anmerkung	Eine Verbindung zwischen einem Inhalt und einer zugehörigen PDF-Anmerkung

Tab. B-5   PDF Inline-Elemente

B.4   Bildhafte Elemente

Der Inhalt eines bildhaften Elements sollte aus mindestens einem kompletten Grafikobjekt bestehen.

Tag	Vollständiger Tag-Name (engl.)	Deutsche Bezeichnung in Acrobat	Erläuterung, für was dieser Tag verwendet wird
<Figure>	figure entry	Grafik	Grafik oder Bild mit Aussagegehalt
<Formula>	formula entry	Formel	Mathematische Formel. Letztlich wird dieser Tag ähnlich gehandhabt wie ein Figure-Tag.
<Form>	form entry	Formular	Interaktives Formularfeld, gleichgültig welchen Typs

Tab. B-6   Bildhafte PDF-Elemente

C Literatur und weitere Quellen

C.1 Bücher und Artikel

Arditi, A. und Faye, E.: Monocular and binocular letter contrast sensitivity and letter acuity in a diverse ophthalmologic practice. *Dossier des Optometry and Vision Science*. 2004, Bd. 81, 287, S. 12.

Clark, Joe: *Building Accessible Websites*. New Riders Publishing, Indianapolis, 2002.

Föhl, Patrick S., Stefanie Erdrich, Hartmut John: *Das barrierefreie Museum – Theorie und Praxis einer besseren Zugänglichkeit – ein Handbuch*. transcript Verlag, Bielefeld, 2007.

Göpferich, Susanne: Textqualität steuern mit kontrollierter Sprache – Sprachstandard oder Kontrollmechanismus? *technische kommunikation*. 29, 2007, 4.

Groeben, Norbert: *Leserpsychologie. Textverständnis – Textverständlichkeit*. Aschendorff Verlag, Münster, 1982.

Hellbusch, Jan Eric: Sinn für Barrierefreiheit. [Buchverf.] Beate Firlinger und Brigitta Aubrecht. *Logbuch Accessibility - über Barrieren im Netz*. Wien : MAIN_Medienarbeit Integrativ, 2008, S. 14–17.

Hellbusch, Jan Eric & Thomas Mayer: *Barrierefreies Webdesign*. KnowWare Verlag, Osnabrück, 2006.

Hellbusch, Jan Eric & Christian Bühler (Hrsg.): *Barrierefreies Webdesign - Praxishandbuch für Webgestaltung und grafische Programmoberflächen*. dpunkt.Verlag, Heidelberg, 2005.

Holter, Eric: *Client vs. Developer Wars - Communicating the Web Development Experience*. Newfangled Web Factory, Carrboro, 2002.

Kalbach, James: *Handbuch der Webnavigation - Die User-Erfahrung optimieren*. O'Reilly Verlag, Beijing, Cambridge, Farnham, 2008.

Laborenz, Kai: *CSS Praxis*. Galileo Press, Bonn, 2005.

Lehrndorfer, Anne: *Kontrolliertes Deutsch*. Narr Dr. Gunter, Tübingen, 2001.

Lehrndorfer, Anne: *Kontrollierte Sprache für die Technische Dokumentation – ein Ansatz für das Deutsche.* [Buchverf.] Hans P. Krings. 1996, S. 357.

Mensch zuerst - Netzwerk People First Deutschland: *Das neue Wörterbuch für Leichte Sprache: Halt! Leichte Sprache.* Mensch zuerst, Kassel, 2008.

Merz, Thomas & Olaf Drümmer: *Die PostScript- & PDF-Bibel.* 2. Auflage PDFlib GmbH, München, 2002.

Müller, Peter: *Little Boxes – Webseiten gestalten mit CSS.* Markt+Technik Verlag, München, 2007.

Probiesch, Kerstin: *Barrierefreiheit mit Firefox testen,* in: Webstandards Magazin, 3/2009.

Quintal, Poppy: *AECMA Simplyfied English.* Toronto : Plain Language Association International, 2002. PLAIN Conference.

Radtke, Angie & Michael Charlier: *Barrierefreies Webdesign – Attraktive Websites zugänglich gestalten.* Addison-Wesley-Verlag, München, 2006.

Rechenberg, Peter: *Technisches Schreiben (Nicht nur) für Informatiker.* Carl Hanser Verlag, München, Wien, 2006.

Thissen, Frank: *Kompendium Screen-Design – Effektiv informieren und kommunizieren mit Multimedia.* X.media.press, Berlin, Heidelberg, 2003.

C.2   Onlinequellen

Ackermann, Heike: Gleichstellungsgesetze der Länder – Tabelle. (2007) *http://www.bik-online.info/gesetze/lgg_tabelle.php* (Zugriff am: 12. 10. 2010).

Ackermann, Dinah: Brauche ich eine Hausschrift? (2008) *http://www.designfragen.de/corporate-design/brauche-ich-eine-hausschrift* (Zugriff am: 21. 5. 2010).

Adobe Systems Inc.: Flash Player Version Penetration. (o. J.) *http://www.adobe.com/products/player_census/flashplayer/ version_penetration.html* (Zugriff am: 1. 10. 2009).

Adobe Systems Inc.: Acrobat 9 HTML Help – JavaScript. (o. J.) *http://livedocs.adobe.com/acrobat_sdk/9.1/Acrobat9_1_HTMLHelp/ JavaScript_SectionPage.70.1.html* (Zugriff am: 26. 9. 2010).

Adobe Systems Inc.: PDF Reference and Adobe Extensions to the PDF Specification. (o. J.) *http://www.adobe.com/devnet/pdf/pdf_reference.html* (Zugriff am: 23. 4. 2010).

Advantage West Midlands : Modernising ICT Standardisation in the EU – The Way Forward. (2009) *http://www.wmictcluster.org/Modernising-ICT-Standardisation-in-the-EU-The-Way-Forward* (Zugriff am: 20. 9. 2009).

Aktion Mensch e.V.: *(o. J.)*
http://www.1000fragen.de/hintergruende/dossiers/index.php
(Zugriff am: 10. 12. 2010).

Allgemeiner Blinden- und Sehbehindertenverein Berlin: Sehbehinderungs-Simulator. (o. J.) *http://www.absv.de/sbs/sbs_intro.html* (Zugriff am: 10. 12. 2010).

anatom5 perception marketing: Barriere-Check. (o. J.)
http://www.barrierekompass.de/check.php (Zugriff am: 17. 9. 2009).

Andrew, Paul: 15 Tips and Techniques for Styling the button element. (2009)
http://speckyboy.com/2009/12/30/15-tips-and-techniques-for-styling-the-button-element/ (Zugriff am: 7. 7. 2010).

atempo Graz: (o. J.) *http://www.on-line-on.eu/* (Zugriff am: 10. 12. 2010).

Australasian software firm Intergen: *(o. J.)*
http://www.buttercupreader.net/ (Zugriff am: 9. 5. 2010).

Automattic Inc.: (o. J.) *http://akismet.com/* (Zugriff am: 22. 5. 2010).

Avery, Doug: The Mysterious »Save for Web« Color Shift. (2008)
(Zugriff am: 15. 6. 2010).

b4uaskimagod: Learn Makaton bsl signing. (2009)
http://www.youtube.com/watch?v=FVneR39HCUw (Zugriff am: 10. 12. 2010).

Baekdal, Thomas: XMLHttpRequest Usability Guidelines. (2005) *h
ttp://www.baekdal.com/articles/xmlhttprequest-guidelines*
(Zugriff am: 1. 10. 2009).

Barrierefrei Informieren und Kommunizieren: BIK-Infobrief 10/2007. (o. J.)
http://www.bitvtest.de/ueber_uns/bitv_test_infobrief/bik_infobrief_102007_ministerientest_2007.html (Zugriff am: 1. 10. 2009).

Barrierefrei Informieren und Kommunizieren: (o. J.)
http://www.bitvtest.de/ (Zugriff am: 10. 12. 2010).

Barrierefrei Informieren und Kommunizieren: Wortliste. (o. J.)
http://testen.bitvtest.de/wortliste.html (Zugriff am: 10. 12. 2010).

Berjon, Robin: Re: [svg-developers] DTD declaration, was:Re: google and SVG.
(2005) *http://tech.groups.yahoo.com/group/svg-developers/message/48562*
(Zugriff am: 14. 9. 2009).

Bundesministerium der Justiz: Gesetz zur Gleichstellung behinderter Menschen
(Behindertengleichstellungsgesetzt - BGG) (2002)
http://bundesrecht.juris.de/bgg/BJNR146800002.html
(Zugriff am: 24. 8. 2009).

Blissymbolics Communication International: The fundamental rules of Blissymbolics: creating new Blissymbolics characters and vocabulary. (2004) *http://www.blissymbolics.org/downloads/bliss-rules.pdf* (Zugriff am: 27. 5. 2010).

Börner, Christo: Benutzerführung, Navigationskonzepte und Benutzerschnittstellen. (2000) *http://www.internetmanagement.ch/index.cfm/fuseaction/shownews/ newsid/100/*(Zugriff am: 5. 9. 2009).

Bornemann, Brigitte: Farbkontraste nach WCAG 2.0. (2009) *http://www.bit-informationsdesign.de/blog/farbkontraste/* (Zugriff am: 14. 7. 2010).

Brewer, Cynthia & Mark Harrower : ColorBrewer. (o. J.) *http://colorbrewer2.org/* (Zugriff am: 10. 12. 2010).

Brinkman, John: FormFeed – An Accessibility Checker for PDF Forms. (2010) *http://blogs.adobe.com/formfeed/2010/03/an_accessibility_checker_ for_p.html*(Zugriff am: 27. 3. 2010).

Brussels Network Office: EU richtet Hotline für »klare Schreibweise« ein. (2009) *http://www.euractiv.com/de/pa/eu-richtet-hotline-klare-schreibweise/ article-187439*(Zugriff am: 15. 3. 2010).

Bundesverwaltungsamt – Bundesstelle für Büroorganisation und Bürotechnik (BBB): Bürgernahe Verwaltungssprache. (2002) *http://www.ruhr-uni-bochum.de/vt/arbeitshandbuchBVamt.doc* (Zugriff am: 18. 9. 2009).

Bundesagentur für Arbeit: Alles klar?! – Amtsdeutsch ade – BA startet mit bürgerfreundlicheren Bescheiden. (2010) *http://www.sozialticker.com/alles-klar-amtsdeutsch-ade-ba-startet-mit- buergerfreundlicheren-bescheiden_20100517.html*(Zugriff am: 27. 5. 2010).

Bundeskanzleramt: Web Accessibility – Internet Zugang für alle. (o. J.) *http://www.austria.gv.at/site/5744/default.aspx*(Zugriff am: 7. 3. 2010).

Bundesministerium der Justiz: Verständliche Gesetze. (o. J.) *http://www.bmj.bund.de/enid/Verstaendliche_Gesetze_und_Buerokratieabbau/ Verstaendliche_Gesetze_1nd.html*(Zugriff am: 20. 6. 2010).

Bundesministerium der Verteidigung: (2007) *http://www.styleguide.bundeswehr.de/v3/styleguide/*(Zugriff am: 7. 3. 2010).

Bundesverband Alphabetisierung und Grundbildung e. V.: FAQ. (o. J.) *http://www.alphabetisierung.de/infos/faq.html*(Zugriff am: 5. 9. 2009).

Caspers, Tomas & Jan Eric Hellbusch: Image Replacement-Techniken nicht zugänglich für Sehbehinderte. (2004) *http://www.einfach-fuer-alle.de/artikel/image-replacement-nicht-barrierefrei/* (Zugriff am: 21. 5. 2010).

Caspers, Tomas: Benimmregeln für Datentabellen. (2008)
http://www.einfach-fuer-alle.de/artikel/barrierefreie-datentabellen/
(Zugriff am: 10. 12. 2010).

Caspers, Tomas: BITV Reloaded, Bedingung 14.1. (2007)
http://www.einfach-fuer-alle.de/artikel/bitv-reloaded/anforderung-14/
bedingung-14.1/(Zugriff am: 14. 8. 2009).

Caspers, Tomas: Passende Überschrift hier einsetzen. (2009)
http://www.einfach-fuer-alle.de/artikel/ueberschriften-strukturen-in-html/
(Zugriff am: 22. 5. 2010).

Charlier, Michael & Claudia Klinger: Wachsen und sparen – Ein Gespräch mit Alireza
Jerani, Leiter Webdevelopment von stern.de. (o. J.)
http://www.webwriting-magazin.de/inter/jerani.php (Zugriff am: 26. 8. 2009).

Chen, Charles L.: (o. J.) *http://dandelion.clcworld.net/*(Zugriff am: 9. 5. 2010).

Christmann, Günter & Jan Eric Hellbusch: Microsoft Active Accessibility. (2002)
http://www.barrierefreies-webdesign.de/knowhow/msaa/
(Zugriff am: 5. 7. 2010).

Clark, Joe: Flash Access: Unclear on the Concept. (2000)
http://www.alistapart.com/articles/unclear/(Zugriff am: 1. 10. 2009).

Clark, Joe: Big, Stark & Chunky. (2005)
http://www.alistapart.com/articles/lowvision/(Zugriff am: 10. 1. 2010).

Clark, Joe: Facts and Opinions About PDF Accessibility. (2005)
http://www.alistapart.com/articles/pdf_accessibility(Zugriff am: 15. 7. 2010).

Code Talks: (o. J.) *http://wiki.codetalks.org/*(Zugriff am: 10. 12. 2010).

CSS Discuss (Wiki): Using Percentages. (o. J.)
http://css-discuss.incutio.com/wiki/Using_Percentages
(Zugriff am: 13. 3. 2010).

Deutsche Behindertenhilfe – Aktion Mensch e. V.: (o. J.)
http://www.biene-award.de (Zugriff am: 21. 8. 2010).

Deutsche Zentralbücherei für Blinde zu Leipzig : MAX der DAISYPlayer ist da!. (o. J.)
http://www.dzb.de/index.php?site_id=6.3(Zugriff am: 1. 10. 2009).

DIN CERTCO: Gebührenordnung für die Zertifizierung DIN-Geprüft barrierefreie
Website. (2009)
http://www.dincertco.de/web/media_get.php?mediaid=9078&fileid=13928
(Zugriff am: 9. 3. 2010).

DIN: DIN 1421 – Gliederung und Benummerung in Texten. (1983)
http://www.knowscore.de/kurse/IV%20FGT%2012%20Technische%20Doku-
mentation%20erstellen/20020911-FGT12/DIN%201421.pdf
(Zugriff am: 27. 5. 2010).

doctima GMBH: Praktische Hilfen. (o. J.)
   http://www.doctima.de/index.php?id=151 (Zugriff am: 14. 8. 2009).

doctima GMBH: Verständlichkeitstheorie. (o. J.)
   http://www.doctima.de/allgemein/verstaendlichkeitstheorie.html
   (Zugriff am: 14. 8. 2009).

dpa: »Restmüllbehältervolumenminderung« – Viele Deutsche verstehen die
   Behördensprache nicht. (2009) *http://www.abendblatt.de/vermischtes/*
   article966553/Viele-Deutsche-verstehen-die-Behoerdensprache-nicht.html
   (Zugriff am: 24. 5. 2009).

Duden: Ein Fremdwort – was ist das? (2005) *http://www.duden.de/downloads/*
   produkte/duden05/fremdwort_freund_oder_feind.pdf
   (Zugriff am: 25. 5. 2010).

Egger, Sylvia: Barrierefreiheit & Media Player: eine Kurzübersicht – Teil 1. (2010)
   *http://sprungmarker.de/2010/barrierefreiheit_mediaplayer_eine_*
   kurzuebersicht/ (Zugriff am: 1. 6. 2010).

Egger, Sylvia: Barrierefreiheit & Media Player: Captioning – Teil 2. (2010)
   http://sprungmarker.de/2010/barrierefreiheit_mediaplayer_captioning/
   (Zugriff am: 10. 12. 2010).

Einfach für Alle: EfA-Laborbericht 8. (2008)
   http://www.einfach-fuer-alle.de/blog/id/2462/ (Zugriff am: 12. 7. 2010).

Einfach für Alle: Laborbericht 9: Semantische Tagclouds – geht das überhaupt?:
   Einfach für Alle AccessBlog. (2009)
   http://www.einfach-fuer-alle.de/blog/id/2475/ (Zugriff am: 22. 5. 2010).

Einfach für Alle: Deutsche Übersetzung der WCAG 2.0. (o. J.)
   http://www.einfach-fuer-alle.de/wcag2.0/ (Zugriff am: 10. 12. 2010).

Einfach für Alle: Techniken für WCAG 2.0. (2010)
   http://www.einfach-fuer-alle.de/wcag2.0/uebersetzungen/WCAG20-TECHS/
   complete.html (Zugriff am: 10. 12. 2010).

Europa – Information Society: Ministerial Declaration. (2006)
   http://ec.europa.eu/information_society/events/ict_riga_2006/doc/
   declaration_riga.pdf (Zugriff am: 5. 9. 2009).

Europäische Kommission: e-Inclusion. (o. J.)
   http://ec.europa.eu/information_society/activities/einclusion/index_en.htm
   (Zugriff am: 10. 12. 2010).

Europäisches Komitee für Normung: Guidelines for making information accessible
   through sign language on the web (CWA 14835). (2003)
   ftp://cenftp1.cenorm.be/PUBLIC/CWAs/e-Europe/DFA/
   cwa14835-00-2003-Sep.pdf (Zugriff am: 5. 9. 2009).

Faulkner, Steve: IE 8: alt change and longdesc weirdness. (2008) *15*
(Zugriff am: 10. 2009.).

Faulkner, Steve: Screen Readers lack emphasis. (2008)
http://www.paciellogroup.com/blog/?p=41 (Zugriff am: 14. 4. 2010).

Freedom Scientific GmbH: JAWS Downloads. (o. J.)
http://www.freedomsci.de/serv01.htm (Zugriff am: 23. 4. 2010).

Gampe, Michael: Automatisieren der Auszeichnung von Abkürzungen und
Sprachwechseln. (o. J.) *http://www.barrierefreies-webdesign.de/knowhow/
automatische_auszeichnung/* (Zugriff am: 10. 12. 2010).

Gerull, Konrad: Weitere DAISY-Spieler (und Recorder). (2005)
http://www.satis.de/www/85-99_kl/96_audi3/96-5-vic.htm
(Zugriff am: 1. 10. 2009).

Gerull, Konrad: DAISY BOOK GENERATOR (aus MP3 und WAV). (2008)
http://www.satis.de/www/85-99_kl/96_audi3/9610-gen.htm
(Zugriff am: 1. 10. 2009).

Gesellschaft für Technische Kommunikation: (o. J.)
http://www.tekom.de/index_neu.jsp (Zugriff am: 10. 12. 2010).

Ginader, Dirk: Making the new Yahoo! Currency Converter accessible. (2009)
*http://developer.yahoo.com/blogs/ydn/posts/2009/01/accessible_
converter/* (Zugriff am: 7. 7. 2010).

Google: Elements and attributes. (2006) *http://code.google.com/intl/de-DE/
webstats/2005-12/elements.html* (Zugriff am: 7. 7. 2010).

Google: Bilder – Webmaster-Tools-Hilfe. (o. J.) *http://www.google.com/
support/webmasters/bin/answer.py?hl=de&answer=114016*
(Zugriff am: 15. 3. 2010).

Hammond, David: Web browser CSS support. (o. J.)
http://www.webdevout.net/browser-support-css (Zugriff am: 3. 4. 2010).

Hartmann, Frank: Vorspann. (1997)
http://www.heise.de/tp/r4/artikel/2/2168/2.html (Zugriff am: 27. 5. 2010).

Heilmann, Christian: (o. J.) *http://ichwill.net/* (Zugriff am: 10. 12. 2010).

Hellbusch, Jan Eric: Flash 6 mit Accessibility Features. (2003)
http://www.barrierefreies-webdesign.de/knowhow/flash/features.html
(Zugriff am: 1. 10. 2009).

Hellbusch, Jan Eric: Zett Punkt Bee Punkt. (2005)
http://www.einfach-fuer-alle.de/artikel/abkuerzungen/
(Zugriff am: 15. 1. 2010).

Hellbusch, Jan Eric: Erläuterungen zu Accesskey. (2006)
http://2bweb.de/accesskey/ (Zugriff am: 15. 9. 2010).

Hellbusch, Jan Eric: Die etwas besseren Listen – Teil 1. (2008)
http://www.webkrauts.de/2008/12/10/die-etwas-besseren-listen-teil-1/
(Zugriff am: 3. 2. 2009).

Heller, Stephan: (o. J.) *http://www.css-hack.de/* (Zugriff am: 10. 12. 2010).

Högger, Stephan: Farbfehlsichtig? Wenn dunkelrot schwarz aussieht. (o. J.)
http://www.galerieo.ch/ost/cl/chromagen/farben1.html
(Zugriff am: 17. 7. 2010).

IBM Accessibility Center: IBM Accessibility Statement. (2007)
http://www-03.ibm.com/able/access_ibm/accessibility_statement.html
(Zugriff am: 8. 3. 2010).

IBM Human Ability and Accessibility Center: Developer guidelines – Software
Checklist. (o. J.)
http://www-03.ibm.com/able/guidelines/software/accesssoftware.html
(Zugriff am: 10. 12. 2010).

IDEMA Gesellschaft für verständliche Sprache mbH: (o. J.)
http://www.moderne-verwaltungssprache.de/ (Zugriff am: 15. 3. 2010).

Inclusion Europe: Informationen für alle – Europäische Regeln, wie man Informationen leicht lesbar und leicht verständlich macht . (o. J.)
http://www.inclusion-europe.org/LLL/documents/
DE-Information%20for%20all.pdf (Zugriff am: 10. 12. 2010).

Inclusion Europe: Checklist. (o. J.) *http://www.inclusion-europe.org/checklist_de/*
(Zugriff am: 10. 12. 2010).

Informatikstrategieorgan Bund: P028 Richtlinien des Bundes für die Gestaltung von
barrierefreien Internetangeboten, Version 2.0. (2010)
http://www.isb.admin.ch/themen/standards/alle/03237/
(Zugriff am: 1. 9. 2010).

Information Architects : The 100% Easy-2-Read Standard. (2006)
http://www.informationarchitects.jp/en/100e2r/?v=4 (Zugriff am: 13. 2. 2010).

Initiative D21 e.V.: Die zentralen Ergebnisse des (N)ONLINER Atlas 2009. (2009)
http://www.initiatived21.de/category/nonliner-atlas/zentrale-ergebnisse-2009
(Zugriff am: 9. 12. 2010).

Institut für Deutsche Sprache: Korpusbasierte Grund-/Wortformenlisten. (o. J.)
http://www.ids-mannheim.de/kl/projekte/methoden/derewo.html
(Zugriff am: 10. 12. 2010).

International Society for Augmentive and Alternate Communication: Symbols.
(o. J.) *http://www.isaac-online.org/select_language.html*
(Zugriff am: 10. 12. 2010).

Isotype revisited: The Significance of Isotype. (o. J.)
http://www.isotyperevisited.org/The%20significance%20of%20Isotype.pdf
(Zugriff am: 15. 12. 2009).

Jendryschik, Michael: Browserkompatibilität. (2010)
http://jendryschik.de/wsdev/einfuehrung/css/browserkompatibilitaet
(Zugriff am: 2. 10. 2009).

Jendryschik, Michael: Schrift – Eigenschaften und Werte. (2010)
http://jendryschik.de/wsdev/einfuehrung/eigenschaften/schrift
(Zugriff am: 10. 12. 2010).

Jendryschik, Michael: Zeichenkodierung. (2009)
http://jendryschik.de/wsdev/einfuehrung/grundlagen/zeichenkodierung
(Zugriff am: 10. 12. 2010).

Jendryschik, Michael: Glossar. (2009) *http://jendryschik.de/wsdev/glossar/*
(Zugriff am: 7. 7. 2010).

Jesse, Dirk: Flexible Layouts – die Herausforderung der Zukunft. (2008)
http://www.drweb.de/magazin/flexible-layouts-die-herausforderung-der-
zukunft/(Zugriff am: 10. 12. 2010).

Johansson, Roger: The alt and title attributes. (o. J.)
http://www.456bereastreet.com/archive/200412/the_alt_and_title_attributes/
(Zugriff am: 2. 4. 2010).

Johnson, Duff: PDF Forms: More than Fields Alone. (2010)
http://www.appligent.com/talkingpdf-formsaremorethanfieldsalone
(Zugriff am: 19. 7. 2010).

Johnson, Duff: Choosing between PDF and Designer/XFA forms. (2010)
http://www.appligent.com/talkingpdf-choosingbetweenPDFandXFA
(Zugriff am: 5. 7. 2010).

Johnson, Duff: Testimony at the US Access Board public hearing on Section 508.
(2010) *http://www.appligent.com/talkingpdf-section508refresh*
(Zugriff am: 13. 5. 2010).

Johnson, Duff: Why PDF? (2010) *http://www.appligent.com/talkingpdf-whypdf*
(Zugriff am: 27. 5. 2010).

Jordan, Corvin: Tagging: Navigation auf Bedeutungsebene. (2006)
http://politik-digital.de/edemocracy/wissensgesellschaft/web20/
cjordan_tagging_060803.shtml(Zugriff am: 13. 10. 2009).

Jucy Studio: Readibility Test. (o. J.) *http://juicystudio.com/services/readability.php*
(Zugriff am: 10. 12. 2010).

Jucy Studio: Colour Contrast Analyser Firefox Extension. (o. J.)
http://juicystudio.com/article/colour-contrast-analyser-firefox-extension.php
(Zugriff am: 15. 6. 2010).

Jucy Studio: Luminosity Colour Contrast Ratio Analyser. (o. J.)
(Zugriff am: 15. 6. 2010).

Kahlisch, Thomas: DAISY – Hörbücher zum Blättern und Stöbern. (o. J.)
http://www.kahlisch.de/pub/DAISY-art-mainstream2006.html
(Zugriff am: 20. 8. 2009).

Koch, Peter Paul: Compatibility Master Table. (o. J.)
http://www.quirksmode.org/compatibility.html (Zugriff am: 10. 12. 2010).

Lemnitzer, Lothar: (o. J.) *http://www.wortwarte.de/* (Zugriff am: 10. 12. 2010).

LePera, Scott Andrew: Crossbrowser DOM Scripting: Event Handlers. (2001)
http://www.scottandrew.com/weblog/articles/cbs-events
(Zugriff am: 1. 10. 2009).

Ley, Jim: Re: Announcing Geo-Colors a new SVG Geographic Information System S.
(2002) *http://tech.groups.yahoo.com/group/svg-developers/message/19323*
(Zugriff am: 14. 9. 2009).

Library of Congress: Codes for the Representation of Names of Languages. (o. J.)
http://www.loc.gov/standards/iso639-2/php/English_list.php
(Zugriff am: 5. 10. 2009).

Lie, Håkon Wium : CSS @ Ten: The Next Big Thing. (2007)
http://www.alistapart.com/articles/cssatten (Zugriff am: 21. 5. 2010).

Lloyd, Ian: Accessible Table Builder. (o. J.)
http://accessify.com/tools-and-wizards/accessibility-tools/table-builder/
(Zugriff am: 20. 8. 2010).

Lloyd, Ian: The Perfect Pop-up. (2007)
http://accessify.com/features/tutorials/the-perfect-popup/
(Zugriff am: 20. 8. 2010).

Makaton, Charity: Voting at the polling station. (o. J.)
http://www.makaton.org/khxc/gbu0-prodshow/life-voting.html
(Zugriff am: 10. 12. 2010).

Meiert, Jens O.: Übersicht: Image-Replacement-Techniken. (2005)
http://meiert.com/de/publications/articles/20050513/
(Zugriff am: 22. 5. 2010).

Meiert, Jens O.: Ruby-Annotation (W3C). (2007)
http://meiert.com/de/w3/TR/ruby/ (Zugriff am: 10. 12. 2010).

Meinike, Thomas: (o. J.) *http://svglbc.datenverdrahten.de/* (Zugriff am: 10. 12.
2010).

Mensch zuerst – Netzwerk People First Deutschland : Bücher und Materialien. (o. J.)
http://www.people1.de/buecher.html (Zugriff am: 18. 9. 2009).

Meyer, Angela: Hyperbraille entwickelt Flächendisplay für Blinde und Sehbehinderte. (2009) *http://www.heise.de/newsticker/Hyperbraille-entwickelt-Flaechendisplay-fuer-Blinde-und-Sehbehinderte--/meldung/137765* (Zugriff am: 14. 9. 2009).

Microsoft News Center: New Research Study Shows 57 Percent of Adult Computer Users Can Benefit From Accessible Technology. (2004) *http://www.microsoft.com/presspass/press/2004/feb04/02-02adultuserbenefitspr.mspx* (Zugriff am: 12. 9. 2009).

Microsoft Office 2010 Engineering: Office 2010: Accessibility Investments & Document Accessibility. (o. J.) *http://blogs.technet.com/b/office2010/archive/2010/01/07/office-2010-accessibility-investments-document-accessibility.aspx* (Zugriff am: 26. 9. 2010).

Ministerial Network for Valorising Activities in Digitisation: MINERVA EC Website. (o. J.) *http://www.minervaeurope.org/* (Zugriff am: 7. 3. 2010).

Montana Office of Public Instruction: The Dale-Chall Word List. (o. J.) *http://opi.mt.gov/Pub/RTI/Forms/School/Choteau/The%20Dale-Chall%20Word%20List.doc* (Zugriff am: 6. 11. 2009).

Mozdev Community Organization: Mozilla Plugin Support on Microsoft Windows. (o. J.) *http://plugindoc.mozdev.org/windows-all.html#AdobeSVG* (Zugriff am: 14. 9. 2009).

MSDN: xml:lang-Behandlung in XAML. (o. J.) *http://msdn.microsoft.com/de-de/library/ms788730.aspx* (Zugriff am: 2. 3. 2010).

MSDN: ASX Elements Reference. (2005) *http://msdn.microsoft.com/en-us/library/ms910265.aspx* (Zugriff am: 20. 8. 2010).

Nadig, Oliver: Grafische Zugangscodes sperren blinde Internetnutzer aus. (2006) *http://www.barrierefreies-webdesign.de/knowhow/captcha/* (Zugriff am: 22. 5. 2010).

National Braille Association: Excerpts from the NBA Tape Recording . (2000) *http://www.w3.org/2000/08/nba-manual/Overview.html* (Zugriff am: 10. 12. 2010).

National Center for Accessible Media: Beyond the Text, Comparison chart of e-book and digital talking book (DTP) hardware and software. (o. J.) *http://ncam.wgbh.org/ebooks/comparison.html#dtbsoftware* (Zugriff am: 1. 10. 2009).

National Center for Accessible Media: ccMP3Player. (o. J.) *http://ncam.wgbh.org/webaccess/ccforflash/ccmp3playermain.html* (Zugriff am: 20. 8. 2009).

NetCentric Technologies: CommonLook Section 508 for Adobe Acrobat. (o. J.)
http://www.net-centric.com/products/cl_s508_adobe.aspx
(Zugriff am: 25. 7. 2010).

Nielsen, Jakob: Aspects of Design Quality. (2008)
http://www.useit.com/alertbox/quality-correlations.html
(Zugriff am: 26. 8. 2009).

Nielsen, Jakob: F-Shaped Pattern For Reading Web Content. (2006)
http://www.useit.com/alertbox/reading_pattern.html
(Zugriff am: 22. 5. 2010).

Nielsen, Jakob: Within-Page Links for AJAX, »Return to Top«, and Skip Links. (2006)
http://www.useit.com/alertbox/within_page_links_comments.html(Zugriff
am: 22. 5. 2010).

Nielsen, Jakob: Top Ten Web Design Mistakes of 2005. (2005)
http://www.useit.com/alertbox/designmistakes.html(Zugriff am: 12. 2. 2010).

Nielsen, Jakob: How Users Read on the Web. (1997)
http://www.useit.com/alertbox/9710a.html(Zugriff am: 12. 10. 2009).

NUANCE Document Imaging Solutions: PDF-Dateien erstellen, konvertieren,
bearbeiten, zusammenstellen und sicher freigeben. (o. J.)
http://www.nuance.de/imaging/pdfconverter/pdfconverter-professional.asp
(Zugriff am: 25. 7. 2010).

OpenReader Consortium: OpenReader Consortium Homepage. (o. J.)
http://www.openreader.org/(Zugriff am: 14. 3. 2010).

Opera Software ASA: Installing the Adobe SVG Viewer plug-in. (o. J.)
http://www.opera.com/support/search/view/466/(Zugriff am: 14. 9. 2009).

Opera Software ASA: Use Opera without a mouse. (o. J.)
http://www.opera.com/browser/tutorials/nomouse/#nav
(Zugriff am: 22. 5. 2010).

Oracle Corporation: Java SE Desktop Accessibility/Java Access Bridge For Windows
OS. (o. J.) *http://www.oracle.com/technetwork/java/javase/tech/*
index-jsp-136191.html(Zugriff am: 10. 12. 2010).

Otte, Tobias: Aktuelles zur Webtypografie. (2009)
http://tobias-otte.de/2009/04/aktuelles-zur-webtypografie/
(Zugriff am: 21. 5. 2010).

Paciello Group: PDF Forms & WCAG 2.0. (2009)
http://www.paciellogroup.com/blog/?p=197(Zugriff am: 5. 7. 2010).

Paciello Group: Using WAI ARIA Landmark Roles. (2010)
http://www.paciellogroup.com/blog/?p=106(Zugriff am: 10. 12. 2010).

Paciello Group: Contrast Analyser, Version 2.2. (o. J.)
http://www.paciellogroup.com/resources/contrast-analyser.html
(Zugriff am: 15. 6. 2010).

Paciello Group: Web Accessibility Toolbar [For IE], Version 2.0. (o. J.)
http://www.paciellogroup.com/resources/wat-ie-about.html
(Zugriff am: 15. 6. 2010).

Papst, Eva: Texte verbergen (Teil 1). (2006)
http://www.wai-austria.at/tipps/verbergen.php (Zugriff am: 5. 10. 2009).

PDFlib GmbH: PDFlib, PDFlib+PDI, PPS. A library for generating PDF on the fly,
Version 8.01. (2010) *http://www.pdflib.com/fileadmin/pdflib/pdf/*
manuals/PDFlib-8.0.1-API-reference.pdf (Zugriff am: 26. 9. 2010).

PHUG: (o. J.) *http://animatedpng.com/* (Zugriff am: 21. 5. 2010).

picolsigns: What is Probabilistic Computing – Navia Systems. (2010)
http://www.youtube.com/user/picolsigns (Zugriff am: 10. 12. 2010).

Poley, Stephen: The CSS ex unit. (o. J.)
http://www.xs4all.nl/~sbpoley/webmatters/emex.html
(Zugriff am: 13. 2. 2010).

Prestel, Marco: Textverständlichkeit und Textoptimierung aus psychologischer Perspektive. (2006) *http://www.marcoprestel.de/dateien/Textverstaendlichkeit.pdf*
(Zugriff am: 3. 11. 2009).

PRO RETINA Deutschland e. V.: Sehstörungen: Simulator von PRO RETINA und BKK.
(o. J.) *http://www.pro-retina.de/simulation* (Zugriff am: 10. 12. 2010).

Probiesch, Kerstin: Mit Userstyles und Userscripts zu mehr Barrierefreiheit. (2009)
http://access4all.ch/blog/?p=809 (Zugriff am: 3. 3. 2010).

Probiesch, Kerstin: Tests und Testverfahren. (2008)
http://www.best-of-accessibility.de/index.php/boa2008/unterlagen_2008
(Zugriff am: 26. 8. 2009).

Prokop, Marek: Styling <abbr> in IE. (2002)
http://www.sovavsiti.cz/css/abbr.html (Zugriff am: 10. 12. 2010).

Radtke, Angie: Das Alt-Experiment – Kommentarbereich. (2007)
http://www.der-auftritt.de/wissen/Das-Alt--Experiment.html
(Zugriff am: 9. 12. 2010).

Randall, Paul: (o. J.) *http://h1debate.com/* (Zugriff am: 27. 5. 2010).

Reese, Jens: Fremdwörter und ihre Bedeutung. (o. J.)
http://www.fremdwort.de/fremdwortsatz.php (Zugriff am: 22. 5. 2010).

Robertson, Stuart: Night of the Image Map. (2003)
http://www.alistapart.com/articles/imagemap/ (Zugriff am: 22. 5. 2010).

Rumoroso: HeadingsMap 1.05.7. (2010)
https://addons.mozilla.org/de/firefox/addon/7203/(Zugriff am: 27. 6. 2010).

Schopp, Jürgen F.: Faktoren der Lesbarkeit. (2003)
http://www.uta.fi/~trjusc/tt-lesbk.htm(Zugriff am: 15. 2. 2010).

Schiller, Jeff: Inlaying SVG with HTML. (2006)
http://blog.codedread.com/archives/2006/01/13/inlaying-svg-with-html/
(Zugriff am: 14. 9. 2009).

Schmidt, Ullrich: Kontrollierte Sprache – Einsparpotenziale ausschöpfen. (2007)
*http://www.itl.eu/uploads/media/2007-01_Einsparpotenziale_ausschoepfen_*
Produkt_Global.pdf(Zugriff am: 10. 12. 2010).

Schwarz, Nicolai: Warum kann ich den Text auf meiner Webseite nicht in meiner Hausschrift setzen? (2008)
http://www.designfragen.de/web/schriften-im-web(Zugriff am: 22. 5. 2010).

Schweizerische Bundeskanzlei: Glossar. (o. J.)
http://www.bk.admin.ch/dienstleistungen/db/anglizismen/index.html
(Zugriff am: 10. 12. 2010).

Schweizerische Bundeskanzlei: Schreibweisungen. (o. J.)
http://www.bk.admin.ch/dokumentation/sprachen/04915/05016/
index.html?lang=de(Zugriff am: 10. 12. 2010).

SelfHTML: JavaScript / Objektreferenz / node. (o. J.)
http://de.selfhtml.org/javascript/objekte/node.htm(Zugriff am: 1. 10. 2009).

SelfHTML: HTML-Zeichenreferenz. (o. J.)
http://de.selfhtml.org/html/referenz/zeichen.htm(Zugriff am: 10. 12. 2010).

SelfHTML: HTML-Varianten. (o. J.)
http://de.selfhtml.org/html/referenz/varianten.htm(Zugriff am: 5. 7. 2010).

SelfHTML: Downloadbare Schriftarten. (o. J.)
http://de.selfhtml.org/inter/downloadschriftarten.htm
(Zugriff am: 21. 5. 2010).

SelfHTML: Lage des Bildes bei list-style-image:url. (2003)
http://forum.de.selfhtml.org/archiv/2003/11/t62428/(Zugriff am: 1. 10. 2009).

Sivonen, Henri: (o. J.) *http://validator.nu/*(Zugriff am: 20. 8. 2010).

Society and Media DG: e-Inclusion. (o. J.)
http://ec.europa.eu/information_society/activities/einclusion/index_en.htm
(Zugriff am: 5. 9. 2009).

Specialpedagogiska skolmyndigheten: (o. J.) *http://www.blissonline.se/*
(Zugriff am: 10. 12. 2010).

Speis, Martin: Düsselenergie – Alles online! Alles einfach? (2008)
http://www.best-of-accessibility.de/uploads/files/2008/speis.pdf
(Zugriff am: 26. 8. 2009).

Stadt Bochum – Organisations- und Personalentwicklung-: Tipps zum einfachen
Schreiben – ein Leitfaden zur bürgernahen Verwaltungssprache bei der Stadtverwaltung. (2003) *http://www.moderne-verwaltungssprache.de/fileadmin/
redaktion/Download/einfachesschreiben.pdf* (Zugriff am: 14. 3. 2010).

Stephens, Mark: There is more than one PDF file specification. (2010)
*http://www.jpedal.org/PDFblog/2010/04/there-is-more-than-one-pdf-
file-specification/* (Zugriff am: 13. 5. 2010).

Stiftung Zugang für Alle: PDF-Accessibility-Checker. (o.J.)
http://www.access-for-all.ch/pac (Zugriff am: 1. 9. 2010).

Stiftung Zugang für Alle: Zertifizierung. (o. J.) *http://www.access-for-all.ch/*
(Zugriff am: 9. 3. 2010).

Stiftung Zugang für Alle: Tipps und Tools für barrierefreies Flash. (o. J.)
http://www.access-for-all.ch/ch/barrierefreiheit/barrierefreies-flash.html
(Zugriff am: 1. 9. 2010).

Stiftung Zugang für Alle: Accesskeys. (o. J.)
*http://www.access-for-all.ch/ch/barrierefreiheit/barrierefreies-webdesign/
tools-fuer-barrierefreies-webdesign/accesskeys.html* (Zugriff am: 15. 9. 2010).

Stiftung Zugang für Alle: Checkliste für barrierefreies Webdesign 2.0. (o. J.)
*http://www.access-for-all.ch/ch/barrierefreiheit/barrierefreies-webdesign/
checklist-2.html* (Zugriff am: 10. 12. 2010).

Stumpf, Boris: Definitionslisten, wie sie im Buche stehen. (2008)
*http://www.dyingeyes.de/2008/04/01/definitionslisten-wie-sie-im-buche-
stehen/* (Zugriff am: 26. 11. 2009).

Tellmann, Udo: Redemittel zur Beschreibung von Schaubildern, Diagrammen und
Statistiken. (o. J.)
http://www.wirtschaftsdeutsch.de/lehrmaterialien/redemittel-diagramm.pdf
(Zugriff am: 10. 12. 2010).

Thatcher, James W.: Skip Navigation Links. (2009)
http://www.jimthatcher.com/skipnav.htm (Zugriff am: 22. 5. 2010).

Tilmann, Savina: Häufig gestellte Fragen. (o. J.)
http://www.sichtzeichen.com/faq/ (Zugriff am: 20. 2. 2010).

Tondora, Szilvia: Die außersprachlichen und soziokulturellen Faktoren des Spracherwerbs gehörloser Menschen (Diplomarbeit). (2003)
http://wwwg.uni-klu.ac.at/fzgs/Diplomarbeit%20Szilvia.pdf
(Zugriff am: 23. 9. 2010).

Unicode Consortium: (o. J.) *http://unicode.org/* (Zugriff am: 5. 7. 2010).

Universität des Saarlandes – Fachrichtung Informationswissenschaft: Mentale Modelle. (o. J.) *http://wiki.infowiss.net/Mentales_Modell* (Zugriff am: 8. 3. 2010).

Unwalla, Mike: AECMA Simplified English. (2004) *http://www.techscribe.co.uk/ta/aecma-simplified-english.pdf* (Zugriff am: 20. 7. 2010).

Vanderheiden, Gregg: About Decibels. (2004) *http://trace.wisc.edu/docs/2004-About-dB/index.htm* (Zugriff am: 22. 5. 2010).

van Aaken, Gerrit: Windows-Fontrendering killt Webfont-Fließtext. (2009) *http://praegnanz.de/weblog/windows-fontrendering-killt-webfont-fliesstext* (Zugriff am: 21. 5. 2010).

van Aaken, Gerrit: Was ist DOM-Scripting? (2006) *http://www.webkrauts.de/2006/12/02/was-ist-dom-scripting/* (Zugriff am: 10. 12. 2010).

Verein eCH – E-Government-Standards: eCH-0059: Accessibility-Standard, Version 1.00. (2007) *http://www.ech.ch/vechweb/page?p=dossier&documentNumber=eCH-0059&documentVersion=1.00* (Zugriff am: 1. 9. 2010).

W3C: All Standards and Drafts. (o. J.) *http://www.w3.org/TR/* (Zugriff am: 15. 9. 2009).

W3C: Policies Relating to Web Accessibility. (o. J.) *http://www.w3.org/WAI/Policy/* (Zugriff am: 5. 9. 2009).

W3C: Understanding WCAG 2.0 – A guide to understanding and implementing Web Content Accessibility Guidelines 2.0. (o. J.) *http://www.w3.org/TR/UNDERSTANDING-WCAG20/* (Zugriff am: 20. 3. 2010).

W3C: Character encodings. (o. J.) *http://www.w3.org/International/O-charset* (Zugriff am: 24. 2. 2010).

W3C: W3C Markup Validation Service. (o. J.) *http://validator.w3.org/* (Zugriff am: 10. 12. 2010).

W3C: W3C Open Source Software. (o. J.) *http://www.w3.org/Status.html* (Zugriff am: 10. 12. 2010).

W3C: Colour Picker. (o. J.) *http://www.w3.org/TR/WCAG20-TECHS/working-examples/G175/index.php* (Zugriff am: 10. 12. 2010).

W3C: Syntax and basic data types. (o. J.) *http://www.w3.org/TR/CSS2/syndata.html* (Zugriff am: 2. 7. 2010).

W3C: Introduction to Web Accessibility. (o. J.) *http://www.w3.org/WAI/intro/accessibility.php* (Zugriff am: 25. 8. 2009).

W3C: XMLHttpRequest – W3C Candidate Recommendation. (2010)
http://www.w3.org/TR/XMLHttpRequest/ (Zugriff am: 10. 12. 2010).

W3C: Scalable Vector Graphics (SVG) 1.1 (Second Edition). (2010)
http://www.w3.org/TR/SVG11/ (Zugriff am: 10. 12. 2010).

W3C: Techniques for WCAG 2.0. (2010)
http://www.w3.org/TR/WCAG20-TECHS/ (Zugriff am: 10. 12. 2010).

W3C: ChangedAttributeTabindex. (2010)
http://www.w3.org/html/wg/wiki/ChangedAttributeTabindex
(Zugriff am: 10. 9. 2010).

W3C: Einstellung der Zeichencodierungsangabe (»charset«) in .htaccess. (2010)
http://www.w3.org/International/questions/qa-htaccess-charset
(Zugriff am: 10. 12. 2010).

W3C: Recommended Doctype Declarations to use in your Web document. (2010)
http://www.w3.org/QA/2002/04/valid-dtd-list.html (Zugriff am: 5. 7. 2010).

W3C: Authoring HTML: Handling Right-to-left Scripts. (2009)
http://www.w3.org/TR/i18n-html-tech-bidi/ (Zugriff am: 10. 12. 2010).

W3C: Richtlinien für barrierefreie Webinhalte (WCAG) 2.0 – W3C-Empfehlung.
(2009) *http://www.w3.org/Translations/WCAG20-de/*
(Zugriff am: 10. 12. 2010).

W3C: WAI-ARIA Overview. (2009) *http://www.w3.org/WAI/intro/aria*
(Zugriff am: 1. 10. 2010).

W3C: Choosing a Language Tag. (2009)
http://www.w3.org/International/questions/qa-choosing-language-tags
(Zugriff am: 10. 12. 2010).

W3C: Accessibility Support Documentation for PDF. (2008)
http://www.w3.org/WAI/GL/WCAG20/implementation-report/
PDF_accessibility_support_statement (Zugriff am: 1. 7. 2010).

W3C: Document Object Model Activity Statement. (2008)
http://www.w3.org/DOM/Activity (Zugriff am: 1. 10. 2009).

W3C: Web Content Accessibility Guidelines (WCAG) 2.0 – W3C Recommendation.
(2008) *http://www.w3.org/TR/WCAG20* (Zugriff am: 10. 12. 2010).

W3C: Interactivity – SVG Tiny 1.2. (2008)
http://www.w3.org/TR/SVGMobile12/interact.html#navigation
(Zugriff am: 2. 2. 2010).

W3C: Dynamic Accessible Web Content Roadmap. (2006)
http://www.w3.org/WAI/PF/roadmap/DHTMLRoadmap040506.html
(Zugriff am: 1. 9. 2010).

W3C: Mathematical Markup Language (MathML) Version 2.0 (Second Edition) – W3C Recommendation. (2003) *http://www.w3.org/TR/MathML2/* (Zugriff am: 15. 3. 2010).

W3C: User Agent Accessibility Guidelines 1.0 / W3C Recommendation. (2002) *http://www.w3.org/TR/UAAG10/* (Zugriff am: 22. 5. 2010).

W3C: Web Content Accessibility Guidelines 2.0 – W3C Working Draft. (2002) *http://www.w3.org/TR/2002/WD-WCAG20-20020822/* (Zugriff am: 14. 8. 2009).

W3C: Ruby Annotation – W3C Recommendation. (2001) *http://www.w3.org/TR/ruby/* (Zugriff am: 14. 10. 2010).

W3C: Authoring Tool Accessibility Guidelines 1.0 – W3C Recommendation. (2000) *http://www.w3.org/TR/WAI-AUTOOLS/* (Zugriff am: 26. 8. 2009).

W3C: HTML Techniques for Web Content Accessibility Guidelines 1.0. (2000) *http://www.w3.org/TR/WCAG10-HTML-TECHS/* (Zugriff am: 7. 7. 2010).

W3C: The CSS Saga. (1999) *http://www.w3.org/Style/LieBos2e/history/* (Zugriff am: 14. 8. 2009).

W3C: Network Performance Effects of HTTP/1.1, CSS1, and PNG. (1999) *http://www.w3.org/Protocols/HTTP/Performance/Pipeline.html* (Zugriff am: 7. 7. 2010).

W3C: Precision Graphics Markup Language (PGML). (1998) *http://www.w3.org/TR/1998/NOTE-PGML* (Zugriff am: 14. 9. 2009).

W3C: Vector Markup Language (VML). (1998) *http://www.w3.org/TR/1998/NOTE-VML-19980513* (Zugriff am: 14. 9. 2009).

W3C: HTML 3.2 Reference Specification – W3C Recommendation. (1997) *http://www.w3.org/TR/REC-html32* (Zugriff am: 20. 8. 2010).

W3C: Hypertext Markup Language – 2.0. (1995) *http://www.w3.org/MarkUp/html-spec/html-spec_toc.html* (Zugriff am: 20. 8. 2010).

W3C: World Wide Web. (1992) *http://www.w3.org/History/19921103-hypertext/hypertext/WWW/TheProject.html* (Zugriff am: 20. 8. 2010).

WaSP - The Webstandards Project: Acid Tests. (o. J.) *http://www.acidtests.org* (Zugriff am: 14. 8. 2009).

WebAIM: World Laws – Introduction to Laws Throughout the World. (o. J.) *http://www.webaim.org/articles/laws/world/* (Zugriff am: 5. 9. 2009).

WebAIM: Creating Accessible Flash Content. (o. J.) *http://www.webaim.org/techniques/flash/* (Zugriff am: 10. 12. 2010).

WebAIM: Thread: Color Contrast (E-mail list archive). (2009)
http://webaim.org/discussion/mail_thread?thread=3887
(Zugriff am: 13. 2. 2010).

WebAIM: Screen Reader User Survey Results. (2009)
http://webaim.org/projects/screenreadersurvey2/(Zugriff am: 27. 5. 2010).

Web Design Group: WDG HTML Validator. (o. J.)
http://www.htmlhelp.com/tools/validator/(Zugriff am: 10. 12. 2010).

Webfooted Designs Ltd.: (o. J.) *http://www.accessiblecolours.co.uk/*
(Zugriff am: 10. 12. 2010).

WebAIM: Steppingstones Project on Web Accessibility and Cognitive Disabilities.
(o. J.) *http://www.webaim.org/projects/steppingstones.php*
(Zugriff am: 5. 9. 2009).

whos.amung.us: Web fonts with @font-face. (2008)
http://www.css3.info/preview/web-fonts-with-font-face/
(Zugriff am: 21. 5. 2010).

Widgit Software: (o. J.) *http://www.symbolworld.org/*(Zugriff am: 10. 12. 2010).

Widgit Software: Seaside Holidays in the past – SIP Project. (o. J.)
http://www.widgit.com/resources/classroom/seaside_holidays/index.htm
(Zugriff am: 20. 8. 2010).

Wikipedia: Comparison of screen readers. (o. J.)
http://en.wikipedia.org/wiki/List_of_screen_readers(Zugriff am: 1. 10. 2009).

Wikipedia: Modalpartikel. (o. J.)
http://de.wikipedia.org/wiki/Modalpartikel(Zugriff am: 20. 3. 2010).

Wikipedia: Graceful Degradation. (o. J.)
http://en.wikipedia.org/wiki/Graceful_degradation(Zugriff am: 21. 5. 2010).

Wikipedia: ECMAScript. (o. J.)
http://en.wikipedia.org/wiki/ECMAScript(Zugriff am: 10. 12. 2010).

Wild, Gian: A few problems with the concept of accessible PDFs. (2010)
http://www.gianwild.com/2010/04/22/a-few-problems-with-the-concept-of-accessible-pdfs/(Zugriff am: 15. 7. 2010).

WindJack Solutions, Inc.: (o. J.)
http://www.pdfscripting.com/(Zugriff am: 26. 9. 2010).

Wyss, Max: Why »Optimizing for Fast Web View« is not optimal for PDF forms. (2006)
http://www.prodok.com/articles/why_optimizing_for_fast_web_view_is_not_optimal_for_forms(Zugriff am: 25. 5. 2010).

xyMedia: PDF-TagRenamer. (o. J.)
http://www.xymedia.ch/pdf_tagrenamer.html(Zugriff am: 27. 9. 2010).

Zehe, Marco: Einfaches ARIA Tip #1: Das Attribut aria-required. (2008)
http://www.zehe-edv.de/2008/02/29/einfaches-aria-tip-1-das-attribut-aria-required/(Zugriff am: 7. 7. 2010).

(o. Autor): Wien spricht anders. (o. J.)
http://www.wien.gv.at/medien/pid/pdf/wien-spricht-anders.pdf
(Zugriff am: 10. 12. 2010).

(o. Autor): FM 100 Hue Test. (o. J.)
http://www.xrite.com/custom_page.aspx?PageID=77
(Zugriff am: 10. 12. 2010).

Index

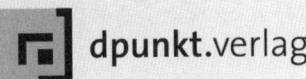

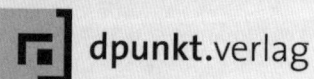

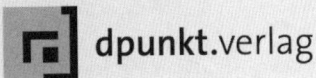

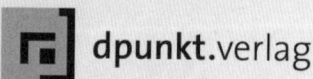